泰州文獻

第四輯

退齋剩稿
雙鴛祠傳奇
紅樓夢傳奇
西河草堂詩剩
斗室詩鈔
汲綆書屋詩鈔　淮黃策略　汲綆圖題跋
聲玉山齋詩集

鳳凰出版社

ISBN 978-7-5506-2287-6

圖書在版編目（CIP）數據

退齋剩稿、雙鴛祠傳奇、紅樓夢傳奇等 / (清) 陳啓文等撰. -- 南京 : 鳳凰出版社, 2015.10
（泰州文獻）
ISBN 978-7-5506-2287-6

Ⅰ. ①退… Ⅱ. ①陳… Ⅲ. ①古籍－彙編－泰州市 Ⅳ. ①Z422

中國版本圖書館CIP數據核字(2015)第256374號

責任編輯　王　劍
裝幀設計　姜　嵩
出版發行　鳳凰出版傳媒股份有限公司
　　　　　鳳凰出版社(原江蘇古籍出版社)
　　　　　發行部電話025－83223462
出版社地址　南京市中央路165號　郵編:210009
出版社網址　http://www.fhcbs.com
印　　刷　揚州文津閣古籍印務有限公司
　　　　　揚州市開發區鴻揚路22-2號(6幢)　郵編:225009
開　　本　889毫米×1194毫米　1/16
印　　張　41
版　　次　2015年10月第1版　2015年10月第1次印刷
標準書號　ISBN 978-7-5506-2287-6
定　　價　600.00圓
(本書凡印裝錯誤可向承印廠調換,電話:0514－87969255)

《泰州文獻》工作委員會

主　任

藍紹敏　陸志鵬

常務副主任

盧佩民

副 主 任

戴勝利　王學鋒　張培成　佘江涛

委　員（按姓氏筆畫为序）

丁少華　方標軍　成愛君　季春芳　周興安
查學斌　姜小青　奚愛國　陳士宏　黄林華
曹茂良　曹學賦　許大才　張國祥　萬永良
程榮穩　鄒祥龍　費振鐘　劉　玲　劉仁前
劉宏鳴　潘時常　薛金林　顧維中

《泰州文獻》編纂委員會

主　編

盧佩民

副主編

黃林華　姜小青

執行主編

成愛君　費振鐘

編　委（按姓氏筆畫为序）

王　飛　王　劍　王正奎　卞惠興　朱長順　全　勤

李文華　李明官　吴　迪　吴小晴　吴雙林　汪　政

沈　俊　林世田　莫其康　倪培翔　徐一清　徐同華

高　峰　陳　立　黄　靖　曹學林　常　康　張　定

張永龍　劉仁前　劉春龍　潘浩泉　薛　飛　謝冬榮

竇立成　顧寄南

《泰州文獻》學術指導委員會

（按姓氏筆畫為序）

江慶柏　金良年　茅家琦　華學誠　徐　雁　畢飛宇

程章燦　楊九俊　魯國堯　劉玉才　顧　農

總序

泰州古稱海陵，漢初（公元前一一七年）置縣，晋末（公元四一一年）設郡，南唐（公元九三七年）建州，始稱泰州。

泰州濱江近海，物阜民豐。漢唐以來，糧鹽並舉，商貿繁榮，爲溝通南北的重要港口城市。泰州素爲文教昌明之邦。唐初立州學，北宋建貢院，明清開學政試院，産出大批科舉優秀人才。泰州自古人文薈萃。走進泰州的，從范仲淹、富弼、陸佃，到孔尚任、吴讓之、蔣春霖，都留下深遠影響。走出泰州的，從張懷瓘、胡瑗、施耐庵、王艮，到李清、吴嘉紀、柳敬亭、黄龍士、李鱓、鄭燮、劉熙載、李詳、梅蘭芳、高二適，都在各自領域爲中國文化作出巨大貢獻。

泰州遺存的文獻也很豐富。僅據《江蘇藝文志》所載，便有二千七百餘種，涵蓋經、史、子、集的方方面面。其中，尤以明清時期爲夥，占到百分之九十九以上。這當中不排除由於種種原因，致使元以前的一些著述湮没無聞，但明清兩代，確是泰州文化的繁盛期。在這些文獻中，如《書斷》（張懷瓘）、《水滸傳》（施耐庵）、《王心齋先生遺集》（王艮）、《宗子相集》（宗臣）、《陋軒詩集》（吴嘉紀）、《板橋全集》（鄭燮）、《藝概》（劉熙載）、《李審言文集》（李詳）、《黄龍士先生棋譜》等，在中國文化史上都有重要地位和深遠影響。

與此同時，對鄉邦文獻進行整理的也代不乏人。自宋至清，周氏（周麟之等）、宫氏（宫偉鏐等）、陳

氏（陳應芳等）、徐氏（徐鳴柯等）等都曾致力其事，爲泰州留下了許多寶貴的文化財富。清嘉道間，鄉人夏荃編輯《海陵文徵》二十卷、附録十二卷，《海陵詩徵》十卷。民國初年，曾任江蘇省省長的鄉人韓國鈞歷經十餘年編成《海陵叢刻》計二十三種六十六册。

二〇一一年九月召開的中共泰州市第四次代表大會，提出了建設文化名城的任務。爲此，中共泰州市委、泰州市人民政府决定編纂《泰州文獻》。這是泰州有史以來對本土文獻最大規模的整理和彙編。它對於保存、利用、研究和開發泰州的歷史文化，尋繹泰州獨特的地方文化價值，爲泰州文化建設提供歷史人文資源，意義重大。

爲了保證編纂工作的順利進行，市委、市政府專門成立了工作委員會、編纂委員會和學術指導委員會。工作委員會由市委、市政府領導和相關部門負責同志組成，負責對編纂工作的領導和協調。編纂委員會由相關專家、學者組成，具體負責《泰州文獻》的編纂出版工作。學術指導委員會由江慶柏、魯國堯、程章燦、茅家琦、華學誠、徐雁、金良年等國内知名文史專家組成，負責對編纂工作的指導和把關。

編纂工作按如下幾個步驟進行：（一）進行文獻調查，建立文獻檔案；（二）精選有代表性、有學術價值的作品影印出版，選目由編纂委員會和學術指導委員會共同審議確定；（三）編輯出版《泰州文獻總目》。

《泰州文獻》分爲四輯：

第一輯『官修舊志』，收録泰州地區現存所有官修地方志。

第二輯『地方史料文獻』，收録泰州地區歷代重要的筆記和史料。按内容又可分爲史地類：收録有關泰

州歷史地理方面的著作，包括小志、專志、雜志等；政情類：收録有關泰州政治、經濟等方面的著作；文教類：收録有關文化、教育、圖書館等方面的著作。

第三輯『家族文獻』，收録泰州地區重要的家譜、家傳、家集與名人年譜。按内容又可分爲家乘傳記類：擇要收録泰州家族譜牒中的譜序、家規、家訓、箴言、族約、族記、祠田記、塋田記、雜記、著述等資料；家族總集類：以家族姓氏筆畫爲序。

第四輯『泰州文存』，收録泰州地區作者的詩文著作及其他代表性著作。按内容又可分爲學術論著類：收録泰州作者的經史雜著；文集類：收録泰州作者的詩文集；地方總集類：收録泰州作者的詩文合集。考慮到《水滸傳》、《封神演義》（《辭海》云『一説陸西星作』）、《檮杌閑評》（學界多謂李清所作）等小説流傳甚廣，版本豐富，故不再收録。其他如堪輿、術數類著作，泰州人撰泰州地區以外的地方志、地理志類著作，一般性的彙編、摘鈔類著作，亦不予收録。

《泰州文獻》原則上收録現轄區内的作家作品。但從尊重歷史出發，泰州學派創派人物、明代思想家、哲學家王艮，平民詩人吴嘉紀等人，歷史上均屬於泰州地區，對泰州地區具有深遠的文化影響，他們的作品亦予收録。

前人給我們留下了豐厚的文化遺産，我們既要加以珍視和傳承，更要在前人的基礎上，創造出無愧於今天這個偉大時代的新篇章。這是我們更重要的使命，讓我們爲之努力。

《泰州文獻》編纂委員會

二〇一三年十月十八日

凡例

一、《泰州文獻》（以下簡稱《文獻》）分爲《官修舊志》、《地方史料文獻》、《家族文獻》和《泰州文存》四輯。

二、《文獻》收録範圍原則上爲現行政轄區内作者的著述和與泰州有關的重要著述，但考慮到歷史上曾屬於泰州地區的人物，如泰州學派的代表人物王艮、平民詩人吴嘉紀等對泰州文化深具影響，對他們的作品亦予收録。

三、所收著作成書年代限於一九四九年以前。

四、《文獻》所收著作，以學術價值、使用價值較高爲原則，適當兼顧版本價值。

五、《文獻》以影印方式出版。如有蠹損、殘缺、漫漶不清處，原則上以相同版本予以補配，以保證完整、清晰。

六、《文獻》對所收每種著作均撰寫提要，置於該著作前面，以方便讀者瞭解作者生平、主要内容、學術價值等。

七、《文獻》除保留所收著作原有頁碼外，均新編頁碼，每册頁碼自爲起訖。

八、《文獻》最後一册編有書名索引和作者索引，以方便讀者使用。

目録

退齋剩稿

（清）陳啓文 撰

《退齋剩稿》三卷，清陳啓文撰，據南京圖書館藏一九四一年油印本影印。

陳啓文，字焕周，别字虹江，晚自號退齋。清江蘇泰興人。乾隆五十四年（一七八九）選貢，延試列第一。授工部七品小京官。六十年舉順天鄉試，進主事，歷員外郎郎中。究心河務。里居十餘年，猶於鄉邦利弊持論切至，風采卓然。

《退齋剩稿》分三卷，公牘二卷，雜書一卷。前有序曰：『退齋先生啓文起嘉道間，内任虞曹，外簡監司，餘二十年，於河務大政，多所論列。綜覈精當，老吏讋服。』公牘分一、二卷，共三十條，其中奏十一，禀十九，另附一摺。奏多爲反映民間各地水利及官員狀況，禀記述整理各類案件。雜書卷，有説一篇、狀一篇、書八篇、序二篇、祭文三篇、行述二篇、墓志二篇。古近體詩，古詩十一首，律詩二十四首，絶句二十四首，悉著者生平交遊之狀。《退齋剩稿》頗具價值，讀其文，可了解清代水利之狀況，官場之局面，爲不可多得之書。

（馬珊珊）

退齋賸藁

退齋賸稿序

民國二十四年、全國經濟委員會統一水政、籌謀治本、鑒於黄河之重要、自禹以來、廝引播同、唯是為務、負薪沉璧、漢稱鉅工、追至清代、河漕專官、比於方鎮、歲有常修、費累巨億、設施所及、例條繁賾、大而宣塞穿溉之方、細及夫葺新建之數、公牘私書、掌藏撰述、足以資承學之殫研、臨事之鏡考者、蓋亦夥矣、用是有整理水利文獻之議、舉凡官書檔卷圖籍、下暨私家紀載、有關河工政要者、蒐採徵求、蘄乎詳備、就清嘉慶以後、迄於末葉、輯為再續行水金鑑若干卷、復選刊水利珍本叢書若干種、爬梳理董、日不暇給、而秘鈔希槧、世鮮傳覯者、頗復賴以錄存、而流播之、肇繼承乏其間、躬勤是役、竊謂今日水工之學、蔚為專科、條畫斠然、界域無紊、學者從容研幾、塗轍可循、而往昔人士、取材於故書雅記之中、或搜索

鄭肇經　中華民國三十一年二月

之案牘叢冗之內、鑽以服官舉職、實驗所得、積年累月、苦心探討、見之編冊、閱雖文移往復、就事指陳、畢辭優義、不還條貫、要其精詣所至、因有斷制利病、洞中肯綮、棄之後世、若合符契、亘數十百年猶然而無以易者、信乎得之之難、而其言之尤不可廢也已、延令隨退齋先生啟文起嘉道間、內任虞曹、外領監司、餘二十年、於河務大政、多所論列、綜覈精當、老吏讋服、時論翕然、嘗攷其遺集、久未有獲、歲丁丑、同里金樹意先生纂修邑乘、始展轉借得退齋雜稿三卷、遂以見詒、旋國都西遷、倉卒從行、舊藏收刻圖籍、亡失略盡、獨此稿置之行篋、幸而存焉、卒卒數年、未暇釐訂、茲本處續有事乎求刊文獻之整理、發篋重讀、撮錄事若干節、校其訛奪、更為編次、以付梓人、因敘政府重視河工、提倡研究、與夫本處刊行是編之旨、識之如此、

退齋賸稿目錄

卷一　公牘上

卷二　公牘下

卷三 雜著

序

絶句二十四首

附陳退齋先生事略

退齋牘稿

陳啟文虹江著

卷一　公牘上

擬參湖廣總督奏

工部為參奏事、伏查工程保固例限、理合遵奉節次欽定章程辦理、不容稍有遷就、致滋弊混、嘉慶十年閏六月初八日內閣抄出署湖廣總督□□□具奏湖北七州縣被水情形一摺附片內稱據署司□□□稟稱鍾祥縣尹家嘴堤潛江縣新豐垸堤均係嘉慶七年借項修築、今尚未征完歸款、而鍾祥縣所修之工全行漫潰、潛江縣漫潰工段十分之二、嘉慶七年借項修堤原奏內聲明保固十年見尚在年限之內、又查乾隆五十三年荊州萬城堤沖決案內、欽奉諭旨荊州堤工着保固十年、如在限內潰決、即嚴行參處、欽此、伏思各堤既有官修民修之分、動項借項之不同、則前奉諭旨保固

五

十年、自專指荊州萬城堤動項官修者而言、其餘各屬歲修之堤以及借款仍應征還者、似不在保固之列、嗣後官修之堤仍遵例保固十年、限內潰決、責令官為賠修、如係借項民修之堤、毋庸定以保固年限、遇有潰決、仍令民自修補等語、奉旨均著照所請行、該部知道、欽此、臣等欽繹聖諭、自以該督摺內聲明五十三年奉旨保固十年、自專指荊州萬城堤工動項官修者而言、其餘各屬歲修之堤以及借項仍應征還者不在保固之列、是以仰蒙俞允、初不料其恭引諭旨或有不實、臣等恭查乾隆五十三年奉上諭、荊州沿江漫潰至二十餘處、該處堤工於四十四四十六兩年被水後、均曾借項興修、如果工程鞏固、何致屢被漫決、況此項工程、例係民修、向無保固、承辦之員並不認真督辦、草率從事、甚或侵漁入己、均屬事所必有、嗣後著定限保固十年、如在限內沖潰省、即嚴飭參處等因欽此、又奉上諭、各省修濬河堤等工、除豎小之工無關緊要者、仍任民間自行辦理外、如係緊要處所工程在五百兩以上者、俱著一體報部、予以保固限期、庶工程可期久固、而閭閻不致受害、著爲令、欽此、又奉上諭、荆州沿江堤塍、因應動用民力、此次因被淹至重、業經動帑官爲修築、俟將來歲修、再照例辦理、但該處人民甚衆、若竟歸民修、不復官爲經理、則百姓等誰肯首先出資踴躍從事、將來修理堤塍各費、派之於民、仍當官爲經理、第不肖官吏於官工尚恐侵肥、矧此項工程例歸民修、並無保固、官員等不特藉端溢派入其囊橐、而且草率從事、偷減浸漁、均屬事所必有、其該管上司又因係民修之工、遂爾漫無查察、殊非慎重堤防保護民命之道、自應酌定章程、並定以保固年限、庶工程可期永固、而官員亦不致有侵蝕情事、除此次應修之堤動項官辦外、其將令民修堤工、作何稽察保固之處、著大學士九卿悉心妥議具奏、欽此、經據原任文淵閣大學士嵇璜等議奏、欽遵諭旨、歲修荊郡堤工一律保固十年、如限內沖潰、即將承修之員參處、仍將補築夫工等項銀兩照數著追歸款等因、奉旨依議、欽此、欽遵各在案。臣等恭繹高宗純皇帝屢降諭旨、至再至三、惟恐以百姓之資、官爲侵蝕、其保固限期、止爲官督民修之工而設、且前奉諭旨內以荊州隄工推及各省、而大學士嵇璜等會議疏內、亦有此外南北兩岸民修各堤險要處所、均照此一律辦理之語、其非專指萬城堤工動項官修者言、本屬明確。嘉慶七年該督於鍾祥潛江二縣奏請借項攤內、亦經遵照定例聲明保固十年、今該藩司□□□輒將高宗純皇帝諭旨所定民堤例限概爲官堤、又將堤工通例作爲專指萬城堤一處、以奉旨著爲令者、竟意為遷就，以圖朦混。該署督□□□又不詳加察核，率行據稟轉奏，將來承修各員因無保固責成，未免草率從事，遇有潰決，又可借項興修，攤征百姓，於江防要工、閭閻生計，均屬大有關係。理合據實參奏，請旨將署總督□□□、布政使□□□交部分別議處，以示懲儆。嗣後官督民修之工，應請仍照乾隆五十三年議定章程，保固十年，以防流弊。至此案鍾祥、潛江二縣堤工，係嘉慶七年借項興修，分於限內潰決，例應追賠。據該督等以泛漲異常，水勢高過堤面，並非保護不力，亦非原築未堅，奏請免追，業經奉旨照所請行，分飭查出。前奏朦混緣由，所有前項銀兩，應否仍照定例追賠之處，伏候皇上訓示遵行。奉上諭：前據□□□奏，轉據布政使□□□稟稱，鍾祥、潛江二縣民修堤塍，無庸保固年限，並稱乾隆年間荊州萬城堤沖決案內欽奉諭旨，荊州堤工著保固

二

十年、係專指荊州萬城堤而言、其餘似不在保固之列、請嗣後除官修之堤、仍遵保固十年外、其餘借項民修之堤、無庸定以保固年限、遇有潰決、仍令民自修補等語、朕以所奏自係實情、當降旨照所請行、嗣據二部查明乾隆五十三年節次所奉諭旨、彼時大學士九卿原議與□□□原奏不符、據查參奏、所奏甚是、詳閱工部摺稿、乾隆五十三年荊州堤工潰決時、欽奉諭旨、以民修工程、向無保固、是以承辦之員、侵漁草率、諸多不免、嗣後著定限保固十年、並令各省河堤等工、凡係緊要處所工程、在五百兩以上者、均一體報部、予以保固限期、復令將荊郡堤工、嗣後作何稽察保固之處、交大學士九卿等妥議、當經繼璘等奏定一律保固十年、如限內沖潰、即將承修之員參處、著賠通行在案、是從前欽奉諭旨及議定章程、極為明晰、自當永遠遵行、今□□□摺內、輒將從前所定民堤例限、作爲專指官堤、又將堤工通例作爲專指萬城堤一處、竟係有意朦混、且鍾祥潛江二處工程俱係嘉慶七年所辦、彼時亦曾聲明保固十年、□□前奏不但請免着追、並欲此後永免保固、則承辦之員尚復何所儆戒、勢必人人效尤、偷減工料、草率從事、明係爲屬員辦工取巧地步、大屬非是、□□□□□□均着傳旨嚴行申飭、此事□□□係轉據布政使□□□□禀請具奏、□□□着交部嚴加議處、□□□着交部議處、嗣後官督民修之堤工保固十年、仍照舊例行、其鍾祥潛江二縣潰決堤工、既在保固限內、仍着追賠歸款、至工部於此事能詳細查出、據實參奏、尚屬留心、該堂司官究係何人首先看出查辦、即着據實奏聞、候朕酌量加恩、以示鼓勵、欽此、

擬駁河東河道總督料麻開銷奏

工部奏為遵旨查核具奏事。內閣抄出河東河道總督□□具奏曹河廳屬上年搶險購用料土銀數請仍照時價開銷一摺，奉硃批：工部查核具奏。欽此。臣等查山東曹河廳係嘉慶十一年曹下汎五堡魏家埠遵及碧霞元君廟前搶廂新埽，及加幫囊戧工程，先據該河督具奏，以該處蟄埽塌堤，事在搶險，稭料每垛實用銀一百一十兩及一百兩不等，蔴麻每斤銀三分八厘至四分不等，土方每方實用銀五錢，照例價核算，共應銷銀九萬七千四百六十七兩零，照時價核算，共應增銀九萬六千二百八十兩零，經臣部議奏，以稭麻二項，見經臣部奏准，稭料每垛共例幫價銀七十兩，麻斤照例價酌加一倍，每斤銀二分八厘八毫，土方一項先據該督以遠地運土，夫力艱難，每方奏請價銀四錢三分二厘，經臣部議令，雖實撙節，查將近土遠土畫定章程，以免攙混，此項稭麻六項，應分該督即照奏定幫價數目核實辦理，其土方價仍係議復核准之日查照核銷見在所開料土價值，查與新定章程不符，應無庸議等因，奉旨依議，欽此欽遵在案。茲據該督奏稱，歲料係在冬春料多之時預為採購，稭料每垛七十兩，麻斤二分八厘八毫，可敷辦理，其備防料物，正因伏秋大汛，斷非歲料價值所能敷辦，是以請於冬春時預為多購，即照歲料之價，可敷購辦，上年尚未有備防料物，除歲料用盡之外，皆係大汛搶護要工，臨時添辦，不能照歲料及備防料價一例而論，至土方價值，尚未議復咨部，而該工灘勢通融，每方價銀五錢，並非作為常例，祇就此段堤工實用之數而言，委無浮捏等語。臣等查備防料稭，係在新料登場之後預為購辦，是以即照歲料七十兩之例辦理，至搶險料物，雖係臨時購辦，但既經籌備在先，雖有添辦，亦屬無幾，是以仍照備防料價核准，此案係在未有備防料物以前臨時採辦，需費較多，自係實在情形，惟查該督於奏籌料土章程摺內，所稱臨時購辦之料，每垜亦祗需銀九十五兩足數辦理，今單開每垜銀自九十五兩至一百一十兩不等，殊屬浮多。其檾麻一項，先據該督將購備麻斤酌加例價一倍，每斤銀二分八厘八毫，搶險麻斤請照預備之價再加半成，每斤銀三分六厘，亦經臣部以備麻在先，添辦自屬無幾，所有再加半成之處，未經准行，此案雖在未有備麻之先，亦祗應照該督所請再加半成之數辦理，今單開每斤自三分八厘至四分不等，亦屬浮多。臣等悉心核議，應將稭料一項准照每垜銀九十五兩，檾麻一項准照每斤銀三分六厘，則與該督原請搶險購辦之數已無不敷，不得再有藉口，嗣後各工料物，既經籌備在先，應令遵照新定章程辦理，不得援此案加增之數為例、至土方一項、本係臨時酌辦、非如稭麻二項有當否籌備之分、先經該督具奏搶險土方、請以五錢為率、經臣部以大汛期內加廂堤岸、據奏不過擇其吃緊處所酌量幫培、需土既屬無多、則傭工不致短少、無從居奇、應仍照本土遠近分別辦理等因、奏准在案。此案土方應仍按照遠土近土籌議章程到日、再行核辦、所有單開每方五錢之數、應無庸議、是否有當、伏乞皇上訓示遵行。

擬查訪南河物料價值奏

工部侍郎奏為遵旨查訪南河物料價值、據實奏聞、仰祈聖鑒事。臣等奉命前赴南河、於四月初一日自京起程、經過沿河地方、即將物料價值留心訪問、四月二十一日抵清江浦、隨派員外郎多麟代主事承濟前往徐屬之豐蕭銅沛邳睢桃宿各等廳、主事錦明陳啟文前往揚屬之山安揚河並常鎮屬之江防揚糧各等廳、不分其假手河員分投採訪、據該司員等查得各項價值內、惟鐵器煤炭等物價值尚不甚昂、磚石灰汁土方等項、尚可量為節省、其稭料柴料麻斤草柳等項、均照該督等請加之價有增無減、臣等以現在料價正當新陳不接之時、又甫經興辦各工、價值自昂、未便援為比例、復經移取該河督等歷年批准時價原案、詳加查核、所有歷年批准之價、與見在請加之價、均屬相等、臣等逐一檢查、謹按原奏分款酌議、開列清單、恭呈御覽、伏候欽定、至物料之低昂、視乎年歲之豐歉、工程之多少、與夫地方遠近不同、時價早晚互異、原難概定、近年料價增昂、實由大工疊興、收成歉薄所致、將來年豐工減、物價日平、應責成該督並河臣確查據實奏減、不得仍前開報、致啟工員虛冒之端、即偶遇收成稍薄、非實係興辦大工歲收過歉、萬難辦理者、不得率請加增、庶足以昭限制而杜浮冒、再臣等抵浦以來、將河工利弊博加採訪、從前之弊在於辦工之不實、見在之病又在備料之不豫、每年額備歲料、例於七八月間即行給價採辦、近因籌撥較難、未能及時購辦、每遇汛期工險、臨時急購、料戶既得居奇、而其中不肖工員又或借急需為詞、虛抬價值、種種弊端、因此而起、設使於新料登場之際、將歲料全數購辦、并將另案所需、寬為籌備、分積要工處所、則遲早祇爭數月、而節省不啻倍蓰、且遇緊要工程、得以立時搶辦、所關尤鉅、其預辦料物、查明實積在工、即以用去之料、核其所辦之工、廳汛各員無從隱匿虛報、稗益實非淺鮮、應請旨飭下督臣河臣、將每年實需歲料若干、應行寬備若干、酌撥若干、內可節省若干、並如何預為籌撥之處、詳細妥籌、請旨辦理、至河道工程、欲其確核錢糧、首在嚴查工段、從前所辦各工、多以例價不敷、通融册報、現在核議各價、倘蒙恩准、則各項工需俱歸實用實銷、不得再有藉口、設加價之後、而所報丈尺仍有未盡確實之處、則靡費錢糧、較前更甚、應責成督臣河臣等切實稽查、於報險之初、確勘情形、辦工之際、嚴查做法、竣事之後、確核工段、並於每年水落歸槽之後、派委不兼河務之司道大員、將一年辦過各工通勘結報、河臣等仍親身分按嚴勘、如稍有浮冒情弊、即將承辦工員並扶同出結之司道、一併嚴行參辦、庶工歸實用、弊可漸除、帑項亦不致虛糜矣、所有臣等遵旨查訪核辦緣由、謹繕摺具奏、

擬審擬模砌偷土控案奏

工部侍郎秦為遵旨會同審擬具奏事、竊照山陽縣捐職通判張如璧控告高堰山盱廳員營員違例摸砌偷挖二堤土方一案、經臣英和將予端據呈具奏、臣欽遵尋臣徐湖會同、

督臣鐵保將該廳營各員奏請解任質審，先後奉到諭旨、袁德輝、劉志剛、鄭喜保、程啟泰等四員著解任，交英和、蔣予蒲並會同戴衢亨、徐潮秉公確查，如究出該處工程實有偷減朦混及違例取土等弊，即據實參奏，嚴行懲辦，不可因原告挾嫌及避匿不到，稍存將就了事之見，並著查拏張如璧到案對質，若訊明果有索詐不遂情事，即所控得實，亦照例治以應得之罪、欽此、臣等遵即飭令通判鄭喜寶、守備劉志剛、程啟泰解任候質、並將告假回籍之原任通判袁德輝提解前來、並據清河縣馮馨禀報將張如璧拏獲到案、臣等查堰盱堤工為淮揚兩郡保障、關係甚重、豈容稍有朦混偷減情弊、查向來石堤工程、凡遇 修到底之工、估築月壩、車水清底、簽釘梅花馬牙樁木、照例鋪底丁順閘砌、後槽土按一尺二寸為一層夯硪堅實、此辦理石工之舊章程也、所謂揆砌有、大水漲發之際、不行築壩俾水、倘用水摸夫匠於水中摸準部位排砌丁石、後檔土用葦柴簾襯、再壓重土、以期閉氣、此張如璧所控嘉慶十年十一十二等年該員并偷減草率之情形也、臣等詳加詰訊、據袁德輝等僉供嘉慶十二年並無摸砌工段、惟嘉慶十年四月水長至一丈三尺四五寸、十一年五月長至一丈八尺三寸、實為非常異漲、所築月壩、一遇風浪、土卸搓漂、勢不能築壩清蕆、而壩身殘塌、危在呼吸、又奉嚴催趕辦、只得不惜重價僱用水摸夫匠、於水中摸準部位、丁石排砌、仍於水落後、另行拆做、見已拆砌多段等語、並咨開具工單呈請查驗、臣等伏思摸砌之工、所費應省、而複行改砌、則所賠轉多、故其摸砌之有無侵肥、祇觀其改砌之是否屬實、是改砌一節、實為此案緊要關鍵、臣等率同司員道員等前赴壩所連日按石逐段詳細嚴查、確加履勘、並

一二

押帶原告張如璧令其隨工查驗據實指陳查得通判鄭善寶承修十一年石工十二段內有摸砌工四段今已改砌三段尚有未經改砌一段通判袁德輝十年分承修石工八段內有摸砌工二段見在尚未改修十一年分承修石工十二段內有摸砌工十段今已改砌四段尚有未經改砌六段守備劉志剛十年分承修石工九段內有摸砌工三段今已改砌二段尚有未經改砌一段十一年承修石工十二段內有摸砌工五段今已改砌三段尚有未經改砌二段至各該員年十二年領辦各工俱係照估辦理並無摸砌守備程啟泰則十年十一十二等年皆無摸砌贊之原告張如璧所稱程啟泰同係摸砌並稱嘉慶十二年亦係摸砌之處自認狀詞聳聽無可抵賴臣等以張如璧所控情節雖非盡是但查十年十一年袁德輝鄭善寶劉志剛等三人見有摸砌工段當

時何不照估辦理、如謂湖水異漲、勢難築壩、則守備程啟泰亦有十一年派辦之工、何以獨無撲砌、該員升顯有偷減情弊、嚴加詰訊、據供程啟泰承修十一年石工、只有拆修到底兩段、共長七丈四尺、工段有限、的日可了、是以未值異漲、業已完工、職等承修工段、自四五十丈至六七十丈不等、比程守備幾多十倍、一時難以竣事、適遇四五月間非常異漲、遂將已築月壩漫溢、旋築旋漂、曾經各上司奏明有案、設使意圖偷減、則例載石工係丁順間砌、而撲砌則全用丁石、多於順石數倍、水撲夫匠又費於尋常大價數倍、後槽塡柴又費於土價數倍、況曾繳築檄於前、又需改砌於後、一項錢糧、三番使用、實乃工員最苦最累之事、無從再有侵蝕、只求詳察等語、查嘉靖十年三月臣檢湖舊閱督臣鐵保具奏洪湖暴漲摺內、將補修石工、斲釘排樁、月壩全行沖擊、木植漂淌

情形甚屬緊要在案、是所難月損沖擊不得不設法搶砌、查
非意存偷減、尚屬實在情形、惟此項搶砌工段、既係救急權
宜、非為經久之計、則於水落歸槽之後、自應作速拆修、以資
鞏固、何至今尚有未改工段、復行嚴詰、據供前兩年湖水異
漲、旋築旋擊之工不一而足、一時設法賠修、力難接濟、只得
擇其堅實可靠者、量為補綴、仍須改砌之後、方敢稟請驗收
趕限保固、務不得以因循了事、但未能即時全改、實屬遲延、
只求從寬治罪等語、是其改砌遲延之咎、已據自行承認、無
可置辯、至張如璧所控偷挖二堤土方一節、查堰盱二堤砌
自康熙二十五年、並無歲修培築、日久淋塌、雖屬勢所難免、
但究屬大堤外護、並以障隔二河之水、不致淹及民田、自應
加意保護、豈容稍有傷損、嘉慶十一年春間、高堰工次曾有
竊土之事、臣徐潮批委該管道查明、並非工員私挖、委係人

夫趨便竊取、當將失察之効用張玉松等分別枷責、並將該管守備記大過二次、十一年六月復經高堰通判鄭善寶稟經淮揚道黎圖以嘉慶十年十一年歷辦土石磚工、各員所帶人夫間有貪近取土、出示嚴禁、各在案、臣等親加查勘、自武家墩起至高堰六堡止、並山盱廳所屬各堡殘缺尚少、皆係舊有情形、其自高堰六堡起至十三堡止殘缺甚多、並有露明刨挖痕跡、查失察竊土之員弁、業經分別示懲、其投効土石磚工各員、亦經臣徐端查無有意私挖情事、但於所僱人夫自應管束、未便因其尚非知情、遂令置身事外、該管廳營及各上司未能及時查辦、亦難辭咎、見經臣戴衢亨臣徐潮將應行修補處所、逐細估計、每堡各需土方若干、即照土石磚工案內所報方價、核明銀數、在於高堰六堡至十三堡承辦各工員名下、並該廳營各員及該管各上司分別賠繳、著落該員補修、嗣後責成該管廳營專司稽查、倘再有竊土人夫、立時查拏、從重治罪、倘該員弁不行查究、別經察出、並將各該員弁嚴行參處、並張如璧控告之由、訊緣該犯原名張璧、嘉慶元年在河營食餉、四年拔補協辦把總、十年以玩誤要工、咨部撤退、改名捐納通判職銜、希圖河工投效、因投効未成、復思加捐通判、訪知袁德輝等從前有攬實撲砌之事、起意索詐、於嘉慶十年將住房一所向鄭善寶押賣銀二千兩、又託劉志剛向袁德輝索幫銀一萬兩、並令劉志剛幫銀捐官、伊等均未允從、該犯遂行控告、並於遞呈以後避匿不出、希圖賄中調停、經清河縣緝獲到案、審據供認前情不諱、以上係被告兩造情節、均經勘訊得實、自應各科各罪、查此案被控解任之廳汛各員內、除守備程啟泰所辦各工、查明並無撲砌、應飭令回任供職外、通判袁德輝、鄭善寶、守備劉志剛搶砌各工、訊由尸埧以資權宜救急、求清撥仍當賠修、並無偷減情弊、惟通判鄭善寶於十一年搶砌之工、尚有未經改砌一段、通判袁德輝守備劉志剛於十年十一年搶砌之工、未經拆砌較多、殊屬遲延、事關要工、未便僅照尋常遲延處分、致滋輕縱、臣等分別勁擬請旨將通判袁德輝守備劉志剛革職、通判鄭善寶請旨革去頂戴、均將搶砌工段勒限改修、如依限修理完整、再行奏明請旨、倘仍有遲延革辦等情、奏請從重治罪、再據時堤工綿亘百數十里、臣等見在查勘止係案內各員承辦之工、此外各員有無似此搶砌尚未拆改之處、必須徹底清查、方於要工有裨、應由河臣臨時切實查勘、如有前項情弊、即行指名嚴參、勒限賠修、以懲延玩、臣戴聯奎臣徐瀚斷不敢稍存瞻徇、自干咎戾、至原告蔣璧扶嫁控告一節、查所控違例搶例偷竊土方、訊非無因、律得免議、其藉端訛詐、亦未得贓、罪止杖責、惟查該把易名冒捐、殊干例禁、即無此次控案、亦當科以應得之罪、查例載武官承差人等、曾經爲事問革、例不入選者、其隱匿公私過名、以圖選用、事發問罪、枷號一箇月、未除授者、發附近充軍等語、該把張如璧本係河營協辦把總、因誤公撤退留公差遣、原給委牌尚未繳銷、輙敢改名報捐監生、加捐通判職銜、希冀河工報効錄用、情同隱匿公私過名、希圖選用、惟所捐究係職銜、應請將張如璧革去通判職銜、照爲事問革隱匿過名以圖選用、未除授者、發附近充軍例上量減一等、杖一百、徒三年、至配所折責安置、執照追繳、至臣戴衢亨係總漕兼管河工、臣鐵保有兼管之責、乃於該廳營拆砌遲延、及人夫偷土、未能及早督修完善、均有不合、應與該管道員一併請旨分別交部議處、除余招咨送刑部外、所有臣等遵旨會同勘驗審擬緣由、謹繕摺具奏、

擬駁龍江關監督增稅奏

工部奏爲遵旨核議具奏事、內閣抄出龍江西新關監督□□奏龍江工關所屬和州含山等處桐篾稅、經工部議令、止准照大江則例減半征收、其餘竹木煤炭、係工稅大宗、仍請照舊征收、於例內添註、以歸核實一摺。嘉慶十二年八月初五日奉硃批：户部核議具奏、欽此。欽遵、於本月初八日抄出到部、臣等會查得龍江工關所屬和州含山收稅正口、前據該監督□□奏請除桐篾稅仍照大江則例減半征收外、其餘應征工稅、請於工部見行則例內添註照大江則例征收字樣、經工部議覆、和州含山分口桐篾稅准照大江則例減半征收、其餘應征工稅、係例外增添、恐致藉端擾累、駁令無庸添註在案。今復據龍江西新關監督□□奏稱、准户部劄知、議覆龍江西新關監督□□奏龍江工關見行則例內和州、含山二處分口抽收紙有桶簍稅照大江則例減半外、並未另有應征工稅、今請添註其餘工稅照大江則例征收字様、係屬例外增添、應無庸議等因、劄知到關、查龍江大關濱臨大江、凡江西湖廣等省客商販來貨物、均由長江經過大關照例完稅、始赴鎮江分往南之蘇杭北之淮揚兩路銷售、從前因大江上游南北均有汊河支港、客貨易於繞越大關、故於江以南高淳縣屬之東壩湖嘴江以北之和州含山縣等處設立正口分口巡查處所、無非慎重國課杜絶偷漏之弊、是以戶部則例內、載有東壩湖嘴和州含山等處稅口分收工稅字様、龍江工關則例內載有東壩湖嘴、和州含山等處抽收桶簍稅照大江則例減半字様、雖原例意因各該處桶簍零星小販為數無幾、與大江過往成總貨物本有區別、所以例內指明減半抽收、至竹木煤炭一切不用桶簍之貨物、既不經過大關、皆可繞越違出關境、是以各該處口分口歷年悉照大江則例征收、歷歲課定額不致偷減、商民相安、從無撓阻、近緣刁販逞奸、妄思漏稅、藉稱例內止有桶簍稅、其餘貨物並未註明、不應征收稅鈔、前經奏請於例內分晰添註、俾知遵守、並非例外添收、分部臣止准和合等處抽收桶簍、其餘工稅以為例外增添、議駁不註、伏查和合等處、舟簰所收竹木煤炭以及不裝桶簍雜貨工稅盡皆逐款載入部頒親填簿內、按年呈送部科照冊磨對、彙核相符、始行題銷、如非應收之稅、則部科早經按款指駁、何能歷年遵照辦理、例內註明、則分口征收工稅、按大江則例、原係舊日成規、並無增添、商民共知遵守、不該則此後竹木煤炭等貨既不應照舊征解、又無減半抽收之條、轉以從前辦理之工稅為誤行征收、於政體殊有關係、若含糊照辦、仍行征解、則刁商控告，更有藉口、轉難折服其心。且龍江關工税全仗竹木煤炭為大宗，如果止准和州含山等處抽收桶簍税，其餘一切應征工税不照大江則例征收，則東垻尚嘴等處之税與和含事同一體，自必相率效尤。嗣後必將竹木大辟改為小把，煤炭雜貨改裝小船，悉由東垻尚嘴運赴蘇杭，或由和州含山運赴江浦縣之浦口，下達淮揚等處，繞越運行，客貨俱不由大關經過，則龍江關應征之竹木煤炭大宗工税將來勢必日形虧短。不敢以部議已定，拘泥緘默，致滋貽誤，尤不敢妄執私見，例外增添税課，累及商民。謹據將辦理支絀緣由札商兩江總督臣□□，意見相同，再將現在情形詳細奏明，請仍於例外添註，以歸核實等語。工部查關税則例於某處口岸應征某項税物，莫不分晰註明，遵例征收。關例禁

考會典內載和州含山征收桶簍税，又工部則例內載和州

合山征收桶簍税、又龍江關税課則例内載和州合山征收桶簍税照大江則例減半各等語、是和含應征之項、僅止桶簍、凡不用桶簍裝如竹木柴炭等項、皆不在應征之列、例文確鑿、推原例意、係桶簍所載、水陸皆可販運、不必定由大江往來、是以於和含二處分局抽收、又以其祇係零星、究非成總貨物、故僅照大江則例減半、於征收税課之中、仍寓體恤商民之意、至竹木等項、上自江西湖廣、經過九江蕪湖龍江等關、下達蘇常淮揚等處、皆由大江順流而下、無從繞越偷漏、且蕪湖龍江相距二百餘里、自蕪湖投税之後、中途銷售、例所不禁、斷無於二百里内三設大關之理、此會山、則例所以於龍江分口之和含二處僅征桶簍税、而竹木柴炭等項、則皆在正口收税、立法本屬精詳、今據該監督奏請於例載征收桶簍税内下、添註其餘貨物悉照大江則例征收字樣、豈衹若非添註征收，則商販趨利，必以大簰改爲小把、煤發，改裝小船、或由和州含山運赴江浦縣之浦口、下達瓜揚等處、繞越過關等路、臣等查府木簰境皆滯塞難行之灘、大江順流而下、爲勢甚易、若於支河小港改撥繞越，則搬運起駁爲費已多、而且淺流迂道阻滯難行、計其所費必且什伯於投稅、小民趨利，何樂而爲此、該監督此奏，如果實爲偷漏起見、何不於正關下游繞道出口之處添設巡查、而乃於正關上游例不納稅之地增添稅額、竟似舊典，則例、皆可任意增改、而於蕪湖龍江兩關之中、忽行添設大關、凡自蕪湖納稅之後、有不運至龍江關而於和含處等銷售者、皆令例外納稅、有自龍江關轉販至和含等處者、又可例外重征、甚至民間自行買用之竹木柴炭、亦可藉端例稅抑勒征收、殊非恤商便民之道、雖據該監督奏稱歷屆征收載入親填簿內、積

習相沿、歷有年所、而據奏紛紛興訟即由於此、斯其例外征
收商民不服、已有明證、若以興訟之故、輒於例載稅欵之外、
率行添註、以為抑服小民之地、尤非政體、嗣後和州含山等
處、自應照例征收桶籜稅、以符定制、不得輕議更張、致滋擾
累、所有該監督請於例外添註之處、應仍無庸議、至從前濫
收竹木等稅、究係始自何年、有無征多解少之處、應請旨飭
下新任安徽巡撫董□□確查具奏、俟查覆到日、再行分別
核議、再查該監督原奏內稱戶部則例內載有和州含山等
處分收工稅字樣、以為應行添註之證、節經移取戶部則例
攷、覈詳查、並無此語、援引殊屬不實、應請旨將監督□□交
部議處、是否有當、伏乞皇上訓示遵行

擬議扣康完繳分賠銀兩奏

工部奏為奏明請旨事、先於嘉慶十三年准前任山西巡撫

咸□咨辦、據潞安府同知賓□代賠伊故父賓□□前任江南河庫道任內代賠原任總河蘭第錫未完漫工銀七千兩、查明原籍任所並無資財、請照例在於應得養廉銀內坐扣一半、經臣部以坐扣廉俸俱係各督撫旗籍自行專摺奏明、本部難以核准、仍令依限著追去後、茲據山西巡撫衙□咨辦、部議條例內開、現任官員有應追未完銀兩、查明委無應業、不能依限完繳者、將養廉按年只須坐扣一半等語、今議同知賓□應追前項漫工銀兩、本係代賠中代賠之項、既經原籍任所查明並無資產取結送部、似與坐扣養廉之例相符、仍請將每年應得養廉內坐扣一半等因前來、臣等伏查嘉慶十年臣部遵旨查辦例案內、奏明酌中定議各款內開、凡應追因公核減分賠攤賠銀兩、有本員離任、經各部院督撫咨請俟該員補官日於廉俸內分季扣還擬

二〇

前辦過各案、或準或駁辦理參差、查嘉慶七年欽奉諭旨、文武各官賠項有應扣繳廉俸者、此後每年祗須坐扣一半等因、是見任各官應扣廉俸者猶得邀恩祗扣一半、而離任之員轉不准於補官之日扣交廉俸、揆之情理、似未平允、嗣後應追因公核減分賠等項銀兩、由該旗籍任所查明並無財產取結咨部、請俟補官日坐扣廉俸之案、即行核准照辦等因奏奉諭旨准行在案、嗣於嘉慶十一年江南總河咨撥俟補同知王□□未完分賠銀兩、查明無力完繳請俟補官日扣廉選缺、經臣部以該員賠項數多、而廉俸有限、奏請不准坐扣等因亦在案、自節次具奏之後、凡遇咨扣各案、有銀數較少、照前次奏准之例議准者、有因銀數較多、且後次奏准之案議駁者、又有以坐扣廉俸應由各旗籍自行奏明者、其不敢援照前例概行議准之處、自為慎重錢糧起見、但思

坐扣廉俸、總當論其家產之有無、而不僅在銀數之多寡、查
戶部例載文武官應繳欠項銀兩、除銀數不多、該員呈請在
於半年一年廉俸內可以全行坐扣完結者聽其坐扣外、餘
俱勒限完繳、其有限滿未完、業經該旗籍查明結報家產全
無、准於所得俸廉內遞年抵扣者、嗣後每年只扣一半等語、
詳繹例意、前一節所載銀數不多、始准坐扣、係指未經查明
家產者而言、後一節所載按年只扣一半、係指查明並無家
產者而言、分或以銀數較多、將查無家產之員與未查家產
之員一例核追、未免無所區別、再此等案件、既經戶工二部
奏有成例、似不便行令該旗籍自行奏辦、轉致辦理紛岐、自
應奏定章程、以歸畫一、應請嗣後因公核減分賠等項銀兩、
無力完繳請扣廉俸之案、除見任內外文武大員例得自行
奏事者、其應准應駁、非臣部所敢擅議、應令自行奏明、候旨

遵行外、其各官員內有自行呈繳家產、將不敷銀兩請在廉俸內坐扣者、此項人員是否實無家產、非由該旗籍查明結報、恐呈繳之數未必盡實、除不敷銀數無多可於限內坐扣完結者、仍照舊例准行外、其不敷銀數較多、限內不能扣完者、即行據實詳駁、不得率准代奏、瀆請邀恩、至有各旗籍任、查明實無家產取結加結請在廉俸內坐扣者、此項人員使無官可補、本在例得豁免之列、祇緣見食廉俸、是以酌扣抵、若不准坐扣、仍行勒限追交、則該員既無資產可變、而廉俸外又無應得之項、恐藉口賠累、滋啟弊端、且此等核追之案十不及一、轉使該員等得以坐食廉俸、於事理既不平允、而帑項仍無實濟、應請遵照節奉諭旨及户工二部定例、准其坐扣一半、陸續清款、其有自請全扣者聽、倘本係有力完繳、故以請扣廉俸希圖延宕、各該旗籍扶同結報者、別經發覽、即將欠解本員並扶同之旗籍佐領各官一併嚴參治罪、似此畫分界限、庶有力之員不得藉端取巧、而無力之員亦得逐漸扣還、不致全歸無著、如蒙俞允、臣部即行載入則例永遠遵行、所有山西巡撫咨報潞安同知□請扣廉俸一案、應請即照此次奏定之例辦理、是否有當、伏乞皇上訓示遵行、

擬核實河道工程錢糧奏

工部奏為奏明請旨事、查江南河道工程、每年請撥帑金動盈鉅萬、該河督等自當嚴飭所屬杜絕浮冒、以重帑項、而裨要工、臣等就近年所報工程錢糧通盤合計、似其中尚有未盡核實之處、不敢不就愚昧所及、奏請聖裁、河道工程以歲修為最要、蓋搶險之工、祇補救於臨時、而歲修之工則預防於先事、每年水落歸槽之後、通查各廳境內新舊埽工、料應行補廂加廂拆廂各處所、逐一詳加估計、概於桃汛前一律

修墩、如春修後偶有蟄刷、仍即隨時廂墊、果使實估實修、毫無偷減、則大汛經臨、自可足資抵禦、即或有迎溜生險應行搶護處所、而歲修之工已固、即搶險之費無多、是以歲修冊內每段用銀自數千兩至一二萬兩不等、而搶修之工每段舊例不得過五百兩、即分加價兩倍、亦不得過一千五百兩、特爲畫定限制、并非謂一千五百兩之外、聽其另案開報無論若干銀兩、轉可不加禁制也、至所謂另案者、或係無工處所新生埽工、或於有工處所添接埽段、或舊埽淤閉停修、突經蟄刷、凡皆歲修所不及、始准其於常案之外、另行開報、故名之曰另案、而節年以來、凡遇河溜坐灣之處、奏辦護埽工程、業已鱗次櫛比、但使於歲搶修案內實力修防、自不致滋生他險、故奏報另案、實爲不應常有之工、從前祇緣歲搶修二項定額不得過五十萬兩、廳員等以例價不敷、不得不借另案名目、虛估寬報、通融辦理、迨嘉慶十一年蒙恩加價兩倍、歲搶修二項每年用銀至一百四十餘萬兩之多、廳員等自不得藉口不敷、仍前虛報、則另案工程自應大減、而近來奏報另案較從前工減之年仍不見少、每年需銀總在二百萬兩上下、又自加價之後、漫工屢見、正溜既已旁趨、則另案著重工程應少、而統計所銷錢糧仍與常年相仿、臣等就該督等所奏各案情節、詳加查核、內除新生埽工滋接埽段及於閑停修各工之外、其以舊埽朽腐沉陷蟄塌另案開報者幾居四分之一、殊不思舊埽朽腐、即其歲修案內亟應修補之工、其已估歲修者、固係修築之不堅、其未估歲修者、亦係估修之不實、若非奏定章程仍前另案准銷、則不肖廳員於歲修案內或祇將情形較輕處所略事補苴、雖照額銀開報、而其實係沉蟄朽腐之處、轉或壓擱不修、以爲另案開銷之地、殊於工程錢糧大有關係。見據該河督等將嘉慶十四年各道廳歲修工程共用銀九十九萬九千三百餘兩造冊題估，而是年搶修另案二項尚未造報到部。臣等查見在冊開工段尚無不符，除照例分案具題，仍令照例題銷外，應請旨飭下該河督等轉飭所屬將歲搶修工程實力查辦，並將每年桃伏秋三汛期內每汛修過工段丈尺分次開單具奏，再行彙案題估。如有見在修防並未報明淤閉之工、旋因舊埽空虛沉陷蟄塌另案奏報者，即其歲修案內估辦不實之明驗。無論該年冊內曾否估計興修、概將所需另案銀兩著落該管道廳等官分別賠繳，不准開銷、並令該河督等將各廳汛內所有新舊埽工開具地名起止段落丈尺、某段業經淤閉、某段見在修防，造具總冊送部查核、以杜挪移掩飾情弊、其每年增入修防及續經淤閉處所、再於各年秋汛後專案册報、如有將見在修防之工揑稱淤閉及無工處所、希圖影射者、一經察出、即行據實參奏、請旨嚴辦示懲、庶歲修不致草率、而另案可期漸減矣、是否有當、伏乞皇上睿鑒訓示、

擬議覆江南河督通籌南河全局奏

大學士工部奏為遵旨會議具奏事、內閣抄出江南河督總督吳璥、徐端具奏通籌南河全局應次第修復舊規一摺、於嘉慶十五年四月二十六日奉硃批大學士會同該部議奏、欽此、據該河督等原奏內稱、近年南河之患、緣河口以下數百里河身高仰已久、非水力攻刷一二年不能深暢、而刷黃必須蓄清、當年上游設有毛城鋪減水石壩、黃水盛漲、由此分減入湖、河口以下有王營減壩、於盛漲時啟放、黃水一落、清水自出、今則上游不能減黃、下游又無分減之處、於是倒灌日甚、前督臣鐵保條奏各工機宜、請照前河臣靳輔建減

三四

黄助清之法、修復毛城鋪、王營減壩、以冀漸次挽回、見據道
將籌通盤籌畫、除此亦別無良法、將見在次第籌辦各工列
為五款具奏、臣等伏思河道工程有今昔形勢之不同、而疏
治之理則一、國朝治河之臣、無過靳輔、當時河道敝壞甚於
今日、其受患之由亦緣海口高仰、河口淤墊為梗、今該河督
等既請修復靳輔舊制、自應通考昔日治功之次第、合之今
日之情形、通盤籌議、方克有濟、並非摘舉其一端、便可有濟
於全局、該河督等所奏各款內、有奏准應辦之工、亦有應行
另為詳議之處、謹將臣等條議緣由逐款開列於後、一、據奏
惠濟正閘應請拆修一款、臣等查嘉慶九年欽差前任尚書
姜晟等奏請將運口惠濟通濟福興清江等正越閘八座、分
年拆修、嗣於嘉慶十一年據河督等將惠濟越閘通濟正閘
清江正越閘四座拆造完竣、茲據奏惠濟正閘一座因嘉慶

十三年湖水冲激不能啟閉請即趕緊拆修、查該閘為湖水入運關鍵、且係嘉慶九年奏准拆修之工、自應准其估辦、一據奏王營減壩趕先修復一款、臣等查嘉慶十三年先經督臣鐵保奏請將王營減壩照舊修復、嗣經臣長麟臣戴衢亨奉命查勘、查得該壩關係運道機宜、實屬應修、惟舊壩地勢逼近黃河、又舊壩裏頭原止一重、易致冲刷、擬請挪置舊壩西首、照舊式作滚壩一座、再於壩下三十丈添做石壩一座、以為重門保障、並於分別各工緩急摺內、將前項壩工請於是年霜降後儘先辦理、旋因連年急辦之工甚多、未及撥項興辦、茲據奏趕購石料、於今冬明春修砌完竣等語、查該壩為減黃減壩、前經奏明急辦之工、應令該河督等查照原議規制、如式興修、其原估銀五十萬兩、請於鹽斤項下動用之處、查兩淮加價一項、前經該河督等奏請留為高堰堤工需

六五

用、分石工尚未興辦、自應儘先修復王營減壩工程之用、應分兩淮鹽政照數委員解往、仍將餘存銀數除此次撥用外尚存若干、一併查明報部查核、一據奏大汛期內攢堵攔黃壩難敵倒灌一款、臣等查攔黃壩為黃水入淮之門、亦即淮水會黃之路、從前止於秋汛水落後收束口門、水盛即大加拆展、自嘉慶十一年始有堵閉斷流之議、至嘉慶十二年以倒灌停淤撓渠濟運、乃於大汛期內堵閉三次、是皆一時權宜、本非長策、茲據奏江廣重運渡黃往往在六月以後、以致堵閉甚遲、停淤已厚、臣吳璥前任倉場侍郎、曾有令漕盤壩剝運之請、因需費繁多、勢不能行、若專剝江廣漕糧、似尚易辦、而見在亦難猝辦、惟有會同督臣漕臣催攢渡黃、俾彼時清水高於黃水、聽其暢出敵黃、如黃水高於清水、即將攔黃壩堵閉等語、查近年運河動輒淤墊、以致糧船渡黃率多遲滯、見在雖據該河督等會同催儧、而於如何設法儧渡俾得及早完竣之處、亦未實有把握、且該河督等籌議堵壩以救倒灌、止在重運已過之後、及空運未至以前、設於重運空運正在儧行之際、適值倒灌停淤、不能濟送、雖中間堵閉一時、亦殊無益、設使旋閉旋堵、歲至再三、恐漕運愈致稽遲、而河局且因之徹壞、近年運口以內如荷花塘百子堂平橋三堡狀元墩等各處漫工疊見、運道爲梗、致河湖各工亦皆不遑補救、揆厥所由、皆借黃濟運之所致、今奉諭旨通籌全局、自應將漕務河防、從長計畫、乃僅恃堵壩一着爲目前救急之方、萬一河漕兩誤、所係匪淺、仍令該河督會同督臣漕臣將重空幫船如何設法籌辦、俾河漕不致兩誤之處、詳細奏明核辦、一、據奏毛城鋪石壩仍應修復一款、臣等查嘉慶十三年先經前任督臣鐵保奏請修復毛城鋪石滚壩以備宣洩黄河盛漲、嗣經臣長麟臣戴衢亨奉命查勘、查得該壩啟放日久、河水下趨著重、自乾隆四十年以後、屢次漫水吸溜、今該壩東西相距五十丈、挑驗石跡已非前河臣靳輔舊制、一經啟放、黄水建瓴而下、難保無潰決之虞、訪得天然閘迤東十八里屯有前河臣靳輔所建石閘二座、每座寬三丈有餘、挑深可得二丈以外、當經臣鐵保臣徐端並道將公同熟議、皆以修此二閘足敷宣洩、較毛城鋪事半功倍、請即趕緊修復、其毛城鋪石壩無庸辦理、等因、奏蒙聖鑒在案、據該河督等通籌全局、以十八里屯兩閘僅寬六丈有餘不足以資宣洩、請仍將毛城鋪石壩修復、以資減黄助清之用、臣等查近年黄淮交病、由於河身高仰、清水不能刷黄、轉資黄水以濟運、黄水倒灌、而河口日淤、清水涓滴不能外出、轉注運河、以致清黄並漲之時、泛濫旁溢、而高堰亦愈形著重、勢必頻減減清水以救危險，減減之後，清水益弱，黃水愈乘虛而入，停淤瀆決，百病叢生。今擬減減黃水，使之不致侵淮，即將所減之水轉輸入淮，助長清水，使之出而敵黃，因係急治倒灌之計。惟查河口停淤，由來已久，前河臣靳輔經理第一疏首言昔人以水刷沙，固屬不易之策，但淤有新舊之不同，三年以內之新淤，衝刷甚易，五年以上之舊淤，衝刷甚難，必須大加疏濬、[illegible]後，河口以下歷雲梯關外一帶大事疏挑，河已順軌，然後議建減水閘壩，以備節宣。其初疏剔河身，則並不將此。歷查靳輔時大挑河口在康熙十六七年，而毛城鋪等處閘壩則於康熙十九年始行建築，其施工次第先後可考。見在雲梯關外，自馬港口起至二木樓止，雖經興議大挑，而河口一帶淤塞如故。見據奏洪澤湖未交大汛，已存水一丈三尺八寸，清水不為不王，仍為黃水所限，不能外注清口，可知河口積淤寔爲高梗、乃僅以減壩轉輸之水刷積年淤墊之沙、設使宣洩無多、固於助淮無益、若宣洩太甚、恐黃水既有停淤之患、湖水復有過漲之虞、似亦不可不慮、且查靳輔舊制、徐城上下南北兩岸共建閘壩十有餘處、而毛城鋪寬止三十丈、其他天然峰山等閘、皆不過數丈、蓋多建閘壩而束其口門、故減洩有餘而節宣在我、今則舊時閘壩大半就堙、而毛城鋪石壩寬至五十丈、迥非當日舊制、故一經啟放、勢若鯨奔從前傅家窪丁家集張家莊王平莊邵家壩唐家灣等處漫口吸溜、已有前車可鑒、前經臣長麟臣戴衢亨面詢臣鐵保等、僉言修復毛城鋪開放時極爲搶險、開放後亦不免流弊、見在雖據該河督等以近日漲水僅高壩底數尺、不致跌塘吸溜、並將引河堤岸積爲多方保護、但該壩口門究屬寬廣、勢大力猛、殊恐難以控制、再自石壩以下、經碭山蕭縣及宿州靈璧五河等境入靈芝孟山泗山等湖然後匯入洪澤湖、瀰漾數百里。前經臣長麟等勘得水過之陳梁馬路王家庄等處地土浮鬆、恐築堤亦難堅實、又前河臣靳輔時以靈芝孟山等湖地本卑窪、不嫌淤積、今則啟放日久停淤自厚、恐亦非當日情形、該河督等既為此奏、是否啟放之後、實能於疏刷河口必有裨益、並如何查照靳輔舊制酌量籌辦、以防流弊之處、應仍令詳議妥籌、切實奏明辦理。一、據奏停辦高堰碎石坦坡改築二堤一款、臣等查高堰大堤先經督臣鐵保河臣戴衢亨等節次具奏、該堤建築年久、根腳浮鬆、一經風浪、易致蟄卸、請照前河臣築做土坦坡成法、填築碎石、俱據該河督吳璥前在江南總河任內、亦以高堰大堤應築碎石坦坡為請、並經該河督徐端等試做坦坡五百餘丈、節經風浪不動、著有成效、遂於上年冬定議建築、奉旨准

動兩淮鹽斤加價銀兩分年砌做等因、欽此欽遵在案、茲據
奏此項工程需費過繁、且須八九年之久、勢難久待、請將二
堤加幫高寬與大堤相平、再加高三尺、則大堤雖遇非常風
浪、有二堤以為重堤、淮揚去歲俱可高枕無憂、即湖水盛漲
無庸輕放五壩等語、臣等查高堰二堤、亦係前河臣靳輔舊
制、係大堤後有運料小河一道、間遇開放五壩、其倒漾之水
由此分減、故建築二堤以資擋護、俾不致淹及民田、形制卑
狹、本不足為大堤重障、至高堰大堤祇因臨水石工不無坐
蟄脫落、故議築砌石坦坡以資外護、其附石土工本屬堅厚
節經加高幫寬、又屢次加築子埝、乃數十百年經營籌辦之
工、果將坦坡辦竣、不獨堤工鞏固、並可節省歲修、實為一勞
永逸之計、公議改修二堤、縱使築做高寬、而新築之土究屬
鬆浮、斷不如久經壓實之堤為可靠、將來大堤石工偶遇蟄

飭是否仍須修補、如仍前歲修則年年增費、後年年搶險、如棄而不修、萬一大堤可虞、豈二堤所能抵禦、該河督等似不應藉口於費繁日久、輕改已成之議、別圖難必之工、且高堰大堤關係運道民生、甚爲重大、設使該處堤工實有難以久持之勢、抑或另有難辦情形、應令據實覆奏、恭請聖裁、不得稍涉含混、以上各條謹就臣等愚昧所及、恭擬覆奏、是否有當、伏乞皇上審鑒訓示、

擬議覆兩淮鹽政條奏漕運事宜奏

大學士尚書工部奏爲遵旨詳議具奏事、嘉慶十五年十一月二十五日内閣抄出兩淮鹽政阿克當阿具奏河運艱阻、亟宜變通籌辦、以濟漕運而衛民生一摺、奉旨大學士六部尚書會同該部詳議具奏、欽此、臣等查該鹽政原奏内稱、南北運河歲運軍糈數百萬石、以供天庾、所關國計民生、甚爲

重大、通年南河形勢日漸淤高、漕運阻滯、患在河流無刷沙之暇、海口有壅遏之虞、近於雲梯關外挑挖引河、疏通海口、不日工竣、自可通暢無虞、惟淮揚運河日形淤墊、若不亟為變通籌辦、恐河患未除、漕運日加阻滯、謹將催儹糧船、挑挖運河、並籌節經費、慎重防守各事宜、列為八條、具奏、其所奏催儹糧船一條、據稱近年各省漕船、春夏之間重運相繼、秋冬水涸、陸續回空、數月間催儹往來尚且不及、奚暇籌辦河工、間有挑浚、亦祇聲顧目前、非久安長治之道、病在漕船不能冬兑冬開、故回空不能趕早、治河亦因而延誤、明年江廣重船既由撥船往上、其江浙各幫亦須設法催儹、務令今冬開兑、於明年九月內回空、全數渡黃、以便籌辦河務等語、臣等查南省糧船冬兑冬開、本屬舊制、近因運道淺阻、不能剋期歸次、多於十二月及次年正月間始得渡黃完竣、本年催攢尤緊、亦於十一月十七日始攙掃搶南下、司河諸臣惟往來催攢之不暇、他皆不遑救治、果能於九月內渡黃告竣、則應辦各工、皆可以次第興舉、即值清水稍弱、而攔黃壩得以相機堵閉、數月間可收以黃刷黃以清刷運之效、於河務自爲有益、應令督臣河臣漕臣等嚴飭上緊催攢、得早一日歸次、即早辦一日、聖廑無得意存鬆懈、仍致稽遲、其所奏挑挖運河一條、內稱淮揚運河綿亘三百餘里、近年來屢次漫口、更加淺阻、若不及早挑挖、則運河不能通暢、尤恐爲時過促、草草蕆工、旋挑旋淤、終歸無益、必於九月內俟各省漕船過竣、即將清江頭二三壩堵閉、涂填斷流、上自清江、下至瓜州、分段挑挖、務盡十冬臘正四月之力、催儧完工、如此辦理、一二年、庶冀一律深通等語、臣等查近年來運河淺阻、固由於屢次漫口、兩漫口之故、則由於黃河倒灌、倒灌之故、則由河

三〇

底墊高、清水頂阻、不能不借黃水以濟運、以致積淤潰決，百病叢生、是運河為受病之地，而實非致病之源。果使海口修復以後、河口淤墊頓除、清水得以暢出敵黃、並得分流濟運、則運口以內、新淤不致停留、舊淤並可刷滌、即或道里綿長、水力不無漸弱、加以人力疏挑、自可事半功倍、設使河口之淤墊未即疏消、清水仍有頂阻、似應於喉吻要地、籌畫機宜、為控制全局之計、若不除倒灌之根、而亟亟以挑挖運河為事、恐濁流內滾、旋挑旋淤、雖一時疏濬深通、亦屬無益、況黃水來高而下、運河之挑挖愈深、則倒灌之勢愈猛、決堤吸溜為患滋多、臣等公同商酌、以現在運河應否大挑、當以黃水之是否倒灌為準、應請旨飭令兩江督臣托津、順天府尹初彭齡會同督臣、河臣確勘情形、奏明核辦、其所奏撙節估計、將挑河之工、築為堤身、後戧、不必增高、又請撥試用候補人員一員二十員分段挑挖、又請派道府十員總司稽查、並於平餘項下各給飯銀、以免藉口賠累、是皆大挑運河款內條晰事宜、應令尚書托津等勘明後、如果定議興挑、再將前奏各條一併核議具奏、其所奏河員宜常川在工查看一條、據稱山清裡外河同知及揚河揚糧兩通判原係專司河務之員、自應常川往來查看、一有罅漏坍損之處、立即修補、乃該廳員及營汛弁兵漫不經心、且以有事為榮、從中牟利、實堪痛恨、請令督臣河臣飭該廳員及營汛弁兵每日各在汛地防守、以備不虞、除有公事不得常往清江會集等語、臣等查廳汛官弁職重防守、如果於所管堤岸常川察看、遇有罅漏隨即修補、自不致滋生他患、今如該鹽政所奏、是該管官弁竟不以防汛為事、並或希冀生工、從中牟利、以防守河工之人、轉為河工之蠹、厥罪尤重、至若非有公事、輒往清江會集亦屬

三八

有千功令，均應嚴行查辦。應請敕交尚書托津等嚴密查訪，果有前項劣員，即行指名參辦，以儆積玩而重要工。其所奏經費過繁，宜加核實一條，內稱河臣等近以例價不敷，奏請更定新例，凡河工請撥帑項，動輒數百萬金，不知此數年中新例比舊時例價多用若干，果能有益於河工，是否盡歸實用，此時民力未可徒勞，例價亦難複舊，但當定以限制，不得節外生枝，再請加增等語。臣等查河工報銷以歲修搶修及另案搶險為常年必有之工，至堵築漫口及籌辦全局修估土石各工，不能以常數計算。嘉慶八年以前，統計歲搶修另案多在二百萬兩上下。自嘉慶八年下游淤墊，河局漸改，雖時尚未加價，而所用銀數已至二百七十餘萬兩之多。迨十一年加價以後，需用愈繁，所用銀數自二百六十餘萬至三百六十餘萬兩不等。本年二月經工部以近年來歲搶修續已加增、而另案仍不見少、該河督所奏以各案分一作形內贍新生埽工添接埽段、及舊埽淤閉停修、突經刷塌、凡皆歲搶修之所不及、無庸置議外、其並未淤閉停修而以舊埽朽腐沈陷墊塌參報另案者、幾四分之一、此等舊埽朽腐即歲搶修案內亟應修理之工、恐係廳員等膠擱不修、以為另案開銷地步、奏請嗣後遇有此等工程、即著照數賠繳、不准開銷、並令將舊有埽工查明段落丈尺、某段業經淤閉、某段見在修防、造冊送部核辦等因、奉旨允准在案、如果舊有埽工概歸歲搶修案內實力修防、則另案工程應可漸冀節省、惟查近年以來、大工疊出、如王營減壩、郭家房、蘇家山、陳家浦、荷花塘、牛根旗杆、百子堂、平橋、三鋪、蔣家壩、龔家營各等處堵閉漫口、及普律修培各大工、每案需銀數十萬及一二百萬兩不等、以致數年之內所費不貲、似此工款繁多、誠難保無經手各員從中浮冒情弊、應請旨飭交尚書托津等嚴查奏辦、無任稍有隱飾、並見衍價值已比舊例加增、而大工加價則又在常例加價之外、國家經費有常、豈容逐案增加、漫無限制、應如該鹽政所奏、嗣後附遇大工、務令撙節估計、不得有加無已、致滋冒濫。其所奏天然壩宜禁開放一條、內稱天然壩為高堰尾閭、所恃以保障淮揚者、乾隆十六年欽奉上諭立石永禁開放、近年以宣洩積水為詞、又開放此閘、淤沙俱歸洪澤湖內、湖淤水高、下游居民均受其累、且每次開放堵合、均用銀若干、徒費錢糧於河工、有損無益等語、臣等查高堰迤南舊有天然壩、所以宣洩湖水、乾隆十六年高宗純皇帝巡視堰工、以啟放此壩水勢一往莫禦、下游被害、立石永禁開放、因將舊有之三石滾壩增設為五、即今日之仁義禮智信五壩是也、自增設五壩以來、間值湖水異漲、亦止開

三二

祇一二壩、從無五壩並啟、更無啟放天然壩及動項堵閉之事。惟徐城上游之蕭縣地方有天然閘與峰山等閘、同係宣洩黃水、閘過伏秋盛漲、奏明啟放有案。與高堰之天然壩相隔數百里、事不相涉。該鹽政既稱天然壩為高堰尾閭、又稱近年以宣洩黃水為詞、復又開放此閘、是將閘與壩牽合為一、而以例准啟放之天然閘認為永禁啟放之天然壩、似屬錯誤。至峰山天然等閘本係減黃助清之路、今既據該鹽政奏稱淤沙俱歸洪澤湖、以致下游被害、其應如何酌定章程、以時啟閉之處、亦應請旨飭交尚書托津等確查具奏。所有臣等會議緣由、理合恭摺具奏。

參陝甘總督第一奏

為參奏隱匿揭欵、含混具奏之督臣長林、請旨將全案卷證提京審辦、以防欺蔽而肅功令事。查律載官吏人等增減官文爲所規避者、各照規避本罪加等治罪、例載森嚴。況以封疆大吏遇列款揭參之案、豈容刪減情節、化實爲虛、以圖朦混。臣蒙恩發甘省差遣委用、於本年八月初七日署理西寧道篆、查得西寧縣倉庫錢糧不獨虧缺累累、而且舞文作弊、幾使虧缺之數、無迹可尋、實堪痛恨、遂於十月十一日開列款蹟、詳請督臣長林據實參奏、臣原詳内稱西寧縣倉庫錢糧弊混多端、有已虧而匿不報出之款、有未虧而懸爲捏報之款、有業經補還而巧爲隱匿之款、有應交庫儲而消歸烏有之款、有奉旨飭禁而仍行朦混之款、有借名攤補而私行侵盜之款、查欽差尚書□□等查奏各州縣虧缺清單内、西寧縣除十五年以前舊虧外、前縣李□有新虧公項銀二千七百兩、見任楊□□有新虧墊支者棚銀三千八百餘兩、見在著追皋蘭縣沈□□前在西寧任内、新虧應解司庫銀六千六百餘兩、業經撥款全完、是此外已無不清之款、故西寧州虧新虧最少、在通省最為完善之區、乃該縣□□□於本年造送嘉慶十九年奏銷冊内開報故令徐□新虧下色倉斗糧三萬五千四百餘石、前任沈□□新虧下色倉斗糧二萬一千餘石、李□新虧下色倉斗糧七千九百餘石、並於冊内聲稱尚有另虧帶參及不敷開除上色倉斗糧四千四十餘石、又草束項下於清查冊内報明新虧七斤草六十一萬餘束、均在欽差尚書□□等奏明虧缺各款之外、又見任楊□□本任應儲倉糧項下、除糶見在查出隱匿未報之實存合色糧石全行挪出抵補外、仍虧下色倉斗糧一萬五千餘石、銀三萬餘兩、又在奏銷冊内開除虧缺各款之外、此已虧兩邑不報出之證也、西寧縣原報新舊虧共銀十二萬九千九百餘兩、内除舊虧銀九萬四千餘兩、只該新虧銀三萬五千

三四

九百餘兩、分據清查冊開新虧銀三萬八千二百餘兩、計多報新虧銀二千三百餘兩、而新舊總數仍屬相符、推求其故、則由該分將舊虧款內抽去銀二千三百餘兩、因於新虧內增出銀二千三百餘兩、以湊符十二萬九千九百餘兩之數、而其減報者乃已虧之虛款、其增虧者乃實存之倉儲、又於虧草束項下、無故抽去銀一千五百餘兩、餘□無著項下無故抽去銀一千八百餘兩、凡其減彼以增此、無非以虛而易實、殊屬取巧遷延、迨經駁查、而□□□登覆、情節支離、影惝殆不可辨、見查該分餘□交代冊內只虧上色倉穀糧一千七百餘石、而該縣進送清查局定案冊內虧開二千七百餘石、前縣李□交代冊內尚有長餘青稞五千餘石、而該縣進送奏銷冊內虧開李□虧缺青稞八百三十餘石、捏報顯然、再查奏銷冊內將應存上色糧石除扣留二十二十一年共糧之外、虧盈無存、仍稱不敷開除糧三千餘石、係下屆補除、覓虧到於無可虧處、殊非情理、此未虧而意為捏報之證也、奏銷冊內既將虧缺糧石全數開除、而其中或將他色抵補、或將糧價交存、均應逐款登明、庶幾補還之項、不致終歸泯沒、乃□□□造送奏銷冊內、僅載虧缺之數、而前任園□舊虧案內抵交上色倉斗糧五千六百餘石、又買補上色倉斗糧四千二百餘石、又故令係□彌補糧價銀八千兩、冊內均無一字聲登、惟於造送清查實存項下載有彌補銀八千兩一款、而其抵補各項糧石僅據旁文側見、不入實存之數、造該縣造送清查定案印結、內載實儲倉糧項下竟將抵補糧石全行匿去、是使各項倉糧終於有虧而無補、此糧款內叢雜補還而均為隱匿之證也、十五年舊虧案內共銀九萬四千六十餘兩、內除解交司庫及攤消未完、見在咨追藝支未領

三五

各項共銀七萬九千九百四十餘兩、其餘攤消已完及墊支已領銀共一萬四千一百一十餘兩均應實存縣庫乃□□□造送清查冊內僅於實儲項下載有攤消已完銀一千六百三十餘兩、其餘銀兩不但未據報存亦並未據報虧、不知歸於何處、迨經駁查只據□□□自認虧短銀二千五百餘兩其餘銀兩輒稱即在故令徐□前任李□沈□□原報虧缺數內等語查徐□等原報虧缺僅將糧草二項、雖有案據、毫無銀款在內、如於原虧數內增出銀款一萬一千五百餘兩、即應於開除糧款項下、扣存下色糧二萬三千餘石、不得混兩為一、重複報虧、試問此項糧石又存何處、此銀款內業經補還而巧為隱匿之證也、清查定案冊內據開應儲銀二萬五千五百餘兩、前經職署遺查出遺漏緣由、移查本任遺□□□去後旋據覆冊內開應儲銀三萬兩有零、與清查冊

二三

已屬不符，歉之萬餘兩之外，尚未覓獲，甚且甚遠，尤難於交出之數，消算項銀一萬一千五百餘兩，前分沈□□坪攤價銀三千三十兩，長餘糧價案內短報銀二千三百餘兩，當商出糾總銀六千二百餘兩，仍被侵而不歉，查原稱職糧必先經定擬存若干，而後核其應抵若干，分款縣清查冊內，姑無論所賠職嚴不肯虛懸，即先就存款而論，冊外隱匿之數，已登於冊，獻應存之數，今知前送定案冊結殊不足據，此應交原籍所清節為有之發迴，嘉慶十四年據修總督松□具參該管州縣並獨有將上色糧一石抵穀下色糧兩石者，請旨嚴禁，奉旨嚴飭，務不准折算每因，訛此，欽遵在案，今查前任沈□□原斷下色糧三萬武千三百餘石，除對支餘上色糧一萬四千二百餘石抵除外，見據□□□於奏銷冊內，仍開沈□□新斷下色糧二萬一千餘石，是沈□□任內，仍係以

三八

上色一石糧除下色一石、而該縣□□□於本任應交下色糧石數歸入交存之後、餘上色糧一萬四千餘石、俱請抵交下色糧二萬八千餘石、隨將實儲下色糧三萬四千餘石、撥補實儲下色糧六萬九千餘石、又另造上色抵補下色印冊一本、並將各任虛懸抵上色糧石之項、虛為開報、聲請一石抵除兩石、以為自行侵冒之地、百計取巧、不顧與欽奉諭旨相違、此奉旨防弊而仍行朦混之證也、前故令徐□於嘉慶十七年四月病故、接任李□接收交代、業已結報無虧、迨嘉慶十八年□□□任內、報出虧缺倉糧三萬七千餘石、草五十萬八千餘束、果使屬實、既應詳請咨追、乃即於報虧文內聲請代為彌補、其有無借名提撥等情、已覺不無疑竇、而其所謂彌補者、業據後任□□□禀出□□□借彌補為名、於報明虧缺之外、私賣倉糧九千餘石、並受出舍王銀五千餘兩，則是□□□賜託美名而陰圖厚利，無論所禀是否屬實，均應徹究，乃禀牒已投，藩司□□諭飭遵□□□率令自行清理，明示以賄和了事，其私賣之股，侵蝕之款，一切置之不問，而其詳請彌補攤派銀一萬九千餘兩，見又半歸無著，此捐名彌補而私行侵盜之證也。以上指出辦混各情節，均徵查有文案冊卷，確鑿有據，竊以奉旨清查原以追還舊欠，杜絕新虧，乃不特已虧之項半付子虛，並將實儲之款頓歸烏有，轉不如未經清查之先，其應存款目尚有空文可據，非嚴行懲辦，無以警墨吏而重邊儲。理合據實揭報，仰請憲台俯賜察核，嚴飭護撫□□□奏參嚴審，一面委員署查明虧缺實數，並此外有無未完及缺儲倉糧，有無挪新掩舊情弊，據實詳報，以期水落石出等語，督至□□接據詳文，自應查照揭報各款，據實嚴參，以憑逐款究辦，即或刪繁節要，亦覓得概行隱匿此實為虛懸、茲查督臣參摺內稱、據署西寧道陳啟文查出西寧縣於報入清查虧數之外、竟有隱匿未報之倉糧庫項為數不少、且再查該縣一切交代文卷與前遞清查奏銷冊籍逐一核對、其中弊混之處不一而足、顯皆糊西寧縣知縣□□□革職拏問嚴審擬議、一面查封備抵等情、第言虧數不少、而不言虧數之若干、第言弊混不一、而不言弊混之何在、從未揭報虧空及指參弊竇、未有似此揭之空虛無據者、其為意存消弭、已可概見、且使此案情節如果盡在□□□一人之弊混、猶得以業經革審為詞、分查原揭各款情節最重者、尚在匿報虧糧一節、應欽差尚書□□等甫經具奏止虧糧價等項銀六千五百餘兩、旋據該縣奏銷冊報虧糧六萬八千餘石、此外銀兩草束未經報出之虧缺各款、不在此限、祗就其公然開報之數、已倍蓰於欽差入奏

之數、是此次特旨清查所有奏免鄉蠲之畢竟屬不可混抵

造查案據、則該縣於三月內造送清查冊內已將前項虧糧

一一報明在案、此項之未經入奏者、實由清查局之不報、欽

差、並非西寧縣之不報清查、當該縣造報之時督臣□□尚

未奉有迴避清查之旨、是此案隱匿重情、似不應卸罪他人、

而督臣不任其咎、且甘省各道府多以失察虧空有干處分、

而督臣□□保舉卓異之西寧道□□□保舉堪勝道員之

西寧府知府□□、獨以前項虧缺未報欽差之故、均得幸逃

吏議、又如奏銷冊內開報虧糧二萬一千餘石、前任西寧縣

□□□見經督臣破格保奏陞補河州知州、如果所虧之糧

業經完繳、何不聲敘還款、如尚未據完繳、則應罪干大辟、何

得一面報虧、一面保奏、是不獨倉庫之虧缺、任其昧瞞、並將

國家刑賞之大權、竟為倒置、與查督臣□□初奏清查之始、

明知西寧縣之虧輸不清、輒以無虧入參、其實在虧缺之數、
既未續行盤查、又復由為隱匿、以致人言嘖嘖、謗議橫生、茲
既經揭出前情、似不應置原案於不提、藉以掩飾前非、又臣
原詳內開、據西寧縣知縣□□□揭出前任知縣□□□借
彌補為名、私賣倉糧九千餘石、又侵蝕倉工銀五千餘兩一
款、案關重大、乃督臣□□揭內竟將此款情節全行抹去、所
有被揭之□□□、遂令自行清理之西寧道□□□、均無一
言參究、直若並無其事、臣一介庸愚、何敢越分妄言上參大
吏、第思甘省州縣舞文侵盜、公行無忌、實在令人髮指、是以
列款揭參、乃督臣□□仍復刪減情節、化實為虛、不以據實
陳奏、誠恐舞文之吏、益無顧忌、其何以懲積弊而儆官邪、為
此據實具奏、合無仰懇皇上天恩、俯准將全案卷宗人證提
京審辦、臣情虛仍請解任赴京備質、以杜狡展、臣不揣冒昧、

不勝悚惶待命之至

參陝甘總督第二奏

為查出西寧縣監存糧石足數估撥兵糧、詳請督臣將前請採買之處、奏明更正、不為蹤辦、據實奏請聖鑒事、案查督臣□□本年奏估二十二年兵糧摺內、西寧縣派定採買糧二千五百石、等因。經臣以西寧縣造送清查冊內截至二十年年底止、應存上色糧九千七百餘石、若全數估撥兵糧、餘存無幾、是以奏派採買、以期寬為儲備、今臣於清查冊報應存上色糧石之外、查有隱匿未報之前任圖□交存上色糧五千六百餘石、買補上色糧七千六百餘石、又交代案內前縣沈□□交存上色糧一萬四千六百餘石、三共隱匿未報糧二萬七千一百餘石、均係實儲在倉、何難將此項監存糧石於清查案內報部實存項下聲明更正、所有二十二年需用

三九

兵粮、即可在於此項粮内儘數給撥、無庸發價採買、若非照部定案、則鹽者自鹽、買者自買、不特多費錢粮、兼恐該縣即以鹽務之粮爲採買之粮、適足供其肥橐營私之計、請督臣□□奏明更正在案、並令自因有餘、未奉批駁、聞有此項粮石尚未歸款、不便估撥之議、並擬覆請旨□□□以本年奏請採買兵粮、係照成案辦理、詳因移咨前來、臣愚竊以既經查有鹽務之粮、何必更備成案、況其尚未歸款、是即有心隱匿之明證、本年督臣爲西甯縣奏借口粮、則稱倉儲無幾、請領折色銀兩、爲西甯縣奏撥兵粮、又稱倉儲無幾、請領採買銀兩、動撥請帑、而粮聽自賣、見查西甯縣知縣□□□於本年七月二十五日開倉私賣、直至八月初四日臣參撥赴任之日、始行封倉停糶、計已賣去上色號豆二千九百四石、查有回籌儲撥、正在另詳揭辦、是該縣則一面私賣、督臣則一面發賣、而虧糧之價每石一兩、買糧之價每石一兩七錢、即將來繳價無虧、而倉庫已耗其半、既經臣詳覈前情、仍不奏明更正、似非實心體國之道、為此冒昧具奏、伏祈皇上睿鑒核辦施行、

退齋牘稿

卷二　公牘下

陳啟文虹江著

啟用三廣二檢算議　全稿僅存四節餘佚

三均本即三歸，凡一總數而三分之者，皆用此法，此算法之通例，及當算經所載腰鼓田鼓二條，俱用三歸，即此項算法之始也。數通考所謂三數相併，以三歸之，而得一體之積是也。至三均名目，惟算天文者之與見在所用法異，緣奉堂台查驗單內稱此爲三均法，彼前具說帖即以三均呼之，其實此項算法，向無三均名目也。

查各家算書，俱言三廣法須上下廣相去皆停方可用，若長短不齊，便不可用，即如冊開中淤六尺七寸，面淤二尺八寸，必須某面所淤尺寸相去中淤尺寸深不同，而寬面皆同，方爲脗合。河淤情形本無一定，勢不能於數十百丈之內，其東

四六

兩淤面尾無分寸之差、恭查御賜數理精蘊難題卷內、具言
三廣舊術之疎、斯即此法不行之證、
若以長短不齊、改用二梯、則必須分出每梯各寬若干、方可
核算、御賜數理精蘊所載梯形、俱載明上截下截各長丈尺、
斯其明證、今冊內既無東西各寬丈尺、則應減出方若干、似
亦未便臆斷、且三廣二梯皆須淤土形勢、兩面斜坡如梯之
層遞而上、方為合用、若只是淤灘高低臆拋、如淤開中水深
六尺五寸、挑淤五寸、兩灘高出水面一尺、挑淤八寸之類、其
非斜坡可見、則形與梯異、二法皆難強合矣、
況過中低則比三歸為減、中高則比三歸加增、將來報銷冊
內、以下作高、就多避少、尤屬勢所必至、是名為此案減、實
暗為從案加增、不可不防其流弊也、若乃同一山面斫深、或
用三廣、或用三歸、又或參用二梯算法、既屬多寡互異、總致

紛紜轇轕、無所適從、於事体殊多未協、總之三歸之法中、亦不無盈縮、而裒多益寡、自獲平均、三歸六撥可以行及纖微、而補救盈絀此、勸多寡得前人用法之妙、未必不知有三歸二撥之術、而專用三歸、然亦不無深意也、

右擬初具說帖內之四議、遂呈堂定案、議詳考歷來算書、以伸其說、時朱文正公總理工部、亟稱文章典雅、議論宏通、以為可傳、惜無存稿也、雅彥謹註

請挑賈魯河稟 全稿僅存三節餘佚

竊豫省境內有賈魯河一道、元賈魯之所開也、緣省城西南之密縣、滎陽等境、滎山峻嶺、深溝巨壑、每遇山水漲發、勢若建瓴、自鄭州而東、一望平衍、漫溢易潰、賈魯因汴河之舊、大加疏通、以資宣洩、後人因名之曰賈魯河、上自滎陽境內之須水索水及鄭州境內之京水合流處起、歷中牟祥符尉氏

扶溝西華及商水之周家口入淮，水漲則疏消有路，雨少則灌溉可資。鹽艘商販藉此轉運，非獨省城資其利濟，並河北之彰衛懷等府亦因商船販載百貨流通，裕商便民，實爲豫省合境民生攸賴。

溯查雍正十二年、乾隆二年、二十三年、五十年均因淤墊淺阻，節經奏蒙恩准動帑興修，歷經擇要疏濬，並未一律大挑。見查河身雖扶溝境内呂家潭迤下十五里許有□濟河一道合流爲助，故下游之西華商水一帶尚屬深通，迤上則因淤沙日積，節節淤墊。

伏查賈魯河深通之際，猶恐異漲難消，特於上南河廳境内之核桃園地方建閘一座，俾其分瀉入黄。嗣因黄河墊高，閘口淤閉，復於中牟祥符等境開設廣濟、惠濟等河，以防賈魯河盛漲之所不及。茲廣濟、惠濟等河既已淤成平陸，而賈魯河正身又復淤墊日甚，各州縣之水無諸道可歸，無尾閭可洩。當盛雨水較少之年，又值冬令水涸之候，而鄭州中牟沿河一帶，仍致泛溢，設遇積雨深霖，山水陡發，難保不更滋他患。且於伏秋汛內，浸及上南河廳之秋桃園、石家橋一帶堤根，每遇搶險之際，買土難求，於黃水工程亦屬大有關係，並下游各縣，又因淤淺不通，商載鹽艘均須陸路起運，以致百物增昂，貧民失業，長蘆商人亦因運費不貲，日形擁累，節經各州縣紳耆士庶及長蘆商人紛紛籲請興挑，

勘覆曹考廳屬舊河情形稟

某月日，節奉憲諭，飭將曹考廳屬曆盤堤以北舊河形一道與見在正河水面及口門以下水面比較，舊河底高下若干丈尺，並舊河形見在寬深丈尺，有無淤墊、高仰，以北首舊大堤有無殘缺，見量與臨河大堤高矮若干丈尺，該堤土性若何，

國正

能否改歸故道、並舊河內村莊地畝若干、迅即會同前往審度情形、按段繪圖、開摺稟覆等因、當經職道等將前往會勘緣由、先後稟覆、並飭原查各委員將查過各項丈尺開具清冊、先行稟送憲台查核各在案、職道等查磨盤壩東北舊河一道、自北岸蘭陽下汛頭堡堤起、至曹中汛十三堡迤南歸入正河、計長三萬餘丈、此某前憲初次委員查勘之舊河也、旋因該河自故城汛之橫堤迤東勢多窒礙、另覓舊南堤內若城舊治之順堤灘形一道、擬於橫堤內北開挖平地一千五百餘丈、斜向東南、將舊河引入順堤灘、仍行平地一千餘丈、以歸於正河、此某前憲續經委員查勘之舊河也、職道等會同各委員攜帶原查各冊逐細勘量、查得磨盤壩南面正河與北面舊河各按水面核計、舊河底低於正河底四尺八寸、所謂舊河勢順可以改道者因此、至橫堤一帶則舊河底轉高於正河底八尺、曾中泓舊河尾高於正河底一丈五尺、此舊河比較正河高下之情形也、至舊河本身寬自三四百丈忽六三十丈不等、參差於寬數十百丈之中、各就窪處立埝、而自舊龍窩以下河身較之舊河工頭遞高一丈餘尺至二丈餘尺不等、殘坨積沙不在此數、以三萬餘丈之遠、分六千餘質之多、每節節差一分、積累便成數丈、設令移下而就高、愈窩積淤而成鉅、雖各段中亦間有低窪處所、而低處之通流無救於高處之為梗、詢厥所由、則上游以引河未成而積勢、下游以正河倒漾而停淤、加以數十載之淤沙堅積、有長無消、以致西窪東高、勢甚懸絶、至順堤溝形約長七千餘丈、寬一二十丈至四五十丈不等、內有積水六千餘丈、西深四五尺、東深數寸、迤下則一律乾涸、以水作平、亦其節節高仰之明證、此見在舊河及順堤溝形之丈尺情形也、至北首舊

四四

堤距現在臨黄大堤十四五里至二千餘里不等、各段堤身低昂不一、歷難比較得實、惟就舊北堤詳加察核、南高六七尺、北高二丈餘尺不等、自蘭陽汎起至考城汎小宋集止、土性純沙、多有底墊、頂僅與地平、自小宋集起至曹上汎止、嵌沙含岸、其高低處所頂寬二三丈不等、而破碎殘缺、水溝浪窩、以及鼠穴獾洞所在多有、此見在北首舊堤之情形也、至舊河內村莊地畝、除蘭陽曹縣境內、見飭該縣查覆、俟覆到再行稟辦外、考城境內據該縣稟開共大小村莊二百七十四處、戶二萬一千餘家、田二千八百餘頃、此見繼查出村莊地畝之情形也、至奉檄飭議能否改歸故道之處、職道等竊以大河兩岸南亢而北下、故歷來漫決之處、北岸尤大、且恐遲延為阻、從前青龍岡擬興大役、亦祗係改北而南、設今由南改北、則雖勢若建瓴、恐不敢輕為擬議、況今青龍岡邊上之四千餘丈、謂可奔流以下注、青龍嘴迤下之二萬餘丈、則須逆激以上行、過顙在山、未足為喻、其不可行者一、橫堤以西、既使奪流以北徙、橫堤以東、又令中道以南旋、水性剽悍、難如人意、其不可行者二、橫堤一道綿亘二千餘丈、少為折展、則束水不流、全行起除、而土山淤在、方期迅激滿行、忽遇攔門大埧、其不可行者三、舊堤殘廢、歷數十年、另行築做、則需費不貲、僅事幫培、則隱患無已、其不可行者四、數千頃之田園、盡成澤國、數萬家之烟火、忽付洪波、兵荒之後、人心易搖、設滋事端、噬臍何及、其不可行者五、舊工新出、尚屬棘手、到處著險、更甚燃眉、遺速工長、備財無術、其不可行者六、然此猶其患之在後者、大河吸川、全在引河得勢、而青龍嘴迤下之引河口、則全河之咽喉也、分較之青龍嘴迤上舊河高下、即以丈計、且兩岸土山夾峙、河身僅寬三四十丈、寬處不及二十丈、比較上游寬處十不及一、舊出路雖以遷移、漸出更無從堆積、上游浩瀚、到此一束、驟入咽喉之地、哽噎不下、斯即上游則深如當并、舊堤亦毀若築墉、置新險於非籌、令民居而業閉、而以數千里排山之力、阻塞於二十里甕底之中、既不能順勢以東趨、欲得不暴高而北潰、民生運道、惡不忍言、從前未以引河屢敗而不竭、是以壩工屢築而無成、然不借鑒於前車、轉欲致尋其覆轍、而此議者、不過以節省亡帑、聳動聽聞、而於成敗之機、未深籌而熟計也、遽發斷議、謹將愚昧所及、據實直陳、祈邀台於按臨北岸之便、順道履勘、則一切要害情形、瞭如指掌矣、

約估舊河改道土料銀數稟

竊照舊河改道之議、前經奉檄會勘、當以種種窒礙、斷不可行、挑河築堤均可不須估計、是以前稟內未將土方銀數瑣

細情據奏憲札以某前院遵有估册、查去拋清堵堤二項共土三百萬方以內、需銀六七十萬兩儘可蕆事、飭即將估出方銀數、以備查核、並將是否應備料物切實稟明等因、遵查某前憲委員初估築堤補缺需土三百七十餘萬方、挑挖引河、需土一百九十餘萬方、二共土五百六十餘萬方、旋經委員減估築堤補缺需土一百三十餘萬方、挑挖引河需土一百五十餘萬方、二共土二百八十餘萬方、較原估減去土二百八十餘萬方、至料物一項、此後均未估及、某前憲所謂需銀六七十萬兩儘可蕆事者、係照減估數目而言、職道等查乾隆四十七年青龍岡邊下舊挑引河、寬四十丈、深至一丈五六尺、據奏尚不能與河面相平、進口門收窄至七八丈時、蓄水抬高、引河始可進水、故不得已而有改築南堤之議、是就當日情形已非挑深二丈餘尺不可、況經三十餘年淤

江寸

沙積墊、有長無消、百數十里連綴萬卿、有增無減、將欲墾於前歲、自應愈加寬深、今姑撥至少估計寬仍四十丈、深仍二丈餘尺、計工長二萬八千餘丈、已需土二千餘萬方、即或謂横堤西南有順堤瀆形一道、可以量爲減估、而瀆之東西兩頭、各有平地一千餘丈、計其酌減之數、不敵其應增之數、至舊堤殘廢、歷數十年、亂穴鑽洞、所在多有、縱不另行搬築、亦須大加幇培、今姑撥初估價寬十丈、再行酌減、以七八丈爲率、加以補還缺口、亦不下三百萬方、再青龍閘大壩係屢潰衝溜處所、河流到此、復有北趨之勢、且上游沙淤、下隘不溜、非厚積料物斷不可恃、多則千埽、至少亦須五七百埽、遥下遥工長難定、若險何處、姑以每隔五十里積料三五百埽、以資上下接應、合計不下二千埽、麻纜稱之、此外起除沙積、還耕丈山、增築雕壩、另建閘堰、安插難民種種繁費撙節

酌估、總須費一千萬兩以外、攤當毋精、且向來引河、亦不過
四五十丈、迤下則僅止抽溝、今以青龍岡迤上之四十餘丈
為引河、而以青龍岡迤下為抽溝、何況寬深如許、不知正河
形勢皆愈東而愈下、舊河形勢則愈東而愈高、既不能逕瀉
遞深、自不能逕渡遞減、若如委員所估深皆不過丈餘、是地
高者兩面有一丈餘尺、總欲其在山而過顙也、又將曰舊築
南堤僅寬五丈、何以寬於北堤、北堤頂以上八丈為率、不知從前
改道、係於平地築堤、內外高下相等、縱有潰決、不致驟然奔
瀉、旋北堤以外低至數丈、設有不虞、勢必建瓴而下、若如委
員所估、今新舊既寬三丈、是僅以一丈餘尺之新堤而捍無
數權洞說穴於其中、執規若趙乘而磐石固、至料物一填既
辦、原估銀各處、自視為無庸籌備之款、伏查乾隆四十七年
原奏內稱、曲家樓一帶灘槽坑坎、縱橫無數、縱此次竭力補

杕、難保無虞等語。今若謂改道之議、定必順軌循流、處處無弛已上
患、不必更需備防、是以從前至危之地、視為至安而不惜寢
薪而厝火也、以上各項情節、各委員屢經相度、豈不籌計及
此、特以節省銀數、必須多至數百萬兩、則說可聳聽、既可濟
他日之吹求、而事必不行、不致有目前之干係、即如該員等
初估復估、多寡懸絕、及詢以因何增減之故、均含糊、似此
聽斷、即於六七十萬兩之中再為減估、亦無所不可矣、所有
遵札查明委員等先後估計及職道等見在酌估緣由、理合
稟請鑒核、

條敘西寧縣倉庫弊混請飭司確訊稟

竊查西寧縣倉庫錢糧弊混虧短、前經職道列款詳揭、蒙憲
台批發秦摺、此言虧缺不少、而未言虧缺之若干、此言弊混
不一、而未言弊混之何在、誠恐承審各員稍存事後消彌之

見、其何以警墨吏而肅綱紀、除將該縣虧缺數目另文詳請核辦外、所有前揭牌混各款、合再詳叙原委、逐款開列於後、伏祈憲台飭司逐款查訊、以杜含混、

一、甘省前經奉旨清查、除欽差部堂奏明虧缺各款之外、均[illegible][illegible]稱無虧、茲查原奏清單只虧糧價等項銀六千五百餘兩、而奏銷冊現報虧糧六萬八千餘石、又清查冊內虧草六十一萬餘束、計其公然開報之數、倍蓰於欽差入奏之數、是此次特旨清查、所有奏呈御覽之單、竟屬不可憑信、前項虧短是否西寧縣之不敷清查、抑清查局之不報欽差、抑或欽差之不行入奏、應請確查、

一、西寧縣原報新舊虧共銀十二萬九千九百六十餘兩、內除舊虧銀九萬四千六十餘兩、只該新虧銀三萬五千九百餘兩、今清查冊開舊虧共銀九萬一千七百六兩零、計

少報銀二千三百餘兩，新斷共銀三萬八千二百一十九兩零，計多報銀二千三百餘兩，減彼增此，是何意見，懇請飭司確訊。

上次清查案内舊斷庫項銀八千三百二兩零，制錢二十六千零，此次清查册内聲叙舊斷改爲斷短繳費等項銀三千八百三十七兩零，是何意見，懇請飭司確訊。

一、交代案内，前縣徐□斷缺七斤草五十萬八千四百五十三束零，今清查册内改爲三十三萬五百六十九束零，前縣李□斷缺七斤草一十一萬七千九百四十八束零，今清查册内改爲無斷，前縣沈□□斷缺七斤草二十九萬四千七百九十束零，今清查册内改爲二十八萬五千六百八十七束零，總共少報斷草三十萬餘束，計無故抽去草費銀一千五百餘兩，而楊□□見送册内又行補入，是

增忽減是何意見應請飭司確訊、

一、故令徐□無著銀九千九百五十八兩零、今清查册内開報無著銀八千一百八十六兩零、無故抽去銀一千七百七十一兩零、而揚□□見送册内又行補入、忽增忽減、是何意見、應請飭司確訊、

一、故令徐□交代册内只斷上色糧廿千七百餘石、今清查册内開斷上色糧二千七百餘石、是何意見、應請飭司確訊、

一、前縣李□交代册内尚有長餘青稞五千一百四十九石零、今奏銷册内聲稱斷糧青稞八百三十二石零、是何意見、應請飭司確訊、

一、奏銷册内將額征上色糧石除扣留二十二十二年兵糧之外、斷盡無存、又於常平項下開除上色糧八百九十二

石零、仍掛不敷開除糧三千餘石，候下屆補除，覓虧到於
無可虧處，已不可解，而及代冊內歷任報虧秈米一百一
十八石零，裹米九百三十二石零，豌豆一千七百一十石
零，就使屬實，亦止共虧上色糧二千七百六十一石零，此
外不知何人所虧，應請飭司確訊。
一、奏銷冊內僅載虧缺之數，而將前任圖□舊虧案內抵交
上色糧五千六百餘石，買補上色糧四千二百餘石，又故
令餘□攤補糧價銀八千兩，冊內均無一字聲登，其清查
定案即結，亦將補還糧石全行隱匿，將使此項倉糧有虧
無補，是何意見，應請飭司確訊。
一、舊虧案內共銀九萬四千六十餘兩，內除解交司庫攤虧
未完，見在洛追墊支未領各款共銀七萬九千九百四十
餘兩，其餘攤消已完及墊支已領銀共一萬四千一百一

十餘兩，均應實存縣庫，乃清查冊內僅於實儲項下載有攤消已完銀一千六百三十餘兩，數少甚多，是何意見，應請飭司確訊。

一、清查冊內據開應存銀二萬五千五百餘兩，旋據□道移冊內開應存銀三萬四百餘兩，見據楊□□冊報應存銀三萬六千七百餘兩，種種不符，此外尚有匿報之平糶贏餘價銀，當商生息，墊支已領及舊辦案內應行補入應交庫儲銀八千三百餘兩，任意增減，是何情理，應請飭司確訊。

一、上色一石抵除下色兩石，前經奉旨飭禁，茲查沈□□任內照例以上色一石抵下色一石，而楊□□輒將沈□□交存之上色糧一萬四千二百餘石，自請抵交下色糧二萬八千餘石，是何意見，應請飭司確訊。

一、本年七月楊□□冊報請將歷任長餘上色八石作抵下色兩石、無論與前奉諭旨不符、而所開前縣徐□交存上色糧九千二百三十九石、前縣李□交存上色糧二千五百六十石、前縣沈□□交存上色糧一千三百五十五石、現查該縣倉儲並無此款、憑空捏造、是何意見、應請飭司確訊、

一、上色糧石捏報下色、有干禁例、今清查冊內所有圖□交存上色糧五千六百餘石、沈□□交存上色糧一萬四千六百餘石、均不於實儲上色糧內分晰聲敘、計其匿報之上色糧石、倍於報出之上色糧石、預為抽換盜賣之地、而於估撥兵糧等項應需上色糧石、動稱倉儲無幾、請價採買、是何意見、應請飭司確訊、

一、故令徐□係前任督憲那□□奏明無虧之員、遊事陽兩

任，恐將報出虧缺三萬餘兩之多，又不詳稟咨道，擧請代爲彌補，積虧已屬可疑，而彌補未完，竟於清查冊内開報無著銀八千餘兩，竟以無著二字視爲當然，是何意見，應請飭司確訊。

一、楊□□稟揭前縣□□□借彌補爲名，私賣倉糧九千餘石，並侵蝕倉工銀五千餘兩，案關虧大，無論所稟是否屬實，均應兩究，何以前任司道不行參辦，擧令自行清理，其後究係如何究結，應請飭司確訊。

一、買補糧石，本應歸還原款，分各任虧缺多係下色，而買補多係上色，是何意見，應請飭司確訊。

一、十五年舊虧案内，既將國□交存之豆五千六百餘石，在於舊虧銀九萬九千餘兩之内作抵，而本年清查冊内又在於九萬四千餘兩之内作抵，一項兩抵，是何意見，應

五一

請飭司確訊、

一、清查冊內一、撫積欠喇嘛衣單口糧銀一千七百餘兩、一撫二十年黃河查卡熱案銀二千六百餘兩查與新舊各員虧項均屬無涉、何以牽歸併撫、又況喇嘛衣糧從無折放銀兩之例、尤屬捏混、應請飭司確訊、

一、清查冊內圖□名下合計已完未完共銀八萬八十五兩零、較之原虧數目短銀一萬三千九百八十三兩零、徐□名下合計已完未完並報明無着銀共二萬八千八百六十六兩零、較之原虧數目短銀二千四十六兩零、李□名下僅據咨追銀二千七百兩、較之原虧數目短銀三千四百四十七兩零、沈□□名下僅據交銀九千六百九十四兩零、較之原虧數目短銀一萬三千一百七十六兩零、總計四法共短銀三萬二千六百五十三兩零、內除交代案

内加價一項共銀一萬七百九十二兩零，另案核算外，仍計清查冊内仍短銀二萬一千八百六十一兩零，既無存款，又無追款，亦無抵款，追繳職道查出之數，概據溢解抵，而當造送清查冊之際，何以將前項銀兩竟歸無著，應請飭司確訊。

一、該縣月報冊内截至二十年十一月應存上色穀一萬五千四百七十八石零，而該縣清查冊内止報應存額征上色糧九千七百二十九石零，常平上色糧六百三石零，二共上色糧一萬五百三十三石零，除前詳内查出隱匿買補上色糧四千二百六十一石零，仍多匿報穀八百八十四石零，是何意見，應請飭司確訊。

一、倉庫錢糧，俱有定數，今西鄉縣交代底冊與交代印冊不符，嘉慶二十年造送清查冊，又與交代各冊不符，六十一年造送清查冊、又與二十年造送清查冊不符、本任口道移送各冊又與交代清查各冊不符、見據楊口口造送之冊、又與口道移送之冊不符、前送秦鎔冊盤查冊又與各冊不符、即將截止年月稍有參差之處、除出另算、而冊開款目仍屬種種互異、是何意見、應請飭司確訊。

以上各款大約已虧糧石則以少而報多、應儲糧石則以多而報少、新舊虧數或減彼以增此、額征年款或虧盡而仍虧、擬補之項或已還而仍缺、虧缺之項或雖虧而不追、舞文作弊、至於此極、殊堪痛恨、前奉憲台將職道揭報各款批交藩司清查局會同核覆、旋據清查局移送原詳內開某某等款均未報明司局無案可稽、某某等款均經報明司局有案、又據摺稱清查冊報虧數草率並無遺漏、又據另文咨覆內稱、此次清查新虧在萬兩以上者始行調查底案、五千兩上下者均以互盤册報爲憑，西甯所屬新斷俱在五千兩上下等語。職道竊以互盤者盤其實儲之多寡，清查者查其應儲之款目，非查底案則雖斷斷在萬兩以下，安見必可憑信。如果僅以互盤爲憑，則清查爲虚設，其不可解者一。就如所説西甯縣，即如條□一任已斷糧三萬五千餘石之多，其不在萬兩以下明白易曉，何不調查底案，其不可解者二。該縣被揭各款，皆關辦文作弊，以清查局之未經察出，而諉於該縣之未曾報明，豈有以作弊情節而自行報明之理，其不可解者三。就清查局所稱報明有案，各款即係作弊之款，何以定案之時，並無一言指駁，其不可解者四。見據□□册造應存款目，較之原送清查册，業已多至加倍，此外尚有未經報出之款，而清查局輒代爲致辯，以爲并無遺漏，其不可解者五。所有司局遵批詳覆之文，似屬不揣冒瀆，應請詳查核辦，合併

聲明、　　　　　　　　　　　　　　　　　　　　　註三

揭西寧縣倉庫弊混簡明冊 冊稿佚

竊西寧縣倉庫錢糧弊混多端、交代底冊與交代印冊不符、嘉慶二十年清查冊又與交代各冊不符、本年清查冊又與二十年清查冊不符、本任口道移送之冊、又與清查交代各冊不符、見據揚令造送之冊又與本任口道移送之冊不符、其不符之數、少則數十、多則累萬、大約駁飭一次則增數款、即此意為增減、弊竇顯然、推求其故、則由倉庫不分虛實混淆、或減彼以增此、或報少而退多、或已補而仍缺、或有虧而不追、如長餘上色、但當抵糧、今乃抵價暗蹈以一抵兩之故智、實交銀兩不登庫儲、而別尋款目更番作抵、渺然不知原款之所在、以致彼此轇轕、百弊叢生、此縣核錢糧必須各清各款、而通算總算之說、實乃巧為欺隱之秘計也、本道飛

心釐核倉歸倉、庫歸庫、倉儲項下先除已虧之數、核其應存之數、合諸實存之數、而倉儲之盈虧自見、庫儲項下先除存司及未完之數、核其應存之數、合諸實存之數、而庫儲之盈虧自見、其中墊支各款、必須實係應領之數、方准抵除實儲之數、而抵款之有無弊混自見、再將倉庫合算、按奏銷冊內核其已虧之糧、按清查冊內核其已完未完之價、覈其是否相抵、而倉庫之有無隱匿自見、層目一清則全形畢露、蓋非混不足以滋弊、而惟簡乃可以得明、庶使舞文之徒無所施技云爾

計開 稿佚

駁西甯監存糧石不歸款上下色折抵稟 此篇中有奪落

案查嘉慶二十一年十一月□日職道具詳查出西甯縣監存糧石、足數估撥折糧無庸採買等因一案、奉憲台批司核

議、據署藩司□□□議詳，前項糧石尚未報部歸款，擬應入
估等因，蒙批：既據查明原估該縣採買明歲兵糧數目，並無
錯誤，如詳轉飭遵照，並移該道知照等因。於十一月二十九
日准司抄錄原詳移送前來。職道查前項買存糧石，惟本年
七月買補之三千石歷時未久，謂其未及歸款，尚屬有因。至
十九年撥□□買補之四千二百餘石，已逾二年之久；十五
年舊虧案內團□交存之五千六百餘石，缺此時而尚未歸
款，不知應待何時。缺不至湮滅無蹤，猶得日留以有待，缺於
額存糧石之外，附載前款，逾二十一年清查冊內，則公然開
去不載，道府遞加印結，亦皆開去不載，倘非及今查出，則將
來遞算乘除，將以清查為據，方且渺然不知前款之所在，更
從何處言歸。查額征糧石原以供備兵糈，今西寧縣倉儲既
一虧於有虧而不送，再虧於歸還而不報，逐查出開報情由、

並盤有實存糧石，則又一庫於清查局之無賫可考，其庫於署藩司之無款可歸。推求其故，則緣虧缺原款，多係下色，而買補谷款，盡係上色。其所以不照原款之故，則由民間輸納上色居多，故即以多暇之上色，作為買補之上色，斯其請買之價，既可攫取以自肥，而其報買之糧，又將遵例以變抵。惟一經報撥，則其原款不符之處，不免以部駁為奏駁，致不徼纍紙，居然隱匿於無蹤，即或查明，亦祇任虛懸而無着。今不嚴究其取巧之由，而一則曰行查，再則曰有待，除非另變舊章，以玉成其弊，則雖再遲數年，總其不能歸款如故也。至前任沈□□員餘上色抵交下色糧一萬四千餘石，當其征自民間，本一石抵收一石，今以之估撥兵糈，一石實放一石，則於國家倉儲可省，而於兵丁生計無虧，其色目不符之處，自可於奏銷冊內隨案聲明，有何窒礙難行，亦不待深文曲解。今署藩司詳稱職道揭內、既稱作抵下色、缺職道所謂作抵者一石抵一石之說也、署藩司所以折算者、一石抵兩石之說也、查上色一石抵除下色兩石、一於嘉慶十一年奉旨飭禁、再於嘉慶十六年奉旨飭禁、即就前任西寧縣沈□□等開除之數計之、亦未敢公然與諭旨相違、而署藩司轉不免以一抵兩之見橫亘於中、以致發為此論、照此折算、既為西寧縣援已破之侵虧、而從此類推、遂為各州縣開無窮之弊竇、此論一出、則甘肅通省倉糧不過時而已耗其半、所關於國計者甚大、而西寧一縣之虧、猶屬事之小者、所有署藩司議詳緣由、擬合不為先陳、為此具稟、伏乞再行詳查核辦、

揭總督朦蔽請欽差大臣轉奏稟

竊職道於上年十一月內將□總督為西寧縣隱匿揭款朦混具奏等情、冒昧陳奏、仰懇欽派大臣來甘查辦、茲職道於

具奏以後續經查有□總督朦蔽各情、不敢不據實陳禀、敬
懇據情轉奏恭候聖裁、恩旨奉命抵甘、不過五日期內業經
審出□□□等盜賣倉糧、並侵蝕倉工銀兩等情、將□□□
奏請革職拏問、並將該管道府奏請解任在案、旋經□□□
服毒自戕、是該革員亦自知罪在不赦、情節顯然、而此案侵
蝕盜賣之前任西甯知縣□□□扶同徇隱之西甯道□□
□漫無覺察之西甯府□□皆係□總督特行保奏之員、以
前經保奏該員之故、不獨將前揭重款隱匿不奏、且自職道
詳揭以後、已逾三月之久、亦從未親提一問、並以身羅重辟
之□□□即使前赴河州陞任、設非御荷聖恩、特派大臣查
辦、則職道詳揭之款、竟屬虛誣、其朦蔽一也、上年□總督請
將河西各州縣上色糧一石、折放兵丁下色糧兩石、於十二
月初十日聯銜具奏、職道查、上色一石抵作下色兩石、折算

虧短、最為弊竇、前於嘉慶十一年原任倭總督奏請奉旨飭禁、再於嘉慶十六年原任那總督奏請奉旨飭禁各在案、設使前項糧石有必須通融折抵之處、何以歷任總督屢經請旨飭禁、並無酌量變通之議、且□總督自蒞甘省已閱兩載、何以於奏辦清查之際、不行具奏、並於善後章程摺內仍不具奏、且於上年具奏上下色糧石分別成數章程之內亦未奏及、直至職道於上年十月揭出西甯縣違例兩抵之後、忽於十二月間將歷任奉諭旨舉行奏改、聲請一石抵放兵糧兩石、以為西甯縣由事獨雖之地、而甘省下色價昂、上色價賤、苦累兵丁、置之不顧、其朦蔽二也、□□□前在西甯任內、虧缺累萬、並聞其前在皋蘭縣撫遲鎮番縣糧一萬六七千石、盡行盜賣、並無糧粒歸倉、而所領運費銀兩、亦復不知何往、通省皆知、□總督近在同城、豈竟毫無聞見、乃曲為袒護、

除不將該員參劾外，仍行保奏陞遷，此外隱匿不報贓違等
明知斷缺、而以事無左證、未敢形諸奏牘者、不可勝數、其贓
敝三也、西寧縣截至上年八月底止、實存上下色糧六萬七
千餘石、加以該年新收、統計不下九萬石、而□總督奏借口
糧、擅稱倉儲無幾、請動折色銀五千兩、業經職道於估撥兵
糧案內、冒昧陳奏在案、嗣查前項口糧、係由已革知縣□□
□瞞過本管道府、徑稟□署藩司、而總督亦即據以入奏、迨
具奏之後、飭令道府補詳、其實該處情形、無論本色折色均
屬無庸給發、經職道將任意妄為之□□□詳揭請參、一面
另行確查、而□總督於該縣請領銀兩到日、仍不候道府核
詳、徑行批准撥發、復經職道將先後情節、移咨藩司、經令藩
司查明無庸給發、具詳停止、是□總督竟與所屬州縣一氣
關通、視道府為虛設、而國家倉庫錢糧皆供其見好屬員之

具其蒙敝四也。職道識淺官卑，亦知効奏上司，未免越分，但以封疆大吏辜負聖恩，有心蒙敝，就職道暫署西甯一缺，為期數月之間，而其種種謬戾，至於如此，此外互相隱忍，未敢直陳於天聽者，何可勝道。若再拘避小嫌，明知不舉，其何以杜欺蔽而肅紀綱，恐非我皇上博採群言，不遺芻蕘之至意。為此具稟，伏祈憲台據情轉奏，實為公便。

東科爾寺案發商具司各條彙錄

第一條　初次發商

姜有功到案初供，並未承認贓錢，次日覆訊，仍執前供，經本道等將案內疑竇層層駁詰，姜有功無可置辯，始據供出三族賠交錢文等情。第三日則又頓改前供，伊果有心認賠，不應轉在半日之間，且查尕喇嘛向索贓錢，姜有功當以並非贓錢封答，尕喇嘛在廳吵鬧，姜有功又墊偹盤費，勸其回歸，皆與有心誣陷情事不符，若誣陷屬虛，則恐侵贓屬實，請再酌之。

附第一條臬司初次簽覆

查此節現將姜有功提案詰訊，據供小的初蒙蘭州西甯道訊問時，本未供有賠贓錢文，次日又蒙覆審，小的因身軀胖大，久跪難受，想起口本官追比工食過嚴，起意乘機捏供三族賠有錢文，希圖陷害洩忿，又可免得熬審，一時糊塗，就把繳過工食大錢五百串，供作三族賠的贓錢，及至畫供後，有同班差役楊萬世等抱怨說，你將眾人繳的工食錢文挪作賠贓，將來必致重追工食，我心中本已懊悔，他們又說馬大老爺要向蘭州西甯道回明，小的所供盡是謊話，小的愈加害怕審虛，所以趕緊翻供的，至於尕喇嘛問小的索

五

贓之時、每日吵鬧、小的係承辦頭役、恐怕鬧出事來、所以馬大老爺分付小的墊給盤費、小的就兩次墊給大錢六十五千、原想候追出原贓再行扣囬墊給喇嘛錢文、不過希圖了事、誣供本官、實係一時起意、墊錢在先、誣供在後、墊錢之時、那裡想到後來被審的事、誣供之時、熬審難忍、又那裡想到墊錢之事、求詳察、

第一條二次簽商

此案先經姜有功供認確鑿、旋復翻供、其有無賄囑串供情事、最關緊要、定應切實根究、合觀姜有功前後供詞、據稱先係畏刑妄供、則是日本道等並未用刑、又稱三面質對、無可置辯、是以翻供、則是時並無三面質對之人、又稱馬濟霽面向剖明、畏懼改供、則姜有功在官

管押、馬游聲以三品大員、何從面向剖明、又稱馬游聲係向本道等剖明、無論原供具在、不便更改、就如所言馬游聲面向本道剖明、而姜有功在官管押、何由得知、分又稱楊萬世說馬游聲要向本道剖明、是直以已然之剖明、變為不然之剖明、畢竟以何者為據、且姜有功供認之時、本道等以此事須與□同知句句當面對質、斷斷不可混供、反覆開導不下數十次、比時姜有功何以不怕本官之質對、而怕楊萬世等從旁聽度之詞、又稱楊萬世等抱怨將來必致重追工食、所以害怕翻供、則各役繳還之項、現查委員所報、多屬子虛、何須慮及重追、殊不足信、又稱身体肥大不能久跪、是以妄供、豈半年來屢經提訊、皆令其安坐而聽之、更屬支離幾成笑柄矣、至所稱陷害洩怨一節、查姜有功如果挾恨在

胸、則及喇嘛在廳吵鬧、安肯於傾家蕩產繳還工食之 三十
後、復爲墊給大錢六十五千、苦作周旋、分稱小的係總
辦頭役、恐怕鬧出事來、所以馬大老爺分付小的墊給
盤費、小的就兩次墊給錢六十五千等語、此案如實無
贓錢、怕他鬧出何事、且姜有功既能向各番目追出別
項贓物、何不仍令番族與喇嘛面行質對、則虛實立辨、
姜有功既可省錢、口丞亦可洗究、豈有計不及此、又謂
墊給錢文係追出原贓、仍可扣回、豈不知未獲贓物、廳
由循化廳解辦、貴德廳應賠贓物、稟明全數追完、姜有
功又有何贓可追、何項可扣、又據稱一時糊塗、就把繳
過工食五百千供作三族賠的贓項、誣供之時、熬審難
忍、那裡想到墊錢之事等語、既未想到墊錢之事、則姜
有功止應誣供大錢五百千、其餘六十五千之數、何自

而來請再酌之、

第二條初次發商

此案穆楊交辯、專據番稟為辭、初次爐丞往查三族番目均未傳到、楊據差役取到番結、既謂難以定案矣、及二次胡令等往查三族番目仍未傳到、亦係差役取到番稟、又何以據此定案、豈初次之差役不可信、而二次之差役獨可信、此係案中第一緊要關鍵、未便自相矛盾、請再酌之、

附第二條臬司初次發稿

查初次爐丞取到番結、因爐丞係該丞後任、恐有迴護、且三族番目及尖木贊並無一人到案、是以又檄委員往查、及至二次委員胡令等文武四人取到番結、雖達倉等三族未到、而尖木贊已經到案、尖木贊

與該丞素有仇隙，冀將並未賠過贓錢，自屬可信，而
次查訊情形各有不同，並無矛盾之處，

第二條二次簽商

此案交贓尖木覺祇係耳聞，三族乃其手援，就使別無
疑竇，亦不得以傳聞之詞據以定案，見繼貴司詳院，復
行委查，亦以二次之查為不可信矣，而委員等必欲以
為可信，是又與貴司矛盾也，請再酌之，

第三條初次簽商

賠繳贓錢與追繳工食兩事之年月日期，均關緊要，如
於二十一年清查之際，追獲錢文，則事隔一年，不致兩
相牽涉，如於二十二年始行追繳，則清查早竣，何以前
此既不行追，後此亦無完繳，而各役繳錢恰在三族賠
贓之際，請再酌之，

附第三條臬司初次發覆

查此案訊據該丞親供、各役工食本係前任移交、十三年以前陸續借支之項、我係本任人員、原想陸續扣回、不料到任以來、屢案疊出、各役現領工食、先儘辦公不敷余扣、近有題陞慶陽之信、聽及清查以後借支等項不准作抵、慮恐一時交卸後任不接、必致賠累、復因借支工食原卷已經賣前任攜去無蹤、是以飭令該役等補具領結、並取原經手之戶書稟詞、面諭該役等立限繳還、因該役等完繳不前、差有功係總頭役、我將其鎖押嚴比、人所共知、若非追比長支工食、因何將其鎖押、且我若果實有扣收賠贓錢文之事、又豈敢將其鎖押、求詳察、

第三條二次發商

慶陽王守於是年三四月間始行告病，該丞何以於正月間即有題陞慶陽之信。且事隔十有餘年，原借各役豈無事故，乃向見在各役全數追繳，已不可解。況各役並無分情離散，任其隨意措還，遂皆踴躍急公，不分畛域，未及勒限，即繳大錢三百千文，旋又繳大錢二百千文，其完繳日期，恰在前一年十二月三族交贓之後，是年三月十八日丞喇嘛到聽領贓之前，過此以往，所有未繳工食銀三百餘兩，各役再無一文措繳，該丞亦再無一字行追，急公完繳者反行鎖押，分文不繳者反不鎖押，不知有是理否，請再酌之。

第四條初次發審

三族番目既未傳到，仍係差役傳稟，火木贊雖經傳到，而斷稟三族賠贓，祇係一時聽說，何以記得如許詳確，

跡涉串屬，請再酌之、

附第四條臬司初次簽覆

查廳卷內屢次差禀，俱有尖木贊連名，是尖木贊同係緝賊追贓之人，應知贓物確數、

第四條二次簽商

見據尖木贊供稱，捉賊的事有我哩、交贓的時候有我、祇係一時聽說，並非各族之開單寄示、不謂如許零星、尖木贊竟能過耳不忘如此、請再酌之

附第四條臬司二次簽覆

此條據胡令禀稱、尖木贊禀內所開贓數，本屬多寡參差、因叙稿時欲期與案相符、是以查照尕喇嘛所供領過贓數、畫一填叙、致生疑竇、此條叙稿錯謬、應即更正、

第四條三次簽商

剛咱麻只格等係覲寺交贓之人、尖木贊開列麻只格等之口、而各項零星有麻只格等稟內所不及者、尖木贊稟內逐一詳記、恰與東科爾寺領到色目相符、是否可信、請再酌之、

第五條初次簽商

番子搶去牛馬緞兩、皆係可以易錢之具、設謂伊等向不使錢、則馬喜生長番地、何故以追出贓錢之語、向其哄騙喇嘛、即係番子、又何以聽其哄騙、且係喇嘛何以坐索錢文、姜有功又何以執給錢文、以番子沒錢一語、為此案無贓之證、尤屬支離、請再酌之、

附第五條臬司初次簽覆

此案以番子有無賠錢為據、不以番子有無錢文為

據、三番子無錢之說、訛據姜有功供稱、番俗積存銀兩、不積錢文、所以說番地沒錢、其實番子到內地交易、也用錢文、

第五條二次發摘

此案固以有無賍錢為據、而何以信其有無、亦必有所據、番子沒錢一語、先經姜有功供詞與番稟相同、斯亦此案無賍之一據也、惟本道發駁之後、訊據姜有功供稱番子到內地交易、也用錢文、可見番子沒錢之語、不獨姜有功前供不可信、即吳天爵及三族番稟亦皆不可憑信矣、所謂此案無賍、究以何者為據、請酌之、

第六條初次發摘

馮游擊叫姜有功墊給錢文、何以限定六十五串、恰與該犯所供繳贓五百串、仍存六十五串之數相符、請再

酌之、

附第六條臬司初次簽覆

查高游擊供内止稱飭令姜有功藝給盤費、妥爲安頓田寺、原未限定捐錢六十五千、其姜有功藝錢六十五千之處、原喇嘛供内原係先給錢五十千、後又給錢十五千付茶一封、現辦合總裝叙、以歸簡淨、

第六條二次簽商

此即原喇嘛之供、明言高游擊叫姜有功藝給錢六十五千文、此係緊要關鍵、自應照抄原供、不便增減、請再酌之、

附第六條臬司二次簽覆

查原喇嘛原遞番字供内、原係姜有功賠給小錢一百串、又另給盤費小錢二十串、本無高游擊叫姜有

功藝船大錢六十五千之語，因叙稿時圈歸簡略，擬

攏聲叙，叙稿錯誤，應即更正

第六條二次簽商

此案各供皆係委員錄報，惟原喇嘛供詞，由貴司會同藩司蘭州道暨本道公同錄取，係業經審定之供，其供內將聲馬隆以姜有功藝船大錢六十五串之語，與姜有功所供繳廳五百串仍存六十五串之數恰相脗合，而其數出自馬隆之口，情節尤屬顯然，最爲緊要關鍵，公因本道簽商，輒爲更改，以掩其迹，想多未便，請再酌之，

第七條初次簽商

失主不來領贓，馬喜尚怕，本官責處，詭說有錢一千二百串，何以轉不怕，本官責處，且與姜有功委供與喇嘛

講定一千二百串之數，何以恰相符合，查係喇嘛原有沒錢一千二百串，不肯領贓的話，是否該喇嘛向馬喜先有此語，抑或另有別情，請再酌之。

十七

附第七條集簽 初次簽覆

馬喜奉本官差傳失主領贓，若不傳到，必被責處，本有可推之道，至於捏稱有錢之語，原止希圖哄騙衆城繳銷差事，且該役僅止哄騙失主，並未哄騙本官，似無可慮責處，至善有功從前妄供錢數，係因馬喜先有一千二百串之語，是以隨口混供，其係喇嘛意欲賠贓一千二百串之語，亦係善有功捏說，已經節次訊明，並無別情。

第七條二次簽商

捏稱有錢之語，雖非哄騙本官，却係陷害本官矣，以為無慮賣處想無此理其一千二百串之數，尕喇嘛既未先有此語，究係憑何說起，請再酌之。

附第七條臬司二次駁覆

查此節訊據馬喜復供，我奉本官傳喚事主領贓，因尕喇嘛以贓未齊全，不肯前往，我恐事主不到，被本官責處，隨口捏說還有賠錢一千數百串，尕喇嘛追問究有一千幾百串，我隨口答以一千二百串，藉不料有今日之事，如何慮到臨審本官，至我們辦理番子搶劫之案，原贓總不能追齊，事主往往藉詞止可哄至城內，由本官開導押領，究竟是以我此次也捏詞哄騙。

第七條第三次發簡

卷內歷訊馬喜及本道等親訊尕喇嘛供詞所言一千

二百串，皆係衝口而出，數目雖繁，豈得謂無端混說，今因節次駁飭，爲恍惚其詞，顯係捏飾，況如所說，則是向來搶劫之案，該役等無不捏詞哄騙，該廳無不强行押領，恐各案番賊，皆不可問，尤當切實根究，不得視爲天經地義之當然，請再酌之。

第八條初次稟稿

馬喜隨口混編，姜有功捏供誣賠，馬峙聲含糊答應，三人之用意各不相同，何以不謀而輒合，將謂所說錢數，稍有參差，則馬喜所說之小錢一千二百串，係三換錢議贓之總數也，姜有功所供之小錢一千一百三十串，係三換葉經文出之實數也，馬峙聲所說之大錢五百串，係姜有功交與該廳之整數也，何以於參差之中，而又恰有門筍合縫之巧，請再酌之。

附第八條稟詞初次發覆

查叉喇嘛原供須賍以前，並未與姜有功等見面，是其未與專主議定賠錢，已屬可信。蓋內差稟出有賠交爲牛布足，並無錢文字樣，亦難信爲一千二百串之說，即係原議賠賍之數，爲游擊所稱五百千，係屬長支工食，姜有功因有此五百千，又有實交叉喇嘛錢六十五千湊數，供說一千一百三十千，是以巧合。

第八條二次發商

叉喇嘛因爲喜先有一千二百串之語，是以坐實不已，雖未與姜有功先行見面，而避倉等族各賠四百串，共成一千二百串，是即姜有功與三族原議賠賍之總數。其後完受族只交出錢三百三十串，共成一千一百三十串，是爲三族交出賍錢之實數，爲游擊所說大錢五百串、是爲姜有功繳進該廳之整數、另有馬游聲叫姜有功執給大錢六十五千、給伊符一千一百三十串之數、可謂絲絲入扣、今云姜有功湊數混供、不知馬游聲憑何斷定改易原供、則姜有不敢照抄原供、則詞無可辯、請再酌之、

第九條初次簽商

姜有功既屬臨害減忽、何以於供認後即行翻異、似應研訊情由、此處分蒙二面質對、無詞可辯、只得據實供明之語、查與前敘本道等原稟之處不符、請再酌之、

附第九條臬司初次簽覆

姜有功次日翻供原因、馬游聲面向貴道剖明、是以畏懼翻供、已照來簽復加說明更正、

第九條二次簽商

此條歸於第一條內再行發商

第十條初次發商

馮游擊前在塞也布里克地方，青海大臣令書吏等寫具說單內稱善有功，交總兵錢五百千，不繼發出，據該參言係僱役植果工食等語，本未指定贓錢，語尚近情，今稱倉卒之際，不辯是否賠贓，分晰回明，殊覺朦朧，請再酌之，

附第十條臬司初次簽覆

馮游擊前因青海之時，原有此話，因案關具題，若一一敘出，似覺繁冗，是以略為更敘，以歸簡淨，見已更正，

第十條二次發商

羅喇嘛向貴總兵索取贓錢，吵鬧月餘，經馮游擊勸解

回去、殊費唇舌，則此事已爛熟在胸，追青海大臣、面為詢及、並為書寫說單，豈有不切實回明，乃猶倉卒之際、未及回明，殊非情理，請再酌之。

附第十條臬司二次簽覆

查青海原發抄錄馬濬聲供單內開，衙役姜有功等與該廳所交大錢五百串，並未發出言稱係衙役累積工食等項，並非贓價等語，是馬濬聲原供本未指定所繳大錢五百串即係賠贓，見在馬濬聲已奉督憲飭回西寧，無從再訊。

第十條三次簽商

馬濬聲原具說單，雖有姜有功繳廳大錢五百串，未繳發出之語，未指定賠贓，其後屢次改供，愈形閃爍，轉恐另有別情，今既經督憲飭令回任，應無庸議。

第十一條初次簽商

姜有功係在管押之人、就令一時混供、終須水落石出、馬游擊以三品大員、何故面向剖明、請再酌之、

附第十一條臬司初次簽覆

馬游擊係向貴道剖明、並非向姜有功剖明、因案係貴道會審、供內難以措詞、故言面向剖明、今已添敘、

第十一條二次簽商

姜有功係在官管押之人、雖馬游擊面向本道剖明、姜有功何由得知、辯詞得自傳聞、究非面行質對、何遽畏懼如此、姜有功被恨既深、不應轉圖太速、請再酌之、

附第十一條臬司二次簽覆

查此條訊據姜有功供稱、因本班衙役楊萬世等抱怨、並云馬大老爺要回明道台、他們亦要稟告、因此

寔貽翻供、

第十一條三次發商

此條已於第一條內再行發商

第十二條初次發商

案查該丞自十三年到任起至二十一年十二月止，尚有未發役食銀五百七十八兩，理應抵作長支之項，乃作為冊費等項支銷，另向衙役比追前支銀兩，是其應得處分，代為辦理工食一語，似未明晰，請再酌之、

附第十二條臬司初次發覆

飭查未發工食，因應抵扣長支工食，但解案盤費等項，係該丞在任之事，先曾應用，另追前任長支，似亦近情，惟稿內代為辦理[illegible]語，未甚明晰，今已更正、

第十二條二次發商

案查各役工食，係嘉慶十三年以前陸續攤支之項，已越十有餘載，忽於二十二年正月二十日以後，飭令補具領狀，旋於三月望前兩次繳大錢五百千文，如果屬實，則該廳並未勒限，該役亦無逾限，何所用其鎖押嚴比，致啟挾仇誣陷之端，請再酌之。

附第十二條臬司二次駁覆

此條已於前該丞親供内登明

第十二條三次駁商

此條已於第三條内再行駁商

第十三條初次駁商

事關賊私，本廳逕覆，況該丞既知餘賊九人俱係循化廳所屬番子，一時難以就獲，何以轉俟賊贓解獲再行詳覆？語似不情，請再酌之。

附第十三條臬司初次簽覆

一時難以就獲之語，本屬支離，已更正、

第十三條二次簽商

一時難以就獲之語雖刪去、而於獲餘賊九人既係循化所屬番子、已與貴總無干、何以俟循化獲賊、而貴總始可具覆、似又欲以續行追獲之賊、抵前此侵盗之賊、請再酌之、

附第十三條臬司二次簽覆

查此條覆詞、據該丞親供、賊有循貴之分、案無循貴之分、原想俟循化解獲贓賊、統案詳結、所以屢奉青海大臣檄催、延不申覆、是我辦理錯謬遲延、咎無可辭、但貴總獲賊六人、追出牛馬布匹等贓、較之循化總不獲一賊、不追一贓、以有區別、尚求原情寬恩、

第十三條三次簽商

此案據該丞於四月内稟明青海衙門、貴總廳已撫來領之賊、旋據該喇嘛以有錢一千二百串、求總給領等語、具呈禀告、當經青海衙門檄令稟覆、並由六百里行催、該丞並無一言答覆、迨本道等承檄查訊、該丞先以四月内系調署、省不及稟覆爲辭、迨經嚴飭、又以未獲答賊、係循化所屬番子、一時難以就獲、擬候循化緝獲賊贓、再行禀覆爲辭、再行嚴飭、則將一時難以就獲一語刪去、餘仍前供、三經嚴飭、則以貴總廳緝獲牛馬等物、比循化廳承獲一贓、較有區別、餘仍前供、推其用意、似該廳既有緝獲、則侵蝕贓錢、亦所當然、尤堪詫異、請再飭之、

第十四條初次簽商

既有不應役食銀五百七十八兩、該役等並不懇請將
未發銀兩盡數扣抵、自應傾家蕩產、另行措繳、亦殊不
情、請再酌之、

附第十四條初次發覆　臬司

此條既據姜有功供稱、節年承領役食銀兩、彼時原
求過本官扣抵長支之項、本官當堂分付、應領銀兩
除已扣抵外、餘皆辦案用去、不能重抵、贖押比追、小
的無奈變產措繳的、

第十四條二次發閱

卷查各役於工食內支領辦公多自數十千少至一二
十文、無不投具領狀、嘉慶十三年以後、並計領過銀二
百七十餘兩、並無五百七十餘兩之多、該廳既任意浮
開、各役即變產另繳、謂無捏飾彌縫情事、恐不可信、請

再酌之、

東科爾寺案上總督第一稟

案查東科爾寺呈控前往貴德廳同知□□□、將該寺被搶案內、追獲番族賠交贓錢、不行給領等情一案、上年八月間經青海大臣移會憲台、發辦奉委蘭州邑道前署西寧同知職道提案録供稟報、先據廳役姜有功供稱、該役經手繳過該廳小錢一千串、係各役繳還長夫工食錢文、並非贓錢、迨職道等將案內種種疑竇遞加駁詰、姜有功無可置辯、隨據供認剛咱、達倉二族番目各交賠贓小錢四百串、完受族番目交過賠贓小錢六百三十串、三族共交賠贓小錢一千一百三十串、該役繳過該廳小錢一千串、該丞扣留不發、分付該役捏說各役繳還工食錢文、不許說出贓錢、該役因該喇嘛在廳索贓吵鬧、該丞業已上省、無奈請馬游擊向喇嘛說

八一

薪、自行交出小錢一百三十串等語，是日並未用刑，已據供認確鑿，當令畫具手押指印存案。次日賁德營游擊面見職道等，輒有該役所供盡係謊詰之語，甚堪詫異，當將姜有功復行提訊，果然頓改前供，其中顯有串屬改供情事，緣該丞見係知府大員，希便遷行提訊，當將先後供情及人證卷宗解省核辦，奉委藩臬兩司、蘭州道暨職道會同查訊，職道駐省月餘，未據委審之蘭州府等訊明詳報，旋即因公旋署。本年正月據臬司擬定詳稿，以該丞並無扣留贓錢之事，係姜有功挾嫌混供，將該役比例擬充軍，聲請賊徒等情，移會職道詳請具題前來，當經職道以案多疑竇，反覆簽商，並以此案自上年八月奉委查辦，已逾半載，其情節又實屬可疑，節經移咨臬司詳請將該丞參奏嚴審在案，臬司總以此案無贓代為解釋，而其發覆各條，無不支離，並有以理無可解，輒將訊明擬要情節擬行刪改之處，查臬司發覆條內，其稍為近理者，不過以三族番目屢傳不到，飭據差役取到番票並無交錢之語為詞，殊不思蒸取番票，並不知其出自何人，豈得據以定案，且此案錢文，無論是否賄贓，而差有功交過該廳小錢一千，貞實已確鑿有據，如果工食屬實，則贓錢屬虛；工食屬虛，則贓錢屬實，只就工食一層切實根究，無難水落石出。若捨千人共見之情由，而取證於莫知何來之番票，則是官員生死罪名，操權於丁役人等之手，殊屬不成政體，職道於發商各條之外，復經查出工食一項，種種不符之處，移咨臬司查辦，如臬司稍能破除成見，正當從此根究，乃其咨覆之詞，更有出於常情之外者，此案既據臬司以賄交贓錢為混供，何必以繳還工食為確供，無如臬司所謂混供者，揆諸通案情節，悉相脗合，臬司所謂確供者，不獨通案情節無不支雜卸所供工食本條、先已支雜、由紛、追繳職道查覈、圖不獨以聽交贓錢為混供、並以繳還工食亦為混供、而臬司於問須混供之中、獨據其無不走離之混供以定案、不知天下古今有如此辦案之法否、復繳職道移咨臬司斷辦、並將此情節及發審各條先後咨送藩司蘭州道公同會核、如以職道所言為是、即請會詳憲台、將該丞參奏嚴審、如以職道所言為非、即請徑行詳辦、無庸本道列銜、如以職道所言尚在是非未定之間、即請逕賜指示、再行核辦等因在案、旋准藩司蘭州道覆稱、此案係臬司主政辦理之件、業經照抄原咨、並發審條款、移請臬司查辦等因、亦在案、茲於四月二十三日接奉憲台函示、此案已於十八日據在省司道仍照原擬徑行具詳等因、是臬司等以職道節次發審、均屬非是、顯然可見、而其何由確信為非、毫無疑義之處、未據臬司一言核實覆奏，著總門會辦公事處候文行所見，但其因何異議原由，必須探其根，然後可循行其是。亦有理屈詞窮，無可置辯，因而朦混覆詳，不相關會者。職道恭讀上諭訓勵大小臣工，獨成功術，事與同官屬吏有所干涉，恐因此結成仇怨，遂一味徇同遷就，隱忍不言。如此持祿養驕，在諸臣自爲謀則得矣，國家榮耀爲。將此通諭內外大小臣工，務各激發天良，盡心國是，勿存邀名市惠之心，勿持遠害避嫌之見，用副朕董正治官至意等因。欽此。仰見聖明燭照，洞見肺腑。跪讀之下，不禁汗流浹背。此案關係官兵撥餉番賦，尤非尋常侵賦可比。既已查出各種情弊支離百出，仍不詳請參究，將來沿邊各處一切差補人等，狗賦分贓，有何面目向其查問，伊等尚復何所畏懼。職道職守攸關，不敢存邀譽避怨之心，而置邊防重情於不顧。理合將前後發商各條另抄清摺，呈請鑒核，伏祈憲台詳覈全案卷宗，逐加核對，如亦以職道所言皆係不應查問之條，即請憲台逐款逐節痛加詰駁，務期毫無勝義而止，雖將職道立予彈革，亦所心折也。

臬科爾奇案上總督第二稟

竊查臬科爾奇呈控前任晉德廳同知□□□扣收贓錢不行賄贓等情一案，除辦職道與臬司（節次僉商意見不符各緣由，見[illegible]明外，所提照[illegible]）所審情節而其援引條例辦姦有功比照辦姦贓爭情污人名節之例問擬充軍，又以誣供扣收工食究非入己，可比聲請減徒，亦有令人難解者。查例載誣告人死罪未決者，杖一百，流三千里，又例載假以建言為由，挾制官府，及以曖昧不明姦贓爭情污人名節報復私仇者，文武官俱革職，軍民人等皆發附近充軍等語，查誣告人死罪，則其中姦贓等款無所不包，未決者罪止滿流，何以不分所污姦贓輕重另有概行擬軍之例，又同一污人名節而何以官員革職軍民擬軍、蓋承假以建言爲由一句貫下、如越分上書之類、是以官員革職軍民人等則與鑾駕儀仗妄行奏訴者同一問擬、此條載在越訴門內、而不載在誣告門內、例意甚明、不容牽混、此案無論萋有功一時混供旋即翻悔、即使始終誣執、抑或具呈控告、亦與建言無涉、何故强爲比引、至長支工食既係例不准抵、理應自行繳庫、若該丞將贓錢扣抵、即與入己無異、若萋有功挾嫌誣告、即係告人死罪、不得以究非入己、聲請減徒、若祇係一時混供、旋即翻悔、則既非建言、又非誣告、亦並非證佐不言實情致罪有出入者比、除不應外、並無應行治罪之條、若以其混供之時、究有挾嫌誣告之意、遽行比例擬軍、則遇誣告人死罪及證佐不言實情致罪有出入、並假以建言爲由、捏姦贓事情汚人名節者、又捏罪何以加、若謂見擬贓徒、並非實在擬單、則其所以量減之故、並不由此、且並非其所應減、是不獨入人徒罪、直係入人單罪矣、再查例載初次供招、不許擅自刪改、按察使亦不得借飾招之名、故為刪改等語、此案刪去姜有功到案初供、以就有心污衊之條、則其入人單罪、遽從於故、此其種種難解、又有在於案情不實之外者、是否另有條例、抑或職道誤會例意、移請臬司、同此外發商各條一併核覆在案、迄今未准覆到、聞其仍照原擬復詳、竊以臬司久任刑曹、豈其見不及此、其故入姜有功者、不過為故出該丞之地、至姜有功不究其串屬翻供之故、而比以污衊之條、迨奉部駁、仍可遵駁改正、其今日之故入者、正所以為異日出之之地、此等用心、自亦難逃洞鑒、設謂不然、則臬司接准駁查、何故不行核覆、仍執前擬、是否係職道指駁錯誤、理合稟請憲台查明批示遵行、

東科爾寺案上觀察第三稟

本月初六日申刻接奉憲函、如前稟東科爾寺一案職道與臬司兩議各緣由、均邀垂鑒、並蒙飭司委員趕往貴德提解湊解工食各役、並該役等變造契據及借債舖帳客民來省質訊等因、此案番族頭目、既未傳到、自應就繳還工食一層切實根究、職道前經節次簽開六號三條、第十二條、第十四條、皆係工食項下緊要情節、又於簽開各條之外、查得委員胡令等前將各役措繳工食或當或借呈具清單、與上年潘丞開送清單多有不符、再查姜有功初次翻供、據稱小的衆班三十二人、每人大錢二千至十千大錢不等、共攤錢一千串等語、核與胡令等所稟繳錢人數錢數均屬互異、並有繳錢之人、並非原具借領之人、顯有影射捏飾情事、如果從此根究、已無難水落石出、至各役當借等項、本係日用之常、不必專為工食而設、況纏產契據及借貸鋪帳、均無難隨時串捏、尤難取信、惟各典當流水帳簿編次櫛比、各有號數可查、難以抽換增減、比之別項帳簿稍為可據、前經職道遣差提到案、將委員等節次所稟各役與當錢文互相核對、有錢數符而人名不符者、有人名符而錢數不符者、有人名錢數相符而與完繳月日不符者、有人名錢數當簿內並無其事者、又前經職道調取繳錢各役到案查訊、據貢德廳解到楊萬世、伏（馮）圖、馮魁、邵得祿、楊世榮、馮進祿、姜文福、馮萬龍、楊萬青等九名、據供繳過工食錢文、眾口如一、而除此一語之外、所供各項情節無不支離萬狀、令人失笑、其為勾串捏飾灼然可見、然未敢將前項帳簿及各役供詞稟呈憲案者、誠以此案情形早成錮局、一發委員查看、勢必於各項簿內將他人典當之物挪為該役典當之物、以便湊符其數、而各供支離之處又將憑其擅行改供之故，督審令翻供，既奉憲台飭提查訊，應候臬司查訊後，是否與職道所查情節相符，再行呈明辦理。再查工食卷内未發各役工食銀五百七十八兩，據該丞開銷公用内有四百五兩七錢四分一款，另粘小單係驗烙刑具筆費等語。此項係臬司專管之件，各屬府廳州縣每次驗烙刑具，是否實需此數，應請憲台專交臬司確查詳報，則虛實判然矣。至職道稟呈發商各條，及引例不符之處，敬請憲台於司道詳覆核定之後，俯賜飭知，以憑遵照。

東移爾寺案上總督第四稟

本月十六日接奉憲批，並荷賜函，以東移爾寺一案，職道查出情節不符之處，均為案内緊要關鍵，必須審訊明確，期於案無疑竇，飭令職道檢齊各當帳簿及楊萬世等供詞，並調到貴總一切卷宗，即行攜帶來省，會同司道嚴審等因。聞命之

七六

下、自合趕赴省垣會同審辦，惟思此案情節支離萬狀，本屬千人共見，而臬司由訪獮縫多方解釋，既擅為改供於先，又朦混徑詳於後，並因此案係由青海衙門據呈查辦，輒於訊取事主及喇嘛供內，作為授意控告等情，圖賴青海大臣，以為該丞卸責，嗣經職道會同各司道覆訊，始知及喇嘛並無此語，見有府卷可查，是其袒護該丞牢不可破，以牢不可破之串局，而職道一人異議，其間必致各持一說於公堂之上，非獨不成体制，亦何從訊取真供，即如姜有功前次供認贓錢，並未稍用刑嚇，而臬司咨覆文內，即以身體肥大不能以跪等詞曲為之解，此時稍涉嚴追，則跡同周內，非獨無以服該丞之心，先無以塞臬司之口，竊以刑名案件，本係臬司專責，如果別無意見，自應查照案內緊要關鍵切實根究，無難水落石出，俾該丞知曲為解辯之上司，亦苦於法無可借庇，不得再有藉口，而臬司亦稍解於從前撤護之嫌，倘仍不能審出實情、而於職道前後覆駁各情節、文複理無可解、應請憲台即將改供徑詳、故出故入之臬司、據實參奏、以為大員不職者戒、再行另委賢員秉公審辦、自無難查訊得實、若以職道查出各種情節、未即會審、迹涉諉卸、即請憲台將職道此案及前具三稟並發商各條清摺一併奏呈御覽、據候聖明鑒核、至職道前經查取各典當帳簿及訊取楊萬世等原供、既奉調取、理合齎呈憲鑒、此案前據委員胡令等將各役繳還工食案具清單內開典當衣物者、馮得倉在沆豐號當大錢五千、馮萬龍在世泰號當大錢四千二百五十、楊世榮在惠美號當大錢四千、楊駿才在惠美號當大錢五千、馮進祿在惠美號當大錢十一千、細查各典當流水簿內並無其事、惟姜有功在沆泰號當大錢五十千、惠美號當大錢五十千、查對相符、而其典當日期、一係三月十六，一係三月十八，皆在三月十四日各役繳完工食五百十文之後，虛捏顯然。至聽役楊萬世等九名，前經職道隔別查訊，據供繳還工食錢文，眾口如一，而各役並未借過工食錢文，亦復眾口如一，與臬司覆訊養有功供內所稱，照依各役從前分使多寡交出之語，迥不相符，其他支離百出，仍難枚舉，敬請憲台俯加察核，則此案勾串情形，瞭如指掌矣。

景科爾奇案上總督第五禀

竊職道具禀景科爾奇一案，請仍交臬司確訊緣由，五月二十九日接奉批示，以案內驗烙刑具等費一事，前據蘭臬司詳請迴避，檄飭藩司會同蘭州道提審詳辦，務得切實供詞等因，仰見憲台鑒空衡平，務期案歸核實，不懷易勝欽佩。竊思此案罪名出入，總以有無贓錢為據，而其有無贓錢，總以繳還工食之真假為據，工食屬虛，則贓錢屬實，此雖然不易之理。前署職道妥陳愚見，蒙憲台以為不謬，自當按此根究。惟所查工食不特各稟備敘，見於先後各稟及發商條款之間，仍恐承審各官未能醒心刮目，茲更為憲台縷列言之。據該丞以此項工食係嘉慶十三年以前各役借支之項，又稱領狀案據經前任攜去無蹤，不知既無領據，憑何接收？此工食之不實者一也。即使各任攜去無蹤，何不即令各役補具領狀於交代之時，而令補具領狀於十年之後？此工食之不實者二也。以十餘年不追之項，甫令補狀，旋即完繳，核其日期，恰在兵族交贓之後，事主尕喇嘛到廳領贓之前，適此以往，各役再無一文措繳，該廳亦無一字行追，此工食之不實者三也。據姜有功供認贓錢，合諸馬游彝及馬喜壽眾人之口，數皆脗合，據姜有功供係工食，則所稱三十二人各繳大錢三千及十千不等，分算合算，皆不敷五百千文之數，以一人之口而數轉不符、此工食之不實者四也、羨有功供稱繳還工食係三十二人、胡令等查報係一十五人、而其補具領狀則係二十一人、續具領狀又係二十三人、而一十五人之中、仍有在於補具領狀二十一人之外者、此工食之不實者五也、據委員等將各役措繳錢文開具清單內典當衣物者馬得倉馬萬龍楊世榮楊殿才馮進祿等五人、各當大錢四五千及十餘千不等、見查各典當流水簿內、並無其事、惟羨有功當數相符、而其典當日期又在完繳工食五百千文之後、此工食之不實者六也、據羨有功供稱照依各役從前所使多寡交出、見查繳還工食之人、皆非借領工食之人、此工食之不實者七也、初次潘丞查報、二次胡令等查報、三次錦守會同潘丞等查報所開人數錢數及典借數目各各不符、並有於三四月間措得錢文、先於正二月間繳進該廳者、其倒置若此、此工食之不實者八也、工食卷內、一載嘉慶十六年正月衙役談有功等具領提比驗烙刑具工食銀一十七兩四錢、一載十六年八月衙役馬啟伏等具領驗烙刑具工食銀四十五兩、仍另單載有八折字樣、總於二十二年正月開銷公用將四十五兩改為四百五兩七錢四分、無端而九倍其數、此工食之不實者九也、十五年清查案內、西甯碾伯二縣各有長支工食銀兩、暫開作抵、貴德廳則並無長支工食銀兩之事、案據聲稱本無長支、有何繳還、此工食之不實者十也、就以上各種情節、則工食一項顯係憑空捏造、工食屬虛、則姜有功繳進該廳大錢五百千、非贓而何、設使承審各官仍謂贓無確據、亦不值再與置辯、惟有仰請憲台將前項情節及全案卷宗奏明請旨、發交刑部核辦、以成信讞、至臬司職司讞獄、且係刑部司員出身、何以於前項各種情節、並無一條看出、其不職者一、既經職道看出發駁、仍不虛心研鞫、反為飾詞狡辯、其不職者二、迨職道覆行查駁、無可置辯、則一概置之不答、朦混經詳、迄今并無一字關會、殊屬專橫、其不職者三、並將案內訊明緊要情節、擅行刪改、以成其掩飾彌縫之計、其不職者四、又將渺不相涉之條例、強為牽引、竟以姜有功供詞比諸建言之例、怪誕已甚、既經職道將其故為出入情由據實指駁、仍不更改、其不職者五、恭維皇上敬承天誡、諄諄以調停諉卸容隱瞻徇各積習訓飭大小臣工、不啻耳提面命、豈得漠然不動其心、理合據實揭報、敬請憲台即將職情瀝露、恃符狡展之□□□任意妄為不顧地方之臬司、一併參奏嚴審、以飭官方而肅綱紀、如謂職道所言皆係不應糾劾之條、則以道員妄揭臬司、殊干重咎、應請憲台即將職道嚴行參辦施行、

吏科飛寺案上總督第六稟

案照前任貴總廳□□□被控侵蝕苗賦一案、七月初五日接奉憲檄飭知六月初六日及二十九日兩次具奏緣由、並抄粘司道核覆條款一紙、初七日准藩司抄錄奏稿移送前來、竊職道瀏覽司詳、毫無報稱、撫衷循省、愧汗交流、茲以閱執被參較之牘彙迎合、稍有廉恥、竊為私弊、惟念憲台職任封疆、受恩深重、當以整飭紀綱為先務、若是非不明、則紀綱頹弛、所關匪細、此案情節本屬支離、續讀奏稿、愈增惶惑、不揣冒昧、兩次咨呈青海大臣於六月二十四日七月初九日據情轉奏各在案、除兩次奏稿自由青海衙門移咨外、竊以憲台辦理此案始末情由、實非職道愚昧所解、聊以奏陳槩明、不敢盡情指駁、茲僅擇數條、敬求批示、謹逐條開具於後、

一、官員被控贓私情節可疑者、或先奏解任、或徑奏革職、以

便根究嚴審、如果實無贓私、仍令回任候議、此一定不移之正辦、各省皆同、此案關係侵蝕番贓、尤非尋常侵贓可比、其自清節、雖由爲解辦之臬司、亦以爲實屬可疑、乃遷延日久、總以此案祇可具題、不應入奏、道職道屢次具稟、始行改題爲奏、仍不肯參明嚴審、所有□□□等前後供詞、朝更暮改、一經指駁、則然以深文、狡展者從不深究、駁問者使爲多事、見奉憲台以職道肆行挑剔、糾參不知前此咨商發駁、究以何者爲不應查問之條、此職道之未解者一也、敬請批示、

一、職道咨商發駁各條、前於初稟內聲請憲台核示在案、又於續稟內請與司道核覆具詳、即行俯賜飭知在案、又經移咨藩司蘭州道、請於核覆之日、一面詳院、一面移知、亦在案、如果核覆各條並無牽混支離、貽人指摘之處、何故

豈不亦知直至參奏之後始行抄發。豈不以封送軍機則可以鉗制譏者之口、而軍機處無案卷可查、又可將無封發。惟所欲言、方今聖明在上、似不宜有此等行徑、此職道之未解者二也、敬請批示、

一、職道稟發各款、屢奉憲批、並承函示、從無一言指駁、並以查出情節不符之處、均爲案內緊要關鍵、必須查訊明確、期於案無疑竇等語、既係緊要關鍵、必須查訊明確、臬司何以預知其發覆之如何、而置之不問、斯非徇庇而何、迨職道查出指駁、仍不實心研鞫、其前此之支離裝飾、已難掩畢見於核覆條內、將情節輕重大及理難解辯之處、率以無關緊要、敘稿錯誤、捏櫳聲敘各等語、徑行混過、又將本案緊要情節、作爲另案辦理、又將案據所無、任其增入、斯非裝飾而何、前經職道於三月二十五日移送發稿文內、

謂此案如以職道所言爲非，即請無庸列銜，仍於簽稿聲明，請將引例不符之處與此外簽商各條一併詳加指示等因，蓋必確指其非，而後可獨行其是，正惟不與聯銜，愈當詳加核覆，乃臬司只引無庸列銜之語，而匿其仍請指示之文，不知其以職道爲非者何在，斯非專横而何？又將訊明賊黨情節擅行刪改，悉皆確鑿有據，另於後款聲叙，斯非彌縫掩飾而何？假以建言爲由，即越分上書之類，以官員訊取供詞比諸越分上書，不知自比何等言之，即當斬去，而乃屢駁不改，斯非怪誕而何？此理甚明，非有難曉，設謂職道所揭非是，何以憑台接據前稟，竟無一言詰問，僅據臬司飾混之詞，遂以妄揭糾參，此職道之未解者二也。敬請批示。

一、職道稟揭臬司各條，以擅改供詞爲尤重，前於第一稟内聲明並有將訊明隱匿情節擅行刪改之處、又於第二稟內聲明刪去姜有功到案初供、以就有心污蔑之條、又於第三稟內聲明既擅為改供於先、復朦混極詳於後、又於第四稟內聲明、又將隱其擅行改供之故、督令翻供、又於第五稟內聲明、又將訊明隱匿情節擅行刪改、以由遂其掩飾彌縫之計、又於初次具稟抄呈清單內第一條第六條第十三條第十五條各將臬司改供之處、逐一敘明、設使職道所揭稍有絲毫不實、豈有如此真情、如此瀆陳、曾不一加駁問、今查憲台奏具清單、僅據證覆一條、而所稱並無刪去供情之語、又屬牽混搪飾、見有案據可查、其餘三條竟置不提、自有聽訟以來、豈有代為改供及聽其改供之人、而能訊得真供之理、此職道之未解者四也、敬請批示、

八六

一、查憲台奏摺内開以會辦之件，該道不揭委查各員，又不揭藩司、蘭州道，而獨於臬司深文周内等語。查此案委查工食各員先後三次所報人數錢數各各不符，自應傳審定供情，再將查報不符之員分別參處。今憲台奏明定案，究以何員所查為準，則此外查報不符之員何不隨摺附參，而歸咎於職道之不揭，似屬深文。再職道節次籤稟，皆臬司單銜移覆、續經咨請會商，據藩司、蘭州道以此案係臬司主稿，不置一詞。維時藩司等尚未露有附會之迹，且擅改供詞，皆出臬司一人之手，無憑以藩司等循庇請參，此等情節，前於第一稟内切實叙明，憲台不得推為不知，故縷憲慈，豈非以職道屢次獻聞，既不能指有别項私見，惟出以希冀陞擢，則為聖明所必斥，因設為不揭藩司等官，專將臬司深文周内等情，隱躍其詞，以取上旨。大臣洞

心當不如此、是否別有命意、此職道之未解者五也、敬請
批示、謹稟

東科爾寺案上總督第十一稟

竊照東科爾寺一案、前總職道以見奉參處、恐卸事在即、請
將全案卷宗及原讞稿本發交職道加書手押、以防抽換、俟
加押後、仍即稟繳備案等因、兩次由五百里專差馳稟、未蒙
飭發、見查憲台奏稿及司道核覆各條、多有與案據不符之
處、恐即其預圖抽換之處、不得不稟明存案、以防弊端、此案
三次委員俱未傳到番目、僅據差役傳稟、故謂未可取信、今
憲臺聲叙此段情節、將番族屢傳不到緣由一字不提、竟若委
員等面訊供詞、目覩該番目印用手模也者、顯與胡令等原
稟不符、又貴德廳工食卷內粘單一紙、載明驗格刑具提比
筆費銀四百五兩七錢四分字樣、今憲台奏稿卷內粘連帳

單一紙係前項借支總帳、並非驗烙刑具提比二事用銀四百五兩七錢四分之多、見有西甯道印信等語、顯與原印粘單不符、又蘭州府卷內粘存事主尕喇嘛漢字供單、載有青海大人教令多要錢之語、今稱無關緊要、故將番字原供存案、若不知有粘存漢字原供也者、顯與府卷內原粘供單不符、又番族麻只格等係親手交贓之人、尖木贊聞自麻只格之口、而各項零星有麻只格等稟內所不及者、尖木贊稟內逐一詳記、恰與東科爾寺收到包目相符、以耳所未聞而歷數不爽、揑串顯然、今稱此係委員叙稿之誤、並非案情疑實、竟若麻只格等與尖木贊之稟本相符合也者、顯與胡令等原呈番稟不符、又臬司改供四條、如姜有功之已認復翻供、因馬將聲面向剖明之故、此項供單見存府卷、而臬司改爲向委員剖明、顯與府卷內粘存原供不符、又如尕喇嘛

稱馬游聲叫姜有功墊給大錢六十五千、令其回奪等語此
項供單亦存府卷、而臬司改爲馬游聲只令姜有功墊給盤
費、並無斷定大錢六十五千之語、亦與府卷内粘存原喇嘛
原供不符、又如府詳及臬司原送詳稿刪去職道等原稟、訴
叙姜有功到案初供、不肯承認贓錢・一節、以就有心污蔑之
條、又如聲叙□□□供詞、將一時難以就獲一語代爲刪去、
以掩其本屬支離之迹、若非更換原卷、則情弊顯然、今之堅
不發卷、未必非承辦官員預爲地步、設使憲台以職道此稟
又游深文、則何不將前項卷宗稿本飭發補押、仍即徼回、於
事體毫無所損、而可以大白此冤、若仍堅不飭發、即請憲台
將職道此稟、存爲案據、將來查有不符、即情節顯露、雖有蘇
秦張儀之舌、恐不能代爲之辯矣、

東科爾寺案咨呈青海大臣請轉奏第一件

爲廳員被撈侵蝕番贓、臬司有心狥庇、總本道將狥庇情由五次具稟、而督院仍未具奏、咨呈據情轉奏仰祈聖鑒事、竊照前貴德廳同知今陞慶陽府知府□□□被撈侵蝕番贓、等情一案、前總督院檄委蘭州道前赴西甯會同本道查訊、業經訊取各供、並將人證卷宗解省訊辦，原由咨呈在案、此案據臬司□□□以□□□委係追繳工食並無扣收贓錢之事、廳役馬喜之傳事主領錢、係其設詞哄騙，躲避馬隆之言、扣錢不發、係其含糊答應，廳役姜有功之供、認贓錢係其挾嫌混供、將姜有功比照假以建言爲由涉入名節之例、擬罪減徒、詳請具題究案、總本道以案多疑竇、反復駁詰、臬司總以此案無贓代爲解釋、而其駁復各條無不支離、並有以理無可解、輒將訊明緊要情節擅行刪改之處、查臬司駁復條內、其稍爲近理者、不過以三族番目屢傳不到、節據差役取到稟到並無交錢之語爲詞、殊不思番族野性既不便强之使來、祇據蓋取番稟、並不知其出自何人、豈得據以定案、查此案錢文無論是否賄賍、而姜有功繳過該廳小錢一千串、業已確鑿有據、如果工食屬實、則賍錢屬虛、工食屬虛、則賍錢屬實、自應就工食一面切實根究、無難水落石出、若捨千人共見之情由、而取證於莫知何來之番稟、則是官員出死罪名、授權於丁役人等之手、殊覺無此政体、覆經本道將查出工食不符各條、咨商發駁、前後不下萬言、臬司無可置辯、遂於四月十八日仍照原擬會同藩司、蘭州道逕行詳請具題、而於本道發駁各條、一切置之不答、複經本道將前後各項情節、並稟督院、請即據實具奏、並以工食不符、尤爲緊要關鍵、特爲臚列條款、以便省覽、內開據□□□以此項工食係嘉慶十二年以前各縣長支之項、或代作抵、又稱領狀案據前任攜去無蹤，不知既無案據，憑何作抵，此工食之不實者一也。即使各前任攜卷無蹤，何不即令各役補具領狀於交代之時，而令補具領狀於十年之後，此工食之不實者二也。以十餘年不追之項，甫令補狀，旋即完繳大錢五百千文，核其補狀及完繳日期，恰在三旗交贓之後，事主孫喇嘛到廳領贓之前，過此以往，尚有未完工食大錢二百餘千，該役再無一文措繳，該廳亦無一字行追，此工食之不實者三也。據姜有功供認贓錢合諸游聲、馬隆、廳役馬喜等眾人之口，數皆脗合，並於稍有參差之中，各有鬥筍合縫之巧，據姜有功供係工食，則所稱三十二人各繳大錢三千及十千不等，分算合算皆不敷大錢五百千之數，以一人之口而數轉不符，此工食之不實者四也。姜有功供稱繳還工食係三十二人，委員查報祇係一十五人，而其補具領狀則係二十入，續具領狀又係二十三人，而一十五人之名仍有在於補具領狀二十一人之外者，此工食之不實者五也。據委員等將各役措繳錢文開具清單內典當衣物者馬得倉、馬鵠隆、楊世榮、楊發才、馬進祿等五名，各當大錢四五千及十餘千不等。見查各典當流水簿內並無其事，惟姜有功兩次當大錢一百千，與該簿相符，而其典當日期又在境繳工食具領五百千文之後，此工食之不實者六也。據臬司咨覆文內訊據姜有功供稱，照依各役攤賠分使多寡交出等語，是繳提到縣役九名，所稱攤還工食之人，皆係備交工食之人，此工食之不實者七也。初次南知縣□□查報，二次知縣胡□□等查報，三次知府錦□會同張□□查繳，所開人數錢數各不相符，並有於三四月間典當錢文，先於正二月間繳進錢歷者，其倒置若此，此工食之不實者八也。□□□杖內尚有未發工食銀五百七十八兩，不符扣減長支，而將未發銀兩開銷公用、內有驗烙刑具等費銀四百五兩七錢四分一款，查驗烙刑具何至費銀四百餘兩之多？且查工食卷內，嘉慶十六年八月，樹枝馬皮伏等具領，總烙刑具工食銀四十五兩，仍另單載有八折字樣，乃於二十二年正月，開銷公用，無論兩，九倍其數，此工食之不實者九也。嘉慶十五年清查案內，西甯、碾伯二縣各有長支工食銀兩，前開作抵，督總廳則並無長支工食銀兩之事，案冊縱然無長支，有何繳還？此工食之不實者十也。工食既屬不實，則差有功繳進該廳大錢五百兩，非贓而何？此項情節，本屬千人共見，臬司讞獄，且係刑部司員出身，何以於案精詳，並無一條看出，其徇庇者一。既經本道審出發覆，仍不虛心研鞫，反為飾詞強辯，其徇庇者二。迨本道覆行查核，無可置辯，則一概置之不各衙詳題並無一字聯屬其徇庇者三、並將案内訊明緊要情節擅行删改、以成其掩飾彌縫之計、其徇庇者四、又將毫不相涉之條例、強為牽引、竟以廳役蒙有功供詞、比諸建言之例、經本道將其故為出入情由據實指駁、既不核覆亦不更改、其徇庇者五、以上各項情節、業經五次具禀、並於各禀内節次聲明、如謂所禀非是、即請將本道嚴行參奏等因各在案、乃督院總以見在查辦為詞、延不具奏、殊不思禀列各款、皆係案據確鑿、開卷了然、況案関臬司徇庇、虛實均當速奏、不應藉故遷延、恭查本年四月間、欽奉上諭訓飭大小臣工、事與同官屬吏有所干涉、恐因此結成仇怨、遂一味扶同遷就、隱忍不言、如此持祿養驕、在諸臣自為謀則得矣、國家奚賴焉、仰見聖明燭照、洞見肺腑、有如此案情節、仍復遷延迴護、將使不肖官員有恃不恐、而沿邊各處一切差補入等、劫賊分贓，有何面目，何其貴賤，伊等尚復何所畏懼、本道職守攸關，不敢存邀譽避怨之心，而置邊防重情於不顧。查此案自上年八月由貴大臣衙門移行查辦，將届一年之久，未便再延，所有兩議緣由、除工食不符各款業於文内聲叙外，另將節次發駁内有臬司擅行改供之處，摘叙清單，請卽緣情轉奏，恭候聖明鑒核，並呈具清單一件，恭呈御覽，伏乞貴大臣核辦施行。

清單

計開

一、此案先經聽役姜有功供認贓錢，已屬確鑿，旋復翻供，其有無賄囑串供情事，定應切實根究，乃姜有功任意狡展，臬司復代為之說，緣稱先係畏刑妄供，則是自認並未用刑，又稱三面質對，無可置辯，是以翻供，則是時並無三西寧對之人，又稱因馬游擊西向剖明，畏懼改供，則姜前功在官管押，馬游擊以三品大員何從西向剖明，其中有無串屬，正當從此根究，乃臬司接准發駁，竟改為馬游擊向蘭州西寧兩道剖明，情節迥異，無論原供具在，不便更改，就如所言馬游擊向蘭州等道剖明，而姜有功在官管押，何從得知，旋又改為廳役楊萬世說，馬游擊欲向各道剖明，又以已然之剖明，變為未然之剖明，屢駁而屢易其說，情弊顯然，續經駁發，臬司並無一言核覆，而但詳定案，

一、據臬司以廳役馬喜傳帶交領贓，據說追出小錢一千二百串，廳役姜有功供認贓錢，據說三族共賠小錢一千一百三十串，游擊馬隆西訴青海大臣，據說姜有功贓過該廳小錢一千串數目不符，以為此案無贓作證，殊不思達倉等三族每族各賠小錢四百串，共成一千二百串，是姜

有功與三旗原議賠贓之統數也，其搜究出一旗只交出小錢三百三十串，是三旗交出贓錢之實數也。游擊馬隆所說小錢一千串，是姜有功繳入該廳之整數也。另有事主尕喇嘛供稱馬游擊叫姜有功墊給小錢一百三十串，賠仍符一千一百三十串之數，又姜有功供稱請馬游擊向事主說，替借息自行交出小錢一百三十串，與尕喇嘛供詞兩相印證，可謂絲絲入扣。臬司以理無可解，輒將審定事主供詞擅行更改，謂游擊馬隆祇令姜有功墊給盤費，並無限定小錢一百三十串之語，以掩其迹，復經籤駁，臬司並無一言核覆，而改供如故。

一、該丞被供侵贓，經青海衙門檄令稟覆，並經嚴札飛催，該丞並無一言答覆，訊其情由，據稱未獲各賊，皆循化廳所屬番子，一時難以就獲，擬俟循化獲賊，再行稟覆等語。當經駁飭，以亟應票獲之件，而待難以就獲之賊，殊非情理。旋據臬司以一時難以就獲一語，誠未妥協，代為刪去，餘仍前供。復經駁飭，以責總廳之有無侵贓，何關循化廳之當丞獲賊，仍非情理。又據該丞供稱貴總廳將獲牛馬，比循化廳未獲一贓，較有區別，求原情寬恩等語。推其用意，竟以該廳既有追獲，雖侵蝕贓錢，亦所當然，尤堪詭異。續經嚴駁，臬司亦無一言核覆，而據供定議。

一、據臬司以姜有功挾該丞追繳工食之嫌，誣認贓錢，以圖減愆，將姜有功比照以姦贓私情污人名節之例問擬充軍。因誣供扣收工食，究非入己，量請減徒。然論所審情節均屬不實，即使姑照臬司所審，而其援引條例，亦有不可解者。查例載誣告人死罪未決者，杖一百，流三千里。又例載假以建言為由，挾制官府，及以曖昧不明姦贓私情污人名節、報復私仇者、文武官俱革職、軍民人等發附近充軍各等語、查誣告人死罪、則其所婪贓等款無所不包、未決者罪止滿流、何以不分所污婪、贓輕重、另有擬行擬軍之例、又同一污人名節、而何以官員革職軍民擬軍、蓋敢假以建言為由、說下如越分上書之類、是以官員革職、軍民人等則與衝突儀仗妄行奏訴者同一問擬、此條載在越訴門內、而不載在誣告門內、例載甚明、不容牽混、此案無論姜有功一時混供、旋即翻悔、即使始終誣執、抑或具呈控告、亦與建言無涉、何故強為比引、至長支工食、本係例不准抵、即應自行繳出、若該丞將贓錢扣抵、即與入已無異、若姜有功挾嫌誣告、即係告人死罪、不得以究非入已、聲請減徒、如祇係一時混供、旋即翻悔、則既非建言、亦非誣告、又非證佐、不言實情、致罪有出入者比、除不應外、並無應行治罪之條若以其混供之時究有借端洩忿之意遽行比例擬軍、則過誣告人死罪、並證佐不言實情、致罪有出入、及假以建言為由、將發贓事情汙人名節者、又將罪何以加、若謂見擬減徒、並非實在擬軍、則其所以量減之故、並不因此、且並非其所應減、是不擬入人徒罪、直擬入人軍罪矣、再查例載、初次供招、不准擅行刪改、撥察使亦不得借節招之名、故為刪減等語、此案義有功到案初供、並未承認贓錢、次日始行承認、旋復翻供、伊果有心誣贓、不應專在半日之間、今臬司刪去義有功到案初供、以就有心誣贓之條、則其入人軍罪、迹近於故、前經駁斥、臬司並無一言核覆、而仍前定擬、

以上四條、均關臬司擅改供詞、是以謹錄如左、此外發駁各條、因語句繁多、未敢瀆敘、前於四月內錄請督院核示、批交

藩司蘭州道會同查核，迄今日久，亦無一言核覆，今併聲明。

東科爾寺案咨呈青海大臣請轉奏第二件

為咨呈據情轉奏，請將全案卷宗提交刑部核明具奏，以成信讞事。案照上年東科爾寺喇嘛香錯呈控查德廳同知今陞慶陽府知府□□□將番族賠交贓錢扣留不發，持情一案，前經本道將案情不實，及臬司徇庇情由，具禀督院，仍未據實具奏。事屆一年之久，未便再延，是以呈請貴大臣據情轉奏在案。嗣於七月初五日始經督院將六月初六日及二十九日兩次具奏，飭司抄稿移送前來。據督院仍以□□□並無扣留贓錢之事，臬司□□□亦無徇庇情事，以本道固執己見，強詞奪理，肆行挑剔，且係會同商辦之件，該道不獨往查，文武各員亦不獨藩司、蘭州道，而獨於臬司深文周內等情，請旨將西甯道陳啟文交部議處等語。自應靜候處分，何敢置喙。雖是此案前經本道將咨商發駁各條節次具稟督院，奉批據稟查出情節不符之處，均係案內緊要關鍵，必須訊究明確，期於案無疑竇等語。既以為均係緊要關鍵，似不得謂之強詞奪理，亦不得謂之肆行挑剔。且查蘭州道核覆各條，督院於六月初六日據以具奏，直至七月初五日始行抄發到道，督院亦經聲奏以前，其如何核覆並無一字飭知。是本道前此之反覆駁商，均關緊要，微此之有無固執尚在未定，乃遽以固執糾參，是必將督院所謂緊要關鍵，先皆置之不問，而後可免於固執之議，似非情理。至本道稟揭臬司各條內，以擅改緊要情節，及將義有功供詞比諸建言之例兩條為尤重。今督院奏單既以本道之照例指駁為不謬，又以臬司之援案比引亦為不謬，豈不知各項成案非刑部通行之例，概不得牽行援照，見既照本道原駁更正，辦又

劾以妄揭、以為難解、至臬司擅改情節、共有四條、前經開具
清單、呈請轉奏在案、今查督院奏單、僅據登覆一條、而所稱
並無刪去供情之語、又非確鑿、見有案卷可查、此外擅改三
條、竟置不提、設謂未經查出、則本道於初稟及駁發內、業經
陳明、何以數月之久、並無一言垂問、遽以妄揭糾參、又本道
於第四稟內敘明、臬司以此案係由青海衙門移咨查辦、遂
於訊取事主眾喇嘛供內、作為撥意控告、圖賴青海大臣、以
為該丞卸責、復經本道會集各司道公同覆訊、始知眾喇嘛
並無此語、見有府卷可查、情節最關重大、據臬司等核覆條
內、乃以為無關緊要、故將原供存卷等語、就此一條、則此外
核覆情節亦可概見、至本道節次稟商、皆係臬司單銜移覆、
續經咨請會商、據藩司蘭州道以此案係由臬司主稿、不置一
詞、且其擅改情節、皆出臬司之手、無憑以藩司等徇庇請參、

至審查工食文武各員先後三次各各不符，自應候審定供情，再將查辦不符之員分別參處，分飭經督院奏明諮案，究以何員所查爲準，則此外查辦不符之員何不隨摺附參，而歸咎於本道之不揭，以屬蹊文。本道職性愚直，亦知屢瀆宸衷，懼干重咎，惟念外省習氣，寓與同官屬吏有所干涉，往隱忍不言，久在聖明洞鑒。今以本道覈查緊要關疑所揭臬司改供各條，案據確鑿，所揭引例錯謬之處，又與現奉部文悉相脗合，仍以妄揭被參，恐此後雖遇稍有天良之人，亦將以本道爲戒，專務雷同附會，以圖自全，殊於吏治邊防大有關係，故敢不揣冒昧，再請據情轉奏，可否仰懇皇上天恩，俯准將全案卷宗提交刑部，即將本道節次咨商發駁是否均關緊要、抑係不應查問之條，並督院奏具清單，有無將臬司擅改供情四條隱不聲敘之處，逐條核明具奏，並案內種種文雖萬言難盡，第就訊明緊要情節，尚且禮行更改，則其錄取各供，是否可信，難逃聖鑒，爲此瀝陳，請查照核辦施行。

附刑部奏結東斜爾寺案摺錄

陳啟文因喇嘛於番族賦錢未繳，具稟總督，投奏有功，亦有番族賠贓之語，其長支工食一節，因文代卷宗清查冊籍，俱無確據。又□□□於奏定自應賠出之款，飭向衙役比追，現在已科□□□之罪，是其種種嫌疑，不爲無因。惟此案初據青海衙門准理，續經總督提省審辦，即因意見不符，兩議俱詳，亦應聽該督核辦，乃輒將案內可疑情節呈請訥爾松阿代奏，實屬任性偏執，前經奉旨革職，聽再請發往軍台效力贖罪。茲奉旨陳啟文於委審東斜爾寺被搶一案，因懷疑輒轉瀆辦，迨該督審定奏結，復屢次具稟納爾松阿代爲瀆奏，實屬任性偏執，着改發烏魯木齊效力贖罪，俟李□□一案質訊明確後，再行發遣，餘依議。欽此。

退齋賸稿

陳啟文虹江著

卷三　雜著

讀秦漢史雜說

秦應侯范雎因鄭安平王稽以進用、時穰侯魏冉以太后之親有功於秦、而雎奪之、武安君白起伐趙有功、而雎忌之、卒以讒言賜死於杜郵、太史公謂雎為傾危之士信矣、然其機鄭安平降趙、王稽坐與諸侯通棄市、昭襄王臨朝而嘆、以武安君既死、內無良將、外多敵國為憂、應侯懼不知所出、燕客蔡澤遂乘其岌岌之勢、而危言以奪其位、然則應侯之殺武安以自固者、正其所以自敗也、傾危果何益哉、

漢王欲攻楚、蕭何諫止之、是時項羽正強、而漢無大將之賢、若不就國而遽起攻楚、則進不可勝、退無可守、漢王殆矣、彭城之役、敗而不亡者、時已定關中、故蕭何得轉漕調兵以補

其處耳、不然將何所資乎、故曰能守而後能戰。

刻印銷印、爲千古美談、而張良所謂不可者八、雖七八條稱切當情事、嘗試論曰、陳餘說陳涉以復六國、言爲樹黨、酈生亦說漢王而得失異者、陳涉之起、天下皆欲亡秦、而楚漢之分、秦有所定、今天下未必欲亡項也、故立六國於陳涉所謂多己之黨而益秦之敵也、且陳涉未能專天下之地也、所謂取非其有、以興於人、行虛惠而獲實福也、立六國於漢王所謂割己之有而以資敵、設虛名而獲實禍者也、疑歟良說爲勝、竊又思漢王是時、僅下魏與燕趙耳、其餘諸侯皆楚王所立、且自彭城之役、諸侯皆背漢爲楚、遂相持於滎陽、成皋之間、漢尤危急、縱使立六國後、必繼如齊王市之見殺於田榮矣、且不得入其國、何能撓楚權乎、項伯事楚而親於漢、鴻門之役、承秦詔命而私走漢軍、且以

漢王之言告羽、則羽亦知之矣、何始終不疑項伯而疑范增耶、若漢王以丁公之例例之、項伯罪不容誅矣、

酈生既說下齊、豈無一言激漢王、維時韓信兵未度平原、止之尚可及也、漢王之意、蓋以齊既弛備、則韓信攻之猶易耳、至酈生之死、已置之度外矣、高帝之殺功臣既得天下既平之微哉、

史言漢王追楚兵、與韓信彭越期會不至、漢軍大敗、張良勸王捐地以許兩人、將引兵來、先是彭越獨將其兵居河上、常往來爲漢游兵擊楚、絕其糧餉、又與盧綰劉賈燒楚積聚、以破其業、至是楚王患食盡、又以韓信進兵擊楚、故謝中分天下、解而東歸、方楚漢相持於滎陽成皐之間、漢之瀕於危者數矣、項王既東、不能復振、彭越與信之議其後也、是時二人皆未有分地、而其爲漢也已至矣、楚兵且破、何慮不得分地、

而類會不至以要之乎，使其預爲鳥盡弓藏之慮，則何以不疑蕭、韓之謀，兩利而俱存之乎。

高帝戮丁公，司馬溫公以爲慮事深遠，信矣。項伯之罪深於丁公，不戮且封之，何也？治天下者曰平，兩物相比而平，不平見焉。春秋所以貴屬詞比事歟。

婁敬、張良論都，皆形格勢禁之說耳。在德不在險，一言足敵千古。厥後王莽篡漢，豈東諸侯之爲患哉。光武都洛陽，卒除群賊以定天下。唐都長安而逃竄者數焉，形勢豈有定歟。

高帝封盧綰爲燕王。盧綰與劉賈佐彭越燒楚積聚，以破其業，又與劉賈擊虜臨江王共尉，亦有功焉，不僅以與上同里閈及生同日也。第是時功如綰者尚多，同功異賞，是則上之私於綰耳。

高帝以愛憎行誅賞，或時害至公。張良爲韓國之臣，自可正言極論何至以諸將相聚謀反怵其主耳、高帝時時疑功臣謀反、横行誅滅、未必非此言啟之、溫公以爲善諫、殆不盡然、高帝以鄂千秋論蕭何功封安平侯、大功狗功人之喻、高帝早與群臣言之、何待千秋之議哉、千秋特以迎合得侯、此所謂非有功不侯者何居、

或謂張良既一心爲韓、時韓王成已死、乃不聽酈生之立六國後、何也、與韓爲仇者秦也、張良依高帝入關滅秦、會楚王亦立韓王成於故都、良之志已酬矣、是以漢王就國、張良送至褒中、遂遣良歸韓、時方多事、漢王何以遽遣良、自以良不肯留也、既而項王以良從漢王、韓王成又無功、廢爲穰侯、已又殺之、於是張良復自韓閒行歸漢、時在二年十月、漢王旋立韓襄王孫信爲韓王、時在二年十一月、至酈生謀撓楚權、則在三年十二月、時韓王信之立已久矣、又何立焉、遊是矣、

六月楚王復虜韓王信、則向之仇秦者不得不轉而仇楚、卒垓下滅楚、而後從赤松子遊、良之始終爲韓、心迹顯然、而後人妄議何也、

高帝使覘匈奴、皆言可擊、困於平城、斬使者十輩、夫強弱形也、覘而後知之、其示強示弱情也、可以處廊廟之上、而灼見千里之外、使者之言誠有罪矣、然劉敬一言不可擊、遂以沮軍、械繫、則當日謀議廟堂者、信其形而不察其情、亦與使者所見無異、不然何無諫止者哉、一敗而斬使者、所謂罪則歸人者歟、

淮陰既失兵柄、詐赦諸官徒奴、能幾何人、而欲以襲呂后太子、是時高帝擁重兵在外、居守將相莫與同心、即呂后太子果爲所襲、將奚爲、至愚者亦不出此、而謂淮陰爲之乎、且御天之嘆與謀發欲襲云云、皆所謂莫須有耳、豈有莫須有而

可以定此大獄者乎。太史公謂天下已定，乃謀叛逆，猶可曰爲高帝殺功臣諱也，溫公亦發此語何哉。淮陰之死，基於張良陳平之躡足，而成於蕭何。當請爲假王之時，其勢可以反不反，非良平所及，疑之尚可言也。其後僅以列侯奉朝請，其勢斷無可以反，蕭何乃承呂后之意而誘而殺之，蓋高帝晚年疑忌尤甚，蕭何者殺人以自全者也。淮陰之功，天下所知也，獨謂兵食相需，而食尤重，蓋食足則兵聚，食盡則兵亡。高帝賴得敖倉粟及蕭何轉漕不乏，然後楚食未盡，則兩雄相持，勝負亦可知也。彭越常以游兵往來河上擊楚，絕其後糧，又與劉賈等燒楚積聚，以破其業。項王卒以兵少食盡而亡，是資漢食者何也，而絕楚食者越也。越之功不在何下，乃與淮陰侯均以莫須有之詞爲呂后所誣，而致族滅。千古待功臣之薄，未有甚於高帝者也。

高后欲王呂氏、王陵以為不可、則不悅、陳平周勃以為無所不可、則喜、然觀平勃對王陵之言曰、於今面折廷爭、臣不如君、全社稷定劉氏之後、君亦不如臣、則方其阿意之時、已早懷圖之之心矣、使從陵言、豈非所以安諸呂哉、平勃如於是時力爭、則后必先去乜勃、而漢室危、然有平勃之志略則可、無其志略而藉口於巽以行權、是國之賊也、武帝使汲黯視東越、至吳還報、曰越人相攻、不足以煩天子之使、誠然、然何不言之於奉命之時、待到吳而後反耶、武帝不從韓安國言、伏兵馬邑、使誘匈奴、聶壹以信御虜秋、因和親親信誘之使入、而伏兵以待之、就使能勝、豈帝王之道、且匈奴權不可盡滅、必且積怨深怒、以致死於我、將何以善其後耶、韓安國第言匈奴之不可勝、而武帝信聶壹方樸必勝之說於胸中、無怪其說之不入也、

王恢曰兵與單于接而臣擊其輜重可得利即如恢言爲利
幾何、而失大信於天下、即此言恢當斬、乃武帝方以未能擊
其輜重爲恨而斬之、其斬之是而所以斬之之意非也、
汲黯、鄭當時奏河决復壞田蚡利决則食邑多收、言於帝不
復事塞、爲己之食邑多收而置十六郡之汎濫於不顧、蚡可
謂無人心者矣、汲鄭皆當時賢者、何無一言、毋亦畏難而止
耶、
武帝於景帝後三年即位、年十六、至建元二年淮南王來朝、
帝年纔十八耳、田蚡何以知其必無子、即作宮車晏駕之想、
而爲淮南謀立事、抑田蚡卒死牖下、所謂天下之惡皆歸焉
者乎、
漢之通西南夷、唐蒙發其端、遂巴蜀民大驚恐、上使司馬相
如責唐蒙等、可以乘機中止矣、而相如卒言可通、以致勞役

數年，千里戍饟，士死疾疫，費以巨萬計，而卒無功，皆相如之
罪也。是以辭藻文人必不可用，就使才十倍相如，於國何益。
而相如之死也，猶作封禪書以獻，嗚呼，文人無耻一至此哉。
公孫宏與公卿約，至上前，皆倍之以順上旨，汲黯廷詰宏爲
不忠，宏曰：知臣者以臣爲忠，不知臣者以臣爲不忠。適詞可
笑，其與汲黯請間，黯先發之，宏推其後，亦必其事之不大怫上
意耳。轅固戒之曰：毋曲學以阿世，先見哉。

公孫宏衣鉢傳之千古，幸當聖明之世，不過庸庸，不幸而當
昏亂，則撓亂國是，殘害忠良，皆此輩人附會而成之。惡始於
順旨之一念耳，不有孔孟，孰知鄉愿之可惡哉。

匈奴之釁啟於元光二年，誤聽王恢之說，迨搆釁已成，匈奴
於六年冬入上谷，殺略吏民，又是年秋，匈奴數盜邊，漁陽尤
甚。又元朔元年秋，匈奴二萬騎入漢，殺遼西太守，略二千餘

人又入漁陽雁門，各殺略千餘人，譬如禽獸，才入室噬人，而曰吾禽獸畜之，聽其搏噬，可乎。主父偃書若在元光二年，則爲切論，後此則爲迂論矣。乃後世盛讚其文何也。

主父偃分侯諸國之論，即賈誼衆建諸侯之說，而不行於孝文世者，以未見七國之禍耳。先見之言，千無一行，千古同嘆。

主父偃盜賈誼說，而實收諸侯金珠非所料，故曰小人勿用。

史言公孫弘外寬內深，天下唯此等人最可畏，最難防，安得上方斬馬劍斬外寬內深者頸。

匈奴侵邊垂二十年，殺略民人不可數計，漢兵攻之，所虜并竭，至賣爵贖罪以贍軍，文景之業蕩然盡矣，而其釁皆由於不聽韓安國之言。追衛霍并封，而已死之安國不聞霑杯酒之奠。唐太宗之祭魏徵，豈不賢於漢武哉。

武帝使衛山諭朝鮮王，王遣太子入謝，人持兵，漢疑其爲變

止之、太子亦疑漢詐殺之引歸、山遂報、帝誅山、漢不能昭信
於天下、其謂太子無持兵之言、漢亦不能無疑矣、朝鮮聞此
言而愈疑、國害、衛山何罪而誅之乎、公孫遂奉詔以便宜從
事、朝鮮之降、遂命左將軍執樓船將軍、并其軍之功也、遂還
報、帝誅遂、遂又何罪而誅之乎、朝鮮以左將軍急攻而降、以
樓船將緩攻而不降、兩將不和、當問其曲之所在、乃左將軍有
功而誅、樓船無功而贖、何也、
候史吳藏匿宏羊之子還、已論罪、但分別當赦否耳、王平徐
仁之議雖不當、亦不為無見、尚以故縱反者坐腰斬、劫燕倉
告旦、蓋等反謀、大司農楊敞畏懼不敢言、乃移病臥、罪浮於平
等矣、何以不之罪、未幾且以為丞相乎、逆昌邑之議、敞豈態
復出、賴其夫人參語許諾、醜亦甚矣、而敞卒保其爵祿以死、
信乎庸庸多福哉、

劉更生使人上書以國自進、蕭望之子復訟前事、皆非君子之所爲也、其得禍固宜、君子處世、非獨富貴之念不可有、功名之見亦不可有、不擇而佩於蘭何傷、斯言近之矣、

陳湯攻單于、四面推鹵楯並入土城中、單于男女走入大內、師古注大內單于之內室也、據後劉向書屠三重城、胡注大城土城單于城爲三重城、則此處大內應是單于內城、不得云內室、顏注疑誤、

順帝以地拆引古問以當世之敝、爲政所宜、馬融對策襲老生常談、而於宦官外戚不敢一言、他日附會梁冀以陷李固、其端已見於此、胡三省以爲切於政体、恐亦爲其經術所欺耳、

高帝時共立義帝、北面而事之、秦子嬰雖亡、義帝故在也、迨項羽弑義帝於江南、而後漢稱尊位、理固宜然、若獻帝既禪

魏並傳其過客、則漢既絕矣、先生漢室之裔自當立、不得以高帝時比賈誼之論、所謂迂儒不達時變者也、

曹操募民屯田、倉廩皆滿、史言軍國之饒起於棗祇成於任峻、而首建此議者、毛玠也、

諸葛武侯謂姚伷爲博雅、以其並存剛柔以廣文武之用、後世所謂博雅、將以記醜而博者當之也、豈不去而萬里哉、

擬上宮館人告從者竊屨狀

爲設科不嚴、情同揖盜事、竊某職守館垣、日司洒掃、今者雍雍容止、趨承遊君子之光、敢以賀賀前來、忖度用小人之腹、無如倒屣相迎、同人方見其登門、遽爲誅屨、無從納納、覓同於自牖、非他族之適處、定來者之可追、伏念夫子後車百乘、已不勝驛騷之堪虞、從者多人、豈得免薰蕕之雜處、或有書總十上、敝同蘇秦之裘、甚至囊無一錢、足類原思之踵、急何

非擇蹊徑隨履之有嫌、累或相嘲翻、護漫藏之誨盜、伏望早清流品、廢免有玷斯文、謹狀、

復程春廬兵部書

弟遠羈塞外、旅雁來稀、頃奉手書、懃懃懇懇、注念於萬里之外、感何可言、雖讀來示、有明秋歸田之說、竊爲不懌、以閣下之德與才、所處之時與地、皆足有益於時、何爲遽作此想、屈期當必有縶維之者、不待鄙人之勸阻也、弟謫況無聊、惟以一編自遣、從前閱讀史傳及古人辞論、大率以強直不顧利害者爲賢、今復玩周易及老子書、始悟從前之謬、當有事時、於進退存亡四字、何嘗不再四思維、而又以不失其正、自非聖人不能、遂存寧失於過、毋失不及之見、以遂於趨避者之所爲、自今思之、殊覺此理不遠耳、古友華松巖侍御見弟讀明史、嘗謂予必不可讀此、又松巖病亟、猶手書見示曰、凡事

所見不異、何足言正、惟所見是矣、而天下豈容我獨是、今其書猶存、行篋中每一展讀、輒為慚愧、自惟平生失在用意太銳、近覺日有所損、或者即是日益、然讀坡公與李公擇第十一書、則又爽然自失矣、惟閣下進而教之、

與梁生書

僕上年奉逮入都、足下奉母命冒雨兼程、及我於靜海、遂次往返八千餘里、伴我於囹圄者五十日、趁亡婦之喪、為我經紀一切、識慮周至、又為我護送眷屬、往返且萬里、尊堂夫人於雪虐風饕之際、割戀忍愛、使周旋於危難中、雖求諸古人不多得也、僕於足下不能有所成就、且感且愧、既困我廢學年餘、回家後稍洗風塵、惟望努力自勵、以勤補之、往在都中足下有欲執經於嵩巖門下之說、僕為寄書請屬、想必不負所托也、僕暨小兒均健、勿以為念、有日入關、當邀足下於平

番一見，抵獲罪深重，歸期未敢卜，尋遲早一切，望恐亦寡望

悵悒、不盡所懷、

梁君名廷灝、字賡園、父殺賊陣亡、字蓋謚哀也、母甚節、家貧、作吏西甯道署以養、歲丁丑府君致仕歸鳳、命吏能文者進、梁君應試、府君謂其可造而詢其家世、囑之使歸讀書而訓課之、戊寅七月府君奉調晉省、遂次被逮東行、比信至西甯、而府君去已千里、梁君奉其母命兼程及之、偕入京、伴宿囹圄、日與維序侍府君讀孟子、奉行懲創改之訓、獄成、梁君欲隨出塞、府君以其母老力辭、乃歸、己卯秋府君聞其又爲護送其母靈櫬東歸、作是書謝之、且勉之、未幾梁君遂入泮、庚辰冬有訛傳府君差赴河工、梁君馳至平番縣守候二十餘日所歸、辛巳冬初府君歸至平番、梁君先在焉、聚談旬日、臨別增欷、歔唈流涕不可止云、雖

彥謹注

謝西甯士民書

僕承乏湟中，毫無善狀，自得罪後，承邑中父老惠致食物不絕，自問何德於民，而惓惓於去後之思若此，前繼寄信家兄，並屬劉莘康力爲辭謝，茲接劉莘康書，始知前此載承厚贐，以僕迂執之性，恐致見却，相誡不言，茲齎屬已回，無可追璧，惟有望風懷感而已，僕眠食如常，幸諸君切以爲念。

復親家嚴午橋別駕書

屢接來書，慰問深至，恐弟若不勝愁者，敬爲知己言之，自古旅臣見放，處之極難，屈子離騷，遷公則之，謂其近於怨矣，柳子厚謫居柳州，極天下山水之觀，鑿險縋幽，探奇攬勝，迨公讀宴遊諸記，令人神往，而其寄蕭俛、楊憑等書，愁苦咽啾，幾不自克，韓昌黎一生倔強，而由陽山改赴江陵，寄王李等三學士詩、亦不免悲調哀鳴、惟蘇長公謫居儋耳、世謂毒瀰瘴癘非人所居、而垂情黎卞之徒、仍發極之於詩徒、初僦官廨不許、繼僦民居亦不許、乃假息於桄榔樹下、群黎爲築室三間、以藷芋爲糧、飄泊無一書、見及寄書亦不答、人生不得意之遭至此極矣、而坡公負戴行歌、翛然自得、所著詩文無一毫悒情形諸筆端、論者謂蠻烟瘴雨中一逐臣、不啻鳴金戛玉於天祿石渠、縱發詠詩於青山綠野間也、然方其繫獄於御史臺、爲獄吏所侵、自度不能堪、爲詩以別子由、有魂飛湯火命如雞之句、迨獄成上奏之前一夕、若有投之枕者、因而酣睡不醒、神宗便知其酣睡狀、因曰、朕固知蘇軾胸中無此事、遂判黃州、設是夕無投之枕者、或惴惴耿耿不寐、那懷前非、彼還於蘭州、讀若提此心於熱腦叢中、決以冰雪、是以發厥、煩加、雖亦大號、時當寄諸公、遂設上還、而其案謀設附之人、高牙大纛，正趣壁仕，與僕時相遇於風雨泥濘之中，自問此時無愈嫉心、無羨慕心，以為如彼則通，如此則塞，毋寧舍彼取此。到湖樓韜藏七日，眠食不少減，獄成上奏之前一夕，雖無人撥枕，亦惘惘夢悟然，特是時無魂之者耳。至此以來，屏居荒村，日與古人相對，春秋佳日，散步郊原，水木交清，形神俯暢，每觀夕陽返景，紅霞滿天，雲霧繚繞，兩相映射，日月照耀，金銀色不是過矣。然於曠懷之中，未嘗不隱心內訟，嘗作自責一首，其詞曰：　凡三首二十韻，書置座右以自警。又玉關道中偶憶明妃詩，如杜少陵所謂千載琵琶作胡語、李青蓮所謂今日漢宮人，明朝胡地妾，莫非哀怨之音，而白香山所云黃金何日贖蛾眉，直以文姬相况，竊謂明妃請行，意趣不爾，率成二絕，以反其意云。　雖未知於古人云何，亦可略見此間意致矣。大抵經濟文章本於天，而成於學，非可強能，

若一心之惻誠則惟意所以自主、人人可勉而致焉、況生當
聖朝、及於寬政、規措隨為華、故雖中無所得、而所以處困之
道實欲仰希古人於萬一、惟閤下進而教之、

寄鄭軒圃舜廉書

正初草緘奉候、想已達覽、比維閤下春闈得意、定獲高選、第
此間得信較遲、未由先覩為快耳、弟謫況如前、春氣融和、比
冬間尤為暢適、每日飯後與張同年並攜小兒散步郊原、但
見田畝青蔥、樹陰翠靄、聽水聲之潺潺、聆鳥語之嚶嚶、幾忘
其身在塞上矣、前擬集錄古來諫疏為忠諫錄、茲查隋經
集夏侯以來諫諍事為錄、施為文齋所賞、是前人已有此刻、
又不知自隋以後有續成之者否、是以前作擬輟、昨承中丞
寄來讀易集說一部、弟篋中攜有淅衷一部、兩相參考、足以
消日、又取春秋三傳讀之、覺傳說極多、而經中疑難亦正不

少，惜不得吾兄面析之也。賤体去年多睡，刻下稍減，想精神 一〇四
漸足之故。入便佈候，不具。

復前水部彭桐莊同年書

得書以弟悼亡之戚，慰問備至，感何可言。前聞閣下有赴河南之說，今讀來示，未提此事，當是誤傳。見在作何布置，殊為繫懷。方在塞外，無不以入關為幸，迨回至家中，不免轉思塞上。弟術來亦同此患，所謂來日大難耳。弟自與仰山同年閒談，或散步郊原，或一樽相對，明知憂愁無益，故一切置之度外。中傷之說，如斯不免，然亦定數使然。二十年前家兄為弟推算星命，即言魔蠍坐命宮，弟既賦命如此，伊等雖欲不為魔蠍而安可得耶。是固弟之不幸，而亦伊等之大不幸也，何足尤焉。入便奉復，諸惟起居自重。

復嚴[illegible]亭刺史書

得書知秋腹清爽，湟中雨水均調，甚慰。若楚河工之說，不知何自訛傳，致勞盼望，並累合郎世兄及賈生等擔寒跋涉，守候兼旬，感愧無以爲喻。近聞河工北口甫合，南岸旋開，前初開漫決情形，恐其善後不易，曾於友人書中一及之。前說子虛未始非幸也。湟中近事，此間亦微有所聞，容春道中聞其無端更換，知必不佳，然至半年之內，派累不可能極，鞭撻之酷，擬古亦有，亦不料其如是之甚，讀之心酸。賴閣下勇於爲義，爲民請命，又觸□□，星使查奏，想一切可以仍舊，非特斯民蒙福，即區區愚忱，不致頓廢，亦叨幸多矣。承示讀書當涵泳其理，即以世務內檢之身心，又以剛爲天德、王道所自出等語，旨哉斯言，雖非末學所及，敢不敬佩竊思。大易以正中爲德，正有不吉，而中無不吉，但古名人無有不出於正，而未必盡協於中，蓋中庸不可能，貌爲中庸而流入鄉愿一派，則

一〇五

爲患尤大，聖人爲萬世慮，是以留致狂狷，而深惡鄉愿，孟子以興庶民去邪慝爲惡鄉愿章之結束，人皆知邪慝之爲患，而不知鄉愿之釀而成之，聖賢之言萬世金鑑，決非虛語。又況降而愈下，至有號爲鄉愿，而卑污狼藉，雖求其無非無刺而不可得者乎。陽明先生言世道之患在於學術不明，言道过而理甚切。今人動言過猶不及，不知所謂不及者，乃衡之以聖人之道，而有所不及，非謂其情而馳焉者也。子夏篤信謹守，足見確乎不拔之操，乃以靡靡者而謂之不及，惑矣，甚至以靡靡者而謂之中庸，則惑之甚矣。瀕危公困頓顛躓，至於七八而不悔，蘇文忠既見放逐，自言道理貫心肝，忠義填骨髓，遇有可以尊主庇民之事，則忘軀爲之，死生禍福置之度外，千載下讀之，足令頑廉懦立，豈肆靡靡者之不若歟。至來示參處二字，誠爲至要，而亦有易有難，語其易則亟求[illegible]

蓋可代蠅呈語、其難則韓文公能馴鱷魚之暴、而不能弭皇甫鎛、李逢吉之謗、雖是君子之道不惜委曲以求濟行、於不得反求諸己、夬之九三曰、君子夬夬、獨行遇雨、若濡有慍、此君子之所以難為、而亦其所當自勉者也、自雖謭陋、不能及此、嘗佩自責之、嘗書置座右以自儆、另錄請正、往在京師獲有二三知己、日以古義相切劘、外任以後、絕無及此者矣、茲承台誨、敬布腹心、閣下以為可教而教之、幸甚、

復趙遜樓副堂書

客秋接奉惠函、仰承不棄芻蕘、殷殷下問、屢欲肅緘奉答、而自顧疎愚、既無能仰助萬一、又不欲以寒暄繁語瀆清聽、是以遲遲未報、非敢以蹤處殊遠棄於自外也、頃於中秋、載奉賜函、不以前此之疎懶見尤、並諭以共勵襟期、勉為有益於人之事、不為無益於事之人、即此意蒼生獲福矣、人苟有心

一〇八

利物，於物必有所濟，況以閣下之登高而呼，風行草偃，而澤功顯誠不鮮，勞總其爲德澤固有涯涘，司馬公之功業，登於感天地、動鬼神，而徹以一言曰誠曰一，閣下爲國爲民懃懃懇懇，蓋深有得於司馬公誠一之意，惟願謹終如始，力行不倦所已，後世公卿竟有負重望而引用匪人爲世詬病，豈非崇高日久，悅人順己，不自知其遷流之至於此歟，故曰非始之難，終之難也，至營制紛繁，海疆邊關，擇其大要，總以察吏爲先，果蒙明論，謂從其易知者而精之，則用力少而成功博，或可以爲察吏之一道也，弟自愧虛生人世，不能有益於時，惟望二三知己勉樹功業，垂諸不朽，斯亦鄙人所昕夕企禱者也，

上汪大司農書

弟閉門却埽，絕不與聞公事，而愚拙之性，自覷地方大害，心

艱悻悻恨不得甍問竊太遊日□撫學奏請將沙漲盡日點已繳價承買、尚未經部者、飭分領回原價入官另佃一案、物論洶洶、聞之驚駭；因為措攔耕案博訪墳情、不禁憤懣填膺、廢食而嘆、竊以閣下職任度支、剪文譯切知己、若於國計民生所關、有所見聞、不以奏告、則不但負國、抑且負友、故敢冒昧高閣不意之、撫軍上年九月奏定新例、本謂新例以後新漲淤漲之洲田概分歸官招佃、是蓋本無業主之田、自為省訟息爭之良法、遵本年續奏章程、則於例後新漲之外、忽及例前舊漲、將十數年來民人繳價完課、久經執業之田、一併追業入官、辦理之情理、似為不順、使其於奏摺內分晰敘明、則大部必當議駁、而乃半含半露、摺首仍以奏定新漲章程為名、而將舊漲田畝朦朧牽敘、遂行下檄、文則條分縷晰、將見在有主之田、亦與將來無主之田同歸官佃、其實知初漲沙洲、名爲水影、例價銀雖止數錢、而一經承買、則書工紙筆之費、踏勘丈量之費、平色火耗之費、俱計每畝已數倍於例價、而出名承買之人、多非力能承業之人、不過斂窣衆錢、就中取利、其不出名之零星碎户、名曰搭分、准買之後、各照搭分多寡、遂股分派、多者數百畝、少者一二十畝不等、分股既定、然後各自修墾、於是有平墊坑塘之費、修築堤壩之費、挑挖溝渠之費、建蓋房屋之費、俱計每畝又數十倍於例價、而成田之後、又複轉相售賣、甲賣之乙、乙賣之丙、不可勝計、其價則每畝制錢自七八千至十餘千不等、加以稅契中金、又在契載價值而外、此中有自出己貲者、有己貲不足而稱貸以益之者、分照合領、同例價銀數錢而使之退產入官、不知此數十倍之費、何入價之比、此項田畝蔓延數縣、聞得見繳入官者六十餘萬畝、户以備計、各户男婦老幼不下數萬、以十餘年久經安業之數萬戶口、頓令倒爲無所、幾與拋災無異、其逃甘心以就死乎、抑將洶洶而不安乎、且使此等業戶皆有侵冒官田隱匿稅糧等事、則欲加之罪尚或有辭、無如報買勘文則有本縣鄰縣印結可據、呈繳例價則有司給執照可據、每年納課則有縣給版串可據、轉相買賣則有司粘契尾可據、縱其中刁頑之戶漏欠亦所不免、然不能以一二人之漏欠、坐千萬人以藉沒也、然而撫軍之爲此議有二說、爲謂此項入官專指蘆田而言、漕田則依舊給業、並不入官、蓋漕田有課有糧、稅重利輕、不致啟爭、蘆田則有課無糧、稅輕利重、易於啟爭、此事專爲息爭起見、此一說也、殊不思爭端之起、皆在彼此爭買之初、不在既經執業以後、況漕田蘆田雖有有糧無糧之分、而蘆田勘丈用八三號、漕田則用加二五號、是以漕田多寬、蘆田多窄、彼此折算、稅亦相等、不得謂漕田稅

連蘆田税契也、且見蘆畏漕、當懲官勸、設有以漕混蘆弊、
亦當查明確據責問原勸之員、不應浸作空談、遽奪民人之
產、此說之不可強通者也、又謂此項蘆田業經咨部者原不
退還、見今退業者、皆係未經咨部之業、此又一說也、殊不思
小民執業、但知承買而已矣、繳價而已矣、完課而已矣、税契
而已矣、至若官收其價、又收其課、兼收其税、積十餘年之久
而延不咨部、咎在民乎、咎在官乎、豈小民亦有咨部之責乎、
且此項蘆課雖不每年奏銷、亦有五年彙題之例、自嘉慶十
七八年以後、幾開題限而延擱不咨、其不得歸咎於民、不待
智者而知矣、此又說之不可強通者也、其他經佃收租各項
業經種種駁退、不逞纏擾、蓋收租之意猶在將來、退田之意
近在眉睫、民必不肯甘心、官又不能歇手、激成事端、勢所必
至、道路藉藉、莫不寒心、方今聖明在上、愛民若子、從善如流、

一〇八

閤下處得言之時，有當言之責，倘於召對時以實據奏，斷然不卯承命先着，遂膝一言，而萬民獲命，閤下亦何憚而不為乎。弟廢棄餘生，恐為此論，可謂罪言，然弟本無洲田，閤族中亦無以此為業者，實乃迫於愚悃，為民請命，非有所私，惟閤下鑒之。

復宋小巖觀察書

弟自屏居田里，不省外事，惟於二三知己，亦能通情，擬時閤節耕，欲知其升遷，遂所適，尺素而抒積悃，前於十月聞見閤下奉為觀察蘇松之命，忭慰無已，以千路近，正欲探時趨賀，遽荷手書下責，徒復寸言，如親聽語，益如閤下，杜少陵摩祿故人之感，可以不仰集，閤下淵懷靜默，可以振武輝靡，此弟風所欽佩，數更艱辟遊裡，時時省察，能將敬肆公私義利六字界畫鴻濬，不稍優越，從此精進，躋聖域臨閫，不難方臻，閤與措諸事業，豈有體立而用不能行。弟在任時，每日五鼓披衣起坐，亦必將義利公私逐事省察，苟自慊於心，便忘驗為之，死生禍福付諸造物，惟於敬肆二字未能悉心體驗，故不免使氣太剛，出言過激，有愧閣下多矣。弟今追跡，不堪聽世。讀閣下與遂樓制軍書，稱以弟之老蘇為可惜，意蓋以王貢之義轉相責讓，然未為深知遂樓者。弟前年自塞外返至長安，即接遂樓來書，錄取原案，竊觀其用意未必無昌黎薦士之什，而臃腫之材不中繩墨，分宜見擯，可無董生不遇之文也。去年三接遂樓書，招致幕中，意甚肫切，弟自揣踈慵，恐無一得，又陳於保定，沈太守懇以干預為嫌，是以力辭不赴。本年八月復接來書，殷殷下問，弟答書略云：宋司馬公之功業，望於感天地動鬼神，而蔽以一言曰誠，曰一。閣下為國為民懃懃懇懇，蓋深有得於誠一之意，惟望慎修如始，力行不倦，而已、後世公卿竟有身負重望而引用匪人、爲世詬病、豈非崇高日久、慢人順己、不自知其遷流之至於此歟、故曰非始之難、終之爲難也、至若營制紛繁、海禁遼濶、探其大要、總以察吏爲先、若象明論謂從其易知者而精之、則用力少而成功博、或可以爲察吏之一道、質諸閣下、以爲然否、弟舊篇發披公功名在乎何異、我驕之語、故雖身不見用、猶願與二三執友共勵、襟期輒自恐其言之不怍也、至來書有云、恨不得能文如昌黎、爲之表彰於天下後世、此則閣下厚相期待之過、弟自返所爲、本無足述、縱有一二可能、亦不過一時求濟於心耳、千秋萬世名、寂寞身後事、早已置之度外矣、里居數載、意致洒然、日與其友數人、或彈棋鬥勝、或把臂論心、雖無平子歸田之樂、尚免至陶令乞食之苦、足以告慰廑懷、雅愈平生知己、落落晨星、出處殊途、未卜合併何日、每於月下風前瞻懷先壽，瞰不勝別離之感耳。謹此佈復，臨楮馳切。

何氏族譜序

閒覽郡國志，於古名人寄寓所在，必備識之。而彼都人士至以其一遊臨之為榮，況乃世其地長其子孫者耶！何先生字汝登者，本徽產，名輩為江左冠。國朝初年間遊履至延令，喜此邦人士敦樸，遂家焉。余生也晚，不獲覩先哲光儀，而邑中父老往往言其家範習禮讓，敦詩書，長幼內外秩理井井，是真有合於晦庵先生家禮者。余於蒼崖先生誼為通家子，時相過從，益信所聞不虛。蓋者晦庵先生家新安，後人進其居，闡其風教，其裔行也益力，而吾鄉進何氏之居，闡何氏之風，又復觀感而興起焉。信乎君子居一鄉，則善其鄉，蹤迹所至，則善其俗。先生之詒謀為大，有造於茲土也矣。嘉樹茂實，枝葉乃繁，瓊三疊山，光輝及遠。先生來此百餘年，而子孫繩綴葉不艷，璞懷奇，藝英騰茂，下五世之其昌，知畢萬之後大，必有揚聲國史而光昭其先烈者，使吾鄉人必艷之而私學之曰，是吾鄉之名門大族也，是吾鄉敦樸之風涵濡磅礴而得此者也，是使舉山鄉水不有其勝也哉，於其族譜既成，不禁歡忻鼓舞而爲之序

王母某太宜人七十壽序

嘉慶丁丑七月，余陪祭青海神於青海之濵，道於西寧縣，分路，歸請丹噶爾者，時王君慶錄攝主簿事半年矣，入其境，□□熙縣邑無冤民，知王君之能舉其職也，詢其家世，其兄慶錄前任丞和教諭者，與余爲己酉選拔同年，母□氏宜人年且七十矣，因道太宜人懿行甚詳，並屬一言爲壽，夫古之言婦德者，稱夫以禮，教子以義，持躬則必勤必儉，蒞大事則必誠必信，恩周族黨，施及臧獲，世稱賢母大抵不出此數端，

而太宜人剛皆備之，其尤難能者，太宜人從半農先生於江南官署，遇疑難事，輒爲意斷可否，往往與古訓有合，鄒夫人神明不衰，廣其道之。乾隆丁未歲江南大饑，半農先生於任所捐設粥廠，活人無算，而太宜人在籍聞之，亦遣人赴楚購米煮粥以賙閭里中官賑之所不及者。公之封疆大吏，承天子命以賑救斯民，不過僅一假手，非有費於其人之一絲一粟也，而垂涎殘吻不難，攘飢者之背而奪之食，而其人方翔翔然得意，以爲大丈夫得志於時者之所爲也。聞太宜人之風，亦可以稍愧矣乎。夫婦人之行不出壼，而流潔者其源必清，以太宜人之斷事動合古訓，而其閑家以禮可知也。以太宜人之賑飢周及里黨，而其卹下以恩又可知也。王君勉之哉。太宜人之訓而勤求治理，不懈而反於古，使太宜人之德而不無顯著，推己以及於民。昔歐陽公作王氏三槐堂記，謂

仁者必有後以為天之可必也、將見昆仲繼美、所以大家聲而介母壽者、正未有艾、余執筆以俟、是為序

祭嚴南池吏部文

嗚呼、邈寢門而問疾、奪賜鰥自、歌殯懷而傷心、別成千古、信並焚而蕙歎、嗟玉折而蘭摧、慟甚三號、禮先一奠、夫始終者、古年之區域、死生者性命之大歸、畢治裏而外凋、張修纓而內逝、吉凶同穴、禍福無門、然而廣顏冉為中和、當上聖忘情之論、齊彭殤之天壽、或達人貴憤之詞、況寄婉孌於壕虎、喻鰥綿於膠漆、義均哀戚、分契幽遐、而乃際酗不協、尺波瀾遊、既元瑜已殞、鬼錄劉林、陵空營遺書、伯牙絃輟於鍾期、莊生寢談於惠子、其嘆一也、何痛如之、惟君少而英明、長而宏潤、確年德標林、英晴聲著、始入倫輩、由於性行、禮實身幹、教睦於閨庭、叔寶理遣之談、彥輔名教之樂、公私所寄、今古同符、夫

璿玉致美賓筵、來於池隍、蘭桂有芬、衆流輝於山澤、首膺鄉
薦、載試甲科、待詔金馬之門、校書石渠之署、固已昔哀作頌、
文擬相如、沛國通經、人稱漢聖與、爰從禁署、改歷銓曹、襄樞
清通、王戎簡要、方斯蔑如也、然而文章入洛、譽溢三吳、發爲
遊梁、居徒四壁、遠惟田生致親之議、近悟毛子捧檄之懷、四
十年中、承歡無間、三千里外、就養爲難、歌將母而南旋、又攜
家而北上、載在資敍、禮本作忠、假令領大官之錢、日供菽水、
懷長安之米、終侍晨昏、庶可答寸草之心、用少慰慈萱之意、
夫何清名早歆、才躋鵷鷺之班、靈夢宵徵、遽值龍蛇之歲、禍
總總惙、顧愈同生、李賀獨留、猶呼阿嬭、不圖假館尚未踰期、
而碑結綵之鳴輝、殘懸綵之夜色、天如可問、僕也請前、君詩
備諸家、文兼百體、遺型莫憾、青簡猶新、雖息影於九原、終流
聲於百世、九日茱萸編插、已少斯人、小山桂樹叢生、誰爲作

遺、昌黎遺集定文、豈敢已德、微才意情、可少進弁之謙、君應
我識、文以情生、神而有靈、翩其來饗、

祭鄭胥廷侍御文

伊天道之難知、豈正直之畀不可爲、抑天門分幽迴、恍恍然
雖時而險巇、將借世之遽老爲之徽飈、後當掃群魅於一魔、
不然則君與舞君之在台諫、論者謂以鳳之來儀期爲華黼
爲世用、當不三年竟相繼而長辭、謂與不識咸咨嗟而嘆喟、
況我與二君之相倚、如影動而形隨、同學嘗共事、歷今十有
四載、情同昆季、義則師資、聞遊訃、誠驚嚳常不寐、嗟爾頹之頑
横、本疏類之横溢、其氣節負哉羅、雖二君之磨治、昔昌黎有
言、雖骨肉寧免於瑕疵、惟我與君十餘年中論心談勝、嘗無一
時一事不慊於戲微、將東郊之送別、怜把袂而淚涕、想此去
之不返、指來歲以爲期、君遺我書曰、讀孟之書、猶憤愧魂忽

一一三

喜怨悲歡、踐約於息壤、遂發端於參離、早知其命之不永兮、盡遊返乎初衷、雖君之此行直辭且震於沃壤、空名寂寞痛、何爲兮昔燕重懸之維乎、泣蘭皋之微蘅、倘非故人之敦促、君或默默以娛之、此則我罪之不可解兮、拊胸泣血其何追、當奄息之初謝、樹蹊境之離迷、而兮孀者在堂、雨階柱戶、君真遊矣、其孰能召魂魄乎、追既往而循迴、嗟乎生死者性命之區域、終始者萬物之大歸、達人知命、亦又何悲、我亦不知悲從何來兮、顧澈淚而復揮、昔顰蹙而郵返、遇故廬而歔欷、兮一去兮不還、空悵望兮靈旗、長安家其兩藹兮、將出門而何之、澌中懷之鬱結兮、抱此腸而告誰、君騎箕於天上、有故友兮相攜、我奮翅於八極、知微睇之無依、嗟呼、當知己之會合、早憂異日之暌違、賞餘鱸鱠而握我多居宅兮分離、痛遺言之哀慟、觸緒昔之切悽、仰殘骸之是畏、嘆幽明兮或岐、會

銅狀分析見疑無懷寄此詞

祭嚴可亭剩叟文

維年月日某謹屬劉孝廉蕙、以清酌庶羞代祭於誥授奉政大夫嚴可亭先生之靈、嗚呼、丈夫處世、知己實難、況更坎坷、隨世炎寒、雖不之交、庶幾古誼、豈期不用、增余長嘆、余籍西平、即聞子名、常賢友作、非予親、不不我即、我訪子廬、門無僮僕、壁有詩書、有徽嚴貌、有聯其密、二子立侍、捧茶當觴、我倒識子、不言以教、時而讀讀、飛爲不請、云何道難、遠鬱長安、驚當振興、大風鼓瀾、子特憐余、家口蕭單、惠以錢米、不空簞、爲余破饑、餞綴攻飯、翻盡救之、一夕十反、又復憐余、蘭然雙鬢遷子、遂迎、跪而致膝、別後思我、端書屢至、老眼親書、長篇綢密、誤傳我遠、時兒冑征、風饕虐候、我寒自凡、百饑纏、長言不謝、豈其乏交、蓋由心即、雖余綿力、驚救是醋、而予作

收，亦去寄焉。惟余徧心，遥遥顯廉，而子司錢，不名一錢，子昔
被褐對鋤，固窮，與以有守。常曰嘉哉，而余無狀，惟羅網羅，不
誠不動，愧子實多哉。雖然子年來著述，日手一册，掩卷誅誅，
子復余言：讀書論世，內考身心，外即時事，意趣大意，不在誦
記。讀子之書，知子之志，不若大明，庶其有濟。子雖歸隱，亦非
自了。與世爲型，爲民植表，伸誰拯嗷，剜膺仍隨，號呼不聞，邪
人大怒，子以丸泥，塞其淵淵，淵淵如聖言。仁者必壽，謂天佑善，
更予遐齡，云何不祿，遽歸杳冥。子之德行，樣範難辨，子之著
述，芳馨溢簡，子之出處，孤雲在還，子之風操，立竹淵斑，在子
無憾，於人則悴，識與不識，聞之零涕。況余萬里，孤館燈翳，天
涯比鄰，從茲罔然，知子故意，念余惆悵，分歸有期，子其知否，
情子門生，術以一觴，幽明不隔，永永相望。嗚呼哀哉，尚饗。

祭廷融載族人文

一一四

嗟我與子長別兮，怨蒼穹兮孟奔，記兮懷兮坐乎、問幾時其
來旋，謂此行之無意兮，悵此心之不懲、何嗣幽之隱險兮、遂
淵陽兮雲天、嗟子與我相勵兮、懼或敗乎此度、苟淟涊兮脂
弃發禍棄兮無路、爲陵晨而狼狽兮、歷風雨而加素羈我往
之數奇兮、抑將同離子之故、闕囊桃之東旋兮、紫靈乘而不
前、想魂游於塞上兮、尋偏乎千山、與歲川、我奔追於故土兮、
冀撫棺而如聽聞子之魂可歸來兮、又長號而不知處、我狼
處於閨闥兮、有侍巾兮相攜、乎幽棲於古寺兮、懷燈臈游塵
對、嗟我與子同案而共遊兮、雞鳴語而難終、何昊天之不弔
兮、遂罹乎人世、來有之奇逢、嗟乎我之悲或有時而已兮、子
之恨恐無時而窮、覽萬物之同歸兮、終始有域、送子於山阿
兮、又覩之側、想團圞於地下兮、情話纏綿、愈愁遺之白髮兮、
我勞如何、瞻眺炤於幽宮兮、終相逢兮有日、薦牲醴以祖遣

兮，廢參歟而來格。

皇清敕封太安人例晉太宜人顯妣陸太宜人行述

嗚呼痛哉，不孝覺長爲無母之人歟。先君子棄世早，太宜人撫養諸孤，備諸艱苦，今日稍獲稼養，且年未衰老，庶有以少報罔極之恩，而不孝結孽深重，遭大故，泣血椎心，百身莫贖，解氏之生，不如死之久矣。顧念太宜人苦節懿行，湮沒未彰，不孝罪戾滋大，用是濡血和墨，謹述百一，伏乞當代大人先生垂覽焉。太宜人氏陸，先外王父國學生巖音公次女，自幼不苟言笑，端重有大體，年二十歸先君子。先王母吳太安人早逝，逮事先王父暨繼王母周太安人，曲盡婦職，和於妯娌，無閒言。乾隆庚寅，先王父殁，甲午，先君子舉於鄉，乙未捐館舍，時不孝啟文方九歲，不孝啟人在襁褓中，一女年五歲，四壁蕭然，瓶無儲粟，太宜人哀毀骨立，撫孺盡禮，事周太安人遊讌，以鐵甫佐參甘旨不虞缺乏。太宜人每五鼓起盥漱紡績，課不孝讀書，嘗謂讀書當乘平旦清明之氣，世人每喜夜誦，吾甚勿取。不孝勉強為，太宜人深懼墜先人遺緒，時述先君子攻苦況以訓，聲淚迸下，不孝數則涕泣廢食，着緊自不孝稍感悟，年十八補博士弟子員，十九補廩生，二十六拔貢成均。自先君子去世於是十四年，太宜人希有笑容，至是謂不孝曰：汝父讀書一生，藉此稍延，然深懼器小易盈，不克似汝父未竟之志也。庚戌不孝入都聽廷試，授七品小京官，貧無以自立，乞假回里，族人咸以時甚為不孝慮。太宜人曰：吾家非世宦，繼得躋仕籍，福澤甚矣，亦復何憂。去年迎養來京，太宜人以榛入纖纖處游籠辦理，常戒不孝無得稍有負欠，以是在京數年，未有積逋，剝啄聲稍，太宜人入[illegible]理之力也。不孝竟不能展章爲娛，憾甚之。太宜人艴然曰：兒何稱

二十

淺乃爾、汝能昵孅靡嬲、孍媄於何傷、若馮車騎而不共厥職、辱濫甚矣、人生自有節概、何至以車馬衣服為榮、每讀最趣起趙署、退櫃督謀勿懷誠、不壽因讀書為入根本、無以博得一官、殊此事也、丙辰恭逢覃恩、敕封太安人、太宜入朝服拜恩訖、潸然流涕曰、今日雖獲一命之榮、恨汝父不及見矣、太宜人怡靜默、寡言語、子女輩不敢作嘻嗃聲、雖一針隙地、靜可辨也、婦女好談論者、望太宜人側皆屏息以去、不敢復見、太宜人恐閨外事、凡事之不在禮法者、屏勿聽、然料事輒奇中、不壽有疑、不能自決、歸問太宜人、立斷可否、性好施舍、若無力、力所能為者、必盡也、叢孫戚氏青年守節無子嗣、太宜人引與同居、常撫卹之、比來京師、還便人南下、雖典衣獨劑、必寄數金、曰此非獨為其貧也、數千里外、懃懃懸懸、亦足以固節婦心、御奴婢嚴而有恩、常曰彼亦人子女也、飢寒同之何貴賤之分間有微忤、太宜人不施呵譴然久之自感悟益加敬憚、太宜人習為勤苦、年六十餘未嘗離針指、粗糲大布澣濯至再、供饌皆蔬肴、不孝偶進甘旨輒不悅、曰菜根風味咀之彌永、膏鼎烹何為、精神素健、不孝私心竊幸以為上壽可期、自甲寅冬十二月長孫豐玉殤、哀切殊甚、丙辰女許適常氏、擇吉成禮、以不忍離母故哭泣、成疾、竟至不起、太宜人益悼之、今年正月不孝啟人疾卒京寓、積哀縈心、漸形衰憊、然每日雞鳴輒起、尚如曩時、九月下旬感冒風寒、醫家初謂無患、太宜人即謂不孝曰、吾此症不起矣、其治吾後事、一切崇儉、汝父之喪嘗未得從厚也、延至十月二十三日氣息漸微、顧謂不孝曰、吾死無憂、惟願汝謹身節用、如吾在日、世間貪婪不職自罹禍敗者、皆自奉不儉使然也、汝切記此語、吾死不恨矣、言訖而逝、嗚呼痛哉、太宜人生於乾隆二年正月初八日丑時，卒於嘉慶三年十月二十三日丑時，享壽六十有二。敕封太安人，例晉太宜人，配先君子諱以發，乾隆甲午科舉人，敕贈儒林郎工部虞衡司七品京官，加一級，例贈奉直大夫。子二：長不孝啟文，乾隆己酉科選拔貢生，乙卯恩科順天鄉試舉人，工部虞衡司主事，娶戴氏，庠生名璠公女；次不孝啟人，歿，娶李氏，國學生名家駒公女。女一，許歸貢生常名錦公三子附貢生慎修，未婚歿。孫二：長豐玉，殤，不孝啟文生；次兆珍，幼未聘，不孝啟人生。不孝苫次昏迷，語無倫次，伏冀當代大人先生賜之銘誄，以光泉壤，則不孝世世子孫感且不朽。

元配戴孺人行略

嗚呼，余以任性偏執，萬死投荒，而吾婦戴孺人復以憂傷成疾，於嘉慶二十四年五月六日歿於西寧旅舍，比得凶問，距吾婦之死四十有五日矣，嗚呼痛哉！吾婦逮事吾母陸太恭人十餘年，中承懽無間。嘉慶三年，吾弟先吾母九月而卒，弟妻孱甚，而號哭不已。先太恭人病革時，顧而憂之。吾婦體先人意，忍淚勸解，弟妻哭不止，則吾婦終日不食，見者謂孝公侍母殆無以過。余初官京曹，艱窘萬狀，又值一家中疾病牽纏，吾婦身兼婢媼，外司饔飧，內奉湯藥，已亦因勞致疾，而力起從事，如是者累年，從未聞有愁苦怨歎之聲。余於戚友中情不容已者，每令摒擋以濟之，甚至衣褥之微亦付質庫，吾婦未嘗有一言之吝。其母家亦貧士，每寄薪水，必令與父母族平均，曰：不可獨厚於外家也。有爲余部中見有應駁事，幸勿指駁，但告病假三五日，則歲中可致萬金，而先以白金二千兩、黃金百兩爲壽。余笑卻之，退而語婦，婦曰：卻之良是，豈有士大夫而可爲此等事耶。維時坐破屋中相對而語，承塵穿漏無乃慨矣。嘗謂予曰：君其有意於外任否？以余度之，恐不宜。世俗所謂佳處，於君何有，而勞心掣肘，必將十倍於衆人，願君得以諫一官，當知止耳。余深然其言，未幾而謬膺上考，又蒙記名外用，非所期也。吾婦亦爲愀然，謂余曰：君行外擢矣，以之投時必不合，然使一旦而改其所爲，識者其謂君何？余曰：行吾素耳，斷不致沾染習氣，渝其識之。嘉慶十六年，任河南開歸道，是缺著名豐腴，余痛剗積習，吾婦亦縮衣節食與在京無異。不知者處脂膏也，或謂余同僚歲宴必當從俗，以優觴爲敬，余亦韙之。吾婦聞之，謂余曰：君不記在京時相識語耶？余憮然而止。十八年，余以疎防降調，而爲河撫院奏留辦賑，並襄事大工。時河北數匪燃事，滑城戒嚴，有欲勸吾婦宜速歸者，婦曰：吾夫義不可去，脱有不測，與俱死耳。臨危自脱，吾切恥也。迨二十年工賑皆畢，吾婦苦勸歸林，而一時寅交不知余之不肖、爲贓濫褫官、余亦不自揣度、冀稍展犬馬之效、不從其言、檄往甘肅西寧道、俗所謂苦缺者也、吾婦樂其民淳而事簡、輒爲余幸、惟聞所屬中之不職者、則屢竊太息曰、此何人耶、彼之居官專爲害民來耶、每爲余言秀才家歲得脩脯三二十金、亦當盡心課讀、況廉俸以數千計、若不事其事而爲地方貽害、何以爲人上、余（年七月）奉旨逮問之前數日、遵調上省、瀕行猶諄諄以此言相勸勉、豈知是日一訣、遂成永訣哉、自余逮問後、悲愁哭泣、當苦寒之際、每中夜坐門廡間、仰天不語、久之成疾、遂致不起、年甫四十有九、嗚呼、人孰無死、顧以余愚執之性、不自顧惜、遂令含冤九原、爲可悲耳、嗚呼、推吾婦平昔勸勉之意、則死生禍福、應勿介懷、然婦人所知者、虞遺禍耳、余不明進退存亡之義、與夫時地位之所宜、自蹈不測之誅、幸荷天恩、僅予遣戍、是則吾之罪、固吾之所

自取，而吾婦之死亦吾有以致之也，嗚呼痛哉，

戶部主事前翰林院庶吉士鄭公墓誌銘

余與君交四十餘年矣，每以百里相望不得以時過從為恨，慘聞君於道光九年正月九日溘然長逝，不禁哭失聲，既而其子持狀來泣請銘，曰葬有日矣，先子與子交最深，非子無可以銘先子者，余雖不文，曷敢辭，按狀君諱錫琪，字仲儒，號鶴泉，先世自浙之浦江縣遷靖江縣，代有隱德，國朝君之世大父補堂公始以進士第大其家，後嗣甲科至今不絕，考前村公乾隆戊辰科登會試榜第一，賜進士出身，誥授中憲大夫禮部儀制司郎中，湖南永州府知府，妣趙封恭人，曾祖考爽韓公，祖考時庵公，皆以前村公貴贈如其官，妣皆贈恭人，君幼聰穎，為大父所鍾愛，四歲手抄爾雅課之，六歲就傅，授經禮記已卒讀，八歲遭大父喪，哀泣如成人，年十八，前村

公卒於官、一慟而絶、翼日始甦、見者感潸、前村公廉於守、卒
之日、囊無餘資、時其外舅王毘岩先生任湖北鄖陽郡守、君
服闋、復往就學、甫至、即偕毘岩先生因公被逮、倉皇完姻而
歸、復在京師、每爲余言兩家事蹟、刻榮枯、輒爲感歎、君既歷
茶苦、勵志益切、每夜讀至三鼓不輟、乾隆己酉科選拔貢生、
庚戌朝考一等、覆試以墨漬被落、乙卯科中式順天鄉試舉
人、嘉慶辛酉科會試中式、殿試二甲、賜進士出身、朝考入選、
改翰林院庶吉士、散館一等、引見以部屬用、籤分戶部、君體
本清癯、勞心過甚、散館日繕卷將畢、忽得怔忡疾、移時始定、
後常覺心搖不安、然猶力疾供職不少懈、庚午歲病益不支、
請急歸里、行抵滄州、配王宜人殁於舟次、感傷尤劇、自是沈
綿床簀、迄二十年、竊以君之沈酣學問、畢勤不苟、使其翱翔
藝苑、則可以揚厲偉績、使其執掌文衡、則可以遴選真才、即

不然而向首部署、亦足以抑奔競勵廉恥、乃疾病牽纏百無一試、天之厄君、何其酷也、然自古文人或窮愁著書、或窮而工詩、未聞有二豎交侵、而神明不衰殫心著述者、君病中口授諸子、成尚書疏證糾謬八卷、蓋駁閻氏百詩舊説、又積成佩韋詩若干卷、凡其所傳、皆足信今傳後、然則天之畀君亦不爲不厚歟、君壽七十有四、子四人、長汝昌、嘉慶戊辰科舉人、安徽貴池縣訓導、次汝諧、汝英、皆邑庠生、次汝瑩、女一人適同邑嚴氏、孫男十人、女八人、於是年　月　日葬於祖冢莊之原、銘曰、

嗇其遇、豐其文、子孫繩繩、誦此靖芬、

自責并序

予以罪謫戍輪台、蹙心循省、自覺此生一無是處、作自責三百六十年、書置座右、戢戢觸目警心云爾、其詞曰、吉凶在天、

禍福由己，孟韓說異，其理蜀以。蒼蒼者天，視下則歸，人自求之、如執右契。嗟吁獲禍、臍於灰學、頑石不斷、其觧觭崩、不顧傷手，而代匠斲、龜與蓋逆、汝則不止、理以勢移、汝則不從、舌存於柔、齒墩於剛、木生而弱、人死則強、矜壯死暴、維理之常、而汝不悟、以幾於亡、駃騠千里、蹶張於群、蹶之鏟之、局云其勤、豈以無益、畜不吠狗、悠日信信、不如其否、我行萬里、登山海水、以滋冥悟、獲身世理、黃河之流、電激箭駛、將適於南、先北而轍、進之若迎、退之若避、挽之不逆、順之不逝、汝若綏渡、何以堯濟、高山嶢屼、從人面起、及尋其跡、亦殊迤邐、致曲則通、剗險若砥、設若懸縱、直上百里、王尊叱馭、亦恐已矣、周易大旨、剛柔互用、老氏微言、柔謙是重、納納自牖、爽然理解、以頭觸闕、云何不駭、鷹鸇搏擊、衆鳥見馴、何如鳳凰、德被其鄰、既禍而悔、是爲不早、匪曰童昏、於今已老、抑又聞之、禍兮福

忕、小懲大戒、此小人福、汝如不悟、其何能穀、（二）

古詩

答范完初茂才四首

蘭葉何葳蕤、叢生閒百草、空谷豈無香、爲誰矜美好、美人隔湘水、所思天漢杳、彈琴不成聲、清霜催人老、採芳欲及時、耿耿空懷抱、願言不可忘、素心長自保、

客從南方來、寄我尺素書、詩問蓴鱸期、畫爲山水居、感子三致意、念我心煩勞、我亦豈忘歸、智不如鷦鷯、衆鳥戀風雨、目夜營其巢、巢成風雨至、爾音但曉曉、人生如草木、天地一蘧廬、僬螟巢蚊睫、意得自有餘、

鶗鴂聲啾啾、蟪蛄吟碎碎、金鼓震砰訇、風雨雜冥晦、哀响難爲聽、胡爲會衆派、憑其鬱怒氣、饑腸逞一快、語燕媚畫梁、啼鶯驕春風、好音豈不懷、所感固非同、愈此益知命、語君窮且

忍、披裘亦有言、書生例強很

兩窮不可訴、相哀莫相保、君如忍饑蟬、我亦失群鳥、僧寺昔聚首、意氣何輕矯、方望客千里、還今香閉杳、凌生最少年、墓頭有宿草、落葉滿秋江、笑談幾時好、蒲樞山菸旁、孤塔横雲表、一夜到禪關、臥聽鍾聲曉、

送別鄭貫亭侍御四首

嗟予鮮兄弟、朋友亦寥儔、與君十年交、意氣膠漆投、聞君欲歸去、僕僕互悽咽、明知見有期、便恐久離別、秋氣日凌凌、秋風夜發發、魂夢欲隨君、關山不可越、

古人各有志、不必定鄉園、非使自有餘、吾聞韓子言、幽蘭不見佩、心遠寄美人、況乃猗猗香、採掇尚青春、空谷終幽栖、何為貴美好、不然如甚李、棄捐何足道、

我病不慎口、積愧常在肝、臨別無我贈、此諸良獨難、龍鍾三

一二二

十九、不慎更何有、再拜謝苦言、誓當滌除垢、所懼違叔度、鄙吝日夜長、明年復見君、叢脞何堪想、世事本搏沙、聚處如積雪、一日不滌散、謂當長怫結、嗟余四人中、子與年松岩侍御、家稽亭主政及鄭貫亭為窮友去亦各屑屑、三子去復遂、知君那忍離、息壤不可忘、桂冠會有日、白首各歸去、天涯共明月、

題家稽亭水部桂門圖即以送別

底事棹頭不肯住、情牽淮南双桂樹、偏勞作屋桂為門、圖成自向畫中去、笑指西山一揮手、十載金門亦云久、桂華專兮春風柔、桂子落兮山中秋、門前槎枒枝相樛、中有人兮山之幽、著書一尺晴且修、掃除煩憂只杯酒、坐揖古人賓師友、門深不許俗人敲、為問老桂君知否、我昔江南剪茅茨、門前自種楊柳淡、楊柳成陰人不返、烟開菊多雲漫漫、柳生語重來

觳荷況今獨唱無人和、吁嗟孝桂樹有知應笑人議君安穩
眠山臥、

送別鄭侍御

奈秋先愁別離苦、可奈西風吹徂暑、十載離家墓草荒、此去
數人難不許、嗟余落拓少友生、與君不惜肝腸傾、古人已逝
忽在眼、穆如之風不可名、封章再上轍辭去、一鞭遥指千山
路、再拜先人松楸壟、指點童時釣遊處、閒道此邦山水勝、當
流踏石如壁立、水聲近自珠湖轉、山翠遥從五嶺來、與高
登白鶴台、北望京落空飛埃、可憐吾黨二三子、朝朝城上相
喧豗、仙凡境隔俗腸割、大呼安期且銜盃、若非聖人識懷土、
醉臥溪山亦快哉、君不見韓子潮州古、昔從遷謫來茲土、兩
疏抗論職何忝、一篇瀧吏詞尤苦、雖然歷試過艱險、幾曾長
揖謝簪組、人人衆許去不回、吁嗟老生真可哀、鳳凰出世為

鳥哉、我亦長歌歸去來、

律詩

與同人至崇效寺看牡丹至則花已盡矣

未惜尋春晚、琳宮結伴過、到門冠蓋少、昨夜雨風多、雜遝袂
叢葉、繁華感逝波、花時倚、反見惆悵又如何、

蘇眉亭比部邀程予贊孝廉遊釣魚台長春寺以詩
見示因次其韻二首

我亦知魚樂、濠梁興最深、閒雲成獨往、長日鎮孤吟、烟樹披
圖出、江湖入夢尋、卧遊殊未厭、衡枕颯濤音、
傍宅前朝寺、金輪幕草提、殿空齋鶴靜、僧定雨花低、麥飯當
年記、蓮幢若舊題、□□人去後、清磬夕陽西、

侍燕二首

天涯消息問飛鴻、芳訊年時記早通、知爾多情憐舊雨、倫因

無力蘇裳圍纖襪，翡翮飜出外，寂寞春愁畫階中，連日輕寒解人意也，防花事竟怱怱。

巢痕依舊畧清塵，轉眼風花又一春。客路定消寒食雨，夕陽閒殺倚樓人。商量白社樽中酒，指認烏衣去後身。王謝雕梁今在否，料應來獻主人貧。

偶成

聞說雪山飛鳥外，豈知延攬入窗櫺。雪便蘇武無情白，山爲坡公作意青。萬里風塵愁絶塞，一家詩禮學趨庭。請看燕雀誰鴻鵠，來也到天涯喚客聽。

題朱藝田茂才小照

天涯曾隔幾由旬，盃酒重逢話苦辛。媿我原無涉世略，羨君真是讀書人。微風疎木天然韻，流水閒橋自在身。欲把升沈多少事，君平簾下敂前因。藝田知命故云

又一首

江天何處少微星、有客攜壺傍水汀。桐雨濕時琴入破、茗香熟後睡初醒。拈花妙證瞿曇旨、發蘊能通易象靈。愧我緇塵揮不盡、多君相見眼猶青。

得孫志喜次楊君賓明繼見賀原韻

將雛消息恐徐徐、丹鳳寧無竹實儲。恰喜預占食牛量、不嫌錯寫弄麞書。胭晴此日添生媛、楊柳何年綠染裾。且把含飴聊索笑、莫將述德問其如。謂盡遲有述祖德詩

續成一首仍次前韻

添丁那得更徐徐、可識廬公為國儲。作祖已成雙鬢雪、貽孫尚有一牀書。精詳啼笑推英物、裁剪衣襦試舊裾。為問東坡憐叔黨、較他楚老定何如。東坡謫儋耳一子過隨，即叔黨也，有小斜川集。余子維彥從余塞外，命字過新，一字小川，故以叔黨為比。楚老東坡孫，坡詩猶下呼唔雛楚老。

張禹錫明經七十壽辰邀飲舍下小集代柬二首即以誌賀

莫笑乾坤一腐儒，凜然志氣辟千夫。老來生計憑枯硯，醉後狂歌缺唾壺。蠏舍漁莊新卷畫，蝸痕鶴篆古精廬。郎公曳杖逍遥處，知是人間福地無。

曾起童年共起居，相逢白髮兩蕭疏。卻留天上奔輪景，許讀人間未見書。石室談經知自得，香山聯社意何如。莫嫌咫尺成千里，屈指星霜感歲除。

題朱果齋茂才小照

無端髮鬢已鬅鬙，酒虎詩龍總不勝。每爲棋枰尋老友，時因茶話遇鄰僧。閒身合與松同健，傲骨還如石有棱。記否相逢年少日，風雲意氣各飛騰。

答楊君寶明經四首次李爲程韻

萬里崎嶇亦坦平、此生久已悟無生、憐他百巧終成負、屈指
千秋孰是瓢中散、醉官真爲懶、伯休近市都逃名、只餘一事
癡頑甚、聽到哀鴻尚有情、
戀觸無端起不平、心兵鬭處死中生、□□□□□□爲問
運籌若箇瓢、翻手雨雲棋局勢、到頭榮悴蟻功名、小山來擫
歸來晚、認取斜陽戀客情、
身到甜鄉夢亦平、楸枰筆硯供餘生、一瓢已墮何須顧、兩鬢
如絲即是瓢破、我寂寥資老友、怕人傳說本虛名、寒風朔雪
滄江上、不負當年戴笠情。
升沈底事問君平、難致何如魯兩生、馬上衣襟嗟短後、盤中
歲月喜長瓢、會如白社真堪羨、入似清風不可名、寄語台端
諸舊雨、江天南望與含情、

疊前韻六首

夔龍無數佐昇平、底事干卿白髮生、千古有懷徒骯髒、五都
何計鬥奇觚、理論漫試張綱手、渡海悲無蘇老名、聞道九重
憐褊直、每詢西使尚含情、
世情欲殺古難平、窠壽茲然百感生、牧馬塞翁誰得失、序棋
柳老就輸贏、從來識字成憂患、漸喜無人記姓名、只有天涯
窮杜甫、幾回夢李見深情、
參透元機氣自平、無邊草棘亦天生、□□□□□□豈有
崪嵂更欲贏、感遇不隨花濺淚、忘機時聽鳥呼名、却憐一枕
崎嶇夢、未熟黃粱尚有情、
枌社榆村一望平、酒旗招我若平生、極天滄海誰能塞、無價
青山許獨贏、說劍有懷仍故態、荷蓑無計避時名、不應碑兀
東娟馬、慘淡逢人若訴情、
風期渺與暮雲平、古井何時波復生、說勝故知猶有負、無虧

底處更求羸、酒將入務非關病、詩欲尋醫莫計名、等是歸田
彭澤宰、更無餘興賦閑情、

飛鴻渺渺入雲平、底事機從數擇生、豈有嚴陵能獨釣、肯爲
馮婦更求羸、蒼茫自酒千秋淚、寂寞誰留萬世名、到底劫灰
消不盡、陳編捲處又含情、

代李爲程答楊君實

十年契闊意何長、役得新詩付錦囊、笑我金生如甚李、許君
椽筆賦長楊、抗懷自信貧非病、排悶何嫌老更狂、極目江天
正寥廓、（借用杜句）可堪秋晚又斜陽、

絶句

次韻答何石間明鑒三首

去住原爲自在身、緣何輕別致傷神、問君此日扶風帳、可有
新知似故人

寄到新詩還憶我、清詞麗句總離塵、知君彷彿林和靖、只有彈棋不若人、公唱有除却楸枰堪敵國臣之壯也不如人句幾於目無滄江矣因改其言

何時嘯月步城闉、指點樓頭景色新、閣外青山山外寺、一齊排著等詩人、驕蚊閣告成至今亦複登樓吟賞

題王春田參贊移竹圖二首

愁竹聽須斬萬竿、杜陵詩句太巑岏、豈知種得清陰在、冒雨披風釋士安、

此君與我舊盤桓、今日聊從畫裏看、様觸瀟湘無限意、一天烟雨夢江干、

與子維彥話東坡儋耳事戲成四絶

曾隣仙境隔蓬萊、海外原應著此才、一卷詩囊雙蠟屐、萬人爭看子瞻來、

公私廬舍不相容、一片蠻烟蜑雨中、擲卻桄榔偏有幸、當年

二二七

樹下宿坡翁、每和陶詩一戰然、小坡詩句亦斜川、有兒尔得才如許、却笑淵明責子篇、隆冬海市亦奇哉、定是先生自取災、引得他年燒赤舌、迫吹蜃氣作樓台、

題毛秋佾明府小照二首

蘇李吟成恨有餘、臨岐南望幾躊躇、我今與子同歸去、勝卻河梁握別圖、萬里黃沙入鬢絲、短衣記向玉關馳、豈知此後君王顧、還喜容顏似舊時、

平番途次別西寧士民二首

平生老淚不輕彈、得失何妨一例看、底事傾襟收不住、哭聲千人助雨聲寒、

似將向我訴顛連，此別何須意惘然，我自不材公去矣，爾曹孝弟力耕田。

府君歸自塞上，取道平壤西營，士民先期馳至，守候者甚多。府君為停車的日別時，士民泣不能止。府君自被遠以來三年矣，未嘗稍有感容，對此不覺暗淚云。維彥謹注。

題琴泉擬茂才臨流濯足圖二首

四山蒼蔚晚風寒，底事搴衣與水闌，揀脚中流看道力，任他飛瀑與驚湍。

蕭然身世付滄洲，咫尺還同萬里流，可念燁湯伏踐足，閒闌社巷十分愁。

讀楊君實明經詹士歲暮雜詠，極有風致，內有四首稍涉，為易之

僭續

天教強項也低頭，羞澀囊空可自由，只說尋常行處有，誰知

難似借荊州、

避債

風雪柴門傍曉開、為防債客逐人來、灞橋驢背尋詩處、暗泊先生避債去、

思儉

硯田終歲事耕耘、日盼逢年意轉迷、忘却硯枯磨不出、苦將崇儉養山妻、

治生

米珠薪桂費躊躇、學者治生不可無、原我有良田栽寸許、孔桑心計愁粗疏、

贈楊君實明經二首

百憶難平塊壘胸、時將詩句吐長虹、人間吹萬真無賴、一笑全收大塊風

閉門但草太元文、一片心香靜夜焚、鐊饕胡愁三耳斑、又從入世悟聲聞、

題尹古愚明經乘風破浪圖三首

蓬山何處問神仙、千幅蒲帆意邈綿、直欲乘風搏九萬、不愁弱水隔三千、

小屋如舟劇自憐、書生風味本蕭然、豈知亦有封侯相、橫海樓船在眼前、

我亦曾爲汗漫遊、怒風驚浪復何求、而今自笑寒酸甚、杯水坳堂一芥舟、

陳退齋先生事略

先生諱啟文，字煥周，號虹江，晚自號退齋。先世籍河南之濮州，元末遷江蘇通州泰興縣。生而穎異，頂有方坎。九歲喪父，家貧，母課之讀。弱冠補博士弟子，食餼。於乾隆己酉選拔貢生，朝考一等，得七品小京官，分工部虞衡司行走。乙卯順天鄉試中式。貴州運鉛官歿於路，該滇官結報無虧，造交局短絀累萬計，户部責原運官家屬賠償，事移工部，先生爭之力。時和相珅當國，總度支，聞之嗤曰：「隔部一小京官，敢抗我邪？」同官皆爲先生危，先生曰：「我恃理而已，他無恤也。」會和相亦悟，卒改擬。嘉慶三年遷額外主事，丁母憂歸，服闋赴補，分都水司。河工某案侵冒鉅萬，先生發其覆，撥之皆驗，奏上，奉旨總河以下申飭着賠有差。核算挑河工程，向用三歸，某公議改用三廣，先生詳攷歷來算書著議，謂其說必不可行，某公怨，斥為阻撓，揚言將面劾於上，時公卿多避先生議，大學士朱文正公珪歎曰：此議既獨理允，文亦可傳。某公意沮，卒旨請仍循舊例行。十年，湖北鍾祥、潛江兩縣江防民修堤決，在保固限內，總督秦稱固限專指荊州官堤而言，此請免賠，並嗣後永免保固。先生查案，以乾隆五十三年發奉諭旨，民修之工，均着定限保固，今該督以諭旨所定民堤例限作為專指官堤，又將堤工通例作為專指荊州萬城堤一處，意為出入，以圖蒙混，白長官揭參，奉旨依議，並着該部奏明首先看出查辦之司官，候酌量加恩。堂官首舉先生名以聞，得旨遇本部主事缺出，儘先補用，遂補營繕司主事。河工報銷歲修搶修之外，復有另案，先生建議搶修補救於臨時，歲修則預防於先事，宜使歲修工固，即搶修所需無多，至另案工程，必無工新出，或有埽淤接，或舊埽淤閉傳修，哭艦刷塌，凡由歲修之時不及今修以舊埽朽腐沈損另案開報搶險此即歲修案內照應修補之工、其已估辦者、因係修築之不堅、其未估辦、即係歲修之不實、自長官參請聽着令賠繳、不准開銷、並令查明舊埽段落分別於開修防造冊報部、議上、得旨允行、於是歲修工浸覈實、而另案頻減、河督奏以料物例價不敷、不得不量估寬報、通融辦理、爰酌議加價、以歸核實、奉旨派侍郎英和將予請選帶司員馳驛查奏、先生與焉、至則採訪物料價值、按原奏加款酌議、列單擬覆、並稱河工從前之弊、在於辦工之不實、現在之弊、又在備料之不預、設使於新料登場之際、將歲料全數購辦、並將另案所需寬爲籌備、分積要工處所、則遴選早抵、爭數月、節省河營倍蓰、一遇險要工程得以立時搶辦、料物實積工次、驗收時、即以用去之料、核其所辦之工、廳汎各員無從隱匿虛報、尤有裨益、長官據以具陳、先是江南諸巨工、屢遭部駁詰、儕皆出先生手、相與惴恐且怨、追先生至、於前奏應准應駁各條、酌核惟允、準情衡物、無毫髮私、群大服、河東督撫奏以加價銀兩、攤征諸民、兗省年二萬兩、豫省年二十四萬兩、歸工應用、先生議未加價工多虛估、既加價之歸實報、以現在所加之價、抵從前虛估之工、名為加增、實不出原有額費之內、查豫省偶遇漫決大工、向有加價攤征之例、然事非恒有、攤完尚可息肩、若常例攤征、則無已時、民何堪命、況豫省前攤睢工加價、本年甫經征竣、衡工加價、下年始行啟征、民力已殫、若使再有加派、陳堂奏上、奉旨是之、河東督撫協別交部議處、十三年擢營繕司員外郎、是年有擬駁龍江關監督增税之奏、得旨俞允、其後關使者屢理前説、部卒持先生議定案、十四年遷都水司郎中、京察一等、以道府用、是時南河多故、條奏紛如、先生遍專意研究河道形勢，出緣利病，參稽成說，抱梳精覆千里之外，如指諸掌。以南河督撫有通籌南河全局次第修復舊規之奏，硃批大學士會同該部議覆。先生議以國朝治河之臣無過靳輔，該督等既請修復靳輔舊制，自應斟酌昔日治理之次第，合諸今日之情形，通盤籌議，方克有濟，並非摘舉其一端，即可程功。於全局，該督等摺奏各款內，有奏恐應辦之工，亦有應行另爲詳議之處，逐款議覆，具稾呈大學士尚書。以上兩淮鹽政奏請大挑淮揚運河，復奉交議，先生以運河淺阻，由於黃河倒灌；倒灌之故，則由於借黃濟運，以致停淤潰決，百病叢生，是運河爲受病之地，而非致病之源。若不除倒灌之根，而亟亟以大挑運河爲事，恐濁流漬澱，旋挑旋淤，即使一時挑濬深通，亦屬無益。且黃水乘流而下，挑濬愈深，倒灌愈猛，決堤吸溜，爲患滋多。請交尚書托津等會同督臣河臣鴻勘情形，奏明核辦，議上准行。其後南河大工，如毛城鋪大壩，初議規復靳文襄時舊制，後寢其議而另開閘壩；江南高堰，先請築碎石坦坡以資外護，後又議改築二堤，以為重門保障，卒至兩工皆弛，均如先生所預言。而托尚書等復勘運河，亦以無庸大挑具奏，如先生議焉。先生在部幾二十年，綜覈精詳，吏不能上下其手，執議侃侃，尤不為長官撓屈，內外嚴憚之。有屬先生者曰：願公遇應駁詰事，但告病假數日，避勿署稿，即當以萬金為壽，先致白金二千、黃金百，亦信贄，毋辭。先生笑曰：拾其利而弛其責，可謂巧矣，我聞造物惡巧，所不敢為。斯時蓋居破屋中，承塵陊剝，無片紙上下，嘗澹泊如也。十六年補開歸陳許道，所治以河務為專責，時承積弊之後，萑苻盛行，公私虧耗，先生首崇以儉，痛抑浮濫，耳目一新。河帥臨工，亦為減騶從焉。所屬堤長五百餘里，大汛期內、驗收偷減、責備雖嚴、難於周察、先生以為大計料、應多淤罰、不若撥料計工、料垛多寡不可掩、侵蝕少、先勸各廳汛將廳辦料發號為估計、勒限購齊、查明截數、造冊用後、就其現存、核計山閑、麻楸、火工、淮是對照、以明、終先生任、無敢虛報工程者、續先生為支事、隨查辦南河料物時、所建議也、然是時自持之耳、識用官以河工為捷徑、勢升情錮、靡然成風、先生素務核計、工額以為進退、不少假借、有某員面求防汛差使、先生詰渠、答由、君已入選多時、一家轉就延矣、遂削去、東河營積習最深、先生到任、某殷汛弁、驗收搶險、守備某故慢不用命、先生責其、械繫之、河汛險要、選擇於寔力任事之員、則懸獎備至、咸驚歎非意、嘗有某麟地黃、某得地黃大如升者以獻、先生曰、是誠珍品、然聞係有得、不以奉母而遺余、是不孝也、即令持去、道庫積存餘銀、例得入私、先生以與某工，遂不動帑，河督開支款目，條通奇謂水清澈骨矣。時河督數稱譽先生，先生不爲意，遇事抗爭如故，不稍唯阿。或讚之，先生曰：亦視公事何如耳，不敢苟同，亦不敢有意立異也。聞者歎服。所屬石堤漫漶，成於數十百員之手，堅脆不一。先生謂如數十人聯句，一手稍弱則通篇受病，擬力幫培，數年可期其固。乃十八年秋，霪雨兼旬，伊洛瀍澗並溢，黄水陡長丈餘，狂風鼓浪，高過堤頂，衛郎撤險搶護，三晝夜始平，雖工又潰，盆忽翻至，已決開數十丈，搶救無及。先生獨自劾責，自請嚴譴，一面籌銀雇船，搜置蘇航、席筏，分路救渡難民。旋部議降四級，遂去官。時道庫及各廳無餘兩，虧。數年後，蘭陽、虞城二汛大堤盡潰，猶賴先生在任所築戧土，得不壞。高既解任，時教匪爲亂，擾自河北而南，巡撫因命先生巡防各渡口，杜賊南渡，遂建議於清海汛、涂灘口、邸巡船外，盡拖大河中艘初行，躬督委員沿河查探，船隻盤壅隘口下，餘以口糧於異北，船竟絕。河南清、肅南來糧船，繼漸挑之賈魯河以濟轉輸不匱，而匪勢隔絕，省城帖然。賈魯河者，元賈魯所濬，豫省垣西南密縣、滎陽等處，高山峻嶺，深溝巨壑，每山水漲發，勢若建瓴，而鄭州以東則一望平衍，淤潦易積，魯乃因汴河之舊道，大疏通之，以資宣洩。其後復開廣濟、惠濟二河以助之。是時二河既淤，賈魯河又塞，各州縣洩水無路，連年亢旱，而鄭州中牟等縣田畝浸水者彌望，一遇積雨，水發皆墊，尤甚。先生任開歸道時，遂力主復濬賈魯河，有以來源微弱為言者，先生曰：賈魯河之當挑，猶城市居室，各有通水溝渠，不論來源之王否也，且疏濬既深，則泉源自出，而通商輸貨利在中矣。巡撫以先生議奏聞，得旨允行，先生躬督工，五閱月而畢，地泉溢湧如椀、如盎者無數，水源大王，並於鄭州境內挑

得此船一隻、照米時錢二十餘千文、蓋疏通濬深、即過實當
之舊、於是商貨暢行、淤田盡復、是年春饑、又藉以代賑焉、方
被議降調、檄巡撫委辦歸總河辦理、河督復奏留辦河工、
時軍需殷繁、籌餉限歸屬賑、竭不過萬兩、先生曰民困極
矣、豈忍棄之以畀賊寇、與尹林立如方伯言、杯水車薪、何益、
請賞核賑、勿限銀數、許之、實用銀二十六萬餘兩、民以獲
濟、吏無所私、十九年春、議塞睢工、前河督某建議河身改道、
舊北高於南、南北改斷、今已南高於北、可由南改北、復歸故
道、先生嫌改北之說不可行者六、且引河狹隘阻塞、全底既
不能乘勢東趨、必將乘高北潰、患不忍言、論出而改道之議
遂寢、大工竣、捐復原官、二十一年、發甘肅差委、秋、攝西寧道
篆、甫蒞任、廉知西寧縣倉庫虧缺叢生、具揭總督、請徹究、總
督因其實不上聞、先生以總督回護、逕上章劾奏、朝廷出重

臣棠治得實，并逮他棠，縱釋革職戍伊犂。六十二年補西寧道，西姓焚香以迎，喜得蘇父。先生芟除苛政，平獄訟，抑豪強，均水利，嚴緝捕，免科派，民之所苦，一旦盡蠲，相與欣欣如獲更生。公餘教士，評騭文藝，尤重篤行，擇吏胥能文者助以資使歸讀書。二十三年奉委會審東科爾寺被搶案，與臬司意相左，兩議具詳，總督劾先生交部議處。先生執持益堅，再請青海辦事大臣轉奏，奉旨革職交刑部審明定擬。部議以性偏執，應發往軍台效力，遂遣戍烏魯木齊。在戍所以讀書省察爲事，暇則流連山水，澹焉忘歸，剛勁之氣漸歸中和，意致灑然，略無遷謫不平之感。道光元年放還，家居十餘年，杜門卻轍，不通剌謁，而遇地方關係民生重大事，猶毅然執言，不少回隱。惟其平生通達吏事，明敏幹濟，而未竟其施，直道而行，强項不屈，卒遭廢棄，要於執禮臨義，確然自信，夷險一

節、凝困躓道、廣徵古之君子人者、道光十七年卒於家、年七十有一、著有退齋賸稿三卷、

中華民國三十八年春鄭肇經謹識

跋

人有言今人不如古、又言古道不可復行於今、余獨竊謂然、讀退齋先生謄藁、益信先生由拔萃科繼舉乙卯京兆、歷官中外垂三十年、先後觀察陝甘兩省、實心實力；為國為民、非僅以清操善其身者、處上官同官間、是非可否、一無假借、先生獨非今之人哉、懍懍乎哉、古名臣何以加焉、讀戍塞外時、舊治西寧土民遠送至平番界、饋食物不絕、痛哭乃返、復為鄉紳其眷丁歸里、及賜還、復至其處守候遠迎、誠至斯學、何古道之不可復行也、昨晤嗣小川、復為余言、先生官工曹時、事有涉戶工兩部者、戶咨至、先生謂其議未允、白諸堂、時總理戶部者負盛勢、無能與爭者、先生自以斯見獨違戶堂意、盛勢者見之、駁曰、隔部一七品小京官耳、敢與吾抗、是人風骨不凡、必立更其議、是又古道可行之明徵矣、或曰、如君言、先

生柯以去官謫戍、余曰有命。金陵王鳳藻謹跋、

雙鴛祠傳奇

（清）仲振履 撰

《雙鴛祠傳奇》，清仲振履撰，據國家圖書館藏藍絲欄鈔本影印。

仲振履有《作吏九規》，已著録。

清代閩縣李亦珊仕廣州，病卒，其妻蔡氏殉節。同官某之妻憫之，醵金助其靈柩歸鄉，且立廟祀之。粤中久傳此事。仲振履官南海知縣，曉知其事，卸任閑居後，將其演爲傳奇。卷首汪雲任等序作於嘉慶二十五年（一八二〇），本書當作於此前。傳奇共八齣，《點譜》、《心病》、《殉夫》、《冥鑒》、《閨俠》、《靈訴》、《祠成》、《歌賽》。劇中人物形象感人至深，詞曲哀怨婉轉，具有藝術感染力，從卷首二十二位文人數十首題詞，亦可見此傳奇之流行。卷末有一九六五年鄉後學陳冕父跋。

（周　忠）

雙鴛祠傳奇

弁言

李君亦珊福建閩縣人仕廣州別駕不得志其弟又桀驁不可馴自甘涼解餉歸抑鬱成疾疾益篤且死一棺之外四壁蕭然其妻蔡氏謂老婦曰吾夫甫死無一過問者設久殯此其何以歸我將死之鬮者或憐我之節送吾夫歸吾翁姑亦藉以同歸我無憾矣乃冠帔拜堂上自縊死移棺於庵人莫不哀蔡之節亦卒無議歸其喪者同官某之妻某聞於老婦而憫之乃屬其夫醵金以助仍已出二百金送以歸且立廟祀之粵中傳其事久矣柘庵先生卸事閑居

素工音律爰屬為傳奇被諸管弦流連倡嘆庶愚夫愚婦聞聲興感憫其遇高其節而各成其志焉未始非風俗之一助也時庚辰中和日盱眙汪雲任孟棠甫題於禺山官署

序言

琵琶彈出字字酸心篳篥吹來聲聲慘語所以落瓊魄於青衫合綺思於檀板者其惟仲君柘庵所作雙鴛祠曲本乎以彼亦珊翳桑簿宦枳樹寒棲生乎難養死也安歸艱難彈鋏之歌宛轉破甑之泣靈衣瑟瑟旅殯蕭蕭司馬魂歸但存少婦中郎嗣隕尚有衰親天乎已酷人也何堪而乃平生杯酒莫為招魂向日同袍鮮聞斂爪致使老親戍末路之孳弱婦賣黃泉之痛鴛鴦血挂青塚無歸蛺蝶灰沈金錢難卜於是厮養傷心監奴墮淚動秦庭之哭故主恩多望蜀道之還纍臣情重遂使義烈起於巾幗廟貌比於螭蟣柘庵挾張綺語夸飾幽修前者欷歔後者咽塞同官視此當何如耶從此梨花春早譜成南郡之詞薜荔烟深補入大招之句別鴛有知靈其慰矣時庚辰仲春中浣長洲顧元熙序

天生烈性誰能比妾薄命甘同死郎不歸來儂去矣一腔幽憤半生勞瘁付與東流水　有客閒將紅豆記彤管臨摹斷腸事觀者傷心同墮淚紫絨氈上紅牙聲裏凜凜餘生氣

調寄青玉案

山陰李澐鐵橋拜題

雙鴛祠傳奇題詞

光山戴錫綸柬塘

暫乞官身不放衙閒賡楚些按紅牙翻將新樣房中曲散作蠻天海曙霞

俠腸熱血入新詞忍見從容就死時活現鴛鴦長比翼珠龕繡閣兩蛾眉

按拍都將窠臼捐一番豪竹一哀弦何當老我偕諸俊也向場中說可憐部內木石老人柘庵自謂盧江别駕為何沛雲關西推使為楊篠平平陽大令為汪孟棠譙郡司馬則鄙人也亦預其間謂非厚幸

酬他廟祀送麒麟福善昭昭信有神不見陽春纔脫

稿明珠潤筆報珠珍柘庵此曲甫成恰有弄璋之喜

江寧龔 鯤北海

簿書纔了又文章政績詞華兩擅場閒擲如椽一枝筆為他潛德發幽光

弱草棲塵謾自驚泰山死重一身輕唱隨不隔人天界直向泉臺絜手行

俠腸友誼重同官香火從今永不刊百尺貞珉褒節烈天書爛熳舞龍鸞

陰陰榕葉護新祠丹荔黃蕉佐酒卮讀到迎神送神曲女蘿山鬼擬騷詞

天津楊紹庭筱平

烈性金堅俠腸火炙兩般自古為難讓他香閨麗質占斷人天愧煞鬚眉男子誰能到處口碑鐫羊城裏後先輝映一對嬋娟 還更想雙别駕虧附他驥尾博得名傳從今紅牙譜入爭要先看不是老人留滯白頭誰與寫金荃好同取心香一瓣共祝名山 調寄慶清朝慢

錢塘何玉池沛雲

年來奔走名場過眼怱怱誰記檀板催人想到四年前事雙棺冷落無人問一見一回垂淚僅捐金收拾

幽棲半畝勇疏想慰 嘆招魂魂不歸紅蠟下鐵笛新聲相倚楚些歌殘涼月白蝙蝠空庭飛起愧何郎得藉春風詞筆現身場裏 調寄陌上花

元和徐香祖秋厓

缺陷幻成世界憂患注定人生何苦天公播弄要替烈婦傳名奇節剛逢奇俠奇人還賴奇文從此璇閨嘉話不徒珠海馨聞

長白觀 瑞竹樓

含玉成冤捐珠塡恨恰被蛾眉双占名滿羊城一路口碑傳遍誇巾幗名壓紅粧寫彤管句成黃絹惜輸

他傅粉何郎登場說法全身現　可憐今夕何夕得向氍毹上雙窺人面淚落燈前腸斷一聲何滿孳小步花爲依人奏長歌管弦清撫嘆我輩聽鼓恩恩愧抱琴人遠調寄臺城路

河陽郭際清巘亭

一個烈佳人殉節廿同死白練黃泉了一生千載餘生氣　一個俠佳人閨閣敦名義不惜釵鐶濟憫艱賽過奇男子調寄卜算子

泰州吳廷揚羲麓

飲冰不惜未亡身解珮能回地下春歌罷酒酣同太

息古今出色是佳人

羊城逸老譜新詞裝點神奇驕秘思一曲懨懨紅蠟下離騷遺響付紅兒

無爲盧殿楠寅谷

京洛歸來正詞人老去閉戶偷閒閒將紅豆裝點出色嬋娟烈腸俠骨譜新聲占斷人天卻更比琵琶真摯不徒玉茗流連　恰笑何郎何幸與通眉李賀依附同傳都賴深閨弱質特地成全紫氍毹上舞紅兒細奏朱弦從此後人間天上都成美滿因緣調寄漢宮春

長白宋如楠蔭川

自古從容就義難可憐琪樹共摧殘酒闌歌罷重搔首絳蠟風生玉笛寒

作宦經年寄穗城何郎曾與訂心盟那知今夜燈前見附驥居然享令名

絕世風流仲柘庵拈將紅豆譜瑶函從今檀板金樽下爭唱新詞遍海南

長白吉　安虛白

殉節捐貲兩足奇憑誰妙筆寫新詞丈夫事業歸巾幗愧煞人間輕薄兒

承德王天寧靜圃

玉樹凋殘誰與憐閨人血淚委黃泉至今埋骨青山外墓草香生瘴海天

何郎何幸得名姝俠骨崢嶸愧丈夫從此石麟天付與他年預卜慶光閭

手版纔拋羨此翁頭銜新署印泥紅歌成不作風塵吏紅粉香奩太史公

興化鄭　鑾子彥

小部徵歌燭影搖紅乍起悲聲嘆角弓情絕號天路隔刀環唱斷化石身輕匹練纏寃麻衣染血哭到黃泉鬼亦驚拋難盡任珠江滾滾淚迸珠傾　蒼蒼未

必無情但生也堪哀死也榮看龍章寵錫春生杯土鴛祠倡建義重友生檀板招魂纏綿現相事比紅樓夢更真木石老人伯氏雲澗先生有紅樓夢傳奇全無悶羨壎箎伯仲有恨都平 調寄沁園春

常熟宗德懋牧厓

天生雙星墮人間一霎優曇化撤了榮華厮守定三生證果就義從容巾幗無多箇縱苟活蜂蟄爭摧挫欲九原隨唱誰是招魂楚些 幸遇中山也瓶笙調曲聲情寫恨月愁花渾唱得寒雲深鎖千萬難言舞板工嘲罵聽下淚簌簌如瀉算曲傳南嶺不枉芳名

遠播 調寄安公子

盱眙汪雲任孟棠

頋化雙鴛不願向人間憔悴便摧挫那能磨滅貞心烈氣巾幗盡除兒女態泉臺重領夫妻味却嚴粧再拜別姑嫜從容死 嘆双櫬停蕭寺有誰去燒錢紙仗故人慷慨揮金好義餒鬼不教啼異域殘魂終得還鄉里送桐棺載上木蘭舟交全矣 調寄滿江紅

筆底詞瀾起寫淋漓許多懊惱許多歡喜此老掀髯高唱處聽者攢眉酸鼻搜奇句筆驚神鬼風化人間傳萬古付梨園一一調宮徵表潛德勝青史 笙歌妙部誇新製眼前人齊登場上大都是戲唱到悲涼聲欲絶字字教人心碎重句惹欷歔往事難得閨幃逢俠友悶論交生死談何易座中客感而涕 調寄金縷曲

丹徒張 署雲門

菊部梨園總擅長尊前傀儡看登場全憑才子生花筆今事都從古尺量

清歌一曲幾回頭檀板金樽宴未休自現法身來說法鬚眉巾幗各千秋

泰州許兆龍御堂

生就烈心腸殉節偕亡雙棺蕭寺太荒涼一任含冤

烟瘴裏誰闡幽光 閨閣最情長吩咐何郎為他立廟答丞嘗更羨闡心風化者譜入宮商 調寄過龍門

吉水陳懷彥補初

烈骨生香俠腸如火天生巾幗男兒點鼓登場座中惜我來遲雙鴛未覩光儀祇尋春底印曾窺姤煞何郎是何福分消受蘭姨 詩人老去彩筆留題臨摹苦況描寫芳姿俠腸烈骨都憑羽換宮移檀板聲催占人天一對蛾眉令人思鵑啼去後麟降來時 調寄夏初臨

山陰沈德溥玉泉

賦罷黃華百感侵酸辛訣別室中人最憐病骨支離甚甘旨猶思奉老親

鏡臺倏爾兩分離無限悲哀祇自知一縷真情三尺帛笑歸泉下續齊眉

就死從容心志堅如斯節烈感人天雙棺歸葬還留祀賴得同官内助賢

木石老人擅妙才閒憑湘管出心裁奇文真足傳奇事從此芳魂慰夜臺

繪影宣情真妙手風雅宜人無出右此翁天欲展其才故教分散鴛鴦耦伉儷厚歌殘黃鵠歸泉九這般

情一經譜出揮淚遍僚友　登場羨煞雙閨秀烈骨俠腸天付就悲思曲導管弦中通神不羨鈞天奏雙魂今返否宮商引處如重覩聽新詞動流至性壓倒梨園舊　調寄歸朝歡

甘泉齊　瀾德泉

郎恩山重妾身輕地老天荒此日情莫作尋常兒女看繞梁聲是斷腸聲

譜出清詞結構新登場自現宰官身曲中夜月涼於水誰是高眠閉户人

閩縣陳上彤桐皋

宰官一現比曇花彤管芳聲更足誇譜出双鴛新樂府悲風颯颯動箏琶

變起家庭事可哀忍教奇節委蒿萊君看宜回中生死那復笄珈殉夜臺

交情張范死生知不但招魂唱楚詞一曲傳芭斜日晚廟門鴉影颭靈旗

淒涼法曲按梨園大有風人美刺存敢作木魚歌一例奇文真比泰山尊

荊華女史貽叙

地老天荒郎不歸蛾眉奇節世尤稀登臺既為韓憑死應作鴛鴦比翼飛

歌成黃鵠有陶嬰烏鵲祠留死後名今日双鴛新譜出又傳奇節滿羊城

雙鴛祠傳奇目次

泰州羣玉山農編輯

雙鴛祠傳奇

泰州羣玉山農

第一齣　點譜

（末白鬚穿常服朱履引院子上）（正宮引子）破齊陣　笑我將登道岸，牽人猶滯名場。志絕雲從，心關風化，細把紅牙評量。舊事今朝重提起，潛德猶爭日月光。霏霏彤管香。

我木石老人，江左迂儒，嶺南末吏。覆盆難照，愧膺百里之封；善刀可藏，聊為六月之息。去臘卸事，閒居娛情，筆墨但俟交代一清，便可青鞵布襪行矣。昨與廬江別駕談及亓珊元與蔡安人夫婦偕亡之事，鶗鴂一鳴，鴛鴦双死，言之墮淚，聞者傷心。屬我調叶宮商，表揚節烈。現以點訂成譜，付與梨園，令其演習。今日約得同好數人，來觀新劇。院子，可將子弟們喚出來，待我指示一番者。（院子向內喚介）（生旦淨丑同上）（生）不讀詩書做秀才。（旦）常將脂粉膩香腮。（淨）本來面目無人識。（丑）粉蝶兒飛上鼻頭來。（同向末行禮介）老爺在上，優人們扣頭。（末）起來。你們新戲已演熟了麼？（衆）俱已演熟，但是這中間情節，還求指示一番。（末）聽我道來。

思

〔雙調集曲〕〔風雲會〕箇中情況須當細演裝把悲愁心病憤
烈形狀揣摩仔細詳嘆人生最苦嘆人生最苦莫過
欲訴無門骨肉參商情篤閨中恩捐堂上此事堪惆
悵嗏一片烈心腸視死如歸天地含悲愴虧了那盧
江別駕呵他却肯捐貲建廟堂把幽魂妥供養纔博
得封題節烈麟麟炳炳詔從天降詔從天降
〔外副末小生貼冠帶引隊子上〕聽鼓忽忽日已晡
又來閒處覓歡娛今宵重晤故人面別後幽魂相
識無〔外〕下官譙郡司馬是也〔副末〕下官關西榷使
是也〔小生〕下官盧江別駕是也〔貼〕下官平陽大令

双鴛祠傳奇　二

是也〔相見介〕今日木石老人双鴛祠新曲演成相
邀同賞須索走一遭者〔到介〕〔院子〕稟爺諸位老爺
到了〔末起迎介〕〔生旦淨丑暗下〕〔相見介〕〔衆〕宦海浮
沈不計年〔末〕果然無事是神仙〔合〕今宵燈下觀新
劇死死生生各自憐〔坐介〕〔吃茶介〕〔衆〕閣下双鴛祠
新曲演成自當領教仍望將稿本先賜一觀〔末〕
〔前腔〕奇文欣賞不才何敢當但孝〻難剖性烈難仿這
寃情宜表揚況當年人去況當年人去冥漠無言道
路悲傷氣鬱桐棺悲生花棒寫不盡凄涼況嗏血淚
滴珠江蘸墨成花泣蒂毫端放〔向袖中取稿本付衆〕

含　鸞

介〕只是鄙人呵奔馳筆墨荒勞瘁心思莽那得從容
寫就凄凄慘慘可憐情狀可憐情狀
〔衆同看介〕妙呀辭欲驕而仍留意將通而未露把
當日難言之隱盡付諸唱嘆之餘閣下真是曲子
相公矣〔末〕豈敢鄙人連日枯坐頗覺閒適此篇不
過數日而成以視當初馬上聳肩輿中叉手竟有
仙凡之別了
〔前腔〕逸情雲上閒中晷刻長把常時瑣碎舊日魔障
都付與筆尖兒一掃光却降心細揣却降心細揣寫
那鏡裏鸞單塚上鴛雙不作牢騷自然悽愴鬼斧相

双鴛祠傳奇　三

摩盪嗏彤史已無望只得闡發幽輝聊代鴻都榜却
可惜舍悲守洞房埋憂寄天壤若不是鄙人閒中傳
述呵誰復含毫吮墨懃懃懇懇寫成新樣寫成新樣
〔向小生拱介〕列位此段佳話總因盧江兄招魂立
廟終始成全補其缺陷是亦其夫婦之幸也〔小生
欠身介〕〔末〕
〔前腔〕想他幽魂蕩颺頻年誰主張却藉取紫姑傳意
博得箇彩鷟圖像也虧你情義長到今朝累你到今
朝累你把兩個就餒羈魂付與一瓣心香從今後安
享椒馨再不要啼饑烟瘴你一段俠心腸嗏到處口

碑揚總説做好事的郎官妥侑雙靈爽賺我吟鬚撚
的忙吟肩聳的慌取次把宮商點訂層層節節佈排
停當佈排停當
〔小生〕若非小弟勉為善事安能賺得閣下絕妙好
辭〔衆笑介〕〔外一面閱稿本徐就末同坐介〕吾兄排
次接搆花樣甚新愚意祠成一齣之後再添蠻女
數人歌舞迎神之曲 以仿屈子九歌遺意豈不更
覺古雅〔末拱介〕先生所論極是容便添入何如〔院
子〕酒已齊備請諸位老爺入席〔末携外手邀衆介〕
我們一面觀劇一面續成不必耽悞了

〔本音隨煞〕看花冠對對瓔瑜上寫往事故人同賞只
怕若有人兮衣聲在燈下響
拈將紅豆譜新聲 搔首鐙前醉不成
環珮空歸明月冷 酒闌歌罷不勝情

第二齣 心病

〔生病裝旦與老旦扶上〕
〔高宮套曲〕〔端正好〕可憐我兀兀的病伌離越越的心煩惱
強支撐片刻難熬〔顧旦介〕娘子呵我只望琴耽瑟靜
同偕老卻不料撇下你無依靠
〔生正坐旦旁坐老旦侍立介〕下官李亦珊舊為閩
縣諸生新授廣州別駕幼而失學未諳視聽之儀
長而遨遊久失友于之愛幸得這蔡氏妻子一意
綢繆百般將順不致嘖有煩言藉以苟延殘喘那
知自甘涼解餉回來又加感冒風霜損傷氣血晝
夜咳嗽一病垂危噯我想來好不苦也
〔滚繡毬〕看肌肉漸銷看毛髮漸焦仰蒼蒼向天虔禱
苦難捱這暮暮朝朝嘔不完血一腔拭不乾淚萬条
卻怎奈喘吁吁心坎痛咳嗽着到曉那禁得赤律律
眼皮倦呵久着終宵自揣這千鈞重擔肩難荷只逼
得一縷懸絲命不牢〔取鏡自照介〕況添了這兩頰紅

潮
〔旦掩淚介〕官人解餉回來纔得幾日又遭孽病纏
身不必再想着心中苦恨了〔生嘆介〕説起解餉途
中光景教我越發凄涼也呵
〔滿庭芳〕我記得當日束裝就道可憐人出門西望行
李蕭條寧耐着山川勞頓風霜飽終日怕鬧轟轟家
室競喧嚣身被着官書遠調心耽着同室的戈操刮
辣辣常如擣又不識歸期何日卻教我望眼路遥遥
〔朝天子〕眼巴巴路遥急攘攘意焦好容易得把歸鞍
掉實指望淄塵浣雨換征袍潔滌滌共承歡笑又誰

知短夢輕銷大刼難逃竟做三星沒下梢霎時間你
將我抛我將你抛恨煞這斷頭香前世無端造
（隱几哭介）（旦）官人你病已沉重還要安心保養休
得如此悲傷白白的損壞了身子（生）娘子呵
（耍孩兒）死生反覆誰能料痛煞我魂魄俱銷嘆今朝
生在也無聊倒不如向地下逍遥只恨無人奉養雙
親老牽我愁腸一弟嬌（撫旦介）更慮你方年少做不
得哀姜過市怕要學弄玉吹簫
哎呀我好傷心也（哭介）
（五煞）嘆茫茫去路賒恨漫漫後路遥魂棲廢壠無人

双鴛祠傳奇　六

掃黄昏獨卧狝塵冷寒食誰將麥飯澆只有青蠅吊
誰不想生存華屋竟教我零落山坳
（旦）官人我前日已吩咐養娘叫他揀一個小人家
端正女兒等官人病體全愈收做偏房若生得一
男半女也不斷了後代香烟（生嘆介）謝卿美意只
怕等不得了
（四煞）卜空亡數已終念兒孫恨怎銷嘆桐棺殯掩誰
服我老橫三年孝憑你腮敷紅粉把仙娥買奈我骨
冷黄泉被土伯招想到此心灰了又何必黄錢那一
陌漆炬也雙燒

（内叫罵介）（生驚介）呀這是何處吵嚷養娘快快與
我看來（老旦作急下悄步上介）老爺是老太爺與
太安人在那裏生氣（生）呀是何緣故（老旦）為厨上
午膳都不可口（生嘆介）
（三煞）恨我因久病難嘗膳做微官缺美肴偏又惹高
年饑餓生煩惱娘子呵你這幾日呆呆的厮守着我
怎茶飯總不去檢點了只為你奉甘奉脂無心管直
弄得閙是閙非把氣淘心驚掉養娘你可吩咐厨上
從此要留心臭味用意烹調
娘子這是什麽時候了（旦）有點燈時候了（生）是甚

双鴛祠傳奇　七

麽響（旦）風起了（生）噯喲好冷呀（作以袖抱肩介）
（二煞）一會假冷冷的隔牖風飄飄的拽翠袍吹得我
肝腸欲戰怕的要隨風倒（自顧介淚介）我好難掙扎
也娘子呵你看我如杈瘦聳尻間骨（掀臂介）哪又怎
的似粟寒〻森臂上毛（起抱旦哭介）好一似投林鳥再
不想恩情當日猛可的拆散今宵
娘子你可扶我起來小步一回這身子總睏乏了
（旦老旦扶生行介）（生嘆介）日殘窗紙昏卧久羅衫
皺小立對孤燈熒熒緑如豆眼前一片鬼境好怕
人也（頓足恨介）只是我李亦珊死的太不值了

一煞似蝶夢蘧蘧醒比鴻毛蕩蕩飄只是我死之后
爹娘怎生得回去哩望故鄉三千里路何時到漫説
我一生鬱悶成新鬼只索把八口顛連付舊交聽介
驀地裏鵂鶹呌呌得我眼花欲眩脊汗頻澆
娘子我與你五載夫妻一朝人鬼我死之後你可
小心服侍爹娘與那没出息的兄弟將我旅櫬扶
歸故土我在九泉也可瞑目了抱旦哭介
煞足熱恩情海漾深死臨頭一旦抛捧旦臉哭介娘
子你牢牢記取我傷心貌旦哭生抱旦拭淚介娘子
你且慢哭者只怕哭不盡的悲愁從今後要放聲兒

哭到老
生作嘔唾介旦扶下
第三齣　殉夫
內扮一判一吏引四鬼卒上孝子哀哀烈婦悲双
魂飛去姓名垂從今萬里南交路到處流傳載口
碑我等乃廣東都城隍駕前判官是也昨宵孝子
辭世今日烈婦升天我等奉大王鈞旨在此祇候
你看蔡安人早已哭出來了下旦披髮哭上
黄鍾合套北醉花陰滿屋凄風透心冷隻身孤没投没奔
想昨宵昏慘慘燭光青我伴你支枕呻吟猶兀自影

双竝可怎的轉眼杳難尋却教我恨塡胸説不盡
官人你到那裏去了你可慢慢的走等你妻子一
同去罷繞場急走介立住四面望介昏跌介老旦
扮養娘上
南畫眉序一夜哭昏沉賺得旁人淚珠滚嘆伶仃夫
婦斷絶恩情呀怎轉眼不見了安人却到何處去了
並不聞哭守神牀也未見哀扶靈櫬見旦介哎原來
昏倒在此可憐難訴心中事越難訴越添悲哽
扶旦介安人甦醒來安人甦醒來旦閉目唱介
北喜遷鶯纔見我傷心人影睁目望介怎不見我傷

心人影暗昏昏望不分明揉目介疼也波疼急得咱
滿眶血迸起立聽介忽聽這暗暗咳嗽聲想必他肯
降臨作双虛接介手你要與我未亡人形双影竝看
介呀呸却則是鼠竄獝横却則是鼠竄把那獝横
坐地伏哭介老旦安人呵
南畫眉序勸你强支撑從此身單更孤另便肝腸哭
斷誰與温存想曾參父怒若雷行更鄭莊弟心如氷
冷你自家珍攝安心守莫妄想少年輕命
旦坐地嘆介養娘你説得也是只是我影隻形孤
又無兒女便守到一百歲也是空花哩

〔北出隊子〕都則是生來孽命到得箇半途中把鴛翅分我便代亡人菽水奉双親還只怕還只怕平地風波不暫寧〔起立介〕嗳有了倒不如白練黃泉便了一生

〔老旦〕哟呀安人這是行不得的自古道螻蟻尚且貪生為人豈不惜命况你年未三旬將來承繼一位公子便可慰你暮年何苦便尋短見

〔南滴溜子〕想你正芳年豈容任性倘輕生昧死恐抛旅櫬也須三思詳省這双棺怎樣歸流離有誰問請改換心腸圖箇正命

〔旦〕嗳養娘你那裏知道我的心事呀

〔北刮地風〕想我典盡衣衫囊橐貧又沒箇小兒女依靠終身但若是晨昏的供養竟無人問却怎生般看意調停向老年人甘旨親承况你那二老爺呵他只是慣嬌生全不問廚中汲綆一味假費纏頭那管你釜裏銷金養娘你試想一想到了那箇時候只弄得守不能嫁不能成何光景也終歸饑寒戕此生倒豈不累亡魂玷辱清門

〔老旦淚介〕安人你說到這箇地位教老婢也沒得勸了只是還望三思〔抱哭介〕

〔南滴滴金〕勸安人還要重頭省慷慨捐軀誰箇肯一任他滿門骨肉都難信便做苦含冤無處趁還有這蒼天鑒怒怎便忍心兒思自盡聞此一言教聽者慘情

〔旦〕嗳養娘你那裏知道我一定要死的緣故呀

〔北四門子〕我非為癡心地下双交頸我非為癡心地下双交頸這其中煞費苦心你看這桐棺冷落無人問是何時返故園把似斷了根不如拼我身還博箇動人心同分助葬金我想老爺許多同官豈無一仗義君子就是老太爺老安人呵也樂得借我名遂彼

情斂餘貲携兒歸閩

〔老旦〕如此說來安人你可真是要死的了〔旦〕真箇

〔老旦〕果然〔旦〕果然〔老旦哭介〕如此安人請上受老婢一拜〔推旦坐拜哭介〕

〔南鮑老催〕聞言乍驚肝腸寸斷双淚傾世間那有這貞烈人好教我毛欲森魂俱駭心難忍天生俠骨羞紅粉不比那貪生怕死癡情性〔連拜介〕便天神也肅然生敬

〔旦〕養娘你既知道我是一定該死的可取我冠帔過來〔老旦拭淚捧冠帔旦穿介笑介〕我蔡氏今日

得從夫地下也不枉人生一世了
【北古水仙子】俺俺俺俺是箇血性人那那那那更怕
肌膚傷痛損況況況況傷心人先到陰曹自自自自
有他一靈相等免免免免將來懊悔生倒倒倒倒落
得及早捐身養娘老太爺老安人却在何處【老旦】還
未起身【旦】我只得就此拜別了【拜介】拜拜拜拜辭了
教誨矜憐堂上恩【整衣介】把把把把花冠翠舄從頭
整好好好好向那泉室下訴衷情
養娘我死之後你却何處安身哩【老旦淚介】安人
呵

【南雙聲子】凄皇命凄皇命料快樂都無分却自忖却
自忖恩未報空銜恨把世上婦女問誰似你這三貞
九烈萬古留名
【旦起視介】呀已是午牌時候了【向老旦介】你聽老
安人在那裏喚你快去快去【老旦急下旦掩門介】
嗳此時不死更待何時官人官人若不是你妻子
轟轟烈烈做這一塲你這靈柩幾時得回去呀
【北隨煞】好取白練繫香頸走無常了結今生但願將
來的野史稗官呵須把這唱隨人新樣認
【以白練套頸判鬼引下】

第四齣　冥鑒

【襍扮四功曹牛頭馬面一判一吏引淨金面長鬚
王冠服上】
【黃鐘宮引西地錦】俎豆恩流、南海析楊威肅西臺剖符管
領閻浮界千秋廟貌崔嵬
吾神乃廣東都城隍是也司九府四州之社稷掌
三江五嶺之民人崇德褒功不計人間黜陟勸忠
教孝獨操天上權衡此地自趙佗劉龔割據以來
人心不古風俗日澆各地獄鬼犯衆多超生無日
今當下界中元之節正值上蒼大赦之期吾神欽

奉上帝玉旨將監候之犯酌量年歲久遠給與六
道輪迴正是欲知前世因今生受者是欲知來世
因今生作者是【升座介】【判跪介】稟發鎖匙【開門介】
【吏捧文卷送閱介】啟大王各案鬼犯均已提到請
發牌帶審【淨標牌介】先將這三起帶來【襍扮四盜
上報門介】第一起洋盜鬼犯趙亞長等進【吆喝介】
鬼犯當面
【黃鐘正曲降黃龍】【淨怒介】你這班賊子呵刦殺商夷嘯聚
重洋廣、集朋儕更打單拜會抗拒官兵肆毒椎埋須
將罪名折證碎磔做臛羹、精膾皂使們可將這廝等

打入豬羣教陽世間寸磔齏吞以昭孽報〔襍〕抬大法
輪置場上内放松香將各鬼輪廻介〔合〕好教你養成
肌肉供人一嘬
〔四襍扮聳肩露齒垂涕鬼上鬼卒持牌照前報門
介〕第二起鴉片鬼犯錢亞二等進〔仍前禀當面介〕
你這愚鬼好不可笑人也
〔前腔〕奇哉徹夜卧床獨對銀燈吮咀污穢日上三竿
猶手把烟鎗東西翻睡癡迷若教稍緩那引來時催
他出涕也罷這廝等喜食穢物鬼使們將他打入狗
窩讓他日食糞渣以療積引〔場上照前輪廻介〕〔合〕省

得你熬膏食果百樣安排
〔襍〕第三起沙面鬼犯孫亞三等進〔襍扮四男四女
均照前報門介〕〔淨〕為什麽有許多男婦〔判〕啟大王
這是上年火燒沙面燒死的闞客娼婦而今罪孽
已滿遵例輪廻〔淨〕
〔前腔〕傷哉男欲毀家女欲失身死而無悔付諸一炬
可笑你都緣慕色貪財祆廟昔年火起爾也當知炯
戒鬼使們可將這闞客生做劁雞雖具雄姿實無淫
具娼婦生做雌貓一度成胎百般苦楚就此輪廻去
者〔照前介〕〔合〕免得你男貪女愛廉恥全乖

鬼判們還有幾起〔判〕啟大王一起主唆械鬥一起
爭控墳山一起謀占沙坦〔淨〕主唆械鬥情罪重大
不准托生墳山沙坦尚屬田土細故仰交南番二
縣城隍照例發落去罷
〔前腔〕垂戒神道教人總是羣生自戕自害把陰條細
揣準理通情不過應該但願得六順無愆又何用三
千律誡〔合〕這總是福緣善慶禍自心來
〔内吹打扮金童玉女執長旛襍扮長班引生旦携
手上〕
〔中呂正曲〕〔太平令〕萬事拋開撒手臨歧亦快哉逍遥地下

無拘窒喜夫婦永和諧
〔襍〕老爺來此已是都城隍廟了請少待傳禀〔向鬼
卒遞手版判轉禀介〕啟大王廣糧通判李亦珊與
妻蔡氏禀到禀見〔淨〕請進〔報門行庭參禮介〕〔淨〕離
坐〔立受介〕〔生旦〕
〔前腔〕頂禮崇階枉死双歸地府來〔淨〕男兒純孝猶無
怪〔指旦介〕難為煞這裹釵
〔淨入坐生旦旁坐介〕〔淨〕李别駕積勞成疾飲恨亡
身蔡安人義不獨生情甘双死求之古人已為難
得質諸今世更屬罕聞不獨生嶺海之光抑且壯

陰曹之色矣可敬可敬
【黃鍾正曲】【黃龍袞】庭幃致變乖庭幃致變乖正氣鍾靈怪
却嘆累伊每為恩情償盡前生債看這訣別燈前追
魂天外報劬勞敦節義賢哉蔡
況你兩人呵
【前腔】聲名動上台聲名動上台負報應須大婦孺口
碑傳酸心齊唱聲聲釆要屏障三江馨香千載你二
人且安心等待着有箇俠心腸施恩義佳人在
李別駕暫回館舍待吾神將你二人心節奏上天
庭候旨定奪（淨出座生旦拜謝介）誠可格天留正

双鴛祠傳奇　十六

氣名能傳世是遐年（照前長播引下）（判）啟大王堂
事已畢（淨）吩咐掩門（鬼卒應介）（淨）
【三句兒煞】這陰曹黜陟無旁貸絕沒箇勢拘情窒只
要保節完名端為四海魁
自古誰將上壽臻　癡愚空想百年身
須知天上神明宰　即是人間節義人

第五齣　閨俠

（襍扛奉旨特簡廣州糧捕監掣府銜牌四面紅黑
帽清道旗副末扮吏員捧印貼捧勅引小生冠帶
上合唱介）
【中呂正曲】【紅繡鞋】鳴鑼喝道喧嘩喧嘩升堂拜印排銜排
銜玻璃轎羽幃遮人盡說大老爺同鄭渙賽秦嘉
【小生】皇恩弱冠拜監州需次珠江又五秋今日分
封居首郡穗城人盡仰旌旂下官廬江別駕是也
初任分防嘉應今又題補廣糧現在亦珊兄眷口
均已搬出衙門趁此吉日良辰正好走馬到任去
也左右打道（衆吆喝繞場走介）
【粉孩兒】匆匆的肅車塵沿途灑看威威武武一行法
駕這盈街擁似蜂鬧衙簇巡丁竹帽鋼叉老皂役各
換鮮衣小奚奴新騎大馬

双鴛祠傳奇　十七

（到介）（場上設香案襍扮二禮生立門外跪介）（稟請
大老爺拜門（唱就位跪叩首興介）（小生拜介八介）
【禮生】稟請大老爺拜東（移香案東向副末貼捧印
勅分立案前）（襍仍唱就位跪叩首興介小生拜介）
【襍】稟請大老爺拜印（移香案在中仍唱就位云云
介小生拜介）【襍】稟請大老爺高升公座（小生上坐
介禮生暗下副末開印匣跪介）稟請大老爺開印
（用印介）上任大吉用印四顆祿位高陞用印三級
（將印勅署案上介副末取票送簽介）稟請大老爺
簽硃（小生）這是什麼票（副末）是十樣錦（小生）怎麼

說〔副末〕新官到任一切賭館花林俱有陋規是要
憑票收取的〔小生怒介〕唗好大膽的奴才〔副末跪
介〕〔小生〕你還不知道本分府麼
〔紅芍藥〕清操自守矢無邪若貪污豈不羞殺上憲的
嚴明敢不怕況堂翁耳目難遮〔顧内介〕襍扮家丁在
後〔介〕鐵押出示曉諭他再狂言定要革打〔顧副末介〕
今乃本分府上任吉期姑且饒你一次〔副末叩謝介
衆叩頭介〕案下書差叩賀大老爺〔小生〕爾等聽者記
從今莫更胡拏守堂規遵俺彈壓
〔衆應下〕襍扮四巡攔四爐頭四木匠上〕東滙關巡

双鴛祠傳奇　十八

攔錢局爐頭軍工廠船匠叩賀大老爺〔小生〕爾等
呵
〔會河陽〕供役當差要遵國法好小心辦事免查拏須
知購串私梟舞弊鉛弄假造米艇難乘駕查明定把你
役頭枷至寬也難免當堂打
衆應下〔皂隸〕稟大老爺安人進署〔暗下小旦帶老
旦丑冠帔上〕且喜建牙居美缺只愁聽鼓負香情
〔入介〕〔小生迎介揖介〕安人拜揖〔小旦〕官人少禮〔坐
介〕官人堂事可曾完畢〔小生〕完畢了老旦在小生
後揾淚介〔小旦怒立介〕今日是老爺上任吉期你

如何在此流淚豈不可惱〔小生愁眉介〕噯這婆子
又來多事了〔向小旦揖介〕下官還要到各衙門稟
知接印去去就回〔小旦〕官人請便〔小生〕且行自己
新儀注不管他人閒是非〔下〕〔小旦正坐老旦跪介
小旦〕你這婆子何方人氏何事悲傷須向我講箇
明白〔老旦淚介〕安人容稟
〔縷縷金〕纔開口淚交加原知新主責難捨舊恩賒怎
忍把烈腸人霎時拋下〔哭介〕〔小旦〕呀怎竟大哭起來
〔老旦〕告稟安人老婢本是前任李老爺家的養娘今
日想起他們悲愁夭折節烈殉夫至今双櫬尚寄尼

双鴛祠傳奇　十九

庵忍不住淚出痛腸望安人恕罪〔叩頭介〕想一双靈
櫬寄天涯這傷心怎能罷傷心怎能罷
〔小旦改容介〕如此你且起來〔老旦立侍介〕我正要
問你那李老爺因何而死〔老旦〕噯李老爺呵
〔攤破地錦花〕並無差日受高堂罵〔小旦〕却是為何〔老
旦〕總為那二老爺搬是弄非要錢浪費俸祿些些總
變着到手空花那更又摜碗撕衣嚷飯爭茶因此病
交加把一命隕黃沙
〔小旦嘆介〕却也死得可憐只不知那蔡安人殉夫
時是何光景〔老旦〕安人提起來好不傷心也

越恁好百般悲苦百般悲苦便滿腹向誰話斷腸痛
煞這眷口怎回家况桐棺抛在天一涯他臨終更說
得可憐哩說若非自殺這白骨怎得到黃泉下這白
頭怎得到黃茅舍
小旦淚介說來委是可憐我且問你他夫妻靈櫬
何時才得回去老旦哎呀安人呀他兩人靈柩寄
在尼庵香火俱無那箇還肯把銀錢搬他回去哭
介哎呀安人呀我猶記得他臨死之時曾說李老
爺多少同官豈無一仗義君子那知到了今日竟
沒一人過問教我怎生是好哭介小旦作色介婆

子哭也無益等待老爺回來我教他竭力張羅送
他兩人回去老旦只怕張羅不得許多小旦這也
不妨倘若不彀我便典當釵鐶也斷不教他双棺
久厝你可放心老旦叩頭介多謝安人小旦
慶餘賢夫烈婦同時化今世今人怎及他婆子可我
要這無用釵鐶做甚麼
觀場莫笑女兒身　俠士心腸賽古人
今日千金成一諾　管教地下早回春

第六齣　靈訴

丑上小小了頭花面栲栳腰肢輕遣常時見他二
人作對成双可羡我已着實難熬他又十分會騙
那夜爬上床來好似快刀切麵奈他嬌嫩肩頭扛
不動這琵琶脚片撲禿滑將下來驚醒大王升殿
奴家跪在這邊他在那邊打戰每人打了二十從
此交情隔斷嘆介他還有處打釘我却沒人放箭
望内介苦處尚未說了早見大王出現小旦艷粧
繡衣上
越調引子祝英臺近晝初長人已倦花影上窗暖響棧簷
牙鐵馬弄風轉憐他春賦人憨春濃人軟却剛被鸚
哥驚喚

江城子海棠紅重壓欄低晨晴絲午風微簾外寒
輕新換薄羅衣閑解連環無箇事銀押下燕双飛
我自抵署以來轉瞬已是暮春時候今日官人耕
藉去了内堂閑坐頗覺無聊老旦上酌酒珠江去
熏香繡戶來見介小旦婆子你回來了老旦安人
回來了小旦那李老爺夫婦靈柩可曾下船哩老
旦一家兒都動身了老婢在蔡安人靈前哭了一
場囑咐他保佑安人百歲康寧同偕到老小旦罷
了丑媽媽適間安人說閒得無聊可有甚地方白
相白相老旦安人這署内有一後園池水湖山花

香鳥語最是有趣東邊一截空地還盖得許多房
子何不去遊玩一回〔小旦〕如此可將衆侍兒喚出
來一同遊玩去者〔丑向内喚四旦艷粧持扇上〕内
衙寂寞似長門衾裏爐香夜不温最是惱人春欲
去一番紅雨一銷魂〔見介〕安人萬福〔小旦〕今日天
氣晴和爾等可隨我到後園遊玩去〔行介扶丑介〕
〔越調正曲〕〔祝英臺〕把小鬟扶迴廊轉人影一行偏呀怎風
拽裙釵苔滑鞋弓蓦地響觸連環〔入介〕入得園來軟
軟濃濃好一片春光也延綿𩍓花枝嬌婉千叢溜鶯
聲玲瓏一串〔合〕更看那畫牆外閃墮落英成片

〔内扮大蝶繞場飛介〕呀這許多蝴蝶從何處飛來
〔衆旦持扇撲介小旦〕
〔前腔〕偏反綉衣新金粉膩花外影翩翩〔用袖拂介〕你
看小顫玉釵斜拍羅衫低蹴半彎紅蓮輕便弄晴風
花版低回散霏烟衣香零亂〔衆旦住扇介〕呀怎忽地
過墻去了〔合〕這玉腰奴知他飛向誰邊
〔小旦〕走得困了就在湖山石上小坐一回衆旦拂
石小旦坐介衆旦代為整粧拂衣丑蹲地代捶腿
〔介〕
〔前腔〕春暖行來珠汗香黏小憩落花前試看芳草上

階春水凝波越地精神繾綣幽偏有誰得到芳叢只
許探春鶯燕〔合〕恁無聊須得作箇方兒消遣
〔丑起介〕安人婢子前日與姐姐們請紫姑娘娘他
們唧唧咕咕説了幾句便立起身來有求有應真
箇好耍〔小旦笑介〕癡了頭你可曾求個什麼來〔衆
旦〕安人他悶幾時得有老公那紫姑説現有一箇
老公日日在他面前只是不得到手〔小旦〕休胡説
你們就請來我看〔一旦卧地下衆旦持短竹兩枝
繫旦手介〕赫赫光光入陰出陽犬兒不吠雞兒不
鳴急急如太上老君律令請紫姑娘娘轉身〔衆提

竹枝旦從地下躍起跳踊介丑諢介衆笑介魂旦
掩上〕
〔中吕宫引〕〔行香子〕短夢如烟長夜如年嘆羈魂猶滯南天
其中心事誰與相傳但感深恩求血食諦塵緣
我蔡氏夫婦偕亡倏經一載幸得盧江安人典釵
助葬枯骨双歸只是身已歸泉鬼猶求食昨日蒙
都城隍傳諭已奉勅旨准我夫婦立廟受享這椿
義舉總在盧江安人身上好趁他請賽紫姑借體
相求以延血食〔旦閃附紫姑掩下紫姑唱介〕
〔中吕正曲〕〔榴花好〕經年不到我這小園邊嘆風景尚依然

（小旦）（衆驚介）哎呀這神情好怕人也（老旦）聽這說話
倒像蔡安人口聲（衆旦相牽瞪視介紫姑拱手介）我
受恩深重少猜嫌祇須你終始成全為哀求見憐撲
琅生將一箇游魂見（小旦）你求着什麼（紫）求你半間
兒淨室同棲半甌兒涼漿同嚥
（老旦淚介）我那蔡氏安人你一晌却在那裏（紫）
（前腔）逍遥携手遊遍衆香天把懊惱已全捐（老旦）這
般受用怎又到此顯靈（紫）只蜑風蠻雨滿衣沾有誰
焚一陌黄錢（再向小旦拜介）望你釵鐶再典嘆骷髏
夜草通明殿管教伊狐史流芳還再見麟兒天誕

（小旦招老旦介）婆子你可快替他說件件我都依
了他可即速去罷（小生上）盆水猶看四圍濕爐香
已覺半枝殘聞說安人在後園遊玩只得獨自尋
來（紫姑作撞生轉下老旦衆旦各潛下小旦）官人
險些兒嚇煞我也（小生）誰箇嚇你（小旦）我與衆了
鬟在此請紫姑神頑耍（小生四顧介）了鬟在那裏
（小旦）呸聽我往下說那知道那蔡安人附在紫姑
身上求我立廟營齋我嚇得件件都允他纔肯去
了官人你可快些建造莫教他再來嚇我（小生）這
箇容易（向丑介）可叫門上來（小旦携小生手唱介）

（越調正曲）（祝英臺）驚戰驀然暫見貞靈風冷繞衣旋（小生）
安人受驚了（代小旦整鬟拂衣介）早則鬆了鬢雲皺
了衫痕（撫心介）撲鹿心兒揺顫（小旦淚介）堪憐一般
恩愛夫妻慘厮厮誰依誰戀（小生）安人不要淘壞身
子這等都在下官身上（合）早興修要趕上中元答薦
（副淨扮司閽上）要賺鬼頭錢忙丢鴉片槍老爺呼
喚有何吩咐（小生）你與我將這後園空地上搭蓋
起三間祠宇來侍奉李老爺與蔡安人神位趕早
建成我要親臨奠祭的（副淨應下小生招介）轉來
轉來（悄語介）這是安人教辦的千萬小心（副淨一

面應一面指小生笑下小旦）官人同到內堂晚膳
去罷正是棲神特為建新祠俎豆千秋覽德輝男
子温柔天下有婦人節烈世間希（小旦先下丑拉
小生衣介）老爺你看李老爺夫妻恩愛怎樣偏偏
短折（小生）便是（丑笑介）像老爺時常挨打挨罵這
定是天長地久的了（小生）討打（丑轉身以兩手爬
口眼向小生介）吒（小生）哇哇討打討打（下）

第七齣　祠成

（場上預設神幔襍扮隊子二襍捧牲帛二襍扮禮
生引小生冠帶上）

〔双調引子〕〔秋蕊香〕雲外鴟頭高聳看棟宇氣象崇閎桂酒
三杯手双奉長拜靈前一慟
亦珊夫婦新廟落成下官備有牲牢親臨祭奠左
右祭禮可曾齊備〔衆〕齊備多時〔小生〕隨我入廟去
者〔暫下〕〔生旦冠帶盖紅帕携手上〕
〔玉井蓮〕俎豆千秋虧煞故人義重
我夫婦仰蒙上帝勅旨授為南海正神今日祠宇
告成盧江兄親來奠祭只得享受他了〔入幔內同
坐介小生引衆繞場上〕
〔仙呂正曲〕〔風入松〕俺只見繚垣一帶印泥紅閃摇摇六幅
長旛飄動更聲聲清磬虛堂送香撲地金爐烟重把
兩像虔誠供奉双聯影交映燭花中
〔禮生賛介〕就位跪〔小生拜介禮生〕進爵讀祝文〔讀
介〕維某年月日同官某致祭於李公亦珊既德配
蔡安人之靈而言曰惟君純孝中道夭殤安人節
烈日月爭光双棺聿歸魂眷此鄉靈爽來告寢廟
斯皇茲居落成報以馨香尚饗連進爵三進爵叩
首興〔小生起介〕
〔前腔〕牲牢三獻禮初終猶如見昔日音容恍惚間綷
縩靈衣動似冷冷步虛聲送亦珊兄呵你甚日相招

双鴛祠傳奇　二六

入夢聯心友話離衷
〔衆暗下〕〔丑冠帶上〕為了他人事常花自己錢下官
南海縣典史是也今日分府大老爺與李前任建
祠致祭適值奉到部覆奉旨將蔡安人旌表節烈
不免就把牌匾扛赴前去〔襍捧紙匾照式寫聖旨
節烈下横寫旌表故廣州府通判李亦珊妻安人
蔡氏上〕
〔急三鎗〕你們看節烈婦皇恩重表宅里挽民風休得
說白吃苦全無用誰有這御題紅
〔到入介皂〕禀大老爺南海縣典史禀知送到蔡安
人旌表禀見〔小生〕請進來〔丑入打千介〕卑職奉委
賫送李太太旌表到此〔小生〕甚好就此建立起來
〔襍〕這牌坊是石頭做的我們如何扛得動豎得起
〔丑〕啐這是唱戲怎麽認起真來〔內吹打豎坊介丑
拜介小生〕妙呀
〔風入松〕果然孝烈受恩隆手把香花虔供尊同賢聖
把牲牢奉他百世流芳名高梁孟看一紙書銜彩鳳
邀享祀何啻禄千鍾
〔丑又向小生打千介〕卑職禀退〔小生〕好說請到荒
署吃茶〔小生携丑同行介〕俠腸何用惜黃金博得

双鴛祠傳奇　二七

今朝共快心兩字標題榮萬古香閨同拜御題箴
〔下生旦〕今日廬江如此多情十分生受他也
〔前腔〕夫妻俠義古人風愛我恩如山重報恩須把麟
兒送占科名早承天寵〔携手出慢行介〕寸心赤是當
時俊雄褒美報天錫紫泥封
安人我與你可到都城隍駕前懇求美報願他叠
降麟兒〔行介老旦持双燭上〕
〔急三鎗〕想當日你待我恩情重今朝旌表到受皇封
只好把双紅燭虔心奉〔作見生旦驚介〕不好有鬼有
鬼〔生旦下老旦跌介起急走介〕老爺安人呀不想今

世裏又相逢
〔踏跟跑下內扮朱幔書作善降祥四字麒麟三隻
朱盤高托生旦引隊子上〕我夫婦向都城隍駕前
求得彩額一張石麟三座頒賜廬江兄以彰美報
左右打道前去〔內鼓樂介〕
〔風入松〕成人之美是英雄却最愛他一腔義勇可知
今朝誼感星辰動這盛舉任黎伯仲纔信得福田自
種看此後世世大褒封
〔吹打下〕
第八齣　歌賽

外副末小生貼各穿便服末同上襍扮兩童子隨
上笑介〕妙呀妙呀可謂此曲祇應天上有人間能
得幾回聞矣〔生介外〕亦珊夫婦偕亡接連二齣句
句慘動心目而起筆攄起全部神情尤為奇突其
中時而幽抑凄涼時而激昂慷慨中門冥鑒一齣
神道設教尤屬有關風化真是好筆墨哩〔貼〕小弟
獨喜露訴一齣把廬江兄與嫂夫人在閨中情致
寫得逼真神肖教閱者絕無閒言〔小生笑介〕這總
是木石老人戲弄小弟諸兄不要睬他〔副末〕難道
他說你為善食報將來叠誕麟兒也是假的麼〔衆

笑介外搖手介〕諸兄且勿謔笑閣下迎神送神之
曲可以做成一併教他們演上來看箇飽滿〔末從
袖中出稿介〕稿已續成仍希指誤〔衆〕不必看竟是
一面唱一面領教罷〔貼〕叫管班的〔童〕畨禺叫管班
的〔小旦梳頭穿紅衫上向衆打千介〕諸位大老爺
有何吩咐〔末持稿介〕可將這曲稿就教他們裝演
上來〔衆〕唱得好〔指小生介〕分府大老爺重重有賞
〔小旦應下外顧童子〕你們可將菜都收去讓我們
散坐飲酒好看〔內奏十番八旦扮巫女艷粧赤脚
內裝一二小脚各執笙笛檀板琵琶洋琴八節鼓

二錢鞭跳舞上

〔耍孩兒〕聖明朝風化端老書生暫乞閒把紅牙鐵撥聊消遣〕那夫妻含冰茹蘖留佳話這夫妻解佩揮金集大觀少年出色真稀罕從此後梨園演唱管教他芸閣流傳

〔內打十番一回二襍扮二伶工綠衣持綠旛立場中

樂奏迎神之章

〔其二〕神之來風暗吹捲靈旗拂畫衣聽冷冷搖曳雲中佩想着你悲深賦鵬人何在血染啼鵑郎不歸竟鴻毛一命甘同死莫道是鬼神都慘切還只怕天地也傷悽

〔內奏十番一回二襍朱衣朱旛立場中〕樂奏初獻之章

〔其三〕神之棲兜率宮紫檀香玉炬紅看犧尊椀俎尊前奉可憐你生前烈性存真氣纔博得死後靈魂享大封真个是山川變色風雲動好看取宸題表宅也虧你亮節維風

〔內奏十番一回二襍黃衣黃旛立場中〕樂奏亞獻之章

〔其四〕神之饗薦太羹奠椒漿桂醑斟更露雞臛雀當筵進只為你舍生取義遵三節視死如歸矢一心這班兒癡兒憨女何人肯今日个輝生鳳管霎時間名滿羊城

〔內奏十番一回二襍素衣素旛立場中〕樂奏終獻之章

〔其五〕神既醉薦飶香登菽粟飽飯餽佐荅菹魚卵桑杯醑今朝飲酒同偕老從此恩情天地長再不受憂讒畏謗淒涼況這纔教同官增色便那桑梓也生光

〔內奏十番一回二襍皂衣皂旛立場中〕樂奏送神之章

〔其六〕神之歸雲在霄影離離松樹梢怎青鸞對舞文狸斗双來香篆同心結双去鸞驂並翅交不覺的魂歸忉利衣聲杳碧熒熒山明夜火嗚咽咽城打春潮

〔內打十番一回十襍執五色旛繞場舞下八旦各吹打一回賽神已畢我們各自回家罷〔行介〕

〔其七〕闡幽光非異書表俠腸可愈愚好臨風快寫金荃句這不是壯遊攬勝蘇居士也不是獨醒行吟屈大夫單則為省風喚醒癡兒女須鄭重清燈檀板莫猜疑韻士名姝

〔跳舞下外衆〕此曲出雅入騷可歌可泣音節婉麗

結搆奇創令人有觀止之嘆〔外〕左右此刻有甚麽時候了〔童〕三更了〔衆〕我們且散明日到廬江兄處再演一回想更嫻熟得神了〔貼指小生介〕只怕他那上任的威風廬江嫂也要失笑〔衆笑介〕明早要上衙門且分手罷〔末送衆下轉身命童子閉門介〕移宮換羽弔嬋娟絳樹歌殘月滿天聽鼓應官人盡去閉門我自抱琴眠〔帶童子下〕

却

雙鴛祠傳奇後序

麴塵走馬綠柳情長藥店飛龍香桃骨損驥方展足酸心賦鵩之詞鳳未將雛掣淚離鸞之曲生則抱小弁之戚舐犢恩疎没而增大暮之悲弔蝇客冷瑟哀湘女落遺饗於秋風樹認韓郎結相思於暮雨大抵青天碧海不少蛾眉見嫉之傷誰知華闋朱堂亦多鼠思難言之痛此双鴛記之傳奇所由作也則有學窺大酉譜衍長庚瑞兆銜鱣休占馴雉乘車入洛其如叔寶多愁題柱遊梁未免長卿善病奉板輿於潘令夾道鹵鋪領油壁於沙哥双旌花映衣披鶴氅風漾晶簾琴撫鵾絃香縈鏡檻龐士元豈驚百里那有別駕題輿王夷甫自詡八騶已見右驂增馬然為歡者不關於人爵也而至樂者莫重於天倫也君是超宗略露一斑鳳羽弟如共叔徒誇兩服鴈行譬備集夫千羊狐真有腋想孤飛之一鶴雞豈為羣燕雀處堂巢幕何知霄漢角騂列鼎用牲詎舍山川奇可傳者此其一也既乃暫輟循陔載歌周道輕裘快馬霜嚴木峽關前寒角清茄月冷榆谿塞外弔荒宮於靈武禾黍高低聆冷調於伊凉箏琵慷慨遊子則衣披短後壯心淬長劍之鋒閨人則扇盼聚頭遠意折大

刀之唱調甘潔澹先遺小姑薦藻湘蘋有齋季女既代盡親庭之職期稍紓子舍之心玉體願珍望眼平安竹信金錢試卜關心遲誤瓜期乃報到先生鵑聲切切而歸來公子燕尾涎涎斯時也芭桑釋鵠羽之嗟棠棣篤鴒原之樂我征聿至鹿場鸛垤之天予美偕臧燕閣鶯闈之夜詎料彩雲三素忽散魚麟寶月一奩旋虧蟾魄蓋積勞所以致疾而久鬱適以傷生歷宦道之馳驅風如牛馬慨身宮之偃蹇歲在龍蛇病到膏肓二豎子竟符噩夢醫雖盧扁三折肱難覓靈方催長吉以修文曇花偶現遏子雲之踵武元草

双鴛祠傳奇　二

誰傳直使柳下人亡無復展姬作誄則以樓中仙去併看嬴女隨夫奇可傳者又其一也夫高行名表梁媛懷清號垂巴婦或自投夫眢井或並挂於枯枝蓋從一而終芳意感女貞之木而在三無憾奇難揚旌節之花安人生不逢辰罹茲茶苦死而後已降此鞠訩延殘喘於人間偷生何益殉微軀於地下含笑同歸春壠苔青待築鴛鴦之塚夜臺燈黑双棲蛺蝶之魂三千數記里之碑家山何處百六感禁烟之節野祭堪憐忽疑倩女離魂聽珮聲之冉冉却借紫姑傳語吐檀口以喃喃於是盧江别駕念攻玉之舊情敦

分金之古誼黃腸遥返悲風吹萬里之音丹艭新塗落日下桂旗之影襯旛幢之綷縩翠栢蒼松升俎豆之馨香黃蕉丹荔既已美輪美奐旋復營奠營齋棹楔輝煌恩光有赫堂基陟降靈爽攸憑是日也關西榷使譙郡司馬平陽大令雅集盧江别駕之官齋新點木石老人之曲譜梨園子弟咸按節以當歌菊部夫人亦壓場而奏伎薦罷椒漿桂醑好唱傳芭結成燭蕊香烟預占保艾積善之家有餘慶則吉祥已兆石麟説詩之旨在無邪故節義必書金管洵足奇焉故可傳也亂曰滚滚勞塵不外至性至情之地滔滔

双鴛祠傳奇　三

宦海最難一生一死之交白馬素車猶是范張同氣珠旛寶蓋依然梁孟齊眉咽珠浦之波聲淒涼節奏洗花田之艷骨凜冽氷霜逝者如斯竟成千古聞來此曲能得幾回豹已全窺蟲露挹薔薇之氣貂何敢續臨風馳桑梓之思時

嘉慶庚辰仲春中澣侯官心香劉士棻拜序

此文似見於花月痕今始知為劉某作也俠識　十九年一月十三夜

滕鄰圃手抄

者

雙鴛祠書後

孝廉二字我當之愧已十五年名教千秋言念在茲忽大半世生死不計得失誰論重泰山則輕鴻毛全令名寧求壽考

長史主持風化豈徒微顯闡幽詞家竊補春秋往往言近旨遠嗟乎紅顏卒歸黃土抱節者何苦非甘孫鸞仍化双鴛達道無變不正至情至性乃為絕大文章可泣可歌不是浪費子墨滿腔積血願男子都無負十年讀書一棒當頭請看官勿以為逢場作戲

治番禺劉華東拜題

吾泰素之詞曲專家其能擅此技而以傳奇名者嘉慶時祇有仲雲澗及其弟柘庵先生兩人而已雲澗著有紅樓夢傳奇一種已與陳鍾麟所著並傳於世柘庵則著有雙鴛祠暨冰綃帕傳奇兩種顧流傳甚罕據家姑丈高辛仲先生井眉居詩注云冰綃帕其家藏有抄本但余屢覓不得此雙鴛祠鈔本一冊乃仲君一侯所贈云自穎上常氏覓來爰得菜根堂刊本珍秘可覩用書數語於後以誌欣幸

一九六五年九月　鄉後學陳晃父

時年八十

紅樓夢傳奇

（清）仲振奎 撰

《紅樓夢傳奇》二卷，清仲振奎撰，據泰州市圖書館藏清嘉慶四年緑雲紅雨山房刻本影印。

仲振奎有《緑雲紅雨山房文鈔外集》，已著録。

小説《紅樓夢》問世後，産生很大影響，出現許多與此相關的文學作品，本書亦爲其一。清嘉慶元年仲振奎客揚州，得逍遥子序本《後紅樓夢》，欲合前後二書故事編作戲劇，三年成書，作者名署以紅豆村樵。本書分爲上下二卷，上卷三十二齣，下卷二十四齣。本書完成後，反響頗盛，從卷首題辭即可知，本地文人名士俞國鑒、徐鳴珂、陳燮、姜鳳喈、仲震履等多有好評。

（周　忠）

嘉慶己未夏鐫

紅樓夢傳奇

綠雲紅雨山房藏板

凡例

一紅樓夢篇帙浩繁事多人眾登場演[illegible]其事亦不能徧及其人故事如賞花聯吟人如寶琴岫煙香菱平兒鴛鴦等亦不得不概行删去要之此書不過傳寶玉黛玉晴雯之情而已

一寶玉黛玉情事亦不能盡載可補者於白中補之否則亦略而不道

一科白有移彼事於此事有移彼人之事於此人者有從後補敘者希圖省手耳非舛亂也

一前紅樓夢讀竟令人悒怏於心十日不快僅以前書衷曲[illegible]歌筵將闌四座無色非酒以合歡之義故合後書爲之[illegible]拍案叫快引觴必滿也

一鑼鼓戲俗套也循琵琶之例未爲不可顧絲竹之聲哀多傷氣不可無金鼓以震之故借周瓊海防事而以功歸探春變後書甄士隱之說免枝節也探春之爲人沈謀有斷當亦不愧

一劉老老大可插科打諢然添此一人必添出數人添曲數折未免太繁故去之

一寶釵合鎖一折已傳其情故不載繡兜肚事

一紫鵑是黛玉忠臣晴雯是寶玉忠臣後書以爲妾媵甚當吾

謂膺月亦寶玉功臣也擬莊有焚花散麝之語可知亦是意中人故令與鶯兒竝侍帷幄抑亦收拾之法也

一後書敘僧道拐騙處下語欠圓故借海盜招軍而爲科諢

一淨扮賈母不數粉墨副淨扮鳳姐丑扮襲人皆敷粉艷粧不數墨老旦扮史湘雲與作旦粧扮同餘仍舊

一曲中有必不可少之人而班中旦色有定不得不一人而兼數人合兩班之旦爲之則勞可分矣

紅豆邨樵識

紅樓夢傳奇目錄

目畢

今世艷稱紅樓夢小説家之别子也其書有正有續積卷凡百五六十前夢未圓後夢復入雖有佳夢何其多也吾友仲子雲㵎以玉茗才華游戲筆墨取是書前後夢刪繁就簡諧以宫商合成新樂府五十六劇關目脩情頗流可使尋其夢者一炊黍頃而無不了然貫綴邪仙枕邪抑何簡妙乃爾邪夫辭尚體要久矣昔李延壽芟五代八書之蕪成南北二史歐宋修唐書事則增而文則減其斵爲文人之巨筆與今仲子有此妙才試取古今大事記提綱挈領成一家言又豈徙占夢中之夢云爾哉余共督序遂書以歸之河間春舟居士題

都轉賓谷夫子題辭

夢中死去夢中生生固茫然死不醒試看還魂人様子古今何獨牡丹亭

不解冥冥主者誰妍爲兒女注相思許多離恨何當補始聽文人强記辭

底事仙山有放春爭妍逐艷最傷神真靈亦怕情顛倒人世蛾眉不讓人

櫳翠怡紅得幾時葬花心事果然癡一園盡作埋香塚不獨芙蓉誄小碑

有情爭欲吊瀟湘說夢人都墮夢鄉與奏玉圓辭一闋免教辛苦續西廂

題辭

傳奇演義競排場瑣碎荒唐兩不妨十斛珠穿絲一縷雖
將此事付高王

童憨稱戲丫無猜富貴家兒才不才天遣口中銜石闕情
場紅翠合生理

黛痕眉影可憐生釧響釵光別有情嬌鳥一聲聲萬種不
同名士愴傾城

文章佳處付雲煙竟有文鱗續斷絃恩怨分明仙佛幻人
心只要月常圓

各樣聰明各種癡一人情態一花枝虧他五色生花筆寫
到尖叉合拍時

鉛山　蔣知讓　藕船

鏤月裁雲苦費情眼前說夢可憐生且從夢境看天上翠
樹金書十二城

深苑東風着意吹嬌紅慘綠太離披葬花絕好埋憂地爭
奈春來又滿枝

留仙裙拚合歡緣生死悲歡兩意牽多分靈芽才備恨世
間奇福是荆釵

歌喉一串淚珠成鬬馬清辭此繼聲唱出相思滿南國故
應紅豆擅鄉名

清江　黃郁章　賓生

冰絃檀板度新歌祇嫌癡兒拚淚波一樣騷人心事苦當
場難得解人多

石頭何處證三生路滑原難放步行釵釧玲瓏師子吼檀
郎認得阿誰聲

分明三業事多端莫認當前作夢看此是獨磨眞寶語不
會些子把人瞞

迷海爲魚事豈殊懺除回向費工夫花前爲按烏闌譜似
見光明大寶珠

丹徒　郭堃　厚庵

獨秀神芝玉茁芽百花叢擢一枝花極知嚴處眞癡發見
女私情亦大家

氣到蘆猶自不同浮花浪蕊扇雌風情深正願和情死杜
費蛾眉妒入宮

小鳳嗤皇合一羣憐香底事過香焚填詞若準春秋例首
惡先誅史太君

何必重生乞玉魚神瑛原是列仙儒一家眷屬生天去小
婦芙容婦絳珠

儀徵　詹肇堂　石琴

天遣多情聚一家情多翻種恨根芽若非補恨拈紅豆爭

得情緣證茜紗
露葬深護玉山不消得卿卿眼淚多顧我愁心何處寄半
生清淚亦如波
返魂續命幾曾眞幻結人間未了因不枉葬花心事苦三
生終有葬儂人
漫勞鳩鳥妒鸞凰總付荒唐夢一場勘破溫柔鄉裏事安
心同住白雲鄉
讀罷新編已惘然那堪顧曲更當筵願將結習消除盡復
解南華第二篇
吳州　俞國鑑　澂夫

前因後果妙於該一片癡情任翦裁不是詞人偏愛憎妒
花風雨太無才
死去生來事有無却勞補恨費工夫人間大抵都歸夢何
必傷心爲絳珠
古藝　祝慶泰　葦艇
風月偏宜錦繡堆大家兒女費安排傷心紫府司花冊猶
記金陵十二釵
頑石分明是化身等閑休負滿園春當頭好月能逢幾日
飲醉醪近婦人
今古情緣一夢中詠花埋玉[illegible]雖窮返魂縱有靈香熱[illegible]

果都歸色相空
吳霜點鬢奈愁何拍板新詞子夜歌翦燭更翻紅豆譜與
君一樣淚痕多
與化　徐鳴珂　竹鄰
命薄果然命薄情多實是情多多情薄命可如何只好替
天補過　半枕紅樓殘夢一編紅豆新歌酒闌燈灺淚如
河直把唾壺敲破
西江月　北平　袁鏞　棠郎
蒙莊妙悟啟元風錦繡叢中證色空嬌鳥一聲絲百丈可
憐辛苦爲怡紅

成佛生天亦偶然癡兒騃女苦縈牽西風一掬瀟湘淚化
作冰珠箇箇圓
雀裘金線對銀缸慘澹情懷影不雙一轉風輪成小劫爐
煙常傍茜紗窗
脂盞陽秋絕妙辭年年紅豆種相思傷心更有憐春閣淚
盡冥瀾葬雨時
吳州　陳燮　澧塘
世事都如夢紅樓夢最新由來眞是幻何必幻非眞雨館
殘燈夜梅花異國春一聲猨臂起愁淚幾沾巾
涪陵　鄒淑寧　延清

彩雲一片斷仍連重證情緣勝得仙幻境太虛原不幻紅
樓舊恨補人天
脂粉叢中葬復舒茜紗窗下賸魂消露華記否當年事雨
雨風風慰寂寥
淚盡瀟湘念未灰薰人花氣暗相催豈知珠草同春日猶
帶芙蓉一例開
緣遂深處天偏妒情到真時死不休千古傷心詞客慣兩
行淚灑筆花秋
甘泉　張彭年　涵齋
如泡如夢孰爲眞參透元機迥出塵一管生花能警幻更

於何處覓仙人
聽雨瀟湘奈若何埋花心事費摩挱大觀園裏炎涼態爭
怪杜鵑紅淚多
過眼風花聚散輕一羣嬌鳥各鍾情還誰與醒怡紅夢櫳
翠庵中磬一聲
又見還魂事可傳別裁新體繼臨川春燈挑盡如年夜當
讀荷華內外篇
莫怨名登薄命司花天月地恰相宜一生紅豆鄉中過此
福人間更有誰
吳州　姜鳳喈　桐仙

新裏翻新慧中參豈毫端如許風流生香豔語一字百溫
柔費盡玲瓏心孔開詞出萬種綢繆入離恨天猶難補才
子筆能勾　無須要用黃金鑄取白玉雕投付二八娉
婷絕妙歌喉檀板輕敲低唱細描摹一闋揚州令古今無
非夢境豈獨是紅樓
滿庭芳　秣陵　黃鉞　秋舫
紅樓無夢不成春夢到紅樓轉似真錦瑟濃香花世界繼
人不是夢中人
我住紅樓二十年而今夢醒大羅天鬟華不現空中相那
得重尋夢裏緣

多君說夢警癡頑入夢蒼黃出夢閒不是先生無夢後爭
教此曲到人間
吳州　吳會　曉嵐
十二金釵半折磨生生死死奈情何却憐情海波千尺不
抵顰卿淚點多
絳珠宮裏春空老青埂峯前月易斜只有芙蓉情種子年
年開作斷腸花
公子佳人總太癡癡情何必使仙慈一聲玉笛高吹起即
是紅樓夢醒時
吳州　仲振履　雲江

黛玉

紅樓夢傳奇

影依長穗晴司參商
沾衣珠風盦暗照處
占破斷腸香緣添返
紅幻綵絲牽些許紛
仙精神堪能上錫音
瀟湘

羅浮山人

佳蕙

紅樓夢傳奇

只見雲綺夢醉
眼迷斯多少情
懷想人轉于觀
音寶獨然笑口
還昭

花史氏

紅樓夢傳奇

吳州 紅豆村樵 塡詞
同里 邗亭居士 按拍

原情第一齣

【中呂引子】四園春（末仙裝上）情關一座高千丈，問蒼蒼誰能撞古骨森森非木柱。（貼仙裝上）赤霞宮裏靈河堤上，又汪風流賬。

（末）天若有情天亦老。（貼）月如無恨月常圓。（合）有人打破三生夢，高坐清虛第一天。（末）小仙乃放春山遣香洞太虛幻境警幻真人焦仲卿是也。（貼）小仙乃警幻仙姑蘭芝夫人是也。（末）夫人，我和你生隆分離，劫數死歸忉利天宮，將歡補恨，永偕

紅樓夢傳奇 卷上 一

碧落之緣。去喜忘悲，早醉紅塵之夢。上帝因我夫婦識破癡情，命司幻劫，分掌太虛幻境。兩天之事，夫人主離恨天，小仙主補恨天，專管世間一切情男情女離合死生，統領各司，稽查冊籍。癡多者豈必圓成，堅極者或教團聚。合者可離，離者可合，生者可死，死者可生。萬變不常，一情所引，凡此因果，皆我太虛天中主之。（貼）相公，我想情場如許，倒那些癡兒騃女，倘爾沉溺於中，真甚一陌也。（末）便是。

【過曲】泣顏回（末）苦是情場，一片情天羅網，恩愛交纏，難逃情劫悲惆悵，生癡死縱，仙緣也墮，非非想算，道身淚點流完，空遺恨，神入霄壤。

前腔（換頭）（貼）春怨刻鳳瑣虛房，隔斷那九地三天音響。我想若能不合，那得有離；若能不生，那得有死。無邊魔障，都因愛心迷惘。金刀破裹，伏天恩別注回生榜，喚香魂重到人間，償不盡生前悲悵。

（末）那一宗還淚公案，神瑛、絳珠、芙蓉仙子，和一班歡喜冤家，俱經下世，合是夫人主持離恨也，該打點布散相思了。（貼）妾憐絳珠魔劫甚重，意欲召彼神瑛，夢游幻境，譜成歌曲，指點迷途。若能不着情魔，免墮無盡苦海。相公意下如何？（末）夫人言之有理。

千秋歲俱忘情，定免牛頭旁也。省卻恩報仇償，提醒癡人提醒

紅樓夢傳奇 卷上一 二

癡人，怎不把你舊仙姬全使？那絳珠得免劫難，轉可遂就良緣。我也得少一番運用，只是夙孽已深，恐難與轉，況且芙容仙子與神瑛並無身緣，今生要前生賬，心緒重身緣交，便做醍醐非柱，怕佳人命霎容易摧傷。

（貼）如今先召神瑛，隨機指點，若還不醒，然後以絳容金魚賜與絳珠，則他日同生，便易為力矣。

越恁好，真身不壞，真身不壞，此金魚補恨方。那芙蓉仙子呵，芙蓉楊柳，早注定同根長，意孜孜恨茫茫，茫茫鼻呼亭。兩靈兒重現高唐，爲如雨驚風，到來生尚兀自無眼苦傷香鸞侍，翠鳳雙兒結都休講，好笑絳珠聰明一世，未免情懂一時，矢

求仙至（旦扮衆仙降）
（各笑介）（末）史眞人應爲夫人弟子會當以眞訣相傳（唱）且待
了彼塵緣再爲指授（合）
紅綃擲他是侯門薄命孤孀孤孀做大羅天上仙娘仙娘抛繡
徐收金鍼放種繡葉栽瓊看騎鸞參拜西王西王
屋聲生生死死情無盡一曲紅樓好夢香（王夫人）你且去喚取
神瑛來上方

林黛卿死補還淚緣　柳晴雯生洩搜園痛
賈寶玉離墮野狐禪　史湘雲合勘紅樓夢（同下）

前夢　第二齣

（正宮引子）（燕遙燈）（生金冠箭袖上）奇情天與又賦就玲瓏一寸心珠
借月爲家將花作枕年少正好歡娛頻送嬾文章無用眞快樂
緣分何如問此生態風流莫認尋常紈綺
（清平樂）奇奇氣別具雲霞志命酒看花開一世才是生人
樂事　功名水上浮漚榮華草露空留常傍玉園春晚也應
抵得封侯小生姓賈名寶玉金陵人也先祖代善以功封榮
國公中年下世祖母史太君在堂父親諱政現任工部員外
母親王氏誥封宜人小生生時口中銜下一塊五彩晶瑩之
玉因取名寶玉幸儀絕世鍾情非常爲因祖母愛憐與姊妹
一同嬌養我想女兒是水做的骨肉男人是泥做的骨肉我

但見了女兒便覺神氣清爽見了男子便覺臭濁逼人以此
終日閨中未嘗輕出戶外脂香粉澤聞之則心骨皆仙尤歡
花酣見之則神魂若醉祖母又與一侍兒名喚襲人溫柔可
愛朝夕相依煮酒裁詩自謂無邊風月爭奈父親定要小生
讀書爲求取功名之計只得閉守書齋可也了無生趣其實
文章不過祿蠹之津梁賢傳聖經何勞敷衍勳業亦屬名韁
之作用畢庠盆贊豈讀詩書總不如恬淡心胸陶寫性靈爲
妙正是但願一生花裏活何須百卷案頭排
（過曲）（玉芙蓉）流光過隙駒垂白歡無補算香天翠海此生堪度甚
蟾宮折桂雲梯步待鸞紙裁花錦句書可笑這班女子也撇不

去功名二字常常苦勸小生也覺太不知心了紅閨任怎得箇
同心伴侶絕塵俗人心孔常此對淸虛
㨿坐半日身子乏了不免隱几一回嫩寒鎖夢因春曉亂絮
吹雲覺晝長（睡介）（貼仙裝上）春夢隨雲散飛花逐水流寄言
衆兒女何必覓閒愁小仙警幻之夫人來領寶玉魂遊太虛將
紅樓夢新曲令美人歌唱使彼聽聞化其癡心早入佳境庶
免歷劫之苦來此已是寶玉醒來（生起介）呀這却是何處也
你看朱闌玉砌綠樹淸溪人迹罕逢纖塵不到眞好淸涼地
曲呢且住那邊有位仙姑待我問他一問（揖介）神仙姐姐這
是什麽地方呀（貼）此乃離恨天上灌愁海中放春山遣香洞

太虛幻境、吾即警幻仙姑是也。司人間之風情月債、掌塵世之女怨男癡、今日與爾相逢、亦非偶然、可便隨我一遊。（生）喜（介）這可妙極了。（行介）

前腔輕雲滿袂裾拖、面吹露雨。太虛幻境見金書翠榜（生）天呈露、假作真時真亦假、無為有處有還無、想（介）這對何好奇也。為甚麼將真作假偏多誤、還只待有處知無總是虛。癡情司、結怨司、朝啼司、暮哭司、春感司、秋悲司、薄命司、呀、你看兩傍配殿各署司名、不知裏面是些什麼。呀、神仙姐姐、小生要到各司中隨喜隨喜呢。（貼）此各司中貯着普天下過去未來女子冊籍、爾凡眼塵軀、未便先知就裏。（生）神仙姐姐、小生那里就能知道、容

我去去罷。（貼）也罷、便在薄命司中去走一遭。（案上設冊籍、生入看介）金陵十二釵正冊、金陵十二釵副冊、金陵十二釵又副冊。且住、小生家本金陵、莫非我家女子都在這上面、待我取來一看。霽月難逢、彩雲易散、這却是誰。溫柔愛伶行、偏却與公子無緣、這又是誰。待我且看正冊。玉帶林中掛、金簪雪裏埋、越發奇了。後面又有這許多畫兒、好難解也。緣何故這謎兒難悟細端詳、教我難打悶葫蘆。

（貼）掩冊（介）這悶葫蘆打他則甚、且和我遊玩去來。（生）隨行（介）

（內奏樂介）（生）聽（介）（內唱）

（北）（中呂）粉蝶兒開闢鴻濛、鑿破陰陽、吾人情竇開、誰人風月都空、悼溫金悲冷玉、傷心何用喚醒愚蒙、收紅樓一場春夢。

（生）是歌得好也、呵、神仙姐姐、此曲何名。（貼）此曲名紅樓夢。（生）紅樓夢好耍。（內唱）

石榴花一箇兒艷晶晶真嬌小仙葩、一箇兒潤生生玉無瑕。若說是無緣、偏又遇着他、有緣也假、無處抓拿。甚的是好相知、甚的是好相知、東恩西怨、同歸罷、生離死別、兩無回話。若沒箇補緣人、若沒箇補緣人重安了連環、都化做陽臺一片晚雲斜。

（生）淚（介）忒這樣悽楚人呵。（內唱）

鬬鵪鶉一箇兒眼睜睜萬事全拋、眼睜睜萬事全拋頭魏

綾衣換了、又誰知翠娟娟楊柳依人、嬌滴滴笑容更妍。一箇兒秋雨園蒲萬樹高、早動破繁華暑氣、煙消只分的伴孤眠、佛火宵青、伴孤眠、佛火宵青、倒博箇放雙花銀燈夜皎。

上小樓一箇使聰明將身喬、一箇弄機關生性歪、剗地里好夢無多、春色將闌、為着誰來、並頭蓮原自雙開、並頭蓮原自雙開、盲風瞎雨、於花何礙、空贏得汗顏難語。

奇生莫無心的翻成對、着意的偏墮坑、有恩的都從死裏逃身、命有情的心雖如鐵、終難冷、這的是死生離合皆前定、只一箇瑤池侍從、不開慧眼、看着白茫茫大地真乾淨。

（生）神仙姐姐、此曲音節甚哀、又無頭緒、小生一（介）不願聽、他別處

償喜去罷（貼）咳、癡兒尚然未悟、

【朱奴插芙蓉】（朱奴兒）紅樓夢仙音甚都。怎喚得你癡兒愚懵。回頭方才念仙語怕回首空傷遲暮（歎介）人難度是生來命途。（玉芙容）把相思劫中甘苦夢咀茹。

（生徑行介）（貼）你看他竟自去了、直恁麼喚他不醒也、（生）呀、

【傾盃賞芙容】（傾盃序）驀忽的日暗風淒路徑蕪、一抹煙和霧只見這黑水長溪又沒橋梁倒有那猙獰豺虎怪鳥鳴呼。（貼）賈寶玉作速回頭、（生）哎呀神仙姐姐、這是那里呵、（貼）這是迷津遙亘千里、其深萬丈、無舟可通你若墮落其中、那便百千萬劫了、（生驚介）呀、（玉芙容）却原來迷津浪涌無舟渡還只怕直墮其中斷送吾何方去望仙姑指與（內金鼓介）（貼下）（生）哎呀不好了、水中許多夜叉海鬼來也、神仙姐姐救我一救、偏偏他又去了、（急走介）唬得俺三魂不守汗如珠。

（夜叉海鬼上）（趕生遶場作拖下水介）（眾下）（生大叫介）（丑急上）寶玉寶玉怎樣了、（生醒介）（癡介）好奇夢也、

【尾聲】這無端噩夢心驚怖。為甚的黑海迷津陷此軀（丑）你到底做了什麼夢、（生）呵、真人且和你歸向房櫳說太虛

濃睡偏驚春夢婆　虛窗斜照半朧過

何由少海風波大　愁聽紅樓一曲歌（帶丑下）

別兒　第三齣

【商調引子】遶池遊（旦素粧上）盡淚獨自命薄真如紙（淚介）痛雙親兩今已矣兒依妹倚又屬丹旐人離異做愁天孤雲寡飛

冰雪聰明命不猶憔悴多病又多愁如何更有分離感千里關河一葉舟、奴家林黛玉、金陵人也、父親如海公官拜兩淮鹽政、母親賈氏、誥封夫人、單生奴家一人、嗣兄良玉係我母乳哺長成與奴友愛無異同胞、（淚介）爭奈父母相繼歸西、依傍嗣兄便在揚州居住、我哥哥欲承先業奮志讀書、一切家事皆命義僕王元經理、以此事業尚不彫零只是形影相依、未免孤苦耳、日來外祖母史太君、懸念奴家、幾次遣人來接、奴家不敢推辭、只得買舟北上、今早已經下船、尚未解纜、且待哥哥到來和他惜別一番、（歎介）想奴家稟天人胸羅今古、命遭至此、其如命何、（淚介）

【過曲山坡羊】淚潸潸不能捨的鄉地、遠迢迢不能分的兄妹、哭哀哀不再生的一親、軟怯怯不中用的愁身體、真命苦怨天不做美有顏便似虛生耳、倒不如腹少才華做凡女子。思之虛飄飄病怎支、念愁實丕丕苦告誰

我聽得母身家有箇銜玉而生的表兄、喚做寶玉、長奴一歲、只不知怎麼樣箇人兒、

【前腔】少甚麼王孫公子。却是他靈胎奇異、打疊着生有根基。到紅塵游戲、游戲那人間世、便是奴家呵、恁風姿也天仙來到此、

俺的心兒聰慧不讓靈如月姊如今呵，却一處相交敢靈山奇

相識遲疑要分明見有時須知舊生人他是誰

〔副淨作見墻上小生帶末上〕

〔引子〕〔憶秦娥〕潮鬼地一番風雨添憔悴，添憔悴。江雲燕樹分開同氣

〔副淨〕六爺來了〔旦淚介〕哥哥〔小生淚介〕賢妹你拋棄家園遠

依舅氏愁多似絮身弱如花使我縣心切宜珍重〔旦〕哥哥你

抱恨終天卜居異地勉承堂構矢志詩書願借良時無憂遠

道〔小生〕賢妹

〔過曲〕〔金絡索〕〔金梧桐〕你腰身柳不支，瘦弱花相似，勞頓舟車自要扶

紅樓夢傳奇 卷上一 九

持自三餐好順時〔東甌令一〕到京師雙鯉撥波莫漫遲平安庶免兄

懸繫今日在姜兒處選一道長他有一枚練容金魚說是安期

島玉液泉所出能起死回生使身形不壞這話都也無憑但是

此魚長祇四分渾身金色投之水中自然活動那鱗甲上且有

篆書八字道是亦靈亦長仙壽借臧寶寶是一件異物我想妹

妹必然愛他特地買來奉送〔針線箱〕但取這仙書借臧幾字兒〔解三

酲〕言呵和〔醉扶歸〕供你蘭閨無事閒嬉戲〔寄生子〕躍清波一片天機

權把做忘憂計。

〔送旦介〕〔旦〕果然奇怪〔雪梅〕取水來〔副淨取水介〕〔旦拋魚看喜

介〕多謝哥哥這真是箇寶貝呢

前遮身回眾粒微浪致靈飄魏。鱗細於塵上篆陽文字。這是乾

坤巧弄奇。鼓靈機棘頂猢猻不空希敢則是金龍幻作須彌芥

誰信道白小多嬌活卽師須珍祕仙泉玉液誰能至我想那道

人呵，居然到蓬島安期多管是神仙輩

〔末〕啟爺開船了〔小生〕開船罷我送姑娘一程〔末〕是〔叩頭介〕〔王

元〕叩送姑娘〔旦〕起來老人家大爺諸事你須加意照料呢〔末〕

老奴敢不盡心〔回身介〕〔分付關船〕〔下〕〔内鳴金開船介〕〔旦淚介〕

〔尾聲〕你俚更向他鄉告〔小生〕分手前途淚滿衣〔合〕又知是何月

何年重見伊

晚雲流水放扁舟　珍重金魚作遠游

此去燕臺秋正好　二分明月憶揚州〔同下〕

紅樓夢傳奇 卷上一 十

聚美第四齣

〔黃鐘引子〕〔玉女步瑞雲〕〔外冠帶上〕念切君親忠孝萬分難盡〔老旦上〕

椒房貴尤加敬謹

〔外〕生平嚴正立朝端〔老旦〕爲感君恩天地寬〔合〕但得公餘頻

舞采白頭人最愛尋歡〔外〕下官賈政字存周貫本金陵位居

水部夫人王氏內助甚賢所生三子三女大兒賈珠不幸夭

亡寡媳李氏撫孤守節二兒寶玉銜玉而生雖在弱年也還

聰慧爭奈詩書懶讀情性乖張終日在姊妹叢中廝混只因

母親愛憐不能嚴加管束三兒賈環庶出之子尚茸而幼大

女元春以才人入選蒙聖恩冊爲鳳藻宮貴妃三女探春四
女仲春都識未字下官爲榮公次子家兄賈赦已襲正爵皇
上念先人之功特頒餘蔭是以下官得司今職拜恩之後竭
蹶不遑近來又蒙恩旨許令元妃歸省現在營造省親别墅
綠綠事多一時無人經理只得將姪婦王氏接來承管一切
家務且喜才情開展御下有方甚得母親歡心這也極妙了
今日秋光甚好特請母親出堂歡笑一番夫人酒筵可曾齊
備（老旦）齊備了（外）拜（介）奉請母親上堂（正旦副淨扶淨上）（淨）
【前腔】天國銘恩一世榮華過分垂老目龍鍾自哂
孩兒媳婦請我出來則甚（外）今日秋光甚佳見媳備有酒筵

請母親一坐（淨）生受你們（内奏樂外老旦奉酒介）（淨）你們坐
了叫兩個孫媳伺侯罷（外老旦告坐介）（合）
【[illegible]】喜眉壽錦堂人天壽加籌步安穩對秋高氣爽同慶長春（副
淨正旦奉酒介）酒懷寬頌茲芳流山珍薦金盤香靄算年歡笑
精神健到百歲鬢著遲閒
（淨）那省親别墅有幾分工程了（外）起（介）將次落成（淨）我聽得
對聯匾額皆係寶玉所題可還好麼（外）也儘有些小聰明只
是正業上不肯認眞料理（淨）孩子家慢慢教導太逼緊了倒
怕生病反要曠功呢（外）是（淨）今日寶玉那里去了（老旦起介）
廟上燒香去了（淨）我說他怎麽不來呢（正旦副淨奉酒介）（合）

【前腔】丹桂暗吹芬筵上風來繡簾引更酒情酣頤笑語殷連（淨）
林丫頭也該來了（外老旦）正是（淨）我聽得你薛家妹子帶了兒
女也要進京敢則也該到了（老旦）也該到了（淨）盼天涯秋水孤
舟排燈下珠環雲鬢（合）算年歡笑精神健到百歲鬢著遲閒
（淨）收過了罷（衆）是（小生上）稟上老太太林姑娘到了（淨喜介）
好好我正想他他就來了（旦上）蒲柳餘家派孤身由嵫心兒
介（淨抱旦哭介）兒呵你這伶仃苦怎麽你父母通不在了我
也不能見他一面（旦哭介）（衆淚介）（旦）
【滴滴金】子青天的青天的爲何太忍雙亡化雙亡化無覓堪憫
女孫伶仃失訓因進來遣人感探下悃特放扁舟來見至親

淨指外（介）這是你舅舅（旦）拜（介）（外）兒呵我和你母親姊相友
愛你今到此便與家中一樣有甚言語告訴你舅母（旦）是（外）
點頭歎（介）好箇孩子（淨指老旦介）這是你舅母（旦）拜（介）（老旦
攜旦背（介）兒呵我囑付你我有箇孽根禍胎是家裏的混世
魔王你只不要保他（旦）可是銜玉而生的這位表兄麼（老旦）
正是（旦）知道了背（介）不知怎樣箇憊懶人兒（淨指正旦介）這
是你珠大嫂（旦）見（介）旦視副淨疑（介）淨笑（介）你不認得他
麽他是我們這里有名的一箇潑辣貨叫做鳳丫頭（衆笑介）
（老旦）兒呵這是你璉二嫂（旦）見（介）原來是二嫂子（副淨）嗳喲
喲我的姑娘當不起當不起細看（介）好標緻人物真是老祖

宗的氣派、怨不得老祖宗天天心裏户爽想、不出上稟太太、薛府姨太太和姑娘進府。（淨）你們去罷、外老旦是、外旦看嬌女悲同氣、（老旦）心繫連枝喜再逢。（下）正旦隨丁雜旦暗上（淨）紫鵑叫姑娘們來。（雜旦應下）副攜旦手介、妹妹清臞、可服什麽藥。（旦）服養榮丸。（淨）我們現配着藥、就便給他配些。（副）是。老旦攜小旦上（老旦）自攜詩賓客來、拜白頭人、老太太、這是媳婦的姨姪女兒薛寶釵、特來拜見老太太的。信娘明早過來請安、（淨）辭。我問姨太太好。（小旦）拜介（淨）扶住介、真好人物呢。同旦介你們也見一見、以後總要常在一堆的。（旦小旦見介）（老旦）這是林妹妹、這是你鳳姐姐。（小旦副淨見介）（副淨）寶妹

紅樓夢傳奇　卷上一　十三

妹、我還没去請姑媽安呢。（小旦）好說。（淨）媳婦我想姨太太叫來也不必外邊居住、咱們家梨香院空着、就請到那邊住罷、只是窄小些、却可常常來往的、你去告訴你老爺。（老旦）是。寶丫頭、你在老太太身邊坐坐、我着人來請你。（小旦）是。老旦下（副淨）我也得去照料林姑娘的行李呢。老太太、林妹妹的行李就鋪在裏間房裏罷。（淨）把寶玉挪到前間、林丫頭就在後間住罷。（副淨）是。幾聲靈鵲報、一對玉人來。（下）（小旦）妹妹也是才到麽。（旦）也是才到。

鮑老催下來繡壼、瑤琳玉瀣、邂逅佳人。（小旦）你臘梅雅度仙丰韻、才是真佳麗、冠群芳、遠金粉。雜旦引男正旦丑旦暗上（淨）遐

來見了薛林兩家姐姐、各見介（淨）這是我兩個孫女、他叫探春、他叫迎春、以後你們一處讀書寫字做針線罷。（衆）是。（合）今生有緣相親近、雲姿月貌人兒、從何必向飛元把鮮手問。

（生上）殘鐘送客寺門靜、活火閑香房戶深。老太太、寶玉回來了。（淨）快見了你姐姐妹妹。（生）見介（旦）驚介倒像那里曾過來（生）這妹妹我認得的。（淨）笑介又胡說了、你在那里見過他。（生）見是不曾見過、却像是熟識的姐姐、尊名。（小旦）奴家寶釵。（生）妹妹尊名。（旦）奴家黛玉。（生）表字呢。（旦）無字。（生）我送妹妹一字、莫若顰顰最妙。（貼）二哥哥可又杜撰了、什麽出典。（生）這出在古今人物考、西方有石名黛、可代畫眉之墨、這妹妹眉尖若

紅樓夢傳奇　卷上一　十四

蹙、用這兩字、豈不恰好。（四）笑介可惜喜鸞姐姐史大妹妹未來、不然倒是個勝會呢。（內）太太請寶姑娘。（小旦）來了、再來請老太太安罷。（淨）好說。三丫頭四丫頭陪了過去。（貼正旦）是。畫堂辭阿姥。（小旦）深院過梨香。（下）（淨）紫鵑、林姑娘帶來丫環太小、你便伺候林姑娘罷。（雜旦）是。姑娘紫鵑叩頭。（旦）妹妹請起（淨）襲人呢。（丑應上）（淨）伏侍寶玉去睡罷、我要睡了。（合）

尾聲遙芳燈花半褪、聽金壺銀箭已宵分。（雜旦丑扶淨下）（生）妹妹你認得我、我也認得你。（合）莫不是大會龍華、和你有舊因。

似曾相識兩驚疑、執手翻嫌見面遲。
試剪西窗紅蠟燭、不妨談到月斜時。（攜手下）

合鎖第五齣

中呂引過曲 駐雲飛（小旦上）小病新痊，倦倚粧臺花半殘。生怕衾寒臥，還怕支寒坐。嗏，悶理繡牀羅，刺花描朶。習靜空閨，且做清功課，分付爐香莫漫焚。

吾薛寶釵，紅簾深掩香閨悄，梅花昨夜新開了。無力撥爐灰，慵來病乍回。不知愁甚箇，草草梳粧坐。雲冷鴛帷思獨兒，睡醒時。奴家薛寶釵，金陵人也。生書香之後，爲豪富之家。最厭繁華，頗耽書史。罕言寡語，人道粧愚；安分隨時，自云守拙。父親早世，老母相依。哥哥薛蟠，性情驕縱，奴家常時相勸，略不回心。這也無可奈何。近因挈眷來京，寄居賈府。姨母甚愛奴

家，又得與姊妹們相聚。其中黛玉姿才，一時無兩，尤爲契合。此間有位表弟，名喚寶玉，當初係銜玉而生。想奴家幼年有一瘋僧，贈我金鎖，說是將來與有玉的是姻緣。因此奴家見他每每迴避，只不知這話可真否。

前腔天意如何，慧眼支郎傳證果。道他是東牀臥，奴是賠錢貨。嗏，爭說附松蘿，玉胎金鎖，誰占王昌，設的難猜破。只分人前迴避呵。

不免做些針黹則箇。（針黹介）（生上）

南呂引子 臨江梅 心字香前花一朶，終朝幾徧摩挲。看看怯怯占嬌多，愁也憐他，怨也憐他。

我寶玉自與林妹妹相依，莫說他深談淺笑，足以搖蕩神魂，便做薄怒嬌嗔，也覺低迷心魄。又且性情灑脫，絕無名虛祿蠹之談。自古佳人難得，知己尤不易逢。因此小生一心一意，要和他到老。只不知祖母意下如何。若得一語完成，小生便終身極樂了。今日他在東府看戲未回，小生獨坐房中，十分岑寂。前日聽得寶姐姐身上欠安，不免去看他一看。

過曲 繡太平（繡帶兒）雖則是心蹤意陷，由來本性溫和，動人憐惜。（醉太平）犯儼端只怕花憔月悴，人無奈好藏嬌，不出閨門，便眼留盻。（平）趁着那時相邂逅，不比那多情素娥，也須是怨我抛他。

來此已是他閨中了，待我掀簾而入。寶姐姐可大愈了麼？（小

旦）原來是寶兄弟，我好了，多謝你惦記着。請坐。鶯兒倒茶來。（雜旦上）來了。原來是寶二爺。（笑介）二爺今日甚風兒吹你到此？（生笑介）特來瞧瞧姐姐病體。（小旦）成日價說你這玉，我究竟不曾賞鑒，今日倒要瞧瞧呢。（生移身近介）（生摘玉送介）（小旦）呀，真是稀奇。你看燦若九霞，爛分五色。

懶針線（懶畫眉）眼兒空明九光多，說甚麼璞守荊山老卞和，敢則召龍騰虎總無訛。（針線箱）是誰人直鑿的天根破，不是那泛常珍貨。（雜旦）姑娘這上面還有字呢。（小旦念介）莫失莫忘，仙壽恒昌。（又看介）一除邪祟，二療冤疾，三知禍福。一邊見篆字說仙壽，一邊見金書除祟病。莫失莫忘，仙壽恒昌。（背介）他和我這分明成

對不住把八字吟哦

〔與生挂玉介〕〔雜旦〕這兩句話，倒不和姑娘項圈上的是一對兒麼〔生笑介〕原來姐姐項圈上也有八箇字，我也賞鑒賞鑒〔小旦〕你別聽他，沒有什麼字〔生〕好姐姐，你怎麼瞧我的呢〔小旦〕不過是兩句吉利話兒，沒有甚麼希罕〔解衣取鎖介〕你便瞧去〔旦上〕好幾日不見寶姐姐，東府回來瞧瞧他去〔生〕不離不棄，芳齡永繼〔笑介〕姐姐果然這八箇字和我是一對兒，這也奇呀〔旦〕這是寶玉的聲音呀〔悄聽介〕〔生還鎖介〕

醉宜春〔醉太平首至五〕問何芳齡幾字，對恒昌仙壽略不爭多〔背介〕致蘭因絮果，反不是意裏嫦娥，差訛，除非水盡郤飛鴉不然呵〔宜春令〕

紅樓夢傳奇　卷上一　十七

管成就鴛鴦則箇〔雜旦〕這是錦和尚送的，說要配〔小旦嗔介〕你不去倒茶，在此亂說〔雜旦笑下〕〔生偷眼看小旦介〕偷眼看雲嬌花媚，也非輕可

好香呀，姐姐薰的什麼香〔小旦〕我不喜薰香〔生〕這香味兒竟從未聞過呢〔小旦〕哦是了，我今早喫了冷香丸的〔生〕什麼冷香丸〔小旦〕說也瑣碎，這方子是春天白牡丹花蕊十二兩，夏天白荷花蕊十二兩，秋天白芙蓉花蕊十二兩，冬天白梅花蕊十二兩，於次年春分日曬乾研細，又要雨水的雨十二錢，白露的露十二錢，霜降的霜十二錢，小雪的雪十二錢，才九得成〔生〕可難煞巧〔小旦〕不多幾年也竟得了

瑣窗〔繡帶〕〔瑣窗寒〕按名花分季換羅，郤共那雪艷霜清雨露和，熏清香到口，所病旋痊，生餘芬扇馥，時縈衣裏透肌膚，且休許那百和〔合〕〔繡太師〕這非關在名香傳呵，這非關在名香傳呵

〔旦笑入介〕好香呀〔生小旦笑迎讓坐介〕〔生〕你穿着這衣服，外面下雪了麼〔旦〕可不下了半日呢〔生〕鶯兒〔雜旦應上捧茶送介〕〔生〕你叫我的人取斗篷去〔旦笑介〕是不是我來了，你就該去罷〔生笑介〕不過取了來，那里就去〔雜旦接盃下捧酒上〕太太說天冷，勞二爺姑娘來，一盃煖酒擋擋風，不自已陪了，姑娘陪着罷〔生〕我正想着喫酒，冷的才好〔小旦〕寶兄弟，那本草上道酒性最熱，熱飲則散，冷飲則凝，快不要喫冷的〔生〕便依

紅樓夢傳奇　卷上一　十六

着姐姐喫熱的罷〔旦笑覷生點頭介〕

大節高〔大勝樂〕仗芳尊酒熱破寒多，這肝腸須似火，熱心情休更把堅冰做〔節節高〕深承荷，倚仗他天花唾，從今冷故熱殘商量過

〔副淨捐手爐上〕姑娘，手爐在這里〔旦〕誰叫你送來〔副淨〕紫鵑姐姐叫送來〔旦冷笑介〕我冷死了麼，也虧你倒聽他的話，我的話只當耳邊風，他說了就比聖旨還快　我問伊何事偏心太，悄語伊行莫粧癡，閒中世事新看破

〔生微笑背介〕

東甌進〔東甌令〕微言兼俏言訶，刻薄寶生心太多，但聰明一任花笑落〔小旦背介〕這話兒儀容的隨和〔生冷笑介〕郤緣何舌底動

風波子（金蓮）我閒處試瞧科（轉介）妹妹請酒（旦）閒慢掛取醉醺醺
（旦）酒多了我們也該去了（生）我們去罷（旦爲生披斗篷介）（合）
尾聲漫天雪似楊花賤姐姐請罷（小旦喜下）（生旦攜手介）雙攜
玉手到香窩（旦）寶玉我問你可有暖香（生）什麼暖香（旦笑介）若
無暖香怎配冷香呢（生笑介）（旦）我還問你以後可喫冷酒了（生）
笑介）妹妹你得我笑（旦）吥我笑你賣盡香梨慣撒科
暖向紅爐須酒時　因憐生愛愛生癡
此中暗有關心處　不遣人知人已知
（同下）（副淨粧手爐做鬼臉諢下）

私計第六齣

（丑上）柔情一縷破瓜時自恨生非絕世姿要共玉郎偕白首
好將心力自扶持奴家襲人自寶玉夢醒紅樓與奴私諧鴛
盟深情密愛似漆如膠奴的終身可也不須憂慮了只是寶
玉的正配人兒尚無定準若論他的意思却與林姑娘親熱
一房居住朝夕相依甚至日間同卧一牀深談濃笑夜間挑
燈共坐溫語柔言雖無伉儷之歡儼有唱隨之勢只不知老
太太和太太心下何如若據奴家看來林姑娘聰明利害性
氣古怪却不及寶姑娘溫柔敦厚能容下人奴家既在寶玉
身邊不得不慮及於此怎生使箇法兒教他撇了林姑娘娶
了寶姑娘才好且慢慢着尋個機會便了前因大姑娘奉旨省

紅樓夢傳奇　卷上一　九

親整整忙亂了半年蓋了一座花園娘娘賜名大觀園樓亭
之外又起了一座廟宇叫做櫳翠庵招了女尼在內焚脩又
買了一班蘇州女樂在梨香院承值上元這夜娘娘駕臨彿
地笙歌接天燈火簾飛彩鳳帳舞盤龍說不盡奢華富貴娘
娘和老太太老爺太太說了一回話又和二爺姑娘們做了
一回詩然後遊園飲宴賞賜諸人臨起身叫四姑娘畫這園
圖進呈又分付寶玉和姑娘們進園居住昨日搬來我們住
了怡紅院林姑娘住了瀟湘館寶姑娘住了蘅蕪院大奶奶
住了稻香村三姑娘住了秋掩書齋四姑娘住了蓼風軒和
房中又添了兩三名大丫頭五六名小丫頭一時這園中花
招繡帶柳拂香鬟好不風流艷麗却迷寶玉進了迷城要生
出許多不尷不尬之事教我怎生照應得來我們這邊添了
三箇大丫頭那麝月秋紋也罷了只有晴雯十分美貌性情
又不隨和寶玉見了說他模樣兒和林姑娘相似喜的無可
奈何哎呀大那怎麽男子家不從一而終竟自見一箇愛一
箇尤且我家寶玉餓眼饞喉任是什麽人都要糾纏糾纏我
聽得他在外邊也很鬧事那日在薛大爺家款酒同來繫着
一條紅綢汗巾問起根由才知和什麽琪官兒換了却將我
的一條葱綠汗巾把與他去奴家說他幾句他倒涎着臉將
紅汗巾來繫我們道這些事兒可還了得倘若老爺知道豈

紅樓夢傳奇　卷上一　十

不自自要打死了麽、奴家想來沒法、須是拏箇去字與他等、他情急苦勸一番、多少是好、今日毋兒接奴同去喫年茶、說道要贖奴同去、被奴斬釘截鐵說了一箇至死不同、恰好寶玉來到我家、那些光景、料然毋兒也都明白、斷無贖我的念頭了、我却偏要將贖我之事說與他知道、看他是何情景、再做理會、叫晴雯妹妹〔貼上〕嬌羞花解語、宛轉玉生香、姐姐同來了〔丑〕同來了、二爺呢〔貼〕敢是在林姑娘那里〔丑笑介〕我聽得紫鵑說、怎麽二爺抱着林姑娘袖子聞香、你可知道麽〔貼〕我不知道、本來林姑娘身上那香味兒與人不同、並不是香毬香袋熏衣香的氣味、敢則自來的肌膚香呢〔生上〕春花新放、怡紅院莫鼓遥聞、櫳翠庵小生搬進園來、十分快樂、老太太又與了一箇侍兒、名喚晴雯、百媚千嬌、竟與林妹妹依稀彷彿、但不知他情意如何、且自着意溫存他些兒、今日從襲人家來、想起林妹妹替做了杏帘在望一詩、大爲元妃賞鑒、走去謝他、恰好大嫂子寶姐姐三妹妹也在那里商量要起詩社、大家另取一箇雅號、小生便叫怡紅公子、林妹妹是瀟湘妃子、寶姐姐是蘅蕪君、大嫂子是稻香老農、三妹妹是蕉下客、惟有四妹妹畫着園圖、不來入社、又商量去接史大妹妹、議論了半日、不知此時襲人曾否來家、且去看他一看〔笑介〕原來你同來了、正要叫人來接你〔丑笑介〕不勞二爺費心

紅樓夢傳奇 卷上一 丰

〔生笑介〕姐姐我問你、你家那穿紅的是誰〔丑〕是我的姨妹〔生〕真好人物、怎麽也在我家就好了〔丑〕這可休想、明年便出嫁了〔生〕咳、可惜〔丑歎介〕自從我來這幾年、不得和他們一處、如今我要回去了、他們又都去了〔生驚介〕怎麽你要回去〔丑〕今日我媽和哥哥商議要來贖我〔生急介〕爲什麽贖你〔丑〕這又奇了、我不比家生女兒、那里能在這里一世〔生〕我不叫你去、你也難去〔丑〕也沒箇長遠留下人的道理、我家來贖、正該叫去、只怕連身價還不要呢〔生〕依你就去定了〔丑〕可不去定了呢〔生歎介〕原來是箇薄情無義的人、早知要去、我也不該弄來〔冷笑介〕晴雯你去不去〔貼笑介〕我麽、擲着也不走呢〔生〕好你還好、悶睡介〔貼下〕〔丑搖生介〕起來、怎麽就睡了〔推生起介〕〔生拭淚介〕〔丑笑介〕這有什麽傷心的、你果然留我、我自然不去了〔生〕你倒說、我還要怎麽樣留你〔丑〕咱們平日相好、自不必說、但則要安心留我、須依我三件事〔生〕莫說三件、三百件我也依〔丑〕只要你守着我、等我飛了灰、化了烟、那時你顧不得我、我顧不得你、聽憑你們去罷〔丑〕可又來了、這是頭一件要改的〔生〕改了〔丑〕第二件、你如今大了、妹妹們也大了、以後須要存神、留箇體兒〔生〕依了、第三件呢〔丑〕那第三件是不要和丫頭們廝混、喫什麽嘴上的胭脂、和那愛紅的毛病兒、通要改了〔生〕都改了〔丑〕再若你讀書也罷、不讀書也罷、只要

紅樓夢傳奇 卷上一 圭

粧臺前讀書的樣子也叫老爺不惱你〔生〕我通依了〔丑〕如今
是再不去的了
〔大石調過曲〕〔催拍〕要相依夜燈曉窗須守奴三條例禁休得迷沈休得
迷沈你做公子公孫不是山野山花怎把大禮全乖成了荒淫
〔合〕從此後記取規箴全莫縱幼年心
〔生背笑介〕
〔前腔〕笑花情言嬌處深貪愛虞心懸妒甚暗自沈吟暗自沈吟
我有千種相思怎樣持禁要穩分離權讓他頻縱頻擒〔轉介〕〔合〕
從此後記取規箴全莫縱幼年心
〔貼上〕三更天了睡罷

〔前腔〕丁丁花漏深夜鄧鄧銀燈欲陰香燼看看香燼春衾
冷向孤幃一覺酣沈〔丑〕隱隔芙蓉且付他法祭神針〔合〕從此後
記取規箴全莫縱幼年心
花噴花笑苦無端　梅子枝頭一點酸
約法三章君莫恨　從來柄鑿事真難〔同下〕

葬花第七齣

〔商調過曲〕〔山坡五更〕〔生攜書上〕戚戚惚惚韶華亂紛紛落花如雨
急煎煎子規喚入悶懨懨一腔心事和誰訴小生與林妹妹兩
小無猜同心已久自謂今生得一知己可以無憾不料傍人〔進〕
園來性格忽然一變若遠若近若喜若嗔敎小生無從揣度

偏遇這莫春時候一片風花好難消遣這心緒有情含虛情懷
〔謾〕只為神光離合離合無憑據長恁纏綿那和春去
因此攜着這會眞記出得怡紅院來不免依花藉草披閱一
番以解悶懷則箇〔坐地看書介〕
〔前腔〕破蒼苔倚依花樹對香詞細參宮羽問東風舀生奈何遂
游絲芳蹤多悵紗窗風起聚神〔介〕咳早落的滿身花片也我
想美女名花皆天地至靈之氣那美人全在溫存這花片豈宜
踐踏待我送入沁芳橋下做箇木葬湘妃也不枉憐香惜玉一
場兒〔衣起介〕〔放書介〕〔行介〕〔介〕只是這地上的還得掃起才好〔再看介〕
〔介〕花鮮潤水潔清無塵汙你看明霞千點千點隨波去流出仙
源知他何處

〔復坐看書介〕〔旦珠笠雲肩荷花鋤鋤上懸紗囊手持帚上〕
〔北越調〕〔鬬鵪鶉〕則俺是瑤島司花常惦記珠宮豔友眼看着搓粉
揉香還說甚紅肥綠瘦這些時拾翠精神變做了傷春症候因
此上丟不下惜花的心放不落拈花的手準備着護臙脂藥圃
雲鋤撥動俺掃天門雾陵風帚
〔紫花兒序〕早則過絳紗囊丹砂幾斗迴避了催花雨過眼繽紛
又過着妒花風拂面颼颼不分明芳春競去無倒斷花夢誰留
飄流這恩鎮俺紅顏楊樣不怎怪的煙荒月瘦燕嬾鶯癡蝶怨
蜂愁

寶哥哥看什麽書呢〔生起介〕妹妹來得正好我和你將這落
花埽起着〔旦〕〔旦覓將書來看生藏介〕沒有什麽書吓〔旦〕你又
來了一本書兒也這般藏頭露尾若不拏來我就惱了〔生笑
介〕哦惱了妹妹如何惱得〔送旦介〕請看〔旦看介〕是好文字也
呵
〔天淨沙〕這的是艷溢溢金荃集上詞頭俊翩翩玉臺詠裏風流
客超超紅豆場中聖手原來詞曲之中也有天仙化人手段好
一似錦簇簇飛瓊囘袖韻悠悠霓裳在月殿龍樓
〔生〕妹妹看得好快〔旦笑介〕你道俺女孩兒家便無一目十行
的本事麽看完〔介〕〔生〕妹妹你道好不好〔旦笑介〕果然有趣〔生〕

笑介我是箇多愁多病身你便是傾國傾城貌了〔旦怒擲書
介〕呀
〔調笑令〕你怎生信口便胡謅道傾國傾城病與愁〔哭介〕甚心腸
愛把奴欺負好端端少年的心友定要到參辰路兒相背走問
哥哥作甚來由
我去告訴舅舅看你如何〔生急介〕〔扯旦介〕妹妹饒過這次罷
以後再不敢了〔旦〕
〔小桃紅〕白沒事低將人輕薄肯干休到高堂你親口囘尊舅〔生〕
連揖介妹妹饒了罷〔旦冷笑介〕你仗着禮體斯文把罪名救百
粧出假溫柔我問你怎沒遮攔還認取年華逝〔生〕小生怎敢欺

負妹妹只不過一時閒語言昏憒倘屬有心便墮落沁芳橋下
〔旦掩生口介〕禁聲做甚便盟神立咒敢則你失心中酒〔笑介〕還
只的不是箇銀樣蠟鎗頭
〔生〕〔驚介〕〔旦〕我們埽花去來〔生〕應拾書藏介〔荷鉏攜囊介〕〔旦持
帚埽介〕〔生裝花入囊介〕
〔禿廝兒〕早不盡錦闌前蜂銜雀啄只免了錦藉邊玉躪香蹂恨
則恨東風倖薄不耐久〔生〕妹妹我想這花瓣兒和美人一般豈
宜踐踏你未來之先我已兜了一衣襟送入沁芳橋下去了如
今也送到橋下去罷〔旦〕此間水氣雖清但是流出園門便有許
多穢濁豈不汚了此花〔生〕是吓這便怎樣呢〔旦〕我在那湖山背

後立了一箇花塚盡使碎綠殘紅眠依淨土你道何如〔生笑介〕
我寶玉也算惜花怎及妹妹這般精細〔旦笑介〕免勞謬獎但教
歸淨土較勝付東流沈淨
來此已是大家葬花則箇〔葬花介〕〔旦淚介〕〔生驚介〕妹妹爲何
掉下淚來〔旦〕偶有所感〔生背介〕
〔聖藥王〕則這花一坏土一坏知他能共我合山邱便道情不休
意不休不休休到底也休休那不爲花愁
〔轉介〕〔生〕妹妹珍重玉體切莫常常愁悶〔旦拭淚介〕亦自掩
淚介〔貼上〕風囘浪蝶舞花繞鶯啼香我晴雯爲寶二爺來到
園中怎奈百尋不着不知往那里去了呀原來和林姑娘在

此葬花二爺太太請你呢〔生〕如此我去了妹妹也回去罷〔旦〕知道哥哥請〔生〕香詞歸繡口花夢隔琴心〔帶貼下〕〔旦〕寶玉去了不免回轉瀟湘館去者〔荷鋤持帚介〕〔歎介〕儂今葬花人笑癡他年葬儂知是誰一朝春盡紅顏老花落人亡兩不知〔淚介〕

〔麻郎兒〕我好似雨中花香蕎玉愁水中萍帶小袚溪百忙裏芳心廝覷又何曾性格鉤鞦

〔幺篇〕只爲的面羞事醜衆口做不的霧非花夜度明依待博箇水和魚天長地久不隄防喜成嗔薰香猶臭

〔絡絲娘〕他其實克性兒言投意投他料不至將無作有只是我

呵話到了咽喉却難剖悶的他一場消瘦

〔丙唱〕如花美眷一曲〔介〕〔旦〕凝聽出神〔介〕〔鋤帚墮地介〕〔軟癱坐介〕〔淚介〕〔雜〕丑上水流雲不定花落鳥空啼我紫鵑爲尋姑娘到此呀怎生癡癡流淚是誰得罪了也〔旦〕非也我觸景傷情你那里知道扶我回去罷雜且取鋤帚扶且介旦嗽介雜且驚〔介〕姑娘嗽病又起了〔旦〕歎〔介〕

〔煞尾〕柔腸斷盡由他啾花葬光陰蹉跎否〔雜〕且姑娘到底爲着何來〔旦〕你待要問根原下一箇解愁方只問取惹煩冤那三尺埽花帚

餞春何早得春遲　獨許芳心

閒埽落花流水外　百愁如雨

海陣 第八齣

〔副淨上走場介〕〔淨領隊子上〕

〔仙呂〕〔點絳脣〕大海鯨濤金鼇尾掉乾坤倒鐵撥銅鐃拍浪齊歌嘯

十萬生犀占海天金鼇島畔駕樓船旁人莫道風波險奪得驪珠在手邊咱家濟德命氣可拼山力能扛鼎本係漁戶出身殺人亡命同兄弟濟德投逃入海中占住金鼇大島數年以來有勝兵十萬所向無前虎視東陲鷹揚南服業既鯨吞諸島便思蠶食中原不高鶖鶴之軍新列黿鼉之陣足以乘風破浪便當刻日興師探得海防總制名與周瓊老邁無能

糧餉不繼奮戈一戰諒必成擒只是良將無多尚須招納〔副淨〕哥哥那周瓊老頭兒有何本領不須良將看兄弟手到擒來〔淨〕兄弟拏那周瓊什麼難事倒怕中原皇帝遣箇能手到來反要喫虧費力此況且欲興大業少不得惡戰幾十場也不是小可成功得的你便三頭六臂那里招架得來便做御駕親征也愁衆寡不敵怎麼少得良將〔副淨〕只是那良將一時怎得就有〔淨〕可將招軍旗在島上竪起一面各處探訪奇才便了今日正當演陣之期分付大小嘍囉各歸隊伍聽吾號令〔副淨〕擎旗〔介〕咗大小嘍囉各歸隊伍聽大王號令演操〔衆〕嗄〔淨高坐介〕內鳴金鼓副淨執旗引水軍上走陣介〔合〕

過曲鵞鴨滿渡船漾檣風旗旛早一隊隊蟹將蝦兵鼓浪豪吹螺排陣脚吹螺排陣脚只聽鼉鼉大鼓柁樓𠲜喊的喉嚨牛叫魚腸劍蟀殼刀雜蜮箭蛇矛逐弄潮定把海王驚壞了只怕鼉宮破裂蓬萊震倒兀的不是蓋世雄驍

走陣下淨上

赤馬兒魚䲡鰲魚鼉鯨鼉一聲忽哨駕得網船龍艙閉刮喇喇海漲山搖只見鷲背帆開虹梁路崩震的霹雷大砲去把九州占了去把九州占了

衆走陣上合

前腔龍蜆旗號螭蟀爭交長蛇勢矯蝤蝉鰲大也酒逃蝤蝉鰲大也酒逃跕跕飛鳶墮處高去把九州占了去把九州占了

丑搖船上背駝元武甲髮挽夜叉頭跳船介巡海嘍囉報淨報什麼丑周總制帶兵出海淨知道了丑跳船下淨大小嘍囉迎上前去衆應行介合

拗芝麻正待將人祭寶刀他早來廝鬧海馬跑蝦兒跳大小嘍囉剝蝦蟆努眼鬼鳥遮雲叫從此中原應占了周瑜不是元戎料

領衆下末白鬚戎裝引隊上匣裹芙蓉有湛盧口銜威命出京都但留碧海鯨鯢塚安用封侯龍骨枯本帥周瑜奉旨掃蕩草盜今日出師已命兒龍督兵先行勦殺本帥隨後策應軍士們殺上前去衆應介擁末遶場介合

前腔天氣橫浙南合包吞吐雙丸經百谷朝千珍效首聽取蛟蜒歸構桑弓彭檣海將軍到殲厥渠魁脅從饒麒麟閣上圖形貌

下小生上走場介壯志吞諸島英雄出少年龍韜知可得虎氣直通天小將周瑜奉父親將令前驅掃蕩海疆內金鼓介你看那盜船早蜂擁而來他軍士們將船一字擺開衆應介

副淨引衆上戰介淨上交戰小生介末引衆上接戰介末衆敗下淨要雜們追上前去衆應介合

尾聲針南指月上潮送征檣威風浩浩早把個沒膽的周郎嚇壞了

白浪堆邊啟壯圖　狼星今不貫天弧
好行烈烈轟轟事　蒭辮偷雞非丈夫

領衆下

醒戲 第九齣

南呂過曲一江風丑上小冤家不信奴奴話性子又難招架昨日史大姑娘來在林姑娘那邊住下時耐小姐宗直談到三更多天繞了幾次才回來睡了今日天色才明即便披衣過去奴家起去瞧他早已洗過臉叫史姑娘梳頭呢我想姊妹們和氣也有箇分寸禮節沒有箇黑天白日鬧的奴家賭氣回來接着他也來了和他少了一場他自覺無趣獨自坐在房中弄銀毫賭氣

書愁冷面颼颼竟自把奴拋下如何奴保他如何奴保他由他
跌宕又太猖狂只好奴甘罷
〔下〕〔生上〕
〔越調引子〕〔霜天曉角〕一齊放下轉覺心閒暇如許情河波浪也實在
擔驚怕
前日林妹妹問我從那里來我說寶姐姐處來他說虧得那
里絆住不然早來了那時小生便說差了一句道是只許和
你解悶兒他就大生其氣蹧了無限溫存才得罷了昨日寶
姐姐生日史妹妹來了晚間唱戲偏偏鳳嫂子說做小旦的
很像一箇人史妹妹嘴快道像林姐姐我恐怕林妹妹多心
瞅了他一眼那知史妹妹惱了又賠了無限不是這也罷了
再不想林妹妹更惱又受了多少的語言今日好端端又被
襲人吵鬧了一場小生竟不知是何緣故我想不過這幾箇
人尚難應酬妥協將來尚欲何爲這正是莊子所說巧者勞
而智者憂了這正是山木自寇源泉自盜了
〔過曲〕〔繡停針〕索垢求瑕一點癡情惹話疤幾番多謝鸚哥駡受拘
鉗做了村沙甚科條違加罪罰我也太低迷急急巴巴如今若
俯就他們將來日甚一日若加震怒又覺無情索性身邊不要
一人倒覺心恬意適不免擬南華一段〔寫介〕〔念介〕焚花散麝而
閨閣始人含其勸矣戕寶釵之仙姿灰黛玉之靈竅喪滅情意

而閨閣之美惡始相類矣彼含其勸則無參商之虞矣戕其仙
姿無戀愛之心矣灰其靈竅無才思之情矣彼釵玉花麝者皆
張其羅而穴其隧所以迷眩纏陷天下者也〔歎介〕玉釵花麝全
拋罷但是寂寥怎樣禁愁乍待借禪機陶寫
待我書他一得〔寫介〕你證我證心證意證是無有證斯可云
證無可云證是立足境〔笑點頭介〕
〔前腔〕舌吐蓮花色色空空長道芽有甚心頭塊磊難消化算披
了一領袈裟昨日寶姐姐念出寄生草一曲甚好我不免也擬
他一支〔寫介〕無我原非你從他不解伊肆行無礙憑來去茫茫
着甚悲愁喜紛紛說甚親疎密從前碌碌却因何到如今回頭
試想真無趣〔笑介〕無住着千般都罷則那沒底末倒是花瓜料
小情城禁不住翻身打攙艷容光也不過萋黄沙落得安閒瀟
灑
一時困倦起來不免去睡他一睡〔下〕〔老旦上〕春花一朵壓香
鬟夢裏仙雲幾往還不解做愁因甚箇冷吟閒醉住人間奴
家史湘雲早喪椿萱相依叔嬸自憐薄命恥說侯門每好清
吟生多才調從不縈心於花月頗堪食苦於虀鹽只是未免
伶仃且多勞瘁幸得此間老太太係奴嫡祖姑母得以常常
往來與姊妹們不時相聚其中寶姐姐本性金和林姐姐仙
才葩發與奴倍覺關情今日同林姐姐上房回來他到寶玉

那邊去了奴家獨在瀟湘館看了一回道書身子有些倦怠
不免也到怡紅院走遭【行介】竹影橫階靜花陰遶徑斜牙那
邊林姐姐已來了【旦笑上】誰知惹草拈花客竟有長齋繡佛
心奴家去看寶玉他却睡了見他案上有擬莊一段甚是可
惱又覺可笑襲人又取出兩紙送與我看原來是一偈一曲
袖了回來和史妹妹大家一笑【老旦】姐姐爲何這樣歡喜【旦
出箋介】妹妹你看這箇人悟了【老旦看笑介】果然悟了這都
是寶姐姐一曲引出來的他倒不是箇罪魁了麽【旦】不妨我
能收攝其癡心邪說【老旦】如此我們同去【轉行介】好非所好
徒以自迷【旦】欲除妄念仍用禪機【寶玉生應上】這聲音是林

紅樓夢傳奇 卷上二 六

妹妹吓【老旦】二哥哥你好禪語吓【生笑介】不敢也頗頗去得
【旦笑介】寶玉我問你至貴者寶至堅者玉爾有何貴爾有何
堅【生茫然介】【旦笑介】這樣愚鈍還參禪呢【老旦笑介】二哥哥
可輸了【旦】你道無可云證是立足境這還未了我要下一轉
語無立足境方是乾淨【老旦】是吓這才是真正禪機呢【旦笑
介】連我們所知所能你尚且不知不能還參什麽禪以後再
不許談禪了
祝英臺爲甚的擬南華書佛偈輕易嘴兒嗤無立足時中具初
機方是認真靈芽全差箇針兒一點先輸笑殺幾千人也怎逃
得棒喝聲聲齊下

前腔【換頭】【老旦】還怕劃地着癡魔成左性顛倒變瘋傻自來那些
禪魔所擾的人呵多半拋棄正途去了親人翻借月雲爲家詳
察少年公子人兒怎便灰心禪榻更休把那些旁門左道談他
前腔【換頭】【生】閒耍我暫時消遣春愁不是要楞伽今日片言知解
全虧方信嚼蠟留渣【旦背介】嬌娃怎般了徹靈明我的前根殊下
論扶輿可不錯就了佳人而罷
【丑捧茶上】姑娘們請吃茶罷【旦笑介】好嫂子坐着罷怎麽給
我們起茶來【丑笑介】姑娘慣拏我們取笑兒丫頭罷咧怎麽
說出這兩箇字來【旦笑介】你說是丫頭我却將嫂子待【衆笑
介】【丑出前場望天介】天上雲頭甚亂竟不知是東風是西風

紅樓夢傳奇 卷上二 七

呢【旦笑介】也不知東風壓了西風西風壓了東風呢【丑驚介】
呀
前腔聽者却爲何壓了西風此話暗驚訝一日洞房花燭雙圓
敢有幾分磨乖權且耐心兒等箇機緣啞謎何須輕打這言詞
怎不教人膽寒心怕
【接盃下】【丙】娘娘宮裏送出燈謎來了老太太叫請二爺姑娘
們去打呢【衆笑介】是了這大姐姐却也高興呢【合】
【尾聲】【旦】將燈謎消閒暇誰是箇慣猜詩杜家【旦】寶玉我們談禪
罷【生】再不談他了【旦笑介】則被我一棒兒頭打醒了他
【同笑介】

四禪無處避情魔　贏得花枝巧笑瑳
知是幾生修得到　七心開孔慧光多〔同下〕

釋怨第十齣

〔南呂引子〕〔子飛樂〕〔雜旦上〕爲鍾情鬭送惱，不合又助悲添怨，成生分。問誰能勸，恁聽心，他跡已各生機變，這其間細底，被奴家閒中看穿。

那日寶二爺來和姑娘好好頑笑，憑空他說了兩句，是什麽多情小姐同鴛帳，不要你疊被鋪牀，當時姑娘惱了，幸而老爺叫他，飛奔而去，也就罷了。接連幾日，或喜或怒，反覆不常。到了前日寶玉來看姑娘病體，正好說話，忽然大鬧，這一鬧

紅樓夢傳奇　卷上二　八

直鬧的個天翻地覆，虧得襲人和我抵死勸開，兩下竟不往來。如今老太太、太太都知道了，這着璉二奶奶做張做智，形容得着實難聽。我想姑娘和寶玉心下其實相親，只爲你疑我，我疑你，兩下裏倒生了許多風浪，竟不知姻緣大事可能成就。否日來姑娘不住傷悲，奴家勸過多次，總不開懷。那寶玉又全不過來，難道倒等我家姑娘去賠他的不是不成。因此奴家也十分納悶。

〔過曲〕〔太師引〕恁良緣兩下都情願，偏則是恩多怨速，論心迹又毫無更變，但雙雙假語仇言，越挑疵越加眷戀，這的是情天磨煉，最字愁是匏星正懸，怕成了鏡花水月欠完全。

你看姑娘出房來了，我且閃在一邊，聽他說些什麽。〔下〕〔旦上〕

〔合〕蹤想起悽然，他自知心，我見憐不過，閒排擋，惹羞成怒，覓衢遜忒狂顛，水流花泛，方今見月破雲遮，表意難空，依戀豈無慧劍，將情斷，眼淚頻濺。

奴家原知寶玉心中有我，便是金玉姻緣，他又豈肯聽這邪說，只是事有可疑。頭一次他要看寶姐姐的香串兒，呆了半晌，等到晚下來時，他並不知去。接第二次寶姐姐到怡紅院去，隨即閉上門兒，奴家敲門不開。第三次他來看我，我說了幾句霜兒雪兒、冷香暖香的話，他就十分着急。至於前日偶因張道士提親，奚落了他幾句，他竟動了真氣，說自認得了

紅樓夢傳奇　卷上二　九

我，奴家和他口角了一場，他便要砸碎了玉。因此奴家百般傷感，又百般疑心。假饒你真心向我，便提那金玉之事，你只管了然無鬪，這就毫無私心了。但我提起你便做出許多光景，這不是有心欺哄了麽。想奴家和他耳鬢厮磨，心性相對，不料竟至於此，且又兩日不來，可不負了奴家的心也。

〔前腔〕枉結纏綿，竟作參商，往兩天，此後休相見，伯勞飛燕任飄翩，自憐水淨身世，風花旋本是玲瓏，還子然拋奴，善緣驀斷了東風線，那能無怨。

〔雜旦上〕奴家聽了半日，似有悔心，再等我勸他一勸。姑娘只管悶悶的怎麽。〔旦歎介〕緊鶴我一些心緒，辯解難言，叫我怎

得不悶〔雜旦〕姑娘不是柴鵑多嘴前日姑娘也太急了些那寶玉脾氣別人不知我們是知道的呀〔旦〕你倒來怪我不是〔雜旦笑介〕姑娘好好的做甚麽喇了穗子呢若論他素日待姑娘却好未免姑娘小性兒歪派他些他才這樣的呢〔旦〕你去取本書來我看看解悶〔雜旦取書送旦看介〕〔生上〕孤負春心空自悔調停花事太無才小生那日從憫懷中偷窺林妹妹聽得他說了一句鎮日價情思睡昏昏不覺心癢起來以致語言顛倒更兼這幾日屢次不順他心教他生氣總由小生不能握存之過但是別人不知我心情原可恕難道你也不知我心裏眼裏只有你一人你却倒來奚落我如何不急

紅樓夢傳奇 卷上二 十

因此吵了一場兩日不敢過去今日且去與他賠話看是如何〔敲門介〕〔雜旦〕那個〔生〕是我〔雜旦笑介〕這是寶玉的聲音呀來賠不是了〔旦〕不許開門〔雜旦〕罷喲姑娘看破些罷〔開門介〕〔笑介〕我只道二爺再不上門了誰知又來也〔生笑介〕我便死了那魂一日也來一百遭〔旦淚介〕〔生笑介〕妹妹可大好了〔旦〕〔不理介〕〔生坐旦旁笑介〕我知道你不惱我我却不敢來又不敢不來所以今日才來了你若不理我叫別人知道我們拌嘴大家來相勸那倒不生分了麽〔旦哭介〕你也不用來哄我我也不敢親近二爺只當我去了罷〔雜旦〕好了〔下〕〔生笑介〕你那里去〔旦〕我回家去〔生〕我跟了去〔旦〕我死了呢〔生〕你死了我

做和尚〔旦惱介〕你又來胡說了〔怒視生良久以指戳生額介〕你這〔歎介〕〔淚介〕〔生以袖拭淚介〕〔旦擲帕與生介〕〔生取帕拭淚介〕〔副淨暗上窺介〕〔生攜旦手強笑介〕我的五臟都碎了你還只是哭

〔仙呂入雙調過曲〕【江頭金桂】五馬江兒水〔生〕休得把啼痕輕涼九迴腸不耐煩〔旦〕我爲的道箇心〔生〕我也爲的道箇心兩兩心心相印性命牽連縱瞋名沒閒言就是前日也不過偶然角口不到得便存芥蒂柳搖金我和你似影依形如針穿線說不盡不般關愛怎付冰淵小生如今也悔不來了你寬宏恕俺癡可憐僥僥令桂枝香漫猜疑悲含歎將身作踐但開顏一笑應消散莫使傍人作話傳

紅樓夢傳奇 卷上二 十一

【前腔】〔旦〕非是我多猜多怨你從來心大偏〔生〕小生怎敢偏心那些親戚都是外三四路你我是姑表兄妹呢〔旦冷笑介〕姑表雖親雖近爭如姨舊〔生〕其實小生心中並無別人〔旦〕哦感君心多謝歪纏〔生〕那是小生一時愚蠢〔旦〕從此後另更顏面免受刁鑽〔生〕還要妹妹憐念〔旦〕可也不能了早把衷心來剖你提匾捏圓我難受人閒語言〔生〕以後再不敢了〔旦〕再敢呢〔生〕再敢聽妹妹處置〔旦歎介〕算來難不饒他罪須中斷只合將他且放寬饒便饒你以後却不許來〔生笑介〕妹妹還要許來才好〔副淨拍手笑介〕何如我說不三日就好了老太太一定教我來勸你們說這兩個小冤家真個不是冤家不聚頭呢〔生旦各低

頭介）（副淨）如今好了。快和我見老太太去。（携旦行介）你們三日好了。兩日惱了。越大越成了孩子了。有這會子拉着手哭的。前日又成了烏眼雞呢。

蜂猜蝶怨亦何嫌　心性由來冷暖兼
送暖太深才送冷　甜中苦是苦中甜（同下）

扇笑　第十一齣

仙呂引子　鵲橋仙（貼上）花來無奈。又經風擺。爲是平時溫耐。紅蓮搖夢夜蟬來。自歎我泥中情態。

奴家跌了寶玉一把扇兒。受了他些言語。也還罷了。可耐襲人也軟硬抵着。着數說奴家。被奴笑落了一回。寶玉竟要

同了太太攆我出去。（冷笑介）我就死也是不出這門的。恰好林姑娘走來。大家罷了。奴家轉想轉恨。那寶玉平日最是溫存。從無一言半語。忽然這樣作踐奴家。其中必有緣故。

過曲　皂羅袍　不料非常疼愛。竟薄言逢怒。定有差排。封姨何必妒花開。明璫怎肯吹燈解。么花十八。心情倦乖。挑茶斡刺。叨登費摧。忍幽悄半枕新涼在。

（睡介）（生上）

前腔　扶醉遶池芳橋外。向怡紅歸去。秋水在臺。蓮花鎖夢月波皚。珠簾香裏籐牀矮。（見貼笑介）晚雲深院。吟蟲偏階。羅襟煙細涼風水來。擁桃笙。畫出無聊賴。

小生今日也忒過分了些。不免去溫存他一番。（撫貼介）（貼起推生介）（生笑拉貼坐介）你的性子太慣嬌了。便是跌了扇子。我也不過說了幾句。你就說了那些說。我也罷了。那襲人好意勸你。又拖上他。則甚。（貼）二爺人來看見很不雅相。我也不配坐在這里。（生笑介）既不配坐。爲什麼配睡呢。（貼笑介）（生）我心頭甚熱。怎麼好。（貼）你心頭熱麼。老太太那里送了些果子來。冰在水晶缸裏呢。你放我去。罷好叫他們拏果子你吃。（生作便拏來不得。（貼冷笑介）我是蠢才。連扇子也跌了。敢則連盤子都打了呢。（生笑介）你還記着這些話麼。（貼）怎麼不記着。一輩子還記着呢。

前腔　那些個溫存寧耐。恁將人輕賤。問可應該。敢千金買得扇兒來。迎頭招了東風怪。玻璃瓶盎。常時摔開。茉萸新錦。常時翦開。怎今朝氣比天還大。

（生笑介）我這幾日肉顫心驚。十分煩悶。才是這樣。你切莫惱我。若說那些物件。不過是借人使用。你愛這樣。我愛那樣。各自性情不同。比如你愛打盤子。就打了也使得。你愛撕扇子。就撕了也使得。只不要生氣。（貼）這麼說。拏扇子來我撕。我最愛的撕扇子。（生遞扇貼撕介）（生）

前腔　聽嚬的一聲撕壞。（笑看貼介）早春風上頰。笑逐顏開。（貼）連撕介）（生笑介）撕得好。[illegible]聲碎瑤階。裂繒褒姒偏心愛。徉癡

徉鏡推將俏來并挑非泛流將音來好風姿作可增憨態
小旦持扇上指貼笑介你少作些孽罷生奪小旦扇與貼撕
介小旦怒介呀怎麼拏我的東西開心呢生打開扇匣撈幾把
與貼撕介了小旦既這樣撥出來儘他撕豈不好生你就撥去
小生我不造孽他會撕他就會撥下貼倚生懷笑介我也之
丁明日再撕罷生大喜介古人千金買笑這扇兒能值幾個
玉交枝只見雲嬌花媚眼迷厮多少情懷偎人軟玉觀音眷嬌
然笑口還咍憐卿愛卿呆打孩摟貼悄介香心能許狂蜂採蕊
推生介二爺喫果子去罷生笑介縱紅冰難消渴抱來爲伊
情深似海

紅樓夢傳奇　卷上二　十四

抱貼介貼避下生笑介
銷魂一笑值千金　半似無心半有心
可奈嬋郎懷抱處　晚涼庭院月初沈下

索優第十二齣

越調過曲水底魚兒副淨帶兩役上王命親銜來尋小將滔潛藏賈
府此話有人談此話有人談
咱乃忠順王府長史官是也奉王爺令旨前往賈府索取優
人蔣涵左右打道役喝道諢介副淨
前腔虎窟龍潭輕輕用手拈不愁思子狐兔把蹤潛狐兔把蹤
潛

役已到賈府了副淨通報役門上有人麼小生上作麼人役
忠順王府差官要見小生老爺有請外上
引子桃柳爭春朝衙放參薰風滿袖來南披涼亭尋歡縱談
小生跪介禀老爺忠順王府差官要見外沈吟介素與忠順
王府並無往來爲何差官到此道有請外迎副淨入見介各
坐介小生獻茶介接盃介副淨下官此來非敢擅造因奉王
命有事相求看伎老先生做主不但王爺感情連下官也感
激不盡外大人既奉王命而來不知有何見諭望大人宣明
學生好遵辦副淨冷笑介也不必辦得只用老先生一句話
就完了我們府裏有個做小旦的琪官兒名喚蔣涵一向好

紅樓夢傳奇　卷上二　十五

好在府如今竟三五日不見回去各處皆找不着開得人都
說他近日和銜玉的那位令郎相厚下官聽了尊府不比別
家可以擅來索取因此啟明王爺王爺說若別個戲子呢也
罷了這琪官甚合我心是斷斷少不得的故此請老先生轉
達令郎將琪官放回一則可慰王爺之心二則下官輩也免
訪求之苦揖介外怒背介嗳呀呀這畜生要死道個環兒說
他強奸金釧兒不從逼打投井而死我還不信那知又闖下
這樣禍來這還了得轉介叫寶玉來小生應下引生上見介
外怒介該死的畜生你怎麼做出這些無法無天的事來那
琪官是忠順王爺駕前承奉的人你何等草芥敢於哄騙他

出來生哎呀爹爹孩兒不知什麼琪官呀哭介付淨冷笑介
公子也不必隱飾或藏在家或知其下落早說出來我們也
少受些辛苦豈不念公子之德生恁係誰傳實在不知副淨
冷笑介若說不知那紅汗巾怎得在公子處生驚背介哎呀
這事壞了且打發他去再做道理轉介大人既知底細爲什
他匿了房屋倒不知道呢副淨在那里生他在東郊二十里
紫檀堡居住恐在那里也未可知副淨笑介一定是在那里
了我且去找一回若有了便罷若沒有再來請教與外別介
外寶玉不許動回來有話問你送副淨下生急介這事不好
了呢須得遞箇信兒裏面去才好焙茗焙茗鋤藥鋤藥怎麼

一箇小厮也不在如何是好丑老嫗上生奶了來了箇老婆
子了你快進去告訴老太太太太老爺要打我呢快去快去
要緊要緊丑作聾介吓跳井吓讓他跳去怕什麼生急介咄
去叫我的小厮來丑有什麼不了的事老早完了怎麼不了
事呢生呀呸丑下生哭介
過曲羅帳裏坐沒亂裏腸慌淚沾們誰人憐俺救俺個避箇撥躉
費喊我陡地喨開心臟怒囂囂料不把觀音略減此身孤弱又
何堪可憐怨我從今不敢
小生末上老爺在書房叫二爺呢生哎呀頭介
前腔聽說叫驚魂散似飛蛾投身赴炎小生末哥兒快走生

哭介災星怎脫伏願你仁天垂鑒好年華沒的早塡坑塹小生
末扶生介哥兒不要延捱了生哎想來無法避威嚴只合硬着
頭皮踏險
小生末扶生哭下丑貼上丑風雨橫空玉貼雷霆震地來姐
姐聽得老爺痛打二爺老太太太太都到書房去了不知爲
着什麼事這樣生氣丑論二爺呢很會鬧事得老爺管敎管
敎也好貼只是他那裏禁受得起丑可不是呢我和你們前
堂望着可有消息貼如此就去攙扶生淨老旦同扶上台
黃鐘過曲出隊子一番懲創一番懲創嫩身皮膚着重傷層層紫黑
間青黃血肉淋漓衣袴上怎不教親人針心刺腸怎不教親人

針心刺腸
貼見慌介場上先設牀帳丑貼扶生睡介淨見吓好生將息
我再來看你生哼介淨恨介咳虎毒不食兒老旦年老猶恐
擡下丑笑介爲什麼就這樣毒打生不過那些事問他做甚
你且瞧瞧那里打壞了丑看介娘吓怎麼打得這樣貼淚介
丑歎介若聽我一兩句話也不致如此小旦託藥上丞悲憐
大杖止痛倩靈丹襲人姐姐晚間將這藥用酒研開與他敷
上就好了丑接介多謝姑娘小旦寳兄弟可好些了生多謝
姐姐好些了小旦歎介早聽人一句話也不至有今日莫說
老太太太太心疼就是我們看着心裏也低頭弄帶介頭月

再來看你你好生靜養着罷（同丑下）（貼淚介）二爺可憐怎麼
（生）也不覺怎麼你去林洗罷我要睡些兒（貼應下）（生歎介）我
受了這一頓他們一箇箇憐惜我若死了還不知何等悲痛
呢縱然一生事業盡付東流但得如此死亦瞑目只不知林
妹妹更傷到什麼分兒了（旦哭上撫生慟介）（生擧首看介）嗳
你又來做什麼雖然太陽落了那地上熱還未退若受了暑
怎麼好我雖然挨了打也不覺疼痛我粧這樣子哄老爺聽
其實是假的你不可認真（旦掩面泣介）（哽咽介）你從此可都
改了罷（生淚介）你放心我就死也死得着了也
書房麼如雨淚湧洋透了羅衣又羅裳見誰人仁愛似你心腸

紅樓夢傳奇　卷上二　十八

㨂看處痛楚都忘休恐傷精神無志着雲涼雨空圓最珍惜自
身為上
（丙）二奶奶來了（旦）我從後院去了回來再來（生扯旦介）這又
奇了怕他做甚（旦急介）你瞧瞧我眼睛又該他取笑了（生放
手介）（旦急閃下）（副淨上）（貼隨上）（副淨）寶玉可好些了（生）好些
了（副淨）娘娘有恙咱早老太太太太入宮請安張羅了半日
才得來看你（生）可知大姐姐什麼病（副淨）說是痰喘你安心
睡着我去送些東西來你喫（歎介）只是打得太重了我也心
疼（下）（生）晴雯你瞧瞧林姑娘去（貼）二爺有什麼話說（生）沒有
話說（貼）沒話說他問我來做什麼我怎樣搭應呢（生）也罷就

將牀頭這兩條鮫綃帕子送與他去說我多多致意（貼）這帕
子舊了怎麼好送與他（生）不妨越舊越好（貼）哦越舊越好既
這樣我與你放下帳兒你安心睡一睡我去了就來（生應介）
（貼放帳介）（生睡下）（貼）我如今拏了這帕子到瀟湘館去走一
遭者

無端下馬拜荆條　愁來還憐瘦沈腰
一擲斷腸情女淚　可堪淹透兩鮫綃（下）

讒搆　第十三齣

越調引子（金蕉葉）（老旦上）淚流淚流為嬌兒添些僝僽下得難管
亂抽恨殺人銷金讒口

紅樓夢傳奇　卷上二　十九

今日老爺痛打寶玉若不是老太太和我抵死救回幾乎一
命難保這畜生本不爭氣只是也太很了竟全不顧妾身僅
存此子直恁下得無情（淚介）我那苦命的兒吓不知這時候
怎麼樣了已曾分付到怡紅院去喚箇了頭來問他一問此
時想也該來了（丑上）隨機施暗箭趁火接磚頭（見介）太太喚
我有何分付（老旦）你不管叫誰來罷你又丟下了他誰伏侍
呢（丑）二爺安穩睡了有他們伺候着呢恐怕太太有什麼分
付的他們聽不明白倒誤了事（老旦）也沒甚話問問他這會
子疼的怎麼樣了（丑）寶姑娘送了一丸藥來替他敷了便沈
沈睡去可見好些（老旦）可喫些什麼（丑）歡了兩口湯（老旦）我

恍惚聽見今日寶玉捱打是環兒在老爺跟前說了什麼詭你可會聽見（丑）倒沒聽見這話說是二爺窮佔了王府什麼小旦琪官差官來要所以打的（老旦搖頭介）也爲這箇還有別的緣故呢（丑）襲人今日大膽在太太跟前說句不知好歹的話論理（住口介）（老旦）你只管說（丑）論理我們二爺也得老爺教訓教訓若老爺再不管不知將來做出什麼事來呢（老旦）我的兒你說的是我也是這箇心我何曾不知道管教兒子只是你珠大爺又死了我年已五十只剩他一箇又長得單弱老太太又寶貝一般若管緊了或有好歹或氣壞老太太豈不倒壞了所以縱了他些常時我也說他他略好些見

過後又依然如故端的喫了虧才罷若打壞了教我靠誰呢（淚介）（丑亦淚介）不要說太太說他就是我那一日那一時不勸只是再勸不醒今日太太提起這話我還惦記着一件事要回明太太呢（老旦）我的兒你只管說（丑）也沒甚說的只是怎麼變箇法兒教二爺還搬出園來住就好了（老旦驚介）難道和誰作怪了不成（丑）眼前原沒事卻保不住將來不和誰作怪襲人的小見識覺得二爺也大了姑娘們也大了寶姑娘林姑娘雖則兩姨姑表姊妹到底有男女之分日夜一處起坐不方便由不得叫人懸心二爺性格是太太知道的倘或錯了一點半點人多口雜那小人的嘴有什麼分量卽如今日二爺捱打就有人眼睛哭得紅桃子一樣的呢這卻爲着什麼來那嘿了頭中有箇把狐狸妖精好打扮引誘他的也要太太定箇主意呢（老旦）好孩子你這話提醒了我我竟不知你這樣好我自有道理只是還有一句話你今日旣這樣說你好歹留心保全了他就是保全了我（丑）太太我日夜懸心又不好出口只好燈知道罷了

【過曲】（山桃紅）（下山虎）我只爲事見貽見暗裏擔憂朝夕防疎漏常把閑中意留（小桃紅）卻不敢輕開口恐怕的壞名頭這里跟那里隨竟終朝沒箇閑時候也（下山虎）但只願不在園中心便丟那寶姑娘卻好他語笑全無苟和而不流知誰箇有福兒郎賦好逑

（下山虎）（老旦）你眞卽溜心意和柔那更你人敦厚體心到頭兒難大理分明與言忠見周兒吓我將你留在寶玉房中教你們一輩子過活你要心神時刻留莫落他人後不然我也叫你開臉了一則老爺未必肯依二則你做了屋裏人就不敢勸他他也未必聽你三則到底未有正配倒恐閒言此事休至於你的月錢每月在我分例內派出銀二兩錢一吊我告訴你二奶奶便了（丑叩頭謝介）（老旦起來）但只這千斤擔你的擔頭盡收漫道雙飛欠一籌

兒吓你且去罷誰知樂下安提醒夢中人（下）（丑笑介）這番卻被我擺布着了（驚介）阿呀（介）幸喜無人聽見（行介）

鸞牌令眞大奇話兒投早生拆散了順和儀女淳于將殺交趾蘇李到燕遊錦囊佳話戀河辯口博得箇花燈雙頭枕再遇明風已流只是太太忒拘泥些什麼正配不正配呢我早是破天荒占了頭籌

尾聲從今怕甚言挑逗問誰及綠珠婚嫁年深歲久網戀

殺人不用赫連刀　舌底橫生萬丈濤

饒是白絲應變黑　從來謠諑愛吹毛（下）

聽雨第十四齣

南呂過曲（梁州新郎）（梁州序）且上芳年虛擲涼秋又報一點金街孤照碧闌干外疎篁碎玉頻敲只覺寒來心底悶鎖眉尖那更倦薄

命同秋草撇不去凄涼懷抱也兩蛾燃情句書成獨自推敲（賀新郎）愁和病啼兼笑費支持瘦損花容貌閑坐臥夜闌悄

奴家因寶玉受責未免心疼走去看他又怕淚眼難乾被鳳丫頭取笑只得悄地同來那知他命晴雯送來平舊鮫帕兩幅奴家初意不解既而想出他的意思倒教奴家喜一回悲一回當下在鮫帕之上題了三絕忽然一病淹綿將交兩月或好或歹醫藥無靈我想死生有命富貴在天本非人力所可勉强只是奴家以驚鴻游龍之姿抱桂馥蘭芬之性怜仃孤苦所願都虛一旦鬼錄冤沈人天夢斷不免凝魂難化耳〔淚介〕

前腔碎空凝血身難自了若殺我迴腸千遍月殘花謝誰知縈主今朝與算知心留想玉骨成灰小夢煙空抱浮生如寄也忒瀟灑石火泡光容易消〔歎介〕聰明誤精華耗算虛生浪死殊堪笑何處是我依靠

這些時哥哥也不見有書來不知他光景如何了

漁燈兒當日箇贈仙魚分秧河橋杳不見平安信雁帶鴻捎想必是功名事猶綏扶搖又未卜于飛會效此間喜鸞姐姐姿容性格冠絕一時我倒有心與他撮合只不知他曾可下否鎖天台難訪紅桃

〔歎介〕我也不用去管這些事了

錦漁燈厮盼着青鬟樹丹顏呈笑倒做了杜鵑花紅淚常飄不能彀扣鸞鏈環成鳳交這散花的媒人何必更嘮叨

想我和他雖然情投意合爭奈我千里伶仃無人做主舅母本也不甚憐愛加以鳳丫頭百般詆毀以致老太太心上也冷落了許多看來是無益了只是兩下癡心終歸不遂即使覥顏人世亦甚無聊又不如早赴泉臺倒落得箇身心乾淨也

錦上花既不呵食同器枯其牢不如去跨斑龍吹洞簫縱小梁清未許領仙曹且卜箇他日機來世茵但可能前生債後世消猜不透三生緣法枉煎熬魆地倩魂飄

偏是今夜這般風雨呵

錦中迫我只聽空檐亂敲雜一片風篩又兼着花和樹蕭騷不了。竹和蕉淅冷相鬧不住的驟紅鬧鐵馬頻搖助愁人許多煩惱。一聲低一聲又高厮攪着雨慘風號風悲雨嘯和我這淚蹤見流到曉

不免題詩一首以寫悶懷〔寫介〕歎介

錦後拍䪨着他忍天心。把人拋悶的我病他凝做成焦可甚的心盟無處繳可甚的心盟無處繳怎怪得悲秋氣紅顔易老。嘅秋窗風雨夜蕭條獨把這一首秋詞吟了。疎喇喇秋聲到耳入寂寥。

〔生上〕銜泥過別館含意慰愁人〔旦笑起介〕這樣風雨怎麼來了〔生〕我想風雨長宵妹妹必然孤悶特來和你談談〔旦笑睇頭介〕你好了我因抱病多日沒來看你〔生〕我好了妹妹可好些〔旦〕也只如此〔生〕日來可喫藥了〔旦〕藥是喫着也無甚效驗〔生〕妹妹這病都由鬱結所致總要能遣靜養才好〔旦點頭介〕〔生見詩介〕原來妹妹在此做詩取看介〔旦奪介〕〔生〕好妹妹賞我看看罷〔旦笑介〕偶爾閒吟畧無好句你便看去〔生〕秋窗風雨夕這題倒與春江花月夜相似呢〔旦笑介〕此詩原擬此格〔生念介〕秋花慘淡秋草黃耿耿秋燈秋夜長已覺秋窗秋不盡那堪風雨助淒涼助秋風雨來何速驚破秋衾秋夢綠抱得秋情不忍眠自向秋屏挑淚燭〔歎介〕淚燭搖搖爇短檠牽愁照眼動離情誰家秋院無風入何處秋窗無雨聲羅衾不奈秋風力殘漏聲催秋雨急連宵脈脈復颼颼燈前似伴離人泣寒煙小院轉蕭條疎竹虛窗時滴瀝不知風雨幾時休已覺淚灑窗紗濕〔淚介〕讀妹妹此詩使我寸腸欲斷也

北賜玉郎帶上小樓鑄雪栽雲錦句敲一似湘竹怨和玉簫空江嗚咽送回潮感心苗不覺的氣沮神搖〔背介〕為癡生鬱陶為癡生鬱陶倚紅箋怨寫秋宵淚模糊未消淚模糊未消病殺我相思磊抱苦了他亂愁如草隔香衾夢想魂勞夢想魂勞問何時金屋深貯陳嬌〔轉介〕妹妹任淅瀝瀝窗兒外那斷雨零風你

是箇病煩人要強尋歡矣

〔生〕送詩還旦介〔旦〕你去罷我要睡了〔生〕我也去了〔旦〕且慢外面風雨難行紫鵑雜且內怎麼〔旦〕可將玻璃燈點起照了二爺去〔雜〕且應持燈上〔生〕不用你送我自照了去罷〔持燈介〕

尾聲風大雨挫玻璃燈這分明心燈留照〔下〕〔復上〕妹妹你要什麼告訴我我好要去〔旦笑介〕等我夜間想起來再告訴你罷〔生〕〔下〕〔旦歎介〕難得他百樣的殷勤來破寂惱

風風雨雨奈秋何　淚轍秋窗雨點多

強自裁詩寄幽思　箇儂親口為吟哦〔全〕

補錄第十五齣

仙呂引子【卜算子】小旦扶病貼上 貼 病染身偏重，力倦神難縱，只爲金泥沒處縫，強起拈針弄。

〔指小旦介〕昨夜和麝月妹妹偶然作耍，未經添衣出院，着了風寒，今日頭暈眼花，四肢沉重。二爺請大夫看了，說是太陽感寒，服過藥些微有汗，只因二爺從舅太爺處拜了引壽回來，將老太太新賜的一件哦囉斯國雀金裘燒去蓋大一塊，女工成衣皆不能補，襲人姐姐又因母病而回，他明日一早便去拜壽，假若不穿此衣，老太太知道了，緣故他豈不受氣。奴家只得扶病替他補好，剛箇妹妹你把那燭臺挐近些。〔小旦挐介〕貼 適才他在這里鬧得慌，是我叫他去睡了，且待我

紅樓夢傳奇 卷上二 卅

補起來。看用翦拆介，復用金刀割介，竹弓掤介，穿針補介

過曲【桂枝香】金刀微送，竹弓輕控，一時經緯分明，做意兒挑針拈弄。伏枕哼介 奈驚花到眼，奈驚花到眼，一霎指尖難動，腰支沉痛。復縫介 合 漫生慵，金絲界線誰能補，只合停眠忍病縫。

【前腔】小旦 聚精搖夢，針神催送，不辭病裏躭勞，爲箇韮青殊眾。貼伏枕撫心介 小旦 雜檀喂小停，雜檀喂小停，好比雪消雲湧，風披花重。姐姐 合 漫生慵，金絲界線誰能補，只合停眠忍病縫。

貼起縫仍伏枕介 哎呀

【前腔】心神虛縱，耳波喧閧，強起縫介 說不得瘦骨勞慈，要做的天衣無縫。喘介 剩絲兒嫩喘，剩絲兒嫩喘，輕魂飄動，雙肩山聳。合 漫生慵，金絲界線誰能補，只合停眠忍病縫。

雜持衣上 二爺叫將這皮衣替姐姐披上。貼點頭介 雜披衣介 下 小旦

【前腔】嬌身慵懶，芳心深用。貼嗽介 小旦 一番兒病體增勞，嘗介 怕做了輕塵短夢。貼 妹妹取箇牙刷兒來。小旦取送介 貼刷介 小旦 這金泥補成，這金泥補成，還須刷動，鋪毛方縱，全費針工。聽銅龍玉漏，沈花底，徙倚空房蠟炬紅。

小旦看笑介 一些也看不出，姐姐竟做得哦囉斯國的樣縫。貼笑介 補雖補了，到底不像，我也再不能了。倒介 小旦扶

紅樓夢傳奇 卷上二 卅一

介 貼 妹妹快扶我睡罷。

寒扶病骨強拈針，補就金裘漏已沈。
不惜萬金花性命，爲君無量愛憐心。扶下

試情第十六齣

南呂過曲【瑣窗寒】雜旦上 款風庭院寶簾垂，開到桃花春又歸，慕瑱嬌恙未全回，纖影添憔悴，心病難將心藥醫。

我紫鵑因姑娘和寶玉那番口角之後，情意加倍綢繆，未知寶玉之心是真是假，幾番要試他一試，未有空閒。今日姑娘病體稍痊，午睡小臥，奴家做些針黹，且看寶玉來否。針黹介

【前腔】生上

前腔一番花謝一增悲錦地香天兩意違雙雙紫燕繞簷飛蝶
蝶都成對苦耐春愁瘦沈圍
小生爲看林妹妹一徑行來、已到瀟湘館了、你看竹陰徧地
花影環牆深掩湘簾悄無人語敢是他往別處去了、見雜旦
笑介紫鵑姐姐、姑娘呢、雜旦睡了、生他夜來欬嗽可好些、雜
旦好些了、生阿彌陀佛、雜旦笑介你也念起佛來、這又奇了、
生笑介撫雜旦介你穿得這樣單薄還在這風頭坐呢、雜旦
頭介二爺、一年小二年大、以後不要動手動腳那起混說白
道的背後嚼舌、你全不留心、還是這樣行爲怎怨得姑娘分
付我們不許和你說笑、你瞧他近來可不是遠你還遠不及

紅樓夢傳奇　卷上二　二八

呢、下、生呆介行介、泣介坐介、副淨上、我雪雁取了人參回來
已望見瀟湘館了、見生驚介那桃花樹下不是寶玉麼怎麼
癡癡坐着哭呢、敢是獃病又發了、等我要他一嚇、跨介、嚇若
呀、是寶玉、你又來做甚、你難道不是女兒他們見嫌我疑我
你又來尋我、可不又有口舌了、你快去罷、副淨哎這是什麼
話、是了、又受了姑娘氣了、笑介
前腔說你癡來更加癡倚向花邊把淚垂怎知搗了鬦弓兒子
細還悶氣學旦聲介寶玉你可聽了、學生聲介妹妹以後再不
敢了、副鼻介羞羞羞、你這賣獃人兒沒面皮
笑下、雜旦上

前腔纖纖小步到花塢爲着幽情悄試伊雪雁同夫說起寶玉
在沁芳亭後桃花樹下流淚、因此前來尋他、紅桃花樹小亭西
呀果見雙流淚怎如此春風不肯歸
笑介我不過說了兩句、你就賭氣到這風地裏來哭、弄出病
來還了得麼、生笑介誰賭氣呢、我想你這樣說、自然別人也
這樣說、將來都不理我、我成了孤鬼兒了、所以傷心起來、雜
旦笑坐生旁介、生笑介剛才對面說話、你何且走開如何又
挨着我坐呢、雜旦你倒忘了、幾日前你姊妹兩箇正說話二
奶奶走來、奚落了一陣、姑娘才這麼說、適間聽得他們人宮
去了、所以我來問你、你前日說什麼燕窩的話、生我因你家

紅樓夢傳奇　卷上二　二九

姑娘離不得燕窩、是我回過老太太、一天送一兩來、吃上二
三年就好了、雜旦笑介吃慣了明年家去怎麼好、生驚介誰
家去、雜旦妹妹回揚州去、生笑介你說白話呢、原因無人照
應他才來的、如今回到那裏去、雜旦他有哥哥呢、不會照應
他你難道不知道、況且年紀大了、該出閣了、自然送還林家
難道林家女兒在賈家一世不成、明年早則春天遲則秋天
這里縱不送去、林家也必有人來接、前夜姑娘說了、叫我告
訴你、小時頑的東西、他送的你還他、你送的他也還你、快打
點去罷、生急介哎呀
仙呂入雙調過曲　朝元令魂迷夢迷只說偕連理花依月依不道成拋

藥骨化形銷寸心都碎怎生下得分離從小和伊心兒意兒兩
做癡煙水迷將亂風花片影飛哭介怎捱這三稍滋味清清冷
冷遣愁無計寄愁無計。
痛哭介呆介雜且二爺二爺哎呀看他神色頓然改變不要
弄出病來呀笑哭生介生不理介雜且慌介不好了呢
前腔看他情移性移甚颯無神氣魂離魄離所事都茫昧紫鵑
呀紫鵑作甚來由這番兒戲二爺二爺是我哄你來生不理介
雜且急介聲聲喚他全不知淚介看這光景好不可憐我也憐
伊癡心恁般真箇稀白首定同歸青廬更莫遲才信道真情真
意怪不得玉人心醉玉人心醉。

紅樓夢傳奇　卷上二　手

貼上我瞻雯新病初痊精神尚少因老太太宮裏回來叫二
爺說話只得去尋他見生驚介哎呀怎麼這箇樣兒雜且他
來問姑娘病我告訴他就變成這箇樣兒了你快扶他去罷
貼扶生下雜且這却怎麼好定介且回瀟湘館去再做道理
向內介姑娘服過藥了且內服過了且上花雨迷離春院悄
柳屈緯約莫寒輕紫鵑我一病多時今早雖覺好些這會兒
倒又精神倦怠了雜且本來天氣困人姑娘加意調攝自然
就好丑急上這是那里說起哭介紫鵑姑奶奶你說了些什
麼話你瞧瞧他去你同老太太我不管坐介且驚介怎麼了
丑怒介紫鵑姑奶奶不知說了些什麼我們那獃子眼也直

了手脚也冷了胡說八道是什麼林家接的人來了快打發
去看着西洋船說是接的船來了李嬷嬷說是不中用了只
怕這時候已經死了呢姑奶奶你這是何苦呢且急介正介
歎介雜且捶介且推介你不用推你竟勒死我罷雜且我並
沒說什麼不過幾句頑話他就認真了丑你還不知道他傻
頑話壽要認真的
前腔他是箇天生最癡何用來相戲常時你知爲甚的故意兒
招他氣我也無法維持你保他生死雜且我怎麼保他丑怒指
雜且介你闖下來的禍你不保誰保口兒裏休亂吹你暗下心
機問妖嬈有何仇負了伊你斷送他一身辭說的來沒辭兒待

紅樓夢傳奇　卷上二　圭

要問誰行推委遮遮掩掩是何心肺是何心肺。
且恨介你說了什麼話趕早去解說只怕就好了丑去叩姑
奶奶雜且頓足介受他無限氣因我一番心同丑下且歎介
貌親人言語說是紫鵑說了奴家同去的話他情急了所以
如此淚介此心真可感也
前腔想我時低蓮低感你情無二則他蝶撲蝶撲閃的神如醉
雪雁你去看二爺可曾好呢副淨內應介且心似懸旌袋全鎖
愁問可能化解災危難分鶯語鳥悲愁中病中又添些苦意兒
他若是有差遲我不若先他死那紫鵑可分明是前生冤對沒
揣的送他辭世送奴辭世

（副淨上）姑娘紫鵑去了二爺就哭出來了說是要去同我去
只是拉着紫鵑不放老太太說且叫紫鵑在那里住幾天姑
娘若要人使喚叫琥珀來罷（旦）你看見二爺沒有（副淨）我看
見的果真好了（旦）果真好了阿彌陀佛（下）（副淨學介）果眞好
了阿彌陀佛（笑介）

說道分離便感傷　如歌河滿斷柔腸
可憐病裏佳人淚　更為知心墮幾行（下）

一　花壽　第十七齣

（正宮過曲）（傾盃賞芙蓉）（老旦醉上）却誰道梨花春酒醉當風倍覺心
頭湧悄地里離了芳筵過了迴廊倚了湖山占了花叢好會着

林陰透骨紺雲重權借這藥闌圍香石磴空把花茵撥開眠蕩
作中認的天一覺夢兒濃
（睡介）（小旦旦上介）
鋪地錦步翹雲悄向那花田迥因為個儂被琳腴醉倒芍藥闌
東（旦）今日寶哥哥生日大家行令猜拳飲了一回忽然不見
了雲妹妹聽得了環說他在湖山背後石磴上睡着了寶姐姐
我們尋他去來（小旦）尋他去來（合）香海分開花路斜通呀女莊
周先占下蘧蘧夢
（小旦）妹妹你看雲妹妹濃香一枕落花滿衣蝶隊蜂羣四圍
飛繞真所仙中人也（旦）便是（合）

古輪臺我見他態嬌慵映花花比艷姿容蜂喧蝶鬧偎不
要算神仙伯仲間玉佩金裙可消得蕊珠宮闕（旦）待我要他
來雲妹妹雲妹妹（老旦醉語介）尋香酒醉扶歸（旦）會親友
旦旦笑介醉到這個分兒還說酒令呢快醒醒罷（老旦）
介自背介笑介本是貪取涼風因甚的神思懵懂（小旦）曰
恁紅酥一朵欲消融似這般香薰錦烘勝乎那珠圍翠
妹現畫着園圖教他將你畫上罷如此佳人無雙
醉宜畫入圖中（老旦）休扯弄早求一片胭脂紅（笑介）
（旦）他們都等着你呢快去罷（小旦同扶介）（下）
鬧尾花馱柳搓芽淺壠扶醉低鬟雲未攏人在

（扶下）（丑上）
黃鐘引子（瑞雲濃）弧南夜朗恰對那花簾幌雲藕冰桃壽筵敞（貼上）
花枝招展畫簇擁燈前濟擁仙醪又許甚金人露掌
（丑）今日二爺生日我們暗地裏開了一罈香雪備了四十
碟鮮果替他祝壽怎麽二爺此時還不回來（貼）姐姐我請他
大丑哥他來罷不要鬧得上頭知道了怪不好意思（丑）上還
丹無九轉奇福有蘂花襲人我們還得喫酒才好（丑）我和他
已經備了果碟兒開了好酒替你做生日呢（生喜介）既這樣
我們脫了衣裳就喫罷（貼）你頭便啊我們還要安席呢（生笑
介）要什麽席如此熱天快脫了衣一同暢飲（丑貼卸妝介）（丑）

送酒（介）雖不安席也在我們手裏喫一盞兒盡盡我們的心
（生飲介）（貼送酒介）我這盃要喫箇一口乾無滴呢（生笑飲介）
乾（共坐飲介）（生）
【過曲】降黃龍快吸流霞多謝花情沁骨沾腸吞願千秋萬年共祝
恒春仙樹同芳歡場酒天花地做箇可意的羣芳盟長更家門
慈騰日盛福緣長享
（丑貼奉酒介）（合）
【前腔換頭】何當我輩侍兒得執金壺與君常傍叨榮匪淺算身註
東華名並煙娘生合蘭房深倶紅倚料沒些乖離惆悵擺幾座
脂營粉陣吹香

（生）我們也該行箇令才好（丑）要行令就行令只不要大呼小
叫再則我不識字可不要文的（貼）我們占花名兒罷（丑）這頑
意兒雖好人少了沒趣（貼）我們去請了寶姑娘林姑娘雲姑
娘來可不好（丑）怕鬧的大發了大奶奶知道呢（生）索性請了
大奶奶來怕什麼（貼）也好我就請去（丑）你在這里等我去罷
（貼）你去請客我拏籌子去（丑貼下）（貼持籌筒骰子上）（生笑介）
我和你先擲骰子（貼笑介）輸了可不許賴酒（生）你輸了呢（貼）
我輸了麼（笑介）二爺代喫（生笑介）你叫我代喫我也喫（貼笑
介）二爺祇到你你先擲（生貼互擲介）（丑雜旦提燈引正旦小
旦旦老旦上）（合）

黃龍袞花亭晝傳觴花亭晝傳觴夜燭還傾醺直挽銀漢波一
齊兒澆下心才爽待占花名尋歡一餉興太高心怎却聊同往
（生笑介）好了鬧熱起來了（丑）我還帶了紫鵑來前日伏侍了
幾夜也該謝謝他（生笑介）他哄我病了我還謝他麼（雜旦）既
這樣我去就是（生笑批介）可不是該謝的（旦笑介）我們這不
也夜飲聚賭了麼（正旦笑介）生日節間何妨你們都來坐了
（老旦）我日間醉了這會兒不能再喫只好坐坐罷（各坐介）（丑
送酒介）（貼擲介）六點該寶姑娘起（小旦笑介）我先抓不知抓箇
什麼呢（掣介）（衆看介）任是無情也動人牡丹花在席賀一盃
（衆笑飲介）你也原配牡丹花（小旦擲介）十六點該紫鵑（雜旦

掣介）荼蘼花開到荼蘼花事了在席各飲三盃（衆飲介）（雜旦
擲介）十九點該大奶奶（正旦掣介）很好（衆看介）寒姿霜曉是
梅花請自飲一盃下家擲骰（正旦飲介）（旦擲介）十八點該雲
妹妹（老旦掣介）（衆看介）香夢沈酣海棠花（旦看介）只恐夜深
花睡去（笑介）這夜深兩字不如改做石涼好（衆笑介）（老旦笑
介）你快坐上這西洋貓家去罷（衆笑介）（看介）掣此籤者不便
飲酒上下家各飲一盃（老旦）阿彌陀佛真正好籤（生）也飲介）
（老旦擲介）九點該晴雯（貼掣介）（衆）松上寄生女蘿花自飲一
盃陪飲奉一盃（貼奉生飲介）（貼擲介）又九點該林姑娘（旦）不
知可有什麼好的了（掣介）（衆看介）風露清愁是芙蓉花好極

丁除了他別人也不配自飲一盃牡丹陪一盃小旦且飲介
旦擲介二十點該襲人丑擊介衆看介武陵別景是桃花同
辰者陪一盃旦丑飲介丑擲介十二點該二爺生擊介笑藏
介衆搜出看介風絮飄零是楊花笑介也很像他在席一盃
自飲三盃衆笑飲介合
黃龍醉太平降黃龍叢芳獨是楊花忒煞輕狂慣被風引上紅簾
翠幌看乍點西窗旋過東牆醉太平飄颺閃一片莫雲天外送春
光頻似恁性情搖漾造癡生妄造花籌有眼合付伊行
生笑介擲介丑我可撐不住了去罷衆去罷生留介衆避了
該去了丑貼既這樣每位再奉一盃送酒介衆飲介合

黃龍捧燈月降黃龍如海蘭燄不更能支倦體搖蕩籌添幾轉北
斗闌干花夢迷茫燈月交輝透羅衣露氣生涼穿柳曲風飄來爽攜
一片夜闌情同歸睡鄉
雜且提燈引衆上生笑介我們拏大盃來再喫幾盃貼我喫
不得了呢生勉強喫些見我今日很高興也不用行令只喫
箇流星趕月罷丑你做月我們做星來趕你生輪流着好
我先喫起就是了生丑貼輪飲數巡叫乾介各醉介丑貼捨
手隨意唱小曲介生大笑介今日這生日過着了我好不快
哉樂哉也
玉漏遲序看花供養儘生平未有今宵歡暢媚眼嬌歌漫存唯

酒無量勸人把名花要賞勸人把金盃莫放陶然笑倩紅袖捨
扶歸帳
起欲倒介丑貼扶介同跟蹌介合
尾聲驚花亂散春魂漾問誰箇玉卮無當惟願取歲歲年年樂
未央
九春香色注瑤觥　盡向摻摻手內擎
婢此生辰天下少　不勞仙曲奏長生相扶下

搜園　第十八齣

雙調引子搗練子淨上心比蒜腹藏鱗口生波浪面生春却是玉
樓金屋品

琳琦玉韻虎狠心嚇鬼瞞天計最深笑裏有刀君莫怕把持
威福到而今奴家王熙鳳金陵人氏丈夫賈璉本係大房之
子因這邊二老爺家諸事無人照管二太太係奴姑母特命
奴來同理家務奴家天性聰明滑稽善辯多謀足智善能治
劇理煩肩挑仕鉅主持家政一例嚴明順我者生逆我者死
喜的老太太憐愛可以放膽而行手下得用之人又皆心腹
以此每每干預些外事更兼私放支頭多收月利行之數載
私囊亦頗豐腴但只有女巧兒並無子嗣人道心機太過我
言天道難知從來禍福無門豈必賢豪有子這也不在話下
二太太滿面怒容拏着一箇春意兒香袋硬派做奴家

之物說是傻大姐在園裏拾了被我家太太看見送過來的
奴家辯白了一場才得罷手那王善保家的出了主意定要
搜園我想園中這班兒姑娘了頭平時好不利害借此去搜
他一搜搜得着大家出氣搜不着又不與我相干當下應了
二太太又門了晴雯來罵了一頓說要同明老太太攆他道
又不知是誰放了暗箭那王善保家的一力攛掇我也不便
開言只好聽他擺弄罷此時天色尚早我且歇息片時正是
計就月中擒玉兔謀成日裏捉金烏（下生上）
（過曲）孝順歌（旦）情雖厚意未申恰紅院中花一羣蕭豈是香焚膏寧
爲明燼其中箇人鄭旦夸光許多丰韻未許消魂空憐斷認只

紅樓夢傳奇　卷上二　卅五

尺紅牆路隔亂雲又未知何日得締良姻
小生坐捲暈花放懷一醉那知樂極悲來接着大姐姐歸天
十分傷感三妹妹又許了周家行將遠嫁姊妹們漸次分離
林妹妹這段婚姻又無定准一腔惡抱無以爲歡病榻愁燈
幸有晴雯相依爲命怎奈屢求歡好他執意不從看來光景
是怕襲人妒忌這也怪不得他只是小生害殺了也（貼哭上）
（倒生懷哭介）（生驚介）怎麼怎麼是誰欺負了你快快說來（貼）
哽咽介太太喚去也不問青紅皂白便說道好箇美人兒真
是箇狐狸妖精呢誰許你這樣花紅柳綠的打扮又說你幹
的事打量我不知道麼我明日揭你的皮二爺你道我幹了

什麼事來（生）並沒幹差　（作哽貼哭介）還要同了老太太攆
我呢
前腔無端緒爲甚因說來話兒真怕人（生）你便怎麼說（貼）他問
寶玉可好些我說我不大在房裏去襲人麝月才知道呢（生）晴
雯太太怎麼說（貼）太太說阿彌陀佛你不近寶玉是我
便喝聲出去我看不上這浪樣兒二爺這不把我冤屈死了麼
和伊縱相親何嘗結殷勤冤人誘引我自那番病後身子總不
得好近來又着風寒若果真攆了出去多分是死（哭介）只是二
爺阿棄你摯誼酬君無分到死春蠶柔絲難盡（合）只尺紅牆路
隔亂雲又未知何日得締良姻

紅樓夢傳奇　卷上二　卅六

（生淚介）
前腔肝腸斷五內焚如何捨他可意人羅韈散香塵金裘線誰
引想是太太的氣話你且休憶（貼）二爺我心裏也明白是人放
了暗箭了看來斷不能免只是捨你不得怎生是好（哭介）（生）抱
貼哭介遭逢困頓未占歡期拋離何迅眼看瓊枝玉消芝隕（合）
只尺紅牆路隔亂雲又未知何日得締良姻
（副淨帶淨雜上）
嘘恩仇折雀好去搜園問禍根（淨）二奶
往怡紅院去踏芳塵恰紅來到早是撈
（介）有何因貿夜來敲月下門（生）慌介二嫂子到

了一件要緊東西怕是了頭們偷了大家查一查好除疑你們云搜羅衆應介誰的箱籠誰來打開丑忙開箱介衆搜介沒有什麽這是誰的箱子丑貼怒倒箱介淨姑娘不要生氣叫查就查不叫查還許我們回太太呢我們並非私自來的是太太叫來搜的貼怒介你說是太太打發來的我還是老太太打發來的呢太太那邊人都見過就只沒看見你副淨笑介晴雯不許多言媽媽你別和他一般見識你且細細搜你的衆搜介滿地掀翻翡翠褻零脂和剩粉輕抛塵介淨也沒什麽副淨你可細查查若查不出來難回話呢淨都細翻過了副淨哦都細翻過了這等我們去罷漫因循去把夜園搜盡

帶衆下生這是那里說起晴雯你身子又不好又鬧乏了去睡睡兒罷貼下老旦帶雜含怒上

鶻踏枝尤物是晴雯入眼便堪嗔急除寶玉迷魂陣生見老旦驚介老旦不答介生背介完了晴雯保不住了老旦晴雯呢丑病了老旦拉他來雜下扶貼上老旦好箇病西施你看這樣兒給誰瞧扯他出去交與他哥嫂生背頓足介老旦冷笑介我統共一箇寶玉難道憑你引他壞了麽妖狐去妖狐去省得纏人襲人以後這些了頭你須查管我將寶玉交與你了休只管避評論丑應介貼哭介最苦生離別未分死離別未分稱苦酸鹹苦辣酸鹹無從置吻甚日得再圖親近

雜扶貼哭下老旦寶玉你出後好生念書仔細你爹要問你生孩兒送母親老旦罷了雖容心上刺且拔眼中釘下生旁望介這怎麽好這怎麽好痛哭介丑二爺哭也不中用了生究竟晴雯犯了什麽彌天大罪就這麽撵了丑太太嫌他生得好未免輕狂些說這樣美人兒心裏是不安靜的倒像我們粗粗笨笨的好生咲美人兒就不安靜麽晴雯外面雖然伶俐心中其實老成便有過失也不過頑笑而已你和麝月未嘗不和我頑笑爲什麽太太不挑你們呀丑驚介笑介是呢太太爲什麽不挑我們呢想是回來再發放也未可知生晴雯也是老太太那里過來的和你一樣雖生得比人強也

沒什麽妨礙着誰的去處就是性情爽直口角鋒芒也沒得罪了誰可不是你說的生得好累了他了哭介

尾聲無邊冤抑憐紅粉便能捹心疼怎忍我想他嬌生慣養何嘗受過一日委屈兼之一身重病一肚子悶氣又沒箇親爹孃娘他這一去那里等得一月半月再不能見一面兩面的了哭介我的晴雯所怕不做露葉風燈斷俏魂

哭下丑冷笑介聽他言語大是疑我且自由他看他怎樣

漫天風雨送嬌花　無計留花枉自嗟
不是妒花花引妒　教人錯怨雨風斜嘖下

誅花第十九

【商調過曲】二郎神生上人見殘撇的來似鯽魚直跳開去後誰消受
一抱衣籌處嚦氣幾番錯喚嬌饒喚不着嬌饒心碎了疼殺人
春恩綠襯都這麼開交怎得他打破生現出倖
小生那夜瞞了襲人悄出後門去見晴雯一面他一見小生
又驚又喜又悲又痛說道我不料今生還能見你小生問他
可有什麼說話他道我有什麼說的不過一兩天就好同去
了只是我死也不甘心我雖生得好些沒有私情勾引着你
怎麼說我是狐狸妖精今日既擔了虛名又沒有遠限不是
我誤後悔的話早知如此我也打正經主意了臨將兩箇指
甲咬下與我又脫下紅綾襖子和小生換了便說道你去罷

紅樓夢傳奇 卷上二 坙

這里晴雯你的身子要緊今日這一來我就死也不枉擔了
虛名你的恩情只好來生銜報罷彼時小生與得死去活來
難捨難捨恰值五兒來了扶我回來雖到五更便夢見他來
辭我天明之後叫人打聽果爾身亡哭介哎呀天那這不是
生生送了他性命麼早間小丫頭說起也曾夢見他來做了
芙蓉神女此時芙蓉正開小生特製一首誄文用他心愛的
冰鮫縠寫了悄向花前餘譯一哭行介
前腔【換頭】嗏佳人分淺仙容已杳怎到得花宮來喚叫是天平
命也不能設彩鳳同巢鎔子裏一片針砭把心碎攪只落得搖
頭的名號說多嬌共翠被紅綃古了良宵

來此已是池邊了【歎介】雖不能多陳祭品都有這一片丹心
晴雯那晴雯你須聽着小生休嫌輕褻哭揖介想你暑天嚴
扇寒夜補裘那番情況不能見矣
二犯二郎神【鶯啼序】恨漫漫裘邊扇底魂竟消直恁麼絕豔偏彫
【集賢賓】眼看這萬樹芙蓉花自妖為什麼送紅顏身在花凋【二郎神】
早知道如今無處找悔當初睬攏過了教花笑誰是箇俏蕭見
郎境不滿深深情窖
待我將祭文讀與他維太平不易之元蓉桂競芳之月無可
奈何之日怡紅院濁玉謹以花蕊冰綃芳泉露茗致祭於芙
蓉女兒之靈曰竊思女兒自臨人世十有六年玉得於余抱

紅樓夢傳奇 卷上二 垩

御沐相與共處者蓮五年八月有奇憶女兒生時其質則金
玉也其體則冰雪也其神則日星也其貌則花月也孰料鳩
鳩為災萑蘭被刈花原自怯豈耐狂飆柳本多愁何禁驟雨
讒遭蠆薑病入膏肓自諸辛酸誰憐夭折仙雲既散芳蹤難
尋洲迷聚窟何來卻死之香海失靈槎不獲回生之藥委金
佃於草莽拾翠盒於塵埃樓空鳩鵲徒懸七夕之針帶斷鴛
鴦誰續五絲之縷況乃金天屬節白帝司時蓮天衰草豈猶
蒹葭而地悲聲無非蟋蟀芳名未泯檐前鸚鵡猶呼豔質將
亡檻外海棠預萎他殘繡線誰補金裘裂損桃枝空傷寶扇
爾乃西風古寺落日荒郊解霽壤以啼猨遶煙塍而泣鬼紅

綃帳裏公子情深黃土隴中女兒命薄固鬼蜮之爲災豈神靈之有妒毀詖奴之口討豈從寬剖悍婦之心忿猶未釋在卿之塵緣雖淺而玉之鄙意尤深因蓄惓惓之思不禁諄諄之問始知上帝垂旌花宮待詔生儕蘭蕙死轄芙蓉[illegible]不斯言可據用希靈感陟降於茲不揣鄙詞有汙慧聽

美管聽叢扈（集賢賓）仰看那空天不語何杳渺跨蒼虬駕鸞鶴碾伊啞月御銜山悲太早鑊珠璫瓊佩飄搖倚雲旌花旆節可能設一靈兒來到臚畫眉稻蔵緩桂膏蓮瓣瀉虛帛彷彿見幽魂齋小

黃鶯帶一封（黃鶯兒）那又怳惚不能招盼歸來徒自對影問他住

神林可念人悲憾況金霞兮海濤弄珠林兮鳳簫樹一抹空濛壁霧隱雲疊青（）對閃的我兀淘淘把愁淚拋還來你玉佩重留下上宵

嗚呼尚饗（哭介）（莫茶焚文介）

鶯集御林春（鶯啼序）空留恨舊日身息再生緣何處繳（集賢）（哭）闌了扉藤教我怎樣拋殺英姿詎忘悲惱情要吓晴要欲撫身來作你從（林）[illegible]只是有人心上難丟落（你是知道的）（二犯）一春你知我這根由切休要冷語嬌言怨懷薄

明日算芙蓉花落果大淨瓶送到埋香塚去便了（欲下）（旦）內日請留步（生驚介）敢是晴雯陰魂來了（旦笑上）[illegible]

新雅詠花辭寶哥哥好新奇的祭文吓可與曹娥碑並傳矣（生笑介）偶爾寫恨誰知被你聽見了有甚瑕疵妹妹改削改削（旦）將來倒要看看原稿只聽得什麼紅綃帳裏公子情深黃土隴中女兒命薄這一聯意思却好只是紅綃帳熟濫些想我們用茜煙羅糊窗何不說茜紗窗下公子情深呢（生）跌頓足介好極好極這一改新妙之至只是你住的窗兒我怎好借用（旦笑介）何妨我的窗即可爲你的窗如此分晰倒覺太生疏了（生）非敢生疏那唐突閨閣却萬萬使不得的我如今改作茜紗窗下小姐多情黃土隴中丫環薄命算你誄他的罷你素日又待他甚厚這可不好呢（旦笑搖頭介）小姐丫

環也不典雅（生想介）是吓這樣罷我竟改作茜紗窗裏我本無緣黃土隴中卿何薄命罷（旦驚介遲疑介）這改得好快去罷太太叫你呢（生）這等妹妹也同去罷（旦）我知道了（生）

尾聲問今朝甚處有春紅笑只隔一晝夜時光魂夢杳空教我盡名花把恨執

（下）（旦）覷生下良久歎介他怎生說茜紗窗裏我本無緣呢

（南呂）（過曲）紅衲襖莫不是爲奴嗔不願諧莫不是終奴心將病解莫不是任高堂有甚風聲又莫不是憑癡腸終靠薛寶釵這話兒教人怎猜這事兒教人怎揣這怕是言出無心做了讖語天機也好教我悶懨懨難放懷

花天擊淚謝芙蓉　恰向花前笑逢
何事癡緣法少　暗添愁結上眉峰〔下〕

失玉　第二十齣

〔淨〕柔和尚〔副淨〕跛道士上〔淨〕我盜一隻牛〔副淨〕我偷一隻狗。〔淨〕若無牛狗大家撒手〔副淨〕若有牛狗大家一口〔同〕到底是怎麼着了〔合〕月華滿天萬象來會聚妄會真隨意點綴同笑介〔淨〕貧僧志九〔副淨〕小道涵虛〔淨〕道兒咱們法力高強雲遊四海我能隱身〔副淨〕我能望氣〔淨〕我能勾攝生魂〔副淨〕我能變幻夢境〔淨〕我能埋兵布陣〔副淨〕我能倒海移山咱們同懸多年也造了千千孽債得了萬萬金錢這家當我真仙〔淨〕那

紅樓夢傳奇　卷上二　吳

家當我活佛日來遊到京城咧道兒這京城你住過的呀〔副淨〕倒是我住過十年〔淨〕可有什麼巧宗兒〔副淨〕偌大京師怎麼沒有巧宗兒只是輦轂之下輕易幹不得的我如今想了一宗大買賣只不知你做不做〔淨〕什麼買賣〔副淨悄說介〕如今海上潘王招延豪傑你我如此法力到了那里怕不算師元帥起來這場富貴非同小用這不是大買賣麼〔淨笑介〕此事我已留心久了只為此去要建奇功須憑兩箇陣法用着些人一時沒有全備〔副淨〕那兩箇陣法〔淨〕一箇迷魂陣一箇勾魂陣〔副淨〕用些什麼人呢〔淨〕那迷魂陣用三百二十名美女〔副淨笑介〕那美女嬌嬌怯怯那里拏得動刀使得動鎗要他做什麼〔淨笑介〕如今人見了美女怕不喪魄銷魂還待動刀動鎗麼〔副淨〕雖是如此那里拐得這許多〔淨〕只要攝了魂來就是了〔副淨〕那勾魂陣呢〔淨〕那勾魂陣要二百八十名美男〔副淨〕要他做甚〔淨〕天下還有不好女色專好男色的呢迷魂迷不得他少不得勾魂也勾了他這不一網打盡了麼〔副淨〕據我看來還得擺箇元寶陣才好見了元寶他才顧財不顧命呢〔同笑介〕〔副淨〕請問師兄這美男也攝魂麼〔淨〕這却要生人的〔副淨〕怎麼又要生人呢〔淨〕以陽勾陽猶如以毒攻毒全要陽盛才送得死他若是魂魄就太半陰了〔副淨〕領着許多人不怕關津隘口盤詰麼〔淨〕我闖得潘王有十萬軍兵

紅樓夢傳奇　卷上二　罡

可以到彼挑選只是領隊之人須得一箇絕色還要有些根器才好怕他那里沒有這樣人却是帶了一箇去的妥當輩則一時那里得有〔副淨想介〕咱們那年在大荒山無稽崖經過那塊女媧補天未用之石不是已投生人世了麼〔淨〕是呀他如今在那里〔副淨〕就是這榮公府裏的賈寶玉那塊石頭如今變做了一寸多長鮮明美玉在胎裏口中銜下來真是一件奇寶除災却病見吉知凶〔淨〕那玉到處有瑞雲籠罩神鬼護持出入百萬軍中矢石不能傷損此去甚是合用只是這寶玉你見過沒有〔副淨〕見過多次他面若中秋之月色如春曉之花鬢似刀裁眉如墨畫一對嚴嚴靄眼兩行燦燦銀

牙不但男子無雙抑且婦人少有但是輕易不出大門沒法
兒拐他前去（淨）想介這玉他家可寶貝麼（副淨）怎麼不寶貝
這是他的命根呢沒了這玉他就不得活了（淨）這就容易了
我們如今隱身進府取了他玉等到垂危將玉送還用幾句
話兒打動他歸我禪門不怕他不隨着我走那不是人也得
了玉也得了麼（副淨）若不走呢（淨）不走還咱們仍舊取了玉
去替另找人（副淨）好計好計就這樣行（淨）他家可還有些女
子（副淨）他家女子極多美的也不少若論絕世佳人也只兩
箇一箇叫林黛玉一箇是他女柳晴雯（淨）晴雯我昨日收了
他家一箇新死女魂不是叫晴雯麼（副淨）想是他了（淨）那黛

玉你如何知道（副淨）他家老太太時常領了到我們師父那
里來燒香看戲我們通看見過並且還有年庚八字在我們
師父處替他禳災祈福呢（淨）這就好了其餘你還知道些麼
（副淨）其餘還有幾箇什麼僧秋容呢史湘雲呢不過五六人
也都生得好（淨）是了我們就使起隱身法來到這幾處去一
面攝魂一面盜玉便了（各書符念咒介）急急如律令勅勅勅
（合）
仙呂過曲上馬踢神通變現多鬼畫符兒妙真形頓地收化成煙霧
杳藏癸趨玉常怕丁神找弄鬼精妖幻比偷天喜的是人不覺
（副淨）這是史湘雲家了（淨）我們進去（急下）（末天神提鞭打上）

哇妖僧孽道此係天仙府第焉敢隱身擅入快走出去（下）（淨）
（副淨）亂走拼跌介（淨）哎呀呀拼破了額頭了（副淨）哎呀呀跌
折了瘸腿了（淨定介笑介淨）道兒什麼天仙有天神護衛（副淨）
難道就是史湘雲麼我們賈府去罷（淨）再有天仙呢（副淨）只
莫管他到那里再看（淨）兩關異氣（副淨）一陣妖風（淨）穿過夾
道（副淨）走進胡同這里是了（淨）道兒你先望望氣看（副淨）望
介這府裏氣甚衰氣雖有瑞光也都被異氣掩了不多時就
要損傷人口呢（淨）這等咱們進去（下）（即上）（淨）由玉介在這里
了（看介）果然是一件至寶咱們如今回去查了黛玉年庚攝
取靈魂再拐了寶玉那事業就做得成了（合）

前腔東洋戰陣開好座坑人窖雄兵上將來墜風身便倒誰本
天關一定魂飛了（淨）咱們不將前來看箇機會好用言語打動
他（副淨）極是合着風下操片玉收來不怕他人不到
（笑下）（丑提燈哭上）望天菩薩怎麼好端端把玉丟了如今那
一處沒有找過那一人沒有問過只得到園裏我去尋介平
時這勞什子沒一日不掛着偏偏今日枯海棠開花了一家
子鬧着賞花做詩呢吃酒呢我忙着伺候不知他怎麼丟了
叫我那里去找屋裏屋外只少翻過地皮來也沒此影響哭
介這園裏又沒有道却怎麼了菩薩呀我哥哥是箇死了麼
倒着花樂事多　誰知[illegible]風波

人生禍福原難料　失却[illegible]

設謀第二十一齣

仙呂過曲【傍粧臺】老旦上　閟沈沈幾度尋思難把話兒吐到頭這[illegible]
如何　倡空着我坐氊針自寶玉失玉痴呆老太太着急[illegible]
爺替他娶親冲喜因寶丫頭有一把金鎖可以倚[illegible]
姻緣之說定了主意要討寶丫頭既是王家瓜葛
方這是極妙的了爭奈襲人惰地請我出來
十分蹊蹺那年夏天寶玉曾將襲人錯認做林丫頭
私心話兒加以紫鵑一句頑話便病了多時惟恐知道娶的寶
丫頭不是冲喜倒是催命要我想個萬全之法這

紅樓夢傳奇　卷上三　十

不隄防瓊漿忍另飲教我兩下躊躇首共林　林家既係寒門林
丫頭性情氣度也總不及寶丫頭好况又有怯病　他背上無三
甲還腹欠王鱷花飛絮太臨侵
且去回了老太太看是如何　副淨扶淨上　淨
前腔　臨頭鬟鬆華髮未堪籌更為孫兒病體皺眉心　那襲人身邊
般般　介　你說些什麼　老旦　他說寶姑娘甚好實在老太太有眼
力　淨　可不是寶丫頭好呢　老旦　但是寶玉心中只有林丫頭恐
怕娶了寶丫頭這畜生要鬧得個天心不順呢所以他回了總
婦要想個萬全之策　淨沈吟介　這就難了林丫頭原也好就是
病多些况且又與他娘姨媽說過了怎好改口呢這大事難擬議

要身健此黃金况此舌難捫朕又只怕癡顛甚真無任費酌斟
有何良計要搜尋
副淨　良計倒有一個只不知姑媽肯不肯　老旦　你有什麼主
意可就說出來大家商量　副淨　依我想這件事只有一個掉
包兒的法子　淨　怎麼掉包兒呢　副淨　如今不管寶兄弟明白
不明白大家吵嚷起來說是老爺做主將林姑娘配了他瞧
他的神情若是全不管這包兒也不用掉了若有些喜歡這
事就大費周折呢　老旦　便算喜歡却怎麼樣　副淨耳語介　老
旦點頭笑介　就這麼行罷了　淨　你到底也告訴我　副淨耳語
介　淨　這麼樣也好只是苦了寶丫頭了若林丫頭知道又怎

紅樓夢傳奇　卷上三　十一

麼樣呢　副淨　這話原只說與寶玉聽外面一概不許提起有
誰知道呢
桂角兒序　花李僵桃權救痴沈喜的是病癡難審到佳期芳緣
自諧又何須轉鳩爲鵲　不是我說那林妹妹左性兒很難受呢
口兒尖心兒重性兒陰身常病淚常淋久無些陰歡嗔任心又
全無驗邪寶鎖玉金符讖
且待我試試看　襲人扶二爺出來　丑扶生上　副淨　寶兄弟大
喜老爺給你娶親了　生笑介　副淨　給你娶林妹妹好不好　生
大笑介　副淨　老爺說你好了給你娶林妹妹還這麼傻就不
給你娶了　生正色介　我不傻你才傻呢　眾驚介　生　我瞧瞧林

妹妹去叫他好放心（副淨）林妹妹早知道了要做新媳婦他還肯見你（生）要過來他見我不見（副淨）你好好兒的就見你你若是傻就不見你了（生）我的心前日已交給他了他過來橫豎給我帶來我就好了（副淨）襲人你快扶他進去罷（丑扶生下）（副淨笑介）看這光景竟得行那着了（淨老旦）只好這樣行呢我們不要管他且求姨太太去（合）

【尾聲】命門鉢消災禳擘開蓮子借蓮心單則要鉢背三緘莫漏音

以假為真不是真　權將妙計慰癡人

八門金鎖五花陣　別仗心機役鬼神（同下）

焚帕第二十二齣

【北南】一枝花（旦上）嗟哉你絲難白剪成瓦的倒身患膏肓病楚悽惶無從能正本怕將來恁怨竟傳俞都為的還失通靈才惹下了這癡呆證悶得我皺雙蛾鬢不平眼看着小方盦瘦盡冰肌怎教俺愁紮竹拋開寶鏡

畫桃賦藕事都誚還遺花是避病魔俏把瑤琴彈別怨斷紋麗得淚痕多奴家那日譜成三曲寫太孤桐不料未調太高君絃忽斷自請扇驅將爵人世那知不幾日間寶哥哥失玉瘋顛形神危殆倘若琴竟通靈豈免身為異物（淚介）嗳呀天那那荷紉無緣之語可不竟成讖了麼日來他已搬出園中仍在老太太裏房居住奴家看過他幾次着實愛心不知今日如何了我且再去看他一看

【梁州第七】他和我是當翠水指天為證度衍羊歷劫翻身想他所銜之玉莫非就是我林黛玉麼他他口銜寶玉為生命但見面言歡語喜但見面心曠神清但見面眉花眼笑但見面體健身輕他他他小書生不願元經諦仙人合配雙成他他他不打量一紫兒銀漢金城不打量十年來盧華畫餅不打量兩心期泛梗浮萍他亦为为自費了志誠急脊登魯迷了本性慘模糊幽恨成冤病那里是星為異災來峻一誰價彼愁推落坑穽

說起失玉這事可也太奇到處跟尋竟無蹤影若果奴家敵應

此玉必且先他而死矣怕不做曉月晨星

（作下）（丑引傻大姐哭上）（旦）傻丫頭哭什麼呢（丑）姑娘珍珠姐姐打我呢（旦）他為什麼打你（丑）就是為寶二爺娶寶姑娘的事（旦驚介）（旁呈介）（定介）你且跟我這里來（轉介）怎麼寶二爺娶寶姑娘呢（丑）老太太太太二奶奶商量了娶寶姑娘過來給二爺沖喜（笑介）還要給林姑娘說婆婆家呢（旦呆介）（頓介）（徑下）（丑）我說這個也是寶那個也是寶又是寶姑娘又是寶奶奶莫正才寶做一堆的他就打我了姑娘你評評這個理（拍頭介）（笑介）嗳你怎麼就走了（貼旦上）傻大姐我家姑娘呢（丑）正說話就走了（貼旦笑介）和你有什麼話說（丑）就是寶二爺娶

寶姑娘的話呀雜旦驚介怎麼寶二爺娶寶姑娘呢丑上顫
說的二爺病了娶寶姑娘沖喜呢雜旦哎呀你這話告訴他
了麽丑他問我我怎好不告訴他呢雜旦急介不好了你死
多活少了丑驚哭介姐姐我怎麼死多活少了雜旦上頭知
道不活活打死你麽丑哎呀怕介雜旦我且快尋奶娘去丑
悔伍介好姐姐你別告訴他們呀雜旦推倒丑急下丑起氣
介我就不信這些話是說不得的打的打推的推通蹧蹋我
若是說不得王頭又怎麽就做呢雜旦內姑娘看了細丑望
驚介奔下雜旦小旦扶旦上雜旦姑娘回去歇歇罷旦笑介
可不是我這就是回去的時候了急走介雜旦扶旦這怎麽

紅樓夢傳奇 卷上三 五

好偏偏今日他這脚步兒又走得飛快那里趕得他上小旦
一那是瀟湘館了雜旦好了阿彌陀佛可到家了旦跌介二旦
忙扶介旦唾介雜旦驚介哎呀這不是吐紅了麽旦昏介二
旦扶旦坐介小旦我且回老太太去下雜旦姑娘姑娘旦不
應介雜旦哭介這番罷了旦徐徐開目四望介你哭什麽雜
旦剛才姑娘從二爺處來覺得身子有些不好我沒了主意
所以哭了旦笑介我能早死豈非萬幸喘介
牧羊關這冤孽債全還過望夫山不用登甚的是美甘甘着意
知情一枕兒春夢初醒寒灰燼冷昏慘慘的人間殊悶損黑漫
漫的泉底料安寧今日裏殘東風花飛定惟願取速化塵煙再
不生
副淨扶淨上淨娶婦莫娶多嬌女做人莫做有情人林丫頭
你怎麽又病了這會兒可好些旦開目看淨笑介老太太你
白疼了我了
四塊玉多謝你念先人道奴是孤悽命羨意兒移花栽到謝公
庭到頭來只落的都乾淨兀的不結了恩兀的不叨了幸兀的
不入世間空弄影
淨冷笑介好孩子養着罷不怕的旦微笑閉目介淨出歎介
這孩子不是我咒他只怕難好了你們也該替他預備預備
副淨應介淨[illegible]這些話到底是誰說的雜旦不知姑娘聽

紅樓夢傳奇 卷上三 六

了誰的話呢淨孩子家從小兒一處頑笑親熱是有的到懂
了人事就該分別些才是女孩兒的本分我才疼他若是他
心裏有別的想頭成什麽人了冷笑介我可是白疼了他呢
從來醫心無藥林丫頭若果真是心病不但治不好我也沒
心腸了副淨林妹妹的事老太太不用費心倒是姑媽那邊
的事要緊喜日近了我們且去請姑媽來說結了好辦事淨
你說得是我們就去下雜旦氣介旦長吁介恨儂心最癡
儂命垂絕曷不求神仙無端降謫
哭皇天俺只爲苦仁兒箇中抱悔俺只爲怕飄風波面吹萍俺
只爲旋周親兒數機絲命俺只爲殘花落來心性誰知道沒相

千雲消天運還說什麽春花結掾秋雨挑燈斂綃奇淚詩句含
情值不得回頭一笑都冰冷嗤介雜旦姑娘冷麽旦點頭介雜
旦火盆移近些罷旦點頭介雜旦移介旦再近些歎介取我詩
本來雜旦取送介旦翻介指介雜旦敢是要手帕子麽旦點頭
介雜旦送介旦搖頭介有字的雜旦另送介旦外面是誰雜旦
出看介旦擲詩帕入火介雜旦急搶介完了都燒壞了姑娘這
是什麽意思旦咳紫鵑留甚麽他人笑柄我只合的盡付丙丁
紫鵑我和你分有尊卑親同姊妹相依數載無限關情只道
終身聚首不料和你分離雜旦哭介旦這也是大數如此你
也不必悲傷我死之後那粧奩內有箇紫金魚兒千萬與我

紅樓夢傳奇 卷上三 七

合殮倘得太陰鍊形也勝是虛生一世雜旦姑娘事到如今
我也不得不說了姑娘心事我也知道現在寶玉這樣大病
況且娘娘服制未滿怎能做親那些瞎話不要聽他還要自
己安心保重才好旦微笑介
烏夜啼太悠悠這沒料的人情人情競送冷便不死也只虛生
哎呀紫鵑吓你是我體心人哎呀妹妹吓你再不必來提醒俺
如今捹却嬌身躲却愁城切切的走陰司急急的棄紅塵急急
的棄紅塵也省得心頭眼底無窮恨流畢了千行痛淚再不繫
半點癡情一任取天悲絕代惟仗着魚魂塡形
煞尾縱不得金丹絳雪歸仙境落可的風快鋼刀斬葛藤不患

桃人傷土埂妹妹我的身子是乾淨的好歹叫他們送我回去
墓鶴驚既不能小魂歸惜頸冷好松楸江南雲影忽起介寶玉
寶玉你好倒介雜旦急扶哭叫介姑娘醒來姑娘醒來旦徐醒
介喘介哎呀寶玉你害得俺沒終竟送入了泉臺那可不痛煞
殺您

鏡花水月枉禁愁　萬苦應知死即休
焚却斂綃完恨債　更無情感到心頭

雜旦哭扶下

鵑啼第二十三齣

仙呂過曲一封羅書一封書正旦上情捐命也捐剩殘魂延幾天毒害焉

紅樓夢傳奇 卷上三 八

能人不怨淚介哲殺我姊妹班中失閬仙奴家李紈因爲孀居
那邊喜日不便過去正在稻香村與蘭兒改詩忽地紫鵑走來
說林妹妹病勢只在旦夕唬得我連忙過來看了光景果是不
醉咳這都是二娘的主謀直送了他的性命才罷草罷三國五
狡開挑冷言千方百計離鸞開鏡合歡枝苦被他金刀剪
下雜旦上
中呂引子粉蝶兒積恨塡胸香魂此番難守幾綹兒氣結咽喉惜花
軒翻做了離生離寃惑情癡識得人心實誤
勸君莫繫情絲情徒自苦殘燭又經風催將歸地府新愁方
入門舊恨已難禪可惜天上花竟化泉中土我家姑娘一心

瘁着寶玉前因王姓提親綫粒數日已自垂危後來知道未
娶依允才轉過來接着寶玉失玉瘋癲上頭定了娶寶姑娘
沖喜傻大姐漏了語言立地迷了本性扶回園裏吐血不休
焚帕焚詩一臥不起今日病體更甚已經暈過幾次眼見得
不能好了哭介我想姑娘孤子一身雖有一個哥哥又不常
通音信薛家正在勢燿之時宜乎舍此就彼只是也太勢利
了些聽得都是二奶奶的擺弄恨介呀我好不痛心切齒也
過曲 粉孩兒恩恩的從幼年遭讒口覷炎涼意不恨來真陡方才
去回老太太不在房中去看寶玉也搬去了細問墨雨才知今
日做親這些人好很毒呢九且寶玉更是可恨深情密愛一旦

紅樓夢傳奇 卷上三 九

丟合他人去纏纏綿綿這邊廂腸斷魂離他那壁鸞配鴛偶
想我姑娘也太癡心了什麼有情之物還值得爲他而死麼
紅芍藥 不過行作溫柔相思樹教喚鸚鵡這也難怪姑娘便
是奴家呵險被他挺刀計兒謀害奴家響銅豌豆只可憐姑娘
呵歎瞞瞞扯不去錦套頭小魂兒暗風吹颯青魚函靈鶼無緣
買花船變了虛舟
淨上 東邊日出西邊雨冷處悲多熱處微奉二奶奶之命叫
紫鵑姑娘去扶新人來此已是姑娘二奶奶叫你呢雜旦森
奶奶你請罷姑娘死了我們自然是去的我守着病人身上
也不乾淨姑娘還有氣呢不時的叫我也萬不能去淨惱介

姑娘的話是不打緊只是叫我們怎樣回呢 正旦急上 紫鵑
你還不去替姑娘穿衣裳難道女孩兒家叫他赤身露體去
麼 雜旦痛哭急下 正旦 你來做什麼淨二奶奶叫紫鵑姑娘
他不肯去 正旦 爲什麼叫他淨附耳介正旦點頭介本來他
也離不開你叫了雪雁去也是一樣二奶奶開說是我的主
意淨 天奶奶說了就是了我帶了雪姑娘去罷 下 丙天奶奶
姑娘不好了 正旦急下 內細樂一奏 雜旦哭上 我的姑娘呀
耍孩兒 萬劫一身偏不遇元那歸真去何處是鳳凰麟洲哭介
傷悲他聽嗽嗽藥僕聲生哭啞的我碎咬牙兒鬼世不曾見這
欺心賊

紅樓夢傳奇 卷上三 十

今日他死了你算躲過了日後你拏什麼臉來見我哭介咳
呀姑娘吓
會河陽 小夢如煙愁魂更愁他生未卜此生休問誰埋向花塚
鳥啼殘蹤那紫金魚兒替他合了棺衾之類尚未備來也並無
一個人來問信哭介這可不痛殺我也人蹤絕人情陋甚日消
得我心頭惱恨聽擲着你衫兒袖
正旦哭上
纏綿金 才非福艷是難留玉人偏厄運噯怎可惱紫鵑看這光景今
夜是不能入殮了還得叫幾人來一同守夜才好 雜旦 大奶奶
這園裏人通是二奶奶叫去了還有誰呢 正旦淚介 萬種悲涼

熊離魂時候竹梢殘月掛簾鉤燈光暗也麼燈光暗煞了
（雜旦）大奶奶你是箇有情有義的人還來送我姑娘也不枉
相好一場你看那些人可有箇影兒（痛哭介）
越顯得有甚麼至親關切至親關切圖面盡姻緣今日收館能彀
黃泉路恨能休浮雲太薄風弄秋何曾會久轉眼兒面重瀾瀾個
其實苑兒啼聽薄薄撫料就
（正旦）你也不用恨了起先姑娘絕氣之時你可曾聽見那一
陣音樂（雜旦）也曾聽見那是新人進門呢（正旦）娘娘服中那
邊不用鼓樂想是你姑娘昇仙去也（雜旦）哦昇仙去了（歎介）
尾聲羅乘雲直上登離垢騎不得白鳳隨他翠幰遊（合）可能彀

紅樓夢傳奇　卷上三　十一

月現雲開重聚首。
寂寞空園秋夜長　竹風桐露助淒涼
瑶姬一去歸何處　腸斷瀟湘舊館荒（同哭下）

遠嫁第二十四齣

中呂引子尾犯（小旦上）悲逝復憐生花落花飛離恨煞迷姊妹
無端孤另魂已斷淒涼舊館人欲去蕭條畫屋最堪
風覓燈伴纖纖影。
奴家喜鸞原出賈氏只因父母雙亡老太太憐愛十
已女常時得與姊妹相聚九加親愛者黛玉探春兩
林妹妹竟爾死亡使我寸腸欲斷又值探姊姊行將
覺執手難分不免去送他一送
過曲尾犯序殘照過雕欄冷落花啼珠淚雙垂此去關河暗渡
轉孤影凄海上風多淚涌蓬島外煙淒月冷荒荒撫子女臨
館着個小婷婷
妹妹（貼上）傷心悲遠嫁失志滿邊烽姐姐（小旦）奴家特來
送別有勞了（小旦）好說妹妹我和你相依未久一旦遠離無
限情懷難以言罄（貼）奴家薄命遠別雙親既乖姊妹之歡復
有遠逆之苦
前腔換頭畫羅兩鬢似飄萍別路苦長難拒親命重海嫉雲正兵
戈相望（小旦）妹妹嫻熟韜鈐戰勝攻取正堪建立功勞此一難定

紅樓夢傳奇　卷上三　十二

有幾個蛾眉能倚畫得上麟臺鳳鼎天涯遠也如何教我拋撇了
好家庭
日來二哥哥病可好些（小旦）前日他知道林妹妹去世一慟
而絕幸喜救回將來還不知怎樣呢（貼淚介）（小旦）
前腔換頭佳人歸玉京笑殺旁人苦殺多情我想鳳嫂子也太很
毒了嚇得他瞞神弄鬼淚盡了虛名老太太也甚是懊悔說害了
他了傷情哭不醒嬌花嫩柳喚不出煙消畫影空悽斷輕憐痛
惜都是假惺惺
（貼）我想二哥哥天性多情日前既喪晴雯如今又亡黛玉此
皆痛心切骨之事若使憂能傷人非止病魔來擾我此去甚

不放心

俺前腔（擬頭）俺癡心難喚醒怕命似懸絲身如飄梗那寶姐姐也不是僅講道學可以挽將得來的只用道理羊籠誰更添上嫁箇姐姐你可將我言語細勸寶姐姐丁寧他沒奈何悲花戀鳳難便把言規語諷奴今去心兒怎放兒嫁最關情

（小旦）妹妹好起身了前途保重切莫多愁（貼）姐姐小妹有一拜（小旦）姐姐也有一拜拜介各淚介（貼）

鷓鴣天淚滿羅衣萬里行臥龍山外搗衣聲（小旦）雲浮大海風催冷日落長河水欲冰（貼）惡浩氣關心靈天潢倒挽洗戈兵（小旦）一朝得埽煙塵淨凱奏歸來將父母寧

紅樓夢傳奇　卷上三　十三

（末）屆氣蒸成海市高　紅雲斜壓雁翎刀

從今夢倚三壺月　青雀舟中檢豹韜（分下）

哭園第二十五齣

北（正宮）端正好（生上）痛沉沉離存歿（哭介）哭殺人無處騰挪閃下這徹天冤害得無明夜端的是怎煎熬

小生一病凝迷被他們裝鬼瞞神一場擺弄只說娶了林妹妹那知倒是寶姐姐及至說問起來才知林妹妹已死（哭介）就就這樣害殺了他也前日隨老太太太太到瀟湘館哭了他一場未能盡哀便被他們催逼回去今日寶姐姐生日衆人暢飲歡呼小生他强喫了幾盃按不住心頭悲感徉推欲卧消地來到園中着實哭他一哭（哭介）哎呀妹妹呀

滚繡毬俺竟長賦爾寫為文離誰箇幾年來受多少折挫今日里死生分一面還差我心兒裏從前的癡夢兒中可也還處的抓誰想你做輕虹隨風而化一旦價影斷音遥我恰曉夢為青鸞佳信眼兒斜又又誰知弄虛躍誑騙唱哎呀妹妹呀送的你落葉飛花

他秀才奈朦朧天何也那地何鎮日價暗吞聲難禁架更受些兒潑聊賴的言語多他假姻緣將人拘縛只分的斷腸了瀟羅

叨叨令（合）斷腸天和你消開邋那日一慟而絶從自泉途問你有人道你生不同人死不同鬼大嫂子又說你臨死之時半空

紅樓夢傳奇　卷上三　十四

有音樂之聲一定是成仙的了小生久拚一死倒為此展轉遷延怕進了幽城鬼查被泰山宮早牒向酆都來住下那時節元的不見彼查也麽哥元的不又虛花也麽哥哎呀妹妹呀（念）切里仙雲那答難道只這嗚嗚咽咽的罷

我當初夢中將心剖交與你只道你過門時帶來與我那知如今你（噲）着上天去了

脫布衫那高雲裏余心怎牽須共你上墳為家我已自厭人間傾龍巖假封怎能夠兒梯從空挂下

我想要得上天非仙即佛

小梁州遥望着佛國仙山萬里遥淹杳的心肉複麻好妹妹你

看往日之情，來度我一度罷。料不能再世爲蒹葭，難甘罷來度我上靈槎。

妹妹，度我一度，度我一度，哎，你怎麼全不理我，敢則恨着我麽。

幺篇你敢則無邊怨恨如天大。實丕丕是陰錯陽差。若論要寶姐姐這節事情，小生之心，惟天可表。他們都齊坐衙精打詭直弄得神魂顛倒無何奈始成家。

你生前喜也是憐小生，嗔也是憐小生，難道死後就全不憐我了麽。

滿庭芳犯你共我但差一嫁。親親熱熱，浹浹洽洽。你縱不憐我，

我却怎能拋你。怎忘得雨敲詩墓埋花，和那幾遭禪話。想那日和你談禪，你笑着說道，寶玉，我問你，寶姐姐和你好，你怎麼樣。寶姐姐不和你好，你怎麼樣，你和寶姐姐好，寶姐姐偏不和你好，你怎麼樣，你不和寶姐姐好，寶姐姐偏和你好，你怎麼樣，我笑道，任憑弱水三千，我只取一瓢飲。到如今被畀心八那里暗使着絕命鋼叉，真箇把欠知心的冤家送下。你倒向雲英上脫胎。撇捨家。尋思起恨殺我心中悲也不悲。你魂魄化也不化。

風起介生哭介

上小樓只見靈風颸颸，錢灰飄墮，料應是天海歸來，艷魄嫡娙一地胡經四面攤拖。介妹妹你來了也，你來了也。現真容留壁

返天風靄夜慰癡人殢心腸萬般悲咤。

望介哭介你竟不肯一現仙容，叫小生如何是好。

幺篇我猜這冤苦嚼怎當做哀情，氣俺便合戴着僧伽，披着袈裟拜着菩薩尋成功，尋見他，逼着咱圓箇三生一夜。那便是犯天條也值得被風吹化。

跌倒介小旦上當局真堪死，旁觀也痛心。正飲酒不見了二爺，又不在房中，定是偷到園中去了，因此一徑尋來，呀，原來哭倒在此，咳，可憐可憐。扶生起介生哎呀

朝天子把你潤風風玉花活生生拗折，消不了相思，假但剩下茜紗窗疎籬低亞。幻中緣無收煞。似這祅廟全焚可也包山惝

下。我志誠心你也難勾抹。哎呀，妹妹，你一回見，哭他，哎呀，寶玉，你一回見，哭咱。哎呀，天呀。更沒處覓寄幅兒鮫綃帕。

哭壞唐儲竟不聞　空園寂莫鎖寒雲

何由得睹珊珊步　天海今無李少君

小旦攙扶生下

遇仙　第二十六齣

正宮慢詞長生道引侍從挐旗羽葆引貼仙裝上燒丹鍊汞在本分工夫用一寸淨壇臺此即天宮免去讀解求仙洞跳猩定世御氣飛空是爲乘鳳與驂龍

小仙蘭芝夫人，近因離恨天中幻術消索，將次完結，惟神瑛

絳珠何須補恨，數應史眞人撮合於前，覺迷於後。現在湘雲
始具志心，未成大道，特奉焦仙之命，前去度彼眞詮。
【中呂過曲】【合笙】樞騎着一捧天風，望神仙第宅雲彩中。趁更聲滴縣
清夜永，喚醒他浮生夢。乳靈鏡空，看元霜翠霞滋味濃，九天路
通，聽鸞笙鳳簫聲韻宏。十芒心孔，仗靈慧生光，大丹應合用。不
在雲笈開鶴洞，元虛嗥天女自欽奉。
【衆下老旦道裝上】
【大石引子】【念奴嬌】金羊夜皎，正元功肅穆，三關輕送。一片冰輪來海
底，滿度金橋光燭。綠督爲經，收心至踵，無浪因風動。還丹成否，
且須朝拜仙洞。

紅樓夢傳奇 卷上三 十七

碧柰花開瑤筍長，雲衣一着紫琳香。倘能種得丹泉粟，免向
人間更斷腸。奴家史湘雲，以叔嬸之命，出嫁董生。女貌郎才，
琴和瑟好。怎奈他一病支離，竟成不起。奴家欲以身殉，却又
上有翁姑，須爲董郎侍奉，只得偷息人間。日前賈府禰姑溘
逝，奴家前去吊獻，才知黛玉殁亡，着實傷心。因念草露風燈，
難免三官之考，遂爾矢志修仙。却喜平時道書倘熟，要訣稍
知。當此孀居，正宜拋却俗塵，力求正果。幾日來三關已透，虛
室生明，只是未有眞傳，恐遭魔擾。奴家以女子之身，旣不能
求謁名山，又未便招延道侶，只好憑着慧悟，慢慢而行的了。
【過曲】【念奴嬌序】虛房靜悄，漸覺田幾徧，香心一點，神融十二重樓，

旋轉虛督，任陰蹻先通，誰共閒論丹頭，爲傳眞訣。千川月印，啟
昂憒。【貼衆上】【合】應自有金仙引道，朝謁青童。
【侍女】史湘雲速來迎駕。老旦喜介你聽仙樂盈庭，兼之異香
滿室，有人喚奴引駕，想有眞仙下降也。侍女又喚介老旦跪
介 凡弟子史湘雲敬迓仙輿，乞恕不知，有失祇候。貼笑扶
老旦起介 史娘請起。老旦拜見介 請問上仙何來。【貼】吾乃放
春山遣香洞太虛幻境警幻仙姑蘭芝夫人是也。因汝夙有
根基，心忘風月，堪稱道器，特指迷途。老旦跪介 下愚固陋，得
承上仙指引，何幸如之。【貼】大凡修仙不在金丹服食，惟須心
地潔清。要訣無多，惟須靜聽。忠孝節廉，其根本也。開九竅通

紅樓夢傳奇 卷上三 十八

三關，其功用也。心死而後身生，保精而後藏神，其眞訣也。今
汝有忠孝之性，廉節之心，稍知功用，未能盡死其心，則心且
召魔，定貽後悔。你且起來聽者。
【前腔換頭】休慵懶，心莽孔要纖埃全掃，明珠澈水晶瑩。姹女嬰兒
休要去元白工夫，輕用當懂元氣周天，丹官無垢，自然不死，御
剛風。【合】應自有金仙引道，朝謁青童。
至於工夫次序，也須層累而企，去欲速之心，守常惺之體，得
一步再進一步，到一層才上一層。桶底大脫，火棗生胸，矣幸
汝穎慧過人，以此訣堅行一載，便可成眞。老旦拜謝介 謹遵
仙師要旨而行。【貼】功成之後，尚有一段補恨情緣，應汝作合

汝宜勉之【老旦】仙師那補恨情緣可否宜示【旦】待汝道果圓
登自然說明就裏
前腔功用你且白鍊朱砂青栽琳樹躡乾履兌取圓滿開絳闕
待着您明月飛瓊須共出地香花飛天靈夢一時攜手返瑤宮
衆接貼行介【合】應自有金仙引道朝謁青童
【衆下】【老旦】送介起仰望良久介喜介我湘雲好僥倖也
前腔知重我欲飛去瑤天手摩銀漢卽逢仙馭入塵中傳要訣
定能到紫府銀宮只不知補恨情緣當在何處占鳳怎冰下無
人繩邊闕繫等俺孀女管牽紅我想前因後果諒非偶然我果
能了此一宗公案呵應自有金仙引道朝謁青童

餘道大藥金丹何須用着佩佩曳海山風去嫌雪瑤臺人姓葛
寶光珠雀掌中來　煙女相期去九垓
一片在英瓊項月　從今不許着纖埃【丑】

歸葬　第二十七齣

仙呂入雙調過曲　雙勸酒【小生上】新撇舊蓮開除無處錦貂繡下都歸
典鋪只爲的事多難措算將來數替枝梧
在下乃榮國府門官吳新登是也俺這榮寧兩府本來富貴
風華自從璉二奶奶來管家務鬧了箇稀爛私放支頭盤剝
小民重利又背地裏打着老爺旗號東面說情西面說事璉
二爺又不成林私娶了尤二姐被他知道了騙進府來要了
性命又暗地買出尤二姐丈夫張華告了都察院圖謀奪
得都老爺知道了參劾了故老爺珍大爺查抄了家產這府
裏幾乎一例抄沒幸喜北靜王一力保全只抄了璉二爺一
處老爺卽便將兩府家口搬來居住放老爺珍大爺出關去
了聖上恩旨仍教老爺襲了榮公之職怎奈數年以來支應
浩繁庫藏空虛又添了兩家眷口莊裏不來只得遣了尼僧
女樂接着老太太受驚成病轉背歸西二奶奶費盡心機積
趲的子房書被抄去哭了幾夜吐血而亡寶二爺又爲林姑
娘去世心病瘋顛喪儀醫藥所費不支把老爺逼得走頭沒
路老太太的蓄積又爲盜賊所劫箱籠一空如今要送老太

太靈櫬自南合葬各處張羅都不應手只得將門壁這所大
宅子抵了三千金且作盤費點了總管賴昇和跟班諸人擇
定今日酉時起馬這倒也了却一樁大事只是一切賬目俱
未開發將來年下很餓荒呢話言未了賴總管來也【末上】
哭岐婆多年總管爪牙紛布封翁七品榮而且富要受斑劉贊
蕭疎雖老此心常戀主
自家總管賴昇三代舊人一腔忠梱怎奈兩府事業日漸衰
微哥兒們又多浪蕩眼見得支撐不住了這
【小生笑迎介】老太爺來了【末笑介】兄弟
家事就來遲了【小生】來的

着我且生坐（小生）老太爺如今老爺南去要到你令郎地方遲了你去瞧他不瞧（末）自然要去的（小生）老爺盤費不足只怕要煩你令郎心呢（末）那有什麽說的只是好好一件美事却被上頭弄壞了（小生）什麽美事呢（末）咱們這里林姑娘的哥哥教做林良玉兩日前我聽得人說在揚州行鹽發了大財有一二千萬之富各處都有字號大店近來京城也有了十幾處銀樓若不是璉二奶奶弄鬼敢則老太太把林姑娘配了二爺那時林姑娘也不死二爺也不病得了這一分天大粧奩咱們這府裏不大興旺了麽（小生）真箇可惜了見我想這府裏的事那一件不是璉二奶奶鬧壞了（末）可是呢這

林姑娘的性命不是他送的麽薛家這門子親仁麽好薛大爺還是人麽（小生）那寳姑娘却也罷了聽得說二爺不大喜歡（末）他自幼兒和林姑娘好忽然撇了姓林的娶了姓薛的怎怪他不喜歡呢老爺也很心疼說本意原要把林姑娘配二爺的因爲老太太言語不敢違拗還說太太偏向親戚呢（小生）如今林姑娘的靈柩也該趁此帶回南去才是（末）老太太留的五百銀子上頭使了聽得說要等他哥子來搬呢（雜）上伺候齊了麽老爺要起身了（小生）伺候齊了（雜）下隨外素服上

五供養（外）恨刺心悲楚纏帳秋風泣壞臯魚南天開葬穴桐杖詣苦廬那更郵程千萬看囊僅渾難前去只分的扶靈櫬下三沽再思良計救焦枯

（小生下雜擁外行介）（合）

月上海棠才上章早離了榮寧兩府家常路望九州官道一意馳驅馬蹄輕夕照進山水程近虛煙柔艣縱縱去同望神京幾行雲樹

王謝門衰燕子稀　更堪血淚染麻衣
𧁵荒三列祈園火　油壁銅魚萬里歸（俱下）

後夢　第二十八齣

仙呂過曲　臨鏡序（貼上）柳青娘玉身嬌小稱情場偏殺我縈病禁愁

只怕的生是柱纖腰一捻常自怯晨粧顋輕臨花一朵經曉雨樹搖香總被情絲漾却盼到依張敞那知心事又倜張

奴家柳五兒珊珊玉骨常患心怯怯花枝弱思續命因爲二爺友惜女孩兒想着貼身伺候也盡許多周折日來才在身力誰知二爺爲林姑娘去世一向抱染沈痾近日方痊了無情緒兼之二奶奶端莊可畏襲人又時刻隄防奴家但將舊日念頭一齊冷了今夜二爺忽然要在外房住宿派奴伏侍只得在此等他（生上）

不是路空費思量一去誰知夢也涼怎緻這糊涂張恩恩章章小黃粱（小生雖然哭了林妹妹幾次只是拋撇不下今日襲人

偏偏又把晴雯所補的雀金泥拏來我穿、更添我一番悲感、又被這些人行監坐守、實在可厭可惱、無可奈何、只得在這外房住下、（淚介）哎呀妹妹吓、你若憐着小生、好歹今夜在夢中會我一會、（望娘行悄趁雞前夢裏來相向）（貼爲生解衣介）（生睡介）（支枕邊聽玉漏長多少憶駁況金環幸爲羊權降訴此悲愴）

（睡不着介）（起坐介）（歎介）

哭相思（懨懨生死別經年魂魄不曾來入夢）

（閉目合掌介）（貼笑介）二爺眞像箇和尚（生笑介）果然像麼（貼笑介）果然像（生細看貼介）（入道五兒和晴雯一樣果然臉兒影兒（招介）五兒這來（貼）二爺要什麼（生覷貼良久介）（貼羞介）二爺要什麼（生）你和晴雯姐姐好麼（貼）好的（生）晴雯病重、我去看他、不是你也在那里麼（貼笑點頭介）（生）你聽見他說了什麼（貼）沒有聽見（生攜貼手介）他和我說、早知擔了虛名、也就打正經主意了、你怎麼沒聽見（貼羞介）也虧他女孩兒家說出這些話來（生拔手介）怎麼、你也是道學先生、我因你生得和他一樣、才和你說這些、你倒派他不是、這又奇了（貼）二爺夜深了、睡罷（笑介）今夜不是要養神麼、怎麼倒坐着呢（生）笑介）實告訴你、什麼養神、倒是要遇仙呢（貼羞介）你莫混說、了人家聽見什麼意思（內響介）小旦內外間什麼響（生貼各驚介）（貼吹燈悄下）（生）敢則林妹妹來了也

望瑤鄉半夜金堂、何處處聲起、繡櫳拋毬、想必仙眞降、纔金蓑佩風來徑（妹妹吓）我欲睹嬌模樣、你憐儂、漏來消妄想、須知道玲瓏夢裏空無障

（睡介）（內奏樂介）（生徐起行介）呀、何處樂聲嘹喨、待我看來、眞如福地、原來是座禪林、假去眞來、眞勝假、無原有、是有非無、且住、我記得太虛幻境、那對聯是、假作眞時眞亦假、無爲有處有還無、這里也是什麼眞假有無、却說得好、待我進去問問去來因果（行介）你看一徑松陰、滿空花雨、這般氣象、好不莊嚴也、

十二紅（法雨法雨香臺浣、松徑松徑翠陰涼、一塵不到似天上）薄命司、原來這就是太虛幻境、我夢中來過的、如今竟得親身到此、眞正是大幸呢、且喜冊籍猶存、待我取來一看（無意這冊見好更端詳）這下帶挂在兩株樹上、不是林黛玉麼、這雪裏金釵、不是薛寶釵麼、一箇夜臺抱恨、一箇繡櫳寄暢、一箇舉心侶伴、一箇無意鴛鴦、看這詩句、也無甚不解、爲什麼離合死生、這般懸異（早是一生一死太荒唐、蜂媒蝶紅絲枉誤、教好容光、留恨空天裏）待我再看這了上香櫞、敢是大姐姐、虎兔相逢大夢歸想介）是了、他是卯年下世的吓、這船中女子、想是三妹妹、這占廟美人、難道是四妹妹、這飛雲幾鐵、逝水一灣、莫非史湘雲上面金書一籤字、是何緣故、我且看這又副冊、這水墨之痕跡

是晴雯、怎麼後面又有五株柳樹呢、這無花一簇、破席一條、分
明是花襲人呢、堪羨優伶有福、却與公子無緣、戒戒、原來如此
一箇兒歸泉下、悶的我痛折愁腸、一箇花移檻外、卻與我掃沒
下場、今朝明白花胡賬、旋冊介、這不了閒緣、又何須强、只是伏
侍多年、又有此情分、怎麼拋得他下、哭介、貼悄上、你又發歎了、
林妹妹請你呢、下、生、這是晴雯呀、待我趕上前去、急行介、待把
我兩般心事訴紅粧、望𥇦介、呀、一路來並不見晴雯、他從何處
去了、那林妹妹又在何處呢、你看那白石闌中有一株青草、葉
尖上微帶紅霞、中間有些花朵、微風動處、娬媚可人、却不知叫
什麼名兒、這般矜貴、只覺滿袖香風漾、小旦上、何方蠢物、擅敢

紅樓夢傳奇 卷上三 廿五

偷窺仙草、生驚介、唱介、神仙姐姐、小生聽得晴雯說林妹妹請
我、所以來的、請問神仙姐姐、此草何名、小旦、這草麼、名曰絳珠、
生在靈河岸上、那時萎敗、有神瑛侍者日澆甘露、得以長生、歷
劫報恩、暫歸真境、我即專司此草者、生、姐姐既是花神、可知芙
容花是誰掌管、小旦、這倒不知、我主人才知道呢、生、你主人是
誰、小旦、是瀟湘妃子、生、是了、這瀟湘妃子便是我表妹林黛玉
了、小旦冷笑介、此乃上界神女、豈與凡人有親、若不速退、叫力
士打你出去、生驚退介、呀、如此莊嚴話、又剛休苦受青荊杖、貼
上、速請神瑛侍者、小旦、我等够多時、並無神瑛侍者來到、貼、那
去的便是、小旦、神瑛侍者請轉、下、生急走介、貼扯住介、生驚看

介、原來是晴雯、哭介、你想殺了我也、貼、侍者、我非晴雯、乃妃子
侍女、奉命請你一會、生、姐姐、那妃子是誰、貼、到彼便知、生背介、
他聲音面目、皆是晴雯、怎麼說不是呢、旦仙裝引侍女暗上坐
介、貼、請侍者參見、下、生拜介、侍女捲簾介、生舉頭見旦、痛哭介、
妹妹、你原來在這里、叫我好想、衆喝介、這侍者無禮、快快出去
帶生介、生急走介、旦衆下、副淨暗上立介、生旁皇介、叫我從那
里出去、怎麼好、那是鳳嫂子呀、哭介、我原來回到家中了、怎麼
這樣迷亂起來、姐姐你在這里麼、那林妹妹、副淨帶鬼臉介、生
驚哭走介、副淨下、四力士提鞭上、吠、什麼人敢在天仙福地啼
哭、照打、生急奔介、力士下、生回望介、目喜力士去了、看介、補恨

紅樓夢傳奇 卷上三 廿六

天歎介、心中事、恨最長、問誰人能彀比媧皇、剛才見、旋即颺、料
無緣能共你成雙、真如福地好家鄉、只讓我暫相羊、
淨和尚上、寶玉、你看了離恨天中什麼了、生、看了此冊籍、
淨、世上情緣都只如此、你可悟了、生、悟了、淨、既悟了、你去罷、
推生跌介、淨下、生驚醒介、夜、旺貼急上、二爺二爺魘住了麼、
生痴想介、大笑介、貼驚介、二爺又犯病了、生
節節高浮雲過眼忘、漫悲傷、紅樓夢破都明亮、有何風浪、虛情
誑、癡愁枉、肉身須在青霄上、撇開塵界上天堂、心兒暢、從今花
底不乾忙、大睜着慧眼看空相、
尾聲平生孽債徒勞攘、填卻銀河浪不狂、小生原許下他做和

尚的豈可失信。是必拜蓮花身壽禮鳩玉

夢醒紅樓忽愴然　塵緣消盡見心猿
寶雲滿地花誰採　長嘯高登廣果三

（笑下）（貼隨下）

護玉第二十九齣

（正宮過曲）錦纏道（丑上）玉來歸，感君提，慈悲送回，起病異稀奇。意從容，與居飲食都宜，將從今消災免危，不爭的又早見疏情全冥，蹤跡甚堪疑，拉的把奴家擱起，毫無挂眼，時敢深知其中□□。其中就裏，近日敢深知。

前日二爺又病了，有箇和尚送了玉來，登時

樣，那和尚要一萬銀子，太太和二奶奶打發了幾日，尚未停安，今日和尚又來要銀，二爺會他去了。但是這事我有三不放心：一則當日失玉之時，並無外人，拆字請乩，皆有空門之象，今日和尚送來，敢則便是和尚取去，保不住得銀之後，不再來取；二則和尚行蹤恠異，怕他着魔另有心腸，白費了奴一家許多心力；三則他日來待我，光景比前大不相同，慢道恩愛会稠，便親熱言語也無一句，怕他知道奴家的暗計，存恨在心。那日他和鶯兒說襲人是靠不住的，這話就古怪了。（生急上）自知金可鍊，安用玉通靈。取玉走介。（丑）二爺你急忙忙拏玉那里去？（生）還和尚去。（丑）哎呀，這玉是你的命根，還不得

的。（急趕扯住生介）（生推倒丑介）（丑不放介）（哭介）前日丟了玉，幾乎把我命要了，如今有了，又去還他，你也活不成，我也活不成了。你要還，先叫我死了罷。（生推丑介）你死也要還，你不死也要還。（雜旦急上）怎麼怎麼？（丑哭介）他要把玉還和尚呢。（雜旦急扯住生介）哎呀，這却如何使得？（生左右推介）（大笑介）這玉就死命的不放，若我走了，又待如何？（丑驚哭介）（老旦小旦上）怎麼好端端拏這玉去做什麼？（生）那和尚不近人情，必要一萬銀子，我還了他玉，他見不希罕，敢則隨意給他些，就罷了。（老旦）原來如此，為什麼不說明了，也叫人放心。（小旦）這倒使得，若真箇還他，那和尚古怪，可不又鬧不清了。至於銀

錢，我的頭面還變得來，你也不用出去，我給他錢就是了。（下）取玉介。你們放了手罷。（雜旦丑放手介）（生笑介）你們原來重玉不重人，我跟他走了，你們守着玉罷。（急下）（丑）太太，他說要跟着和尚走呢。（老旦）快叫人分付門上莫放二爺出去。（丑急下）（老旦）這畜生竟不知是何意見

普天樂父娘兒深撫，此撫成人，新成室偏存箇乖劣心，期傍崖花要着纏衣。（小旦愁介）怕情遷性移，下得便拋家計，做了轉關難料，折開恩愛夫妻。

（俱下）（淨扮和尚上）白苔逕，借虎元□嘯鬼狐。那日咱家取了玉去，果然他家賞貝出了賞帖，□□看謝銀一萬，咱家幾次來

打探機緣，才知他與黛玉晴雯有情未遂，且喜兩人魂魄已
自攝來，可以誘他同走。我便尋入他的夢境，示以禪機，後來
送還了玉。本不爲萬金起見，卻借索銀名目，來指名會他。我
曉得太虛幻境他們當年的公案，用此言語打動他，他進去
取玉去了。待他出來，佯爲指引，敢則就上了鉤也。（生上）師父，
玉被他們搶去，弟子在此，願隨師父去罷。（淨）我要玉不要人。
（生跪介）師父慈悲則箇。（淨）你且起來，你可知那玉的來頭麽？
（生）弟子不知，望師父指點。（淨）

古輪臺 那在大荒西，倚高峰青埂弄神奇，偷下這繁華世界了。
情緣把空花閃你。你若入我門來，那黛玉晴雯，他魂指日可見。

紅樓夢傳奇 卷上三 三十一

想見他生小癡魂，嬌顏艷體，且須撒手空門之內，指證牟尼。（生
喜介）弟子便隨師父去罷。（淨背介）這里惟走不了。（轉介）你倘
有世緣未了，等到那日，我自來引你做看家一個印度嬾殘師。（生
生）請問師父，弟子還有多少世緣？（淨）你且聽我一偈。（大笑）抽身
籠頭小占，意馬收韁，玉人見面，繁華富貴，收成和你同登
太虛殿。（生）是。那弟子夢遊太虛幻境，曾見過師父的，真是一尊
活佛了。但不知這地方卻在何處？（淨）說遠就遠，說近就近。且學
靈山高會，和你潛行去着了紫袈衣，歡天喜地，稱心如意，鳩摩
宗法許雙棲，巧笑迎卻，底不經生死，沒分離。
我和你既是舊相識，如今不要銀子了，但記着我的言語罷。

我去了。（生送介）（淨）
尾聲 虛空領悟西來意，好打破葫蘆沒底。（下）（生）且尋那仙草仙
花訪可依。
聽師父偈中說什麽籠頭小占，想父親正有書來，命我鄉試，
不免料理些場屋工夫，賺取一舉，以慰父母，以了世緣便了。
浮名從不繫心胷，偶被名牽爲懊儂。
劈破玉籠飛綵鳳，頓開金鎖走蛟龍。（下）

禮佛 第三十齣

僊呂過曲 羽調排歌（雜旦上）癡了香心，驚開夢影，皈依古佛青燈。長
斷麻線好難行，世事盤陀不慣經，不忍聽，不忍爭，早則游絲系

紅樓夢傳奇 卷上三 三十二

地嬾縈情，優婆命華蓋星，沒牽拘絆且繙經。
奴家紫鵑，自林姑娘下世，立意不與寶玉交言，怎奈他一種
柔情，再三剖白，又見他幾番大病，死去活來，奴家倒心中不
忍。可惜我姑娘性急了些，假如在世，這姻緣倘可結成，咳，而
今是無益了。從來萬事難憑人作主，一生惟有命安排。奴家
見此風波，看得世情冷淡，恰好四姑娘願入空門，再三求准
太太，叫他帶髮修行，便在櫳翠庵居住，因問情愿伏侍之人，
奴家便求了太太，來伺候四姑娘。昨日搬到此間，且喜十分
清靜，只是心心念念，憶着林姑娘，不能拋下耳。（哭介）（正旦上）
南呂過曲 宜春令 分珂月，轉迴廊，嘆蓮花香生妙經，這雲寒穿鼓把

幻境（生）太虛幻境中有神女主持我家諸人皆有冊籍在內（正
旦）那冊籍上寫些什麽（生）我便念將你的出來勘破三春景不
長緇衣頓改昔年粧可憐繡戶侯門女小臥青燈古佛傍（正旦
原來也有定數（雜旦）三爺林姑娘呢（生）他是兩株大樹上面挂
了一條玉帶我前日已經會過他來現今已爲神女好不威嚴
晴雯也在那裏伺候他呢（雜旦）呀原來如此（生）仙宮是何人爲
證（生）是我親眼見的（雜旦）見佳人致愁的證（生）並沒一言只
被侍女們攙了出來（雜旦）背介我紫鵑若能去伏侍他就好了
怎得丹房侶晨鐘暮鼓也免的枉在塵中沒着（生）一片嬌雲影
只隔斷半壁虛屋幾點鐘聲

紅樓夢傳奇　卷上三　卅五

（生）大笑介妹妹我去了呢（正旦）哥哥去了（生）看雜旦笑介紫
鵑很好也罷
屋壁論佛法都平等青鸞會許侍兒行只要去尋見瑤宮的那
舊日盟
（下雜旦）姑娘你聽二爺言語只怕將來也要走上這路呢（正
旦）他若走上這路那就不得安寧了（雜旦）便是（正旦）你且隨
我進來（雜旦）是

珠火生眉優鉢香　水田衣衲事空王
人天最永惟花窟　百福何如清福長（同下）

逃禪第三十一齣

世間緣敲得無餘剩早將我算定今生也只合伊蒲清冷那化
人城諒許我住香天打碎梅花磬
紫鵑我立心事佛情願學裏頭神幸得太太依從可剛素願
只是你青年妙麗那能耐此淒清（雜旦）姑娘說那里話來
前腔双心死早斷腥爲林娘把人間看輕似電光一閃夕陽已
殘桃花影撇得箇繡佛長齋全不怕更迷眞性只求姑娘時常
指點愚儂神機慧悟好指點這寸心明淨
（正旦）將來慢慢講求便了（雜旦）多謝姑娘（生上）一心歸妙法
隨意仰禪關妹妹你倒遂了願了只是愚兄倘自沉淪苦海
奈何奈何（正旦）哥哥世緣太重怎及妹子無挂無牽（生）笑介

紅樓夢傳奇　卷上三　卅六

賢妹差矣我有什麽牽挂來
解三醒俺幾曾爲他們中心耿耿爲他們肯去夜曉營營俺把
此看迷翠惹竟全看剩俺把此燕鶯歡比做浮萍俺自從亡了
玉人還有甚閒心興算了一枕華胥夢不成（雜旦）淚介（生）守得
眞源定你道是牽挂多人我道是了沒關情
紫鵑你果然伏侍四姑娘一生功勞可也不小只是你既自
願出家爲什麽前日又幫着襲人勸我（雜旦）二爺那和尚古
怪未知是妖是佛怕你走差路頭因此紫鵑阿
前腔僭伊做泥花粘定這真閒體認難清（生）笑介你又那里知
道我從太虛幻境還來久知他是一尊活佛了（正旦）什麽太虛

使呂入雙調過曲【字字雙】淨和尚副淨道士上淨扮行手段我爲魁妖魅副淨扮入拐到瀛州西頭邊淨任他迷途着癡迷圖齎副淨何嘗有座上天梯齊笑介合把戲把戲

淨道兄我用盡心機騙得寶玉心肯意肯約定今日出場同走我們等他去副淨這時候好放牌了快走快走淨踏破鐵鞵無覓處副淨得來全不費功夫下末小生上我們賈府家丁因爲二爺和蘭哥兒鄉試今日出場特地來接末哥吓八山人海眼睛要放快些呢小生知道內鼓吹生衆士子挨擠上淨副淨騎上扯生下衆下末哥吓蘭哥兒出來了怎麼二爺還沒有出來小生我們去問蘭哥兒末有理下淨副淨引

紅樓夢傳奇 卷上三 三十三

生上生師父我們走罷淨走罷生

登地錦襠天空海闊鳥高飛脫却儒衣換佛衣師父那熊玉騎麥仙魂指日可見淨今夜就見的生大笑介仙魂今日會相依從此應無腸斷時

大笑下淨副淨各做勢下末小生上我們走去擱了蘭哥兒說是二爺一同出場如今不知走到那里去了我們快快找去合

倒拖船急須尋去休遲滯休遲滯着無公子怎逃罪怎逃罪小街大街胡同內分頭找趕忙追恨身軀不能飛尋不見哥兒可就了不的

似雲飄散水分流　此去何時更轉頭

無限花枝留不住　斜雲殘日杳難求下

遣襲第三十二齣

商調過曲【二郎神】老旦哭上拋娘去刺娘心痛嬌兒寶玉可怎的覆地翻天無處覓想蓬華老邁倒娘爭受悲吁是不合將情來間阻閃殺他山椒水活忒糊塗爲磯絲鬼窟親人都付空虛

老身只有一箇寶玉前出科場不知去向京城內外跟尋了一月有餘都無下落他却中了第七名舉人天子甚愛其文詢及家世合各省地方官找尋也無消息老身年過半百兒誰七張哭介早知如此便娶了林丫頭也罷了日前寫了家

紅樓夢傳奇 卷上三 三十四

書報與老爺知道不知如今可曾接着否哭介哎呀我的兒吓小旦哭上

前腔與娘呼救終身無人傲主生生撇捨比病死家園還要遠我娘消瘦怎生般天佑兒夫早還他活去生還也歸故居一家重聚孜孜向燈前共佳兒歡獻上賴你天公化轉癡懸

婆婆老旦媳婦我生兒不肖忍棄家園誤你青年使我恍痛小旦婆婆說那里話來媳婦薄命不花紅命如紙薄遭教遐棄莫可如何倚望婆婆强自排遣切莫過傷老旦淚介兒吓你叫我怎能不傷呢

集賢賓千辛萬苦來撫育正臨下撇娘竟入向天涯無定所又

誰知生死何如。送得我殘年受苦。算此後光陰難度。我生命感
要忘悲快歸黃土
【集賢聽黃鶯】集賢賓【小旦】你孩兒撇你真坦如。又何必苦爲縈紆。
你老景餘年奴看取。縱不能改換門閭。也守得喘噓日莫莫常
抱無量憂苦【低介】【見】黃鶯兒甚的是水懷珠。倘能龍入夢。何患影兒
孤。
【老旦】這却還好兒呀。我還有事和你商量。【小旦】婆婆有什麼
事情分付媳婦便了。【老旦】這般尋覓沒箇影兒。【哽咽介】寶玉
是不回來了。那襲人雖然跟他多年。却未經收在屋裏。不便
留他。我已命人喚他兄嫂去了。等他來時。叫他領回另嫁。那

五兒原不必說。人也大了。叫他出去配人罷。【小旦】媳婦也如
此想。【襲侍兒暗上】【老旦】你去喚襲人五兒來。【雜應下】【老旦】見
吓這襲人却有些難處。若遣他。怕他尋死覓活。若不遣他。又
恐老爺回來不依。【小旦】且等他來。以大義諭他。再叫婆婆與
他此姓。叫他哥嫂配一門正經親事。他也就可安心了。【老
旦】這也說得是。【雜領丑貼上】【雜】太太襲人五兒喚來了。【丑貼
見介】【老旦】襲人。我想寶玉和你雖有恩情。却未分明說破。老
爺是全不知道的。我豈不願你爲寶玉苦守。只是老爺如何
肯依。我已經分付你哥嫂。叫他替你尋一門正經親事。我還
與你一分粧奩。你却不可拂我之意。【丑哭跪介】呀。太太念

襲人呵。
【前腔】賤身軀。早與公子俱。怕只是奠庭除。【老旦】你既未分明便是
侍女。那有侍女守節之理。【丑沉吟介】却說是守義從來無侍女。
【老旦】况且老爺也斷不依。【丑】又兼之主人難恕。待抛離竟去却
怎把舊恩情來負。【想介】襲人從不敢違拗太太的言語。任憑太
太主張罷。幾番躊躇打熬一世。償不了白辛勤。
【老旦】好孩子。你真箇明白。你哥嫂定與你揀箇好人家的。五
兒你是不用說的。我已叫你娘去了。你好好跟他回去配人
罷。【貼哭跪介】太太五兒却是不願出去的。【老旦】這又奇了。你
與寶玉什麼相干。你倒不肯出去。【貼】五兒不爲二爺起見。【老

旦】可又來。【貼】念五兒呵。
【二犯二郎神】侍身未久。心意迋願常侍階除。忍做無恩辭舊
主。五兒果然有了過犯。太太攆了。是該的。今日兩無辜先除名
而去。若是二爺在家。或者還有一說。如今二爺又走了。怕什麼
比不得花貌嬌娛。這惡妒堅淵。願容依屋宇。暫時且待得他年
再尋歸路。
【老旦怒介】我的言語。怎敢不依。你可仔細你的皮。【貼叩頭
哭介】五兒情願太太處死。不願出去。【老旦】這倒教我疑惑起
來了。
【鶯猿一】金羅留戀。亦何須敢私情。背其人。【貼】二爺並無苟且。蓋

（旦）既無奇且爲什麽不肯去呢（貼）五兒情願長久伺候二姊姊

（老旦）不勞錦堂中自有人圖護繡帷前怕没花扶助我今日偏

不許你在這里（貼哭介）（老旦）敢違吾再枝梧那時動了我無明

你死奈夫奈何稱得你心頭你好不愚（貼哭叩頭介）只求太太

恩典（老旦）看你涓涓清淚如同滚珠哀哀求告應知切膚早難

言就裏無緣故

侍兒取家法過來（貼哭介）（小旦）婆婆且請息怒待媳婦問問

他去（老旦）也罷你問問他去（小旦）攜貼向前揚介

【琥珀猫兒墜】肺肝傾吐不必更粧愚料我官人曾汝覷好將心

事實知奴（貼）五兒並不爲着二爺只是不願出府（小旦）這都也

紅樓夢傳奇　卷上三　三七

【前腔】竟没緣由却思長往

（老旦）他說什麽（小旦）他說並不爲二爺呢依媳婦愚見也

他四妹妹那里去晨鐘暮鼓受此凄涼自然也

此言甚是侍兒你可送五兒到櫳翠庵去

是我那親兒阿你却在何處也（小旦淚介）（合）

【尾聲】望天雲悲風緊可能彀月再團圓花再好（帶哭）

二爺阿我只爲那一夜燈前難棄汝

一園秋雨一龕燈　心迹年來略似僧

欲頌金經盟古佛　沾衣恐有淚痕凝（同雜下）

紅樓夢傳奇上卷終

紅樓夢傳奇

吳州　紅豆邨樵　填詞

同里　邗亭居士　按拍

補恨第三十三齣

（仙呂過曲）【油核桃】天仙裝上論大劫有情都幻到情真天隨人願太

虛宫開檢舊公案不做美呆殺神仙

不死情不堅不生情不了能死復能生其也

皇石原以補爲好昔爲相思花今作合歡草小仙卜

雖離恨天移到還淚公案那絳珠子已飲恨而終神瑛亦入

空門欲登佛果不料爲妖僧所惑絳珠與芙蓉女兒並遭

紅樓夢傳奇　卷下一　一

爲所拘正在與夫人商議先除妖孽然後補此情緣那值南

海菩薩遣神來召及至落伽始知史太君嫌恨生前不與寶

玉圓成姻事哀求菩薩賜彼回生小仙當將補恨緣由啟明

菩薩並乞佛兵驅除妖孽菩薩生大歡喜即遣揭諦神前往

毘陵暗助賈政擒妖護法神送黛玉回生得此慈悲願力郎

日冷骨生春只是黛玉含恨甚深尚多周折也

【八聲甘州】情波淚覓天爲怪風苦雨擬君沈船鍾情非福芳魂

懊惱悲憐可憐的酬恩未完泉下眠早則是回夢難消心上魂

求仙越冷淡須知趣越相牽

那寶玉賈介公孫嬌妻美妾一齊抛下此情也不讓黛玉情

叉之死

〔前腔〕〔換頭〕逃禪期登上品蓮使兜羅歸去要絲來繫暢好是情無更疑懸匡上撒手飄然他把那嬌妻美妾一旦拚望落月仍同三五圓心堅恨不補沒有青天

向此南海普陀呵

〔解三酲〕為着那胡不灑神瑛淚流須把個絳珠子魂氣歸原。小花愁偕人巫陽說放一片普渡慈航他那里病林鴨鵡無同聲却顧彼文鸛鴛鴦常並肩春冰泮若沒有青腰玉女寶玉雖僩月喜吏湘雲得成大道補恨之事夫人業與言明他自有一番作用況黛玉有情女子豈能鐵石為心變恩成雠少不得

紅樓夢傳奇　卷下　十二

轉悲為笑

〔前腔〕〔換頭〕紫陵雲等閑春送暖翠還淚還愁還病宛仙真入奪轉金丹願怎迴避雨雲天秋波句稱雙花依舊妍所趕着雪裏金釵紫社偶同歡樂只落殺要衣侍女會讒言屠聲麼生廝死仍迷戀則他一夢紅樓兩世緣才把那雠變天中恨補完。

仙緣原續有根基　情憾中人偶見之
若使世間全補恨　應無死別與生離〔下〕

探玉　第二十四齣

〔二揭諦雜上〕〔一〕吾乃波羅揭諦〔二〕吾乃波羅僧揭諦〔合〕奉菩薩法旨來到毘陵暗助賈政捨妖並送黛玉晴雯魂魄交與史太君管領〔內鳴鑼介〕你看賈政官船早到也〔下〕〔二跣子二童引外上〕

〔黃鐘引子〕〔霞仙燈〕風木含悲乍抛撇晚山廬墓放孤舟寒雲凍雨正是淚灑江天又癡兒逃去百結迴腸轉家門那堪痛苦。

仰事事方終俯育偏多愧昨夜得家言哀喜各居半喜子已成名哀子忽逃竄蕭然兩鬢斑我那不肝腸斷下官奉母櫬梧南來卜葬祭穸已成謁謝蘇撫放舟北歸途中接得家信賞寶玉蘭兒皆領鄉薦怎奈寶玉不知去向天子因喜其文詢知其故傳旨各處訪查竟無蹤影好不煩悶人也左右前面

紅樓夢傳奇　卷下　三

是那里了〔院子〕毘陵驛了〔外〕分付任船〔院子應下〕〔內鳴金住船介〕〔外〕我想寶玉失去夫人媳婦不知傷到什麼分兒待我寫書寬慰先差賴昇入都者童兒磨墨〔童磨介〕〔外提筆復放介歎介〕〔看鬚介〕〔淚介〕

〔過曲〕〔師子序〕鬢鬚霜筋力枯這孩兒須送俺夫妻晚途你今這一去呵教雙親誰靠莫路桑榆那更聽媳婦的怨苦我想他衛玉而生本是一樁奇事從來這一輩人不過借胎而已多應他下紫關借凝胎鍊九珠功成歸去他也沒有什麼功果吓怕的是小人騙拐遊入虛無

〔丑介淨副淨引生上〕〔淨〕走吓一山復一山〔副淨〕二水復一水

〔合〕不過幾多時行來數千里〔副淨〕師兄我們帶了寶玉出了京城一直南來幾次他要逃回被我們灑了迷藥他就不能言語如今去蘇州相近了走上海船還愁他飛上天去〔淨〕笑介〔丑〕便是〔副淨〕今日這樣大雪怎麽走呢不要將這小子凍壞了那就沒趣弄呢〔淨〕且到毘陵驛歇去〔副淨〕如此快走〔生〕見外上船拜介〔外〕覷介〔丑〕呀這不是寶玉麼〔外〕擲筆起趕介〔淨副淨〕抱生急行介〔丑外〕家丁們快來〔衆上〕〔外〕快追寶玉〔衆〕追介〔丙〕放火光介〔丑〕揭諦神上攔住打倒淨副淨介〔衆〕擒住介〔神〕立高處介〔衆〕扶生上船介〔外〕我兒怎麽了〔生〕不言淚介〔外〕這是着了迷藥了且扶到內艙歇息不可離人〔童〕扶生下〔外〕帶過妖僧

紅樓夢傳奇　卷下一　四

妖道來〔淨副淨〕不肯跪介〔外〕速取狗血穢物淋這狗才〔衆〕淋介〔外〕扯下去重打〔淨副淨〕跪介〔淨〕情願認供〔外〕從實供來〔淨〕僧人志九與這涵虛道人皆有隱身符法時常出入府中曾將通靈玉竊去欲得銀一萬不能到手將玉送還因以度佛爲名約他出場之日一同逃走騙出京城灑了迷藥帶到此間被獲甘罪無辭〔外〕你將寶玉拐到那里去呢〔淨〕副淨叩頭不語介〔外〕左右與我打〔淨副淨〕慌介〔副淨〕實是要拐到蘇州賣與戲班裏做戲〔外〕左右這狗才身上必有妖物與我搜來〔衆〕搜出通靈玉及葫蘆銅匣木匣冊子介〔外〕取玉介這葫蘆做什麽的〔副淨〕這葫蘆能幻夢境〔外〕這銅匣呢〔淨〕這是迷藥〔外〕這木匣呢〔淨〕這是攝魂的〔外〕開匣介有這許多木人兒翻冊介〔丑〕盡是些女子年庚〔驚介〕榮國府閨秀一名林黛玉榮國府使女一名柳晴雯〔拍案介〕呀

〔太平歌〕只見生魂簿把這柳林書不覺心頭生大怒〔淚介〕恁閨娃不料殘生誤那廝兒與你何仇怨你竟把雙魂攝去附枯株似你寸磔有餘辜

〔淨〕爺爺不妨拔了針兒便回生的〔外〕拔針介且貼魂帊上揭諦神跳舞引且貼下〔外〕喝介狗才快將寶玉迷藥解了〔淨〕爺爺要半碗水呢〔院子〕與水介〔淨〕符咒介〔童〕捧下〔外〕左右拏我名帖將這兩箇妖人並這些妖物送交該縣按律處死〔衆〕應

紅樓夢傳奇　卷下一　五

介〔外〕來低介隨意說一家姓名不必指明寶玉〔衆〕是〔淨副淨〕背介這官兒有揭諦神護衞不能逃避這番罷了瓦罐終歸井上破軍師未到陣前亡〔衆〕帶淨副淨下〔生〕哭上爹爹跪介〔寶玉〕該死〔外〕你這玷辱祖宗不守規矩的奴才〔視生〕良久抱生哭介〔丑〕兒呀這苦也是你自作自受哩〔生〕哭介〔外〕爲生拭玉介〔生〕

寶宮花兒癡頑下愚望爹爹饒恕初只爲妖人誤非做網禽遭今日里膝前增愧懼〔外〕可知你中了第七名舉人麽〔生〕孩兒路上見奉旨找尋楊文便思轉去苦被妖僧禁喊只得隨他跨渡江湖

外長歎介背介

降黃龍長吁我孩兒的心下非愚我聽得夫人說他瘋顛之實因黛玉而起莫不逃走出家也因黛玉麽丟須婚姻意乖情誤據這妖僧所說黛玉尚可回生此言若真定將黛玉配他方能杜絕後患杜癡心妄想是同偕到老定不墮空虛我與黛玉之母何等友愛不幸身亡單留此女我原該立定主意娶他做媳婦竟草草聘了寶釵這却是夫人姊妹情深姑嫂念薄呢叢決夫人大分金竟把寶釵娶起初老太太愛惜黛玉也與寶玉一樣只爲瑾兒媳婦數黑道白因此老太太冷淡了其實黛玉又伶俐又穩重有什麽不是處那瑾兒媳婦一意迎合太太所以

如此我好不恨呢悶的我一腔深恨暗淚彈珠

生背介

大勝樂爲佳人想上雲衢才拜金身要撼道樞耐酸辛空泣場朱路原來妖人攝了他兩人魂魄又來騙我且喜老爺將針見救了兩人若真個回生我還要成什麽佛他那里倘魂能向人間住我這里佛足何須世外跌介此夜相逢悞否好比做雲中得月餓後嚼珠

外明日寫書差賴升回去報知喜信便了我兒隨我進來

罷生是

律鼓聲和喜氣融　阮生幸免泣途窮

今宵剩把銀釭照　猶恐相逢是夢中俱下

返魂第三十五齣

場後設林幔貼暗卧幔中介雜旦上

正宮過曲普天樂想玉人魂魄渰然化傷得我痛淚常盈把悲光青海印無家南兌賺謝女騎鸞偏又把肝腸挂苦因箇拂袖人兒添嗚咽我紫鵑自到瀟湘倒也一塵不染萬念皆空只是想起姑娘便有萬分悲感近來寶玉棄家逃去無處跟尋定是逃入空門隨着那和尚去了倘若能成正果和我姑娘做對兒天上夫妻也不枉他兩箇死生情意單則闔家大小日夜悲啼何時是了奴家細思在事京後癡心不知將來可能再見那玉人

巳嫁什麽蔣琪官去了五兒妹妹那無故不肯出門太太送來庵中與我一房居住未經一月便染此病水米不沾勢甚危篤不知此時如何待我再看他一看把帳挑亮將帷幔輕揭五兒妹妹這會兒可好此貼啍介雜旦歎介一似秋風搖淚蠟最傷懷見消了艷容華

內三更介雜旦佹介長夜難熬我且打睡片時睡介貼上

憶當兒這前世他今世咱接樹移花共一家我晴雯數應借五兒尸身還陽老太太將林姑娘和我一同帶進府中便到太太那邊去了我送林姑娘到瀟湘館他敎我尋喚紫鵑一路行來好不荒涼冷落也月館風亭多半斜梅含凍萼霜驚暝鵲道是

櫳翠庵了。俺趁風早抵庵門下（拜介）菩薩弟子晴雯少刻回生，
伏望慈悲保佑。鬼也邪，金輪再轉休更有波渣。
紫鵑姐姐，我回來了。（雜旦起介）（貼）林姑娘在那里等你呢。（雜
旦）晴雯妹妹不要哄我，我不信。（貼）我哄你麼，決也
去（扯雜旦下）（旦上）依稀似夢還非夢，作介
中山聲酒醒不堪人世已經年。奴家昔因
蒙大士慈悲，免稽鬼籙，與晴雯一同回生。
又生許多枝節，如何見好，老太太引奴來到園中，
了晴雯喚取紫鵑，尚然未到。奴家獨在瀟湘館目睹遺蹤，魂
地面好不傷感人也。

紅樓夢傳奇　卷下一

前腔生有涯情有涯，不死焉知非夢華，死後焉知不是家。雲情
賺，鳴風懷戀，他可甚閑窮泉一例都乾龍。（貼扯雜旦上）這不是
你姑娘。（旦）紫鵑妹妹，我到了家還不能進去，我好苦呀。（哭介）（雜
旦哭介）（貼）姑娘，紫鵑已來，我進屋子去了。（旦）（貼合）鬼也邪，金輪
再轉休更有波渣。
（旦下）（雜旦扯貼介）晴雯妹妹，你往那里去呀。（貼推雜旦跌介）
（要帷臥介）（雜旦醒介）晴雯妹妹，（遲疑介）原來是一夢啊。
鬭黑麻這几上昏燈背人放花。（內四更介）（聽更鼓）譙樓早已四
撾。（淚介）猛的愁淚灑，没撐達，夢醒空房寥寥病榻。五兒妹妹，你
可要此湯水。（貼哼介）（雜旦）有晚的粥湯在此，待我灌他些兒。灌

（介）咳，神衰骨怯，怕他生命絕，玉碎珠沉，玉碎珠沉，抱煙化蝶。
好了，竟受了此粥湯了。（內五更介）（貼）這是那里呀。（雜旦）五兒
妹妹，這是你臥房呀。（貼）我不是五兒，是晴雯。（雜旦大驚介）呀。
前腔你若是晴雯，甚冤訴說。（貼）我回生了呀。（雜旦）因何的回生。
借人氣血。（貼）五兒壽命已盡，數應晴雯借尸。（雜旦）元來妹兒生。
五兒絕。（淚介）知他何處飄零艷魂瘦怯。（貼）他如今伺候老太太
了。（雜旦）堪歎死咽，心中千萬折，驚聞異事，奇聞此疑未決。
（向內介）莫媽媽，你回太太去，晴雯借五兒尸身回陽了。（內應
介）（正旦上）
玉胞肚聽說是病娃，尸厥小晴雯回生借也，柳家魂柳家骸骨。

紅樓夢傳奇　卷下一　九

一邊寒一邊溫，熱交花共葉，不由人不動嗟呀。好向牀前親問
也。
紫鵑，真箇晴雯借尸還魂麼。（雜旦）或是五兒着邪，或是晴雯
回生，尚未可定，只是紫鵑方才一夢，甚是奇怪。（正旦）什麼夢
呢。（雜旦）
前腔剛才夢晴雯來，還却道是俺林娘今番到家，共佳人急去
瀟湘見嬌娘，淚雨橫斜，說紫鵑我到了家還不能進去，我好苦。
（正旦）這樣說，連林姑娘也要活轉來呢。（雜旦）便是我恨不得就
到瀟湘館去扶他起來。姑娘，你道不奇怪麼。（貼）有甚奇怪，我方
才同林姑娘回來，教我來喚你，明明白白，有甚奇處，漫將真認

假只是你回了太太敢怕重新攛我出去春魂初醒恨猶賒依舊東風吹落花以前攛我怕我引誘二爺如今二爺不在家不妨留下了我等回來再攛罷（正旦）你敢則知道二爺下落（貼）我和林姑娘本同二爺一處走如今林姑娘也回生了二爺也待回家了（正旦）果然如此就是天大之喜了（老旦小旦上）（老旦）方驚覺夢回燈下忽報奇聞到榻前（正旦）太太來了（老旦）好奇事吓（正旦）太太他說二爺待回來了（老旦喜介）我親（貼手介）好孩子你且細細告訴我（貼）晴雯和林姑娘生魂皆被妖僧攝去在後二爺也來了一路見走後來二爺遇見老爺上船下拜

老爺趕出艙來那僧道拖了二爺上岸被老爺趕去拏住當時上船審問拔了木人上針兒便有神人引林姑娘和我到了宗祠跟着老太太過來的現今林姑娘在瀟湘館專等巳初一刻回生二爺在老爺船上少不得一同回來的（老旦）是了你這話是准的了我今夜也得了一夢夢見老太太說道好了林丫頭回生了明日巳初一刻快去開棺我正在躊躇老太太就惱起來道我是正經話你還不信麽不要說林丫頭和寶玉前生配定姻緣就是這兩府也要在他手裏興旺呢你記着你若不信還你一件信物便將手中壽星拐擲來我就醒了果然有壽星拐在牀上（貼）可不是呢（小旦正旦）這樣說寶玉一定回來了（老旦）好孩子寶玉回來我回明老爺叫你們一輩子過活（貼）多謝太太恩典往後不攆就夠了（雜旦暗點頭介）（老旦笑介）我的兒

【川撥棹】安心住誰躕躕你話兒真是傻但有日寶玉歸家但有日寶玉歸家謝芳姿姻緣在咱（雜旦）如今誰到瀟湘館去（老旦）大家同去且與晴雯放下帳兒四姑娘你在此照應着他罷（正旦）是（雜旦放帳介）（貼暗下）（正旦下）（老旦）衆媳婦請了大奶奶來（雜旦）是（合）送終時獨有他再生時漫少他

（俱下）（小生韋馱上遶場跳舞下）（正旦小旦雜旦用被裹旦扶一出鬼門由生門下）（老旦上）且喜甥女已生寶玉一定回來了

【前腔】神明佑真緣法看活現瀟湘白玉花地中春早透靈芽地中春早透靈芽返魂香何須海槎望南雲歸路賒定嬌兒能到家

【尾聲】今朝還打歸魂卦生死事原來當耍只多謝破棺星朗照胞紗。

箋愁賦恨總徒然　情死情生自有天
定許佳音靈鵲報　好憑淚眼望江煙

談恨　第三十六齣

【雙調引子】【秋蕊香】（旦上）已覺形骸安穩還飄蕩未定驚魂（貼上）玉貌依然如花嫩無奈是真身難認

旦癡情受盡癡情害一死償還前世債從今識破幾人心翦
斷悲愁翦斷愛貼生前所願未能償直到入開尤罣礙郝憐
此體非故吾姑娘怎及你金剛身不壞旦晴雯我和你已爲
異物不料重生你因同病相憐願與奴家作伴攜來一處將
息多時你既氣血歸原我亦精神如故只是人情可見生也
無聊這倒是療容金魚害人不淺也貼姑娘若無療容金魚
也得像晴雯借體了旦當初若將我此身借了與你豈不是
好貼晴雯是何等樣人敢借姑娘玉體將來怎生位置呢旦
哎
過曲孝順兒孝順歌 我把情參透有甚因重生也同地下人縱我身
紅樓夢傳奇 卷下一 十二
軀果是真心見早離慮漫商量名分笑介巧跌輕翻可把人來
錯認晴雯似係心底留連未免還癡鈍末江兒 拋去前生愁悶怨
讐仇山不用低迷親近
雜且上匠將天大喜報與地中人姑娘老爺回來了就來看
你呢旦你去替我請老爺安說我當不起老爺來看雜旦是
姑娘果然寶玉也回來了旦惱介哎我以後耳中總不許有
這兩字雜旦貼呆介外上人間果有回生事天上應無未了
緣甥女在那里旦哭見介外哭介哎呀兒吓
前腔你魂游久喜再親玉好珠完真是神旦哽咽介我那艮玉
哥哥在那是外他已中鄉魁臘底春初便可到此笑介見吓你

既想親人就不要生分了我俺也是嬢行至戚人且莫去惦記
親枝本着意滋培虛損老旦正旦上竹畦蕉翠滿苔徑斷青多
外夫人媳婦也來了媳婦你來得正好我深知你們的情分總
來你林妹妹也不是外人你疼他就如孝順了我全賴你終始
調停貼心着緊待到百體安和這病兒才放穩正旦是老旦
晴雯來見了老爺貼叩頭介外看笑介果然與晴雯一般無二
晴雯你同紫鵑都是老太太的舊人吓貼正
老太太須是好生伏侍林姑娘這林姑娘並非外人吓
忘了他我一輩子另眼相看須得百依千順呵
終身安頓
紅樓夢傳奇 卷下一
你們明白了麼雜旦貼羞介明白了外
當前難說心中事眼下聊傳絃外音下老
貼姑娘你可聽見老爺的話了旦冷笑介
步步嬌影憐兒添我三分悶往事思量盡還那有意中人撇
龐甜嬰是閒人幫襯剷斷了吉癡根任風波怎動的奴方寸
一睡介雜旦笑介寶玉說姑娘已爲神女你跟着他誰知你們
還被妖僧釘住妹妹可覺得苦麽貼倒也無甚苦處姐姐我
問你寶玉做親怎樣光景雜旦那多是二奶奶的詭計二爺
自失玉之後人事不知老太太動了箇冲喜念頭二奶奶力
薦寶姑娘温厚金鎖可以鎮邪是配定的金玉姻緣又分付

衆人只說娶的姑娘到那晚還要叫我去攙拜穩住二爺的心你想我可肯去被我發揮一陣他們無法只得叫了雪鴈去二爺果然認是姑娘歡歡喜喜心地也大明白了及至坐牀之後揭去方巾見是寶姑娘登時又瘋傻起來貼二奶奶這是何苦呢雜旦也不盡干二奶奶之事都是襲人的不是呢不但你是他害的就是姑娘也是他害的呢貼旦起介紫鵑别人罷了怎麽襲人也害我你試說來我聽雜旦切齒介說起襲人好不很毒呢姑娘才好了不要聽了氣苦旦笑介你道我什麽人這番回過來定了一箇死主意饒你說什麽於我有甚相干何至氣苦雜旦那日老爺打了二爺太太叫襲

人去問話他便道晴雯狐狸妖精花紅柳綠的引誘二爺又說眼睛也像姑娘行步也像姑娘又說是保不了二爺要和誰作怪又說寶玉打壞了有人哭得住口介旦淚介雜旦那時太太就道好孩子以後你要加倍留心我叫你和寶玉一輩子過活不多幾日就攆了晴雯又要將寶玉搬出園去還聽得說他力贊寶姑娘端莊太太動心了二奶奶才順着太太行的姑娘你道這些話說到那里去了貼淚介旦笑介這才是知人知面不知心呢

醉扶歸則爲俺淚成河便惹的讒言進意如歸招他仇口歎都是奴家呵怎想做羅紈錦兜的便相親都無端捨命真堪哂到如今雲開風靜枉勞神只分的谷神不死回頭穩

雜旦歎介說起二爺真是可憐貼姐姐怎麽可憐呢雜旦姑娘歸天之後他偷空兒背着我就問長問短又跟着老太太來痛哭問姑娘可曾留甚言語實姑娘生日又偷進園來哭倒地上幾番大病死而復生才得病痊就便棄家而去至於當初你死之時當你芙蓉神祭你見扇含愁披裘灑淚後來又將五兒當了你半夜裏說是遇仙這不可憐麽貼淚不止介

皂羅袍止不住萬點啼痕偷揾捻臟人情處我怎報你深恩桃花薄命奈何春返魂不斷芙蓉恨旦笑介歎了頭真箇棄了一

世還夢不醒麽貼旦爲是紅綫猶在春纖尚存一番離别五年舊人兩相憐怎下的無情刃

旦這也怪你不得但是香魂不返又將加何凡事須看破此方好雜旦背介呀這番姑娘竟另換了一箇人兒也

好姐姐我聽他言抛開晉秦倒没箇桃夭定准只可憐寶玉呵合悲忍愁病郎當活害的昏巫山峽他那里香燈悵憶飛瓊鬢怎知他春夢無心祗似雲

旦我們好睡了雜旦貼好睡了旦

尾聲鏡花緣真再話前生恨俺且自擁被閉眠安夢魂笑介晴雯你可也休更傷心則那裏會見准

此恨緜緜無盡期　閒談往事意難怡
焚香細讀神仙傳　幻夢驚回不再癡 俱下

咀思 第三十七齣

仙呂引子【小蓬萊】生上 疋斯歸來高臥，這斷情還費撕羅。孤鸞隻鳳，經年間別，於意云何。

【卜算子】小生只爲情無已，遁入空門裏。誰料空門苦更多。哭 認曹溪旨。此事終何底，算徧無如死。只是如今你又生，難道翻拋你。小生爲着林妹妹一心要成佛作祖，好去尋他。那知被奸人欺騙，竟應紫鵑之言，喫盡辛苦。幸而父親救回，果然寶玉重生，晴雯再世。一天喜事，恨不得即刻走去，與他痛哭一場，訴說些悲離的言語。怎奈諸人俱說林妹妹這番轉過漠然無情，並不許提寶玉二字，又不敢前去惹他煩惱。哎呀妹妹呀，你恨是該恨的，只是小生的苦衷，難道你就不能憐鑒麽。這些時生臥不寧，飲食少進，更兼今夜滿窗月色，四面風聲，好難爲懷也。

羽調過曲【金鳳釵】銜一抹風喧樹，月映羅幃，離懷積唐。一我說回生送喜難禁，轉凄苦雙眉常鎖。心蹉跎，這星宮磨蝎仍未過。空房夜寒如夢何，小滄桑重起波。我爲你打魔駝，要尋證果，才妄把怪窮奇認成真杜多。到今日呵，依然是浪涌緪河，倒百無一可，緊閉了仙關，還三籫鎖兒納合。

小生自你死後，那種哀苦悲涼，你雖未經親見，諒紫鵑斷無不提起之理。

【四時花】幾番價魂爲病癡，着魔求速死，寄心不過。爭奈我殘軀還癡，偏不許愁鄉債躲。天呵，只分的暗暇暇淚珠兒收來一裹，赤離離恨箭兒擔着滿肚，做了個歌咍咍睡餛飩姿瑚夢遶，靜沈沈醉黔驢坡陀下坡，搓搓磨你俏心兒忒匣害的我，讖桃源不見收科。想你我情分可也不淺。

處時豐會記花邊雨外，吞肩雙聯，更詩壇禮楊展么荷。雖則是嗔嗟喜調和，論心情到底真聯絡，生辭在死恨譌多。羅樹底病維摩，盼到花重艷登善果，誰知翻轉面皮呵。

【馬鞍兒】怎教我心猿意馬能拴鎖，則你這回生因甚麽把箇定盤星斷送殘生。我悶黃昏凄清燈火。開日介 妹妹你來了也。合眼處纖纖玉立，開眼看介 芳介 但聞聲悄悄朧羅。一朝昏比做三年過，恁謊甚傻儸，難道把故人拋躲。哎呀妹妹呀，孤負你情兒受折磨，俺便算虧心短倖犯由多，還求你心相印，暫躲漫將歡好變干戈。

【小旦上】水中難捉月，鏡裏欲拈花。二爺聽罷。生 我且問你，這兩日林姑娘做些什麽，晴雯爲何也不過來。小旦 林姑娘麽，倚仙定了，終日和四姑娘談道呢。晴雯跟着他也是一步不

離二爺我勸你也不必十分認真了果是姻緣自然會合若
不是姻緣枉自苦壞了身子生歎介
賣花聲不了身軀憑他撇攧我想園客繅車旋盼鵰翩縱世外
神仙也須是陰陽配合怎便吞霞想火孤單坐把參同契貝祕
都勾拚只煮元秋沈靈過
我想他那種深情斷不致這樣冷落只怕世上未必有這箇
人他們故意造出這些言語來的不但林妹妹便是晴雯也
只是謊言騙我他的指甲綾衣現在我處或者比尋常若
果重生豈竟不來看我
歸仙洞秋千戲原兩和靈光賦尤無過過劫豈差訛敢則生乖

紅樓夢傳奇　卷下一　十

真箇恨登他把假話賺人輕可怎禁我淚難乾愁添大魁地眉
心千摺待持破砂鍋
麝月可是世上並沒有林姑娘和晴雯小旦怎麼沒有我見
過好幾次了生哦你見過好幾次了小旦見過好幾次了生
歎介
尾聲倘是果生回偏情滯甚法見安排停妥那便行到儋州也
只是苦味多
蕩許愁門終不闢　驅愁仍自引愁來
誰知煮得愁根熟　翻向愁田到處栽倶下
煮雪第三十八齣

雙調引子梅花引旦上愁看滿目舊風光意旁皇恨茫茫何死何生
提起淚汪汪雜旦貼上豔雪一庭寒院曉梅蕊在粉牆新放了
香
玉樓春旦無端死入黃泉路無端生向紅塵住可憐生死不
由人想起都因情字誤雜旦芳情何用輕拋去生死從來
情切處介一縷寒雲掩金蟬共把生前心事訴旦奴家謫擯
多時身輕體健可以外間走動只為厭看世態藉此靜養閨
房卻又十分孤悶紫鵑這幾月怎麼四姑娘全不過來雜旦
想是雪阻了今日是箇好日子姑娘外邊走走罷旦我也正
想出去散散呢

紅樓夢傳奇　卷下一　九

仙呂入雙調過曲忒忒令我步珊珊行來畫堂似夢酣酣驚回羅幌圖
書滿塵與生前一樣空心樹斷腸花又誰知仍無恙教我難忘
既往
紫鵑可將白描觀音像掛起雜旦掛介旦解金魚供介拜介
忍金爐弟子前生果兒願勾消今生塵妄縱只怕來生魔障稽
首箇真恨快願你早度靈迷與偏辭湘去拜九嶷
貼悄介姐姐看這光景倘仙走了呢雜旦笑介這樣仙女却
也不枉旦取魚拄介紫鵑開了牕兒我看看雪景貼取雪衣
兒與旦披介雜旦開牕介旦望介妙阿你看竹針橫徑梅垂
垂牆回風送玉蝶之飛梯掛嚥瑤花之絲好一派雪景也

品金圖開輞川金縷現瑤牕詩題謝家錦句貯吟囊無塵飛處
滿屋寒光朗〔歎介〕〔淚介〕看旋消又颺似奴家再生情狀罷了惜未
定飄搖更被驚風閃過牆
〔雜旦〕姑娘不要看了爽進去罷〔掩牕介〕〔旦坐介〕紫鵑我愛那
水仙和素心臘梅與我取來擺下〔貼去取花來介〕〔雜旦擺花介〕
〔旦對花微笑點頭介〕〔背介〕你看林姑娘映着雪影越顯得
粉粧玉琢月姊花嬌從古美人也未必趕得他上人說我像
他好不慚愧怪不得二爺死生不放〔旦〕昨日紫鵑說史妹妹
婚居衙署將次成功難道我就不及他麼
〔旦〕蕉黃想瓊樓玉殿縹緲何方我待乘煙去天邊怎拔出浮提

紅樓夢傳奇　卷下一　廿

世上我愛這花阿凌波無帶冰心吐香好一似洛川的風況洛
川的風況這花受了日月精華也會成形脫體我若不早回頭
就便草木也不如了驚醒紅香顧臉去鴛鴦蝶網
〔貼〕聞姑娘來了〔正旦上〕尋梅過別院扶竹過迴廊〔旦笑介〕妹
妹來了我正要叫紫鵑來請你〔正旦坐介〕你還肯放紫鵑來
麼姐姐你愛這兩種花什麼意思〔旦笑介〕你且猜來〔正旦點
頭笑介〕我知道了〔旦〕爲何不說〔正旦〕你爲何不說倒要我說
〔旦〕我專等你說呢〔正旦〕你要我說我偏不說〔各笑介〕〔旦〕妹妹
我這日看參同契性命圭旨這幾種書好不有味
玉交枝〔旦〕聚精天上這金華蘊森祕藏你是不工夫研的通身亮

我仗胸中一點靈光機心縵忘奴已忘元都珍寶從容講做凡
人終朝事忙做仙人終身願償
〔正旦〕姐姐
賽紅娘你是前生在蓬閬拈蘭香靈心悟徹了空明曉餐桂方
道番着力向高上騎鳳在只是阿碧桃花底絳羅帳功怕枉
〔小旦上〕繡牕重見雲容姊碧乳來烹雪水茶〔旦〕〔正旦起介〕寶
姐姐請坐〔小旦〕妹妹你回過來更出落的娟麗了〔旦笑不語
介〕〔小旦笑介〕你兩箇妹妹像似在這里談道怎麼瞞着我〔各
笑介〕〔旦〕講了你也不懂〔小旦笑介〕你看他欺我到這樣我倒
告訴你這仙佛是不容易做的論林妹妹自然是天下第一

紅樓夢傳奇　卷下一　廿一

箇女孩兒了也還拏不定就做神仙呢
鸞踏莚紫字浮黎青空路長盼靈瓜寧非妄想駕雲耕根基無
上問幾生虹丹修養
〔旦笑介〕寶姐姐你也拏不定人從古神仙也沒人預先認出
的〔小旦〕我却知道你斷斷做不成神仙〔旦冷笑介〕你不知道
我我知知道你〔小旦〕你知道我什麼〔旦〕我知道你是情蟲〔各
笑介〕〔小旦〕好竟將我編入蟲字號了寶玉說是祿蠹你又說
情蟲真是一對兒呢〔旦〕啐〔正旦〕這比二哥哥還上一層〔小旦〕
虧你將上天梯再送一步〔各笑介〕〔小旦〕閒話少說我帶了龍
井芽茶來試試雪水〔旦〕〔正旦〕妙阿〔雜旦接茶同貼下〕〔旦〕

兩蝴蝶自回生到此日言笑香。蘭閨深掩了茜沙櫥姊妹還來
往殷勤敍人轉悽愴這答揮塵舊談場多艷粧。倒不承望過來
人重顧覷
（雜旦貼捧茶上送介各飲介小旦）這雪味兒倒很配口
番卜算從來嚼雪生香。沁入心脾非詐。今日何多讓代梅花作
君芳眞香另。味兒長
筆地鋪遮（正旦）霎心風味稱禪牀睡漢曹騰且莫嘗。輕盞深緣
豔生光淨洗肝脾分外涼
十二時（旦）噘山甜雪爲上瓊甌碎擊瓊琅玉盃金盌休停放消
內熱此茶方（合）泊渴倒傍裴航把香甌當瓊漿把香甌當瓊漿

（雜旦貼捧盃下小旦）我也去了讓你倆談道罷（谷）
尾聲今朝煮雪酬清況強似陶家強似黨（小旦下旦）妹妹今夜
問我住了罷同擁着玉容華細論琳琅
金壺墨汁有遺編　衆妙須參元又元
門外雪花深一尺　香奩坐對說眞詮（攜手下）

贈金　第三十九齣

（小生上）嶽嶽公侯府潭潭勳戚家可憐窮到骨遮客滿門譁
在下吳新登自老爺放了二爺回來家中林姑娘和晴雯又
還魂再世想來定是姻緣將來得了這分天大粧奩咱們兩
府就很興旺了只是眼前饑荒難打債務有數萬金之多甚
門討索酬應不開這却怎麼處話言未了那送欠帖的又來
也（四雜上）二太爺我們這一項銀子是少不得的我們本錢
小全要仰仗二太爺呢（小生看帖介）榮源綢號三千五百兩
恒昌銀號一千六百兩瑞隆南貨號八百八十兩恒
號三百兩是了這小賬呢是清楚的大賬怕未必
什麼的二太爺這有幾兩銀子值得府上什麼都要仰仗
太爺呢（下淨上）放債放債西兒買賣先要甚頭還要擔戴五
除六扣七支八派若是不還打降撒賴（內）放走了呢（淨）有時
放走便做乞丐（揖小生介）好吳二爺替我回一回（小生）還早
呢去一會子再來（淨）好二太爺做兄弟的路遠就替我回一

回（小生）回也是這麼不回也是這麼等候着就是了瞎跑什
麼（淨怒介）你講什麼晚來說遲了早來說早了只管躲着躲
到什麼時候呢咱們西邊八旦性兒你們家璉老二要來拉
扯認什麼兒什麼弟拉了賬不還錢你躲就躲過了麼你躲
得過是漢子擺什麼架兒鬧長隨呢（小生）唗這府裏有你老
西兒鬧的分兒滾罷（淨跳介）咱們便是老西兒算我泥腿誰
也不怕好滾罷誰滾誰看咱們拚着性命把你這班沒良心
的忘八羔子到提督府鬧一鬧去什麼府裏府裏咱們只知
道欠債還錢誰知道什麼府裏府裏既是府裏就不該不還
咱們錢（小生怒介）你這狗攮的好大膽我打你這狗攮的（相

打介副淨丑上劉介丑咱們王老五好倔直性人兒頑話罷
咧就氣得那麼着副淨哭二太爺也不要認真了丑王老五
你不要低了咱們同鄉的名兒難道堂堂榮國府少咱們的
錢不成只好好的講雖則將本求利的苦營生不是將錢買
苦吃的知也該兩下里顧些面後交情咱們且去改日再來
丑副淨二太爺咱們的事今日也不說了拜託二太爺罷拉
淨下小生歎介這樣個法如何是好且去回明老爺再盤下
外愁容上
仙呂入雙調過曲六幺令鄭金無計數空囊蕭條如洗債臺般百債堆
諢剩衰年身世支離王孫冷落舊門楣虎落平陽被犬欺

紅樓夢傳奇 卷下一 廿四

小生上臣門逼比市債主很如狠稟老爺這債務鬧的太不
像了外便是我都聽見了只是這數萬金的事情一時沒法
昨日因那幾樁事兒逼迫着將你大奶奶二奶奶的緞環首
飾典了才分派開去今日又是這樣教我如何布擺呢璉哥
兒內空心把式又打穿了我就自己出去這把式更不好打
間壁這所房子你璉二爺拏着東支西搯我聽得這時候才
在那里尋買主急切里那有這一二萬金的主兒這可不是
白話麼小生奴才昨日聽得賴昇說要面求老爺賞臉他情
願招架了外邊的賬目老爺不如准了他罷外歎介怎樣奴
才的錢也使起來等我再想主意

前腔教我心兒急碎荒金無從作抵就是藏衍開發也得萬
餘金才能搯到新年再作計較這萬餘金何處那移敷無梁橋
大難提如山勢敗怎支持當此何能不皺眉
老旦帶雜旦貼捧金上老旦再金莫假士家正可省心老爺
林了頭知你年事艱難造來葉金六百教將就擺理此事是
等他哥哥來時小姑打算我竟得怎好倒用他的捧已呢老
爺老爺們還是怎樣外想介這孩子實心使了他的[illegible][illegible]新登
你就拏去交與璉哥兒支撥小生是持金下外我且看看那
女去姊頭金盡渾無色掌上珠擎最可憐下老旦你姑娘這
番美意莫非回心了麼貼那是回心他要上大造是美在麼

紅樓夢傳奇 卷下一 廿五

坟中的鬼谷笑介
一寸芳心一寸金　贈金不是斷金心
羅綢定有歸鎔日　道味難如世味深　俱下
寄淚 第四十齣
雙調過曲鎖南枝貼上三生願一地寥寥人雖再來何日圓驀忽地
提起前塵恰到了怡紅院奴家蒙太太說開舊事又叫我到寶
玉那里走走今日大年初一和紫鵑姐姐去到那邊只見寶雁
趕來搖手說二爺睡着了奴家負氣回來在園中閒逛了一遭
紫鵑姐姐先回瀟湘館去了奴家幾次要往怡紅院中認認從
前帶病臨死擡出去的地方未經得暇今日才來走走歎介這

是我撕扇子的所在。了空庭靜草樹蕭散，玻璃尚挂在外門扇。
（生急上）
前塵終朝望相見，那時偏睡眠，誤了香情菲淺。一片風外仙雲，
不見人見倩。小生一覺初醒，聽得雪雁說晴雯紫鵑剛才到此，
小生急急趕來，竟不知何處去了。這是怡紅院，待望介那掀簾
進去的，不是晴雯麼？急行介見掀簾一麗娟，是窗舊有情候。
（貼見生驚介歎攜坐介生倒貼懷哭介貼哭介坐）
哭相思痛死悲生，今一見意茫茫無處開言。
（生扯貼袂與貼看介嗚咽介）你說擔箇虛名兒，誰知還有這
相思的日子。（貼哭介小旦上）這二爺真真急死人，不知走到

那里去了，敢在怡紅院中麼？（貼慌推生起急閃下小旦）果然
二爺在這里，快去罷，太太等你呢。（推生下）（小旦袖襖襟上）
（越調）小桃紅一包情淚襖襟濺，都是那血點淋漓偏也異樣凝。心
教奴爭不瞞生憐，因此上把情傳瀟湘館，問晴雯可慘然？他多
管心兒軟也，與東人作麼周旋。奴家麝月，只因二爺在怡紅院
遇見晴雯，未能訴出苦衷，便被太太喚去，他流淚不休，都成血
點，將晴雯所贈襖襟斑斑湮透，他就鉸了下來，叫我送與他去。
來此已是園中了，望介呀，那不是晴雯來了麼？手把着早梅花
怡行過假山前。
（貼拈梅枝上）

下山冷，採梅禪室兩手春懷。（小旦）晴雯姐姐這里來。（貼）原來是
麝月妹妹，你在那里去？（小旦）我想到怡紅院走走，沒個伴兒，恰
好你來了，同我去去罷。（貼）使得。趁閒時攜手怡紅院（泣介）又難
禁淚漣漣。（小旦）姐姐為何落淚？（貼）怎舊日曾居，死生隔斷。（小旦）你
傷這屋子，也該念念這屋子的主兒呀。（貼）論二爺呢，原不曾辜
負了我，只是當初這屋裏也還另有個把主兒，就是攆了也不
妨，却為什麼不容分辯呢？就算我真箇狐狸妖精，也沒有走了
別路，我想起來，好不恨呢！恨殺翻翻妻非言，不容人分辯，送的
我幽囊中哭皇天。（小旦）據我說，你該樂呢，不要說別人，現世現
報在你眼裏，就是太太那麼疼你，你也彀了，洗清了，你還恨

什麼？（貼）嘆感夫人十分愛憐，只是我白骨成灰終古冤。
（小旦）姐姐，你也看破些罷，我們二爺為你害得不像樣了。
山麻稭氣缺含悲怨，苦盼到地底回生，圖你相歡。他說在這
裏還見你，怎麼話也沒有一句。（貼）我原要和二爺訴話，只不知
從那里說起，你們進來，我就走了。（小旦）淹煎擺一副難畫出淒
涼顏，遮不住的愁腸戚戚，哭聲耿耿，血淚漣漣。
（出襖襟介）你看你這襖襟子上斑斑點點都是血痕，這不苦
惱麼？這不累過麼？（貼攜哭介）哎呀，我的二爺，這是何苦呢。
五般宜見了這紅模糊一片血連，把我的無窮恨盡情盡捐。我
其實並不戀心緣，也只為瓜期有待，抱衾難展門的你辛酸至

此倒叫我渾難過遣（藏襟介）妹妹你向二爺說晴雯並不變心
你若可憐見他切莫這樣踏蹋自己好保重你金玉之軀漫虛
情奴不絕
（哭介）（小旦）二爺還有要緊話呢（貼）還有什麼話（小旦）只為二
爺和林姑娘呵
蠻牌令金石舊情堅心地忽更還要你將言語宛轉勸嬋娟（貼
歎介）咳說也話長林姑娘的性格兒你也知道末末告他的人
也不少了這番定了主意我和紫鵑千言萬語他竟西風也（貼
有過耳的分兒（小旦）難道你不望箇主意（貼）我也沒有什麼主
意想他們斷然生分或者有見面之情等無人時我插竹花門

紅樓夢傳奇　卷下　三六

為記二爺前來和他當面講開便做林姑娘惱了也還有我抑
紫鵑勸呢（小旦）好呀當日裏雙心共盡今日裏相看儼然情
難割怨可指如生煩惱全仗周全
（貼）林姑娘等花插瓶我去了（合）
江頭送別林娘的林娘的倚苦相煎凝郎的凝郎的權圖一面
但能款語應無怨（貼指介）好記取竹插門前
（小旦）我如今將你言語回覆二爺便了（貼）正是你去罷（小旦）
尾聲好傳花信生歡忭（貼）但願把芳心撥轉（小旦）全憑你有義
晴雯和紫鵑
（下）（貼）妹妹轉來（小旦復上）姐姐怎麼（貼）千萬教二爺保重呵

（小旦笑介）姐姐你倒空兒去了了他的心願敢則就好了（貼）
咳那不真個是狐狸妖精了麼（各笑介）
肯將紅淚可人憐　天漢看珠眼欲穿
試結枝頭楊柳帶　為郎先種並頭蓮（分下）
坐月　第四十一齣
仙呂引子鵲橋仙（旦上）千華八會金泥芝檢放下花情月念心清如
水藥皆恬先具有靈飛徵驗
臨江仙神仙不是難為者乾坤自在吾身持心休更涉情塵
一剪梅子熟含笑坐青雲（白）元係得厄無漏也虧生死離
分右英壇彩絳霞新仙城開不夜芳樹種恒春奴家因房男

紅樓夢傳奇　卷下　三七

升下諸事都辦齊並三節一則塵埃之物帶不上天二則還
了老太太白疼了數的賬遂自元日為始定下修煉工夫半
月來六氣常調一關已透非惟病魔遠避亦且悲喜俱忘眼
見得升天有日矣今夜上元佳節月色滿天獨坐高樓對此
圓影真如世外仙源娥庭不到心地好不清涼也
仙呂過曲月雲高（月兒高）廳虛未掩俏樓臺素光閃一片空明鑑沒有此
兒玷如粉金波把纖落盡情染我似聽嫦娥笑好快睹嫦娥豔
渡江雲則俺這袖倚星河溼氣沾想能彀高並嫦娥騎片蟾
前腔酣霞暈臉光光衣未為悉悟後無閒念月窟應能占津嫩
雲旋再不許夢兒魔我但把人緣斷爭到的天緣定好笑寶玉

遲苦苦貪着奴家怎知我甚味如同蜜樣甜你只好枉自相思
擔擱
昨日聽見說他又犯了舊病介（哭介）奴家是兩世之人與他
恩斷義絕莫說是病就是死也與奴家無干
月上五更（月兒高）有甚情懷矢愁他病兒閃的死非奴害並沒來
由賺俺可憐裏無憑據惹人衰殘（五更轉）俺怎肯消迷重入迷
途將抛卻奴底天橋投身坑塹以此奴家這心兩一似他蟾兒
水無雲點冰雪瀅清味饑全占星眼停波翠眉著斂
剪照山高（月兒高）自小相依合風波同庭險殺了餓鵑砲一死前車
鑑白月西斜雲埋定昏店（四塊玉）內鐘聲介（山坡羊）大空地迴風錚颺打

滅凝嗔收悲罷感休慈假恩情水底鹽焉貪落香泥絮已沾
且待哥哥來時問他要一箇人迹不到的地面揣進俗持他
等他的功名我完我的志願他將世上的榮華到慰父母我
將天上的因果超拔先人許他也定然依我縱使不依奴家
拿定這心他也奈何我不得
二犯月兒高要得生無派環交祕搜撿不改煙霞志百鍊身如
劍倚笑天邊端的是更無憾惕姑如自合留真艷（雜扮姑上）姑
娘天氣還冷夜又深了下樓睡罷（旦）也好睡了（丙鵲噪介旦歎
介）月明星稀烏鵲南飛遶樹三帀無枝可棲這遶樹禽鳥無枝
似俺俺鄉思滿天涯則你箇寶玉哥哥聽雞甚村店

末小生上（末）
長抱重疊關山重疊關山空雲飛樹堀埋滿堆衣錦今宵來此
我報小姐見家書定開眉尖生死歲華淹華鯉魚傳信可堪馳
念（小生）這里是了叩門介（三旦驚介）這會兒什麼人叩門呢（雜
旦）是那箇（小生）兄新登（雜）且做什麼（小生）林大爺家王總管到
了有話面回姑娘（旦喜介）好了我哥哥到了（淚介）喚他進來（雜
旦開門喚介末見介）士元叩見姑娘（旦）老人家罷了一路辛苦
了我哥哥呢（末）大爺差老奴先進京來找尋一所住宅大爺等
兩件見在正月初間長行大約月底月初可到現有家書在此
就接送介（末）大爺說凡事請姑娘做主就是了（旦點頭介）淚介

我已入泉臺不料還有見這家書的時候（末）大爺前歲接着姑
娘凶信整整哭了多時去歲舅太爺信來知道姑娘回生歡
歡喜日來姑娘精神可如舊了（旦）我好了（小生）奴才回姑娘咱
們東邊這所大宅子整整齊齊不用修理實價一萬九千兩現
在老爺分付叫賣一時間也沒有買主何不請林大爺住了罷
（旦）這宅子不和我這里隔着一牆麼（小生）正是（旦）這很好我也
便當老人家你明日就看定了罷（末）是大爺原也分付要近着
這府裏此老奴明早就着去恰好是有所閒房廝近着花外見
翠紅樓明月把銀釭點待主人一到壯得觀瞻
（旦）老人家你且去歇息罷（末）是兩生人世還千里一紙家書

抵萬金（同小生下）（旦淚介）
短捏之死之生之死之生鄉音斷絶鎮常時眼雨康纖書到待
開椷早動了許多般悲感哥哥一來我的脩仙之願便可遂了
爛煮河車五種瑤天上飛去弄水蟾
月送鄉愁到廣陵　　忽開家信對青燈
黄金禍福知誰有　　卜得仙居萬慮澄
（持書下）（接月照臨下）
海戰第四十二齣
（丙鼓吹四軍士小生引末上）（合）
中呂過曲（剔銀燈）君恩重頒絲鉞山擁雙纛處處軍聲雷動空波萬里天

紅樓夢傳奇　卷下　三三

無縫怎容得蛟蜃潛蹤（老夫周瑛百戰海疆未獲全勝且喜媳
婦賢探春深知戰法廣有機謀不愧將門之後老夫藉彼輔翼
頗多斬馘眼見得渠魁授首海不揚波也）（合）昇平頌金鼇浪靖
收海上明珠貢
（小生參介）（末）我兒今日又當會戰媳婦之計如何（小生）媳婦
道今日西北風大作利用火攻可以一戰勦除諸寇他已先
領後營軍將在海上山頭相度機宜去了（末）我兒便可依計
而行先領頭隊本帥隨後策應（小生）得令（下）（末）大小三軍准
備諸般火具就此開船（衆應）（合）
前腔　連環銃紅衣炮攻瓶和筒硝銃多用駕長風烈燄騰天烘

破渠魁好賈余餘勇昇平頌金鼇浪靖收海上明珠貢
（丙鼓擂旗下）（淨副淨領隊子上）（合）
仙呂過曲（光光乍）駕海風起浪千疊戰艦蓬搶風前去威風殺
把敵兵殺得光光乍
（淨）兄弟那周老兒交戰了（副淨）怎麼說他三載海疆大小百
戰不能得我一將一軍誰知這幾場厮殺竟損我大將一十
員雄兵數萬好不傷心今日須要奮勇爭先殺這老頭兒報
仇雪恨（副淨）哥哥那老兒有什麼難殺聽得有個女將主謀
呢（淨）賢弟你我殺有何益就此殺上前去（衆）（合）重唱搶風二
句下（小生領隊子上）

紅樓夢傳奇　卷下　三四

前腔　我仗着鐵鞭櫂催着挂星槎趁風前去威風殺把賊兵殺
得光光乍
（副淨引衆上戰介）（淨引衆上接戰介）（殺下）（末引隊子上）
前腔　俺旗影漾波斜吹火艷流霞趁風前去威風殺把賊兵殺
得光光乍
（小生副淨戰上）（斬副淨介）（淨上接戰介）（末接戰介）（小生取火
箭射淨介）（衆放火介）（淨敗下）（衆追下）（淨敗上）（哎喲哎喲了不得
了不得正在酣戰之時不料他用火攻將船盡行燒燬兄弟
命喪周端之手（哭介）咱家若非跳上小舟逃出重圍幾乎一
命難保（丙鼓角介）（淨驚介）你看他又追上來了且先逃回島

去收集殘兵再圖後舉
前腔他斬殺只如麻我膽怯似驚蛇敵騰騰燒得艨艟化火弓
見送的光光作
急下丑貼雉尾挂劍上
風入松望家山煙樹路何窮悶倚遙雲心痛奴家探春結褵海
上雖則夫妻和順無如鄉路迢遙骨肉雙親欲歸無計因念海
疆不靖逆施無厭必須蕩滌剿除始可遂奴隱願恰好老爺殷
殷問計奴家便爲設謀果然應聲震肆軍聲大震今日設下火
攻之策期於一戰成功爲此特上山頭觀海盜相機應變擒
彼渠魁他竟敢兵戈盜向漢池飛仗神火燒他絕種喜颶颶狂

紅樓夢傳奇　卷下一　晉

吹颺風望介早則是飛灰散海天空。
內金鼓吶喊介貼望介我軍齊趕着小舟一葉必盜首也將
士們內應介貼速撥快船二十隻各帶鉤鎗由臥龍崗抄出
洋面擒取盜首自有重賞內應吹角金鼓介並
前腔分明他賊寇勢孤窮待請君入甕也虧俺友葛亮謀奇出。
火燒撲螳螂威猛撲刺斡光騰劍虹霓龍竄建膚功。
一丑高處介小生領隊子上
急三鎗只殺得血漂波人人恐妖氛散趁今日去獲元凶
淨上戰介淨敗下小生追下老旦帶鉤鎗手上
前腔我把鉤鎗挪將姦人取靖邊烽一發天山節滅崆峒

下小生淨戰上末上雙戰淨介淨敗欲下老旦用鉤鎗搭上
擒淨介啟元帥末將遵奉內令擒得盜首獻上末斬訖報來
斬淨介末就此奏凱回船衆吹介
風入松滄波從此盡朝宗乎斬了元凶威風直貫探春謀略三軍
頌笑賜鶚怎當鸞鳳恰比似風吹蝘蠖湯潑雪鐵歸鎔
鼓吹下貼且喜盜首既擒見應了喜鵲姐姐言語奴家可以
謝她歸寧了
前腔看三臺雲日瑞光濃聽凱唱天風飄動喜今宵應有還家
夢道功勳把與我兒夫受封只不知二哥哥如今怎樣了前日
老爺說他中了第七名舉人忽然不知去向奉旨各處找尋呢

紅樓夢傳奇　卷下一　丟五

教當初勸諫及於此淚介誰知果化了幕雲空
軍士們就此回衙丙應介並
半壁氣雄散海門　洗家兵法盜乾坤
功名不喜聞金闕　願駕鈿車歸故園下
見兒　第四十三齣
一江風生帶小旦上生舊傷情莫辦籌行徑隨他心兒穩廝月
果與林姑娘變了心了小旦果真變了生這也奇那他和我何
等知心竟到這樣地位前日晴雯寄來口語說人有見面之情
斂我到酒州館當面說開他插竹花門爲號小生做了這幾日
從無影響今日斷月來說花門上有了竹枝因此一徑前來我

恨不得立時相見也【玥】璽卿自幼知心意氣相投何事移情性

饒伊假撇清饒伊假撇清影形様定念我腌臢病

【望介】呀麝月那花門上不見有竹枝呀【小旦】剛才有的怎麽

又沒有了難道有人麽【生望介】果然一羣人走進去了【小旦】

咳這又不湊巧了呢我們且回去罷【生】咳也罷同去罷正是

千種相思對誰說【小旦】一天好事太多磨下【旦帶雛旦貼上】

【黃鐘引子】【西地錦】【旦】報道兒來歡幸簷前鵲噪聲聲【旦】王元來說我哥

哥到了怎麽還不見來【小生上】今番兒妹相逢更難說盡別離

情

妹妹在那里【旦】哥哥在那里【各哭介】【拜介】【小生】一從畫舸放

揚州【旦】死別生離無限愁【小生】今日京華重聚首【旦】無言但

有淚雙流哥哥妹子呵

【畫眉序】【旦】姐姐羽化入空冥枉死城中望魂非謝金魚得力

竟能重生【小生】果然起死回生分明是神仙預來救你如今身

體可健【旦】倒覺比先好些夢喚醒缺月孤燈心悟徹幻花泡

影【好姐姐】【旦】辭無瑕五雲樓閣真清淨日誦黃庭一卷經

【雜旦哭見介】【小生】請起我家姑娘在此很勞動了【雜旦】【貼】大

爺說那里話來【旦】哥哥你幾時起身怎麽今日才到妹子跟

前望穿了【小生】妹呵

【前腔】因爲石交情欲數行裝又相等過新年七日問了征程【旦】

石交是那箇呀【小生】同袍友契合蘭盟人倫鑒景星姜姓當日

金陵就是在他家得的他英年妙品飽學多才已中新科解元

是當今第一流人物現在與我同任尚未締姻【貼驚介】【小生】春

闈定瓊花誠吉方行聘銀漢雙吹碧玉笙

【旦】前日王元來時恰好舅舅家這宅子要與人妹子便拏主

意買了一切規模粗料理還要哥哥自家主張【小生】這也

好極的了妹妹我想回明舅舅太太接你過去一則兄妹

聚首二則那邊事煩我初來摸不着頭腦全仗你做主呢【旦】

我呢原時刻望哥哥來搬了過去只是等哥哥娶了嫂嫂那

時過來覺得便當些【小生】這又何必呢【貼】大爺我家老爺太

太是到底不肯放姑娘過去的有甚事情不過一牆之隔叫

人來往便了【小生躊躇介】【旦微笑背介】

【啄木鸝】【旦】他言語教我忍笑聽夢魔模糊他全未醒說甚麽

到底留人那些兒用着消停【轉介】妹子倒有箇兩便之法聽說

那邊絳霞軒接連着我這瀟湘館但得開箇兒小小門庭絳霞

軒便逶迤路接瀟湘徑【小生】如此甚好【旦】【黃鶯兒】往來經分花拂

柳只抵一家行

【小生笑介】妹妹我問你適問舅母那邊呵

【三段子】翠簾人影梟亭西施再生朱顏蕣英豔雙雙嫦娥對

行

一箇五短身材瓜子面長眉鳳目一箇面如滿月眉若春山
體態莊嚴神情閒雅不知是舅母什麽人可愛得緊沒有（旦）
笑介你道那箇好（小生笑介）那後面一箇更好
鮑老催的是驚鴻體度游龍韻纖穠脩短都勻稱更加那元蟬
鬢瓠犀螓首蝤蠐領（旦）他是舅太太的女孩兒叫做喜鸞我替你
做媒罷（小生笑介）妹妹若肯做媒愚兄就有幸了人生最重青
鸞鏡花星須照紅鸞命可容我雙鸞證
（旦笑介）媒是做的也要先謝了謝儀（小生笑介）謝儀呢也不
用講少不得令兄也有箇對仗兒的（旦）啐哥哥此事須請南
安郡王作伐裏面的事總在妹子便了

滴溜溜神仗子滴溜溜姻緣的姻緣的敬求定成尊兄的尊兄的暫時
羈絆做三青十拏九穩（神仗兒）好將聘禮早些端整春榜後展心
盟春榜後展心盟
內老爺請林大爺書房用飯（小生）來了妹妹我再來看你（下）
復上）妹妹適問所說千萬不要忘了呢（旦笑介）是了（小生）
因一面逢鴛偶誰知三生卜鳳凶（下）（旦笑介）我哥哥總是多
情也
滴金樓槃語丁寧欲納溫郎鏡爲愛嬌容眞艷盈訂佳期好不
過得來休作從家人有此心恰好能配兒了是天緣肯分何須媒
（微介）但是姜生之說好不荒唐（歎）胡麻寶玉還難領說甚景

星姜姑笑哥哥枉教調停
（旦背介）我看林姑娘這會兒神氣大不相同莫非聽了梅大
爺的言語心裏順了麽你若真箇要乾淨連姓姜的也丟開
才好你和我雖然一樣揹了虛名我倒不這樣有始無終的
我只替寶玉瞧着你罷了（轉介）姑娘我們大爺原是義氣只
是姓姜的也太便宜了若不是趁了大爺便難道便上西洋
解來若不是大爺那麽護着就則打他出去（雜上）（旦笑介）旦笑
介倒也不是這樣講呢大爺是家主他要定主意誰還拗得
過他既同姜大爺好就分一半家貲誰攔得住（雜下）（旦）驚介
（旦）吓出這場氣（介）原來林姑娘是這麽樣箇人兒我也不是這

屋裏人散場時候快了快快趁下（旦）微笑介
雙聲道了環等了環等都認我心兒肯聊作與聊作與權付與
狐疑病他們知我寶玉此心刑空請徹波磨鏡也無寶玉心也
無姜姓念在雲衢芳情從冷
居語開將戲語挑爭贏嬴哭佳人太用情（紫鵑）今日大爺這一
來我百樣的愁腸一旦寧
（下）（雜旦上）（黛介）哎呀襲姑娘這些言語卻沒分曉（紫鵑）姑娘也
覺寶玉不自苦了麽這罷了日後怎麽相見呢（旦）而今湯暢
（雜旦）求了
雖從新舊說謊慚　似有浮沉露太盈

混濁不分鰱共鯉　水清方見兩般魚（下）

哭夢　第四十四齣

（末）扮小旦上（生）十二巫峰碧樹遮力窮難拔蜀山蛇落花有意隨流水流水無心戀落花前日小生依着晴雯走進瀟湘館見林妹妹正在葬花我才要開言他早掉頭不顧走入房中倒發了個閉門不納的惱男子小生苦苦哀求他略不加憐反生大氣虧晴雯只得將我扶回說起林表兄歸意妄生離不知他心下如何但我原不嫌小生想他就是乖張也還不至我無舊情另議新偶到是締姻之志怕難見回呢今日是他出月明行中人都是他請到新宅裏去了母親卻不容

紅樓夢傳奇　卷下　四十

我過去瀟湘堂他坐門無人時只有紫鵑姐姐因問聖林表兄也在家裏小生爲他吉期已近要他過門之後搬襄周旋齊訴他只苦挨回到房中更難消遣聽月你看白頭敢抵下山丁小旦看介早呢才過午呢生歎介偏偏今日好天長也啊

滴溜子（生）宮春介瀟湘堂嘆曩消條萬千情環心砌愁雨琴樂介（生）原介背城何處吟微風一片仙音奏我想他從前那些苦況原該運嘆才稱他心可惜鳳嫂子不能看見就教寶姐姐看也彩了只是練得我好苦教我難前這一點丹衷怨殺你抱持何起便是神仙他也容人情告些不容俺相思一筆都勾

想來這些時晴雯也着實爲難我若叫了他來誰還能替我分剖那些話呢本是心腸鐵石的前日晴雯說他倒還爲我這樣看來林妹妹待我連紫鵑也不如了

前腔我俺心苦他狠命丟告天知和天定愁便難後面光景你木經親見誰道不看見的事情就不容剖辨麼直恁般生分金堅玉玦難將就只想坐千歲龜趺全不管相思紅豆把我不瞅不睬抛開腦後

好了好了天吓你也有了的時候了

前腔紗窗點夕照收對銀燈迷奚倦睡風馬聲介吉丁當怎空檐風馬頭腦聒碎月我要掩此兒又怕這惹厭的東西攪人好夢小旦你且睡下我去解了他生好解了好睡介小旦下生歎

紅樓夢傳奇　卷下　四十

介梅花帳長夜如年桃花枕殘痕淹透多少長吁短歎不堪回首

睡熟介（旦上）三爺林姑娘等着你呢快此去罷生驚起介聽要這話當真麼（貼）誰來哄你生喜介妙吓

（生）醉花陰遙傳着音信佳音似瓊瑤笑吟今這眉心開皺往常悶千般恨一朝丟到底他芳性花乖總不記兒縷舊盟快且走（旦下）（生）步虛張瀟湘館何處投回望介呀那俏晴雯偏落後（丑上）搁門介二爺現今二奶奶在屋裏你往那裏去（生）呢

喜遷鶯休提起寶家閨秀休提起寶家閨秀攔門待把我步勾留你也波着你望兒太醜怎生般拋下荼蘼上別艸（推丑跌）

介你如今還來管我麼[丑下生]哎呀不到頭恨的我摯拳奮袖
管甚麼昔日的箇衾裯昔日的箇衾裯
[老旦上]寶玉你在那里去呢[生急介]我去看看林妹妹[老旦]
傻孩子死了心罷林妹妹許了姜家早晚就過門了[生頓足]
介哎呀[老旦下生哭介]
[出隊子]他怎的甘心而就竟把箇意中人硬拏着向天外丟則
恁這很心腸聊眉返眼的潑濤頭爲甚麼負心交另配箇鸞凰
便煞俫不料你轉回生倒吃姜家那一籌
[急行介]衆花轎鼓吹上場介旦艷粧暗上生跪抱旦哭介衆
下[生]妹妹救我你死也不要往姜家去亦[旦]這是我哥哥做

主不干我事[生]好妹妹你由你哥哥做主麼[旦冷笑介]你守
着寶姐姐就是了[生]
[刮地風]呀這樁兒幻姻緣其實非自由[旦]你說非自由怎麼寶
姐姐也有了喜呢[生]只被着恁到底根㨂我在彼總不與寶姐
姐見面交言可不好[旦]遲了不中用了我既是姜家人終久要
去的亦[生哭介]甚姜家我勸恁休生受咱們的舊日情投你就
到姜家我做奴才走狗也跟着你去哎呀妹妹亦你是最狠我
的呢漫將痛腸兒一旦瞑就咬着牙根掐了開金索把咱救當
做箇小幺兒廝傍着粧樓你怎麼不保我好妹妹不看今日看
往日罷[旦]不理介[生恨介]則你刻意兒仇白眼瞅沒一句言詞

悠揚歸夢惟燈見　似與青

花悔第四十五齣
[仙呂引子][步蟾宮][丑上]平生心意無分曉錯一着全盤輸了論而今
煩惱是徒勞却也難忘煩惱
[一翦梅]無語低頭暗自嗟一念生差一着行差東風又放故
園花殺人家惱殺奴家　怎免閒人作話靶前旣留瑕後
又留瑕盈盈慚淚兩行斜絕好情芽變做愁芽奴家花襲人
自從寶玉潛逃太太遣嫁來到此間雖然小小人家也還過
飽我丈夫即贈寶玉紅汗巾之人奴家恩緣汗巾尚在他
可見事有前因兼之最善温存也算可人夫婿奴家

也罷了昨日他從林府唱歲回來說起這林府便是林姑娘
的哥哥從南邊新近到京十分勢耀連榮寧兩府也都比不
上他又道林姑娘已自回生昨日是他好日子他哥哥替他
祝壽兩府中太太奶奶姑娘們都在座中林姑娘賞出綴足
四卷酒筵兩席還說琪官的家裏人也是今日生辰可就叫
人送與他去奴家見了好不慚愧悽惶他又說寶玉也自歸
家前日在北靜王府見過而且晴雯亦復回生哎呀天呀怎
麼世上的事奇奇怪怪到了這樣地位呢[歎介]我如今想起
來好不悔恨也
[過曲][梁州序]爭强賭勝心絲抽盡倒被傍人談笑含羞忍氣可堪

人事蹊蹺我想寶玉和我的情分、那些兒差了、到得分離一旦竟没多時、早把琵琶抱他昨夜說起做了一齣商婦琵琶、那林姑娘椅背後立着一箇絶色佳人、說這琵琶娘子、眞箇花紅柳綠狐狸妖精一般、想來就是晴雯了、聽言中字眼是譏嘲、可知晴雯呵、怨結深深定不消、我可不是現世現報了麽、這番來現世分明報

我想林姑娘當日原也待我好、只爲東風壓了西風這句言語、叫我膽寒起來、才使了些謀、將他們的姻緣打破、以致送了他性命、早知寶二爺與我無緣、又何必管他那些閒事

前腔空生機謀毫無益處、誤了佳人年少想寶玉逃走也是爲林姑娘而起、他走了、太太才遣我出嫁了、細算來、倒不是自己害自己麽、扳轆磕腳。當日我原顛倒、如今生的生了、歸的歸了、只苦了奴家呵、自分鸞鳳兩兩偕情無損、翠館紅閨歡樂花生笑、只苦了奴家呵、自分鸞鳳侶到今朝隔斷天淵、別淚遥何顏面重相叫

若是永遠分開、倒也各走各路、只是林姑娘何等聰明、何等尖利、他豈肯輕輕饒我、將來還不知怎樣呢

前腔換頭敢怕使機心洩憤嘮叨。將我幾宗兒借端囉唣我想昨來賞賜也還垂念舊人、他大家風範料應海量能饒只是晴雯這番回過來、定是寶玉的人了、便算林姑娘不記前情、他利嘴利舌、那里還能恕我、他的嘴兒尖利、擺下連環怎出他圈套這

也是奴家不好、平白地在太太跟前說他許多不是、攆了去、送了殘生、也忒毒了、那知他又會活轉來呢、常言道相逢狹路也不開交、便閉着門兒也禍遭、這遭盤算愁非小。

就做他無意報仇、依然姊妹相待、奴家也要愧死了、

前腔愧山雞難入鸞巢、好兒夫他人偕老、向仇家取氣望恩此恨能消我算起來總不如一死、淚介只是又死遲了、深悔當時惜命流水楊花。做了落溷沾衣、料悔不來如何能不悔、最牢騷、我暗里猜鶯暗自焦、奴家這些心事、又不便與丈夫言明、只難終朝淚無人告。

事已如此、也說不得了、但願再不相逢、便是萬千之幸。

尾聲由來禍福憑心造、既失腳何能起調、歎介偏是會弄鬼的人兒沒下梢

本是花中第一香　　而今吹作陌頭楊

當年無限癡心事　　結向愁眉兩道長（下）

示因 第四十六齣

雙調過曲鎖南枝老旦道粧上升天路。自有梯。人間暫居無是非、塵夢破、綃帷閒、愁與流水萋黃塵、我久經參玉妃、爲死生緣要調劑

三花頂上發光芒、五嶽眞形袖裏藏、金闕玉樓何處起、箇中識破只尋常、我史湘雲、幸遇蘭芝夫人指點精微、得成正果

已可飛神御氣控景升空只爲寶玉黛玉生死姻緣忽生魔障那黛玉癡迷既醒願棄塵凡矢志甚堅非人可奪因此師父命我運用仙機於中作合昨日黛玉生辰挈我迴來就便在櫳翠庵與四妹妹住下隨機應變成就此緣也算俺昇仙一大功勞也

【前腔】回冰窖燃冷灰炊沙做糜非易爲我想天下絕頂聰明人總有絕頂癡愚處其道在乘機何難回嗔變成喜只等到愁恨消淡度移教他兩和諧締雙美

【孝南枝】孝順歌（正旦上）雜園內姊妹依參仙拜佛心自怡粥鼓動靈涯經魚出花裏姐姐雲林偶棲有甚時須向俺言意（老旦）我三餐之外一切用物又有林姐姐送來也就一無所須了（正旦）正是呢昨日林姐姐好不得意你看他酬應雖多神閒氣靜也無非要瞞過鳳嫂子的意思竟認眞被他瞞過了（老旦）那兩席酒散四卷緞疋竟要把襲人愧死呢（正旦）你那一齣商婦琵琶也點得忒很（老旦笑介）不過是碩意兒罷了（正旦）似那別抱琵琶此語難迴避（鎖南枝）歡時戀別後飛嫁衣裳着得太容易（老旦）這是緣法如此他也强不過的（小旦上）欲知翦髮辭婚意料是鍾情戀舊心姑娘翠縷剛才在瀟湘館聽得他們說林姑娘同心了（老旦）（正旦）怎麽林姑娘同心呢（小旦）今日林大爺來說什麽天下英雄莫如姜景星的語要把林姑娘配

他林姑娘登時要鉸了頭髮被晴雯奪了剪子他就哭鬧了一半日慌得林大爺作揖陪禮費了無限周旋才罷這不是回心了麽（老旦）只怕未必呢據我看來

【前腔】他的游仙夢尚自迷斷香鬟此心應可知（小旦）紫鵑說沒事請姑娘們過去呢（老旦）既聞去罷（正旦）好箇林姐姊虧他立得定我當初也是這樣才得自由自在的呢（老旦笑介）（正旦）姐姐你怎麽只是笑難道林姐姐還立不定麽（老旦）天意幻難推有頭恐無尾不要說他只怕你也還立不定呢秋風吐梅敢則切有機緣回臘至遲喜（正旦）你還是激着我還是料定我（老旦笑介）只怕料着些兒一任心似金堅事敢難推委（正旦）你不過胡鬧罷了（老旦）非胡鬧豈妄疑到其間自然見端的

（生上）小生聽得林妹妹翦髮辭婚十分快樂敢則夜來惡夢不足爲憑了我且到瀟湘館去會他一會且住恐怕他們兩箇在那裏待我先到櫳翠庵一看（老旦）我且講與你聽大凡人要（生笑入介）大凡人要怎麽樣（正旦）哎呀二哥哥嚇人一跳（老旦）你且坐下聽我講大凡人要成仙不但自己心上一無罣碍也要天肯成全他天若定了人的終身人也不能拗過他的

【錦堂月】（畫錦堂）從古英奇由來士女何能拗造天地延景登眞世須上天扶持當初那些成佛作祖之人或歷盡魔障或超出繁

華要知他歷得盡超得出也就是天意了（月上海棠）金蓮花珂月瓏
璁跨山海銀雲高倚成人美盡都是無上天恩佑他靈慧
解公子（正旦）如此那人生事都歸天意（老旦）果然百千世行幾
世苦心也就立了根基叫做人定勝天其實只是順天罷了（正
旦）你言語雖淺有志能透（老旦）我且問你你前生是怎麼樣的
人見（正旦不語介）（老旦笑介）這不是初世爲人就想上天麼生
縣頭（介）然發我誤從岐從總受制於天數哉（正旦）既這樣你
自己的根基如何（老旦）也不過有些因見一世一世做去便了
你們而今靜靜心也落得百病消除只是要認清了自己的心
不然就着魔呢（正旦）休妄議只你是天庭真仙甚人如你

呀笑姐姐竟不知我的心我怎麼剖出來你瞧瞧（生）吹呀呆
（生徑下）（老旦）哭嘆你看二爺大有瘋癲之意快跟了他去（小
（旦急下）（老旦）二哥哥一心撞見怎奈撞見呢無轉意這迷試
魂分下
前腔他癡迷一片真心到底却無緣求仙妄異颺風高（正旦
笑介）你做神仙管人家那些事麼（老旦）我怎麼不管你須知那
月老姻緣原爲登天善果（正旦）休妄議只你是天庭真仙甚
人如你
（小旦上）姑娘二爺一直走到林姑娘那邊坐着傻笑說是林
姑娘我單爲你想的病了那林姑娘連忙走開這里請要被

拍着他道二爺同去罷他便點頭笑道可不是就是我同去
約侍候了立起身來就走恰好麝月也來了和晴雯扶了他
去（衆）說哇出一口血來現在人事不知一家子圍着哭呢（正
旦咳）這也可憐（介）
僥倖（合）廿伊身上死情總沒推移似這男子癡心何曾見那女
負心期也太奇
老旦背介
尾聲垢還恨債諸磨退試看微風生定求且待會合之後再與
他手種瑶林道肖肥
一點香吹瞻葡林　誰能止水鑒澂心

秋風搖動天河浪　試驗開襟七孔針（俱下）

償恨　第四十七齣

（商調過曲）水紅花點上（旦）風吹皺沁芳波共織蛾一般兒鎖粉牆高
障絲霞高似秋河一條兒隔我把微言相勸怎禁他恨驚驚語
兒苛誰道恁般離也囉
那日二爺來到瀟湘館姑娘閉上房門立時要搬過去二爺
無奈只得含淚去了我只道他有美姓在心恨得我一夜不
曾合眼那知林大爺來提親他又要釵了頭髮似乎意轉心
回我遞了信與二爺不料二爺走來精神恍惚傻笑之中又
說是爲姑娘病了俺姑娘就不加憐息息避去我和麝月扶

了二爺同家忽然吐血一口病勢頗危【哭介】天吓這却怎麽
好奴家告知姑娘他全然不理這是真要乾淨了只是你要
乾淨難道白害了人家性命不成今日林大爺和喜姑娘的
吉期昨夜姑娘搬來在綠霞軒住下奴家本不願同行他却
十分取笑當初老爺又分付跟定了他只得隨他到此想起
我姑娘好很心也
【前腔】任癡人癡的病常磨笑呵呵愁無些箇任情人情的命無
多恨波波憐無些箇似這般心兒真左何時能締好絲蘿這兩
日不知他怎樣了我又不得去看他叫我那里放得他下且去
打探他消耗也嘘

【下小旦上】
南呂引子【虞美人】兒夫孽病如何好怕是今難保一絲兩氣在須臾
天那何不當年合浦不還珠
前日寶兒弟在瀟湘館回來憂火攻心吐了一口鮮血氣息
淹微醫藥罔效【哭介】哎呀我寶釵直係命苦也我想黛玉若
不同生倒也罷了寶兒弟一去不歸我也無可奈何偏是那
箇生了這箇歸了夙世姻緣自應早早成就怎奈那箇左了
性兒幹什麽神仙事業害得他這樣光景難道老太太的陰
靈也不保佑他保佑麽爲此奴家設下香案志誠拜禱一番
【拜介】

【越調】【紅衲襖】奴禀上太婆婆從來憐念奴可曉得你孫兒危急真
無措既然他配了壬當點姻緣簿爲甚麽比參商難同如意珠
常時節悶昏昏淹纏招病符【老旦暗上】【小旦】到如今氣咻咻厭
的將就木【拜介】伏望你老太太慈悲保佑他成全也免的我苦
哀哀終朝眼淚枯
【老旦】兒吓你拜禱老太太麽【小旦】便是【老旦】我也得拜一拜
【拜介】婆婆吓
【前腔】敢則你在陰空心疼也爲寶只無奈傻孩兒定要魔頭爲
伴侶黛玉呵硬心兒如鐵渾難鑄悶的他愁帽子籠頭還帶緊
老太太你當初託夢與我說他們配就姻緣將來興旺兩府還

在林丫頭手中爲甚的反齟齬成怨府爲甚的蝎飛步難捉摸
且緣願伏陰靈佑也情海波恬把孽驚除
【生暗上伏几介】【老旦】今日寶玉怎樣了【小旦】也只如此【老旦】
我和你看他去來兒吓你今日可好些【生】好些了【老旦】兒吓
僥倖金心休苦病無虞漫看錯緣和朱【小旦合】保重你身軀壽
歡笑許鴛盟自有謀但從今莫向隅
【老旦】今日你喜鸞姐姐出閣那邊事情多我不能常來看你
你耐心兒養着罷媳婦你也得去幫幫呢【小旦應介】【老旦】憂
多偏事冗【小旦】心慘要顧歡【同下】【生歎介】
【越調】【小桃紅】叫天天死去太無辜便做鬼難甘伏也甚熟熬盤無

端遭了令風病最苛是夢不模糊想他那些形狀竟與夢中一
般無二可不是如冰冷比沙疎剖真心料含笑同頭去也恨殺
他生小嬌姝偏做得忍人兒斷送我烏有虛無
〔丑內哭介〕〔生〕雪雁誰哭呢與我喚來〔副淨扯丑上〕二爺是傻
大姐哭呢〔生〕哭些什麼〔丑〕璉二爺打我〔生〕爲什麼打你〔丑〕他
說從前二爺娶二奶奶是我告訴林姑娘如今林姑娘搬到
林家去了我再亂說就打我一下〔副淨〕哎呀叫你別說怎麼
又說了你一笑笑死晴雯一哭哭死我姑娘如今又來闖禍
還不快走璉二爺要你命呢〔丑慌下〕〔生拍案介〕不好了真箇
去嫁姜爲星了〔倒介〕〔副淨扶介〕麝月二爺不好了快同太太

奶奶去〔內應介〕〔老旦小旦哭上〕〔老旦〕親兒吓親兒吓
〔下山虎〕頻呼不應痛殺癡愚盼不着同鸞信甚來由拚將命俱
〔生醒介〕〔小旦〕好了〔老旦〕却愁他返照迴光做了蘭膏竟枯〔內鼓
吹放砲介〕〔生驚介〕〔老旦頓足介〕撓了寃家路兒催他的命了希
罕新郎來御車巧湊着那寃家路〔內又鼓吹放砲介〕〔生驚倒介〕
〔老旦哭介〕我那沒福的兒吓我那剜心的兒吓此去王孫非路
隅再沒相逢處拋娘尋逆好容易盼得歸來又早成子虛
〔小旦哭介〕
〔五韻美〕這沈冤天也怒活生生害的無回互既是你嬾解明珠
佩勞尊顧思量提步怎舊日誘我兒夫天吓你到幽陰只問可

也重甦這死生恨較彼何如那難道偏你回頭無路
〔生醒介〕娘吓
〔五般宜〕悶的你遭寡年心傷意餒〔老旦哭介〕〔生〕寶姐姐悶的你
守空房形單影孤〔小旦哭介〕〔生歎介〕昔日他死我還到園中哭
他今日我死他就未必來哭我了他那里銜恨未消除那能邀
一奠生芻剛行愁雨只是我死爲誰來只問你憐乎忍乎只問
你悲乎喜乎撇得我埋骨青蕪夜雨春花小夢虛
黛玉黛玉你好〔死介〕〔衆哭介〕〔淨急上撫生介〕〔指下〕〔小旦驚介〕
適才見老太太一直上床去了〔老旦看生介〕好了氣息也有
了汗也住了大家不要驚惶快設起香案來〔設介〕〔貼急上〕剛

才打聽二爺消息他們都說不好了〔哭介〕哎呀這遠了得麼
爲此急急趕來見他一面叫他等我一等隨後跟了他去罷
難道我還沒有死過麼〔哭入介〕〔老旦扯貼介〕兒吓喜得老太
太陰靈保佑轉過來了〔貼癱坐地上介〕哎呀〔老旦〕兒吓難得
你來且看他一看〔貼持生手叫介〕二爺醒醒兒罷〔生歎介〕開
眼視貼介〔衆〕好了〔貼〕
〔憶多嬌〕他魂不蘇我無了局同春幸喜神氣腴〔合〕早慶周堂是
如天之福兩玉雙珠兩玉雙珠全把那愁驅病驅
〔老旦〕且扶他睡下罷〔合〕
〔尾聲〕一靈險向無生住不經恨苦不歡娛〔衆扶生下〕〔貼〕我如今

回去將此光景告知姑娘看他心裏可過得去（頓足介）咳罷告
訴了他沒的倒教人慪氣還能有打後牀前的埇淚無
忽將舊盟盡情拋　　向不當初不似膠
皆鳳因鸞恒過分　　可能雙定玉樓巢（下）

說夢　第四十八齣

（雜宮女上）夢短夢長俱是夢情深情淺豈無情我乃元妃宮
中侍女奉史太君之命來喚林姑娘入夢（向內介）林姑娘請
起（旦徐上欠伸介）
【南呂過曲】【繡帶兒】扶殘醉倦魂初醒誰人喚我一聲（雜）是奴家（旦）呀
嬌娃女因甚的來前暴亭亭玉貌可人情（雜）奉史太君之命來

請姑娘（旦）哦家庭老封君差遣來傳命姐姐我怎麼沒有見過
你敢則新來的麼覷容顏驀生難認（雜）我本元妃宮中侍女史
太君叫來傳命的（旦）哦你是宮人隊偶奉着慈萱令行且問你
太君阿何方停頓
（雜）現在娘娘宮中（旦）奴家怎敢擅入宮門（雜）不妨有奴引路
（雜宮女引正旦上正旦）
【前腔】（換頭）疑甚他說在元妃宮奉命叫奴家去有話相訴只不知
是什麼話我想有甚的緊要言詞都喚我宮闈親承（旦）原來四
妹妹也來了（正旦）吓林姐姐你到那里去（旦）老太太遣這位宮
人來喚我四妹妹你往那里去（正旦）元妃姐姐遣這位宮人來

喚我（旦）說是老太太也在娘娘宮中我們一同去罷（正旦旦）姐姐
請（介）度宵城錦雲糾縵花四映覷弓鞋好庭階消瘦（內）娘娘有
旨仲春黛玉可曾宣到（雜）宣到了（二旦驚介）呀聽傳宣處怦怦
增驚可不整齊齊威嚴蕭肅
（雜啟上）娘娘太君仲春黛玉到上（二旦拜介）（淨持冊子上）
【引】【生查子】小夢喚迷醒爲孽撤耳惺舊恨已償完合免文園病
娘娘有旨將這冊子與仲春黛玉看去（雜付二旦看介）（淨）
【太師引】這事兒已先有天公定論凡人怎能去尋（指正旦介）他
住的九天宮闕（指旦介）你生來雙玉樓亭這文書註就難做洽
你直恁撇不轉心情你要從今起迴身變更休誤了人天難遘

的佳期
（二旦茫然介）（雜取冊子下）（淨）黛玉你可聽我一言
【前腔】那寶玉能使娶見性好思量前生後生爲甚事天變還淚
有何因人海酬恩當年甘露誰箇領論施報豈無終竟何不安
天命自將前債清怎能容爲主割斷神瑛
（旦茫然介）（淨下）（雜取冠服上）娘娘有旨將這冠服與林姑娘與
正旦穿介（雜）史太君有命將這冠服與林太君與旦穿（介）（二
雜）娘娘太君這里來（引二旦下）（旦上）
【三換頭】忽被箇玲瓏夢驚不住的芳心自驚難道冰姿月性成
不得天仙化人奴家一腔幽恨矢志脩仙庶幾永斷癡情免沈

愛海誰知夜來沉醉夢見同四妹妹去到元妃宮中老太太拏了一本册兒叫我們看說了些不分明的言語又將冠服與了奴家元妃也將冠服與了四妹妹宮女們便送了我們回來那宮女叫他做娘娘叫我做太君哎呀若就這夢看來四妹妹有入宮之事奴家也要被寶玉拖下苦海了免不去簫吹鳳鳴這其間只是我不合來人間再生倒是我有意尋煩惱做那把癡心動鬼神奴家脩仙功用將透三關夜來却一關俱不能透只寶玉二字一撞心上難道這一夢竟古怪麽我且問問四妹妹去但願昆妄甚虛兒甚淺華鬱皆行（同內介）妹妹起身了麼（老旦上）癡人來說夢伯子別識儂姐

姐有何話說（旦）奴家得一異夢特來問你（老旦笑介）你做你的夢倒來問我這又奇了（旦）你是神仙那有不知道的（老旦笑介）我却不知你要知道你那同路的人兒來也（旦驚介）（正旦上）欲明心上事來見夢中人林姐姐你敢是做了什麽夢（旦驚介）四妹妹你敢是做了什麽夢（正旦驚介）我夢見老太太將冠服與了你（旦）我夢見元妃娘娘將冠服與了你（合）哎呀不好了呢（老旦笑介）你們且坐下這有什麽不好來

【東甌令】是你們前緣訂這世成是好遭逢也有四星（旦淚介）罷罷我還是死了罷（老旦笑介）你便走森羅拚了如花命我會使真魂定翦金雞一夢有誰能那恩怨都休問

我告訴你大凡天心已定人意難回你們的姻緣早已注在氤氳簿上如何能彀扣除便是寶玉也非負心於你一則寶丫頭姻事當成二則你該歷死生之劫如今既已同生數應聚會饒你操持堅固也只是白費心機至於四妹妹我也不勸他事到臨頭看他有何良策（笑介）

【秋夜月】敢則無奈行便能好難乾淨（旦正旦）你就不能救出我們舌海麽（老旦笑介）我倒要救你們只是有人在那里不肯盼殺圓成多歡幸明珠翠羽來相請你意兒要自省休把銀瓶認墜井

【金蓮子】（旦正旦合）這般嬾垂情我心如石能持定（老旦笑介）

看你持去就是了實告訴你紅鸞天喜星做了主呢（旦正旦）怕什麽紅鸞天喜星（旦）預算下好機謀一樁樁指出教人驚我也去了（老旦笑介）暫且任你百計千方敵不得頭上青天一座你去罷（旦正旦）

【尾聲】疑還信難憑證（老旦）到其時你便心同意肯（旦）且看我六出的陳平計可行。

幻夢何須定認真　却愁占夢亦通神

要知打破今宵夢　自有陽雲夢裏人（分下）

勸婚第四十九齣

【中呂引子】【遶紅樓】（貼上）一朵名花手自拈。偏有這多少猜嫌莫雨愁

□姣羞嬌顫類蹙兩眉尖

奴家喚轉二爺。幸而不死。雖則將心放下。只是姑娘性情依然不轉。前日林大爺和喜姑娘來說老爺做主。替寶玉求親。將榮國公誥命來迎。怎奈姑娘說出三件事來。第一件要在瀟湘館住。舊時姊妹。仍居園中。第二件。要襲人去婦進府伏侍。第三件。梨香院女樂照先在內承値。若少一件。決然不允。我想第一件。那無甚難。第二件。襲人家的是王府優伶。豈肯讓他投身此地。倘日王府要人。二爺受責。那裡光景可見。雖了。第三件。老爺最惡歌童舞女。豈肯叫女樂仍進園來。這是姑娘明知老爺生性。故意逆了。以便絕婚。你用這毒計也罷

了。却教我怎麼好。兩日來那邊並無回音。只怕有些不順了。〔歎介〕姑娘吓。好娘。你定要逆了寶玉的性命才罷。你也忒煞很了。〔小旦上〕爲傳靈鵲信。來過小鸞山。晴雯。姑娘呢。〔貼〕在房中。〔小旦〕請出來。〔貼〕喜。姑娘。那邊有了好消息麽。〔小旦笑點頭〕〔貼〕有了。〔貼喜介〕姑娘。喜姑娘在這裏。〔旦上〕玉女心常定。冰人舌漫饒。嫂嫂請坐。〔小旦〕姑娘請。〔旦笑介〕那日將奴灌醉。都是你的主意。我哥哥素常那好。不知這日什麼緣故。只聽嫂嫂的言語。〔小旦笑介〕這可是沒有的話。你醉了。我們伏侍着你。你不謝我們。倒來科派我們的不是。我有正經事和你商量。你倒嘔起我來了。〔旦〕什麼事商量。〔小旦〕可不是我們前日那

三條話兒。少不得一件的。〔旦〕便是。〔小旦〕可不是少了一件。我們不依他。通依了。我們才依他。〔旦〕便是。〔小旦笑介〕如今改不過口來了。通依了。〔旦驚介〕〔小旦〕

〔過曲〕〔駐馬聽〕三事相兼。一總遵依無厭嫌。〔旦〕這是你的鬼話。我不信。〔小旦〕現在襲人夫婦和梨香院女樂已來。你哥哥見你言語都依了。只得送了年庚。過去早間已拜過親了。那邊瀟湘館即日動工脩理。還有什麼騙你處。你若不信。傳與他襲人夫婦。引領他女樂梨香。與你俊眼觀瞧。〔旦哭介〕〔小旦〕姑娘。休陳婚嫁要安恬。〔爲旦拭淚介〕翠綃輕把啼痕掩。任用韶鈐。已親收聘禮。看不得斷情劍。

〔前腔〕〔旦〕深恨癡男。爲什麼生死將人苦累粘。教我愁波瀾漲淚瀾添。舊香海難甜。他佳人原有文羅鉗。不提防假夢將眞驗。效遶鶼鶼。我無邊怨苦。那肯爲他甜。

〔小旦〕姑娘。

〔越恁好〕告伊休恨。告伊休恨。懶焦焦沒做憨。你青年美質。何必去佳雲龕。不是我說那寶兒弟呵。貌堂堂美男。貌堂堂美男。爲着你呵。竟急煎煎苦心兒神昏病懨。撲簌簌淚花慘。厮厮眼血見盈衿。偏禽全憑你救。箇人直是全家感。漫擬做靈香妙想。孤負嬌豔。

〔前腔〕〔旦〕偏恩無計。偏恩無計。直沈沈把恨擔。頰負行怎遊。平日

又愛憐噯這裏腸怎甘這裏腸怎甘道莫休休我哥哥肯隨順
俺薄春苔女孩把婚姻脫口兒怎去細談千愁集萬恨兼惟有
無沾染受虛名到底只會休念
（貼下）（貼笑介）姑娘怎麽那邊竟把三件通依了（小旦悄介）那
里是那邊依是你林大爺和姜大爺商量了一晚才想出主
意來請南安郡王轉向忠順王說了又用重價買了襲人薦
過來那女樂也是我們這里薦過去的至於瀟湘館一說便
依（貼）真費了大爺姑娘的心了我看我們姑娘也竟無可
如何起來這可不好呢（小旦笑介）好的也不止他一人呢（貼
羞下）（小旦）

紅樓夢傳奇　卷下二　十八

安排香餌釣金鼇　竟得珊瑚十丈高
早是玉人無可奈　笑看雙燭點蠟臺（下）

禮迎第五十齣

（末上）隋班玉筍登瀛客仙館琳華卻屬人在下王元喜得大
爺到京春闈奏捷中了探花點了編修娶了賈府姑娘為配
姜大爺中了狀元做了修撰也娶了賈府姑娘那邊蘭哥兒
也中進士同登詞館只有寶二爺因病未經入場今早皇上
忽然傳旨欽賜進士供奉詞林正值我家姑娘出閣又添了
幾對兒翰林燈牌好不鬧熱（內鼓樂介）你聽鼓樂聲喧俺姑
娘起轎也（下）（雜各執事誥命亭鼓樂高燈提燈提爐等引旦

貼雜旦乘轎上）（合）
（黃鐘過曲）羨絕老郎才女貌眞箇少郎多福女多嬌簫吹弄玉秦臺
裏雙跨鳳青雲表歡期到了生情死情都報繳仙樂風飄灑花
是夜吹鵬展羽鵲成橋再不禁離抱卻愁三處難封勸局妝住
同被包聽取郎嚼嗚總沒有外人瞧
（下）（外上）
（引）（西地錦）瑞氣一庭籠罩玉兒玉婿同宵（老旦上）頭銜冰署新
恩詔加一倍意陶陶
（內鼓吹衆擁三轎上）（副淨儐相上贊介）伏以一片情河導不
波四愁吟罷到諸和花開花落都休問占得人間鸞幅之

紅樓夢傳奇　卷下二　十九

常請（介）（生上）
（前腔）翠幃紅懷抱誰知還有今宵（小旦上）三星耿戶人安寧
看喜氣上眉梢
（副淨上）伏以玉洞桃花萬樹開仙雲一朵載情來可能簫史
拖去吹管絃看住鳳臺照常請（介）（生四旦拜介）（喝贊）如常（掇
上設三席外老旦一席生旦小旦一席貼雜旦一席（排場如
常）（衆送酒介）（合）
（過曲）（絳都春序）婷婷嫋嫋映燈花影中仙容光彩高擎珠簾只尺
天河當筵遞入生出死同偕老此夜裏同悲為笑兩朝雲莫願
百年富貴綿衾春浩

前腔【換頭】須要分清大小，並着齊眉公平周到。夢入紅羅，趁着翠仙調，一笑嬌雲四護，巫山廟把癡病全然醫好。畫眉郎下百樣消評，嫁後性情不傲。

【副淨扮道人引衆提燈前引介，外老旦小旦上，合】

紗蓮燈高照，早歸房去，花偷笑，瀟湘來到翠竹，真看儀鳳鳥十分嬌，更三分的做作七分的腼腆，教人怎不魂消。春風盈抱，問誰先占漏，柔瑞徵鈴兆。

【衆下，旦雜旦閉門下，貼走介，生扯住介】你求這樣無情。【貼羞介，生笑攜貼坐介】我和你人經兩世，情只一，正今夕何年，得此歡會。

鮑老催說不盡萬般哀悼，才把箇玉芙蓉能向我懷中抱。記金蕊夜補人虛弱，紅襪解玉甲彫，花宮吊不承望有日相依，棄桃花上傾也，展紅湖可能無意風流覺。

前腔【貼】叙則為舊情難掉，這可在轉輪司暫見了人相得，便彌生曾死做箇投桃報，紅樸寄恨病消良時到，受郎憐真箇是天垂照，瀟湘春占了可憐宵，從今不是虛名號。

【生】你昔日耽了扇兒，我說了你幾句，你道一輩子記着，如今可記着了。【貼笑介，生喜攜貼入懷介】妙呀。

尾聲喜蹬前重見傾城笑，蕩郎魂睡懷早杳，惟只願今夜扶桑不曉。

仙雲三朵半分瓜　　此處留郎碧玉家
燈樹幾枝相掩映　　芙蓉原是並頭花【相抱下】

凱寧第五十一齣

【小生引衆上，末】

【仙呂引子】遶池遊　征滄洱浪貼，敢說麒麟功業，端因家邊一箇女中豪傑，銷韜鈐元女山岡，花步驟夫人城堞，直似見九天日月。

一別燕雲歲月深，西山寇盜莫相侵，樽游烽火天涯夢，鐵馬馳驅報主忠。本帥周瓊，掃蕩海疆，誅除首逆，欽奉聖旨特召回京，一路來士盡承風，農皆樂業，暢好太平景象也。我想這場功勞，總虧了媳婦的謀略，本欲奏聞聖上，怎奈媳婦執意不從，道戰伐非婦人之事，盡將勳業讓與我兒，衆介真正難得。可難得兒啊。【小生】爹爹。【末】你這番回朝，定獲封侯，只是不可忘了你媳婦。【小生】是。【末】此去京城甚近，你媳婦幾時歸寧。【小生】他一到京中，便要回家看看。【末】這也使得，你同她去便了。【小生】是。【末】後軍可曾趕到。【小生】趕到了。【末】擁貼乘車上題。

【孔子】慈蘇九功成長揖從來，說願歸家一門親熱，望長安幾井晚雲遮，遙遙魂夢先飛越。

【小生】軍士們趲行。【衆應介】

【衙門人雙調過曲】五馬江兒水　只見紅旗風颭，三軍生到家。一箇箇鞭敲金鐙，笑語喧譁，齊感將軍紅粉娃，莫波濤灑淘得種桑麻廣

里烽煙不起處牛歸馬瞳曨化日開瑞霞把昇平事業秀
華入棠繪丹鼎鐘瀟灑
（下生冠帶上）
中呂剔銀燈菊花新功名富貴盡浮雲一彼濃香真福人覷面不相親
爭怪我暗懷愁損
玉堂詞韻壓羣仙平步青雲上九天昨夜金蓮送歸第滿衣
猶帶御爐煙下官賈寶玉向蒙天子洪恩欽賜進士名入詞
林叨居大考第一晉爵侍講昨家名對親荷溫綸自愧庸愚
幸蒙神聖恩榮逾分可慰椿萱寶姐姐昨生一子名喚芝兒
十分美秀加以三妹妹凱奏歸寧一門團聚喜事重逢只是

紅樓夢傳奇　卷下二　三五

林妹妹于歸以後竝不交一言無限苦衷叫我離於剖白終朝
憂悶無計可施只不知可有憐念我的時候了今日攜翠庵
仙上山下梅花大開當此蕭秋寒花吐豔也是奇事為此恃
來賞玩一番
過曲好事近寒雪壓枝新占先春上官香品。秋風如水早放出滿
枝金粉何因悄倚瑤闌思忖玉停句雲月精神忒活現林家風
韻敢則是瑤姬垂盼得許溫存
老旦上第一花枝來報喜三千粉黛羣含愁（生）妹妹來得甚
好這梅花為什麼而今就開得如此爛漫老旦笑介你去問
化為何開我對花點頭介（生）你這點頭必是知道些緣故老

且這又奇了難道看梅花要直着脖子麼（生）你到底下箇比
語呀老旦比語麼就算羣玉山頭飛（生）好箇羣玉山頭下生
急上二爺呢皇上有旨立名入宮奏對生帶小生急下老旦
我且將大新開迴運起敘衣寫介案非掘埋之歲八月九日
世襲一等榮國公臣賈政命次女賈仰春恭繪正旦上霜月
意歸天上借春先放嶺頭香哎呀雲姐姐你這是什麼意
思呀老旦笑不答介正旦呀
錦纏道丹青本為什麼把名兒題認忍進寄教人鬧好姐姐告
訴我罷老旦笑介正旦淡無言笑臉忒癡憨任咱訴懇情仙
道腹內經綸做意的天機藏隱似這般樣暗着圖敢畫圖機鋒

紅樓夢傳奇　卷下二　三五

梅花事神待不殷勤問滿心頭疑慮多少你莫要關
姐姐到底告訴我些影兒老旦什麼影兒一會兒就知道了
（小旦旦貼上）貼喜姐姐我們昔年分袂今日要看你們婦了
自才子如夫又值林姐姐回生完聚怪不得梅花也喜我們
看去
千秋歲小梅魂報喜將春引小旦旦那梅花呵似為你海上歸
人貧安穩貼花底裏回那花底裏回還則是真生着許和張來
合同行去山崖上問花心意應無答怕被他花姑哂道是我做
癡做蠢他開謝無因
老旦笑介今日這梅花却是貴人三旦笑介怎麼是貴人老

旦奇異寶人如何引得些文武貴人來呢衆笑介小生急上
四姑娘皇上有旨立取大觀園圖進呈正旦驚介哎呀皇上
怎麽知道園圖呢小生皇上聞大觀園景致二爺俱奏有圖
所以來取老旦付圖介圖在這里快拿去罷小生持圖急下
正旦背介是了他也不免了只怕倒不能如我呢正旦遲疑介
背介史湘姐想這園圖好生詫意怡好就取去了難道其中
有緣故麽
二郎神將針引這園圖恐惹的君王訪問爲甚他帶笑書繡先
作准我想他皆自說秋風吐梅可不秋風吐梅了那夢中元
妃姐姐又將冠服與我倆若有甚旨意敢違龍命奴心顛倒遂

紅樓夢傳奇　卷下二　二四

迷老旦休姐姐我要搬到你那里住幾日呢旦好極了貼爲什
麽忽然要搬起來老旦自然要搬的了正旦呀只聽忽漫移居
更屑上聲鈿一謎粧迷做隱似露還藏教人越假疑眞
旦三妹妹聽得你在海上建立許多功勞何不說說我們聽
貼那里算什麽功勞
集賢賓三山夜月波浪惟怕瀚海飛塵借一點神火吹風去消
怪蜃早則把渠首尸分我鄉愁瘦損爲如今歸心要緊才算
准斬十萬怒鯨鯢而盡
旦老旦這也很虧你了小旦可不是我說的凱奏歸寧麽貼
我一進京城才知二哥哥復歸皇上業經授職及至家來見

了林妹姐重生和二哥哥圓成了好不歡喜且羞介
集賢賓聽黃鶯甚圓成是南柯夢姻仕花天一片閒雲懷着他畫
餅飢充我只愛棒雲步穩貼難道還未成婚麽老旦笑介破瓜
時正好陽春旦啐老旦笑介長生道虛空未必不信你問他謂
正旦介愛倚娥號慈仙桃恐也有並頭人
正旦衆呀這是什麽話呢老旦笑介我實告訴你
簇御林照星騰君愛曬平白地上高天攀瑞雲定兇身交了簇
華運嘶繩處進下節陽雲佳氣威臨綠往就不是我敢開云
你進去罷
尾聲試取御花來驗信擬雲衣好陪龍袞罷正旦下我們快去

紅樓夢傳奇　卷下二　二五

罷河內介宮娥快取衍今漏消能云丙隱介老旦秋走快走溜
了就來不及了衆笑介雲了頭今日瘋了老旦你們那里知道
那不是燕嫣官車已到門
衆宮介果然有宮人內侍來了四妹妹填簡有入宮之喜也
管文新填桂紅宵　掛淑紋山得一枝
教畫園圖有大意　倚媒始是稽茍他箕下
剖傳第五十二齣
出雙調新水令坐上聞春歡音愛琵琶語轉教俺虛名顚倒他步
心堅似鐵我癡骨瘦如柴雲雨大台虎頭牌打不破相思寨
不如意事常八九可與人言無二三下官喚姜喬千辛苦才

盼得煞了林妹妹只道鳳願既偕自爾賞心相得那知我情
濃似酒他面冷如冰竟至杜絕往來不加詞色這卻如何是
好（旦）待紫鵑晴雯到來和他們商議商議看可有什麼法兒
（同坐介）（貼上）
雨北花垂嬌二分春色惱隔牆芳草盡似烟飛（雜旦上）遊蕩虛
房門不開為小姐恩深須讓他得婚媾派合紙糊窗櫺偏斷陽
鸞飛雙鳳郎夫婦消災厄
二爺（旦）好好你們來了（貼）二爺為什麼坐着悶呢（生歎介）
北枝徒分為佳期不奈羅敷欵則歎命遊觚生離情今欲懷刻苦
兒增了昏喚那了真心做了喬不休說是肌膚憔分還有那音

紅樓夢傳奇 卷下二 二六

笑都飛又沒甚究結難開愁苦難捱生辣辣把箇癡郎拿撚在
計支排
（貼）咳說也可憐這事須仗着紫鵑姐姐呢（雜旦笑介）我有什
麼用處（生）好姐姐你怎麼勸姑娘和我說句話兒便好（雜旦
笑介）這也奇了他愛說便說他不愛說我怎麼叫他說呢（生）
好姐姐不要作難你勸轉了他我感激你一世呢（雜旦）二爺
你也不要性急我何嘗不勸來就是姑娘也不比在先了他
原有你在心上卻怕你上頭上面故爾不肯交言果然你斯
斯文文講話談心他有什麼不依我難道不為着你麼
南江兒水我是為你真心害曾將鳳恨排則他鶯猜燕怨今無

緣諒鳳偶鸞儔終能待但鴛眠鶯宿還須耐試看珠玉人兒常在
枕畔偎憑有日他相親相愛
（生）既這樣我端端正正坐在房中等他回來便了（正旦提燈
引旦上）（旦）籠燈來翠館秋月下瑤臺見生回介（生）香雪櫳翠庵
去（生）急起攔門介（正旦下）（生）林妹妹我們從小在一處我也
知道你你也相信我我只恨前生前世不曾脩箇女身若做
了女孩兒縱然比不上你我這心也要比上呢（旦坐介）（生）我
能彀知你喜歡我能彀知你惱恨我能彀卻你生前我後說
不出的苦衷（旦淚介）（生）不是妹妹了我跟了你總能彀你
的心着你的意你也不致生分了我如今誰不是女兒但就

紅樓夢傳奇 卷下二 二七

嫌棄了（歎介）咳從前你時刻惱我我也總辯得明你那惱我
的意思我也知道無不過說我林黛玉這樣人連寶玉也不
能知心了還不委屈麼你可是這箇意兒（旦淚介）（生）我和你
自見面以來無一事不曾辯明就是那番角口也總說得開
只有娶寶姐姐這一節我和你生死分離無從剖起（哭介）（旦
淚介）（生）提起這一節實在冤屈呢一家中人人說娶的你進
房時還見雪鴈攙着你及至見了寶姐姐我就駭死了我那
時也顧不得他便道林妹妹你往那里去了寶姐姐你怎麼
霸佔住了往後之事我也不忍說只怕紫鵑也都說過我當
初說做和尚林妹妹我不曾負了這句話呢（三旦背淚介）（生）

北雁兒落帶得勝令俺曾去拜幻玉持八齋俺曾去走鳳凰壇
災害好容易賦關睢聚首纔爲甚的結冤讐全不似此似偷將
心負恨怒恁須憐念從前事悶無奈今日呵博得個十般苦痛
樣衰將我這其情節無些處休猜惟只願[illegible]悲忱兮阜已然
請問你再生人因甚來
（旦歎介）咳
（南僥僥令）我聞語低頭心自揣我此事怎安排他甚等情腸到
如此怎忍把這情當假來
（外）賤妾你伏侍二爺去罷罷我也被他圖煩了（坐怒介）
北收江南呀說甚賦煩生也爲我所不由人不頓時呆哎罷了

紅樓夢傳奇　卷下二　廿八

罷了妹妹始終恨我我也無處伸冤了還活他則甚下禁刎剔
斷腸人去開了你瞧我好冤哉太冤哉在哉取刀介（旦攔且奪介）這是何
苦來呢（生）把一寸丹誠心親剖付他來
（旦）顛是人（介）你今（介）是什麼意兒敢是來取我命麼（羅且跪）二
爺你且請出去罷
問園林姪你甚緣由嘅生自我忍刺八情非性忍笑溫存是這
般淚窩擺鏇去等將來擺鏇去等將來
（丑）我到這地方也非容易去是不去我還有話說呢（羅且）原
來二爺還有話說（旦）你說說完了好去（生泣介）哎妹妹這
是這樣虧氣竝無半點憐念之心（旦悽然動容介）（生）我的百

呵也只是要說出妹妹的心來你從前恨着舉目無親恨着
鳳嫂子襲人陷害到今日氣也出盡了現世也報盡了別人
道你還要報復他們只我知道你另有一番作爲叫地上地
下人一齊愧死你還有什麼冤沛不伸各種各樣稱心滿意
知畢既把我壓入九幽地底不能照着你心孔裏一線光我
好不命苦也（哭介）（旦淚介）（坐）
北沽美酒帶太平令苦磨墟慣掉歪命顛連無布擺假夫妻長
日長年又怎推算此身便活也堪哀攢恨病忽編排消不去情
中戀魂避不了人前嗔怪洗不清湘娥怨錦心中帶恭還不離
循環薄負心人冤債（旦）我如今知道你不負心了你好好替我

紅樓夢傳奇　卷下二　廿九

睡罷（生笑介）妹妹肯說這話我死也瞑目了（旦）罷又說死說活
的不要招起我暗兒來（生）不敢不敢我既說明了妹妹叫我去
我就去但娘行心同意同何必又驟圖親愛妹妹呀夜深聽顯
你把話辭兒留心細揣
（帶悵下）（旦咳）
南尾聲含情欲縮同心帶爲省他冤撰不開只是我所可被他
毋教敎施下了輪迴海
（下雜且笑介）好了我姑娘心軟了准備着香好借歡會奴家
也有體臉（介）（坐）
傾吐肝腸百恨消　笑花隱約臉邊潮

好看神女峰頭月　雙照佳人薦首綃〔下〕

解醒第五十三齣

〔丑上〕甘心自喫苦中苦失足誰憐難上難奴家果被林姑娘用計連丈夫買進府來眼看着紫鵑晴雯和寶玉成雙作對氣好惱里傷心雖然姑娘大度包容不記前事飲食起居與紫鵑晴雯一樣却也命人來分付以後不許多言又被晴雯冷笑閑嘲言三語四奴家既慚且懼背地里淚眼難乾我想在他簷下怎敢不低頭只有謹慎些求免罪戾便了誰知昨夜二爺聽着他們定要與奴敘舊奴家只得兩奈何只得勉強隨順幸而姑娘尚未回房紫鵑晴雯進來僥倖未看紅

紅樓夢傳奇　卷下二　三十

既不知就裏若使知道可不又有許多難受的言語了適間二爺要雀金裘叫着奴家現在衣箱俱係晴雯掌管只得要去正是讓人反恐遭讒口小事還須要小心〔下〕〔貼上〕

〔正宮引子〕〔喜遷鶯〕踈粧慵起正夜雨香酣人倦無力被裏增憐愁來驚夢心頭有事難提聞道舊情重敘敢則新歡還擲難恕取那妖嬈狐媚特箇離奇。

〔白〕奴家于歸寶玉愛若奇珍寵眷濃歡心滿意足但只追想前生恨事不能忘懷前日王善保家的得了不是被奴發出打了四十革了三月口糧稍快此心只有襲人却甚難處一則舊時姊妹難於放下臉來二則姑娘倒肯加恩我怎好十分作踐三則他見了我們那羞慚殺蝕的樣兒也覺可憐但聽得寶玉日來頻頻與他敘舊我想分寵奪愛料也不能却怕他又使機心暗中播弄不如去回了姑娘攆他出去再做道理、

〔過曲〕〔錦纏道〕他羞人事兒太白低嫁那廝又轉留歡亞人前尚做嬌獃賀想他險心腸懶蕭脾就即憐敢依舊陵欺奴家豈懼伊只是禁不住鎮日爭閑氣那倒不是再生了然無樂意便做他不敢如何於我〔三犯漁家傲〕〔剔銀燈〕利舌脂葦怕貝紋如錦又科派他人罪張弧載鬼奴早是喫盡生前累雖且暗上聽〔介貼〕被他毀奴誘主見破他毀奴粧扮稱破他毀做狐狸三被毀將奴

紅樓夢傳奇　卷下二　三十一

絕了生機如今身軀借五兒閉的他忒慳煞〔鬪〕魂兒無合煞閑的我沒假借舊身無處挨〔淚介〕〔二犯漁家傲〕〔傷情〕雖且晴雯妹妹我聽了半日莫非你有傷人之意麼〔貼〕不瞞姐姐說怨恨難同將他無耻醜事搜根尋數語同明敢難迴避〔雜〕且你同他什麼醜事〔貼〕姐姐不知他勾着二爺敘舊了這才是真引誘呢〔雜〕且笑〔介〕這可不醋罐子打翻了〔貼〕姐姐不是這樣說報怨排歸背便低眉非關妒彼雜且歎〔介〕妹妹你也不要太狂了我們本是一樣的人就是他走錯路頭陷他心裏不難況且而今的你現在的他也算在你跟前現世現報了你也是殃折過的人再修修來世罷縱然他不是你須念舊時姊妹只望你饒他識見多

卑鄙莫把那惡語仇言儘自提你是個直性人兒從不肯害人
的如今害他可不你和他一樣了〔貼〕不是我害他我怕他得寵
起來又要害人呢〔雜旦〕太太如今知道了便有言語斷不信他
况且姑娘這番恩典他也未必敢再弄虛頭至於二爺呢〔唱〕〔喜漁燈〕
俺因舊雨一諾私會也不致聽他什麼言語我還告訴你當初
我們的分兒趕不上他如今他的分兒却也趕不上我們你今
日害他知道的說是報讎不知道的說是行勢忘懷罷免人盡
道你仗主行勢〔貼〕只是那里耐得住〔雜旦〕勉强耐了罷就是我
也未嘗不惱他只爲姊妹分上存些厚道也說不得了〔貼〕姐姐
爲何惱他〔雜旦〕你倒忘了麽那日我和二爺說頑話認了眞大

病起來他走到我那里竟努目瞪眉指手劃脚大大的教訓了
一番我如今想起來倒好笑會撥劍弄威卻我前思後思他是
詐可不狠將心力當年費到今日徒然愧悔可早分了雲泥他
便把香天夢鎖鶯纖被怎覺得醉暈花開翡翠帷〔丑上〕當年空
惹恨今日但懷愁聽姑娘二爺要雀金裘呢〔貼〕綺霞呢〔雜上〕姑
娘做什麽〔貼〕你死在那里這麽花紅柳綠的狐狸妖精似的二
爺要雀金裘呢快拏去〔雜應下〕〔丑愧介〕〔雜旦笑介〕罷吓妹妹我
替你們說開了罷襲人姐姐要妹妹惱你也很該你從前也
太過了些我適間勸了他半日叫他看姊妹分上罷你也不可
再傷人了〔丑〕姑娘我還敢傷人麽只求姑娘高擡貴手放我

過去就感恩不盡了〔貼笑介〕姐姐你說什麽話是了既說開了
就是了我們還是好姊妹〔丑〕那也當不起〔錦纏道〕〔犯〕但求你把前情
拋開漫追深悔太胡爲歹毒腸很切百百枝枝願姑娘寬宏赦
之絕不敢再花兒瑣子背淚〔介〕暗地里自悲啼正是自家不肯
濟藏舌不免今朝有是非
〔雜取衣上與丑介〕〔下〕〔丑〕姑娘我真把他恨死罷〔掩淚下〕〔雜旦歎介〕妹
妹這不可憐麽
解綢繆安反側　何嘗鬼蜮有收成
勸人莫作虧心事　夜半敲門也不驚〔同下〕

仙合第五十四齣

〔老旦上〕一翦雲冠一道袍人賽小仙說婚挑朗調龍虎樓臺
蝴蝶里天空月子高自仲把入宮我仍在櫳翠庵住下日來
寶玉剖情黛玉心頭已轉只爲戀着僧眞不肯便諧伉儷今
夜他來待我使個法兒教他自絕求仙之念少不得姻緣成
就也我且打坐片時〔坐介〕〔正旦提燈引旦上〕〔旦〕
〔唱〕〔新水令〕金漿提燈燈明星燦碧天片月衙鹿館則那櫳翠庵中敢
下了金魚鑰悄籠燈過降壇指望要點化愚頑比似那鄭隱投
師學燒丹我待金漿玉醴來供獻做天女雲鬟和你騎紫煙偏
冰肌幾番兒祈懇但則把語遮瞞全不肯稍露元關我偏要求
你稍露元關

奴家因寶玉剖情心中恍惚了幾日轉想修仙事大豈可更
被情迷況他妻妾三人又何必奴家湊數倘失眞元之體難
免魔障不生欲求立地升天須賴眞傳祕訣現有雲妹妹仙
機微妙徵驗多端也不肯當面錯過雖是求他幾次他只含
笑不言苦果頂禮眞誠諒必慈悲指示爲此來哀告一番妹
妹〔正旦下〕〔老旦〕鸞兒黃夜到此何幹〔旦〕特來求你傳授修仙
要訣〔老旦笑介〕
〔前腔〕脩仙要訣難莫認我神仙伴〔旦〕妹妹休得隱瞞你見花知
人宮之喜說夢知同路之人游園不沾風雨渡水不溼衣裳幾
舞空中樂來天外靈迹甚多如何隱瞞得住〔老旦〕靈迹非眞祇

不過都盧幻〔旦〕好妹妹你可憐我的苦心志誠學道不願墮落
紅塵我的根基雖不如你我今世也無罪過便算前世孽障未
淸也許我改悔至於功果脩成後也可補得只求你慈悲傳了
要訣你的師恩上同父母情願伏侍你上天憑你教我怎樣都
肯只求你哀憐我〔羅淚介〕〔老旦笑介〕憑我教你怎樣都肯〔旦〕都
肯〔老旦〕果眞〔旦〕千眞萬眞〔老旦笑介〕旣這樣你用心聽我傳授
快前去共多情寶玉結鴛鴦〔旦羞介〕好妹妹不要取笑了你再
不肯傳我就死在你跟前〔老旦大笑介〕你拏死來挾制我我可
也心驚膽又寒你再鬧我我就變箇小戲法兒教你忘了羞恥
自尋寶玉去〔旦怕介〕〔老旦〕玉山不等郎推挽管教你身北元螺

早上牟你休迷亂請自去安眠不必更胡纏
〔旦〕好妹妹我知道你利害〔跪介〕只求你憐我一箇女孩兒從
爹沒媽死死生生受了無窮苦惱自己明心見性自墮輪迴
〔前腔〕盟天矢願堅求你把慈心轉說與奴華陽隱祕無須管就
是元門工夫我也曾體認只爲根基平常遇了魔頭劫數我如
今身在汙泥心同水月〔拜介〕望仙師可憐見把我救登天勞攘
塵中年歲短我纖纖弱骨指望金丹換緣鳥獸蟲魚求你助挂
眼酬心願死的便是燒香割肉不肩攬
〔老旦〕麻了頭我也被你鬧煩了我實告訴你你的根基來歷
也和我差不多只是魔劫重些且去勤積功果靜候天緣至

於元門工夫到一層才指一層也不能通盤傳授總要瓜熟
蒂落自然成功一念不純便無效驗若根基上有緣靈心自
悟就便不遇眞師到交代換功自有眞仙來引但你姻緣未
了斷斷走不上道路欲得眞傳先借匹配
〔劉潑帽〕眞丹要取眞爐鼎不雙棲不保仙緣〔旦〕這又何必呢〔老
旦〕非是我强纏道在你心頭自有絲難斷不信你跟着我扯
起坐來你看你自己的心有用沒用就知道了請自觀心作便
可知迷晌
〔旦打坐介〕
〔前腔〕纖塵淨掃無一片度空明月輪孤〔低介〕我想若不是寶

玉堂遲我可也久登道果了其實寶玉也怪不得他本來自幼見我們就好就是我死也是爲他生也是爲他前日他那樣剖白却也可憐忽自持介此心忽漫多牽絆我便這樣了好笑紫鵑也不和寶玉一處雖道定要我圓成了他才顧他這也太癡忽急介怎麽只是寶玉二字横來塞在我心上這却怎麽好（淚介）生就冤家截斷了金華殿

老旦寶兒你如今知道了

前腔千回萬轉心兒縈係低回怎樣求仙但願夫妻從此多美滿無終天何恰便好成姻眷天色明了你也去罷且歎介無終天何恰便好成姻眷

（下）老旦笑介這番寶兒看了道兒也我且游神太虛同復師父法旨去者

已仙豈不願入仙　　爲是仙緣有世緣

萬斷道心知受苦　　情華結果在香天（下）

玉圓第五十五齣

末上甲第十年還鼎盛天恩三代守官常小生上何人不羨榮公府奴僕今朝也有光老太爺我們這府裏自從林姑娘過門之後林大爺要全藏家貲老爺不肯他分了一半足足一千餘萬登時興旺起來駟馬高車全不是當年光景了末可不是呢四姑娘又做了鳳藻宮貴妃頂了元妃娘娘封號赦老爺珍大爺也恩召還朝又查還了産業二爺聖眷優隆不時召對昨日又升了學士眼看着連翩直上也小生不但二爺就是薛姑爺也不是凡庸人物也是大奶奶做人好該得好報只有環爺不堪闒茸將衙揣掩下西各債務在路蹣跛被老爺撞見立時還了銀兩將那些西各就是向日開信之人送到城上遞解回籍環爺着實捱了一頓很打若不是林姑娘說情只怕要打死了呢（末）兒爺他這一頓正好還報二爺當日二爺捱打雖說爲蔣猫不是他說逼死金釧兒的麽（小生）真真報應不差就是襲人當初害了晴姑娘如今不貞報了麽他見了晴姑娘好像老鼠見了猫兒呢（末）就是趙二

奶奶不也報了麽幸而林姑娘不記前仇前日巧姐兒出門十分周到若過着度量褊窄的還能那麽着麽（小生）林姑娘是什麽樣人你看一家子誰還趕得他上當初瞧不起他的如今都靠着他了（末）可不是呢我聽得今日裏邊有喜筵壽姑娘自然是同作過來了怎麽不接三姑娘去小生老太爺你不知道周姑爺封侯前日接了三姑娘同去事忙不得來喜姑娘同林大爺到學院任去了也是前日起身的未怪不得林大爺門口冷清了許多呢兒爺今日老爺二爺遍不上衙門我們去草酌三盃罷小生很好請（末）請同下生上

（小旦上）引子三登樂玉韻珠情鎮一片凡香虧影嘆傷心這番竟成繡

衾中鴛帳裏無限嬌凝誰知此日占情科高等
十載痴心一夜酬恩多終是不成仇從今身在藍橋驛乞漿
瓊漿百萬國下官微天之幸竟得林妹妹大發慈悲許成歡
好恩情無比怨恨都消便做成佛登仙也無這般快樂今日
奉上衙門准備和他暢談一日紫鵑晴雯備了喜筵共樂籌
姐姐來大家歡笑一番向內望介你看他出房來也〔旦上〕
〔引〕上林春落了瓊黃細窩影恩和怨暗中思省從前也太忘情
笑介〔旦〕你索心全稱
生笑攜旦手介妹妹我好不僥倖呢〔旦笑介〕〔生〕
〔過曲〕〔繡帶引〕〔繡帶〕見〔引〕則被你害蕭郎匪輕孫算城臨此兒化做傾城

紅樓夢傳奇 卷下二 卅六

平白地變火成冰你終是見偏心硬〔笑介〕怎麼我死了你也不
動一動心無憶〔太師引〕到死去依然還送〔旦歎介〕我既經生死
願棄塵緣一意元功心上那得有你〔生〕而今心上可有我了〔旦〕
笑介〔小旦暗上聽介〕〔生〕你說呢〔旦笑介〕有你便怎樣沒你便怎
樣我恨不得丟完了你還做舊工夫去呢〔生笑介〕哦這般樣情
郎厮憶好妹妹再莫糊塗了我當初因別了你妄想成佛作祖
做了和尚幾乎送了性命虧得爹爹懲治妖人救了回來才曉
得異端邪說到頭絕無着實的下落你我如今得在一處便是
真正仙人登了天界還修什麼仙去坐青雲在青雲上層不用
守庚申心倚蓬瀛

只講一箇情字我生也爲你死也爲你想上天也爲你修生
也爲我死也爲我單則想做仙人就丟下我我問你到底丟
得下丟不下〔旦笑介〕真丟不下就是了〔生喜介〕〔旦〕
嫋針線此後丟郎又何能則衛愛水恩山兩世情記垂髫嗔宜
穗憐卿更悲花惜歎飄零命聽秋雨夜燈孤冷做這等元離生
怨才相聚怎能殼病樹開花反看輕只可惜兩條手帕一朝詩
詞臨死時都被我燒了〔生〕那詩詞都不妨我已經錄出來了〔旦〕
笑介〔生〕也虧你好記性〔生笑介〕〔旦〕心坎兒上擱着怎麼會忘了〔旦笑〕
點頭介詩重整共瑤宮仙侶同清詠笑說前生
〔小旦笑入介〕我來看仙人那知仙人丟不下他了這不是情

紅樓夢傳奇 卷下二 卅七

蟲麼〔旦〕寶姐姐你是道學先生怎麼將上堂聲必揚也說不
得呢〔小旦笑介〕可知道內言不出於梱梱內人原聽得的你
你只不要說聽不得的話就是了〔旦羞介〕啐你談道學怎麼
談出箇小哥兒來呢〔小旦笑介〕妹妹這話又有景報呢〔旦〕啐
〔小旦笑介〕寶兄弟你如今是不病的了〔生笑介〕〔小旦〕
醉宜春和鳴料身康無病喜琴心成就並頭蓮會合鸞儔問宵
來雨露勻頭蘿心樣瓏玲〔旦笑介〕啐〔生笑介〕〔小旦〕嫂嫂羞得
他紅雲滿面似霞蒸越顯得容光花映也虧是金魚仙液喚得
你夢中人醒
〔生〕是呢好妹妹把金魚兒給我瞧瞧罷〔旦〕解魚付生介〔生〕取

賬鏡介亦靈亦長仙壽倩藏取玉看介莫失莫忘仙壽恒
昌〔笑介〕這不也是一對兒麽〔旦笑介〕却及不上不離不棄芳
齡永繼〔生〕好姐姐也取出鎖來我看看罷〔小旦付鎖介〕〔生喜
介〕如今是金鎖玉魚永無災劫了〔旦笑〕〔小旦〕姐姐當初把鎖
他看是有意無意〔小旦〕這有什麼意思不過他纏着要看罷了
〔旦〕這也難道〔小旦〕你當初又爲什麼心呢〔同笑介〕〔正旦上〕百
劫經過花帶雨一心同後月開雲兒弟妹妹大喜〔旦羞介〕〔生〕
好嫂子請坐罷〔生取水游魚介〕〔三旦同看介〕〔生〕大嫂子你見
過沒有〔正旦〕林妹妹過去是我給他含上同過來又上在我
手裏也還見他游過一次〔正生〕妙呀

紅樓夢傳奇　卷下二　四十一

鎖爬繡口只見他吹珠沫耀金睛樂意游行振多少秋水濠梁眼
下生〔揮介〕感謝他護佳人法力通靈到今朝才比目兩能折證
〔小旦〕想我這金鎖不過人力所爲這才是眞正寶貝呢他那玉
從胎裏口中銜出你這魚從死後口中銜出這不是天定姻緣
麽〔生點頭介〕這的是玉和金良緣天定只是妹妹以前絶不解
出來是何意見〔旦〕這是我起身時哥哥送的我十分愛他若取
出來你就則擎去我也不得再生了〔生〕是呀虧是不曾知救嬌
娃性命不曾知救嬌娃性命
〔旦〕我想他這玉竟應着我呢〔正旦〕怎麼應着你〔旦〕他失玉甚
死他得玉我生我名無玉可不應着我麽〔正旦〕〔小旦〕是這樣說

這玉不是他的命根倒是你的命根了〔生笑介〕還是他就是
我的命根呢〔旦〕啐〔各笑介〕〔各取玉魚鎖挂介〕〔雜扮旦貼帶丑副
淨上〕〔貼〕彩雲雙脇旋〔雜旦〕明月盡團圓〔貼笑介〕姐姐還有你
呢〔雜旦〕啐〔貼介〕〔正〕奶奶二爺姑娘們好坐了呢〔生〕就坐罷〔正旦〕
今日是誰的東道〔雜旦貼〕紫鵑晴雯與二爺姑娘賀喜〔正旦〕
我怎麼好生受呢〔雜旦貼〕奶奶說那里話來當初姑娘過去
是奶奶送他同過來又是奶奶照應他〔正〕該敬謝一盃〔正旦〕
一席〔生〕〔旦〕〔小旦〕一席對擺〔雜旦〕〔貼〕一席側擺〔雜旦貼〕依次送
酒介〔生〕三旦〕你們也坐下〔雜旦貼〕謝介〔各坐介〕〔飲介〕〔正旦〕
〔春瑣聰令〕〔宜春〕撇愁地開翠屏送嶌華纖纖手擎一箇箇喜生眉

紅樓夢傳奇　卷下二　四十二

歡洞房春沁了梅花影俊才郎學士風流俏佳人天仙嬌艷〔瑣窗
寒〕死與生得敘舊時情不枉俺關愛頻仍
〔副淨斟酒介〕〔正旦〕如今兩府重新興旺皆賴林妹妹之力果
然老太太託夢不差〔旦〕好嫂子說那里話〔小旦〕不但兩府就
是我母親那邊自哥哥犯罪之後日漸彫零也都是林妹妹
照應眞箇可感〔旦〕姐姐你我有什麼分別怎麼可感起來〔正
旦〕這也實在難得就是巧姐兒出門若論鳳丫頭待他的光
景就冷落些〔生〕也該他却那些兒不周到可不是該感激他呢
〔生〕我想若不是鳳嫂子鬧鬼我們早完成了提起來也實在
可恨

浣沙劉月蓮〔浣紗〕害的他脊損亡我逃禪定雲時閒兩沒收成
雖然圓了費枝撐却怎生不怕殺人也噯〔旦〕〔幅〕〔劉瀟〕茜絳惣向有
緣能證鳳怨平便鳳世盟同訂〔月〕〔秋夜〕仙魚靈玉光華耿登仙夢
今後介〔小旦〕妹妹可是我知道你斷斷不能成仙的〔旦〕笑介〔姐
姐你而今可服冷香丸了〔小旦〕笑介〔金蓮子〕〔旦〕休說道香丸苗冷情
問賢妹既脩仙又如何騎虎嫁文生
衆笑介〔丑斟酒介〕〔雜旦〕
梁溪劉大香〔梁州序〕〔梁州〕鐘魚攏翠琉璃坐影誰道人非孤另〔紅〕紅桃花
底從今不試郎情〔浣溪〕苑盡消心〔金〕堤把炎涼更看分明〔貼〕〔劉瀟〕
楊枝續了芙蓉命郎盼青蓋遂了心奴性〔大姑〕風前濃笑生

紅樓夢傳奇　卷下二　四十

雀裘金線彩翠飛鷹紅綫玉甲能終竟感郎紅淚看郎疼〔起介〕
晴雯得有今日皆賴五兒借體他午還骨在人不忍令其寂寞
欲求二爺爲他稼管一擴立碑一通在晴雯當年墓側〔香柳娘〕
生壙標營建豐碑紀名聊安俏靈深感他將身相傍
〔三旦〕理應如此〔生〕稍暇爲文與芙蓉誄一同勒石〔貼〕謝復坐
〔小副淨斟酒介〕〔小旦〕提起五兒也奇原來有晴雯這段因果
怪不得攏着他不肯走〔旦〕看來凡事都有天定就是我們當
日在老太太房中一見關心你憐我愛此後死死生生波波
碌碌終歸同侍君子豈非事有前因〔生〕單則我們受了無限
苦楚才得圓聚〔合〕

大節高瀟湘館舊夢圓成坐紅筵排玉鼎也虧得癡情留戀捱
愁病〔生〕我們今日這樣鬧熱更勝於羣花獻壽之時但則滄海
桑田不堪回首耳〔丑背淚介〕〔生頓足介〕哎呀忘記請史妹妹過
來了〔貼〕晴雯請過史姑娘說我又不喫什麼空自鬧他們我倒
靜靜的坐坐罷〔衆〕這也罷了〔丑斟酒介〕〔衆飲介〕〔合〕添多少風魔
興酒抱清人歡幸〔風起介〕一片天風竹籟鏗鏘聽玉簫金管交
相應〔正旦〕外面什麼風〔丑望介〕雲頭甚亂不知是東風西風〔旦〕
笑介也不知東風壓了西風西風壓了東風只怕是上風壓了
下風呢〔丑背伸舌介〕〔合〕觸起前言嘆虛驚當年爲底成梟獍
〔衆起介〕〔外老旦上〕門闌重見喜巡幸又承恩甥女仲妃又要

紅樓夢傳奇　卷下二　四十一

歸省了〔衆喜介〕好呀〔旦〕仲妃歸省甥女這邊事更多了紫鵑
晴雯那里分撥得開同上舅舅舅母甥女欲問寶姐姐要了
鶯兒麝月也與寶玉收了就可幫辦着些待甥女另挑了現
與寶姐姐〔老旦〕不知你寶姐姐意下如何〔小旦〕人很够使不
用挑得就是了〔旦〕現在紫鵑也未圓房就一事做了罷〔貼推
雜旦介〕〔雜旦羞介〕〔丑背頓足歎介〕〔外老旦〕這樣很好揀箇日
子就行罷〔旦〕是〔合〕
〔東甌令〕不妒真堪敬能事更堪驚月滿雲俯花性情成就了青
年美眷尤歡慶此豔福難僥倖却願他麒麟天肯降徐陵教我
這榮公府再振興好芝蘭玉樹遶階庭

尾聲紅樓夢譜新翻定這是紅豆詞人戲墨成惟願普天下情
人莫動情。
綠酒紅燈夜漏遲　鏗金擫管復調絲
當筵度盡紅樓曲　花底月明星漢垂（俱下）

勘夢 第五十六齣

北（仙呂）賞花時（仙女引末貼上末貼合）幻夢紅樓一枕蝶須喚莊
生醒着些你看那情海沒津涯白茫茫問撇沈誰怕好與他一
樹醒迷花
（老旦迎上見介）仙師下降荒園有何法旨（貼）如今紅樓一夢
賴你圓成只是神瑛絳珠與芙容仙子結髮以來異常眷愛

悲誤前程遲了飛昇時日昨從蓬島借得醒迷花一樹向他
埋香塚上爛漫開成一日之後你即送還蓬山便可乘機點
化使彼清修（老旦）謹遵法旨（末）衆仙女將花散布樹上者（仙
女領法旨旋繞布花介末貼合）
幺篇霎時見纍纍紅珠一樹霞占了那明錦嬌香萬朵花休說
他開落欠根芽這一枝兒在花宮無價破癡人情夢草乘槎
（仙女擁下老旦隨下衆雲童舞雲上老旦上）
北點絳唇花落花開光陰駒過休驚怪生豈無涯趁早的翹足
蓬山外。
結識婆羅海上天葬儂花下說因緣笑看玉鴨闌來往猛憶

前生十八年我史湘雲道果大成神周六合日前仲妃娘旨
封爲靈妙眞人今奉仙師法旨送花來到蓬山一時星月殺
斜天雞將唱不免撥轉雲頭仍歸櫳翠庵去者（雲童擁行介）
混江龍俺立向微摩天外看齊州九點在面前排那答是琳宮
玉宇這答是瓊宮金臺那答是北荒明月珠三丈這答是東極
天與海半盈芬靈墟金楊深鎖琳琅紫古參陽殿瑤壇高擁翠巘
開閬乘山長離山麗農山崑野山崑崙山配綠如青螺髻幾簇
分宙合盡余國牛黎國拘纓國厭火國困祇國國三聚五魚鱗
一片煙氛蠢手攀着滴溜溜星斗兒真珠萬點腳踹着軟膨膨
雲片子亂絮千堆控金烏鞭玉兎厮趕着閃閃霍霍的壺中日

月駕飈車騎霜馬滿張着出出律律的袖底風雷俺也是陰鴨
金虎眞功就爲要他彩鳳文鴛好事誤了俺丹砌林丁庚陰
陽交動靜孤負他白環樹乙魘左右配形骸佩六臣化形存泥
汙了鳳文元鼎俏六辛月華法壓淹了火玉瑤釵甫能彀振轉
他堅鋼介在又誰料沈迷處烈火乾柴跳不出四大圈兒酒色
財氣怎脫得六輪迴道濕化卵胎粉骷髏一任他月閉花羞難
是土臭皮囊怎禁得雲尤雨殢鎮相假蠱心神是錦帳芙蓉使
性斧煎骨髓是澀蘭麝引魂脫爭及得坐崇霞心燈耿耿賞
水玉胸境恢恢本延年受用些金蘆玉醴松方日露繞些鳳舞
鸞回玉舍煙晨酣雲液丹粒參鶴刻瓊玫飢時餘鷗餌羊珠犢

腦和渴時節項飾元酪桂膏備譜一套鷓鴣詞南極真人吹管
應唱一回太霞曲北寒玉女載璈來試看俺九靈花裙掩蘭麝
試看俺三珠樹佩曳雲衢跨滄溟盈盈衣帶踏瀛洲窄窄弓鞵
看射鯨入箭旅桃花春黯水那釣鼇客磯頭瑤草蔓金莖幾時
向岱輿峯龍鶯鸞裳排羽節旦按着元都印黃屏朱戶守桃核
擷翹春一粒明珠在玲瓏仙骨冰雪襟懷。
來此已是攏翠庵了雲童速退下童舞雲下生旦攜手貼隨
上生名花開謝同朝菌旦芳樹枯榮有風因生妹妹我因這
花靈選取名叫做黛梅正要重開詩社讓你瀟湘妃子再奪
一魁怎麼一樹花全沒有了連地下也沒一片兒你道奇不

紅樓夢傳奇　卷下二　四六

奇旦想昔年我們葬了許多花片精氣結成此花纍纍一開
就被天公收去也和人成仙的一樣生這樣說只怕史真人
知道原委我們問問他去旦就去合鐘聲不動日初上花蘂
猶酣風欲仙妹妹起身了麼老旦上好憑花謝花開意喚醒
情生情死人你們起得好早生旦我們起來看花那知一樹
花遍沒有了敢是天公收去妹妹必然知道老旦這花來歷
倒知道些兒生旦你且說是什麼花老旦
油葫蘆醒迷花根蒂由來閬苑開生旦原來叫醒迷花老旦為
仙家偶借來生旦那一位仙家老旦太虛天警幻下塵埃生太
虛幻境警幻仙姑是我夢見過的呀老旦喚司花玉女攢香黛

旦如今那里去了老旦送仙葩仍去蓬山界旦怎麼只開這一
旦老旦向閻浮弄影終久無情態怎及得帶雲霞高處栽教強
似受塵氛九地埋旦點頭介老旦管取他春風一座花仙愛又
何必戀凡間誤他香色便蒿萊
旦這樣說還是俏仙好老旦可不好呢旦你又不付真傳教
我如何下手老旦彼一時此一時你知你的來歷麼旦願求
指示老旦
天下樂你是那樂土靈河一箇女俊才。咍也麼咍絳珠仙轉世
該旦為什麼要轉起世來老旦為神瑛侍者甘露債生驚介是
呀我夢中他們都喚我神瑛侍者呢旦我夢中老太太也說莫

紅樓夢傳奇　卷下二　四七

割斷神瑛呢旦問妹妹什麼是甘露債老旦那絳珠本是一株
仙草其時欲萎侍者日以甘露澆漑得以脫體成真生旦豈不
得當初一見面就認得呢老旦因此上呵要盡把你的淚珠兒
酬償來才做了再生人遲受采今日呵倒只怕靈根沉愛海
生旦驚介老旦為此警幻仙師借這花來呵
那吒令弄香花小閑度男孩女孩鍊華芝伏胎破雲懷雨懷御
三飛九垓住丹臺紫臺脫謝了地官災扶上你天仙界這日由
却叫我證明來
生妹妹那和尚說我是大荒山青埂峯一塊女媧補天未用
之石這話真麼老旦真的那個道雖係旁門也通靈慧只為

南海大士遣揭諦神搦筆才被你們說了〔生〕這就是了妹妹
我幾番夢境可也真哉〔老旦〕何真非夢何夢非真你且說來
〔生〕頭一次夢見警幻仙姑引至大虛幻境見了些冊籍模糊
不解又聽了紅樓夢新曲也不分明後來竟墮入迷津之內
〔老旦〕仙師憐絳珠魔劫故以冊籍歌曲點化你心要你不着
情魔早諧配偶怎奈你全然不醒以致生出許多風浪〔生〕後
來也夢見看那冊籍便悟了諸人的下落並且有飛雲逝水
我猜是妹妹上面都有金書一條字甚不可解〔老旦〕此應君
有脩仙之分耳〔生〕水墨之痕後面五株柳樹想是晴雯借五
兒尸身了〔老旦〕然〔生〕往後也見過絳珠草也見過林妹妹那

紅樓夢傳奇　卷下二　四六

晴雯如今問着他們都不知道是何緣故〔老旦〕此乃仙師幻
化試你衷情好請焦仙補恨〔旦〕焦仙何人〔老旦〕焦仲卿也警
幻仙姑蘭芝天人也夫人主離恨天焦仙主補恨天你們死
而復生離而復合也很費了他些心力就是你那金魚也是
焦仙所賜〔生旦〕原來如此阿彌陀佛〔生〕及至林妹妹重生
姻緣乖舛夢見他去嫁姜景星全不保我我氣極了剖出心
來他看着一笑而已我想前邊諸夢無不應驗這夢獨凶將
來是決撒了那知還有今日〔老旦〕夢由心生你心中惟恐他
嫁姜景星故有此夢其實緣自天合那有不諧之理〔生〕既有
天緣為什麼他那樣生忿〔老旦〕從來執甚必離分極反合你

們當年太執那得不死離後來太分才能設生合總因頑兒
臨死悔不脩仙故致此魔來擾也是你該償他恨債究竟他
未嘗一日忘你〔旦〕妹妹這却差了那時我還有他在心上麼
〔老旦〕果然割斷情緣自可相遭淡漠你無一日不恨他這就
是無一日能忘他了所以老太太得以夢因顯化二哥哥得
以剖情剛你之心我不傳你仙道也只是識破此情如今勘
破夢根就勘破你們的情根了〔貼〕姑娘晴雯為何也經生死
之劫〔老旦〕你和他有心緣無身緣故遭此劫晴雯你本芙蓉
神女有過被謫我欲以慈航渡汝重返花天意下何如〔生〕果
然他是芙蓉花神〔貼〕晴雯萬幸〔生旦〕我們皆拜真人為師〔老

紅樓夢傳奇　卷下二　四七

旦〕師父都做得只是當不起〔生旦〕什麼話師父請受拜〔俱拜
介〕〔老旦〕世緣多故情劫最深你們死生離合皆由於此非
天緣湊合則鬼道長沈迷津永墮前世根基可不斷送盡了
如今既入道門呵
〔鷓鴣枝〕把癡情一例總拋開陷人坑恩和愛早回頭彼岸登來
好消除八難三災咍也麼咍虔雙丸似箭頭般快正青年白髮
毰毸
〔寄生草〕情起雲如熱情消天在懷甚花魂月夢能拘礙那星期
雨約無收煞向日精霞死辭歡愛高住着天宮忉利會雙諧可
不較塵凡恩好情長在

〔老旦〕貼題介顧求真訣老旦也没有多言吾師蘭芝太人道忠孝節廉其根本由閉九竅通三關其玅用也必殞而後身生保精而後藏神其真訣也夫至道之精窈窈冥冥至道之極昏昏默默無視無聽抱神以靜形將自正必淨必清無勞爾形無搖爾精無俾爾思慮營營廣成子妙旨當依此行之久久自然有得寶兒你已懷六甲應得公侯之子分娩後果能精脩大道力避情魔自然還你箇飛昇日子

〔么篇〕你丹籙名猶在雲珠簽自開避風情忘免放來生債恣歡娛却又向陰稜遭任溫柔須打破人天界〔生〕師父寶玉姐姐紫鵑霞兒麝月前世何如〔老旦〕是一班情鬼耳只爲你動凡心來共絳珠償畢被他鬼門關歡喜冤家愛

寶玉你看那月籍見在什麼地方呢〔生〕薄命司〔老旦〕可又來你我名在薄命司中皆薄命人也紅塵諸緣非所可堪即速回頭庶無後悔你們可悟了〔生旦貼〕悟了〔老旦〕

〔煞尾〕禍早與人乖強不過天差派各把恁前世前生自愛太虛里盡代佳人都生命臨合向那靈境安排要知白守黑要守雌守默那才是喚紅樓一夢醒將來

奪利爭名總枉然　不生情處即神仙

十年學得安心法　偶借紅樓[illegible]〔下〕

紅樓夢傳奇卷下終

西河草堂詩剩

（清）葉兆蘭　撰

《西河草堂詩剩》不分卷《續》不分卷，清葉兆蘭撰，據南京圖書館藏清道光六年(一八二六)刻本影印。

葉兆蘭(?—一八二六)，字古軒。江蘇泰州人。監生，曠世逸才，然無心舉業。羅克佽有詩贊曰：『奇氣不甘科舉累，全拋心力但吟詩。』青年時結芸香詩社，廣交詩友，於泰州築西河草堂作爲觴詠之地。

其集不分卷，以七古、五律、七律、五絶、七絶爲该书次序。李宸云葉兆蘭在芸香社之會課與一切題詠應酬諸作，不下五七千首而很少保留存稿。周庠亦謂其生平所爲詩不下數千首，而不經焚棄者只有十分之一。知葉兆蘭積數十年之詩，留存下來只有十之一二，足見其刻詩約之又約、精益求精之心。《續》不分卷爲葉兆蘭去世之後，其友人搜其麈篋得之，同人不忍其遺稿湮没於世，故刊刻之。葉兆蘭作詩以才運筆，極有特色，詠物懷古、描寫山川自然和表現個人志趣，大都不受傳統思想束縛和正宗格調限制，信手拈來，不盡遵規範，如《草堂雜詠》、《觀虎歌》、《題太白采石泛舟圖》，純乎性靈，與袁枚相近，故詩歌清新而有遒勁之氣，質樸而有婉麗之姿，流暢而有節奏韻律，皆優遊沖澹，以自然爲宗。葉兆蘭爲嘉慶道光年間泰州地區極其著名的詩家，曹楙堅言『客海陵八載，海陵能詩者必道古軒』，以此譽之。其詩集刊刻之時，爲其圖贊題辭之詩文名家以數十計，如俞國鑒、高筠琴、戴笠、羅克佽、夏蘭、釋慶延、謝登仕、康發祥等，實乃文壇盛事，足見葉兆蘭於當時文壇之影響。

(宗　偉)

草堂詩賸

草堂詩賸

陳睦之文

序

古軒先生天資英敏甫成丁卽蜚聲庠序嘗過予書塾一見竊心儀之時先生已弱冠予方八歲未克與論交也先生挾其才氣磊落不拘細行翻然棄舉業而遠游以肆其志江天浩淼海水蒼茫悉供其辭藻而拓其胸襟旣乃旋里養親暇輒與諸知己結芸香社亦許予爲忘年友由是性情契洽晨夕周旋凡春秋佳日往往聯唫達旦且四方名流過從莫不以西河草堂爲東道主一時壇坫風雅盛播於淮海閒三十餘年矣其所作每不自檢點同人春舟篗原鶴舫楓厓夏園亦有心而力不果惟耳山選刻芸香詩集存其一卷顧猶不敢自以爲是邇來律益細才益斂從學者益衆自取其所存者嚴加删汰美鏐力任剞劂事予亦樂得而贊成之不意工甫舉而先生病已草殁後搜其塵篋又得遺稿一册同人心不忍沒亟加考訂續刻於後計得古今體若干首集成爰述其畧以誌之嗟乎一俯仰閒倏忽已數十年而聚散存亡頓殊

王序　一

今昔有不勝其拚卷而欲獻者豈獨爲先生一人云爾哉

道光六年歲次丙戌上巳日同社愚弟左亭王輔頓首拜書於芸香詩社

西河草堂詩賸

泰州葉兆蘭古軒氏

讀穆天子傳用陶靖節讀山海經魚韻

我聞八荒外溟漠人煙疏周王縱神智遊覽周遼盧山海千萬里紀之書史書八馬化爲龍風雲生華車東宴春宵宮橘藟羅奇蔬王母一杯酒飲與天子俱此事太奇誕如捫禹鼎圖讀書但快意卮言復何如

歲暮客[illegible]道口金粟寺雪後周西笭（庠）過訪卽邀遊西溪登碧霞閣

十日雪不止海上無人跡苦寒逼敝裘擁爐煨榾拙侵晨東雀喧朔風破霽色不速客欵關邀我探梅急同泛西溪舟一訪寒山石水淺氷生稜路紆篙苦澁霹面一峯來浮屠雲外立得徑攀枯籐殘雪濺雙屐仰覗心搖搖雲梯懸百級賈勇登其顚璇宮廠另崩四樓窻洞開八面天風入足下雲氣生眼中滄海窄坐久毛骨森陰慘暗古壁驟鐘催客歸碑文讀不及

旅次曉發

寒雞號中夜遊子心惶惶旅宿不成夢僕夫催束裝匆遽就長路馱鐸聲郎當殘月掛林杪照見車上霜朔風利於刀肌膚凍欲僵此行何所適行將遊太行太行高萬仞當道多豺狼行將渡大河河深蛟龍藏進退途已窮不如歸故鄉故鄉貧亦樂聊慰倚閭望寄言遠遊子寸草心毋忘

喜晤尤丈水邨 蔭

眞州山水佳清氣鍾名士朅來作寓公前輩多老死獨有水村翁魯靈光未圮結廬水半灣水村署其居曰半灣書屋足不入城市謁公踞上床水村以足疾久不能下榻衾枕雜圖史閉戶二十年見客自予始談詩如談禪時竪天龍指坐深出醇醪園蔬香濺齒公飲盡百觴酒酣熱雙耳自言少壯時匹馬游萬里朝食五侯鯖暮宿諸王邸一卷出塞吟變聲爲角徵貂敝黃金空掉臂歸桑梓孑然鰥獨身心如止水止憶昔讀公詩疑爲古姓氏不知生同時一見領風旨平生文字交快意無過此願奉一瓣香永爲詩弟子

春日苧洲弟鹿鳴招集薇雲書屋分賦擬今日良宴會卽用原韻

今日良宴會絲竹無雜陳文壇角旗鼓搖筆驚鬼神園花勸客醉好鳥鳴天真幽懷愜古歡縱譚情愫伸所惜青春去迅如棲草塵胡不及時樂一尋桃源津此外鮮人稀毋怪常悲辛

楊花吟

朝爲衣上雪暮爲水中萍卿自好飄泊春風何薄情試問桃李花結子誰催成

西河草堂詩賸

泰州葉兆蘭古軒氏

擬歐陽文忠平山堂採蓮宴客歌

棠湖六月波平岸十里藕花紅不斷風流太守踏歌來太守不來花不開平山大張看花席萬花圍住簪花容南風吹送蓮歌新只聞歌聲不見人須臾水面微波起一串晝橈出花底船上吳姬競豔粧折花佐酒酒氣香花枝入面兩不辨但見滿湖燈火光玉山筵上醉翁醉管絃驚破鴛鴦睡沿路

香風送客歸二分明月花間墜此樂遙遙七百年我來重訪荷花田田有官租花有主囿與游人泊妓船

荷花塘

東南大患高堰工西水直奔五壩冲荷花塘決波濤洪吾州正當下游衝四遭荒潦多哀鴻戊歲水勢尤洶洶迅流來往秋徂冬議堵議修徒爾縫柴薪千里輸艟艨百錢斗土集沙蟲縛埽亂投橫流中水强埽弱如飄蓬七十丈口丸泥封宣房塞與漏巵同水衡費盡銅山銅金錢億萬塡蛟宮告成爭叙安瀾功

題吳椒堂先生荷鍤圖遺照

草堂主人臥病久夜來忽夢椒堂叟怪我詩債久不償冥冥之中負良友此老一身惟醉鄉萬事鴻毛付杯酒有時醉倒黃公壚與來渴飲田家缶同遊豈乏高陽徒醒時不復記某某濁賢淸聖匪其倫千秋欲與劉伶偶醉死便埋亦謂言君乃作圖創未有二僮其肩酒一缸一僮荷鍤躡其後頹然

蒼顏白髮翁口角流涎瓢在手且歌且飲旁無人手不策筇挺而走只願死葬糟邱山不願生拜酒泉守於今怛化廿載餘白楊蕭蕭滿隴首其靈若化爲酒星在天應放光如帚若去海上爲酒仙何不馭風駕蒼狗想因泉下故人多其吸塞漿開笑口圖冊珍藏有季方（謂漢封令弟）祀君日供酒滿斗當年題咏皆名流埋骨青山今八九（同社題圖存者祇楓厓一人）我亦秋風蒲柳姿病榻塗鴉忘老醜詩成酹君以巨觥問君豪飲如生否

午日送赤眼謠

高堂午日懸靈符當門潑水爭祓除主人作文送赤眼方言何必辨有無嗟爾既無白眼之異相又非碧眼之風胡何爲乎障人以紅紗使青白者爲模糊今日酹爾以蒲酒贈爾以青蚨爾其速行無躊躇

鬻裘歎

相公勢敗方伯死銅山坐擁紈袴子籍簿不搜賜祭田官宅大開鬻衣市吳綾蜀錦半凋殘朝衫一

領換一餐翠雲零落黑貂敝多少市兒冷眼看鬻裘終日持裘泣自言裘價千金值集腋偏徵州縣錢花樣新摹內府織先人親手自珍藏寶笥曾熏百和香幾時門外張羅罻此日鑪邊質鷫鸘我亦好奇尋舊物買裘自向空箱摺夜半箱中聞哭聲始知上有寃民血吁嗟乎匹夫懷璧罪及身朘剝之膏無人屯何如粗布黃棉襖保得兒孫數代溫

庚午中元觀盂蘭會歌

陰風慘月中元節若敖墳前水漿絕餓魂夜半隨風游盂蘭會正上方設長明燈下梵曲揚五果五味升馨香紛紛繞壇燐火碧缽中甘露施清凉傳聞事從目連始乃知佛亦大孝子其事不必論有無姑留以勸庸愚耳吁嗟乎年來西北殺氣昏野哭誰澆麥飯盂今宵願藉慈悲力遍飽沙場餓鬼魂

友人席間觀演漁家樂雜劇

爪牙呵殿生風雲道途爭避大將軍湖海術士冷眼相尸居餘氣何足云將軍面詰不敢對謊言隆

準大富貴神器方窺反掌間殺機早伏蕭墻內後堂夜半鬼啾啾金針一寸抵吳鉤紅線未盜床前盒趙娥已得仇人頭吁嗟乎美人之膽相士智兒女英雄亦快事却笑扶風不識人失身枉倚冰山勢

觀燈行

好春難逢閏二月嬉春重展上元節滿城明月試春燈士女喧闐弦管沸傀儡師鬥巧花樣新樹攢羅綺花攢銀錦旛高遊封姨怒剪綵豔奪隋宮春憑

空幻作魚龍戲蜃樓海市雲霞麗驪項懸珠騰天門鰲背負山行陸地插空一朶飛來峯火中亂湧青芙蓉寶幢引出玲瓏塔蔚藍天映玻璃紅六街爆竹雷霆走千家樓閣懸星斗北門鎖鑰弛金吾公堂父老持春酒爲說西陲正罷兵桑麻無恙長官清草茅不識釣天奏聊借弦歌潤太平

題補泉弟樹乾松陰夢覺圖

人心造境生元虛古今幻出大夢圖夢中說夢夢各殊大千顛倒無賢愚十二萬年隙過駒此夢范

范覺者無吾家補泉顏若朱雙眸灼灼流慧珠倦來散髮讀道書松陰一枕雲生裾翻身跳入壺公壺壺中世界疑華胥爾時爲蝶爲蟪蛄是夢非夢殊糢糊豈風獵臘吹肌膚不知身墮黃山嵎但見老松千萬株芒鞵箬笠仍故吾從此步入清凉途一切魔障全掃除媿予面目多塵汚漫漫長夜無人呼他年墜下邯鄲驢煩君醒眼來相扶

弔常檢齋庭誥

人生如蜉蝣倏忽已百年所慮身後名寂寞無人憐 檢齋少貧而孤從母讀書兒讀母績聞啼烏一燈熒熒破屋隅 饑寒夜廹母命廢讀書生不習吏事時仰天而哭 揮霍成性不善理財聲色狗馬爲禍胎黃金盡病魔來 一病六年手足拘攣就醫吳門醫云保身君歸忘醫語乃溘然歸土去年弟喪今年君亾兩世三孀啾啾唧唧哭一堂 遺六尺兒能讀父詩慮兒血氣未定與叔相依爲命 緬我生平交那得如斯人君死不顧我我哭君不聞誦君之詩招君魂魂歸來兮梨花陰

西河草堂詩賸

泰州葉兆蘭古軒氏

芸香社感舊

雲散風流後重來有淚痕十人九落魄一月兩招魂（韓柳村許本泉相繼下世）佛閣苔生座詩壇鶴守門木蘭花落盡風雨又黄昏

初到翠屏洲訪王柳村

入境疑遊畫人家住綠陰停車先看竹隔水忽聞琴路藉漁樵引詩逢猿鶴吟林間一延佇蒼翠滿衣襟

草堂老梅一株已凍僵矣忽發數花喜而作此

天將磨鍊意成就此孤芳瘦極才知骨寒能逼出香山林同調寡氷雪一身當莫厭著花少春風滿草堂

翟丈應齋（宣）招集城南翠竹精舍納涼

熱塵不到處禪境劇清幽翠擁一庭竹凉生六月秋琴尊聯舊社風雨集名流大雅今誰屬扶輪仗白頭

此會殊非偶如公亦復仙（先生年逾九十）酒消千盞後事話百年前擊節風生座開門月在天蒲團留片席約我證詩禪

驟雨

頃刻雲如墨天河水倒傾魚從平地落龍挾大風行溝壑羣流急樓臺萬瓦鳴夕陽收不及猶在半空明

樂毅村

屈指夷吾後奇才此絕倫力排游說策老作退閒身縱未收齊土終思用趙人黃金臺咫尺相望淚沾巾

真州白沙翠竹江村訪方竹樓先生不值

方干老隱士結屋江之濱詩畫有時見城市無其人我亦厭塵俗尋君思結隣依舊抱琴去桃源何處津

厲次聞補堂弟訃音作此誌哀

今歲秋風惡連番拆雁羣（兩喪堂弟）弟兄三日別生死

百年分書到還疑夢余衰反送君頓教今昔感振
觸淚紛紛
別有傷心事無言但撫膺仰天號盡血（弟患咯血）入地
結成氷真病非醫誤中衰豈壽徵平生知已少只
合弔青蠅
剩此數椽屋園門兩雪寒孤孀餘兩口形影伴三
棺産薄遺書少兒驕負米難更聞遷葬議窀穸幾
時安
亦覺悲無益其如門祚何蓬蒿三徑滿骨肉九原

草堂詩牘　續五律　王

多事事成殘局年年作輓歌風波來不盡催我鬢
先皤

題友人秋林獨步圖

我亦悲秋客秋於何處尋偶從圖畫得悔不入山
深黃葉落如許白雲知此心願言結幽契策杖和
高吟

宿柳村爾雅山房

一洗風塵氣蕭齋暫息肩濤聲喧枕上山影立燈
前萍水斯文契（時杜芳洲在座）盤餐地主賢夜深淸味足

江月照人眠

郡城道中逢程半人　元聰

一別十年久相逢在道傍欲言心上事先指鬢邊
霜聚散本難定光陰何太忙低徊無恨意不覺淚
沾裳
本是無家客因之俗累稀（半人以桃花庵爲家）以詩爲過活
與佛共忘機幕府閒書記（汪玉樵明府延爲詩友）江湖老布
衣愛君棲隱處門外有漁磯
城南張處士竟日閉柴關與子結成伴如雲偶出

草堂詩牘　續五律　四

山（謂張老薑）最難貧作達轉以傲能閒延佇日云暮紛
紛倦鳥還
何時乘幽興訪我舊僧寮各出新詩卷同傾濁酒
瓢故交存有幾旅況正無聊好作消寒會聯床話
寂寥

贈雪幢上人

脫盡空門習風流似大顛詩中如有畫酒外更無
禪所學兼儒釋其人半佛仙瓢居何礙小（師任興化瓢庵）
（四面皆水）一水隔塵緣

傷亡僕

相隨如骨月爲我掌詩文不幸中年死因思在日勤兩行蕭穎淚三尺郭駝墳此後舟車上覊愁孰與分

秋聲

絶無風雨夜空外響颼颼知爾來何處教人併作愁半生孤客耳萬事五更頭豈獨傷搖落區區草木秋

歸雁

紫塞辭家久青春作伴歸稻粱無可戀兄弟好相依雪爪時留跡虞羅早見機笑他無賴燕只傍熱場飛

虎邱逢少白

湖海一爲别風塵兩鬢絲忽逢岐路客正是落花時酒酹要離塚詩題短簿祠關心無限事豈獨訴相思

爲予言近況不覺淚沾襟旅病饑寒起貧交餽問疏高堂有老母經歲斷鄉書早晚抽帆去空山守

傲廬

周曙峯煦攜陳書農淺齋詩鈔索題賦此郎寄

昨日淮陰客來從百尺樓攜君詩一卷屬我訂千秋如獲奇書讀還將大白浮轉慙盲伯樂也敢相驊騮

滿紙皆清氣而能脫腐陳探懷疑有月着手自成春所發爲天籟何堪語世人遥遥王孟後此一辦香真

壬申病後中秋口占

不覺逢今夕驚秋又一年舉杯聊自勸問月爲誰圓形影隨身伴悲歡逐境遷空將佳節過竟夜未成眠

登大觀樓

極目窮吳楚東南此大觀潮吞瓜步小天入海門寬帆影飛爭鳥濤聲險上欄茫茫身世外何處着漁竿

邊寒

大漠天無色邊風裂戰袍四山沉鼓角萬指墮弓刀馬踏元冰渡雕盤白日高將軍貂帳卧夜夜醉葡萄

韓曉村一鳴齋中同少白夜話

酒醒忽不樂清坐話宵闌雨外柝聲暗燈前人意寒烽煙愁隔絕鬢鬢感彫殘明日離亭上還歌行路難

題戈蘭仙金銘照

佳人倚修竹日暮若依依明月照成影京雲落滿衣自知幽興極莫惜賞音稀我亦耽岑寂期君同息機

博浪沙

不中亦快事而非人力窮一椎天下動十日道旁空已落虎狼膽仍爭劉項功荆卿生恕後首難兩英雄

石港客邸疾作匆匆返棹畱別顧子馭青

作客身才定勞生夢未安年衰招病易地僻擇醫難鬢雪隨梳墮春風刺骨寒多君萍水誼執手勸加餐

病後袁嘯竹過草堂畱詩見贈依韻和之

我病三旬後君來六月中流光驚野馬老境感秋蟲豈盡謀生拙都因識字窮相逢各珍重溝水又西東

重掃椒塘墓

一片劉伶土三年酒未澆有碑迷宿草無力禁蘇樵車過傷前約詩成補大招夜臺應念我亦復鬢蕭蕭

題王竹坨南金照

吾弟君之傳竹坨隨晴皐弟讀書君才得熟聞驥程何可量鶴立自無羣風骨有仙氣詩心如活雲蒼葭容倚玉尊酒細論文

殘雪同許雲原秉詮謝學夫登仕作

春風消不盡積雪指林端敗葉銜冰墮陰厓背日寒鴻泥悲聚散鶴鬢感凋殘只此畱清白休將冷眼看

西河草堂詩賸

泰州葉兆蘭古軒氏

真州閘口謁文丞相祠

江上停舟拜古祠想公倉卒渡江時小朝已入田橫島大義猶興蜀相師一旦成仁吾事畢三年待死國亾遲只今逝水聲嗚咽似恨庭芝枉見疑

銅雀臺懷古和宮霜橋先生

高臺百尺撼天風霸業千秋弔鄴中亂世河山歸割據晚年聲色累英雄竟忘譙國營精舍空築西陵望故官骨月未寒歌舞散斷磚殘瓦墮秋蓬

移竹

六月草堂無暑氣移來新竹漸成林涼添池館三更雨綠補芭蕉一角陰伴我有情能免俗對君無日不虛心北窻睡起清如水滿院秋聲何處尋

送周曙峯歸里即席口占

酒怕沾唇笛怕聞西風吹得雁離羣地無賢主先慚我事到需才始憶君久客也知非善策强留翻覺是虛文臨歧握手無多贈只有山中一片雲

題坐觀垂釣圖

年來愛訪鷺鷗盟偶過濠梁俗慮清結網半生空設想求魚一事久忘情閒中境覺風波少局外人看得失輕此際會心誰領畧讓君冷眼太分明

新息侯

馬革雄心老未忘據鞍猶自氣飛揚廉頗幸免三遺矢定遠生還百戰場銅柱功難驕帝壻雲臺像不畫椒房明珠薏苡冤誰剖風雨城西泣白楊

弔吳桐山

黃金到手散飛塵半買笙歌半濟貧奉母無慚真孝子讀書便是大通人盛名獨享空時輩奇禍能消有夙因藉問向平何所累未遊五岳竟抽身

名士交游俠士風論人不在六經中半生虎背愁難下一曲霓裳聽未終往事難言惟涕淚收場最好幾英雄此身莫道無關繫日後需才定憶公

白荷花四首之一

清涼世界好停艘澈底波澄照影雙玉井峯頭秋漠漠藐姑祠外水淙淙野風不動雲連岸香露無

聲月隨江一片幽情誰領畧有人深夜倚蓬窻

古寺

荒涼金碧古招提一逕蕭蕭亂草迷破殿晝陰山鬼踞靈旛風動野狐啼塵封芋竈無殘火雲鎖鐘樓有斷梯花謝木蘭人事改碧紗誰問舊留題

題夏紅舫藏鋒圖

三尺吳鈎澈膽清暫將龍氣隱豐城少年聲價千金重草野英雄百鍊成胸有鑪錘知素養身無恩怨莫空鳴會當出匣冲霄去談笑封侯在此行

辛酉上巳雨中同社集草堂修禊有懷夏園客郡城却寄

佳辰風雨冷蕭疎離緒茫茫中酒初芳草美人三月夢桃花流水一封書我抛游屐山應笑君去吟壇席每虛藉問紅橋觴咏地酒旗歌板近何如

移梅

鄒耳山羣玉山館老梅遣僮移植草堂作此答謝

東風消息到疎籬羣玉峯頭寄一枝易地水雲都是主逼家蝯鶴莫相疑可能著手春常在應有隨身月不離領畧故人持贈意歲寒同訂入山期

秦淮水榭觀演桃花扇傳奇有感

十三樓上可憐宵一曲新聲譜玉簫人面桃花思北里春燈燕子送南朝將才不爲中興出士氣都從黨禍銷留得風流公案在賸金零粉滿江潮

莫春古林精舍與少白小酌

綠陰一架轉廻廊雨過山僧掃逕忙看竹人隨雲去住送春詩與燕商量石邊琴響松風冷花外鐘

鳴午飯香更喜遠公無酒禁同呼婪尾潤枯腸

雉皐馬塘曉發道中口號

匹馬孤征不計程敝裘愁犯曉風清一河氷合無行跡萬席霜寒有睡聲（時方濬河兩岸萬夫鱗集）自是轉輸關國計莫因力役廢春耕書生未讀河渠考行館空勞作送迎（是日途次遇濬黄次荷汪彤軒兩君留飲）

郡城僧舍中秋酒後忽憶舊游感而有作

九度佳辰客裏消笑來俱是可憐宵湖樓江館三生石碧酒紅燈半夜簫杜牧詩留情脉脉吳孃曲

罷雨瀟瀟者番只有籐蘿月僧舍還來照寂寥

壽翟豐山 鏞 六十

記從車笠締盟時肝膽交情筆墨師長我十年真健者騎人一事有佳兒杜門久謝高軒過獻賦曾邀國士知別有駐顏方最好只消清福不餐芝

哭同社田大鶴舫 琳

生如癯鶴死疑仙老屋孤燈一破氈心血漸枯傷酒後才名久定蓋棺先殘書即是傳家笏遺槖全銷買藥錢妻可守貧兒可讀也應無憾在重泉

贈劉臥松

來往韓江水一條詩場酒壘遍招邀聞君好客如文舉令我逢人說孝標南北社間誰伯仲郡中有南北社炎凉境外此漁樵至今未識廬山面塵海茫茫咫尺遙

黃金到手去如潮憔悴風塵兩鬢凋窮到著書才可惜老猶說斂氣難消贈人只有韓康藥作客渾無季子貂遲暮傷心同此感前途雨雪正瀟瀟

雨中訪周曙峯不值

訪君特為訴辛酸代柬詩成淚暗彈久病莫嫌求艾急多愁竟比理絲難幾回冒雨巾常折一路衝泥屐未乾僻巷無人門晝掩僅傳片語報平安

感君誼比弟兄親憐我飄零老病身為說仲連能解難從知叔子不欺人黃金鑄錯言非妄白水同盟記最真惟願丹爐分一粒早湔毛髮脫三塵

贈補泉弟即送歸新安

玉山丰骨逼人清一見能教肝膽傾半世好龍才滿意十年騎鶴竟虛名補泉久客邗江事原如夢榮枯淡補泉有松陰夢覺圖人到無家去住輕我是至交兼骨肉臨歧爭不倍關情

謁史閣部墓

梅花嶺上角聲哀痛哭還登拜將臺四鎮干戈如不動孤城鎖鑰有誰開小朝竟覷齊梁局末世空生管葛才留得舊君袍笏在千秋碧血葬蒿萊

哭荆養雲 山鳴

生忍饑寒死草萊痛君遭際惜君才貧無愠色真奇士狂不容人是禍胎公憤縱能伸學校輕身應

自悔泉臺傷心豈獨孤兒淚白首高堂哭更哀

題春江送別圖送王丈魯石 元珽 歸杭州

子規啼罷亂紅飛南浦春波送夕暉四五葉帆衝雨去一千里路看山歸仲宣鬚鬢年年老景畧功名事事非此後相思煩尺素錢塘潮信不曾違

謝鶴莎 登甲 新居落成

買得桃源二畝餘攜來仙眷鶴同居黃金未鑄藏嬌屋白髮先迎奉母輿安頓梅花須槊石掃除門巷好停車烏衣甲第知多少文酒風流總不如

客邸遇夏春舟 震 紀琴舫 宜堂 夜話感賦

別後雲山有夢尋相逢蕭寺淚沾襟但存青眼憐才意何必黃金結客心鬚鬢重看驚老大功名各自感浮沉生平幽憤無人訴今日逢君一鼓琹

答李東來

客囊如水鬢如絲酒市悲涼擊筑時碧血燈前三尺劍青山馬上十年詩生無歸路家先破老不封侯命可知此去灞亭休射獵恐逢醉尉有微詞

讀甌北詩鈔

滾滾才源萬斛傾更從大冶煉金精口含雞舌多香氣詩繡弓衣有角聲並世蔣袁三鼎足大江南北一堅城莫言著述非初願林下畱公咏太平

贈朱埜雲 鶴年

廿年橐筆滯燕都千里单車返故廬骨月情凋餘碩果公卿交滿尚窮途一官蓼阻游仙枕三絕名傳祭硯圖幸有故人何水部 謂伊墨卿太守 特開東閣待林逋

江都汪蔚伯 炳 過訪喜晤賦此

萍海飄零觸舊哀相逢那得不憐才桃花潭水三年別細雨青山一騎來笑罷先將詩稿索坐深重放酒樽開狂奴故態渾如昨忘却鬑鬑雪滿腮

春冷

剪剪東風臘已殘餘威猶作十分寒氷生白墮尊前酒雪壓紅樓柳外欄抽凍韭僵登市少過年裘典出門難山家別有消寒法柏火爐從紙帳安

老鶴

曾抱凌霄萬里心流光屈指去駸駸幾經珠樹花

開謝三見蓬萊水淺深絕俗不爭雞鶩食驚人時
作鳳鸞吟西山放後離塵網靜養丹砂直到今

浣香軒小集分賦荷花一律時紅舫新納姬
人作此調之

一枝紅破蔚藍天出水丰裁別樣妍對我風情如
笑語消儂清福勝神仙初承雨露無驕色得傍鴛
鴦有宿緣珍重秋來能結子折花須要十分憐

上州伯宋檻泉浤夫子

荒年百廢待修時特把蒼生付有司四野流亾親

筆繪六曹利弊下車知希文賑藉與工代公濬市河以工代賑
長孺倉開破格支怪底輿情無厭足望公翻悔
得公遲
專城職守重千鈞飲水尤徵晚節純暮夜絕無投
刺客萑苻已有賣刀人農桑業廢籌招集兒女家
拋代拊循公捐俸收育流亾幼稚更使士林增感激一時小
草盡逢春
執法雖嚴却慎刑每將雨露繼雷霆五官並用才
原大萬牘親披筆不停所料事皆如雪亮無私心

可對天青滿城父老譚新政都作龍圖故事聽
姓名久已　御屏留特晉銀黃唱八騶路避旌
旗真刺史職兼鹽鐵古諸侯時兼轄泰州鹺政　千家歌頌
碑爭建一部循良傳獨修草野焚香無別願福星
常照海東頭

嘯竹偕耳山紅舫左亭過訪草堂未晤留詩
見示依韻和之

草堂門掩書沉沉誰破蒼苔一徑深客有衣冠僮
早避雲無蹤跡鶴難尋留詩謬詡紅梨句擁檝孤

彈碧海琴豈獨偶虛櫻筍會近來何事不違心
漫勞舊雨苦相尋款接雖疎誼自深事在貧家多
棘手交非老輩不知心煙霞久共談元榻醫葯全
銷賣字金擬典春衫謀一醉移樽最好是東林

送朱甥榮祺入塾口號

童年上學莫逡巡好在師門咫尺鄰塾師即許丈雲原書
本自攜無僕送脯脩薄具諒兒貧轉疑頑鈍真如
舅或說饑寒易出入他日汝成予老矣回頭不覺
淚沾巾

老鶴

自墮罡風返故林重經洗伐到而今不餐煙火無衰色但說雲霄有倦心蹤蹟漸疏成獨立性靈未減尚高吟年來只把梅花守忘却山中歲月深

贈徐鶴峯

浪跡詩壇與酒壇凄凉襆被困江干年衰轉憶妻孥好旅病方知藥餌難遼海文章雙淚落寺樓風雨一鐙寒交遊聞說多豪貴末路何人共膽肝

書徐文長傳後

抱負如君作棄材文章那得不悲哀書生竟抗將軍禮天子空憐幕府才眼底更無前輩在市中時共乞兒來圖屏屈氣頭顱血總爲佯狂是禍胎

送方文濤恩承州牧 限官清民安四字

下車政已須清官頌刻風回黍谷寒材擇肩權不貸網開一面法原寬洗除痼弊如毛髓灼見民情到肺肝漢代龔黃今再見循良聲價重台端

龍圖一笑比河清風骨崢嶸却近情輸俸力全婺婦節 叔建清節堂 還金手賜義民旌 者立坊表之 邑有還遺金 化行草野飛蝗避德感萑苻買犢耕種得甘棠千百樹濃陰遮遍鳳凰城

杯水何曾一飲民萬家尸祝奉如神不通客刺官聲重屢典朝衣宦況貧入幕鄒枚皆宿學分衙屈宋是詩人 謂贊府黃虛谷 更將雨露培桃李三載親扶大雅輪

正慶豐盈海甸安忽驚行旆動江干蜚言已藉投閒解直道原知事上難熊軾共攀爭借寇龍門雖峻許瞻韓小詩權當輿人誦獻上梅花閣下看

黃鶴樓

蒼凉滿目漢皋秋百尺危欄近斗牛詩對古人難下筆身無仙骨敢登樓半空雲氣當檐落四面江聲入座流我亦思乘黃鶴去高吹玉篴坐滄洲

贈江都譚蓉莽鏡

落落揚州太瘦生未通縞紵竟班荆孤高人帶煙霞氣蘊藉詩無角徵聲鷗鷺忘機原自適芙蓉出水本來清名山許我同商確老馬猶能附驥行

贈真州汪篠漁慶齡

朝朝費盡杖頭錢步履如飛骨欲仙語帶詼諧狂曼倩詩饒風調小樊川筆耕那用營千畝壺隱何妨託一廛怪底才華清似水快園衣缽本親傳篠漁本凌芝泉弟子

贈皖江韓劍泉 淦

塵海茫茫盡熱場羨君得地獨清凉兩行玉立扶風帳萬卷書圍聽雨床詩比嗜痂胷有癖功深刻楮志難量客栖本與蕭齋近閒抱琴來話夕陽

江都汪榆谷和余病中詩見贈叠韻答之

既已茫茫墮刼塵歡場苦境自相因病魔如結三生伴詩壘猶支百戰身久不成眠嫌短夜偶然得句豈陽春畱連莫怪情難愁同是鸞飄鳳泊人

帶病歸里榆谷用前韻寄懷復叠韻答之

別來幾日隔音塵又寄新詩話舊因海上風濤驚過眼來詩有曾見海揚塵之句淮南雞犬尚隨身榆谷食指甚繁期君珍重桑榆景令我常依杖履春更囑便鴻傳片語蕭齋病榻正懷人

雪門用余贈榆谷韻寄懷即依韻和答

一幅雲箋錦様裁雙魚遞到手親開言關痛癢如良藥詩出窮愁有別才鸚鵡名高君自重鯉魚風便我還來何當同就蒲團坐細話平生賦八哀

甘泉王鶴汀寄懷依韻和之

記得臨岐淚染襟依依握手忒情深敢忘鷗鷺三生約同此江湖一片心苦勸加餐傳尺素却教忍病理焦琴布帆若得常無恙佛閣重聯十日吟

早梅

埽盡羣英獨占先一枝早放小春天變除松竹難

爲友刼滿氷霜始證仙迂叟得妻眞少艾江妃承寵是芳年吹噓也藉東風力漫說平生不受憐

輓俞澄夫 國鑑

拂衣不踏軟紅塵閉戶書還著等身滿眼清流誰作者一家名士此傳人行分塞雁情難恝影誤弓蛇病已眞地下機雲重聚首應憐伯氏鬢如銀

喜晤湯秀谷 振宗 賦贈即爲題照

不圖垂老識方干乍見渾如故舊歡壇坫幸從今世接鬚眉欲當古人看此身有用消磨盡何地無

才遇合難問道中年遊倦後琴書暫借一枝安
神仙既已住蓬壺（君現厲張氏園）文現金身入畫圖另闢
煙霞爲世界戲招猨鶴作生徒（設帳厲齋）心如白水塵
都淨交有青松道不孤愧我未除雞犬累者般清
福至今無

哭旋劍亭（錕）

曾記三橋繫客航幾番小住讀書堂故人特爲開
新甕殘客公然坐上牀情重感君貧北海年衰處
我病東陽別來正自傷離索忽報黃壚舊雨亾

草堂詩牘 續七律 圭

哭君豈獨爲才華慘景傳來淚似麻同穴夫妻如
有約（夫妻三日纔亾）向隅兒女已無家豈眞學易年能假
（善卜）或爲知醫病轉加（工醫）西望招魂空酹酒龍川咫
尺隔天涯

書長樂老傳後

眼見河山四姓更著書猶自紀恩榮晚年官藉癡
聾貴亂世人看氣節輕投命久慚承業死論功差
勝褚淵生兔園莫笑無經濟數語能消耶律兵

新安畊畲弟（力田）從西藏幕游歸晤於郡城

出永寧城秋夜詩見示即次其韻

箪築聲中夜氣闌蕭然行李解征鞍星沉太白三
邊靜氷合羌河九月寒絕徼荒雞驚夢早清時戰
馬立功難請纓空負平生志萬里依人兩鬢殘

郡城喜晤謝佩禾上舍即題青山別墅圖後

持示新圖過厲樓圖中風景似丹邱十圍喬木參
天立千里名山縮地遊蝯鶴幽棲君獨占神仙清
福我難修蕪詞敢廁琳瑯側權當窮途縞紵投

岳墩秋眺

草堂詩牘 續七律 末

風吹落葉下城頭廢壘還來認舊游萬里黃龍空
弔古一聲白雁又驚秋山連圖蔣當窻列水接江
淮繞郭流莫問小西湖上景夕陽冷照荻蘆洲

浮雲

纔看出岫便乘風也自扶搖上碧空能作奇峯雖
有勢不成霖雨竟無功世情反覆驚心後富貴升
沈轉眼中憂旱莫從西北望等閒聚散太匆匆

西河草堂詩賸

泰州葉兆蘭古軒氏

舟次西溪尋羅園故址不得

日暮溪上行停舟訪遺址極浦人煙稀菰蒲滿秋水

夏園從金陵來晤於郡城僧舍

尊前揚州月衣上白門雨去住各有情相逢無一語

掃雪

開門雪滿山呼僮掃作路恐有幽人來梅花不知處

西河草堂詩賸

泰州葉兆蘭古軒氏

平川楚凱歌

三省經年羽檄馳秉兵小醜煽潢池軍機萬里關宵旰出塞猶勞六月師

軍中韓范奪先聲掃淨烽煙道路平十萬貔貅爭洗甲巴江漢水一齊清

日月重開戰伐餘瘡痍民力未全舒金錢特賜流亡遍又免東南一歲租

挂弓勳已勒燕然鐃吹高歌白鷺篇竊媿封侯無骨相看人圖畫上凌煙

李楓厓香囊記題詞

三寸香囊萬恨纏癡情爭與石同堅問誰錯注鴛鴦簿生死都慳一笑緣

月魄花魂幻影空子規夜夜哭春風情根許種三生石願把黃金鑄阿紅

新詞重譜玉瓏玲豪竹哀絲帶淚聽夜半愁魂呼欲起一燈如豆逼人青

暮春集夏春舟表兄處浣香軒同韓柳邨一鳴團雁山維堅田鶴舫琳坐雨分賦

屋角鳴鳩不住聲虛堂寒逗袷衣輕東風一陣酴醾雨撥動傷春中酒情

一春未試踏青歌愁數佳辰次第過十二湘簾非不捲碧欄杆外落花多

莫愁湖櫂歌

山色當簾水抱樓盧家風月也千秋至今玳瑁梁間燕只解雙棲不解愁

賸金零粉滿平湖湖水空明一鏡鋪更有清凉山半角對樓添幅畫眉圖

題畫

林巒萬疊接濛溟此景依稀客路經記得台山新雨後馬頭九十九峯青

何年買得此青山倚樹臨流屋數間日日翠微深處坐看雲飛去又飛還

公子行

錦衣奴僕盡簪花擁上春風白鼻騧夜半禁城猶不閉小侯射獵未還家

寄內

書到深閨手自開近來旅況不須猜三年吟得腰圍瘦欲寄寒衣別樣裁

別李沁春孝廉發園

笛聲嗚咽酒初酣歧路難停此夕驂馬上不堪回首望寒鴉落葉滿淮南

讀史

漁陽鼙鼓動邊塵夜半宮車萬里巡老將生降妃子死當時同是受恩人

張五山自繪歸山圖

廿年作畫三千幅多把林泉誑世人留得桃花源一座自家安頓畫中身

秦淮雜咏

新柳嬌黃水蔚藍粧樓多在板橋南家家畫得眉如黛郎好鍾山對鏡函

水榭凉生酒客眉青溪燈火散歸船多情丁字簾前月夜半還來照管絃

質釵詞

偕李楓臣過王左亭謀飲主人倉卒無以
欵客新婦拔釵質酒賦此以謝

悄拔金釵付侍兒爲郎質酒佐談詩願教嵇阮常
爲客荆布清貧妾不辭

墨筆牡丹

怪底徐熙設色華特將墨瀋寫名葩只愁筆帶寒
酸氣不稱春風富貴花

采蓮曲

辦得濃粧挈伴遊一家一個采蓮舟怪他小妹瞞
人去先到花間揀並頭

折花無語自商量私爇神前一瓣香但願花如顏
色好儂情爭比藕絲長

爲王亶亭先生題訪菊圖照

此圖作於乾隆丁酉距嘉慶丙寅已三十
餘年矣圖中題咏皆前輩名流至今存者
惟儲玉琴先生一人

丰裁溫潤比琳瑯貰酒尋花日日忙費盡平原絲
萬縷爲君繡出少年場

想見雲龍上下狂一時題咏冠詞場畫中人老風
流散留得開元墨數行

毘陵道中逢尤二贈劍

市上相逢酒百甌感君意氣贈吳鈎男兒自有封
侯事莫報人間瑣碎讐

題桃源圖

隔斷紅塵洞水清山青雲白路分明相逢一笑留
雞黍卻怪仙家也世情

迷津重訪已茫然流水桃花一棹旋五百年來人
跡少始知漁父亦神仙

秦淮感舊

桃葉江頭楓樹紅長干道上雨濛濛廿年無限消
魂事腸斷何戡一笛中

家書

家書欲寄苦無題且把閒閒事一提連日草堂風
雪裏梅花開得可曾齊

螺園

螺園花事半凋殘冷落春風十二欄除卻一雙癡
蛺蝶更無人把落紅看

題團紹武（承烈　紹武真州籍）江樓讀書圖照

卅年前記客真州日日江村載酒游聞說
青山紅樹外君家舊有讀書樓（畫山樓係鶴筱先生所築）
一自移居傍海鄉故園松菊已全荒傳家祇有青
氈在世世兒孫奉瓣香
羨君玉樹好丰姿更有生花筆一枝奇字不須門
外問瘦羊博士是名師（謂椒畦先生）

妙手傳神尺幅間依稀風景是鄉關書床安頓三
層閣臥聽江聲坐看山

紅梅

傾城色豈藉胭脂偶入朱門拔足遲未免被他猨
鶴笑風華不比在山時

有感

百鍊功夫忒苦辛此身依舊墮三塵丹文綠字都
焚盡不把虛名悞後人

題馬貴陽江南秋色畫册

煙花已歇秣陵春金粉還留刼後塵畫裏江山空
半壁寒鴉衰草竟無人
荒涼彷彿故宮秋殘照西風滿幅愁天塹有人飛
渡過空江猶畫白蘋洲

金陵城北口號

北城重到是深秋紅樹青山認舊遊落葉滿街人
跡少疲驢騎過唱經樓

僧舍旅夜不寐口占二絶

枯吟消盡佛龕燈重把殘尊酒欲氷竟夕凄涼偏

耐得在家原是出家僧
布衾如鐵夜如年倚醉聊圖片刻眠好夢正來人
易醒鐘聲飛到客床前

爲內子朱氏生製棺詩

我製桐棺已八年此身依舊未長眠今朝又爲山
妻慮費盡囊中賣賦錢
自從早歲嫁黔婁荊布蕭然到白頭好在千鄉無
外事一生操作不知愁
膝下零丁莫怨嗟（予無子）箕裘晚景不爭差贍卿四

片桃花板轉比蘆簾紙閣華
笑把前禾徇俗題孺人兩字賤如泥若將本色頭
銜叙合署西河處士妻
兩度營棺劇苦辛總緣安頓百年身商量更把衣
衾製省得臨時累别人
修短難將數預猜大家都要此中來詩成把酒還
相勸生飲強如酹夜臺

題東亭姜種蘭寄春圖卷子

種蘭與秦淮馬又蘭校書有三生之約種

蘭歸里又蘭思念不已作梅花小幅寄贈
卷中題咏殆滿因拈四絕書於紙末

一幅梅花自寫生緣何風骨忒孤清别來人帶三
分瘦無限天寒倚竹情
畫成一笑寄情癡春水雙魚送到時但願梅花能
解語替儂一一訴相思
莫作零香斷粉猜一枝猶自結珠胎忍寒獨把冬
心抱不見春風不肯開
儂情從此石同堅重補香光色界天不比羅浮山
下客與花只結夢中緣

吳陵冶春詞

早春城郭雨瀟瀟卅里龍溪漸長潮幾日不來寒
食近綠楊遮斷趙公橋
鶯飛草長晝初長巒榼家家上塚忙記得鳳凰墩
畔路紙鳶風裏菜花香
煙雨城南鎖塔尖千家新綠正齊檐近村小景都
如畫一樹桃花一酒帘
圖蔣山迎岳阜青小西湖水碧泠泠年年白社八

脩褉賭取新詞唱阮亭

同人集水西園觀梅題壁

主人風味本逋仙小住西湖近十年繆君友堂宦浙歸築此
分得孤山青一角歸來親自種花田
探春有約趁晴暄爭挈壺觴續上元蝴蝶能尋花
裏路引人直到水西園
五步亭臺十步花嫣紅姹紫綻成霞神仙標格知
誰似輸與風流萼綠華園皆紅梅祇綠萼兩株耳
花間小宴酒初醺花外香風笑語聞從此品題春

色定美人名士兩平分是日游女甚多

戲將杯酒酹花神遍向羣芳索笑嚬別有一枝嬌未放春心脈脈正懷人紅舫未至

佳辰細數一年中幾度歡場謝賞同好月好花須痛飲重來已是落燈風

黃右谷石畫墨竹贈老蕫爲題二絕

曉窗呵凍寫琅玕十指如蕫下筆難憶得城南風雪裏有人翠袖倚天寒

瘦石蒼苔位置成一枝一葉總秋聲此君風骨誰

能似只有揚州太瘦生

楓厓出所藏古名媛畫卷索題十首存二

美人眇計脫樊籠俗眼千秋笑越公家有俠姬猶不識那知李靖是英雄紅拂

枉費宮人買畫錢長門依舊閉嬋娟何如馬上琵琶淚猶博君王去後憐明妃

花旛

難過輕狂廿四風惜花心事護花功果然處處旛持遍不應人間有落紅

題紅袖添香夜著書圖

七尺鰕鬚夜不風博山一縷篆煙籠王郎本是司香尉自譜新詞教小紅

初夏憶田鶴舫居棟村

去年此日君來訪對榻談詩夜試茶別後韶光彈指過草堂開盡牡丹花

題袁冶山半船兒女半船書圖

扁舟穩載一家春鍼黹琴書雜沓陳翻笑神仙多顧戀淮南雞犬不離身

草堂久廢讀書聲俗障情緣掃漸清一箇漁郎舟一葉煙波來往比君輕

雉皋道中口號

春波三尺柳千條此地重來買畫橈記得卸帆沽酒處汶河東去是曹橋

題賈闇仙祭詩圖

辛苦推敲又一年特將酒脯祭吟箋詩魔醉飽妻孥笑費盡精神更費錢

草堂詞客鬢如霜筆墨都因俗累荒亦有殘篇無

遺稿、師友淵源矢不忘

不把兒孫擾曠懷，棺衾一一自安排。如何身後偏遺憾，輸與劉伶死便埋。傷其久奄也

纔聞脫稿授工時，已報修文赴召期。今日告成應一笑，果能生諾死無欺。

桑梓源流徧討尋，吾邦文獻不銷沉。空教孤掌持奢願，未卜何年副此心。鄒耳山與余輯吳陵詩彙，將成而耳山歿，孑力不能辦，至今爲憾

斗室詩鈔

（清）王輔撰

《斗室詩鈔》，清王輔撰，據泰州圖書館藏黑格鈔本影印。

王輔，字左亭，又號匏尊老人。清江蘇泰州人。監生。道光元年（一八二一）舉孝廉方正，力辭不就。卒年六十。王輔博通典籍，日以詩酒爲樂，與同里諸子結芸香社，角勝騷壇，至晚年而好愈篤。本書爲其詩集，詩歌清新自然，頗具特色，如《晴》：『城東雲浄雨初晴，桑裏猶聞鳩婦聲。最是池塘新漲緑，榴花紅映水邊明。』

（周　忠）

西河口號 七絕
左亭王晡若
西行添水半篙西河涯
请不容刀出入載酒尋詩
去白雁一声霜月高
戲書蕉塘上人扇頭 特芝
孝寺傳戒上人監院予作書記
茶瓜櫻笋伴清哦 小往
名山一月多 昨日出城
又醉鰣魚筍蕭
又
又負雲雨
竟

斗室詩鈔 丙戌

自邗江歸里舟中口占寄家荔衫兄

雙槳蕩江濆，雲低遠樹春。慇懃回首望，猶見送行人。

漸遠綠楊城，波平魚不驚。中流風細細，只聽櫓聲清。

水色連天闊，斜陽欲下遲。暮禽猶自得，飛傍野梅枝。

几次酒家過，帘飄鴨脚河。来船時出港，帆影入窗多。

暮春偶成

柳絮依依夕照斜，春光如許聚儂家。杜鵑也解憐春意，莫向東風叫落花。

自材字甯寬絲〻
拟指劉堪歎文章賈
禍姚眉娥妒信才难
色亦难

○隋宮詞

行樂你宮事〻宜實之
才調絳仙姿君王偏愛
揚州好特種長堤柳
寄絃

白鳳仙花

紅兒無比雪之折奪秋
無支劇可憐那信世間

梨花隔院開。呢喃燕子報春回。只看片片隨緣風舞。卻
引鄰家蝶過來。

不染胭脂不染塵。漁郎何用問迷津。相逢莫笑無顏色。一
樣風流一樣春。

湘簾半捲坐窗紗。竹榻浮烟為煮茶。時有嬌鶯梢玉蝶。小
園閑煞碧桃花。

感我相思四月天。幾多紅錦畫欄邊。殿春初放留春住。玉
版香飛舊酒筵。

半隄楊柳淡烟描。春夜誰家弄玉簫。明月光中閒領畧。兩

肯小竹不教頹色亦我遷
其二
染指無功不可憐晚風庭
院悟是家花神大有憐
卻言忍使織織玉有瑕
曝書辭
日移花搭卓午初綜緗芽
卷列庭除果然得似神仙
去似又驕陽更掃除
閒庭又夕照禪寄淺真心無
乞巧時自笑心明白日照來
幔符恰相宜
現建戲將軍秋閨
扑扑飛螢年簇騎無　山不
安等

三聲慶小紅橋。

懷荔衫兄。

獨步斜陽過小軒。新篁漸繞綠烟痕。記從一別荒園後。開盡桃花未出門。

綠滿池塘一鏡函。几家烟雨浴新蘩。花陰寂寂鶯啼懶。曉梦常如三月三。

試謂送兄院

題竹

一望蒼茫烟霧中。誰家樓閣隱空濛。何時飽聽瀟湘雨。還舟認竹叢。

肥

中衍徽 防營汛
宜我武揚傳出聲名
敵肅字一聲金鼓卸
戎裝
藍安時果效忠勤是戲
真高蠻上軍萬行銀
牌千保假將官功名部
兵多
跳灯行
四海風清萬國歡琉璃
世界湯瓶拓九重天上
西王母二月擁蓮花
寶座看
與民同樂晝夜歡騰一

漫賦

何時才得領青衫，自笑文章稿待芟。花裡尋思鶯婉轉，梁間驚夢燕呢喃。那堪漲李春光度，底事桑榆夕照銜。好把詩書勤展讀，一懷風月透松杉。

雨後

黃梅雨過鳥疏翎，縹緲輕雲竹樹經。杏子垂垂低曲逕，蛙聲閣閣上虛庭。入簾艸色疑堪把，繞榻茶煙散復停。小步迴廊凭水閣，晚風香起一池萍。

暮春

竹魚龍逢鳳與不比臨
安三五夜金錢口買
上之灯
好野同声花大清三朝
錢典卅和行山人也作手
秋頌 不上坤絳莫太手
吳李松風道一印上
君作慈白賣字備全
空來散卅重逢不才未識
闌山路也復勞之段
心容
佳萬句借以助雞頭蕎
三之返了 且予 五梅

竹自清新柳自斜，紗𢥞悄悄靜無譁。綠陰深護春愁重，紅雨狂飛午夢賒。唧唧粟鳥還依檻，外惜花人正怨天涯。如斯佳境誰堪賞，且典瑤琴問酒家。

晴

城東雲淨雨初晴，粟裏猶聞鳩婦聲。最是池塘新漲綠，榴花紅映水邊明。

和荔衫兄寄章元韵

一別成三月（謂春三月在大院試），相思兩地縈。鶯花同入夢，風雨月明情。海國書常寄，蘆洲月自明。弟兄通音問，遙望

九 横

却羡龍門客，揚州舊住家。閒携青箬笠，還坐紫雲車。酒醉蒲萄架，香飛菡萏花。夜来湖上過，簫管動蒹葭。

和玉峰紅橋書感

繞屋扶疎有古陰，蘆洲入画綠雲深。閒看野逕催歸犢，靜倚柴門聽暮禽。海江浦音書虛半載，海天明月照千林。惜花人住紅橋畔，鶯語東風夢裡尋。

偶成 採桑子

西風不管梧桐葉，亂落秋光。跌碎斜陽，坐對紗窗一半

知心
知杞人……上書……恐
难畫，善策頃……
偕事謀
鵑啼鳩形……好憑
一二為侍神兆風雲……
誰名手妄補蒼生……具
宋代曾侍……
圖上聖是數千秋顧借
回天筆以畫幽風……
題圖
詠筆
筍曾鏤玉架珊瑚 退……

何堪芳賽舡泛酒年
来枇棄久案頭一任
長庯屢

韻蕃

不同勳槃記縹緗貫記花
校計酒觴只向騷壇家
限休裁以外州詹韁

歸漁

平湖小女銀魚肥換得前
村白酒歸一抹寒煙
作外滿船斜日晒蓑衣
出葉漁笛短笛
晚唱、漁

黄。新寒漸入羅衣薄，自剔吟釭。誰共繩床，夜夜南来雁帶霜。

初夏 浪淘沙 清

風靜娘茶煙。籠住湘簾。花開夜合困人天。啼鳥一聲驚午夢，那似遊仙。身世學道參禪。尋香粉蝶繞苔錢。綠樹陰濃門畫掩，日永如年。良緣

送陳玉峯之貴州 醉紅妝

鳳凰城下趁斜暉。炊烟寒。北雁飛。故人買棹去依依。攜手時。睞半隄紅蓼暗萋萋。唱陽關。勸酴醾。鄭重八千

愛叢、
韻穀妻[illegible]洗粧夜雨
[illegible]庭花葉清浴[illegible]
大古
王輔左亭氏著
友人席間觀演漁家樂雜劇戲作
衝冠眼美人膽[illegible]不恨
相逢晚三寸舌一寸鐵天心
久爲[illegible]相君[illegible]
剩君之心貴不[illegible]
容身[illegible]一朝禍自蕭
墻生附阿名士难爲情
賢侯頌 頌邑侯宋檻泉夫子也

路魂款斷夜猿啼

懷陳玉峰

西北風寒起暮烟，龍山佳會憶年年。洞庭秋色分千里，淮海相思各一天。紅葉先飄詩共足，黄花遲放梦魂牽。重九無菊 頻登岳阜瞻雲樹，知尔孤帆過碧巔。

一林黄葉乱鴉飛，桑柘陰中掛夕暉。冷淡香生流水路，孤高花傍故人扉。吟秋偶尔添新稿，買醉何堪典舊衣。惆悵獨憐江上客，半空嘹唳雁書稀。

懷儲濂溪 長相思

賢侯來，何啻古生明廬陶
想堂上秦銅毀臑詩華底
要書疑鐵鑄猶難久已仗
惡頑胥吏不敢窺喜怒水
酌廉泉澈底清政声直駕汲
長孺秋照先後流芳圖事
沮便民喜悲頤按户散水
衡錢尚有哀鴻泣道路首
捐清俸倡士民先賑桐脂
溪士著革堂另有拋家見
似父杜母親乳哺嘗參
政推餘波斥酒一時
嘗露更得衛官屈
賢理繁，以剸補
德桂 公

花一窗月一窗，蟋蟀鳴秋到草堂，風吹扁荳香。雁聲
長漏聲長，綠轉庭莎別夢涼，懷人葉半黃。

白鷗

白沙明處影亭亭，繞谷追飛傍野汀，皎日乍侵翕戢羽，朦霧
初拂揖梳翎，守貞擬和歸鳩曲，北渚夜披打鶴經，韵了当年止
傍漢武，肯爲素貞再空庭。

立秋

部華易度感蹉跎，折盡秋光屢並睡，慶窗外燈花隨意落，庭
一葉件傍詩哦，多陽蹄柳蟬聲咽，明月秋園蟲語多，一夜新

天下

江山烏江，王

艦出雲樹，金師欲渡江

誓以八千人敵十萬人，千

有婦人馬上手輕手援鼓聲

閑，但聞掀天動地書夜

不得歇，不覺氣昂昂蹈浪

蛟龍驚，上天烏珠此時

心膽裂，直將天上神兵

接，那知夫人，城不用金湯

護，那知娘子軍不用糾

糾列兵氣應氣蓋世揚

不持寸鐵驚壁，大功自

驚鬚眉，上千古江天

此戰場

氣和 桑金風起，和起處清歌

畫船游夜夜南園，香滿池塘，曉夢初醒，雁度已傳千里，信相思又報

一年秋，和泊洞庭，蘭風吹折，緩步蘭苔，過去樓，歷樓來歸途

七夕，織女相逢乃會牽牛

探賦 滿江紅

暮施茶香，同倚著藤天，風雨忽吹，秋思起，涼颸乍至，行豆相思

露出青樓，此時試洒，朝天，簾幾片，歷橫飛，書歸有 此處是新秋

最何處，尋鶯啼柳，那覺河漢淨，夜殘紅，落盡日，螢窗仍憶，歐何時

風涼同，携手湖邊，獨去萬里，悲孤蓬，誰消受 調玉笑

菜根香歌

書田真味在秋粟居常
乃什不食肉下箸堪嗟
貴萬錢閑門疏食消吾
福武侯六利及兮讀庾詩
三韭連朝足 挑來旋斫
松柴燒食盡將將露
葵羹情堅曾傳館嚴
蔽寒儒那不甘苜蓿淡
中原味劇滋長之酒太
羹因旨蓄 有家居
大嚼來宜臻畢
難辭俗
口人射矣

丁亥外編

○泰堂明月

漫翁遺築此琴堂，一鏡高懸分外光。素魄臨軒明曲檻，清輝穿樹照迴廊。花開有影當秋淡，露冷無聲徹夜涼。入座香飛丹桂影，絃歌於詠樂飛觴。

○天目晴嵐

山依天目錫佳名，八點嵐光郭外晴。翠黛遠添新雨過，青螺寒壓晚烟橫。琪花對月仙人躡，瑤草迎風鹿女情。丹灶台存餘古蹟，雙井水盈○。

吾日御廚…開泰…青 …音

白…來…香色…

紫上長…後玉手輕拆

金僕…中…瑯…稿

勝者多將負者…巧

集何如…取…美…

吳宮馬射…美人…技

從神武

胡玉…州 有慶 州牧德政

前…來致豐…政通人

和頌…雙岐…瑞呈休

徵甘雨隨車…時…雨

成…秋…補校

長堤烟柳

長堤捍海築當年，翠柳栽成樹幾千。月底風和舒嫩蕊，三春日暖護晴烟。鶯兒啼罷迷青嶂，燕子飛來舞綠天。蔭…甘棠思…一派，…黎…花…矣。

聽嶺清風

城市從龍起勢橫，披襟習習覺風清。悦爲天籟當空起，又似松濤觸處鳴。吹破洋…水漲，傳來岳阜曉鐘…。琴一曲芳茵坐，漫步山前夕照明。

案置才惟不驕足已高
展炯療飢弱斯至未言
接言賑頒次第蒸民困
宜詳十二寬刑弛禁本仁
心安當恤負沿善計
經今席已聞大書名之牽船新
加五馬榮喜六䑸未夏
公去一片僅綿愛戴情
久聞邑乘重修館循
良列傳誰不纂之有興
載口碑豈無文士標彤
紀實吟成非貢諛輶
直采風和欽將罔
歌謠 十備

偶成

文章吟就又挑燈，身世憂愁似蔽層。散水承歡
泥金報捷愧無能，中流擊棹常思逖，半夜聞雞夙慕
銀。晦海何堪終日處，大鵬猶憶舊時鯤。

懷荔衫兄

試燈節後邇相思，百里音書理到遲。南浦懷歡芳洲色，京風
吹暖杏花枝。林邊一鳥鳴春意，門外千山悵別詩。雲水遙

自感

明月映畫橋，狀元送君時。

题采芝图

石仙骨本删，年少傍何人。山采芝灵芝香因寄
书晤徐石图即为题
如人三载隔董莪，一笑相逢鬓未华。自从驻颜新得法，只餐芝[illegible]不餐霞。
采芝曾访嶠壶[illegible]，又看芸蘂踏市廛。只为韩康贪济世，神仙浑此下枉人。
画图着[illegible]写萧[illegible]

[illegible]斋终夜不成眠，共般愁怀对烛燕半粟，谁怜惜我三春难度没花年。未逢知己休言命，不向人情只听天。赵有残书林下读，何妨藜藿许犹烟。

寄陈玉峰花烛诗

五夜吹箫凤下来，烛花频剪漏频催。帘垂画阁禁行立，香拨梅廊望统过。玉燕舞烟钗翠鬓，金龙盘月镜更堆。何须设口歌桃叶，家傍红阑柳限隈。

专利题中富贵年，才高咏絮不寻常。鸳鸯谱入瑶琴调，鹦鹉催成宝镜妆。细柳芙蓉留堡一色，轻摇环

涼生薜荔牖許我石
邊分片席十年重讀
丞生書

月月紅

百花誰似此情長月月
花開不斷香花自紅顏
人影白頭花可有駐顏
方

題侶小樓掃石題詩
圖照

兩株荔枝掃石頭風
晴日暖稻句留吟成
笑擇毫吾送此青
兩小樓
西甸一

琊弄衣香織眉反覆印君画。深淺筆時最妙痕。

呈州伯王善甫夫子

恩周海国四郊利處是章竹馬迎薛徽新獻需太守
將靜綏江郡蕭濤貴遠爰向荔生茫茫四野挺龍露歌守
終有父母情全活流離疏上達深懷皎潔玉壺清丙戌仲任泰州
解小哭眠了
首蘇政績聲三槐籍甚名邁古方書也能橫濤
快事筆花夢馥吟裏梅文章傲信援選踪水利方
謂由限田畝家居園自記勸水利篇抱負標林從化兩春風桃李

……人的……崎頂

題

題畫白梅紅菜

剪取銅坑玉一枝，……

春色上軍持……

林和靖添箇紅粧作

侍兒

題堂姪……切汝為照

……阮才華與俗殊，偏教驥

足滯塵埃。胸中一段凌雲

氣，寫入秋風折桂圖

西裏池台百宝裝……

萬壽并……

……栽培

寄陳玉峯

七千里外慰離愁，羽寄音書笑馬周。海上雲帆迷客雁，

路中烟雨傍江頭。青山悵別吟秋月，紅豆相思夜倚樓。

何似年年首訪舊，詩書相携詩酒滄洲。

東園晚歸

徘徊歸路夕陽斜，滿眼秋光十里賒。兩岸垂楊鴉……

落葉一田禽……，開花雜迎黃翁……

溪吐菜……踏遍板橋，回首處炊烟平起遠人家。

不是間邱壑，壓倒西河舊
草堂
棐几香篝位置精，煙[?]
茗椀話閒情。蘇書[?]授
佳是讀，坐聽銀瓶瀉小
聲
分與四十[?]年秋，堂上慈
親已白頭。美景良辰休
獨賞，正須來[?]板輿遊。
律　葉古軒
羅夏園以不入社作詩
招之，即以代柬
新文酒一函，達人何必動
閒凝心。[illegible]　思屋

和雲玉山元韻

公子翩翩住海濱，才華傑出困風塵。廿年[?]臧樞密下，應
識王家舊素臣。
卅載貧窮自主時（玉山卅歲），樓[?]依舊有誰知。[?]打樁
花[?]，鐵骨冰心[?]雪[?]。
貧賤文情志未伸，功名偃蹇憫斯人。何當載酒西湖上，問只
當年飲錦茵[?]
謫向人間廿六年，難消閱歷問蒼天。[?]萊[?]仍三月[?]此年
年山笠竿種蓮

一良□台旧睇杉子，無恙

何處風休王來

送春詩和謝學夫

隻七歸期促杜鵑，一尊婪尾餞離筵。東風小住原行客，遊小雞留是少年。忽把花拋連夜雨，竟教人隔有情天。話華居擲知多少，好景空留過後憐。

哭夏春舟表兄

丈夫豈肯事雕蟲，赤手能收枯樹功。遍歷艱危知練達，不負聲名是英雄。好移通德營居室，台築[illegible]

上幸夏恨三春，我輩囊空風有因。四壁琴書聊寄興，一瓶花鳥最怡神。莫辛至味還加已，世路崎嶇不負人。贏得萬沙[illegible]

秋色早，白蘋紅蓼簇色戲。

題畫

疎影橫斜蘸碧溪，苔暗香時送月光來。調羹人自是仙鼎業，獨占陽春笛嶺梅。

千霄就影亭亭，與顧含遠，待夏長玉吹披拂，來恢尺天連一天。

雨洗万年青

十二欄杆春正綠，綠雲紅鍍從紅霧。即今太守南謹全

清報毋恩前歲為太夫人請旌建坊事載郡志孝
左一門家範將口碑久載士
林中。才思偉修畚纜淋
書原座上吟成林五官並用
壬戌游戲百事詩哉自讀
吟老未杜門名士習閒程運
辭及古人心白頭直寄與何曾
減酒量棋場日日能。我恭
披芳誼信繾以身杖履
奉清塵交深絡將非傾
無名籍吹噓勝指團無
閉心將有門除不知已意
八入城掛硯芒鞵例來祝
庠嶽長公將兩古神明
十誕辰
不襄年竟

帶園呈宰相兆

秋日登阜

惆悵秋光何處好，憑人登阜流詩筆，蒼涼城郭四圍起斜陽
萬葉滿山僧不掃。

秋意 謁金門

秋欲暮，雨雨風風昏暮，枝上花黃籬下草，呼童猶未掃。底
事最關懷抱，待得月小獨倚，欄杆添煩惱，玉階花影少。

岳墩晚眺

一夕風吹葉下吳城，嘹唳天空雁一聲，郭外寒流流繞山

於了

仁向山[illegible]

之雨字千秋公[illegible]死罢[illegible]

親補嘉園詩

郡城送史應熙待衍入都

隋堤四月柳如煙折作征人

馬上鞭能若何須嗟遠

宦此行誰不羨[illegible] 仙封翁[illegible]

鳳池涉旧煩通訊麟閣勛名

看少年我上瑤台回首望

寺時 [illegible]

紅旌遥在五雲边

壬戌上巳節偕秀衍同

社修禊不果

佳辰折柬訂聯吟要把蘭

亭盛事尋賸我大開臨

冷照海雲橫界固北塞千秋業祠枧西泠万古情我自登

恍惚來已听遠寺暮鐘鳴

菊影

柴门暝景系闲瘦影參差入座攀銀燭光光映搖疏籬外

画屏簾影[illegible]向一簇夜靜寂欹寒月三徑秋深識古[illegible]

彷彿西山姿為子移杯祝壽酒醉家山

闻蝉 秋晚

斷續緣何急疎窗貼耳鳴騰身仍心瓣咽露覺心清夢醒

秋风動曲高唱晚晴芳菲松下卧誰識不平情

水閣有人編帽買春金馳
運画舫三年約湘自己丑年修禊逾今廿年
很籍桃花一日陰日己日大衍壇遊
會尚難酬素願人生何處
不違心

輓朱燕泉 成梁

詩名偉望一經師天厄才人命
可知心血枯于文戰役參差
誤到扁舟時未完楷檢交
嬌世不賣琴書待補以门
作中宬 愧予乏力
以扶持

和俞朴人先生至紹 恩請
原韻

孫曜 晉今

仙界憐君近紅塵過眼輕有林生淡影到處助秋聲鳴咽
風初細悠揚月乍明懷人山館坐听去一身清

芭蕉

種得芭蕉綠美人蕉時緑影 護窗日日因領子 書兵殘常
抱芳心一卷春
金谷園中對门孫 李信探年久空 懷今遥入王作画秋雨
秋風不寂寞
凡回影上窗紗 很是雲 庭 影織伊人何處住
深天陰處對佛家

洲 陽林村 副車 峙早

十子蒼檀榮從浮

八 坊斗南者旧惟君健

穩青雲躡上天。秋風

九極指荣制援鴈山也

自驚修到神仙千劫滿讓

他桃李一春榮 初署雛助

原名原從賓嘉鳥肩相

漸交悦我学生衛木石至

兮蒼海未填平

○謁鄂王墓

小朝廷無棄燕雲孤將

徑圖汗馬勁鐵騎已探穴

盜穴全殲忽散背嵬軍

一門冤獄成三字五國

和蜀村餞之韵

青年何敢学儒冠 往史閣書一自春 新帝名賢尚啟 茵新灯

綠酒話溪山

雲山裁亼寄情 航照泉冰消 清響處有意方竿圓一幅 小照煙

雨中湘南

蘆荻當頭護 經 恨半池淺水 映露低樹 四無出路人 葉三兩 蒼雅

歷亂啼

疎柳蒼蒼多少昨 春生芊 園暮煙 横船 但展乃 空吟興 嘆樓外

鳴笳鼓 秋前

游遠儕二君留詩樓霞杯
土在蕭蕭松柏立斜暉

聞少白移居寓

聞說移居累轉深市塵偏
不混苦吟四鄰雞犬通幽處
客入口衣粮賣字筆事伏
貧交難借筋人懶右稠
且焚琴贈言莫道一多
道尋開切一水西河四出
心

和李介眉八十自壽原韻

未應徵百二霜八句還是
半場春生清四壽兼著贍
八詩夥未忘望重杖朝廿
心春[illegible]甘[illegible]家帝[illegible]

比閑三弓幸有蒸十年種樹不須赶間抛先圃易耘菜細嚼
根離酒瓢

○ 秋草

荒凉秋景說無虞門外芳菌未見除細雨作迷三徑瘦斜
陽相照一籬疎西湖猶有留[illegible]南浦想人甘苦[illegible]
識遍蓋山上路吹風探地[illegible]又[illegible]

聽雪

朔風凛冽送寒加燈火挑時冷氣添[illegible]
第三玉屑撲窗紗[illegible]一院梅花[illegible]三更[illegible]

內趙宦[illegible]六十壽 貝次子

光奇新婚

偶堂中戲紙筵綵衣爭

才地行仙六旬健不扶筇杖

一日間斟對簡篇衣故

長春香正滿月逢良

夜影先圓香英會

上添佳話人杜温公是

少年。南无曲奏鶴

衔箒工昕文之頌賦好

述百和香重金縷幛

一帆風送玉人舟 [illegible]家亭

称鶼海[illegible]宜文逊[illegible]

才剛配清樓[illegible]

星天丛[illegible]亂舞清虛[illegible]恢秋仙家

雪晴

雪花那處步金輪冷照盧溝太寂寥 秋處芳叢題玉籤

誰家城堞洒冰綃美人沽酒來茅店名士尋梅踏板橋詩

思君憶前日倡樓鶴戲任逍遙

寄高蓼洲 三首

凍木鶯[illegible]棲鴉破寂寥寒風吹白屋冷月浸紅橋

道義緣君重詩從傳酒消相思知己筆燈大耿清宵

車笠[illegible]稠繆壯懷安所求攻人頻嘆我塵世任呼牛

揩嫁畢期君五岳好同遊

較單紹庭

七旬神采未衰頹清望多
公百行全下士禮留勞太尹
賜官 恩已逮遺賢 公以貢加府
慶典加銜 仍身所樂惟山水登疾
而終印佛仙於擅文名是
捧檄從年含極正綿綿

卲光四七十壽

修優游廿年卅身已是
何仙人誇向里髭眉健
存達夜世界圓尊涵
白看事福秋逸雲秘
之篇 人名樹々污之
豪吟

閒地成花隱臨池剩墨痕同君餘急吞几日過蘆洲

西河林堂

五律 古軒氏

郡城小住

小住心無事開門忽見君始知千里客同住一山雲 僧如蓮舊與余訂交海上近在梵花寺參禪

萍海須臾合天人咫尺分祭齋容過訪抒諦破愁聞

嵩落山半

蕉衣似秋葉洞雲几許餘會水猶自慣囀鶴不如相得便相株同住傷肯同

歌二首

病起

夙興强下榻枯坐閉空房硯換作書水煙供誤易香釜不溫度骨瘦添飾畫枯腸
忽報芳花放扶筇到竹堂
紫門無剩昭終日閉門千有客抱琴玉 謂老友朱蘭坡 為予揮手彈曲終前向訊情至功
加餐我德君前言別秋風生暮寒
較郎光句

足不入城市漫游三十年詩酒之事福親著花生篇晚許直高士前生本列仙

忽聞笙鶴降一笑謝塵緣

秋雨之夕建之亡我未之往渺渺頑渠雖曰是衰年隨筆傷心听雨怖帶淚

寫宮言江飲恨寒世子

芙蓉亭中坐雨

最難風雨夕滿座故人留奧典停無數歡場更燭遊新葉五小遊明日

替花愁但久予之遂無寒逼敝衣

同社

湘八日之一

吹雪晚蒼蒼　秦

寂寞沙路白迷千

岸浮雲黃壓一江潮入

船泊漁燈暗荷笠人歸

酒市遥隱隱洞庭圖畫

裡小边無樹不瓊瑤

斷橋殘雪同社分賦西

湖十景之一

雪痕幾點暮烟霏半未消

時映落暉橋外冷梅初破滑

梅邊香剩一枝肥淺疑鴻爪

留沙蹟晴見春痕客衣還

指長堤三板路瓊瑤踏處

認荒亭

声玉山齋詩集題詩
〻為邹耳山作
著作平生已汗牛又编新稿
细雕搜披汲不厭重
揀磨折能教鐵代柔坛坫
鼓旗三舍避余久不入社 江湖风
月一囊收集中有浙游州畫山圖
红雨仲析家外此集而然
另出頭
新詞題遍從琳球忽評
以詩到野鷗較我才原
〻信讓君名独占千
鲛珠竟自和盤托馬
昔嘗出海收七子稻
稱〻悵囘了〻

和陳玉峰雪夜咏懷七律五章 乙酉冬月

交情半世我情癡，水面浮雲祇自知。敬守貧窮羞失足，狂逢富貴慫揚眉。雪天誰扣袁安戶，霜夜常垂董子帷。此日蛟龍同屈蠖，風雲未會莫神馳。

凍雲都為朔風凝，豈獨東園氣不升。草木休忘寒雪壓，功名肯讓俗人矜。破衣豪犬分炎冷，巧舌幽禽取愛憎。怕損荒籬陶菊本，呼童掃葉護層〻。

求人原甚自求難，傲骨任憑肉眼看。鶴舞雲霄真自得，鳳儕燕雀竟何干。歡塲握手情都熱，冷處親人燈不寒。慚愧

長錄
安侯節□酒錢州堂
元年□傍商一字慚
軍代汀千秋聖政咫尺
戰亡寧亂將蠔 生以州試冠年大律
遊又上奇畫册 船將值南
閣名君來如椽筆好把
西河舊稿傳

○謁諸葛武侯祠
丞相勛猷竹帛垂一身筆祚
繫安危兩朝艱難定三分
則討賊猶興六出師西
蜀係安危有數南陽詩
即事長時錦官城外參
天柏一身古青苔不隱稿
祠

余非矇瞳者敢將天壤作齊觀
酸甜世味近何如閉戶惟承老母居故紙破窓飛雀入荒
廚落葉代薪餘連朝慣煑經霜芥半畝曾栽帶雪荼幸有
城東蕭寺客板橋沽酒每招予菜
數載鴻雁落遠天夜：秦潼夢裡懸書稿初収人踏雪羊
裘不暖客無眠少年抱憾文章遇殘歲還多筆墨緣白髮
老親勞跋涉應挑燈火續誰篇愁

壬辰重陽後日

○秋蝶

西園風景記當年，不盼

曾逐紅裙隊裏行。一角

不知春於夢，幾經秋別

是解生[illegible]，[illegible]

日當有[illegible]

添壽衣[illegible]

已是脫[illegible]

○秋[illegible]

[illegible]

[illegible]不[illegible]千里[illegible]人

面一[illegible]

[illegible]

記事書懷

重來休把舊[illegible]說

晉萬門前易主

至默　寫户　是齋　左亭

又蕪城十五春，看花京國以游津。青山不斷綠葉地，紅粉猶憐老大身。柳插官堤全照

十八詩留僧壁其餘，歷下塘西月樓頭。留客醉信來風浪笑人

讀甌舫北詩鈔

兵卷詩后拍案驚，詩壇到處出奇兵。一枝筆創開天想，石鍊金成擲地聲。鏗否

促教田此筆低頭，何止稱先生。同時袁蔣定前兩，稍后名山詠太平

王輔左亭氏著

○古錢 七律

土花斑剝篆模糊，曾載宣和第幾圖。業因尚覺秦半兩，法文多闕漢三銖。泉谷

清濁何息刀不鋒，錯害豈無我自看。叢話貴品被人錯笑守錢奴。

○書燈

映雪囊螢往事書，短檠從念子雲居。十年攻苦明心緒，千古文章東炳照鑿壁。

何人鑿放紙下帷，尚影從吾處。公然食字成仙去，不藉光鋒只蠹魚。

○敝裘

孤集腋狐成章，寒夜雞鳴將寢食。忽卧雪一生同耐冷，探梅兩袖不離香。贈思哭

心念悠然補悄山妻指，欲便莫笑裝成昔異，那能輕質汪家攘。

輓先四

一年交情衣冠古 中表行推盛德尊留我讀書陪子姜公孫今謀話外營成古 拓帷

織日看破浮雲 字杜門昕夕課書旋鶴降笑揮雙手返崑崙

五十生朝自述

悠悠身世五旬和暫 眼前就萃小不如自問那能全補過人言可惜早拋書庚寅帷 悴輒

生命成子孫弄花 子居一事及今猶把惆悵未游五岳去御間

生計身聊無事稀 綠楊深巷柳葉茅廬閒授藥安知甘苦靜裏琴心隱是 川社

友渺看今雨散 國有猶忘野人識剖妻笑指訪兒女要索書行換茆衣

燃點仿偽書六月 備述吾身寧吾真原知台閣多名士只合漢淮作散人趣 富有

花堪索笑無身無病不妨多來却從值天中節預酌昌陽泛一巵

一斗能消百斛薔胭千篇都寫太平風野當匡節庸非福吟到衰年是國家柄事

悲歌狂劇捩有人題壁已識龍只懸他日旗亭者聽唱黃河曲不工

○訪菊

次第看花共剪紅只今從恐負秋光不辭風雨來三徑似陽籬之蔭若一方人遍中年

思晚為天留佳色待重陽叢桑處士不相評頗識東籬共舉觴

寒月

氣森嚴夜無聲星河一角閃金蛇冰淵初受纖微影雪地猶爭皎潔光除却高明

正氣化無世界不清涼臺閣澤塞思當日照徹連營萬馬霜

雜詠

取秋葉插膽瓶、免逞霜露戲飄零，托根恥寄籬邊蘚，守口未生摩石錄、非比鑄金供塞士、深甘飲水薄修齡、要看清瘦龍吞影、鐵柱光搖雪色屏

〇登大觀樓望江南諸山

危樓百尺俯塵寰、楚尾吳頭指顧間、萬朵芙蓉開翠巘、一天雲抱寫荊關、南朝王氣煙花散、北府軍容草木閒、登眺不須成浩歎、陽江飛鳥暮煙迴

道光乙酉上巳芝山居雅集即事分韻

重聯步長扣禪扃，佳節何妨作小經，天有賞花供暮景，座多對客勝蘭亭，酒狂卻笑群仙懶，詩鈍全賴左佛靈，同日海邦傳盛事，西河壇坫未凋零

新筍

竹裏鴉鋤破曉烟，江鄉食品劇清鮮。根同錦襁嬌兒比，剝了文心細可憐。蓋子未曾初夕

市樓挑賣綠共開，道西湖畔是山影，納西湖要正好同參玉版禪。

新萍

楊花穿不上紅樓，化作春江九子浮。未到泥沾甘浪跡，便同根梗泛清流。鷗鳥作

藉重桐席漁樵府，言滿鏡愁莫笑三生香雪性，寄因數斗亦千秋。

自鳴鐘

許破時光遞候芳，庚中子午報分明。輪迴廣合周天運，呼吸時通擲地聲。底用

傳驗影那容蓮漏獨標名，誰知此作驚人想，肯付流光嘆不平。

荻花

堤左岸一叢〻小景〻烟村人画工立倦鷺無依拂水鳴殘琵琶打擺風鮫人泣羅珠皆

雨漁歸粧成鬢常紅及向此中甘苦味江湖多少可憐虫

○雨中訪菊

昨夜簾〻黃花雨過〻花事問西風涼生詞客桑麻外秋在坡仙笠〻艇中三逕

西園形小墨垂陽讀思人也〻瀟繞離蝶莫嗟遲暮明日東籬夕照紅

老妓

大道青樓夕照昏櫻桃花落不開門回〻常相堅前誓石宝香難換舊恩酒醉琵琶

夢游冷鏡中潮汐淚從溫天涯書十〻浮梁客盡是暈湘河六幅痕

壬華登高

香湧蓮花散大千，登台詩傳頌珠圓。題糕亡非非想，破戒難參默默禪。悵望白衣情請節
笑簇日黃菊，愛樊川。泛菊風雨好佳興，明日江城勝事傳。

○睢陽双忠廟

祠宇巍巍表協忠，商卯千古仰英風。兩家同居軍糧餓，三日兵來望已空。配享雷南
同不死同天季，同卯耕成功。行人載拜瞻双像，鼠雀書遶夕照紅。

✓寒蠅

✓營營勢再能畫書畫尚憑陵，逐來寶劍天將雪，罵到居風手欲冰熱。冬
也丹心縮膜如，附志飛騰唱繹，往吞敵雷數自作時宜小鼓聲。

新入

笑言未删翻朔氣凝淡淡小沼結微冰聰明始信鳳生骨清白誹言小不稜事到

和疑應而笑心安處尾激宜砥時光和氣逢辰至謙腹全堅肯未曾

柏石雲丈室前古松。

禪室系將十尚餘若石和積自六朝至天死紅雪龍鱗添地節英全庫隱枯林大不過聞士

伏乃守口合此君俱以何遽老砥拓苦未掛泉明舊話壺

道光丙戌諸陽談一日同社雅集分韻

小□已散淨重香湘雅集室聯吟兩裔後命紅總整□輩西何付是高笑無倚心內寅

鏡收江詩謎似田夕補壽挑英道揣在時節過紅裙難招亦歌詒

檢古軒遺稿付梓

真嗟再死不同門篋空遺壽簡存埋劍依然騰寶氣焚琴可惜剩莛遺痕跡

原有骨隨價價豹若留皮肯劃息付與麻沙君不朽西河家士此心知

○篋畫

真儀畫上妝新衣不隔衣君只陽人試硯怕見風塵眾看衣於隱霧中喜通來月掛情千縷揉

勁湘楸淚一身慚附侍以銅星控恃雛鳳雲而血巡

丙戌中秋兩中小集懷註又璋君吳門

月好惟秋幸一雨天晴好月將庚竟南樓君提與平原公子沈仲卿董蔭香家來鴻早

微風玄燕怯料為寫人端憶我住居拖蔽碎山塘

佛手柑

黃勝供御柑秫林嘉樹家和南家因已解拈花笑證果還疑掇掌談鼻觀香小全

果悟指頭禪將木奴參不徑竟比兜羅軟味在空空妙處探

〇 疏林

搖落江天景物處處林林處近何如壞閒返雲霞路西出寒罅小竹依濃憐坟交悄

次第寒侵短鬢不勝疏轉嫌觸耳秋聲減敢使看山老眼舒

〇 暖硯

頭銜久已署冬烘筆陣依然藉火攻匣裏冰開池水活窗前春轉墨花融烟

借于炊爨三分暑氣比薇灰六管通莫笑隱容無鐵冶熱中從讓石虛中

○鹽菜

旨蓄三冬備食單　肥甘以外佐加餐　雲來一味何曾淡　咬得其根莫笑酸　盡可斷齏

烟灶撑不須煮海鹽　園官入居乐酒々　菜色勝他先生苜蓿盤

贈洒野上人

丹年芸社旧詩僧　江上名山幾處登　三諾洞中支短杖　弄松嶺上策枯藤　白頭疏似家林雪　碧眼清於左洞冰　今日羅浮間消息　徑通鄉鼓又重真

超不羈於般禪角　一室梅花悟室燈　似是移官衙　買地多々茲会佛經尤

三碑字經學甚深　玄樹照古弟書經他日津鳩　安隨後映吟還茅龍王廬

一之　不羅夏雨壽集句

鋒出一社參巫生心蹟畢相親文章至意多功業節概猶諸仙古人漫道書云

涛路不厭浮滄海易成塵顧君百歲身猶健演唱樵歌句句新

罗袁　白居易　鄭谷　高駢

罗鄴　李中　徐鉉　杜荀鶴

和陳少方晉元年感懷

吳之韶華一剎那憎年頭後怒萬騎烏紗黃絹書燈社錦瑟瑤琴越女歌名酒飲宵通飲北海詩

排日唱西江尊前舊醉年今數都門陳轉老態多○自別秋原各向津重逢猶是舊儒巾看殘

收遠樓頭月夢隔長安道上去頭髮星星欺陸展還千歷歷想徐漢再沉君解由天賦太穹江

湖作故人○底到天倫樂彌綜無塵境接朋儕大藉撰修花史小院安多苿竹林奇案歸

蘇滿湯江檐望人故來庸金一條衣第羅塘水我欲扁舟訪日邑○天目東南古林皇宇

詩學易頤和儀杜門寄遲扶杖衰疾端居早異粮琴和伯牙子俞中深亦知書飼雲目李賓
攜生齋擬將石士禪仙福俯作周陵介壽章

題卯建和巴

五十年前兩稚童，師門把臂坐春風。白頭各有關心事，翁瞬都成異翁。桐樹枝仍高百尺
槐堂夢不肇三公，何當窟牖從樞下雪月梅花酒一中

金錢買鐙

崇文東京內府成，長樂陛下上元天。葉燈頭綫三千界，明月休誇第一圓。大樹銀花飲
香車寶馬騰注前，太平景物民同樂，吳越風流共世傳

古樹

添拈傳佛像未逢匠益道遥寫生生巧作良材用拈撲慧看想朽木雕天女散花难作

空山三雪三屡舒腰不知雖鶴成丹顶代何代猝拈工瑯音

四鐙詩

鉦鼓声喧雪髩飄燈場然老共消遥笙簫顶上排前輩運炬光中賦杖朝恨旧僊多行

樂地燒來久占可憐宵美人公子賜休熱白首丹燈火未消人老珠翠羅紈兩勇截篇声

引上避風台莫暗早許佳明赴明月和窺豔影来心性照明憐絳樹与葉三五五学

珠胎育罷稱屡輝光滿知自吞言笑口開美人○千百絲陳傾刻花輝壇雲錦豔

争霞懸誰九霞錢買未費三郎羯鼓摇迦葉世中無不夜洞陽縣裏月為家

人天意罣芝明戚只舟穰秀　笑譯夜美○火樹銀花景物稠別同生面腸窟頭

虞廷率舞嗚同樂，岐伯相驅事不殊。僅遣蟹潭蜂蝶使，争先儘讓鳳鸞趨之

童子解麒麟擅新樣，頻呼作馬牛百數

崑崙關懷古

龍城策馬過崑崙，傳説將軍宴上元。嘯手奇功收夜半，快心明月出關門。師潛嶼樓何速，凱唱鑾筵酒尚温。千古望仙坡上廟，英風赫赫並余孫

吳越王買燈

印金錢買灯，灯作不知何故

春雷

伏伏秋歷九冬，作聞連鼓奏聲聲。天心欲致羣生福，地助先分百里封。寒谷奮威宣州木

八鼓氣化魚，龍乘雲雨露原如海，失節人誰不斂容

問杏

老陰恰師宵探花消息甚今朝枝頭春意幾分開村口煖風雨霧飄在眉晚粧

恰冷可知沽酒路遠邐訴華美景誰先覺韓蝶紛紛過小橋

花朝華願大室示韻

江城翠蒂如茵來往名山世外同留客尉香樣涓半春花天姻雨風句詩雖免俗套

供拼地嘗春霜較乃人世日映吟堅陂約題糕晴時節握蘭長

○韭菜花

曾佑手醫批曉雨旋看晴雪布春畦馬蘭稀處千叢散燕麥稠時一望迷村女笑簪

修枝剪油花吉卜從紗談牡丹富貴難離賽向荷素風著力齋

六十生朝遣興集句八首

已是清朝六世民　酣歌一曲太平人　山花小鳥皆知己　月夕煙朝幾十春　畢卓醉狂潘岳少　蘊秦

羈旅長猶貧　而今白髮知多少　莫惜追歡笑語頻

陸游　宋雍之向　戴叔倫　杜牧
方干　黃滔　袁凱　鍾禹叔

平生不會斂眉頭　背後張衡詠四愁　浪跡已同鷗境累　多情祇共酒淹留　日長似少　歡宜

盡事大忠天許休　收復筋骸前康健　杖藤間掛百錢

唐寅　高駢　趙嘏　游　白居易　陸游　汪庭　陸游　蘇軾

簡之蒼茫自詠詩　習聞成懶亦成癡　詩情逸似陶彭澤　癡絕多于顧愷之　寒與梅

似同不眠縱自苦休　待歸庭孤吟盡日　何人會　唯有清風明月知

杜甫　范成大　劉禹錫　皮日休

游　王安石　○　風日晴和人意好　花間只恐看來遲　隨緣搆欲白似紅　處唯顧看　歌

莊　呂岩

到海時倚醉更狂　垂事少有遣愁　祇有强裁詩　如今再到經行處　依舊成陰子滿枝

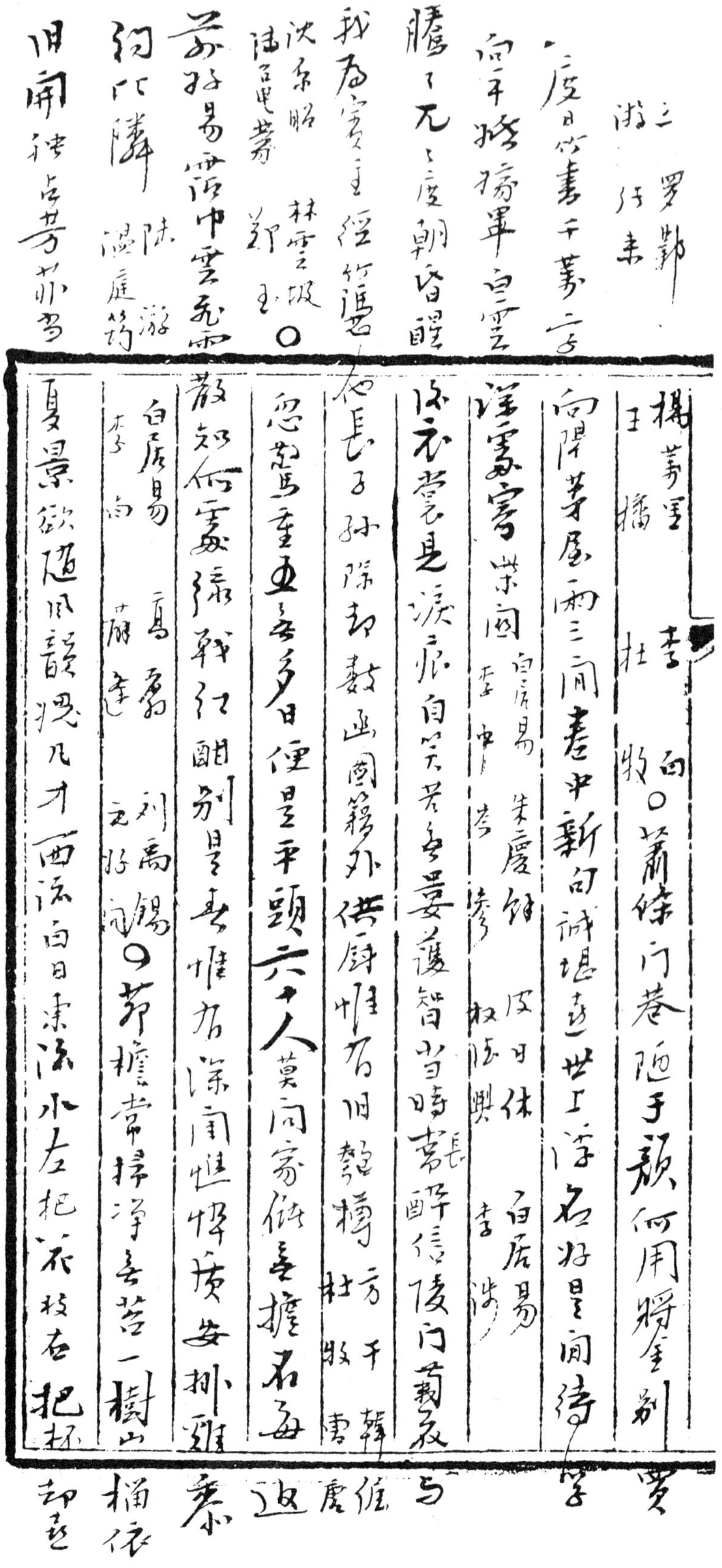

吾兒多事在安眠時思莫春雷 王安石 蘇軾 劉禹錫 司空圖 白居易 陸游 楊巨源 姜梅山

○古錢

冒幣平 伏認秦皇詔字猶端亦漢武前出東萬壹當往芽貝看囊唯又保千年男符白水真
人識往寶青 鉄子母權居同銅山今存否不將時作杖頭懸

西郊堤禊

將軍羅武鳳城西小陽弓刀結束齊动力雪場謠豔犬慢藏還古戲笑山雞合圍
挨列簷幄相擁擁雟人旋馬不嘶一路黃塵草歌鼓續策勲帳底醉如泥

當頭月不見

小雪明景最佳年、絕黃樂衢邑冰看人影會事不深但覺園是項上來底事

拼多摻數遏行絃管試吹聞中庭猶立晴相礙且與梅花同共歲

芝山寺消寒雅集

小車回首集芝山（是日同人祭右軍後羣於此）旗鼓同登李杜壇漫語慢勞誇傑句深盃那足破嚴寒總爲首席座間火庭有梅花便倚檻可惜無名士從一時振觸笑啼難

送周曙峯歸里

十年游倦返征蓬秋看携歸手欲空筆墨難標此野炎涼不洒英雄斯文骨肉君同病招隱因緣是國家明日看花舊雨論毋不道泊大橋東

送武陵王魯石先生歸里

蓮幕香熏百鬟新清秋卻味憶鱸蓴酒傾別路休辭醉詩滿歸囊未是貧荒海十年餘雪爪名山一席待風人他時擬放王猷棹西子湖頭好問津

左亭王輔著

○新霜 五律

荒雞啼欲歇，殘月澹將沉。籬落鴛鴦瓦，香侵翡翠衾。劍鋒驚忽露，客鬢愁先侵。只有東籬菊，難銷鐵骨金。

重九日紀吟舫邀同社集香雨樓 葉丈古軒不至

來占登高節，[illegible]作近遊。蕭梁留古寺，物換屬層樓。野徑龍山會，同吟靈[illegible]秋。蘆花秋興(?)即堪西北望，人阻白蘋洲。

○病起

西風愛孤懷，遠我書健應攜拄杖。老成懶懶題糕，針日下庭樹，寒風吹鬢毛。黃花明日約，願早醉雙螯。

上巳日暮宴罷齋中聽雨

吹高吟興[illegible]，勞杖猶留醉，聽新旧雨，詩話古今愁，夜雨消紅燭，[illegible]

笑白頭仍時夜樂泛漫淡魚艇

現爽

只笑忘機久依無袖手看爛柯仙境香西紙戰場空是勝國此吾衰唐

代腸寒無月陰句外以字到寒翁難

○秋蟬

殘月長亭外歸陽歸樹出頹無心独覺熱去閑久無法右在何客結居高未

○詠老少年

許迁美人高对鏡立髮異雪年

少小知名久留階媚錦秋光非花仍有艷乘暮不知愁去也回丹畏湖搊換

白頭北望首茫茫時宗亦念憂

○秋山

山容真面目天地不藏秋遠岫雲出危崖听瀑流霜容侵古髮樹秀露峯

歌看艇多少高士此浮畫程

老馬

主將封侯久枕林夕休勞天山公路熟黃帽思高共難思良牧同間

北風一長嘯誰飽漢苜蓿

賀鄧美銘

鮮名松尺天不平木自傷千鍾奇石小五斗看秋風石燒尾宴尊遠

生上双親健在 荅蘋小諜

全橘

弼畫枇杷俵涂影了綠滿林前後花鈴痕似惜墨的空嚮香犀在八手指添

俗岁心非言因土價秋色閑庭凉

○凍蠅

悉隙新寒谷實足惧熱場衰難思驥附笑盛笑吞僵瑟杈樓懸蛩盡退藏備為真乎

岁那向世炎凉

约秦阜挂

淮南叢桂海國有仙崖桑氣二日秋清游与子偕荇隨孫嘉薇香已四山皆

底用歌拍歎山僧聽正在

題陳竹亭照集唐

稍坐須篁裏波光滿庭山中一夜雨江上數峰青有客過茅宇教以楊竹亭不

吟復不寐酌酒共忘形

○中秋夜無月

月色當秋好秋中影忽無美人藏寶鏡龍女秘明珠佳節情難暢他鄉意更

憶誰歌小調雲散碧天衢

嫦背

懊休又有鼻禪難無開痛憶但覺風寒温急堪駒顛過雨晴且折

未荷 天恩

盆梅

自清高品難忘剪拂時一寒雖至無百折尚能支其下二家舊香生張

誰知綁細林下手猶自費相思

題畫 五絕

林深路不通林密月不漏蕭葉墮西風山空夜如畫

汲綆書屋詩鈔　淮黄策略　汲綆圖題跋

（清）潘慶齡　撰

《汲綆書屋詩鈔》一卷《淮黄策略》一卷《汲綆圖題跋》一卷，清潘慶齡撰，據南京圖書館藏清道光十八年至十九年刻本影印。

潘慶齡，字予亭。清江蘇泰州人。嘉慶六年（一八〇一）舉人。家貧，力學。留心水利，當道嘗采其説。法式善、吴錫祺皆折節與爲友。二十二年大挑乙等，以母年邁改就教職，歷官句容、蕭縣、祁門教諭。

《汲綆書屋詩鈔》分題詩鈔一卷，淮黄策略兼濟運五議一卷，機耕圖題跋一卷。詩鈔收詩三四百，五言古詩清超澹遠，有志陶謝；七言古詩，磊落不羈；絶句饒有逸致；五言律七言律，蒼雄雅健，極力摹唐。集中所詠，皆忠孝節廉扶世翼教之作，梅蘭諸詩，知立品之高；遊覽諸詩，知寄興之遠；武帝發祥、謁岳忠武史閣部諸詩，見忠愛之誠秉；鐸龍城諸詩，見任孝之旨；謁閔子安定諸詩，見重道之心；呈法吴大司成諸詩，見尊師之誼；吊挽酬贈諸詩，見敬友之忱；水村饑民諸詩，見愛物之志；閑居課讀諸詩，見訓子之方。淮黄策略，揭黄病則淮病，淮病則運病之義。汲綆圖始作於嘉慶己巳之秋，成於道光丁酉之夏，前後三十年。是書，文辭雋永，詠誦間見其品性，爲後世文人之楷模。

（馬珊珊）

道光戊戌秋鐫

汲綆書屋詩鈔

附刻淮黄濟運策畧

大司成法梧門師答吳穀人師書

壬戌春仲接讀

穀人先生手書內云邗江有名士二俱出辛酉座師英煦齋姻家門下一爲焦生理堂一則潘生子亭也二人同來晉謁僕留飲詩龕縱談竟夕退後伊墨卿同年評云一豪邁一温和高明沈潛同時並見前劉芙初南旋僕已將二人品誼揚摧陳之

具覆

閣下矣理堂一次不第決意山居乙丑春子亭來京出詩文稿各一冊殷勤就正僕按其文清剛雋上筆意在鍾陵黃岡之間素承評定僕何敢再贅一詞是科闈藝精思詣微醇乎其醇僕方以第一人期之詎以額滿爲煦齋隨手摘去李薌塘侍讀已代爲付梓行世矣詩稿不名一體五古清超澹遠有志陶謝七古磊落不羈絕句饒有逸致五七律蒼雄雅健極力摹唐雖蹊徑未化然雅音未墜

較之蚓笛蝸聲相去奚啻倍蓰僕摘選純正無疵十餘首附刻所見集後全集瑕瑜互見猥以已意署加評閲刪繁就簡大約可傳者不過數十首而已㚇者詩龕緒語持擇頗嚴僕何敢濫觴所冀者斂才華於匆露息深叩寂得絃外音味外味其庶幾淬厲益精乎然此境殊難驟致僕自蹴居徐太史舊宅譽者漫許爲西涯後身往來晋接幾無暇日郢斵之任僕何敢當辛未春予亭以汲綆圖索題首讀

閣下一章內有清風起予之嘆知師生之結契良深茲予亭匆匆旋里囑伊露申短札婉達鄙忱仍將詩文轉呈座右倘能掇梅花之清味分明月之餘光爲予亭稍加潤色俾之修綆可得汲古無虛庶幾附青雲而益顯與壬戌札中冀望之初心爲不負耳予亭幸甚館晚弟法式善頓首

大中丞唐陶山太夫子題汲綆圖

安仁自是多才者十年屏跡林皐下不嫌菽水奉高堂欲得文章獻金馬海上三山畫裏看頻年襆被走長安歸來老屋書城擁秋帷蕭瑟秋燈寒庭中轆轤百丈井照徹波心淨無影可憐九仞不及泉費盡銀瓶素絲綆科頭箕踞何春容風聲謖謖吹長松眼花落水清見底頷珠躍起驚驪龍

大司成吳穀人師題汲綆圖詩刻有正味齋續集

有客示我汲綆圖墻陰古甃苔花敷轆轤展轉往更復冥索何異求元珠人生足用在經史所要深入窮膏腴終身懼未得津逮入手那不程工夫神光離合屢旋暝眞氣磅礴中瀠紆求之方寸溯源委一落千丈追亡逋朝來胸次忽雲活得意快若清泉蚪無波自有波不竭衰多益寡源源俱聖賢道理本一貫可悟水道終成渠我慚綆短何所得目於智井徒嗟吁隔簾隱隱動搖竹憑仗清風一

起予

法梧門師題汲綆圖

石上何所留積年松竹陰歷落桔槔聲空此萬古心萬古入懷抱井養功素深緪引落千丈泉鳴戛一琴靈源來潑潑修綆自沈沈況有清風拂先聞白雪吟謂吳大司成　河渠陳上策君有治淮黃策　指日見爲霖奚必昌黎感秋懷有同音奚必淵明歸寂寞東籬詩

一書二詩與序畧同謹錄卷首

居嘗讀

予亭二兄大人時藝知爲海陵名士已巳入邗江會文堂肄業始得與　兄友善　兄年稍長因受業吳穀人師同門誼重稱忘年交辛未春結伴入都出篋中汲綆圖屬題並得借觀汲綆書屋詩鈔三四百首昕夕諷誦其中或高超或淡遠或雄渾蒼勁洵爲一代騷雅丁丑復偕行北上是科進

大挑同人皆獲選弟獨遭棄置鬱鬱不樂　兄力勸留京謂君非池中物　兄南旋弟送至盧溝橋蒙叮嚀再四是秋　兄寄邗上九日詩有別時言記否明月憶蘆溝之句越三載回籍省親壬午初春東裝至揚北行未果適　兄至同寓閱弟齋中述懷詩至窮廬風雨無人到老蚌何須夜吐珠心異之曰君其爲莘老後身耶即促弟登舟是科果

獲捷
廷試第一弟於泥金帖中寄書致謝詩云春風蕊榜新恩重明月蘆溝舊愛深　兄回詩云五夜珠光輝硯北九重春色到江南又云自拈鶯谷聲中韻久卜鰲峰頂上人（丁丑京邸與兄拈句有鶯到皇州試一聲一語今科覆試詩題為鶯出谷亦限聲韻）後攖憂回籍札寄海陵約　兄於邗江聚晤席間具述前事始幸珠光之驗良非偶然（初驗高郵孫次驗寶應王令凡三見）益感　兄厚愛之心為不虛也弟與　兄同出英煦齋座師之門較前此友誼倍篤酒酣剪燭三更讀汲綆圖題跋海宇名宿後先齊集誠鉅觀也及索汲綆書屋詩鈔讀之僅存百餘首詢餘稿曰哀老書生何敢以詞章干忌諱餘已焚之矣即所存亦將付灰燼弟正色相勸曰集中所詠皆忠孝節廉扶世翼教之作即游覽山川

形諸歌咏亦足以開拓後學心胸生平遭遇固非若漢之馮衍趙壹唐之羅隱方干為憔悴感激之音圖中詩人又與　兄性情浹洽初無溢辭何干忌諱之有集中如古體志切漢魏力追三唐誠多士之模楷也急取存稿與題跋同付剞劂以公世兄在鄉黨久有山斗之稱時藝不下千餘首恐散佚難以類編姑俟異日令嗣芙臺賢姪詩亦清雄雅麗排律規仿吴穀人師體裁家學淵源信而有徵則修綆之得固非一代事矣兹因知己之感偹述巔末以誌不忘若云序也則何敢當
翰林院脩撰加三級天長同門愚弟戴蘭芬頓首
拜題於邗江蘭若旅邸

自古文字之交必有奇緣於未有如辛酉
同年　予亭大兄與弟交之奇者也
憶壬戌二月上旬弟与海陵宮絲阡徘徊天
津橋北絲阡聞公車中有鄉音急往詢
之即吾　兄也邀至舍暢飲達旦黎明御
李遂從此始此訂交之一奇也乙丑春闈同歸

榜發皆以額滿見遺而房薦又同出一門
此二奇也辛未弟補咸安教習期滿出
宰豐縣　兄遷東鐸蕭邑因　學使
按臨相晤於彭城旅邸剪燭西窗深談
竟夕此三奇也是秋弟擢遷吳中　兄
亦告假旋里相晤於邗江道上竟如李郭

同舟者於此四奇也甲申弟由吳中擢陞
海陵州牧暇日得与　兄聚首幸無嵇呂
相思千里命駕之苦此五奇也尤奇者
凡詩文唱和　兄興最豪則密甚而晉
接間絶口不言私事則又疎甚此六奇
也海陵被水　兄與諸君子共襄善政

則毅甚而邑中有修志之舉因辭秉
筆則又婉甚此七奇也乃種種奇緣之後
弟又獲奇幸焉讀汲綆書屋詩鈔若
梅蘭諸詩知五品之高遊覽諸詩知寄
興之遠頌
武帝發祥謁岳忠武史閣部諸詩見

慈愛之誠秉鐸龍城諸詩見仁孝之旨謁閔子安定諸詩見重道之心呈法吳大司成諸詩見尊師之誼而輓酬贈諸詩見敬友之忱水村饑民諸詩見愛物之志閒居課讀諸詩見訓子之方其他一名一物莫不有深意存乎其間浮香亭畔諷詠再三性情品格既我良多至謂古體高遠近體沉雄有目共賞詎僅一人之奇幸也能毋嘆斯集之必傳乎哉令嗣英臺年侄詩稿亦就正於予適余將赴松江太守之任車停數日漏盡三更畧加評閱大約英姿卓犖神韻高超善承庭訓故無

曼音合為一稿庶乎無愧至汲綆園題跋類皆海宇名宿園係家珍詩乃公器當与詩鈔同付梓以樹後學之型將以是篇為誌別也可即以之為序亦無不可

道光丁亥荷月上澣知泰州事琨擢松江府知府津門年愚弟王有慶頓首拜題於浮香亭之園軒

今夫一室作九淵之想一息存百年之思此其靈源導引理窟鑽研必有相維相繫之功有不可以廢半塗虧九仞者矣善哉韓文公秋懷詩曰汲古得脩綆夫古豈易汲哉脩綆豈易得哉余少時讀斯語竊有志焉弱冠應童子試受知於彭雲楣謝金圃兩先生許余之質可與汲古識者議之謂特涓滴之微而已綆何在脩綆又何在余恥之稍長入邗江書院肄業從並山穀人二吳夫子游淪我

心源誨余繩墨竊幸稍有把握然得寸得尺綆短未修也辛酉南闈受知於英煦齋師入春明承汲引得受業於法梧門師之門詩龕惠我清風座右無非名宿竊以爲所見愈大則所資愈深左右逢原之樂其在斯乎奈往來莫定浥注無多力未從心功難到地遲之又久綆短如故也丁丑謁選後過泰安登泰山望東海觀止矣未免有難爲水之歎戊寅之龍城廣文任渡黃河千餘里因憶青蓮

詩云黃河落天走東海萬里瀉入胸懷間此情此景宛在目前遂作龍城銷夏詩集以紀聞見兼勵生徒然身未到崑崙之表目不窮星宿之源竊懼終身之未逮也與其遠而難稽不若近而可守爰告養歸來於古井旁構一室名曰汲綆書屋與兒子曜三饘於斯粥於斯歌詠於斯憩松竹之清陰盼轆轤之旋轉庶幾修綆可得乎乃徐而思之井雖非眢未能淵淵其深也泉雖不竭未能汩汩其

來也繩雖正且直未能綵綵而入扣也回憶設教數十年從吾游者莫不飲水而甘今方返本思源庶可取之無盡而吾竟何如也夫曩者淮黃浸溢洪湖泛漲余曾遠稽水經註河渠疏近考河防一覽治河方畧各書恭以時勢得變通之法使湖水注海注江另獲善策並著淮黃濟運五議彙成數千言上

宰相書爲

朝廷畫久安之策爲百姓解饑溺之憂識者謂傳之百世可以不朽豈知窮大失守願奢難酬矧余年既耄何如嘯歌一室坐擁百城盼長繩之繫日酌泉水以清心環顧左右蒼官青士伴我三餘窻開四面清風徐來不啻游我於羲軒之世矣何樂如之及門諸子謂屋闕數椽繪圖千秋詩餘百首心傳一綫修綆不得之吾身或可得之吾子無如子曜三從事汲綆十餘年壬辰僅博副車丁酉亦官

冷署黄爵看人青氊依舊家學相傳顧如是乎雖然已去之光陰莫挽未來之歲月方長惟願後之人念井養之義毋忘繩正之功庶不致有棄井之歎也爰疏短引畧叙生平詞雖無華理皆從實幸大雅君子有以誨我則幸甚

道光戊戌春三月上澣予亭潘慶齡自識於汲綆書屋之南窗時年七十有五

汲綆書屋

叅訂校閲及門諸子姓氏

沈三祝春臺　紀世模香圃
繆文煥彬甫　徐炳文郁哉
儲步雲湘舫　儀徵團承節思伯
夏亮采藹亭　陳鳳詔碧桐
謝登仕學夫　儀徵團承祖崇本
凌曙宮曉村　張瑞午花田
江都戴儀亭賛序　東臺王兆熊九齡

袁起鳳騰九　壻李　騏軼羣
戈崇儒鴻軒　姪　世熿燮堂
壻陳奉綸掖庭　外孫葛貂芸香圃

汲綆書屋詩鈔

海陵潘慶齡餘庭著　男曜三芙臺編輯

擬謝元暉江上曲

春風入蒼茫千里吹鼻緑之子渺余懷江流似腸曲煙波杳無窮夕陽明遠矚桂舟欲渡予彳亍復彳亍所思匪云遠何時接芳躅願子同淹留風雨蓬窗宿回首斷虹飛忽上山腰束山翠疑有無天外青螺浴 不減江上峯青之致

望攝山

朝望攝山青暮望攝山碧山碧亂雲遮山青濃霧隔雲霧蔽高峯眼中明月白 言近旨遠酷似古謠 梧門

登岱題壁

衆鳥飛不到孤峯我獨題白窮天下遥氣壓萬山低碑板迷秦漢煙雲障魯齊三更望東海日出唱天雞 首聯奇闢通首雄壯稱題

登燕子磯

直上磯頭立奇峯面面開幾人能致化何處忽飛來雲氣橫空去江潮帶雨回六朝遺蹟在誰是謫仙才 高硯淵步

題焦理堂循同年松壑聽泉圖

黃珏闢幽境 雅 深林撫短鞠存此皆瘦骨無邪不秋聲泉自半空落人如太古清此中佳趣永白眼看浮名 三律高渾雄鍊直逼唐音 湘圃

前題

懸岩百尺飛白龍四山蒼翠圍高松中有一人字放翁科頭箕踞無與從松聲泉聲互琤瑽襟塵涴滌十丈紅傛然俯仰四宇空當是羲皇以上風 一氣旋轉品格不凡 書舟

又

松籟涓涓繞澗鳴幽人獨坐解塵纓何當一洗巢由耳萬古清涼似此聲

箕谷山懷古

玲瓏箕谷面三台巨石凌空寶掌開雲起從龍
天子氣霜寒戲馬霸王臺荒荒白草千山外滾滾
黃河萬里來一霎興亡成逝水閒身憑弔有餘哀
神似老杜

登黃樓

王鞏當年紀勝遊坡仙觴咏一停舟聲聞長笛飃
山月波撼層城泗水流三百年來無此樂 即坡公語 一
千里外覽斯樓沙中風起淮河合半壁東南眼底

收 五六筆具化工 蘭友

戲馬臺

高臺曾此駐英雄放眼秋光異北空萬馬羣嘶徒
作戲一雖百戰竟無功青山舊蹟埋荒草赤帝新
歸咏大風可惜鴻門無再宴爭教霸業墮江東
太沖詠史得絃外音 竹醉

水村饑民嘆

其一

湖水忽東逝村村盡哭聲秧田變滄海中有鮫與
鼃

其二

雞犬波中沒蝦蟆屋脊鳴颶風捲茆舍飄瞥如煙
輕 情景如畫

其三

八口粟無炊半升粟無煑移甑置屋檐薪濕又風
雨 奇而確

其四

新鬼疊浪飄殘人一舟險舟行林半腰垂楊綠幾
點

其五

騎牛渡遠水牽牛鬻市中鞭牛牛不去人泣牛眼
紅 仁人之言

其六

拆屋作遠遊人與屋上舟屋賣一舟輕江波任去

酣我歌且謡樂府遺音弟丙戌勘災歷歷在目 善舟

邳州渡

策馬官河渡匆匆夢五更曉風新宿邑殘月下邳城路險雙輪滑舟遲兩岸爭白雲遥望處人指大彭程

宿彭城驛

不識東徐路今才夢大彭青山環四郭黄水響三更戲馬留荒草鳴雞促曉征憑高呼玉局萬古屹

詩名 渾樸

署中聞蟬

孤館青山静艮蜩緑樹深那堪千里夢來聽五更 猶利

吟憐女居高志同茲浥露心閉齋無客到唱和兩知音 清曠

署後山中晚眺

出署無人蹟郊行獨往還蟬聲亂疎柳樵影落空 如畫境

山石墜雲低壓峰迴澗遶環鐘鳴何處是歸路夕陽明 摩詰精緻湘圃

龍城謁 岳忠武王祠

祠在蕭邑之桃山離城十里予往謁焉殿宇巍煥松柏森嚴 王有裔孫鍾靈者本學諸生也出 王手蹟一卷予拱立虔誦内有詠適庵詩云南渡忽如昨衣冠今幾存詩露精忠字尤蒼勁讀之令人嗚咽感而賦此

遺像曾瞻泰阜旁 海陵岳墩奉王遺像 桃山有廟更悲涼

空嗟三字宛千古只見同心疏一章 壁懸韓蘄王諫疏一章專責莫須有三字誤國

戰骨如生寒鐵騎忠魂遺恨失天狼

淋漓墨瀋今猶在南渡衣冠泣數行 氣動墨中聲流簡外

海陵岳墩

青峯高插勢摩空健鋭曾屯此地中北渤沙塵蒙

二聖東來海氣肅孤忠霜寒舊壘千秋白日貫荒

城下角銘惟有名賢同不朽於今父老想遺風 前有

安定先生祠

邗江謁史閣部祠 四首之二

危城獨守力難支泣血飛章主不知重礮正驚風緊日深宮無恙月明時雄心猶自縈孤憤馬革終難裹一屍最是悲深存母在家書那得到京師

三詩悲壯蒼凉千載忠肝如見勿徒作弔古觀 芝夌

孟鎮謁閔子廟

德行從知孝友先祠開闕宇拜前賢我來六月凉風拂猶憶蘆花雪滿天 蓮實於虛

謁胡安定先生祠

西湖教澤仰名賢小西湖猶憶書聲泰皇前韓范勲名兆我願程朱理學讓君先心傳桃李三千盛前設書院多年手植檉据七百年庭前雙樹係公手植吾道雖南遺蹟在海陵城郭夕陽天 海陵文風俱叨遺澤 善舟

看劍引盃圖

釰一口酒一斗萬事不如盃在手酒亦仙劍亦仙恐成霹靂飛上天三六借句 奇警得未曾有 友石

舟泊燕子磯遊十八洞內有一線洞最爲幽險詩以誌異

山勢若遊龍沿江聳未了八洞有神仙神仙迹終杳中有古洞天陰森失昏曉陡然一線空入隙日光皎十尺懸崖低孤僧閉目窅叩之寂無言禪定神不擾時聆一鳴泉不聞衆啼鳥對此東身心漸覺塵氛掃出洞陟山巔江聲流浩淼仰首白雲飛眺窮八荒表仰怪井底蛙觀天日天小

峯巒起伏有昂首天外之觀 梧門

黃河舟中

未識崑崙遠偏登上水船滙衝旁兩岸山響逆風天每到一灣處爭如萬派遷書生驚膽落嶺外早揮鞭 捶字結響

宿岱

薄暮麥絕巘攀蘿亂石橫海雲吞日色鄉夢逐河

聲。境入靈奇。灝神遊太古。淸邪知天下曉只聽一
鐘鳴是宿岱眞景弟亦曾親歷湖圖

笠拂圖

特然立者誰何予鄭家縣尹蘇刺史老松如龍石
如砥放眼蒼凉幾千里欲行即行止即止笠耶拂
耶衛贅耳超然而起悠然而止

戊寅秉鐸龍城郎景咏懷七律六章

博得微官噴硯田杏花時節雨如煙慈親執手悲
衣線好友多情餞祖筵青浦一帆明月夜黃河七
日逆風船騎驢自嘆書生老行李蕭然只一肩
慈親二字作一篇之骨

其二

三台形勢嵌瓏玲講蝗依人借草亭陰火漫吹狐
閃爍俗傳有狐殘花偶抱蝶偷停齋中對鏡頭先白屋
後看山眼倍青紅藥著苔分地望誰云令署等槐
廳實寫出閑曹風景

其三

老去黃門作令官湘囊氣味有餘酸檢書聊學葫
蘆畫入日新嘗苜蓿盤愧我頻年重午夢去歲午日客陰
平道思親千里一鐙殘焚香讀易渾無事剩有淸
風兩袖寒思親二字作線語見至性

其四

皐比坐擁漫稱尊贏得詩篇足討論壯日功名徒
刻鵠晚年滋味畧嘗黿巍科兩世風流宰謂縣令余午亭
薄俸三春雨露恩僻地也知修禮樂青衫吹影過
龍門

其五

海山指顧路迢迢敢道閒雲在絳霄冉冉華年同
逝水妻妻疎雨滴深宵咏懷偶爾非乂予愛菊歸
來肯折腰今日當筵殊杜牧何勞綵管慰無聊
阮公詠懷興寄無端

其六

漫說霓裳咏大羅半生歲月悵消磨燕臺有客悲
金盡鼉鼓無聲習靜多六月心清惟白水三更夢
醒怕黃河采蘭願補南陔句歸及趨庭且放歌
六律一線穿成末歸到終養意藹然仁孝之音 善舟

落花行

江南花事開如綺九十韶光只十暑無端金粉紅
空煙文章何處覓流水古人千古共銷磨學佛學
仙何者是吾乃大笑一掀髯感喟紛紛皆可已萬
彙靈蠢共陶鈞乾坤父母心無滓貞者勁如松柏
姿弱者眼前皆桃李桃李每因霜雪殘春到人間
又紅紫草木一歲一枯榮一歲枯榮一轉徙落猶
未落花仍花消息盡在東風裏我昔曾讀楞嚴經
即色即空無異旨亦嘗錬汞求神仙世間有幾廣
成子不如醉倒落花前花落花開任起止君不見
滄桑變幻本無窮平陂往復同斯理又不見莊生
齊物非狂言蝴蝶夢中無我爾達者悟此有化機

雲橫海濶忘悲喜長嘯一聲俯仰寬造物與我相
終始有真性情真見識方能爲此絕大議論自有
斯題僅見斯作 友石

前題 代

春情幻作煙春色化爲水煙水憶江南年年如水
予 高超渾脫 竹醉

登丹鳳樓望黃浦江

丹鳳何年闢登臨興獨豪天風吹浩浩海水汨滔
滔巨艦千行赴層巒萬疊高人聲喧雜處閑散有
吾曹 清穩

秋杪偕黃晴川田以情晚至黃浦江登閘船

望海

海氣接空碧艨艟立此身盤盂涵日月萍藻亂星
辰一線來千里運東坡句孤帆只數人大觀憑巨眼遺
蹟想春申 黃浦江係春申君所鑿 造語奇嶮 湘圃

秋蘭

春蘭似美人秋蘭似幽客嗟哉第一香生於衆草

澤山空露滿林無言臨寒夜清風天上來芬芳流月夕不遇同心人含薰仍自惜極寫身分之高而深情委婉不露觚稜是陶謝筆意

紅梅

錯認桃花報早開那知春色染寒梅一枝也有清香在換色誰能換骨來似此方足當一傲字梅蘭品格詩人性情二詩畧見一斑梧門

謝吳穀人師題汲綆圖

孤山靈秀毓斯文探得梅香壓泉芬師有孤山鳳探梅歌沼遊時曾近日龍門高處欲凌雲江南紅杏思爲客師咏杏花時節在江南膾炙人口甌北青氈合讓君師後趙甌北夫子主講安定豈爲竹西歌吹好蜀岡佳氣正氤氳五六秀逸

其二

一片卿雲海上來名山高座客爭陪鱣堂弟子三千盛鳳味文章六一裁樂奏鈞天齊雅頌人歸大冶總鄒枚不才也得邀青眼圖繪新詩列上台

其三

修綆方慚汲古遲起予敢謝竹風吹師有清風尋起予之句源本識崑崙大登岱纔知部婁卑一卷之中還着我九州以外尙尊師清泉酌取原無盡水到渠成自有時極力鋪張而自春容大雅

其四

傳經十載足勾留明月梅花伴白頭裕後宏才儲八斗扶衰正味有千秋心驚東海稱名士書中語也書

到西涯認舊遊謂法梧門師可許扶桑覲日出煙雲兩地一齊收昌明博大彌復氣味深醇門外人未能道隻字芝葰

出都車中吟

蘆溝

一車落拓過蘆溝來日匆匆去日愁聞先嚴病篤滿地黃沙遮望眼那知西北有高樓屺岵之遺

雄縣

一縣連綿十里郵揮鞭遥望月輪孤寬魚依舊聲

有情有景

聲晚來得來時味也無 二絕含蓄不露

茌平

魯北齊東一路經琵琶亂耳不堪聽怪他游曲無
名草偏向車前分外青

汶上

一泓淺水碧沙隄爭渡常防滑迹泥自愧名心難
解脫驅車速過汶陽西

邳州

城西猶見柳絲絲城內人歌薤露詩 謂州牧陳倜錦堂薛世傑
悵旗亭春已去馬蹄無力夕陽時

梁與

書生老去換頭銜一路看山石盡巉是處野花都
落盡殘紅吹影上征衫 逸致雅致

王家營

征鞍脫卸夢初成馬踏沙塵尚有聲見說黃河波
浪穩一肩行李一舟輕 竟體不作感慨語 蘭友

讀

武帝聖蹟全集恭紀 並序

康熙戊午常平士于昌晝寢夢
帝呼示易碑二大字寤視殿西如有物使人濬井
得巨磚已裂矣急合勘之字蹟朗然上載
帝祖石磐公諱審字問之考道遠公諱毅世居解
梁常平寶池里石磐冲穆好道研究易象春
秋因漢政蠱感去家五里得淨土誅茅絃誦
以春秋易訓子數十載壽終道遠郎具奄窆
於讀書處而其地適當條之至中羣峰交擁
俯瞰解池不減岱宗形勝道遠篤孝性成善
述先志廬墓躃踴終喪始歸明歲庚子五月
帝誕生知天之報德山靈之發育爲至捷也初生
英姿俊偉敏悟異常稍長讀春秋郎學尼山
特筆時漢室將燼盈庭觚稜慨然曰誰爲扶
紅日照人心者適郡豪呂熊結黨害居民爰

宇宙名山三百六仰宗中像高巍巍東西對峙秀
靈鍾後先兩聖天生獨天生素王作春秋筆削褒
誅誰敢續昔聞蒲坂開唐虞解梁古屬蒲州二千餘年正
氣復鍾條之麓條麓墓廬碑碣峙中爲
帝祖石磐公公生卅穆頗好道研究春秋易理通
芬場淨土遠塵迹誅茅絃誦在其中隱居訓子傳
心法道味精神世味空何日狂瀾挽絕倒春風秋
雨忘衰老老去佳城條至中羣峰交擁松楸遶蹕

汲綆書屋詩鈔　六

踊號泣克終喪道遠芳名爲
帝考篤孝性成纘緒殷那知狗禍爲祈禱漢政衰
微火德灰重開草昧奮雲雷山靈發育崇朝毓聖
神誕降自天來庚子夏五禎祥見烏龍遶室霧煙
開千秋大義誰能識乃特生鋤奸扶漢之帝才英
偉駿雄懷異質承先更學春秋筆郡豪呂黨害居
陟仗義安良先殺賊周遊五載會名園赤心乃得
扶紅日正統焉容羣小爭乾坤浩氣昭剛直三十

仗義悉斬刈之潛去周流五載至涿得遇正
統乃結義焉從昭烈帝三十載龍爭虎戰未
嘗旋里長嗣平同日遇難次興襲侯爵從戎
未久蚤卒孫統嗣爵不祿村人感義於道遠
藏骸之井建墻以誌遺蹤而名氏未詳祖若
父湮沒不彰閱千五百歲矣今于子得井磚
循山求墓道合符券奔告郡守王公朱旦亘
愁然曰丁酉旅宿涿夢神人畀巨觥曰煩椽

汲綆書屋詩鈔　七

筆叙生平今守茲土合於子所陳意前諭殆
欲表其先塋與謹蒐軼蹟書勒豐碑桃源盧
子湛繪圖付梓河督于公成龍作序方今
聖天子以懷柔之德廟祀高堰屢仰神威得邀默佑護
國庇民謚尊爵顯是書卷帙浩繁原板朽蠹
先形詠歌以見三世心傳遥接尼山一脈當
並垂不朽云凡作詩必有明以前典故方入詠歌今因
國朝盛蹟所關甚鉅恐日久遺亡亟爲頌揚
以俟高明採擇

年經百戰場未曾返旆奉燕嘗村人埀培徒知感
兩世心源俱未彰晝夜無端神忽降易碑二字示
于昌巨傳得從深井出始於千五百歲後發潛德
之幽光碑石雖分可合斯先靈字諱猶璀璨循山
求墓知符勞急陳郡守王朱旦旦憶涿州旅夢奇
帝煩椽筆思揮翰茲來守土表先塋兩世幽霾資
褒讚吁嗟乎尼山絕業誰相從家學淵源得正宗
經權常變晰至理二十八宿羅心胸盧王勒碑傳
聖蹟書成序作于成龍

盛世懷柔崇享祀將使億萬斯年共頌山西與山東

自古頌聖帝者多矣惟呂柟著武王集焦竑重訂關帝祠誌最爲古雅然止表彰聖德未嘗推究本原今以光明正大之題得此磊落磅礴之氣闡潛德之幽光發前人所未有乃必傳之作 芝坡

邗江九日寄友人戴湘圃 蘭芬 時客京都

作客復思客邗江獨倚樓重陽兩地夢千里一人
秋黃菊自佳色西風生遠愁別時言記否明月憶
蘆溝 三四聲切光堅末見愛友之誠 善舟

出都道經蒙陰從山後登山

觀海殘碑思千里登東岱更來東岱東前指東蒙
在山勢若奔濤東蒙勢欲滙古洞窈然深晝陰忽
如晦屈曲復周遮攀蘿危石磴須臾天忽開嶔奇
非一態盤盤入層巖目眩足先退去去山風吹殘
陽在鴉背 灝氣流走去路悠然不盡 訥人

泰安道中題壁和俞澄夫韻

俯視齊州九點煙東來大道直如絃空餘玉檢金
泥地不見秦碑漢碣年看到扶桑方出日怪他稷

下漫談天覇才一去青山老培塿紛紛枉乞憐
勝隨蒻和篁村之作 訥人

致仕閒居搆汲綆書屋偕子曜三夜讀

豈有安仁賦閒居自灑然得閒原是福却病即爲
仙流俗不到眼古人思並肩蝸廬新結搆汲綆願
年年 豪邁中兼有溫醇之氣

其二

變竹風。二徑。攤書。月半樓。心源如水活。神夢與天游。尚論窮原委。聯吟互唱酬。傳經期不朽。圖繪足千秋。二律較絅川贈裴秀才分外親切　蘭友

呈大觀察趙鑑堂　宜喜　時獨任荷花塘河工

六首錄

二三

西北洪湖石堰高。莽蒼東逝水滔滔。江開芒稻雙分膈。塘決荷花百丈濤。入目滄桑成變幻。驚心鴻雁共哀號。可憐億萬蒼生望。久迓名臣擁節旄。

按經治水力俱殫。風雨那滿歲月寬。堙海舟樑塡木石。環隄父老拜衣冠。秦郵社映珠光冷。邵伯湖連雪夜寒。金玉泥沙都不惜。下流從此慶安瀾。

二律格調深穩

族兄釜堂倣王輞川筆意作小幅一卷贈予賦此誌謝

千載輞川畫。誰能探根源。君曳三尺紙。放出衆山奔落。想在空外。延思佇江村。茅屋半雲遮。微露籬笆門。載酒時有客。促膝奇字論。風籟低素琴。月魄沉清樽。即此疎遠致。畫中詩意存。豈知達人胸。久矣雲夢吞。岱宗觜峯巔。黃河破浪翻。放眼入東海。馳思到崑崙。山水悟至理。歸愚除囂煩。雲烟落毫素。吟月坐黃昏。小窗容吾傲。深竹不聞喧。樹老禿無枝。草新淡無痕。但以性情適。而溯物理元。縱弗肖輞川。真氣中胚渾。兄聞曰唯唯。得意兩忘言。

別具胸襟。自另具一種筆墨。是能得輞川詩畫真詮　蘭友

哭法梧門師

丁丑春赴禮闈試。聞師與世兄相繼辭世。即命駕往奠。但見西涯跡杳。望斷湖山。北斗星沉。門無車馬。圍亭猶是。花竹全非。白雪飛窗。詩龕夜冷。黃沙入戶。鄴架塵封。一室雙棺。魂依漏燼。孤孀兩世。淚灑寒風。用奠瓣香。聊申寸敬。展拜之餘。不知涕之何從也。作此誌感。

燕臺乍殞謫仙人，共嘆西涯鮮後身。一代師儒思哲匠，千林桃李泣成均。蘭煙碧處琴停軫，師詠畫蘭詩有停琴寫幽致之語。蓺火青時月隱輪。師屢奉校書。猶憶淨湖歌詠遍，師舊宅在淨業湖。由來秋水玉爲神。

其二

庾信園林典已酣，楊雄遺宅借幽探。師僦居徐太史舊宅，花竹清幽，爲西涯十二韻之一。釣天樂律來雙闕，師宅近鐘鼓樓。寰海騷壇只一龕。寒谷陽回暄漠北，

汲綆書屋詩鈔　十三

春風噓遍到江南。單身久立程門雪，夜讀青鐙許共參。四聯烹鍊

其三

綆短方慙未及泉，書來千里巢心傳。謂吳穀人師書。星垂碧海分三島，吳穀人業師、英煦齋座師與師合而爲三。曲稱霓裳入九天。師選汲綆書屋詩鈔附所見集後。詩味外味新如沆瀣，師屢垂訓，謂詩宜得味外味。雲舒雲卷自神仙。師從祭酒謫春坊，無心仕進。誰知往事棼柿別，回首登龍十六年。情眞語摯

其四

存素堂空月影寒，師有存素堂集。桂花香歇夢初殘。師夢庭前生桂，世兄因以桂名。人思大雅扶輪久，天喪斯文裕後難。夜雪穿窗堆蓽軸，曉霜侵牖冷雙棺。最憐兩世孤孀苦，奠罷椒漿淚未乾。羊曇至性，楚些悲音，足見尊師誼切。湘圃

鍾山晚眺

紫氣鬱東北，登臨此一經。湖流平與白，元武湖。天接亂峯青。石踞城猶壯，陵荒草不馨。六朝人去盡，明

汲綆書屋詩鈔　十四

月醉空亭。是鍾山眞景，六聯得言外之神

棲霞寺外夜泊

何處霞飛嶺，蒼茫夜泊舟。潮停雙槳月，鐘度六朝秋。漁火隔溪遠，江聲入夢流。只疑天欲曉，鳥語半山樓。二律蒼勁渾古，力追盛唐。竹醉

和州伯王善舟同年有慶還泰州留別吳中元韻

來聽軒車擁畫塵，寒檐交日問仙因。一分明月依

清鏡一朶紅雲獻古春。隄柳煙開觀海路。亭梅香集啄花人。維羅犢佩都潛化。會向雞豚社裏尋。

其二

金粟同瞻月地遥。玉壺相望徹終宵。春風榆社經披拂。公宰豐縣僕亦秉鐸龍城秋雨箕山破寂寥。河北乍隨千里旆。竹西又聽一聲簫。公遷吳中僕亦告假旋歸里相遇於邗江舟次愚自愧勤修綆。老去冰銜尚舊條。

其三

蘇臺六載羨恩深。堯蔀均堪續古箴。荒政久欽神父澤。公留賑吳中有神明之頌香鐙未了舊民心。洞庭霽色垂棠蔭。樂圃祥光布樾陰。遥指雲帆江上轉。海天處處動驪吟。

其四

六朝山色秀涓涓。收入銀毫煥紫煙。仙杖扶君紅日闕。瑶窗贈我白雲篇。城隅風物搜名記。公倡修州志水利東南証往年。僕有治淮黄策蒙公獎許此日春臺諸父老。各披肝膽喚青天。蘊藉風流過蒙獎許愧不敢當香舟

七夕從靖江渡江陰

一水隔蒼茫。風帆夕正陽。雲低山寺暝。天遠海門荒。有客能孤嘯。今宵是媆京。兩三鐙火接人語又他鄉。老健横空壺山

和孝廉陳繡堂司訓安東留别原韻六首錄二三

珠星同望綴瓠瓞。歸養庭闈樂事增。大匠無私成偉器。斯文有福著元鐙。令嗣郡拔第一聯翩共舞雲中鶴。

清白常驅硯上蠅。惠我新詩剛六月。輕風吹過正調冰。

毀方久不露棱棱。老去功名感喟增。竹葉杯中雙白鬢。梅花月裏一青鐙。同在梅花會文堂數載渾河浪湧來歸雁。弟自龍城歸養渡河千里旅夢寒深擬凍蠅。回首當年觀海日。登峯高望滿輪冰。五六俊逸

輓繆香夫承鈞前輩

不信老名宿。蕭然竟盍棺。文章悲運蹇。談笑絕儒

春駒輕薄本隨風色兼中央自不同種菊人家香
欲活熟梅天氣夢初通六朝金粉斜陽裏一樹鶯
花細雨中是否葵心猶戀舊秦淮水榭畫樓東
少陵詠物刻劃在有意無意之間 壺山

和高舍人紫嵐 筠 六十述懷原韻 六首錄一三
君才本是謫仙人卅載珠宮憶舊倫 君以乙卯鄉薦 東觀
筆花呈蘊藻西風斂影躍平津藥階慣擬元暉韻
經笥休嗟阮籍貧天與清香麟篆熟陳芳國裏兆

先春

其三

目盲誰敢說心盲 君患雙瞽 口授書多擬伏生詩到中
和陰隋著 兄著陰隋文律詩 文尤奇險鬼神驚馳思雲表
雙鵰異扶杖花陰一羽輕好訂名山週甲會定情
肯說李希平

和明經葉芩洲 鹿鳴 七十述懷原韻 四首錄二三
秋風同憶秣陵身旅次聯吟樂最真湖海那堪追
隨白下吟魂冷邗江夜夢殘生平共晨夕風骨想
珊珊 起四聯哭兀
猶憶龍城返名言誨我深 君評予龍城消夏集極詳 老成今棄
世吾道失知音蘭玉猶憐幼斗山何處尋 子曜三曾從受
業 披公寒翠集應有百年心

燕子樓

美人紅粉憶尚書霜月情深戀舊廬一別竟成千
古恨殘鐙獨守十年餘魂歸東洛應憐我詩到香

山却念予 被冷殘鐙拂臥床本香山絕句 聞說錢塘蘇小墓幽棲
較此恐難如

柳絮

垂楊綠樹望如煙是處飛花到眼前寒食亭臺癡
作地揚州城郭雪爲天自憐才思原無幾爭奈狂
名已浪傳莫遣化萍隨水去因風還向硯池邊
寄托遙深

春抄同人容金陵分賦黃蛺蝶限東韻

往跡文章端合問前因西河有幾廣同調老輩無
多只數人我幸旋歸嘗作伴三年差長尚精神

其三

曾補南陔未讀書塵氛到此總銷除幾邀青眼浮
雲過惟愛黃花晚節舒滿社香芸堪辟蠹（謂芸香詩社）
一泓清水懶求魚蘭亭法帖如椽筆門外常停問
字車（沉鬱頓挫寫出老友至情）

哭門人羅竹坡（福謙）四首錄二三

曾記招呼几席旁遂令弟子首鴒行師恩敢比親
恩重（令尊語也）老友偏隨契友亡（謂葉晴皋江晴洲諸公）每以漢
唐除舊癖（生尙詞華）以古文藥之可憐風雨困名場吾衰已
自傷頭白搔首今還問彼蒼

其三

一時同輩着鞭先絳帳仍懸舊席前帆本流連無
外慕我惟文字存奇緣淵泉到底原無盡衣鉢尋
源得再傳最是青鐙依佛座霓裳猶夢大羅天

生讀書古庵（纏綿悱惻師弟情深）

題任理中松鶴聽泉圖

不向雲中舞濃陰憩緑苔彤從千樹後飛自萬山
來（君被謫秦中數載）泉響林逾靜聲清夢乍廻此中有真
意我亦費疑猜（風骨高騫西芓）

挽友人鄒耳山 四首錄一

白下憶秋高離魂兩地遭文章惟一哭湖海惜空
勞君負青雲願吾將白首搔玉樓今日召長此哭
英豪

題阮星垣歸帆圖

人生名山遊當着屐幾兩片言動王侯胸次無塵
障乘舟入桃源曾聞雞犬喧那能學倡狂而探天
地根君生兩賢後文章本富有氣量邁青雲立志
期不苟忽鄙竹林居願向天涯走浩浩渡黃河波
濤暫眼過輕舟來濡水濡水復如何朝登栁宿郭
暮覽天風閣樓看滴翠横地亦蓮花鑿先生到此

閒襟懷陡開拓佳句定豪情下筆雲煙落兒東京
華裝掛席聲琅琅風塵忘千古天地久低昂船擲
賦歸舟山川神與契江南望江北明月舊揚州我
本海陵士七上長安市捧檄下龍城春風培桃李
更上黃山巔盤旋八百里獨坐擁羣比一心如槃
水歸來老林泉汲綆息韓扃作客廣陵道春花紅
不掃相接維摩庵披圖多摘藻快哉舟中人狂瀾
挽絕倒 縱橫馳驟元祐風骨逼近開元湘圃

題舒一峯獨立圖

人生依傍有何裨垂老光陰猶自強忽覩英姿殊
卓犖居然獨立太昂藏山河手畫如圖列星斗胸
羅抉漢章君善地理星學豈是閒雲與野鶴此身維繫不
尋常

遊天門山絕頂

振衣窮天門攀蘿復抱石由落石逢人松風鳴謖
謖瘦勁

春杪客東亭王浦雲邀同福慧庵看牡丹到
時適爲雨敗

送春天氣耐吟哦爲約名園訪達摩每嘆鶯花晴
日少偏來風雨客中過繁華運刼空門悟富貴天
知業障多我輩文章惟自得不教好景付清波
見道語足抵當頭一棒晴湖

風車

車制何須問考工水田矗立引長風千層倒瀉平

隄上八面横飛細雨中捲浪欲掀萍亂絡當頭影
映月摇紅如斯晝夜原無間應卜田家樂歲豐

惠山晚眺

惠山山色淡如畫微雨初過綠滿苔古寺深籠紅
樹晚一聲清磬鶴飛來 意在筆外晴湖

述懷

長淮多激湍黃河鳴悲風丈夫志萬里焉肯泣途
窮廻飈忽東至自謂天路通黃鵠一朝下依然入

梵籠空庭閒以閒四圍合青嶂旣非鄭虔居亦無馬融帳日瞑猿孤吟夜深蟲互唱壯心雖未已對此空惆悵陟岵望慈幃慨然念故山束裝命輕舟淸風送我還明月照吾廬白雲柳與隣前有青松樹旁臨緑水灣隙地餘一弓與隣分半井築室似蘭窩居安頗習靜蒼翠滴沉波幽篁欲倒影汲泉瀹其原相期惟修綆抗志希古人千秋在眼中朗吟命子篇區區願與同窮達安所遇奚必問蒼穹

榮名亦何寶翛然萬慮空 淸幽閒曠似左思招隱淵明歸田詠芝稜

霧豬泉

在蕭邑西十五里山頂上東坡祈雪於此有詩云豈知泉下有豬龍卧枕雷車踏陰軸相傳有求必應

菩薩泉名鑿古初聖人厰已肅高居 在天門山絕頂相傳孔子過宋經此 萬山衆響來風虎 俗傳有虎 一水分流有霧豬 地顯神蹤快飛舞天教大雪仗吹噓甘霖三日恩膏遍憑藉坡詩一起予 予與縣令余午亭求雨三日得甘霖三寸

秋杪同人集永臨禪寺 限尤韻

沿隄匼匝暮雲稠同輩今爲汗漫遊門外橋通仙島近竹間泉繞上方流花飛千點三乘悟梵響一聲萬象幽何事更騎遼海鶴蓬壺只在此山頭

蕭蕭落葉滿僧樓此老無無得自由龍象法中新慧業鳳皇城外小瀛洲談詩漫許吾乂手宣律還看石點頭對此名心應解脫蒼茫一片白雲秋

顧視濤高

同人香雨樓看牡丹

誰將法雨散層樓釀出天香分外幽千葉拍來難撒手百花相見總低頭煙霞色古因春豔富貴名虛仗佛留爲語禪關應打破一聲梵響緑波流

得大解脫碧江

壬辰子曜三秋闈報捷闕副車鬱鬱不樂詩以慰之

汲古憑修綆緣何未及泉魚纔登半面鶚又刻三年擬合青錢選還磨鐵硯穿補天須煉石月缺自重圓得訓子口吻　碧江

重過淮陰釣臺疊韻二章

曾經千里過荒臺鼓柵淮流數日回三月煙花良友聚片帆風雨故人來綸當捲處恢奇績弓未藏時是禍胎到底君恩終未負空餘孤憤掩蒿萊

故鄉歸去築風臺重過淮陰得意回應悔忠勳難

再遇空思猛士又何來興亡半失佳山水榮瘁一生有胚胎我輩閒吟無史筆夕陽憑眺感荒萊

韓侯失着漢高負心二作均得絃外音　碧江

署中即事

一官捧檄暫娛親吟咏閑窗豈怨貧躑躅原非轅下物天如成就作詩人

送王州牧善舟同年之松江太守任即用題汲綆圖原韻

憶昔漢馬棱嘗作廣陵牧膏澤及魚蝦陂湖忽興復治法未經年租陳千萬斛纔欲駕輕舟黎庶挽輪轂又聞臨淮守賦政崇敦睦致雨雨隨車天亦如所欲忽覩方道行麋鹿爭夾轂白公遷餘杭仁風頌童僕祖帳動離聲管絃歌一曲在昔多名儒後起誰爲續津門古大邦中山孕靈毓公居四傑先龔黃政可卜胸羅萬卷奇文富三冬熟詩宗輞川新筆學右軍禿奉檄蒞豐邱耕桑聞古俗馬入

杏林紅鞭着新蒲綠大似鄭渾風人心皆悅服績治茂苑城山川如卷軸綰銅推賢能飛舄從遠矚六載稱神父災黎沾優渥一片愛民心民知宵亦肅臨別留詞章清風時穆穆海陵本微區兩駐高賢足考績未三年案牘判千束大德被閭閻餘恩榮草木英傑叨獎誘魑魅潛隱伏雙岐漁陽同四知荊州目朝夕重勤勉簿書與錢穀問俗有文翁播嘉贈珠玉海運著功勳名志葺圖錄得暇即吟

詩香梅和玉局醉墨洗清池勢欲摩天鵠徙歲水爲災民生塗溝瀆公爲蘇瘡痍哀憐此惸獨時存賑濟心躅貽而發粟從此衽席登蒼生多鼓腹謳歌遍下土琳瑯累篇牘口碑已不朽芳名更馥郁起視攀轅人常恐驪駒促不知台禺右小邦難棲宿

聖世重名臣金章特寵錫此行凌雲霄雅勝鶯遷谷機山古名郡禮樂來陶淑農民事耕織師儒勤誦讀溫凉尋三郊文章遺二陸幸逢賢太守

歡欣滿茅屋嗟予老林泉幽居抱樸樕在昔共雲梯而今甘苜蓿竊欲補河渠上書期入告秉鐸赴龍城鄰封傾化育歸來奉盤匜幽然啜半菽七上春明池風塵徒碌碌昨復授新安年華返不覆汲綆綆不長尋源自勉勗兄勞燕許筆胸中有成竹落紙掃千軍㥿㥿意有屬公望與公木朗朗等裴叔兄輩愚魯姿講院春風沐大哉經濟才王明應受福斗山方共仰旌幢去何速筵設祖生多香繞

河梁祝江北望江南隱隱帆一幅 語無賸意筆有錘鑪之碐

戊戌春正子曜三赴安東任

回首龍城驛歸愚廿載遇宦場甘苦歷春夢別離多此去關山隔吾衰鬢髮皤前途五百里又聽渡黄歌

四牡忽騑騑郊原草色肥怕看春到眼不覺淚沾衣覇岸垂新柳征雲戀夕暉家書隨筆寄指點馬蹄歸

題邦江史孝廉壽莊紅豆相思圖 壽莊諱椿齡秉鐸常熟斯地出紅豆樹六十年開花六十年結實逢之年科甲極盛因繪圖題詠甚夥時把晤金陵道院緬兩地之相思雲山皆夢溯廿年之闊別鬢髮俱霜賦四絕以贈

曾從梅嶺共躋攀 同肄業孝廉堂 千里龍城次第還 予自蕭縣歸里壽莊赴任 別後苔岑兩知己黄山高處望虞山

讀書臺畔發萌芽六十年開及第花多少相思成
幻夢半依白下半京華

當年李郭幾同舟宦海茫茫兩白頭今日重逢倍
惆悵秋風秋雨任淹留

勞勞車馬逐風塵欲歇名心一問津壁上題詩多
傷語此中俱是過來人 君猶如此我何以堪壽苻

題潘解元鐘乘風破浪圖

雄心獨占禹門高滾滾銀河引興豪大氣直探星

宿海片帆飛渡浙江濤一聲雷起空三島頭刻風
雲翻六鼇不日杏林春雨遍登龍端合慰劬勞

汲綆書屋詩鈔上冊終

淮黃策畧兼濟運五議

海陵潘慶齡餘亭著

古之治淮黃也宜分今之治淮黃也宜合古之治淮黃也兼以濟運今之治淮黃也病其妨運蓋自會通河開資河利運已歷數朝第自黃河倒灌近年尤甚其時黃高淮下運艘不能輓而上之是故黃病則淮病淮病則運病而衆議乃紛然起矣有創黃河北決之議者謂淮黃本係分流今開一河使黃河北決而淹漳衛俾淮得單走雲梯關入海如果能行豈不甚願無如何之徙自周定王時迄今凡四變有明洪武辛未河全入淮正統戊辰更合併於淮而淮黃合流之勢已成此乃天意爲之今欲人力與天地爭功勢固不能前此六塘河之開所以中止則說之難行者此其一有爲開濬之議者謂治河先治下流以開海口雲梯關爲要不知黃河南徙於今八百年積沙至數百里之廣雖

竭萬夫十日之力不及里之一分且雲梯關漸近海灣人難駐足潮汐頻至隨浚隨淤未免徒勞罔效無益於黃即無益於淮亦即無益於運也則說之難行者此其二有爲海運之議者主邱濬之論是也前明業已行之矣但數百年來或行或止一切海船工料等數漸失其舊雖有習知水道者講求勘視而以數百萬之衆冒不測之險誠有如明漕運總兵官所言歲溺不下十萬者大可慮也是

說之難行者此其三有爲囊盛之議者主唐劉晏之法是也夫囊米之說緣運河淺澀暫舁岸上過淺而復舁舟或分載小舟以過淺多設包封不致散失此特爲當日形勢言之耳若近日黃河入淮濁流夾沙稍一旁決則勢緩淤墊積沙數百里何能舁岸舁舟爲此委曲繁重之舉乎則說之難行者此其四近日又新設倒灌塘之一法蓋淮黃交界之間有禦黃埝名爲攔黃磯嘴運艘來往必經之路一大關鍵也第黃當盛漲之時禦黃埝一開濁流直衝清口歸入高寶運河水過沙停日漸淤塞運艘阻滯此揖盜入門之害也爲之策者先提重艘千餘號集於口外於清口運河交界之間設土壩一座用水車數百軸車水以灌塘內俟清高於黃然後開禦黃埝將塘內運艘放過隨即堵閉復提重艘如故車水如故逐次漸進如是則濁不灌清艘不停阻其法雖善其心甚苦其功亦甚鉅

矣此雖暫救一時之策而較海運尚無危險之患者此其五善哉明河臣潘季馴治河二十七年嵩用束水攻沙蓄清刷黃爲上策康熙年間河臣靳文襄公又推而廣之故河防一覽與治河方畧二書並傳不朽今之治河俱奉爲圭臬但觀於今日情形較前則又大變矣若泥刻板書而不知變通則又有效有不效者書中謂塞高家堰桃源崔鎮等諸決口蓋慮河水旁決塞之以挽正河之水也

於徐邳等處逐遙隄月隄外如桃清歸仁隄古城清江浦至淮安西門一帶一切修築隄岸俱宜高厚皆所以愼隄防杜潰決之虞也復於崔鎮口陵城安娘地方各建滚水石壩一座所以固隄岸而免他潰之虞也以上俱復陳平江伯之故道使淮黄無旁决並驅入海而淮南淮北之運道皆可無慮矣此三者今古不易之常制也至於高家堰以西至清口二十里於河岸兩旁各挑引河一道使

淮黄策畧　四

全淮盛漲之時冲闢淤泥徑奔清口不患不能入黄亦不患黄水倒灌而運艘自通行而無阻矣夫淮弱黄强其策惟有殺黄濟淮之一着殺黄之上流濟淮卽借全淮之力助黄入海此一舉兩得之道莫如置減水閘壩爲善其法於碭山毛城鋪置減水閘壩各一減黄水入小神湖歷靈芝孟山等湖由歸仁隄五堡減壩便民閘會洪澤湖助淮徐州十八里屯置減水閘一座減黄水入馬厰湖經

永固湖歸靈芝孟山等湖入洪澤湖助淮如黄消淮漲可以置閘壩於不用若淮消黄漲卽減水助淮二瀆並驅入海而運道以通此數者前人或行或不行今則宜速行之欲偏廢其一而不能若夫河臣不欲爲因陋就簡之論則又有創解焉盖蓄清刷黄爲當日言之耳若此數十年中濁流停滯河底墊高雖有大智不能水底施功而頻年倒灌洪湖淤墊北高南下形如欹器仍欲使之北出冲

淮黄策畧　五

黄此萬難之勢也兼之萬壑奔騰洪湖充溢西風一起巨浪掀天高堰危急五壩㬪開以致壁立衣帶之漕隄不得不决五里車邏昭關荷花塘等壩不得不啟田廬民舍盡爲豬澤之鄉此時運艘之來將欲逆流而上之得乎因思變通有法將欲審地勢順水性則上流入江之河當開者二下流入海之路當疏者一㴑水之來也向由人字河芒稻牐及儀徵瓜埠達於江經數百里之迂遠宣洩不

及隄决壩崩水已大半東注矣查潘季馴有停開禹王古河之疏彼因明之祖陵前不欲使水過宮反跳今無是慮矣第禹王古河土堅石厚難以施工惟向高寶湖之西南有河直達天長城濠若於天長六合如紅山冶山之間鑿一河通瓜埠入江不過六十餘里耳斯河一開湖水入江甚易沙亦隨之而去矣其次則揚州西北四十里地名僧道橋與高寶湖相近此處開一河從儀徵入江不過

五十餘里耳道既不迂去必甚易此二者沙水俱從西南入江不致向東南停蓄使運艘阻滯不前所謂治淮水不與黃爭而自能濟運之善策也至開下流入海之路如車邏等壩俱設立於高郵邵伯之間淮水洶湧而來五壩齊開下河幾爲魚鼈惟山寶交界之間有古澗河涇河二閘本由埠字一帶至射陽湖入海其舊制也靳文襄公治河方畧云運河以東三十六湖最要者爲射陽湖在寶應湖東不過六十里凡山寶交界之水由運河來者俱由射陽湖出口入海若能於五壩之中移一壩於澗河涇河地界並疏通馬家蕩口就現成之壩基石工疏有迹之引河逈達海口則湖水之來已大半由此宣洩又何至南衝而崩五壩乎合之上流入江下流入海各處俱多建閘以施啟閉淮漲則啟閘以削水淮消則閉閘以通運淮治則黃不與爭運道其庶幾無慮乎且夫淮不與黃爭所

以保高堰也高堰爲淮黃保障最爲喫緊淮水經七十二處山河歸入湖中其盛漲之日往往高至一丈六七尺不等則五壩自不得不開矣不知水性本柔乘風則剛板石諸工率皆陡峻故怒濤撞擊易於冲壞惟用碎石坦坡使水之來也雖陡峻而上而有隙縫可入其退也必順縮而下此乃以柔制剛之法保高堰卽所以保淮揚也運河豈胥有漫溢之患乎其法本相濟而不相妨或謂水有

橫溢之時卽有旱乾之日河路淺窄軸艫蔽塞將若之何似此宜將漕船變易章程如伯顏命羅壁等造平底大船皆無所用邱濬所置尖底船頭尾置柁只可施之於海而不可施之於河惟將漕船大者一改二三舟小則運輕水小則不至阻滯水大亦易於推挽禦黃埝雖開亦無能擱阻此抑或濟運之一道乎方今

聖天子廑念民依焦勞旰午不惜

帑金數千百萬以衛民生以通運道誠堯舜之仁也大臣有河防之責者竭盡心力籌畫萬全自能爲長治久安之策慶閉戸讀書不免紙上談兵之誚然彙古人之成書恭以今日之時勢研心考究歷有年所敬陳管見以備採擇焉

嘉慶十八年曾將此策而呈 中堂松 司寇初並蒙獎許後因經費維艱竟不果行因後冊中詩人題咏及之故併録於此

道光己亥夏鐫

汲綆圖題跋

汲綆圖題跋 下冊

汲綆圖自序

斯圖之作始於嘉慶已巳之秋成於道光丁酉之夏前後三十年四海交游贈予珠玉九州名士助我波瀾可云盛事同門戴湘圃謂性情浹洽初無溢詞同年王善舟謂圖係家珍詩乃公器况予未有圖先有詩既繪圖始築屋圖不可不刻題跋更不可没也且圖中題詠滿百兹不備録凡字譌里居科分官爵有存疑者俟訪明再補可耳

歲在屠維大淵獻之塞皐月汲綆主人自跋

汲綆圖

汲綆圖題像 二

甲戌春仲省

菊傳伯兄於吳陵官廨

題爲

子亭先生 政

滇生許乃普

汲綆圖題跋 戊戌提三詩於上冊作序茲不再錄

海陵潘慶齡餘庭選 男曜三芙臺編輯

大觀察石琢堂 蘊玉庚戌殿撰蘇州人

道在天地間源源無止境古今志學人如綆汲深井薄征在脩途精進貴勇猛九仞不及泉毋乃墮慎慍之予東南彥令譽文壇騁寄情邱壑間繪圖還自警井養乃不窮妙義此中領居安即資深斯道與之永

汲綆圖題跋 一

太守洪桐生 梧詞林出身徽州人和吳大司成韻

覯餅得綆眞是圖灌園不竭膏澤敷源源入手響鈴索井收勿幕泉跳珠中含百丈引深坎道味古澹多經腴絕勝雲碓但救旱龍骨尙轉是農夫輪囷屈曲效水部况此綆直無迴紆機心機事竟何用桔槹放手烏尾逋仲舒子雲皆有井長繩姿取匏樽酬筧筒環繞衆哇滿花逕坐賞松風俱羲皇縱遠在簡冊燃藜夜課探石渠成都莫問鹽與火

寒冽可測勞寧呼呼僮日汲三百桶上下千古應
憐予
太宰朱蘊齋 士彥壬戌探花寶應人
銀牀玉甃浮雲影八尺三尺飛泉冷轆轤十丈牽
朱絲沾溉百畦心力省知君汲古如汲水瓦瓦終
朝不肯已桐花落井欄井水無時乾蛟龍滿甕神
巫跪井中有龍遁居此
大司寇史望之 致儼己未會元江都人

古人逝已遠精神常在目悠悠天下士萬卷誰能
讀君處東海濱藏書多滿屋理窟肆鑽求詞源究
師宿井井辨前聞繩繩追往牘用力九仞深造微
一心獨攬素足盪胸抱新還盈掬道味養不窮德
明久致福此意不可傳披圖自往復
大觀察胡墨齋 承珙乙丑進士辛酉同年涇縣人
昌黎本是忘機者嘅懷汲古深林下眼存千秋剏
有泉文瀾湧出起班馬吾友才高岱嶽看東瞻大

海北長安黃河萬里歸來晚幽篁獨坐秋風寒面
壁終朝如掘井轆轤旋轉留雲影聖賢道脈豁然
通一落千丈憑俯綆宦海茫茫奚足容蒿蒿一室
對長松扶疏老幹濤聲吼鳴蛙那許聽蚪龍
侍讀李蘅塘 錫蕃太倉人
似是東籬陶令家蕭疎松竹謝繁華草堂半畝書
千卷賦就閒居興自賒
汲古深於汲井過綆脩取次見盈科機心刪盡靈

源涌經訓菑畬灌溉多
太守汪斂潭 端光詞林出身揚州人
何事余心似轆轤此中維繫有機樞田功水利皆
憑倚萬畝千夫待轉輸 君有治河策
佳樹濃陰井幹涼桔槔聲裏坐斜陽學當水到渠
成日汲綆何須問短長
大觀察陳退齋 啟文進士出身泰興人
文源湧出如翻水學源不濬乃枯井九仞還愁不

及泉詎仰昌黎得脩綆。先生性癖耽書史。郄取桔槔相比擬。一潭淵淵淪更深。百丈旋旋抽不已。長松偃蓋竹成林。春風石上聽長吟。灌園人亦天機淸。那復機事與機心。往來不窮眞井養。玉明存禰爲。君餉嗟子古井不生波。對爾轆轤空惆悵

太史劉芙初 嗣綰戊辰會元常州人

汲古無綆途所貴得脩綆。中有動者機。蛟龍發深省。

汲綆圖題跋 四

井養功不息。養深無住時。若爲逢柳七。莫唱井華詞。

池水波自流。井水波自止。不遇鄭所南。無人識心史。

墨海千重紅。文淵百尺深。轆轤日夜轉。轉轉得初心。

太史吳山尊 鼒徽州人和吳大司成韻

幽栖眞作田園圖。秘藏繩跡蒼翠數。百城坐擁謝時事。眼窺羣玉明如珠。漢陰灌畦易樵悴。性靈善淪形神腴。怡君詞源倒三峽。汲古習勤如耕夫。澆花童約聊喻意。生怕綆短脩途紆。願奢器小費浥注。停汙活水亡如逝。上窮九天下九地。莫渤手引河漢斛。虛室斗大足眞宰。一字不著千秋俱。陋儒方持汲水符。驚盼逢原來問渠。膚寸雲回萬井枯。桔槔俯仰汗且吁。長繩不能挽隙駟。照影面皺空愁予。

汲綆圖題跋 五

太史程鷹如 壽齡揚州人

學養知君有靜功。達泉轉運見圓通。但憑汲引渾無礙。肆應長材本不窮。

汲古源無等面牆。笑予綆短漫登場。於今補拙思藏拙。萬里風塵兩鬢霜。

刺史許菊傳 乃來浙江人

我愛韓吏部。鴻文壯秋濤。縣齋踢驥足。猶以誇白豪。詠懷經術裕。汲古淵源操。今我守簿書。俯仰慚

桔槔百城縱高擁萬井虛春膏讀書貴致用綆短心徒勞多君抱奇尚疏瀹窮風騷有本者如是奮筆長滔滔

奉常許青士　乃濟己巳進士浙江人

桐華瑤砌尋金井轆轤深易覺佳人夢能迴志士心嗟予方遠道對此感分陰笠易焚香罷秋齋想坐吟

中書章京徐禮華　步雲興化人

葵松落翠陰黛色青於洗騎省方閒居浸淫耽圖史心田資灌溉大海一味水維誦秋懷詩吟餘還徒倚忘言對金井汲綆悟妙旨有養乃不窮無波靜如此濤機百丈引轆轤迴復始毋貽不及泉羸缾古所恥君才已兼人況乃窮源委長繩願繫日寸陰不移晷終受王明福用究天人理圖玆座右銘非指可喻指

太宰王曼卿　引之榜眼及第高郵人

疎籬曲曲樹陰清風過書隨夢未成詩咏秋懷聊寄傲隔林聞放轆轤聲

識得靈源自有眞心絲乙乙更生新百城坐擁胸懷古定是羲皇以上人

如江才藻自滔滔機事何須倣桔槔著述河渠千萬語淮黃從此靖洪濤　君著淮黃策可入江南水利書

太史戴湘圃　蘭芬壬午殿撰天長人

君才不可敵脩綆汲如何古石坐苔蘚涼風吹薜

蘿文瀾江海富世事轆轤過余亦忘機者披圖起浩歌

給諫吳訥人　恩韶己巳進士辛酉同年蘇州人

先民有遺言有爲如掘井九軔及寒泉用汲資脩綆汩汩源頭來湛湛露華冷幽人結精廬讀書塵事屛機心息漢陰高致同箕潁寒松響波濤脩竹綠虛靜飛流桔槔聲濺瀑轆轤影懷古愜幽情趣深默自領擾擾東華塵掉鞅日馳騁插架萬卷羅

炳燭情耿耿綆短苦汲深披圖發深省

大觀察程靜軒 贊清進士出身揚州人

松竹鬱蒼翠濃陰覆高閣稍覺塵事稀微涼動疎箔幽人澹忘機心跡俱寂寞閒雲度高岑新蟬噪林簿坐對桔槔人清颸響簷鐸

太守伊墨卿 秉綬詞林出身福建人

望古全憑心上月傷今不訝井中泥綆長更欲長繩繫蟾易趨東烏易西

汲綆圖題跋　八

信中戊辰殿撰辛酉同年蘇州人

太史吳藹人

當年走馬長安道知己相逢傾素抱壬戌入都途遇偕行客中高咏秋懷詩萬古心胸憑論討重來汲綆繪圖新辛未君赴春闈以汲綆圖索題靜坐丰神何嫱嫱雲移日影映書帷煙濕風光落翠篠爽氣西來庭院涼窗開四面青蒼繞簷邊古藝碧苔侵轆轤轉出心花好千尋綆欲引靡窮九仞之功漸未了活潑潑地水成渠逢原至樂由深造知君胸藏萬斛泉釣鼇贈我長繩另汲古尚餘翰墨香卽時未繪風流稿時適膺同考官之役、未及題跋遂至耽延十餘載十載懸懸終養心南旋正及秋光杪故人載酒過江來漫詠山塘居謝朓笙歌畫舫虎邱遊蓬門落葉爲君掃披圖仍識舊黃門對面驚看名宿老圖繪於廿載以前君此時已頭白矣李杜文章王孟篇名賢題咏知多少井養空嗟綆未脩如江難寫君才藻久聞星宿探崑崙登峰俯視羣山小河渠時切救時憂直使狂瀾迴既倒君有登岱渡河佳韻並治河策

汲綆圖題跋　九

暑俱堪不朽歸愚豈僅賦閒居千載昌黎今未杳我欲聯吟松竹陰仰首天風來浩浩

觀察趙蘭友 廷熙辛未進士辛酉同年直隸義州人

解識書囊無底談華滋文井味彌甘亭前百丈泉噴薄精蹟憑君縱意探

水利關心射策難考槃爭羡碩人寬閒亭富有書千卷應作瑯環福地觀

脩綆還憑用力專轆轤轉處寄閒身取之左右逢

原候更有奚童是解人
姑蘇太守前涖海陵州牧王善舟有慶辛酉同年天津人
道重衣布尊學荒鍾鼎孱讀書僅獵名陳編俱可
束余昔事鑽研尋源苦不速中歲役簿書意趣涸
塵俗非不事遠謨汲深綆艮促抗志景前修此生
懼碌碌羨君夌雲姿胸撑五千軸一舉登賢書逸
翮矯難伏長安盛遊冶袞袞紅塵逐而獨重姱脩
篋易得水木授我汲綆圖知君意有屬偉哉昌黎
子聖道誓私淑經訓乃菑畬忠誠由誦讀脩綆入

汲綆圖題跋　十

秋懷貧深原更沃妙義一引伸汨汨恣所欲汲井
井不窮引繩繩不曲於此悟眞詮唯君占受福君
今官廣文春盤堆苜蓿雖無井養義亦寓神悆目
鴻儒重通經經窮用乃足願以吏部言還爲諸生
勗他日召桓榮稽古盛車服從知挹注多全仗功
脩熟嗟我靜無瀾仕學寡所蓄昔共靑雲梯今爲
大邦牧汲古并汲今多君覞我獨所懼歲半周悠

悠無足錄雀角紛滿庭州中積牘甚多余到任日事鉤稽稍覺清楚鴻
嗸哀比屋去冬高堰漫口州屬多被水方看竹馬兒又戒驪駒
僕草草復勞勞往過來難續披圖一憬然玉花翻
百斛
京兆徐詠笙鏞己巳進士辛酉同年桐城人
松林林中塵不侵松林林外白雲深機心機事都
抛盡兀坐松林學漢陰
鹺貳石産瑚乙丑進士同門湖北人

汲綆圖題跋　十一

絕世丰標邁俗流瑯環福地費冥搜存心欲把泉
源溯一線遙從古井收
薄薄松陰拂晚涼薰風晴度墨花香資深信有逢
原樂汲取何勞抱甕忙
主政吳壽泉昌齡進士出身涇縣人
幽棲境僻豁塵襟黛染松篁一逕深漱玉源泉常
活潑轆轤轉處悟文心
吳陵風景舊游諳昔宦游東亭與吳陵接壤景物宛然在目思之輒爲神馳村

樹溪流晩綠酣樹裏桔槔聲兩岸披圖能不憶江
南。
州牧陳陶甫 玉成辛酉選拔東莞人和吳大司成韻
古人忠學筮艮圖功脩豈在陳言敷斯道若不勤
探索何異買櫝還其珠　子亭先生得脩綆汲取
今古比膏腴資深逢原已自得孜孜若必程功夫
挹之不盈住不竭脩途如是誠非紆井井不窮辯
勤惰繩繩不息追亡逋性靈濬瀹得眞契文瀾水
汲綆圖題跋　十二
翻萬斛斠千言萬言著策畧 公著淮黃策畧及濟運五議俱見重當事
息深逵齊源流俱一理貫徹如滙注緒餘乃以疏
河渠歸來林泉異靑紫世人不識徒嗟吁我展此
圖發深省期以酬君又警予
倘著奎照 甲戌翰林正白旗人
一綆思淸萬卷該濬搜古笈只旁推驪珠探得資
深候猶是源頭活水來
妙悟從來卽境求松風竹蔭兩淸幽轆轤終日忙
如許靜瀹靈源綆自脩
主政曹艮甫 林堅壬辰進士蘇州人倒登吳大司成韻
虢涔水湧堪愉子低頭佔畢嗟蠓吁得蒙經師斬
茅塞靈臺一瀉昆明渠探源學海妙疏瀹其來汨
汨左右俱鉛華無聲轆轤轉沆瀣一聲神槃斠百
年鼎鼎事何事少弗努力誰償通瀛瓶漏甕古所
嘅坐令志士心煩紆致身靑雲亦偶爾不讀萬卷
眞非夫君今閉門味道腴探頷獨得驪龍珠循陔
汲綆圖題跋　十三
賦詩娛愛日春華著手葩華萸他時井養歌仁政
更獻天家無逸圖
主政李冠三 周南甲戌進士辛酉同年揚州人
汲水綆短汲古綆長就深就淺汲者自量
抱甕事太苦桔槔智枉彈機心息痊動古井無波
瀾
不食井泥无禽无與井谷射鮒用汲受福有期元
吉在上穩步

明府楊體之　欽仁乙丑進士廬州人

大道渺無際志士尋其源古人安可作卓犖觀羣書掘井不及泉九仞胡足論汲古如汲井微言至理存君不見漢陰老人長抱甕灌溉不及數畝園何如君家得脩綆轆轤一動泉花翻委輸不竭總道味冥搜晤對義與軒松泉坐聽天風冷胸中萬斛如爭奔知君井養得眞樂功深受福王明尊令我披圖三歎息安得與君共探月窟與天根

明府余午亭　光治庚午浙江人

竹松庭院董帷深寫出曠懷孤影綠滿閒窗喜秋陰交映牙籤寶鼎早伴得高吟清境汲古情殷千年壯志祗憑脩綆

非同灌園寄隱有靈源萬派探索精醍玉虎頻牽漫銀瓶空浸平生胙枕已吩咐轆轤齊引一任紅閨鶯聲曉夢怕伊催醒　調寄轆轤金井

丁卯　王用軒　雨春天長人

藻江才調壓詞林要識平生汲古深豈類荀卿譏短綆何關莊叟說機心幽探龍窟原無底淺笑牛蹄別有涔惆悵轆轤千遍轉牽絲玉虎不須吟

戊辰　戴沅溪　蘭秀天長人

石欄趺坐嫩涼生竹露松風相對情化盡機心如止水林邊清聽轆轤聲

脩綆都緣汲古餘藻江名士好才華文章壯絕波瀾濶不獨飛泉瀉玉花

丁卯　程禹山　虞卿天長人

籬落間疎林伊人今宛在既非林下風卓卓仰丰采玉虎看牽絲獨坐若有待好古探淵源寸心汲千載寄語圖中人精神曷厲乃請易綆作綸釣鼇向東海

汪雨巖　作霖

閒坐雲根發浩歌牙籤萬軸任摩挲受松韻古天懷暢學竹心虛道味多菽圃滋榮傾玉海經畬流

潤注銀河功深汲古逢源後領袖羣英到大羅

庚午 鄭仲博 際昌 無錫人

陟山不厭高探泉不厭深高深肆無極邁往憑寸心山高有時盡源遠難爲尋所以姱脩士終歲長瀯涬汨汨使之來滔滔不可禁異流分澠淄殊派辨蹄涔千條本同貫盈科會古今邗江好古士黙黙守寸陰泉湧窈而曲心津幽以沈其綆長在手一線能爲任杼軸本予懷轆轤在縱擒但得源頭

活何知歲月侵臨深窮其源升高造其岑渺渺脩士心千載誰知音

明府 陳皖江 世鎔 進士出身 桐城

昌黎久不作秋懷亦已沈忽從井幹際窅然觀其深以茲百丈綆引彼千載心轆轤無時歇銅瓶有餘音靈源本一脈觱沸須君尋抱甕只慚拙忘機空漢陰

辛酉同年 黃晴川 思範 崇明人

花護幽齋雲迷古磴望中疑是瑤臺瑯環仙史隨意坐莓苔莫道心源窅邈紬繹處滾滾偕來疇相賞文琴日夢風月共徘徊

高才廊廟品三秋采葛千里縈懷忽披圖維誦俗眼頻揩媿我萍蹤浪迹琴尊地半掩蒿萊茲何幸雲煙一過茅塞豁然開 調寄滿庭芳

辛酉同年 張遠春 興鏞 松江人

憂憂文心乙乙抽探源萩海挹方流轆轤妙緒分

明引古井無波綆最修

誰將赤手挽狂瀾汲古功深俯碧幹他日玉堂茶味雋方知劉井劇甘寒

廉訪 張詩舲 祥河 進士 遠春令嗣

井眉拓舍小於蝸竹淨松涼入畫佳還是秋風秋雨後桔槔聲裏賦秋懷

迴瀾寫韻玉琤瑽翻水文成氣莫降學海雲濤誰駕得定知潘藻本如江

少府黃延禔 浙江和吳大司成韻

君昔疏濬陳艮圖吳陵可俾九士裒深懷縱未竟汲引已覺滄海無遺珠更淪經史探源委廾養乃覩味道腴人生讀書欣所托盆虞笑士來樵夫轆轤自轉鈴索解此中詎任塵鞅紆靈樞往復時未已研搜恐不償所適一綫眞作千鈞繫銀瓶倒瀉清華蔚灌園肯學抱甕子孤松相償思偶俱但得藉手亦爾爾涉趣何問我與渠蕘花莫謂雨露小

壍流芳澤奚啻可止水無波照見底脩途歷歷將助予

錢薌坡 邦楨

昌黎賦秋懷眘言念脩綆嗜古人所同誰歟深汲井海陵老名宿世閥分楚郢寶訣思鍊丹浮名嗤畫餅錦段昔曾舒木鐸今再秉祇期文教興詎厭官階冷繪圖志同葦托志在仰景蒼松瀉瀑聲翠竹落風影山泉喻發蒙後進當引領元亭子雲居沾溉爭造請

顧沚衡 鈞

下帷讀古不窺園五色文瀾舌本翻悟到前身韓吏部憑將脩綆印心源

古味醰醰愜素心箇中消息有誰尋水經注疏河渠攷合讓君才海漾深

淮南淮北兩鹺堂書帶猶餘一片香分得一杯沾丐遍滿階桃李絲成行

辛酉同年蔡佇蘭 復午 蘇州人

養之淵深宣之廣大濬波隱淪與百川會我逢其源左右斯在誰爲機心君子所戒

辛酉同年孫晉灝 補堂 蘇州人

穿穴經畬古義搜不敎能事擅匡鎦眞源若問無波水也是江河萬古流

辛酉同年吳文炳

書源眞共水源清日對瑯環擁百城苔甃石闌深

竹裏箇中時聽轆轤聲

丹砂倒影蕩書帷想見長虹下飲時汲取琉璃旋涴筆爲圖更倣虎頭癡

朱榮圃 俞昌

小傍銀牀看挈瓶龍鱗含翠鳳梢青淵涵千尺文濤活好把靈源別渭涇

奚童底事汲清泉那解長綆引秘詮理窟拾珠須棄蚌心源一脈借圖傳

沈芝仙 培初

金瓶素綆汲漿寒嘯竹彈松坐玉欄莫謂轆轤勞轉引眞源萬古壯文瀾

韓氏秋懷吟汲綆潘郎春樹賦閒居好將摩詰詩中畫寫出君家萬卷書

夏玉延 寶晋 高郵人

暗水淪紅泉喬林靠綠雨誰歟手誅茅閒居對雙宇中有橫經入松竹色亦古擇官盡師道雖出尙如處傳經僅章句解字通訓詁庶幾六籍明不爲俗所腐身閒道乃進德盛誰敢侮敬告文學椽翹志企鄒魯

辛酉同年 曾星垣 經文 蕪湖人

契結宮槐十載期探源今喜見方滋得天圓轉從心後到地工夫應手時千尺倒垂飛白練五花新染出紅絲相看受福王明並挹彼儕殷更注茲

留心聽到禹門雷滾滾清渠破綠苔一轉轤鳴千

樹曉十分春灌百花開君如肯作長繩引我亦相隨抱甕來不日櫻廚新釀熟好邀芍藥醉豐臺

辛酉同年 陳藹堂 世球 蘇州人

長繩百丈寸心懸爲溯源頭萬斛泉井上轆轤時不動此中恐有醉人眼

坐倚虛窗松竹青蕭疏一逕戶常扃牙籤滿架圖書富第一函開讀孝經

明府 宋翔鳳 于庭 庚午 蘇州人

知今發高議，道古非俗儒。我思贈潘尼，且屬汲綆圖。汲瀾會不動，氣靜神亦完。借問床上綆，可知井水寒。頡槔不辭勞，轆轤不辭轉。似我此身心，見君益難遣。脩綆何時尋，夸涂眼中失。收拾萬古懷，緘祕坐秋室。

姜桐軒 鳳喈

潘君手持汲古圖，邀我共作汲古篇。汲古之人正彊仕，清神炯炯青睛傳。老我此心如智井，久無佳句題花箋。惟宜灌園自種樹，日抱甕出過前川。舊歲作圖紀馬齒，維時正屆古稀年。求詩運如求趙璧，佳製待付棗梨鐫。拋磚引玉得此冊，多大作手吾驚焉。文章經濟各擅勝，畱侖經訓勤鑽研。其實深者收名達，遂致左右逢其源。驪龍有珠探手得，未必定是驪龍珠。我欲題詩論汲古，雷同勦說無鮮研。七言直入韓杜室，五言欲拍王孟肩。只今掘井恨已晚，不如靜坐古井邊。轆轤長綆終日轉，澆花灌竹取攜便。機心機事俱不用，此中空洞全其天。豈欲君家近清響，墻頭古木生蒼煙。

庚申 俞澄夫 大國司鑑成和韻吳

漢陰抱甕非良圖，涼酌歌謝春華更。坐井觀天曰天小，何異買櫝空還珠。君今汲古志脩綆，力挾史

鬭竆經腴，松陰孤坐書盈易。鏤瓶翻水勞園夫，活潑潑地妙義論。常惺惺法脩逆紓，會須絕幽纘道脈。焉肯扃兩儒詩，道通元關方寸。萬斛涌靈樞，導引天將斟世泛墜緒，尋一綫上下今古，淵源俱我生。習靜鑒止水，觀河面皺頻軒渠。此心不作轆轤轉，起臥聊復同詰吁。君紹絕學乃能爾，相思郷眞愁予。

甲子 吳曉嵐 會

吾家延陵兩沸井地底天瓢翻絕頂古水戞擊皆古音汲古何人得脩綆君才本自黃門傳胸藏五色雲中泉性靈疏瀹見三昧學海貫注窮九淵文瀾不竭秋江涌天人已究江都董一石還銘止水心十年記鑿尋源空我慚綆短汲深難大海迴風無紫瀾披圖識子用心苦莫作閒居一賦看

別駕陳鶴樵 師慶辛未進士

虎頭畫出汲井圖圖中題詩春華旉讀畫讀詩猶

汲綆圖題跋 四

汞已玉盤如走大小珠我憶長征大河北大河以北多膏腴其畝縱橫溝澮少轆轤不竭仗農夫北方田畝皆用轆轤灌溉樞機往復一線繫上上下下中縈紆君學五車三峽倒鑒於止水同追逋調符不學蘇學士胸襟活潑萬斛斛廉讓之間須體認地中有水清濁俱江水至清河水濁天地一半總成渠學問之道亦如是對此令我一長吁君之綆長我綆短縄引鼇頭莫忘予 和吳大司成韻

曹侶鷗 咸熙

讀書貴濬源有源長不涸一心如轆轤井收在勿幕 先生江海才逢源有真樂早歲歌鹿鳴萬井仰疏鑿 謂選得大令以親老改就廣文 色養采陔蘭龍城聊秉鐸經史細攷稽風騷窮探索愷之工寫生添毫神儼若科頭倚長松園居景寥廓披圖恍對君矯矯雲中鶴悵我相逢遲聯吟訂後約

戊子陳壺山 兆鰲

汲綆圖題跋 三

三間老屋書萬千先生終日一青氈編排甲乙分歲次行行皆有朱墨研我擬從頭讀一過定有六十七十年況復訂訛兼刊謬 泰州志有刊謬一書先生作序 意會所到詮且箋短綆不可汲深井語載莊生至樂篇先生借以謙其意先生之綆殊不然此綆在昔有來歷周孔以之汲於前昌黎得之八代後一時與也其勃焉韓綆自修莊自短足毆荒渺付雲煙厥後淪落無歸宿先生獨舉作家傳

中書高省存筠乙卯

成虧學譬如山深淺工如掘井藉非左右逢原一簣何殊九仞灌溉開成意蕊轆轤抽出心絲笑我目於智井殊慚綆短難施先生之息深深先生之達亹亹自然井養不窮堪與古人媲美

已卯進士劉檢亭鋆

往過來續道無窮千古心期一綫通放眼乾坤旋轉處人生都在轆轤中

知君萬斛湧珠泉經濟文章一巨川願得披圖常鑑我他年宦海証冰淵

庚午周西苓庠東亭人

我渴思飲雲母漿索之神仙眞荒唐榮泉醴液自甘美操瓶坐守胡能嘗君有靈源早疏瀹汲古約綆千丈落大波小波吐寸心百竭百盈同漏汋年來恬退老山阿事業名山近若何謝家記有白楊井頗欲從人載酒過

乙酉常繼香增和吳大司成韻

苞符遠溯龍馬圖文字始有精華夷皇墳既古僞書出漸致魚目淆明珠蒼牙畫卦卽重卦萬古留得經之腴井以辨義可用汲弱繩坎水有以夫我慚汲至未繘井綆短空遺中懷紆年來井深久不食惻我虛願難追逋當時妙契德之地心源頗有

天泉蚪豈知瓶羸甕復漏論海僅得蝌與俱東南捍水乏長策先生娓娓談河渠不然汲古亦何用株守章句還堪吁期君晚貴展經濟此綆交與蓬蒿子

明經繆善夫承鈞

我聞宛委書金簡與玉字齋戒黃帝嵓親授蒼水使伯益知而名孟堅聞而志亦如絲竹音孔壁森且秘漢粕夾秦灰歷劫不能墜浩浩三千年津逮

於焉寄似尋濟漯源敬宗得眞派似探黃金河博
望谿眼界來者眎所汲深淺辨小大果能脩綆持
詎蹈羸瓶戒黃門今書淫嗜古汲沆瀣胸羅山海
奇目嫌雲夢隘一鶚江南騫四上春官廦霓裳非
水聲燒尾竟未濟歸來袖一篇耿耿見古義苦戀
原泉深再向鐙花拜而我老牖下前塵逼昏蒞日
昨葱肆返頻遭食神怪寒漿不可温舊綆復誰漑
展卷一長吁臨風輒感喟　戊辰仲雲浦振猷

汲綆圖題跋　完

淡淡松陰石逕垂轆轤咿啞轉淸颶看他一道飛
流上正是心花怒發時
蔓羅玉海富芸編活潑原開活潑天笑我心眞晉
井似長繩百汲不生泉　鄒耳山熊
昔余同掘井功愧半途虧倘竭探求力非無汲引
期逢源殊負缶得手在沈綆此際無窮盍淵深一
綆知　王春巖曰圻蘇州人
源流探素與如何纍罔求珠得已多從此長繩堪
繫日不須愁却水無波
康瑞伯發祥大司成和韻吳
治河曾繪祖陵圖潘尙書季馴疏彤庭敷藉淮刷黃
論水勢防河已握靈蛇珠烏程海陵兩相望出奇
策每由經腴先生曾上治河策數千言於當事某公宗風可繼三百

汲綆圖題跋　完

載不知水利皆凡夫井養不窮堪喻意窅然懷抱
眞縈紆烏易西馳兎東走長繩繫恐同逃逋洞漩
文思仇泉出淵源墨瀋天瓢斛狀物悉如符調水
在山出山泉與俱此才此學孰與抗班疏溝洫馬
河渠汪洋客盡向若歎子陽井底徒嗟吁百川學
海有歸宿幸得餘波一溉子　辛酉同年夏循陔人翼朝江陰
歲星在丑見此圖燕臺旅館藤華敷蓬瀛浩渺望

難卽重淵未探驪龍珠直沽掛帆徑南下擬裁短
句墨不腆羡君汲古有脩綆轆轤汩注倖農夫上
窮軒轡逮秦漢溯源竟委路曲紆六經諸子藉蠡
測爬疏疑義同追逋其來汩汩水泉湧靈府潤比
天漿斠心機活潑用不竭昕夕快與銀瓶俱泥汙
浚渫塵垢淨涓涓不絕成清渠自笑蹄涔止一勺
波瀾莫莫徒增吁余與君同出煦齋師門下彭籛涉江寄雙鯉
石夫與君同里秋風𡟯𡟯應愁予　和吳大司成韻

戊寅　李小白慶華

涵濡奧義披羲圖如飫沆瀣心華敷筆含秋露垂
明珠噴薄墨瀋流經腴先生攬古雄萬夫淵源道
脈丹田紆如防束水鮮逃逋有時倒影靈泉斠脩
綆得手晨夕俱疏瀹經濟先河渠毋怪井蛙驚且
吁願宏汲引無遺予
受業　儲湘舫　步雲明經

古者慈悲之供卜鄰聚夫八口水木之爻辨義詳

於九卦往來井井而不窮經綸繩繩以相續道誠
有之學亦宜然　予亭夫子少而孝友長嗜鑽研
超超越俗嶠嶠邁羣七夕曬書腹內言皆有物三
錢飲水胸中生自無塵溯倚欄作字之年窺資深
逢原之學莫不字砌牀銀篇成檻玉矣乃其博士
早選賢書載登屢膺卓薦四上都門辭花縣以弗
受餐苜蓿以自娛射策西京床虛七寶授經東海
席供一氈奉母板輿藉祿耕以井養課徒絳帳鍊

丹訣於井清若夫胸貯寒泉才恢瀚海淵源萬斛
匯擇地而流奧義六通豈鑿隧而入靜似波瀾不
起文有古心動如轆轤徐旋冽爲甘味少浥不盈
多取不竭賦四八以取象飛泉仰流果九三之叶
占王明受福井之時義大矣哉爰披斯圖由繹其
說非僅典學之脩兼寓誘人之善揚清激濁爲咨
爻洗心鎚幽鑿深示混沌導竅泉何竭矣繇乙乙
其若抽引而伸之理庚庚而入扣陋彼跳梁之習

尊若鳴蛙窺茲測管之規谷惟射鮒則索飲者毋得水而忘源濟渴者當求漿而增減矣雲棄井自澌結繩無術比瀏沟而猶嗟徒桔槔以自給盈且涸矣滴莫應乎蟾蜍飲而甘之志恒羨夫燕雀幸斗山之相望常被風清倘衣鉢之可傳惟期繩正敢竭鄙忱藉疏短引

受業 繆彬甫 文煥 己卯

循源神馳滄海邊登峯目注崑崙巔學富五車城

汲綆圖題跋 十二

擁百耻讓古人居我先昔余年方十四五高山仰止學蒲編從遊負笈五六載儼然測海亦窺天華國文章西京骨光芒何止萬丈連字挾風霜搖五嶽擲地聲如金石堅淋漓大筆何浩瀚江河之水吸百川龍翔鳳翥衆仙下珊瑚玉樹相輝聯臨池直入鍾王室俗書恣媚惡鋒偏楊馬辭華屈宋艷仙才謫下李青蓮一瓣香祝曾南豐低首龍門效執鞭通德門前雪一尺春風座上月華圓鳴鹿呦呦開嘉宴鈞天仙樂與賓筵夫子以辛酉舉於鄉其時弟子日益進黌宮振羽快聯翩同硯如沈封人孝廉羅竹坡上舍謝學夫茂才等時同出門下愧予年幼資苦鈍未之逮也有志焉乃者公車驅北上鳳池五色擬雲箋長安市上雖如錦公門桃李孰爭妍夫子受知於英中堂煦齋同門皆心折焉造化儲才復忌蓬山已到嗟迍邅乙丑歲夫子已捷南宮復落第而闈墨流傳已遠矣明月夜光多沈沒芙蓉江上怨年年我觀古來大儒者名山樂業自陶然不其城東宏敎化康成

汲綆圖題跋 十三

書帶草芊芊階前蝴蝶成佳趣廣文一館辟鄭虔天意欲使繼往哲丁丑任龍城廣文何必冠雀啣三鱣況復身從北海遊謂法大司成梧門士龍鳴鶴勢凌煙謂李芝齡文部兼以山川風物色幾番閱歷悟蹊徑仰登泰山觀日出銀臺金闕騰萬千北顧黃河趨大海二十八宿羅胸前天下大觀觀止矣歸來晤對惟聖賢汲綆閣上與古集宦遊旋里建汲古書屋心醉六經如列仙寸陰更如分陰惜九轉丹成志不還我披此圖愫

然悟夫子自勉勉吾旃土不讓塵積如山水不辭
盈積成淵綆牽之長累千里伯樂不逢肯駐驥汲
井用資汲古益淵淵汨汨引源泉河汾山斗宗衣
鉢政云師道得其傳

余自鄉闈獲薦後四上春官羈京數載風塵
僕僕幾厭征車矣今春遠遊浙杭領畧湖山
勝景三月鶯花六朝煙水鄙拙之心豁然頓
開登孤山之梅嶺訪子陵之釣臺醉歌狂吟

永朝永夕幾不復以學爲事返棹後獨坐幽
齋不攖塵事惟思清風明月之樂而已適
夫子大人以汲綆圖見示因思予從　夫子遊於
今二十餘載矣函丈親承宛如昨日董帷馬
帳畧識淵源今猶耄而好學不知老之將至
余慨然曰　大子自淑如此亦即所以淑吾
黨也敢不勉旃歌曰自古名花和雪冷任他
桃李艷陽春若論風骨超凡近富貴場中有

幾人又曰千古大儒崇實學名山樂道悟歸
眞若拋斯理談風月只恐世多輕薄人時
道光丁亥歲荷月立秋前一日炙製長古並錄鄙
辭菾求
鈞鑒

受業　沈春臺三祝壬午

卅載於今列絳帷一堂父子重賢師祝偕子爲章受業三十餘年矣尋源久辨崑崙大師久從吳穀人法梧門前輩遊觀水難從海

澨窺汲古千秋憑俯仰披圖兩世挹光儀虛懷愛
竹眞君子妙手傳神舊愷之圖成於畫師顧某　坐擁百城
新翠滴窗開四面好風吹掘深東井施脩綆分半
西鄰隔短籬師居東井巷號東井居人又與鄰舍共井號半井居士　苔徑迷
離朝露濕松陰圍護夕陽移轆轤軋軋懸飛瀑機
緒層層引舊綆瓊液沖瀜疑雀乳玉漿流潤灌虬
池恰當意蕊潆洄日正是心花怒發時功到十分
剛潑潑陰留寸晷故遲遲無波取爾原無盡有本

如斯賴有爲馬帳雪深齊佇立董泉津逮不偏私
培他桃李成林盛許我蓬瀛在後隨同門如繆彬甫孝廉等不下數十人視癸酉叨里選壬午邀鄉薦俱荷栽培恩重倒峽詞源人共飯微
官瓠落自難羈師署龍城句曲廣文及部選祁門力辭歸養龍駒幽險
曾遊洞龍城山水極盛豬霧神奇爲禱祠師在豬泉禱雨得甘霖數寸
足履晝巖羣澗會身登日觀衆山卑師登岱觀海渡河千里佳韻傳播四方三江白練窺才藻萬里黃河壯遠期策上
司空文浩瀚書呈宰相墨淋漓師著淮黃策畧上中堂河督俱蒙褒獎排淮濟運稱奇議謂淮黃濟運五議望泗登樓續舊詩謂登黃樓詩

北闕歸來饒逸興南薰披拂動吟思昌黎老宿傳繩直
寶禹家珍重鼎彝師與芙臺世兄汲綆讀書朝夕不輟試看佳篇題
鮑謝俱爲名士詠軒羲鳴蛙自愧羸瓶諸射鮒深
慚渥澤滋更羨超宗搏鳳翼能教花縣廓鴻基驪
珠躍此光騰達福受王明事業垂

受業謝學夫登仕

汲古學全優希韓綆獨脩轆轤看導引磐石坐勾
留手自空空妙繩須乙乙抽千花浮水面百轉見
源頭活潑從心得工夫到地求竹梢三尺露桐葉
一聲秋豈羨懷珠瑞還同抱甕謀子雲翻曲調明
遠解歌謳江海才何富淮黃策竟投季馴書可續
元亮志堪侔泉湧迷苔蘚渠成灌隴疇無波甘共
飲有本泒分流桃李先生植門墻弟子遊春風噓
萬彙時雨化同儔星宿崑崙睹煙雲岱嶽收謂登岱渡河諸詩文瀾涵絳帳詩緒續黃樓澤被龍城久師著龍城消夏集

名聞燕市周歸乘書畫舫同謁孝廉舟亭搆
依雙井窗開比六幽桔槔斜日渡籬落晚風柔名
士多題咏前賢幾唱酬披圖瞻仰止執筆費雕搜
射鮒慚涓滴塗鴉愧矯揉安仁誰接武才子羨蘇
歐謂芙臺世兄

子婿陳掖庭奉綸

韓詩宗李杜奇險造平淡龍文扛巨鼎丹忱發龜

鑑藉湜參翱翔叢書夾鉛槧高詞凌皇墳肝膽出
古劒騷屑走京師所嗟石與甎二上宰相書頗爲
俗儒瞰及覩佛骨表嚴氣舒光燗著書近駁雜每
爲朱儒忝豈知淮西碑終古誰能譏鼎彝自典重
歐蘇此觴濫卽此是長綆汲深波泛艷今對丈人
峯巍巍裕華贍一氣包洪荒百家互推勘搜春拾
花卉巾箱姿飫饜芹水獻其香金粟燦以艷鵬翅
擘大海紫瀾碧空潋崑崙自尋源謂大司成法梧門吳穀人前輩

獨使乘風帆龍門浪掀天餘波俱溉沾公授生徒數十年來騰達者甚多慷慨念生民力補河渠陷胡爲具雄才公著淮黃策數千言上宰相書乃以薄宦欠公因告養遂棄縣令就廣文泰山萬
仭登黃河千里汎歸來老林泉蒼生一弛擔牆陰
容十笏縹緗繙未厭汲古探淵泉毋留九仭憾瓜
瓞永繩繩書香味自醲元方吁可畏風騷壓壇坫
餘技了十八天庭藻獨掞架上千萬卷飽誦如塡
塹驪龍含其珠斗室燭幽暗止止吉祥基道趣鳶
魚占轉瞬近霄漢逢原遞堪驗末六韻謂芙臺大哥從事汲綆書屋論文作詩日不停輟有詞流三篋筆掃千軍之槩

小門生　王子勤廣業癸未進士太守

策策西風鳴墮墮碧雲冷鴟鸋語夜闌涼思澄金
井井泉清且甘欲汲苦無綆卷書坐松陰徘徊動
深省安得萬丈繩臻此虛靈境昌黎不復作秋壤
徒耿耿方寸瀹靈樞谿蓬管城潁迴風生紫瀾虬
螭共馳騁桂子擷天風香滿金華省穠被遊四方

眼界何淸奇朝窮蒼冥源暮宿鸞鷟嶺幽燕豪傑
地慷慨古無倂所交多老蒼所得窮要領江南古
澤國天吳歲告警田廬汨波濤生靈飽鼉黿河渠
萬言疏幕下屢陳請宰相謝直言此邦何由靖嗣
然賦歸來幽居輪轂屛藏書三萬架冥索味逾永
受福並王明沾溉利千頃心源無波瀾古月寒潭
靜以茲紹昌黎滅沒望倒井賤子喜涉獵蹄涔空
泛綆披圖仰師承淵源幸有秉

小門生程韜菴字光北丁酉元

空洞負我腹墨汁飲無汁瓊田失敷腴未由飽靈液有如古井水波瀾滅無迹欲資陶汰深旋復沙土積手眼力易勦方寸地彌窄僅守挈瓶智常遂抱甕客所至昧深淺不足中繩尺老輩賦閒居問津有新獲胸如古鏡明眼如澄波白定知智慧身冰壺濯其魄學道握眞宰衆泒歸一脉早樹翰墨勳高據蓬萊宅以水喻文字昌黎論獨闊東坡萬斛泉湧出地不擇汪洋吐千頃更上治河策玆迺

謝榮利閉門理圖籍虛懷納萬古靈源逢一夕豈徒計升斗直擬貫金石今人攻古人秘義那能惜繪圖出新意託志在疇昔我友冠玉姿謂陳掖庭偕行聯羽翮同憐逐末儒生事計甂甌桔槔不自王轆轤催轉廹每思自已言味苦比嚼蘗安能丐殘瀋重自洗肝腸

子婿李軼羣驥

不作今人想歸愚汲古勤詩章懷吏部圖畫似將軍圖係佈置 岳丈綆欲施千丈心期到十分心源如挹我秋樹好論文

大海登峯望渾河自在行岳丈有登岱山觀海並渡黃詩句鑒賞頗多

有源皆活水無樹不秋聲即用丈舊句 岳胸闊羅千古身尊擁百城夷塗今已識豈願博徵名

四海交游遍長安數往回披圖名士集攤卷古人來圖中如吳穀人法梧門諸前輩已作古人矣 一線心遙接千花手自

栽岳丈培楦生徒門中桃李極盛 傳經期不朽後顧有雄才謂芙臺內兄

堂伯兄松巖鶴齡明經

天下物恒有盡而詩書之味無盡吾家以學業相傳由來最久先祖東村公嘗自爲作記有願詩書勿替俾世世流長之語意甚深矣予亭吾之共祖弟也幼時與余居同室學同塾游庠同日長則同肄業於邑之書院及郡之梅花安定兩院間朝夕

砥礪不下廿餘年迨弟鄉舉後往復京華見愈廣學愈深矣其爲文原原本本浩然大觀重爲名公鉅卿所稱賞覩余之抑鬱家居徒嗟綆短者尚有同歎惟是頻試禮部屢試不售冉署冷官一心如水厥後特邀　簡命又以親老辭不就職論者謂窮經致用長才未大展焉斯圖作於方有爲時故取象汲井以期深造自得與民物相養不窮今老矣白髮蒼顏光景頓異回思前此雄心踴躍不能

無感於懷然而齋居一室坐擁百城篤學之功依然繩繩不息是其矢志用汲者固將終身以之且極不忘吾祖宗之流澤長也由是子若孫謹玩斯圖發思古之幽情幸一綆之尚在亦必有勿替引之者余素與同志故樂於諸君子題詠後爲家言眞率以敘其大畧云

男曜三芙臺壬辰

獨抱探源志忘機空漢陰文心江海闊詩思轆轤深因果三生石（家大人少時夢坐石汲井）工夫百鍊金滔滔常不竭流水是知音

愷之圖妙景名士賦閒居修竹青氈冷狂瀾赤手疏（謂淮黃濟運策）風淸剛入座水到盡成渠餘潤敷桃李要津總不如

登龍四十載耄學尚沈潛腹笥矜淹博春船謁孝廉聲名高洛紙（乙丑薦元文傳京洛）模範煥堂簾（秉鐸蕭縣纂修邑志紳士恭送龍城模範扁額）成就波瀾壯思親韻早拈（夏銷

集中多思親語）

北海交游廣神仙古太常（繼任句曲部選祁門告養加常博）珊瑚羅鐵網珠玉起緗囊領袖文章富門墻姓字香二分明月裏甘苦幾經霜（謂安定梅花孝廉堂三院）

結廬作僻境雙井溢寒泉（巷名東井書窗半井）門隱蕭疏徑窗開活潑天一痕燈影瘦百轉浪花鮮自得逢原樂烹茶愛晚煙

有客訪城東門前碧水通（宅外通渠）數椽歸里後萬

事苦吟中井養天懷暢薪傳化雨公桔槔無斷
續籬落度秋風
授我長繩引淵泉道味深琴書終日志花草一
春心理窟知頭緒鑽研惜寸陰敢云勤有獲不
受俗塵侵
官愛鄭虔冷趨庭法舊章東西分馬戟司諭安東勸修
學官馬戟門用天星選吉移向勸碑南北兩鱣堂蕭邑居黃河南安邑居河北
苜蓿霜三徑蒹葭水一方諸生常洗墨贍拜米

襄陽安署有米顛拜石亭洗墨池遺跡
朱　銘光遠揚州人
獨坐松陰下希韓別有天道明宏景樂圖似大
羅仙風格超凡境澄懷羨九淵胸藏千萬卷脩
綆自年年
小門生 孫　棨安東人
身是蓬萊頂上雲謫將塵世壓千軍天留繩墨
功歸正花發心源思不羣春雨淋漓揮大筆秋
懷壯闊現高文不才喜遂贈韓願戊戌仲冬太老師降淮陰諸生得瞻謁焉一瓣心香掃地焚
小門生 稽士俊安東人
讀罷淮黃策春流齒頰馨光陰修綆綠世業舊
氈青盤石依雙井探源醉六經千秋衣鉢在桃
李樹門庭
小門生 蔣　薰安東人
江海鴻才富五車幾經汲古客京華二分月裏

淘洪井四十年前望榜花博士聲名傳白水六月心清淮白水太老師佳詠冷官滋味問丹砂吾儕何幸叨餘
潤更有清風散綺霞師臺著漣水清風詩集
小門生 蔣　藍安東人
秋煙淡淡秋雲起一桁秋山淨如洗掘井九仞
玉花飛萬古秋懷出經濟海陵名宿氣如虹神
仙謫下蓬萊峯長繩百尺泉源湧筆端颯颯生
秋風一時紙貴三都賦騫鵬暫息青雲路班馬

文章老斵輪坐看桃李艷陽春最是鳳凰城郭
裡花成錦繡草成茵當年合流淮黃逆災黎寥
倒無安宅先生汲古法河防獨駕扁舟常挂席
探源導海幾春秋著書願上治河策才思橫飛
萬里波襟懷直鑿千尋壁燕南燕北幾遇遭臨
水登山不惜勞爲慰萱堂年九十敢戀五斗用
牛刀咖鱣不慕河陽縣驅車逼近捍黃堰戲馬
臺高望舊雲霧豬泉拜甘霖偏龍城名志手親

編講院拂拭春風扇嵌空扃額起玲瓏口碑作
頌芳名擅一肩行李賦歸鞭銷夏詩成志浩然
杏林未埒騰空驥宦海先看傍岸船安仁忽作
忘機者臨渠愛築三間屋繪圖觴詠多名流傳
經絶鮮緇塵惹受綆賴有肯堂人（師臺著受綆詩鈔）十
年萬斛明珠瀉松聲謖謖鈴索響家學淵源契
幽賞少年詎安木天居一室還作九淵想策馬
淮陰謁鄭虔知君文賦獨萃眠壘灑連城新緑

兩家傳兩世舊青氈（師臺句）藉用馬戟門前碑犖确
能仁塔上句流傳（修馬戟門勒碑登能仁塔題壁）我今立雪慚
綆短人生都作轆轤轉披圖景仰老黃門源頭
汩汩春泉滿

小門生　俞步青　安東人

脫然蹊徑外井養坐松陰淡遠今古趣轉旋天
地心孤懷人了了四壁漏沈沈千載遵模範龍
城化導深

小門生　蘇　梓　安東人

白石清泉趣味真此中高坐羲皇人平生得遂
歸愚願萬古秋懷老此身

河渠經籍舊曾諳惟有源頭許獨探分得一杯
滋灌溉滿門桃李樂餘甘

京洛從游葢世才（謂法吳兩大司成）龍門立雪洞雲開
何當一陣迴風引吹落蓬山頂上來

城郭迴環泗水流新詩寫上舊黃樓藉君一管

淋漓筆芒碭風雲袖裡收
濤飛百尺響泠泠講屋依人藉草亭太老師龍城詠懷
句見說黃河波浪靜盈階草色入簾青
昌門句曲兩忘筌底事思親一線牽花下板輿
籬外竹何須冠雀脚三鱣
竹徑堪餘地一弓許渾老屋不嗟窮學當水到
渠成候世味舒徐道味蝸
衣鉢青氈詎等閒新詩一卷手頻刪披圖題遍
汲綆圖題跋 吴
名公筆應作千秋萬世看

續冊嗣出

聲玉山齋詩集

（清）鄒熊撰

《聲玉山齋詩集》十卷，清鄒熊撰，據南京圖書館藏清嘉慶二十三年刻本影印。

鄒熊（一七六二—一八二一），字耳山。清揚州府泰州人，監生。性情曠達，少年時縱達不羈，樂遊俠而不尚詩文。弱冠始涉經史，近中年始爲詩，得漢魏之奥，鍛鍊不苟。爲清嘉慶間重要詩人，常與康發祥、葉兆蘭、夏蘭、羅克倓等當時泰州名士交往，并共同組建芸香詩社。丹徒王豫輯《郡雅集》謂其詩清俊雄邁。

鄒熊著《聲玉山齋詩集》十卷。前有友人所作序及題辭。其詩健而不糙，深而不晦，古體慷慨淋漓，與世道人心相繫。雄邁中性靈疏闢，有天籟自鳴之趣。從鄒氏《自題聲玉山齋》，可知其因清虚而愛竹，風雨吹竹有如玉聲，自是雅士之趣。其詩多獨到見解，集中《聞繆竹癡重刻陋軒詩集感賦》認爲吴嘉紀『陋軒一布衣，高風足萬古。詩品類陶潛，詩才同杜甫。』以陶、杜喻吴詩，可稱定評。《書徐文長傳後》云『阮籍牢騷狂態出，禰衡謾罵禍機開』，表達了對徐渭的獨到理解。論袁枚『奪取香山筆一枝，編成百卷性情詩』，認爲袁枚直抒性靈，發揚白居易之詩歌傳統。鄒氏亦有反映黎民飢寒之詩，如《鬻牛歎》写貧民無奈鬻牛，市儈却乘急逞機變。《大水行》寫泰州地區的水患。《遺孩歎》寫荒年『千錢賣一女』，『百錢賣一男』的情形，表達了對貧民之同情，可謂白居易新樂府真正繼承者。鄒氏遊歷蘇杭，寫詩很多，可見其山水之趣。如《雨中至西湖看山放歌》寫西湖由晴轉陰，雨中看山的景致。此外寫北高峰、六和塔、蘇小小墓等，亦多有獨特韻味。

（畢研哲）

聲玉山齋詩集

序

詩以言志也志之所向根乎性發乎情辭以達之氣以充之故觀其辭氣可以見其才觀其性情可以定其品鄒生熊余戊辰闈中所薦士也兩司衡極賞之以疾作策未終卷相與惋惜者再撤棘後執生名以詢同人僉謂吳陵佳士文固拔俗詩亦知名余返裏署即馳柬招生生以病辭書中有春暖渡江之約先寄所譔古今詩若干首屬余作序余亦以積勞卧疾榻次得生詩坐覽心目爲之一暢夫人之嗜好各有專尙苛門戶之見力求貌似古人竊六朝字句爲古雅辨三唐格調爲盛衰界宋分元互相詆毀究之刻鵠類鶩眞氣牿亡令人讀之生倦生之詩未嘗不學古人而不爲古人所囿興之所到往往自出杼機無艶體無浮詞其健也無粗豪氣其深也無沉晦色古體紀事諸篇尤覺天懷洋溢慷慨淋漓隱隱與世道人心相維繫所謂得性情之正者其在斯乎然則生之才與生之品亦可以見其大槩矣爰綴數語相質並誌一

時得士之大快云嘉慶戊辰仲冬友人沙邱孫珏序於婁江官舍

序　二

序

余學詩至五十而不工是終不知詩也不知詩烏足論詩然詩如耳山之奇交如耳山之深則又有不可不論者耳山少縱達不覊詩文非其所尚弱冠後始鍵戸涉經史余客遊數歲歸聞耳山文譽日起奇之重之亦未知其能詩也獨羅子夏園論其文而斷其能詩余知夏園非諛人者亟索耳山詩得藏稿數十紙卓然成家始知昔之絶口不言詩固深於詩者也嗣是名大噪芸香諸前輩爭虛左以待耳山與芸豪爭張旗鼓作長夜戰雖酷暑嚴寒風雷雨雪之期無後至無倦色焉詩境亦由此日進因憶余鄉者遨游江淮間騷壇吟席槖筆論交不乏知名士大抵皆早歲操觚晚年卒業從未見中途學劍脫手成丸若耳山之易易者丹徒王柳村稱耳山詩才雄邁余獨賞其性靈疏闊有天籟自鳴之趣兩論雖齗齗不同均非皮相耳山者惟耳山遲余十五年爲詩詩乃超出余上茍非聰明材智有大過人者詎易辦此乎交之深故言

序　三

之暢並自忘其相形見絀耳嘉慶庚午溽暑同學愚兄古軒葉兆蘭

題辭

馮大中 正齋

文章海内皆知己，詞客天涯一比鄰。天公許我行萬里，山陬水澨多同人。一臥西湖遊興嬾，閉戶養痾庭步緩。有客蕭然兀坐吟，揮毫落紙雲烟滿。倜儻憑深几，覗其草，意氣凌霄抒懷抱。遂詢鄉貫並腳色，芸香社中文學老。談言彼此心相欽，終朝往復愜素襟。論詩直追漢唐古，五七源流能討尋。乃出宿稾殷相示，聲玉山齋手編次。文子好問不耻下，受而讀之諸體備。或如彝鼎重，或如花木鮮，或如蛟龍潛深窟，或如風雲捲九天，或如牛毛繭絲細文理，或如黃鐘大呂繁管絃，或迅疾奔騰千里河流一直瀉，或紆迴曲折六盤山勢幾回旋。我聞古人文章愈痞積，我病爽然若頓釋。迴環雒誦如有神，讀盡當浮一大白。君才君學富滄溟，如君豈合老明經。文塲鏖戰已奪幟，忽驚顛躓誰乞靈。抱膝長吟隱藝圃，垂老精神堪鼓舞。筆有鑪錘鍊雲霞，胸羅錦繡豁城府。君不見自古詩人遇多窮，天教窮作騷壇主。運蹇莫與功名爭，自有詞章足千古。

著作平生已汗牛，又編新槀細雕搜。披沙不厭金重揀，磨杵能教鐵化柔。壇坫鼓旗三舍避（余久不入社），江湖風月一囊收（集中有浙遊草、畫山圖、紅雨仲諸家外），此集公然另出頭。

葉兆蘭 古軒

新詞題遍總琳球，忽訝徵詩到野鷗。較我才原強十倍，讓君名獨占千秋。鮫珠竟自和盤托，馬勃曾勞破格收。七字報瓊殊草草，敢將同調擬應劉。

羅克俠 夏園

題辭 二

精華何忍付消沉，商訂頻煩未再鋟。一字未安寧割愛，管教人共識虛心。

裴羆妃豨及些兮，摘摹魏晉與梁齊。笑他盡是虛車餙，枉費工夫襲舊題。

不許侯盧累始皇，刼憑張汲重貲郎。縱橫寸管空千古，掃絶南湖與致堂。

張皇庸行最爲難，邪得驚心怵目看。拈出幾章新樂府，幽光靈氣滿毫端。

米珠薪桂習爲常，嫠婦遺孩極慘傷。讀到痛深詞激處，居然言賦告流亾。

夏貽堂上白頭親，一病方知貴守身。脫日不嫌無粉餙，嘔心都覺是天真。

香山最說西湖好，太白遙探禹穴奇。名勝由來助才藻，卷終高唱浙游詩。

我亦狂吟老未休，獨憐無術可千秋。半生碌碌空株守，五岳何時結伴遊。

夏蘭 紅舫

題辭 三

四十年來鷗鷺盟，傳箋分韻同心兵。春風秋月無虛會，流水高山有正聲。一席能爭袁蔣趙，三朝欲駕宋元明。知君不恨功名薄，詩卷強于竹帛榮。

康發祥 瑞伯

我昔學蟬嘶，詩成聊覆瓿。大雅媿希聲，願從諸賢後。芸香結詩社，客已蜚聲久。我亦來于于，追陪竟非偶。須知璠璵美，不遺珷玞醜。鄒君氣磅礴，五字堅城守。苦吟必終日，心虛益能受。及之甫脫槀，觀者僵而走。時立閬風岑，衆峰盡培塿。近從遊覽歸，吟槀篋中厚。示我以全集，欲以垂不朽。齋名曰聲玉取義亦非苟音韻出球琳宮商逸瓊玖不媿幽燕將斯眞霹靂手有時摻土風如擊秦王缶有時韻琤瑽如撞鴻門斗有時鸞和鳴有時鏄鐘扣要之天籟發俱出談天口今之刊集者黙數爲某某事必極虛無書必託岣嶁古義雜繁蕪奇字竊蝌蚪究之性靈中眞摯竟無有雌黃不必分優絀無勞剖君雖苦重聽聲響君知否持此靜蛙聲復勞以斗酒

常　增　繼香

題辭　四

苦吟一字必求安此事功深轉覺難知費鮫人多少力氷綃織與萬人看

詩到能眞世必傳此心悱惻與纏綿古人奥旨如窺破請把紛紛俗論捐

句工原不要人知風雨高歌足自怡只惜蔣袁凋謝久未留老眼選公詩

我與前賢癖共深詠詩遥證妙明心草茆孄作千秋想閉戸聊爲蟋蟀吟

戈崇儒　鴻軒

看遍奇山水歸來稿已成餘音聽嫋嫋大集見毹毹棗刻篇逾富重刪律更精並刪舊刻著書人未老莫漫羨虞卿

十載瞻師範簪毫敢自矜評非留月旦味喜辨淄澠諸老欣俱健鴻章又漸增心香分一瓣即此悟傳燈

題辭　五

聲玉山齋詩集卷之一

吳陵鄒　熊耳山氏

富春

山色淡且遠水光幽以清一灘臨浩渺乃有千秋
名緬風少延跰四面烟霞生江潮自來去江鷗無
送迎一片月迢遞使我生遙情

太白樓

到眼無凡境披雲一倚樓高寒終古月空濶大江
秋幾輩徒沈湎吾儕敢唱酬偶因學狂放長嘯徹

中流

史閣部祠

孤旅無人援其如勢去何深宮方選妓同室又操
戈城染睢陽血碑留信國歌忠寃肅梅嶺萬古耿
巖阿

邗江雜詠

迷樓歌舞太紛華結綺臨春一例奢幾日荒蕪隋
苑冷流螢飛過玉勾斜

望雲

登樓捲幔倚風前六出飛花竟杳然若是肯來宜
酒後似曾有約在梅先騎驢詩叟厭晴日曝背老
農慶歉年我亦披裘江上待衝寒好放釣魚船

踏雪

倚杖一天雪寒颸撲面來吾生雙眼白合向此時
開山遠疑無路香生始辨梅游踪皆化境鷗鷺莫
相猜

雪中作

昨日甫送秋獰飇夜陡作雪片飛漫天奇冷透重

幙披裘遲須臾瑟縮僵蠶若吾友鶴峰子旅况正
蕭索孤燈閃破庵衣敝布衾薄老骨不支寒逼成
三陰瘧愧子徒接交未雪失籌酌病至乃周旋忡
忡終不樂

題桃源圖

桃花掩映水東西鼓棹漁郎歸路迷別有一天成
世界隔溪仙犬隔林雞
主人迎賓賢且豪客從何來驚相遭醉客以酒止
客宿流水無聲山月高

上世衣冠禮教會敦龐猶見古風存此間應未遭
秦刼藏得詩書授子孫
仙境何曾與世殊田園樂守自愉愉商君也覺苛
征誤不取深山一斛租

夏日江館

竹樹陰森裏通幽徑一條樓開天近水夢醒雨喧
潮到眼雲山淨忘機鷗鷺遙倚欄發長嘯心已脫
塵囂

題李太白采石泛舟圖

江明如晝酒星高江流有聲酒人豪采石江頭夜
放舠天門月冷風蕭蕭朝奏清平天子褒暮結江
湖鷗鷺交仙才何地不逍遙江光山色供遨遊昂
首欲爭山岧嶤低頭欲吸江波濤此時江月挂層
霄奔流碎湧玻璃搖開尊對月酒如潮胸中塊壘
一杯澆疎狂那復生牢騷高吟聲徹江之坳名流
勝境不常遭不醉何以娛清宵須臾酒客醉酕醄
牛渚風吹宮錦袍

贈友

川原歷將遍半生舟與車跋涉本非計翻然歸故
廬高梧生爭碧戶牖涵清虛無夢入塵境有子同
璠璵勸君掃鄴架得錢多買書

題藏鋒圖

身傍畢竟有吳鉤猶負當年盛氣遊索性平津化
龍去更無人與說恩讐

月下登金山

江光如練月如烟山影玲瓏塔影圓鏡裏樓臺京
口夜浪中星斗海門天上方燈暗禪關寂遠浦舟

橫估客眠黃鶴不來坡老去詩揚酒壘憶當年

五弟存之赴溧水廣文任作此以贈

莫看肅然冷署輕　朝廷禮數重師生一官雖小
還風雅大吏無苛免送迎俸有餘貲書可買士如
勤課筆能耕棲枝要作凌雲想大器從來待晚成

古意

郎是車中人妾爲車下輪輪轉日隨郎與郎共苦
辛
時清路坦夷時暮心淒絶不虞虎與豺所憂風與

雪
郎豈好遠遊遠遊非得已去去勿回顧妾心如止
水

擬陶淵明采菊東籬下

擇境不求蓺庶幾避塵喧吟嘯適吾志所好寧有偏采菊東籬下望望秋滿山淡懷羨林壑孤雲時往還山樵識此意相對笑無言

擬陶淵明秋菊有佳色

秋菊有佳色秋籬擷繁英持以贈儔侶孰云無近

情酌酒娛夕景薄醉心爲傾機流出天籟素絃時一鳴因物得所寄煩憂何處生

邱烈女詩

邱女及笄張子聘之邱女未嫁張子病危凶耗忽至女心傷悲　女矢不字誓終吾志父曰汝年少自苦殊非計女曰夫一而已何能二　釵珥除矣衣衫素矣奔夫之喪不返顧矣所天所天靈前諄矣姑舅見之駭然驚此女來兮難爲情　舅曰食吾衆姑曰居吾屋去胡不遠百計相廹烏知實此不玷之良玉　山澗結氷春不融金城捍敵堅難攻詭言汝父病曷歸省而翁驅車出門行匆匆歸覲父父康強姑若舅何譸張女曰噫吁嘻余識彼衷腸謂余不遄死不遄死不祥死如歸兮素願償幷剪利兮比鋒芒從容就義兮爭日月光　烈哉邱女性傷哉邱女心事難不畏勢廹不生數十暑寒後安知大節不沈淪吾筆諸詩吾告吾鄉人

吳陵冶春辭

風細塵清一徑遙兩三鶯侶挂詩瓢小西湖在雲

谿外不爲尋春不過橋

鳳尾橋東選佛場老僧鎮日灌花忙折花爲客簪雙鬢粉蝶相隨過野航

西訪螺園戶未扃葉古軒別墅 草堂春滿柳條青我來最愛鶯聲好笑向山家索酒聽

紅杏花梢拂酒帘打魚灣口晚風恬酒人清嘯漁人唱溪月如銀出鏡奩

望遠曲

晚風下黃葉秋鴈橫江湄有客萬山外萬山空夕

遥阻寒無衣寄語問征人秋深歸不歸

尋吳椒堂墓不得

伯道墳何處劉伶跡已消可憐三尺土難保十年遥蔓草碑全没荒原酒漫澆詩魂如有覺應慰故人招

書徐文長傳後

天子曾褒太府推如何顛倒辱塵埃性甘戕賊非關數氣到和平始是才阮藉牢騷狂態出禰衡謾

罵禍機開世間儘有容身地骯髒如君亦可哀

秋杪登北山寺後樓

北郭千年寺高寒百尺樓潮迎詩思活山爲酒人秋古木出危堞孤鴻下遠洲東南更寥廓大海暮烟浮

擬今日良宴會

今日良宴會客至如星陳分箋各樹幟擫管爭凝神奇者炫其華樸者守其真幽懷共傾吐頃刻千言伸詩成憶舊雨聚散同輕塵卽此不爲樂奔走皆迷津鬢髮漸皤皤相視徒酸辛

西河草堂看菊

柴門晝掩靜無譁秋雨疏籬滿徑花肯借黃金作顏色山人爭說不繁華

秋夜

一雁叫雲秋已深一蛩入戶吟復吟高樓風緊逼燈焰滿地月來流梧陰錦瑟頻調怯短袂匡牀久倚驚薦衾碪杵千家人萬里紅閨紫塞同蕭森

曉行

斜月墮征鞍嚴關柝已殘馬蹄驚地滑人面逼霜寒隱隱聞鐘早匆匆續夢難何時辭跋涉高枕日三竿

舟中夜雨

風緊雨聲急瀟瀟滿客舟潮喧孤枕夜夢醒一篷秋樹密滴繁響江寒生旅愁榜人不肯發相與歎羈留

角聲

一角霜天曉嗚嗚古戍鳴山荒吹落月邊警肅秋

城老將迎寒立征人破夢行淒清聽不得何日罷
談兵

周公瑾

此亦江東管樂儔輕裘緩帶出巴邱黃龍業未三
分定赤壁功先一炬收高密少年當大敵舞陽姻
婭建奇謀英雄餘事兼風雅又占名場第一流

題江曉峰觀荷小照

清福能消有幾家文通近境忒風華亭軒面面都
臨水飽看一塘菡萏花

此境疑無六月天凉雲低覆石欄前閨中大有風
人在譜出新詞唱采蓮
一片閒情寄女伶傳歌人坐水心亭手中檀板須
輕拍恐有鴛鴦睡未醒
波光到檻綠迴環客况如君豈等閒絕代名花能
結子此間風味勝黃山曉峰徽籍

春雨

濛濛漠漠復絲絲苔長牆陰柳拂池省我汲泉澆
菜力誤人攜酒聽鶯期半篙新漲移舟好十里香
泥踏屐進暮倚柴門看霽色萬山如畫綠參差

偶成

我不善飲酒頗羨彭澤令我不解聲歌頗羨周公
瑾交游多酒豪索酒殊不吝時聞天籟鳴怡然側
耳聽人醉倩我扶人歌悅我性以茲活潑機爲我
破孤另相與娛長宵不知霜滿鬢
盆樹亦復佳呈材苦不廣籠鳥亦能言而絕凌霄
想縛束與牢籠物情遭骯髒我有千年樹百尺高
可仰古榦出離奇繁陰生莽蒼異鳥時復鳴破曉

發清響耳暫爲之明氣忽爲之爽時有幽人來怡
然成心賞
三月不出戶知交日以疎衆口嘖有言謂非僧而
枯余對曰否否晉接無時無近儒談理道程朱不
爲迂亦與顯貴交皐夔造吾廬談兵服孫吳論文
揖韓蘇不速而自至朝遊夕與俱神智爲余益俗
塵爲余驅友人聞之笑此子癖在書

邗上晤金淵亭索題盤谷圖賦贈

風雨停橈一識荆綠楊城外許平生青燈古寺披

圖畫黃葉秋山見性情我借倪迂新作合圖係同祠周曙峰寫君如謝朓舊知名只愁鵬鷃冲霄去未許巖阿采藥行

題汪蔚伯囊琴圖

廣陵一曲賞音難古錦囊封手怕彈只有枯桐燒未得相攜留當故人看

菊枕

安排紙帳竹方牀紉得秋花一枕香處士夢魂原淡泊不須富貴續黃粱

弔宫霜橋

淮海羣推齒德尊文壇虛席待君論身如旅雁辭家慣人比春風到處温夢裏簪花悲白髮客中聽雨怯黃昏不愁東道無知已老病頻加易斷魂

可憐身歿尚書生萬卷塵封抵百城遺稿只交詩弟子誄辭不藉貴公卿風流文酒悲陳跡寂寞園林感舊盟飯顆縱留坏土在秋風蔓草不勝情

題文姬歸漢圖

肯擲黃金替贖身一聲笳拍出邊塵阿瞞便爲沽名計畢竟胸中有故人

荷

豔却非妖淡却妍此花豈受俗情憐六根本淨宜供佛一瓣能香已近仙結社肯忘鷗鷺侶招涼合在水雲天孤芳我亦成心賞日日秋江泊畫船

題秋林獨坐圖

自得不嫌暮孤遊樂轉深蒼髯生太古黃葉淡秋心冷境無人賞空山有鶴尋爲余增片石旁坐伴高吟

讀吳椒堂遺集有感

故人永別痛離羣剪燭攤書淚雨紛疏食畢生無愠色布衣死後有傳文畫圖醉荷劉伶鍤辭世前日以荷鍤圖索題宿草秋荒伯道墳只有兩三鷗鷺侶黃壚重過倍思君

懷羅夏園客廣陵

有癖嗜平山頻遊如踐約炎炎薰風又作揚州鶴數旬不言歸湖山欣有託尋幽宿僧房訪舊入村落周昉謂曙峰及陳羣謂書農咸出詩與酌所到有

盛名不須問囊槖夕還晨一見河干舟又泊慇懃問所之一笑曰行樂去去芸社虛秋深頗寂寞安得相追從望湖倚山閣

口占和余秋農留别原韻

七載一重見匆匆又買舟爲牽遊子袂同上酒家樓鬚鬢全非昔風塵易感秋鴻章幸投贈許我豁雙眸

題季蒹夫覓冰圖

昨送河干别今看澤腹堅能留歸客棹便是有情天入社重温酒消寒再擘箋故園梅與鶴岑寂過殘年

題寒江獨釣圖

一江風雪不知寒獨把閒情寄釣竿只有羊裘身未着怕人錯認是嚴灘

秦淮雜詠 四之一

一幅青帘拂酒樓輕舟遥認板橋頭當壚紅袖消魂地細雨斜陽又暮秋

蚊

夏日之熱如酷吏爾非牙爪何猖狂夏日之威如猛虎爾能揶揄豈鬼倀宵行暗渡太陰險橫矛挾矢殊肆強羣小夜聚刻成陣貫耳鳴雷聲琅琅露處受荼毒下帷汗似漿更有惡賓入幕潛登床擊之不中攻以火前鋒少挫後陣張乃知驅除流寇無長策蔓延成勢安可當夜深偶爾一交睫萬弩齊赴黑甜鄉書田不生禾與黍胡爲漫天匝地來飛蝗不知何事更觸甘寧怒放出神雅十萬鐵嘴比鉤芒吁嗟乎逞威肆虐須臾耳乘除之理殊彰彰秋風一到吹爾散那能四序炎炎皆熱場

聲玉山齋詩集卷之二

吳陵鄒　熊耳山氏

上巳費焱夫招集春暉草堂

繞砌幽蘭長營巢旅燕歸開筵邀舊雨與客共春暉此會樂何極高吟興欲飛酒酣臨曲水新祿上人衣

春柳和夏紅舫

鴨綠鵞黃到處生半拖驛路半江城千門曉色春如畫十里輕烟雨正晴駐馬才添游冶興啼鶯又

帶別離聲那能栽向陶潛宅不管人間管送迎

短長亭外起蕭騷無那東風感寂寥過眼忽驚寒食近托根敢說漢宮遙凄清長笛吹殘月惆悵飛花付落潮此日幸邀名士賞且將丰韵寫南朝

葉古軒自吳門歸購藏園詩集見貽作此以謝

寒士出門苦囊中無厚貲兕復滯金閶歸遲數旬期行李無長物風霜滿鬢絲我方慰勞頓君乃有餽貽殷勤啟書篋贈我藏園詩一字抵一珠勝錫十朋龜拜手謝君賜嘉惠安敢辭

我饑濟我粟我寒贈我帛我無饑與寒帛粟非我欲我欲君所知贈詩勖我讀遺我千黃金不如腹笥足君施而我受取與兩不俗

足不履蓬瀛安覩神仙貌身不臨滄海安聞羣龍嘯展卷驚神光斂鋒出寶鞘酌酒邀我吟剪燭探其妙知君服藏園並非阿所好取茲天籟鳴啟我屯蒙竅良友而兼師此情何以報

西溪探梅

西湖之西多高士亢傲不肯近城市古香古色自成林萬株遙隔西溪水春遊我買古蕩舟一舟曉泊西溪頭與梅相望不相即毋乃梅花笑浪遊溪水映花同一色鄧尉羅浮讓奇特欲開未開三兩枝如待幽人另眼識衝寒冒雪來花間狂歌痛飲開心顏置身此境談何易山月在天人未還何時一洗塵心淨結廬好與梅花近朝朝暮暮坐春風省得尋春問梅信

五官寺

曲逕通蕭寺披荆一叩關地蟠千尺樹樓對六朝山市遠僧俱雅人稀佛更閒我來懷李白鳴鳳幾時還

題馬貴陽江南秋色圖

殘棋一角不知愁紅葉青山畫裏遊知否有人和淚寫西風禾黍孝陵秋

結客少年塲

結客少年塲披肝朗若電輕財重然諾片言酬恩怨走馬長安街飲酒吹笙院忩雖匿所安十年磨

鐵硯籌邊策萬言遠奏通明殿十上書不行歸來猶身賤慷慨發長歌倚燈看寶劍

聞雁

野店一燈暗寒衾短夢驚離家數千里征雁兩三聲江上悲秋侶天涯失路情欲歸歸未得竟夜感哀鳴

白下秋感

九度風簷與已闌龍門況又隔重瀾求名敢詡探囊易束手才知拾芥難已愧從戎先棄甲慢勞換骨替燒丹恥將咄咄書空態留與旁人冷眼看

莫把如椽筆炫奇等閒虛度少年時自慚對鏡鬚如戟再說簪花鬢已絲半世窮經知久誤中途學劍恐非宜回頭早作歸湖計三尺漁竿一釣師

江樓歌嘯見精神對客何須感屈伸莫笑竟爲門外漢已先推醒夢中人求仙徐福終成幻傳粉何郎亦失真始信畏途難再到殷勤早爲指迷津

空林落木響蕭蕭猶訪遺踪問六朝游倦也防山欲笑人歸又怕月無聊時存之弟同在旅次盧家樓上閒憑

檻丁字簾前坐聽簫一尺江鱸長夜飲勝他辛苦燭三條

老馬

萬山經閱歷絶塞幾馳驅幸與封侯將同留血戰軀人猶誇駿骨性不類罷駑時作龍沙想嘶風氣尚麤

登山

登山愛山巔愈上勢愈陡徑仄不盈尺危磵逼左右一前步一卻進退中心惕迎面老僧來捷若飛

亷走揖僧乞僧援爲余一引手僧言子無然此樂非子有穹蒼生物初崇卑分已剖驊騮日千里轅駒困郊藪鵬鶚搏秋風林雀豈儕偶平易不自安履險斯獲咎余聞略追歸面顔毋乃忸

題崔吟香和簡齋太史落花詩

苦把零香賸粉描袁安吟罷又崔鏕仙人謫降辭人老各向春風感寂寥

廿載名場白髮新飄零我亦墮風塵可能更借珊瑚筆再爲殘紅細寫眞

歌行

文不必爭萬丈光弓不必挽兩石強男兒富貴在骨相爾材爾藝安足仗五車之富不療饑客路秋風吹鬢絲錢漢昻長軀七尺雪中臥倒人不識搔首問天天茫然空濛終古浮雲烟君不見通侯家世紈綺子雕鞍駿馬長安市頭角峥嵘年十三肘懸兩印身拖紫

喜晤李少白

轉瞬三年別京華幾去留家貧難作客遊倦況逢秋道路誰青眼功名感白頭吟壇重聚首剪燭話離愁

不少風塵感相看太瘦生此身無長物江左有清名閲歷空今古饑寒鍊性情酒闌看短鋏猶作不平鳴

秣陵道中口占

出城行太遲去去日將夕一笑指疲驢却宜馱倦客

山不知我倦我轉憐山老似我禿顛毛木葉飛何

早

秋日東洵袁嘯竹招同人集雲谿精舍

一片湖光入暮凝松寮岑寂客閒憑雁鴻到此翻爲主竹石如常屢換僧痛飲莫虛山上月高吟須證佛前燈所嗟吾輩將衰老黃葉西風感不勝

淮陰周曙峰來遊客館三載今卜居始成喜賦

數口飄零客路寒托身有地夢初安江湖旅燕營巢苦風雨飢烏擇木難古屋才聯新草榻寓公合

住舊詩壇宅係同社許本泉舊居繞門曲水沿堤柳都入雲林畫裏看昭峰工詩善畫

送李梅生

名久稱三絶相逢却少年不圖才似此旅况亦蕭然慷慨論心酒蒼凉欲雪天送君當歲暮兩意倍纏綿

言還又小住一棹艤河梁展袖出詩草當筵索和章如君眞倜儻幾客嘆匆忙時廉夫少白先期告別笑折梅花去歸途夢亦香

子昂畫馬圖

畫馬畫皮如畫女悅世但憑顏色取畫馬畫骨如畫山崢嶸特立天地間想見松雪畫馬日馬不空羣不下筆圖成自賞應自憐龍種相看心黯然馬兮馬兮骨本重等閒遂爲人引鞚雕鞍玉轡有何榮鞭策者誰言之慟吁嗟乎代馬思燕草猶懷故土悲當年若解馳驅非何不畫向空山食蕨薇

讀穆天子傳用陶靖節讀山海經魚韻

五嶽太遼遠騁懷徒凋踈壯遊不得志迫迫勞舟車遐哉穆天子四海皆吾廬西飲祭公酒北剪春山蔬翔畋奏廣樂觀珽披河圖髦荒乃廷論襟懷殊擴如豈儒不自量執鞭思與俱安得一參乘策府觀羣書

擬東坡壽星院寒碧軒

風聲敲竹鳴山屏高軒寒碧生四圍徑深留客晝無日林靜煎茶烟滿衣踈花小草自成色野蝶幽禽相鬪飛鄰叟忽至笑乞笋湖邊釣得鯿魚肥

和羅夏園移居

一徑西河外羅舍住廿年居仍茅作舍坐亦草爲氈待客學陶侃同炊愛謝連邪期重卜宅又奉板輿遷

遷喬無一里過市即新居鄰叟助移樹家僮忙荷書門依深巷柳園種野人蔬滿甕梅花釀承歡入歲除

身緣貧少累性以定常安要作千秋想先從一室看書多留教子母老不求官烏鳥情能遂蝸居境亦寬

謁王心齋先生祠

兩字良知學千秋韋布身縱談皆浩氣載道得斯人手握乾坤大（先生有三三文在手）心傳子弟醇我非私淑者到此瓣香陳

贈儲暄堂

馳騁文壇負盛名常將布褐傲簪纓狂來作字驚風雨老去藏鋒鍊性情可教亟聞稱蹷子不刊終竟讓先生獵微汲古能容我白首重聯十載盟

丙辰元旦

今日不爲樂梅花竊笑之留客對花飲寒香生酒巵酒酣發長嘯疏狂興欲飛醉臥梅花下春風吹滿衣

贈李梅生

落拓天涯一葉舟隻身海甸又吳州化機在手衆禽活大筆畫天古鬼愁座上少年宵勸酒客中清嘯月當樓還家莫學袁安卧（某生有睡癖）多少名山約再游

渡海行送州伯袁介夫先生之淡水任

風颲颲水湍湍怒濤飛雪海天寒留公不得別公難片帆遥挂層雲端公乃吳陵良刺史面如寒鐵心如水災祲迭歲保無虞蝻蝗出境虎狼徙父老頌德朝廷聞擢之淡水攝清軍淡水小醜方竊據臺灣郡縣生妖氛元戎提兵探賊穴七日萑苻盡殄滅空城日落無人烟大海波翻流戰血使君至清風生瘴霧開駭浪平水府百神來呵護蛟龍遥避金鉦聲荒京一片塗膏地公臨恤患良非易招亾先集亂離民復田重理耕桑事願公撫字勿辭勞爲活蒼生補元氣

書宮霜橋半紅樓吟草後

壇坫曾爲主離羣近十年不勝悲舊雨况又讀遺篇幟樹中微後（吳陵自鄧黃諸君後論詩者寥寥先生出而芸香社興）名成未死先要留香一瓣珍重爲君傳

題袁冶山照

天高木落晚風寒景自蕭疎境自寬萬卷書圍名士坐一籬花供酒人看山空猿鶴相爭易市遠塵囂欲到難若肯畫圖添舊雨好張旗鼓當詩壇

題康瑞伯煦

爲儒不可爲迂儒參以活潑化虛拘縱橫之氣風
懷俱伊唔呫嗶胡爲乎康子昂藏玉立軀少年温
潤同璠璵不喜攜蒲與醍醐不爲艷曲爭唱喁才
華八斗胸中儲吐辭粒粒珊瑚珠定交我悵遲居
諸去年結社城西隅我已華髮君青驢我愧才踈
君味腴恬然風雨安敝廬著書以外一事無披圖
乃更增嘉譽貧不改樂心擴如司香不藉平頭奴
校讐遍置傾城姝名香殊色古人書人生得此天

機紓知君氣自凌雲衢與之所到情有餘一羣紅
粉相依於名流大類如斯夫君不見風流小宋長
公蘇

祈年辭

瓶缶酒漿旨且甘俚詞巫曲村氓諳曲祈神聽酒
祈飲神散人樂同一酣
東村爇香如斗大西村挑燈似星多祝天時晴復
時雨晴好刈麥雨植禾

新霜

新霜如好友好我來何遽昨夜上顛毛投膠不忍
去

懷友詩

一囊吟草一船書白髮蕭蕭返故廬十載西湖音
問絶詩壇酒壘近何如 錢塘王曾石元現
卅載風塵淮與江依然兀傲氣難降長遊不作無
家嘆痛飲高歌坐佛窗 興化徐鶴峰觀
吳越名區數往回山川跋涉出奇才畫中詩與詩
中畫妙境都從閱歷來 山陽周曙峰煦
詩侶傳眞見一班置余圖畫伺朱顔而今對鏡鬚

如戟烟水茫茫人未還 東臺張立山鳳翼
客常滿座酒盈樽江左名流半在門金盡不嫌知
己少有人尙識趙平原 東臺袁獻竹承福
不礙狂名似阮嵇黃金到手賤如泥重交爲痛荆
卿死能哺雛烏免夜啼 興化顧芝彩麟瑞
賣賦長安事已非迂踈况與世相違胸羅萬卷無
人諒羸得新霜滿鬢歸 朱冠林景泗
芸社招攜日日過年來何事老巖阿應愁阿敬書

名掩時嗣君紅舫入社有飛將登壇之目舊癖全消不愛鬻夏春舟震
菜根香與墨花香絕少逢迎媚世方不獲一禽終
守範馳驅今日見王良 許篔原秉銓
境自蕭條品自高著書廿載老青袍索居我亦悲
秋客脫帽相看感二毛 袁冶山振華
拈毫得句鬼神泣說劍當秋風雨生淮海十年深
閱歷詩才心境兩和平 葉古軒兆蘭
人如鶴瘦性尤靈卩似河懸舌不停夜半談詩兼
說鬼滿窗風雨一燈青 田鵠舫琳

十載歌樓與酒樓囊中金盡不知愁歸來遍種籬
邊菊占盡春風又占秋 俞蔚村國華
麯生麯生安可交揮之不去如投膠有才愼勿醉
鄉死劉伶之鍤君且拋 吳燮堂增祿
若翁七字久沉酣入社扶笻帶病談謂檢齋留得瓣
香需爾續要將詩味當禪參 常纖香增
家貧歲歎一身孤八口憑依正待餔終日謀生終
夜讀書生艱苦似君無 翁小山維坼
風雨雞窗五夜燈吾家小阮一枯僧青氈久當蒲
團坐要證禪中最上乘 家杏村元基

壽紀宜堂

裘馬翩翩結客場亦豪亦雅亦精詳貧仍事事同
文舉賢到人人贊季常洴白不辭長夜飲燒丹竟
有駐顏方莫嗟捧檄成虛願五十行年鬢未蒼
慚愧同庚早白頭生涯苦向硯田求采風幸未遺
珠玉大作已選入今雨集看雪猶能伴鷺鷗時承見招芝山舍後樓看雪
艷曲逢人歌子夜壯遊傲我說杭州稱觴都爲春
風至折取梅花當酒籌

聲玉山齋詩集卷之三

吳陵鄒　熊耳山氏

十三月孤兒行爲繆君莪洲作

孤兒有父有父早殤孤兒有母母痛夫亡夫亾血淚傾瀉矢志從夫地下　夫死無子生不如殁夫有遺孤死不如活顧此懷中呱呱兒甫十三月兒兒如見夫吞聲飲泣哺其雛兒病母憂兒讀母績二十五載心血延此孤　孤兒見頭角母曰父冠冠汝孤兒身昂藏母曰父衣衣汝爲兒着父衣冠母淚如雨　憂傾危兮一木支歷艱苦兮兩鬢絲孤兒孤兒兮何以報之念釋不忘兮是十三月時

聞顧芝衫收荆養雲遺孤爲增並恤其家感賦

死後交情乃見真慨然一諾結朱陳禮因抱痛無嫌咯心爲存孤不計貧皓首斷炊先餽粟髫齡問字得傳薪眼前何地無熒獨高誼誰能步後塵

題雪幢上人南遊詩草

南遊橐筆紀行程九十春無十日晴幢動何須問棲止滿船風雨盡詩聲

莫把無情怨石尤每逢勝境要勾留天平天竺都題遍特爲名山說偈遊

穩渡蛟門百尺瀾曇摩心定險能安慈航也覺詩僧好手執楊枝另眼看

去來無日不高吟汩汩詞源有梵音海浪江潮都吸盡歸來爲我洗塵心

補過詩

穹蒼忌巧詐雕刻速殘朽妄舉徒心勞虛言空顏厚未博目前歡而貽終身垢如車鑒其轍如瓶守其口矩步復規言奉以銘座右

揚帆辭贈夏紅舫

名高易累人欲閒閒未得揚帆復揚帆頭顱已雪色

舉杯辭贈王左亭

清曉揖軍門日夕呼酒吏舉杯復舉杯大聲塞天地

秋塞

驚沙黃葉捲風颼消盡烽烟尙建旄盤馬地生邊草瘦臂鷹人立將臺高戍樓落月寒吹笛甲帳飛霜夜枕刀思婦倍憐行役苦玉關萬里寄征袍

偶作

憐才實自憐樹人如樹木十年培養成藉彼濃陰覆彼高此愈尊趾斷彼能績奈何盛氣凌擯之恐不速驪駒伏櫪時安知非駿駼秋鴻羽豐滿高翔亦類鵠旗幟樹紛紛無人或我屬寂寞終窮岩誰

爲揚芳躅

人體所同具人面不相如妍媸固逈別兩美神亦殊親合始親愛嗟哉形影孤論才求其是奚必拘一途李白多豪放杜甫兼憂虞對立不交謗論文神與俱所以分道馳各有千秋譽

珍錯昧失調不如藜藿美瑾瑜掩於瑕光與珷玞比有材不適用擯棄無人視何况質本陋塗朱安足恃無鹽不諱醜終免羣言訾東施學顰眉識者笑不止愚而好自用所由嘗積毀

秋日遣興

繞屋蕭蕭落葉聲一回風雨一心驚酒於深夜防沉湎詩過中年減性情灌溉漸思同野老伊唔久愧說儒生逢人盡訝鬚眉改剩有看山眼尙明

富春江懷古

到此名心淡何須再問津乾坤容大隱山水屬閒人鴻雁江沙跡魚龍澤國身我來臺畔立烟雨一垂綸

讀小倉山房詩集

奪取香山筆一枝編成百卷性情詩能移風氣空前輩早有聲華動外夷四序獨推春可愛百川誰比海無涯瓣香我愧靈犀少堂奧深深未許窺

召伯湖采蓮曲

揚州女兒紅羅襦阿妹搖船阿姊俱姊采蓮花妹采葉要他葉上走明珠

哭潘沙隄夫子

春風吹不到衙門耐得清貧氣自溫一代楷模留正範百家文字此眞源懷才竟未南宮捷有目咸

知北斗尊淮海從遊諸弟子紛紛雲路早騰騫
博得江城一冷官皐比坐擁尙儒冠心灰海上珊
瑚網味享尊前苜蓿盤閒散却於詩侶近矜嚴求
合世情難由來古調知音少不遇鍾期悔浪彈
千里孤舟兩鬢霜圖書萬卷是歸裝抽身怕續遊
仙夢說法重登選佛場日暮依人兼旅病尸寒有
子各他鄉不知東道誰爲主此際交情見短長時就
館赴郡歿於旅舍眞州巴君具棺衾殮之
宮牆許我聽鐘鳴十載追隨共筆耕久幸傳薪掌

不棄深慚立雪竟無成鬚眉全改嗟遲暮壇坫重
尋異死生檢篋尙留遺藁在挑燈展卷淚頻傾

一鬚白

忽忽不自覺尙以遠大期覽鏡一鬚白動予遲暮
悲鬚乃不任咎變遷謂有時靑蒼隨氣化盛衰非
所知予自不努力老大空見譏予迺爽然失笑撚
無一辭
姬人不解事殷勤爲芟除我乃笑謝之卿非儒而
迂今日芸其莠明又茅可誅蔓延難全芟束手徒
嗟吁況復久如戟于思一髯奴縱使無二毛不復
美且都
謂有藥回天能轉白爲皁購藥試塗之儼然回枯
槁夢覺生悔心天機發淸曉半世守吾眞面目無
虛矯爲爾易素操貽羞良不少修容而自汙毋寧
常皎皎
我友見顏色勸我少苦吟精神日以耗霜雪日以
侵傳世能有幾胡爲勞其心無如見獵喜技癢難
爲情拚得鬚全白以償詩債淸便爲沒字碑未必

定長生

題凌芝泉荆襄感舊圖

山荒月黑馬酸嘶士女紛逃歸路迷作檄有人正
淒絶不堪細柳聽鶯啼
參軍情思本無涯苦設金鈴爲護花百計難回花
命薄才離駭浪又驚沙
哀猿魂斷別時聲曾與韋郎訂再生終竟蛾眉能
一死茲茲湘水碧無情
空齋一枕夢闌珊此後芳魂再見難紙上嬋娟呼

不應朝朝暮暮帶愁看

曉月

野店雞頻唱山城柝已殘不隨長夜盡留得一分寒吟客久相待勞人許共看朝霞散天末隱約挂林端

春山

春在隔江峰飛來翠幾重不寒難見骨肯笑若爲容雨洗暮雲濕烟浮曉黛濃岩棲吾有約幽夢一聲鐘

寧王笛

稽首華清拜女師慧心一笛譜新詞倘教譜到清平調飛燕新粧莫漫吹

寶劍篇

寶劍寶劍截虹斷犀投閑陋室妒乃數奇上之不遇名將識登城一揮能破敵下之不逢俠士收慨然一諾快恩讎淮陰市上人輕薄笑將凡鐵視干莫神物耻教屠狗汙藏鋒斂鍔依侏儒寶劍一何古侏儒不能舞寶劍時復鳴侏儒暗自驚爲言雷煥不生時不利劔乎劔乎莫吐豐城氣

康山春曉

拂霧披雲上玉墩十分春色寓公園（地屬新安江賓雲僑居）重開酒壘真豪士肯讓名山與狀元石徑濃烟花氣濕畫樓初日鳥聲繁記遊慢把詩題壁爛醉君房尚在門（時張老薑爲康山上賓）

新蝶

金粉西園事隔年過牆又趁嫩晴天已消扇底三秋恨來結花間再世緣春夢乍醒猶悄悄少年相

見已翩翩衹因初向風前舞弱不勝衣最可憐

漸來

漸來心境略和平兀坐書齋百慮清幽鳥一聲天近午落花幾片雨初晴能閒便享庸人福藏拙非邀處士名茗碗生香書在手世間何處有愁城

酬阮仲嘉見懷原韵

貫耳聲華近十年瑯嬛山館一詩仙論交不棄烟霞客請見難通咫尺天平子亟稱寧有溢（王柳村向余屢贊詩才）士宗尚志本來賢千秋要讓先生占許我能

傳恐未然

奇才嘆

人生富貴何足數知己一言盟肺腑奇才兩字豈
尋常况復褒稱是天語長公奇氣天所生言關治
忽無濫陳洛陽少年共千古六一居士齊盛名五
策三言天子識恨無寶劍淸君側變法商君議正
新直言白傳官終謫女中堯舜辨賢奸遷徙孤忠
亟否還爲言神廟知卿久每誦卿文掩卷嘆奇才
留佐嗣皇帝便民議革三司弊此際感恩憂世心

交縈爲瀉潺湲淚吁嗟乎宣仁實愛才天意奪之
速惇確實忌才黨禍依然復愛才歸第賜金蓮忌
才一官終玉局

送春

無端飛絮撲離筵三月江城倍黯然花氣欲消中
酒夜鶯聲漸老夕陽天不知此別歸何處又訂重
來似去年每悵熱場遊未慣還須爲我少留連

冬杪同人集西河草堂懷李少白客東洵

踏雪迎寒飈河干没屐齒酌酒敦古歡高詠梅花
裏所思謫仙人衡寒昔至此飄然一葉舟妻孥雜
圖史落拓東亭遊天涯覓薪米音問隔經年耿耿
情難已何日春風來吹綠西河水

柳線限韻同汪蔚伯吴待軒鄧浦泉羅夏園

四之二

不藉樓頭女手纔金梭擲後漸垂條爲誰春冷縫
衣袂到處風狂試剪刀斷續頻牽遊子騎短長能
繫酒人舠此條若向紅闈拂辛苦穿針肯憚勞
酒旗歌板憶秦淮踠地輕絲十里皆綠趁烏衣穿
繡戸青隨簾影織香階樓邊曲艷傳金縷花外人
過挂玉釵底事江干綰離別纏綿情絮總無涯

春烟

遠迷芳草近迷花淺碧深紅一例遮輕不勝風原
易散濃如着水便無涯嫩寒山靄嵐疑濕薄暮江
昏柳正斜夜月朦朧林闇淡遥看隱約幾人家

懷張立山

一廬遥結海雲邊聲價倪迂又米顛索畫笑辭開
府聘脱衣時質酒人錢鴻飛巾澤愁無那魚隔重

瀾信杳然（頻歲水災入賕音問）阿堵傳神曾貌我青驢綠髩憶當年

懷張子瀾

十載欣聞貫耳名江樓握手各心傾負才直覩世無物取友獨於我有情滿腹牢騷消酒壘高歌慷慨和琴聲（時卞一栞鼓琴沙落雁之曲子瀾作歌和之）年來定著書盈尺紙價應增白下城

春日村居即事

草茅初長柳初勻綠徑青溪處處新剪韭邀賓來

北郭編籬種樹學東鄰作歌近俚山妻笑結枠無猜野叟親鎮日桑陰坐垂釣桃源境裏一閒身

題袁冶山半船見女半船書圖

曾寫陶潛樂閒情獨賞秋（舊有松菊猶存圖索題）十年翻橐筆入口共乘舟責賦誰青眼謀生感白頭我無兒女累輕便載書遊

秋夜

涼露滴梧葉宵風鳴鐵馬月光流夜寒一庭水清瀉幽蛩助我吟淒然入牀下吟罷兩岑寂伏枕寐

可假一椽寺樓鐘曉霜明萬瓦

題借菴上人弁山詩草即步見贈元韵

下筆風兼雨放懷山又江此才復此境相與競無雙超忽鐘飛寺空明月在窗不須聽說偈野鷺已心降

過蔚村書屋看菊有感

破籬冷雨舊書堂曾結詩場與酒場入徑難留高士跡有花猶對故人香靈根豈益中年壽晚節空存兩世孀再訪羅含魂欲斷那堪今日又重陽

贈方芹軒

詩人囊橐酒人匏雁侶紛來屋似巢高誼更留徐穉照（詩人徐鶴峰遺像無歸芹軒藏之每逢令節則祀于中庭）名香一瓣供堂坳

米貴嘆

災祲滿數郡一州豐難支商賈居奇贏載舟無停時腴田粟未刈指粟先酬貲貲重富民喜粟貴貧民悲二升百錢易八口半啼饑風雨不出戶東鄰又斷炊豐年尚如此歉歲安可爲况復虔飛蝗兼

聞高堰危愁饑復愁溺束手徒歔欷願蝗無食禾
風平浪不頹遺此𠕇中衆老幼無仳離不作哀鴻
鳴溫飽娛清時

和常繼香禊日偶成元韻

詩筒酒盞各分攜領略風光到曲溪聚散不須驚
野馬窮通奚必感醯雞桃花逐浪千層錦山色連
雲萬仞梯遊興未闌春未去肯教誤聽子規啼
花外香車又畫橈金錢處處買愁消獨伸幽抱尋
芳澤遙對清流譜洞簫天與山川供嘯傲身同猿

鶴羨清寥雨餘風物須留戀楊柳依人綠過橋
孤遊日暖亦生寒結得鷗盟影不單吟壘樹旗期
克敵醉鄉封爵勝除官暮林尚許羣鴉集時聲玉山齋社
集 新竹都將小鳳看謂繼香及瑞伯蓉軒鴻軒諸子有客竟如僧
退院飛箋屢下不登壇謂覲庵老人
年來作賦愧江淹那有靈機夢裏添老眼生花迷
似霧顛毛點雪撒如鹽我驚宣武三升酒紅肋主社罰例
甚嚴人下君平七尺簾蓉軒鴻軒諸子下帷吟誦爐火功深聲價
重金丹寧僅字三縑

捕蝗行

噫蝗爲災爾害我禾爾遺我饑爾動我婦子以悲
哀 大蝗詵詵而蔽天小蝗振振而禍延一化爲
百十化爲千爾生胡太速七日爪牙全翼薄不得
奮羣寄食于垂熟之田長官心憂率屬而前 驅
車陷轂策馬没足累累盈尺氣腥以毒攻以赤壁
火毋乃傷未盡之餘粟掘地成阱長平之阬不爲
酷埋蝗一阱留穀一斛 埋不勝埋束以蒲囊百錢
易蒲囊一束投水括囊無濟紛紛祈禳乃求援於八蜡之

神奏巫曲而侑椒漿 招放鴨船其集如雲鼓翼
於田百千爲羣列甘典霸之鵝陣李京國之鸛軍
旣飽其腹還銘以彰賊之勳 嗟彼民顛連晝不
食夜不眠捕此而集彼長官茫然曰孰若蝗不入
境之爲賢

聲玉山齋詩集卷之四

吳陵鄒　熊耳山氏

謝友人移竹

特爲山齋掃俗氛幾竿遙向密林分三弓地闊迎佳士十扇窗開揖此君午夢生凉人乍醒秋風入夜我初聞果然玉筍經春長培出兒孫定不羣

雉

雉身多文采胡不深林藏乃自炫其華得意鳴山岡南山有饑鷹翮健爪牙强一豚飲汝血再豚食

汝腸豈不惜羽毛而爲同類傷所以江上鷗烟水終茫茫

檔子行

華筵開檔子來朱繩辮髮金縷鞋長袍窄袖吳綾裁琵琶輕撥腕如玉宛轉當筵歌一曲曲中眉語目傳情燭光照面佯羞縮朱門子弟易魂消袖底金錢席上抛買笑買嗔復買醉紅牙綠酒娛春宵門內偎紅更倚翠門外大呼排闥呈酒停歌歇無人聲處堂燕雀逢鷹鸇一波平一波生峽雨巫雲

夢未成頃刻家緣一笑傾囊空再與嬌娃見趙李模糊記不清

讀史

孔孟道既微幻怪爭馳驅祖龍廢百家火中多僞書所阮侯盧輩安見皆醇儒曲學一清擴後世鮮歧途獨笑愚黔首其心先自愚

賈誼以年少遂爲當路輕其言不獲用强藩禍終生張季起貲郎十年亾知名厥後作廷尉論法稱持平用才求濟耳奚必定老成更以資格論毋乃

屈賢英

論才先器識文章安足數我薄禰正平輕身近豺虎阿瞞尚不容何況彼黄祖所託己非人謾罵亦何補庸流輕去就眞才愼出處所以隆中人蕭然歌梁父

得第求立名名亦未必久寅緣復奚爲倖進空顔厚一曲鬱輪袍遂含千載垢何如下第人劉蕡已不朽

賢如王文正昏夜受明珠剛如寇萊公附會呈天

書功名心未已乃忽改厥初君子覘定力得失爭須臾

江陵佐中主時政賴起衰任重無旁貸嚴氣成矜持威焰衆所忌交口摘其疵一朝失砥柱綱紀墮恬熙論人貴持平功大而罪微日盛滿則是日專擅則非

高紫嵐目簃懺經圖

文壇旗鼓戰方酣江左論才重紫嵐照世元燈常耿耿浮雲忽掩普明龕

天道由來忌性靈才人容易感凋零要從末路尋生活左氏文章釋氏經

寸心不與目俱盲鴻稿猶爭舍利光時紫嵐借制藝脉懷遠近傳誦悲憤情懷空色相累人灑淚又焚香

漸來我亦頹唐甚許掾重聽喚奈何願坐蒲團同說偈一聾一聵兩頭佗

贈朱野雲

槖筆長遊滯 帝都廿年霜雪滿頭顱遍交入洛諸名士平揖當朝上大夫何日彈冠同貢禹徒聞讀畫讚倪迂歸來笑解輕裝看篋底惟餘祭硯圖

天津橋翫月放歌

天津橋下波光明天津橋上月色清波光月色兩相映令人到此生遙情遙情渺渺寄空濶翹首雲閒望金闕竟夜低徊倚石梁披懷訴與團圞月聞道天衢路不賒過橋能達姮娥家有人曾藉雲梯上有客曾將玉斧誇我來把酒對寥廓明星璀燦樽前落薄醉狂呼飛盞來不讓古人占此樂一聲長嘯天風涼銀河瀉露沾衣裳佳境佳時莫虛度

夜深起舞神飛揚君不見大河春滿逢元夕飛梁絕柱晶光射霓裳一曲耳能聽羨煞長安年少客

白下喜晤周綺村

一十八年才一見相思便慰亦艱難頻將身世殷勤問各把鬚眉仔細看客路風懷詩滿袖江樓歌嘯月當欄此遊那更期重到珍重秦淮片刻歡

白下晤陸介堂題村居小照

秋雨秋風策短笻江城鴻爪卅年蹤怏心客館論交日又識江東陸士龍

燕子磯邊柳逕斜爲言此境是吾家客來領取田園味滿舍秋香吹稻花

俠士風裁處士心半居城市半山林倘非肝膽因人熱烟水茫茫何處尋

扁舟江上指柴關人正高吟竹樹閒愧我一秋忙裏過不曾同看六朝山

壽嵩亭上人

香雨滋修竹碧雲覆古松匪特培養成艮由根本隆嵩亭世家子負質明且聰家學宗廣徵稚齒分

魚蟲平望湖水秀誕此岐嶷童棄儒入緇盧護法宗西公西公具慧眼識之廣衆中傳衣留一語此子與吾宗爾時師年少樸訥涵虛冲數年鐘板堂見者疑侳侗僉謂此凡鳥何以摩蒼穹師乃持法要一掃紛紜空眞諦超三塗圓神參六通傳燈一說法羣生開屯蒙葦航與杯渡開士來西東猛虎亦受戒豈止潭中龍買山近南郭臨水築梵宮一邱地平衍石塔高磨礲兩佛歸淨土（謂西林樂禪）刊石銘其功幻雲詩中聖（西林師炳一）西公受冶鎔詩鉢傳三世兩集遺囊封編次付梨棗卓絶揚宗風光孝古名刹百口聽齋鐘山寺無腴田饘粥奚由充兼營兩大事畢務何從容積善衆所助積誠天所鍾餘事詩兼畫機神參化工揮毫盡圓相得句皆禪鋒蓮社招舊雨有客攜枯笻伊蒲一盂飯頻來白髮翁今春朝普陀橐筆紀行蹤風雨助懷抱江海羅心胸蛟門詩當偈說破天洪濛大士日善哉此乃山之嵩爲洒楊枝水汞峙青芙蓉還山瞻神釆癯貌而方瞳六月山景佳荷綠氷桃紅羣鷗祝耆

臘兼及江沙鴻鍊形鶴避客何處尋中峰修竹自茂窗古松自鬱葱薫風滿慈室留句舒愚衷

大水行

鳴呼噫嘻昭關壩開急湍趨下如奔雷岸界之而破裂垣觸之而排豗下遊之民何辜而罹此災天色慘淡雲氣黑暴雨助威水勢急氣腥以毒龍噓吸水黍汨沒魚蝦得萬井一齊空平原成大澤奔流入海海不容潮長十丈當其衝欲洩不得洩横行千里中北風勁而駭浪南西風疾而驚濤東東

南地高水勢平繩牀懸臥蛇伴人西北地卑老弱死高樹攀援少壯生破塚浮棺亂屍集新鬼故鬼相間鳴鬼鳴啾啾人寂寂對此那得不酸辛七日水退饑莫能興竈有濕薪釜無粟千家萬家同一哭

鬻牛歎

牽牛入城牛價賤市儈乘急逞機變數緡能充幾日饑撒手如何不留戀割肉而醫瘡誠非心所願得錢出門去顧牛淚如霰

逃荒行

貧老攜幼紛然逃敗絮破釜一肩挑沿途丐乞鳴嗷嗷道逢相識心惻然食爾一頓粥遺爾千銅錢問爾去何之歸何年嗚乎此行流離生死不知在何地歸不歸姑勿計

遺孩嘆

千錢賣一女吞聲撇女去百錢賣一男男賤無人顧命危骨肉輕棄兒滿道路朝啼覓爺娘夜啼怯霜露三日不得食屍積人行處

大雪行

天降奇災怒未已嚴臘餘威春復起十日北風三日雪玉龍遊戲蒼生死淮隄潰裂民流離依城附郭結棚棲三尺雪深行路斷饑寒卧倒棚中啼棚民近接居民屋恤鄰分得半盂粥爲言明日雪不晴竈冷無烟同一哭

桃花雨

苦歲荒心傍徨桃花雨其來哀哀枵腹呼穹蒼雨一滴粟一粒天將爲爾紓蹢躇麥有秋稻有收與爾桃花雨爲爾潤田疇顧爾命其須臾留雨淋漓

心悽其望者喜饑者啼一日無一粥三月之後奚暇卜桃花雨來依舊哭

鮑公來

乙丑丙寅淮揚大水鹺商捐賑以濟災黎新安鮑君席芬至泰精心厥政靡所不周且格外施仁有加無已全活甚衆作此以誌

洪湖波頽昭關壩開澤鴻四野鳴哀哀鳴哀哀鮑

公來　倡義惟公捧符而東發鹽倉粟十萬鍾用
施德惠無窮　一郡七邑設廠五泰之南廠公所
主公艮苦公如餅苦事無補　廠地自營度籌式
自裁酌米較合與勻粥嘗厚與薄百事親其勞安
所容股削　結屋蔽雨何軒軒設車導水何漣漣
活人以允殯屍以棺瘞骨以田君不見刺船結棚
滿城下萬口嘔啞呼鮑翁者　母攜其女父負子
赴鮑家廠如歸市六月廠開十月止鮑公之心猶
未已　工代賑市河濬種菜遍野食無禁活爾過

新年聽爾歸耕信　三月還鄉四月栽秧五月六
月早稻黃上遊又決荷花塘　甫安復危不遑寧
居安得鮑公再至民其蘇　鮑公至矣羣情慰矣
設廠如故法逾備矣賑竣復續麥亦飽腹載芋百
車乃惠之餘　設長生位尸祝千門誦佛如來婦
孺懷恩公乃不敢居其名曰我
后之德與大吏之仁

書周綺村白下紀遊草後

別後才三月新詩如許多風雲歸抱負山水供搜
羅客館懷人句秋江擊楫歌吾儕老益壯那復嘆
蹉跎

丁卯除夕

風雪侵人興未闌每逢佳節要盤桓明知壯髮年
年減幸有童心事事寬與客詼諧寧挾長入門嬉
戲為承歡題詩當寫宜春帖賺得妻孥帶笑看

元旦

歲改樂如故先從爾室中開樽集少長拜母學兒
童鬢自添新白梅仍吐舊紅看花須及早第一為

春風

戊辰人日集西河草堂

柴門竹徑草堂陰風雪當階辰齒深騷雅十年壇
坫主嘯歌此日鷺鷗心春攜老友花同看夜有餘
寒酒共斟屈指傳柑佳節近再來奚必待招尋

梅花

精神雅與月相宜霜雪頻侵總不知冷境幾曾談
酎相俗情原只愛丰姿世無何遜開嫌早身遇林
逋嫁未遲春到莫貪金屋貯也須珍重出山時

殘梅

此是羅浮未了因，尚留數點為傳神。氷心如在應憐我，冷眼相看尚有人。天許寒香[illegible]辦，山藏古雪到三春。朱顏要讓神仙駐，好待羣芳步後塵。

寒夜燒香曲

紅閨夜寂珠簾垂，睡鴨金爐烟裊遲。銅壺漏盡尚凝立，挑燈頻蹙雙蛾眉。簾內薰香簾外雪，篆烟不散倍凄切。竟夜消寒人未歸，紅牙綠酒歌喉熱。纖手拈香香又添，捲簾放出爐中烟。癡情願逐爐烟去，隨風吹到青樓。

送王柳村歸翠屏

轉瞬鬢眉改，能經幾送春。不勝遲暮感，况是別離人。遠涉徵遺史，歸耕奉老親。名山韋布業，原不礙清貧。

天涯一笛[illegible]在烟渚，披蓑自暮朝。淡然忘寒暑，獨有嶋溪叟。與之共出處，樸訥兩無言。攜竿人江滸，一笑得魚歸。村醪互賓主，江空月在天。照見鬚眉古。

春耕

農事初興日，東皋二月天。聽鳩啼穀雨，驅犢破畦烟。父老扶犁出，兒童饋饁前。力勤能自養，捷獲勝書田。

哭女姪

汝生胡太慧，汝慧非汝福。汝慧胡太早，早喪亦汝獨。汝父生女遲，寶汝當男育。我亦無雛烏，得汝爭撫鞠。啼笑我心憐，疾痛我創蹙。五歲識之無，書聲出錦幄。十齡工刺繡，靈心花滿幅。長成嫺女箴，全家稱汝淑。擇壻配王郎，倡隨情日篤。能博姑嫜歡，兼與妯娌睦。靜好無遺羅，百年相與卜。不解造物心，何事奪汝速。前年萌禍胎，臨蓐勢危迫。百計得回生，靈方遺汝服。今年禍復萌，惡夢先期觸。十月胎橫生，三日斃於腹。死生呼吸間，神仙手亦束。泣求活命聲，慘淡暗燈燭。臨絕呼阿爺，合眼呼阿叔。奈無續命丹，拯汝出鬼籙。嗟我年未衰，齒脫顛毛禿。伯道本多愁，況逢汝罹毒。為汝一招魂，詩成不

忍讀與汝汝不膺撫汝哀哀哭

幾度

幾度長安道上過歸來身世感蹉跎顛毛漸似秋山禿愁緒還如亂草多野鳥營巢宜避雨風帆入海易驚波家居且覓閒中趣三尺漁竿一釣蓑

錢塘觀潮

宇內大觀此奇特微茫一線旋千尺海潮怒挾江潮行萬馬奔騰雷鼓急海門八月飛秋濤前昂後壓如爭雄鼉豬過潮潮愈激與山角勢山平庸初疑噴珠舞雪蛟龍戰冷雲逼日日色變又疑水伯搢笏上朝天欲上未上鼓浪前不然禹留汎濫之勢作游戲能發能收見神異此時有客方疑猜我獨對之心顏開天與奇境壯我懷那管伍胥文種來不來轉瞬見山不見水水翻石壁插面起笑問客有錢王鐵弩無咫尺壓倒江樓矣

錢武肅王鐵劵

自昔剖符封爲天子守土銘之以丹書用爾爲砥柱武肅平鏡湖國勢車依輔鐵劵特酬勳世世藏盟府奈何唐祚移義旗未一舉曰善事中國殊非英雄語嗟哉此龍章換世分今古及梁迹已陳何況代易五試讀金符文表忠義何取境比南唐安入遜後唐武

聲玉山齋詩集卷之五

吳陵鄒　熊耳山氏

題劉思訓古香書屋圖

居傍山隈復水隈不栽桃李只栽梅一林古雪香成海都爲詩人特地開

此境安排十九年偶然踪跡寄江天明知何遜能留客難忘孤山屋數椽

我愧樗材絓賞難過情推許受無端由來公有烟霞癖冷處常將另眼看（曾爲方少君梅坪題洗馬圖蒙公許可）

讀書哦詩喜欲狂才知人世有仙鄉倘容野鶴衝寒到晴雪深深駐草堂

習靜

習靜宜扃戶圖安合退居蕭齋塵不到清夢雨之餘身賤常依母心閒學著書敢言遺世立生性本來疎

偕袁嘯竹訪葉古軒不遇

門掩西河一徑深草堂孤負故人臨迢遙烟水羣鷗與閒寂雲出野鶴心病退自然思遠到情疎應

不厭狂吟歸來須掃留賓榻嘯月清猿定再尋

逃病

四肢忽然痛呻吟不絕口動疑天地翻靜如土木偶夢不知死生醒不辨卯酉曾拳不能揮李陽驚掣肘兩膝直如矢飛廉罷善走有所惡於左旋乃及其右既非脛如腰亦非肘生柳胡爲作隱痛內傷不肯受豈我斂文心自屈雕龍手失足懼貽羞戴高不履厚扶我掉臂游遂罹折臂疚踏山衿凋步山靈以杖叩自危復自悲淚珠湧如溜志强形氣彫虛生殊可醜有醫言中寒開單柴葛首有醫發長嘆斯人乃枯朽雲上俞子來按脉日否否風濕走筋骨濕動風前誘祛風類祛塵除濕類除莠攻內藉虎牛（用虎骨牛膝等藥）神兵非矯揉攻外更靈奇毒蝎亦功狗（用全蝎配羣藥煎水以浴）內安斯外寧奚云難復舊三日痛不作手足爲吾有五日能屈伸十日愈八九移足步外庭舉手擎杯酒感激俞子心活子來恐後藥投二豎逃病退羣醫怔無此金蘭交未必形骸久乃知求良藥必先得良友

自艾

吾母八十一愛兒如髫齡兒忽四肢痛兒痛母驚聞兒痛痛在骨母痛痛在心兒痛忽片時母心須臾寧兒痛一聲作母心憂如焚日坐撫兒泣夜寐呼兒醒一醒不復寐問兒無時停天明仰天祝痛願與兒分兒聞阿娘語五內刀鉥生伏枕謝阿娘涕淚流縱橫幸天哀母老俾藥有奇靈一服兒痛止轉憂爲歡欣此後宜自檢保身即事親儻摧母心肝烏可以爲人

趺坐

終日趺坐默無語心不喜佛長參禪蟬在樹鳴蛛結網同消永晝如小年

病中喜王左亭生子

烏衣門巷繞祥雲産得佳兒定不羣佇道就衰兼抱病傳詩有後竟輸君

者般喜事談何易君獨相遭豈偶然我算鄰僧常繡佛爲兒稽首祝長年

病中簡古軒

與君三月隔如繫十年思我健君方病君安我又危形應同瘦削會竟久參差孤負看山約携尊未有期

再簡古軒

淹忽中年病裏過虚生相與感蹉跎我原蒲柳驚秋早君有鋒芒受折多芸社久荒愁稱散（將刊社集以病停止）蘇閶再到笑頭皤身如稍健潮須看買棹錢塘一放歌

病中聞仲雲江捷禮闈後以縣令用作此代

簡

雞窗卅載共清寒聞捷南宮我病安面壁竟登千佛選種花好與萬人看從來惠政由經術要替蒼生望宰官一語使君須慎重守箴容易用才難

秋日秣陵影園主人熊晴嵐招集即席賦八景詩分得五律

中林堂

園占詞壇久中林境倍幽地環三頃竹風入四圍秋闢徑除繁草開門揖野鷗到來盡飛將詩草敢

先投

鸑鷟閣

閣以鸑鷟號居宜逸少才鴻臚遺故址水榭又重開到檻清波泛沿池細柳栽笑余頻索字舒雁未攜來

硯雨齋

別有無窮澤培滋在硯田風侵池水活香潑墨花圓染筆春耕日挑燈夜課年淋漓如得手分潤到寒氊

枕流亭

近水亭陰直臨波午簟涼軒窗開四面高樹列千章圖史風翻亂謳歌雨助狂一竿坐垂釣名利兩俱忘

芙蓉址

一枕清涼夢消塵是此花本來無俗艷自合近詩家仙境招鬧鷺秋香護軟沙不須到江岸雲水興無涯

駐鶴岡

聞有沖霄鶴翛然入苑飛山林欣有托旦暮靜相依豢汝屢分俸披身久借衣漸來消息遠放後不曾歸

倒塔影

城南崎古塔倒影入清渠曾借臨川筆能傳壽世書佛光雲散後水鏡月來初有客正欣賞當秋氣脫如

小西湖

括盡餘杭勝何須問六橋烟波三里濶豐本一家

描古塔近臨水高峰遠插霄西湖應似此浪靜不通潮

贈繆友堂燮贊府

不肯懷才老圖南別有程身權居下吏心已屬蒼生幕府推誠待萑苻望氣驚莫輕黄綬賤

天子亦知名以軍功引見候陞

喜聞杏村姪秋捷

同此一林竹干霄汝出頭家聲能不墜吾道復何憂鍊汞仙人鼎登瀛海客舟前程須努力莫作等

閒遊

梅花詩

空山寂寂水迢迢好處都宜雪未消爲有寒香無
媚色教人錯當美人描
芳齡荷寵侍三郎洗盡鉛華只淡粧輸與楊家能
妙舞樓東明月冷于霜
橫斜幾點許人攀料峭春寒未閉關記得曾邀名
士賞坡公爲我一開顏
謬翻調羹手投靈玉堂佳境想身經春殘吹起江

城笛尚有遊仙夢未醒
鄧尉山頭幾度行折花簪鬓少年情重遊漸覺頭
如雪冷眼相看太瘦生
鶴飛原自有歸時鎮日園林老不知却怪山妻忘
我懶一枝在手又催詩
紅玉緣珠曾並採孕花結子兩無憑此中消息誰
參透欲問蒲團入定僧
每愛高標帶雪探身無仙骨對花慙果然許我修
能到願向孤山結草庵

贈古軒梅樹戲作

構室爲藏書地窄占梅境兩愛不能兼爲梅擇所
贈吾友古軒子愛梅識梅性梅性宜臨水池館西
河近梅性宜得月地敞夜如鏡梅性清不俗主人
饒逸韵酌酒對花吟春比故園勝寄語羅浮仙不
須愁孤另

菜饉嘆

嗟嗟種菜似十日奇冷菜凍僵嗟嗟賣菜傭菜不
值錢窮一冬醃菜菜枯無汁煮菜菜苦以瘠敗葉

斷梗米半升一家老幼分杯羹杯羹不療飢兒女
啞啞啼不須啼我見禾黍汨沒之鄉倍慘悽草根
食盡食樹皮

游仙詩

聞道靈犀是夙因欲從香案問前身書緐策府編
三絕曲譜鈞天調一新滄海駕鰲原有路清谿跨
鹿豈無人只緣未洗凡心淨淹忽塵寰五十春
曾結童男入海中靈槎偏遇引迴風豈真青簡名
無分應悔黃庭字未工幾度造門空化舄一生負

局尙磨銅倘逢口授登眞訣定被仙師笑耳聾

少年怕讀枕中經塵夢悠悠不早醒輸與蟾蜍能解脫化爲蝙蝠亦通靈治心先要除荆棘却病何須採茯苓我遇浮邱曾挹袖歸來依舊髮星星

遙從閬苑乞天漿玉笋朝朝獻北堂博戲無人爭衛叔伴遊有婦學劉綱祗宜檢印元都外莫更彈棊輦路旁十二萬年逢大刼長生只抵一歡塲

題姜桐軒先生種松圖

蒼古是本性入世便寵從奇氣生毫端行文類晁

董雄談率天眞沛若風濤湧目燗鬚髮張四筵敬且悚壯遊不得志閉戶却煩冗時復蓮社遊論詩破翳壅僉服蒼髯叟肅如羣木拱類松自愛松老猶擇善種人笑愚公愚我謂仁者勇鶴算不知年定見勢龍茸坐吟花滿衣敲碁子盈捧天意厚老饕兼荷茯苓寵

感遇詩呈孫恭堵夫子

春風

到來無處不生新湖上波紋陌上塵裁剪萬花齊出色吹噓小草亦逢春深情善引歸梁燕有力難醒中酒人平地偶然被擡舉飄搖愧是紙鳶身

春草

頻年蹤跡寄江干着破青袍與未闌仙島托根莫荻貴野風吹徑薜蘿寒有花敢與羣芳伍採藥偏逢另眼看生在泥塗蒙不棄自慚弱質受恩難

歸鴈

江上水初碧江邊草漸肥風光如此好旅鴈忽思歸陣陣衝烟起匆匆出塞飛前途逢燕子應笑與時違

瓜步阻風

一棹停瓜步江風阻客程雲疑排岸起潮欲掀山行大澤蛟龍氣嚴關鼓角聲迢迢烟樹外燈火潤州城

丹陽又阻風

清曉發丹陽揚帆過城曲又值打頭風妬我舟行速驟雨宣江潮旅寒逼春服擁衾晝掩窗攤書風閃燭但聞急湍流聲與舟抵觸遊子行多阻長年

勢愈迫肄舟高岸巔力顇嘆蹋促上雨淋厥身汚泥没其足一日行十里一行步一縮日夕呼長年艤舟前村宿萬事無逆行逆行恐非福

上巳舟中

巳月三日客離家風風雨雨天之涯故園今日倍岑寂閒煞一庭幽蘭花

抵蘇州舟中即事

千里征途正寂寥金閶城外一停橈春從欸乃聲中盡愁在湖山畫裏消燈火逼衢喧夜市關津曲水接江湖所嗟遊子匆匆去孤負鄰舟約聽簫

赴婁江謁孫恭堉珏夫子至則已下世矣愴然有作

風雨孤舟旅况難江城復訃斗山寒受知不以樗材棄請謁徒搴繐帳看一路口碑生有傳六年花縣死無棺白頭老弟髫齡子歸葬期遥掩淚嘆

登天平山

看山不喜平兹山太奇峙層巒一徑通參天萬笏直數盤及山腰迴而插怪石忽訝石罅中藏梯三百級蹬附半壁懸蛇穿一綫窄出險始騰身乾坤驚另闢心喜奥全探足防高易失陡聞清磬鳴仰面見禪室努力登山巔老僧出迎揖精廬無一塵飛滿白雲色雲根落泉香松際裊烟碧問僧此住境子何修能得老僧笑不言烹茶但飲客

贈雪幢上人疊王左亭韻

美公更比野鷗閒飄忽遊蹤十載間愛我肯將名句贈任天全把世情删精廬瀹茗聯新雨破衲披雲憶故山悟到人生無滯境落花飛去鳥飛還

疊前韻再答

才不驚人亦等閒頻年涸迹俗塵間過情推許滋吾愧生性迂疏待佛删除却上方無妙境不聞下士有名山躭吟幸與公同癖詩草何妨日往還

疊前韻三答

蓮社頻開未肯閒飛笈如檄出松間公誠大勇軍難撼我愧樗材稿欲删到眼幾回驚利劍出頭然竟讓名山登場倘敢維摩手定笑于思棄甲還

疊前韻四答

采藥燒丹老未閒，神仙招手白雲間。蟪蛄身賤恩難受，蝌蚪書訛例合删。余戊辰得而復失，上人似詩中以赴試勗予，故及。此求名眞苦海，何如說偈坐空山。果然打得愁城破，猿鶴同居定不還。

疊康瑞伯韻再贈雪幢上人

隻履飄然飛過江，蓮花臺上一停驂。忽驚名士珊瑚筆，引出如來錦繡幢。大海何妨川盡赴，萬鈞定有力能扛。無端我又隨聲和，短笛頻吹信口腔。

題丁霽嵐聽秋圖

秋色清且虛，秋氣廉以疎。西南有聲來天隅，天風直落幽人居。幽人昂藏七尺軀，生平意氣凌天衢。出世豪情朱郭俱，入山瀟洒烟霞徒。忽聞天籟相喁于，敲金戛玉鷩塵區。儼如萬馬空中驅，更疑駭浪奔江湖。文人得之除塵拘，酒人得之祛模糊。君乃四顧心愉愉，天高月白纖塵無。優游泉石非征途，不須感慨思鱸魚。眼前景物堪清娛，不須遲暮悲桑榆。窮蒼氣化有乘除，草木因之成榮枯。歐陽之言信不誣，如此秋聲何憾乎。君將此意付倪迂，圖成我爲君躊躕。君旁不畫傾城姝，長夜何人伴著書。

長至日戈鴻軒招集聲玉山齋

寒齋雪初霽，得得來羣賢。有賓翻作主，豪情敘詩筵。筵做一陽生，佳興爲之添。登壇挺若風㧞幟，鶩華年。芸社久岑寂，君至其興焉。君如新竹竿，森然拂雲天。我是寒梅花未開，無人憐。所幸兩情愜，歲暮猶纏綿。

聲玉山齋詩集

聲玉山齋詩集卷之六

吴陵鄒　熊耳山氏

戒醫

本草豈誤人儒者所不棄讀之明物理投藥良非易奈何矜技能動以性命試生死爭須臾懸想亦心悸况我粗温飽不藉此漁利親知或見招臆斷是所忌與其信口言毋寧袖手視

龍江夜發

長空涵淨碧一望水天連明月故隨客遠山欲化烟江光清若此秋興浩無邊倚棹發長嘯夜深猶未眠

題拂笠圖

天地茫茫太寥廓以我際之渾無着一笠一拂一芒鞋朝踏雲巖夕洞壑不學長齋繡佛蘇坐參閉戶妍乃拘神類賈島瘦而腴遁則爲釋歸則儒是儒是釋兩而一可以天涯遊可以松間歇從此胸羅名山勝蹟詩奇絶自行自止萬慮消一笠一拂何逍遥天地空濶我亦空以空御空、心神超只八埏

西行少棲止諸佛見之笑不已僉曰子乃摩空之
鶴偶至此笠耶拂耶借境耳

江之水 事另有傳

江之水滔滔流郎去不迴顧妾與大婦留與郎別
十日賣妾商人舟　妾不辱爲郎死妾死所江之
水江水清妾心洗伊何人救妾起　救妾起送妾
還爲善不卒嚌妾新安新安義士肅然敬嘅然嘆
曰勿溢死居吾母室吾渡長江尋汝夫蹤跡嗚
乎千里歧途何處覓　歸無日死有期江之水送
妾屍坐死願依郎郎心知不知

將衰

將衰不自覺覽鏡見蕭森莫訝山容改本來秋意
深病多疎晉接神倦廢披吟剩有躭遊癖支笻尙
遠臨

宫節溪先生感舊集題辭

回首名場跡已陳平泉池館老閒身吟懷莫動晨
星感百歲如公有幾人
鴻篇三復齒生香史筆詩才兩擅長雲路公卿巖
穴士千秋終藉魯靈光

哭五弟存之

我性愛嬾散兼之耳重聽所恃吾弟在明決而精
醇甫冠作茂才三十得明經兩司江淮鐸多士蒙
陶甄以丁吾父艱扃戶辭風塵高堂八旬母承歡
色笑親垂髫十齡弟課讀燈熒熒百事待經理口
不言艱辛前年我抱病四肢苦不仁使汝爲調劑
三月能屈伸今年汝腹痛臥床無一旬逆氣滯膈
下塡胷阻呻吟庸醫投葠桂逾時汗如淋自亥延
及丑㦦㦦氣漸沉招我以手指千言難一陳嗟汝
才未展賫志而終淪堂上有老母膝下無一丁我
年逾五十齒落鬢星星手足又摧折大憂貽戶庭
孤行安所適舉步皆荆榛

辛未午日

去年端陽日吟詩與弟商今年端陽日哀哉弟已
亾灑淚斟蒲酒靈前奠一觴一哭一吞聲不敢驚
高堂高堂雖才醒聞之悽以傷相見强言笑兩意
殊蒼涼轉步出堂階揩淚沾衣裳

示六弟述之

遺命書諸扇先人託匪輕爲言憂季子所幸有諸兄早歲蒙宜養中材教可成今朝重展讀那不淚縱横

存弟若無恙何須爲汝危當思規戒日即是愛憐時七載心良苦全家手獨持忽焉捨汝去木石也應悲

汝齒亦稍長相隨已及肩此時宜努力莫認是髫年蹉懶吾慚甚精勤汝勉旃先人在泉壤屬望正殷然

門戶將衰弱支持總俟渠存心須長厚得力在詩書艱鉅任難荷膏粱習要除阿兄不可恃鬢髮已蕭疎

題陳書農秋江憶雁圖

蕭蕭蘆荻起商聲無那江寒一雁鳴知否有人痛行斷秋風秋雨不勝情

我有潺湲淚共彈鶺鴒原上感凋殘孤鳴容易添霜鬢山館江樓一例看

贈葉芩洲

芩洲其人與其筆圓比珍珠甜比蜜清才弱冠走名場所到能邀另眼識廿年幾度遊蓬山引迴風起仙舟還上書蘇季錐空刺下第劉蕡鬢欲斑揚州明月浙江潮一棹長遊暮復朝艷體作歌傳小玉新詞題箑贈櫻桃艱辛忽爲謀生起絳紗帳設紅鹽市百口嗷嗷盡待餔朝持會計暮圖史家貧歲歉親衰老諸季豪華習未掃數載煩憂壯志消名心遊興都秋草我亦同攜海上琴絲慳交臂失知音鵬鶚秋深慚特薦鶺鴒春冷痛孤吟一肩擔荷全家事同是勞人嗟失志回首秦淮跡已陳白頭莫問消魂地垂老我爲枯木禪偷閒君學酒中仙方壺勝境方芹軒別館滄浪墅李麟侯所置領袖江東羣少年

甲戌小春同汪蔚伯麥芝泉陳書農羅夏園夏紅舫集東亭姜種蘭寓中即事分得作字

客歲秋陰裏名湖少長偕今看詩侶屐重踏寓公

齋聚首歡須盡談心醉復佳早梅應不俗那便笑吾儕

賢侯頌爲宋檻泉先生作

豐年爲政政易敷凶年爲政政難圖饑溺相仍官倉虛哀鴻遍野公下車公之年齒七十餘精神矍鑠淸且癯官衙眷屬百口俱無敢昏夜通苞苴流民錯雜城中居無敢騷擾爲萑苻洪讞如神奸邪祇強者折服弱者愉得情亦復矜其愚愼刑珍重民肌膚塡街塞巷青天呼召父杜母非虛譽公尤

惻然悲窮閻曰萬民命爭須臾賑饑那復辭艱劬人謂公苦公裕如官賑甫竣富民輸胸有成算積弊除蠹胥猾吏無侵漁翻爲心膂供馳驅畏威懷德羣情孚城市肅然安以舒我亦部民仗提扶得守門戶鮮驚虞凶年不與豐年殊匪公之德其誰與

壽胡分司心田

公乃會稽之古柏川靈山秀交相毓分奇更植吳州棠吳州士民受其福下車一載惠政敷佐治煩劇才裕如上河下河農商安南街北街虎豹除頻年泛漲洪湖水澤鴻附郭來棲止賑饑拯溺兼預防事事勞心心瘁矣樂輸之民半城鄉公乃董率爲之倡南北廠開萬口集非公那有三月糧鳩工更爲蒼生計濬河貸食利交濟保全民命過淸明水退還鄉耕爾地造荒才見穀豐登又懼驕奢俗漸興秋祭坊庸戒演戲春娛元夕禁張燈後先賢牧任公久百事委寄無掣肘十載艱劬一片心上下交稱不絕口大府聞之另眼看東南鹽鐵需柜

寬超擢不越蒲濤境鳴騶呵殿士民歡舊雨頻邀青眼顧（謂左亭雨村）公餘兼及閒鷗鷺不用豬肝待餽遺却從驥尾陳詞賦梅花花下祝千秋山人當鶴來添籌爲公屈指青雲路位到公卿未白頭

讀李忠毅伯傳

揮旄東下出艟艨十載驚濤烈焰中與賊勢難容兩立及身恨未奏全功礮飛鬪海排鴛陣星落漁山哭颶風寗得偏裨殲首逆圖麟第一定推公

秋風曲

愁風起木落空山下不止秋風飄蕭蕭瑟瑟吹顛毛秋風日以急滿目蒼凉人嘆息萬慮營心容易凋顏色我見江上鱸魚肥且鮮東籬黃菊清而妍飲酒賦詩居然少年秋風兮無涯我有靈槎需爾飲星河好乞天女衣

苦寒行同季廉夫張老薑作

雪後北風十日惡層氷地結堅難鑿尋梅踏屐偶出郭兩耳欲墮面疑削掉頭忽歸行略逡宛似投林飛凍雀獰飈逐人透簾幙斗室不春羊裘薄瓶中濁酒聊復酌更覓薰籠撐兩脚閉門枯坐參禪若如此官骸被籠絡昔處熱場殊不弱一逢奇冷成瓠落消寒覓句思每錯戶外忽來雙白鶴張子清奇季矍鑠儒行不以寒隕穫阻氷那復嘆蕭索攜賣篆圖催拙作（老薑畫賣篆圖索題）作猪肉頌恣大嚼（時廉夫戲作乞肉詩）似此冬心欣有托毋為螌蟲貽笑噱無以客去復不樂縮蝟偃蠶屈尺蠖

乙亥上元山齋社集古軒不至投詩自嘲即步韻為之解嘲

豈必傳柑做盛筵要將文酒續當年身如燕到猶歸社（謂李少白）室以庵名別有天（古軒名其別墅曰繭中菴）阻客風偏連夜冷照人月欠一分圓繭絲竟縛春蠶住化蝶能飛又不前

手接瑤章勝玉符是君親繕付奚奴好龍久已成奇癖搏虎何嘗有畏途束髮美人登戰壘（詩稱戈鴻軒少年飛將）剪蔬期我備行厨（詩中有買棹探梅之約）春遊到處能行樂逃世胷襟化得無

題黃小秋翠屏訪友圖

漠漠春雲合迢迢春水流故人在江浦有約看山遊鼓棹入烟樹叩門驚野鷗主賓殊不俗同詠竹間樓

東陸介堂

一江雲樹隔久不寄詩筒所幸因平子（王沂中之江寧廣文任）從教達放翁清尊花徑月香稻柳隄風相望不相即遙情付碧空

于孝婦詩

匪不惜軀姑之命爭須臾匪不知痛身為輕姑為

重格天回生于孝婦之精誠　阿舅以阿夫哀毀
而神傷阿姑懨懨在牀百藥不效孝婦徬徨　夜
挺刀向天號臂上裂刀上血釜中羹孝婦心　進
羹于姑孝婦色怡姑飲婦羹姑病忽離病忽離姑
不知　既乃知其實母子撫背而泣婦日事無難
祗行吾心之所安　天鑒其衷報以名賢亢宗純
孝繼風君不見孝婦之子秋渚公

虎倀行

士有才辨同蘇張氣不可遏長激昂胡乃鬱鬱遊

窮鄉窮鄉之官如虎隸如倀當路何人爪牙張避
之不及克其腸夜見一舟熒熒光兩客高談聲琅
琅官隸排闥呼若狂誣以蒱博搜其囊士氣縱橫
烏能降厲訶叱官官目瞠老羞成怒肆披猖集役
捕士錮後房申憲文辭半面强大吏默揣心不良
姑交黜之俾兩傷虎逃倀滅士頹唐重理青衫顛
毛蒼吁嗟乎才人可以吐氣名卿旁勿與關津下
吏爭短長

題蓉賓遺草

香案綠衣童（用本傳）飄然下碧空文章三世業酬唱
一家風早擅雕龍譽寧徒操蠟工文禽如振翼那
不九霄冲
羊城飛轡入驥子載書俱鄉夢千山月風詩百粵
圖人爭看叔寶士愧遜童烏豈意臨花縣旋悲失
掌珠
早慧原非福多愁易感秋一花香在手（本傳載其姊夢蓉賓執芙蓉一枝立雲中而笑是日郎歿）兩父雪盈頭（謂尊人雲江暨嗣父雲澗）戚戚
宗祧慮茫茫宦海憂孤帆行萬里依我竟須收

我悵丁男少琴書久欲焚兼之傷小阮（時余姪桓香亦以與蓉賓同庚）况又弔終軍忍淚陳蕪語封函慰雁羣蓉賓
今不死弱冠有傳文

弔仲雲澗

造物何心誕此公賦才八斗數偏窮百家詩侶題
襟遍一代文人被褐終淮海跡留鴻爪雪京華魂
斷馬頭風悲歌譜出紅樓夢（有紅樓夢傳奇行世釐花一曲自寫牢騷）
聲淚交流一曲中
快睹銅章授阿連一家同上宰官船得開百粵山

頻看垂老黃紬被共眠鄉夢褰迷鶯瘴雨風詩規戒托貪泉龍川擬奉文壇主山斗光寒共黯然海天風雨太蒼涼座側明珠早歲亾侍藥無人悲顧況蓋棺有弟哭元方名山自蘊千秋業絳帳誰承一瓣香今古才人同浩歎出來身世兩茫茫

閨閤知書出女貞森然大義小星明尸寒自痛恩難割棺掩無歸誓不生絕命詞將殘淚寫從亾節倩素絲成公留壽世文章在此亦同存不朽名

詠古

水利興西北有士田在東三月不一雨水涸田苗空羣隸持官牒迫爲開河工老儒易短褐荷鍤行龍鍾隸云士無苦有倒可代充子出河夫三酬以萬青銅抑貨滿其數翛然鳥脫籠老骨罷磨折幽閒數歲中輸錢幸免役感激王荊公

不雨嘆

不雨無禾有雨妨河禾枯村農失食雨漲河工失職失職非所虞長官仁愛憂蠹胥君不見村農望雨心如煎蠹胥橫索河夫錢

河夫來

河夫來自徐與淮形則鳩鵠力虎豺是民是盜費疑猜　河夫去河夫不去工竣河夫集如故衆目眈眈視道路　河夫大張虎豺口過客聞風驚而走君不見討吏頭上刀光涼獻出滿載金錢爲路糧　河夫去去此而集彼遍覗四野禾枯死禾枯死入城市

雲

陡布漫天勢能成滿地陰看他空蔽日曾否一爲

霖

苦旱

穀不生芽豆不花日乾土裂老農嗟村猶有井人爭水河已成衢客載車營飽握書閙令帖滌煩空覓邵平瓜偶然雲氣漫天布又被風吹散作霞

苦熱

風逼烈於火身如在冶金竟教常鍊骨所幸不薰心望雨憂徒切思秋願轉深相如有渴疾泉竭苦呻吟

謝王蘭亭贈水

甕有三年畜辛勤豈一朝淡宜君子贈渴待故人消竹外烟重裊花前茗又澆掣瓶比甘露分潤在心苗

馨玉山齋詩集卷之七

吴陵鄒　熊耳山氏

田貞女二十初度詩

貞女出清門父訓嫺經史失怙依姑舅歸來猶稚齒若翁先賢裔世守詩兼禮室無詬誶聲閫有詩文壘一朝道蘊來僉爲蓉郎喜仲子字衿聲未及蓉賓期唱和無停晷每訝終童詩脱口商音起羊城鵩鳥哀瘴雨秋蘭萎泣血不成聲自慟運何否壹志守其貞折釵以自矢若翁爲立嗣綿此一綫祀課

讀毋兼師承歡婦代子倘非有定力笄年那能此二十自壽詩聊伸苦志耳屬和在通家紀實陳非侈鬱鬱秋竹竿深深古井水卓然千秋名實自今茲始

秋穫偶成

野風吹短髩暮雨濕行衣負客持螯約謂余屐畝非愧緣家計累要仗稻粱肥菽水能無鈌怡然縢下依

事事願離俗終年雅趣難遊山計貲斧好客待盤

香雨樓看黃葉同黃小秋羅夏園夏征勛康

去盡曉香原自苦心來

秋花百本手親栽多少工夫次第培刪去繁枝棲

藝菊詞

到曉有人燈盡不成眠

空階細雨夜涼天機軸三更岱鵑然何苦盡情吟

促織詞

自愧別人勞力我安餐

荒壓蔓草步艱難遙指田疇約略看苦苦皺量隊

自愧

淡入笑倒

已不早野岸危且滑失足墮征驂汁泥淤半身陷

衰老酌酒供豚饑豚殷勤醉飽膝息日沈西歸航

鳥服皎村鹿驚面生重雜饑農業不知諷見客惜

清晨赴遠村溪曲一舟小及畦稻全刈餘粒下飛

村中即事

袁安

餐粗飽堪能免無求境自寬天寒不臥雪戶卬或遙

連

策隔遠天村謂雨知否高樓正清曠沾衣有露倘留

夜賞爭輝詩到十分圓鶴偏來駐成歡會雁不勝

舉杯邀月共陶然不負秋光是此筵乘興客貪長

香草山房中秋坐月

到病洽遍爐兩俱忘

鼎乘月登詩豐飛箋答草堂小秋軒以詩代柬酬之誠深

客路秋先覺家居髩亦蒼幸能危離別且慢感頹

答小秋見贈原韻

鄰之老屋遲須購一間

畏世途艱詠鎰曾誇君房杞小秋和老屋詩有願結一廛比鄰

情熱略把巢酸木色剛客人幸無家計累秋深也

目雨披煙早叩關彼人相見為開顏不緣冠蓋交

喜黃小秋至

吟我來頭漸白倚樹覓蕭森

心旅雁得重賞人小秋前三日持書來訪時予未遇上盟鷗時對

斜日照古寺西風響暮林人將觀變態佛亦有秋

端倚當纖香

和小秋留別元韻

匆匆握手又將離一聚難償十載思名易累人歸慢決交如戀我別須遲留賓欵欵茱萸會寄意深深藝菊詞小秋藝菊詞有陶令東籬之感情重欲煩楊柳繫河橋倘有未枯枝

喜遜之弟生子

此事吾家少欣聞弟有之最難才弱冠早見産佳兒薄俗譏應免高堂喜可知次番來歲發分竹不嫌遲

書蘭菴近稿後

早歲詩帶俠下筆神鬼愁中年才愈斂百鍊鋼化柔一幟樹西河遍羅江海鷗動人無浮艷克敵無戈矛所惡語飣餖所絕聲軥輈芸香正詩派自在行中流忽借病謝客一庵清以幽春風滿壇坫罕見雙鳧投乃作閉戶吟觸目機神遊無事亦無詩一事一詩留事俗措詞雅事瑣數言周簡友七言代答人疊韻酬言情婉而曲妙緒繭絲抽如聞仙樂奏耳明心神悠旋訝天花散亂墜迷雙眸欲與隨園叟先後同千秋此境我亦羡努力相追求我方得其似君又占上頭可望不可卽超然神仙儔登眞有妙訣君能授我不

答周綺村

會暫離何久書傳見却難幾經勞夢想所幸尙平安君有簞瓢樂吾承菽水歡只愁重聚首兩鬢感凋殘

雜詩

高樹在深谷蒼然歷歲久生長道路旁剪伐速其

朽託地有安危生材無薄厚所貴絕紛擾物以靜能壽寧爲山中荆毋爲陌上柳

新蝶試春衣栩栩自得偶入花間遊留戀無晨夕牆角有蜘蛛結網伺其側夢醒欲騰身亂絲纏兩翼文采炫見聞輕狂招忌刻到處網羅張自投殊可惜

冠履尙新式見者輒心喜曲調變新聲聞者爲傾耳耳目隨時好遷流靡所止趨之得其似轉瞬陳迹矣吾自守故吾野人終樸鄙

大婦入門時照耀千明珠小婦入門時秋風吹做
襦大婦與姑語揚眉喧笑歡小婦與姑語澁縮一
詞無豈日無一詞豈由愛憎殊仰首見顏色低頭
自囁嚅有淚不敢彈悚懼陳朝鋪

芝山舍後樓看雪放歌

北風一夜雪一尺笑倒衝寒看雪客不登高處不
驚奇那識地天同一白城西古刹有高樓垣頹瓦
裂人稀遊南海僧歸詩侶集畫棟高簷次第修十
扇軒窗三面洞城郭川原辨毫末樓外瀰漫六出

飛樓中歌嘯雙眸豁向天欲借玉龍騎小試拔天
手設奇玉屑亂拋花亂墜世界結成明玻璃左車
衛公那足數玉皇日都朕慶汝天漿一斗飛瓊歌
紫府酬勳勝胙土老僧聞之笑啞啞書生譎語亦
空花君不見風吹入座大如掌片片都從頭上加

贈許筠園

陋巷蕭然處士廬安貧春自滿庭除鷺鷗結伴貧
交久藜藿生香世味疎客共殘燈貪對弈鄰窺破
壁笑繙書西河老友時相過閒立斜陽兩泊如

贈汪蔚伯

入世馳文譽清琅拔塵俗眀眀雙瞳光貌癯而神
足美哉謝公髯充然郝隆腹槖筆遊吳陵僧舍聯
床宿剪燭話長宵辭婉情彌篤震聾一棒鐘令予
心折服歸去城東隅草堂數椽築拓地不桑麻栽
桃兼種竹一室羅羣書口授童孫讀高吟暮復朝
那計顛毛禿我至叩荊扉剩有龍鍾僕見僕問主
人未語眉先蹙乃知蘭芽枯子然老而獨遣愁幸
有方旋買春江舳三月住焦山四月離姑孰龍井

虎跑間避暑消三伏策杖南峰巔高吟北山麓秋
盡一還家神形無跼蹐相訊意灑如掀髯笑可掬
明日又驅車歸遲行乃速爲言愛黃山黃精滿山
谷

自題照

一林香雪寄閒身敢學林逋避世塵只要梅邊添
個鶴閉門消受一家春

題嶺山小築圖

聲華藉藉滿江關歸去茅齋築數間詩思如潮才

似海高吟本合住螾山

秋風秋雨響蒹葭石徑灣環海樹遮遙指暮林歸一鶴蒼凉烟際有人家

王二疋以亡子遺照索題

之子入泉下其如堂上何披圖無一語但指髩毛皤

觀奕

儼然當大敵各自振全神算勿怴中錯觀從壁上眞變端歸冷眼旁坐累閒身所幸未親試免爲負

局人

喜晤陳問秋 雁橋

相見頻將鬢髮看卅年舊雨結新歡元龍意氣還如故雄辯滔滔到酒闌

丙子省試陳問秋以冒風未赴作此代簡以慰之

此老豪情本不羣買舟擬看萬山雲秋風畢竟無公道送盡江帆獨阻君

君染微痾我抱憂者番孤負一江秋再遊預訂秦淮約畫舫青樽兩白頭

蓉塘寓齋卽事

小住蓉塘一月餘焚香瀹茗坐精廬要尋一事消長日不厭紛紛人乞書

問繆竹癡重刻陋軒詩集感賦

陋軒一布衣高風足萬古詩品類陶潛詩才同杜甫遙遙二百年棗梨不復覩竹癡今詩人詎高境殊苦典衣給梓人存此吉光羽卓然老遺民詩傳賴此舉不使前賢湮須藉後賢補

白塔河

一葉輕舟盪碧波好春烟景莫蹉跎那知三月羊裘薄上雨旁風白塔河

渡江

昔渡天方雨今來雨正晴好山經歲別爲我改顏迎風定江帆緩烟消浦樹明觀流入佳境詩思逐潮生

奔牛舟中

浙漕沿河列巨舟小船如蟻集奔牛此行我是閒

遊客村市何妨數日留

蘭陵

船到陽湖住片時沿街士女正紛馳我來不赴三茅會獨訪延陵季子祠

戚里堰

遠游爲看山要向山多處渡江無百里回頭失北固寂寞丹陽城平行蘭陵路行行欲見山雙眸每遙注快哉戚里堰兩山在指顧一山高插雲一山塔頂露山勢欲上船近山山已暮淸曉到惠泉瀹

茗識眞趣匆似昔年遊苦因風雨誤

春申祠

戰國如君第幾流里中祠宇廢還修當年豪舉傳珠履此日虛堂見晃旒高嶺岧嶤臨故址一泉淸脆共千秋我遊最服碑文善（無錫令吳公重修勒石云云）人地相沿要兩留

艤舟亭

小蘇留得姓名香官渡高亭倚夕陽過此匆匆舟艤少今人更比古人忙

惠山口占

高占雲山佛有靈紛紛香火客無停笑余獨品淸泉味擬注茶經又酒經

胸襟頗與俗情殊要把溪山入畫圖竟有山人占山麓一祠風雅祀倪迂

姑蘇舟次

閶門風緊客衣單所幸耽游最耐寒千里鶯花三月老孤篷烟雨一春殘遍搜舊跡文節問忽感晨星有淚彈（聞蒲快亭廣文辭世）記得天平多怪石日晴南渡

未重看

五人墓

駕帖爲何物騷然逮正人難端竟首發公憤得同仲生挫貂璫氣死爲虎阜鄰白蓮涇不遠（周忠介祠在白蓮涇）相副薦明禋

虎邱雜詠

七載前頭挂短篷舟停片刻去匆匆今來遍訪名賢蹟首拜荒祠謁蔡公（公諱懋德）

共向繁華境裏行人都心艷我心淸千人石畔雲

泉響疑是生公說法聲

仰蘇樓上一閒憑舊蹟興衰感不勝千古難消金
虎氣如何鶴磵冷于氷

誰云揮麈世無關精氣常存雅度間試看濤談短
主薄一靈千載鎮家山

幾人遊倦步遲遲山半徘徊有所思想是吟情消
不得可中亭上立多時

花露僧房法製精山椒幾處舊知名好風吹過貞
孃墓竟有清香撲鼻生

鎮日爭春上虎邱一塘晚景又勾留紛馳燈火船
如馬厎事吳孃喜夜遊

記得填詞贈麗人玉簫檀板劇清新重遊怕惹紅
裙笑白髮詩翁又買春

蔡忠烙祠

勝國兩名臣醇儒兼將略前有王文成後有蔡忠
恪文成成功竟成千古光騰爍忠恪逢季年主孱賊
鋒惡抱節終成仁能不貿所學成敗非所論氣堪
塞寥廓瞻拜像儼然高風滿山閣

伍相祠

萬死此餘生逋臣尚有情艱危變鬚髮猶奉白公
行

報楚藉吳力傾吳亦楚材此中有天意莫駕怒潮
來

胥門夜泊

揚帆纔數里夜雨阻胥門不見春潮長但聞篷背
喧江城孤棹冷旅夢一燈昏輸與長年樂江寒借
酒溫

吳江舟中

十幅輕帆片刻揚疊雲又起失斜陽寒山寺遠鐘
聲斷平望湖陰水氣涼客路耽吟無旋雨春宵有
夢不離鄉計程遙與湖山約三日天晴到古杭

過吳江有懷夏園紅舫

遊心肯爲雨風降千里春寒一畫艘兩兩盟鷗如
踐約一齊高唱過吳江

看山

看山如論文濃淡須並收遊山如論交淺深以分

投有山宜遙注一望烟嵐浮不雨生淨碧爽氣騰
高秋出雲觀變幻奇氣豁雙眸有山深且奥妙境
須窮搜入山勿計日快意斯勾留行山勿辭苦險
峻必探求外不遺淡遠內不遺清幽夢夢與山見
過眼浮雲流所以躁心人遊山如未遊

聲玉山齋詩集卷之八

吳陵鄒　熊耳山氏

雨中至西湖看山放歌

入境忽然喜久陰見日色到城忽然愁雨氣漫天
黑過船早買西湖舟衝烟冒雨登湖樓風吹冷雲
撲人面倚欄不及停雙眸初見山巔彷彿露南北
兩峰在指顧須臾層雲亂擁羣山封不知高峰遊
客去何處水連雲腳山成烟疑有蛟龍欲上天不
然化爲豹隱霧忽隱忽見窺難全春明人美湖山
綠鶯啼魚躍趁晴旭那知雨更出奇觀亦如作文
參變局我來頗挾探奇心看山那復嫌湖陰却笑
滿市焚香迎大士（杭俗祈雨祈晴官吏必拜迎天竺觀音像至城隍山日日拈香雨晴送還）日日祈晴雨不止

湖上看山有懷張蓉軒戈鴻軒

到來烟雨正迷離湖上山光未許窺忽見日晴雲
散去兩峰竟有出頭時（時二子均受知于王勿齋宗工）

贈儲漁溪運副

早歲曾言志中年願竟償不辭官況冷到處口碑

香政擅桓寬譽名分白傳光西湖重濬後隄柳盡
甘棠

訪林君復先生故址遇雨而返

避世心千古遺踪未易尋到山經雨阻使我悵雲
深何以舒幽抱其他非賞音前生應是鶴第一愛
梅林

大佛寺

半身已現丈六尺全體令人不可測濟世還憑沁
雪泉脆（泉在佛身右清脆可以消渴）大佛原來是頑石

寶石山

山頂錢王塔攀登古跡荒落星猶有石舍利已無
光（吳越時其臣某迎古佛舍利藏塔頂見西湖志）破寺經春閉流泉帶雨
怯天然好圖畫（塔前舊有天然圖畫閣見西湖志）終古對斜陽

葛稚川祠

此山多古踪厥名自葛始蘇守蹟就荒賈相安足
齒獨有稚川祠崇與千秋祀乃知人世心寶茲丹
井水我亦重其人所契不在此才與學兼優胸中
明仕止服官勾漏令著書抱樸子人見爲仙人我
見爲儒士肅然一瓣香下拜良有以

孤山懷古用范文正公寄林處士韻

故廬不可見有墓未沉淪亘古重高節茲山得此
人明湖當半面野鶴自千春卿相豐祠合由來德
有鄰（山中四賢祠祀李鄴侯白太傅蘇文忠及先生四像並位）

謁岳墳

師近黃龍有詔班十年功廢片時間小朝自願長
城壞精魄難忘二聖還代紀純忠題白石人懷孤
憤拜青山試看宰樹皆南向北獻金繒亦赧顔

分屍檜（岳墳前檜樹爲雷所劈今餘半片枯幹上存小枝生葉風吹如拜跪狀）

不幸名同檜生當此墓門神人共遷怒雷火慰忠
魂

金鼓洞

入徑涼生袂環宮萬竹青山深無客擾洞古有仙
靈字跡摩崖見（峭壁上有飛來野鶴四大字相傳是呂仙手書）泉聲隔檻
聽愧余非野鶴過此當雲停

紫雲洞

此境真奇絕幽然奥且深竅通天一線光射壁千

聲延佇消凡想回看有悸心鐘魚聲在耳洞口供
潮音

蘇小墓

西泠橋外有荒邱蘇小居然片石留聞道風塵能
相士黃金一贈換千秋

見心亭

稽首雲山大衆來此中善否費疑猜潮音幸合慈
悲眼不爲人心特地開

由天竺至雲林道上口占

鞏峰都爲梵王青大士慈悲佛更靈笑我只尋山
水看呼猿洞與冷泉亭

壑雷亭小坐

雲林妙境在山門山氣空靈透石根百尺巖高仍
似鷲千年洞古罷呼猿橋通名勝宜幽客寺雜塵
囂攝世尊一餘雷鳴飛瀑出要從峰頂探真源

遊飛來峰洞感賦和汪蔚伯韻

竟有奇峰空外至幻成玉乳洞中懸曲身陡入疑
無徑三面能通各有天山翠浮光迎古寺壑雷激
響繞清泉所塈昔遇妖僧鑿洞中洞外爲楊璉真伽鑿羅漢數十醜惡萬狀飛來峰面目已失見者哀之靈石罹殃亦可憐

九里松零落殆盡感賦和汪蔚伯韻

廢寺尙留淳祐樹集慶寺宋理宗閻妃所建今存一寺門一佛殿而大松數十本猶在雲松夾道竟全亡憐他一樣蒼鱗種不長山中
長路旁

韜光

高峰纔及半吾力已將殫策杖來幽境登樓得大
觀漸離塵世界直指海波瀾自笑非仙佛蓮泉久

占難

登北高峰

三十六盤上武林此最尊一峰堪伯仲諸嶺盡兒
孫近俯湖光斂遥瞻海氣昏山僧殊不俗留客看
朝暾

鳳篁嶺

白雲深處遠公留嶺號風篁境本幽尙有泉流龍
井外泉湧則自龍井溢出細流曲達歸滌心沿絕無人笑虎溪頭碑文
剝蝕難全辨山石玲瓏要遍搜坐久不妨多瀹茗

此來原爲滌心遊

烟霞洞

風篁嶺已僻翠螺僻尤甚冒雨上石梯賈勇騰身進數盤高復下乃達烟霞境佛手在高巖象鼻臨荒徑（佛手岩象鼻峰在烟霞洞上）拄杖覓奇觀得此吾心稱仰面石乳垂欲墜若懸磬龍脊盤空中見人勢愈勁不風身覺寒不雨地常濘步則前有途入恐呼莫應老僧導我行迢迢一燈映羅漢各金身數與夢相印（杭州志云錢王嘗夢十六人向之乞食後遊此洞見洞中羅漢適符所夢然不知鑿自何時王爲裝金並增一佛像）錢王業已灰佛自占名勝我欲絕塵囂坐此可鍊性去去讓如來吾弗與之競

石屋洞

嶺以洞得名洞乃名以屋軒然若數楹外敞而內曲左聳類層臺援梯堪縱目右則俯以臨微冋遊重複忽有階能升欲穿雲出谷堂奧深難窺一前步一縮洞口烟蘿封可以下帷讀登山倘倦遊可以置榻宿其如千石佛趺坐常默默一佛一鑪香無地容投足

宿雲樓

一徑碧三里凉陰散滿天客依雲作主僧種竹爲田悅性（亭名在寺後）偶留住洗心（亭名在山前）恐未然夙因香火外借榻不參禪

六和塔

昔見長干塔絕頂穿雲烟此塔遜其高博大乃過焉立基廣十畝廊環堪百筵石柱徑數尺石梁稱且堅巍巍鎮江潮建自開寶年（僧智覺始建）九級與［illegible］級圯修形變遷（紹興間塔圯僧智曇修之至七級而止明僧祩宏重修因之）懷安瀾功高峙乃亘綿豈同建白塔言之心黯［illegible］（白塔即鎮南塔在鳳山門會勝寺元楊璉真伽宋陵埋枯骨上建塔以厭勝之至正末爲張士［illegible］所毀故址久無人以爲即六和塔誤矣）

渡錢塘江和儲漁溪元韻

此江宜有曲江名水界東西數折成世遠餘皇難彷彿時清羅刹亦光明滿天風雨高吟過隔岸烟嵐帶笑迎聞道晚晴潮定至累予候到月將生

蕭然山

清境千秋屬許公徘徊故址緬高風笑余亦識蕭

然趣不是山中是客中

錢清鎮 鎮以劉寵得名有劉公祠又有包孝肅祠額書笑比河清四字

尚寬尚猛實相成公道同留萬古情一路豐祠祀良吏錢清諷過又河清

柯亭

截竹當年有慧心一枝妙選出深林看他生死兩知己擇友由來遜審音

蘭亭

到來人物盡風流似此山林不負遊觴詠之餘無

一事勳名以外自千秋也同沂水春風樂欲比巖花澗鳥幽我愧留連身是客家園雅禊不曾修

蒼凉池館綠成茵轉眼流觴事已陳少長偕來真達者彭殤閱盡幾閒人地餘勝蹟青山在我悵名場白髮新把酒花前須盡飲莫教淹忽度佳辰

大禹陵

道心承二帝治統冠三王似此神功大何勞下土揚紀遊題窆石覽勝仰梅梁萬古塗山會探尋蹟久荒

會稽懷古

君臣定霸十年中石室歸來養晦功報怨更逾重耳諂酬勳忍負甯俞忠五湖飄渺扁舟遠七術猜疑一劍終幾日越山飛鳥遍大王何必早藏弓

雨中山陰道上

看山一千里才到快心時遠嶂疊無數亂雲飛更奇排青出矯變潑墨寫支離立久衣襟濕猶餘去後思

虎跑行

大慈山徑排千松大慈山寺鳴齋鐘羣峯屏列中峰隆地靈與厥梵王宮元和有僧日性空飛錫來將止其中度地可棲心融融覓泉不得憂忡忡無泉大衆奚能容陡聞神語傳空濛南嶽有泉出諸濛引泉之奇仙山童移泉幻托山君功二虎跑出泉眼逼飲則寒洌汲何窮白沙龍井將毋同一亭雕鏤真窮工泉清照見蟠金龍名流題咏石碣豐山僧鑿鑿談古踪我聞姑且隨聲從疑信付之天夢夢迂儒之見別有鍾笑指山廊松火紅兩腋或

者生清風煎茶爲我澆心胷

小有天園

園依慧日屋迎峰碧洞丹崖秀氣鍾杦石交奇奇不了一松一石一千松

[illegible]正齋先生題集原韵

出游[illegible]有涸塵俗所居愛結烟霞鄰亦復憚從冠蓋[illegible]不[illegible]之中無間人我臥湖樓似雲嬾更見嬾辰[illegible]云是蘭臺仙境來恬雅氣能祛盛滿抑然公兼[illegible]草剪燭傾談舒幽抱我竟渾忘先達

尊公能特宥詞人老公有盛名夙所欽十年雲樹思題襟湖上好風萍梗聚相逢奚必待相尋指迷津語諄諄示題辭之譽擢不次也似古人拔士寬片長必錄不求備蓬蒿敢與蘭茗爭新鮮管窺之見烏能測青天無端許我得聞清風迯直欲攜琹作伴常周旋公之病以哀毀積聽我保身事親之語漸消釋公遇方隆氣正豪五十行年頭未白鵬翼仍當奮南溟雲階指日身重經珍重鼎鐘與竹帛千秋豈止文章靈去去振衣崑崙圃莫羡孤山野鶴舞燕京臺省望淸塵凉地蒼生思大府君不見謝太傅李鄴侯何曾久作雲山主但願常分鄭月到江鄉照見漁樵顔色古

謁于忠肅墓

自有新君立無居奇貨憂生還憑此舉復辟乃相讐危社如山奠殊勲付水流果然公論在豐碣樹千秋

咏史

北狩歸來大內居陡聞排闥請登車由來此是眞

奇貨士木難爭讓石徐

景泰慨慨數已終堂堂復辟出深宮奪門兩字殊堪笑何用紛紛更冒功

雷峰塔

我訪南屏中峰入不知但聞回雷音同傳異辭因地因人勿深考上有一塔高聳建自錢王時塔形本非近時式雨溜雀穿遭剝蝕破裂中通門洞開高無層梯上不得遙與寶所對峙欲爭雄彼則內實此內空兼聞數奇更遭雷火刼磚石欲墜不墜

嵌空中有客望之身拜倒心懷疑竇回身早忽聞
怪鳥啼作啾啾聲愈信妖蛇之說非虛渺我來特
將古玩看紅日照之渥然丹陸離之景不常見游
衍直到斜陽夌

錢武肅廟觀蘇文忠表忠碑

古殿列遺像兩廡瞻宏章高碑峙七尺石刻生輝
光厥文簡而括厥字勁且蒼乃知禮賢報簪筆爲
恢揚英雄得名士萬古同遺芳鐵劵存何益換世
徒珍藏

瑞石山洞歌同正齋先生作

昔聞米老大書第一山我心羡之未克遊其間今
日始信古人不欺我千奇萬變使我開心顏此山
天地之靈氣忽聳忽僻出塊異青芙蓉峙松關開
幻成千尺百尺之石縫爲遊戲攀藤入洞曲而通
怪石奇縱非人工一石斜挂定然是飛來不然何
以亘古不墜懸空中天光遙射石刻見字跡剝蝕
不可辨出洞仍行石罅中一線梯雲正當面蛇穿
蟻附數折行前峰甫送後峰迎更有窅窱破裂之
長石相縱橫左顧右盼老眼花坐八卦石訪丁仙
家直上大觀臺遙指海無涯一路看山一千里洞
壑可觀每停趾從未見奇踪怪狀探難窮嗚乎此
洞觀止矣

端陽前二日別湖上諸同人

武林風雨阻遊遨經月羈留感寂寥旅思幸因儔
侶減吟情難爲別離消花飛柳陌啼鶯老日落湖
天去雁遙蒲酒一樽行色壯醉看彩鷁戲江潮

到家

妻孥爲我拂征塵花亦含情笑有因淚說羣山無
限好不曾留住看山人
勝遊不負便風華舊雨初疑語太誇搜取篋中詩
草看果然山水帶還家

自刊拙集感賦並和謝諸同人題贈

灾梨禍棗笑無端一字求安已大難也似登場學
歌舞妍媸應不避人看
紛紛刊集負才名我敢言傳與世爭但願有人猶
竟讀不教開卷睡魔生

寸管論詩不厭苛平心自問定如何未能割愛删除少姑息知貽後悔多

方言樸拙本無華慚藉名流極口誇忽訝雲中仙樂至宫商齊奏野人家

聲玉山齋詩集卷之九

吴陵鄒　熊耳山氏

得泉詞

井養深深無盡期泉香兼與煮茶宜發蒙要在工夫早臨渴方思掘已遲

種蘭

欲種堦前蘭先除砌中草草根易蔓延蘭根受紛擾斬草傷蘭根草茂蘭將槁凡事忽於微遺害良不少奈何欲對人姑息容宵小

竹影

數竿摇曳見參差動却無聲静却移秋意到簾風片片山家留客月遲遲个中色相分明在醉裡光陰過眼知寫照是誰憑妙筆特傳高節與寒姿

題潘弓亭汲綆圖

昔余同掘井功愧半途虧倘竭深求力非無汲引期逢源殊負任得手在沉絲此際無窮益淵深一綆知

長至日畫九九消寒圖

散如碁布復星聯九九編排有後先呵凍漸臻磚
影綫披箋細疊墨痕圓爲塡看雪尋梅日好記圍
爐酌酒天危坐下帷無一事陰晴遍數到春前

勵志詩

撚髯發長嘆倏過知非年往事悔已晚豈容再誤
焉銳意不求名所耕惟心田守身善厥終沒然全
吾天願言歌抑戒垂衰日省愆

自題覺秋圖

不因遲暮動煩憂箬笠芒鞋自在遊雲淨天高山

氣爽一年最好是清秋

春雪

忽訝東風似剪刀裁成花片上青袍相逢早歲皆
珠玉莫入歡場感鬢毛香海可尋梅正放凍雲欲
散鶴初翔賞燈兼作消寒會人羨山齋數酒豪

詠梅兼贈古軒

風骨瘦如此挺然耐歲寒開時惟自賞冷處有人
看但覺春無限相尋雪正漫閉門高士在終竟出
山難

其二爲夏鐵翁壽

直以鐵爲幹從知年壽長春仍留古雪晴轉近羣
芳結子期能卜和羹願未償山妻應不俗釀酒爲
稱觴

憶理安舊遊兼懷張舸齋

記得支筇萬竹間綠陰深處叩禪關竟無淸福棲
幽境每厭囂塵念此山鶴磵亭邊飛瀑響松巓閣
上暮雲還傾心名士詩題壁江水迢迢一見慳

悔園即景賦贈蔚伯主人

庾嶺分春

大有春山意東風送古香出來仙品貴自許雅人
藏入境無凡艷深情啓衆芳歸來羨雛鶴林下和
聲長（時蔚伯得子）

武陵別境

境比仙源勝相尋一徑迂人方疑世外春自占城
闉雅祓開壇坫盟鷗集畫圖汪倫家不遠流水到
門無

蕉窗舊雨

嫩綠淨於洗侵簾一室清故人原不俗來意若相迎懷抱各傾吐詩篇互品評雨餘塵跡少靜裏有棋聲

竹院新篁

幾番培小竹次第擇其尤果爾能醫俗何妨早出頭干霄期子弟總角見朋儔我待成林日携尊好聽秋

贈雪齋上人

性天本樸誠所學能專壹早歲學參禪面壁無虛

日中年學作詩芸社攢眉入一字必求安耽吟每忘食十載名山遊機趣超凡域設詩不設禪詩造禪之極蕪城倏相遭詩魔呈面色展袖出瑕篇清奇光滿室聯吟續舊盟駭然驚勁敵直以詩中禪令余開茅塞律既老愈工字更秀而逸珍重爲公藏至寶不易得

廣陵客中喜汪劍潭先生過訪

神仙在蓬瀛欲覯夏不易海客舟難逼烟波渺無際望風結遐想岑寂坐蕭寺忽漫生春風惠然騎鶴至冲和叙所親古秀世所與一片宏奬心下交擢不次誨我金石言爲我益神智神仙亦世情不以凡庸棄

題浮寄軒圖

到處容吾傲由來天地寬耽游孤棹遠得止一家安每觸浮生感都將借境看會心應有在試聽海波瀾

和陳書農自壽元韻

蕭寺論交日恬然氣是春謳吟消旅况山水待詩

人素志冥鴻遠閒情野鶩親莫嗟雙鬢禿未栽舊精神

好客開壇坫江村艤畫船紛來悵秋雨到此忽春天高曠烟霞興依留竹石緣翻嫌情太重多事誤參禪

一雁啼秋落孤雲在遠峯公與余同有手足摧折之感同茲心戚戚爲灑淚重重垂老添愁緒新秋敢舊容似余真落寞未敢比元龍

栽桃三里遍春占野人家何日一停棹高吟共賞

花忽聞仙樂奏頗厭市聲譁百里傳箋至璘章爛若霞

壽翟豊山

少時懷抱在經濟馳騁文場乃餘事盛名所到服奇才覩面羣推此大器閉門鍊汞年復年九轉功深已近仙惆悵蓬瀛隔咫尺引迴風起仙舟還儒生肯說窮經誤顛梅無如歸定數雲程幾輩早騰騫一笑圖南別有路尺蠖雖屈有伸時鸞凰且借一枝棲竟虛貢禹彈冠願不見毛生捧檄期垂老

閒情寄詩酒遍主東南壇坫久歸來吟幟樹南城我幸得隨鷗鷺後鷗儔鷺侶互招邀月雨衝寒踏屐遙刻意求工爭一字豪情忘倦達長宵秋樹秋蘭次第萎（謂讀齋鶴册本泉柳村蔚邨冠林）青松百尺森然在竟不龍鍾步履艱翩翩驥尾鬚眉改（余入社最後今亦鬚髮白矣）白髮孤吟處士情夕陽古巷清風生相尋小立蕭齋外時有圍棋落子聲九月黄花滿籬落舊雨稱觴同踐約青松之下聲戞然來聽子和林陰鶴

題雪齋上人尋梅招鶴圖

我昔有圖梅與鶴」一院春風寫歡樂公之遥情亦寄此名則相同異所指靜時可以見天心起然可以觀古今梅耶鶴耶無若有或尋或招情亦偶君不見蒲團入定花滿天月下有聲鳴戞然

自題聲玉山齋

築室愛清虛當窗宜種竹風雨作秋聲鏗然似戞玉自鳴出天籟逸響異絲竹聞之耳頓明豈止能醫俗坐久心神怡爰以名吾屋

再題山齋

悠然清韻出疏林不比箏琶亂耳音忽憶唱酬諸社友到來个个是瑯琳

邛上寓齋偶作

孤吟鎮日閉松關疏嬾無心入市闤有鳥去來飛不定匆匆未免笑人閒

簡李某生

狂歌痛飲仍如舊籍籍才名勝昔年我但乞書兼得畫最多情是李龍眠

雪齋上人贈詩有仙才不寫愁之句今客中

吉雨作此奉答

吟毫題遍萬山秋郝有悲懷感白頭孤館寂寥三日雨詩聲也帶一分愁

喜晴

開卷遣愁神每倦倚牀聽雨夜無眠寺鐘一棒陽烏見萬鳥都遊自在天

天寧寺看紅葉

青霜着樹已多時古寺居然見陸離我亦深秋嫌闇淡此心只有老僧知

獵人行

獵人操毒矢見虎身手僵入市忽震怒射殺犬與羊猛虎自在行白日攫人食犬羊不知避毒矢彎弓一試犬羊死吁嗟乎犬羊之生胡不辰不遇猛虎遇獵人

入公廨

朝入公廨行暮入公廨行與乃公盟歡若弟兄有時下簾耳語不知何所營　乃公云云唯諾而已曲躬垂手不敢仰視見平頭奴子如尊長禮百事順承以博乃公喜　乃公一怒鬚髮張曰吾爲猛虎汝爲鬼張汝爲吾攫食未克克吾腸書符攝魄逞威相廹　出公廨揖膺長喟友人慰之曰如乃公尊一辱何害移時仍將虎冠戴鄰人恐懼依舊望風而拜

九尾狐

西山有虎伺人於谷避之不及乃充虎腹　將軍震怒攘臂而驅日報可復日害可除　南山有虎冠而力猛相助爲虐將軍心恐　將軍入廟禱於

山神木偶無語其貌猙獰　妖狐憑之其尾則九鍊出神通爲虎戎首　虎狐濟惡將軍勢危棄甲曳兵喪氣而歸

賀陸介堂納姬即步徵蘭詞元韻

擷芳韻事到徵蘭佳興中年竟未闌入苑春歸名士早襄人香免俗気難宜家定遂宜男願還德休將選色看聞說合歡期不遠爲留七字寫圖欒

市河歎

市河水外河注水闘下水之路一城血脉流行處

常則悠然同駕船，變不紛然爭鑿泉。市河通塞難自主，水關中立操其權。欲求通先去塞，吾見水關長太息。昔誰鳩工司其職，闕腳在水淺且危，敗磚數層枯木支。枯木支手齊東環告長官爲籌畫，君不見城外水大低田沉，城内一勺貴如金。

謝陸介堂贈却暑扇

廻環六扇奪天工，餘暑消於轉運功。已笑傾身游熱境（時省試闈中苦熱），不圖惠我有清風。一庭塵散輕移後，四座秋生片刻中。奚必招凉藉蕉葉，午窻幽興

定懷公

題繆友堂水西園圖

蒲濤城北田一方，縱二十畝横相當。右臨六河生榮光，前後佛寺鐘飛颺。四面溝渠深且長，東來活水繞其旁。頻年不耕復不桑，地雅基綽乃久荒。繆子服官歸自杭，一見心喜眉俱揚。以金易之爲主張，河開百丈能通航。爲山千尺成高岡，山栽竹樹水栽楊。登高百里供一望，歸然一室置中央。船舍深曲開軒窻，冬則消寒夏招凉。詩人到此喜欲狂，

僉謂此公善平章。想見公作有司良，到處栽花又樹棠。胷中無限邱壑藏，經濟歸來聊試將。我直以君比鸞凰，振翼會須雲霄翔。閒情寄此稍徜徉，那便優游老此鄉。

題班姬小像

回首承恩事已過，風前小立奈愁何。只因未肯抛團扇，每到秋深感慨多。

題梅妃小像

樓東明月浸梅花，院宇深深素影斜。古艷自憐還

自賞，敢因春色妬楊家。

答陸介堂代柬

一自江城别，歸來冷瀨加。秋風吹短鬢，明月照鄰家（謂同社某某獲售）。刻楮心徒切，雕蟲計本差。故人憐落寞，尺素寄天涯。

我欲消煩渴，幽懷好友知。凉沾諸葛惠（蒙贈諸葛扇），香感竟陵施（復蒙贈名茶及諸品）。午榻風生處，秋窗客對時。身心同受益，厚貺不須辭。

樂事君能擅，名花次第收。情多均護惜，心苦亦風

流閨秀應聯社詩人亦負秋來年梅結子重疊見
枝頭
相思復相美日日望江干遇合談何益遨遊典未
殘支笻尋舊雨入室覓芳蘭早為開壇坫當秋結
古歡

題陳爻占課子圖

蒲濤六月吹爻風一舟小泊三塘東舊雨聯歡復
新雨傾心獨在陳仲弓仲弓之豪世罕偶仲弓之
氣醇而厚重友能通僑肹情論才不減蘇張口息

心禪院軒窗開岐嶷小鳳日擕來觀我作字伴我
吟身有駿骨非駑駘別來我愧談天錯白頭苦把
虛名博閉門竟未踏燈遊時海安鎮興燈棠招未赴過江又負
看山約約游紫狼以出門未果幾度逢人問起居幾翻尺素
憑雙魚微詩特寄元龍照讀書欣看坐課書吾家
亦有垂髫子養正功須在稚齒口授同君一片心
成材計以十年耳

題錢鶴亭照二之一

袒裼論交日如君不易尋才華生閱歷慷慨見胸
襟寄傲登山嘯消閒閉戶陰抱書思手澤此意感
人深

同人集余氏書齋看菊題壁

一徑繁英尚未殘山家景色要盤桓莫孤秋興攜
尊至耐得霜華待客看顧影不嫌人瘦削時余病方痊
滌塵要借境清寒所慚壁上鴻章滿草草題箋下
筆難

弔常半翁

貧過杜甫劇堪哀破屋三間長草萊終日只尋歌

嘯客有人錯擬簿書才時某監掣勞以案牘登高多病猶扶
杖入社謀歡數舉杯最痛梨花幽冷句吟魂先已
赴泉臺社集咏春月句云深院梨花門半掩高樓楊柳笛將殘後一日即逝

送陳鶴橋入都謁選即次留別原韻

宰官幟樹載書車塵滿征衣道路賒不愧儒生才
作吏須治國事直如家登程幸未頭盈雪服政應
逢縣是花出手先栽棠萬樹人思垂蔭澤無涯
勿較詞垣與政聲太平到處是仙瀛記曾對酒談
經濟曾在泰淮酒樓各言懷抱要聽鳴琹見性情氣果和平鄉

養到德無涼薄自春生循良所重初膺選不負身
心在此行
漫嗟半世井蛙拘此去呈材入宦途腹有詩書非
俗吏人從游泳識通儒秋山看遍神俱爽佳句吟
成氣不麤高唱自知雲路穩勝余白首困泥塗
轅駒何用着先鞭碌碌凡塵四十年忝考我猶搜
竹簡選刻海陵詩彙垂成騰驤君已出林泉預爭紀績千秋
傳相與盟心此日筵自願一官風雨袖料應不受
送迎錢

聲玉山齋詩集卷之十

吳陵鄒 熊耳山氏

烈女某氏與姊同居姊夫不良女怒自投於
河詩以紀之
孀婦有二女長贅某氏子次者將及笄性淑而容
美某氏子無賴齷齪供役使以財炫于家百態逞
譎詭媒灼議女婚賜歡實陰止得聘爭門第得人
爭釵珥某有竊據心女識滛奔恥某醉調以言女
泣告母姊姊乃嗤其愚母聞置不理女怒氣填胸
自期以必死女素勤操作晨炊必早起某值女于
庭力抱疾如駛呼號竟無益某面破十指女憤啓
扉出急馳至河涘四顧無人行傾身入中沚一片
皎潔心此日明於水屍立宛如生餘怒猶未已衣
袂萬線縫接連無表裏可知烈女心防維久若此
觀者敬且憐公憤動州里吾乃筆諸詩紀事存片
紙時嘉慶己卯六月二日耳
喜晤張老薑
六月曾相訪還遊人未歸今來詢客信適見解征

衣意態還如故聲華到處蜚俗情問囊橐斗室稻
糧稀
貧是儒生例蕭然屋一間等身書要著避客戶常
關江遠羣鷗散林空老鶴閒高懷娛此境獨許我
登攀
我已顛毛禿吟詩竟不工仙音才一奏聾俗陡然
聰所學徵求當君著求當集相規在德中千秋君有分
樗櫟敢云同
記得河氷日停舟結古歡作歌題賁篆君有賁篆圖索題
進酒爲消寒同慨離羣久應憐聚首難晨星殊落
落莫作等閒看

登瓜洲城看江上諸山出雲歌

瓜洲危堞古嚴關近枕長江遠面山清曉登城雲
四起千巘萬壑皆雲鬟山閒高低雲一色分時縷
晰合時容雲成山勢山在天天高疑有拔山力前
山雲接後山雲是雲是山亂不分南徐北固互隱
見都爲江天釀雨勤欲雨不雨天四垂米顛潑墨
何淋漓更有江雲海雲齊噴薄中蟠御氣行空神

龍奇須臾天淨羣峯見雨後山容清可辨也似行
文變化功濃淡相參看不厭萬象升沉只片時空
際彌漫山不知人生妙境無心得吐氣騰霄自有
期

聽雨軒咏並蒂石榴卽贈顧載之昆仲

同室生和翕休徵到石榴也因連理好特爲二難
留得子居仍共分房氣更投幾經霜雪後兩兩綻
枝頭

軍中迎喜曲

旌旗五色導元戎新歲讙騰隊隊同占吉不須逢
甲子能揚兵氣是春風

春冷

寒威有餘力料峭入新春擬放看花眼翻爲踏雪
人歡揚難諱老佳士不嫌貧倘帶温和氣高風亦
可親

白荷花

凉雲一片淡平湖境不繁華色自殊根淨已超塵
外久神清疑在月中無開壇要結氷心客對黄爭

看素面圖我亦有懷寄秋水伊人皎皎隔菰蒲

水西園雅集即事

茶鐺酒盞又詩瓢蠻榼分攜一徑遥地雅不嫌庭草剏心閒同羨鶴高超能消餘暑憑蓮葉莫訝新秋在柳條底事西河兩詩叟疏慵竟謝故人招時筠圃古軒不至

古琹

古錦囊封世代深空桑遺器未銷沉安絃不碍無新調入爨曾經遇賞音百丈磵泉塵外響千秋山

月曲終心廣陵散在應難祕知否人間正苦尋

靖海樓古松

地聳參天樹根蟠靖海樓此材真樸老與佛共春秋雲氣城隅覆濤聲殿角流蒼髯能好客不厭鶴來游

重陽前一日同人游光孝寺登千華臺分賦

已近西風落帽天早尋高處各爭先狂吟入寺人三五拭目登臺象萬千凡境能超心更逸中年知退俗全蠲遠公頂識秋消息破例迎賓意洒然

攝山即事

望山山境深及山山日夕古殿吹秋風苔堦暮雨濕東軒少延竚桂馨衣袂襲冒雨欲尋幽山昏徑不識深與失窮探妙處安可得

客中中秋

書劍消磨與未闌耽游能耐晚風寒連年一片團欒月都在秦淮水榭看

龍潭舟中

一棹龍潭巘蒼涼落木時但看雲出没能辨嶺高

卑身世青山笑心情白髮知浮帆且歸去留戀復奚爲

春風

一番信已報芳園惠我無私竟到門駘蕩乍回千嶂色吹噓能返百花魂早逢少女知非分老遇東皇倍感恩懷想至今才見面古歡新結爲開樽

庚辰上燈日招同人山齋社集代簡

樹幟燈前與每酣久開吟壘近傳柑去年掃雪邦儔侶踐約題襟只二三番老幾曾忘舊雨肯來原

不厭高談百家詩草山齋積見淺奚容閉戶探（現選海陵詩彙故及）
堅於金石固於膠厚誼難將舊侶拋春冷支笻衝
雨雪（紅舫雪中尋友預訂社期）天晴飛檄下蓬茅空山猿鶴仍
無恙此日雲霞更締交卅載一言殊有味（紅舫來扎有此會再三十年之約）願借少長共推敲

水西園看梅題壁

一林艷雪手親栽都趁東風次第開莫道寒香知
已少攜樽人過板橋來

傍水依山挈伴行品題香色最分明高吟只有仙
禽解林際飛來和一聲

題黃少府（延禔）篝燈補讀圖即步元韻

濟世在通經訓辭久愁易真才試有餘退然不自
足攤書古人來與之通欸曲少時未竟功此夕焚
膏讀
我愧無成事好古徒殷勤垂暮兼嬾散末由揚清
芬公盡窮探力勞與案牘分鸞凰志遠大不止求
異聞

歸自金閶適老蕫過訪喜賦即步留別原韻

江南春盡片帆歸岸柳花飄上客衣風雨竟將遊
興阻囂塵莫怨賞音稀幸逢戶外雙鳧至又恐雲
邊一鶚飛我爲留賓開舊社主持風雅願相依

丹陽

抱城一水碧灣環俗儉人稀小市閒古驛尙聞宵
警柝清時安用將當關蕭條向晚難沽酒平衍何
時得見山舟艤不忘吟嘯樂肯因閒寂改歡顔

瓦松

本來非勁質所幸托身高花掃千行落根盤一寸
牢有心依大厦無力走寒濤徒目蒼髯號終難自
守操

和馬墨初

蘆不飛花雁不鳴蒼凉片土傍東城荒園草創談
何易鋭意平章事竟成帶月支笻詩侶輿誅茆結
舍主人情解囊風雅如君少占得烟波又占名

刪詩

詩境隨齒易昔是今又非才氣一以矜即與安和

達瑾瑜光易掩漫云瑕疵微有之必痛改思久無新機剳愛宜勇決庶乎後悔稀

選詩

約畧知韻語便欲傳詩名詩名各有分徼倖烏能爭百畚而一疏衆口揶揄生選詩類作詩鹵莽終無成爲之調五味味正能和羹爲之調七絃絃安得中聲於已治宜嚴於人擇宜精慎毋忽棄取累人蒙譏許

訪菊

一徑僻且遠深山別有秋避人爲已甚請見必須求高士不知處貧交重此游也應憐我瘦相對感同儔

有感

三王而降風趨下漫把平平世道求深怨還須以德報不然雍齒不封侯

再至蘇臺擬游元墓不果

昔過支硎寺匆匆未暇游今逢連日雨又滯諳山舟窗暗晝凝夕衾單夏亦秋重來思定約一笑雪盈頭

和桐軒先生見贈原韻

不須界宋與分唐放失搜羅遍一鄉聊爲百家編次第敢持才管說丹黃拾遺留待金鏡客荷寵先驚玉局章爲語昔賢壇坫在過情稱譽許升堂

精心歷歷考源流（先生有海陵詩學源流考）瀹茗談詩辨未休每悵結鄰非近孟何須作字定臨歐（先生書法不拘古帖天然大雅）唱酬不以疏狂棄采擇須防飣餖羞才短恐孤珍重意珊瑚那有網能收

雙眸炯炯氣熊熊領畧英詞勝采風我服片言如老吏公馳飛檄果奚僮此才直繼莊騷後論品當居魏晉中九秩豪情渾未減由來生質本沉雄

皎皎西涯月在天遥從海甸照名賢（先生爲法時帆祭酒所賞）澤深瘞骨心同佛（先生云存故人詩如瘞朽骨）學到猶龍跡類仙（祭酒云姜君之詩其猶龍乎）恃愛童孫常側席（余子六齡聞外祖傾談輙喜每侍坐終日不倦）締交後輩久忘年過雲忽漫來高唱慚愧難酬白雪篇

題硏北花南吟草

山讓匡廬好傾心四十秋欲知真面目莫憚久尋求佳氣春雲起奇情瀑布流壯余詩卷色（時選輯詩彙）先爲豁雙眸

恭誌州侯王菊泉先生德政兼以送別

爲政重儒術詩書流澤長用情不任氣安恃析與楊息爭在董勸（某弟兄構訟多年公以大義示之某亦感化）輔弱袪豪强（某孤兒田價爲某生所據公得其情當堂痛懲合邑無不稱快）雷霆亦雨露苛政悉除將空山潛虎豹四境無蝻蝗天以屢豐年報茲刺史艮所以蒲濤問鼓舞歌平康

蠹魚能蔑古蠹人能蔽明去之倘不速肘腋弊叢生奸民探意旨平地風濤驚公以知人哲坐照無遺情險健失所恃（時訟事鈎串左右生事俗名搭撞公至肅然）內外一廓清端士佐蓮幕何憂化不成乃知雍和治艮由藻鑑精

朝爲民生計暮爲民性虞民生復民性椅氣周郊衢明若鏡懸空澄然永在壺虛堂折一獄衆口青天呼愛戴出天懷旋復憐艱劬撫字心日勞春初達歲除問公公不知處之乃裕如

自持鮮定力那復知樹人蟲惑繼負緣大雅將沉淪公乃中有主拔彙求其直（所取士某某皆邑中佳士）郡覩懸生魚宋蘭披厥榛兼之開講院肄習歸陶甄奬以勵其志惠以潤其身多士氣騰達寒亦化爲春

濫交公所鄙私謁士所羞山居鮮公事一刺敢輕投自愧非澹臺而際言子游安舒托宇下閉戶勤雕搜（時選刻海陵詩彙并增刻聱玉山齋拙集）問風生感激筆諸詩以酬惟彼蚩蚩氓用意倍綢繆孩提念父母常願使君留

天心至仁愛甘雨無偏私海甸沐膏澤江城待培滋正樂春風和忽見春雲移去去不可留蒼生長繫思峻宇祝生位（合邑奉公長生位於靖海樓）誦佛圍車旗去（公去滿城焚香呼佛萬民遮道）豈不期再至公輔旋見推但願卿月光分照海之湄

次韻送仲雲江復之東莞任

昔爲名士今循吏朋輩之間只此人南越鳥魚思化雨大奚風日悉嘉辰深情不棄貧交侶本色依然布素身旌旆歸來留十日歡欣那計髮添銀

題一菴上人彙琴圖

一林幽籟自天鳴雲淨無塵山水清但覺鬚眉生太古不知人世有新聲

雁宕歸來萬慮空絕無懷抱寄枯桐天機廣遠詩機妙都在禪心寂靜中

雜感

穹蒼無禍福任氣自流行善氣所鼓盪萬類胥暢榮氣忽變爲戾摧折斲形聲小者及鳥獸大則及蒼生善惡一齊盡如散塵沙輕茫茫無成見何由

鑑別精所以操懿逆天莫能與爭冉疾顏淵夭亦非天無情

太古多奇壽元氣常渾然後人歲乃促大壽無百年嗜慾病其軀機巧伐其天詐僞固云絕聰明亦宜捐譬之山中松壽以質樸綿能爲愚公愚或者仙乎仙

猛虎出深山風伯即從之牛以勤瘁老宰割靡有遺害人得陰功神靈爲驅馳養人成寇讎芒刃以報施吾告神人聽特陳迂腐詞惡者神勿恤善者人勿欺逆吉惠終凶世道豈如斯

今日哭良友明日哀東鄰晨星連夜墜屈指逾十人若者貧而介若者交可親端人禍頭刻狂飈吹輕塵天意渺難測友生胡不辰何當老淚枯旦夕爲酸辛

哭葉晴峯

吾友晴峯子幼與同堂讀遜吾長二年比吾學充足兼之儒行醇豈止文超俗鶚薦未登龍明經困場屋有雞各擅美義方庭訓易次者得奇疾學富

年竟促騰騫立雪多摧折過庭獨心神一以傷乘虛病至速暴風倉卒生疫氣中膓腹肢體僵若蠶兩手散六脈聞耗支筇來殘喘已莫潰溘逝無一言撫屍爲痛哭

寄贈李楓崖

似此通儒豈等閒天教沉鬱草萊閒無風竟有瀾狂日涉險翻爲夢覺闢壯歲簪花圖竟毀全家仰食境仍艱行吟容易生憔悴要覓奇方自駐顏

風雨孤遊嶺海中四千里路一囊空驚秋竟不同

張翰作客從教仗孔融托跡寛閒延壽命掉頭明
決是英雄莫嗟秋士同春少聞道容顏日漸豐
無邊憤懣看山消痛飲狂歌暮復朝訪友自聯新
雁鶩思鄉還憶舊漁樵詩徵古粵香囊滿人望豐
城劍氣遙別後同心頭盡白六旬騍尾亦蕭條同社
古軒鶴莎夏園詩子中惟予齒居末
耳聾齒脫目生煙老境頽唐巳二年詩骨秋來神
亦瘦故人書到病能痊家園縱樂成何事楮墨無
靈肯乞憐拋却囂塵南海去超然君是地行仙

聾玉山齋詩集　卷之十　十四

步陸介堂自壽元韻

消閒何必感顛連從古知非是壯年社結江村詩
世界樽開山館酒神仙風波終竟消平地雁鶩其
如隔遠天定有深情望秋信倚欄遙待故人船
坐消永日戶常關垂老身因久病孱幸有秋心清
似菊不妨詩骨瘦如山雕搜我懼前功棄吟嘯君
將舊忿刪泉石自娛還自壽名花相對爲開顏

男彥賓校字

先嚴耳山公少時偕葉古軒先生與同人聯吟唱
和結詩社數十年課卷成帙分先露停雲今雨共
八卷先嚴與古軒先生各兩卷一名西河草堂一
名聾玉山館共成十二卷統名之芸香詩鈔梓行
於世續將生平所著刪而又刪彙成是集十卷亦
付手民旋又選邑中詩人自順治初起共訂二十
二卷曰海陵詩彙未及付梓而先嚴棄養矣先嚴
南闈屢薦不售戊辰　恩科巳入魁選以後場策
問倒置見遺先嚴詩載州志並羣雅集與淮海英
靈續集翠屏洲王徵君柳村謂其詩雄邁清俊與
雉皋徐德泉並稱海上作者宮節溪廣文所以有
鄒徐之目也先嚴見背時賓方七歲詩板雖存而
間有殘朽賓成立後略爲修補每年必令梓人刷
印數十部分送吟壇聊以見先人之手澤存焉爾

男彥賓謹誌

泰州文獻

第四輯

憶園詩鈔
憶園詞鈔
香草軒詩存
樵月山房詩稿
春暉草堂詩存

鳳凰出版社

ISBN 978-7-5506-2260-9

9 787550 622609 >

圖書在版編目（ＣＩＰ）數據

憶園詩鈔、憶園詞鈔、樵月山房詩稿等 / (清) 陳燮,
(清) 俞國鑒等撰. -- 南京 : 鳳凰出版社, 2015.10
（泰州文獻）
ISBN 978-7-5506-2260-9

Ⅰ. ①憶… Ⅱ. ①陳… ②俞… Ⅲ. ①古典詩歌－詩
集－中國－清代 Ⅳ. ①I222.749

中國版本圖書館CIP數據核字(2015)第289460號

責任編輯　王　劍
裝幀設計　姜　嵩
出版發行　鳳凰出版傳媒股份有限公司
鳳凰出版社(原江蘇古籍出版社)
發行部電話 025－83223462
出版社地址　南京市中央路165號　郵編:210009
出版社網址　http://www.fhcbs.com
印　　刷　揚州文津閣古籍印務有限公司
揚州市開發區鴻揚路22-2號(6幢)　郵編:225009
開　　本　889毫米×1194毫米　1/16
印　　張　37.5
版　　次　2015年10月第1版　2015年10月第1次印刷
標準書號　ISBN 978-7-5506-2260-9
定　　價　550.00圓

《泰州文獻》工作委員會

主　任

藍紹敏　陸志鵬

常務副主任

盧佩氏

副主任

戴勝利　王學鋒　張培成　佘江涛

委　員（按姓氏筆畫为序）

丁少華　方標軍　成愛君　季春芳　周興安

查學斌　姜小青　奚愛國　陳士宏　黄林華

曹茂良　曹學賦　許大才　張國祥　萬永良

程榮穩　鄒祥龍　費振鐘　劉　玲　劉仁前

劉宏鳴　潘時常　薛金林　顧維中

《泰州文獻》編纂委員會

主　編

盧佩民

副主編

黄林華　姜小青

執行主編

成愛君　費振鐘

編　委（按姓氏筆畫为序）

王　飛　王　劍　王正奎　卞惠興　朱長順　全　勤

李文華　李明官　吴　迪　吴小晴　吴雙林　汪　政

沈　俊　林世田　莫其康　倪培翔　徐一清　徐同華

高　峰　陳　立　黄　靖　曹學林　常　康　張　定

張永龍　劉仁前　劉春龍　潘浩泉　薛　飛　謝冬榮

竇立成　顧寄南

《泰州文獻》學術指導委員會

（按姓氏筆畫为序）

江慶柏　金良年　茅家琦　華學誠　徐　雁　畢飛宇

程章燦　楊九俊　魯國堯　劉玉才　顧　農

總序

泰州古稱海陵，漢初（公元前一一七年）置縣，晋末（公元四一一年）設郡，南唐（公元九三七年）建州，始稱泰州。

泰州濱江近海，物阜民豐。漢唐以來，糧鹽並舉，商貿繁榮，爲溝通南北的重要港口城市。

泰州素爲文教昌明之邦。唐初立州學，北宋建貢院，明清開學政試院，産出大批科舉優秀人才。

泰州自古人文薈萃。走進泰州的，從范仲淹、富弼、陸佃，到孔尚任、吴讓之、蔣春霖，都留下深遠影響。走出泰州的，從張懷瓘、胡瑗、施耐庵、王艮，到李清、吴嘉紀、柳敬亭、黄龍士、李鱓、鄭燮、劉熙載、李詳、梅蘭芳、高二適，都在各自領域爲中國文化作出巨大貢獻。

泰州遺存的文獻也很豐富。僅據《江蘇藝文志》所載，便有二千七百餘種，涵蓋經、史、子、集的方方面面。其中，尤以明清時期爲夥，占到百分之九十九以上。這當中不排除由於種種原因，致使元以前的一些著述湮没無聞，但明清兩代，確是泰州文化的繁盛期。在這些文獻中，如《書斷》（張懷瓘）、《水滸傳》（施耐庵）、《王心齋先生遺集》（王艮）、《宗子相集》（宗臣）、《陋軒詩集》（吴嘉紀）、《板橋全集》（鄭燮）、《藝概》（劉熙載）、《李審言文集》（李詳）、《黄龍士先生棋譜》等，在中國文化史上都有重要地位和深遠影響。

與此同時，對鄉邦文獻進行整理的也代不乏人。自宋至清，周氏（周麟之等）、宫氏（宫偉鏐等）、陳

氏（陳應芳等）、徐氏（徐鳴柯等）等都曾致力其事，爲泰州留下了許多寶貴的文化財富。清嘉道間，鄉人夏荃編輯《海陵文徵》二十卷、附録十二卷，《海陵詩徵》十卷。民國初年，曾任江蘇省省長的鄉人韓國鈞歷經十餘年編成《海陵叢刻》計二十三種六十六册。

二〇一一年九月召開的中共泰州市第四次代表大會，提出了建設文化名城的任務。爲此，中共泰州市委、泰州市人民政府決定編纂《泰州文獻》。這是泰州有史以來對本土文獻最大規模的整理和彙編。它對於保存、利用、研究和開發泰州的歷史文化，尋繹泰州獨特的地方文化價值，爲泰州文化建設提供歷史人文資源，意義重大。

爲了保證編纂工作的順利進行，市委、市政府專門成立了工作委員會、編纂委員會和學術指導委員會。工作委員會由市委、市政府領導和相關部門負責同志組成，負責對編纂工作的領導和協調。編纂委員會由相關專家、學者組成，具體負責《泰州文獻》的編纂出版工作。學術指導委員會由江慶柏、魯國堯、程章燦、茅家琦、華學誠、徐雁、金良年等國内知名文史專家組成，負責對編纂工作的指導和把關。

編纂工作按如下幾個步驟進行：（一）進行文獻調查，建立文獻檔案；（二）精選有代表性、有學術價值的作品影印出版，選目由編纂委員會和學術指導委員會共同審議確定；（三）編輯出版《泰州文獻總目》。

《泰州文獻》分爲四輯：

第一輯『官修舊志』，收録泰州地區現存所有官修地方志。

第二輯『地方史料文獻』，收録泰州地區歷代重要的筆記和史料。按内容又可分爲史地類：收録有關泰

州歷史地理方面的著作，包括小志、專志、雜志等；政情類：收録有關泰州政治、經濟等方面的著作；文教類：收録有關文化、教育、圖書館等方面的著作。

第三輯『家族文獻』，收録泰州地區重要的家譜、家傳、家集與名人年譜。按内容又可分爲家乘傳記類：擇要收録泰州家族譜牒中的譜序、家規、家訓、箴言、族約、族記、祠田記、塋田記、雜記、著述等資料；家族總集類：以家族姓氏筆畫爲序。

第四輯『泰州文存』，收録泰州地區作者的詩文著作及其他代表性著作。按内容又可分爲學術論著類：收録泰州作者的經史雜著；文集類：收録泰州作者的詩文集；地方總集類：收録泰州作者的詩文合集。

考慮到《水滸傳》、《封神演義》（《辭海》云『一説陸西星作』）、《檮杌閑評》（學界多謂李清所作）等小説流傳甚廣，版本豐富，故不再收録。其他如堪輿、術數類著作，泰州人撰泰州地區以外的地方志、地理志類著作，一般性的彙編、摘鈔類著作，亦不予收録。

《泰州文獻》原則上收録現轄區内的作家作品。但從尊重歷史出發，泰州學派創派人物、明代思想家、哲學家王艮，平民詩人吴嘉紀等人，歷史上均屬於泰州地區，對泰州地區具有深遠的文化影響，他們的作品亦予收録。

前人給我們留下了豐厚的文化遺産，我們既要加以珍視和傳承，更要在前人的基礎上，創造出無愧於今天這個偉大時代的新篇章。這是我們更重要的使命，讓我們爲之努力。

《泰州文獻》編纂委員會

二〇一三年十月十八日

凡例

一、《泰州文獻》（以下簡稱《文獻》）分爲《官修舊志》、《地方史料文獻》、《家族文獻》和《泰州文存》四輯。

二、《文獻》收録範圍原則上爲現行政轄區内作者的著述和與泰州有關的重要著述，但考慮到歷史上曾屬於泰州地區的人物，如泰州學派的代表人物王艮、平民詩人吴嘉紀等對泰州文化深具影響，對他們的作品亦予收録。

三、所收著作成書年代限於一九四九年以前。

四、《文獻》所收著作，以學術價值、使用價值較高爲原則，適當兼顧版本價值。

五、《文獻》以影印方式出版。如有蠹損、殘缺、漫漶不清處，原則上以相同版本予以補配，以保證完整、清晰。

六、《文獻》對所收每種著作均撰寫提要，置於該著作前面，以方便讀者瞭解作者生平、主要内容、學術價值等。

七、《文獻》除保留所收著作原有頁碼外，均新編頁碼，每册頁碼自爲起訖。

八、《文獻》最後一册編有書名索引和作者索引，以方便讀者使用。

目録

憶園詩鈔

（清）陳　燮　撰

《憶園詩鈔》十二卷，清陳燮撰，據泰州圖書館藏稿本影印。

陳燮，字理堂，一字澧塘。清泰州人。嘉慶三年（一七九八）舉人。晚年官邳州學正。與修《江寧府志》。殁於旅次。

本書卷首有乾隆五十一年（一七八六）李青翰序。陳燮工詩，有名於時，俞國鑒言『是時泰之能詩者首推陳燮』（道光《泰州志》卷二十四《文苑》）。《淮海英靈續集》庚集卷五收其詩五首，其一《戲馬臺》出自本書卷四（《登戲馬臺》）：『衣錦何年戲馬回，巃嵸怪石擁荒臺。重陽風雨思高會，西楚山川出霸才。浩蕩秋原看鹿走，蒼茫戰壘見花開。阮生一掬英雄淚，廣武吟成迴自哀。』激昂蒼凉，可見其詩特色。

（周　忠）

高碑上竄堯舜典神語不受敲珠轉回薄
萬古長庚心以蒙東之歸一毫刀圭恥逐乃
生悟太玄自飽豈云窩戲弄盤曲驅羲
職鬼神入注風雷撓我挽春水洗腐腸舊
紙塵堆指詩淺 記辭底柱從天崩赤縣
碎坼黃河走千年力與江淮爭間世競營
辛壬手天心暫羅鄒子衛民業激復宣房
後君方扶策贊使君講渠得職還緣畝
將因地利事休養俾供貢賦歡童叟餘事

何妨泝洄窮源且續搜星宿參罕撮石
凹豐碑弔古登臺真腐臭詩人適與擲春
會盎盎秀色曉寒寒齊如何執手短夢裡一飢
驟使以天涯年來海内弄長句君外更有
何人能臙脂娛袁邯鄲枕殊骨昨出長鏡
理黃評則天橋酒樓雲漢上心讀狂放由吾儕
澀河寄章不我報如何雨絶纔雲乘摶沙
在手難把玩褰衣愴惻平生懷杜門剩我
貧病客一春不啟銜泥蕻浮生蠢動那有

極客舟日日浮清淮把君小卷三太息賣花聲鬧城南街　拜題

理臺大兄大人尊集即送之河南清

教　君弟韋佩並

奉題

澧塘年伯大人尊集即送之同州請正

新城秀水不可作海内詩名竟誰屬江

左今推陳孟公大雅扶輪振風俗

先生詩癖由天成弱齡索句班張驚

彤墀絳札灑翰藻字躍鸞鳳音鯨鏗歸

來秉鐸芒碭道會萃書成壽梨棗雄才

計日到柯亭暫向山中讀鴻寶我來吊古

淮陰臺膺舟謝屐忻追陪騷壇旗鼓執鞭

弭長城未許偏師摧畧中示我紀遊集
千萬光芒出行篋半生心力付烏絲神物
護持山鬼泣幽燕風雪窺洛蒼嶺南瘴
雨揚帆辰昌谷奚囊伯倫鍤吞花卧酒
聦詩人天才凌轢江山助五嶽撑胸肆
光露沐浴日月偷春雲騣策岐蟜走秋
兎此才此学誰比肩師事飯顆兄青蓮
汗流籍湜應僵走郊島郝得窺高嶺巔我
今盥誦日數過似引瓊仙入高座講經

妄塩强致顰着李先教粉脂流　公今
幞被遊閲西秦原千里踏蹄歸落雁峯
高吴星斗驚人健句吞虹霓咸陽宫廟
剩啼鵑驪山歌罷烟花歇鮮色碑
陰夕照紅古壁題詞偕悽切秋風塞雁
飛來稍編乞寄瓌華園我今作詩送
公去落梅雨濕遠峰鬟

乾隆丙午下澣六日袁江官舍

晋陵愚侄李青翰拜手

保子良

憶園詩鈔卷之一

泰州陳夔理堂

南回省試留別安昌諸同人

轉蓬隨長風飄颻無定姿孤雲逐飛鳥變化惟所移幽憂積耳目俛仰忘高卑白日下荒城芳草忽已萎雙輪促我行卮酒為君持夢魂不識路淚涔空自知

歡場逐文酒本性同符節一言入心骨百盞澆腔血蘭時雖共惜沙市俄成別夫君坐帷幕即事傷飄瞥枯桐變宮徵爨竹無簷蓮相期登閬風與子同羈紲

黄塵千里道再别安昌城 ˎˎ 邊古楊柳並作秋蟬聲昔遊屢
回互即景分榮枯思隨寶馬去已與悲魔迎潺 ˎˎ 沁水波杳
杳行山陘停車念始懷凝睇含今情芙蓉滿江皋寄此恨未

平

汴城旅舍别吴杭香

炎風吹涷雨千里無車轍梁園烟樹迷客子肝腸熱故人遇
羇旅深夜聞蜻蛚言愁石闕衙論古驚濤決忽忘岐路分頓
覺心源澈銀潢帶火流雲幕憑虚結今夕此何夕勤説成奇
譎不知天孫巧祇恐飛烏拙君家大海西連蜷亘横蜺我家

長淮東螢苑埋荒碣東西本毘連風俗無殊絕所嗟走跋〻遂令情切〻我行君尚止復此銷魂別慈心江上山蕭寥向誰說

睢州道中

遠樹接朝暉村荒草逕微人穿禾黍出鳥帶水雲飛問俗睢陽古觀河禹迹稀不知星飯客何處換征衣

道中雜詩六首

積潦長途迴自驚車行渾不畏舟行康莊亦是崎嶇地未信羊腸是不平

篌輿停處路淒迷青豆房開澮水西半日浮生成小劫西風竹院一聲雞

淮波清駛布帆高一笑篷窓客思勞風月滿天人不見相思千里隔雲濤

濠梁秋水渺愁余空館重經七載餘一曲清歌半輪月魚應知我々知魚

荒陂新漲接荒城菱葉芙蕖到眼明記得當時沽酒路亂峯如黛雪初晴

馬迹延緣帽影分山中人語隔溪聞高峯回首不知處僧與

一庵皆白雲

金陵雜詩三十首

旅館青鐙悵劫灰石城風景入銜杯憂端落筆崔嵬甚盡向攢峯列壑来

酒態猖狂每自傷步兵遺事滿山陽鳳皇臺畔多岐路片石常隨墓草荒阮籍墓在山陽而金陵鳳皇臺畔亦有籍墓

治城遺迹似荒村石點苔花屐齒痕落日半山山下路一聲

樵唱謝公墩
無人為訪胭脂井有客同登掃葉樓衰草寒烟留不得把詩
吟向萬山秋
山神儂意兩如何祊荏緣山破幾多博得寄奴遊幸後玉顏
常聽碩仙歌
紅羅亭外棵千樹燒尾檀槽解破顏一自江流沈鐵鎖更無
人唱念家山
垢面垂鞭過白下門甘棠也解詠遺恩荆舒晚計高章蔡識
得人間禍福根

鍾山秀才善墨竹墨痕區〻輸侍兒多少東涂西抹者含豪
生計費支持

薄命紅顏宋蕙湘郵亭七字淚千行衛河我昨親題壁不見
叢蘭屬阿誰卿詩亦斷腸

琴心三疊道初成紫府高閑下玉京早識侯門非福地不應（何當）
辜負鹿樵生（鹿樵生梅村先生自謂）

碧水紅蘭欄廢圃西步仙風調鎮相宜只今武橋定橋邊過盡
筦叢蘭屬阿誰

酒縱消愁幾箇時湘蘭句好有餘悲（酒是消愁物能消幾箇時馬湘蘭句也）年

来聽得愁如海合輓銀漢酌一巵
三五蟾盤照水光銀城雪窟有奇香依稀記得鐙船曲幾隊蛾
蛾眉一様粧余澹心鐙船曲句
頭老琵琶舊絶倫妥娘曲子調新常新梨園更有殘金粉
分與紅腮照鏡人
僦居無分傍金陵小住清秋集鷺朋他日齋頭春可債未妨
人笑夏何能
進客囊空澀一錢箯輿花市走風煙前身合是鄭蝴蝶文彩
腰肢俱可憐

小閣逡巡倒玉瓶七年離別感秋螢闌風劫雨城西路鄭重當時折柳亭庚子別施雪帆已七年矣

雞鳴山下晚煙濃紫鞠黃蒿一逕通詎得射棚雲五色少年初試鳳皇弓

寶光寺裏曾遊處山翠空濛僧兩三眼底烟雲消未得可能弥勒許同龕

過江風調數琅邪水榭徵歌靜不譁湯道當筵貪顧曲吴兒風貌本如花贈王石灤

風流隊裏眠高士錦繡叢中讀異書幾度題襟思漢上月明

空過子雲居懷方子雲

舊市樓臺冒太真風鬟霧鬢認花神可憐癡絶徐公子崑山徐鐵谷常向三山問古春

小草有心還向日落花無力怕隨風金陵詩伎蕙蘭句傳誦一時烏闌細寫紅牋句留付詞人襍誌中

李娟張態總宜春百草千花盡效嚬輸與赤欄橋畔客依然少府得夫人秦淮伎薔薇者金畹芳善畫

秋半秦淮咽暮潮青衫紅袖對蕭寥依人已字欄邊柳留得春前舊舞腰

刪 刪

春前舊舞腰

荼䕷香清訂結綺筵西風吹斷畫中緣無因更問藏舟浦獨向

冰床抱影眠

芙蓉初日曉粧遲鸚鵡前頭對客時酒態風懷誰過問有人

眉語喚情癡

花底曾無白雪音樽前何處閒風吟無端雙槳搖秋水自揭

湘簾訪阿金

天清木葉響空山花雨荒臺對客閒不是登臨無屐[蠟]齒風塵

面目愧烟鬟

青溪如畫草如茵客舍荒寒夜雨新不見丁家舊亭子疏牕

何處六朝人

青山朝憶復暮憶白日長懷仍短懷安得車輪生四角愁心

江上自衝排

木犀吟和劉春浦

若有人兮山之幽餐風吸露含清秋招予倚櫂相夸猶古香

萬斛一粒收淮南仙去不可留大山小山何處求丹石寂寞

誰能搜千年服食慚離婁嗟予帶索仍披裘艤舡一棹恣拍

浮仙裾縹緲風颸颸攀之不得天爲愁春浦居士其姓劉夢

與八公爲茲遊手持綠玉來山頭飄然疑墜海外洲子其注

匠

矣予心憂月明空館聋鵂鶹

題程篆河古便面册後

嘉隆以後書畫手天下健者推思翁枝山徵仲亦亞匹六如標格留元風餘子紛〻立門戶意匠頗復羞雷同殘膏賸馥落便面吉光片羽嗟塵封奇哉一入好事手收拾故紙如鐘鏞開囿示我氷雪色古人面目兹淇逢安石碑金那可得昭陵繭紙無遺蹤況乃集狐必擇腋未免真宰愁磨礲榮華飄風鳥過耳物之聚散誰能窮嗟君封識信奇特精誠嘿與前人通歸置米家書畫舫便恐貫月來長虹

汪容甫招飲

飃颸蕩殘暑羈客發遐思幽人不出門招予識奇字爲論窺淵源遂初聽軒輊經搜孔壁遺書辨汲冢僞貫串尋厥根䊵粕愼所棄騰躍邁百家荆榛闢三季旁摭金石文餘及聲韵事談笑開羣蒙斯須有深意憶昨疆圉秋競赴秣陵試同譜爭招邀登壇變旗幟縋幽江上山談空木末寺胸堪萬古開啞似九天墜一別鷫蟀移三年南朔異逢轉天蒼茫鴻飛客䳒頽蹇予遜岐途思君有深愧鄭虔官獨冷壽陵步屢躓蕭條首蓿盤寂寞瑚璉器涇渭㴱清濁朝暮亂三四大河趨東

南孤城失鄉術化猿既可憂爲魚究誰爲駕言登芒碭無由
達淮泗歸帆廻寧魚生别感徐稚别夢時獨縈愁心每孤寄
淮南秋，秋落寒山晚騰吹長鬚走赫蹏古屋簇冠敝中壘經
術深劉春浦醴陵筆鋒利江秋史坐待休甫來始知棣華貴程夔爾昆
仲徵雨送新涼蕉花見奇媚壺飧辨咄嗟羹臛雜羅致表謝
舍人鮔品敵吳下蚊次公醒而狂伯倫兀然醉既飽亦歡娛
言歸翻髎眙浮生一幻泡萬事幾敝屣謠詠生蛾眉變化付
蟲臂充帷乃糞壤駕鼓必騏驥無端走踆踆焉能笑哇哇夔
蚿諒並憐蛩駏怯兩置日月忽已淹蜉蝣良可畏憂傷恐終

老悽愴下雙淚

秋日湯興八首

客裏秋常早，登樓竟日閒。風聲連夜雨，雲氣隔江山。每感前因在，都將俗慮删。苦吟成底事，長嘯不知還。

一榻勞休甫，深情不可量（謂夔齋）。銜杯孔北海，倒屣蔡中郎。鳳舉何時集，蘭生竟體芳（謂乎泉定甫一齋）。奇書容我讀，辟蠹有餘香。

生死論交地，吾思劉孝標（謂春浦）。悲歌耆擊筑，清夢落團蕉。獨拜三生石，同觀八月濤。連床還翦燭，池上雨蕭蕭。

天末涼風起，懷人更倚闌。一疊湖水濶（宋守端司訓五河），三載朔雲

寒 顧文子久客都中 每憶貧交樂生憎行路難不知今夜夢曾否到江干

黃河南徙後直達古安陽聞說洪流急兼之積潦強魚蝦全入戶樾櫼又登場寄語行吟者無勞重感傷 河決碭山不得周菱浦消息

才名雄四傑薄宦走三韓甘雨滋靈圃妖星落賀蘭玉門投筆易魚海寄書難知爾從軍詠淋漓墨未乾 蘭州新定懷楊蓉裳

松聲聽不厭深院樹槎枒壞壁秋生蘚殘燈夜着花蘭陵詩易就潘岳鬢初華小別無多日歸心感暮鴉 前夕宿安定講院偕繆霜泉潘沙隄夜話

海國無書到鄉心入夜韋月高人定候雲落雁來天病倚君臣藥愁輸子母錢長歌頻達旦細擘浣花箋

題汪蛟門先生三好圖卷後

圖為蛟門先生小照坐擁奇書旁列美姝三四人酌巨觥以進先生作長句於後以三好名其圖一時題咏者為竹垞西堂其年諸太史豹人漢儀諸名輩翰墨之妙照灼後來洵千秋佳話也乾隆辛丑秋余客邗上主同年陳中之春雨樓得見此卷蓋此卷後為太史千橋先生所得遂歸程氏云

男兒含藏墮壓刼地水風火皆鍾鑪四微色香與味觸備於
我矣誰其無書淫酒聖本非病膏肓那用煩驅除况復傾城
與名士合之兩美良非誣蛟門先生有仙骨口銜鳳詔腰魚
鬚歸來讀騷兼痛飲何須閉閣驅名姝圖成三好出妙手蕭
瑟粉墨清而腴淋漓大筆競題詠館閣姓氏山林俱議論不
免左右袒雲詭波譎爭奔趨至今雖誦香在齒九天迸落千
明珠我聞蕭琛有三好間以音律為歡娛夢得癖亦在詩酒
七絃挑抹心徐徐寓意何必定留意磨人磨墨皆非迂翻恐
六無與五恨井蛙未免慚拘墟太虛寥廓本無物烟雲變滅

同葭莩即如此圖亦故紙百年盛事堪嗟吁不與物化偶然
耳世間豈少桓元厨

将歸海陵留别春浦中之平泉定甫

一枕揚州夢秋懷夜夜深雨聲三逕竹霜落萬家砧倜儻聞
高論蒼茫見古心平生知己淚並入短長吟

倒屣逢休甫常時對榻眠渾忘身是客不覺夜如年風義憐
羣從詩書續舊緣何須偕孔翟被體有金錢

吾黨論文者情真古不如定知劉峻論遠勝嵇康書江樹驚
秋早湖雲入夢疎春浦将歸寶應名山同有約何日注蟲魚

分手從茲去孤舟下夕陽烟雲忽聚散江海共青蒼時汪容甫之淮陰江秋史之鳳陽

嚐酒何曾醉驪歌不可當祗應今夜月獨聽雁南翔

沉水香銷鶴尾鑪南園一夢醒春駒簷牙鳥語寒相逐屋角梅花瘦欲無自分數錢輸姹女誰能索米共侏儒遺經獨抱嗟何補銜索臯魚血淚枯

卧聳寒雪打空階鄉夢依稀入壯懷養鶴嬾分徵士俸種蔬難供太常齋同心仙惜千年蠹入耳新聲兩部蛙自笑鬢眉無着處只圖長借亂書埋

去來蹤跡似鷗輕冷署啣杯酒一觥每為遺書尋老友幾曾
脫粟飯諸生士無知己何須死才苟懷奇定好名他日相思
忘不得紙窗燈火話三更
行縢檢點舊青氈客路人歸占雁先灣曲千家趂踏雪山城
百里夾炊烟消魂句秃江淹管入破聲悲蜀國絃斷向東風
借噓拂布帆安穩廣陵船
安陽講院寒梅盛開余以憂居月餘不至講堂攀折殆盡詩
以傷之
可憐桃李凋零日只共梅花到歲寒無骨敢爭天氣候有香

難免俗摧殘霜中賴爾孤根在月下何人冷眼看千載逋仙

一知己東風愁寂淚汍瀾

射虎行

斐旻射虎妙無匹一日得虎三十一忽然怒馬叢薄中衆虎

屏息一虎出虎小而猛據地吼將軍墮弓辟易走回頭卻望

封使君風號日冷低愁雲北平老父笑相語君乃射彪不射

虎

夜宿閘口

逆旅吾曾慣歧途此最窮洪流千尺浪哀響萬山風往事盟

車馬歸心荻港鴻不知今夜月吟望有誰同

袁江曉發

歸舟破曉逐風開潮落袁江去復回夾岸魚龍蟠窟宅接天燈火簇樓臺帆檣夜繞春流下蝦菜晴添曉市來輸與泉刀作稗販此身原不借梯媒

答宮研耘三十韻

勞生大海萍聚散何草草波濤出入造化爲顛倒嗟予困行役長歌望晴昊研田業久荒於物百不好驅車茁碭間如舟泊孤島官齋寂無人一燈耿清悄繩床走鼪鼯茅屋困淋

潦念我同袍侶憂傷切懷抱歧路迷高張貧交憶管鮑蓬轉
天一涯鴻飛山四繞可憐英瓊瑤不得寄遠道罡風吹大澤
痛哭返霜堡鍵戶卧苫凷餘生失昏曉風樹卬吾悲桑榆今
伯表誓以小人食用博慈母飽君如羲皇人古心出深窅來
霞天半麗白鶴雲中矯元音發莿訂正色辟青縹餘論及賤
子投贈累紵縞遥情契孤桐别夢屬異蓧良晤忽茲辰欣慰
夾懊惱君卬卬岠虛我翼翼歸鳥相於外形骸那能托枯槁
昨朝走赫蹏清英吐西灝月露風雲詞疾若秋籜掃夜闌百
回讀安眠忘蚤蚤壽陵學步難東施工笑少悲來不能忘衷

吟激林杪春酌期何時檐花落清䚻會合誠無端離憂令人老

題樵海圖

海波夜打三山足河伯望洋走剌促嗑然自笑井中蛙稊米真嘶太倉粟[illegible][illegible]廓廓今方家眼底罍空無爭差謁來觀海發奇想揮斤欲斫扶桑芽我聞岱輿員嶠遠在東海東中有白玉黃金宮徐福一去不復返坐令不死之藥成虛空大秦西南八百里石上珊瑚千載矣鐵網不取根錯盤錯落寒星照秋水不知巨仅何時磨一肩拉雜凌滄波天吳潛藏老蛟

泣架梁叱起黿鼉俛仰不辨天南北汩没洪濤盪胷臆陰
陽消息理則齊厓諸紛紛事推測披圖我亦心茫然拘墟俾
處求真詮手無斧柯坐太息不如快讀莊子南華篇

雨中述懷東宮研耘

攖憂歸故鄉厭鬧坐小閣據梧事嘯歌搜腸日睃削恍惚腫
遇魔荒怪夢魘噩時作老婢聲不顧下士噱炎夏氣鬱蒸旱
魃勢熏灼彤幢顛頊避絳旗黑精却牛背愁灰坌麴腹斥圻
塄破甑漸生塵空倉久翔雀燎飢吸修綆排閭資大杓阿香
惆黔黎海藏供斟酌一足商羊跳千頭黑蜧躍雲峰直矗變幻

檐溜迫噴薄展轉失昏旦徽泛辨城郭羊腸互菼肥宛目梘陰焯盤車覓日閉秧馬四郊各掩關聽翻盈愁城去扃鑰烹茶蝌鬥眼活火鐺折脚壞壁摹蝸涎雕爐撥烟爚難欣平展蕉頗慮欲斛韡呼童運瓴甑結繩架叢薄豈敢歎泥濘不免困離索每思古剎遊頗得方外樂（前一日偕研耘及管舸前輩同遊光孝寺）登高望杳冥側耳辨鈴鐸虛堂畫沉沉垂簾香漠漠談禪析難鹿說斂認千鎖有涉即成趣非戲更胡謔商量及醯醢籌畫到蔡藿蹇余忽悲咤而君獨磅礴日空萬瓦蠅身例羊天鶴招邀過前溪傍徨更古屋（叶同過弥陀菴）琴無桐雙鏁碁得井三簙

晤崇川國手臧君

難謀竟日歡遂止百錢醵片雲促歸來衆鳥忽欣託言尋安仁居笑罰季倫爵（葛粹西末南塘邀訪潘沙隄）雄才蠻觸鬥機事渾沌鑿聊尔放形骸那能自束縛屢落春簷花百繞閒坊柝歸臥雨如注曉起心逾瀹即事多變遷寓興輒騰踔得魚便忘筌藏舟豈用壑目斷江海澗心慚溝澮涸生平幾兩屐古今一邱貉何時對花盟為君践酒諾醉鄉户朝封筆陣營夜斫會須見本性焉用長落魄仰天忽大笑四顧莽寥廓

夏日東村即事四首

一舸東郵逐水花湯言咫尺即天涯書成乞米貧非病賦就

登楼客是家中聖不辭徐邈酒句棚初試卻平爪桔槔啣便
成機事更聽河干犖确車
倦來日似小年長靜覺蟬聲過耳忙新水街開菱葉路好風
吹到柳絲鄉呼牛一任同呼馬牧豕何曾異牧羊叉手濃陰
深處立卻疑秋氣在陂塘
支枕桃笙夜不眠凝眸望斷蔚藍天星芒四射河無影露脚
斜飛月有烟莫向邯鄲尋好夢聊從蒲褐學逃禪挑燈更畫
呼盧興劇孟生平事可憐
射鴨撈蝦悔未工壯夫空自解雕蟲蕭環早歲耽三好韓愈

新詞送五窮並命烏惟思比翼賞音人衹識枯桐北窓舊是
羲皇侶去〻無勞嘆轉蓬

立秋後一日東沈雲溪

銀茄誰餉在家僧庫狄鍵關口避蠅苦憶東陽舊仙侶碧筒
何處酒三升

可憐昭署瘦而狂歷下歸來字半囊為問同心二三子孰居
南北孰中央謂繆晴嵐宫研耘

細寫蠅頭抄貝葉閒揮麈尾倚松枝如君才氣真無敵合是
微之與牧之

牽牛花放到牆腰漸有蟲聲破寂寥昨夜小樓風雨急碧梧葉落打窗寮

煎鹽歌

燭龍入地海波沸屑雨崩雲變祝歘陽冰不治陰火然歙炯重燔貢其質瀏渴常餘浩刼灰瑩潔全疑太初雪心知倏忽出幻變却借生人作奇特吾聞煎鹽乃是宿沙之所遺後世因而效法之周官鹽人執政下至管子能優為食者之將取必備肥甘未許忘嫌靡海陵地僻多海賈竈户家〻學為鹽黄茅白葦拉雜焚萬縷晴烟破空吐墳瑶堆出一丈高三品

金堪作儔伍長橋鐵鹿利什倍遠勝東序與西函及今資貸雄淮南銅街謁舍森旁驂冀土珠玉忽貴賤錐刀之末還耽耽不見海濱煎鹽者三旬九食無儲擔

悲歌

酒闌獨立百屯悲歌工激秋空雲衣絲豪竹寫生意聲為變徵非陽春支離滑介真吾友一上崑崙柳生肘買氷不合逢夏蟲開胃何須瀉蚨母壯風夜夜飛黃鵠天地方圓一遐矚㝵雲心事人不知斥鷃榆枋漫追逐

我友惠我尺素書加餐兩字雙鯉魚臨風雒誦置懷袖寶之

遠勝貂襜褕男兒不合作文士索米東方饑欲死美人迢迢
隔千里江介悲風滿蘭芷小山崇桂枝連蜷故人應有招我
歸來篇
太行突兀起方寸江水東流淚痕迴客愁萬斛如蝟毛集菀
集枯復誰闕悲歌曠野無人識山鬼跐梁日西匿金鞭折斷
我馬瘏荒榛塞路鵂鶹呼鵂鶹呼氣催折君不見征鴻千里
空嗷嗷易水寒風薊門雪
贈袍知儂寒指囷知儂饑一絲一粟累我友造物將安以我
為人生無情淚沾臆馬磨牛衣豈終極吹簫吳市為誰來七

尺纔堪一錢直窮交落、淡如水恥向前人說知己乘車戴
笠何足言磨淬千将為君死
桓發葉博戲羅會擁雞肆流䝉斗帳為君寢茵褥香囊為君
厠王家金埒費萬錢石氏千窖埋荒阡持籌握筭有底急銅
山變滅成灰烟君不見遺金寂寞灌園處幼安揮鋤去不顧
刀、首
句接上
再歌出塞曲五作從軍行少年投筆事絕域三十六國無堅
城條支海上秋風惡刁斗無聲夜蕭索玉門都護老不還醉
卧空思首邱壑不如歸鄉里快騎如龍馬短後之衣着鞾袴
生擘黃獐食其髁耳後生風鼻出火

朝持八關齋花曼纓絡隨風摧暮作五禽戲俑鹿熊猿聽軒
輊華嚴樓閣虛無中頓悟之説將毋同蓬萊方丈雲錦重羣
仙變滅無遺蹤我獨何為在泥滓生非生兮死非死學仙學
佛何者是
猿猱八百龜千年蜉蝣三日殊可憐松脂入地作琥珀蕣華
零落隨朝烟物之修短誰所主榮悴無端動闗數金貂奕葉
萬戶侯凫雁群飛一抔土錦茵糞溷各有時落花別樹一如紅
雨
大風捲水林木摧壯士拂劔中心哀百歲如流大道喪浩然

途次悼亡妹

嚴風慘節淅愁予古樹寒蓬重感歔旅客負辛波路濶食時無

復大雷書

登北極閣和丑西巖

春寒失花序客思倍年時羨子登臨樂看予步履遲遠山憐

舊侶華髮感前知底事人烟外勞勞野馬馳

……無虐夜禰索王門都護老不還醉

卧空思首邱壑不如歸鄉里快騎如龍馬短後之衣着鞾袴

生擘黃獐食其裸耳後生風鼻出火

朝持八關齋花曼纓絡隨風摧暮作五禽戲虎鹿熊猿聽軒

輊華嚴樓閣虛無中頓悟之説將毋同蓬萊方丈雲錦重犀

仙變滅無遺蹤我獨何為在泥滓生非生兮死非死學仙學

佛何者是

猿猱八百龜千年蜉蝣三日殊可憐松脂入地作琥珀蕣華

零落隨朝烟物之修短誰所主榮悴無端動闗數金貂奕葉

萬戶侯鳧雁群飛一抔土錦茵糞溷各有時落花別樹一如紅

雨

大風捲水林木摧壯士拊劍中心哀百歲如流大道喪浩然

終古思雄才潦倒詩囚坐中夜月黑燈青走詹馬饑來煑字不堪食掩卷徽吟淚痕瀉吁嗟乎文通不拾黃金貂景純釆筆空霜毫生平當作幾兩屐三十男兒坐嗚呃

喜晤劉二春浦自都中即贈

獰風獵獵吹蓬蒿客子經旬阻韓水出門一笑逢古人叉手無言雜悲喜憶昔與君燕市遊雄骨相邀醉春螘軟塵十丈衣盡緇天末懷人夜中起潞河一棹我旋歸月陽在病歲在己代馬越鳥互徵逐席帽棕鞋一放此君才卓犖窺古初下徹嬴劉辨圖史三唐新舊斷謠諑宋元以下無譏矣君不喜讀唐以

後書竭來校讐入木天館閣羣公驚倒旋羽陵策府溯從生萱樹玉杯去其似羣兒爭避李杜光椽筆思蒯屈賈壘不礲不錯性所讐每爲詥癡避紈綺著書虞卿窮更愁下第劉蕡究何俟嗟予一官迫洪流衛恤歸來再生髀蝨蟲漫思逞百足鼯鼠何曾用五技可憐飛鳥更依人萬事不成有深恥晤君行嘆復坐愁那得黃金自愧始鬓絲禪榻夢揚州令昔茫ゝ一彈指第五泉邊新水流二分月里凉波駛期君且復息車塵帶索披裘入花市形骸以外只云ゝ邱壑之間聊爾ゝ大言賦就莫輕擲長鋏君看天外倚

春雨楼同人雜韵

辛苦何年此結廬，依稀門逕是樵漁。一窓曾補新栽樹，四壁空殘舊著書。科斗篆添梅雨後，羲皇人坐菊花初。三間留得東西在，差勝張融岸上居。老屋

懶隨款段過前村，每感長鬚手自捫。貧亦有情依舊主，閑常無事說高門。典琴去後餘悲在，泥酒歸來一笑温。鄭婢蕭奴同逝水，餘生空羨古昆侖。老僕

飽經霜雪骨偏遒，碎錦真花總謬悠。哀響盤空成碎雨，濃陰如幕到深秋。根穿石磴無蘿附，幹聳烟霄有鶴留。莫向山中

尋手植著書人去杳難求　老樹

過眼驊騮盡錦鞍頻年伏櫪意闌珊秋風古塞窺邊懶落日
荒原顧影寒駿骨幾曾逢郭隗壯心何必似曹瞞太行舊是
崎嶇地莫向鹽車仔細看　老馬

逕冷苔痕遍門空香火留僧應忘歲月樹已閱春秋鈴語前
朝塔鐘聲破佛樓樊川臨眺處烟雨望中收　古廟

萬古傷心處松楸路易歧何人埋斷簡有客讀殘碑月黑妖
狐拜風生石馬移那須七十二陳迹總堪疑　古墓

不辨之而迹都隨蔓艸荒高文思北海斷畫想中郎野宿人

何處沙磨事可傷千秋一片石寂寞對斜陽古碑
夜〻精靈語神鋒黯不開龍蛇棄運去風雨贈人來氣識豐
城獄情深季子臺蒼茫天外句終古擅奇才古劍

虹橋秋泛

一奩秋水浸紅霞橋上黃昏立暮鴉雙槳玉鉤斜畔過西風
吹落野棠花

裊〻清歌斷采蓮柳絲憔悴不成煙三生留得楊花夢化作
青蘋箇〻圓

白蘋紅蓼水增波銀燭湘簾奈晚何珠履三千誰氏客手援

檀板唱迴波

樓上寫

刪

憶園詩鈔卷之二

海陵陳燮理堂

順東西門行擬謝

逐玉柈延珠光風颸雲馬走且僵飛剩灰推餘陽北斗斜指灾黄楊開連閨迎洞房有龍銜炬留前廊擊鼉鼓吹鳳笙令我不樂歌慨慷晝苦短君勿忘

斷針吟李靖山夫子命賦

嗚呼太母兮德何愔愔松柏其節兮金石其心思母不見兮師淚淫淫嗚呼兮斷針一解燈青兮月黑針斷兮指直針斷兮針

可再得學廢兮母心斯惻〔解二〕母不食兮而師不知師不食兮而母知之母知之兮斷鐵盈筍師知之兮涕泣漣洏〔解三〕學成兮母徂對斷針兮唏噓母不見兮母心孔娛母不見兮而師其忏吾師乎吾師乎

酒旗

[illegible]盧賣舊緣栽來小幅似帔懸河橋雪色春前市山郭[illegible]卒獨吟鞭休論債負

蜀漢丁陽九鼎足參魏吳隆中抱膝者感激捐微軀兩表泣忠義正議驚頑愚壽也誌三國推許他人無匹以蕭管亞證以皋旦徒緒餘稗當世筆墨超羣儒觀其敘逸事善美竊錙銖如何陋說與論斷徒區區髡父類私憤索米隣畀汙致令南董筆不與孫習俱讀書患耳食茲語良非誣

吾思華子魚昔與管邴遊庸人驚獨坐曲譽推龍頭胡為任當塗佐命高勳猷小廉炫豪末大慝成山邱既乏幼安節應貽根榘羞鄙夫患得失名士如蜉蝣壽志稱質直廼此推清流誅諛得孫盛一語真陽秋嗟彼割席者雅操誰當儔

春雪謡

玉清掌春嬌不歸絮綿欲折陽和微辟寒香散氣淒緊珊瑚窓冷啼烏稀金鵶沉沉暗陽谷㓕二凌虚逐滕六曉來庭院已堆鹽坐覺禧褕仍起粟樓臺十萬㕍絮風銷金錦帳圍芙蓉湧道王郎高會樂不知謝女題詩工凍雲低空雁聲死竹折梅僵人隨指銀貂雙袖補天穿更向元宵乞燈市

送施一峰先生歸震澤

一春花底共行厨贈我清言似貫珠磨鏡生涯憐孺子著書歲月老潛夫故山傾頽園公里舊事淒涼鶯脰湖歸去且須

尋樂地三江新水潑雲腴

送團問山之真州

佛幔書棚閂好詞擘箋愁作送行詩可堪卧酒呑花日正是離邦去里時城子山邊雲似獸屯田墓畔柳如絲良宵莫聽江樓笛多恐臨風有所思

春水

瀲灧波光似若耶縠紋開處見明霞三篙綠泛風前柳一掬紅添雨後花天上笙歌仙侶夢鏡中樓閣美人家傷心南浦年時路草色河橋別恨賒

齋中雜詩四首

曾於故帋乞靈芬，一辧名香手自薰。定武蘭亭搜搨本，陳倉石鼓訂遺文。畢鸞舊善東方對，鼮鼠新從爾雅聞。湯向誠齋輸博洽，配鹽幽菽記云云。

蘺館蕉窓一徑通，風辰月午趣應同。春駒消息惟花裏，蟢子光陰只壁中。半雜榮枯交讓木，平分哀樂特生桐。研光曲罷休惆悵，牆角新添鬥雪紅。

歡伯相邀有雁壺，風流裙屐共行厨。偶因南北分張趙，未許高低判駱盧。古貌我曾憐獨行，奇才人說是狂夫。知他鸛盎

交游地也似元裴耐久無
蠹粉芸烟解誤人難憑妙偈懺前因三條絳蠟根全妄一榻
青綾夢未真自向焚餘窺斷簡誰從爨後惜勞薪曲鍼磁石
頻頻遇休歎虞翻骨相屯

鰣魚和程星槎

江鄉四月天氣和江頭潮暖生微波漁師鼓棹伺水曲涎垂
尤物期捜羅當䱊三尺吹浪起一尾遠勝千鯊鮀藏之氷凌
貫之柳寸鱗片甲光參差主人食指動亦偶縷切迺爾傾霜
戈猶頭新笋佐佳味翻恐無酒仍須貰叶我生涉世本爲口

刪

誠哉此語良堪哦謝客海月已如鏡羲之石首曾消瓜章鋸異名證蟫史水花别志聞東坡沈虎潛鹿灶頭角錯陳免摘吳都訛天生水族必有用棄此不取寧非魔況乃三韲及肥美堆盤白雪高峨峨雖然細骨亦恨事幾曾箭鏃遺湖渦新詩寄我得保甫滿㕘錯落明珠多何當醵錢更羅致與君對飲忘譏訶海榴照眼出墻角灧灧不覺顏微酡

代木歌和宮研耘

海陵地僻無深山槎枒老樹何其慳西橋南畔數弓地綠陰差覺開心顏黛色參天影如水一溪深碧流潺潺往予過此

看落日時聞好鳥聲綿蠻胡為崇朝快剪伐致令百尺嗟傷殘宮子情深賦枯樹對此涕淚雙氿瀾真花碎錦渺無迹猶復躑躅來荒原伐木一章辭激楚既悲且慰生長歎我聞莊叟有大樹擁腫拳曲蛟螭蟠匠者揮之不肯顧移植廣漠成寬閒又聞豫章之材棟梁器十年剝蝕風霜寒有時妙選成大廈俯視榱桷肩宏艱由來顯晦各有遇與為其易毋寧難材大不用翻可惜君誠有見非虛言何時水北再把臂相與醞酒烟雲閣

渟香水閣讌集四首

刪

城隅草閣映橫波池面風吹瑟瑟羅到岍水花浮乳鴨隅簾香氣送新荷春駒夢好閒中得翁筦涼添雨後多便枉羊求尋舊約不嫌屐齒踐行窩

白薄黃封聚碧筒青衫難得一樽同招邀袁謝清談月拂拭曹劉坐嘯風未信噉名如畫餅敢因作賦悔雕蟲江淹斑管郎遲錦刻燭吟成字字工

篔簹千箇戞烔梢小住流螢戀屋茅地少名山緣薄　天生裋褐慣論交升沉未卜燈花落冷暖聊憑玉子敲回首江干知已在徵歌紅豆莫輕拋

鳩杖從容善飪餘為憐水竹愛園居張筵挈鉢吟新句竟日焚香讀異書自為漁樵攜舊侶不因冠蓋接華裾趨陪我亦啗牛炙慙愧青箱業久疎

贈蠅

昔讀青蠅詩開卷輒三歎讒人古則有迺與爾同傳爾醜次捋螢性特喜自扇腹大詳許慎足絞著陸佃聲色總堪憎黑白紛相亂炎夏勢客來朝夕爾亟見揮之不肯去遽來不知倦嗜汁雖易飽集瓜亦太賤既汙白帋屏並吸紅絲硯十步便思騁千里妄自炫潔忌羊欣裙多嫉皇甫綃見之若仇讐

争欲事汙澫我思古讒人各各四裔竄如何遺此彙聽其自
聚散秋風動蘋末攢窓癡可粲負暄亦偶然郟敔那足箕不
鍵庫狄闞不仗王思劍獵無記室餔擊少劉安彈吁嗟名譽
過自爾腐草爛日闇下士笑何須置氷炭

樂道菴聽寶月上人彈琴

寶師學禪如學琴妙悟頗得静中意寶師學琴如學禪幽響
能傳空外致邗溝我昔聞師名却喜入林令把臂安絃為我
彈漁歌十指泠泠有生氣烟波一葉款乃歸風雨空江颯然
至關雎再奏和且平雅韻兼能得詩義我生於物百不好聽

此無端忌憤恚聽嗟俗耳愛諠呶箏笛笙琵任軒輊涼秋九月草樹凋一簣城隅動寒吹樂善菴在天寧門內之天心墩女牆衰柳黃漸深小山崇桂香飄遺雁堂燈火熒雲龕天籟時聞信堪異廣陵散絕更何人孫賞從茲屬初地

秋杪客韓上喜晤繆大霜泉兼讀同社諸子見懷之作賦此奉答兼以誌感

十里湖光冷碧尋西風滿地客愁深海天雲物生寒色水齕悵檣起暮陰自分當門成蕙折不堪吹笛尚龍吟故園寂寞秋容老緘札何緣達素心

君才如此尚蹉跎擊筑真成變徵歌客裏雲山經眼少愁中風雨閉門多廣城畫角迎秋思揚子濤聲入醉哦贈我魚鱗三十六驚人字字起沉痾

車前戴笠定何時硯北挑燈憶舊知出郭聯吟秋澹宕登臺高會月迷離應憐劇孟真游俠不信楊修是小兒讀罷紅亭腸斷句碧蘿窓外動涼颸紅亭目斷柳移李南阿句也

書囊琴薦又江干話到班荆興已闌諸葛虛名成畫餅蒙莊妙悟在流丸茶烟禪榻心情改水榭風簾夢寐寒信美湖山非故土遠游空聳切雲冠

過篠園謁三賢祠

擎楫揚素波停橈艤古步蕭蕭竹逕秋崇垣欝回互修廊碧蘚滋虛閣蒼藤仆緬想兩文忠旌麾後先住政成事吟眺風流邁遺墳素漁洋洵後勁接迹有深悟愛才若性命讀書鄙章句至今誦遺篇慨焉起遐慕我生恨已晚不與聞韶濩觀天坐井蛙失水涸轍鮒雖然注蟲魚有如墮雲霧始知河伯狂羞與海若晤再拜薦溪毛聊以達誠愫長嘯歸去來斜陽在高樹

詠古雜詩

廨皮甲子試青唐薟代名曾動朔方剩得淮南老開士一爐閒炷魏公香石塔寺僧傳韓魏公香法事見石莊漫録

歐公已去薛公來新柳條條接踵栽可惜甘棠留不住等閒賺得衆人咍歐公帀事亦見漫録

楊花名與洛花連十萬枝殘芍藥田一自繁卿新會罷至今人說使君賢蔡繁卿作萬花會揚民困甚東坡先生到揚首罷之事見冷齋夜話

滓穢何能掩太清元駒常借石縫存歸田録載石塔長老戒公語誰知海上逢魑魅猶識風流太守尊

妙理

妙理何人共濁醪一燈愁聽樹騷騷歲寒親串無書到雪霽雲山有雁號響落虛簷鬭鐵馬歌傳隔院拍檀槽年來知己應誰託笑看腰間紫艾刀

野宿贈宮覺斯

月黑荒村夜霜高野宿時塵勞惟我共心事更誰知豆粥炊來速牛欄夢到遲長鑱堪托命歸去北山陲

除夕

米券煤逋屏未能醽醁甕酢漫相仍新詞笑换宜春帖壞壁慵燃照歲燈臘況蕭寥梅半樹春情駘宕酒三升華年如水

成虛擲贏得詩囊日日增

書頎耜夸詩集後即贈

世間妙筆那有此清風吹空月在水心知其意口難言百誦千披不能已嗟君癡絶如虎頭申旦長吟特自喜幼好奇服抱微尚手集芙蓉采蘭芷史雲塵甑不厭貧季子延陵許同里時因乞米東游裝琴薦書囊聊爾耳句曲山頭帽影移茱萸灣口帆痕駛江湖落拓數郵籤往往含情爲知己揭來遇我東海湄望氣先能識真士隨風珠玉九天欬飛落行間生字裏空潭古鏡表聖推微雲疎雨襄陽似長城五字不能攻

知我低頭良有以同時潘子倜儻姿(謂沙隄)生計時時歎蓬累

峥嵘才地特自負對此心欽輒倒屣扶輪大雅在奇才逐鹿

功名付豎子落梅風起春漸深對酒當歌更何俟爲君長言

揮鼠鬚醉墨淋漓滿側理

落梅詞

夢醒空山獨惆然灰心聊復伴枯禪夕陽江上無人到一鶴

孤飛來遠天

霧鬢風鬟逐水流庡胎斑裏散春愁珠簾深下朦朧月吹笛何人在小樓

滕上琴聲石上棊竹邊松下起相思三生修得清如許合倩徐熙作畫師

送王雪圃之中州

楊花如雪糝春波樽酒紅亭奈别何兩晉風流從古少三河豪俠至今多壯游不作銷魂賦歧路仍聽變徵歌陌上休教歸緩緩白雲親舍在巖阿

懷王雪圃同俞樸人宫竹軒韓柳村李南阿賦

楝花風起思茫茫話到分襟感不忘鏡水無由歸賀監雪圃會稽人吹臺空自弔梁王愁中歲月消杯酒客裏山川對夕陽知否同心二三子懷人慵理舊詩囊

温泉曲

范陽白石玉作梁華清初試蓮花湯負龍鳧雁自飛動瀛洲方丈堆沉香内湯更置十六所錦繡文瑶雜花嶼漆船蕩漾波漣漪鏡裏嬋娟笑相語三郎醉後春溶溶玉環扶起愁嬌慵梨花帶雨晚猶濕照灼波底千芙蓉漁洋鼙鼓如波瀉手詔新湯制空無人為挽温泉流一向中原洗兵馬

低一格

蓮花

蓮花蓮子不禁秋，盡日君愁我亦愁。倚遍闌干十二曲，可能吹夢到西洲。

廣陵寓齋訪劉二春浦，屬題瑟如先生桃源圖（瑟如先生姓顧，名禎符，揚之興化人，同年顧子文大父也）

廣陵古東楚，煮海爭贏餘。綺紈障雲日，裘馬聯逵衢。銅街日馳逐，心目為糢糊。晨興訪劉子，示我桃源圖。桃源之說疑有無，桃源之圖今不殊。虛堂咫尺得仙境，不知千樹萬樹何代生根株。扁舟繫洞口，清溪迷古漁。此中人語不足為外道，可

惜落花流水千載成空虛慨然念泉明心在羲皇初摩詰本
詩老好道求元珠超然落筆有仙骨碧紗瑤草相縈紆昌黎
盤空作硬語介甫拗折非恒趨標題幻境得二子未免鑱削
之迹分精粗瑟如先生古為徒零縑斷幅烟雲徂此圖何意
落君手藏之遠過桓元尉忽然出寸帋索句如追逋嗟予久
壓鞅廢井心源枯眼前清景寫不得況乃羸顛劉蹷不死之
雛犬奈何髣髴重描摸摹開篇百諷誦執卷三嗟呼乃知桃源
之圖尚可以再作桃源之詩再作真狂夫

渡江

水驛分揚子孤帆指石頭潮生京口夕日落海門秋沙鳥起寒色暝烟堆暮愁茫茫衛叔寶悽愴向中流

永寧泉試茶

秣陵城南秋草生山石嵲确松風鳴斜陽影裏出破屋茶烟一縷盤空青永寧泉古味亦古山毛入食煩經營品題豈必定上峡寄贈未許誇中泠剜苔剔蘚聽鳴玉車聲出鼎相琮琤我生讀騷喜痛飲滌煩療渴心所輕年來不眠學茗戰旗槍一一羅間廳平頭相伴立倦僕折脚聊爾支殘鐺搜腸三椀足清供遠和盧老詩錚錚不如此泉有真味雲腴手握隨

煎烹沙溪北苑那用別廉泉讓水何須爭人生所遇無不可
髯蘇此語能忘情興酣掃葉吏小坐歸鳥已沒天冥冥

輓侍太史補堂夫子用竹垞先生輓曹侍郎韻

知己千秋感傳經一日教別來模範遠聽覺語言謀庫啟書
三館巢添鳳九苞虎魚從此辨獅餌肯令脩玉署真清閟花
磚總漆膠舊推文爾雅令許量兼包允矣膺　殊遇皇哉協
泰交瑤琨連貢篚騏驥指吟鞘好士風生座開樽月挂梢流
應清濁判品豈芻稂穀梅戰開旗幟心兵響鐸鐃有師皆退
舍無客敢登轐輸扁知非斵推丁合解庖宏文新待召名士

舊居鄴往者逢单閼先生返樂郊評惟月旦貴照恐鑒衡淆
講學帷仍下從游戶屢敲康成詮戴禮輔嗣注義文奇字侯
芭問微言尹喜抄鹽豉初入餕牛炙大供烏析理同搔癢談
忌平渾鑽我脫粟竟成傻絡恨庭前蟋蟀竇空笠經[illegible]
天想脫胞冀心方共警文石忌輕抛花喜懷中筆珠搜水底
鮫同人爭得鹿小子正垂髫鳳尾纔成諾蟫魚已慣抓衣裳
羞楚楚風雨夢咬咬觀海難為水升堂屢聽颷筆耕妹若樂
學耨判肥磽鍛羽鷹空健乘車驥尚跑園居思得繭池上恨
無樸瑚璉何時罷栝棬哲匠鉋魯宮初聽瑟吳市罷吹簫直
許窺宗廟何曾誚斗筲橫經皮坐席立雪竹成梢自續秋蘭

佩生憎嫫姆姣積綠銷衆淚不食繫吾爮糞壤充雖數蛾眉
淡莫恔疾無煩美疢藥豈必秦芄入座金歸治忘飢飯罷籍
六經皆鼓吹三味畫蘭有閬苑頻招鶴仙哥只剩貓挂虬風
正滿揮手面偏皺綠酒痕添學青衫淚濕袖連錢長吉馬飲
血景宗鶴簡冊航頭識之而道左簇平山閒蠟屐淮水送旌
旃嗟我東居海思公北渡洨七年頻綢繆長日少懽謊苦竹
多逢爨哀鴻易被罩巢渴兼司馬疾解共子雲嘲書畫無新舫
薪柴失舊巢形真隣土梗跡頗似堂坳每感三年艾難容五
石匏白門鬪亞耗京邸歎浮泡蠅吊虞翻骨芻虛稚子芟孤

舟悲素旐旅櫬泣潛蛟遂作風前燭誰瞻車上罡廣陵秋激
浪海國夜聞蛸弓冶將焉托琴書自此棓西州時悵觸華屋
起悢愀不盡邱山感空餘絮酒酸傷心惟庾信歸去更誅茅

空一格寫 不必抬下 做此

憶園詩鈔卷之三

海陵陳燮理堂

送少司空謝金圃夫子還朝四十韻

浙水鍾靈氣，嘉禾毓大賢。青箱娛早歲，白鳳吐韶年。絶足風雲會，巍科賈董連。賜初承錦被，名已冠花塼。蓮炬三更院，氷銜五色牋。新恩迴秘閣，雅望似神仙。蘭殿絲綸錫，銀牌給賜便。皇華歌雨雪，闡嶠走風烟。多士吹噓上，高文摸索緣。得人羣望屬，晉爵主恩偏。宏父陳封事，冬官補舊篇。渠除豪猾利，費節水衡錢。

樂志趨

朝暇論文遡古前六經成注脚萬卷澈中邊夜火燃藜閣頭銜領太天從來分甲乙復此事丹鉛輪蓋南車指星芒北斗懸門常羅籍湜才不數雲淵大冶鎔羣産中峰障百川人文吴楚會分野女牛躔

帝命持衡切師儒朗鑒先披沙窟海溢拔萃到淮壖江左山王並雲間顧陸聯珊瑚歸鐵網騏驥走香韉竹箭收羅盡瑶昆氣象全吴陵原褊小賤子更迍邅嗜好慙書肆生涯仰硯田諾難逢季布毀亦聽延年幾到塵生釜何妨榻有氊鯤池

觀奮擊馬帳荷陶甄朽木寧堪琢寒灰已復然千秋常撫臆一日敢忘荃爨竹憐知已迴朝遡別筵霓旌江岍騎桂棹潞河船側耳聽三錫凝眸望九遷鸞臺應久待雞樹合相延宅俊孚周誥賡歌叶舜絃謨陳珠錯落勳待石雕鐫昔仰宮牆峻今偕弟子員平生香一瓣願奉筆如椽

錄別

歲盡歸故里春早辭鄉縣長跪別高堂白髮淚如綫手持游子衣密縫不知倦加餐煩温語勵志勖文戰蠖屈當求伸豹隱必終變勿以菽水供虛作庭闈戀語絶氣慘悽目斷意繾

綣去留兩無策挂帆日已旰揮手向長途天邊白雲旋
風雲勵壯志兒女消私情丈夫離别恨不向閨闥生所嗟長
貧賤食蓼知所病雖無斗酒蓄頗與垂髫并稚子識之無稍
能辨形聲晨興課句讀清快如瀉瓶此景恍昨日一别同朝
酲
平生金石交落落二三子聚首得一朝語别忽千里時從夢
寐中相對説悲喜乘車虛昔盟割席契前旨雲雨戒翻覆苔
岑擔終始陋彼鸖蔭高門爭倒屣憂傷恐終老尺素托雙
鯉長淮蹴高浪萬里悲風來壯士拂劍起四顧中心哀薄裝

愧童僕倭僜顏如灰蕭然形與影贈答無疑猜長年促我起
鐵鹿為我催勞生天地内飄轉同枯荄何代無名山寂寞思
雄才

舟中望高寶諸湖呈宮文管舸

朝望艾陵湖暮望樊梁溪迤邐三與五烟水真淒迷迢迢三
十六直上通安宜白馬浪激湍黃浦田塗泥章師與宋涇分
注形非睽孤城小於甕雁户如雞棲清水決上流性命輕皃
鷺鳩形者誰子繹絡閶悲啼扁舟泊誰壖兀坐愁雲低偶瞻
天四辟不辨東與西竟須沽美酒對飲忌酸嘶醉餘卧篷底

月上波漣漪

邳州道中

東徐初問俗車轍走茅菅天遠饅湖水雲低葛嶧山炊煙晴

始見酒旆晚仍慳一種官堤柳依依入望閒

孟廟

亭亭老柏上崚嶒遺廟邾婁閱廢興五百期真應名世七篇

書早壓蘭陵人心終古羞楊墨物議無端起愛憎薦罷溪毛

一回首鳧山飃渺暮雲蒸

歷下

歷山草色碧於油歷下風光蕩客愁自昔空庨容嘯咏誰云
名士等蜉蝣親人負鳥明湖水異代譏評白雲樓攬轡從容
更懷古一九寒日下荒邛

恩縣

馬頭日落浮雲變東望青山見恩縣千秋好士説平原遺邑
荒涼到今羨七雄蠻觸兵不休惟虎狼秦若飛電白起豎子
坑長平四十萬衆嗟誰啥奇哉吏子得李同敢死三千事鏊
戰微軀捐矣邯鄲存得士如斯斯妙選急而求子古所嗟况
復區區由自薦平原好士特豪舉公平翩翩總虚衔躄者造

門已太甚毛遂何由末先見始知厮養盡雄才朱履由來少英彦嗟予懷古空欷歔寂寞難搜舊碑傳酒酣不酹趙家墳繇繡應求四君冠道旁賣漿者誰子問之不答車已轉揮鞭且復咏載馳莫向風塵辨真贋

山行三首

兖州地上游濟陰當四衝川原積浩蕩陵谷含洪濛我來春未深古木蒼烟重揮鞭上石磴迓仄何年通俯聽聲隆隆始覺心冲冲高峰敞瘦日幽壑迴陰風齊衛與魏趙包絡憑天工登臨望不極談笑驚凡蒙

補題

出山復入山山山互相續亂石疊瑣碎巉巖露贔屭脫雲
四面仰窺天一握即當聽鈴語客子尤頻蹙愁心失朝暮羈
懷忘寒燠高鳥看長往芳樹紛盈目僕夫指前途斜陽在茅
屋
殘月照我衣清露沾我裳荒雞已三號夢醒身旁皇不知路
崎嶇祇覺道阻長遠樹燈火微寥落寒星光危橋肅疲馬倦
僕[illegible]高岡晨聽百鳥鳴一一淩風翔烟雲互吞吐曉色來荒
荒壯游從此始長驅歌慨慷
我昔閒居戀鄉井海西江北多笭箵登柈鮮鯽似銀絲入饌

圓筋勝修廬玉花遠致鱸四腮楓葉長吟鯿縮頸海陵紅粟
正登塲但得烹鮮餘可屏自從旅食餐飥餦渴飲塵沙土為
皿蕭條白雞羹奇償瑟縮花冠邁恒等山行風景隔烟波那
有鱗蟲見俄頃燕南垂稱大如蠣岸柳千條舞新景鮮魚晲
飫得飽食既飽歡愉心猛省人生樂事隨所遇過去寧知未
來境南船北馬各有適每厭輪蹄思舴艋區區口腹分惡好
此事雖微足深警桃花春水亦偶然何用聞歌嗟獨醒

旅食承郭小村作

旅食長安道愁腸日九迴春殘初見柳雪後獨登臺南國無

書到東風有雁回玉泉山色好㝐几入銜杯

旅食長安道閶門少客過才名聞八米族望説三何沙市青驄馬金鞭紫槖駝生來無佞面懷刺易銷磨

旅食長安道輕裝半是書非惟餐庚杲衷不戀相如索米吾儕有吹簫術更踈祗應同郭璞終日注蟲魚

白桃花

是否仙源路變更東風料峭覺寒生不知春色在何處却有漁郎時獨行幾點閒雲吹欲斷一溪流水碧無情玉沙瑶草都奇絶莫漫纖埃到赤城

同人約游豐台看芍藥不果

銅街車馬黄塵鬧客舍三椽容坐嘯閉門不知春已深那管名花開四照昨朝我友傳急遞小榼相邀事吟眺豐台芍藥天下稀接畛連畦萬花耀棄此不取坐几几毋乃迂踈被花笑同人多約亦多阻此事無端難逆料始知猶豫必冬烘大抵因循由毷氉憶昨我作邗上游醉粉嬌紅特超妙貢父譜訂三十一品第參差借讐校婪尾豈必讓魏姚金帶還聞待旂纛雖無元常作勝會自合洛花有前導芍田日課園丁租酒病惟思餘客療別來歸夢緣故山每為紅都益䖍䖍豐宜

門外天尺五一簣依然見營造遠風遺址日下聞目所未諳
豈辭眊何時買酒過天橋竟向城南行僬僬無臺榭迹闇壘
餘自為花神酬舊約

寓齋與郭小村夜話三十二韻

白日喜黑甜午夜學鬼飲差覺宇宙寬頓忘晏安酖香銷尚
畫灰漏盡不支枕雖然坐兀兀翻同馳偞偞舌戰欣初交腹
誹悚屢禁言語無端倪恩怨互沈浸嫉俗既已甚諳古毋乃
錄宛轉蕉忽抽鳴和鸛恐噎蔍得園客繅縷供織女絍啾唧
號類蛬綿蠻囀似雋辭說蓋雷同古今頗包孕蹇予神志疲

而君劇談甚齒牙艷生雪口角沫流滲有時續危辭無何接
長吟對床蝨可捫穿墉鼠方闖咍彼醉紅裙陋茲醵錢沁甍
甍户聚蚊磊磊地藏窨可賀復可弔讀書先讀識主人方一
呼賓客不敢揕同聲偕百諾衆口已羣噤世態適使然儒素
豈能任何如對暗壁時復歛衣袵緑綺安舊琴青綾疊新給
元規塵莫汙士衡屋且賃三好擬畫絶五窮更誰讼妙論雪
點爐奇想魚入罧瀾翻層疊出泉湧尺寸深憑臆自有物鬥
提那用諗以此忘羈棲無暇避讒譖視彼陌上車有如日旁
祲古寺鐘乍鳴客窓日已臨請君傾樽罍慎勿懼寒凚

刪

得宮竹軒書並團問山俞樸人李南阿韓柳村見懷詩却寄

一別烟沙隔鷺朋離愁日日觸行縢何堪南國騎驢客長憶西窓聽雨燈道遠難憑麟角管情深初寄鵲紋綾連宵百讀懷人句消盡床頭酒數升

夏日雜詩四首

板床日日就濃陰墻角孤暉晚欲沉但使生涯妹酒甕不妨蹤跡近書淫飄零易缺懷中錦唱和仍題漢上襟喜得鶯聲還恰恰頓教俗耳一時針

羣雅之材一百五箋詩難得鄭康成騎驢沙市三人約顧文子賀

春臺時相約出游 釃酒金臺萬古情我已荒經慙博士君應待詔是

先生東華裋褐緇塵滿誰贈陳喬小大清

朱李甘瓜入饌難相如渴疾久愈痊清風寂憶桃花米薄具

翻成苜蓿盤况有餘悲憐角黍更無古味賦牢九頗縈薇蕨

周顒悲夢裡分明勸獨餐

十二清防借竹篷依人筆墨寄星東花磁茶乳翻晴雪團扇

蒲葵疊晚風直上高柯惟蟻似苦攢故命有蠅同江鄉鷗鷺

盟言在水竹先營地百弓

登觀象臺

莽莽接風埃城隅百尺臺璣衡餘測候星漢仰昭回窺管無餘子談天有辯才憑高望雲物懷抱一時開

秋夜懷宫研耘

一載金臺客離憂入夜勞風驚星不定霜重月初高生計成蛇足雄談憶麈毛如何孤枕夢無路到江皐

秋懷

大漠寒烟黯不開鳳城秋色接蒿萊西風遠戍孤笳動落日荒原萬馬來青冢至今悲豔骨黄金何處問高臺客心别有并州恨棖觸桑乾首重回

補題

補題 刪

西山爽氣撲眉端破曉驅車似轉丸玉竦水邉通指顧瓊樓天半擁高寒三千客裏藏身易十九人中脫穎難擬向蓬萊覓仙藥更從壕觀識奇觀

西州門外舊書堂為訪遺踪過曲廊雨村齋為太史補堂夫子舊寓生以奇才為性命死留精氣在文章閒窓衰草愁霖雨孤館秋花吊夕陽欲把黃金鑄遺像一回瞻拜一沾裳

暮雲重疊鎖燕關離緒中宵動客顏萬里荒寒悲白雁一戕消息渺青山窮愁久慣風塵下涕淚常懷杯酒間我欲歸與盟息壤棊燈雪屋賦閒背

册

劉春浦郭小村宋彸園江秋史程樊齋先後出都獨坐寓齋

慨然成詠

不盡離羣感燕臺秋又殘草枯蟲語歇木落雁聲寒南國三千里西風十二闌昨宵雙鯉去鄭重勸加餐

盆蘭歌

我昔愛讀靈均騷夢搴香草游江皋忽滋九畹樹百畝杜衡芳芷仍周遭秋風吹衣隔秋水美人一别三千里菉薋易長蕭艾肥寂寞空山香不死誰與雜置盆盎中低首無言泣曉風蘭兮乃與衆草伍欝樓烏足將毋同吁嗟乎當門必除古

所歎謝庭冷落無人看三間一去何時還雲旂杳杳波漫漫
蘭兮蘭兮既無蓀辟桂棟位置於其間不如逍遥語與歸空
山

得韓涵也王馥堂書却寄

朝來乾鵲鳴楂楂亂踏疎柳紛鬖鬖故人贈我一雙鯉中有
錦字蒸雲霞往予載酒客韓上日乘畫舸如浮槎渚荷宫樹
帶殘照寒烟衰草啼昏鴉廿四橋耕玉條脱二分月射金蝦
蟆酒楼百尺事吟眺空囊羞澁仍能賒二子氣象隘八極不
以標榜相矜誇時時招我作鬼飲白墮不數劉郎家愁多酒

以雜歌哭聲爲變雅非淫哇市兒顛倒不解事烏驚獸駭徒諠
譁别來南北忽星散浮雲飄渺隨風沙我知二子不長賤況
有椽筆如修虵夜從牛斗辨光氣白毫兩道分將邪鄆筒溫
語忽我寄正似驛使逢梅花何時春明共把臂玉泉山頂窺
谽谺走韋馳檄得鷹隼坐看燕雀供盤拏秉塩騏驥忽脫鞅
鎩羽鸞鶴終辭笯吾儕遭遇在知己印以古昔無殊錯斜行
作草寄二子冥冥閒數天邊鴐

書債

酒債不可無書債不可有一日誦萬言還值一錢否戕先三

十車載馳牛漢走金樓子八萬名在鄴侯右廬山為李藏石
林因葉守文康與宣獻皆𦆮聚書首籤軸紛琳琅金石勒科
斗當年[illegible]飽蟫後世嗟覆瓿徒得部甲乙已失錢子母賈豎
鬨於門誹諂雜罵詬莊生厭糟粕老氏棄芻狗不如古酒徒
陶然名不朽

酒債

書債不可無酒債不可有有酒斟酌之萬事徒搔首航船一
掉空自夘復至酉摑戰既忘疲鬼飲欲誰偶雖有步兵樂難
免吏部醜況乃罵坐辭不居灌夫後君無多飲我我亦次公

友門外剥啄聲聽之顔怩忸鷫鸘典已空捧觴尚稱壽君看古酒徒半作牛馬走謂日飲亡何然乎曰否否

都門雜詩四首

客久疑無路身孤類繫匏踈狂非嗜酒貧賤乃論交走馬逢游俠聽笳入遠郊旅懷何處着新月上林梢

撥火成枯坐思親到夜闌采衣何日舞紅燭向人寒捧檄心常廹歌魚事本難那能將七尺枝上更求安

吾黨知心者頥頷意轉親青衫難入俗白眼竟長貧鬧說雕龍手新當鎩羽辰中宵獨搔首感激任天真

瀣燕身同寄河魚目並開迴風吹易水急雪下燕臺岐路誰

相假長歌迴自哀無因逢驛使一為問江梅

潘沙隄寄和雜詩仍疊前韻奉懷

共濟無長策才麄似苦匏相思迷舊夢耐久得神交魚釣從
君賦山林定我嘲朔風中夜響空歎尾蕭梢
天末雙魚到開箋獨倚闌龍蛇隨筆落肝膽照人寒遼海三
秋老長城五字難多情千畝竹一一報平安
文原能造命詩豈必窮人有賦仍須賣無錐未是貧聯吟思
韻節賭酒憶靈辰十里沙隄路欣逢面目真
拂拭研光䆫羈懷此暫開三更燕市筑一夢蟻王臺古調誰
能續深情極可哀相思玉川子窗外有新梅
唐花

吊窗顛倒飛凍蠅嚴風作雪酒欲水林踈屋峭氣寥慄時有乾鵲鳴枯藤膽瓶紅紫出清供倘來春色相驕矜唐花我昔詑未見都中此技誇最能緹室灰深長養窖土窟炭暖雲霞蒸巧偷豪奪露光恠馬周火色工軒騰衆艷自讓桃李競非時那許松篁爭始知風信二十四何須一一相依憑我觀此花有深慨羨子意氣真飄凌雖然色象類泡影自覺聲價饒金繒簷牙老梅凍欲死尚負傲骨撐剛稜只餘獨客耐枯槁濁酒對酌仍三升此花此客歷歲暮不嫌孤影分書燈

移寓二首

世路原無定吾生亦有涯藏舟焉用壑犯斗不須槎古堞闇
殘角荒原數暮鴉何能憑社鼠穿穴即爲家
入谷吾知免飄萍分所應斜街迎夜月古屋坐書燈往事無
何有閒情得未曾雞蟲空自健得失竟誰憑

除夕飲黄仲則寓齋即席賦贈

君家叔度千頃波下視沆瀣無同科君更才大大於海直探
星宿傾銀河隨風珠玉落謦欬到眼金石窮搜羅有時奮筆
吐奇氣如聽遼廓古賡謡歌倏忽一遇渾沌死魚龍百變風雨過
途窮易逢市兒怒數奇不免醉尉呵江湖落拓二十載吸飲

空翠眠旋渦臨流毛髮細浣濯登高涕淚濺滂沱百步洪深
夢坡老九疑山碧愁湘娥縋鑿幽險入囊橐收拾佳勝歸吟
哦燕臺木落風走沙銅街車馬紛如麻君乎拔宅忽此住欲
從閬苑探仙葩量鹽數米苦束縛談棋讀畫恣矜誇䕺一廷
可奏韶頀減三耳豈徒咿啞況乃將毋供疏水絕勝入道餐
烟霞數椽冷壓雪後屋一梅瘦倚江南花仲舉榻時下徐稚
子雲宅每來侯芭嗟予好古事吟嘯有似下里鳴箏琵地弱
怯遇大國楚天缺急覓女皇媧薄游京洛困塵鞅苦思沅芷
歌瓊蘺叶悲涼坐聽漸離筑哀怨起摻漁陽撾至今懷刺寡

此下另爲一卷首頁寫式照前

相識每思投筆空成嗟逢君忽忽聽廣樂招我日日餐胡麻時（予主仲則寓齋）繩床支枕閂諧譠石鼎聯句窮搔爬今夕何夕君無譁寒星錯落明窗紗辛盤柏葉紛交加鸘鸘典盡猶能賒燈寒酒醒思往事城頭春早翻啼鴉

初九日登黑窑廠同雪帆作

京洛倦游遨客窓恣偃仰愁心負佳辰好春失真賞朅來夫吟鞭聊復逐塵鞅初日照高臺曉露滴林莽風沙雜澒洞雲物互摩盪即此足登眺乃爾得空曠西山何蜿蟺中原接莽蒼峨峨高極天歷歷埶落掌浮空雪稍殘破烟鳥孤往朝霞

俱當一樣不
不隔空

欝斕斒　御水流漭決盤迴護
皇居髣髴見
天仗俯視馳車輪紛若織羅綳少年紫綺裘老子紅藤杖魚
龍鬥變幻傀儡較銖两市聲捲地來歌吹過雲上迷離但一
氣俄頃已萬象東風吹素襟長嘯發遐想即境追古歡茲事
屬吾黨我懷久欝陶君歌胡慨慷欻然人間世細如蟻在壤
金隄漏須臾槐柯夢疇曩竟須飲醁醽焉用徒骯髒不然歸
去來且勿負書幌

元夕後一日同黃仲則登天橋酒樓待月作

春風吹人人欲倦春月照人人可憐昨宵月出我醉眠今宵待月爭月先城南尺五韋杜天驚沙自起吹寒烟天橋橫貫入馳道忽開空曠無迴旋酒樓之高高百尺登樓四顧心茫然水輪出海欲上不肯上清光一線相連綿但見遠火出林際時與踈星錯落明遥天舉杯呼月月在手月驚我頑我却走脱貂付與酒家娘醉引荆卿作死友座中山谷令文雄風流却似阮嗣宗途窮偶爾痛哭返率意獨駕誰能同狂言霏霏落玉屑高歌颯颯來天風排雲直上叫閶闔欲令真宰迴洪濛嗟予抱病風塵下客裏良宵亦聊且對君長嘯忽復悲

欲起古人問來者素娥悄悄無一言照予清淚如鉛瀉

贈賀春臺

九陌黄塵裏無人識賀循傲難容俗物飲亦見天真鳳閣文章舊羊腸道路新何時同把釣歸卧練湖濱

贈張蘷樓

歸夢桃花水才名金蓋山如何仙佛侶不共鷺鷗閒以我求知己逢君一解顔柳渾亭畔路他日許追攀

燈市謡

星河灩灩今何夕月光澹薄無顔色九衢車馬鬧如雲高爇

銅槃一千尺南油西漆競繁華崇館紅樓十萬家翡翠簾通
天一線琉璃墻隔路三义三义路夾星鐔旋燒空火樹歸鴉
亂人面全因月面更坐香却遣衣香換衣香月面夜如何是
處紅兒婉轉歌麴部已閧翻折柳醉鄉仍聽舞迴波迴波折
柳繁聲瀉陸海壺天入良夜酒罏疊鼓促高花粉袂啼粧園
去馬别有雕闌十二層瓊鉤珠箔擁金繒寶糖粔籹翻新樣
烏賊飴餳得未曾丁冬銀箭霜初咽翠焰重重歡未歇滿堂
羅綺不知寒八尺燈檠豈愁竭寂寂寥寥白板扉看盤蜴蜥
落蛜蝛青熒四壁梅花影勾勒春魂入夢飛

題江上愁心圖爲仲則賦

一年不向江頭住夜夜魂飛江上路鶯飛草長空自春雲影天光等閒度黄子視我江上圖江上愁心渺烟樹菪溪波穀清且漣九嶺巉嵓光呑復吐峴北三峰但一抹峻絶中峰莽迴互黄公山臨大江口舊是春申結廬處驚濤入夢鼉鼓鳴哀壑迴風鵲巢仆灌園丈人不憚勞倚櫂漁兄有時遇岍上老屋君舊居金石淵淵出其户壯游不合來燕臺沙起蓬飄覺顔汗名韁控勒騠負盐壓綱牽連鸖在篋上書茂才策何用引罪舍人言屢訴斜街待月幾酒徒醉後常逢市兒怒已無

水木助清華，那有鱗鴻達情愫。鄉心日日迫狂奴，撩眼新圖復誰作。定知盤礴解衣人，呼吸烟嵐入毫素。我觀此圖得我法，邱壑之閒有深悟。期君把釣浦陽溪，得失雞蟲莫迴顧。

題雪帆圖爲施雪帆賦

薊門風色吹寒蕪，西山螺影雲糢糊。舞空雪片大於席，奚二縢六爭奔趨。客子兀兀坐不樂，一囊粟已輸侏儒。空嘲東郭着穿履，那有謝䩭來脫襦。苦吟夜夜事白戰，乘興往往招狂夫。瓊樓翠幕敎歌舞，羊羔酒飲傾城姝。大笑落拓幾窮士，烹茶掃雪仍于喁。忽憶年時泊江上，如山浪打江城隅。長空龍戰海水立化作荆玉隋侯珠推篷遠望失所步㩜柁小住趨茱萸市亭插旗釀初熟十千一斗供傾輸酒酣耳熱發奇想揚帆更擬迎天吴鼉鼓龍笛挾左右大似下蔡追亡逋翻咤子猷興盡返山陰一舸徒區區邇來作客走燕市氷霜凛冽皴肌膚平生豪氣盡摧折舊夢恍惚今忘吾雪帆吾友好事者倩誰妙手爲兹圖君家琴山水石俱曷不歸釣南陽湖

曉起望西山殘雪

長安雪後春未還魚鱗一抹浮雲端西山殘雪壓林麓倚天千仞光巑岏羇人曉起步沙市郎當鈴語來荒寒不知滕六

去已久餘威尚足摧孱顏亂鴉如墨點凍柳飢鷹似鐵盤枯
菅條風控勒花信緩羲御倏忽晨光慳苦無韶景鬥陽節但
有哀角吹雄關倭僜客子困索米忽聞歸雁思刀環鶯飛草
長久招我鴨頭漲滿茱萸灣潞河一舸帆十幅會須卧看江
南山

顧文子同訪章石齋不值晤其子而還亦奇士也

有約尋章子同遊得頤榮數閒玉川屋八尺退之槃曲巷香
車少閒門春草生何須聞老鳳鷄鳳已聲清
呈蔣心餘先生

此首寫入上〇
卷末

西江巨公老詩伯直抒性命為文章雕鏤萬物泣真宰包絡元氣迴洪荒白雲滿袖出匡阜驚濤入筆分潯陽手披閶闔集仙侶胷羅星宿涵天光玉堂卧直夜悄悄金蓮呂對聲琅琅高揖南董共述作俯視揚馬誰頡頏燃藜天禄下太乙煉石秋雨愁媧皇坐令盛業乏千載不殊隸法傳三蒼隱囊紗帽卧閒暇青萍結緑兼收藏那有御李得徽偉定知說項非揄揚憶昨吳中盛講席先生畫舸來維揚鹿皮妙論析奇致鹿洞舊例提洪綱品題璠璵作廊廟罷收拾竹箭窮江鄉淮東佳麗古所歎竹西歌吹今差強春風杖履事登眺海天雲封

含青蒼江山六代入行篋烟花三月歸詩囊變也雖栖戀鄉
井耻不馬帳聽笙簧仰觀珠斗忽歎息思就玉尺親裁量懷
此有年遠逮兹日得睹大觀公之旁元精耿耿電着霹勁氣肅
肅天飛霜閶公議論顏忸怩分地盈尺心激昂掩聰不暇震
霆疾咋舌有似倦僕僵長安一載困索米緇塵十丈愁沾裳
朝游鴻都失同志暮賦石鼓輸前良頋得　中秘識圖籍繼
之五夜窮縹緗他年竊效后山句敬為一瓣南豐香

復埴和詩一首另稿自録可也

憶園詩鈔卷之四

海陵陳夔理堂

南歸雜別四首

九陌黃塵涴素衣壯游真覺壯心違韓陵一片才難見駿骨千羣影不肥每感停雲思舊雨可堪寸草戀春暉落燈風起饒歸興愁聽花開緩緩歸

連宵跋扈少年場對酒何辭累十觴鄙吝已消黃叔度仲則風流難得顧長康文子一時樂府推詞客雪帆工詞萬古蘭亭是墨皇琴楼工書此別雲山限南北何緣聽雨對繩床

夕陽池館柳毿毿，絳帳風光我舊諳。地下文章悲李賀，醉餘城郭悞羊曇。湘簾無主窺新燕，藜閣餘書拂舊蟫。辛苦招魂惟宋玉，歸來曾否憶江南。補堂先生下世二載矣

曾學莊生歎守株，生涯豈合井蛙拘。風騷遞降無奇士，章句能工即腐儒。已悔齋門三日立，不貪吴市一錢輸。風塵知己岐途別有應堪托，贈我歸帆十幅蒲。時大廷尉述菴先生南回命隨行

陳思王墓

策馬東阿道，陳思墓草長。才名開八代，離恨感諸王。江介憂空切，飄蓬事可傷。驚風吹不斷，白日下荒荒。

召伯湖晚泊

帆轉茱萸口舟移楚水隈湖清霜落早天闊雁飛衰款乃漁歌起荒寒野鵲來中宵對孤燭誰與促離杯

舟中聞雁

及爾南飛後予方紀北征可堪霜月夜復此別離情響亂隣舟笛聲連水驛吏稻粱謀不易珍重惜前程

記曾一首有懷黄仲則施錫蕃

記曾車馬逐銅街漠漠風情泆素懷玩俗輔之多放達長飢曼倩自詼諧川源浩蕩春如海襟袖淋漓酒似淮一別金門

斷消息倉皇蹤迹滯天涯

郊行

川途渺無際策馬此經過落日低平野驚沙捲大河蒼涼行子恨慷慨故鄉歌屈指南飛雁霜花是處多

仲松嵐先生枉過署齋留句見貽賦此和答

羈宦頻年重感嗟一燈細雨落檐花身閑似鶴寧論俸舍小如舟合寄家縱飲聽喧厨傳酒望塵遥拜故人車青芻白飯慚供具布水仍添覓句茶

徐州道中三首

駈馬古彭城悠〻動客情倦慚秦博士學愧魯諸生歲月賒行役闗山入送迎風塵吾已慣那復憚孤征

直工長堤路回首十萬家人烟新蔽麥土屋舊魚蝦滾〻紅塵起荒〻白日斜無因逢漢使何處覓仙槎

沙渴嘶羸馬風乾響暮蟬勞生苦炎熱餘興托山川塵網緣誰結名韁偶自牽鄉心何所寄的〻似旌懸

留别

痛飲求知己銜杯到熱腸不因鄉是醉安識我非狂小别路千里新愁書八行〻〻重回首返照上河梁

桃源道中遇雨

洪湖浪濶波連天淮黄倒瀉愁雲烟客子扁舟泊湖口欲渡不渡心茫然舍舟促赴桃源路大雨翻盆忽如注襟袖洗空三斗塵身首疑逢五里霧主人家住烟墩村夜深剥啄驚扣門僕之廡下問羈困如霜雪後來春温嗟予入世多行役水驛山程共朝夕一官芒碭似贅疣四面魚龍常咫尺及今南下多蒼黄岐路九曲同羊腸何時明月大江夜臨風酹酒歌慨慷

月夜渡淮

乍脱風濤險孤帆下楚州亂鴉隨木落遠水帶星流旗偃碓

關峻燈寒古驛秋推篷對殘月一為解羈愁

夢羅雨村友予感賦

憶侍談經到夜分墻藩風軌肅江漬棟梁亦久屬胡安定溝壑終塡鄭廣文顧我常為避風鳥只今應悔出山雲鄉園迢遞無書到或恐西華尚練裠

秋感

浮生蹤迹付行縢驛路離光事事仍支枕夢回蕭寺鼓依人影戀客窓燈無多豪氣餘湖海剩有高歌答友朋富貴幾時吾亦悔强云行樂竟何曾

千佛明經感未休頻年眊矂篋已羞空聞大禮成三賦誰放
東坡出一頭近水樓臺常受月失羣鷹隼太驚秋千將不是
張華物枉向中宵望斗牛
日薄西山喜懼并漫勞鹽米費經營立錐有地貧方覺避債
無臺夢亦驚歲水遠添遊子慮綈袍寒見故人情凌雲意氣
銷難盡賣賦何妨學長卿
繩床坐破一氈寒風月時〻笑冷官未必門牆徧桃李枉將
輪輻費欃檀唾餘處仲壺先缺才盡文通錦亦殘衰〻諸公
臺省去飄零書劍久江干

西北浮雲枉自嗟，紙窗竹屋舊生涯。高張夢久迷岐路，馬鄭情空絳(隔)紗。瓜步寒潮頻送客，秦淮疎柳慣藏鴉。不知風雪河橋夜，誰念征人踏遠沙。

新寒

秋陰淨掃雨初晴，簾外霜威入座清。公子皂鵰方快意，美人翠袖獨含情。暫教縮手妨棋局，取次圍爐鬬酒兵。六枳籬邊殘菊在，耐他冷月到三更。

白門旅次贈施雪帆兼懷顧文子黃仲則

我初適京華，性每耽羈獨。懷刺字漫滅，鍵戶身向促。同譜姓字繫偕遨只五六未幾賦驪駒大半返鄉曲顧予今庚成經術邁逵爾餘技及文詞亦足振頹俗館閣競羅致挍讐苦拘束性復少許可白眼但遐矚賤子亦樗材不意濫收録暇輒思醉鄉緼袍出敝簏狂歌雜嬉笑怒罵駭童僕同游得江夏高吟下黄鵠才繼謫仙後名與少陵續汪汪十頃波勺我水一掬以此忘刀環相與成鼎足長安索米難歲暮益貧士迫凍餓富兒厭梁肉高陽幾酒徒避債久雌伏君時主黄子知我有鮑叔余亦相繼來如客皆不速是時迫朔節風霜肆殘酷西山雪稍晴餘寒壓岩麓潯沱冰腹堅上可走飛轂

而君氣益震悲歌激林木騷壇整旗鼓往往偏他族主盟得黃子壁壘堅高纛予時嚴鞿靮堅守學李牧君如甘興霸鼓吹競鞉柷有時遇中原勁若吳敵蜀相與觸心兵不知誰守鹿閒亦輟楮筆雄辯逞推鞫真贗訂碑板黑白算棋局愛月久忘疲不寐見朝旭倏忽變冬春萬事如轉燭余適謁選歸分手歷川陸一鐔逼魚龍長飢煮苜蓿雖無催科煩頗類折腰辱京華書札稀遷怒怨雁鶩今秋復南下志靡氣益縮何幸岐路隅遇子谿塵目又手出新詩字句夾珠玉悲深雍門琴哀過漸離筑問詢及顧黃屈指幾聾瞽狂態尚因仍窮途

更翻覆同下阮生淚共說唐衢哭流光如逆旅聚散一迅宿
未爛山頭柯已負杯中渌勸君加餐飯努力事場屋及今不
登朝何異入幽谷余亦從此行毋爲徒碌碌

題圍悶山詩集後

氷雪攜來一卷真薔薇浣罷淨無塵買春入座逢佳士深谷
隨時見美人我已鼓琴成獨往君應明月是前身何當翦燭
西窗裏銅鉢聲中驗苦辛

燕子磯阻風

石尤風裏浪花奔恨轉危磯愴客魂故壘千年餘鐵壁荒臺

三面聳雲根烟橫極浦秋無際潮落空江月有痕欲訪桫欏
樹邉寺隔林鐘鼓報黄昏

渡揚子江望金焦二山

安陽一載困幽谷終朝縛束如羈栖數椽老屋寄蚊蝱半肩
生菜挑金齏有時出郭試登眺戴盆不辨天高低踸踔𠃍
自嘆息恨無山海供航梯竭來買舟忽南下黄流直瀉河無
隄經旬水宿失峪𡺕有山到眼難攀躋淮東苦旱水漸涸舟
行屈曲縈盤泥隔江諸峰雜隱現似逢舊識悽心脾金焦二
山天下奇砥柱欲障東流西烟雲變滅露丹碧山靈出手相

招攜竟從仄步渡揚子坰款雙瞋開金鏡鐘聲兩听覺塵夢
不獨樓觀森標題華陽遺跡銘瘞鶴欲窺斷畫無過屏彩（採）新
汲水僧三兩意態彷彿形容迷嗟余滄海渺一粟幻花泡影
寧相睽名場徵逐愧朝菌宦迹涸䃜鱗醯雞風帆葉〻共晨
夕郵籤細數輕裝齋名山有約〻每負自慚向日常縻鴦中
泠擊楫發長嘯便思涉險親扶藜回頭北望忽目失白雲冉
冉天邊齊

喜晤沈雲溪

萍梗生涯總謬悠秦川何事尚依劉四聲舊著東陽譜七字

新裁白雪樓時歸自山左遠道風烟悲野馬小窗燈火聚盟鷗憐余把袂無多日又摸征途雨雪裘予將之碭山

邗上留別

茱萸新水漲秋灣紅樹深深映客顔十載交情餘裋褐一樽清話別寒山玉鉤路隔平蕪遠瓜步江空夜月閒分手南天從此去隋堤衰柳莫重攀

舟中雜感

安上門前玉筍班年年春夢墮花關幾曾精衛能填海不信蓬萊尚有山戢筆漫思題繭紙蛾眉空自出鴉鬟何當更向

羅浮去乞得丹砂付小還

画角江城萬里風驚沙一路逐飛蓬過時艾少三年蓄入夜鼯偏五技窮辛苦宋人虛刻紙冩寒揚子感雕蟲出門便是魚鳧國又向天涯問入鴻

偶共題襟漢上皐論文常自憶韓豪彎弓沙磧雙鵰落釃酒江樓一鶴高雄骨可能成醉伴吟肩無分聳間曹年來雅望知誰屬慚愧英雄尚捉刀

出處難憑雨後占鄭虔冷席對虛簾攤書自愧三千卷賣字誰酬五百緡已共侏儒同索米漫勞刻畫到無鹽風裘雪帽

多情甚伴我閒分水驛截

雪後渡河

到此復幾曲，横流愴客心。風高帆影急，沙重雪痕深。滚滚無涯涘，滔滔自古今。誰知擊楫者，擁鼻尚孤吟。

舟泊桃源過訪家六峰學博留飲署齋即席賦贈並示張覲堂同年

吾家六峰今元龍，意氣獨出萬雷同。餘子辟易卧床下，高樓百尺開婁東。一官淮壖據冷席，種桃人去荒園空。（桃源舊名桃園，後訛爲源。）春明計偕遭點額，歸理舊曲操孤桐。同時講席共張載，虎

皮坐論開犀家經舍區屈得予諸生入座生春風予方北
征赴芒碭孤帆水宿栖霜篷赤鯉湖邊倚蘭槳黃河沙曲趨
蚊宮握手一笑出意外却如挾纊當嚴冬張筵賭酒慰飢渴
停杯細翦燈花紅天生予必有用忍令束手終樊籠汴流
南下久猖獗長淮勢弱當湖衝荒荒萬井困覆釜嗷嗷中澤
飛哀鴻汎舟發粟出
餐處補天煉石須人工君房工東應早就筆妙不數千夫雄
南宮戰勝一彈指慎勿硯壘填心胸聞雞起舞自慷慨相與
吐氣成長虹開簾出視夜將半一天寒月磨青銅

山行雜詩

落帨邾子國，駐馬偃王城。矗地千峰出，寥天一雁橫。淺斟嘗
魯酒，晚食憶吳秔。怕聽郎當語，無聊送客行。

西指彭門路，山深日易斜。古田耕五色，荒逕走三叉。踏雪遲
征馬，投林急暮雅。炊烟餘土銼，村婦髮鬖髿。

勞人先鳥起，殘夢繞庭柯。影失劉昆舞，悲成杜甫歌。驚風欺
短褐，曉月戀長河。猛憶江湖樂，高眠有軸薖。

野水接天昏，迢迢下遠村。及肩茅作屋，妨帽石為門。冷燕仍
巢幕，羝以千慣[illegible]藩。主人聊此托，賤子更何言。

寒夜

灰深榾柮暖初銷，風轉虛檐漏點勞。霜月一天人獨醒，凍雲千里雁雙高。圓蒲只合尋清課，螺贏何堪共濁醪。可惜黃金擲虛牝，鳶肩中夜聳吟曹。

過干溝里

延喜樓前唱揚柳，供奉小兒皆授首。朱三落晛非常人，鐵券功碑字如斗。唐家社稷三百年，四鎮節度心垂涎。紇干山頭凍雀死，干溝衣錦開風烟。汴宮離離長秋草，朱邪旌旂疾於掃。生子當如李鵶兒，犬豕紛紛何足道。君不見廣王酒酣擲

骰聲若霆吁嗟不愧未五經

燕子樓咏古

蘭膏稻細慘不紅，鷓鴣火冷獲猊空。百尺高樓罷歌舞，床頭明月吹霜風。白楊夜嘯尚書墓，寂寞雙旌等閑度。架上青編脂粉痕，玉笈琅函飽花蠹。杏梁塵暗飢鼯走，藻井風高絡絲厚。侍兒空解誦靈光，剩粉殘脂何處有。零落邱山夢華屋，眉黛無心換新緑。下簾不許燕輕窺，雙雙知向誰家宿。

登戲馬臺

衣錦何年戲馬迴，蓬蒿怪石擁荒臺。重陽風雨思高會，西楚

七字目扶

山川出霸才浩蕩秋原看鹿走蒼茫戰壘見花開阮生一擲

英雄淚廣武吟成迴自哀

登放鶴亭望黃河

黃河南下趨彭門遠攜沙石同崩奔四山如環作屏障欲截

濁浪迴崑崙南山巉巉孰絕倫俯瞰衆壑皆兒孫細路起伏

蟻旋磨亂石犖确猱盤根孤亭七尺開朝暾廻薄萬象歸吐

吞使君風流自不朽筆墨偶與茲亭存我來招鶴鶴不返但

見野鶩飛荒村河流一線渺天際沐浴日月雙如璊北顧慨

然想豪傑思與博望求其源葱嶺于闐派中別泑澤東望何

删

渾渾火敦腦兒不親到西行萬里何足論蒼慵兀兀坐嘆息何異仙翮棲籠樊作詩一笑予欲老此意微妙終難言

歌風碑

遠訪試劍石快讀歌風碑石縫中開錮以鐵土花剝落不辨鱗之而模糊斷畫露奇崛垂芒八角光參差後人疑是蔡邕筆法兼周之史籀秦之丞相斯旁立一石石易辨書元大德摹刻之雲飛風起不厭百回讀何須十里始解黃絹詞鹿走中原祖龍死篝火狐鳴亂朱紫老嫗夜哭赤帝興那有功名到豎子馬上歸來計何拙走狗良弓戮冤血酒酣泣下歌四

方猛士眾々憶人傑摩挲遺迹空雲烟英雄一去三千年鵲頭委身草鎮紐埋荒阡我思石經三字幾兵燹鴻都寂寞非從前甘泉遺瓦不可識何處更覓闕里五鳳二年磚不知此碑礪牛角想見空々妙手親雕鐫君不見嶧山之碑紀功德野火燎餘久歎側會稽之罘一片石枉被書生炫遺剣琳琅金薤徒為尒却共銅駝卧荊棘

黄樓

黄樓屹立彭城隅下瞰汴泗東南趨使君遺址足登眺保障孰與宣防俱憶昔洪流下澶魏遠注鉅野吞淮徐彭門三版

作屏障呂梁千仞來斯須萬浪駕天水皆立支祈斷鎖爲先驅吏民盡走使君泣投白馬逝捐微軀歲寒水落急版築躬親楗橛安尔居伐蘆折梆具茭梢辮竹壓土歌謳于功成不日勢鞏固河伯受職瘡痍舒蕭條小市見雞黍零星野老歸田廬餘功作樓鎮茲土不獨觀閣眺雄都顏之以黃色取土土以魁水名非迂南山翳〻石犖确遠水漠〻沙獏猢使君登樓一長嘯政成物理心則娛勝遊遠繼三百載此樂豈與青蓮殊雄詞照耀淮海賦凌轢屈宋餘子無茲樓閱歷近千載河勢遷變而良圖至今好事謁公像謂微公績吾其魚我

来正逢二上花六目擊駭浪心瞿瞿登樓再拜一灑涕酹公卮

酒公知乎

憶園詩鈔卷之五

海陵陳燮理堂

題臨流濯足圖

土九三百催寒潮，介鯨橫海恣遊遨。翠綸芳餌屬高擱，扁舟小憩青山腰。濠梁我昔尋遺址，非我非魚定誰是。披圖髣髴見蒙莊，不須河伯誇秋水。

丙午春初恭謁　先墓

鄉園聊息祖生鞭，虔禮松楸倍愴然。未死孤心餘寸草，不親抔土又二年。洪泉深處寘無術，凍柳舒來枉自憐。雞黍節容

杪

成底事、、今蔬筍慰重泉

碧雲山房即事分删韻

生計千塲醉清言半日閒論園初買夏得句欲開山變態風雲外貧交伯仲間不因身去住早識命堅頑

春杪同人登香雨樓兼訪西林上人二首

佛閣峥嶸現古靈俯看烟樹接畦町飛灰到此成千劫自語誰曾悟一鈴鴿響虛簷餑飯龕烏棲佳蔭有脂瓶年來細譯迦陵義識得浮生兩葉萍

粥飯難依上、、乘因過竹院近香繒鐻鐘自愧羊公鶴俊逸

常思支遁鷹未信不材成意樹好憑片燭接心燈三生更有忘機侶石畔翛然幾鷺朋

輓王介巖先生兼慰雪圃四首

海東波起蛟龍沸陰火陽冰互飄忽珊瑚千載困淵沉魚目峥嵘笑明月人倫藻鑒開風塵巨源之寶夷甫神清香燕寢久坐嘯雙眸炯炯稱知人撫字心勞尚倒屣臣門如市臣心水駑駘只合負鹽車枉費孫陽幾鞭箠

白雲冉冉埋荒山猿飢鶴怨聲悲酸筍輿歷碌自蓬轉王尼着處霜風寒六河驚沙促行李病骨支離濡須水廉吏可為

不可爲復盂悲歌良有以兀然若睡何時醒芙蓉城裏秋冥
冥招魂宋玉心無寧九歌節促難爲聽
會稽竹箭天東南宛委金簡封塵函琅琊公子出奇特元精
耿耿珠光含太常屢屈蘇門嘯宫錦行家湯相笑麻衣白帽
心骨悲江上何時返歸櫂塔鈴自語天籟生龕燈不滅光青
熒倦僕立寐如朝酲長吟未已荒雞鳴
焦梧剝落輸箜篌無絃底用張高秋海雲拖地慘不収酒酣
夢醒聞鵂鶹丈夫磊落痛知己腰下吴鉤照秋水荊卿雄骨
竟成塵燕市悲歌徒介耳身行萬里歸去來故人握手衛深

杯腸枯酒渴歌莫哀王郎柳塞真奇才

舟行赴揚留別雪圃竹軒樸人柳村松亭

揮手辭南郭驚心上小艭麥浮春後岸萍泛水邊愁有恨同

鼯鼠無情任吠尨苦吟今夜月對影不成雙

失職逢奇士顑頷驗苦辛淚痕濡須水鄉夢鏡湖春磊落黃

金盡凄涼白帽新難忘風雨夕杯酒見天真

跬步成岐路艱難幾故交蟻柯槐作郡燕幕土為巢韓筆能

搔癢雄文自鮮嘲揭來僧院裏石偶句頻抄

百讀蕪城賦孤蓬只自哀海天餘幻影契濶入銜杯識路三

更夢分題一研埃遥憐歌斫地懷抱為誰開

歌者瑞雲歸吳下楊將軍　作詩送之同人競和勉成四

章

江路歸帆悵渺秋彩雲何意逐風流相憐暫作蛩依蹙惜别

難為石阻尤嫽俏鬟梳餘眼角惺忪滋味到心頭陽阿妙舞

分明在記得當時一笑揆

封胡羯末影亭亭謂耿茗仙昆仲檀板金樽醉復醒歌罷東平人不

見嵬銷壯里曲空聽一絲清淚針連縷萬斛閒愁影對形耶

使霓裳成雨絶暫教閉目養黄寧

摇豪擲简重縈紆泣鬼占星迹豈迂名士金城圍鶺靚將軍
筆陣邁孫吴採蓮仙隊歌喉遠好色登徒骨相癯芍藥蘼蕪
紛四壁郤勝流盻醉氍毹
桃人土梗日蕭蕭紅豆拋殘鎮寂寥贛水風花春夢覺梁園
絲竹古烟消迷離舊恨三秋感咫尺新聲萬里遥幾度江干
成小立傷心瓜步往來潮
送王雪岡之無爲
炎曦匿景避阿香醜扇彳亍利嘴藏風轉六月有秋氣客懷
蕭瑟天苍茫凉雲龍上下偶然耳戴笠乘車雜悲喜塵埃萬古

恨茫茫波動震湖一千里江頭擊鼓催征帆淚痕迸落敎詁諵枯魚銜索竟已矣荒山白木餘長鑱乞食江淮我孤賤辛苦長箋墨花濺為君擲筆起徘徊歸去青山焚石硯

登清凉山二首

石路微茫認舊遊萬山深處晚烟收亭高直與天風接江遠還隨地軸浮古堞荒寒盤細馬陰厓零落長牽牛前題壞壁成泡幻杖策難尋掃葉樓

癸卯秋與俞樸人李南阿文圃程嵇亭同登掃葉樓賦詩

歎塲無分覓清凉怪底浮雲變態忙一轉風輪留舊覽六朝秋色在垂楊蟻封夢醒槐安國鈴語機藏替戾岡耶使寸胸

蟠五嶽匆輿邱壑未應忘

登雨花臺和唐虛谷韻

荒臺孤聳出雲封山逕逶迤記碧重疊石小松秋入畫哀蟬落葉暑無蹤君王水國虛前席詞客心情寄短節我愧羇棲辜蠟屐湯將塵尾學疎慵是日約同遊未果往

寄韓治也都中

渴豪興淶作奇特枯腸得酒生之而山川萬里括地志風霜一國懷人詩如君光怪不得意治也赴京兆試下第嗟我落拓將何為殷簾謝府步照、日會有清夢來書帷

病夜

燈焰層層走破窓酒壺無那歌羊腔將凋意樹遲回發未戰心旌次第降比胛幾時栽土豹蟠根未鮮覓靈龙金莖露重難消渴合美扁舟繫水椿

題枯花微笑圖為唐竹溪賦

西風何時来遇物成蕭瑟閒門老樹多荒逕孤花出愁生墟里烟目斷崦嵫日菀枯理亦齊得失誰曾必達人與世移一笑情殊逸觀空本非幻責有何須寔悠悠千載心應向泉明

質

穀日同藍田叔董元宰崔長羽梁千秋社集西湖舟中女史馬湘蘭索刊

蛩蛩作鍾巖作褥官齋夜半燒官燭雲低冷片壓高詹鼎出吟聲動華屋風流大令今王猷嗜古欲與明誠儔座中彭錢手片石摩挲五字生煩憂煙花南部銷沈久只有湘蘭名不朽斲山巧匠借何郎半日浮生學科蚪金輪小刼影全空名士傾城想像中已共珠光歸覺社誰令鐵網出蛟宮印章為寶應漁人所得劉孝廉以錢十五元易之後以贈憶園回首華嚴舊樓閣冰床雪被人如雀朱媛鞋盃照鬢絲下生琴語通簾箔蓉城何處尋花史今燕芳名徒尔耳趙令燕名彩姬與湘蘭同負名一時湖上寒潮與夢回溪邊香

一册

草和愁死湘韻不住青溪羞一畫蘭　梁園詞客可憐生蕭瑟江關酒不停

欲識銷愁時幾箇更將遺句問娉婷　酒是銷愁物能銷幾箇時湘蘭句也

雪珠分江韻　銷寒第二集

淅瀝聲初集嚴凝氣未降舞仍虛玉戲巧忽見珠雙着地初回散跳階自擊撞星〻穿翠鬢瑟〻打瑶窗銀海寒生粟璇流冷聽瀧量煩滕六手懷待蔔三椿金谷人何處梁園筆獨扛灑空鮫淚迸照夜雀行跫詠絮才初先盡為穛計已愆方圓因物賦薏苡任言厖幽恨蘭房摽鄉心覽社艭何當持百斛買醉酒家缸

清涼臺詠古用昌黎合江亭韻 消寒第五集 臺在商邱城西十八里漢時梁孝王築

睢陽古梁都臺觀分右左天中楊清泠河水飛咳唾六忠蹟遠連 商邱有六忠臺為雷萬春面着六矢處 三峯孰相佐 三陵臺在城西北十八里三峯並峙故名 掃露玉龍愁噴血金帛過 昌谷詩云臺前鬪玉作蛟龍綠粉掃天愁露濕撞鍾飲酒行射天金帛感裴噴血斑 人代既荒渺華屋久摧挫吁嗟昌谷詩寂寞吏誰和洲雁餘一雙野篁失千箇無端感今昔未暇計坎坷登臨但長嘯瀍慨或醉卧快讀錦囊句用助客牕課繫日非所能尋章亦無奈衡寒發新警升虛退前儒高館夏漸忘雄才賦先播 秋塍邵府公詠忘憂館詩先就 餘蚳亦自會視肉豈言餓不知海蜃奇安

閙燕雀賀鷺捉闌羇滯桃鞭策懶惰冷添冰雪懷閒共枚馬
座尖义韻互花競病險爭破何當騎款段振衣拂塵涴
秋滕明府舉子同人作湯餅會用昌黎示兒韻各成長句誌
喜
消寒第四集
諸王過江後巾箱多賜書追業既舊物閱市亦吾廬仲祖鏡
如馨僧綽門有餘鳳姿本又國瑞牛炙非山蔬卓哉子弟佳
籯金豈所於藏籤富卷軸種木盤根株風煙接天起文藻因
時敷明府席世德氣若春和嘘傳薪丁辛屋澤物荊河區再
索忻多男旂鈴塞空虛卜茲瑶珥珎雅稱芝蘭居靈禽來翩

翾玉樹紛扶疎良會出湯餅佳客聯裾裾温試定英物辞詑非凡夫分錢更分果夢熊如夢魚騰駿口共羨弄麞手或虞男兒一墮地塵劫難為娱畢竟處深巖高乃持中樞錦裀固自異藩溷將焉如所爭骨相奇不在皮毛麤風流冠品類厚實輸胥徒務苟之無辨長必驕吝祛即令琅琊賢高與太原俱蓬桑祝遠志弋印懸侏儒他時符郎貴定憶城南初

醉後口占即柬錢黃山

人言阮籍是吾師莽莽乾坤付酒卮一自登臨廣武後始知無地着男兒

多情酒伴共芳醇冰雪堆中一擲春何日與君攜手去西陂西畔弔詩人

小寒晴陂晨人望雪甚殷詩以催之用東坡先生北臺辟韻二首 銷寒第五集

毳幕微開見月纖銀船暫却失冬嚴天心未許分寒燠人事無端計米鹽臘鼓聲喧曲巷寒梅點點出高檐幾番半誤聽風驚竹吟觸簇雙眉一寸尖

梁園坐嘯驚樓雉緘章工達隨風車乞借四海倒立水乡作六出空中花恣揚琴語肖郢市料量茶具煩陶家歡場文酒足

生意百錢已免東坡叉

臘八粥一首同用佳韻

東京七寶粥西邸八關齋一種耽禪悦兹辰觸旅懷回腸香味在問俗歲時皆猛憶安昌句難忘泌水涯丁未冬客河朔曾與雲澗錯堂藕怡同作食臘八粥詩

卞生畫蘭爲王西巖作卞生名敵秦淮女伎賽賽之妹

諸王寸地擅風流讀畫頻年散客愁一種倚青樓上筆靈根端爲唖香留倚青樓卞所居也

蕭艾連畦燒又生當春鶗鴂最先鳴青青莫漫依堂下何處

人間有目成

嘉平十八秋滕明府招集縣齋爲蘓文忠公設祀出示弇山尚書所刻東坡生日倡和詩卷並追述秦中節署賓僚觴詠之盛各賦長句書於卷後銷寒第六集

仰天夜〻客酣醉奎婁光寒衆星避七百年無和仲才玉京何處神仙吏至今揆攬説景祐坡公生於宋景祐二年更及元符發深喟元符三年因誕辰置酒赤壁磯下進士李委善吹笛作鶴南飛一曲以獻岷流東下赤壁高一曲南飛鶴聲唳尸棄陀林迹本虛坡公言辯長老示身爲何物棄之尸陀林以飼烏鳥何安以壽塔爲云〻亦元符三年十二月十九日事笛犯龜茲句何秘下界何人也吟笛可憐時復犯

黿
茲　白雲谿樓寒漭泱（白雲谿在常州谿上有樓為坡公撤瑟處）陽羨田塍渺茫黖
我過西陂索傳刻特舉元之問書肆（宋漫堂中丞曾以施元之所注蘇詩付梓）
笠屐無緣識髯鬢畫圖未許輕軒輊（漫堂中丞撫吴時常於是日率吴下名士陳公笠屐圖於庭致集中名物以以祭更賦詩侑為圖為龍眠筆）鴛湖詞客梁園宰冒懷繫鉛
駝奇字有時餘事作詩人不許秦黄辨同異歲在重光月在
荼豆以葵菹籩以餌辯香復此證夙因放鴿誰能識高義闕
輔風煙憶舊遊節麾文物臚前事尚書長句如大河與濟江
淮列為四牢籠萬象歸太虚斟酌羣言入元氣往来人代一
瞬息草木華榮幾傾領大賢磊落鬱相望風雅綿延寔天意

閼伯臺邊鵩鼓鳴魯公碑下寒雅墜雙兔巨鯉足鄉思尾狗陶雞讓兒戲肯燃鐙火伴虛牕應夢靈旗下髣髴

題江左十五子詩選後

十五子者為王先生方若吳先生山掄宮先生友鹿徐先生大臨錢先生亮工張先生日容管先生青邨吳先生荊山顧先生俠君李先生百藥蔣先生揚孫繆先生湘芷王先生麟照徐先生學人郭先生于宮

東南曰揚州其川惟三江襟帶毓靈秀習俗留敦厖緬昔商邱公建節臨吳邗撫封常有餘得士貞無雙磊落十五子百斛龍文扛發源必注海細流避奔瀧登山必造巔培塿輸崆峒從知正聲起可息羣言哤吾鄉隸淮東郭外寒濤撞臨

風想先達空谷音何足淮壖信逆響反鹿先生著有恕堂甲巳遊草淮壖集蘭
渚非新腔湘芷先生著有蘭渚浮山西溪諸集卓與諸子並壁壘分旌幢渴日
近百年逝水流淙淙嗟余生苦晚賦質兼愚惷斷缺强名鋼
鴑鈍空呼駹蓬轉詑遇尷野渡憂逢湊念兹裙帽陋但覺形
軀肛中歲廹旅食久別床前杠頻令驅代馬不復覩吳艘仰
天讓嚇鶬顧影驚吠尨可憐醒更醉莫辨麥與豇有時學韻
語如戲鄭、壽橦如將萬里行兩足恒苦蹝又如娉婷市高髻
難為髣覃懷五六載才盡心胆雙開逆失醯醢張樂忘鞔椌
朝攬太行峻夕聆濟瀆淙河陽花作縣枋頭石為矼据摭入

腕底墨汁沾幣楮揭来辞逆旅決計回艀舡雞遜幕府庚且
學鹿門龐雖偶逢故人官閣挑銀釭銷寒事吟嘯白戰遺戈
鋋說訂不尚衍量材寧類椿自笑寸莛折乃爾洪鐘撞鄰架
得陳編快讀中心降安行車有輔順軌河無浲況乃風力滿
豈復愁𦨴雙長歌書矮帋捲卷憑虛窗直誰貢一縑覆恐同
千缸懷古不成眠卧聽聲逢々

商邱縣齋同人詠物得五律四首　銷寒第七集

老屋宜寒夜重帷護醉鄉捲初看積雪折不畏飛霜銀蒜垂
新樣煙絲聚古香何須煩烏骨巧製說同昌　棉簾

妙合零星味端宜水火憑對鑪疑謝諷覆椀學和凝小景真成樣嘉名或類脊銷寒招冷伴薄醉酒三升 暖鍋

窓坐圍爐夕雙雙撥火偏幾番分獸炭一例傍蛩壇巧許冰條似侈寧家齒傳莫教書閱字看取冷灰然 火箸

呵凍研殘黛分鐙貯小紅煙雲飛靉靆冰雪見清融譜續嵓泉外春回指掌中硯田應有歲火耨待人工 炙硯

辛亥除夕同人作饋歲別歲守歲各一首用東坡韻 消寒第四八集

熟搗尚饋遺金玉互相佐樓羅及珍品纖細亦奇貨歲盡文

益繁數典別小大輿臺走且僵駟騎奔復卧不知漏將闌但
覺春入座勞人苦覊獨如齋學鍛磨警寉逐稻移飢烏掠簷
過門丞與尸尉彼自各酬和 饋歲
遠與江梅別言歸復遲遲盛年不可再急景安能追今宵手
名香復此睢水涯借問醉司命此別歸何時肝臂嗟賦薄頭
目輸人肥探鈎常苦拙拜墨空成悲幸拂官庫紙細寫春帖
辭寒亭幾延竚凍柳寧長衰 別歲
列炬照清夜杯影疑弓虵裝船竊不公攬鏡形難遮三萬六
千場日飲皆亡何秦寒方可戀周爛休相譁空書無一字聽

鼓已三撾燭龍當門來斗柄垂天斜儀晷自珎惜渴日嬉蹉
跎春衫短短裁行向東風誇　守歲

立春前一日登閼伯臺

閼伯臺高古宋餘陰森遺廟肅商墟煙雲歷亂迷飛分野碑
版零星紀太初雪霽羣山歸旅（寒）雁冰開千里上河魚綵蛾金
燕鄉風遠珎重淮南一帋書

迎春東郊用秋滕明府韻呈彭山泉太守

城頭初日送新晴陌上回風捲市聲雪後樓臺梁苑迥天邊
雲樹楚山明　絲綸共喜須寬大雷雨行看盡滿盈好是旌

旗披拂處雙〻白鹿夾車迎

禧帷東望見靈徵草甲蘭心澍景仍驂篠兒童隨五馬綵蛾士女遍三陵公才自昔推題柱末技何堪效鏤冰聞道蓬萊多逸興雲章輝映九枝鐙

立春日秋滕明府招集寶慈堂觀劇同賦七言長律分得四豪 消寒第九集

芳甸春回霽色高香車駃馬遍晴臯千邱雪淨時情浹三素雲開望眼勞沙市將舒妨帽柳琴堂爭頌蔭街桃銀屏曲〻圍瑶席珠履行〻傍玉檣仙隊乍分垂手舞新聲競奏鬱輪

袍人来掌上輕於燕鼓借花名小似叢梁苑客原工賦物郎公厨吏飫殘膏鐺添活火茶初試甕有奇芬酒可豪祠粥光陰懷習俗燒鐙節序感吾曾占無粉繭難成卜吟到江梅擬續騷遺此未能心尚壯奈何欲噀首頻搔南湖指顧波紋淥好載清歌泛遠舠

題春風髩影圖為錢黄山賦

昂藏七尺塵劫餘地水風火相盤紆男兒骯髒不稱意朝来覽鏡羞髯鬚忽然破空作奇特粉墨淋漓弄顏色誰能過眼辨雄雌便恐將身化千億翩翩君本佳公子酒態風懷聊尓

耳明珠雙贈失娉婷淚絲迸落長千里又聞妝閣灰絳雲流
傳小影河東君無端標格得神似香鐙繡佛難區分黃山白云此圖
倣柳如是小影于嗟八世重我相色聲味觸徒依傍飛蓋西園夜月
高凌波南浦春潮上煙霞一晌生暮愁崢嶸華屋歸山邱青
天碧海豈終極哀蟬落葉還成秋妙悟由來足靈境影可贈
形〻答影斂花琵縮黛痕銷總把豪侈付公等鐵笛橫吹鎮
自憐尊前十丈寫蠻牋三身我亦悲前事回首揚州已已惘
然

將之固始留別彭丈愛園

人生聚散無根株昔情今款常分區別腸一日一萬轉中結
轖〻能言無先生心貌古為徒槀筆著論過潛夫新詩張樂
洞庭野淨洗羌笛箏琶竽銷寒九〻共吟嘯和神入座春縈
紆明試琢切遇我厚深惠乃不同皮膚嗟我廿載多岐途暮
戍水宿朝山隅雎陽幾日寒暄殊小遊仙似壺公壺馳光飛
轡忽已迫離思攪樹花為灑連宵酒國容奔趨斗石醉我沾
衣襦前者唱予隨者喁兩耳不復聞囁呪雞鳴非惡尚可聽
倚天三人舞湛盧虛堂何日親蘼蕪川波岸柳笑我愚人生
局束胡為乎吁嗟乎人生局束胡為乎

趙肖巖孝廉以詩贈行即次元韻留別

平臺雪下吹回風長河水落波消洪飢驅客子歸不得醉来酒聖時從中高齋餘事作韻語生氣遠出推羣公信知仙才異凡骨空有天巧非人工兩行官燭拂庫帋一斗墨汁驚我儂君家涇上席世德論文往〻推豪雄低頭或拜武康孟傳經不數扶風融薄遊古宗遇賤子氣誼乃似高張逢長篇疾掃露光怪妙意有在兼春冬百歲如流慨大道浩然聲摩空虛談比復襍喧議雅材何者追前蹤箏琶嘈切混商羽海蜃頃刻浮青紅南園寂〻挂曉月滄江渺〻垂長虹豕腹我張

俟喜鳧蒲牢君吼豐山鐘向祭竊歆並小草知時到底輸寒
蛩燒鐙節過促行李桃人土梗真忽忽孤蓬當路自旋轉宿
霧作雨偏迷濛羨君梯榮得階級封章竟達明光宫應陋五
石將濩落豈似七聖遭洪蒙中祕何當窺玉笈東序復尒聞
金鏞千秋述作在俯觀無雙未許誇丁鴻

題錢黄山畹人詩草後

木戴屁飯不去口辜負男兒好身手折楊黄華笑嗑然耳里
耳自與凡聲緣君才清絕如藐姑餐霞雖飽形容癯裁詩作
花花骨立五夜瑶宫露華濕湖山十載淹行李細嚼梅花饌

湖水蝴身復作梁園遊雪中臺榭飛金甌官齊我亦同神枕琴語奏温破客襟醉来斫取珊瑚枝為君架筆君何疑銅街幾日歡聲動里巷新詞學囉嗊江頭楊柳青更青吾歌可乎君且聽

汪剛身以畫幅贈行賦答二截句

煙雨樓臺別思牽一牋消息渺江天生綃贈我出新意便是米家書畫船

瀨水淮山自送迎年光晼晚入離情錦鱗尺素長相憶莫遣風埃隔鳳城

将赴固始秋塍明府招集寶慈堂話别同人聯句用韓孟會合聯句韻

吾道本艱難（泰州陳燮理堂）文誼合鄭重題襟頓忘疲（南昌彭淦夔園）蠟屐競賈勇園荒月觀平（秀水王復秋塍）城高雪樓聳知時塞鴈回（涇縣趙良霨肖巖）觀樂濠魚湧倚齋得清暇（長寧趙希璜渭川）槖櫝少留甕追陪潘陸席（歸安沈琫又村）爭接枚馬踵佳釀出洞庭（秀水陳澧東川）小鮮佐瓦甖壓揆千古空（嘉興吴鎮嘯崖）搊戰萬夫恐衹覺言炎炎（陽湖錢季重黄山）詎知髮種種行歌答謡諑（燮）落筆掃浮冗詩探李賀囊銘鄙劉蛻塚似兹大雅才（復）未荷承明寵宛邱小如舟（良霨）西室書

連栱官冷氣自豪希璜履坦意無恂棧宿驛程迷琫星飯土銼

奉酸醎到痂瘖澧繩墨奈樗腫匝月歡顏開鎮遠道別愁擁

心期亢汍同季重情異虛堂捧仰羨夭矯龍燮俯憩迫迮蒸敗

面等剝割塗跬步形跛尰虎視欲逐眈復牛革執用鞏會悵

懊儂稀良爵迹苦羇傖𩡖行〻且遲徊希璜耿〻彌戀快衣喪白

雪裘琫車駕綠雲茸子弟集芝蘭時楊星園明府邀赴圃始課具令子澧主客

聯球珙封思大理裔鎮望入橫江隴雅歌和鷗鳴季重文瀾奮

鴻溶聚散感摶沙琫蹤跡忽拘夆魂銷頗水涯塗目斷楚山

冢鱣堂兆徵魚復蛾術化若蛸手可月窟攀良爵足定天門踊

理堂將赴
京兆試鯨呿喜騰躍布璜鶗搶愧豐氈離亭柳毿毿去路草
甬甬何時共仙舟灃長風破波洶鎮

憶園詩鈔卷之六

海陵陳夑理堂著

書勵

蓬生麻中不扶自直白沙在泥與之俱黑慎哉所因維予之則餘瀝毋露流水毋式鳥驚雷駭水堅石泐交以淡成會以文識秘書既成膺冊斯得匪知之難而蹈之力書以自勵以

輔予德

窮達有命知苦不早讀書十年多文為寶慎哉所遇聽之大造制繡何拙倚門何巧對憖奇木賦焚窮鳥予甑可塵予行

弗倒不夸不惠亦莊亦老以全吾真以從吾好書以自勵敢曰志道

○○、君子有所思行

廣城何蜿蜒甲第紛雕甍蕙風吹北牖璧月流南榮罘罳綺錢細簾押珠瓅輕坐設紫綃帳帶以雲母屏龍涎烟靉靆鳳腦光青熒美人列座隅崽子羅前楹鑾落奉金爵參差吹玉笙歡娱豈有極豪侈還相並单門承素業孤賤江淮生亢腸厭藜藿嚼膚親蚕虬鑿辟恥隣光浴蘭搴若英安能悔吾初與彼爭垣嬴

輕薄行

青絲絡轡紫綺裘手持柘彈腰吳鉤金鞭倒捶上酒樓吳姬十五花貌愁繁聲繞指彈箜篌纏頭一擲百萬休朱顏半醉和且柔青春莫負雙玉甌黃金如斗吾何求

行路難

奉君宜城之九醖雲安麴米之新醅蘭卮翠斝酌琥珀玉光照灼黃金罍一醉中山一千日卧看星斗羅胸懷伯倫一鍾還多事嗣宗何因便垂涕餔糟餟醨隨所遭獨酌天漿自頽頽行路難爲君歌少年往矣東逝波君今不飲奈愁何

城中髻鬟一尺高啼眉墮馬新粧勞章臺宮裏千蛾眉不惜餓死緣細腰爭憐妬寵豈有極雲窓霧閣相矜驕胭脂買盡學顰笑一縑淚落金骨銷君不見齊紈新裂製作白團扇秋風未至常動搖

百草豈不芳常恐啼鴂先時鳴蘭生忌當門況與蕭艾相縱横我昔江皋夢香草美人遇我常目成金支翠蕤忽不見但有糞壤蘇軒楹念此令人多悲慨誰與天末遺芳馨、

宮人得戟以刈葵盲者得鏡以葢卮明珠與夜光投贈嫌非時振景拔迹有司命服冕乘本前定丈夫不合齒貴游煢曠

刪

莩楷索涂徑抱琴向空山沉思一再彈駟馬仰芻秣游魚出深潭人生知已不可測千古英雄淚沾臆

君不見芭苴夜入張霍家金膏翠羽光照車卿雲黼黻若河漢游塵土梗無爭差朝為青雲暮泥滓葵扇桃笙豈常置翟公何必更書門不識徒勞多耳語太行孟門那足驚瞿塘非險蠶叢平裂裳裹足竟何往胸中五嶽還崢嶸

龍門春濤飛千尺下有鯉魚作人立風波一失潛泥沙魟鰌魦鰽同從急丈夫得會有時升沉變化何所期據案不食長太息拔劍四顧心遲遲鄧林夸父渴欲死魯陽戈斫扶桑枝

君不見鵬飛倏忽九萬里斥鷃大笑空爾為
君不見文雲辟立㲀生塵留錢一飯羞言貧仲山飲馬咸陽
路投以三錢去不顧青衣文繻天上來璣玭瑟瑟隨風摧金
蠶玉辟道旁墓五銖輕細顏如厌吁嗟乎絶交孔方何足憹
凡事魯褒亦顛倒手持撲滿贈公孫志士寧知阿堵好
宿沙善魚民所食緣木求之究何益戴尊雖善不能更行道
乡得失亦亦不足愁得亦不足驕奔蜂藿蠋各有限鼠肝蟲
臂誰能咎金烏長飛玉兎駛陵舄鼃蠙難久恃木以不材終
雁以不鳴死相名相累翻自縛人生莫作雕陵鵲

幼好奇服思遠身長鋏陸離冠切雲青虬白螭駕縣圃阿穤
達宮淩紫氛蕍葹揭車兮美惡使鴆為謀鴆不顧空留靈瑣
望崦嵫纚緯無端得讒妒憂來不能忘嬖涕思美人煩寃迫
中夜蹇蹇何由申抱情懷質綆伯樂逌遞雲程久蕭索

董逃行擬歷九秋篇

歷九秋兮三春擇日吉兮良辰登臺辨物書雲紀兮緩兮紛
紛微風不動纖塵解一闢連閤兮洞房金釵十二成行才人滕
行奉觴願夫君愛景光千年萬年未央解二紛荊豔兮楚歌坎
侯國䑋相和宛若龍翔鳳儀回風汨沒層波移情伯牙奈何

三解 朱顔酡兮美人姱容修態絶倫贈我翠斝金樽手爇黄金博山都梁烟起氤氲 四解 坐客起兮更衣和風習習入幃蓮花銀箭相催君樂康兮毋違指白水以誓之 五解 感君意兮情定默如潮汐相應澄波萬頃秋浄但願華年長勝恩情豈有盡 六解 芳樹華兮園中携手接膝融融攸揚宛轉春風吹入雙燕簾櫳長歡樂兮永終 七解 樂相樂兮莫忌憂來中心無方盛年獨處蘭房榮華從風飄揚淚如連絲自傷 八解 嗟邂逅兮清塵侍寢幽房執巾夫君如影隨身我獨踟躕自憐向隅長嘆何言 九解 燈搖搖兮秋闢闃寒蛩之夜泣南楼北斗相對黄姑織

女獨宿匏瓜無言悵悒十解明月皎兮入幃千里萬里同睴蛾眉曼睩已哀棄我翦蓆如遺空掩金屏四圍十一解思碧海兮青天無端錦瑟華年妾心匪石愈堅歲寒松柏蜷蜷誰能中道棄捐十二解

三臺

焦桐爨後有餘哀曠代中郎是逸才一歎高陽成浩刼空令

樂府唱三臺

夜遊曲

今夕何夕華燭張博山萬縷焚都梁苓牀蕙帳陳高堂帶以

屈膝屏風長姱容脩態絙洞房纂組綺縞結琦璜翠翹珠被
容儀光薄眉卷髮慵成粧露雞臛蠵厲不爽雕蚶刻蛤愁海
王輕軀起舞紅裾揚游弦沐楚聲鏗鏘主人一舉累十觴遺
釵墮餌樂未央金壺漏盡銀箭忙絳河落地珠斗藏城頭鴉
起心徬徨盛年如水歌慨慷

寓感

白雲離深山冉冉凌長空惜哉時會殊轉盻隨飄風為霖抱
夙願膚寸難為功出岫不知還遺恨無終窮
神龍薄雲天有時潛沉沙蛣蟯糞壤耳倏忽鳴髙柯升沉固

偶然變幻何其多牧兒耀金紫將軍遭譴訶搔首問彼蒼謂此張弓何

朝行太行山莫宿黄河流黄河鳴濺濺客子心悠悠孤雁自南來哀鳴求其儔不惜路阻深豈為稻粱謀感此一長歎咄咄多煩憂

少年事遊俠棄繻遠從戎手持月支首絕域成奇功蒲陶酌夜光苜蓿肥青驄屬國三十六都護專其雄虎頭而燕頷志已無雕蟲悵望玉門關懷古欽英風

渭川千畝竹江陵千樹橘便可等侯封豈惟邀厚實土木被

文繡倡優奉琴瑟衷馬何翩翩頎瞻自閒逸奇儐良可居錐刀竟何術寂寂蓬門子長飢此終日念當萬里行慨然起投筆

阮公曠達侶痛哭悲途窮浩然歎廣武謂時無英雄中原方逐鹿豎子成奇功何必定楚漢典午將毋同悠悠千載下高論開羣蒙

子野叩商徵倏忽移寒温韓娥善歌哭哀樂殊逡巡物理有感召微妙難具陳我思古連成移情於子春天風吹琅琅山海相依因此意誰復嗣千載亾其真

漢陰有丈人灌園常抱甕桔橰者誰子微言肆嘲諷町畦本無分巧拙迺異用機心與機事一語足深痛瞻彼海上鷗白波許同夢

飄風不終朝驟雨不終日盛衰固有時所患在盈溢江海百谷王善下豈云失無欲觀其妙無名求其實吉祥何止止生白在虛室

黃鵠一舉翮天地知方圓朝遊珠樹林日夕棲芝田豈伊異飲啄瞻視固超然皓皓滄江月灎灎長松烟孤影不可定髣髴來遥天家雞與野鶩彼自爭後先

淮南好長生服食黄金丹秋風動崇桂泠然吹小山富貴一朝盡雞犬飛雲間永言懷八公一去何時還

夫容搴木末杜若生沅沚美人游江皋迢迢隔秋水朝飲木蘭露夕復采芳芷豈不惜遲莫而甘抱清死悵然念同心悽愴不能已

大江流不盡一去無迴瀾天風揚其波萬里聲潺潺欲濟無方舟欲釣無漁竿濯足美清流日月如雙丸逝者竟如斯俯仰摧心肝

人生若大夢與物無等差棼以螻蟻貴周為蝴蝶嬉南園春

草綠空館槐陰移因時若有得適意寧知疲所以齊物論妙語非筌蹄區區較異同恐為識者嗤

天地一橐籥萬物若芻狗衆人何熙熙春臺日奔走金玉既滿堂吁嗟莫之守我獨異於人而曰貴食母廓然觀無始恍惚空萬有

海上有三山方丈連蓬萊禽獸皆純縞金玉為觀臺上有不死藥望之如雲貍何年安期生高舉此徘徊我欲從之遊縹緲不復回仰天一長嘯或恐非仙才

題乘槎圖

海門東望何茫茫白波千頃含青蒼沭日浴月生光芒包羅
元氣歸洪荒天風萬里吹琅琅岱輿員嶠遥相望陽侯怒走
天吴強鯨呿鼇擲如帆檣憶昔博望通侯張飄然蓬島齎餱
糧乘槎直至銀漢旁牽牛織女心徬徨贈以金石歸故鄉客
星姓字留芬芳蘇門高士來何方登山長嘯懸嵇康千金散
盡餘空囊爾來觀海愁無梁高秋八月天氣涼洪濤滚滚驚
望洋美人紅袖雲錦裳中流鼓枻聊相羊先生揮麈凌風翔
馮虛欲與仙頡頏安期招飲昆侖觴成連一曲何鏗鏘白榆
手摘河無光倒持玉尺裁天章支機片石非尋常得之狂喜

不可當嗟予塵世一粃糠身如小舸杭絶潢忽睹此圖神飛揚願分勺水河中央為予細浣心胃腸與君共往觀滄桑

謁胡安定先生祠

有宋天聖後學校事丕變先生起海隅不愧儒者冠十載岱嶽遊羣籍恣貫串琢磨得孫石樂道絶歆羨知已一文正迺以布衣薦木天廣校讐鱣堂聚英彦經義與治事身先術宸善緬懷皇祐初南宮試文戰先生居太學多士出其選始知儒有真不以標榜衒我生千載後尚論溯閩見瞰稽梓里賢講堂與文讌崇祠肅几筵瞻拜屬回旋老樹號天風濃陰閟

深院遺址瓦礫餘，巍然石一片（先生講堂今改為書院，中有講學處石碑）。先賢不可作，蘋藻分宜奠。悵望何山原，松楸久樵爨。

謁王心齋先生祠

餘姚昔講學，高見卓不羣。空山萬籟寂，妙契由天真。良知獨提倡，兩字張吾軍。大業炳南紀，浩氣淩紫氛。先生起布衣，守道衆所尊。闡風益興起，拾級趨龍門。長揖文成公，論辨超常倫。退就弟子列，甘與草澤倫。力行久逾積，坐忘理則存。同遊二三子，罔弗尋厥根。始信吾儒貴，不借軒冕存。荒祠數百載，海滋無替人。遐哉學樂歌，讀之獲未聞。

謁儲紫虛先生祠

吾思紫虛公，異才本天授。便便孝先腹，書味非飣餖。射策擬巍科，下筆山海走。養望官南都，蔚然松色茂。中朝及嘉隆，昌言屢屢搆。疏薦四諍臣，忠肝鐵石就。至今諫草傳，鬱為儒林首。餘技及篇翰，不落七子後。惜哉用未竟，銓衡職空守。荒祠遺搆存，殘碑卧苔甃。夕陽下城闉，海風肅圭竇。典型去已遥，鐘鼓知誰扣。歸來讀公文，簫韶九天奏。

春晚雜興四首

避户成枯坐，擁爐又晚春。研田難望歲，墨癖解磨人。草草悲

花事昏昏作酒民宵來微雨過庭綠一番新
小聚分魚子殘英惜鼠姑句留春氣味消遣曬工夫作郡全
輸蟻拋錢合讓榆午餘茶正熟蟹眼潑雲腴
樓閣垂楊裏偷條影半斜流鶯聲一囀歸燕尾雙叉得繭難
成甕還丹迴之砂多情今夜月涼影到窗紗
滾滾華年去滔滔逝水過催人痕薄命拚齒自高秋辟愛蝸
廬字書[illegible]豕渡河此生何所寄聊復托蜂窠

古琴

百尺龍門樹當年斲素琴負龍非舊侶山水失知音不盡人

亡感難傳爨下心移情吾有待莫遣暗塵侵

古研

一片端溪石蒼然獨此留星瓷奇彩見水入舊痕流墨聚花仍舞雲空氣尚浮十年焚未得為爾不封侯

送葛漁村之東村

烟水東村路孤帆獨去時夕陽茅店酒春草錦囊詩小別真成恨雄談不可期平生知己淚為爾一淒其

春望

春色醉江天登臨思渺然負鹽三里市花柳萬家烟水漲平

沙岸人耕負鼜田夕陽肴又下燈火送歸船

揚州詠古五首

一戰淮淝濟國艱樓開甲仗俯雄關干戈已解蒼生困絲竹寧教蠟屐閒古屋雲深雙檜樹秋風鸛唳八公山獨憐遺宅歸荒幻錯雜禅燈佛火間

才高只合老樵漁北海何緣達帝居方直尚來姚令忌激昂難得孔璋書驚人碑版流傳久出匣干將斷玦餘地下應憐浣花老八哀賦罷一踟躕

奇章建節鎮蕪城書記翩翩此駐旌絕代名流悲落魄當年

才子號知兵秋山春雨南朝夢禪榻茶烟萬古情聞說竹西亭畔路晚涼歌吹已無聲

第五泉邊俛仰寬碧虛樓閣暮雲寒吾曹不負青山約（東坡詩云青山有約似吾書）當日寧知太守難三過光陰同逝水半生師友凡憑欄春風楊柳依然在輸與枯僧冷眼看

城南一簣桃風烟舊事康郎亦可憐自以交情全北地却教名士拜中消寒鴰哀草悲遺址豪竹哀絲憶醉眠想見武功山色裏數椽還與雪峰連

安定講院雙銀杏歌

城隅老樹晝陰安定手植枝蕭森諸生昔此講經義直以道味清塵心樹人樹木既兩得傳之千載猶堪欽及今祠宇肅俎豆長廊秋靜蛜蝛吟涼飈吹空拂海氣天籟入耳聞韶音有時月上散清影鋪鋪滿地模高林（梅克臣詩高林似吳鴨滿樹蹼鋪鋪）樹根葉落坐開卷會心不遠吾何禁（祠前講堂扁曰會心）

靖海樓秋望

縹緲城隅百尺樓憑欄風景觸煩憂山容平遠寒無影海氣荒涼淡不收倜儻魯連常入夢逍遥潘岳慣驚秋繁霜搖落商歌苦潦倒生平酒一甌

無情最是縧縧柳每到春深便作花忽漫東風又吹去不知吹去落誰家

小西湖送春四首

女牆官柳拂烟蘿九子蘋吹窈窕波一樣春城三月雨小西湖畔落花多

草堂裙屐憶當年湖側有宮贊元先生春雨草堂遺址國初名輩讌集之所也驚座才人筆妙傳宜興陳太史其年作春雨草堂詩序野史亭荒春易老黄鸝飛上緑楊烟

城隅古阜鄂王宮湖側有土埠上建岳武穆祠鳥語風鈴落半空閒倚石

欄思往事平蕪一抹夕陽紅

麥隴青青野菜黄春塍如畫蜨飛忙詩筒酒盞心情改枯坐

雲谿雁字堂雲谿精舍在岳埠下

憶園詩鈔卷之七

海陵陳燮理堂

朱丈二亭買舟湖上招同劉△春浦看芙蓉因懷琴師寶月

葦灘楓路霜花白敗葉流風氣蕭瑟闌干十二入夫容一鏡瀅鮮破空碧丈人愛客有古心持論常輕宛園卌三間老屋不厭破五字長哦覓無敵偶逢賤子輒含情況遇王孫欣倒屣調春浦畫舡湖上清興豪酒市風帘醉村醪桂州紅艷頌江淹青鏡慵粧詠安石波光搖曳出詩筒眾冈元珠一朝索往予習靜金粟菴齋已茶爪離肴核手揮綠綺彈漁歌古調惜

悟異腔拍追陪屢作方外遊倒影紅霞映瑶席禪心寂寞悟六如劍氣軒騰倚三尺雁堂握别經幾秋壮轍南轅屢更易維摩坐化塵刧空初地全荒桂叢瘠雷塘雙槳踐舊約對此茫〻感今昔眼看液雨又迎冬底事憂傷爲形役滿浮鑿落勸劉叉三雅猶堪醉吟客

落葉吟和答春浦時春浦將之鳳陽予亦有松江之役

寒潮夜打蕪城脚落葉聲〻總蕭索朝來顚頟更東西四顧霜天莽寥廓人生榮瘁無定姿風塵蹤跡常乖離短衣匹馬仗孤劍桃人土梗終安之去年我走芒山下雁鶩羣飛呌平

野時因風雪念故人，叉手悲歌淚如瀉。今年君自燕臺歸，酒痕狼籍沾緇衣。傖儜客子着白帽，蝦蟇賦就形容非。蒼黄君復濠梁去，予亦扁舟看楓樹。雙峰對峙清流闊，一水斜通赤雁浦。代馬越鳥皆迍邅，南枝北風殊可憐。莊生魚樂已陳迹，季鷹鱸膾知何緣。欷歔握手斜陽道，贈我長篇疾于掃。為君一幅翦吴淞，更畫關山行旅稿。

送春浦之鳳陽即東江二秋史

鶩沙飛大澤，畫角聞秋城。平蕪望不極，日瘦悲風生。送君從此去，岐路何縱横。握手不忍言，孤雁方南征。

朝辭讀書臺，暮宿清流關。天空木葉下，遥見八公山。浮雲西北来，冉ゝ伊時還。風塵滿雙鬓，歎息凋朱顏。

死者長已矣，（顧文子没於天津）生者還成别。故人一朝散，倏爾風花瞥。寒潮爪步廻，送客何嗚咽。為君鼓瑶琴，柱促哀聲發。

夫容開木末，芳馨滿江渓。美人誰蹇脩，道ゝ隔千里。斷類蓬門子，終朝卧荆杞。因風滿遥慨，一為寄雙鯉。

楓橋夜泊

秋老姑胥捩舵過，楓橋烟景動涼波。雲籠月色穿蓬背，風轉霜威響凋阿。廡下何人還舉案，市中乞食尚高歌。淒迷一枕

寒山夢愁聽鐘聲撼樹柯

呈太中丞王述菴夫子

過江風物推婁東九峯三泖雲烟通山川盤礴出靈異才地
絶特擢凡庸先生公望冠江左扶輪大雅參元功談經直扶
孔鄭秘作賦不數枚馬雄巍科落〻出　制詔高文磊〻驚
盲聾口銜　鳳詔自天下簪毫夜直明光宫
皇威震雷及邊徼　大軍出塞揚羆熊飛章草檄布奇變驅
山走海闢洪濛石屏遠輸犵鳥綠金齒細翦蠻花紅南人稽
首誓不反新歌朱鷺聲于喁旌旗西指疾秋隼驕騂騎磕闢

蠶叢繩橋亘上雪皚皚，僰童遠竄山硿硿，欃槍淨掃罷烽燧
綏章入對春從容
天子曰咨女作士，刑以弼教惟其中，奇請它比汰塵牘，春槁
罪隸安犂訌。烏臺新命古清選，公才久益闕
宸衷竭來攖憂返鄉國，漁莊老屋飛霜蓬，湖海詩傳續高詠
由夆邑乘歸儒宗，楷模多士出天性，鐵網到處珊瑚空，由來
百木盡楨幹，豈有一雨分枯榮。吁我昨南歸侍水驛，愧如野
鶴形豫鍾，燭龍御炬爝火息，蒲牢出海繁聲窮，光塵阻隔易
蝀、蟀墻藩香渺，思華嵩小人有母食常淡，節容雞黍難為供

弓頭數米米復自失馬坊布席將毋同卒意獨駕赴閭閭卯頡令
忝谷忘嚴冬枯桐爨後足生意青萍匣底開銛鋒千秋大業
公不朽辨香倘許追南豐

蒲褐山房夜集呈述菴夫子

安樂窩中小結廬先生經訓舊菑畬三間不隔平原宅一卷
重編笠澤書陸子登盤添雪菌涪翁嚼餅帶冰蔬闕心斗炙
年時事清夜追陪燭跋餘

題墨華禪所藏佛說四十二章經冊子

鹿野演說披恒河無我無量無差訛隨機妙義分漸頓毗尼

秘密延毗羅燉煌境闢不思議華嚴法界誰能過瑜珈久亡
薩埵絕南山一線傳非多教外一種自迦葉不以文字相礲
磨江西宗派及臨濟溈山別出楊其波雲門曹洞亦如綫一
宗振溢常包羅旭林上人受心印六門久廓推巢窠直超六
十家釋義聖諦那許尋戈矛赫蹏分給優婆塞五戒既立人
天和四十二章等集腋一一抄撮煩縷覶蔡愔東還亦已久
白馬遠負差勝羸蘭臺石室付露電清源畫像無人披叶安
靜支讖竺佛朔至竺法護相延俄道安聰敏不再世沙門豈
更生鳩摩開闔頓覺滅生滅味與三部同醎醝空寂名相兩

無礙諫書辨謗空嘲訶非緣而緣非相〻此妙斯在吾其歌

題蓬菴太守三泖春帆圖

澱湖春暖鷗波靜水漭微開瘴幔影鏤金妙手収為圖尺幅汪〻忽千頃先生〻長水雲鄉三十六峰長管領壯遊破浪乗長風握槧旋省直徽省慨然投筆萬里行六詔三巴肆馳騁欄江曉渡似牽藤大渡宵行類投阱功成拜賜居蓬瀛玉蝀金鼇足清迴銅街車馬如擲梭新儒誰甘悼前猛先生志不忘烟波山澤閒眠夢屡登潞河歸棹暫乙寧十丈緇塵已先屏秋風萁壮曾憶蓴春雨江南初見杏錦袍天上坐神仙

撩眼圓沙泊孤艇機山嵐氣新髻鬟歌浦漁歌舊答賓矗空鐵鳳出林端彩繪微茫雜蟠蠡舊遊恍惚入夢寐逢底時〻認靈境憶昨春流侍几杖歲屬屠維月在窩別來鷓蟀已三移晷影何能計短永先生孝思痛風木余亦萍蹤逐桃梗披圖髣髴遇前歷口不能言心自省觀濠惠子特放縱誓墓羲之太孤冷江湖廊廟本一致達者何嘗有畦町定知天意毓大賢不以山林易鐘鼎麐臺鳳閣有述作會輓銀河酌滄溟稟植倘許一問津親向九天聞欬謦

客懷二首

長虹吹焰上銀釭，烏几清談興未降。龜甲屏風藏瘦菊，枳花籬落隔寒尨。霜催候雁聲偏苦，月對鸐人影自雙。遥夜如年不成寐，湯空敗葉打雞窗。

澱湖水落碧沙圓，千里關河客思牽。豪士陸機曾作賦，空囊趙壹已無錢。驚心衣上三條線，說恨燈前十丈箋。辛苦倚閭勞望眼，盤飧何日慰餘年。

題述菴先生三泖漁庄第五圖 述菴夫子命題

淞江古巨浸，支流繞吴會。匯為三泖湖，周遭若襟帶。沙圓白練長，渚曲清溪大。九峰如好女，靚粧倚天外。倒影入明鏡，奇

麗雜烟靄蠶市春曬蒲蟹斷秋擁會打魚舟兩三時ㄟ競潭
沛我師蹤古屋枳籬闢荒艾貓頭筍新劉雉尾尊交辞日林
矚寒條耳波聽鳴瀨愛彼漁父漁每借繪事繪中更別漁庄
鳳羽特翽ㄟ金閨集羣仙俯視等自鄶奇功建絕域露布出
戎旆還　朝當策勳僉曰此其最旁冠鼎霜簡烏臺盛麈蓋
暇則觀古今萬卷啟芒昧著作已等身羣儒仰沾丐如何遇
秋風輒思飽鱸膾即今返鄉國清風饜麤糯猿鶴認前因茵
席拂輕壒雖與平原隣煩發魯望慨賤子舊參苓數奇久狠
狽挂帆涉圓泖蓼花餘晚韻疾景沉日元叔節風搜兒孫塔

遠峥嶸鈴聲落天籟檥舟見桀戟高齋瞰畩澮林空葉響稀
鞠瘦霜痕佈歡言侍杖履古誼勤肝肺公才實霖雨如旱望
汪濊釣遊亦偶然蒼生吐終賴他時黄髮歸緑野聚蒴襘披
圖一省視前言若著蔡

題瑶臺册子

昆侖之圃西那都玉樓十二仙所居丹房元室相盤紆翠水
左與瑶池俱洪瀾宛演馳飈車羽輪髣髴来斯須閬風習習
吹白榆千尋幹聳枝扶踈紫雲䨴䨺斑龍驅青綾侍女披襜
褕琅璈樂奏雲和徐盤空鳥使形容殊麻姑酒熟香滿盂捧

吕長爪行于〻芝田車馬獻座隅上形乃得真雲腴黄中李實清露濡惜之遠勝蟠桃無異哉金母常齾齵泠然八景隨璚琚吾生不代胡為乎淮海那得徹禽如爵韋塵緦縡緎餘蜉蝣日月偕蜛蠩青陽西灝儵忽徂雲梯未可傾班輸丹溪望之疑歸虛翺翔倒景空嗟吁誰與落紙烟模糊蕋宫在眼萬物蘧駕鴻欲往我僕逋石室風雨心常虞錦囊一卷無時無示我五嶽真形圖

題旭林上人冊子即贈振公

佘山雲起如叢靉陽烏駞〻光不遅鷩颰湖滂廻袓禓巔頟

客子心悇慓招邀伴侶出六枳斜穿仄衖行相綱長腰米熟
遠見穗巨口魚美低垂楷草珠磊顆結圓實樹雞栘腐餘鮰
顧塔鈴自語落天半蒲牢忽吼焉能繫嬰姍勃窣入叢薄雁
堂燈火縈虛蕭石磴嵂崒倚雲肆蘚斑滑撻行山鷓上人心
古貌亦古脫畧拘忌如脫簽花磁官字潑玉茗小龍團品吾
其獻開函示我硬黃本貫休舊迹疑親鐵頗聞飛錫住楚尾
篠園太史同蘆淡程午橋先生使君風度亞歐九十笏初地營茅
广盧雅雨先生白蕉先生好事者陸白蕉先生買山文美言炎々風輪
一轉疾于鳥梵夾故紙微塵黔頹師古調已絕響上人善琴巨然

筆妙猶能淹（册子其自畫也）吉光片羽那易得貯之石室留嵁巖褰

予久昧八解脫因緣十二難為砭抅牽壓網歎[illegible][illegible]膠勾泡

影來刀箭雲龕衣缽讓老衲胸中儒墨時能兼茶瓜一瞬豁

露電三生圓澤寧須占白笈藤來歸興急起看新月鈎纖〻

歸舟夜渡龐山諸湖

滮漬朝解纜龐湖夜挂席澄波闢号區淨宇倒寒壁微風扇

刁〻細浪聆溦〻輕舟倏忽下中流小梭擲急如矢脫弩快

若馬行驛長年跂腳眠底用柔櫓刺是時新月上一鈎破空

碧烟汀遠更蒼霜篷暗初白別鶴慘孤唳驚鴻倦雙翮誰知

萬頃波穩載獨行客舉頭天四圍顧影軀七尺悇憛感未休淩僜倦已劇機山回望遥迸灣歸思廹岐途悵飄泊百慮塡胸臆逃愁豈有國覓醉聊尋醳言念知己恩未覺中區窄擊楫洵可歌投鞭此何惜那能閉戶居吹火蠟雙屐

寄劉春浦

江皋深處掩花關分手常懷碧樹灣寒月一痕三泖路凍雲千里八公山道原久合窺中秘希逸何緣得小閒却羨梁園舊徒侶玉堂天上有華班謂江秋史程蘭翹及家六峰三太史

金閶

一舸金閶蕩錦瀾可中亭畔畫圖寬珠簾十二鶯歌細劍匣三千虎氣寒頑石疑留雲鬖鬗荒祠遥見竹檀欒彈琴愧之司空技誰向扁舟續古歡

送程中之之安宜時予將歸海陵並別劉二春浦

鱄鮮出没吹歸帆庳公遠隔青巉〻（予初自青浦回揚）帶帽山前息壓鞅鴛鴦句續悲聲銜咄嗟作客復送客撩眼又見穿征衫風裘雪帽促行子欲語不語心懷嗛男兒墮地異寀罷昂藏七尺殊顛觾儻忽相遇伴南北恥吏刺〻還喃〻百足未能遠憐鼇三窟何者思媲冕饑來驅人不得息撇頭終日波流

毿長年面目似舊識罠何匼項身衣彡風餐久已亂朝暮雖
復八九寧知饞安宜此去幸不遠故山尚可尋麏麚中之昔隨尊人
筠榭先生移家安宜春雨樓高足登眺寒花一束留空嵌所嗟黃流正
南下長淮倒灌洪湖纖盂城咫尺在釜底頭魚可畏形終嚴
雁戶絡繹迥饑凍草根已盡伊須芟君行見此應自畫寫圖
示我毋空函我久頗頷苦失職戢如束筍滕常緘貪泉日飲
不得醉瀾下曲直殊酸鹹袖中禰刺字漫滅力避嗳佞似避
詁君家兄弟有痂嗜謂平泉定甫一亭塤篪迭奏如英咸道原好古
陋歐九木天鴻寶歸其樾有時開篋一示我荊璞非寶寧論

珬支枕商榷每達旦至誠可感真和誠君時著論誇觜距滑稽例古無庸凡張軍我亦嚴糶𨈆馳驟未免亡旌縿夫容秋館集羣屐論詩説賦聲詁讁競拈競病鬥奇險排籤十指仍攕攕拈毫欲居逸品逸無名不畏讒夫讒如何買舟忽星散天涯路别匆暫砮打槳吾行賦歸去臼柄自荷餘長鑱揶揄耶復避路鬼自知狀貌真儖𠎝亢亮乞食言語拙義之誓墓神明監吚唔坐誦石鼎句蠅鳴蚓竅誰能喊相思中夜隅天末起看魑魍侵松杉

哭顧文子四十五韻

悲風西北來撲面何淋慄驚聳故人耗神魂瑚飛越瞪目不
能言泆下聲嗚咽平生張范交屈指百得一惟君乃知我即
事有本末韓江昔相遇傾吐肺肝揭誦我五字詩鼓掌便稱
絶謂我才可為宜肆力經術縱談及百家波濤競滃汩我聞
竊忸怩捫心自嗟咄歸焚舊著書抗懷緬前哲屬歲京華居
一載誼深切商量及攟提談詣析圭撮四庫與六閣君言盡
包括我仍航絶潢君為搆桴筏以此管中時或見日月燕市
幾酒徒共飲擅雄骨舥船一棹空性情頗相得鸍鸍付陽昌
奉囊同趙壹醉覔古寺碑吟望西山雪瀟灑脱形骸風流見

哺歌知余貧不支君歌氣彌烈悼伊燮憐蛬感茲蛩剪[illegible]鳴
乎金石交庶幾不磨滅予旋調選歸春明黯然別蹉跎二載
餘離懷變鶤蟀得售子方喜攖憂我銜恤今年試南宮昌言
達及天闕科目貫董儔姓字韓李匹聞君乞假還將毋意難
恕謂當及秋初握手慰饑渴如何前日書與余成永訣旅櫬
下潞河素旐返鄉閭慈親目已眵稚子泣成血潃髓供則難
簡帙斷還結吁嗟稽古榮無端異凶吉遺文恐零落殘書懼
散失幸得驥子賢為續彪筆煩憂迫恨人知音已先逝叶潘
楊痛實深 君以女妻予子 嵇呂哀難割賦裁隣笛悲誄歎行雲過飢

驅憂患餘萬事成轇轕食蓼感未休閱世腸空熱蒼茫山水音零落瑚璉器叶長嘯歌八哀雙淚沾遺札

題吳彩鸞寫韻圖 劉春浦得之都門市中

古人言音不言韻〻見于文陸機始說文注謂與均同晉宋史孚鶡冠子永明體首用四聲沈謝王融矜口耳周顒切韻行蕭梁清署賡歌翻不爾燕趙傷重吳楚輕梁益咸秦一彼此出辭吐气先後殊敵滕為韓紙側理一字兩音暨三音疾呼中宮徐中徵六朝以降詩律工部分森嚴例多士法言五卷貫諸家燭下拈毫别黍絫每嗟口㐌類揚元常恐名山湮

馬史李唐功令踵事增以音定字乖其旨訥言注本未亾闕
益以朱箋重付剞恤也編紀足千秋虹玉無瑕電光紫恤序謂切
韻隨珠尚類虹玉仍瑕　元青吉成論証頌唐汝陽侯榮之曾孫見恤序越志荒經聽
鞭箋石經篆隷正體存古意澌滴不可止文成數萬過從前
金篋藏之史鼎彝似較切韻前後總加四萬二千三百八十三言貌姑仙子來處
来下嫁不知其所以日拈律弗研隃麋十七萬言窮日晷毫
疲腕脱易朝哺灑灑烟雲布魚紙十十三先廿四僊騰韻殘
膏亦可喜周公謹烟雲過眼録云吳彩鸞書切韻本其書一先二仙為廿三先廿四仙陟峰跨虎
鷟禎愚執卷行吟竟何侯披圖颯爽露奇氣貿販無端到都

市劉子學邃兼六書韵典惟毛詛敢訾一朝得此有天意太乙閲之應下眡吁嗟舊本不可見景德遺編猶足恃按今之廣韻即唐韵宋景德四年校刊大中祥符改今名校雠君應出前人莫遣隋珠委泥滓毛詩易彖豈用叶顧亭林先生謂古無叶音歷以經史諸書証之見音論漢賦秦碑不須擬斯文於此得真詮三代之音可復矣

憶園詩鈔卷之八

海陵陳夔理堂

真州道中

百里江城路春風見物華千門依柳色一逕入桃花仙掌屯田墓荒臺帝子家行行忘日夕馬首落紅霞

清流關詠古

清暑閣前草不生澄心雲葉鋪晶瑩區區內苑作樞要三徐白面初談兵民兵籍隸十三等凌波自在存空名凌波自在皆南唐軍名鄱陽學士說否卦周師已老安能爭豈知金鼓自天下滁

陽西望無堅城至今暉鳳就擒處碧血入地光青熒我過登
登赴湫谿一溪流出聲清泠山形屡屢排天起雄關獨峙雙
峯撑琅邪石臺互聯絡東西相對千圜屏高風蕭颯動毛髮
振衣直上天冥冥登臨幸乃及春早漸有緑樹鳴倉鶊肅然
四顧莽寥廓已覺懷古難為情十五萬衆一彈指可憐威暢
捐幢翢令人遺恨淨居室楞嚴圓轉空縱横飛落花流水付
想像看山聊復紆郵程

江蕉畦先生贈墨賦呈四十韻

邃古倒竹摟點漆志遺忘中更代以石汁液漸殊狀遷延歷

白松烏竹寫泥金翠袖銀花浹素心贈我麋丸雙不律爲君

起草乞春陰

病中

男兒枉作可憐蟲藥裹茶鐺伴畫櫳豈爲弓虵疑角影却緣

泉石憶山中款關令則虛量水消渴長卿尚賦窮好寫幽懷

杖叔懸懃七發待郵筒

雜詩四首

百五花開逐電過隙中駒逝奈愁何撐骨却少三峯玉入俗
空張一目羅破夢有情憐燕語成家無術比蜂窠宵来幾點
廉纖雨又聽殘紅伴綠莎
帘牕寗篠竹扉欹油幕輕颸細細吹過眼烟雲憑靉靆登梓
鮭菜伴黎祈莊生夢好仍為蝶老子文成只守雌形影宵来
頻問答一鐙如豆照罘罳
拈豪閒對小金城往事如雲感未平一代風流思杜牧五陵
豪俠重劉生雞豚每隔季時約鷗鷺難尋海上盟聞說西華
仍舊帔讓他牛鹿自縱横

刪

歎伯難辭感百端，繩床枯坐夜漫漫。荒城擊柝聲無次，老樹憑風影亦寒。巧算纔堪供博簿，元言只合載牛欄。自嬉分少神仙骨，更乞淮南大小丹。

秋望

天淨秋如洗，林荒影漸稀。鵲巢和葉落，雁陣帶雲飛。慘慘生涼思，荒荒下夕暉。九華山色裏，遥見一僧歸。

食臨淮鯽魚

雙鯉無人寄尺書，芙蓉秋老奈愁何。閒添尔雅窮行字，一種臨淮尺半魚。

靈璧石磬歌

黃熊物化歸羽淵神珠感薏分星躔蛇操鼉拚作洞泽司空

布土窺璣璇檥棒既行底績奏聲身律度由天全泗濱之磬

出徐產薦之太廟和神絃傳聞此石生水底上浮與水相淪

漣或云石高出水上名浮於實同言詮輕者聲清自林氏（林少

穎說）金黃二說差相權（金吉甫 黃鎭成）聚訟各ゝ執己見無煩覼縷辞

囉嗹我昔彭城訪遺迹呂梁波起支祁遷樓圖急索不可得

疑昔採取無餘姸況乃二洪浪湍激艱取幽光久已藏雲烟

後来石產數靈璧開皇樂部初雕鐫竟據要覽折地記毋乃

附會赴徒戔戔元黙之夏客濠上零鎮近與長淮連宋以虹之零辟鎮為縣政和七年改零為靈桐仙丈人贈我一寶之不啻黃金千傳觀諸品出奇特勝隸石事抄連篇土人劚掘少遺力資貸未許誇鹽田邇來製磬入樂府縣黎半月嘉名延上品珍重不可得次即中下烏能捐珊瑚作架玉為錯匣以向漆纏黃綿空齋晝靜試一擊如聽搏拊聲要使作歌為補石磬考後有米老應掀髯

濠梁詠古四首

觀魚臺古草全荒莊叟清談樂未央名共伯陽留柱史遊同

惠子在濠梁坳堂漫作芥舟想秋水寧知河伯狂垂釣我曾
思獨繭忘荃今擬付滄浪
淮南鴻烈見遺篇碎壁残圭跡未湮漫以詞章重賓客何曾
雞犬有神仙女蘿帶月啼山鬼叢桂經秋長墓田莫倚危樓
頻北望八公邱壑盡雲烟
康樂才名短薄鶩任從履屐識經營殫棊且賭東山墅投箠
空禁北府兵終遣魚羊成禍讖誰令草木壯軍聲最憐風鶴
關心處雲母無車返舊京
烽火那能救博徵紫金山畔鎖愁雲天心已驗黄花水民氣

難成白甲軍渦口樓船風浩〻淮南灘柵水沄〻只今羊馬城邊路枯木寒雅帶夕曛

試六安茶呈臧理谷太守三十韻

睡魔酣客腮方枕續前夢簾以避蠅下筵為撲蝨動醒餘唇吻乾靜覺身體重急呼酪奴至療茲茗瘕痛凡品雜櫝詖翻令心目懵頗聞塞基山高峻眾所恐甘泉出石竇飛瀑色凍濃靈芽產其中久作高人供有買不敢請無端欲誰瓨太守家顧渚土物舊充貢五馬駐淮南清風息爭訟焚香坐鈴閣茶經日諷誦遠致六安產分惠出小甕蒻裹露標格清迴自

驚衆嘗怪唐以後水厄太相閧桐君愛不眠𩃎霜花欲廢甕
三等號煩碎五出譜錯綜風烟閧嶠来水石豫章礱龍團分
大小製之自趙宋放翁嗜白鶴雜以紅丁𪏭雲腴涪翁珍日
注陸宰送爭新誇擊拂風俗可嘲諷賤子僻青州趙州特偶
挟瑣屑隸茶事愳為識者攻且支折脚鐺一試活火烔盛之
定州磁龔壺足播弄一石亦不醉七椀應稱仲何時烏梅尖
遠訪雷公洞料量品次第更補玉川空此願待公償勝於爵
土封

雨後有懷

閒聽六尺晝冥冥，破夢輕雷解宿醒。揮麈不妨蝇觸熱，捲簾真與燕忘形。文章小技知誰健，園圃機心喜暫停。試上觀魚臺騁望，九華山色晚逾青。

濠梁夏日贈魯文沙

濠梁地閒曠，歲荒土益瘠。官齋六月居，旱魃一朝赫。山出倏蟰光，地作耕父宅。肥蟦鼓四羽，陽烏立三足。叶銷爍金石流，刻畫墳壤坼。莊金既潛禱，素車已屢責。尚恐膏澤屯，坐使灾黎劇。嗟余抱倰僜，遇事輒窮阨。懷樓土乍登，入幕旅初逆。蘊隆氣鬱蒸，焦暑身跼蹐。久伸屋打頭，躑躅汗流腋。駈蝇怒挺

斂摟蝨急捲席蟬嘶鬧卓午蟲聚震遁夕分無須冰縈貌竊
食粥適涼珠憶既虛碧筒噏誰借言念河朔遊沉思瓜戰客
雖然逐塵鞅時復訪蘿薜得朋在西南握手出肝膈珠玉落
談諧杯盤競狼藉示我冰雪文睹茲漢唐格疏禮析牛毛嗜
左類馬癖仰視鷦雛翔陋彼腐鼠嚇百讀觀古今雙清此心
迹又如輿氣來頓使酷吏辟朱霞天半麗遥山一痕碧低頭
拜東野尊酒與太白班生研欲焚少瑜筆行擲效嚬思捧心
學步恥折屐泥車徒戲具芻狗湯掎摭畫餅君勿嗤梯米我
何惜緬懷古莊惠忘機共游息觀魚得真樂夢蝶搆奇局遺

倘再遊苔石看圓碣

秋日奉懷園鶴筱夫子五十二韻

夫子人中龍，早歲冠英傑。青箱紹家學，紫囊佩前哲。六籍辨夵布，百氏析圭撮。旁搜汲冢書，遠及秦望碣。餘分陋蛙紫，正論排老佛。萬言萬夫辟，一字一縑乞。文戰擊博浪，翻然走抉扎。褰褰裳易水風，揮鞭薊門雪。京華昔遊覽，詞壇肅行列。餘事春柳詞，勒名古鏡筆。公卿虛左迎，高視陋佔俾。李邕碑版奇，任昉箋未切。不因畫諾暇，詎識嘉謨密。一官趨岜碭，八口迫夵汨。翼之兩齋例，子雲五經說。提倡及風騷，諸生識聲律。

弦歌滿荒城瀟灑對霽月封狐猥當道蒼蠅爾何黠路鬼来
揶揄生徒遭剝割露章圖獰猙嗷姦失嗅喟陳情賦歸来養
志自忻悅風露日變兮世事成飄瞥泥車鬥戲劇野馬爭踢
趹錢荒恥不言米貴誰為索毋頭白賦遠遊先生道中屈雁
門草色衰沙塞逢飛疾旅食餐餺饠哀響聞觱篥歸吹酪飲
膻鞭韃駝鳴圓恃此鶴料俸望茲蘭蕙茁蹉跎八十翁遲暮
歸鄉闔真州邱隴荒海甸風濤咽著書刻肝腎憂貧病眵䁾
破甑塵欲生空倉雀爲歌家公善貽謀慇孫痛云殁張羅門
可知臥雪人焉恤吁嗟彼蒼昊縈悴何轇轕予生苦迍邅失

學久荒忽弱冠事謁尊趨陪及門闕雅近河汾居時懃騎省拙汗顏識十字白戰持寸鐵頻年走跋〻岐路形孑〻徐究與燕趙日蹈先生轍裸身欲大叫依人此何術元默濠上遊青陽黯然別星躔既暗移霜序已先迭天長望淮東秋色滿江滋叫如何久離居不得親著述總虛葉落稀漏永蟲吟絕少瑜筆欲退侯芭字難悉坐虛積木夢空持健斂削織言緬彝鼎篤行擬蛩蟹殘缺魚雁愁酒冷肝腸熱歸及杖履春書悅倚笑几

濠梁秋興四首

桐帽棕鞋汗漫遊風烟蕭颯古濠州荒城畫角千山曉孤館青綾一榻秋照影我曾逢止水無心人亦恕虛舟稻粱生計謀常拙白雁聲〻何處洲

鎮鄉雲氣接晴嵐獨客登臺酒半酣遠水生波連郭北好山如畫隔江南負迎惠子來時路書冷洪喬去後函記得小西湖上醉殘杯枯蓼逢三〻 懷竹軒樸人 南阿柳村

荆鄉雄骨已為塵擊筑無緣驗苦辛萬古悲歌餘此日三生知己更何人玉樓自擅無雙品蠹粉空存未了因酒冷鐙昏思往事寒螿如雨逼蕭辰 傷顧文子

敗葉零星繞玉階无瑜蹤跡渺愁予海陵夜雨𠎝紅粟淮涘秋風上白魚朱履三千緜易繡蒲葵五萬扇終虛到来一事差強意日〻抄詩聽小胥

盆鞠二十四韻

一種官齋鞠淩秋色自佳根纔分小盎花欲上塼街階艾葉枝孤聳金錢影細排香惟親几案跡不近煙霾采〻言真忘依〻性自諧高情甘宋寞清興久參差憶昔園居日探幽雨後街買逢花史種移傍竹籬乂隱秀生新甃芳名挂小牌尋𦕈須蒻笠訪不待椶鞋簾捲初窺玳罏圓合號蝸折枝官字

册

盞清供太常齋落去人如玉狂来酒似淮前因三徑在往事一塵指傲骨雖無恙浮生豈有涯樊川秋滿鬢彭澤醉忘骸於此逢佳友因之愴客懷石床餘晚艷畫壁想陰厓蹤跡何曾俗謳吟敢近哇亦知同小草幸免作枯荄藥憶東坡記詩嫌介甫乖遂忘憂聊復尔盈把未能皆迸淚憐他日延齡笑我儕只應寒月上留得古松偕

小重陽坐雨有懷故園諸子

闌風夜半傾鵲巢餓鴟怪嚇聲如霹茱萸零落拒霜冷後期鞠藥從輕拋小重節陽節著慶德賦詩貴乎兼君廹秋香亭

畔坐副使輕紅兩〻陪蘭肴吁嗟落寞辭喧呶忽憶年時返
鄉國晨星數點來貧交顛吟狂飲日不足倡情治思紛相嘲
趁潮蠏部例收斷持螯左手無虛敲孟嘉落帽興則屢賓王
冒雨形偏勦寒雅換酒事頗近八分小字吾曾抄片雲流水
一瞬息始覺夢乡寧殊泡故人雨別各天末岐途易阻言辭
聱菓驥四足困羈靮斷鸖兩翼思蔡纍粘空秋水拍淮淮泗
但聞野哭來荒郊牢愁幾度慨霜序指點落葉飛枯梢寒香
未忍棄朱實新詞但覺連黃茆淋浪磨淄不肯住芥舟漂轉
來堂坳短歌微吟亦偶尔息乎且學無口匏

題陸得岑先生畫紅梅圖

一笑相逢竹外枝斷霞殘照欲開時珊瑚筆格桃花節細寫

官齋雪後詩

園林別後動經年酒態難忘玉照前更乞徐熙新樣子東風

留過試鐙天

送蔣艾亭學博膺薦入都

雪牕夜〻燒官燭點竄雌黄豁雙目（時同於河北道署校辨郡志）高歌日

和廣文詩清夜沉〻百回讀夫君家世濯錦池（君睢州人官州修武學博）

官轍仍栽故園竹大河泱漭鷩坐沙長笛悲涼出深屋雲騫

景燠過不得陋容無饘乇食無肉長戕寫意達春司十日回光照湯谷封章大吏在得人出宰吾儒豈干祿蓮禾古亦有靈異金紫行當易儀服竭來我賦苦寒行不律無靈兔豪秃豚蹄盂酒祝大田願得常常見蓄孰所嗟去日似野馬況復閒愁類蠶簇蚩飛騏步讓未遑席帽油車湯相逐連宵痛飲復大嚼特倩和光變寒燠落鐙風趣送客行一別何由慰羇獨燕臺磊落故人在慷慨歌聲襍筝筑酒酣倘憶沁南人為道蟲魚滿塵櫝

題琴鶴清風圖為艾亭學博賦

清簟珠簾此一時緋衣魚袋鎮相期何當桑落樽開夜更憶

同時陸浚儀先生謂得岑

和岑得岑先生枉贈之作即贈

才名洛下輸吳下風調令人邁昔人歲月同過攝提格山川

遥溯小平津傳来綵勝春韶遍分到黃柑酒味勻我幸追陪

扆履後清防時見墨痕新

記從金馬望帷簾常得天厨雨露沾先生昔供奉內廷妙手長康

曾破壁高文皇甫慣酬箋纖棋花小閣看龍卧桐影閒階識

鳳潛他日勸農冠蓋裏也應回首憶齏鹽

抄

正月十四夜翫月

春月將圓夜羇人薄醉時官齋占歲早風俗試鐙遲武陵以是日試鐙舞蕉消腔血焚香祝鬢絲鄰臺從古地高會湯相期

題蕉花士女圖

斷帶分釵各自憐三生石上小憑肩綠天無限相思影供奉春來軟玉牋

殘心狐翠與秋宜清鏡同看憔悴姿一雨西牕應記取亂蛩聲裏結愁眉

宛轉腰肢宛轉心卻塵衣上淚痕深西南新月如鉤樣空照

雙雙纏臂金

多情多感為離光讀畫談詩每易傷好是銀屏珠箔外乞他

庭院二分涼

春事

春事年年隔東風憶小桃花深才思減月上夢魂勞薄病緣

瓶史幽懷付墨曾逢憐兒女子墻角紙鳶高

覃懷講院感舊

屐齒常經處延緣草自生樓臺虛蜃氣風日動春聲乡影憑

誰贈飛花得我驚昨宵招酒伴消遣到時情

贈王賸玉秋塍明府

我昔京國遊籞門，海内奇才歎林立。南金東箭得數子，高酌天漿共呼吸。己亥春客都中，日與黄仲則、張蔓樓、施錫萹、余雪村、少雲諸君遊，皆述菴師門下士也。日聞師論推篤湖，良覿無由自悁悒。[redacted]十年駒影逝不回，一轉風輪思難戢。沁南握手話疇曩，却似車前逢戴笠。君才遠接過江後，家世巾箱幾熏裛。論衡仲壬多閱市，追業子昌常負笈。責緗眼辨千簡文，金壺手傾一斗汁。淵源風雅奔趨庭，落筆羣言已高挹。嘉禾詩壇久雄長，讀小長蘆詑巍峩。師門世講稱接武，歸去青山瑶草拾。錢蘀石宗伯為予廷試座師君家風藻乃不讓豈以浮榮論階級連篇快讀老屋詩天籟悠揚辟嚐戳況聞文度置膝上爲大令善狂草重以斜川出新集齊驅吳會出生面奏記公卿屢長揖雷封百里此仙吏帟帳春華自供給定知餘事不挂眼那有華資終宰邑嗟予小來翰墨場兒顏松烟苦頑澀水涸聊肴科斗書天寒每笑龍蛇蟄精魂飄淪風日改夜氣噴薄星辰濕畫圖未許遇蒿三得句常時類潘十南窮嶺北〻燕南岐路東西自嗚咽忽憶餘杭歲元默書句溫公自修葺校讐譌謬稱得人君與編排我羈縶壬寅歲述菴師修西湖志曾訂同往旋以先孺人病未赴六橋三竺入夢

寀此事參差竟何及只今朱墨相料理何河朔川原析銖粒（時以懷慶府志未竣商同校辦）結芳幽谷心所希傳響行雲意彌歙棟花風起助麥浪軟履輕衣便原隰何當五形上巍巍更傍二源聽潗潗生長明智謝不敏吟嘯還期共崇習

沁河橋口號

楊柳千絲天蔚藍大隄春曉碧波涵紅裙一騎橋心立未必江南勝沁南

題洪稚存江樓送別圖和韻

詩卷留天地雄才付酒觥未忘清夜興遥證謫仙盟漢水初

抄　抄

移擬山陽吏學橙（元郝伯常有山陽橙歌）君看雲五色爭向日邊行（時送[illegible]入都）

鸞鳳吹追陪處鞭笞例散仙客来河朔飲星聚斗南天古意

酸醎外鄉心草樹前有時登廣武長嘯翠微邊

題嘉樹軒圖為唐生樸成賦

藏書種木結幽期茗椀香鑪稱兩癡我欲更臨清濟上醉吟

和仲草堂詩（傳堯俞草堂在濟源東坡先生有詩時有遊濟瀆之約故云）

雨後有懷顧鍇堂故園諸

一雨平蕪緑高膍接遠風故人江海外春夢有無中香已輸

蕭艾音難和鞠通不知歸緩緩後會幾時同

飲酒五首

即時一杯酒何用身後名激昂李膺語乃似阮步兵車轍本獨往既窮誰能爭異哉夜誦詞亦云金石聲庭前有琪樹惻愴念遠征勞勤非所辭羈角不得命叶入林聊把臂臨風接飛觥

君侯多異書賤子有生計榜門借三墳便與四部儷通釋飲酒詩拈豪多佗傺學古得糟湑濡首成凡例但知工頓樂不取軟飽贅微茫鐙影紅蕭颯雪花細卜夜非所安抄胥到除

歲

○愼行貴不伐括囊思萬全抽鞭數幾馬脱帶腰一船酒酣惟熟視意到非言詮況乃詩與琴三友相周旋有時遇誕不復伯不復思醴泉鄭重一繾酬慷慨百盞傳飲水亦欣慕因之

游醉川

○水弱學老子力綿如越人三戰既三敗一笑仍一嚬立表詑為鬼觀火旋成燐得酒乃自壯快飲誰敢嗔禮忘事之末利逝情所因長謡失喜愠高卧亦隱淪共田有誠辞惻愴思景

純

懷杯思閭風馬瘏亦云紲脱衣呼狗實守者相陵蔑輓歌鐸自持鬼飲燭先滅長空微雲滓中夜悲風發舉瓢酹太初飛盞澆荒碣耳屬林木摧白擊手掬原泉洌憂来不能任更向當壚説

寓齋夭桃一樹着花二枝王子煥若屬予賦之憶予見此花三易春矣認安期之醉墨石上無痕呪林義之妍華雪中有澤似盧山之流出匪元都之蕩然贈以微辭能無含笑乎

玉衡墮地摧爲石午夜抒芒上東壁精光乡作中庭花一樹

天桃好容澤邏逢春寓思三已三變對此茫〻憶疇昔胭脂

零落見雙紅却似封情更韜迹琅邪坐愁復行歎深庰高蟬

嘯聲劇長餞促我學吳歈文藻蕪踈意乖隅遊絲飛絮蕩空

下心計隨時幾煎迫煮愁不熟更燒愁昨日看朱今日白吁

嗟此樹本消恨點注微茫動心魄雖無翠竹映嬋娟勝地還

應手加額

幽憂

幽憂無分洗情埃望眼聊因燕睇回庰帽棕鞋隨馬去閒坊

曲巷送花来愁雲自結清風嶺法雨空飛石佛臺不是登臨

銷暇日阿誰馮頻識仲宣才

即事和心止

鄉信沉沉隔海涯回帆空憶鼓聲撾丁年酒欲輸紅袖子庫書仍按碧牙壞壁鐙昏風有力虛牕人去月無華喻糜未了金城債涂抹春痕上扇紗

過嘉祥謁宗聖祠

積石一千里河水出其下伊彼鳳鳥居瓊枝紛可把猗與子曾子崇祠肅郊野蔭垂古栢遒響激原泉瀉學宗模楷林祀異枌榆社我行過武城再三瞻砢砢予自丙午至今三過武城苔花蝕碑

帽靈風落蓬瓦悲懷泣枯魚舂暉傷逝者遺恨無終窮哀吟

促征馬

過韓擒虎故里。

憶園詩鈔卷之九

泰州陳變理堂

遊攝山二首

十載幽棲夢神交獨此山江空清石骨天淨帶烟鬟有客騎驢過何年采藥還穿林渾不厭茶板出禪關

往矣明僧紹長留舊梵宮六朝秋草裏千佛暮雲中澗響看泉落岩開有路通雁堂聊駐足青豆一燈紅

同人約游牛首山不果

我聞牛首山名自仙書始雙闕聳天闕遠對宣陽址仙窟閟

崒岧琳宫特雄視昭明洗馬池一泓貯秋水空青嵌飛閣望之畫屏似三山極天浄嵐氣不可止江流自西來濤聲一何駛又聞岳少保於此執鞭弭設伏善出奇霹靂雷光紫精忠與山留悲風肅遺壘百聞不一見談詣總虚美昨朝約素心擔欲親踐履如何畫興返游屐阻尺咫緩悞咎則人因循過歸已天生濟勝具縋鑿良有以會當果夙諾藉草説元理桐帽與棕鞋臨風蹷然起

半山

蔣山山半石苔厚夾道長松怒濤吼濃陰如水不逢人古屋

三間為誰守晉家安石為福先宋家安石為禍首兩公相去經千年遺址蒼茫閱前後因首垢面談周官欲以青苗傳不朽方田手實變愈奇北宋之亡更誰咎一時新法誤蒼生魂魄還應知忸怩讀書萬卷必讀律致君堯舜然乎否我到半（名公）山輒長吁更向東山酹杯酒（字偶相同我屋公墩本相牟 呵介甫謝公墩詩云我名公字偶相同我屋公墩在眼中）吁嗟墩姓應誰屬

莫愁湖

三山門外草萋萋湖水湖雲一望迷雙槳西風人不見鴛鴦飛過石城西

秋燕詞二首

漢宮秋思渺無涯神女釵空帝子家湯把紅襟重拂拭好将
日影付寒鴉
被冷燈殘到素秋一天寒色在簾鈎飄零紅粉成灰後何處
西風盻盻樓
北郭晚眺
客裏登臨亦偶然秣陵風景入蒼烟擬留城北醉三日飽看
江南秋一天鴉影參差歸暮色柳絲蕭瑟感華年宗雷舊跡
知何處回首雞籠落照邊
舟泊燕子磯因遊宏濟寺觀音巖二首

落帆阻歸興，携屐恣遊遨。攀梯步石磴，縱目江天高。孤燕來何時，倦飛知息勞。赑屭俯涯涘，泱莽臨風濤。奔流撼其下，屹若三山鼇。潮痕上沙嘴，雲影低漁舠。長嘯鸛鶴驚，哀鳴求其曹。陋彼萬瓦蝿，眼底徒囂囂。

紅牆忽西轉，辟立鋒何銛。妙象萬萬古，現此觀音岩。參差蒼黛接，變滅歸雲淹。棧閣臨空江，倒影如窺奩。粥魚冷可聽，龕火淡欲熸。秋風吹桫欏，子落枯僧拈。山林與市塵，茲事不可兼。且隨夕陽下，杖策尋青帘。

書三國志後

樸齋詩為俞樸人賦用元遺山新居韻

樸人詩筆有神助，世人那得知其故。苦吟終日太瘦生，一字金湯敵牢固。鉛華盡洗餘真淳，欲為風騷作鼇柱。瓜牛之廬屋東頭，枯坐支頤息塵慮。瓦溝雨濕新着花，墻角風生老款樹。顔之曰樸良有以，天與樸人聊此住。窓明不許蜂做家，簾捲纔通燕歸路。竹篷作屏太常喜，節日無饘侍童悞。量鹽數米有底急，讀畫談棊頓忘暮。絕無傀儡來登場，那有邯鄲能學步。阮生吹火為屐忙，狄庫鍵關怕蝿汙。倚門翻笑趙壹勞，僨春何須伯鸞僱。蹇予日日排郵籤，漫索紅蓮補塵釜。歸來坐覺屋打頭野馬羣飛日光度雖然相如有四壁却似王尺無着處寂寥只許張網羅骫髮何時立門户仰視片瓦亦自慰疾避巖牆為誰懼羨君寄傲倚南窓夢裏羲皇有時遇春深醵錢且沽酒入座賓朋盡廚顧醉餘競作樸齋詩撩眼蟾光看半吐

耿茗僊贈硯用竹垞龍尾硯韻

斧柯峻峙對羊峡靈氣屈曲開深窪下岩後出反居上蚌坑未許唐人誇乾如灰蒼潤青紫中通一穴知誰劖冫冫流漫瀰石乆泐石工寂寞從其家只今南壁亦罕得况乃北壁名空

嘉茗仙吾友饒硯癖獨見異狀無偏邪（杜詩異狀君獨見） 巨璞遠致自禹鑿氣若聖石成河車塼坯磈硊稱榴子胞絡劖刻騰金蛇秋風大小出新製蘋藻浮動疑漚麻琵琶琴阮第甲乙更添蕉葉舒清華豹囊藏弆擬連壁供之棐几無疵瑕分靈剖異忽貽我有若佩玉離衡牙乍開面漆露光怪烟雲髣髴來荒遐頗聞昔人聚所好不異糈子珍瑜伽于闐青鐵去已久四十餘品空咨嗟尭臣圓壁世所羨和凝方雪爭豪奢相州熱絹善淘洗永叔龍尾藏硌砑曼倩硯山出靈壁詩如美女聲非哇聞之金城質亦好女墻一一留雙又香姜銅瓦濕不

刪

燥昔所埏埴知非譁玉帯生存信國死厓門浪打高帆划銀絲雙纏褁腰瘦旁有翡翠相周遮可憐好事競羅致過眼泡影同虛花刹予硯田少豐歲蕪城日日聽啼鴉雁頭百幅置高擱青鏤管秃成枯芽隨身琉璃久無用焉能擲米還成砂三灾倉書被嘲笑几席狼籍形碨硬感君此贈動吟興隃麋一斗淩蒼霞舌耕筆耒且互用中書雖老猶毿毿紅絲他日倘引對宣毫可許開天葩

贈歌者二首

流雲櫛櫛轉銀灣纖月如鈎照客顔一曲檀槽人半醉素馨

花放小鵶鬟
年來治習易銷磨愁聽樽前宛轉歌記取旗亭同畫壁殷勤
為我唱黄河

客中雜詩四首

海國新秋節江城舊客星行藏同鳥道踪跡半郵亭溝水通
潮白家山入夢青朅來棲止處僧院夕冥冥
未識人天理聊隨粥飯緣夜燈分佛火畫壁帶茶烟地僻纖
塵少秋空萬籟懸髯絲與禪榻只有杜樊川
歌泣誰堪共新知續舊知古人不可作吾道固如斯風雨聯

吟夜江山點筆時嗟予尚羇泊何以慰相思時將赴省試
豆棚涼漸逼松逕暑全消書味偷閒得鄉心入夜遥馬卿仍
賣賦伍相久吹簫魯酒真無用憂來枉自澆

瓜步夜泊

一片揚州月今宵送客舟暗潮寒蝕岸遠火細明樓木落江
城迥蟲吟水驛秋推篷悵無寐不為稻粱謀

潤州

風景入清秋朝暉鐵甕城馬頭聞畫角天半聳霓旌舊壯西
園樹雄談北府兵江山真第一一慰旅人情

龍潭曉發

破夢理輕策鳴鑾隨曉風一燈茅屋裡殘月亂山中露重驚秋早橋危喜路通吾生貫行役未敢説飄蓬

句容道中

又作江南客句容山莽蒼巖花隨意落野飯入秋香去鳥寒無影歸雲澹欲忘停鞭問宏景遺跡尚華陽

白門旅舍與宋飑園夜話二首

江樓一夜雨客舍已秋聲水簟增涼思書囊識宦情支床分四壁剪燭話三更靜極偏無寐寒砧響石城

我輩寧長賤夫君未易才行藏渾可卜懷抱暫令開蟲語蕉
秋至濤聲動地來無端思舊雨望望隔燕臺顧文子客都中

秦淮秋泛四首

點點棲鴉瑟瑟波青溪一曲舊曾過桃根桃葉無人問愁聽
燈船子夜歌

板橋西望水如天鏡裏樓臺雜管絃料是晚涼禁不得玉羅
閒裊博山烟

簾幙垂垂易夕陽數行秋柳半低牆一聲孤起柯亭笛疑是
風流桓野王

渡江叔寳影亭亭紅豆抛殘酒未醒愁絶雨荒雲隔後不知山色爲誰青

遊寳光寺

陂陀行已盡路轉忽禪關赤日不到處清陰相與閒鐘聲醒倦客佛面冷荒山何處尋齋已行吟空自還

登報恩寺浮圖

塔埶淩虚起江山盡眼前萬峰青到地九派白雲天烟雨南朝夢鐘魚古佛緣迴眸還北望秋色正蒼然

刪 刪 刪

旅館青鐙話遠人無聊形影自相親何當江令魂消日更對
維摩病後身

海燕飄零悵鬱金虛堂岑寂動悲吟冰輪月〻當三五何物
昆侖識此心

浪遊投刺路淒迷古錦空思付小奚一曲歌殘人半醉淚痕
如綫月沉西

疑是蓬山未了因簟紋如水思如塵金梁橋外三山夢慇懃
歌樓照鏡人

驚座才名滿沁南紫雲玉貌許同龕千秋水繪園公子莫作尋常游侠談

綺語初焚刼未銷愁来多半似春潮傷心他日金城柳一掬風絲百尺條

安昌夏日襍詠

輕雷才過疊雲生出水菰蒲刺眼明醉裏渾忘清暑月麥風吹遍永橋城

過庭白水似滄洲自遠涼颸暑易收名果定隨名士植幾番惆悵賦安榴 潘岳有安石榴賦

妙樂浮圖插遠天，殘碑斷畫聚荒煙。禪情詩思憑難著，日及花開朝可憐。妙樂塔旁有槿樹二株

馬迹盤回訪卧臺，漪園歸路夕陽開。懷宫七字成千古，珍重尚書惜此才。牛自新懷宫詩新城王尚書賞之

緑槐萍合應星精，小住濃陰解宿醒。聞説月明三五夜，天風吹落步虚聲。武陟城東有古槐一株相傳元以前物也

芳草天涯感慨多，癸辛遺信滿巖阿。碣来文定祠邊過，一路鷩沙捲大河。何文定公瑭有癸辛禊詩

繞柱鉤簾迴自哀，酒闌幽抱幾時開。風流太史歸何處，長憶

詩人李杜才 其年太史懷州感懷詩云憑誰駈使排幽興寧郭詩人李杜才

類羨毛萇水竹居 毛明府江浦武陟人 清尊花底記相於二紅偶共齋

安飯七白仍添笠澤蔬

戔癸簇〻蕤虛廊舊雨分攜天各天方想相塵緣消未了隔

林鐘磬報昏黃 過覃懷講院懷王石華

桃笙夢斷隔蝦簾懊惱情懷待月占眼底仇池千萬仞臨風

還為攬青襜

王明府招同馮魚山農部集飲署齋次魚山韻

雄才一代變騷音高館談諧見古今桃李春風花縣酒 魚山主講

河陽魚龍秋水謫仙琴（魚山以翰林改官）千年金石翻殘劫（河陽為韓昌黎故里自宋以來多以南陽修武聚訟魚山得殘碣于墓道其論遂定）三楚雲山入壯心（魚山將之楚北）我愧追陪摩詰後醉拈吟筆坐更深

寄贈孫廣文靜齋

河朔論交一載館餘華鐙官閣對攤書愁中句欲銘思舊醉後談疑賦遂初易狗文章渾自賤雞蟲得失定誰如宵來檢點君平卜不尚形骸真故吾（近聞談易多前人所未發）

題沅湘鼓櫂圖為吳嘯崔賦

詞客逢秋感易侵西風一舸動蕭森鴛鴦故國懷人久（嘯崔嘉禾）

人煙水空江阻夢深玉笥山前歌楚些〻龍標城北送愁心披
圖我亦多離思忍更重題漢上襟
題素心慧業圖為西巖賦
鳥飛魚入見應稀知向花間前緩〻歸幾日未成香茗賦破
閒親自檢書幃
江上愁心入夢多美人香草奈愁何乞君一幅胡威絹歸去
空山寫黛蛾
題六橋吟櫂圖為鄧海帆賦
畫舫輕歌破曉煙筆床茶具趁花年何須更醉鴟夸酒一笑

相逢卯色天

閒愁日日似春潮夢繞西泠第一橋隴上藥空雪衣女輸君

賭茗對周韶

題採芝圖為芝田先生賦

芝菌例一歲穎秀貫四時博物及陰陽著數分偶奇莫生朱

草合穗共嘉禾垂實連出戶牖屈軼羅階墀吉雲花滿地瑤

琨酒盈卮萬彙有靈徵一擷與培滋偉茲菌芝名爾雅煩叅

稽九莖薦甘泉三秀標楚辭頗聞車馬形廌以參术姿樊桃

品超卓丹羅葉離披結實如翠鳥抒華必東陂又聞句曲山

金璫每先施燕貽及夜光仙班別崇早抱朴見五顏說本蕭靜之島嶼地親搖靈寶符手攜萬歲一蟾蜍千年幾靈龜獣燕各異態百聞不一知先生抱令德手植珊瑚枝仰視杜舍椿俯弄謝家兒笑彼慕角里終日惟療飢猗與當壽世草亦壽潛宜金相玉為質鳳翥龍則隨福祿有来處生長應先期披圖得工瑞作歌紀雍熙

武陟孝子宋奎揚廬墓詞

獰風捲樹烏夜啼吁嗟返哺令無時枯魚銜索過河泣養親不逮淚成血佳城鬱鬱親所居驚沙颯颯子所廬五十華年

一彈指豈以存亡判生死行山高〻沁水深白雲一片千秋心

送王秋塍明府入都二首兼懷洪太史稚存孫比部淵如

商飈肅穆吹洪波靜河瀆仙吏坐長嘯百慮病斯文間憶山陰櫂頗愛羊欣裠朱墨慎填委清濁仍區分心懸瑞安鏡手挹行山雲親民古所重治行久則聞列宿耀閶闔曉日開氤氳君才非百里高步淩紫氛

朝釋括地志暮續懷人詩京華幾舊雨玉筍光參差喁于望木天俛仰看雲司君行此良晤士目推古遺寶應金玉合志

豈禄仕移蹇予困倰僜懷土成孤羈記偕避暑飲獨此登樓

時拂鋏悵雄才為予長相思

毛沁浦招賞木犀分得香字

昔邪深處讀書堂叢桂經秋發古香仮蓋半縷黄葉送酒懷

高據白藤床地隣廣武生悲慨客與淮南遠頡頏我愧曾無

金粟句湧持羣雅質毛萇

遊攝山二首

十載幽棲夢神交獨此山江空清石骨天淨帶烟鬟有客騎驢過何年采藥還穿林渾不厭茶板出禅關

往矣明僧紹長留舊梵宫六朝秋草裏千佛暮雲中澗響看泉落岩開有路通雁堂聊駐廷青豆一燈紅

同人約游牛首山不果

我聞牛首山名自仏書始雙闕聳天闕遠對宣陽址仙窟兜

崒岩琳宫特雄視昭明洗馬池一泓貯秋水室青嵌飛閣望之畫屏似三山極天淨嵐氣不可止江流自西來濤聲一何駛又聞岳少保於此執鞭弭設伏善出奇霹靂電光嶪精忠與山留悲風肅遺壘百聞不一見談諧總虛美昨朝約素心擔欲親蹉履如何畫興返游屐阻尺咫緩悮咎則人因循過歸已天生濟勝具縋鑿良有以會當果夙諾藉草說元理桐帽與椶鞋臨風壓然起

半山

蔣山山半石苔厚夾道長松怒濤吼濃陰如水不逢人古屋

臺庄晚泊

濕雲歸去易黄昏一櫂輕偎水際門山勢迂回盤亮務豫人烟料峭變寒溫迎風蟬葉垂〻下過雨蛙池閣〻諠聞道淮東年穀賤貧交誰與共清樽

六月三日夜泊淮陰夢中得四〻十字似是詠虞美人花者録之

垓下楚歌聲君王死別情可憐玉階草爭傷戰場生

本内除删外共存字一萬八千四百七十六個

憶園詩鈔卷之十

海陵陳燮理堂

東潘沙隄

欲作閒居賦其如時事（生計）艱哀鴻飛大野瘦馬泣空閑蓄艾三年少枯棊一着慳不知潘省騎何處買青山

學書

人生仕宦非三公只合俯首為書傭東塗西抹費紙墨氣象慘急無雍容百函日草有底急千言倚馬誰能供死蛇挂樹墓壓石其妙不得其弊同班超毛錐久可擲維翰鐵硯堅難

攻歸来憂色不去面兒女啼號爭秋螀毫乾石泐赫蹏薄懸鎚十楛皆壓封學書不成去學劍床頭夜吼雙飛龍

湖上即事

木落楚天迴霜高湖水清客隨沙鳥集舟帶渚烟橫結網㡛漁婦藏鈎試酒兵誰憐鮑明遠愁絶是蕪城

衣浦寓齋送金畹芳之全椒

凍雲墮水水生骨冷浸游龍剥偃髮折綿霜影夜蕭森氷酒風威晝飄忽客心我始薄長淮鄉思君偏廹涂月文鷁沈淵飛不起竹筏衝寒走甈猝秦郵咫尺歸未能北譙山川遠難

越眼中煮木競為酩耶有常春貢林樾窮陰急景促行李送
子怦怦心結悁耵嗟高館集斯須簇膝燈前煨榾柮相依暫
作蔑憐蛭握別已輸蛩負蹙明日一樽難重持夢裏隱侯多
怳惚射陽湖濶野叫哀落雁亭高急裝歇千家臘鼓迸春敲
兩地愁心對糠麧赫蹏慰我馱郵筒遞莫書空仍咄咄

烘硯同太史李梧陽先生作

雪池氷結似壓封炙就鑪香取次鎔春繞璃琉初盎盎水生
鸜鵒自溶溶蠻溪忽此開烟漲即墨由来畏火攻莫把良田
輕棄置案頭耕耨在良農

敲氷和梧陽先生韻

堅腹無勞感不平何緣敲擊送鏗鎗寒深舟楫春難到響震魚龍夜有聲渡口行時狐誤聽銅鉦挂處日高爭客中漫續劉乂句險韻吟成雪正晴

袁浦旅次述懷並呈梧陽先生四首

却軌初家食（予于重九後始自贛歸抵里門）衝寒又遠遊鐘聲烟外寺人語驛邊樓（時以師觀察之招由揚赴浦）書劍憋行笈風霜困敝裘不知今夜雁何處稻粱謀

小市爭藜藿堅氷滯舳艫天垂沙影暗地迴角聲孤茆店餘

三兩炊烟望有無更憐臣朔賤一飽愧侏儒

欲探梅花信愁深江上村水邊欹獨樹雪後揜閒門鸐鷩人何處琴心手自捫年来春夢斷無計説銷魂

難得蓬萊客官齋接麈談連宵呵凍筆食葉走春蠶司馬氷為鏡東坡佛共龕瓣香如許托索句我曾諳

寒夜四首

夜永寒無那愁多酒易消花濃燈黯黯蝶冷夢迢迢點數荒村柝驚聞隔院簫終然將七尺常伴可憐宵

寒犬聲如豹枯梅影似人海風吹不斷山月照還親得枕肱

仍曲能醫手自龜漫〻此長夜扣角有耕民

故園三徑在老屋七星如别恨門前栁貿交架上書食消量

腹後舞憶聽雞初不寐吾曾慣長吟到歲除

人語清防外書聲欵棐前陰何灰裏句蕉雪畫中禪鵲隐初

封鑰霜高欲折綿夢迴聞蠟鼓春草又芊〻

梧陽先生疊和述懷之作奬勵過情撫心增怍即次前韻奉

答

失學懋先緒因人悔壯遊淚痕温嶠袂鄉思仲宣樓已漫懷

中刺空餘𠥓底裘廾沈原有定借箸欲誰謀

蓮

沙乾公路浦粟斷海陵艫紅日三竿下黄粱一枕孤囊虛兒
貧少才盡筆花無稍檢劉棻字捜奇仰大儒
千頃銘汪度三家陋小村激昂忻有地羙富得其門衮衮詞
難竭詹詹舌屢捫殘膏沾丐處一慰旅人䰟
巾箱王氏學玉麈晋人談桐影常棲鳳謂令孫卣尊冰絲久貢蠶
箋經隨馬帳繼晷借燈龕萬里摶風上争看舊路諳

再疊前韻述懷

鎮日曹騰醉何時汗漫遊生涯槐作國世事蜃為樓阮籍原
無路相如慣典裘昨宵多贈答形影獻良謀

抄

送客全椒去謂金皖芳籃輿當舳艫時河氷無舟江天殘月曉山市一燈孤遠憶奚囊瘦知添好句無邗溝分手處悵觸老師儒謂金棕亭先生

簫冷揚州路謂郭小村潮迴浦口村謂尹方水分泉評蜀井立雪憶程門夔與兩人同受業李晴山師落落心相許便便腹自捫別来曽幾日朔氣愴離魂

淡日成枯坐驚風阻立談拳廱憐凍雀眠不似春蠶恨事山陽笛禪心弥勒龕冬烘聊自許句讀或粗諳

梧陽先生贈紙奉答

篋中脉望甘故紙未必神仙盡如此芸烟悮人自楮生濡墨含豪聊尓耳堅氷曉結玉蟾蜍搁管無何僵十指麻頭樹膚不可得柹葉隨風久塵滓先生陟字如五雲界以烏闌精莫比龍蛇縱横魚脱網紅碧參差苔出水連宵贈我近百幅便擬白州真刺史廿年槖筆如負耜得爺妙于錢鎛脣紫頭急呼管城子風馳雨驟不得止願乞九萬付小胥硯田樂歳從兹始

三疊前韻述懷

小别楊州路經旬感昔遊可憐二分月空照十三樓俠客青

驄馬王孫紫綺裘飄然繩檢外禪榻許相謀

白田如斗大晚泊一停艫雁户移家少寶應歲稍熟湖雲入望孤

酒來京口未劉端凝之任京口書到薊門無劉春浦久客都中更惜忩忩過

何時訪舊儒謂喬劍溪先生

苫由歸鄉里吾憐劉後村同里劉克柔官清河廣文以憂歸里宛邱空學舍海

渼復崇門舊雨燈初剪高談虱可捫霜風侵鶴骨悽愴笛中

魂克柔病甚

稗史餘黎蹟叢書野客談灰深無宿火絲盡有僵蠶半道思

前夢清齋憶舊龕軒轅聯句後石鼎幾回諳

删

憶虔州舊遊兼懷黄嶽領

連宵殘夢繞崆峒水國光陰想像中一别好山如隔世偶因曲木記傷弓羇懷每愴臨風笛歸棹偏遲貫月虹聞嶽領于十月自贛回里久不得消息何日天南聯舊雨鬱孤臺畔賦玲瓏去冬在贛作水仙花詩四章嶽領和作甚工

東徐霽園

人言城北徐公美我愛南州孺子高風格豈應終短簿談諧時復飲醇醪客懷落寞踈量水官舍幽憂稱讀騷時霽園有疾指日南枝消息到知君鸛鷺不辭勞

抄 抄 抄

歲暮雜詩四首

歲盡真如赴壑蛇，修鱗未没邮能遮。氷生淮市高粱酒，夢繞鄉關下澤車。照夜燈拚司命醉，先春鼓束細腰撾。輸他里巷兒童樂，爆竹聲中一笑譁。

六載飢驅負老親，凄凉羔黍薦無因。傷心風燭成千古，化鶴郊原少二人。東郭公車虚待詔，西華葛帔竟長貧。揭来褁足桃符市，不向宜春問舊新。

延佇東軒雁影高，經年憂患隅同袍。負轅只合駈騏驥，抱甕空聞刺桔槔。祭少猪蘭成薄俗，囊添米券老吾曹。故人莫湯

悲岐路楊子平生重一毛

星斗横斜漏點遲寒灰撥盡夜深時未應刻羽常酸鼻可惜元駒尚戀脂栗尾溪藤完夙逋雪車氷柱和新詩巡簷更索樸花笑竹外殷勤見一枝

疊前韻四首

一杯疑影混弓蛇燭跋難憑靉靆遮經歲書遲傳信鳥懷歸人乏指南車無緣銀錠碑常搨多事雷門鼓尚撾讀罷坡公努力句蹉跎心緒歔諠譁東坡守歲詩云明年豈無年心事恐蹉跎努力盡今夕少年猶可誇

縹緲芸臺迹未親陳陳蠹粉鎮相因樵夫古亦談王道周客

今猶笑宋人卧有荆床渾自喜行無襆滿不知貧元香此日饒封拜鸁得桐烟落硯新

辜負江樓百尺高吟鞭終日指征袍落花久已慭裀席斷〔絲〕何緣引桔槔鶴料龍媒初入幕竹頭木屑舊分曹小金城是躬耕地那便荒寒嘆不毛

芙蓉枕上惜春遲客裏光陰别歲時米貴真同炊莫莢錢荒底用買胭脂衡寒仙侶仍披氅混俗浮屠慣祭詩幾度静中天籟發暖風噓拂到高枝

不寐

不寐經旬逼歲除强抽書卷惜三餘白衣試問琅山老曰地何當似木魚

小除夜席中詠榛同梧陽先生作

葉緺苞粘味獨珍霜餘玉顆盡圓勻嘗先栢酒椒花夜品重餞詩習禮人饋歲不隨雙兎至登盤翻覺九空新飄零杜老飢點日應共天寒橡栗陳

苦寒行

衣浦咫尺濱大河孤篷飄轉驚沙多凍雲千里水生骨霜飈一夜林無柯鴝鵒呼羣集敗葦支祁失所盤深渦五花欵下

不肯下輝〻白日迴長戈客子虔南火炎熱絺綌自足驕紈

羅敝裘出匣亦偶尔羔裘無分親絲紵支離委絶奈若何朐

中五嶽高嵯峨中有太古之氷雪心脾冷沁消百痾春泥幾

時補地裂濁酒未可忘顔酡苦寒杜老别前後我歌今與君

殊科

疊前韻一首

鼴鼠患渴思飲河滿腹而止非貪多鷦鷯棲托一枝足那須

百尺煩高柯衝寒溥裝有底急凌波雙槳來淮渦霜風中夜

撼四壁不寐待旦如枕戈強披側理呵凍筆枯腸苦語勤搜

羅冷灰悶撥僵十指敝裘脱落縫無紽北山移文久招隱夢中髣髴青嵯峨膏肓泉石本非病不藥自可安沈痾頽然且復酌一斗伯倫頌德顔先酡二豪在側定撫掌蠃蜾螟蛉非同科

再疊前韻一首

百川秋水偶灌河罍空非少蹄涔多不鳴之雁昧生理不材之木成喬柯沉酣莊叟每三歎思吸空翠眠旋渦底須蝸角效蠻觸伏尸咫尺揮金戈嗟予十載困索米有似一目長張羅與狐謀皮集白腋不成虚費緎與紽糜氷薪栢事奔走艱

哉舉足峯嵯峨賦蘨司馬病久渴量水令則憐新疴我乃酒狂毋酌我次公不飲知顔酡過情聲聞本所耻原泉混〻先盈科

送徐霽園之任江都

春光一瀉如建瓴長淮官柳揺深青嫣紅姹紫不得見風迴雨急天冥〻河干幾度送征客顛倒南北心無寧夫君之才非百里吏隱乃復趨汀濙人倫品藻在經濟豈以金玉誇腰鞓此邦我昔舟車停市聲水櫂連郊坰青山歷〻江上屛登高目送紛娉婷日飲無何學舉首差强案牘空勞形吁嗟身

杪

世海一萍西望太息倚結軨時將之韓城沉埋故紙守不律蔚彼茂草成枯莲烟雲聚散付沕穆動如尺蠖飛焦螟斿亭他日許畫辟為君磊落翻罌瓶

雨中懷宮竹軒

東風日日吹黄埃河干客子顏如灰孟婆肆意氣寒峭玉女匿景衣毰毸長淮咫尺露沙石傍僜萬艘停高桅山頭虎骨不足恃池邉牛背空相催紙窓孤子罷吟嘯但聞野哭吞聲哀翻盆快雨忽中夜天瓢頃刻滋根荄布衾夢破側雙耳然乎否〻心疑猜朝來曙色暗油幕纖已濕中庭梅九〻数

足得生氣微茫萬物初胚胎陰陽未敢妄推測淋漓且復安
田壟鄉園雲樹隔南北蟻封遠祝高崔嵬故人歸去剪春韭
應憶舊雨何時來竹軒送予至淮旋歸爾有母遺足真樂勿嫵菽水空
芸薹感此坐愁復起舞取酒竟酌紅螺杯花鬢柳眼繪不得
醉餘髣髴聞輕雷

春寒枯坐懷顧藕怡用前韻

鍵闗埃（索寞辭勞）博山餘火深着灰烏皮坐隱少生意鬢絲垂領添語
毷氉寒料峭入骨裏心旌獵獵懸風桅愁凝堅城得酒破春
遲別館煩詩催微聲苦出蚯蚓竅悲吟冷和鵾雞哀亦知露

雹皆幻影妄思丹翠含洪荄岸柳那便值鶯喜湖波未免遭
負猜紫沙小盎秘清供玲瓏怪石欹苔梅冰肌虽盤特自異
月華擀映旋成胎尺寸長養本天意舉止羞澁非重儓故人
分手赴西楚亂山合沓高崔巍黄樓百尺郡城角坡老一去
何時來而我久客對庭樹怕聽野吽争麻䑓芥舟行止偕涓
滴坳堂水淺難容杯勿嫵絮學生眼纈迴腸日日喧飢雷

日長

日長蓮漏響銀釘一轉風輪去不停窓裏塵埃飛馬影池邊
科斗露蛙形天涯濁酒因人熱江上名山入夢青那便黑甜

酣午枕由來雙眼倦難醒

夜思用前韻

湘紋七尺挂簾釘春去糢糊不暫停墨擁閒雲成雨埶苔生拳石作山形新愁幾許鬢空緑舊物無多璮自青片燭光微饒夜思客中難得霎時醒

欽使祭告龜山淮瀆啚恭紀兼述古碑遺事和梧陽先生韻

鍾離我昔瞻崇祠黄熊啚食塗山陲竊帝息壤終物化胡乃百代猶陳犧前連禹會邺尺咫樵蘓不入烏鳶知龜山相距露光怪乘輿欲往無由之美哉禹功始布土三至桐栢長淮

治九隨既命百靈集金鈴鐵鎖纏支祁元圭告成聲教訖塗
泥赤埴連青黧千年水怪老不死漁者釣得如前皃信茲有
力輸五象深浪槃礴駓騵蠵頗聞楯橇辨區域萬象元氣歸
睢〻貢金九牧鑄九禺不使魑魅侵綱維山海大荒誌幽怪
東極波谷西波斯貳負桎梏縛兩手石室一足何時移況訪
兩面獲長臂精驗潛効大樸漓至今好事騁宏誕縱論舊說
忘矜持此山屓贔善道地豐碑峙立餘文詞年深漫滅不可
讀琳瑯倒薤神所司出雲降雨沃膏澤傲睨久不煩氷夷旃
蒙若旱及柔兆青陽日日馳朱羲天庚萬〻活黔首利民濟

接寫空一字

運勞度支星使

特簡奠牲帛香雲縹緲飛軒墀爲霖三日浹羣望千村草木含榮滋山靈感格定有以肥蟦駈走無疲時晋陵詩老紀功德黜竄訓誥歌雍熙句奇語重壓韓杜風雷謦欬生雄奇小生郄走反學步盲人瞎馬臨深池浮雲念念憶呼客會須林莽穿樛枝

送李梧陽先生歸晋陵用王介甫寄贈胡翼之先生韻

古心不數俊及魁玉壺皎潔堅氷開博聞不與鈴肆儕汗走藉湜儷蔡崔投簪廿載嘯林壑雲光鶴影飛蒿萊元言根柢

本道德黄河之水昆侖来東南學者聡久掄两耳砙磕凌驚雷闋元既啓乃大適緹室取次陽春廻趨陪涂月更如月風雨離合何奇哉三復餘論起碩儒百川永障東波頹先生歸去我羇旅枯槁誰與培疏材何時並坐君子室飛簷遠蔭森華榱九龍山色望不極雲峯為我高崔巍

贈李卣尊

官齋一月不出門夢中草緑江頭村醒来細雨濕庭樹蜒寒花冷空銷魂心南身北成岐路作客常思留客住蒲帆十幅送君行貫月虹光走蟾兎君才昆吾切玉刀出匣天上星摇

揺聯篇贈我美長句淋漓醉墨飛宫袍贈君以言君勿訾科第君家故物耳班馬文章有後先萬古風霜照青史我生不如僧白頭水宿星飰春復秋蟲魚綴拾作詩料百靈血面三尸愁送君憶君淚沾臆烏几残燈黯無色黄鵠一舉凌蒼旻人生安得雙飛翼

清明郊行

清明客思渺無涯步入荒郊興轉賒簷影低垂新折柳水痕初上舊粘沙鬢眉氣盡驕齊婦書畫船歸羨米家（謂梧陽先生）更趁鐘聲尋古刹一林風色起髙鴉

抄

揚州暁發時將之河北和仲雲澗

中歲重遠别客心時自驚如何攀凍柳復此去江城塞雁久南向霜笳催北征多情故鄉酒一爲作朝酲

安宜道中

水國城偏小湖天日易斜荒村連雁鶩生計仰魚蝦送客迴帆鼓驚心下澤車海雲三百里東望一長嗟

過淮城和雲澗

一櫂長淮路真忘雉堞高烟波千里下畚鍤萬夫勞悽愴風前笛嶔崎胯下刀竭来燈火市三度理征袍今春三過淮城

上閘和雲澗

只尺咫天上風波特地多千鈞憑轉軗一束走全河顧影浮生賤看人笑傲過誰知烟樹外寂寞有漁蓑

原作　仲根奎雲澗

下閘似箭脱上閘如蟻行雷雨青天落蛟龍白地争安危輕一葉休咎有三生猛憶川江險潸然涕泗横

茶孰

酒酣心易熱茶孰夢難成可惜耽茶癖無殊鬥酒兵鑪香隨火滅蠏眼逐魚生誰與長吟夜封題寄遠情

至日宿遷闢放舟和雲澗

下相城邊路天時暗〻催雨絲牽斷柳風色起寒灰豆餅從為客川原数舉杯可堪遊子淚虛對驛亭梅

寄遠曲為雲澗作

寄遠難成曲言愁幾斷腸半分衣帶小十丈蜀牋長漉酒懷中錦飛蓬別後粧不堪頻駐馬回首白蓮塘

淺步雪夜和雲澗

小雨成微雪長橋阻急湍村荒人語少風緊柝聲寒綠蟻論心易青山入夢難生涯託蓬由中夜敢求安

三、犬風和雲澗

大風何凜冽瘦骨自崚嶒凍結雲千里腸迴氣百層禮添烏鯽墨香散酒杯藤辛苦柴門客招邀到野塍是日舟泊閘口遇友人招飲

躭酒和雲澗

拜墨償詩債焚香酹酒功討春氷雪外消恨有無中斗柄徵范白燈花爛熳紅興酣仍起舞長劍倚崆峒

寒月和雲澗

不與棋同嶼空招月到床顛風天顯〻朔氣夜蒼〻對影難成醉呼盤尚欵狂只愁寒犬吠無夢到江鄉

聞歌和雲澗

對酒怯當歌聞歌喚奈何自然羣動息不許斷雲過紅豆前塵在青山別淚多明珠一百斛還與贈微波

野望

短景陰常結荒墟步轉遲石開岐路小冰蹴遠帆移龜手憐漁婦鳩形詫餅師柴門餘老樹凍折歲寒枝

馬蘭屯

朝過長利水暮宿馬蘭屯人語沙邊市雞聲月下門蓬飄凝朔氣地敞入中原醉裏從為客江南何處村

衛河同雲澗作

我過衛河水長憶蘇門山河發源於蘇門鸞嘯知何處風流不可攀

歸鴉低雪帽遠火簇魚關小憩林泉路真成一味閒

車中望太行王屋諸山同雲澗作

登車望河内杳靄萬山連直下三川郡深藏小有天遙情煩

畫本高詠得遊仙可惜風塵客無緣選石眠

同作　仲振奎

別此十餘載青山如故人雲螺疊朝翠烟鳥入寒旻娘子

關前柳愚公谷口春幾時重問訊不惜敝雙輪

曉月同雲溯作

多情憐曉月特地送征輪黯淡千村曙高寒一夢真冰霜明遠道雞犬怪行人牢落風塵影相於共苦辛

安昌

晚入安昌境天寒客思迷雲光頻聚散鳥道失東西問俗言辭拙開樾出處睽只應油幕裏長憶雪中畦

梁園雪後題壁

雪後天初淨真成梁苑遊聯吟饒白戰從事借青州小住為佳耳鄉園似此不燒燈時節近惆悵賦登樓

春閨

桃萊節方過停針人未知可憐鶯一半辜負杏千枝放浪金花酒零星玉局棊封章何處達鑒識有春司

春感

春惱雨過思范〻百緒空縈九曲腸乡就裴優三里霧買添滄海一杯漿鋪花似錦真成片折草為籌細作行浪紫憨紅留不得儘拋心力付蜂房

四月十二日由廣武放舟至五月五日抵清口途次述懷二十四韻

登車辞安昌飛帆過廣武愁凝沁園花目斷蒯村樹丈夫事
行役焉能戀館宇跳波埶建瓴軽舟例揚羽朝来沙迴風夜
忽鸛激雨十時屢更易雙丸互吞吐逢迎祝雞翁傾羡小鄉
聚新醅醉糟醨環餅分甑釜即此識老佚耶復嗟生苦可憐
褦襶子謬詡忠信主詩酬水驛吏字學篙師舞臨流辨清濁
上下察圜矩情知蝨可巢恥與蛙分部南風麥畦黄北户日
車堵鄉音得楚娘燈火明淮浦記寫二龍字似隅七端午人
烟木為羡村童艾作虎節序逼炎蒸客心感羇宴無端走跧
跧有時夢栩栩海雲望難即江草争先睹回看天上源恨少

册

轍中土洗鉢輸枯僧多錢避大賈喧寂兩相忘艱辛聊自數

懷情不能發慷慨思終古

雜感四首和單練江

慣嘗星飫不知消杖策荒塗等負樵梁苑樓臺當雪夜衛河

風日度花朝偶然蹤跡同匏繫多半心情付瓦飄一枕故園

聞雨過虛牕寒紙特蕭寥

四錦重〻入夢還金城坐對覺才慳長繩自古難留日大藥

何時解駐顔往事無成虛垢秕新来小歇在名閑尋章摘句

輸儕輩筆陣横開據命山

典籤那便一州臨世事如年取次侵得厦萬間難庇杜種梅
千本不棲林空倉雀噪爭朝影廢苑螢飛借夕陰七尺昂藏
仍倚劍聽他中夜作龍吟
欲采芙蓉奈晚何美人憔悴别離多紅亭日落悤悤酒畫鷁
風微渺渺波庾杲久無畦可託昌言已解墨將磨沁河橋外
千絲柳夢裡飛鴉識凷窠時將赴河北
濃陰緑樹鎮相依薄病憐君減帶圍石枕夢回棊局冷筠籃
香過藥苗肥鍵關庫狄蠅先避得句司空鶴獨飛記取東軒
延竚日可應耕稼未全非

新城泛舟

園居三十日積潦成煩憂招我孤行士去逐忘機鷗人烟雜
邨郭草樹分陵邱心隨清聲遠目送閒雲流華嚴幾彈指紺
宇凌高秋（天滋古刹修建）永懷蓮社侶尚憶茶瓜留回風吹昔夢轉
眼皆浮漚（悼梅宇上人）矧余慨羇宴遠道仍車舟却軌竟何時借
箸難為謀長謡答漁唱未必輸笭箵

知竹齋聯句用曝書亭集竹爐聯句韻

虛宿舒芒寒燭龍弛火鼓（靜軒）垂陰天乍秋息影心逾遜（善
夫）蕭齋續古歡荆筆陳幽賾（秋槎）一笑捋鬚短朗吟搔髮鬈

桐軒　角險鬥蠶叢檢書富猗頓　靜軒　香薰不借芸韋絶寧論

鶱　善夫　鷓斑折黑白雀舌較分寸　秋槎　談元旆老莊觀爻揲

讖巽　桐軒　硯穿紫石磨杖啚青藜焌　靜軒　觸手雌霓文軫張

目雄烏睔　善夫　聲輸北里繁瑤謝南烹嫩　秋槎　涼燠感遞遷

盈虧茲勿論　桐軒　且耽歡伯樂不待提壺勸　靜軒　青士何時

来綠卿殆天渲　善夫　畫本分明玕玉版穿高旼　秋槎　讚美或

虢桃萌出誤稱蘿　桐軒　騷〻響拂座篧〻影垂楗　靜軒　冷〻

枕簟清颯〻瀟湘遠　善夫　主人追元卿羣從溥羅憲　秋槎　悠

揚扣銅槃摩挱鏗瓦甗　桐軒　逸思爭騰騫吟情各輸獻　靜軒

鞮提佩旅千戈振吳宮萬善夫 彎弧落雙鵰懸火走羣貓秋
槎 開山越巉巗闢途薙草蔓桐軒 舟沉力縱倏門啟意彌綣
靜軒 蹲甲仍摩旌喪屐還持楥善夫 竈增遠辨陘煢曳紛踶
罡秋槎 鳴鉦衝前茅歌鐃操左券桐軒 兜鍪胄免貝決拾繩
脫絭靜軒 師贏未必真數奇豈非恨善夫 守此詩律嚴莫作
文網遒秋槎 涼颸況徐扇泠然掃藩溷桐軒 蘭倩楚臣滋花
傾闠客販靜軒 珍重安文甕奇芬度石堰善夫 美人渺愁余
香草增煩悶秋槎 相於服高介何時化頑鈍桐軒 悲懷諳宋
玉秋思逼王建靜軒 同嗟霜鬢侵尚贈庚辟健善夫 虛牎龍

氣游長牋墨花濺 秋槎 正始詎微范匆但起哀怨 桐軒

秋霖曲

濕雲墮地黯不收銀灣倒瀉天為愁空階寂歷分浮漚疎櫺寒紙聲颼飀蓮花水滴飛銀箭立娉無言背欹枲迷離一夢兩成起月黑風酸夜將半流螢低亞蛜蝛鳴鮫珠迸落光晶瑩鴛鴦南飛作哀響江湖天遠難為情逶迤悲長路成幽悄坐覺羈懷遍秋草擬將二十五離騷剪取生綃添畫稿

江村讀書示唐生樸成以志士惜日短為韻

舟行廹驚濤市居厭繁吹江村幾日耳始覺得生意棲雅對

刷羽歸牛過浮鼻晴雨有要銜風月非公事抄張三箧書借皮一足地天長引遐矚夜悄失昏睡朗誦昌黎文行當賦復志

虛堂掩晝靜獨樹臨江涘微風何時來落葉已如此秋至草木悲季豐烏雀喜萬彙如轉環四序一彈指言擔各有時彼哉鄉曲士

遠遊如大賈小住似逋客雖然一朝居不異五畝宅髙牕出燈火隣舍聞刀尺歲寒良可憂書滛坐成癖可人期不来壯心日相迫滄浪非吾事濯纓終自惜

鄭公箭返風魯陽戈退日精誠自感呂天地歸儔匹之子負
英姿可期在茂實冀心罷休卧績學忘盟櫛況承右族遺守
此前良律一編坐古屋三更抱吟膝豈能託踈放長共魚鳥

遣

晚來山雨晴碧天淨如澣歸鳥識故林幽花媚空館已知殘
暑退坐待新蟾滿紅友退前觴青鏤愛新管飛鳩野馬速汲
恐長繩短永懷知己恩起舞消煩懣

鬢絲

鬢絲蕭瑟感華年坐歎浮生讓物先遅樹老鴉知地利上牆

幽草得天憐阿咸古亦傳三語不識今能值幾錢東望海雲
三百里粘空秋水竟無邊

秋夜

病起秋將半堂虛步轉頻夜寒蛩入户窓破月窺人藥裹成
功課蘭膏驗苦辛故園叢桂發鄉夢有時真

吴舊浦先生有尋秋之興予以病後不能出游感而有作

愁在頗頷外秋帰想像中無旬踈把酒病骨不禁風水調思
坡老籃輿屬放翁心孤渾易感變後理枯桐

持螯行留别尹方水

持螯且酌故人酒思鄉又負重陽菊情懷悒怏坐中夜燈火青熒出寒屋一江畫破君數奇（方水家江浦今寓居邗上）百里難歸我心蹙（予病中屢欲回里竟以將赴河北而止）長檣別君又遠道灑面霜刀雜風鏃只愁地迥黃塵迷不覺天高白日速大河水落尚滔滔廣武雲飛應轟轟流行本不異坎止雷同那許成真獨我歌可乎君勿悲丈夫未合常儒服宋人生計仰楮葉鶴國男兒畏海鵲文章激詭哭唐衢金帛飄零類髙乞即今贈我五百緡何似遺之九尺敖天生左手有深意盤出家庖豈他肉但令郭索來草泥已勝侏儒飽囊粟古心東野許相從四方上下雲

龍逐

九日六安溝阻風

癡雲有意低叢雁短櫂無聲滯淺沙村店酒香成小市湖天秋老帶寒花光陰[功名]自分輸綾馬尊大居然屬井蛙記得風帷兒女態茱萸一束向人誇

憶園詩鈔卷之十一

泰州陳夔理堂

冬鞠和唐生樸成

以我經霜雪與君成古今南山不可見朔節漫相侵籬落悲羣卉艱虞生隱心秋英餐未了復此歲華深

遊仙八首用少陵秋興韻和雲㵎

高閑紫府對珠林甋甓餘音觸凛森白石蒼蒲添畫本涼颸薄雨祀織陰濠梁不盡觀魚興邱壑真成采藥心幾度阿香車過處銷磨殘刼到秋砧

連貝經宵數從斜飄然羽葆漸雲華輓將滄海輸銀漢摘取
星辰寄月槎玉洞舟停初置酒鈞天心動罷吹笳最憐琪樹
多顏色爛熳燈前四照花
崑山銀牓淡相暉五鳳車輕逼翠微艷〻春隨中氣去珊〻
骨逐轉蓬飛樓臺入市分陰重山海移情十指違餘興晨杯
仍滿泛齋宮清絶紫芝肥
破閒石室看枯棊烏帽攲斜了不悲珠唾九天渾在眼喬松
千尺記當時蓬瀛到岸終迢遞雞犬憑雲亦騁馳瞰鐵乘車
皆入夢幾曾因想動華思

登封記日上銀山翠嶂丹梯杳靄間漯雪精神飛玉局如童
猱鶴守仙關金莖便擬排靈氣霞秀何當欵妙顔槎客舊諳
窮鳥賦未妨趙壹自班：
麤服何妨更亂頭瞳人剪水醮清秋麻姑此爪偏宜癢漢女
含嚬殆欲愁蘆荻烏衣觀墮蟻芙蓉碧海羨輕鷗琅璈更譜
雲和曲西望層城是玉州
纏綿繭亦號同功園客名居籙籍中一别真形如隅世可能
舞雪借迴風八公山上鬢眉白勾漏砂中篆刻紅斂術尚嬿
踈未講會須低首事猿翁

直上天門路靡迤微茫桂影接長陂臺頫禹貢金三品樹繞崑庭玉百枝日觀雲烟俄頃合羅浮風雨半空移參橫斗轉容歌嘯忽湯長空紫極垂

食臘八粥

江邨節物無殊俗草烟牛跡相追逐檀持想亦作非〻七寳光晶出茆屋平原生事兩盂怭學士一甌防風香數匙壓藥足晨味雙弓對客同畦薑寂寥小閣銷沉水偶憶冬凌漱寒齒石城談柄定何時窓外明星布天市

郊行望太行山

太行数千里西望空斜暉夢遊巖洞隔目想心神遠樞星久照曜福地相因依未陳俯仰迹已覺冬春非寒沙漲斷岍荒樹臨廻溪側身沁水邊但見征鴻飛嵗華迫凄緊罥滓沾巾衣幽棲憶猿鶴抗志凌夸布

安昌嵗暮和韻

安昌城隅寂寞濱凍雀琵縮儓魚新人家酒旆取次出客子風裘来往頻中央頗似儵遇忽竆節未嬿冬壓春桃符市上豆生意隣垣乞兒終嵗貧

清風日入逆蘭懷物我那復留垠涯敝屐沾雪慕東郭重簾

圍火輸西齋小言坐覺俗自勝大聲忽聞耳不諧蛩〻鐘畔吾喪我寒亭暖谷原非乘

盧飛泉明府招飲

亮月麗高隅清飈下寒木羇人歔氛雜芳草增遐矚華榱君子堂合座杯行速志和心轉淒氣激辞偏覆仰觀珠斗移側聽銀丁蹙食革美今日舞蕨希前躅何當飢渴懷結軫雲山

曲

敝裘兮癡字

敝裘雖敝冷猶披脫落風前了不悲顛倒千金何處是昂藏

七尺鎮相宜牛衣一任呼龍具羊質那能炫虎皮桂布吳棉
終老計何當雪屋伴狂癡

冬菜

雲容垂〻壓雪屋三十六齒含齟齬滑稽倒傾作盂覆下酒
那許金釵薤故人贈我出冬菜報之豈不煩瑣琚皺痕漩〻
綠未褪細甲隱〻紅仍餘得之不生亦不爛味此如腊魚如
腒故園五畝荒不鋤頗憶昨夢羊蹴蔬紫齏既蓄青鮓儲閒
以黃蘇白露茹風餐乃復煩蝌胥太常齋缺空嗟嘘但頭百
歲羹可臚和以菌耳口亦呿吳人謂鹽酸自好庾郎種韭根

删

還餘席前不樂小四海醉中欲涉醫無閭書生食籍那有定
神無哂我言遂遂

雪中和顧鍇堂

官齋雪中特凄緊顧子乃以其詩鳴回風天半不留影孤吟
世外非常聲垂簾且借酒作郡論文未許梅為兄聚星堂後
忽有此慚予綺靡多緣情

廿一月十六夜月下醉吟和鍇堂

金波倒瀉天欲枯山河點點凌清虛啓諸衙寒㚎狻獪銀滿
凍結星芒踈顛風刺骨寐不得人影在地知非迂狂来指揮

作畫意天然水墨翻為圖煤炲一搭君勿吁我生何者爭肥
臞

卽事用山谷衝寒宿新塞忽忽不樂韻
蹇驢破帽平生事妄意宵来鼠嚙鞍衣借爐香渾耐舊梅因
雪淨不知寒多田未必非公望小説何嘗是稗官芳樹啼烏
長夜後時情輸與相風竿

翼翼歸鳥四章倣陶
翼翼歸鳥晨風送之孤雲一失日暮苦飢相彼繁縈紛何嶶
𨒪天路悠悠爰止無期

刪

翼〻歸鳥翩〻求友我飲我啄載前載後豈無鷄雛餓鴟是

偶天路悠〻安知窈糾

翼〻歸鳥爰集于蘩寥廓何咎藪澤何功頋瞻無儔從風西

東天路悠〻悽愴傷弓

翼〻歸鳥暮雨朝烟人忘其機水碧于天維兎有蹄維魚有

筌天路悠〻烏知方圓

送唐柘田之任嵊縣

學古戀簡編出宰思山水即事有淵源救時煩臂指雄文光

萬丈吏治地百里岷流初濫觴泰嶽基崾嵎永懷頌清白味

道忌悲喜于喁坐木天是非一彼此

昔遊過定陽不得之剡溪乙巳秋自贛湖江由常山取道浙中回揚歸裝迫倰僜

幽思空因依至今夢崍嵲忽復親巖扉蘭時付春雷仙侶分

星幾冰脂自費損烟靄相嘲譏雪天何限好乘興誰云非

水仙花一首和雲澗

罄弟梅兄別有因客牕花譜一番新粧成女史餘宮樣夢落

天風㦂玉塵漫詡身前原是月可憐愁絕怕逢春明珠翠羽

分明在合讓陳思賦洛神

安昌踏燈詞

軟節才回便試燈沁河客子意曹騰無聊月面衣香外消却
狂生酒數升
綠竹紅燈與俗宜瓜瓠手製出新奇永豐坊外人烟密特地
香風送口脂
城角紅墻古刹高星娥月姊趁元宵盤来墮馬誰家髻上有
王嫱出塞貂
瓶空油盡不知春風幔帰来自愴神呼起團圞千里月隔牕
閒照不眠人
北城探春

朝捕夕宿如舂鋤眠人鄉思濃於酒北城可遊茲暇日雪糬
沙輕誇疾走紅牆高出女牆上棕鞋自與弓鞋後蕭寥深院
閟三境啾唧靈禽望西母涼街馬去直䟕繩夬巷車回曲坊
肘小兒跛㔫爭帝鳶諸戲荒唐炫瓦狗當門插竹燈市忙連
袂聽歌夜光耦衢白已分輸貫青岳美偏𧈫形載醜嬌梅嫩
草知我意烏賊賓糖為誰壽沁河橋外昨流澌永豐坊內初
栽柳春風動物足生氣客子消寬幾搔首久甘三百六旬齋
尚憶二十七種韭曝衣未敢笑麼緼拜樹何時逢道友江雲
一片落樽前却勝消寒圖九九

答江心止即次原韻

譌謬難分活即師卅年辜負上春時百千刼早心灰矣十九人應目笑之強半鄉愁沽酒市新來歲例探梅詩璠棨舊癖渾相似合付儕流號兩癡

天遠

天遠鴻無信沙乾草不生寒暄懷舊日飢渴著書情濁酒千場醉春燈一晌明朅来人海外仙釋有時并

春閨用前韻和雲澗

曾賦棋花句儇才自不知有香餘錦帳無夢到瓊枝士女年

時晝西南何處碁朝来風料峭更與與詐寒司

鍇堂以其尊人卧病倉卒南回相對黯然不復能作詩為别月餘来思念不已兼聞其連喪二親作此寄懷亦以誌感

挑鐙耳孰㷱花論一别風雲成慨恨傳柑卜繭路旁情破甕溫湯夜中飥鍇堂以正月六日起程計元夕前後正在途次君歸憂色集君面羸息何人折初劵驚心風木痛纏膺刺面蓬蒿長交蔓金銀氣盡百不宜珠月光奩特相遠書空笑我尚答圅挽士只令常引寸黄沙白日安昌城琢句那能破孤悶只愁信馬誤隨車每感闗雝惜藩溷思君笑語坐三歎與夢因依成兩困微烟黳

隸蘭膏焚促節悲涼笛聲噴乍寒乍暖天出奇時醉時醒客
告遜何時滌硯更展軸共洗人間富貴願

憶薺菜

孟郊未必腸偏苦鄉味難忘食薺初製就春柈延野客分來
凍隴足閒居齊民應喜先嘗應品第何當遜芑萸最是一聲
驚曉夢長腰健婦過窮閭

城南行戲簡心止

城東一綫春波瀰城南風急黃塵眯遊人髣髴遇鴻蒙爵躍
無端蕉棡髀應蘋去雁競新聲豆粥牢九雜芳醴已教截竹

走村童更遣飛花粧小娣耀手白日照屋梁黷似蛟珠沉海底江郎彩筆不我贈日促新詩煩表啓豈知孤鶴病清羸那有飛龍能蜕體今年奔走力不任微步逡巡首重稽半分自驗帶圍寬五里只愁香霧泚觀青陵反詫烏足得蝴蝶常在牙纔雙環頂髻付泡幻九曲柔腸自湔洗未煩春草步步隨並謝風箏隱隱通閒情賦罷獨踟躕他日折蘭應掩涕

贈王石華二首

紫芝毓文山朱草生雍梁凌霄轉玉羽赴節鳴歸昌隱見亦偶然章美誰能量夫君係瑯邪奇氣鬱慨慷津逮石穴卷吸

飲天瓢漿遊蹤任倿僜實美悠滂洋朝飛黄金樽夜照白玉
光笑言合要道江海傾枯腸繁旦落空館直北多寒芢根衣
一長慵千仭輊梧岡
長風吹土囊浮雲似車葢轉蓬逐沙市白日回江介褰余襳
襶子誰識負非傯荒途積鄉思官閣闐虚籟自憐心跡并每
憶榮華外蓼蟲不知葵枯萍不粘塊拾塵痼靈根近火忘禅
戒感兹眷頤言日與瓊瑶對秋暉理則齊麥序時方泰何當
隨絶足一覽乾坤隘

春日觀劇四首

客牕眠起似紅蠶風月中宵付劇談燕語不来梅夢冷金樽檀板憶江南

北里新聲偶共聞俳兒優子聚飛蚊可憐春色堂堂去流水才能占二分

花枝未必閱榮落點畫何勞示赭黄辛苦才人饒意緒自将冰炭擾柔腸

拜樹人難起積痾知風草亦動悲魔雙柑斗酒城南路更遣鶯殺入醉哦

安昌雜詩疊韻十首和石華

酒渴心常醉愁多鬢欲華樽前空贈影柳外憶隨車悵望雙
飛翼殷勤隔屋家新詩留便面吟到月輪斜
客去虛油幕燈昏認唾華可憐三里霧竟阻七香車往事詩
成讖新來夢是家深情勞短札一半字橫斜
吟鞭東指處杳杳接音華流盼隨芳草驚魂誤後車烏啼寧
飆舍犬吠武陵家剪燭晨光裏空留屐跡斜
赫蹏傳好語石墨待鐫華不信春如海虛聞斗是車箔蠶渾
自畏巢燕定誰家記否西堂夜雙看玉筯斜
紅雨俄成陣清詞憭不華郎當空館鐸迢遞故人車立卦煩

啓尹銷愁飲賣家夜闌常不寐一縷篆香斜

一粟能仙去輸他侯道華量天憑日御渡海约風車已負元

闗約空思太乙家朅来怠古道不覺地形斜

蓮漏催長日金壺失妙華原蠶寧問馬戴笠不須車書已誣

燕説奴應讓霍家誰令形四塞綰轂有褒斜

别館書仍著空廊月自華手惟修五鳳宅不喻三車風色原

陵路香魂燕子家瓊楼天半在何處玉梯斜

昌言聊發憤𢫬鉢漫抒華名系裁負網醇醪走麯車吐絲常

ㄣ﹅抱玉自家﹅闉説宵深話相依竹几斜

觀海難為水多言笑木華但令逃醉國一任棹狂車天上黃
金窟人間碧玉家綠槐肴亞好笭坐午陰斜

雲開一首

雲開知月上風定見沙飛綠酒知愁散青山待客歸自憐鴻
爪跡尚落箭鋒機即此同蕉鹿無勞更嫁非

喜雨和韋華

不寐枕涼夜偏宜聽雨初吸噓辞白鳥烟水憶春鋤浪迹春
餘酒驚心手答書朝來還對鏡青鬢未全疎

春去一首

春去花爭路風回蝶上衣當歌閒輩得買夏故山遠味淡書
難竟身輕夢欲飛不知芳草外何處是塵機

題江約文船先生方輪圖

星馳日馭天門下霓旌雹索雲爲馬三十大雨何時瀉碧霞
山畔仙砑廬蒿目一出知非迂車生四角行趑趄黃塵九陌
飛蓬響卧者疇能識伎倆吁嗟艇斷百思想

和江心止見懷之作

湘紋七尺下虛門曉鏡常時爲雨昏高柳陰濃遮去馬安榴
花好待清樽一聲河滿空腸斷千里襜褕有夢存何日小虹

橋畔路與君同看遠山痕武陵有小虹橋大虹橋

長日五首

長日都將麯蘖埋黮然惟自惋空懷御無天幸三季夢生有人形七尺骸南部烟花成阻絶東園孤悶費衝排那能林墅消殘劫葵扇綃巾稱竹鞋

率躁文人久見嫵都將歡笑付清嚴彩雲歌罷留團扇畫燭風搖蕩小簾罳似青羅全幅碧何曾厓審十分甜辛勤蛛網饒功業訝許飛蟲着處粘

嘲喙生憎語亂咙幾番蠻觸閂矛鏦三更陰火隨波去一片

心旌為俗降笁惠詩惟吟馬屋處宗談合傍雞牕却憐樂府歌成後白紵仍裁節〻雙佛影飽廚笑忍饞分畐栂戰尚諵〻癡雲漏月白于水弱草當階青似衫舐咼漫誇丹大小攝九虛憶味酸醎忩〻萬變圖中過懶更投書謗木函藤蔓新添刺眼梢湘簾深下避譏嘲未應温嶠觥行酒尚有桓譚不賣交夜雨滴殘圓木枕春風吹斷獨絃匏鼠鬚栗尾枯來慣一幅重抄蠱上文

榮落一首用華字韻和王西巖號慶生

縈落原無定如何似舜華新聲停北里歸夢失南車墳爲留

蘇小詩應唱鮑家傷心大隄曲一樹白楊斜

雨中集學山書屋分觀字

坐雨仍離席傳杯續古歡時將南回省試前期分手易良話古心難

喧寂歸泡兮高卑得靜觀片雲渾未過長嘯倚闌干

憶園詩鈔卷之十二

泰州陳燮理堂

河朔詠古雜詩

山公起布衣，不受絲百斤。忘言結嵇阮，雅度何殷勤。歡然八斗酒，本量無差分。客懷託日飲，一為澆秋墳。

嘯臺我未登，嘯聲如在耳。異哉孫公和，土窟自眠起。數語別嵇生，用才有至理。作炭彼何人，宜陽共徙倚。

生涯困二豪，醉過百巖寺。荒臺頌酒德，便作埋憂地。達觀亦不朽，豈以窮通異。君看峴首石，位置良非易。

沙旋馬曲村果木破浇瀋秋槐紛遠陰中空地容席高論元
以來生意成今昔蒼然散古烟斜暘坐羁客

臺庄晚泊

濕雲歸去易黄昏一櫂輕偎水際門山勢迂回盤亢務豫人
烟料峭變寒温迎風蟬葉垂〻下過雨蛙池閣〻諠聞道淮
東年榖賤貧交誰與共清樽

六月三日夜泊淮陰夢中得四十字似是詠虞美人花者録
之

垓下楚歌聲君王死別情可憐王階草爭傍戰場生

〇秋日過浴沂亭奉懷韓次山先生以大雅扶輪小山承益爲韻分得山字

荒亭出寒淥敗葉圍元闗穿籬度略彴倚檻聞崢琤潺豈無舊桃李但見新茆菅及兹秋氣悲每憶春風閒濠梁一千里淮水波漩澴牽船作學舍釃酒臨華山知莊昔有惠苦孔今誰顔高情緬埏埴别夢仍追攀黄鵠一再擧合并寧當慳

〇同人集抱書樓有懷團大蕉墩

涼風動高館舊雨凭虚榭落葉已在床秋花行繞舍故人久真州離憂屬遥夜談諧感今昔夢寐相艱訝江濤不西歸海

邑看東瀉君留岸工船我厭山中耙如何故鄉月不共樽前
清宵筆良覿誰能期捫心足悲詫
書東坡先生芙蓉城詩後同靜軒桐軒作
芙蓉城主石與丁芙蓉花老秋冥冥多事王生逗消息至今
幽夢不曾醒
東廂樓殿出塵寰十二珠簾貯玉顏博得芳卿陳酒具不須
名字挂三山
往事如雲去不回清流怪石湧疑猜羅襟一掬相思淚便是
人間小刼灰

芳草天涯感慨殊藥鑪經卷戀名姝丹成儘有觀空力不作巫雲一片孤

南唐古鐘歌

黑雲都散軍無壘楊花不花李花喜海隅遺種位置牢伐鼓撞鐘驚海水星移物换餘荒城蒲牢夜吼秋月生有時夜雨雜鬼嘯瓦礫迸落蛟螭鳴剥苔剔鮮露兇怪字畫纖范象圖卦得毋神物堅護持與飯軍鍋常不壞楊行密飯軍鍋在揚州隆興寺君不見周師南下江之湄深宮漏盡夜洵其清暑閣前草不死白甲軍多徒爾為

咏雁來紅同軒静軒蕉墩桐軒賦

一叢秋色意闌珊片石閒階取次看最是晚涼庭院裏夕陽低處雁聲寒

上陽宫裏夢初驚白月光中字影横知爾愁心同杜宇有時啼血到三更

白鷀青楓此一時寥天霜信為誰遲無端夜雨添腥色留取屏風畫折枝

鷩沙常是逐飛蓬小草輸他地一弓鄭重稻粱謀不易數行血淚灑西風

題翁覃溪先生摹勒華山廟碑後同靜軒蕉墩桐軒作

北平學士耆古有奇癖刓苔剔蘚搜殘軼笥河先生手出華山碑如得太白峯頭太古雪此碑刻自漢延禧句奇語重多文辭中郎分法得古意離以史籀丞相斯如何姓字不與袁孫朱張唐王杜蘇並羅列至今郭香〻察之疑議紛以亡新法制殊支離學士辨古多不朽於曝書亭得十九三府集議信前案理察邕無不可我聞季子碑傳疑屬孔筆周宣獵碣雖有徵魚柳點畫誰定誰出瘞鶴云是陶隱君或以顧況資傳聞雲麾失真泥二李下及松雪何紛紜此碑流傳至山史

一轉飆輪屬黃子筍河寶之不啻劖里五鳳二年甎甘泉片瓦一彼此昨過大河走懷孟濟豈碑幽且夐百巖臥石繫武周（武周時獲嘉朱四娘為女造浮圖銘石在修武）錯落明星迸秋靜縋幽鑿險百不窮摩挲徃々嗟臣懵安得學士一々盡摹勒更與金石開鴻濛

讀史記列傳分韻咏得張耳陳餘同靜軒蕉墩桐軒竹湘作

鹿走中原大蛇死亡命紛々盡名士只今知門者今里中目迷不辨餘與耳購耳千金餘五百翻騣俊傑歸廝役収燕畧趙本常才如何恩怨相誅責襲耳敗耳嫉平生類耳之頭為發

兵橫尸泜水報何速乃知刎頸非人情嗚呼外黄父客真豪
舉同時父秉亦奇父名譽雖高如糞土惜哉章兩富人女

東宫丈荔圃

經訓真成衆說郛倘然學古陋暖姝禄非南郭竽烏濫田似
東坡硯欲枯繞舍秋花虚酒具打牕寒雨索詩逋明霞翠柏
休相詡輸與先生得故吾

曾共鞭絲古道傍燕南趙北暫相羊（戊戌與先生同車北上）醉餘李白
留三帖興到曹唐詠八章橫海無緣供執轡凌雲何處叓寨
裳不知郭隗臺邊路又種恒春樹幾行

蛩駏相依仗素心，一鐙古屋對宵深。（謂雲凋昆仲）探奇屢載劉芬酒，識曲常推薜滿琴。過眼流螢將草並，摩空老樹作龍吟。漢陂兄弟寧常賤，恨少淮南贈藥金。

白鷴賦罷暫勾留，暮雨沾衣我亦愁。（予與先生前俱客邗上，今則南北各天矣）鴻爪迹分千里路，刀頭心折一天秋。幾番蛩夢來空館，無恙蛛絲挂小樓。可惜年光似蘋轉，霜花滿地又星郵。

題抱琴圖

我昔學琴師寶月，七里湖光坐小舸。（曩與寶月師彈琴湖上）歸來雁堂對清夜，裏衰柳低垂桂枝辮。天空微雲絕滓穢，斗轉寒芒自撳播耳中虛籟時泠〻，市上闐闐塵辟瑣〻，風掣（馳）電擊十二年往事丸流石飛火昨過大梁謁鐵佛有僧長眉坐印可五聲頗亦得真趣十指何當煩智果浮邱道士歎亦精邱壑中間藏婐妮黎陽信宿負山靈交臂無緣由懶惰此圖此境不易得江上愁心吾喪我多君馬稍吏清談風韻差同柳雙璅

邗上晤鍇堂

佛鼓報黄昏，連床慰旅魂。驚風吹永夜，愁眼對清樽。亡食詩書賤，長征雨雪繁。憐君苦由後，淚盡到無言。

大柳道中即事

事怪機常早，天高問亦難。遠峯藏瘦日，陸地走驚湍。覆轍歸荒乡，勞心自控搏。何須因得失，便作塞翁看。

夜過盤山

月黑沙無色，天低雁有聲。山形盤屈氣，人影作蛇行。志豈風雲壯，時當性命輕。長涂渾未識，小憩聽殘更。

雨中宿紅心驛

霧隱山南豹雨昏驢背人蒼茫天意遠犖确石角痕新舊夢
索乖絃索驚魂共驛塵金鞭渾未斷努力事艱辛
漾梁途次別沙隄時沙隄將之河北余即由臨淮赴豫
川途七日與子偕蹇驢破帽當風霾我愁子病無好懷呻吟
久已忘誹諧逆旅主人待子久徹陽應許舒根荄青雲自共
飛鳥病白日豈與荒山埋而我豫北一千里薄裝復此臨清
淮昨宵莊叟夢為蝶茲晨庚果盤堆鮭酒酣分手淚如綫浮
生念念嗟睽乖岐路方多慎三折豪氣未盡軒百骸何能役
役學兒女瑟縮兩角廬如蝸

夜宿臨淮念沙隄不已

長淮風色惡吹予若弦雲愁聽南飛雁哀鳴到夜分肱折悵途窮衣單憐歲暮思予如寒山一帶傷心樹

曉行

酒醒荒雞唱驚看曉色濃殘星低遠樹野燒入寒空驅犢農工早搘登野古途通殷勤節店裏小市一鐙紅

安昌九日

蕭蕭黃葉下平皋霜序驚心首重搔別路雲川原虛對酒時方

送悔斧先生南回 異鄉風俗罷題糕武陟九日無糕菊之饋 長河水落魚龍靜一

遠道雲寒雁鶩勞擬更荒城抒倦眼太行山色上吟袍

冬夜感懷

一片幽憂畫不成冷雲孤月帶霜清樽空懶贈纖〻影曲罷誰憐故〻情小雪光陰新甲子恒河數古先生故園迢遞黄花老別夢無端數驛程

懷虔州舊遊

雲山一夢似浮漚犵鳥蠻花解客愁自笑曾無崔櫓相如何輕忤陸虔州

少司寇述斧先生奉

命赴楚余與王秋塍明府迓於滎澤途次先生留飲行館夜散漏下數十刻先生成七言律二章以示謹次韻以誌惓惓之意

一舸芦城載薄裝師門回首荷恩長辛丑冬謁師於里門留住月餘以先孺人病辭歸匪遑原隰真無恙難泰節容枉自將癸卯冬先孺人下世秦隴秋高開栢府先生服闋後授西安廉使海天秋老坐藜床翩山別有離居感不為吳鉤匣底藏

公望中朝舊逸倫　九霄異命聽重申先生由西安歷職雲南江西內升少司寇分猷藴忽班原峻得士歐陽品獨珍河朔客逢今大令謂烁塍明

限一韻

府

星軺光照小平津，楚天舊雨應相憶，悵觸羈人笠屐輪。

原作 行次滎陽秋滕明府理堂學博枉過寓齋兼以新刻吳會英才集見贈小飲有作二首時刻下十餘刻矣

郵亭日晚卸輕裝，二妙同來話舊長。却喜鬢眉仍歷落，自憐腰脚待扶將。蘅節鐙火追前夢理堂曾于辛丑歲信宿三汊漁莊，闔輔雲山憶對床余在西安與秋塍相聚最久。薄宦羈遊俱未遂，夜闌酒罷計行藏。

吳會新詩並絕倫，挑鐙繙罷意難申。中山郎已宿霜前草，湖海終留席上珍中如仲則東井下世名數年矣。老我馬寧還識道，輸君龍自合逋津。更愁明發分岐處，何日同看月滿輪。

擊磬圖爲王虹亭少尹賦

桐花小院秋聲悄石磴苔衣結青漂幽尋清興坐移時欲借懸黎寫窈窕浮金輕玉不足言湘陰未許誇遊仙却似藍田新採得搏拊一試聲泠然昔客淮南過零辟片石攜来破空碧雅音如在謝家樓不似尋常樂圖拍別来十載思洗東披圖髣髴雲烟中青琴離俗宓妃治輸渠纖手含春融八琅之璈和且平擊金鼓簧吹玉笙九天鈞作歌元靈乃以中矩推范成羡君得此掃塵滓坐對明牕剪秋水客来莫許泗濱友熱場聊用備清耳

夜思

閒繙故帙引盃長抉月光虛抱曲廊會過罎爐春尚小吟成冰柱醒而狂三生沁水情蕭瑟一別梅花信渺茫回首園林畦畔綠何時聽雨坐繩床

正月六日王秋塍明府招同毛沁浦吳嘯鶴王西巖集飲分詠案頭香櫞得別字

官齋肅清品草木狀殊絶枸緣出苾香烏皮自陳設不速來三人刻杯共怡悅金樽與翠斝邀若塵土媟緬昔考佳果山海競稱說椰樹子則大栟櫚遜〻可傑纍〻如寒瓜皮麤更膚

裂磨勒邑清黄鬚髮紛㸃綴縱㠯海梧香莫覓鸚鵡舌竭来感蘭時吸嘘對庭雪草堂詩尚羈梅谿句久缺新詞誦清幽軟羅向非拙目迷認壺甘豈識紅蕉別況乃蜜甯呼朱欒混優劣琅琊令循良箋釋辨柄栵門市心自水供冷腸偏熱何當續爾雅更為廣字說遠致大秦種十五力不竭珍味誇賜助雕鏤類綿蕝阿嬌絡床頭輕絨互牽挈搓蠟忽遇圓勻樓那用熱笑彼花木瓜胭脂易銷滅

正月八日毛沁浦招同王秋塍畢硯山王西巖即席集詠盆中小梅分得樹字

薄遊江國遠佳會靈辰度朝來走赫蹄復此得良晤清防障
徹壓白石伴芳樹光緣帘帳生香借書帷護聚悠然坐空山
忽若傷遲暮春月初成輝輕烟澹相護美人何時來華年已
非故抱琴希太音邀留忘前步醉餘尋舊夢雪滿清溪路

王秋滕明府招同張船山太史集飲署齋即席贈船山即送
其歸遂寧

清望常居右族先雄才聊以正聲傳送江入海身如寄卧酒
吞花例得仙玉宇高寒燕樹遠川途迢遞棧雲連東華舊雨
關心甚珍重洪崖笑拍肩（謂洪稚存）

孤賤逢君感易深候蟲時鳥尚微吟三更未醒前程壓夢一寸難灰故帝心斗柄低垂天黯黯奴花輕舞晝陰陰他年定簡王明府蜀雨江雲別思侵少陵重簡王明府句云江雲何夜盡蜀雨幾時乾

船山太史行次孟縣郵亭寄見懷之作即次元韻

歌哭無端別後情不緣標榜博時名河當曲處常千里山以英呼是再成秦樹迷離春後長棧雲重疊馬頭生遥知雞黍留賓日定爲羈人感宿酲

王稼洲吳嘯崖過訪寓齋越日書贈

槐廳六月晝陰濃坐嘯真成角兩雄稼洲嘯崖同寓秋塍明府署中達論幾

酋推季重醉鄉令復見無功聯吟官閣三更雨夢繞江帆一掌風却喜郎官王濬高義在仙才應鷹秋休吏怕樊籠

夏日感懷二首

州府無端作比隣兀然吾自率吾真壯懷夢裏銷長日東野詩中見故人望去雲峯空復爾調來冰水暫相親名香夜夜燒銀葉不向形山證夙因

如此鬢眉悔壯遊蕭條生計等浮漚海邊樓阜皆成市天上星辰解寄愁入世秪須妝半面談經何必羨長頭池魚籠鳥無窮恨會遣閒居歷九秋

秋塍明府量移商邱書此以贈並誌別懷

莊惠相知見素心河濆風景入長吟山橫廣武無天遠水下銅覲接地陰杖策荒途仍故步鳴琴暇日自清音闗情只有潘懷縣夾道雙槐對盍簪

野馬駸駸切太虛湘簾深下放衙初三川金石明誠録一代河渠子長書余與秋塍同辨懷郡志書秋塍於河渠金石兩門校訂尤精紅袖爭誇官燭富碧牙誰道史才疎餘紛朱墨隻字何曾辨帍魚

灘水縈洄迓旆旌泥人資格尚專城才名高挹唐中葉吏治平分漢兩京梁苑樓臺悲帝子夸門家世重侯生官齋別有

閒功課紅豆新詞擘鋅成秋塍將以詞鈔付梓
幾番欲語怕雷同陳迹都隨俛仰空竹箭東南餘數子雲龍上下逐羣公無聊歌哭千年後不盡寒暄一瞬中他日相思憐舊雨郵亭應許寄詩筒

和吳嘯崖留別之作即送之商邱

河壖同僻左官閣此栖尋懷古思嵇阮論文及瑀琳夜遊渾似晝舊雨不殊今密坐逢吳質浮瓜過午陰
憶與王明府搜奇訂謬譌芐生仍號芑爾雅芐地黄本草云一名芑按武陟産此瀾大本名河慧業雲披錦前身露點荷踈簾清簟畔時愛酒

狂過

榿影侵階上，榴花照眼垂。耳頻箏笛洗，腸且漆䵷醫（漆䵷見後漢書）。

搔首暮初落，論心席屢移。登樓多暇日，還與仲宣悲（謂稼洲）。

渺渺金隄外，迢迢泌水分。不歸常送客，有夢定逢君。草長来時路（余于己酉冬來稼道經商邱），峯寒別後雲。太行應我伴，獨立對斜曛。

疊前四首韻贈稼洲即送之商邱

諸王門第重，羣從自招尋。竹實常儀鳳，崑虛舊產琳。狂来寧作我，歌罷忽傷今。水北山南地，清言共夕陰。

敬仲書重訂，房劉注不諱（稼洲以其尊人惺齋先生所述弟子職補注一篇見贈）。五雲

飛片石一濟貫金河往事金溪月稼洲幼隨任閩之將樂縣新詩鄭懿荷
連以清暑集烌滕署墨花仍我贈海嶽未應過稼洲工行草書得海嶽之神
小劫風輪轉空階斗柄垂名輸花縣遠謂烌滕明府渴借酒泉醫
燕影憐秋近蛙聲逐水移焚香占旅處蹄笑總成悲
江國無書到鐙花落夜分揶揄憑路鬼要眇憶湘君暑氣仍
焦石愁心欲化雲生憎隄上柳只解送斜曛

七夕詞

湘簾低捲露蝦鬚沉水香初暖鴨鑪無限晴絲牽屋角可憐
天巧讓蛳蝓

手倦拋書有夢通陳言務去我何功蠹魚衹食神仙字曝腹
真宜笑郝隆

萬刼歡緣豈有涯絲情如水思如麻癡兒不了公家事閒看
風前吉慶花

靡蕪一道隔閒坊曾記雙眉閏畫長靧面桃花藏未得如何
輕學內家妝

萍生爽死自年年案户長河本竟天莫以方言輕爾雅隱君
原不識寒蟬

長隄官柳碧于蘿泌水波光接大河指顧彩虹隨浪去輸他

靈鵲奏功多
兔月手鐙取次來一樽才足伴書媒飄零舊雨如星散難得
樊川笑口開
兩度花時不肯歸幾番清夢落巖扉穿針樓上纖纖手又趁
西風曝客衣
長路籃輿逐水居泥車瓦狗付兒嬉華年冉冉成虛擲愁和
居安八夕詩
蒲弋莊瑩感未休畫屏無睡思悠悠苧蘿風裏愁多少自向
涼雲賀立秋 初九日立秋

安昌秋日嘉禾徐梅崖以所得畫團扇吟秋圖見贈率成長

句

湟潦生苹雚葦莠織女東向旦懸斗羈人倦枕自清夜夢涉天河酌天酒雲錦斜撦拖一千尺濯向澄空電光走周遮兩道歷江津縈拂鬃星作蝌蚪天孫為我置懷袖便與支機同不朽夢中快意醒失之却似邱生逢郭叟徐熙妙手闢生面眼底（龍眠）吞八九冰綃一幅寫吟秋力軶銀潢洗塵垢吁嗟漢宮三十六螺髻蛾眉記誰某炎涼自爾易朝夕謠詠何曾識妍醜婕妤五字勝長門那有千金為人壽秋聲滿空月在柳燈

熘昏黄破牕吼寒螿蟪蛄辨不得爾雅喃喃尚在口輸與隣家兒女子目送流螢坐衣久

午夢

午夢初醒晝漏稀長廊衰柳尚依依風高未敢推鷹健社近真懸送燕歸萬點蒼山杯酒在一絲清淚昔遊非棕鞋桐帽憑誰贈韋負江頭白石磯

諷咏　大老數番止體明潔醇雅大歷諸子間

詩王屋〻自稱古體直有歸羲之宗旨而

近材古雅在於深厚但寥游南北所接名流

見了　先生曾向馳者指示多在吾邑寶樓

文獻之邦今復覩此先秀山川生色

學弟宮增祜拜跋

憶園詞鈔

（清）陳　燮　撰

《憶園詞鈔》二卷，清陳燮撰，據泰州圖書館藏舊鈔本影印。

陳燮有《憶園詩鈔》，已著録。

本書收録陳燮詞七十餘首。陳燮工詩，聲華籍甚。其詞亦頗可觀，如《醉公子》：『簾捲昏黄夜，明月如鈎挂。横笛一聲聲，輕排七點星。舊夢難重省，風動花間影。人去鬱金堂，依然玳瑁梁。』

（周　忠）

憶園詞鈔卷上目録

水龍吟・邗江客感

沁園春・詩牌

又・酒令

踏莎行・元夕録别

南浦・揚州旅次别潘沙隄之江右

念奴嬌・陽武道中過博浪沙

臺城路・過逆侯故里

念奴嬌・懷宫詠古

水龍吟・修武車中望禪陵

買陂塘・書伏羌紀事後即懷楊蓉裳州牧

西湖月　紅橋秋泛

奪錦標　雨夜

賀新涼　哭賀春臺

長亭怨慢　哭顧小謝

一寸金　舟中感懷

瑶花

水龍吟　曉渡彭蠡湖

霜葉飛　登滕王閣

水調歌頭　中秋月夜青溪舟中即事

好事近　玉山道中

二

又

又

又

金明池 龍遊舟中秋興

陌上花 吳山晚眺

驀山溪 吳江舟書所見

安公子 耕餘堂感舊

淒涼犯 哭張海初別駕

浣溪紗

攤破浣溪紗

琴調相思引春暮

清平樂

木蘭花慢任城登太白酒樓

三

憶園詞鈔卷上

海陵理堂氏陳燮著

解連環 梨花

玉容輕露正溶溶夜月巧遮低護問怎生勾引黃昏便烏帽含香碧裙籠素舊夢淒迷記銀井雉雕宮樹帶雨為雲尚憶遊處　青旗酒沽芳渡恰藏烟節近寒食才作看淡客移向江頭有趣畫邊鸞折枝梁緒萬斛春愁渾不解閑門何故試銜杯寂寞院落為伊小住

洞仙歌

盈盈十五記鬟梳初倣獨立閑庭夜涼早恰才攜素手

一

寄訂同心難忘悄去呼　山北山南親到　佳期常是誤
一點秋鐙寶鴨熏鑪篆香裊聽點屐聲輕細步蓮花又
誰道畫樓人杳漫新譜翻成待伊弹更幾度沉吟曲終
霜曉

又

花朝才過看風箏墻角燕子飛来畫屏曲訴形相色授
暗訂星期憑養娘重把紅絲添束　空囊憐趙壹翠柏
明霞擬換藍田一雙玉贏得大齊環伴以鴛釵便勝似
赤繩羈足問何日香車六萌來把帟帳梅花作成金屋

又

窮陰朔節歎關河淒緊霜裏征車有誰並怕歸期已迫深鎖葳蕤何處覔縹緲孤鴻飛影　風裘初卻後撲面蛛絲難得沉沉夜深飲騃女與癡兒真箇何曾渾不似楚臺情性怪此際銷魂有誰知剩一枕珊瑚淚珠冰冷

又

燕臺迢遞望青鸞音絕屈指年時黯然別恨結㡽絲綢量少明珠葦了五十絃調瑤瑟　傾城難再遇送得窮無廿載回腸幾幽咽宛轉記雲蹤湘管空拈怎銷卻半生華髮縱今夕真真夢中來已不是當時墮懷明月

百字令　文選樓詠古　二

六朝文物算蕭梁留得青宮故帝監撫餘閒非暇日俛仰辭林千祀孝穆扶輪子山承盖一樣推家世淵源沾溉六臣書部而已　遺廟故國蕪城樓閒曲巷鐙火明初地落日寒鴉飛不盡颯颯靈旗風起叢薄紛依孤蓬自振文藻悲前事焚書何故湘東秦政無二

臺城路　秋雲

長空百尺羅紋細西風暗吹晴岫雁背寒生魚鱗影麼早是霜花時候星疎月漏更膚寸須臾白衣蒼狗為問天孫幾時織錦颭珠斗　流年暗中換了悵亭亭車盖凝盼搔首遊子歸無佳人来未贏得泬寥依舊參差賦

就待木落山高，滿攜雙袖，怡悅如斯，贈君何所有。

望湘人　江聲

問靈潮萬里，呼吸自然，幾時天與悲壯。九派滔滔，二分漭漭，日夜長風吹浪。騁馬喧沙，瘦龍吟雨，添他悽愴。過舊時、朱雀桁頭，寂寞空城相向。　孤艇乘秋獨放。聽崩騰東注，百川神王。奈寒渚蒼葭，分付客愁休忘。去呼湘靈，不見漁歌猶唱。似此蕭森，無兩更，喚起極浦征鴻一片，寥天哀響。

點絳唇　三

月午星高，碧羅牕外金鈴動。夜長誰共，一枕荒唐夢。

紅豆年年只把相思種音書空雁兒無用落葉和風擁

水龍吟　邗江客感

霎時容散虛堂凍雲千里天如墨僵魚定雀寒光冷片淒迷無色廿四橋邊十三樓外斷腸江國把歸雅數遍暝鐘聽過知今夜情何極　説甚冰凝石泐這煩寃待誰推測鎖鄉斷缺蕙蘭摧折淚痕沾臆如此年光牢愁萬斛怎生消得拚床頭酒盡長歌達旦任霜風逼

沁園春詩牌

音可為書字亦成林詩焉用鈔看瓜分豆剖從伊對仗絃更轍易任爾推敲如蟻穿珠同狐集腋疊韵雙聲似

漆膠吟成後認，携來活板巧奪開雕。中年餖飣全抛，更蘇蕙迴文讓寶滔。况媧皇鍊石拳芀不易，將軍聚米粒也為勞。換羽移宮，偷聲減字，風雅全憑智數操。仙才少，任元輕白俗，瘦島寒郊。

又　酒令

歡伯初封醉有眞鄉，糟邱自營。倩朱虛作吏，酣將起舞；寛饒入陣，狂亦常醒。星可為旗，泉眞是郡，部署須推阮步兵。邯鄲道，哭圜因魯故，短夢難成。平原十日休驚，且挈榼銜枚自在行。怪樽前射覆，詼諧不武；歌時擊筑，慷慨徒形。烏有先生，青州從事，仗斂誰能讓麴生。投醪
四

美更河流一掬借助軍聲

踏莎行 元夕録別

雪釋沙輕雲低星亞踏歌聲裏征鞍跨一年明月打頭圓誰知却是銷魂夜　江國詩盟河橋酒價忩忩草草遭譏罵東風空做有情天可憐夢斷梅花下

南浦 揚州旅次別潘沙隄之江右

沉沉夜雨帶寒潮風送可憐聲況是床頭蟲語嗚咽不堪聽準擬今宵無寐話天涯十載別離情剩一樽清酒與君同醉歌哭有誰評　此去上遊九派挂征帆千里意屏營回首淮南江北紅樹短長亭老我半生蓬梗讓

歸鴉萬點過煙汀問酒醒何處玉鈎螢火憶星星

念奴嬌 陽武道中過博浪沙

景曦門外見貞珉三尺巍然高峙博浪當年爭一擊憑弔留侯遺事滄海何人金椎宛在大索咸陽市副車無恙驚沙飛渡河水　應笑亢督圖窮荆卿匕見疎脱真兒戲夜半橋邊書一卷亾命依然名士閣左狐鳴江東虎嘯瞥爾闌風起銷磨豪氣歸來從赤松子

臺城路 過曲逆侯故里

如君豈合長貧賤昂藏不因年少匿跡重瞳歸心隆準疑謗幾番潦倒論功非小算六出矜奇白登尤妙馬邑

五

龍堆臙脂山下陣雲繞　至今里傳庫上有殘碑當路
欹側碑帽燕子來初梨花開後社肉幾人分到冬冬鼓
早賽孺子英雄千秋遺廟斜日荒村飢鴉翻樹杪

念奴嬌　懷宮詠古

美鬚眉者是千秋亭外中興帝子駐蹕懷宮成大業烈
祖神宗初祀九縣飈回三精霧塞百戰群雄避真柔文
牀止戈之武如此　難得鉅鹿彊宗東光列爵歸命依
河漢青犢連營爭雨射人說將軍敢死墮馬當年銜枚
此夜義發誰能似奉符同舍懸臾終借甘餌

水龍吟　修武車中望禪陵

如何四百炎精只餘一片山陽土舟藏竟負畀輕終棄劉賓曹主永福臨觀太倉量試聰明無補恠平津螢火星星光熖渾難遍崎嶇路　濁漉城邉延佇剩樵蘇幾家煙樹中宮涕淚夫人封號當塗見女草緑荒途沙崩古岸夕陽無語悵駈車結客五陵裘馬盡傷心處

買陂塘　書伏羌紀事詩後即懷楊蓉裳州牧

閲書生棄繻焚硯立功邉塞能幾量沙聚米談何易如意指揮而已君則豈看擔守當亭倜儻負名士飈回電駛更倚錙朱園伏羌西南山飛書長武述菴先生駐師長武蓉裳於圍城中以長牋寄達暇整有誰似　淋漓筆灑灑千言紀事冰鱗霜雁

六

同寄盈川彭澤雙鋒並南北中央分峙（同作為會稽者陶君午莊華亭楊君寶山）頻屈指記日下騷壇旗鼓爭牛耳秦川沁水慨萍梗東西雲龍上下今昔一噓唏

西湖月 紅橋秋泛

江干卸了征衫又一櫂西風盪開秋碧露汀菰影晴沙石髮暗潮輕拍珠簾低畫檻似怕共黃花鬥標格便付與嬝嬝婷婷辜負者般香色　驚心廿四橋頭記白玉調笙紫雲橫笛夕陽樓閣鶯情蝶思剷痕蘚迹樊川春夢覺更中酒心情非曩昔只贏得禪榻茶烟鬢絲蕭瑟

奪錦標 雨夜

宫燭紅銷奇香緑結玳瑁屏開鐙灺點點空階雨滴高促壺龍亂駈簷馬怪西風底事把新舊愁飄灑心猝難禁悄冷尖寒坐到歲殘初下　休問淮南米價故國浮雲一片離憂悲詫點數荒唐生計盡鼠肝蟲臂犬陶雞瓦撫新涼枕簟甚芳魂褰裳傾瀉儘無眠四壁蟲吟敗葉窓櫨敲打

賀新涼　哭賀春臺

燕市銷魂別正廬溝緑添宮柳白餘晴雪釃酒金臺多舊侶倜儻如君誰匹況鳳沼君家舊物張翰樓謂蒓顧榮子謂文爭把袂算司空標格多奇特千古事寸腸熱　闕

七

山六載音塵闃痛無端藏舟亡壑風流消歇擊鉢聯吟成想像素旐依然天末仗弱息支持門閥（君一子爲余婿）老我飢駈江上路饜愁心一夜生華髮秋淚迸暮潮咽

長亭怨慢　哭顧小謝

詫無端罡風飄忽寶玉光沈桂林枝折曉月當簾暮潮迎雨助悲咽眼中吾老誰似汝江淹筆便會得修文怎又是君家碑碣（小謝尊人文子爲予同譜辛丑成進士後旋没於天津）嗟咄記秦淮水榭藥裹爲君親挈（戊申同客秦淮小榭病甚）山川六代尚憑弔暮雲城闕灑別淚遼海秋高更誰道人琴都絕縱曾酒忘憂難解回腸千結

一寸金 舟中感懷

帆轉茱萸，十里煙波近城郭。恰楊緑堤上，柔絲初裊，紅梅墻角，殘英猶著。春信和愁約，東風軟、悄寒又作。郵亭外、席帽氊車，十萬輸他更騎鶴。　老去樊川，華年如水，多情付羈泊。念酒旗茶鼓，都成舊夢，書棚佛幔，空辜前諾。形影同杯杓，傷心事、八行漫託。思量遍、騏步梟飛，為誰成大錯。

瑶花

環榴臺上，百鍊金鐶，記纖纖親贈。吹花題葉，經幾度、雲母屏開秋瑩。水晶簾捲，頻刻飾、朝來粧靚。最嬚俏、宮樣八

鬟梳手把玉簪輝映　十年梦斷璚簫悵板渚荒寒螢
苑清泠雙針何處只一點未去蓮心厮稱前塵如梦有
明月二分相證知甚時夜雨青鐙細話别来愁病

水龍吟　曉渡彭蠡湖

大江迎我西来片帆席捲波千里蒼茫夜氣匉訇雪浪
宫亭湖裏聞説湖中風分南北神靈游戲儘盤渦轉谷
淩濤奮蕩吞雲夢差堪擬　曉日掀篷心喜好秋光水
天無際荆楚煙飛匡廬峰列山川如此井底蛙鳴空中
鴟嚇不知許事且臨流酹酒横吹鐵笛唤龍魚起

霜葉飛　登滕王閣

長天秋水連空濶扁舟初泊江渚暮雲樓閣敞虛空檻外低平楚吊帝子當年歌舞三王文物皆塵土只落霞孤鶩髣髴是西山西去一幅箋素　即今夜雨魚龍春風蛺蝶登高何者能賦馬當神力縱憐才誰更相持護且率意依依延佇驚鴻知否鄉關路算稻粱謀先拙莫向霜前商量愁緒

水調歌頭　中秋月夜貴溪舟中即事

千里掃纖障涼月照平沙飛来江上孤艇小泊近山家二十四巖慫慂十五洞天村落桂影一般斜舉酒酹銀漢今夜誤乘槎　邀鶴舞選鷗夢靜無譁冰清世界微九

雲焉用苦相遮談詠共推同輿邱壑從吾所好搔首髮鬖鬖聽罷紫雲曲忘却是天涯

好事近 玉山道中

抛却玉溪舟便趁傒輿行矣解事西風相伴入亂雲堆裏 哀蟬落葉一聲聲銷魂黯無語小憩緑蘿墉角有青帘挑起

又

茆店簇秋光人帶峽雲飛出描得雙蛾如畫是初三新月 盈盈皓腕潑松蘿魚眼尚輕沸吹送一般蘭氣解相如消渴

又

炊影暮煙中斜日無言西下薄醉鴛鴦杯小照花枝低亞　衣香簾影暫徘徊芳心自疑訝半露弓弓雙鳳襯石榴裙衩

又

歸與酒添濃一路折殘衰柳柳外亂雅千點過江郎山後　行滕十樣小蠻箋閒情寄誰某且付旗亭新部借雙鬟香口

金明池　龍遊舟中秋興

沙觜鷗来汀滑鶴去夾岸篔簹千箇雲鬟小巖開新婦十

太平寰宇記龍邱山俗呼為新婦嵓更三疊峯巒婀娜山際有巖名三疊啓湘櫺一片秋光似舊日南浦西山經過客秋此時正南昌之贛州由聽倚櫂漁歌入林樵唱伴送斜陽輕舸　欲換荷衣渾未果嗟旅客貧辛征衫塵涴朱顏改狂吟似昔金縷唱醉眠無那念遭逢月冷波荒尚耳後添風鼻頭餘火況此去湖天生成烟景且自安排令我

陌上花　吳山晚眺

吳山小立支笻長嘯振衣秋晚伍廟千年樓閣暮雲零亂一鈴塔上聲聲語喚起怒濤飛濺歎蝸紅蕩紫斷碑空記趙宮錢殿　計煙航泊處登臨未倦蘚逕松寮幾

遍解事西風吹送木犀香遠凭闌薄醉餘杭釀衰柳啼
雅相伴問今宵酒醒霜高月瘦客懷何限

驀山溪　吳舟江舟中書所見

一枝柔櫓搖向菰蒲去纖手挈金樽更依約鬟雲鬢霧
瓌姿天付魚深潛鳥高飛倏忽轉芳杜　青衣何故蝺
僂憐同賦生小誦靈光肯自許樵青裙布佳期應悞楓
葉落吳江一回首一傷神為爾悲遲暮

安公子　耕餘堂感舊

荒逕添新綠年光轉眼悲華屋青粉牆還看一帶枯梅
折竹廢沼萍乾敗葉閒翻覆揭畫簾拂面蛛絲蔟只舊

十一

時汲燕收拾殘香同宿　屈指驚心事虛堂鐙火安書
簏卧酒吞花經幾度歡場徵逐多病長愁瑣細關歌哭
佳日少零落非前局問故人何處潦倒長沙賦鵩

淒涼犯　哭張海初别駕

梁園客舍燒官燭清談不厭孤賤筆床硯匣苔殘玉玦
鬥香比艷嘘枯未倦世態由他换面悄難忘劉峻論鄭
重别真贋　書到嶺頭悵君去三秦轉蓬零亂一朝風
燭便高張夢魂都眩素旐荒寒只望留得西華相伴望
雲山撫臆空教淚痕潛

浣溪紗

一握輕雲着地初燕支北地黛南都廿年前是十三餘天上星辰憐昨夜春来風雨悵今吾澹煙沈水博山鑪

攤破浣溪紗

素艷新香不點塵銀塘時見雪宮春欲借石家雲母幌護花身　豈有連城輸瘞影漫從九畹認前因記得白霓裳解處隔簾聞

琴調相思引　春暮

帶上花開酒易醒腮邊香落夢難成幽紅餘馥分付小金鈴　流水一灣無意緑好山千疊斷腸青誰家雙燕

十二

歸畫去冥冥

清平樂

一言一盼寒燠無端變荆棘雎黄君自炫我是嵇康性嬾　休嗟荃蕙成茆小才争重瓶筲閧説岐王座上有人歌欝輪袍

木蘭花慢任城登太白酒樓

吊青蓮去後問仙客幾時來但雉堞高寒酒樓聳峙風月無猜憐才四明賀老對宫袍曾此酌金罍一醉乾坤易老千秋胷次誰開　安排海岱入銜杯星斗落天街讓飄然白也清新俊逸跌宕吟謳悲懷世人欲殺算知

音有幾共談諧只合抛除塵網論文了却生涯

憶園詞鈔卷下目録

一

扁舟尋舊約寄懷江心止

琴調相思引

行香子

百字令題伊霞村夫人花間獨立圖夫人為畢
秋帆尚書蓮室

摸魚兒題歸舫載花圖為黃立之賦

念奴嬌題徐竹湘詞鈔

金縷曲和劉錦莊見贈之作

水龍吟和錢申甫見贈之作

又詠磁香人

坿錢申甫同作

彭城懷古十二首

齊天樂 朱陳邨

又 雍門邨

又 歌風亭

又 圯上

又 項王廟

又 亞夫墓

又 陳琳墓

坿錢申甫同作調得念奴嬌

二

齊天樂 石崇別業

坿錢申甫同作調得念奴嬌

齊天樂戲馬台

坿劉錦莊同作調得水龍吟

齊天樂燕子楼

又黄楼

又放鶴亭

金縷曲送申甫

百字令題劉錦莊詞稿後

憶園詞鈔卷下

海陵理堂氏陳夔著

念奴嬌　題劍俠圖

御風何處是空空一種英姿仙骨離合神光渾不定控鶴九霄飄忽拊瑟無靈彈璈未慣甚事常嗟咄回眸秋水倚天三尺飛越　應怪恨只吞聲柔惟繞指巾幗包鬢髮鱗鋏星鐔中夜吼腔血紅翻千疊細碎恩讐玲瓏情性寸寸寧須折振衣長嘯此心分付明月

桃源憶故人

碧雞坊裏當時樹極目紅雲深處記得一枝香霧乞借

一

春陰護　而今又逐東風去髩亂釵横非故回首重重

朱户空綰遊絲住

醉公子

簾捲昏黄夜明月如鈎挂横笛一聲聲輕排七點星

舊梦難重省風動花間影人去鬱金堂依然玳瑁梁

青杉濕

晴沙雪盡香塵起小步印鞋痕舊時芳草新來燕子仔

細温存　峽雲低處花邉曲巷柳外閒門三生杜牧尋

春較晚空自銷魂

少年遊

紅墻東畔東風過處短夢是遊仙才送晴絲又搴飛絮
偏結畫中緣　纖纖素指輕拈衣帶情味在無言綺陌
當時層城此日何處不堪憐

酷相思

六曲屏風吹夜雨聽唧唧銅瓶注似閒話春來香夢誤
春去也人何處人去也春何處　緑遍河陽芳草路漫
譜入傷心句任虀榼梨花深院住不醉也相思苦便醉
也相思苦

和韵　　王　復秋塍

一片殘紅飛作雨似別淚花間注算總被東風芳訊誤
二

歡散也無尋處，夢斷也無尋處。怕到蘼蕪山下路，空賦就、銷魂句。任百尺遊絲難綰住，説不了、離情苦，寫不了、吟情苦。

離亭燕　陸得岺明府卒於都門感悼有作

記挹平原風調，油幕一樽歌嘯。沁水行山從古地，筆底煙雲相肖。壯志未全灰，酒態真成年少。　北顧燕臺人杳，旗鶴為誰迎早。稚子伶俜空悵望，目斷長安丹旐。楚些不成聲，夢逐天涯芳草。

買陂塘

記蘭時、翠鬟輕掠，婷婷初見嬌小。釵光鈿影紅墻角，樓外綠楊低嫋芳信杳乍雨隔雲乖西望空青鳥閒坊窈窱看百丈遊絲九枝樺燭幽恨恐終老　仙源路前度劉郎再到桃花人面相笑湖亭未是尋春晚爭奈雪泥鴻爪才思少抱一片閒情未打相思稿遥天孤嶠頓閬苑書空女墻樹斷十二碧城悄

扁舟尋舊約寄懷江心止

細目舒榥纖腰困柳麗人天氣初長風侵宫燭雨昏書幌幾回倚遍脩廊酒懷悽醉國續殘夢魂飛故鄉衍波牋少金壺汁盡何處畫柔腸　鷗鷺約荒寒非舊日盼海西江北雲樹蒼茫佩瓊晨炤鑪香宵燼醴陵別賦神

三

傷黯然還剩我乍回首蝸廬燕梁埋愁無地加餐兩字空寄將

琴調相思引

一掬寒氷一段雲淡無纖影淨無塵天花飛處出可憐春　有恨不妨陶靖節多情何礙楚靈均美人遲暮清淚漬羅巾

行香子

爐火香纖坐惜丁年怕輕寒思妬羅綿䰟消半臂恨壓雙肩似愁魔似病鬼似癯仙　漏點如籤倦不成眠咲燈花又為誰圓無邉苦海易老情天甚胎根甚夢甚

因緣

百字令 題伊霞村夫人花間獨立圖 夫人為畢秋帆尚書遣室

披圖髣髴是琅瑘湘磬雲和儔侶末了前因巾幘債咲别維摩天女主記雲牋談禪綃帳花骨詩裁與是仙是佛自家久已參悟 聞説九曲萑苻三巴狝兇却避軍中鼓刁斗無聲星夜落剩説尚書雄武樓上燈殘江頭客散石破驚秋雨飛灰千刼人間何限朝暮

摸魚兒 題歸舫載花圖 為黃立之賦

帶煙霞杜家標格前身疑謫仙侶叢鈴碎佩光離合一片露華留取 天付與更泛緑依紅庾杲同延佇倡予和四

汝看酒態淋漓風懷料峭早是忘去呼羈旅　扁舟穩
歸去煙江柔艣秋山遥指平楚螺痕黛影瑶窗裏畫出
雙雙眉嫵應自許恁活色生香收拾新花譜回眸私語
咲葉桃歌成蘼蕪曲罷誰似此情緒

念奴嬌　題徐竹湘詞鈔

金壺餘汁向長空灑去都成奇絶綺語消除除不盡夢
裏頻書花葉烟月揚州文章江左兒女肝腸熱寒潮暮
雨爲君多少嗚咽　應憶擊鼓狂生吹簫窮士心事千
秋揭記拍紅紅仍爾我莫更詞場鐃舌咲或如蠅眼真
似豆淚少英雄血才人本色半生惟剩華髮

金縷曲 和劉錦莊見贈之作

記與劉君壽用劉乂黎語調灑長牋描摹紅袖烏絲寫就戊辰冬為錦莊五十壽前數日納姬同人皆有賀章燕燕鶯鶯移節序翠翠紅紅時候問酒態能中聖否殘月曉風詞絕妙數諸家酷似屯田柳應哭過揚州守　慙余自亨千金帚歎生涯雕蟲篆刻子虛烏有十載東徐官獨冷處處墻污木朽況塵世難逢咲口如此頭銜如此壽累先生代換金龜酒還同剪春初韭

水龍吟 和錢申甫見贈之作

十年春去春來落燈風裏催人老余官下邳十年矣五 邯鄲道遠

挸安國大讓地英少聽鏡無聲染衣無汁算尊無兆只贏得窓前詩云子曰分章句差能了　快讀長篇小草是君家攤旎新稾（宋錢文僖公有攤旎集）　商量萬古料量萬卷幾番歌嘯牧豕公孫牧羊卜式誰分好醜算不如歸去山中月下索梅花咲

水龍吟　咏磁香人

此身非色非空玉皇案吏前生我天人夢鄉烟雲緲縹是何因果一點心清百般腸熱幾番嘘呵且品評聲價官哥柴汝休疑到昆明火　何處安排這個儘無眠芸窓枯坐唐宮漢殿銀塗金縷飛光空過鵲尾鑪虛蓮花

藏遠無端塵涴問春風侍女安排雞舌定何時可

同作　陽湖錢相初申甫

分無紅袖添香怎生料理春眠妥怪伊偏也口含雞舌迴腸似我水綠衫輕鞴花襠窄絳文韈大顛呼小玉好加拂拭切莫遣塵涴芳　生恐良宵易左悄安排箇儂知麼笑吟吟意冷清清地一窓雲鎖七寶奩兒五花簞子斬新縱做算此君只有當年荀令稱他同坐

彭城懷古十二首

齊天樂

六

北連汴泗南淮海徐方九州之一問俗豐墟觀風沛壤浩蕩川原蕭瑟青黄菜麥看流水山村夕陽阡陌古意長流兩家昏嫁幾時畢　閒思長慶句子羡朱陳世世歡會如昔白酒黄雞男耕女織壽考孫曾接膝勞生跼蹐笑宦海名場那知休息歷落鬚眉仰天歌偪仄朱陳邨

孟嘗食客三千耳其中雍門琴最不是高山非關流水羡在宫商之外悲歌慷慨凭觸撥人情抑揚天籟萬古傷心無端清淚向空灑　驅車田氏故里問邱山已矣華屋安在狗盗宫中雞鳴谷口贏得功名狡獪何須驚

骸剩豎子嬰兒任情樵採若箇知音撫桐成一解雍門
郵
酒酣擊筑歌聲起依稀昔時亭長道舊驩然傷懷泣下
萬歲千秋無恙天風駘宕問虎嘯何年龍興何狀習俗
兒童只今留得過雲響　天生猛士有幾歎韓彭族矣
轉增疑謗鹿走中原狗烹末路陛下真能將將孫曾頡
頏有驃騎旌旗樓船波浪瓠子秋風放懷同俛仰歌風
亭
素書一卷成王業千秋幾人如此六籍煙飛羣言電滅
留得秦灰故冢何來孺子是倉海同流韓原國士授受
七

橋邉十三年事自茲始　蕭條徐泗猶昔問英姿歷落有誰得似運策當年崇祠此日狀貌猶傳青史明明磊磊笑漢碣秦碑漫留遺址過隙駒光儘君遊戲耳圯上學書學劍尋常耳英雄自留眞樣卿子冠軍蒼頭特起應讓重瞳倜儻諸侯壁上看破斧沉舟風雲旗仗三户亡秦一生功業此無兩　江東八千子弟更虞兮騅馬終古悽愴渭水都空咸陽草緑説甚彭門下相遺歌慨慷藉一曲神絃與靈來往叱咤暗噁大風終夜響項王廟

彭城城外餘抔土中藏歷陽侯骨亂石如羊荒臺戲馬

一種殘碑斷碣山邱特兀怪杖策從軍蹉跎湮沒回首居鄴半生心事向誰説　嗟君奇計乃爾歎鴻門宴罷空舉玉玦鹿走狐鳴龍飛虎變東井星聯之月蕭蕭華髮問廣武英雄豈關人力七十何求此翁良可惜亞夫墓

飛書草檄枚皋後吾家孔璋而已告倫軍州掊權部曲健筆橫驅吳魏翩翩阮瑀雖然酒同時讓君頭地虎步龍驤一畨高論照青史　而今開品典論吊黄初人物雲散波駛七子才名三曹家法哀草斜陽寒吹秋墳共指有過客飄零此焉揮涕湯想從軍酒酣孤劒倚陳琳

八

墓

同作調得念奴嬌　陽湖錢柏初申甫

建安七子數翩翩書記阮陳雙絶倚馬千言磨盾鼻夜半軍前草檄袁負尸居曹工狐媚庸懦同奸黠箭當絃上輸公此際能發　怎禁春雨含愁春花濺淚春草粘天碧一片莓苔三尺土要把石麟埋没詞客清狂覇才淪落始信依人拙飛卿一往夕陽誰問殘碣

齊奴小子胡爲者倏忽婆娑卿列跌宕南皮崢嶸典午任爾趨蹌炙熱文章浩刼更省騎歔欷叅軍嗚咽碧海

青天乡成樓下緑珠血　回頭林藪樂事有東徐故址煙景飄瞥一帶清渠萬株古陌同否河陽别業遺篇涉獵怪閒譜宫商曰歸心切酒數流傳尚堪酬皓月　石崇别業

同作調得念奴嬌　陽湖錢相初申甫

逶迤城北怪頹垣賸瓦一些兒没當日將軍來作鎮定與河陽相埒怕聽霜砧愁聞風笛况是鶯吭澁桃花開落柳花偏又如雪　試問漆井何存漁亭安在事事都訛失一自墜樓人去後頓爾歌臺減色七尺珊瑚十重錦障絶代繁華

九

歇我來何晚怨春萧怨明月

人間俛仰成今古荒臺幾更年月典午烟銷彭城秋早顛倒炎劉碑碣環山截業更北固南徐遥天空濶虎步龍行寄奴王者此人傑　當年實從倜儻却東歸孔令於此留别皎皎寒潭淒淒百卉風雨重陽時節元黄戰血更轉眼齊梁六朝飄忽五字吟成喟焉傷薄劣戲馬臺

同作調得水龍吟

劉方開綿莊

寄奴王者當興登高追溯重瞳跡千秋門畔佛貍祠下幾番鳴咽北拒氐羌南驅豈衆元黄戰

血看臨臺歌嘯沐猴冠者誰捧此一輪日　草
草元嘉建國倚長城障天半壁金戈鐵馬封狼
問鼎何曾煖席六十年來蒼鷹乳虎有如碁奕
看黄流滚滚擎天一柱爲誰人立
蛾眉珍重黄金賤人間幾番朝暮舞扇塵飛霓裳歌罷
問爾尚書何處蒼涼幕府剩紅粉成灰白楊成柱霜曉
燈殘畫樓雙燕夜深語　詩成鉛泪似洗歎天涯地角
多少情緒妾本餘生公非重色消得清名千古幽懷自
許笑翠翠紅紅不堪儔五詡道泉臺舍人真誤汝燕子
樓

十

兹樓七百餘年矣先生與樓同壽泗水為池環山作障十丈形模依舊文章太守更惡客詩流（王鞏自謂惡客見蘇詩自注）少遊賦手楚舞吳歌風雲龍虎一杯酒　而今千里一曲望奔騰浩瀚沙石馳驟郭外雷鳴沙邉雨濕記得年年重九黄花白酒且懷古登高銷磨髀肉洗耳療饑幾時開笑口　黄樓

壁間一軸煙蘿子山人此焉終老舊隱邱墟新堂紫翠萬木雲龍深窈門前灑掃恰有箇山公與山相肖幾度顛開醉眠歸路不知曉　西山之缺十二對孤亭七尺岡巒環繞異境初開飛光百變留與高人長嘯冠黄履

草歎一記千秋有誰同調載詠歌詞鶴聲聽未了放鶴亭

金縷曲 送申甫

海内存知已歎年來摶沙聚散幾人而已高枕黄流流不盡梦繞錢塘江水看只尺川原如此輸與君家衣錦樹更三千鐵弩飛空起應抹倒章縫士　此行不爲蒓鱸美歎心情無端歌哭爲誰留滯九陌黄塵烏帽倒别有行家容止況天上霓裳盈耳莫認三塲饒吃作論前途萬里從兹始休大息英雄髀

百字令 題劉錦莊詞稿後

十一

男兒壓刼便百千萬轉何時能了十二因緣空即色一片光明誰曉乡忽為花泡原是影梦想成顛倒維摩天女破除多少煩惱　須信慧業文人風懷才子栽得情根早萬古閒愁銷不盡三疊新詞飄緲爪步寒潮揚州暮雨創就招魂藁玉臺餘詠一枝斑管横掃

香草軒詩存

（清）夏蘭 撰

《香草軒詩存》二卷，清夏蘭撰，據復旦大學圖書館藏清嘉慶間刻本影印。

夏蘭，字補生，一字紅舫，號鐵翁。清泰州人。震長子。諸生。

夏蘭嗜酒耽吟，不治生産。晚年境益困，吟益苦。讀本書所載詩歌，亦可見其爲人，如《夏日山中》：『避暑向山中，微凉頗清適。日午人不知，曲磴濃陰碧。欲將山上雲，持贈熱中客。』

（周　忠）

香草軒詩存卷上

泰州夏 蘭紅舫

訪春雨草堂故址

攬轡城西路低回憶鉅公堂開春雨裏花映夕陽中此地湖山勝其人詩酒雄典型猶未遠憑眺想高風

古意

蓮子未生時根在汙泥裏花葉不沾塵苦心正如此

霜信尚遙遠今朝大火流請君試團扇不用理貂裘

少小居鄉邑嚶嚶燕雀聲不上女牀山安知鸞鳳鳴

昨日届新秋今日秋風起灌木猶悲吟何况士君子

劍鋏

嵌空三尺涵秋水七寶裝成仔細看莫道外觀徒有耀此中鋒鍔逼人寒

千金歌

天下紛紛逐秦鹿有人垂釣常枵腹關中亡去復追回漢家天子親推轂興劉滅項歸淮陰印如斗大輕千金記得微時有漂母千金先酬一飯恩一飯恩安足論母有語哀王孫哀王孫此語錯母視信何輕薄君不見古之黔敖長太息有人不食嗟來食

桃花絕句

覥面穠華認最眞紫雲紅拂是前身不教媚子當窗看生怕花枝要妬人

傾國傾城待品題又因喧寂別東西西園晚發東園早一樣桃花命不齊

寄語遊人莫浪攀留他小住伴花闗可憐風雨還相妬不抵佳人鏡裏顏

花底思量一惘然冶遊舊事憶從前玉鉤斜畔桃花塢小別難禁十二年

感舊八首 代

冶遊紫陌正濃春驀見丰姿妙絶倫羞澀佯遮雙雀扇留連遲上七香輪迴眸再顧情先合交臂無言意已親從此相思深似海眼中人是夢中人

臺榭參差曲徑深暗隨去路覓遺簪尙餘花裏金蓮印漸遠風前玉珮音菡萏可能開並蒂丁香須

要結同心通辭擬把微波託碧海青天信已沉

沈郎銷瘦減腰肢客裏茯苓病不支三月音書青鳥斷九天環佩絳雲遲隋奩空貯南都粉漢盞難傳北部脂何日梳頭臨曉鏡水晶簾下遞花枝

遙想晶簾掛綺疏別來消息近何如地名桃葉尋前渡花認枇杷訪舊居悄任涤波三尺槳密通紅鯉一封書烏絲細疊無多囑好景平山四月初

迴廊曲檻見娉婷侍女傳詞隔幙聽蕉葉有心多展轉楊花無力易飄零從夫自可盟初日將母難容備小星聞道使君原有婦一時愁絶倚雲屏

幾番欲別更低回黯爾銷魂劇可哀到掌明珠何忍失出牆紅杏不教開未窺薛女金絲帳先却溫郎玉鏡臺從此蘭橈各歸去冰綃有淚結玫瑰

帳望西樓半載餘凄風冷雨在冬初龍膏苦乏醫愁藥鴻足驚傳痛訣書每欲繡絲藏小像忽聞埋玉動長吁趑趄無地澆杯酒獨立燈前一愴予

依舊隋堤風月清香車曾記見雲英春山淡淡思眉嫵秋水盈盈想目成今日徘徊猶髣髴當年證果未分明玉簫不負韋郎意錦瑟重調是再生

庚申元日試筆

庾信生涯有小園新年瑞色滿庭垣梅開全白如高士酒釀深紅字狀元貧富不關千古業文章要立一家言平生綺語應無限懺悔從今徹底翻

踏春詞

白袷翩翩稱體輕金鞭玉勒出春城天台儘有遊人誤莫向桃花多處行

詠史小樂府八章

文武材兼擅咸寧一代稱誰知左部帥更甚樹機能

周處兵方敗王戎酒正酣自從三語掾天下尚清談

八日洛陽北曾無菽水供一杯金屑酒依舊在金

墉

光熙有都督江漢各安居豈祇纏綿意劉公一紙書

謀國寸心苦吾思溫太眞醉中揮手版錢鳳爾何人

王猛秦丞相張賓趙右侯江東門第盛只解重清流

一代忠貞士爲郎三十年同時游雅輩官爵已居

前

棄官陶處士小隱茅山中大笑何平叔惟知坐論空

詠史

倉皇無計殺江充入諫田郎列上公終是君王憐骨月不然豈有白頭翁

何人首禍結仇讐惟口興戎自可羞累及親朋受誅戮一人姓字占清流

紛紛名亂中常侍大厦傾非一木扶多少黨人盡名士就中吾獨愛申屠

百萬兵雖一炬燒焦頭爛額尚逋逃孫郎只要荆州地不及思量大討曹

不知決策守關津誰是當年帷幄臣迨遞陰平七百里青天白日竟無人

家庭操作同辛苦酖酒先嘗淚滿衣純孝只傳王太保誰知悌弟古今稀

同泰君臣正捨身河南兵已破城圍誰知更有龍光殿佛老原來不救人

年少曾經百戰圍燕梁到處凜兵威如何泣下沾襟日不似前驅負弩歸

春郊

燒後荒原夢又醒茸茸鋪遍短長亭東風笑客頭銜大小草春衫一樣青

喜晤李少白郎賦別

昔年淮上結鷗盟此日江鄉倒屣迎翦燭縱談今古事攀條又動別離情催紅叱撥人千里倚畫欄杆笛一聲知爾前途有知己莫因空橐怨長征

璞玉辭

碌碌復落落珍惜亦何取取彼美在中不與碔砆伍闇然不能彰待價多齟齬岑崧雖光輝過者誰延佇良工負盛名熟視若無覩嗟嗟五都市嗜好同人鼠長使山中人泣涕零如雨

寶劍篇

春雷闐闐夏雲奔白虹紫氣干天閽制鐘切玉無與倫不似豪曹亡其神誰歟鑄者歐冶君名曰湛盧吾所聞齊金楚鐵何足云及鋒而試驚一軍越砥之斂霜雪勻清波之淬芙蓉新用以周防君子身罔兩蹲伏古鬼顰手提直過延平津波光照耀青龍鱗東遊吳粵西遊秦不願報讐但報恩

昭陽婦

婦荒年攜子覓食爲奸尼所誘誓死不從乘間訴於邑宰復歸故里詩以誌之

昭陽婦夫沽酒兒啼飢婦出走將雛覓食老鴉鳴老鴉成魅千里行終風吹人淚如雨刀環未卜刀痕苦一片斜陽照縣鼓重遣明珠還合浦昭陽婦艱以貞古井水寒且清

喜張老董至

未見張徵士聞名已十年無瑕留白璧萬選得青

錢嵇阮風流在荆關衣鉢傳相逢殊恨晚那惜酒

如川

老漁

自小生涯託釣槎消磨歲月老烟波魚蝦水市頻

年賤蓑笠寒江兩鬢皤半世辛勤風浪穩一家歡

樂子孫多晚來閒泊蘆花外齒豁無腔信口歌

夏日山中

避暑向山中微涼頗清適日午入不知幽磴濃陰

碧欲將山上雲持贈熱中客

麴生歌

爾麴生昂然而來氣概縱橫楚楚衣裳頗炫目胸

中惟有酒數升負氣罵坐酒徒耳胡爲揶揄葉靜

能芙蓉出秋水枵腹徒彭亨吁嗟乎爾麴生

鴈影

秋江涵處任西東看不分明落遠空蘆荻波光搖

蕩裏瀟湘明月有無中張羅應作非非想擲地猶

憐字字工顧爾不堪還自顧天涯一樣感飄蓬

鴉陣

點點飛鴉作陣忙參差隊伍不成行重圍古寺千

年樹三匝寒江百尺檣可似盧仝塗墨汁宛然亞

子試軍裝荒原莽蕩無拘束一任盤旋布夕陽

上巳日費焱夫招飲春暉堂

佳辰逢上巳高閣敞春暉貴客青驄馬名流白袷

衣鼠姑迎畫檻燕子入羅幃罰酒依金谷吟詩盡

醉歸

乙丑大水紀事

四月種已布五月秧已栽禾苗勃然興農夫懷抱

開西成轉瞬耳胡爲降此災

浩浩忽滔天水來不可止舟行出田上不由官河

裏田上水何如一篙不及底

農家罄所有辛苦蓺黍稷典質衣與棉又稱貸而

益今朝放水來今朝民力竭

村舍多草屋築土以爲牆土難禁水激草不任風狂汪洋千百里屋覆民胥亡物過盛當殺民風況不醇所以一朝水溺死千萬人嗟嗟千萬人未必無良民

題袁嘯竹澤鴻吟三首之一

大雪嚴風水壓堤嗷嗷無地可依棲那知畫舫猶歌舞小部優伶醉似泥

移居

城北橋西路三間屋甚佳貧家無定宅名士有蕭齋養鶴鳴聲和彈琴古調諧羊求時見訪永日理詩牌

謫仙詞

飄飄絳節下南方雲馬風車鎮月狂曼衍魚龍花底醉不圖人世幾滄桑

贈李梅生

橐筆吳陵半載留少年醇謹似恬侯清吟湖上鶯花夢淡寫江南草樹秋人有奇才皆大雅世無寒士不羈遊卽今海上諸名輩分外交情縞紵投

讀列仙傳

隱隱雲鬟隔畫櫺滿階芝草入簾青冰蠶未老絲難斷粉蝶逢秋夢易醒繡褵明璫殊窈窕洞房旨酒最芳馨如何一卷文書內微妙全非道德經

璧月團團照上方分明玉氣與蘭光風前小檻飛蝴蝶雲裏高籠養鳳凰十二瓊樓春縹緲三千錦

帳夜芬芳升天門戶何由得不爲蓮花一斷腸陳陶

美人寒夜燒香曲

空階水滴銅壺警一天涼月梅花冷燭膩銀盤人未眠禿襟侍女掂香餅八繭綿繩小炷紅雙煙冉冉芬芳影鵲尾金爐石葉溫豐貂軟玉房櫳靜暗中却笑當年人簾外窺韓眞薄倖

苦寒

北風凜冽塵沙飛凍雲蔽日無光輝老梅樹上花

未放圍爐痛飲晝下帷却嫌綠螘酒力淺深怪烏銀火氣微南窗安坐尙如此多少飄零客未歸安得狐裘託驛使廣贈人間寒士衣

西河草堂分詠

孔北海

北海爭傳譽望隆丹心耿耿抱孤忠危劉權已歸曹氏薦禰書猶上漢宮座有清樽知客滿死兼二子嘆巢空可憐慷慨脂京兆不負交情哭大中

謝東山

久將出處繫蒼生偶爾清談上冶城位替桓沖無愧色才方殷浩豈虛名一家棊賭廣陵墅千載人驚淝水兵屈指樂多憂亦少終身常聽管絃聲

曾南豐

頻年外任事征驂劉向文章服晦菴少日聲華開甲第一家孝友過丁男區區亮布宗盟陋卓卓歐蘇品格參獨惜一陰公不辨替他延譽判淮南

眞西山

轉運初登供奉班誰知成犬吠天關十年去國鬢眉改五事匡君涕淚潸解組蒼生猶繫望杜門黃卷不偷閒同時若論眞君子魏了翁居伯仲間

羣玉山館分詠

寒燈

惆悵金蓮願望賖寒檠耿耿畫屏遮留人說劍心徒熱賺我窮經鬢已華爐火同靑催酒盞瓶梅分影上窗紗年來祇覺升沈定報喜無勞更結花

寒柝

圍爐危坐一燈寒宵柝傳來聽未殘遥夜星霜三市靜豐年珠玉萬家安曾驚香夢迴綃帳似和書聲隔畫欄他日雞人待呼旦雞窗無寐已先拚

寒山

欲待春遊春未還行吟爲愛夕陽山松垂綠蔭無凋色梅吐紅芳有笑顔曲磴幾痕晴雪積終年一

片暮雲開相逢若共枯僧話眞個襟懷冷淡間

寒潮

茫茫潮勢湧飛湍莽莽潮聲帶暮寒千里嚴風吹
大海三更涼月照危灘舟中估客停橈語檻外吟
人把火看欲射浪頭奔馬疾恐驚波底蟄龍蟠

香草軒分詠

孟嘗君

年少聲名動四方匆匆聘幣入咸陽出關難免千

秋笑割地能爭二國光彈鋏先生殊慷慨屬車子
弟太輕狂悄然淚向瑤琴墮自古多情是俠腸

平原君

翩翩最是趙王孫世德猶傳冬日溫緩帶輕裘人
似玉吹笙鼓瑟酒盈樽李同死後通侯貴毛遂功
成上舍尊祇恐三千門下客一般碌碌總難論

信陵君

一代人才最上乘西園公子至今稱虛車已載同
讐侶越境能招責善朋留趙國應悲十載却秦兵
要記三徵漢家天子傾心久五戶猶因奉祀增

春申君

桃夏宮前草樹春滿堂珠履會嘉賓萬言全仗懸
河口一死先拚報主身功似葉公曾定楚謀同呂
氏竟亡秦棘門灑盡行人淚未抵朱英最愴神

七夕休園雅集

工部不可作挹翠留山房園林娟檐宇水木蔚秋

芳由來風雅地英英翰墨場茲辰既云美文府炫
圭璋冠蓋集顧陸高詠叶宮商夕天霽晚景微風
澄暮涼言酌黃金卮弦月升清光翹首雲漢上靈
匹濟河梁

鐵筆歌贈徐鶴峰觀

昭陽老翁六十六廿年芸社同徵逐胸羅四代秦
漢文火齊木難三千斛百鍊鋼成繞指柔大笑龍
賓唾虎僕案頭劃石如劃沙石破天驚眞宰哭吉

條意爲惜枝高出手寒

幾日窗前雪不消藥爐茗椀劇清寥彎弧更上桃花馬走過山陰自射鵰

邗江懷古呈伊墨卿先生

隋隄新築碧波通誰道東南杼軸空圖獻瓊花丹陛曉舟排楊柳錦帆風三千殿腳人如玉廿四橋頭月似弓夢裏江都眞個好雷塘應勝洛陽宮

四民無訟到公廳點綴城西闢野坰淮北水從橋外碧江南山向屋中青官栽楊柳朱旂拂妓采荷花畫舫停第五名泉最香冽爲公擬築醉翁亭

黃葉同汪蔚伯袁嘯竹客中分詠

濃陰猶記綠千章九月霜寒草木荒蟬噪漢宮秋慘淡鴉翻蕭寺日蒼涼半飄菊徑分佳色一任楓林炫晚妝家在江南圖畫裏對他每憶舊村莊

葉芩洲招飲即席賦贈

羨君家世本清門涸迹魚鹽古道存晉帖規模王

光片羽世所珍得翁之石勝於玉平生落落迂且顛光怪陸離駭世俗睥睨富貴如鴻毛破帽殘衫絶邊幅

書馬伏波傳後

大志髫年即慨慷先平隴右後炎方人中龍已知文叔井底蛙曾笑子陽南土有珠書謗牘雲臺無地畫椒房漫言銅杆功名盛藁葬城西劇可傷

題馬貴陽畫江南秋色冊子

衍波珍重世間留展卷如逢水木秋畫到江山蕭瑟處可曾惹起一分愁

秋熱

早見梧桐減碧陰火雲猶未歛嵜嶔收場尚熾豪門勢末路難回酷吏心疊後羅衫須再整棄來紈扇要重尋最嫌借着炎炎力便有青蠅擾素襟

冬日

數本梅花開未殘紅羅亭外捲簾看看他侍女寒

大令唐詩宗派李西崑遭逢似我功名薄風雅宜人吐屬溫竟日流連襟抱展石榴花下倒芳樽

題康瑞伯翠繞珠圍畫册

載酒揚州未了緣更將尺素寫嬋娟不能好色非才子又恐多情損少年韓壽遭逢如意事薛濤娬媚可人憐願君細把南華讀雲兩荒唐自惘然

壽琴舫兄五十

宦海歸來倦着鞭囊中猶剩買山錢得閒詩酒酬佳日半老襟期異少年風月能司皆福分烟霞自主卽神仙謝家兄弟多高曠莫要驚心錦瑟絃

病鶴吟爲鶴峰作

飢不攫中田肉渴不飲横汙水赤睛髡耳聳寒姿萬里翱翔任栖止胡爲乎祿位軒車終惘然天風慘淡阻高騫頂上丹砂黯無色低頭垂翼清池邊殘雪襟冷霜衣何處所可棲依未免鳶鶩齊大笑原來君瘦不如肥

安期棗歌

人何必經營利與名但須一遇安期生又何必驚惶衰且老但須一食安期棗大者如匏小者如桃食之千歲不得死海上三山容與而逍遥嗟余四十髮蒼蒼既不能服澤芝酌瓊漿又不得飯煮胡麻酒沽天姥餘杭偶見庭前輪軸材鼠耳纍纍花正開念卓鄉兮不遠倘惠然兮肯來神仙既作賣藥翁相逢何必金銀臺市中若見先生面紅鞠還應乞幾枚

懷羅夏園揚州

浮生若過客天地一寓郵今者不自適日月其將休達人苦日短所以秉燭遊既云此間樂胡爲不淹留未免同心侶索居增離愁緬懷羅江東騷壇第一流卓識洞千古高吟壓九州閉門恆鬱鬱長嘯別同儔不爲依傍計不爲稻粱謀有時大布冠長揖見諸侯有時裋褐衣看書臥青樓才大不可

羈夫夫非悠悠年來高詠者攻擊若仇讐惟君與賤子踪跡類羊求如何衣帶水悵望阻歸舟

黃天蕩

四面全無岸當頭忽有風片帆收不得橫渡亂流中生死須臾事安危造化功曠懷歌一曲鐵板大江東

登八公山

峭壁摩天迥豪遊上八公神仙愛朋黨草木佐英

雄暮雨高唐館春花下蔡宮幾番凝睇望惆悵夕陽中

錢武肅王祠看鐵券

躬桓古封建後世始剖符降而賜鐵券庶幾爾無虞懷恩洎八鎮紛紛多金書豈不示誠信反覆在須臾偉哉武肅王功業曠代無當其未遇時氣宇固已殊及夫黃巢亂執銳爭先驅董昌竪子耳勦絕如摧枯乾安光化間努力贊廟謨九重降丹詔

君臣昭中孚以券操如左以鐵堅莫渝土田錫於越山川界東吳兩浙爰底定四民獲安居三十有二載維王愷澤敷暨文穆忠獻秉哲守令譽淮海識天命與國朝皇都累朝蒙上賞弈禩垂宏謨同時十二國誰能保厥初王祠至今存誥冊煥丹除帶礪留盟誓風雲感壯圖呵護有神鬼刻劃無糢糊行人瞻廟貌再拜奠生芻今朝陌上花當年使宅魚想像羅新登風流託後車

六月六日壽光孝寺高亭上人

一自傳衣鉢居然大辨才榻留名士宿門爲長官開煩惱三千淨華嚴八萬該戒珠高朧護香火奉如來

龍象隨高步珍珠貫綵繩白雲飛冷錫紅雪照寒燈柏子禪關靜蓮花法座乘有時契元妙寂寞一枯僧

蒼茶招鮑謝酬唱梵王家賤子能歌詠窮途感歲

華每懷珠照水敢說壁籠紗屢聽禪宗偈增余智慧芽

天晛古佳節支公此誕生香廚無酒例坐客有詩情夕照蒲團影高風貝葉聲今朝逢湛轆露色爲公晴

香草軒觀荷贈上元淩芝泉霄

落落風塵裏雄心託太阿清吟才倚馬高論口懸河行李蕭條日登臨感慨多可憐名下士歲月枉

消磨

朱霞天半落報道故人來臣愧圖書府君稱錦繡堆曠懷發長嘯痛飲露奇才却喜東池上蓮花待客開

立秋後二日同繆善夫姜桐軒仲雲浦三先生及宮畫舫彭石夫王左亭碧雲方丈納涼得村字

清晨先集岳家墩迤邐重尋古寺門曲徑深房搖竹影隱囊冰簟坐松根三庚雨勢當窗過七子詩篇滿壁存祇恐支公嫌褦襶無端觸熱到仙村

題姜種蘭寄春圖

秦淮水榭藹春雲別後相思到十分知否蕭娘描玉照梅花風格似夫君

正月十一日永甯寺題壁

木魚聲裏送新年我住吟鞭亦偶然滿座衣冠皆古處一堂言笑是前緣因知去臘逢僧誕才費香

廚請客錢獨怪今朝嚴酒禁不容扶醉夕陽天

香草軒詩存卷上

香草軒詩存卷下

泰州夏　蘭紅舫

山居雜感

獨酌山中酒一瓢看人鼓瑟柱先膠從來捷徑行常窘除卻長吟事可抛螻蟻相爭蹯在穴蟭螟只解睫爲巢自慚白髮多圭角閉戸何嫌廣絶交

年去年來不展眉最關情處倚欄時春殘四月開葵尾風轉三更唤子規終夜笙歌百壺酒旁觀黑白一枰棋幾回欲灑鐙前淚寸意丹心恐未知

寂寞何曾怨蹇修拚將往事付悠悠驅車墳下猶傾酒聚石山前尚點頭鼓吏終干黃祖怒鄭人轉結白公讎金環野草無消息再抱明珠莫暗投

竭來落拓老雕蟲多少留連夕照中識字何如弓兩石衰年其奈鬢雙蓬酒能痛飲才方大詩到狂吟命已窮每道文章千古事不爭旦夕哭秋風

鄒耳山聲玉山齋詩集題辭

四十年來鷗鷺盟傳箋分韻鬬心兵春風秋月無虚會流水高山有正聲一席能爭袁蔣趙三朝欲駕宋元明知君不恨功名薄詩卷强於竹帛榮

勵志詩

人生無百歲今我已過半悲懷花下多愁思樽前亂忽悟治絲棼當以抽刀斷習靜奉良師良師是平旦

一瞬五十年未展雲霄翼往往因飢寒慨然長太息達人貴自我胡爲淚沾臆枵腹而出門不作可憐色

名士互相輕各逞懸河口李杜文章在亦復兼好醜但當擇善從何必執其咎毋爲陶公唫相知不忠厚

平生少年時讀書千萬卷豈云繫蒼生榮情在軒冕屢試不一售雞窗復黽勉何當自忖量初衷殊不善

春柳

江南何處可憐生，細葉柔條翠織成。禊飲風流樂遊苑，官河春望廣陵城。碧欺芳草萋萋色，暖送流鶯嚦嚦聲。欲繫青驄暫延佇，無端惹起玉關情。

似共名流別有因，一回相見一傷神。東風吹汝還飄汝，二月懷人又送人。白下濃陰遮酒旆，青門細雨濕行塵。祇今莫道松筠好，佳氣葱蘢滿樹春。

欵欵山莊作態飛，閒鋪歌席惜春暉。十圍尙有花生樹，九烈空傳汁染衣。今日招邀逢白打，何年旖旎拂青旂。永豐西角吟佳句，婀娜風姿入 帝畿。

幾日和風吹綠條，纏綿意緒似相招。黃金世界添春色，碧玉情人鬬舞腰。脉脉樓中香夢杳，依依臺畔別魂銷。鳳紋龍影愁攀折，好奏瓊簫慰寂寥。

題汪蔚伯悔園

庾嶺分春

庾嶺梅千樹，移栽玉照堂。月來春有影，雪後夢俱

香，林下南枝早，窗前別恨長。主人原習靜，却爲詠花忙。

武陵別徑

武陵有仙境，分半此園中。位置經人力，吹噓藉化工。花濃三月雨，子結五更風。分付司香尉，維持莫惱公。

蕉窗舊雨

蕉窗連日雨，靜坐滌煩襟。燭向簾前翦，書從醉後臨。世情爭覆鹿，素願想爲霖。好結同心侶，蕭然白首吟。

竹院新篁

落落虛檐外，新添竹幾枝。名園無俗客，小品似佳兒。暑氣銷猶得，秋聲聽亦宜。何當結芳實，相對一相期。

遊仙四首

紫府門開旦旦晴，玉郎通籍衆仙迎。經年時令皆

三月長命鶯花不再生每喚青龍教鼓瑟偶騎白鶴自吹笙閒來爛煮瓊芝喫華髮何曾有一莖

玉皇揀日命朝眞稽首瑤階禮數申麟脯猩唇中聖酒銀青金紫上方賓江妃窈窕王孫婦闔客趨蹌草莽臣聞道升天丹九轉筵前厮養又何人

碧城隱隱曲闌干鍊魄非難換骨難上界冠裳無阮肇小天富貴有劉安金壺藥向宮中秘玉版書從洞裏看賦就蕊珠三百韻月中香透桂花丹

衣上好風吹五銖霓旌羽盖列雲衢拍肩共賭先生局連袂爭投帝子壺幾處閒田生暖玉誰家虛乘照明珠鈞天似許人閒聽借問人閒夢有無

重過某先生園林誌慨

西風吹老北園萊翻羨鄰家錦繡堆千古陰何同涕淚一時程卓有樓臺廢興難免青山笑憑弔徒留野鶴哀我是瓣香詩弟子征途停轡重徘徊

哭仲雲澗先生

悵望江雲慘不開三年杖履未歸來模山範水中和氣繡虎雕龍大雅才一自冰壺投宦海誰知玉尺落泉臺追思祖帳行塵遠白芷青驪楚些哀

頻年落拓走風塵公論咸稱不訾身一代才華尊老輩千秋著作此完人生前貧過張承吉死後賢於石季倫謂蔡姬從死 我是十年門下士招魂灑涕奠清醇

孫二泉刻其尊人虎山先生遺集喜賦

鬢絲記取三千丈詩卷沉埋二十年鳳老將雛栖碧樹鶴鳴有子上青天金門不第劉言史竹版能傳賈浪仙好對新編奠杯酒今朝慰藉到黃泉

葉古軒贈句招飲賦此奉謝兼訂後約

珍重瑱函贈好音典衣招飲借東林廿年舊雨添華髮三月殘春供苦吟布襪青鞋名士態金樽紅燭故人心晚晴時候重相訪莫遣閒雲去更深

古重陽後三日羣玉山館主人招飲賦此奉

贈

管領騷壇二十年春風秋月孿吟箋羨君名重施希聖愧我才非沈下賢歲序如流前輩惜詩篇以外幾人傳卽今老圃黃花放把酒相期晚節堅

贈許筠圃

交情如水往來疎今日招邀過隱居貧裏生涯寄詩酒老來踪跡溷樵漁每觀青史挑燈坐又種梅花帶月鋤六草三眞都妙絕還應惠我數行書

懷九弟文若 時贅親粵東

吾弟甫弱冠能讀等身書圭璋既特達文苑方馳驅所慮高明姿容易入歧途丈夫有本性永懷在良圖琴瑟亦云樂詩書夙所娛高衙有玉尺黽勉當何如

耳山覺秋圖

秋從何處來西風動羅幙煩惱漸消除胸襟日綿邈高詠發性靈遙情多寄託紅塵方逐逐借問何人覺

袁蘭生自眞州歸東淘舟次吳陵見訪贈句依韻奉答

四代詩才子風流羨肯堂敝廬勞命駕翦燭共飛觴客路新春雨歸程十月霜却因賦明發五夜促行裝

絳帳懸冰署眞州遇賞音憐才前輩意贅語故人心法授金鍼秘功磨鐵硯深郎君奉庭訓努力事

清吟

題仲蓉賓遺草

家弟聯姻日當君舞勺時六經皆入手五步已吟詩花下眞珠酒風前美玉姿通眉長指爪見面本堪疑

世家傳燕翼官舫載鵷雛銀港珠江遠瓊枝玉葉枯一篇存美錦千里失名駒迴首河橋別傷情有歎吁

藕絲詞

情改不看鴛鴦弄鷺鷥

斜日停橈有所思蓮房葉碧參差而今漸漸風

纖指菱角傷人亦可憐

清水溪頭菱葉鮮晚來風送采菱船殷勤須惜纖

采菱詞

封書

諫閉戶非高尚忘機任毀譽纏綿感君意招我一

本是眺吟客年來懶索居懷因家與減貧與故人

居鄰亭招飲柳葉山房

遣編

圓鱗角神虛賜龍膏藥枉煎祇將憐惜意三復對

君比李昌谷凋零十年春曙猶未曉明月不會

世芳

亡友章宗臣于詩句擬冬郎世有憐才者應留百

人生要著述不必論彭殤開卷多佳作如君算未

東坡布帆

壺還獨傾北窗敞脚坐超然物外情

歌詠聲古賢豈寂寞誰能留其名獨酒以自適一

眼明浮雲在天際笑入軒冕榮秋風在三徑吹我

成由來年一束可以祝延齡而況東籬下繁枝照

良辰忽逍遙聊用娛浮生菊英有佳色欣賞與日

擬陶九日閒居

詩苦宛然蟋蟀候秋吟

雁來燕去歲華深籬畔牆根月影沉自笑老來作

相警早聞中婦織流黃

西風新送北窗涼臥後清宵漏漸長不用煩君更

促織詞

黃酒不等花開甕不開

日日籬邊遶幾回山人襟抱亦悠哉甕中釀熟菊

頭坐一卷陶詩手自攜

十笏山房半刹畦朝朝荷鍤劚香泥有時無事科

隔牆花放一枝春酒渴詩狂太損神莫向人前誇小鳳須防宋玉是東鄰

料得相思欲斷腸和來詩句字猶香誰知詠物離題面繪影傳神爲窈娘

客舍贈儲湘舫昆仲

室邇人常遠今宵舊雨來鬢眉吾已老談笑爾多才詩是邱遲好樽因何遜開流光曾一瞬往事重低回

報道先生醉方知故舊情客窗晨夕會白首歲寒盟眼底無兒輩樽前有弟兄士龍猶未老努力上雲程

光孝寺看黄葉

緑樹經秋變蕭條一望中亂鴉啼夕照古殿響西風土德根株繫金身色相同濃妝作時樣輸與隔江楓

雲浦先生招集學圃山房分詠得緑牡丹

獨羨歐家種何嫌姚魏陪翠幃搴院落碧玉起樓臺葉更扶持好花全隱約開買須珠一斛金谷幾枝栽

芸香社分詠得琴客

一訪青溪便得仙愔愔古調七條絃飛鴻送入青雲上元鶴招來淥水前每到行吟憶中散偶然低首拜成連只因難洗箏琶耳流落人間幾十年

草堂分詠得焚香

寶鴨氤氳百和清鬱金堂上晚妝成灰憐玉手纖纖撥雲向珠簾冉冉生暖觸衣襟何澹宕暗攙人氣不分明劇憐對月深深拜一縷烟含一縷情

養和軒分詠得竹影

清影依然个个垂虚心勁節兩迷離空階細碎因風亂五夜横斜逐月移一幅渾如名士畫替身長與此君隨何當聽取春雷響添得龍孫第幾枝

香草軒分詠得雪藕

玲瓏千片玉風味晩來嘗白社土猶淨紅蓮根亦香晶盤供謝客金錯倩吳娘更有同心侶相思欲寄將

邀笛步

吾愛王子猷氣槪殊縱橫吾慕桓叔夏局度亦光明相逢不道姓毋乃昧平生抑揚發遙弄橐籥越九成借問黃門倡何如宋竇聲當其踞胡牀百慮爲之淸青溪百尺水戛戛蛟龍驚至竟無一言超

然賓主情

招友人入芸香社

熙熙十萬戶吟人何其寡三十餘年中芸香擅風雅未可中道捐絕口如喑啞素心五六人招邀非苟且富貴等浮雲日光飛野馬何不展素箋胸懷共抒寫古來曠達士攢眉結詩社請君縱目觀世上留名者

懷錢塘諸秋士先生

不侍蕭夫子三年直至今求仙窺藥鼎看鏽度金鍼知已平生感音書千里心龍門如在望舉首白雲深

耳山自杭歸里賦此

擬向杭州共買春讓君瀟灑動征輪閒遊郎是長年藥孤往方成自在身泉石有緣留鶴駕舟車終日訪仙津歸來贈我新詩本似比汪倫更絕倫（蔚伯遊杭州到處題詩時稱絕倫）

夜雨

向晚風吹雨簾纖到夜闌雁聲雲外急燈影室中寒織素機初歇敲詩句未安却愁三徑裏冷淡菊花殘

殘菊

連朝遭苦雨叢菊謝堂坳竹外影尤瘦樽前香漸抛頹唐名士老零落故人交寄語徐貧輩題詩任爾嘲

長至日晝消寒九九圖

駒隙光陰似線添晝成九九衍波箋八旬甲子原多日轉瞬鶯花又一年世上人傳餻黍節圖中我記雨晴天手持筠管閒消遣重疊如珠箇箇圓

冬草

小草冬來色澤枯何當極目盡荒途三邊日落黃雲合九陌風嚴白雪鋪詞客歸時添感慨王孫老去有根株足音空谷須珍重惸到人間一束芻

敝裘

軒冕存虛願敝裘還整躬雖愁毛不屬所幸服猶衷貴日齊嬰隘微時季子窮趨蹌吾自適與立任貂豐

登岳阜望京口三山

極目飛鳥外青蒼有幾重晴雲遮不盡縹緲出三峰匹練長江影孤墩少保蹤平生抱幽興憑眺拓心胸

春雪四首和耳山韻

幾日春陰晝漸長又看雪片打書窗虛心竹灑珠千个並蒂梅沾玉一雙錯認飛來新蝶影最宜歌入郢人腔良朋才比梁園好乘興招邀欲過江

正爲傷春感二毛那堪惆悵謝莊袍映來書卷非初次負到荊薪又幾遭隄上已經風似翦陌頭可是雨如膏東君不與詩人便酒過新年價更高

良辰正好理詩牌片片鵞毛落滿階一院楊花堪

比擬半庭草色又沉埋不應再說豐年瑞未免難誇春景佳聞道城中有貧士眼前珠桂愴予懷

南陌春宜霡霂沾霏霏空撒客兒鹽三章黃竹詩應補正月吳棉冷又添轉恐閉門懷舊雨偶因良夜盼新蟾蕭齋好佐辛盤酒分付家僮莫下簾

冶春詞

平生事業劇蕭條每到春來興自豪窗外梅花花上月百壺春酒熟蒲桃

中舉明日出東郊晴光待延佇

晝苦短

奉君端州之美石上黨凝碧之松煙紫羅山中之
綵筆九江雲藍之長箋長吟抱膝南窗下敲金戛
石千秋傳君不見太陽東升倏西墜銅壺滴盡冰
輪懸
少年十五二十時胸中豪氣干雲霄楚腰衛鬢買
歌舞饌玉炊金酒如潮不重功名重然諾指囷往
往相招邀飄風過眼世情變歲暮還愁松柏彫
百年三萬六千日一半化爲蝴蝶飛計數人生得
幾載况我五十當知非對鏡無人自憎貌迺云時
世與心違今我所彈非古調何爲嘆恨知音稀秪
愁有酒不痛飲愚者徒爲後世譏
今年樹上花落盡明年逢春復發榮人當老去不
更少蕭蕭白髮難爲情有詩一句囊可貯有酒一
樽家不貧大笑城中田舍翁問雨課晴愁煞人

小白長紅一片明前因後果各三生梨花似泣桃
花笑一樣名花兩樣情
岳家山下小迴塘景自清幽地自荒坐惜流光不
歸去好風吹起杏花香

花朝分詠

昨日啓南窗老梅花開未好風從東來宛轉送香
氣羣芳雖未妍各自含生意好鳥雖未鳴蝴蝶翩
然至大哉造化恩吹噓及庶類
春雲何藹藹寂寞久卑棲在山復何有出山萬象
低奇峰與薄羅今日難品題東風一朝起吹行閭
苑西何當挈儔侶同登百尺梯
平地發雷聲萬蟄一齊醒誰云天居高如聞上帝
聲韶光方娬媚轟然何其猛不有轗軻鳴無以成
淑景始知人少年飭躬貴嚴整
小草碧欲齊垂楊青似舞借問此何時江南杏花
雨廉纖一晨夕滋潤遍園圃添綿禦輕寒酒杯手

開簾不見一雙燕登樓忽聞南來鴻不惜浮生有代謝所愧書劍無成功功名富貴不常在文采風流有正宗前賢已耄猶好學後賢努力窮三冬君不見魚魚鹿鹿路旁兒昨日少年今老翁

贈劉臥松

自昔聞名擬訂交不圖傾蓋在今朝十年白屋當家僕千兩黃金結客銷老去征途彈劍鋏貧中行橐剩詩瓢相期晨夕頻來往城北城西路不遙

即事

詩思逢春得得來山中興趣亦悠哉色含雨潤紅心草香帶風飄綠萼梅到處逍遙長樂老誰云放誕不羈才造門時有羊求至痛飲何辭三百杯

水西園觀梅題壁

小園風景入新年老樹逢春好欲仙雪已全消冰又泮一時開向百花前

徹骨寒時世不知劇憐春信太遲遲今朝細品花標格未必南枝勝北枝

小隊遊人玉照堂匆匆憐色又憐香我來花下沉吟立雲影高寒月影涼

贈蘭生

詩瓢酒盞共征途君到杭州興不孤若過西湖煩問訊梅花還似昔年無

丙子人日耳山招集聲玉山齋口占六首

花前發春思無虛重名下山齋老勁輸吟壇風

雅辛盤鬭酒天小閣開詩社冠蓋集徐劉招邀暨班馬分箋筆陣馳高論詞源瀉借問此何時良辰供瀟灑

讀書破萬卷斯言夙所聞匡山李供奉膏油十載焚以彼謫仙人怡情在典墳何況中人資勗哉稽古勤女子傾城色一顧方空羣男兒天下才一舉始冠軍

風流尚宏獎盛名兩藉重美人滿堂中誰云賞心

泉燕環自肥瘦目成無伯仲一字下褒貶要與千
秋共前有江淹才後有邱遲夢吾慕阮嗣宗識窈
壑亦洞

山根莫種樹樹無百尺枝山頭當種草草有三春
時三春好際會旦夕東風吹一片青青色上與雲
霄齊樹生非不高草生非不低低頭看山根鬱鬱
在塗泥

遙遙古今來一朝幾百祀茫茫宇宙間一郡幾千

里流芳與遺臭傳人可屈指白楊風蕭蕭多少無
名氏自顧平生才雕蟲小技耳千秋未敢期渺躬
詎足齒

四序換青陽風光何限好名花香綺窗綠樹啼飛
鳥靜中觀物情生意滿林沼胡爲名利場役役轞
鎖擾朝晡行路難暮怨知音少豈知今不樂雙鬢
催人老

尋梅

開來策蹇入山深帶得奚奴抱素琴不管前途風
雪大詠花人自有退心

上元前一日聲玉山齋和耳山韻

纔有東風到寒梅香已酣酬花杯滿百邀月影成
三忽憶吟詩侶還期翦燭談莫教負佳節來日値
傳柑

題葉古軒西河草堂詩賸

社結芸香四十年花晨月夕草堂前狂吟不止千

場醉今日思量一惘然

多少吟人宿草寒遺篇湮沒杜登壇謂椒堂筠園本泉鶴舫雁山豐山蔚村兩村各有遺稿 先生才氣稱難得如此門生得更
難謂劉生美鏐

香草軒詩存卷下

樵月山房詩稿

（清）俞國鑒 撰

《樵月山房詩稿》一卷，清俞國鑒撰，據南京圖書館藏泰縣古物會鈔本影印。

俞國鑒，字玉衡，號澄夫。清揚州府泰州人。幼有異稟。年十三爲諸生。肄業郡城安定書院。曾燠器賞之，刻其詩入《題襟集》中。是時泰州能詩者首推陳燮，而國鑒詩名與其頡頏。後遊京師，嘉慶五年中舉，授通州學正。性至孝，辭不赴官。重氣誼，不好苟交，與兄篤愛。工書法。有《陔蘭書屋試帖詩》等作。

本書底本爲同鄉夏荃選鈔本。夏荃據趙漁亭選訂本，擷英取華，集成一冊，後陳季子重新校訂並鈔寫，即此本也。本書開篇即爲詩卷，詩卷後附陳季子校書題辭一篇和題爲『州志採訪録文苑』所寫的俞國鑒小轉。俞國鑒詩文，大部分爲其在日常勞作、讀書、交遊、觀景、憑吊、書畫題辭中所發之感慨，也有些是唱和應酬之作。其中，七言古詩占大多數，律詩絶句亦占一部分，五言詩相對偏少。七言古詩這種自由活潑的形式加上作者平實淺易的作詩風格反映了作者散漫愜意、自然無拘束的鄉村生活和灑脱曠達的性格。俞詩雖然寫的是生活中的所見所聞，但都有感而發，或自嘲，如《諸葛步葉文光韻》；或睹今思古，如《梅嶺吊史閣部》、《梁溪詩家》、《許氏南園》等；或感歎世道艱辛，如《孝姑祠》、《繡女祠》等。代表性的如《雁來紅》：『晚涼庭院又西風，秋色闌珊各一叢。幾許愁心同杜宇，獨將哀怨託賓鴻。瀟湘有恨寒雲碧，瀚海無書血淚紅。二十五弦腸斷處，珊瑚空自碎簾櫳。』作者將各種意象歸納組合，從實有意象一轉而虛。『杜宇』、『賓鴻』都是寄寓相思之鳥，接下來，作者又用更加凝重的意象『寒雲』、『血淚』等，傷感異常。一曲繁弦，却又是幾多相思與惆悵，美好夢境，終爲煙雲。曲折婉轉，有李商隱《錦瑟》之感。

（畢研哲）

十六年十一月

古物會錄

樵月山房詩稿

樵月山房詩稿

海陵俞國鑑澄夫著　同里夏退庵輯

諸葛菜　布葉文光韻

草廬初志本耕桑手植村蔬傍夕陽微物尚能留
相業昔年曾此佐軍糧栽培漫許旁枝附辛苦誰
知

亡我愧不才甘學圃好將風味老江鄉

漢祚全憑一木存老王心力瘁軍門南山久已成
葉稼西蜀終思固本根春静三巴迷草色雲荒八
陣鎖苔痕莫从躑躅花邊種細雨啼鵑合斷魂笑

泰縣古物支會

揮羽扇靖弓刀遺廟巍峩劍閣高美蔭依然承古
柏瓣香聊爾薦溪毛芰荑應恨譙周誤播種難忘
漢相忘勞休爲永昌增慼喟吴宫魏闕久蓬蒿
未許隆中抱膝吟偏安王業草青青一春花落祁
山寨終古田蕪喟水營遺愛甘棠勿剪合符莘野
是躬耕漢陵松柏多樵悴惟有嘉蔬依舊生

知莊觀荷同家馥堂作

故園風半闌珊留得方塘十畝寬兜夢自迷流水外鐘
聲已響暮林端風摇翠帶牽長恨露浥紅房怯早寒一

種芙蓉能解語可憐憔悴倚江干

雁来紅

晚凉庭院又西風秋色闌珊各一叢幾許愁心同杜宇獨將哀怨托賓鴻瀟湘有恨寒雲碧瀚海無書血淚紅二十五絃腸斷處珊瑚空自碎簾櫳

梅嶺弔史閣部

燕子春燈正擅場可憐江北戰雲荒誓師已識全軍墨泣血空悲兩鬢霜宋室僅存文信國唐家誰是郭汾陽月明嶺上重回首分得梅花一瓣香

春陰步家讓林伯韻

濕雲匝月未曾開紅褪疎林綠漲苔佳節怱〻隨逝水落花故〻點芳埃泥融小巷無人到簾捲虛堂有燕來棖觸吟情何處遣自鋤新筍助斟盃

雙成曲

董姬名小娟色藝冠吳下悦江西鄭哥（某意）委身焉閉門謝客世罕得見其面後鄭拘于物議不果納遂仰藥同輩趍救得不死

風〻雨〻春愁足斷腸花史無人續有客橫塘賣棹歸

樽前倩譜双成曲双成舊住本瑶京曾抱雲和海上行
一絃經撥千夫讙吹墮罡風百二層生成弱質深閨裡
家傍吴山浙越水小小才華撚姓蘇娟、風貌同名字
春色三分魚口橋争教人見不魂銷桃花才向門前笑
柳葉新從鏡描〔裡〕窗陪公子開妝閣肯引少年閒縱博
縱說纏頭十萬多妾心祇比秋雲薄忽逢交甫訂心期
笑解明珠不自持朴誠最是多情者不比尋常薄倖兒
依偉泣向檀郎訴年來苦被風塵悞郎言〔意〕如憐解語花
妾心甘作同心樹从此紅、莫、餘枇杷花底閑門居

蝶蜂謝盡遊踪少箏管抛　　調疎東君早惧花為主

莫使空房　如雨　到深情急切時怪郎究轉偏無語

油壁何曾卷口來柔腸百結費疑猜拔釵倩遞青鸞信

贈佩親頻鴆鳥媒傳來消息堪驚愕畫道烏欄今負約

已遣香車許別人箇儂莫更生耽閣郎有深心妾早知

敢將謠諑妬娥眉鴛鴦莫道添三五二十三房總不辭

花枝終不成連理飄泊餘生竟如此䏁斷夫容不見還

儂娘今日為情死玉泣珠啼劇愴神凝心能感路旁人

若非贈得回生草已逐金波委逝塵重泉再起人還在

只恐卷中顏色改萬一修靈感妄心且留一綫殘魂待
我向燈前怨鄭虔情鍾何事更拘牽縱然身作輕風絮
那有汗流出水蓮鴨爐香燼梨雲冷燕子樓中褪紅粉
我記琵琶已淚流君看蓮閣如何恐絮果蘭因悵蹇修
倡条野葉迴生態何當小改亂亂劫移取鴛鴦宿並頭

緑端蟬腹硯歌為賓谷先生作

海門風吼崖山裂白雁聲聲淒欲絕九死孤臣志不磨
一痕碧灑萇宏血挑河片石色存精英手澤珍同玉帶生
空坑事去久漂沒秖今網得从臨午湖心作見驚漁子

蟬蛻污泥曾不滓百道長虹貫斗牛一方靈璧凝秋水
水底能逃刧火焚湖穿沙齧亂苔紋老眼裔孫重拂拭
標題認得謝參軍悲歌不入西臺記象戲還思幕府事
槐遺老子未曾收惜少佳篇留玉笥摩挲幾度感精誠
墨滓淋漓骨尚青吉光合載紀年録寶守重添神石銘
過江持贈南豐手直應檢置蘭亭右先生舊有蘭亭硯匣裏朝
朝護鬼神忠臣法物名臣守

過　庵種蕉別館

半宅卜邗上綠窗宜晚晴亂苔侵屐澀幽鳥得人驚留

客飲嘗醉過江詩更清遥知風雨夜葉葉和吟聲

題顧閎中畫韓熙載夜宴圖

一人長帽斂紗輕衆賓促坐斟流霞修蛾曼睩紛左右當筵不著屏風遮劉響冬冬起腰鼓私語切切停箏琶門生幾輩奏新樂手板登塲同按拍連臂歌傳自在窗舞衣亂撲香塵落三更燭滅天沉沉耳邊彷彿聞遺響迷離老眼不願醒滿堂狎客誰知心九華山人昔枋國文犧偏能妒忠直宮中醉舞鎮不休一夜檀成渡江北正陽舊約空慨慷太息嵩山天水碧鄭五作相事可志

唐

此身肯受旁人嗤飲醇近婦聊尔為何意畫工偷寫之

國亡留得澄心帋至今人識韓夫子

書錢忠懿王金塗塔榻本後

吳帝國主崇浮屠範銅作塔黄金鑪瘞埋苔蝕八百載

相輪寶相多糢糊廿言一塔一功德梵夾故事紛形模

豈知佞佛盛五季回向究覺人天殊溯自異人出天目

鄉兵奮擊劉董誅八都勁弩射潮水控引蠻島連江湖

子孫世守益強富九全自足安偏隅棄基納土願臣僕

降王已覺身非夫胡為後民奉釋氏壁廂侈供光明珠

拘

輝煌金碧半膏血龍天　釋應慈吁柴家有詔廢僧寺
銷磨丈六歸洪鑪八萬四千獨供養埋藏沙界同幽居
史稱重歛務求福歐九直筆良非誣表忠觀碑劇且美
曲筆久已擬蘇東南半壁等甌碎太息後嗣篡雄圖
漁洋山人論武肅傳聞之誤沿長蘆吳君鼎揚今識忠
懿難經鼓蝕文堪摹錦衣鐵券難復睹摩挲墮堵嗟哉
愚

秋湖觴芰詩為曾賓谷先生賦

觴詠俯層樓傳花此舊遊又攜前度客同醉一分秋次

第湖光接迷花露氣浮懸知歸緩〻清興足句留

欲作千花頌真成百藥身愛蓮空有癖病渴余經旬（時以病不赴）名幸披圖在詩輸即景真西風江閣外鷗夢許相親

梁溪詩家（冢）

無錫顧晴沙觀察選其鄉人歷代詩梓之曰梁溪詩鈔文學賈菘請以剩稿函瘞錫山之麓為詩冢乞詩紀其事

函藏千一百家詩彷彿秋墳鬼唱時九地埋憂多塊壘

詩係七律二首查多寫

摸

三年化壁尚淋漓求書擬構昭陵紙好事休疑峴首碑
剩馥殘膏同護惜丹鉛不負虎頭癡梁溪〻畔燭紅光
認取鴻文萬古藏函石儘教煩司馬摸金無復憲中郎
昔封汲冢留遺稿坑冷秦灰葬夕陽朧奈年〻勞瘞鳥
山泉澆遍土花香

許氏南園

子春昔日依江渚一贊南園成別墅小有林亭息影偏
海天自結雲霞侶歸然才望韓范儔薦牘三司同對舉
江淮籌餉十三年軒冕無心自容與周查大姓締同游

宋字上下脫一字

競擘蘭箋斟桂醑宏詞作記傳歐陽六一風流見豪楮
郎今華屋半山郎瞥眼雲烟迷處所小西湖塞響林蕪
猶憶蘇園曾姓許

水亭懷古

鯉魚風信起濠泗神孫唾手江南地明月高懸東海頭
陰謀竟脫山光寺黑雲長斂梟雄楊吳伯業彈指空
延賓亦日盛文士何迦不識羅江東宋措大乃狂漢花
間柳曲揚州慢誰知借箭水亭中畫過欄灰夜過半屏
閒秘議人不聞波上長虹影先斷迎鑾一夕西都從從

魅

此飢嗔復飽喜謀家謀國兩倥偬攬鏡只愁吾老矣宮
花無新樹宮衣無雜組太息當時計良苦那堪瞥眼羃
紅羅入破金鈴邀醉舞清流闕下歌松柰家山回首生
蒿萊水聲終古流嗚咽莫向荒亭問劫灰

浮山禹廟觀山海經塑像歌

雲根一片浮江北遺廟千秋祀明德拳石支撑息壤遺
神功奠定元圭錫隆然地肺承無宮肅穆何曾向黴黑
碑字模糊蝌蚪文亭基斑駮苔花色循廊縱目忽驚咍
魑魅攫人紛側立是誰搏土窮恢奇鼎鑄神姦森四壁

自非豎亥目未經縱有東方辨不得支祁倒鎖窦窟騎
百蟲狂竄罔象跳巨浪覆既走童律邊民鳩鵲未焦俛
梟陽跂踵丹鳥鷇尸窠及臂青蛇探雲山壑市相望遙
中流忽架黿鼉橋王母長嘯花間邀晏龍撇瑟歌九招
亂口臍目何紛呶塗泥丹臒工鏤雕庭除時疑風雨會
夜深髣髴神靈朝我生嗜奇貪博物欲向會稽探禹穴
淮甸羞祈富媼祠異書旁攄更堅集即今曹單尚雷奔
苦恨黃流時橫決橋下難將地脈穿渠兮頗慮天臍洩
將無械脱庚辰逃下與蜃蛟謀肆孽安得重教醜類殲

乃　愛

永奠坤維長不圖狂來呵壁試問天快讀離騷頻擊節

康山草堂聽姚鹿汀彈琵琶歌

對山琴客工琴聲游踪流落揚州城草堂遺構枕南郭
三百載後何崢嶸所惜技成廣陵散樂府小令誰能賡
使君追暑愛茲地恰值姚生抱琴至水仙操罷閒松風
七絃泠泠饒古意尚嫌此事非專家酒酣更請彈琵琶
對山有靈應識我自陳言大良非誇是時炎歊日未盱
四座停杯共揮汗砉然敲作霹靂飛疾雨洒空沙撲面
將軍飲血戰城南破陣歸來金甲擐刀劍橫磨山岳鳴

馬蹄迸散河流斷須臾變調淒厲寒鈞天樂奏非人間
丁當玉杵鳴樹底霓裳羽帔時珊珊瓊樓玉宇最高寒
清輝透骨愁衣單我羨姮娥生良絶技太息對山呼不起
熱血淋漓贈友朋閒情瀟洒娱山水游西一鄉笑撫琴
摩詰何人輕比擬七子坛中目激昂百年會上空悲喜
一從寂寞歸山邨四絃此後無傳頭多生慢撫輕攏手
髩歸當年顧小侯

孝姑祠

儀徵城河廿載涸嘉慶三年重濬鑿城南地底得石碣

泰縣古物

碣字分明未殘剝字記甲子乾隆初敕文孝女張巧姑
本是小家女年紀十五纔有餘阿爺癉廢阿孃死巧姑
孝嚴滿閭里拾枯掃葉籮邊薪織薄緯蕭市中米兩凡
饋餱知誰家墻頭啼無返哺鴉：啼嚴斷妖鳥語嘻：
出：來鬼車世間底事急於此臥病榻旁烟焰起猛虎
可博河可渦巧姑之勇：無比心知有耶不知火寧知
火亦能焚我昆岡竟燬玉無瑕火宅不開蓮一朶明日
官來勘火灾殘屍爲給桐棺埋官人呵導高軒去父老
咨嗟爲碣開碣成瓦礫堆中豎五十餘年失其處過客

惟尋胥浦橋詞人只吊屯田墓紛紛今見營專祠火中
孝女知不知柱中莫訝謝仙字峴首徒生鄒湛悲專祠
崇化坊西側地是巧姑舊居宅燒灯節後賽神來儀徵
人作新寒食

繡女祠

六龍夜渡瓜州烟宮花吹墮隋苑邊輿端天遣闌籬落
贏得人間好墓田磨笄不學山頭女跨雅蹁躚慕輕舉
何人覻看看黄絁笙冷瑶天雁無語信通神仙才有數
玉妃嬴女知何處北轅不見返飈輪朝真此地通雲路

宮衣舊賜遍地金，凡情未盡啼痕深。玉殿有人仍奉帚，
燕原何處哭遺簪。官家躬自親耘鉞，草木秋深悲戰伐。
南來端不為瓊花，淒涼一片吹簫月。月色淒涼只二分，
深宵斗直信香薰。姮娥亦是長門女，忍照嬋娟葬白雲。
遺構圍蕉數間屋，誰酌寒泉薦秋菊。鳳髻蔽餘內裡妝，
雁綫僅鎖簽除目。行都草草新原廟，不止長陵坏土盜。
遙知雲際倚紅鸞，指點滄桑定悲嘯。

題禹鴻臚畫鄺湛若抱琴遺像

紙上鬚眉尚激昂，抱琴心事豈非狂。離騷哀怨沉湘浦，銅柱勳名紀瘴鄉。亡命人皆惜張儉，絕交書已類嵇康。莫從洗硯池邊過，浩浩天風海水涼。

分詠得放寉

十年幽夢隔江潯，負尔蒼茫白石心。壓海不堪飄逸羽，寥天從此唳清音。雲迷別館誰招隱，月冷空山獨鼓琴。為感坡公憐惱意，將飛猶自戀亭陰。

分詠十六國春秋前得秦

雨不止洪水起化龍驚飛東海鯉下涼州停索頭投鞭
欲斷江淮流吳越一隅承正朔此六勍敵何謂弱八公
山前警風雀悔不能從王景略河水清復清太歲東南
行鳳凰飛入阿房城將軍竟假龍驤名少付王四十四
石打破亦天意魚羊毒發新平寺復讐競刺死休字可
慈妃主血糢糊仇池之後有武都國亡幸不羞故夫

金山謁韓蘄王廟

八千勁旅截江波南渡曾揮落日戈峯影一拳留壁壘
潮聲百折走黿鼉軍鋒罷抵黃龍府天意先聞老鸛河

髩歸夫人鳴戰鼓西風終夕響烟蘿

夢樓先生招集聽秋軒口占賦謝

妾何肉真多累春悲秋慼儘有餘多感先生鍼俗意

清盌同飯水西屋

聘鶴篇

題襟館中有雀數隻皆牡也陳古華嚮守家畜牝雀

乞其一為配主人戲日吾今為雀聘婦矣同人為賦

聘雀篇紀其事

神仙遊戲向人間兩兩雙飛瓊海灣一片天風吹夢醒

回頭相失萬重山西飛東去知何處迨：江北江南路

故雌清唳㴚湖烟老鳳孤棲蜀岡樹 文 無端赴隴來

雀屏鸞鏡待重開殷勤青鳥憑傳信恍巧鳴鳩頗作媒

塵緣未斷乏田侶世外何心慕冲舉芳林許借女牀棲

層波那恨蓬山阻弄影空階私自憑快凉時節薄寒天

填橋已促星娥渡顧兔行看桂魄圓 時八月初旬 美人遺我

琅玕碧何以報之雙白璧招隱休裁部聘書贊秦竟作

乘軒客此去真成共命禽白雲難遇出山心消君别鵠

千年恨鼓我求凰一曲琴扁舟載去帆如駛東閣廻看

暮烟裏得屏翡翠宿炎州捉對鴛鴦眠錦水妙舞亭陰

定目成蹁躚玉色孕瑤情他年過訪林和靖湖上應聞

子和聲

消寒第一集分詠金古良無雙譜

陶徵士

先人功高督八州今乃束帶見督郵叩門乞食亦可喜

何必區區五斗米衡山歸來甲子書醉鄉郤在羲皇初

清風蕭蕭五柳樹先生手著閒情賦

武后

冊金輪設銅匭鏡殿開明堂毀女主昌歷二紀晉陽局
設美人計禍水相沿六天意君不見鷓鴣翼折不得飛
宮中又唱桑條韋

陳少陽

前六賊後汪黃朝庭那得相李綱登聞擊鼓空喤喤悲
哉一死偕歐陽諸生舉幡伏闕下漢唐有人乃獲赦

消寒第二集分詠

寒角

一片清商起戍樓嗚嗚吹老玉關秋令傳列帳嚴更發

鄰

響合荒營萬馬收攙入霜天迴曉夢和成羌管話邊愁
哀：歲暮江城客杜甫聞聲欲白頭

寒犬

荒村歲晚自成林如豹聲傳隔巷頻搖月踈梅爭吠影
打門黃葉誤歸人生鷲嶺嶠頭番雪曾護仙源舊日春
不礙霜階貪穩臥青氈家世本清貧

淮城書感

塞馬嘶風徹夜號東來曾此駐旌旄南中列鎮連犀盪
海口降幡捲怒濤容易長江開鎖鑰淒涼老妓撥檀槽

仙

防淮往事無人問指點新城廢舊高

渡黄河

神稚歷〻送征篷禹甸全收一覽中百尺金堤餘敗草
幾家土屋尚淳風直通地脉来天上横挾淮流注海東
莫道兆花春漲淺驚瀧試問吕梁洪

任城登太白酒楼

春風吹我河北行落帆二月過任城城南南池覓不得
直上高楼醉太白錦袍光人此夕昔遊換酒不惜千金裘
長安市上一揮手飄然來客東諸侯此非采石磯亦似

黃雀樓仰天狂笑恣拍浮眼中齊魯青未了遠帶濁河清濟相交流璢天照影同明月百尺飛虹跨城闕先生在上敢題詩醉裏奇情自風發今古茫茫一彈指誰有酒星長不死我曹聊復飲中仙倒掣長鯨吸春水樓頭沙雨晚冥冥連檣灯火排津京女郎三五唱歌公艷曲聲聲楊柳春

胡香海待姚公綬墨梅邀同賦詩寄呈賓谷先生暨諸舊遊

我首種梅館中客手汲清泉漱寒碧晴簷未獻日千巡

京　　嫵

瘦影橫苔見標格，竭來襆被遊長安，冬心寂歷愁無端
釵枝粟蕊香難覯，仙人亦畏北地寒，君從同處得此画
歸向虛堂壁間掛，蘭台逸史墨痕新，塵海中藏色香界
狂歌忽漫招酒人，眼前有此江南春，疏花依綴自媚嫵
老幹上出何輪囷，夜窗微明月照紙，冰魂掩冉空梁裏
不愁一現比優曇，嫵卷成生大歡喜（紙尾有生大歡喜四字印）
是時忽景交三九，四座澄觀林在手，停杯還復暗沉吟
往事邀頭君憶否，東風二月遊上方，繁英滿院吹古香
循廊駐誦坡老句，那知夕磬敲斜陽，忽忽景華負清興

泰縣古物

黄埃散漫沾蓬鬢回首山堂荅詠花小春幾度遲芳訊
即今歲晏風波其懷人讀畫空爾爲不如徑取付驛使
尺幅遠寄長相思語罷詩成起更酌將圖許附南飛雁
來隨千介植西溪且共一枝伴東閣

題明高忠憲公遺像

東廠已逮周順昌那活能活高侍郎朝來緹騎索人急
手持鐵鎖身銀鐺身爲大臣義不辱宵向閹兒對簿錄
方池即是汨羅江甘作靈均葬魚腹爲文祭告龜山祠
畢生忠義祇自知手疏遺表付官校入室語笑如平時

换

皇皇委鬼當頭坐，殺冤摧殘封楊左，誰受黃門北寺摧，
釀成白馬清流禍，點將錄成黨籍新，紅羊半劫悲甲中，
可憐北向捐軀者，半是東林講學人，披圖獄〻見風采，
九死臣心應不悔，醉取龍山〻下泉，千秋一脈精靈在。

病雨

雲黯西山不放晴，蕭條長夏比秋清，鳧鷖欲向城中集，
苔蘚新從屋角生，徹夜霖鈴翻曲譜，沿街獨夜斷車声，
不知倒盡天河水，曾否西南洗甲兵。

鄭素楼漁撫東坡笠屐圖鮑樹堂勳茂侍御屬題

流

長句約于十二月十九日為先生壽

眼中不見長帽仙風流歇絕七百年鄭虔被擒弄此筆筆墨淋漓真氣出倒飲一瓮著双屐髯歸當年遊赤壁惜哉相從無二客手中又不携横笛得非儋耳邸昌化軍汝州黄州常州寄此身隻身轉徙一萬里鬼門瘴海懸孤臣朝聞謫命卜布巖青鞋行妻孥痛哭魑魅迎飢寒鎮日悲餘生吁嗟乎公之文章節誼古無匹瓣香上奪韓歐席讀公所上神宗皇帝書忠誠直可開金石世儒敢吠聲謂似戰國策豈知奏宮劉記貴切直何得目

爲縱橫習天公猶恐宇宙奇氣未盡洩要從海外編新
集故使命疏纏磨蠍不見大惇小惇大蔡小蔡變滅如
雲烟至今奎宿耿耿當中天詩禁大闢詩篇傳後有學
注累百千嘉慶六年歲在酉參軍敢爲先生壽薦以花
豬真一酒見百東坡開笑口我聞潭溪學士蘇齋中歲
以山谷伯安西河竹垞遺像陪歸愚參軍此意將毋同
期君飽喫菜羹及羊肉莫嗇蘇文生與熟

俞澄夫先生著樵月山房詩一卷為先生手
訂本未刊行其裔孫子香因事入獄獻之
以代罰詩鐫今藏圖書館者是也曾經趙
漁亭先生選訂故題下注趙選字樣也
此本係夏退庵先生選纂入詩徵者
擷英採華窺一斑而全豹亦是殊可貴
矣
共和十八年十一月陳季子校畢並識

泰縣古物支會

俞國鑑字玉衡號澄夫幼負異稟年十三為諸生肄業郡城安定書院運使曾燠極器賞之刻其詩題襟集中是時泰之能詩者首推陳燮國鑑年少於燮而詩名與相頡頏旋之京師從士大夫游業益進嘉慶庚申順擧天鄉試屢赴春闈不遇得校官選通州學正國鑑性至孝以母老多病遂不赴官其兩兄俱諸生貧無家人產國鑑為之揚美人以重國鑑故爭羅致焉平生重氣誼疏賓異客託心如舊然獨以名義相取不狎苟交工書法二王初喜沈博絕麗之文後乃刊落無盈辭晚得心疾

蕉、疑是樵字之訛

所業頗拉燒之亦不復多作年五十二卒著有蕉月山房集

州志采訪錄文苑

春暉草堂詩存

（清）費履堅 撰

《春暉草堂詩存》五卷，清費履堅撰，據南京圖書館藏清同治三年刻本影印。

費履堅（一七六一—？），字焱夫，一字素之，號東池。清揚州府泰州人。久困場屋不舉。性孝友，五世同居無間言。耽吟詠，好遊樂。幕游上海，後歸里課子。焱夫曾掌芸香社，與社中詩人葉兆蘭、鄒熊、康發祥等友善。著有《童蒙啓悟》、《倦遊草》、《庚午稿》等書。

本書先有四卷本。後單蒲南得顧芝衫美人詩三十首，绝句一首，焱夫孫費文彪附之其後，於同治三年重刊，即此五卷本也。卷首爲康發祥、金長福、葉汝彬所作三篇序，後有學生趙瑜跋文一篇。序跋追思先生遺德，稱先生性情夷曠，學業精深，後又遍遊江淮，有高曠抱負。首卷取古體詩，因其古體成就最高，但多有散佚，只存二十餘首；次卷取風格高而有關出處交際的近體詩；三四卷取趙瑜及單蒲南所鈔寫之詩篇。四卷後有費文彪題辭。五卷爲續刊。焱夫之詩，涵蓋生活中的各種題材，多有感而發。即事感懷者如《鸜鵒行》、《接家書泰州大水》、《白雲泉》等篇，即景抒情有《五史樓展眺》、《遊獅子林》等篇，此等篇章皆能劃入詠史詩之行列。如《過平山堂有感》（卷二）詩云：『虹橋如畫柳如煙，面面樓臺處處船。幾日湖山成幻夢，一帆風雨送愁眠。歐陽詞賦憐花草，石厨園亭悵管絃。我欲迷津問歸路，桃源雞犬亦神仙。』意象清新柔麗，猶如畫境，情感則細膩如塵，淡遠無俗態。另外，焱夫有很多詩都寫平實的教育子弟、出遊交友，生活氣息濃厚。第五卷爲顧芝衫所寫美人詩，借香草美人比君子之美德，爲其一大特色。

（畢研哲）

春暉艸堂詩存

仲海書首

同治甲子五月開雕

春暉草堂詩存序

晉習彥咸有感於冀陽陷舊屬書於桓溫其言以為悵惘傷懽襄獨少感懷八士遐想九京言之淚興嗣去足慨矣夫陵谷遷移古今異勢人琴痛悼先後同情余今睠念多端愴懷不置者 素之先生遺其一也先生性情夷曠學業清深青山多情流水不腐少壯出游則高冠欄具長揖諸侯遲暮歸來則淵潤晨昏奉養堂背吟咏得充暉之恩響締交儕公瑾之醞釀所謂醴酪養性人無妬心

者此也余少先生廿有七歲先生於余
交似忘年有如粲之遇邕有如荀之
御李是以兩同白下之舟屢結粉榆之
社鼠姑花下曾倒芳樽睋術軒中時
聆緒論駢駢藹藹懽若生平曾幾何
日薤露忽歌墓艸已宿風流頓盡邈
若山河矣余余殘碟多病侘傺無聊
過東里而褎裒晤北門而躑躅竊見
夫子往者蘭藹緹油貿貿來者駭
紛紅絲就而睇鈍非吾舊識而思不見
如何如何巽齋世兄適以先生遺稿見
示燈下展讀如對故人其古體則清癯

滔滔乎近律出白石鑿鑿摘錄數言而
楊推陳之如贈某詩曰齊魯之間皆大邑
朱程以外幾全人舟中見飢民曰兒覓
爺孃男喚婦舟中垂涕未歸人祇此
數言先生之吐屬可知其抱負亦可知已
余種種顛毛冉冉老焉不律久禿無詞
不芳唯積烟常存故將寫自有在也
蓋操縵安絃山高水遠竊比曩哲感
觸差同彥威慚娓弁言高名豈儷
元晏乎但人氏今日赤如疇辰裴杜繁
王何地蔑有安得而思者哲嗣蓋如巽
齋得以悉覽故舊之遺文而為之愉

快也夫

同治三年歲次甲子季春月下浣同學伯山康發祥拜序於思凌堂之南軒時年七十又七

春暉草堂詩存敘

父執費燚夫先生逸才異思超出輩流以名諸生為大府記室翩翩翰藻東南人士皆慕與之交方乾隆甲寅乙卯之間先生館于揚州楊叅戎所叅戎即余之外大父也其時先嗣父晼芳府君本生父香署府君皆在巡漕使者管松崖侍御幕府與先生近在同城過從寂密及先生渡江而東應滬瀆蘇明府之招生父遂移硯外大父官廨越一載外大父致仕還蜀嗣父以選貢入都生父亦授讀昆陵巴太守署中與先

生相距三百里而近書札通問無異在揚郡
時也歒後先生佐幕劇邑晚年復就海
門福司馬之聘踪跡由是濶踈矣先生
純孝太夫人壽逾八袠承懽如嬰孺游
幕之暇間尔教授生徒多四方知名士
同邑趙君漁亭其一也綜計生平游歷

二

東至吳興武林姑蘇上海南至金陵皆
四會五達之區帝王宮闕之所在將相
名臣功績所著通儒碩士騷人遷客之所經
而又北覽黃河之大淮泗之所以合流玫其山
川按其圖籍流風餘韻皆一一蒐之于詩宜
其言皆有物入理深而鮮浮藻澤古厚

而無俗艷也至於感時論古懷人體物
則又聲情緜邈應弦合節倖色揣
稱細膩風光才子之文詩人之筆固未
可以一端竟也猶憶道光初年先生重
蒞郡垣余侍生父晉謁得望見其丰
采聆其緒論時嗣父湖陰草堂遺集刊

三

成先生讀之擊節乃未及數年而先生蹤
道山矣今子寅圃子芳傳其家學先後徂
謝奚齋纘成先志教其子弟咸有聲黌
序惟兢兢以先生詩藁未梓為憂余以避
冦僑寓海陵與奚齋賢竹林重敦夙好
因出是編屬為校字亟付剞劂行世他

日蒐訪遺編續窺全豹余老矣猶將操
不律以覩巨帙之有成也請以是集爲初
桄可矣

同治上元甲子之春同郡愚姪金長福
謹撰時年六十有八

春暉草堂詩存序

原夫未識之無兒先名容纔通章句寓亦稱
儁朐未羅夫萬有强希李杜之光識僅守夫
一隅妄附王楊之影雖濃妝濃抹何殊優孟
衣冠貌合神離終似傀師傀儡是須别開生
面始見本真獨具妙心方稱名貴如我𦦨夫
先生春暉詩稿殆其然乎夫其虚懷若谷蕭
然松菊風姿雅量如春宛爾芝蘭氣味故其
爲詩也中和有態春山谷口之雲冷潔無塵
秋水潭心之月淡遠如鷗飛曲沼清空似鷺
點遥天本至性之纏綿言皆有物發奇情於
風雅思本無邪孝笥久徵諸夢裏忠泉忽觸
於豪端何分唐宋祇自寫其性靈不學齊梁
乃更工於杼柚拈來即是石亦點頭觸處皆
通花能解語觀乎止矣吾何間然惟是才如
王粲未免依人貧似茅容於何將母劉蕡下

第無方之筆硯當焚杜甫離家有用之文章安在於馬傾蓋忽為汗漫之遊猥似風塵久作諸侯之客是以鄒枚入幕官閣良宵管鮑論交衙齋清話而且登山有約放開炯炯雙眸觀水何心收盡茫茫三島攬紫琅之名勝自然筆有風雲涉滄海之汪洋想見神周溟渤此數千里之游目騁懷皆歸詩話百五程之酸風苦雨總入奚囊者也惜乎全編莫覩

二

舊稿無多偶聞鸞鳳之唫半飽蠹魚之腹思芸社之風流老成彫謝（謂夏園耳山左亭諸丈暨古軒先伯俱先後下世）待草堂之月旦詩卷飄零（古體一帙存先伯處後亦散失）自慚管見恨全豹之難窺深愧樗材等半蠡之莫測然而崔灝之大名久著吉光之片羽猶存尋花載酒幾成斷簡殘編碎錦零珠奚異長槍大戟訪雲鶴之仙蹤鄉先輩已歸天上覔雪鴻之佳句廣陵散尚在人間僕也

髫年問字曾遊舅氏之門（先生時設帳於牧庵母舅處）弱冠窮經得赴先生之席幸門牆之伊邇恨香火之無緣忝交高足（選樓漁亭諸同好皆出門下）契合金蘭垂裕後昆班聯玉筍因材而教果然擅譽鳳毛繼起皆賢允矣詒謀燕翼乃以氣象萬千之作囑譔餖飣四六之文仰承先志勉教接武西河（大集經先伯評定）載讀遺編想見酣唫東閣回雖不敏請事於斯雍之言然則吾豈敢試取梅花細嚼如登姑射之山遥知金薤長留定貴洛陽之紙

同治三年春二月之中浣姻愚姪葉汝彬頓首拜題於城北草堂

三

跋

春暉草堂詩為吾師費燚夫先生譔先生少負雋才連應秋試不得志惛然棄舉業而遠游時蘇愛堂明府官上海延先生入幕中佐理繁劇先生曰吾書生簿領非所知任筆墨事而已因得徧交江南諸名士唱酬無虛日旋以親老歸里奉板輿為太師母開八十壽筵先生鬚髮盡白瑜猶及見其萊衣戲綵時

一

也終養服闋家居授徒足跡不入城市海門廳福司馬聘先生校閱試卷敦請至再不獲辭廼復歷雉皋涉崇川登紫琅山望海而還至是倦於游矣暇輒自訂其所作詩釐為古近體各一卷其古體一卷寄存古軒老人處商搉古軒抱伯道之戚歿後遺文散失稿亦遂亡今集中古體二十餘首則單君春杉處所藏經伯山先生評定者也或謂先生致力

於詩最深其享名亦最久第存什一於千百毋乃不足饜後進之欲乎瑜曰不然夫詩三百篇不出一人之手當日輶軒所錄不廢歌謠取其感發性情而已漢魏以降代有傳人詩集之富幾於汗牛充棟而某篇某句之膾炙人口者政無復幾於此信先生之詩之少而必傳也憶瑜從先生游在辛巳以前前後凡五載其時年方弱冠未解究心於聲律之

二

學先生則謂此子吐屬敏妙將來必成詩人此語距今四十餘年自惟唧唧嘈嘈見棄大雅竟累先生無知人之明彌滋愧矣先生子寅圃名錫午子芳名嘉辰入學後早逝巽齋名錫申孫炳章名文彪壎如名文篪璜若名文琥皆名諸生敦品勵行力學不倦信能傳先人之衣鉢者將梓是集以問世而以校勘之役屬瑜工既竣為誌其顛末如此同治三

年春二月受業門人趙瑜百拜謹跋

三

春暉草堂詩存

海陵費履堅焱夫一字素之

題在山圖

冠蓋之客出山多，泉石之士入山老。入山與出山何如，在山好。立山直欲窺青天，俯視萬里飛雲煙。紅塵十丈不能到，一聲長嘯何泠然。

尺五樓展眺

湖盡見高嶺，其名曰蜀岡。我登尺五樓，萬樹辨杳茫。回頭望山寺，山寺忽已藏。暮靄閣鐘聲，空翠沾衣裳。松影亂湖面，波心靜不忙。畫船動簫鼓，遊子神飛揚。往來指歸路，白雲遲夕陽。凭欄亦坐久，隨意恣相羊。

重九日自金陵歸同人登岳墩

昨遊棲霞寺，絕頂峯最高。凭欄俯大江，放懷興倍豪。過江不見山，北風生悲號。吾鄉祇培塿，地接廣陵濤。舉頭望江南，滿目園中蒿。連朝苦風雨，怡情惟濁醪。升沉皆預定，何須入世褒。振衣發長嘯，千古有同袍。

聽西疇上人彈琴

有客抱琴至來從揚子江開囊為我鼓傾耳心俱降松靜月橫榻山空雲滿窗深坐萬籟寂泉水鳴淙淙

音節高古 芝杉

柬蘇鐵庵明府

海濱忽六載衣食如弟兄知我盲案牘相交惟一誠賓客無諂佞座上有老成君能敬禮之乃克樹循聲易曰得朋慶書曰知人明勿云一邑小君相求治平

蘇鐵庵的是先生知己詩亦淡永有味 瑀伯

接沙隄潘夫子書

一別將十載音書亦澗絕音書雖云隔兩地心如結昨奉夫子書盥手恨不潔開函跪讀之中情復嗚咽夫子困場屋鬢髮半霜雪五十舉孝廉六十登宦轍講學來和州官冷如冰鐵終不合時宜罷歸芻米缺磨蝎在命中事事多抑折君子固有窮文章焉可滅

鸚鵡行

鸚鵡雖云美性情殊不馴粵東有賈者年年淮海

濱托言遼闊鳥將以假混真五陵貴公子見之頗津津左右相附和擲錢盈貫緡携置芙蓉閣豔羨同奇珍飲以甘泉潔飼以香稻新繫以碧玉縷架以赤金輪錦衾疊翠羽巧舌弄朱唇畫屏照灼灼寶鏡閃磷磷庭前羅衆雀睨視不敢倫忽聞公子行臨行囑頻頻奴婢連聲諾惟主言是遵躍馬出門去踏遍武林春武林久不歸庭草碧成茵鸚鵡朝朝罵似罵未歸人牢籠安足恃乘間去東鄰僕從來相慰情懇詞亦親甘泉豈其濁香稻豈其陳玉縷豈云斷金輪豈生塵語畢欲羅之奮飛不顧身故主無留戀覗分越與秦勿為鷹鸇逐慘將雷雨屯公子聞之歸涕下還沾巾我欲除煩惱前因復後因

鸚鵡黠甚公子癡甚讀之可發一粲 瑀伯

孔雀行為某公子作

客從閩中來貽我雙孔雀孔雀藏深山飛鳴亦咸若胡為金錢多炫人以的爍象齒足焚身獵者張羅幕置之牢籠中朝朝困籬落羽毛固云美中情殊不樂何如鴻鵠飛萬里翔寥廓

接家書泰州大水

六月洪湖漲泛濫淮與揚吾鄉居下游田在水中央村村鳥獸散廬舍等浮航夜半啼哭聲齊呼刺史堂刺史得聞之神色殊倉皇戒僕守吾帑戒卒守吾倉馳書啟大吏一字一徬徨大吏念民瘼星夜來吾鄉撫卹兼賑濟一語慰四方復勸城中人桑梓輕蓋藏煮粥民不饑平糶糧不昂大吏不市恩飛章達　聖王　聖德仁如天毋使或流亡昨日家書至千里心怏怏吾鄉本瘠土豐歲鮮餘糧

況乃遭大水何以堪其殃水只一秋凶民苦三載荒

聞僕喜

晨起呼童僕常苦睡不足告之我買書相隨到書局神色兩俱王囊錢轉催促城中買書歸肩背都縛束負重快若輕寶之勝金玉百懶惟一勤一勤百懶贖我有耽書癖此童頗不俗　安得盡如此僕勝陶淵明之五子多矣瑞伯

聞僕愁

主人德僕僕何愁僕愁主人怒不休衣之食之惟主人衣食而外復何求僕跪不起涕不息爲我言之心怛惻主人衣我胡能衣主人食我胡能食能衣能食父母恩父母饑寒遠莫聞年來江北苦大水母子逃散各紛紛無衣無食背鄉井延頸望兒兒不省我衣我食有主人我父我母復誰請主人聞語起徬徨轉怒爲喜更悲傷民之無良怨一方僕有孝思未可忘　如此歌行唯國初吳野人能之他人不能也瑞伯

示大兒錫午

昔年汝母沒汝歲纔及五母沒汝何知吾母涕如雨衣之與食之事事誰爲主出入勞顧復痛癢關肺腑酷暑復嚴寒歷盡千般苦母苦不言苦時復相笑語謂汝日漸長天資非愚魯束髮就書塾盼汝日過午薄暮放學歸歡欣溢眉宇教汝親師長攻書力宜努豈以一衿喜望汝光門戶拳拳愛與憐屈指不勝數爲汝累吾母昊天誠何補

送嘉興盛春谷之郎溪

春風吹雨不成晴春花春柳暗江城城中有客將

欲行欲行不行無限情一盃飲盡復一觥爲予斫地作歌聲少年談笑揖公卿便便咳唾成瓊英五陵公子倒屣迎紛紛爭欲識韓荊齊聲鼓吹簧與笙自此聲名滿　帝京翻身躍馬登嵩衡粵東之東萬里輕郊林燦燦明千旌當道爲之館舍營河陽桃李花滿盈門前玉樹臨風淸天涯回首客心驚兩鬢蕭蕭白髮生吳淞二月江水平來遊海上窺蓬瀛紫瓊蒼玉跨飛鯨手捧金芝五色明縹緲三山不記名神仙何處問前程吁嗟乎富貴浮雲一轉睛騏驥老大空伏鳴研田半畝百世耕共誰歲月爭輸贏酒酣耳熱心怦怦揮毫滿幅雲煙傾萬卷在胸自品評韓潮蘇海頃刻成詩成擲筆事遠征黃浦江頭煙自橫　起結處俱是大方家數　瑞伯

蘇鐵庵卓異入都適遭父喪書至有感

鐵庵好名者捧檄海之疆三年書上考得意還帝鄉未謁　天子容先遭父之喪報德恨無日安問短與長呼天而搶地涕泗人斷腸使者北道來言之殊悲傷

遊獅子林

昔聞獅子林妙出迂倪手迂倪不再生勝蹟吳稱首我今遊其間小園不數畝往復山之巔步凡千百走曲折羊腸道偪仄井陘口遊人各各行自不礙襟肘山上植五松山下空如斗松高根亦深仰覸根何有人巧奪天工林石誰其偶亭榭俯淸流蘿薜生窗牖棟宇半欹側枯樹成儆帚四顧而彷徨圮廢料已久不識誰氏園慨然問園叟古者王相國今爲黃家某主人世簪裾赫濯馳江右開筵宴賓客文章盡韓柳嗟哉中業落極盛難爲後子孫宅斯園得錢充瓦缶園廢復園興倪生長不朽

自題仙芝偕老圖

男兒四十不得志饑軀碌碌走塵世廿年風轉孤飛蓬至今言之心尙悸椿枯早歲良可哀返魂仙植無由栽蘭芽瑤草倚慈竹扶持芘覆神愬隤我聞仙芝出東海汗漫來遊見光彩仙芝生長有靈根顏色百年終不改採得仙芝海上歸春風拂拂吹我衣佩蘭佩芷何者樂倚窗一笑香生幃北堂

常樹金萱草下蔭仙芝顔色好融融和氣長新枝枝葉同根須自葆以此稱瑞信不誣畫師爲我繪作圖披襟坐對心神朗珍同燕石將毋愚蘭因絮果無煩惱春回南澗多蘋藻從此相依過一生手把仙芝詠偕老

讀岳忠武王石刻歌

岳王功業垂千古臣節丹心壯士宇海陵城中石碣存讀者凜凜眸雙睹當年報國奇禍生詎識軍中神且武十二牌來衆所悲三字獄成怒不吐邊

疆到處有威名競說芻糧屯兹土我陟泰山弔忠魂雲樹蒼茫涕如雨

齒牙動搖歌

去年齒頰常病腫醫者視之無輕重謂余心固骨亦堅此乃風火之所擁今歲齒牙忽動搖欲脱不脱苦朝朝食不能飽眠不熟蒲柳未秋先已彫目昏難求善本書齒搖空費東坡肉少不努力奈老何自古英雄同一哭 賤子亦欲哭 瑞伯

悔過篇

經濟根學問豈爲霍光辨英雄昧時務將毋類牛喘我少不讀書入世亦已淺托鉢走四方面目頗慚靦問客何所能寸籌苦莫展强欲作解人識者難爲選案牘日孜孜如蠶抽繭抽高堂有老親饑餓僅能免親朋尚不知時復相勸勉謂予幕宦場賓客皆冠冕自古多依人潘陸終當顯對鏡鬚髮蒼雙眼曾一轉微軀百病增馬齒倏大衍聊爾報知己經術殊謬舛日歸復日歸吾鄉人本善何以養餘年益我惟開卷

戒飲篇

我本不善飲飲酒恒自苦幕府延賓朋滿座皆豪飲放歌八仙吟觀者眉軒舞我心殊躍然學飲從兹始一盃復一盃沉醉不知醒醒過三日餘我醉幾欲死常常思戒飲憂樂惟假此近以精神衰自覺不勝飲少飲卽醉鄉胸中氣每吐我有親弟兄或以語言阻相顧皆白頭亂言致乖忤況復八旬母聞之戚胡底垂涕告神靈誓不再貪飲

春暉草堂詩存初卷終

春暉草堂詩存

海陵費履堅焱夫 一字素之

雪後

風定氣逾肅不知天已晴庭階映窗白園樹著花
明夜月照無色寒溪流有聲扶笻覓山路特地爲
梅行 情景逼眞古軒

過陶克庵書齋

爲訪徵君宅頻敲竹裏扉牆陰牽薜荔籬落放薔
薇童子來相問先生出未歸褰裳池畔路鷗鷺不

驚飛

春柳四首步夏紅舫韻

春到江南百感生條條婀娜繪難成燕來惆悵青
拖地人去相思綠滿城梁苑最多煙雨恨蘇臺又
聽管絃聲關河一路都喧遍繫得王孫客裏情
莫問前因與後因風流如故忒精神殷勤作態應
憐汝眠起何心欲效人二月春山眉染黛十年新
夢穢生塵不知多少黃金色買得人間處處春
無那情懷感絮飛又看煙水帶斜暉山中慣拂陰
人帽道上難牽客子衣此夜月明吹玉笛幾家年
少賦春旂長安昨日催征馬懶折鞭絲問 帝畿
短長亭畔短長條過客勞勞若見招漢水有情都
放眼柴門無恙苦垂腰興來扶杖日將夕晨起隔
樓煙欲銷一曲故人千里外依依長此寄蕭寥

春日過西城曲水山房

綠楊深處兩三間籬落柴門晝不關隔岸僧歸春
雨歇臨溪人立夕陽閒水聲曲繞花邊屋野色遥
分樹裏山祇有逍遥天外鶴晚來猶伴白雲還

古意

熱酒暖人心冷酒冰人口冷暖儂自知爲問郎知
否

詠史十首存四

上座何曾賀一錢劍持三尺入關先須知天授非
人力帝業開成只五年 漢高祖
奇計爭誇七十翁獨權勝負項營中平生佐楚無
他技只勸鴻門殺沛公 范增
老人何處結茅廬圯上殷勤納履初但得子房能

受教始皇原有未焚書　黄石公

此身願與赤松遊海內亡秦豈在仇縱使漢家天子忌功成不戮五湖舟　張子房

淮陰侯

一市人驚俠少年登壇誰更與齊肩封王曾博生前假夷族空勞死後憐漂母有恩猶李報蒯通能辯亦株連惟將國士無雙語長使淮陰慰九泉

包孕一切　退庵

讀唐書

年未成童首建功一朝開創仗青宮宏文館與淩烟閣多少英雄入彀中

讀昌黎集四首

徙海魚遵三日約陟山靈掃一天雲須知配饗先師者匊米曾求閣下分

百家諸子太荒唐力剖羣言仗侍郎唐代儒臣應不乏文章知己宋歐陽

淮蔡當年未定時紛紛廷議有誰持凱旋兩勒褒功石不讀新碑讀舊碑

奉使常山帝亦愁翻翻驛馬壯街頭一麾聽命王庭奏卻勝眞卿死鎮州

讀歐陽文忠公集

曾奏張尹一齊興謀告誰能喻主聽萬里風沙窮塞長四時賓客醉翁亭獨持讜論扶河嶽新進唐書炳日星御筆文儒題兩字銀魚緋服重王廷

名論不磨　澄夫

讀范文正公集

先生無間可推尋經濟從知學問深吳下買田無積俸山中食粥有藏金邊謠先破西人膽廷論終回上相心大德如公緜厚福千秋俎豆重儒林

讀東坡集

歐陽門下首推崇卓識宏文一代中秀挺眉山遲范丈蹇遭磨蝎比韓公相臣誤國書空上先帝知人道已窮欲問常州舊廬舍幾回憑弔泣孤忠

道出坡老心事　紅舫

范公隄

當年一簣足千秋創始誰先天下憂自有神功留

海角不須強弩射潮頭於今草木皆遺澤在昔衙官已相謀我過西溪謁祠宇文章經濟仰風流

鹿女臺

覆焦不信能生女賀客無妨寫弄麞若是與遊須木石也敎腓字比牛羊嬰兒煉合參胎息偓子飛昇記渺茫上得荒臺時極目銜花猶見逐平岡

紹世聰明紅冊

題孫訒齋戊午偶吟集

獨有淩雲氣詞源瀉筆端雄才齊屈宋宿學富歐韓風雨秋心遠關河客夢寒嗟予亦同調常作旅人看

春烟四首步周西笭韻

濃淡隨風任轉移模糊一抹望中宜嫩于湖水將浮岸冷入梨花不礙枝幾處樓臺飛漠漠誰家亭館漾絲絲日長茶竈閒收拾坐聽餳簫隔院吹

已無餘力裊柔絲遠拂朱欄近拂思拾翠香還侵兩袖落紅愁欲鎖雙眉宜山宜水三分暖和雨和風一夢凝每憶輞川圖畫裏別開生面有奇姿

競說揚州杜牧之年年春好愛扶持晴偏得樹飛應晚淡不禁風落更遲低逐馬蹄埋綠雨深藏柳眼掠青旗別君南浦今無恙千里音書慰所思

霧籠花氣漫輕魔非色非空化亦奇青草池邊人去後綠陰巷裏月來時蝶無好夢迷還覺鶴有閒心避轉遲報到清明佳節近平原一望苦吟詩

晤王曾石

我留海上感蹉跎君去錢塘隱薜蘿忽遇春風同一笑年來情思是誰多

題孫訒齋燕遊草

聞道長安近馳驅正壯年沙飛盤馬地雲壓射雕天俠士能傾義才人肯受憐雞聲嘶落月還著祖生鞭

得唐人三昧芝杉

海村即事二首

蕭蕭襆被此停車茅舍相逢四五家一夜海風吹凍雨曉來滿地結鹽花

斜日荒涼第幾村家家煮海避潮墩三椽竈屋初停火牛拽鹽車直到門

工於寫景耳山

嘉慶己未春正月二十五日大雪

春來風雪太茫茫，四海同聲哭上皇。天遣河山千萬里，一齊都著縞衣裳。妙在得體 芝彩

登文選樓

竟日披文選，今朝上此樓。我思梁太子，誰更有千秋。燈火窺齊宋，詞華集漢周。凭軒一舒嘯，江海見洪流。

謁史閣部墓

志在回天力不如，江南兵食兩空虛。誓師血濺三軍甲，報國忠披一紙書。繞郭樓臺通墓道，到門簫管沸堂除。招魂剩有梅花嶺，香色分明月照初。

過平山堂有感

虹橋如畫柳如煙，面面樓臺處處船。幾日湖山成幻夢，一帆風雨送愁眠。歐陽詞賦憐花草，石尉園亭悵管絃。我欲迷津問歸路，桃源雞犬亦神仙。

憶春舟外舅

年來無計慰相思，白髮人從夢裏知。結社論交皆老輩，閉門覓句有新詩。書聲庭院千盃酒，花氣簾櫳一局碁。魚雁不須愁遠道，芙蓉秋水是歸期。玉磬聲聲徹金鈴，箇箇圓可移贈此詩 夏園

答顧芝彩詩意

不信書爭價，須酬國士恩。黃金誰不重，賦肯買長門。

同嚴月三金香署楊旭堂長春嶺觀梅口占

且停桂楫上晴巒，山後山前放眼看。一任松風吹徹夜，滿林香雪不知寒。似岑嘉州 芝彩

梅花

曲曲籬笆壓水波，羅浮香夢近如何。春風來去無人管，畢竟梅花占得多。語淺意深 古軒

雪後與金香署對飲

懶去尋梅踏灞橋，書齋相對百無聊。與君且飲一盃酒，窗外雪深猶未銷。

歲暮憶家

兒數歸期女計程，開門望雪雨心驚。連呼阿母牽衣問，如此雪天爺不行。樂府遺音 古軒

喜晤徐滄濤先生

如此鬚眉發浩歌箇中肝膽有誰過每聞雄辯千言少但覺浮生一夢多羅綺月明花似錦東南星聚酒如河長江天際流無極一葦何年渡達摩

寄南陽太守孔東山

君家華國舊文章捧檄飛來雨露香楊柳櫻桃唐刺史輕裘緩帶晉南陽廿年琴鶴空庭月千里輪蹄兩鬢霜北道人歸相問訊揚州風景漸荒涼

寄錢塘汪八小雲

絃歌深處讀書聲竟日依依海上情風雅西泠新

秀士衣冠東魯舊儒生每從鱣席挑鐙話屢奉魚書訂酒盟窗外梅花明月影不堪清瘦卻思卿

蘇愛堂明府自興化之金陵奉制軍委挑丹徒運河邀予同赴京口

九秋憶別廣陵城風色清涼月色昏到此忽經三月久對君空有一錢存恰憐王事賢勞獨每值公餘笑語溫行見 聖朝嘉乃績豈徒姓字達都門

燕子磯晚泊用前韻

冒雨衝寒出石城停舟時已近黃昏山家有酒沽

還易野市無殽味僅存荒鬢忽驚爲客短薄裘無那待春溫夜來潮落西風轉一片輕颿下海門

龍安鎮寓壁

土人豔說山中物我愛山行且駐車一夕盤飧叨地主龍潭香芋孝陵瓜

過横林鎮爲徐道川周杏江便寄家書四首

又醉蘭陵美酒來扁舟且趁好風開夕陽人指横林近一樹濃陰百尺槐

舍舟而陸踏晴沙風俗人家樸不華兩岸繅車聽

軋軋但將紡織作生涯

江流到此不復去太湖之水相激湍其間清濁各殊派日日君從樓上看

兩字平安草草傳君家邀我意纏緜關情臨別丁甯語若過横塘便住船

遊寒山寺

楓橋橋畔寺何處覓仙蹤古殿空留石危樓尚有鐘江村通水驛山市入雲峯欲訪漁樵去衰年事事慵 詩中長城古軒

白雲泉

壁鑿斜門暗廊迴一鑑明亂松和露研流水帶雲烹屋抱山腰曲天摩石頂平攙身登絕頂呼客有泉聲

謁伍相國祠

荒草祠堂太寂寥當年志氣足干霄窮愁落寞蘆中渡悲壯淋漓市上簫亡楚自知讎已雪霸吳猶有恨難銷南來越甲東門外一夜胥江總怒潮

謁吳季札廟

翩翩濁世佳公子自昔高風天下聞六代元音東魯廟千秋遺劍北徐墳耕桑永利先民業幣帛常修舊好文聞說尼山碑碣在至今眞贋議紛紜

法螺

纔過支硎寺峯迴到法螺山中松影合門外水聲多殿閣餘苔蘚牆垣補薜蘿逢僧話小隱此地少風波

舟泊胥江

無限笙歌無限情樓臺燈火照人明風來瞥見靈

胥影雪湨銀濤怒不平

范墳

萬笏擁高墳羣松響白雲野芳晴欲合山翠遠難分樹色層巒見泉聲靜壑聞臨風無限感遺像拜希文

句調高古 退庵

蘇州旅次送盧漁橋之太倉

徐熙幾日掛江帆又送盧綸到弇山吳下有歌皆折柳客中無酒不開顏桃花潭水春難住芳草王孫悵未還書是黃金詩是債我歸常欲掩柴關

工夫純熟九轉丹成 容若

蘇州廣文蒲快亭先生招飲

春風揚煦扇春和醉引遊僊到大羅座上文章名士滿門前桃李狀元多揚州金帶思前度江水鱸魚憶舊歌別我十年重過訪又從吳下看東坡

訪快亭先生喜晤毛子喬孝廉

子美亭西一徑分到門花柳漾南薰官閒正好看山水署冷纔堪讀典墳有塌宛如衛洗馬相人不讓范希文漫云百里才難展附驥人多總軼羣

王夢園罷蘭溪令攜家歸里舟過吳門見訪奉別

天涯鴻影滯江干握手重逢別更難愁雨愁風孤櫂返好山好水一家看塞翁失馬庸非福稚子能文豈在官歸去方知林下趣抱琴攜酒畫欄杆

送徐滄濤先生之六合

風雨瀟瀟二月天綠波江上木蘭船白門又見新書記黃浦猶思舊管絃入幕相依曾幾日挑鐙重話又何年樽前俱是茫茫路舟楫還宜涉巨川

吳門晤山陰陳文若

漫將才智說陳平知己難逢倒屣迎年少讀書兼讀律家貧辭母更辭兄升沉已定何須卜寵辱能忘自不驚我亦備嘗甘苦味茫茫前路最關情

立秋病中

小榻書堆枕疏簾月上鉤五更驚短夢一病入清秋露氣侵衣冷蛩聲當戶幽壯心殊未已曉起獨登樓

懷顧芝彩

北風吹暮雨遊子衣上寒鴻鴈遲不到籬花秋已殘關心千里共餬口一官難知子欲歸久高堂殊未安

古節古音 澄夫

婁江舟次三首

石橋橫影漾波斜兩岸垂楊十數家挽髻女兒篙下坐不辭辛苦弄繅車

可入竹枝詞 古軒

水抱江城十里遙臨江木閣夜吹簫通波門外停船客半候來潮半落潮

一聲柔櫓一聲歌天上星河水上波臥聽不眠還起視滿船秋思月明多

申浦舟中

風颿行處速征鴈又斜陽江水流沙岸柴門築土牆地高棉結子村遠稻浮香我自乘潮去蓴鱸是此鄉

憶金陵舊遊

蕭蕭布韈與靑鞋看到槐黃易感懷六代江山唫鮑照一帘風雨夢秦淮雞鳴疏柳秋將老鳳去荒臺信已乖多少冶遊桃葉渡不堪雙鬢舊朋儕

丹鳳樓懷古

丹壁飛霞彩高簷擬鳳形潮流江水潤樓入海風腥兵火百年地人文一代星不勝憑弔意落日下蒼冥 雄健不讓少陵 澄夫

自上海之平望湖上作三首

昨宵黃浦江頭宿今過吳江第幾湖江上鮮魚湖上蟹醉鄉滋味已懸殊

不斷長湖不斷村村村稻熟酒盈罇東湖嫁女西湖娶一棹晴波鼓吹温

此去茫茫不辨程舟人西指夕陽平煙光一抹秋林晚紅樹橋門取道行

登天平山

誰將兩字稱心題萬事難齊到此齊我過中峯天一綫有人直上白雲梯 別有寄託 松崖

未至靈巖而返道中口占

歸輿聽說山中好笑指靈巖在眼前元墓遠尋香雪海太湖高接水雲天僊林窈曲煩僧引禪榻清閒讓客眠奈我悤悤無暇到暢遊留取待他年

領聯勁挺直過唐賢 古軒

呈祝簡田太史

峯泖人來仰道尊飄然白首卧雲根耽吟風月新山長傳世文章古解元學海幾曾知畔岸探河難得到根源程門多少佳公子一席春生四座温

嘉慶丙寅自上海歸里舟中作四首

夜半潮來便放舟一帆安穩出江頭歸心三載程千里多謝南風送北流

湖船都著錦衣裳來去如梭淥水香有客看花苦

羞澀自沽淸酒過山塘

梅花共我一舟行似結相知慰客程待嚮北窗窗下種春風明月總關情

紛紛如雁集河濱說是淮揚避水民兒覔耶孃男喚婦舟中愁煞未歸人 讀之淚下 古軒

歸里

回首風塵暗自嗟不堪兩鬢漸霜華青山笑我仍如故千里吟詩直到家掃地不妨兒問字閉門還喜客停車鄉鄰古處田園樂便是人間蔡少霞

答家人問

行李匆匆只一肩吳淞江口夕陽船計程不遠將千里算日無多忽二年鄉思其如歸計拙壯懷空有客心憐蘇州簫管揚州月半結詩緣半酒緣

情真語摯廚媼亦解 松崖

秋雨

鎮日柴門掩窗前雨不休更無人送酒孤負菊花秋

哭鳴遠四伯父

歸來仍是舊儒巾困頓名場耍此身悞卻槐花黃未了聽殘秋雨夢如新 伯父自秋闈抱病而歸 劉蕡不第皆由命伯道無兒亦夙因江上秋風同一哭文章知己更何人

出門

男兒四方志辭行賦遠遊高堂雙淚下不敢再回頭

客中盼儲漁溪不至

聞道看花便放船為君搜盡買春錢日長收拾閒

功課盼過黃梅綠雨天 然夫之清閒漁溪之雅適吾於此詩見之 仲嘉

永安舟次

低田積水不成岸三兩漁翁晚泊船老婦蒸菱兒進酒大家博得醉鄉眠

露筋夜泊

扁舟灞口又黃昏淮水聲喧隔遠村舟子欲眠尋泊處一燈橋畔酒家門 神似石湖 芝衫

過車邏鎮

日落潮回踏軟沙零星煙樹幾人家沿隄一帶新蘆葉中有疏疏黃菜花 詩中有畫 芝衫

汜水舟次

誰家吹笛又橫琴村樹溪雲望裏深一夜風颿輕似馬計程明日過淮陰

清水潭望湖

又停桂櫂住迴塘獨立蒼茫送夕陽細數長湖三十六不知何處覓珠光 感慨繫之 芝衫

漕船北上

水過長淮便不平梯航齊唱櫂歌聲年年貢與

皇家粟天遣南風送北行

楊家渡舟次

驛路荒煙青塚側村籬疏雨綠楊邊何人沽酒出門去獨自披蓑放渡船 閒曠芝衫

袁江旅次盼曹純齋不至

家家籬落月明多舊雨關心歎也歌北道風霜南路酒片帆應早渡黃河 從來渡黃河者或寫形勢之大或說行役之勞此則吐棄一切何等灑脫 瑞伯

舟泊京口

雲樹暗城頭江流接海流潮聲吞遠岸山色入新秋橋市喧吳語樓臺壯潤州乘風挂帆席蘆葉滿汀洲

登金山寺口占

大江東去潤石壁響松杉潮落風平後斜陽挂一帆

秋江晚眺同顧藕怡徐道川周杏江作

片雲疊叢樹低空渺大江村孤煙起直野曠鳥歸雙落日戀秋水輕陰生暮窗逢人問酒市詩思未

應降

次日復集同人晚步

久晴得新雨秋野晚逾清遠樹餘霞接空天薄靄生籬花自顏色村市無喧聲隨意忘歸路依依昨日情

懷潘松崖

師門負笈記同盟垂老依依倍有情四十明經鄉祭酒五旬書記老儒生雲停海上秋先到月滿江南雁有聲松菊柴桑原素志他鄉雞肋亦空名

題孫雲樵停櫂看山圖

淼淼煙波綠一灣有人停楫指松關米家書畫長浮舫摩詰田園本在山詩思斜陽紅樹外秋光淺水白蘋間何如破浪乘風去漫把居諸廢等閒

旅舍

側帽披襟晝掩扉閒來欹枕臥斜暉詩如說話何妨俗夢到還家且當歸入夏槐梧陰漸重登盤櫻筍雨初肥隨身童僕無聊賴捲起簾櫳看燕飛

神似放翁 芝衫

聞周杏江新擢山東縣尹時吉撫軍仍留杏
江在署書記卻寄

聞道官階又一新爲君圖報盍精神名誇王氏園
中客品重歐公幕下賓齊魯之間皆大邑朱程以
外幾全人拳拳尺素遥相問記得巴山雨最眞

歲杪將旋里連接家書二首

海上棲遲意愴然不堪回首故園天來朝已訂歸
舟約今夜偏難著枕眠老母愁應增白髮幼兒書
恐誤青年遥知風雪寒檠裏兩弟談心各自憐

眞摯　瑞伯

饑軀空復費居諸爆竹聲中臘又除向曉猶成歸
里夢傍年多見索逋書酒無佳釀頻勞客月有寒
香似慰余抖擻精神呵凍筆長門一賦馬相如

大雪舟中

畫舫帘垂三兩層鑪紅酒暖怯寒仍北風吹雪飛
沙裏官吏催人夜打冰

温酒

榾柮鑪中滿梅花窗外寒老來心尚熱痛飲到更
闌

聞嚴月三歸里

亦工詩畫亦工書曾記南州共榻居語到家常無
雅俗交於時務有親疏貧如范叔悲生計老學王
維返故廬無限春風江上客十年夢覺更何如

和袁嘯竹四十自述元韻四首

堂堂歲月等雲過壯氣難消意若何賦就長楊推
健筆詩裁短李放清歌筵前勸客陳三雅花底遊
僊到大羅慷慨平生千古志男兒切莫怨蹉跎

五陵豪俠競揄揚車馬雲屯舊酒場博醉已能齊
李白栽花惟願比姚黄斂藏鋒鍔塵難蝕嗜別酸
鹹味獨嘗六代繁華成往事只今年少羨潘郎

祿養猶遲粟萬鍾豪情未肯說疏慵文林許我來
馳獵藝圃何人去學農有志披雲奇樂廣無心種
樹讓何邕十年也作秋風客淚灑征衣密密縫

不堪回首是峯巒客裏空悲去住難芳草馬蹏千
里夢蘆花雁影一天寒路窮且作歸田計親老何
當陟屺看四十韶華年正富鼎烹終合待君餐

三月二十二日同宮霜橋葉古軒羅夏園鄒耳山李少白集古林庵遇雨

寂寂禪關晝不開偶聯吟社此裵裒曾從壁上題詩去又向橋頭載酒來荒徑綠埋三月雨閒階紅染一痕苔老僧碁罷無餘事煮茗殷勤日幾回

喜聞朱槐里張六窗儲漁溪汎舟看桃花詩以柬之

畫橋風暖漾春流聞說漁郎去汎舟桺色淺深隄上馬桃花濃淡水邊樓隔溪網得魚雙尾入市沽來酒一甌好是北城歸棹晚滿林星斗月初鉤

風雅宜人仲嘉

梅花嶺

林巒如畫入煙霞直上高峯一徑斜眼底看花人不少問誰領畧此梅花

寄內

無可如何往事非艱難辛苦共依依傷心藜藿供歡笑回首風塵易渴饑十載遊蹤隨雁影三更歸夢感牛衣寄君欲語須珍重爲我常酬一寸暉

雨後

雨後開窗處處幽芙蕖卻暑海棠秋山前松蓋都添翠石上泉聲不住流

題魏芋山梅花册

東風牆角月初斜夢裏分明記妾家瘦影淡妝誰得似也應猜到是梅花

夏日村居圖

老人最有看山癖奈此村居不見山忽報奇峯雲作態開門扶杖欲躋攀

門人趙　瑜漁亭
葛　增潄泉
單蒲南春杉
俞恩洽竹庵
徐承採右卿校字

春暉草堂詩存次卷終

春暉草堂詩選者先子歸里養親時所輯存也先是謀付剞劂商訂於老友葉丈古軒詩即存西河草堂無副本古軒老人旋歸道山搜其遺篋古體一卷已經遺失欲梓未果先子竊自悼焉每當酒酣耳熱時語予兄弟曰吾生平梗概及悲愉欣戚畧見於詩詩之傳不傳未可知然必搜羅待梓庶令閱此詩者謂費某一生純謹發爲詩者亦如其人此則後起者之責矣時錫申年雖幼謹識之不敢忘先子辭世後遍訪同人未能完璧兩兄復先後殂謝而春暉草堂詩之刻責在錫申錫申又年過半百懼不克承先志而並其所僅存者亦歸散佚不得已與姪文彪等就其所僅存一卷附以晚年續存暨單君春杉藏鈔古體長律若干首先付棃棗其終未能收拾遺編都爲一集是則錫申之罪也夫至於先子之行誼與詩之體製於當代宗工序跋中見之錫申不敢贅謹誌其原起敬書於後

同治三年歲次甲子夏五月中浣男錫申謹識

春暉草堂詩存

海陵費履堅焱夫一字素之

喜聞臺灣捷音上福公相敬賦一百韻

南山環禹甸　北闕拱虞璿　帝德高千古　皇威振八埏。辨方符出震。配極協基乾。雅化親摩盪。休風仰蕩平。鳴鸞翔縹緲。舞鳳集儇翾。嘉瑞呈河洛。奇材致杞楩。干戈綏緬甸。禮樂洽金川。筐篚通遐服。瑤琨映紫躔。職方同貫利。司馬及時田。中外軍容飭。要荒　威命宣。[illegible]兵原不用。偃武永無愆。詎有么魔煽。時聯宵小緣。萑苻人滿百。大澤盜盈千。情似探囊詐。形將蔓草延。揭竿矜戟鍛。斬木逞戈鋋。烏合雞籠側。鴟張鹿耳邊。山形窺屼嵂。地脈圾屯邅。踩躪男兼女。虔劉麥共秈。悲風鳴岸谷。海氣暗垣堧。奸宄心無忌。冥頑惡不悛。稽誅非一日。肆虐動經年。　聖主明懲罰。　清宮隱握權。珠囊原朗啟。玉鑑自高懸。用簡金張貴。爰求將帥賢。　恩綸傳紫極。　丹詔達瓊筵。螭旆雲中轉。星軺闕外旋。公自陝奉召督師　帝心誠眷眷。　天語更拳拳。

春暉草堂詩存　三卷　一

弓矢威遹重戎行任獨專經綸睍遠大學問仰純
全品格金梧鳳胸襟玉井蓮三秋馳楚越八月出
幽燕棧道初飄桂新霜已折棉呂蒙持月劔王濬
下樓船帆席風雲迴牙檣雨露偏浮天爭潗濬湧
地響噴漩波似連山疊練如白馬湔驚鳧纔失侶
陰火忽潛然南險朱崖峙東橫析木澶裸人搖掣
掣黑齒激洄洄琥珀輝相映珊瑚影乍聯伏波思
馬援泛海羨張騫蜩像潛蛟室天吳避海暥艅艎
飛鼓楫廣莫颺增扇瞬渡重洋險旋驚萬里遹疆

場標虎節士女迓雲軿元弋遮林薄招搖駐陌阡
柳營排戟鉞屯舍繫驪韉玉帳開門暖銅鈴挂閣
圓綸巾何藹藹緩帶復翩翩匣劔芙蓉合腰弓錦
繡纏揆機符　聖哲運策妙神仙鳥火天文變川
崖地勢卷水澄金鏡照斗正玉繩牽閫隸時通語
懷方亦備員峯頭懸矢石谷口樹旌旃大將初傳
令精兵各鬭先行間知信義部曲秉心淵挾纊恩
流塞焚香誓愈瘨三軍銜旨疾八陣繪圖傳驍騎
奔雷起輶車合霧連羽流駭石沒札徹訏楊穿不

假商君戟無須秦政鞭斗牛揮霍霍霹靂走闐闐
犀甲豐而窓星戈利且堅贏糧成絕壁刺石湧飛
泉虎帳頻馳馬貂冠早耀蟬五申看既布一往盡
無前隱隱鳴鑼響丁丁伐鼓鼘赤城環雉堞碧壘
起狼煙飛影全遮日呼聲直動天氣蒸方丈外光
燭鳳山巔淡水林圍幕澎湖浪捲氈水犀衝舉滑
驛馬躍瀇瀠泉客驚垂涕鮫人怯搆椽倏蠨芒乍
沒神蛟穴頻遷竄突連肩獸奔流縮項鯿一軍威
始振羣醜勢旋顛螻蟻都逃遁戈矛悉棄捐高墉

如馬散巨港倏尸塡且聽歌三捷何曾絕一弦黨
朋皆殄滅父子已拘攣破膽人稱范驚心士畏錢
平原張帟幕曠野割芳鮮日月光金鎖星雲爛錦
韉班師情洩洩振旅喜輷輷事畢韜戈飲功成奏
凱還　朝賡天保什士賦采薇篇甘雨欣沾草薰
風欲扣舷海邦長奠定民志永纏緜黜首思歸宅
閭商願卜廛　皇心增悅豫　聖眷倍陶甄雨露
銀鍾沃勳庸桐柱鐫　龍章新寵耀華袞錦衣妍
（上賜圖龍補褂荷包）武德千秋著軍威百代沿生祠新建

立禋祀秉誠虔上命臺灣建立生祠賤子甘庸碌裁詩陋
弱孱功名思附驥運會翊飛鳶值此承平日參將
靜默禪濡毫揮筆仗潑墨聳唫肩願罄歡騰意常
披五色箋 鴻篇巨製非燕許大手筆不辦澄夫

春日遊也是園

廉纖十日乍晴溫柳陌還留屐齒痕幾樹斜陽明
屋角一池春水漫雲根迴廊曲檻橋通路絕壑深
巖洞作門料是鍊丹人去後但留偲徑鑿名園

清明旅次用高季迪句成轆轤體四首

清明無客不思家城郭如煙一帶斜十日小西湖
上雨料添新漲待桃花
野岸垂楊酒旆叉清明無客不思家靑驄年少紅
妝女踏徧城南最軟沙
濁酒難澆新鬼痛好花空醒愁人夢清明無客不
思家訴與東風未肯送
年年春恨滯天涯窗掩梨雲六面紗草滿池塘花
滿舍清明無客不思家

芝彩依前體和七律五首作此畣之

清明無客不思家野圃寒深菜未花連夜雨添新
水漲嫩晴天趁夕陽斜心懷未免三分懶風俗相
沿一味奢輸與老農勤課問春來消息更何涯
偶步橋西水一涯清明無客不思家地堪闢茗泉
方汲僧愛談棋語近夸庭外松高應舞鶴階前藤
短漫疑蛇來朝更續蘭亭約笑說裙湔六幅紗
青青旅舍柳橫斜百里迢遙障暮霞兄弟有書頻
寄遠清明無客不思家春寒侵被難成夢晝永焚
香欲透紗童子忽驚鞭筍出牆根閒補曲籬遮

十載猶期讀五車饑軀翻悔負韶華空囊珍重蝿
頭細舊壘辛勤燕尾叉山水有緣如憶我清明無
客不思家門前想駐尋春馬欲問歸期策亂撾
儘多良友共天涯晨夕盤桓興轉賒芳草簾前看
戲蝶桃花紙上學塗鴉詩同索債情難遣酒爲逢
春量更加便欲放舟煙水外清明無客不思家

春日過笑宜軒主人齋中

水漲平橋綠滿津阿儂小住卻宜春好風吹入調
鸚館暖日薰來中酒人扇影忽從花裏過鳥聲如

和曲中新關心兒女尋常話累我青衫淚滿巾

過白慶峯贊府衙齋

地闢堂西半畝陰風來松竹有清音籬邊不礙停車馬花下還宜伴鶴琴桐葉涼飛仙吏案井泉香漱古人心笑將薄俸供揮灑童僕加餐酒助唫

郎溪山長盛春谷遊海上攜其詩字見贈即用原韻奉酬

閒來無事不神仙扶杖登山亦偶然滿眼韶華春似海關心時序客經年家疑摩詰詩中畫水入吳

淞鏡裏天況復花朝明月夜一樓燈火一溪煙

湘月歸俞仲樓賦此誌別

湘江無月水無情月到湘江恨有聲月洗湘江江洗月江光月色爲誰明

釀雪

漠漠寒陰晝掩扉微茫影裏認依稀五更風勁冰初合一色雲低凍不飛雨尙未凝梅待伴霰纔微集鶴知歸天工欲試調羹手幾度催成六出肥

雪夜枕上

門外雪添三尺深孤眠枕上費沈吟衾凝潑水窗疑月一片冰壺印客心

江南逢周七蝶莊

粵中人感舊中丞謂有文孫祖武繩（蝶莊之祖人驥公巡撫廣東清介有盛德）六十茂才家壁立廿年書記客樓凭性耽好夢因呼蝶身似閒雲欲傍僧我勸王孫歸未晚長安多少舊親朋

登金山寺

中流一柱起樓臺到眼雲光面面開京口北迎飄

影去江心東接海潮來地分吳楚千秋拆浪挾風雲萬馬迴近日蘆洲南漲遠滄桑人世幾銜盃

次毘陵驛憶周三杏江蔣大吾原蔣二仲先

惠山四望雨初收古樹籠煙綠滿疇兩岸人家如畫轉一颿江水抱城流茶烹陽羨難消渴酒到蘭陵易惹愁有客他鄉歸未得又憑魚雁寄揚州

磨鍊功深 紅册

惠泉

惠山之下幾曾經中有流泉清且靈既責名茶復

釀酒使人長醉亦長醒

田以情攜其姬人移居吳門奉贈三首

爲尋芳草滯天涯綠水橋邊偶住家童僕數人忙
似客一肩詩卷一肩花

卻逢三月好春光風暖雲晴日正長消受人生無
限福小樓侍女夜添香

頭白雙親問卜居今朝新定客中廬山陰道上歸
家客先寄平安兩字書

春日泛舟湖上

遲遲一櫂漾春波風軟煙輕雨乍過簾下綺羅清
晝永水邊樓閣彩雲多曹騰天氣濃於酒旖旎鶯
聲好是歌曲折忽聞山寺路萬松森列挂青蘿

橫山道院四檜詩

一覽羣山萬翠收獨標樹色照傴邱梁三梁五何
人手非紫非藍總佛頭應有將軍新鑄劍不須司
馬更悲秋空中彈指原虛幻衣上痕多此逗遛清
風不能搖雨不磨佛家何事種娑羅枝如龍爪當
空見樹拂雲峯入夏多韓愈文章皆險筆襄陽書

畫沒平波軒昂磊落天生就世上庸材奈若何奇
不知幾百年來樹臥老山中日月長鳳舞鸞吟唐
樂府魚書鳥篆漢圖章尋常甲子無寒暑幾輩兒
孫作棟梁我欲結廬林下住北窗高枕說羲皇古
雅與題稱古軒

無限瘦瘤看不真摩天更欲俯孥人聲搖山嶽長
風雨靈奪乾坤自鬼神野鼠城狐都竄穴竹王木
客亦奔塵世間怪物知多少此是山精不化身怪

到家

轉因疎拙葆天眞廿載遊蹤總幻塵書滿行囊誇
座客花開荒徑悅歸人頻呼兄弟儲佳釀最喜時
光值好春頭白老親鐙下坐慣題往事說艱辛

訪葉古軒

征人纔得卸歸裝先到河西舊草堂楊柳疏狂情
已倦梧桐蕭瑟影猶涼煙霞似幄容身老日月如
梭逐客忙傾篋我餘詩一卷還憑舊學共商量

懷盧綺山

天涯鴻影又三年別後會無隻字箋多少離情書

不盡問君飲食倘如前

海棠

幾枝濃壓水雲坳綵剪隋宮莫漫嘲著雨臙脂嬌一樹臨風釵鬢亂雙梢楊妃中酒偏宜睡子美工詩奈爾抛怪底無香猶有恨唫成宮體費推敲

寄豐潤谷大巨川

少年于役到隨塘萬里人歸古戰場白首空敦悲李廣赤松應許問張良猿啼巴峽峯千尺雁過衡陽字兩行猶憶相逢連夜話酒酣耳熱斂光芒

懷吳中汪二悔人

春燈如醉夢如縈人去錢塘久別離黃浦江深聽夜雨白桃花放讀君詩館娃荒徑鶯啼遍保叔殘鐘月落遲莫怪相思無一字海天雁影入雲時

阮亭風調 澄夫

儲漁溪納姬戲贈四首

梁溪過訪又吳門好女如花幾駐軒寄語阿姨休見妒春風桃葉復桃根

黃絹應傳絕妙詞更拈螺筆寫烏絲遙知明月梅花帳不少分題索和詩

題罷紅箋便織紝纖纖玉手度金鍼分明繡出鴛鴦錦幅幅鶯閨燕閣心

柔情祇合夢江南玉軟香温酒半酣我愛風流舊才子相思不種種宜男

戊辰歸里葉古軒晴皋芩洲晚香諸昆仲邀集西河草堂觀鞠

三年鴻影又重逢此日開樽鞠正濃花似故人聯夙好秋爲遠客洗塵容山中憶別心千里謂王曾石壁

上看詩淚幾重謂吳椒堂圖雁山獨有謝家諸叔季翩翩初日照芙蓉

贈金二香署

曾共將軍幕府中一窗鐙火閱秋冬每於校字如攻敵但到論文似叩鐘仿帖半求名士筆看書全拓古人胸晨昏雜沓煩調護禮客時時爲改容

旅夜口占四首

幾年歎歲搊眉過轉歎爲豐又若何但得長耕心地熟水田不及硯田多

與人較命豈能過遇事陶然奈我何已去不題來莫問夢時轉苦覺時多

揚州風雅爭傳杜東閣梅花道姓何寄語故鄉親友輩一生清福自求多

門外楓橋咫尺過滿天霜冷夜如何寒山寺裏鐘聲遠吹落橫塘客夢多

己巳十月望偕程半帆盧漁橋遊虎邱

過此忽經歲（上年由家之上海十月五日舟過山下）來遊知我閑白雲樓外塔黃葉雨中山蘿落門雙掩亭臺水一灣臨風懷白傅聯藝叩松關（元人佳句　夏園）

厦門李軍門丁母艱回旂於途中聞蔡逆就擒不勝欣躍舟過蘇州見訪奉別

軍書昨夜報元戎萬里妖氛一洗空旌旆銅山雲影黑颿檣澎海日光紅寇恂早畫籌邊策李廣難封定遠功但得風恬和浪靜歸舟四面凱歌中

雪後探梅二首

有客攜酒來邀我看花去前村復後村茫茫不辨路溪橋策蹇行一步一回顧忽聞梅花香花開在何處

己巳除夕放舟虎阜看殘雪

除夕山塘雪乍晴扁舟小住又山行琪花玉洞神僊府銀海瓊樓鼓樂聲天上風和知凍解人間臘盡喜春生（元旦立春）船孃笑問歸何晚盃酒盤餐待客情

吳門懷羅大夏園

春風年少管絃初沈宋樓頭總不如聞道劉蕡悲下第那堪潘岳賦閒居綠波芳草愁聽雨白髮斜陽伴讀書他日故人如過訪依依楊柳是吾廬

吳門晤杭州許六古梅

穀雨思龍井春船蕩虎邱君猶海上別我又客中留年少逢青眼天涯感白頭吳門好風景碌碌幾時休

吳中晤余亦之十二郎送之鎮洋

颿影河橋憶落曛正尋歸路得逢君綠波芳草今如昨紅雨飄蘋合又分北道雁聲空待月（時盼都門音書）

不至南天蜃氣已成雲（江南漕政多事）婁江一夜催征櫂幕
下賓朋迴不羣

虎邱

繞塘如畫綠煙浮塔枕青山屋枕流斟酌橋頭明
月夜淸歌處處綺羅舟

客中夜坐聽雨

徹夜雨蕭蕭羈人夢正遥愁多聽不得何況有芭
蕉

上洋城中

河淺如溝跨石橋野航無數總停橈雲時飯熟舟
浮去知是今朝子午潮

留淮北客食石首魚

二月黃魚食未曾客中聊爾識賓朋地因近海先
登市味欲烹鮮不借冰價賤何妨留頓頓香濃早
已見蒸蒸桃花開後河豚上春酒重來酌滿升

上洋齋中雜詠四首

又聽兒童竹馬歌使君爲鑿舊官河從今流入江
湖活添得堂前水鑑多（縣署舊有引糧河年久淤墊蘇明府復爲鑿之）

黃浦江深起櫂歌滿江明月浸天河獨來丹鳳樓
頭望錦纜牙檣十里多

城中新植百花香日日淸泉灌溉忙滿縣碧桃滿
縣柳勝他潘令任河陽（蘇明府令縣署前後遍種桃柳）

稻花村裏木棉香婦女籌燈紡績忙滿載秋江船
似雪聲聲搖櫓近重陽

徐滄澥儲介之田以情周蝶莊吳曉峯谷巨
川盧魚橋同集方懋園少府齋中

巧樣盃盤異味殽畫簾紅燭小堂坳屋緣近水如
浮舫官自爲家等寄巢拂袖笙歌花爛漫滿箋題
詠客推敲我歸漏院呼魚鑰夾道垂楊月上梢

憶郯耳山

綠楊只隔一衢衢晨夕常邀步屧通雙眼看花談
笑裏十年夢雨別離中季昆善賦如康樂姬妾添
香亦放翁爲問洛陽詩社客豪情還與舊時同

春日過吾園

四面籬笆一徑斜叩關錯認野人家翠浮山館千
竿竹紅漾橋門一樹花壁上客唫思共遠庭前鶴

夢語無譁我來隨處凭欄坐卻笑園丁自品茶

晚唐風調 退庵

湖州作

煙雲如畫水天浮路入平湖第一州繞郭波明都見底沿隄桑短半平頭秀分越嶺吳山色淸合苕溪霅水流滿市紅菱三尺鯉此鄉風味最宜秋

一幅吳興秋泛圖 悔人

日暮

日暮訪良友欲訴窮愁苦相逢道寒溫坐久更無

語

對月

無聊情緒易黃昏看到圓時欲斷魂怕有浮雲遮玉笛愁教細雨溼芳罇今宵兒女閨中見異地河山夢裏言趁此淸輝千里共不如挂席返家園

題孫訒齋之楚吟

海上詩名重風塵把劍遊雲吞三峽水猿嘯萬山秋弱弟埋青草高堂感白頭披吟一垂涕悵望楚天愁

水行地中芝衫

漫興步夏春舟外舅元韻二首

煙雨霏霏二月初嫩寒天氣近庭除竹原有節休敎折草亦能花勿浪鉏貧婦性慵猶善釀嬌兒生小未嫺書日長枯坐無他事讀畫焚香也自如

一痕苔綠上階初曲曲軒窗費掃除地不臨山遲杜宇門多近水見春鉏燒殘紅燭因談劍典盡春衫爲買書時有客來相問訊故人消息竟何如

得香山衣鉢 秀岩

題淩菊人直鉤垂釣圖

全憑一直課行藏機事機心料已忘何必敲鍼煩

稚子翻將舉網笑漁郎人疑秋月蘆中士身住閒雲夢裏鄉多少持竿湖上客臨淵終日羨魚忙

冬日懷潘沙隄夫子四首

橫經問字久銘恩師道何殊父道尊千里音書歸海國一鐙風雪滯都門天留名世遲青眼人許斯文近紫垣時有故鄉羣弟子每逢花月懶擕罇

猶記兒時負笈遊一趨一步仰南州論文遠引羲皇泒作賦旁牽屈宋流架上筆牀開爛漫階前書

帶茁清幽同堂風雅諸年少合讓游楊第幾籌謂朱
槐里葉柏承潘松岩昆仲
慚愧芹香賦魯詩泮宮桃李豔春池十年藝圃輸
同輩一領青衫負我師寒雪夜深程子宅春風人
隔董生帷長安近日談經席應有鱣飛雀下時
我爲飄蓬恨轉深不堪憔悴到而今黃泉未築先
人室血淚常沾慈母襟賣賦相如愁落魄登樓王
粲苦沈唫先生夢裏勞傳語尺素拳拳教孝心先生
以夢中語見示深以先君未葬爲念閱之泪下

白梅花和葉雨樓原韻二首
瑤臺十二盡春風香在深深雪海中琢玉丰神偏
蘊藉鏤冰詩思貴瓌瓏半林曉月淡無跡幾樹斜
陽冷不紅知有龍眠好畫手白描高格具天工・
相逢縞袂擬開罇疏影橫斜竹裏門修到此生能
解脫不知人世幾寒溫空山久悟孤高趣老去猶
留風骨存我愛逋僊眞拔俗詩人誰說六朝尊
格律渾成筆力超拔 小白

蘇鐵庵邀往都門因母老未能踐約
千里魚書墨未乾故人催我上征鞍中年豈憚程
途遠老母何堪鬢髮殘握手無言雙淚落知心有
約兩全難拈毫裁荅憑搔首倚遍風前十二欄
滿腹牢騷 紅舫

懷高郵金二香署
不禁依依細柳營二分月裏望分明句唫開府詩
才逸經寫靈飛字學精競道晏殊能擇壻管漕使爲楊總
戎擇壻遂以香署作之合焉可憐韓愈已無兒香署胞兄曉芳已酉拔貢流
光彈指都將老騎鶴揚州舊日情

題王匯川紅藕花中泊妓船圖
芙蓉波上木蘭舟人影衣香兩逗遛好句曾傳名
太守勝遊不讓古杭州花光映水憐紅粉客意驚
秋感白頭遲我十年歌舞地披圖猶及見風流

題鏡兒校書聽琴圖二首
曾聽琵琶自愴神又攜焦尾走風塵月明一曲舟
中淚老去知音屬美人
贏得蕭然客裏閒寄情流水與高山禪心已悟浮
生夢紅袖青衫總一般

雪中懷仇秋人先生

昨日微霰今滿堆柴門曉起開寒梅呼兒山中一
掃徑剡溪有客乘興來

步秋人先生韻贈鏡兒校書四首　高古芝衫

耿耿銀河入夜流美人惆悵又三秋幾回欲遣菱
花照怕見柔腸寸寸愁

誰將尺素寫相思愁鎖春山兩道眉但願常圓不
願缺團圞明月是心知

游絲無力漾窗紗畫舫垂簾便住家一曲琵琶風
動水不堪清怨到蘆花

鄰舟姊妹結芳盟談笑盈盈卻有情一自箋裁名
士句薛濤應妒又生卿　秋人贈鏡兒念奴嬌一闋寫成鏡式刊印作箋名鏡兒箋

雪窗曉起

曉起紅欄獨自凭題詩尺幅我猶能破裘衝覺陽
春近風雪連朝暖不冰

春暉草堂詩存三卷終

春暉草堂詩存

海陵費履堅焱夫一字素之

曉發

欲理行裝問曉天歸家幾日又新年世間惟有風
波險怕上河橋送客船

上元舟中

行李悤悤又遠行日斜帆影向東亭水知春暖初
回綠樹愛風和欲放青村舍鉦鐃新歲酒樓臺鐙
火上元星榜人坐說豐年兆聒耳頻頻不厭聽

送張立山之東淘

風雪芸香社論心酒共文如何還別我無計可畱
君一夢隨霜雁孤帆入海雲故園花事早梅萼總
紛紛

野草

野草無名亂疊花風塵行客易停車可知桃李家
家好窗月多情上碧紗　意在言外　仲嘉

東淘道中即事

覆隴黃雲四野同村村齊唱麥秋豐祇緣缺少秧

田水車上蓬開八面風

題孫訒齋倦遊草

霜冷月無色山荒草不花一聲天外雁千里夢中家路遠心先到詩成恨未涯窮愁才子命菽水負年華

題楚陽詩社九秋唫册二首

回首繁華一瞬時秋來風景繫人思天於冷淡彌眞意客感飄零得好辭作賦歐陽空寄恨多情宋玉莫含悲年年鷗夢蘆花岸未老先愁兩鬢絲

曾向鯽魚湖上過芙蓉煙水木蘭舟誰家笛引荒村岸一夜鐙因遠客秋未獲詞壇同嘯傲偶從旅館溯風流迢迢雲樹空相望吟徧新詩月滿樓

新燕

雕梁春正暖小閤日初晴又見雙飛降何來絮語輕絅繆新壘意珍重故人情王謝家家在銜泥總不驚

問杏

春雪全銷日漸温呼兒著屐欵柴門不知昨夜濛濛雨開到江南第幾村

偶步

尋芳信步到花溪隔岸人家唱午雞牽架荼蘼紅尚早出牆楊柳綠初齊聽鶯客捲風前幔種菜人翻雨後泥卻羨王孫遊冶意一鞭香徑踏春蹏

送傅蘭亭回上海托購建蘭

殷勤話別又回頭笑索蘭花一兩甌此物卻從南海至其風不與衆香儔端陽時節偏宜草六月芬芳直到秋不是同心何太癖憑君清味寄來不

階前秋色 東亭署中作

淡于叢菊豔于霞葉葉輕搖六面紗一片閒情都在眼十分顏色不關花巧裁織女機中錦秋憶離人夢裏家我亦欲歸園數畝扶持風雨莫欹斜

夜宿舟中

雙槳齊搖一葉輕愁眠枕上月三更夢中不識船行處忽地驚聞犬吠聲 與舟人夜語句同一妙境仲嘉

清江浦晤蘇愛堂郎同之廣陵

與君分手倏三秋客邸重逢感舊遊更過淮陰三

百里江南風景屬揚州

春夜懷園雁山客廣陵

三月煙花夢怕醒離情寂寂翦鐙青颿開細雨茱萸渡人隔香風芍藥廳未免好春愁裏盡那堪孤笛客中聽遙知打槳虹橋去一幅平山是畫屏

春夜過蔣五煥光齋中

扣得柴門問故知小堂春好夜遲遲有人自掃閑潛徑對我高吟杜牧詩燕子閙於巢定後梅花香滿月來時披開蘿薜輕衫路信步行過洗硯池

再過聽香庵次周杏江韻

重來精舍裏茶竈裊煙痕花暖悅禪意林疏淡月魂荒苔封曲徑清磬落空門憶昔同遊客何堪次第論（己未春同王魯石任春颿遊聽香庵今魯石回杭春颿下世由今思昔感慨繫之矣）

初夏憶平山堂舊遊

猶憶平山路芒鞵日幾經湖光連寺白山色過江青鐙火櫻桃市笙歌芍藥廳聲聲啼杜宇到耳不堪聽

臻慶堂坐雨

小築西城半畝園阮孚蠟屐破苔痕一池香雨芙蓉水三徑春風楊柳門闔若客來空白晝下簾人坐到黃昏兒童也解攀留意煨芋何妨更倒樽

題香君小照二首

曾從長板橋頭過也買秦淮水上舟薄命桃花空有淚更無人問媚香樓

金粉繁華似夢中消磨春色太悤悤多情不及侯公子眞箇魂銷一扇風（一往情深芝衫）

渡江

尺幅蒲帆趁晚行月明風定楚江平數聲柔櫓一聲雁不過瀟湘也動情

一日三渡江

三渡長江頃刻回江天星斗撼樓臺遠窺鐙火千家暗怒聽濤聲萬馬來吳楚英雄餘霸氣乾坤鎖鑰藉長才（謂京口協鎮某公）不堪潦倒西風客惆悵蘆花濁酒盃

由丹徒新河口之金陵舟中雜詠四首

江村最好是漁家網得江魚月正斜還把江魚煮

江水一壺清酒卧晴沙

草閣江深不見人聲聲雞犬問前津牆圍枳棘門垂柳全護桃源一帶春

綠秧趁雨插連朝野老辛勤苦折腰繞屋沙田將百頃灣灣小港曲通潮

村舍零星只數椽野蔬山果種門前一肩曉起入城市歸換米鹽值百錢

秦淮旅次

簾櫳深護晝遲遲細雨東風散似絲十里橫塘春漲暖湖光拖上綠楊枝

春暉草堂詩存　四卷　六

送王曾石歸杭州六首

歲月如梭去轉忙海山江水恨茫茫心隨征雁雲千里夢逐歸驪泪兩行天外有緣空繾綣樽前無語獨徬徨關懷往事從頭憶夜色闌珊漏正長

我從甓社湖邊返君擬錢塘江上行官閣銜盃初識面河橋賦別久知名（癸丑自泰郵歸里識翁於泰𤫊署中時翁將求同杭同人歌詩送別余亦與焉）煙花送客春三月風雪懷人夜五更却喜蘋蹤天作合綠楊柑酒自聽鶯

二分明月古揚州一棹同登李郜舟（乙卯蘇明府邀往何阜署予與翁由揚州同舟南下）不覺聯牀三易歲那堪彈鋏幾添愁老來性命詩盈篋客裏精神酒滿甌每憶西泠風景好紅菱青筍白蓮洲

生成性格本顛迂布襪芒鞵守故吾得意友朋忘老少（謂孫訒齋周西苓顧芝衫諸人）課書奴僕當師徒（翁數十年來隨侍僕人皆令讀書）曾聞花月傳新語（翁以冷板櫈贈兒校書繪圖記事）獨寫心情續舊圖（翁舊有獨立圖索詩三百餘首乙卯復寫又獨立圖）博得老獃名二字先生珍重此稱呼（海上人呼曰杭州老獃子）

春暉草堂詩存　四卷　七

衆人皆濁一人清俯仰浮沈意不平檢點琴書思故里掃除門巷息餘生貧能同樂惟妻子老更相憐有弟兄歸去來兮翁計得不勝重話別離情

忽聞驪唱已過三惆悵桃花百尺潭他日有書空覓雁今宵無計可留驂才如司馬懸蓮幕（時儲司馬邀同赴浙）座少王戎罷麈談此去西湖湖畔宅白頭風雨憶江南

訪梅溪上人

幽徑穿林曲松陰半掩扉浮波蘋葉小入麥菜花

稀殿古雲生壁山空月滿衣凭欄僧話久坡老夜忘歸

題杭州孫小松松林覓句圖

我輩狂來本易歌松林小立更如何君原偃骨山中寄詩有濤聲腕下多三徑盤桓懷五柳南屏蒼秀憶東坡若嫌唱和無知己一櫂西湖訪薜蘿

戲柬韓亦山四首

綠波江上客停舟要訪仙娥到畫樓疑是水晶簾下立登樓幾次怕擡頭

一笑盈盈見有情似將欲語聽無聲問名便覺輕如葉身在秋風江上行

靑鸞重訊倍溫存酒到濃情數易罇欲去忽聞留小住背人一語最銷魂

門中雞犬亦皆僊認是蓬萊第一天不信銀槎浮得到韓侯今日已張騫

重九前一日獨處寓樓風雨徹宵頗應節序用潘大臨滿城風雨近重陽句成七律五首

滿城風雨近重陽雲樹茫茫引恨長落帽忽驚雙鬢禿題糕深愧六經荒秋無好味愁方覺客到良辰願未償遙憶倚閭懸望久茱萸酒熟爲兒藏

天外賓鴻見雨行滿城風雨近重陽樓臺烟火橙猶綠籬落人家菊未黃應有花光如我瘦不堪詩思入秋忙登臨何處難消遣合共名流醉百場

招呼小閣且傾觴座上無人不異鄉千里音書遲九月滿城風雨近重陽菱誇鴨舍橋邊美（謂王魯石詩丈）蟹說鯽魚湖上香（謂任春颿吟長）我憶海陵烟水窟新炊

紅粟喚廚孃

歸計猶遲理舊裝故園事事九迴腸弟兄似燕依人老兒女如花繞膝香一夜鄉關縈短夢滿城風雨近重陽長房已共遊僊去傳世會無縮地方

人生聚散復何常蘋梗飄零易感傷下第劉蕡歸海國（謂顧芝彩研弟）乘舟李白滯河梁（時李散牧將赴淮上）林飛寒影籠沙暗簾合秋陰匝地涼獨上高樓閑縱目滿城風雨近重陽

寄無錫嚴二蓉槎

官舍消閒識面初綠楊遥隔小窗虛交如夙好頻呼酒別未多時屢寄書落拓少年誰管鮑風流傒客愛樵漁惠泉山下平江水來去征帆悵跂予

寄內子張氏

昨宵有夢盼儂無楊柳依依雪滿塗鸞鏡閒窺傭染黛鴛衾自理倦熏爐恩勤鬻子同生母委婉宜家奉老姑此日棉衣應寄到霜天城角滿啁烏

聽雨有懷

似怯單衣不稱身小樓吹雨滴芳晨忽驚天上催花鼓欲惧床頭壓酒人寂寞簾櫳飛客燕羈遲館舍又殘春相思遠道愁如結添得塵容兩鬢新

落花和簡齋老人韻十首存六

半住龍樓半鳳池自家顏色自家知承天雨露迎恩日委地煙霞閉戶時絢爛一生皆福命飄零孤館尚羈遲調停風雨真難事無那芳情別故枝

懶逐流鶯舞上林柴門深巷日初沉一年寒雨清明節千里征驂故國心芳草有情猶惜別青驄重到已成陰須知此恨消難得往事纔題淚不禁

五更愁聽水聲潺風裏盤旋似轉環解珮忽驚湘水瑟埋紅空悵北邙山雲飛畫閣人先去雨打重門晝不關縱有傒源難覓路不知何日返人間

有爲而言 古軒

夢裏猶然戀舊香美人無復理殘妝捧心只恐愁西子點額曾經媚壽陽流水到門都泛漲韶光過眼特悤忙當年一笑緣何事孤負前因欲斷腸

冷淡原從爛漫中不須搔首問天公才華近日憐江左淚跡依然滯海東細草半迷桃葉渡斜陽誰覓館娃宮山家鎮日無人掃滿地吹來昨夜風

收有遠神 紅册

靈根同發兩三莖飄落何心自不驚縱使泥塗甘闃寂不教蜂蝶太逢迎少陵老大生多感庾信流離格最清我自焚香還默坐鷓鴣啼雨一聲聲

名語絡繹悽豔絕倫 澄夫

賣花聲

一肩紅雨是生涯異種新香脫口誇遠近傳來芳草路高低唱遍女兒家聽從樓外春初曉吹入簾

前語不譁欲待品題還問價花農先乞潤喉茶

唱酒聲

偶聽花邊舊酒樓自然音節擅風流和成司馬無雙賦唫到長安第幾籌荷鍤客來應洗耳乘驄人去又回頭青青柳色陽關路一曲終時願少留

清明偕傅蘭亭盧漁橋遊虎邱

客到清明悵北邙偶然散步結同行高僧說法千人坐遊女牽衣七里塘附郭幾家剛插柳迎神無路不焚香紛紛預祝豐年樂官吏都來祭賽忙

客中晤文珠

十三十四走江潯愛撥琵琶學弄琴一曲新歌吳下調全然不是故鄉音

別同署諸友

琴堂四壁啟書幃挾策匡時事事非書記十年慚食俸雲山千里獨懷歸年才半百身多病家有慈親望已違別後心情甘淡泊願將寸草報春暉

採蓮詞二首

採蓮只採花莫將蓮葉取葉底有鴛鴦雙棲蔽風雨

採蓮只採花莫把蓮房折開花望結子子在蓮房結

謝上海友人送建蘭十二盆

有客浮來海上航清風惠我喜如狂排開珠箔時時翠數遍雕欄處處香空谷已知君待久素心幸勿我相忘湘江澧浦情無限又話閩山夜雨長

借花寫照淡而彌永　耳山

到家二首

十日天風送客歸歸家阿母杖庭闈強支老骨扶兒起但道塵容已漸非

兒女歡然爲浣塵笑余雙鬢客中新是誰留看吳山水屢寄歸期總不真

純是天籟　雲浦

題鄒耳山讀書秋樹根圖

不是悲秋客胡爲坐此林臨風一長嘯把卷獨沈唫高樹青雲志盤根太古心到門人問字爽氣欲披襟

頌德政四章爲州伯曹公作

奉職綵綸閣下遲十年身在鳳皇池前官中書符分大
郡名尤重淮安別駕篆攝偏州德務滋署泰州鄭國初居
河內日士元暫蒞耒陽時試看婦孺歌謠處道路
傳來口是碑

驥足誠非百里才一麾小就海東來滇南世績流
應遠公先人任雲南冀北名家澤更培公爲都中顯族望重廉明
仍永矢操嚴清淨久交推虛衷愛士今尤罕桃李
門牆日日開

詩書禮樂味根深訓俗型方邁古今公案日長無

春暉草堂詩存 四卷 十四

滯牘疏簾風靜有鳴琴四知自稟全清德三惑咸
陳見道心一識荆州輕萬戶紛然景慕徧儒林

政兼寬猛濟剛柔績奏循良百祿遒空有蒲鞭懸
吏署絕無枹鼓警村樓方歌叔度來何暮祗恐鄧
侯挽莫留此日民情欣慰甚不知盛德古誰侔

題朱秋帆村居圖

綠楊繞舍水環村陶令歸來日倒罇除卻田家兒
女話更無人欵舊柴門想見清高景況 芝彩

辭單默庵招飲

飛觴醉月亦尋常況復淋漓黑夜行蒲酒試留秋
仲飲與君同玩一輪香神似東坡 芝彩

題蘆洲聽雁圖四首

憐余常作客飄泊感蘆花每苦唫秋夜江空一雁
料

遊倦歸鄉國臨江雁語譁秋聲滿江上不待聽琵
琶

志和曾泛宅魯望好浮家領略煙波趣天風八月
槎

春暉草堂詩存 四卷 十五

我已悲秋老君偏住水涯此情太蕭瑟莫久滯蒹
葭

中秋對月二首

皎皎中秋月年年客裏看卻乘歸里便聊慰合家
歡瓶插黃金菊菱堆白玉盤庭前分瓜果兒女笑
團圞

坐深月滿席老母心先寒諸弟持家苦嗟予行路
難自言猶健步相勸各加餐安得常如此舉頭天
地寬

秋煙

薄似晴雲冷似霞依依多在夕陽斜滿城風雨飛難起近水樓臺淡不遮睡覺午窗炊芋火香知山竈煮松花愛他秔稻炊初熟漠漠千家與萬家

繪水繪聲澄夫

秋水

盈盈如帶靜無波百尺澄潭一鏡磨霜落征颿楓葉冷月明漁笛蓼花多滕王閣上千言賦司馬舟中一曲歌便欲乘槎浮海去坐看牛斗泛姮娥

秋山

羣峯秀削到重霄圖畫天開藉白描滿澗白雲飛石壁一肩黃葉過溪橋登樓塔影餘殘照隔岸江聲落晚潮有客來遊望鄉國重陽煙樹悵迢迢

秋雲

似翦輕羅斷欲飛水邊樓畔認依稀行當明月光逾淡化盡餘霞影更微野曠遠隨飛鳥沒江空晴帶夕陽歸閒雲老去如孤鶴出岫初心奈已違

曉起

不住簷前滴雨聲東風吹送滿窗晴蘭芽香透春猶嫩萱草根深老更榮照眼颿檣鷩宦海稱心詩酒破愁城王孫一飯猶圖報世路崎嶇奈不平

獨坐

獨坐秋風屋似船幾時泛到斗牛邊涼雲半掩黃昏月細雨難晴白露天石上有苔摹古篆花間無夢托遊僊何心勝負爭碁局事事推人一著先

閨怨四首

游絲裊裊似情牽凭徧欄杆倚徧樓好是東風簾

不捲怕來燕子說春愁

蘭湯浴罷怯新妝雲鬢鬆鬆茉莉香怪煞小鬟不解事臨池猶自戲鴛鴦

梧桐綠蔭入秋多風遞新涼透薄羅自恨不能如織女一年一次渡銀河

寒燈如豆小窗低欲寄征衣恨轉迷夢裏何從覓夫壻五更風雪滿遼西

詠眉

曉妝人在繡幃間對鏡描成月樣彎曾向窗前看

吳岫淺深春掃一痕山

對月

流螢吹墮柳邊風七尺玻璃掩映中涼意夜侵窗紙薄滿天明月洗梧桐

對菊有感二首

秋光漸老尚丹黃門掩西風一角牆頹有精神娛晚節更無塵俗涸清香人逢淡境陰逾瘦酒到殘觴興復狂莫羨鄰家顏色好靈根培護子孫長

回頭紅紫太荒唐三徑歸來處士鄉漸漸繁霜侵

雨鬢年年陰雨過重陽花能延壽呼兒採酒可長生爲母藏昨日有書裁未荅征鴻吹落又行行

汪小雲以蠟梅詩見示賦此荅之

誰綴黃金一樹新偏於殘臘見精神捧心自守孤芳質點額平分兩道春瘦似枯禪宜夜月澹如秋菊想詩人封書欲寄輕調蠟驛使殷勤慰客塵

落梅

細雨斜風暗碧窗美人無復理殘妝神驚庾嶺春何處目斷孤山恨轉長別意可能消永晝離魂猶

自戀餘香贈言須記來年約掃雪延君𢿱竹堂

睡起

春風隨意吹小草好鳥得時鳴高枝睡起午窗讀周易俯仰不覺心神怡 似宋人悟道語 悔人

道光癸未正月應海門福司馬之約有作

傾耳循聲久持書便束裝疎才叨重寄行篋只陰囊官閣開樽暖梅花入座香陽春歌一曲衙鼓五更長

登獅子山

地以山爲鎮疑從海上來煙雲迷虎豹風雨撼樓臺沙漲民爭集田多利盡開絃歌聽處遍臨別重裴哀

春日

佳節偏風雨新晴喜欲狂出門無箇事總爲看花忙

憶上海縣署牡丹

何人千里報花開煦煦春風拂面來生長朱門忘日月扶持綠葉仗樓臺絃歌設宴河陽令詩畫畱

題洛下才我是梁園舊賓客且拚一醉到蓬萊

鐘聲

駐馬楓林石徑環迢迢幽籟古松關響沉黃葉寺邊寺聲出白雲山外山夜月聞驚晨夢覺夕陽敲冷客心閒何如長樂宮中曉催得春風列禁班

頸聯古峭 古軒

閒居

課兒書亦費調停此外何心了不經詩似昔遊皆草率花如老友漸彫零西風自掃苔階白夜火時

分藥竈青獨有從前辛苦事五更輾轉向窗櫺

佳句可入錦囊 耳山

補遺

老郁

函谷關前偶現身託寫李姓本非眞如何柱史稱皇帝譜入唐家第一人

宋太祖

雄才大畧迥殊倫論語先資有夙因方面直廷容檢點抗顏監酒識曹彬黃袍痛癢親兄弟白髮零丁舊主臣殿上拔歸諸將士好官原是得錢人

趙雩門先生自溧水之泰州任出山城送別圖索詩作此奉酬兼頌德政二首

不有山城別誰梨海上碑圖成名士畫徵到部民詩竹馬嗟來暮琴堂憶去思大江東逝水流徧頌聲慈

百里揚州地春風夾道斜宮牆新種樹桃李舊栽花（繆彬甫孝廉出公門下）雲淨鴟無迹宵深犬不譁桑麻都蔽野豐樂又家家

男 錫申 巽齋

孫 文彪 炳章

文篪 埙如

文琥 瑣若

文田

文淮 韓卿

文溶 在山 校字

春暉草堂詩存四卷終

先大父春暉草堂詩藁手訂成帙商酌於古軒老人會因遺失再四搜求不獲故詩存之刻遲至於今今篋中所存不下三百首古體僅廿餘首耳趙君漁亭先大父門下士也伉爽有風義謂先大父近體流連光景抒寫性情寖寖乎由大歷而超入盛唐宜先付梓其古體留俟璧合珠還再成一集康丈伯山先大父老友主吳陵壇席因就質之康丈以先大父古體詩眞樸與陋軒近可抗衡於 國初諸老雖吉光片羽仍

十一

宜弁諸首卷近體取其風格高有關出處交際者爲次卷彪等復取趙君所訂以及單君春杉所鈔寄續爲三四兩卷嗟乎爲人孫子不克表揚祖父幸賴二三仁人君子微顯闡幽得以信今傳後不覺心喜而顏忸也工將竣爰書之册而誌其末同治甲子夏六月上澣孫文彪謹識

泰州文獻

第四輯

倦遊草
芷衫詩餘
質庵詩存
小西山房外集
觀心室詩存
思白堂詩存
讀易堂課藝
晉磚室詩存　爨餘集　詩存續
紅藤山館詩鈔
望雲樓詩集
補讀齋詩
紅粟山莊詩　續　詩餘　補遺
倦遊零稿
環溪寄稿

鳳凰出版社

ISBN 978-7-5506-2262-3

9 787550 622623 >

圖書在版編目（ＣＩＰ）數據

倦游草、芷衫詩余、質庵詩存等 / (清) 費履堅等撰
-- 南京 : 鳳凰出版社, 2015.10
（泰州文獻）
ISBN 978-7-5506-2262-3

Ⅰ. ①倦… Ⅱ. ①費… Ⅲ. ①中國文學－古典文學－作品綜合集－清代 Ⅳ. ①I214.91

中國版本圖書館CIP數據核字(2015)第256492號

責任編輯　王　劍
裝幀設計　姜　嵩
出版發行　鳳凰出版傳媒股份有限公司
　　　　　鳳凰出版社(原江蘇古籍出版社)
　　　　　發行部電話 025－83223462
出版社地址　南京市中央路165號　郵編:210009
出版社網址　http://www.fhcbs.com
印　　刷　揚州文津閣古籍印務有限公司
　　　　　揚州市開發區鴻揚路22-2號(6幢)　郵編:225009
開　　本　889毫米×1194毫米　1/16
印　　張　34.25
版　　次　2015年10月第1版　2015年10月第1次印刷
標準書號　ISBN 978-7-5506-2262-3
定　　價　520.00圓
（本書凡印裝錯誤可向承印廠調換,電話:0514－87969255）

《泰州文獻》工作委員會

主　任

藍紹敏　陸志鵬

常務副主任

盧佩民

副 主 任

戴勝利　王學鋒　張培成　佘江涛

委　員（按姓氏筆畫为序）

丁少華　方標軍　成愛君　季春芳　周興安
查學斌　姜小青　奚愛國　陳士宏　黄林華
曹茂良　曹學賦　許大才　張國祥　萬永良
程榮穩　鄒祥龍　費振鐘　劉　玲　劉仁前
劉宏鳴　潘時常　薛金林　顧維中

《泰州文獻》編纂委員會

主　編

盧佩民

副主編

黄林華　姜小青

執行主編

成愛君　費振鐘

編　委（按姓氏筆畫为序）

王　飛　王　劍　王正奎　卞惠興　朱長順　全　勤
李文華　李明官　吴　迪　吴小晴　吴雙林　汪　政
沈　俊　林世田　莫其康　倪培翔　徐一清　徐同華
高　峰　陳　立　黄　靖　曹學林　常　康　張　定
張永龍　劉仁前　劉春龍　潘浩泉　薛　飛　謝冬榮
竇立成　顧寄南

#《泰州文獻》學術指導委員會

（按姓氏筆畫为序）

江慶柏　金良年　茅家琦　華學誠　徐　雁　畢飛宇

程章燦　楊九俊　魯國堯　劉玉才　顧　農

總序

泰州古稱海陵，漢初（公元前一一七年）置縣，晋末（公元四一一年）設郡，南唐（公元九三七年）建州，始稱泰州。

泰州濱江近海，物阜民豐。漢唐以來，糧鹽並舉，商貿繁榮，爲溝通南北的重要港口城市。泰州素爲文教昌明之邦。唐初立州學，北宋建貢院，明清開學政試院，産出大批科舉優秀人才。泰州自古人文薈萃。走進泰州的，從范仲淹、富弼、陸佃，到孔尚任、吴讓之、蔣春霖，都留下深遠影響。走出泰州的，從張懷瓘、胡瑗、施耐庵、王艮，到李清、吴嘉紀、柳敬亭、黄龍士、李鱓、鄭燮、劉熙載、李詳、梅蘭芳、高二適，都在各自領域爲中國文化作出巨大貢獻。

泰州遺存的文獻也很豐富。僅據《江蘇藝文志》所載，便有二千七百餘種，涵蓋經、史、子、集的方方面面。其中，尤以明清時期爲夥，占到百分之九十九以上。這當中不排除由於種種原因，致使元以前的一些著述湮没無聞，但明清兩代，確是泰州文化的繁盛期。在這些文獻中，如《書斷》（張懷瓘）、《水滸傳》（施耐庵）、《王心齋先生遺集》（王艮）、《宗子相集》（宗臣）、《陋軒詩集》（吴嘉紀）、《板橋全集》（鄭燮）、《藝概》（劉熙載）、《李審言文集》（李詳）、《黄龍士先生棋譜》等，在中國文化史上都有重要地位和深遠影響。

與此同時，對鄉邦文獻進行整理的也代不乏人。自宋至清，周氏（周麟之等）、宫氏（宫偉鏐等）、陳

氏（陳應芳等）、徐氏（徐鳴柯等）等都曾致力其事，爲泰州留下了許多寶貴的文化財富。清嘉道間，鄉人夏荃編輯《海陵文徵》二十卷、附録十二卷，《海陵詩徵》十卷。民國初年，曾任江蘇省省長的鄉人韓國鈞歷經十餘年編成《海陵叢刻》計二十三種六十六册。

二〇一一年九月召開的中共泰州市第四次代表大會，提出了建設文化名城的任務。爲此，中共泰州市委、泰州市人民政府決定編纂《泰州文獻》。這是泰州有史以來對本土文獻最大規模的整理和彙編。它對於保存、利用、研究和開發泰州的歷史文化，尋繹泰州獨特的地方文化價值，爲泰州文化建設提供歷史人文資源，意義重大。

爲了保證編纂工作的順利進行，市委、市政府專門成立了工作委員會、編纂委員會和學術指導委員會。工作委員會由市委、市政府領導和相關部門負責同志組成，負責對編纂工作的領導和協調。編纂委員會由相關專家、學者組成，具體負責《泰州文獻》的編纂出版工作。學術指導委員會由江慶柏、魯國堯、程章燦、茅家琦、華學誠、徐雁、金良年等國内知名文史專家組成，負責對編纂工作的指導和把關。

編纂工作按如下幾個步驟進行：（一）進行文獻調查，建立文獻檔案；（二）精選有代表性、有學術價值的作品影印出版，選目由編纂委員會和學術指導委員會共同審議確定；（三）編輯出版《泰州文獻總目》。

《泰州文獻》分爲四輯：

第一輯『官修舊志』，收録泰州地區現存所有官修地方志。

第二輯『地方史料文獻』，收録泰州地區歷代重要的筆記和史料。按内容又可分爲史地類：收録有關泰

州歷史地理方面的著作，包括小志、專志、雜志等；政情類：收録有關泰州政治、經濟等方面的著作；文教類：收録有關文化、教育、圖書館等方面的著作。

第三輯『家族文獻』，收録泰州地區重要的家譜、家傳、家集與名人年譜。按内容又可分爲家乘傳記類：擇要收録泰州家族譜牒中的譜序、家規、家訓、箴言、族約、族記、祠田記、塋田記、雜記、著述等資料；家族總集類：以家族姓氏筆畫爲序。

第四輯『泰州文存』，收録泰州地區作者的詩文著作及其他代表性著作。按内容又可分爲學術論著類：收録泰州作者的經史雜著；文集類：收録泰州作者的詩文集；地方總集類：收録泰州作者的詩文合集。考慮到《水滸傳》、《封神演義》（《辭海》云『一説陸西星作』）、《檮杌閑評》（學界多謂李清所作）等小説流傳甚廣，版本豐富，故不再收録。其他如堪輿、術數類著作，泰州人撰泰州地區以外的地方志、地理志類著作，一般性的彙編、摘鈔類著作，亦不予收録。

《泰州文獻》原則上收録現轄區内的作家作品。但從尊重歷史出發，泰州學派創派人物、明代思想家、哲學家王艮，平民詩人吴嘉紀等人，歷史上均屬於泰州地區，對泰州地區具有深遠的文化影響，他們的作品亦予收録。

前人給我們留下了豐厚的文化遺産，我們既要加以珍視和傳承，更要在前人的基礎上，創造出無愧於今天這個偉大時代的新篇章。這是我們更重要的使命，讓我們爲之努力。

《泰州文獻》編纂委員會

二〇一三年十月十八日

凡例

一、《泰州文獻》（以下簡稱《文獻》）分爲《官修舊志》、《地方史料文獻》、《家族文獻》和《泰州文存》四輯。

二、《文獻》收録範圍原則上爲現行政轄區内作者的著述和與泰州有關的重要著述，但考慮到歷史上曾屬於泰州地區的人物，如泰州學派的代表人物王艮、平民詩人吴嘉紀等對泰州文化深具影響，對他們的作品亦予收録。

三、所收著作成書年代限於一九四九年以前。

四、《文獻》所收著作，以學術價值、使用價值較高爲原則，適當兼顧版本價值。

五、《文獻》以影印方式出版。如有蠹損、殘缺、漫漶不清處，原則上以相同版本予以補配，以保證完整、清晰。

六、《文獻》對所收每種著作均撰寫提要，置於該著作前面，以方便讀者瞭解作者生平、主要内容、學術價值等。

七、《文獻》除保留所收著作原有頁碼外，均新編頁碼，每册頁碼自爲起訖。

八、《文獻》最後一册編有書名索引和作者索引，以方便讀者使用。

目録

倦遊草

（清）費履堅 撰

《倦遊草》，清費履堅撰，據泰州圖書館藏手稿本影印。

費履堅有《春暉草堂詩存》，已著録。

本書爲費履堅詩集，封面書名下又署『庚午稿』，集中詩多首作於己巳年，本書或編於嘉慶十五年（一八一〇）。書中詩以紀遊爲主，如蘇州、揚州、金陵等地，又有多首詠史詩，以范增、漢高祖、唐太宗、魏武帝等人爲題。其詩亦頗多可誦，如《旅夜口占》：『門外楓橋咫尺過，滿天霜冷夜如何。寒山寺裏鐘聲遠，吹落横塘客夢多。』

（周　忠）

倦遊草

庚午稿

己巳十月望偕程半帆盧河橋遊虎邱

過此忽經歲（上年由家之上海十月五日舟過山下）來遊知我閒白雲樓外塔黃葉雨中山籬落門雙掩亭臺水一灣臨風懷白傅躑躅下松關

遊寒山寺

楓橋橋畔寺何處覓仙蹤古殿空留石危樓尚有鐘江村通水驛山市入雲峯欲訪漁樵去其如事事慵

遊獅子林

昔聞獅子林妙出迂倪手迂倪不再生勝蹟吳稱首我今遊其間小園不數畝往復山之巔步足下而起曲折羊腸道偏足井陘比遊人各各行自不礙襟肘山工植五松山下空如斗松高根而深仰視根何有人巧奪天工林石誰其偶亭樹俯清流蘿薜生窗牖棟宇半欹側枯樹成敝帚四顧而徬徨圮廢料已

己巳十月望偕程半帆盧涵樵遊虎邱

擬改聯簇叩柴門
頸中作字較有著落
躑躅与下字似欠貫

平田家之上海十月
日舟過山下

東遊知我閒白
雨中山籬落門曳杖亭臺水
傍躑躅下松關

楓橋橋畔寺何處覓仙蹤古殿空留石危樓
尚有鐘江村通水驛山市入雲峯欲訪漁樵
去其如事事慵

遊獅子林

昔聞獅子林妙出迂倪手迂倪不再生滕蹟
吳稱首我今遊其間小園不數畝往復山之
巔步屈而百起曲柳羊腸道偏仄井陘叱游
人各各行自不礙襟肘山工植五松山下空
如斗松高根而深仰視根何有人巧奪天工
林石誰其儔亭樹俯清泌蘿薜生窓牖棟宇
半欹側枯樹成散帚四碩而徬徨圯廢料已
久不識誰氏園慨然問園叟古者王相國今
為黃家某主人世簪紱赫奕馳江右開筵宴
賓客文章畫韓柳嗟哉中業落極盛難為後
孫子宅斯園得錢充尾而園廢復園興俛生
長不朽

己巳除夕

除夕放舟虎阜看殘雪

除夕山塘雪下晴扁舟小住又山行琪花玉
洞神仙府銀海瓊樓鼓樂聲天上風和知凍

解人間臘盡喜春生（元旦立春）船娘笑問歸何晚
杯酒盤餐待客情

別同署諸友

琴堂四壁啟書幃良策匡時事事違書記十
年慚食俸雲山千里獨懷歸年終半百身多
病家有慈親望已非此別犀公甘淡泊長將
寸草報春暉

東蘇鐵菴明府

海濱忽六載，衣食如弟兄。知我育棄膚，相交恤一誠。肩客無諂佞，座上有老成。君能敬禮之，乃克樹循聲。易曰得朋慶，書曰知人明。勿云一邑小，君相求治乎。

讀范文正公集

先生無聞可推尋，經濟洪知學問深。吳下買田無積俸，山中食粥有藏金。邊諛先破國，國上相心。臆廷論終回國，大德知公綿厚祖當年

韓富已銷沉　王可休刪林西

讀東坡集

歐陽門下首推崇，卓識奇才一代中。宏文知遇眉山還，范丈塞遭磨蠍比韓公。相臣慨國年還老，先帝知人道已窮。歌向常州舊廬舍，哭迴思巾泣孤忠。

讀昌黎集六首

從海無遙三百約，陽山靈掃一天雲。頑知配饗老師都輸水，曾抗陛下知。

百家諸子太荒唐，力剖犀言仗侍郎。唐代儒臣應不知，文章知己宋歐陽。

柢亢敢教君佞佛，得生寧恐容浮家。可憐多少長途淚，只在桐莫與棣華。

淮蔡當年未定時，紛紛廷議有誰持。凱旋勒褒功石，不讀新碑讀舊碑。

奉使常山帝亦愁，翻譯馬腳御頭一塵。聽命王廷湊，不似莫卿元鎮州。

金釵銀燭袁句留，曾與犀公疊唱酬。馬上更吟桃共柳，從知道學本風流。　可不必

范增

奇計爭誇七十翁，獨權勝負楚營中。項王所遇皆焚棺，只解鴻門殺沛公。

漢高祖

上座何曾賀一錢，劍持三尺掃烽烟。入關先須知天

授非人加帝業開成只五年
唐太宗
年未成童首建功運謀李靖與淳風房能議
事魏徵多少英雄入彀中　魏字誤
魏武帝
原知漢祚扶難起丞相神威一世雄千一百年
未多篡禍若論首惡擬誅公
接沙滉滿天子書

一別將十載音書兩絕音書云隔兩地
心如結昨奉夫子書盥手根不潔開函跪讀
之中情復嗚咽夫子困場屋鬢上霜五
十舉孝廉六十登宦轍謀學來和州官冷如
冰鐵絲不合時宜羅睞菊米扶磨蠍立命中
事事多柳折君子固有窮文章焉可滅
送徐滄澤先生之六合
風雨瀟瀟二月天綠波江上木蘭船白門又

見新書記黃浦猶思舊管絃六載相依曾數
日翁子燈重話又何年樽前俱是茫茫路懷抱
如公肯息肩
旅夜口占
似霧如雲半百過有人問我近如何花愁根
悚書愁蠹寒暑閱心兩事多
門前車馬為誰過泛綠依紅奈老何嵩人奉母
餐兒廢學此生翻悔客中多

幾年斂歲綿眉過靜歛為豐又有何但得長
耕心地熟水田不及硯田多
與人較命豈能過遇事陶然奈我何已去不
題來莫問夢時轉苦覺時多
揚州風雅爭傳杜東閣梅花道姓何寄語故
鄉親友輩一生清福自求多
門外楓橋起夭遇滿天霜冷夜如何寒山寺
裏鐘聲遠吹落橫塘客舍多

紆壇清酒數延過，寒柝聲三嘆奈何。席上硯池冰凍合，吟詩呵筆墨花多。

曹無傷

賴有張良說項郎，國中金玉為誰藏。小人空自身先戮，一語何曾怨楚王。

黄石公

老人何處結茅廬，圯上橋邊納履初。但得子房虛受教，始皇原未焚書。

張子房

梁幽頑與赤松遊，海內亡秦豈在仇。料得功成天子忌，功成不問五湖舟。

秦始皇

君成性格本難狼，獨據崤函噬六王。鑄鐵鍾難捜博浪，焚書火已種阿房。淮流枉自勞跳鑿，雲氣曾經望渺茫。一世可能傳萬世，當年未見太庭狂。

淮陰侯

一市人驚俠少年，登壇誰更與齊肩。封王僅博生前假，夷族空勞死後憐。漂母有恩猶李報，蒯通何罪亦株連。惟將國士無雙語，長使淮陰慰九泉。

漢光武

一戰昆陽鼎復新，高皇繼起更何人。縱然石勒能驅史，那目何曾識得真。

老聃

崤谷關前偶現身，問官問禮亦難真。何來皇帝稱元始，譜入唐家第一人。

法螺

終過支硎寺，峰迴到法螺。山中松影合，門外水聲多。殿閣餘苔蘚，墻垣補薜蘿。逢僧詰小隱，此地沒風波。

花墳

萬笏擁高墳。群松響白雲。野芳晴欲合。山翠遠難分。樹色高低見。泉聲上下聞。臨風慕高義。琴欲譜南薰。（清溪白雲泉）

名墳擬 未可淡羽一片

壁鑿斜門。㨗廊迴一鑑。明亂松和露。瀉流水帶雲煙。屋抱山腰曲。天摩石頂平。舉頭還欲上。小坐滴聲聲。

登天平山

誰將兩字稱心適。萬事難齊到此齊。我過中峰天一綫。有人直上白雲梯。

未至靈巖而返道中口占

歸輿聽說山中好。笑指靈巖在眼前。元墓遠尋香雪海。太湖萬頃水雲天。仙林深曲容車到。僧舍清閒借榻眠。奈我匆匆無暇日。暢遊留取待他年。

清明偕傅蘭亭盧漁橋遊虎邱

容到清明悵北邙。偶然散步結同行。高僧說法千人坐。遊女牽衣七里塘。附郭幾家都棟樑。迎神無數不焚香。紛紛頂祝豐年樂。官吏都來祭祀忙。

聞僕喜

晨起呼童僕。常苦睡不足。告之我買書。相隨到書局。神色兩俱王。囊錢轉催促。城中買書歸。肩背都縛束。負重快行程。寶之勝金玉。百懶惟一勤。一勤可賢讀。我有耽書癖。此意頗不俗。

聞僕愁

主人聽僕僕何愁。僕愁主人怒不休。衣之食之惟主人。衣食而外復何求。僕既不起歸不息。為我言之心怛惻。主人衣我胡能衣。主人食我胡能食。能衣能食父母恩。父母飢寒遠莫聞。傳言江北苦大水。母乃逃散各紛紛。無

衣無食去鄉井延頸望兒兒不肖我衣我食
有主人我父我母復誰請主人聞語起徬徨
轉怒爲喜更悲傷民之無良怨一方僕有孝
思未可忘

齒牙動搖歌

去年齒頰常病腫醫者視之無重輕謂余心
固骨亦堅此乃風火之所攖今歲齒牙忽動
搖欲脫不脫苦剌剌食不能飽眠不熟蒲柳

帆十五歲

未秋先已凋目所難求善本書齒搖空費東
坡內少不努力奈老何自古英雄同一哭

蘇州旅次送盧漁稿之太倉

徐熙幾日掛江帆又送盧綸到弇山吳下有
歌皆折柳客中無酒不開顏桃花潭水春難
住芳草王孫悵未還書是黃金詩是債我歸
常欲掩荊關

唱酒聲

衣無食去鄉井延頸望兒兒不肖我衣我食
有主人我父我母復誰請主人聞語起徬徨
轉怒爲喜更悲傷民之無良怨一方僕有孝
思未可忘

齒牙動搖歌

去年齒頰常病腫醫者視之無重輕謂余心
固骨亦堅此乃風火之所攖今歲齒牙忽動
搖欲脫不脫苦剌剌食不能飽眠不熟蒲柳

帆十五歲

未秋先已凋目所難求善本書齒搖空費東
坡內少不努力奈老何自古英雄同一哭

蘇州旅次送盧漁稿之太倉

帆又送盧綸到弇山吳下有
無酒不開顏桃花潭水春難
未還書是黃金詩是債我歸

詩中用荊關指荊浩關仝
非荊棘之荊也 此常字用

唱酒聲

偶聽花邊舊酒樓，自然音節擅風流，和成司馬無淒賦，吟到長安第幾籌。荷鍾客來應洗耳，乘驄年少搃回頭。誑人莫向陽關曲，過此還須少住人邀。（少年不同坎未柳子色　猶一流　流此）

自嘲

奴㚒歲月搃荒唐，不是詩場即酒場，坐覺背高常碍椅，眠因腰少怕粘床。客來慶與遊山約，病裏翻因多養前忙。自笑看花長不解，逢人欲問已全忘。

賣花聲評

一肩紅雨喚生涯，異種新香脫口誇，遠近傳來芳草路，高低唱遍女兒家，聽從樓外春初曉，吹入簾前語不譁，欲待品題還問價，花農先乞潤喉茶。

吳中赠余六之十二即送之鎮洋

帆影河橋悵落暉，我歸未得又逢君，綠波芳草今如昨，紅雨飄萍合又分，北道雁聲空待月，（時諸靜聞音書不至）南天蜃氣已成雲，（江南諸故多事）委江一夜催征棹，一幕下賓朋迴不羣。（謂四人情諸友）

庭前鸚鵡為某少君作

誰籠鸚鵡到朱門，慧解人言亦自言，我愛臨池雙眼活，客驚對語一聲喧，縱然鸚鵡能離鳥，長使聰公岩駕軒，豢養深恩知報否，放他飛去長兒孫。

憶別揚州六韋庚午夏日，余過遊平山堂有感

虹橋如畫柳如烟，面面樓臺處處船，幾日湖山成幻夢，一帆風雨送愁眠。歐陽詞賦憐花草，石尉園亭悵管絃，我欲迷津問蹊路，桃源雞犬亦皆仙。

曉起

不住簷前滴雨聲，東風吹出滿窗晴，蘭草香

透春猶憐萱草根深老更榮照眼帆檣驚宦海稱心詩酒破愁城王孫一飯猶圖報世路崎嶇奈不平

過丹陽訪石曼卿故里

喚住歸橈一問津如公磊落久沉淪酒中獨卻郭男子地下寧無不朽人淒淚落時知己泯一舟歸去故交貧只今蔓草斜陽外古碣長留字字新

孔雀行為某少居作

容從閩中來貽我雙孔雀孔雀藏深山充鳴亦咸若胡為金錢多炫人以的爍象齒足焚身獵者張羅幕置之牢籠中朝朝困羅落羽毛固云美中情殊不樂何如鴻鵠飛萬里翔寥廓

到家

轉因踈拙葆天真廿載游踪已幻塵書是行囊詩座客花如侍婢悦歸人頻呼兄弟開新釀最喜兒童值好春頭白老親燈下座慣題往事說艱辛

訪葉古軒

征人縱得卻歸裝先到河西舊草堂柳自狂仍前度恨梧迷陰岵昔時涼烟霞似慣容身老日月如花伤容忱傾篋秋除詩一卷但憑洛社指荒唐

喜聞周杏江新擢山東縣尹言撫軍仍留署中書記奉寄

閩道官階又一新為君圖報益精神名誇王氏園中客品重歐公幕下賓齋魯之間皆大邑程朱以外有全人奉之一紙遙相問記得巴山雨最真（杏江臨別時深以民社為念）

田以情撲其妾移居吳門奉贈四首

為尋芳草滯天涯綠水橋邊偶住家童僕數

末句擬易
侍婢悅歸人頓呼兄弟開新
還憑舊學共商量好春頭白老親燈下座慣題
內子派
訪舊古車
征人終得却歸裝先到河西舊草堂柳自狂
仍前度恨梧逕陰唯昔時烟霞似慣容身
老日月如許客忙傾筵多條詩一卷但憑
洛社指荒廬

喜聞周杏江新擢山東縣尹言撫軍例
留署中書記奉寄
聞道官階又一新為君圖報益精神名誇王
氏園中客品重歐公幕下賓齊魯之間皆大
邑程朱以外有全人奉之一紙遙相鄰記得
巴山雨最真杏江臨別時深以民社為念
興十蒸
田以情携其妾移居吳门奉贈四首
為尋芳草滯天涯綠水橋邊偶住家童僕數

人忙似蝶一肩詩卷一肩花
却逢三月好春光風暖雲晴日正長消受
人無限福小樓侍女夜添香
四十生兒寶若珍繪成三代合歡圖廿年囊
橐無他物只此逢人炫有無
頭白堂親問卜居今朝新定家中廬山陰道
上踈家客先寄平安兩字書
蘇州廣文蔣忻亭招飲
春風堂上扇春和醉引游仙到大羅崇上文
章名士獨前朝李狀元如揚州金帶思前
度江水鱸魚憶舊歌別我十年重過訪又從
吳下看東坡
讀歐陽文忠公全集
曾秦張尹一齊興謀告誰能喻主聽萬里風
沙窮塞長四時賓客醉翁亭獨持讜論扶河
嶽新進唐書炳日星御筆文儒題兩字銀魚

緋服雲王庭

訪蒲快亭喜晤毛子喬孝廉

子美亭西一逕分，到門花柳漾南薰。官閣正好看山水，署冷纔堪讀典墳。有婿究如衛洗馬，相人不讓范希文。漫云百里才難展，附驥修少文從驥尾雲梯轉犀、

蘇鐵菴貞異入都適遭父之喪書至有感

鐵菴好名者，捧檄游之疆。三年京上考，得意還帝鄉。未謁天子容，先遭知父之喪。執德恨無田，安問從且長。呼天而搶地，涕泗人斷腸。使者北道來，言之殊悲傷。

祖為大父

贈徐大立齋

五陵公子最豪華，云是中山第一家。雁影天風來粵北，猿啼秋雨到長沙。飛仙已入迷離夢，吹笛空驚爛熳花。聞道神山浮海上，逢君正駐紫雲車。時徐立齋由長沙來上海李興倫署中

聽雨

似怯單衣不稱身，小樓吹雨滴芳晨。忽驚天上催花鼓，欲慢床頭壓酒人。寂寞簾櫳飛燕子，羈遲館舍又殘春。相思遠道悲如許，添得塵容兩鬢新。

江南逢周七蝶莊

粵東人感舊中丞，謂有詩求賦祖繩。蝶莊之祖人驥公巡撫廣東清介有惠德六十茂材徒壁立，廿年書記獨凴性耽

芳草因呼蝶身似，閒雲欲傍僧。我為王孫歸未晚，長安夕少好親朋。

懷吳中汪二悔人

春燈如醉夢如煙，人去錢唐久別離。黃浦江深連夜雨，白桃花放讀君詩。館娃荒逕鶯啼遍，保叔殘鐘月落遲。莫怪相思無一字，海天鴈影入雲時。時汪悔人幕杭州岳廉訪署中

憶上海縣署牡丹

何人千里郭花開，照照春風拂面來。生長朱門忘日月，扶持綠葉仗樓臺。絃歌設宴河陽令，詩畫留題洛下才。我是梁園舊賓客，且拚一醉到蓬萊。

橫山道院四檜詩

清

一覽犀山蒼翠叔，獨標樹色照仙卿。染三染五何人手，叱紫叱藍想佛頭。應有將軍新鑄鈎，不須司馬更悲秋。空中彈指原虛幻，衣上痕多與逗遛。

奇

風不能搖雨不磨，佛家何事種娑羅。枝如龍爪當空見，樹拂雲峯入夏多。韓愈文章留險筆，襄陽書畫從平波。軒昂磊落天生就，世上庸材奈若何。

古

不知幾百年來樹，臥老山中日月長。鳳舞鸞吟唐樂府，魚書鳥篆漢文章。尋常卯子無寒暑，幾輩兒孫作棟梁。我欲結廬林下住，北窗高臥說羲皇。

怪

無限癭瘤看不真，摩天更欲俯笋心。聲搖山岳，長風雨雲奪，乾坤自鬼神。野鼠城狐都竄穴，竹王木客亦奔塵。世間怪物知多少，此是山精不化身。

鸚鵡行

鸚武雖云美，性情殊不馴。粵東有賈都，年年泛海濱。托言潼關鳥，將以假混真。五陵貴公子，見之頗津津。左右相附和，擲錢盈貫緡。攜置芙蓉閣，豔羡同奇珍。飲以甘泉潔，飼以香稻新。繫以碧玉綫，架以赤金輪。錦衾疊翠羽，巧舌弄朱唇。畫屏照灼灼，寶鏡閃磷磷。庭前羅衆罹睨視不敢倫。忽聞公子行。臨行囑頻頻。奴婢連聲諾。惟主言是遵。躍馬出門去。踏遍武林春。武林久不歸。庭草碧成節。黜武朝朝罵。以罵未歸人。牢籠妾足慊。隶問去東鄰。僕從來相慰。情懇詞亦親。甘泉豈其溫。香稻豈其陳。玉縷豈云斲。金輪豈生塵。語畢歎羅衣。奮飛不願身。故主無留戀。視分越與秦。將為鷹鸇逐。慘將雷雨屯。公子聞之睨。淚下還沾巾。我欲除煩惱。前因復後因。

論十三元

宋太祖

雄材大畧迥殊倫。開國先能聽魯論。方面直廷容。檢點抗顏監酒識。曹彬黃袍痛癢親。兄弟白髮零丁舊主臣。殿上放歸諸將士。好官原是得錢人。

寄無錫嚴二蓉槎

官舍消閒識面初。係楊遥隔小窗虛。交如夙好頻呼酒。別未踰時疊奉書。落拓少年無管鮑。風流仙客有樵漁。惠泉山下平江水。來去征帆悵政予。

寄錢唐汪八小雲

絃歌深處讀書聲。竟日依依海上情。風雅西泠新秀士。衣冠東魯舊儒生。每從鱣席挑燈話。屢奉魚箋訂酒盟。窗外梅花明月影。不堪清瘦却思卿。

呈中江書院掌教祝簡田太史

莘卿人來謁鄭。飄然白首臥雲根。耽吟風月新山長。傳世文章古解元。學海方能知海闊。探河難得探河源。程門多少佳公子。一席春生四座溫。

寄豐潤谷大巨川

少年干役到隨塘。萬里人從百戰場。白首空教悲李廣。赤松應許問張良。猿啼巴峽峰千千尺鳴過衡陽字兩行。猶憶相逢連夜話。酒酣耳熱劍光芒。

謁吳季札廟

翩翩濁世佳公子。自昔風流天下聞。六代元音東魯廟。千秋遺叙北徐墳。耕桑永利先民業。幣帛常修舊好文。斗日延陵尋故里。公卿多少不如君。

謁伍相國祠

荒草祠堂太寂寥。當年志氣足干霄。窮愁落寞蘆中渡。悲壯淋漓市上簫。亡楚自知讎已雪。霸吳猶有恨難消。南來越甲東門外。一夜胥江捲怒潮。

寄南陽知府孔東山

君家華國有文章。捧檄飛來雨露香。楊柳櫻桃唐刺史。綸巾羽扇晉南陽。廿年梁鶴空庭月。千里輪蹄滿鬢霜。北道人歸相問訊。揚州風景亦荒涼。

聞嚴月三歸故里

亦工詩畫亦工書。曾共南州下榻居。語最家常無雅俗。交能時務有親疏。貧容端木魚生殖。老學王維返舊廬。無限春風江上客。十年夢覺泛河如。

寄儲八湄溪運副

食貨新書豈謬差。鹽官三載駐南山。吾權海民財富。劉晏籌遑國用奢。莫道泣關堪蒼撫。須知官好如家。寄聞浙水東西地。風俗人心漸漸華。

暮春吳門晤楊生時莽

何事遊風塵。天涯失故人。親朋非昔日。風雨是殘春。蜀道鵑啼血。隋宮燕語嚬。男兒須立志。蠖屈總能伸。楊生依其外舅揚州項氏，其母尚居成都

次毘陵驛憶同三杏 江蔣大吾原蔣二仲光

惠山田望雨初收古樹籠烟綠滿疇兩岸人家如畫裏一帆江水抱城流茶烹陽羨難消渴酒到蘭陵祇益愁有客他鄉歸未得又憑魚雁寄揚州

登金山寺

中流一柱起樓台萬里雲光面面開京口北迎帆影去江心東樓海潮來聲撼吳楚同千古浪湧金焦曲九迴近日蘆洲南漲遠滄桑人世幾停杯

吳門懷羅大夏園

春風無少管絃初沈宋樓頭總不如聞道劉蕡長下第那堪潘岳賦閒居綠波芳草愁聽我白髮斜陽伴讀書同僻城東新壩上依依楊柳是君廬

吳門晤杭州許六古梅

穀雨思龍井春船蕩虎邱君猶海上躬我又客中留年少皆青眼天涯早白頭吳門好風景碌碌幾能休

憶春舟夏氏外舅

年來無計慰相思白髮人從夢裏知問雨課晴無暇日吟風弄月有閒時書聲庭院千盃酒花氣簾櫳一局棋魚雁不須遲遠道芙蓉秋水是歸期

王梦園罷蘭溪令攜家歸里自過吳門見訪奉別

天涯鴻影滯江干握手重逢別更難愁雨愁風孤棹遠好山好水一家都舍翁失馬寧非福稚子能文豈在官歸去方知林下趣抱琴攜酒坐琅玕畫欄杆

寄外舅春舟

兒時曾拜記猶真究轉韶華白髮人柳氏堂中元有子歐公座上已無親不知老至幾忘

食。便得閒時肯逸身。同是匆匆忙世界原來
仙佛最精神。（時太岳母去世忽忽應四年矣）

歸里

回首風塵悄自嗟。太平歲月壯年華。青山笑
我仍如故。千里吟詩直到家。掃地不妨兒問
字。閉門但恐客停車。鄉鄰古處田園樂。便是
人間蔡少霞。

呈外舅春舟

翁婿心情老倍親。昔年尊長更何人。詞停風
雨闊懷久。惆悵雲山寄語頻。李漢能收韓愈
集。富名雅作晏殊寬。自慚學殖拋荒甚。仰止
前賢迥不倫。

蘇鐵菴邀往都門因母老未能踐約

千里魚書沐手看。馬歸催我上長安。客中肯
悔辭家遠。堂上何堪落日殘。老母無言隻淚
咽。故人有約兩全難。躊躇進退皆為谷。倚遍

風前十二欄。

送傳蘭亭回上海托購建蘭

叮嚀話別又回頭。笑索蘭花一兩甌。此物卻
從南海到。其風不與眾香儔。端陽時節偏宜
草。六月涼芳直到秋。不是同心何太癖。憑君
清味寄來不。

旅舍

側帽披襟畫擁廊。閒來攲枕卧斜陽。詩如說
話何妨俗。夢到還家且當歸。入夏坡梧陰漸
滿。登盤櫻筍雨初肥。近身童僕無聊賴。捲起
簾櫳看燕飛。

謝上海友人送建蘭十二盆

有客浮來海上舫。清風惠我喜如狂。排開珠
箔時時翠。數遍雕欄處處香。空谷已知君待
久。素心幸勿我相忘。湘江澧浦情無限。又話
閩山夜雨長。

廿一先

對月

一年一月一回圓，每到圓時歌斷魂。怕有浮雲遮玉鏡，愁教細雨濕芳罇。今宵兒女閨中思，異地河山夢裏論。趁此清輝千里共，不如掛席返家園。

悵悼松崖親家

同窗同案又同盟，兒女姻親百代情。四十明經鄉學究，五旬書記老儒生。雲停海上秋先到，月滿江南雁有聲。松菊柴桑原素志，他鄉難助亦空名。

哭譙遠四伯父

一生布蔽老頭巾，前輩中能有幾人。悮卻槐花黃未了，哭殘秋雨夢如新。（四伯父以秋闈抱病而歸）齊眸不第能知命，伯道無兒亦夙因。悵望北村舊館舍，滿園落葉幾風塵。（四伯父沒于城北三角塋王氏山莊）

寄夏仁舫內弟

廿一先

對月

一先十三元古韻不通用

首句擬改

絕無聊情緒易黃昏，看到圓時

時歌斷魂。怕有浮
罇。今宵兒女閨中
清輝千里共，不如

同窗同案四字太熟，前人早用

擬易

師門負笈記同盟

姻親百代情。四十明
儒生。雲停海上秋先

到，月滿江南雁有聲。松菊柴桑原素志，他鄉難助亦空名。

哭譙遠四伯父

一生布蔽老頭巾，前輩中能有幾人。悮卻槐花黃未了，哭殘秋雨夢如新。（四伯父以秋闈抱病而歸）齊眸不第能知命，伯道無兒亦夙因。悵望北村舊館舍，滿園落葉幾風塵。（四伯父沒于城北三角塋王氏山莊）

寄夏仁舫內弟

年少才華我獨親，風流倜儻更誰倫。讀書畫
沈書生腐，交友能知友道真。落落天涯青眼
容，你你世上折腰人。長留任花雲霞氣，珍重
囊中一劍新。

悔遁篇

經濟深與問，豈為霍光雜。英雄昧時務，將毋
類牛喘。我少不讀書，入世亦已淺。托跡走四
方，面目頗慚靦。問客何所能，寸善無英處。強
欲作解人，識者難為選。案牘日孜孜，如蠹拙
拙蘇。高堂有老親，飢餓僅能免。親朋尚不知，
時復相勸勉。謂予幕官場，賓客皆冠冕。自古
多依人，滿陸終當顯。對鏡鬚髮蒼，淒眼曾一
轉。微軀百病增，馬齒倏大衍。聊爾報知己，經
術殊誤舛。曰歸復曰歸，吾鄉人本善。何以養
餘年，為我惟開卷。

謝顧研賓贈畫扇 蘆雁

一笑相逢顧虎頭，携來便面寫相思。勝於橋
上初題後，想到琴中譜曲時。珍重奉揚君子
德，別離忍話九秋期。瓊瑤慚愧無由報，愛好
吟成贈扇詩。

丙申衷三月捏 四支 八韋

酬諸葛立夫贈銅章

一枝筆妙難尋，細把秦碑漢瓦臨。慚我姓
名無省識，憑君圖記不埋沉。陶鎔手段將穿
鐵，鏤刻心情欲斷金。鏤道雕蟲皆小技，丈夫
何事不精深。

一吹[illegible]
出[illegible]
葉[illegible]知
是歐陽欲賦秋。

懷高郵金二香署

不禁依依細柳營，二分月裡望分明。詩吟閑

府多風雅，縱寫靈飛袞性情。競道晏殊能擇婿，（嘗讀使為楊總戎擇婿，遂以香署作之合焉。）可憐韓愈已無兒。（香署能兒，晚芳已酉抚育。）流光彈指都將老，君（舅鶴）尚揚州載酒行。

吳門晤山陰陳文若

湧將林智說陳平，知己難逢倒屣迎。年少讀書無請缘，家貧辭母更辭兄。升沉已定何須卜，寵辱能忘自不驚。我亦倫當甘苦味，茫茫前路最關情。

淮北客至留食石首魚

二月黃魚食未嘗，客中聊爾識賓朋。地因近海先登市，味欲烹鮮不借冰。價賤何妨留頓頓，香濃早已見蒸蒸。桃花開後河豚上，料得同嘗也不勝。（末三字晦，春俎重來韵義斜）

厦門李提督丁母艱回旂，於途中聞蔡逆就擒，不勝欣躍，舟過蘇州，見訪奉別

軍書昨夜報元戎，萬里妖氛一洗空。旌旆銅山雲欲黑，帆檣海日初紅。冠佩早畫壽還策，李廣難封定遠功。但得風恬和浪靜，歸舟四面凱歌中。

憶鄒耳山

綠楊只隔一衢衢，晨夕常邀步蹀通。雙眼看花談笑裏，十年夢雨別離中。李昆善賦如康樂，姬妾添香亦放翁。為問洛陽詩社客，豪情還與舊時同。

文鶯女郎送玫瑰花露戲贈

開到玫瑰笑爾忙，逢花摘取欲盈筐。好將綠雨三分色，洗出紅顏滿面香。把酒淡宜笑，四烹茶濃入沁。詩腸早和能解相如渴，又復殷勤遠寄將。

（和对个字別是去声，不以字言乃）

憶金陵舊遊

蕭蕭布襪與青鞋，看到槐黃易感懷。六代江山吟鮑照，一簾風雨夢秦淮。雞鳴埭色秋將

老鳳去臺空信已知，多少豪遊桃葉渡不堪
雙鬢舊朋儕。

五月五日放舟虎邱

五月凉如四月天，東風吹我到山前。往來游
女皆珠翠，去住歌舟盡管絃。波影樓台通鶴
市，人聲旗鼓鬧龍船。傳聞水戲吳中熟，今日
方知信有然。

春柳四首步夏紅𦘺韻

春到江南百感生，條條婀娜繪難成。燕來惆悵青拖地，人
去相思綠滿城。梁苑最多烟雨恨，蘇堤又聽管絃聲。灞
河一路都吟遍，繫得王孫客裏情。
莫問前因與後因，風流加故試精神。殷勤作態應憐汝，眠
起何心欲效人。二月春山眉染黛，十年新夢識生塵。不知
多少飄金色，贏得人間處處春。
無那情懷感絮飛，又看烟水帶斜暉。山中慣拂吟人帽，
道上難牽客子衣。此夜月明愁玉笛，幾家年少賦春歸。

長安昨日催征馬，惆折新枝出關帝城。
誰栽細葉齊無條，酒邊詩魂兩共招。漢水有情都放
恨，紫門無意苦留連。東來淚把夕陽起，關樓樹
詩情一回故人千里外，依依長此寄蕭寥。

對菊有感

秋光漸老尚丹黃，門掩西風一角牆。頓有精神傑
霜後知無塵，傲酒清香人逢淡境，吟遍瘦酒到殘
一笑淡陶家酒色好，靈根培護子孫長。

元宵三逕歸來屬士鄉，漸漸繁霜侵兩鬢。
夭夭降而至重陽，喜同延壽呼兒採，但得長生為母
藏。昨日有書裁未答，征鴻吹落又行行。

道光癸未正月海門福司馬邀游閣鶯登獅子山

傾聽循聲久，持書便束裝。踈才叨重寄，行遠只吟囊。
官閣開樽酒，梅花入座香。陽春歌一曲，夜漏五更長。
地以山為鎮，鼓從海上來。煙雲迷市，風雨撼樓臺。
沙漲民爭集，田多利盡開。絃歌聽處遍，駐足又徘徊。

題孫初齋之楚吟

江上詩名重，風塵把劍遊。猿啼三峽夜，霜落萬山秋。弟望青草，高堂感白頭。臨風一長嘯，歸泊不堪流。

野望

片雲並叢樹，低空兩大江。村孤烟起直，路曠鳥歸慢。殘照入蓬戶，晴陰生草窗。逢人問漁市，詩思未能降。

雪後

八九曉庭階積雪窗圍，映白庭樹花時夜月照三更。以卯翫山鄉特地為梅小

白梅花和葉雨樓原韻（此稿幾四十年矣，不才猶能記憶，想見詩人有靈，不勝文字因緣之感）

瑤臺七二盡春風，面面溪溪雪海中。琢玉手神偏蘊藉，鏤冰詩思貴玲瓏。和林曉月清無迹，幾樹斜陽冷不紅。知有龍眠好畫手，寫摹高格與天通。

桃逢鄉夢擬雨鄉，疏影橫斜水程門。偶到此生能解脫，不知人世歲寒。溫空山久悟孤高趣，老去猶留風骨磋，我愛逋仙真拔俗，詩人誰說六朝豪。

二首格律渾成，筆力超拔，他作皆不及也

重九前一日獨處寓樓，風雨徹宵，剗應節序，以潘大臨

滿城風雨近重陽句衍成七律五首

滿城風雨近重陽，雲樹茫茫引恨長。吹帽忽驚雙鬢白，題糕深愧六經荒。秋無好味愁方竟，客到良辰願未償。遙憶倚閭懸望久，茱萸酒熟為兒藏。

天外賓鴻見兩行，滿城風雨近重陽。樓臺烟火橙黃綠，籬落人家菊未黃。應有花光如我瘦，不堪詩思入秋忙。登臨何處堪消遣，合與名流醉百場。

招呼小閣且傾觴，座上無人不異鄉。千里音書遲九月，滿城風雨近重陽。姜誇鴨舍橋邊美（謂王魯石詩），大蟹鯽魚湖上香。（謂任三君飄吟長）我憶海陵烟水窟，新收紅栗喚廚娘。

歸計猶遲理舊裝，故園事事九迴腸。茱萸囊分作嬌兒佩，蓬餌同呼愛弟嘗。一夜鄉關縈短夢，滿城風雨近重陽。長房已共游仙去，傳世曾無縮地方。

人生聚散復何常，萍梗飄零易感傷。下第劉蕡歸海國（謂爾芝杉），研弟乘舟李白遊河梁（時李君赴淮上）。林深人影籠沙暗，笙合秋陰西地淡，煙上高樓閉縱目，滿城風雨近重陽。

贈陸畹香女史
獨抱幽芳亦可憐最宜月下與風前花因春好常
含笑如為柔情柔不淺研字織迴文機上錦香
生蓮瓣水中仙原來異種非凡品一夢湘江未
了緣
寄儲八漁溪運副
食貨新書策課差鹽官三載駐南沙夷吾榷海
民財富劉晏籌邊國用畬莫道政閒堪養拙須
官好亦如家傳聞浙水東西地風俗人心日漸華
老郵
崤谷關前偶現身閒官閒禮亦難真何來皇帝稱
元遠謫入吾家第一人
暮春吳門悟楊生時莽
何事逐風塵天涯幾故人親朋非昔日風雨是殘春
蜀道鵑啼血隋宮燕語嚬男兒須立志蠖屈總能伸
楊生依其外舅揚州邛氏其父尚居成都

上洋城中
河淺如溝跨石橋野航無數係停橈霎時
飯熟輕浮去知是今逢子午潮
接家書喜四弟生子
曉起開函笑發聲阿連舉子祝長生歲剛逢甲
春華永門為添丁喜氣盈根底須知函福命
聰明何必定公卿滿斟今夜思鄉酒擬學疏狂阮
步兵

郎溪山長盛春谷遊海上携其詩見
贈即用原韻奉酬
君是山中第一仙惟詩惟酒樂陶然聲華
到處皆知己談笑逢人似少年問字久驚
三折筆遊心常共大羅天猶思玉局携詩
卷滿幅雲生紙上烟蘇明府歸自金陵先以其詩冊見示
疊前韻
門外無人問謫仙焚香掃地自飄然神山

隔海空千里，寶樹當樓已百年。下玉求沽終待價，杞人非魯但憂天。我來重訪西園客，蘿薜紛披一逕烟。

再疊前韻

閒來無事不神仙，扶杖登山亦偶然。滿眼韶華春似海，臨心時序客經年。家疑摩詰詩中畫，水入淞（吳淞）湖鏡裏天。況復花朝明月夜，一樓燈火一溪烟。

開口便見主意是第一首作法

落花十首步袁簡齋太史韻

為客江南感歲華，倚欄十二月中斜。誰家啼鳥春如夢，到處迷人眼欲花。曾許風流眠漢苑，空教歌舞憶吳娃。鄆亭寂寞人惆悵，離思年年在水涯。

半住龍樓半鳳池，自家顏色自家知。承天雨露迎恩日，委地烟霞閉戶時。絢爛一生惜福命，飄零孤館尚羈遲。調停風雨真難

得古法神

事，無那芳情別故枝。懶逐流鶯舞上林，榮門溪巷日初沉。一年寒雨清明節，千里征帆故國心。芳草有情猶惜別，青驄重到已成陰。須知此恨消難得，往事重題淚不禁。

卻下愁我好欲愁矣

五更愁聽小聲潺，風裡旋飛似轉環。解珮思瀟湘水，琵琶紅空恨北邙山。雲飛畫閣人先遠，雨指雲門畫不醒。縱有仙源難覓

路，不知何日返人間。

夢裡猶然戀舊香，美人無復理殘妝。撫心只恐愁西子，點額曾經媚壽陽。流水到門都泛漲，韶光過眼特匆忙。當年一笑緣何事，章貢前因欲斷腸。

入世浮華看亦微，少年心事已全違。東皇又見匆匆去，公子何因緩緩歸。杜牧詩成香撲酒，揚州風好客沾衣。此身卻喜無拘

東不曾樓臺逐隊飛
冷淡原泛爛熳中不須騷首問天公才華
近日憐江左浪迹依然滯海東細草半迷
桃葉渡斜陽誰覓館娃宮山家鎮日無人
掃滿地吹來昨夜風
靈根同發兩三莖飄落何心自不鄭縱使
泥塗甘辭寵不教蜂蝶太逢迎少陵老大
生多慨庾信流離格最清我自焚香還默

作者自分
白兒

座鷓鴣啼雨一聲
萬紫千紅撚莫論只今回首易銷魂迷離
東舍遂西舍冷落前村與後村破聊已靈
海印憲品題空拜主人恩兒童不解傷春
事日日鄰家一叩門
溪上亭館傍河橋剩有餘香莫亂飄我亦
思家歸未得夜來聽雨夢難消此情究轉
深閨見奈爾遲回酒柳相詩得思明年應更

通體流利
神來之作

格律老
成

發春風人面笑如潮
不禁詩思湧

申浦舟中
風帆衝霧遠征鴻又斜陽江水流沙岸崇
門築土墻地高棉結子村遠稻浮香我自
乘潮去尊鱸是此鄉

蘇愛堂明府自興化之金陵奉制軍
委批丹徒運河邀予同赴京口
九秋憶別廣陵城風色清涼月色昏到此
忽經三月外對君空有一錢存只今王事
原多瘁自古臣心不在溫此去大江江上
水長將勞績達都門

燕子磯晚泊用前韻
冒雨衝寒出石城到江時已近黃昏山家
有酒沽還易野市無殽味僅存荒驛忽驚
為客短薄衾無那待春溫夜來潮落西風
轉一片輕帆下海門

喜晤徐滄浔先生

如此鬚眉發浩歌箇中肝胆有誰過每聞雄辯千言少但覺浮生一夢多羅綺月明花似錦東南星聚酒如河長江天際流無極一葦何年渡達摩

秀麗天成

紫藤花

一攢香欲墮春風全藉扶持畫閣東紅雨淡鋪金絡索紫烟深護玉玲瓏半藏蛺蝶紫成串錯認葡萄綴滿叢莫道花時非正色剪裁一樣費天工

高華題稱

牡丹

開到東風第一花六朝金粉最繁華誰移天上神仙種合傍人間富貴家枝葉有情含雨露樓臺無處不雲霞滿堂賓客春如海五夜笙歌興更賒

繡毬花用前韻

別有會心

一蒂攢成瓣ゝ花不矜顏色却繁華飛仙裁剪春如綉月照團圝客夢窗壓對白疑窓外雪臨池綠襯水邊霞宮娥未許狂拋擲沉醉人間酒意賒

西府海棠

數枝濃壓水雲坳傑萼隋宮莫漫嘲看雨胭脂嬌一樹臨風釵髩亂嵯梢楊妃中酒偏宜睡子美工詩奈尔拋怪底無香猶有恨不教金谷貯風騷

送嘉興戢春谷之郎溪

春風吹雨不成晴春花春柳暗江城ゝ中有客將歡行欲行不行無限情一杯飲盡復一觴為予斫地作歌聲少年談笑揖公卿便ゝ咳唾成瓊英五陵公子倒屣迎紛ゝ爭欲識韓荊齊聲鼓吹簧與笙自此名[聲]滿天子[帝]京翻身躍馬登嵩衡粵東之東萬

數語似書蓮

里輕郊林燦燦明千旗，當道爲爲館舍營
河陽花李花滿盈。门前玉樹臨風清，天涯
回首客心驚。兩鬢蕭蕭白髮生，吳淞二月
江水平。來遊海上窺蓬瀛，紫瓊蒼玉，蹁飛
鯨手，棒金芝，五色明。漂渺三山，不記名，神
仙何處問前程。吁嗟乎富貴浮雲一轉睛，
騏驥老大空伏鳴。研田半畝百世耕，共誰
歲月爭輸贏。酒酣耳熱心怦怦，揮毫滿幅
雲煙傾。萬卷在胸自品評，韓潮蘇海須刻
成。詩成擲筆事遠征，黃浦江頭烟自横。

題淩蘭人直釣垂釣圖

全憑一直謀，行藏機事機心料已忘。臨水
羨魚濮濮望，風把酒喜洋洋。人疑秋月
蘆中士，身住閒雲夢裡鄉。滂道唐何抽獨
繭，板竿人亦牲名芳。

◎春日遊也是園

靈纖十日乍晴溫，柳陌尚留殘齒痕。鷄樹
斜陽明屋角，一池春水漫雲根。迴廊曲檻
橋通路，絕壑深巖洞作門。料是鍊丹人去
後，但留仙迹鑿名園。

○春日過吾園

四面籬笆一徑斜，叩關錯認野人家。翠浮
山館千竿竹，紅漾橋門一樹花。壁上客吟
思共遠，庭前鶴夢語無譁。我來隨處凭欄
坐，却笑園丁自品茶。

◎丹鳳樓懷古

昂首高吟通神雄健

◎丹壁飛霞彩，高簷擬鳳形。潮流江水潤，樓
入海風腥。兵火百年地，人文一代星。不勝
惆悵意，欲去且留停。

◎婁江舟次

石橋横影漾波斜，兩岸垂楊十數家。垂髻
女兒簷下坐，不辭辛苦弄繰車。

柳

跌宕自喜 妙

水拖江城十里遥
臨江水閣夜吹簫
通波門外停船客
半等來潮半去潮
一聲柔櫓一聲歌
天上星河水上波
臥聽不眠還起視
滿船秋思月明多
家鄉亦有魚蝦美
稻熟秋風蟹更肥
我味蓴鱸應張翰
即今返棹已遲歸

上洋齋中雜詠

又聽兒童竹馬歌
使君為鑿舊官河
從今流入江潮活
添得堂前水鑑多（縣署舊有引粮河年久淤墊蘇明府復為鑿之）
黃浦江深起棹歌
滿江明月浸天河
獨來丹鳳樓頭望
錦纜牙檣十里多
城中新植百花香
日日清泉澆灌（泚）忙
滿縣碧桃滿縣柳
始知潘令任河陽（蘇明府令縣署前後遍種桃柳）
稻花村裏木棉香
婦女篝燈紡績忙
滿載秋江船似雪
聲聲搖櫓近重陽

接家書泰州大水

紀事詩以質直肫

六月洪湖漲泛溢淮與揚
吾鄉居下游田在水中央
村村鳥獸散廬舍等浮航
夜半啼哭聲齋呼刺史堂
刺史得聞之神色凄倉皇
戒僕守吾節戒卒守吾倉
馳書啟大吏一字一徬徨
大吏念民瘼星夜來吾鄉
撫恤兼賑濟一語慰四方
復勸城中人桑梓輕盖藏
煮粥民不飢平糴粮不昂
大吏不市恩飛章達聖王
聖德仁如天毋使或流亡
昨日家書至千里心怏怏
吾鄉本瘠土豐歲鮮餘粮
況乃遭大水何以堪其殃
水只一秋止民苦三載荒

過白鹿峯贊府衙齋

地闢堂西半畝陰
風來松竹有清音
籬邊不礙停車馬
花下還宜伴鶴琴
桐葉涼飛仙吏案
卉氣香潑古人心
笑將薄俸供揮洒
童僕加餐酒助吟

徐滄潯儲介之田以情周蝶莊吳曉
峯谷巨川盧漁橋同集方懋園少
府齋中女郎借秋春姮慧卿舞玉
校書馥芸侑酒徵歌真一時勝事
也

新頭

羅列山珍共野蔌（巧樣杯盤果味）畫簾紅燭小堂坳屋緣
近水如浮舫宜自為家等寄巢拼袖笙歌
都欄幔滿箋題咏費推敲戒歸漏院呼魚
鑰夾道垂楊月上檐

獨坐

獨坐秋風屋此船，幾時泛到斗牛邊。涼雲半掩黃昏月，細雨難晴白露天。石上有苔摹古篆，花間無夢托遊仙。何心勝負爭棋局，事事撩人一着先。

秋雲

此剪輕羅斷歇飛，水邊樓畔認依稀。汀當

穩愜

明月光邊淡化，盡餘霞影更微。野曠遠隨飛馬，淡江空晴帶夕陽。歸閒情老去，九秋鶴出岫，初心奈已違。

詩中有畫

秋山

犀峰秀削到重霄，圖畫天開藉白描。滿澗白雲飛石壁，一肩黃葉過溪橋。危樓塔影殘照，斷岸江聲落晚潮。有客登臨憶鄉國，重陽煙樹悵迢遙。

四律件件精稱，字字工穩

秋烟

薄似晴雲冷似霞，依依多在夕陽斜。滿城風雨飛難起，近水樓台淡不遮。睡覺知爐烟茗火，香知山灶煮松花。沿江稻熟柴門外，漢漢千家與萬家。

秋水

盈盈一帶靜無波，百尺澄潭一鏡磨。霜落征帆楓葉冷，月明漁笛蓼花多。滕王高閣

似宜刪

上千言賦司馬舟中一曲歌便欲乘槎浮
海去生看斗斗泛姮娥

贈陸畹薌女史

為誰顔色為誰憐屢挽盈盈一笑前撰素
櫻唇寧借豔壽陽梅額尚留妍情真是海
心原佛音到無邊夢亦仙老矣不才狂以
咋相逢问语也前缘

疊前韻

亦可刪

獨抱幽芳亦可憐最宜月下與風前花因
春好常含笑柳為情柔不浪妍字織廻文
機上錦香生蓮瓣水中仙原來異種非凡
品一夢湘江未了緣

似宋人快道語

睡起

春風隨意吹小草好鳥得時鳴高枝睡起
午窗讀周易俯仰不覺心神怡

法華李氏後園遍植各色牡丹其最

折

佳者惟黄牡丹一種爰賦詩以贈之
位置中央獨擅場蜜丸烘出美人妝采共
金屋無凡品留占姚家第一香朱紫羞矜
傾國笑衣裳吉稱領花王從知富貴神仙
府正色方能壓衆芳

容中晤文珠女郎

十三十四走江湖愛撥琵琶學奏琴一曲
新歌吴下調全然不是故鄉音

○嘉慶丙寅自上海歸里舟中作

新（夜半）道潮來便放舟一帆安穩出江頭歸心
三載程千里此日南風送北流
湖船都着錦衣裳來去如梭鼓吹香有客
看花苞蕊流自沽清酒遍山塘
梅花共我一般俏結柳知戀去程詩向
北窗窗下種春風明月總關情
紛紛如雁集河濱閘道淮揚遞水民老嘆

弱兒男喚女舟中愁煞未歸人
不許停橈即渡江江風江水打蓬窗闔心
只有揚州月滿照離人入海邪
一過揚州兩岸無田頭風景已全殊江南
禱雨淮南水一種愁腸兩地紆

到家

十月天風送客歸歸家阿母杖庭闈強支
老骨扶兒起但道塵容已漸非

真摯

子女歡娛為浣塵笑余遲髮客中新是誰
留看吳山水處憂寄歸期總不真

又

行李匆匆只一肩吳淞江口夕陽船計程
不遠將千里算日無多過二年鄉思其如
歸計拙壯懷空有客心憐蘇州簫管揚州
月半結詩緣半酒緣

自上海之平望**湖州**作

杪

昨宵黃浦江頭宿今過吳江第幾灣江上
買魚湖上蟹醉鄉滋味已懸殊
不斷長湖不斷村村村稻熟酒盈尊東湖
婉如西湖要一棹晴波款吹過
此去茫茫不辨程舟人西指夕陽平烟光
一抹秋林晚紅樹橋門取道行

湖州作

烟雲如畫水天浮路入平湖第一州澆郭

一幅吳興秋江圖好在諸暢可不否鑒底

溪聯都見底沿堤桑短半平頭秀分越嶺
吳山色清合苕溪雲水流滿市江菱三尺
鯉此鄉風味最宜秋

丁丑三月十一日汪逸樵讀

汪小雲以蠟梅詩見贈率成四首奉答

誰綴黃金一封新偏於殘臘見精神捧心自
守孤芳簡甚顏平分兩道春瘦以枯禪宜夜
月澹如秋菊想詩人封書欲寄輕調蠟驛使
殷勤慰客塵

橫斜松竹兩三行。許結同心友共良。霜雪不凋知正色。繁華都卻有奇香。性非孤冷緣除俗。氣本中和始自彊。若使調羹勞巨手。應占元吉稱黃裳。

花繁日午畫堂前。爆竹聲中馥郁天。卻愛水仙同處潔。最宜天竹襯鮮妍。出塵品自神仙骨。破臘心原鐵石堅。鎮日相看殊不厭。紅爐清酒過新年。

索笑無端畫欲捲簾。品花心事已全違。狗纓繞屋蠻鴉起。蜂蜜園枝凍雀歸。笑代春風來未覺。呼他小字有誰非。醉餘細嚼休煩瑣。獨自蓮花舌底飛。松江有荷花蠟梅品最上

湘月歸俞仲楼賦此誌別

湘江無月水無情。月到湘江恨有聲。月洗湘江江洗月。江光月色為誰明。

漁郎載得月明歸。江草江花一夢飛。只有潮聲愁夜夜。莫教風雨妬清輝。

贈文鸚女郎

一笑嫣然最可親。鶯兒嬌語聽頻頻。那堪春色濃于酒。未必桃花好是人。月下綺羅饒態度。風前簫管自精神。江南曲罷還江北。一種柔情兩地新。

春日過笑宜主人齋中

水漲平溪綠滿原。阿儂小住卻宜園。春風暖入調鸚館。曉日晴延映碧軒。人面忽從花裡笑。鳥歌如和曲中繁。驚心兒女尋常語。淚濕青衫未忍言。

韓奕山嬖采姜女史作詩以嘲之

綠波江上客停舟。要訪仙娥到畫樓。疑是水晶簾下立。登樓幾次怕擡頭。

一笑盈盈見有情，似將欲語聽無聲。問名便覺
輕如葉，身在秋風江上行。
青鳥重訊信溫存，酒到情濃數易樽。待去忽聞
留小住，背人一語罷銷魂。
門中雞犬亦皆仙，認是蓬萊第一天。不信銀槎
浮得到，韓侯今日已張騫。
逢人長跪為求詩，復自拈毫寫妙姿。仍恐詩中
說不盡，芙蓉秋水繪相思。奕山作采菱曲復為畫荷花以贈

我亦多情記妾家，今年人感昔年花。依依怕問樓
頭月，窗掩綠雲六面紗。時湘月已他適矣

題孫雲樵停櫂省山圖

淼淼烟波綠一灣，有人停楫指松關。米家書畫
船摩詰，田園本在山。詩思斜陽紅樹外，秋
光淺水白蘋間。何如破浪乘風去，漫把居諸廢
等閒。

題杭州孫小松松林覓句圖

我輩狂來本易歌，松林小立更如何。君原仙骨
山中寄，詩有濤聲腕下多。三逕盤桓懷五柳，南
屏蒼秀憶東坡。若扶唱和無知己，一棹西湖訪
薜蘿。

釀雪

漠漠寒陰畫掩扉，微茫影裡認依稀。五更風動冰
初合，一色雲低凍不飛。雨尚未凝梅待伴，霰纔微
集鶴知歸。天工巧試調羹手，翦度維成六出肥。

戊辰歸里葉古軒靖皋茶洲呂仲邀集香渚西河草
堂觀菊

三年湖影又重逢，此日開樽菊正濃。花似故人
聯鳳好，秋為遠客洗塵容。山中悵別心千里，謂
壬申自石壁上看詩淚幾重。謂吳椒堂因於山獨有謝
家諸叔季，翩翩初日照芙蓉。

歲暮懷家

兒數歸期女計程，倚門望雪兩心驚。連年阿母寒衣
[illegible]

寒

冬夜舟中

[illegible]

示女兒錫午

[illegible]

芷衫詩餘

（清）高佩華 撰

《芷衫詩餘》，清高佩華撰，據南京圖書館藏《小檀欒室彙刊閨秀詞》本影印。

高佩華，字素香，號芷衫。清江蘇泰州人，清代女詞人。燕雨樓之妻。能詩，《小黛軒論詩》載其著有《芷衫吟草》二卷，道光二十二年（一八四二）刊行，詞有《芷衫詩餘》一卷，清徐乃昌輯入《小檀欒室彙刊閨秀詞》第六集。

《芷衫詩餘》存詞自《十六字令·春草》至《沁園春·葬花》，計二十八首。諸詞皆爲常見閨閣詞，詞風委婉哀怨，多借景或借物抒情。詞中或感歎紅顔易老韶華易逝，或抒發對遠方夫君之思念之情，或表現懷人不歸獨守空閨之孤獨寂寞。高氏喜花，故其中多首詞皆以花爲題，如《沁園春·楊花》、《十六字令·白秋海棠》、《菩薩蠻·載詠落花》等。還有一些詞寫於節日期間，如《浣溪沙·七夕》、《風蝶令·題乞巧圖》、《卜算子·己亥元日》等，其中《卜算子·己亥元日》描寫高氏與夫君團聚之景，其喜悦之情，躍然紙上，此詞亦是該集中唯一一首表現歡愉情感之詞。《七夕》一詞構思甚巧，詞中寫到：『爲訴經年離別苦，仙踪料想五更還，那能分巧到人間。』七夕向來有牛郎織女鵲橋相會以及送慧分巧之説，高氏却恐怕牛郎織女沉浸於見面之喜，只顧互訴相思之苦，而忘記分巧之事。既顯高氏作爲女性之體貼，亦流露出高氏企盼夫妻團圓而不得之感傷。

（張　念）

芷衫詩餘

芷衫詩餘

芷衫詩餘

泰州高佩華素香譔

十六字令

春鼻

凝累我闌干立幾時花飛去蜂蝶已先知

前調

白秌海棠

瀞清淚零零露未消秋魂澹玉照倩誰描

桂殿秌

秌夜

宵未半月剛圓羅衫新覺嫩涼添秌心合併成愁字風

弄芭蕉不許瞑

比翼

菭

辨不清花間路屐齒伊誰閒步曉起捲簾櫳幾許尋芳蝶誤昏去昏去誰與殘紅遮住

憶王孫

望遠曲

金錢暗擲琹嫦娥昨夜鐙花報喜多行人依舊不曾過耍誰何百事無靈莫信他

惱分飛

落花

怎怪留春留不住窗外落紅無數蕭落燕支雨不堪回首江南路　可惜綵雲都散去爭奈風狂雨妒輾轉斜陽暮宅生葬化相思封

憶蘿月

春雨

好夢驚回夢醒人依舊夜半風狂兼雨驟一點殘燈似豆、關心不俟深秋教人添得新愁試問杏花開未明朝且看枝頭

巫山一段雲

沈沈簾幙霏霏霧濛濛細雨連朝暮終日掩柴扉鶯兒猶未還　闌邊花事了誰惜春光老明月幾時來溼雲歛不開

賣花聲

清息漏聲中夜雨濛濛一竿曉日逗窗紅知是有人廔上坐鬢影蓬鬆　小婢喚忽忽捲起簾櫳餘音縹緲散西東彷彿垂楊深處去幾陣香風

菩薩蠻

戲詠落花

枝頭忽訝容顏改一年一度花開謝何苦怨東風繁華如此終　幾番晴雨足子滿濃陰綠萬物荷生成須知天地心

浣溪沙

葬春

簾幙垂垂漾晚風落花飛去各西東庭邊芍藥為誰紅　孤負韶華還自惱佳辰次第雨聲中流光屈指去怱怱

前調

七夕

銀漢迢遙月半彎虔陳瓜果任雙鬟鵲橋穩駕白雲灣　為訴經年離別苦儷蹤料想五更還那能分巧到人間

卜算子

己亥元日

萬象盡更新消息東風裏歛出梅花幾陣香春至人間矣　郎譜合歡詞儂翦宜春紙依舊今年似去年七事从頭起

前調

蠋泪

風雨夜窗寒添得愁多少一寸相思一寸灰還是無心好　底事太多情惱別伊誰曉不到天明不肯乾乞替人煩惱

前調

草長蝶尋芳風暖鶯調舌開到桃花不算春何忍輕攀折　鷰子去仍來明月圓還缺不敢登樓望遠人所怕

鸚哥說

巫山一段雲

草色參差碧花情歷亂香不知鷰子爲誰忙銜泥上畫梁　晝日貪瞑未起鍼綫小窗傭理鴛鴦繡罷倚粧臺雙眉不放開

偷聲木蘭花

病中作

淒涼月澹梅花冷粧臺照向愁人影夜不成瞑已累郎君九十天　匣中重檢鴛鴦譜幾度思量難自主安得金鍼繡出从前一段情

柳梢青

歛出東風傳來消息絕世丰姿陌上毵毵雨中娟娟月下依依　誰言少頻無知怕回首天涯別離默自登樓修眉未展望眼都迷

踏莎行

哭桂兒

冷冷清清參橫月落瘳鬼顚倒人如醉可憐小婢正酣瞑糢糊猶認兒安睡　重剔殘燈幾番憔悴漏聲滴向心頭碎霜清露白不知寒和佗蠟炬垂雙淚

減字木蘭花

秋思

羅衫拋卻底事浮雲如此薄風動簾鉤蕩起瀟湘十里秋　闌干西角又見梧桐黃葉落夕照鵝留一抹燕支上畫樓

風蜨令

題乞巧圖

靈鵲橋千疊新蟾月半梭遙遙雲漢澹無波想是雙星今夜渡銀河　設果筵前滿穿鍼戶外多小鬟低語問嫦娥不識今宵乞巧巧如何

南柯子

槐陰

喜鵲巢初穩新蜩響欲沈一重簾幙一重深不種芭蕉綠到粉牆陰　雨過清如洗風來暑不侵何秊絲竹夜成音久爲郎君盼望到而今

剔銀燈

簾外鸚哥剛睡偏又被征鴻驚起落葉空堦歛來片片冷逼一燈紅細雨聲齋碎都不管它人蕉萃　重掩雲屏十二卻正是新涼天氣悄坐三更羅衫輕薄領略幾分秋意無聊情思好瘳叟誰能記

虞美人

戊戌中秋對月

髫秊望月深閨裏風景依然記前秊望月傍粧臺兒女喃喃鐙下笑顏開　今秊望月心如碎灑盡思兒淚幾番望月月高懸尋問嫦娥今夜爲誰圓

風入采

沓日即事

堦前草色碧於油。翰蝭瘳寬留閒來，偶爾裁詩句。對㡬甹惹起新愁，正是海棠開足，斜昜一抹紅㡾。　風箏猶挂樹梢頭，綵綫不曾收。鸚哥對我喃喃說，便教人早上簾鉤。葬被好風吹散，鑪香幾縷清幽。

滿庭芳

詠新蝭

小院菭濃，曲闌甹放，趁風歛到窗前。那堪離別，相見又經秊。一種癡情誰覺，都愛此草色芊芊。斜昜裏，尋芳何處，風致最翩躚。　休貪沓色好，忩忩過了，瘦影誰憐。賸蠹星殘粉，冷落西園。何不乘風化去，便從此栩栩登僊。真超脫，芳寬差勝，葉底抱香眠。

沁園春

楊甹

無力支持，脫卻輕棉，千條萬條。看乍寒乍暖，拋殘紫陌；和煙和雨，亂點紅橋。色怕泥污，肌如玉潔，妙手何人擅白描。推窗望，讓謝家道韞，詠雪才高。　沓來爭不寬銷。㖞自喜身輕分外嬌。訝甹間新蝭，紛紛起舞；枝頭殘凍，點點鶵消。淺碧池塘，澹香㡾閣，一望珠簾影動搖。東風好，免拖泥帶水，吹上雲霄。

前調

葬甹

捲起紅旛，解卻金鈴，淚珠滿腮，記清明纔過，畫圖半幅，芳菲未改，錦繡成堆。爭柰枝頭，一經夜雨，狼籍胭痕處處皆。飄蕭甚，怎覓來淨土，好把香薶。　幾番費我疑猜。便嫁與東風也不才。早堦前延佇，從容收拾；闌邊凭倚，妥貼安排。不識今番，關它何事，蝭浪蜂狂去復來。斜昜外，問芳寬何處，酹爾三杯。

質庵詩存

（清）陳增撰

《質庵詩存》，清陳增撰，據泰州圖書館藏紅格鈔本影印。

陳增，字方川，號質庵。清泰州人。夑子。歲貢生。其詩清腴而有法度。

本書收録陳增詩七十餘首，其詩頗有可誦者，如《采蓮詞》：『西湖十里暮雲平，水色花光相映朗。間向緑波深處過，軟風吹起櫂歌聲。』讀來清新俊逸，令人賞玩不已。

（周　忠）

質菴詩存目

泰州陳增方川氏著

質夯詩存

泰州陳增方川氏著

不寐

簾前月影圓簾外梅花落不寐起攤書愁思了無着

題山水冊子

老樹晚蒼蒼秋波流激激一片夕陽中扁舟何處覓

題高山流水小照

羣峰巘嶫摩清霄流泉潟激飛銀濤對此清境最奇絕幽人獨坐山之坳冰絃七尺橫在手天風凜冽寒生毛蓬萊方丈不可到素心久已輕由巢

齋中紫藤盛開有作

春光隱隱畫堂西一架蒙茸曉霧迷最是撩簾人半醉紫雲堆裏鳥聲啼

登狼山放歌

白狼拔地何巍然蒼茫翠影遠接天平江似掌春樹妍閒風四起生雲煙登臨遍觀山後前巉巖峭壁相鉤連諸裔環繞星斗纏支雲塔勢天際懸振衣直上紫石巔長嘯一聲倚石眠陰陰海氣青盤旋晴嵐縹緲如飛仙忽聞鐘磬報暮禪覺後疑在扶桑邊起視石碣稽前賢手持濁酒澆墓田（下有駱義烏金都監二墓）潮聲怒起天風顛

先室顧孺人一日得隔岸猿啼百二洲之句詩未成

因代賦之然語句雖佳而意境甚苦其後果爲詩讖

細雨斜風琵琶秋鐙前爲我助新愁遥知此夜關山外隔岸猿啼百二洲

歸自崇川范完初以詩見贈即次原韻

他日相逢未可期醉中分袂任驅馳青山有約還舒眼緑柳多情爲展眉别後翻嫌家是客（一家俱赴官署予田居館中）歸來只覺夢生悲（先室顧氏櫬未家未厝）相知漫説長頸子詩句殷勤慰我思

悼亡

二

悲風啾啾吹我室鬼語人聲共嗚咽又聞屋上啼烏飛預知我心事不吉黄泉白壤本無情蜉蝣朝暮浮生人生世上胡爲爾閲後方知萬事輕我思病婦早餐時氣慼慼眼昏尚自知低頭無淚亦無語醒來開眼復生悲上念舊姑與老母晨昏未克侍左右可憐留得一女存莫使饑寒居人後舅姑既别别小姑今朝永訣憶我無再拜相煩憐弱女勿因生死竟懸殊簣中猶有青絲服改作吾兒供安燠他時若得成掌珠殘魂乃忍瞑雙目手持藥餌向吾言感君區區心甚堅從今努力須自愛切莫悲傷損少年哀言甫畢同流涕須臾一命長辭世去年血淚灑西河（謂福男夭殤）臼炊詎料逢今歲新枝連理一朝分好烏雙棲忽失羣舉頭直向天門叩黄沙漠漠滚浮雲入室凄凉魂若失遺物依然猶挂壁嗟哉更有筐中蔴鐙火中宵手自績幃屏髣髴近床前床冷房空夜月眠淋漓翰墨留餘迹窗外簾鉤蛛網牽徘徊既久思言笑惝恍若見形相肖回頭欲語事已非撫心搲擗生嗟悼昨宵夢裏曾携手神傷色慘坐未久問兒鞠育是何人答以官奴辛艮厚暫時魂魄杳難尋覺後潸然淚滿襟莊生瓦缶何忍擊聊藉悲歌訴不平

孤雁篇（幷序）

三

乙卯秋偶讀　國朝尤招嗣先生孤雁篇是篇乃先生失偶之後所作也故其音多凄惻不堪卒讀予於是時亦有悼亡之感因用原韻得成一章不過聊以誌慨未暇計其工拙云

寒潮颯沓秋聲遠南飛雁渡瀟湘晚西風吹斷雄雌分雄者孤飛相誰伴嗷嗷忽起别離情隻影横空帶月鳴㕧碎楚天雲漠漠中宵有夢不能成棲前聽去多凄惻傷心更有悲秋客念汝共逐稻粱謀飛鳴終日如比翼此夜獨自過書幃回憶當時涕淚垂微微細雨空階滴歷歷哀音畫角悲孤鴻失侶增悲慟我亦含愁與爾共羽毛摧折心未已何時再作雙棲夢青天碧海杳茫茫一别千秋未忍忘

欲着尺書憑爾寄寫來一字一迴腸

長歌贈萬大鄰林

我聞天下名山三百六不登何以豁雙目又聞天下名泉千百支不涉何以沁心腹山靈水秀各有時男兒傲骨少人知鄰林萬子真奇士英才倜儻饒風姿十載論交訂知己胷中短刺明秋水阮籍猖狂原憲貧長嘯悲歌向誰是大觥一吸西江枯夜深縱飲金叵羅酒酣落筆鬼神泣雄辞汩々奔長河感君意氣真念君交情厚黄公壚畔舊時春天上人間亦何有臨風大叫閶闔開昂藏誰肯居人後芙蓉簾外秋雲深氷絃錯落彈徽音曲終觸起平生事寒光繞樹星熒々嗟君西次悲風木百憂抑鬱愁成斛才人偃蹇困良時千古貧交憐鮑叔秋雨凄々秋風肅々西窓夜話燒紅燭我亦天涯淪落人且養脩然物外身鸞斯搶地何足数與君奮翼南山岑蓬萊零雲蟠空中舞舉頭忽至湘水潯水聲落處波濤急捲起珠簾十二層千峯高百鳥鳴何似八琅之璈雲和笙人生得意須行樂富貴功名盡抛却任他世路爭崎嶇青松努力自超卓神仙縹緲不可求登山涉水空悠々

題彭石亭聽瀑圖

生綃一幅不盈尺上有十丈芙蓉碧參天拔地勢崚嶒幽

人獨坐山邊石何處飛來瀑聲宛如萬馬馳星驛銀濤浩渺隔松陰橫空倒挂秋雲白噴珠吸玉蛟龍飾聲々入耳何瀾浩我亦好作山水遊胷中剩有煙霞癖廬山面目已難尋此境何必殊今昔悠然聽去道心生放眼應嫌天地窄

祝楊輯五州伯六十

西川一朵慶雲昇頃刻南天化雨興有脚春融仙掌露當頭月映玉壺氷歌傳燕寢清香句人託龍門最上層卅日蘋洲開壽域官梅花正繞紅藤

蠶豆

桑陰低獲野人家墻角開殘水墨花一種每同櫻筍薦半畦真覺色香賒沙瓶水瀉珠成顆漆楄春生玉作芽莫把風光問園客自饒一飯勝胡麻

啜菽由來味有餘春深夏淺浴蠶初登盤不借淮南術知歲常先汜勝書翠莢分行留晝本隣翁生計當園蔬致香鹽白尋常事好共誠齋學荷鋤

八夕詩效齊梁體

今夕復何夕良會難重尋倭遲失星道鬱紆渺烟潯璇居倏已隔芝駕何時臨空餘九微火照茲七寶琴珠斗自悄悄銀灣遠沉々年々穿線手夜々懷人心惆悵雕陵鵲填

河未可任

萬子愚溪應都轉曾賓谷先生聘即此賦贈

騏驥走千里壯志無人知鳳皇翔千仞和鳴自有時空羣
来伯樂顧影乃呈奇振翮向朝陽覽德而下之丈夫懷夙
願大抵盡如斯君文有古意不為時俗移一朝得知己臭
味無差池題襟集賓僚官閣賦雄詞蘭膏繁白日桂酒傾
瓊巵醉後呼明月影照亭前梅泥散今同惜沙摶應有期
此日河干别執手心依々

菊影四首

金烏瘦影射墻笆叢菊離披認鳳拏五色照開霜後骨一
六
枝忘却雨中花長繩若為秋容繫寸晷遥分别徑斜何事
冷香偏近熱晚来依舊謝紛華 日下

籬邊秋月照如珪滿徑花陰總不齊傲骨半同蜡影瘦愁
眉偏聽鶴聲低餐來有味青蛾辨淡到無言皓魄迷此日
人歸忘色相廣寒須共桂枝棲棲 月中

殘燈挑處影離々為惜秋容插滿瓷幾盞暗遮中酒客半
蘇斜隱傲霜枝楚膏細讀陶潛句剔焰新題屈子詞錯認
屏風初撥墨寒光冷艷總相宜 燈前

摘得黃花插滿頭容成為我助新秋姍々瘦骨奩中見漠
漠寒香匣底收冷對芙蓉聊爾共傲經藻鑑與誰儔莫言
人淡原如此真意還從象外求 鏡裏

呈州伯徐西河太老夫子

人文會吳楚斗女分星躔三衢靈秀萃誕此命世賢華胄
由駒王清門何縣延我公繼厥德早歲勤磨研鹿鳴歌雅
樂鵬翮高騰騫文章重
當代先看大雅鞭以此風教主廣收弟子員門墻盛桃李
小大皆陶甄公非百里才腹笥經便々
聖朝重循吏唯公膺仔肩宦游三十載處々棠蔭傳昔聽
廣陵詩今治東海壖下車沛霖雨披霧瞻青天水壺燴々
光玉鑑皎々懸惠政一以布萬口歌神仙懸蒲但示辱臥
七
閣時鳴絃公餘尤嗜古博物侔雲淵淋漓大著作落筆皆
如椽官齋集清讌蘋洲飛吟箋亭浮暗香入樓迴清風圻
多士邀盼睞入座春靄然樗材托仁宇兩世通家聯御李
夙有志瞻韓詎無緣所媿質駑駘無力策錦韉家嚴官獨
冷賤子過亦邅奉母頃南下林守歲月遷鏗々一寸鐵几
坐磨將穿隱々一片刺汗滅字不鮮譬彼擇木鳥高翔百
尺巔久思儕鸞鵠幸得依楠楩公如萬間廈庇士無黨偏
又如萬里裘嘘春無棄捐翹首望鈴閣再拜衣裳褰所懷
志耿々欲訴心拳々昨入郇公廚叨側北海筵醉酒更飽
德饜飫分廉泉敢將知己詞冒瀆陳公前他時刻銀燭倘

許窺蹜筌泰山納衆壤溟海收百川會看拓金戟示我池上篇

解雲谿太老夫子八十壽

蓬萊之頂羅浮巔上有靈芝千百年沐日浴月含真元得而食之壽綿綿我公本是壺中仙一門忠孝平陽傳衣冠笑傲鳴撝謙杖朝丰骨殊翩翩兹逢誕日開華筵祥雲縹緲垂中天光浮南極星輝躔堂中朱履相周旋斑衣戲舞媄堦前稱觴客至皆陶然延齡鞠酒清且妍紅梅綻蕋何新鮮鱣堙一一飛雲箋樗材華托通家聮門墻再世傳真詮星河瀨泒分淵源登堂敬頌南山篇祝公眉壽同增川

八

蘭馨桂馥齊娟娟佇聽紫誥雲中宣

哭慶兒四首

半生庸碌嘆無成幸有明珠掌上擎腦恨天心多忌刻頓教光彩霎時傾

大珠先碎小珠隨生長子福興亦聽瑟九月而夭此恨綿綿欲寄誰若使命中真薄福何妨老去竟無兒

頭角崢嶸氣宇昂自憐此子定非常誰知飄泊終如夢生在他鄉死異鄉生於棠邨館舍殤於家大人郢州學署

記得燈前伴讀書殷勤笑語慣依予傷心最是分離日氣竭還將阿父呼

採蓮詞

西湖十里暮雲平水色花光相映明閒向綠波深處過輭風吹起櫂歌聲

一葉沙棠繞碧波采蓮人唱采蓮歌儂今覓得花間住誰向花間喚渡河

蓮花蓮子自參差結實成陰莫怨遲寄語檀郎須愛護此心甘苦少人知

臨波隨意挽新粧漫道蓮花似六郎花自不殘郎自好朝朝相對到昏黃

九

衣香時逐水西東此愛白花彼愛紅紅白有分花一例誰云箇裏不心同

避人含笑住花陰攪亂柔絲似藕心摘得朱華嬌欲語濃情還較碧波深

情根莫任晚風牽並蒂花開只自憐驚起鴛鴦來畫槳綠紗搖處墮釵鈿

一片香銷杜若洲采蓮還共采菱幽相思若恨無消息此水年年空自流

葛子印川三十雙壽以詩索和因作長歌以祝之

吾聞太華絕頂之高高千尋上有千百萬年不朽之靈椿

沐日浴月含真精光華灼々連雲軒雲軿直接瑶池賓群
仙高會雲中君乘赤豹兮騎金鯨釣天廣樂空中聞天風
謖々天籟泠々青鸞白鶴相和鳴羅浮仙吏長庚星丹成
九轉鍊長生摘向人間三十春茲逢誕日來嘉賓筵開玳
瑁酒初巡天倫之樂在家庭堂上白髮雙慈親精神矍鑠
餘歡欣階前棣萼何鮮新塤篪迭奏和平聲房中鼓瑟魚
鼓琴神仙眷屬由天成更喜同月復同庚九如篇次第陳
羨君家室安且寧和氣致祥古所云何須郭令公何須石
季倫如君之福已非輕但祝木公金母優游偕老八千齡
不須失意歎沉淪男兒立志掇科名不須壁立苦家貧讀
書之富在多文不須寂寞念兒孫福田種得芝蘭根君不
聞燕山竇氏不拾道在左之遺金佇看五桂齊芳馨

十

邗江懷古

淮南一帶傷心碧似有前朝風雨泣愁濤滾々大江流懷
古蒼茫人獨立蒼茫獨立弔廣陵邗江舊址猶未湮吳王
功業今難見此水終古環斯城邗溝之水今如故行人怕
說城西路年々明月照垂楊盡繁華共朝暮繁華天子駐
深宮樓臺日々歌春風三千粉黛鳴環珮百寶帳中香味
濃酒酣更作迴風舞彩雲一片空中吐可憐唱徹後庭花
不見當年陳後主長隄閃々飛銀光雕車寶馬遥相望歌
聲婉轉路不絕銀笙玉管何鏗鏘君王一顧復一醉游
戲原來得三昧不問江山問美人至今空說繁華路地斯
地斯人殊可哀眼見宮闕成蒿萊魚龍爵馬不復見徒餘
瓦礫青苔堆問花々不語待月々未來試誰更作蕪城
賦一訴邊風哭一回

少年行

金鞍玉馬走城邊手執八寶珊瑚鞭意氣揚々逞年少昂
藏七尺何軒然回頭直向酒家去酒娘一一為周旋飲罷
勒馬抽身去脫去貂裘作酒錢

苦寒行

大風凜冽其聲飈挑燈坐久寒威驚凍雲墮水水生骨天
邊雁陣哀々鳴宵深禦寒苦無物裘已敝壞皮非輕章身
久之了不暖取來濁酒時獨傾醉後長吟呵凍筆苦語枯
腸歷々呈十指並僵腕如鐵圍爐迸再四次始能擎林柯一夜
皆剝落水冰地凹光晶瑩仰視天有蒼茫意銀花欲成不
遽成嗟彼千里風霜子此夕思歸心不平我曾坐破青氊
冷肖中五嶽高嶸崢

春閨曲

香生寶帳春夢醒魂猶謎含笑倚闌干捲簾雙燕入

雜詩十首戲集曲牌名同顧芝彬作

十一

窈窕妖姿百媚娘碧雲深處綺羅香多情易起傷春怨兩
兩同心未肯忘
秋波媚轉殢人嬌惆悵低吹紫玉簫八寶妝成飛彩鳳合
歡錦帶繫裙腰
紅窗睡起戀情深夢醒高歌翠羽吹(吟)困極相思消不得願
將五綵結同心
惜雙雙更惜分飛一點春心與夢違寄語東風務着力香
魂須趁彩雲歸
漫捲珠簾倚玉闌瑞雲濃處惜餘歡丁香結就相思恨更
喚金人捧露盤

十二

庭院深深玉漏遲玉山枕上憶仙姿杏花天氣風光好消
卻紅窗十二時
傳言玉女剔銀鐙愁望瑤臺第一層夜合花開人影隔深
宵寂寞繡停針
別怨初濃別恨新蕊珠閒煞惜花人迷神引入陽臺夢一
夜香生錦帳春
玉樓春去惜春容可有新詩寄箇儂遲憶醉粧詞唱後柳
腰輕展髩雲鬆
離別難言只自傷情深惟願應天長何時化作針(釵)頭鳳閒
伴雲鬟竊暗香

牡丹二首和曾賓谷都轉原韻

消受東風第一花擬將小字刻茗華披香獨自來三殿合
隊分明見五家試興紫簫傳法曲不虛金屋有嬌娃芙蓉
帳暖春如海雲化輕煙雨化霞
繡幄朝酣未醒時玉闌干外好風吹添來南國無雙豔消
得才人絕妙詞芍藥有情依彩幔楊花無力罥游絲似聞
洛浦凌波日解佩殷勤細與期

輓解雲谿太老夫子

昨宵天上浮雲黯慘光無靈月影欲明不明犯入少微星
悲風凜冽寒氣肅屋前鬼語聲獰獰忽聞我公棄塵世鄰

十三

里春歌俱停聲我公本是游仙吏謫向人間八十四載稱
完人銀鬚雪髮除凡俗逍遙杖履全其真平陽舊族傳先
德如公之德殊無倫堦前蘭秀誇伯仲春風坐我和且溫
我師孝友根天性塤篪迭奏趨椿庭夙從絳帳徵家學淵
源授受空羣英蘭臺射策有巨手元方學富成明經我公
環視得真樂一堂萊舞偕諸孫回憶歲在閼逢困敦之十
月稱觴介壽來嘉賓茲乃乘鯨返仙籍楚些何處賦招魂
生芻一束絮酒三升靈旗飄拂公來臨嗟公笑語成彷彿
雲箋乍擘先涕零承師志為公陳遺型懿範因重論梧棬
留手澤竹簡垂勳名家聲後起如雲蒸願公此日含笑歸

瑶京佇見黄泉
黄麻紫誥叠次焚墓門

輓韓熙載姑丈

悲風從西來吹我庭前樹颯颯陰凉生中懷不得語念我平生親落落何堪數嗟哉惟我公高誼閭里著於我更相關再造恩難訴我生十二齡九死一生度嚴親賦遠行舉家群失措我公視猶子心力邀神助我得保餘生公乃竭勞苦（增年十二始出痘症甚危險時家大人遠出皆依姑丈朝夕調治始得保全）趨後廿年餘教誨隨朝暮戇直性所成嫌疑總弗顧遠近賴支持無分親與故天宜假以年食報延門祚誰料奪其身仙府一

十四

朝赴公當卧病時我亦抱沉痾我病爲公憂公病爲我慮家人兩諱言不使真情露（姑丈先數日病增嗣後亦病病俱篤彼此聞信皆諱言之）如此四十旬忽爾聞公訃仰卧淚沾衣神魂如與遇生未報涓埃此日尋何處聊耿耿願莫申聊爾託毫素嗟公未了心萱堂未安厝（太夫人柩未得及身安塟）嗟公梁棟材絶少芝蘭附（姑丈未有後裔）弱弟繼家聲以代修公墓（姑丈身後有爭繼者興訟不休姑母奉堂斷以新例繼嗣）姑母女中豪松柏精神固爲公擇良辰卜地城西路公偕太母行一一排儀駐瑞氣繞佳城寒雲停鶴馭何以持報公生留一束具報執紼誦長歌涕淚魚歸詩

莫愁湖

三山門外草萋萋湖水湖烟一望迷雙槳西風人不見鴛鴦飛過石城西

桃葉渡

悠悠古渡頭桃根復桃葉不見昔年花愁與秋雲疊

永寧泉試茶

秋色隱孤城斜陽明破屋中有古名泉泉聲飛暗竹呼童掃葉烹雲腴隨手握鴨內走輕車山前聽鳴玉何必三峽源此味亦已足松風吹我襟茶煙滿空谷

雨花臺

直上梅岡路來登講臺天花和雨散江勢抱山來烏自簷出人從木杪回雲光今不見遺跡總蒿萊

十五

同兒周晬偶效隨園體

中年得子未嫌遲頭角崢嶸喜不支今歲正逢周晬日而翁偏在出山時（時正赴館江村）
肇錫嘉名喚小同可能繩祖繼家風幾時識得之無字寫附鄉書報寄太翁
嚴親六十正開筵更值孫枝喜慶聯一在家鄉一官署却分南北兩春天
作客難疎展拜儀（于因就館未得赴署祝嘏）天倫樂事總相宜來年慈

毋周花甲再慶蘭孫第二枝

尊中酒空床頭金盡戲賦二十八字

歡伯從來結夙緣銷愁何用枕書眠而今瓶罄惟罍恥可有延之贈萬錢

題冶山袁丈月明林下美人來扇頭

黄昏亭角月來時人影花香故故遲却向袁安高卧後瀟搖環珮動相思

美人消息隔天涯何處偏逢萼綠華君自前身是明月幾生修得梅梅花

棠村午日和繆蓮溪韻

又逢佳節在他鄉鬭草人來趁夕陽流水依然當檻綠濁醪猶記隔年黄庚申午日在此今復來館相隔已十年矣瓶中蒲艾應為佩上堂中椿萱各盡進觴讀罷騷經思往事靈胥有夢到匡牀

庚午與繆蓮溪同館棠村春風把酒秋雨論心燭翦西窗詩成東閣非偶然也予於歲暮先歸賦以留贈

一載聯吟似有因豪情多向酒前伸少時早識文章富聚久方知意氣真愧我泥沙成浪迹羨君桃李集新春還家且訂辛盤約同作銷寒會裏人

重來斯地豈無因感別情懷不忍伸卅載交原同水淡一

腔心自本天真從茲各理琴中趣何日來看陌上春剩有新詩堪慰藉江梅應笑倦遊人

附繆作

君是鵾鵬欲化身今秋方闈卷已出房肯隨斥鷃逐風塵繞朝未贈辭秦策叔向須知賀起貧珍重文章千古事消閒詩酒一年春晴光吹上長隄綠猶趁驪驪歌送故人

贈冶山袁丈即以留別

我愛袁夫子心情似古人春風瞻氣象秋水見精神但得和而泰何嫌老更貧一朝飛驥足昂首出風塵

詩宗唐代聖書法米家顛此技由天授斯人與古傳紅鐙新幕府舊曾為州伯袁先生記室綠酒紫荀禮曾應辟之聘投筆心仍在豪情自昔年

當年思御李今日幸瞻韓同作依人計因成握手歡幾回傾酒國倏爾別詩壇努力加餐飯無為行路難

贈周輪香

不愧濂溪後淵源道學深貧交留我輩至性盍朋簪溯別十餘載相依一寸心精誠貫金石空谷聽跫音

此日重來訪因教別緒申君曾遭厄運君於嘉慶四年半載之中太孺人及尊嫂俱謝世我亦失嚴親飛鳥投林急孤雲出岫頻相看雙鬢

改迴首足悲辛

書勵

書契肇興百工以治予生也晚乃不識字維古曰文秦碑首異或僻為飾或釋為學篆隸不分俗譌斯熾囉嘈弹舌嬰聾肆志々々既淆音叶倒置昧兹形聲是為唭㗲書以自勵豈曰越思

謚擁百城遇愛三餘而我何為乃不讀書傳抄易譌雕板易踈青箱藏之如三十車長繩莫縶大輪忽諸詩癡清華馬牛襟裾不襲不錯孰步孰趨棄屣以營帶經以鋤書以自勵毋曰閒居

贈范完初

一別十餘載君顏似昔年清神凌野鶴高曠擬風煙養就山林性捐除世俗緣安貧無樂道即此是神仙

君自摹風雅予甦乞米盐趋塗原（有）別臭味竟何嫌此日重相見同人乃復占詩成還慰藉良月挂西檐

真州寓齋雨窓有感贈潘大綺荷時余正丁外艱

飛鳥樂同聲朝棲故園枝飲啄殊自得來往無差池一鳥附老鳳引相引要雲儀有類皆鸞鶴輝映五色姿一鳥摧其翼林蔭空中移哀鳴向四方旅食徙棲遲葳蕤既無術擇木待何時躊躇々適茲土風翮爭嶔嵜翹首望故林陰雲四野垂稻粱謀竟拙集止總難期安得百尺桐依然卒所宜

夏日即事

湘簾如水下層々結夏全消氣鬱蒸長日幾人閒處老好山一角畫中登素心到此思元亮舊雨難忘感少陵轉眼飛光成小劫未應辜負酒盃藤

輓潘沙堤夫子

吁嗟乎天生夫子非凡夫賦以靈異並奇杰正直耿介成名儒居家孝友率直性處世和光聯交孚河陽推巨族江左毓靈株聲華籍々傳里巷遠近交譽良非誣才名久擅文壇將旗幟樹立閒前模鹿鳴拜宴賀書捷公車疊次從天衢下第中途遭厄險六爻之吉遂乃占剝膚（中途策蹇跌傷左臂）所辛吉人得天相竟教美玉無缺處從茲脫却功名志一宮東鐸春風俱和陽化雨餘新澤宮墻一派桃李數夫子平生扶傲骨方嚴那與時俗趨志有不合則歸去解組何妨再課徒邗江月小淮海城蕪廣陵濤捲聲嗚咽一葉扁舟風雪圖（正月八日赴郡館是日風雪交作）誰知天上箕星滅頓使人間失仲舒旅櫬歸來隣里泣翳旗飄拂陰雲糊憶昔增叅弟子列薄植自等不材樗夫子循々多善誘通家（世誼）復無歧孝陳椒醑奠生芻悲歌一曲涕漣洳老鳳高翔不可及清

聲一ゝ聞雙雛謂以和大兄以寧妹倩階庭蘭秀並桂馥
黄麻紫誥東門閭此日泉臺應慰籍故交舊戚相歡呼謂韓康泉姻伯李南阿夫子仲雲澗世伯暨先嚴俱係夫子至交舊戚再拜乞靈別無語為
問先嚴曾與歸仙都

送友人入都

經年文酒鬯歡場君去燕臺我故鄉豈有長繩留白日虛
將短夢付黃粱三更玉笛人千里一榻瑤琴月半廊小草
何嘗無遠志終思簪筆奏
明光

聞蟲

豆棚花落月初移輕露寒叢響正悲盡把不平持贈我不
知有恨卻因誰一燈摩詰苦吟夜四壁歐陽長歎時悄絕
西堂人夢醒几回支枕益凄其

懷髙亭上人於浙西卽步竹軒宮文元韻

春山十里草初齊振錫隨風過玉谿引眼雲烟空色相對
人花柳盡菩提鉢從孤嶼池邊洗詩向靈巖石上題此日
歸舟何處繫數聲啼鳥畫橋西

四十生朝自述

四十頭顱鬢已絲讀書翻悔十年遲名慙梁諫封侯日學
愧劉蕡下第時庚午省試薦而復遺自有性情同苦葉敢將心膽照

二十

漣漪堂前椿謝諼猶茂歲月能忘老大悲
同人多已著先鞭況復今逢筮仕年既鮮文章堪報國漫
將詩酒學逃禪家徒壁立身如寄室未星懸眼若穿祇為
枝棲無覓處虎吟歲賦閣鹿門空自賦遊仙

二十一

小西山房外集

（清）常增撰

《小酉山房外集》一卷，清常增撰，據南京圖書館藏清道光十四年刻本影印。

常增，字子春，一字益之，又字美質，號繼香，又號高庵。清江蘇泰州人，延諤子。道光五年（一八二五）拔貢生，聰穎過人，嗜學不倦。安化陶澍督兩江時，以畫梅卷册屬題。增運筆如飛，頃成三十首，稱爲『江左奇才』。著述甚豐，有《闔城詩集》一卷、《小酉山房外集》一卷、《四書緯》四卷等著作。家貧，歿後，子鬻田刻其書。

是集乃和谷人祭酒吴錫麒之作，依吴詩之韻。集前有清代名臣阮元之弟阮亨所作之序。序云：『谷人祭酒曩主揚州安定講席，得海陵繼香常君詩文，輒詫爲奇才。嘗謂予曰：「此子不凡。」予由是獲交繼香。』由是序，蓋知吴錫麒暮年退居揚州，主講安定書院時，極重常增之詩文，並於阮亨前稱賞不已，阮亨由是才『獲交繼香』。由此，三人間多有酬唱，亦不足怪。是集編成之日，吴錫麒早已離世，無緣閲之。是集綜計七十又二篇，諸篇皆以七十二候之名爲題。此處，所謂七十二候，蓋據月初、月中之日月運行情狀、天氣以及動植物生長之自然現象，分一年爲二十四節氣，每一節氣又分三候，如：東風解凍、蟄蟲始振、魚上冰乃屬立春；桃始華、倉庚鳴、鷹化爲鳩乃屬驚蟄。古之民即依此七十二候安排農事生産，今人亦多所遵從。縱觀是集之詩，既古樸清新，又形象生動，不落純粹紀實之窠臼。閲之，自能將七十二候了然於心，且趣味無窮。

（張文豔）

小酉山房外集

穀人祭酒蓑主揚州安定講席得海陵繼香常君詩文甌詑爲奇才嘗謂予曰此子不凡予由是獲交繼香每過郡齋談藝廓如也二十年來繼香所造益高無能測其所至而杜門却埽不求人知蓋其品彌峻也今讀七十二候詩覺其才亮特心花怒開吾知斯集一出宜爲有目共賞而獨惜穀人先生不及見此爲可慨也

道光甲午夏儀徵梅叔愚弟阮亨拜撰於隋文選樓

小酉山房外集　序

小西山房外集目錄

七十二候詩

東風解凍
蟄蟲始振
魚上冰
獺祭魚
鴻鴈來
草木萌動
桃始華
倉庚鳴
鷹化爲鳩
元鳥至
雷乃發聲
始電
桐始華
田鼠化爲鴽
虹始見
萍始生
鳴鳩拂其羽
戴勝降于桑
螻蟈鳴
蚯蚓出

王瓜生
苦菜秀
靡草死
麥秋至
螳螂生
鵙始鳴
反舌無聲
鹿角解
蜩始鳴
半夏生
温風始至
蟋蟀居壁
鷹乃學習
腐草爲螢
土潤溽暑
大雨時行
凉風至
白露降
寒蟬鳴
鷹乃祭鳥
天地始肅
農乃登穀

小酉山房外集目錄

小酉山房外集目錄

小酉山房外集

泰州 常增 美質

七十二候詩和穀人先生韻

東風解凍

水澤堅如許誰敲固結中嚴凝當北陸解釋伏東風習習聲微扇稜稜勢早融馴看青女肅斗覺大王雄陽豈陰能戰和原勁可攻碧天羊角轉綠浦鴨頭同音僅蘋吹末光仍月印空漸流雖未盡舟楫已先通

蟄蟲始振

莫笑蟲沙輩經寒不得蘇微陽知暖氣羣蟄振僵軀户已甘長墐泥欣慰久需前番猶瑟縮此際解攣拘勢欲騰全族機先動

一隅蜎飛期變幻蠕動尚模糊摩盪何嫌暫吹噓喜到枯春雷他日奮鼓舞滿寰區

魚上冰

未盡東風解濠梁尚有冰游魚如欲負得氣總潛升玉宇驚千里瑶池達幾層似欣山可倚頓遣宅同昇罨畫溪難認琉璃界已登昂羣猶凜冽鼓鬣入飛騰幸免寒江釣何愁卧客罾龍門期後日且鑒此心澄

獺祭魚

報本猶如此江湖獺亦奇鯉求開凍後魚祭在河時恍習淹中禮無慙塚上儀今雖鮮可供昔恨髓難醫義以愁疏矣情還懼餒而數聲黄頟曲例白頭思趁處心彌切毆來意轉悲誰將

鱗次擬嘲笑玉溪詩

鴻鴈來

還是還鄉好南翔竟若何多時離紫塞今夜渡黄河客路經原慣家山認豈訛漸看沙磧月猶記洞庭波朔漠尋枯草衡陽別女蘿蒼茫霏雪感嘹唳大風歌回首長江隔前程舊驛過相迎春萬里羌笛玉門多

草木萌動

朔雪欺羣卉全教草木僵融和纔破臘萌動又回陽龍隰芽初茁牛山蘗未長數慳千樹碧抽僅一分黄漸有欣欣喜差無濯濯傷機還憑雨露勢欲脫冰霜生氣瞻蓬野春痕淺柳鄉端由根免撥天遣活微茫

桃始華

幾度來仙洞桃華不可窺情長關舊雨今始見芳姿纔覺尋源好翻嫌覿面遲劉郎慙已老之子慰相思水艷春潭路山輝上巳時未能誇絳雪乍可比紅兒楚楚新憐汝夭夭欲媚誰風前逢一笑崔護又成詩

倉庚鳴

似此歌喉好東風第一聲憑誰攜斗酒共我聽倉庚嬌語春尤脆蠻音曉倍清綿綿金縷曲嬝嬝玉樓情不惜詩腸助都忘妾夢驚消魂真寡和調舌況初鳴簧竟吹來似珠還貫得成休愁人打起唬遍綠楊城

鷹化為鳩

昔日桓桓勢鷹飛氣莫馴豈知如杙化竟至與鳩倫變態今堪
笑摩空舊有神傷心成小種回首失吾真烟雨思前夢雲霄惜
此身金眸曾閃閃絮語忽頻頻詎肯儕凡鳥聊同喚早春會看
秋萬里浩蕩出風塵

元鳥至

記得秋如客歸時影亦空別曾辭舊宇來又趁春風小隊仍穿
柳高蹤類轉蓬江山尋往蹟樓閣認芳叢水掠平湖綠花瞻遠
郭紅旅情違幾日地主變衰翁暫睇珠簾裏還歸畫棟中巢痕
饒定計營葺已匆匆

雷乃發聲

入臘雷全凍長停上界車忽隨陽氣動乃共電光舒似蓄諸天

怒先將異響儲一朝騰碧漢萬鼓震空虛迅厲來雖疾盤旋不
厭徐頹牆驚父老奮地劈郊墟風雨清明後乾坤霹靂初轟轟
他日吼威猛更何如

始電

電又從今始分明耀眼前輝饒騰大地光欲燭諸天似合羣烽
起非徒一鏡懸番過風廿四閃到界三千乍覺金蛇掣能窺玉
兎眠肺肝誰得匿房闥總能穿影逼青燈暗心都黑屋處初驚
巖下見雷雨仗開先

虹始見

忽訝天橫彩斑斕煥大羅春饒明玉宇虹早架銀河晴雨人爭
卜雌雄世易訛繽紛輝此際綺麗射餘波氣覺初能吐光原不
可磨一條環碧漢五色映青螺橋豈仍勞鵲梁還欲勝黿請看
千丈燄今共晚霞拖

萍始生

薄命堪憐汝飄飄總不停前身千片絮幻梗一池萍泛沚添新
樣涵波認小星約憑風有力交共水忘形半面饒浮港疏蹤未
滿汀征夫懷舊夢蕩子正沖齡水國慳全碧漁灣尚斷青春帆
來細雨莫訝礙揚舲

桐始華

桐那爭嬌艷疏枝亦覺馨乃教花燦燦也綴蕊星星品自龍門
立人疑鳳穴經似嫌山月淡饒逗嶧陽青高意初無媚生機尚
未停雖輸梅早孕豈共絮飄零竹院期誰賞柴關伴我扃天偕

垂細乳春雨滴茅亭

田鼠化為鴽

鼠輩成何物穿墉久可嗤不圖能變化亦欲鬪雄雌鼸腹充前
日鶉衣换此時黑貂憐已敝黃褐喜初披影乍奔奔涵聲猶唶
唶疑搬薑懟往事掠樹幸低枝已遣能生翼何須憶有皮餘蔬
今在否飛野莫愁飢

鳴鳩拂其羽

豈有垂天翼胡為拂亦雄想因開口拙轉詡刷翎工語涵閒關
裏聲傳搏擊中千郊憑喚雨兩腋欲生風強聒喧凡響摩抄笑
藐躬歌非能宛轉毛不懼蒙戎雖帶鷹揚意難期鳳噦同繁音
憐瑣瑣飛待幾時豐

戴勝降於桑

竟若從天降除桑未暇探似教棲戴勝端為勸吳蠶並覺榆難託方諸鳦豈慙直從程有萬墮到徑惟三嚮熱微行路如傳上界驂尚非遷木比漫作借枝談蒞止原非偶嬉遊詎敢躭悉銜青帝命難俟綠陰涵

螻蟈鳴

螻蟈喧無數繁音欲滿汀黃梅曾過雨黑褐爾潛形溝澮波彌綠池塘草正青為誰傳得意竟至鬧如霆吟僅能工架蹤還喜聚萍淫哇憎閣閣小隊笑星星豈有蝌文炫偏難蛤吠停祇應清梵外聊作鼓聲聽

蚯蚓出

小西山房外集　五

久遁於陵跡泥塗屈爾躬偶然來井上幾度出花叢槁壤難長匿微衢喜暫通干家知卜雨一笛又臨風歌女誰相導廉聲那得同心原無雜用操果竟能充螬食爭今飽蛇縈遜此工倘希清聖執趨步莫匆匆

王瓜生

瓜亦加王號稱名僭可知豈能分采地聊爾寄藩籬毓秀傳何瑞胎靈祇自奇苴茅休妄覬引蔓欲潛滋饕餮將吞汝齊侯不誤期未須誇崛起端要待扶持綿瓞今雖慶方苞月乍彌如何乘火德遽想鼎能窺

苦菜秀

苦竟無如爾誰能菜色憐秀欣敷此際甘定待何年氷雪經將遍風霜歷欲全檝纔榮似堇心更溢於蓮孰可芬成告難憑藥論傳酸風今日脫甜味向來捐集蓼堪嗟矣如飴亦偶然祇應疏水樂差慰一簞賢

靡草死

靡靡徒堪歎誰關宿草心酒曾澆麥隴客罕弔苔岑舊夢原如幻遺蹤尚可尋倘能工灌溉何至易消沉琪卉春秋永瑶華歲月深藤蟠千載鐵身聳一莖金但使留黃種終當醒綠陰涵濡沾雨露枯亦活烟潯

麥秋至

餅餌風初起疑秋已到門梅將炎世界麥別有乾坤涼意傳千

小西山房外集　六

頃清光露一痕黃雲剛覆隴白帝欲臨村浪看平疇湧聲疑衆籟喧晨曦猶雉雊夕靄誤鴻騫嫩影依禾弟餘香比稻孫陂塘天正爽忘是綠陰屯

螳螂生

生就翹翹質螳螂似健兒此蟲原號勇墮地已能奇飲露存清氣當車待異時衆蟬何處遁天馬幾人知奮臂將無敵雄心早自期出纔雙斧抗挫已一毫思綠綺堪傳我紅綃尚遜誰高蹤看獨步豈寄野翁籬

鵙始鳴

長覺東飛好羞偕燕子西一年春又去五月鵙初啼舌莫南蠻笑壎疑伯氏携此音成寡和其性本單棲乍聽聲盈郭難容草

滿堤響堪先鴈遠翔且共鳩低麥氣黃相引桑烟綠欲齊休嫌姑惡喚起舞勝聞雞

反舌無聲

一任蠻音鬧全教舌自捫隨時甘守口得意總忘言獨切三緘凜羞同百囀喧謹如防白玷默不止黃昏駟馬無勞及靈牙豈炷存囊從今日括聲笑偶然吞懶更爭歌院非闗畏屬垣懸河思往事瀾悔昔空翻

鹿角解

頭角當時露深山恥伴豬豈知革莫食漸使角俱無觿觽思前度呦呦愧故吾觸輸羝尚健指竟馬無殊麋誤梁王顧麈淆猛士驅工将磋鑢錫書孰挂葫蘆夢裏蕉難認林中象費摹可憐

捐峭厲低首逐時趨

蟬始鳴

不意空山響蟬琴一曲操蛻從青草外吟入綠槐高遠韻工初發濃陰喜乍吻借枝纔得穩開口便能豪瘖日曾嗟蟄升時竟比猱脫非離糞壤那遽洞雲璈故態惟蜩甲清聲學鳳毛衆皆如爾噪何處振風騷

半夏生

君子參苓外還須此味探名符生夏半恙待轉春三品入桐君錄功非貝母參近暄溫可想未暑燥先含靈素心堪證歧黃性早諳氣将防汝耗脾定爲誰甘是藥終歸籠搜苗競滿籃却欣求艾後見汝影毿毿

溫風始至

出地三陽泰溫風氣正盈直逢陰漸長乃使暑全清高火看過午殘暉驗伏庚洩無餘熱在爽欲早凉生赤燄難長烈黃宮待復萌梅炎今畢露槐夏此爲羸懸象離雖照占爻遯可名循環闗代嬗消息近西成

蟋蟀居壁

四壁慚吾窘新居任爾尋肯淹三徑跡同證十年心立豈嗟牆面棲毋歎陛沉聊堪風雨蔽不畏蘚苔侵蟻垤營纔穩蝸涎篆已深花雖慳綺麗柔喜庇濃陰夕戀餘光照秋期放膽吟未嫌環堵窄門巷共蕭森

鷹乃學習

那得容狐兔紛紛竄草萊身纔雌羽翼氣欲走風雷玉爪何時攫金眸此際開雲霄聊盪決天地任徘徊壯志陰符握前程大將臺圍場隨意演高壘破空來但要三驅熟無須一擊催縱橫看萬里始信不凡才

腐草爲螢

一笑看螢火由來小草姿光纔能炫耀腐亦化神奇風偃曾吹汝星微欲洞誰蓬門從此脫羅幌有人窺樓閣輝今夕蒿萊昧往時囊中欣乍處河畔是初離已苦沾泥久寧嫌吐燄遲祇應防扇撲莫恃閃高枝

土潤溽暑

鬱鬱蒸蒸日光陰雨釀梅土從炎裏潤暑向溽中催地盡流膏

比庭如潑水來泥沾芒屩滑汗透葛衫纔蝸舍停風燥龍原勝露培千家同濕礎四野欲汙萊天挾淋漓勢人防頃刻霤清涼何處覓仔細踏莓苔

大雨時行

恍瀉匡廬瀑滔滔挂水簾千霖三日併萬響一時兼喧瓦狂難測跳珠莽不嫌濤疑飛處湧海似滴中添倏忽階全浸蒼茫户半淹頻看垂溜急豈復散絲纖塵欲湔紅軟聲能駭黑甜傾盆誠若此纔足賞茅簷

涼風至

常怪清風好偏慳大暑時炎威纔欲退涼氣已先吹蘋末馳千里桐間動幾枝來能催木瘦拾不仗珠奇蒲柳搖何處蒹葭拂遠湄未知君子意難爽故人期勢可驅三伏波看撼九疑秋聲憑領取底用辨雄雌

白露降

今夜瀼瀼白涼雲碧四圍秋纔祛熱毒露又湛清輝作濕仙人掌新濡玉女衣山中餐沆瀣天上瀉珠璣綴樹供蟬吸橫江送燕歸金莖承縹緲銀漢墮霏微葭葦蒼猶嫩芙蓉落漸稀桐間兼竹外何處響琴徽

寒蟬鳴

別有蒼涼感逢秋韻乃宣西風吹落葉今日響寒蟬豈惜騰身晚何爭鼓翼先偶乘清肅氣孤唱泬寥天苦調千聲急哀音一曲傳蕭條桐綴露閒淡柳含烟出以高能潔吟還老更圓此心誰可表着意聽琴絃

鷹乃祭鳥

殺氣雖工掠誠心豈盡拋試觀鷹鳥祭詎與獺魚淆猛勢搜危渚雄風奪鵲巢下能擒弱肉亦想獻嘉肴郭外供荒壟墦間壑遠郊有先如奉豆不食暫同匏恍若馨香肅居然冥漠交獵非求一飽莫作老饕嘲

天地始肅

温燠相推後秋來肅始生氣微參北勁節欲告西成似遣羣材斂非徒萬景清風高皆颯爽山瘦亦崢嶸黃葉新看變蒼烟老漸橫乾坤凝日色江海壯潮聲物凛收藏意人無放浪情軍容方駿厲此際亞夫營

農乃登穀

辛苦春耕後光陰記揷秧久勤苗去莠乃見穀登場祭幸能驅鼠收堪詡戾狼人欣千頃穫天報一年穰晨艇喧雲隴宵燈滿水鄉禽都貪滯穗雀免歎空倉又喜今秋熟聊酬往歲荒村歌聞遠近處處刈斜陽

鴻鴈來

鴻鴈仍辭塞南來歷幾邦途還經萬里界又入三江雨堠兼程過烟樓到處撞楓邊排一一荻外度雙雙湘水隨帆影吳淞認檣腔曉霜趨笠澤昏月掠蓬窓遠竄情誰訴雄飛志未降前程風正順早晚出漁矼

元鳥歸

閱遍風塵裏何門足久依既來聊共處雖好亦思歸秋後原如客江南不可飛那能貪旅食長此戀斜暉盼盼樓空入飄飄計總非他鄉辭萃幕公子別金衣海上前途遠堂前舊主稀去應稍勝住瘦待幾時肥

羣鳥養羞

豈不知圖匱冬艱一飽求食須思積貯蓄豈定珍羞敢恃秋禽饕而忘涑雀愁難廉今莫笑鴟餓臘何投難信餐風說聊同未雨謀鴻泥防雪餒鼠壤效蔬留豆恐無餘粒糧爭欲裹餱他時欣有備卒歲自優游

雷始收聲

記聽雷頻吼其聲大且洪如何收巨響頓欲閟長空動極還歸靜瘖來兔駭聾蛇光猶閃閃鼉鼓罷逢逢雨歇千峯裏符停六甲中三楇消震怒一箸穩英雄氣韜藏精銳車徒息小戎終須轟海上劈浪出蛟宮

蟄蟲坏户

户尚非全閉坏之不憚劬誰言蟲技小宛與燕泥符幾度蜣丸轉同將蟻垤糊情如堙甕牖勢欲窒圭竇豈仗顛當守猶難蟋蟀拘四圍增疊疊一撮附塗塗意等安潛蠖光仍漏隙駒退藏雖漸密出入且留途

水始涸

無復汪汪水全停蝌蝌波涸原堪立待漲亦似消磨汀秖能尅鷺池難再浴鵞清流真見底幾處尚盈科明月慳川印西風鉄

棹歌枯魚嗟守轍渴鼴悔臨河漁臏搜蘋藻童欣拾蚌螺秖應江海濶依舊夜潮多

鴻鴈來賓

仗有先來鴈江南作主盟不妨遲一月重與話三更舊雨摶沙感涼風伐木聲尋蹤趨澤國接踵向雲程曾忝家山伴還勞異地迎湘靈忙錦瑟秋水響蘆笙皓首團團意蒼葭眷眷情相逢慙飲啄聊此具香秔

雀入大水爲蛤

羣雀飛滄海光陰化蛤催空禽會局促大水任沿洄乍謝頻頻黨翻成磊磊材秋雲纔玉宇明月已珠胎豈意游仙後還教貯佛來蜩鳩何足憶螺蚌不須猜書案思前度晶宮傍遠隈謫居雖墮落猶喜近蓬萊

鞠有黃華

久厭看紅紫紛紛俗可憐黃華欣菊有青眼爲君偏好景橙同記秋風橘遜妍來疑金布地開值鵲摩天掩映坤裳外輝煌野服前堯心應戀屋皤髮喜延年陌上葵難敵江干竹可捐星姑如見此月桂定偕傳

豺乃祭獸

怪爾聲如此安能祭禮知不圖逢日類亦動駱卬悲體僅癯存骨牙還利似錐噬來何太忍供處儼多儀奸自偕狼子誠偏勝犬兒獵山搜草莽備物問狐狸聚衆堪驅虎陳牲豈擇犧霜高天正肅秋饗敢愆期

草木黃落

瑟瑟蕭蕭裏秋聲不可聽草黃悲塞紫木落見山青着樹含金氣辭柯墜晝燐炯燕飛歷亂霜葉欲飄零風轉蓬千里花惟蓼一汀空林荒蟹舍幾處露茅亭鴉影棲梧苑鯨波渺洞庭後凋今日見松翠健郊坰

蟄蟲咸俯

且作潛藏計甘心等伏雌飛揚成往事瑟縮感今茲鬱鬱同居此昂昂更有誰讓渠天外舉閟我管中窺雖到銷聲處猶懷不作思鼎銘師傴僂地察學庖羲脊懶孤螳奮頭非一蠖垂宮牆他日仰得力閉門時

水始冰

活水源頭在長流自沸騰倘非霜着力那得澤成冰氣早冢中肅寒纔港上凝鋪來猶薄薄聚處未層層天欲干潭合風防一夜增川塗今忽阻雪舫昨還升野渡愁難履漁灣尚見罾若將心與較久已玉壺澄

地始凍

不徒冰結水凍亦軟塵生嚴肅青霜降光明白地成車猶循故轍馬畏走荒城雪霽三千界風堅九萬程銅駝凝曉色鐵騎有寒聲野欲皴皮裂橋難放膽行前途無坎陷今日見坤貞惟戒騎驢客尋梅愼遠征

雉入大水爲蜃

變化雖無定文章氣總豪雉曾翔藻耀蜃又煥波濤此日知螺

味前身託鳳毛山梁防代兕海市且觀鼇聲價千金值樓臺萬仞高新居瑶作柱故態錦爲袍麥隴原難繫珠宮泣濫叨休嫌蓬島竄弓箭避如梟

虹藏不見

吐氣空千丈何人眼獨明不如藏五采免望啓聾盲寶燄收長漢奇光閟太清劍停天外倚橋懶霧中橫伏處韜紅玉彰時即紫瓊文章消妄藻渾灝養元精自有霓裳在奚忙錦帶呈會須雷雨動還擬向雲程

天氣上騰地氣下降

地氣兼天氣堪徵兩大勳本來霄壤隔更有降騰分乾象窮蒼昊坤輿驗黑墳低蟠千丈水高出萬重雲冰湛黃中理星寒碧

落文深沉安可限縹緲不能云界劃無中立功專極兩勤憑誰同俯仰此際測絪緼

閉塞而成冬

冬要收藏固英華露便非塞窗防漏洩閉户入淵微神斂沉潛處天施凜冽威眞精團處秘元氣密中歸那可通圭竇端宜鎖竹扉冰霜存閣淡萌蘖養幾希閣已三層壇爐還四面圍瓶梅香滿室且共守房幃

鶡旦不鳴

得過隨時過凄然鶡旦情蕭條今若此寒苦向誰鳴已歷迢遞境何須慘淡聲此身原勝鳳巧舌懶如鶯人盡欺憔悴音誰辨濁清聊藏牙齒慧且待羽毛成倘不狂言秘徒教俗耳驚花冠

看待漏他日信文明

虎始交

虎動躭躭勢天昏莽莽塵逞威誰似爾追吉也如人深谷三星粲空山此夕春風雲雖變色夫婦豈無倫大恐胥非耦生期楚降寅一陽歌子合百獸賀郎新天女維摩意虞姬項羽姻平時能節慾豈數耗精神

荔挺出

雨雪摧枯候胡爲荔可覘從來香草茁不避朔風嚴凍處還能煖泥中豈久濟花期三月放痕已一分添藥圃新孚甲霜滕乍露尖寒芒今日吐稜角異時瞻冰外看抽穎芸邊卜辟炎莫因葟末茂輕視此纖纖

蚯蚓結

蚯蚓同時結蟲沙幾處攢情如依附密黨欲解開難軟骨工回互柔姿善屈盤脂韋精爾術渾沌賺人看心各深千折蹤頻匿一團但知身可曲那得體能胖戕賊何殊杞潆洄似學湍笑他推巨擘廉尚溷泉餐

麋角解

舊說都沿誤誰詳角解時冬來應是麋聖鑒辨非麋金馬遵新義銀麞豁昔疑頭看今日秃尾自古人持潔性塵能辟冰天態可嗤依然矜濯濯無復利觺觺世喜圭稜改羣從麑眼窺清談千萬輩經訓幾曾知

水泉動

但得源頭活奚虞涸不生泉將流混混水又欲盈盈渾灝纔能轉波瀾尚未成珠跳無地擇玉振在山清澗底喧何處巖間滴有聲似欣枯後湧漸向潤中行鷗作臨溪想魚歡在轍情滔滔從此出好聽怒濤鳴

鴈北鄉

早醒江南夢歸心憶故關何須淹客路纔想戀家山瞥爾三冬暮翩然萬里還風霜趨紫塞蘆葦別蒼灣凛冽時猶肅飄零願已刪瀟湘雖共滯桑梓且先攀況有梅花餞堪辭旅況艱寄聲同伴在休老雪泥間

鵲始巢

多少南飛鵲安居羽盡豐室家予未有冰雪感無窮已縈天心復何求户牖工棠枝謀處處桑土役匆匆架費葭巔覓材難木杪攻辛勤忙幾日幽僻避羣童氣得風霜後春回浩蕩中托身高百尺也比鳳棲桐

雉雊

一唱朝飛曲渾忘凍餒艱春風將欲轉樂意已相關自適冰霜裏長歌草野間幸逃征鳥疾聊試舞衣斑竄跡慙文囿流音響雪山求雌徒慘淡命侶喜幽閒休訝雞聲惡全將蛋氣刪期誰聆戛戛三嗅早飛還

雞乳

育子恩勤意雞羣詎有殊卵求黄白化乳到羽毛敷風雨孳孳

㲉晨昏護九雛癡情長似醉煖氣遍相濡翼底千方庇巢中一老劬勢難離頃刻心不放須火爲謝昏朝出閫懷將勝呼長成知此意何以報提扶

征鳥厲疾

鷹隼雄如此生原是將材嚴威何颯爽捷足少遲徊軍似蒼頭起光含紫電來英姿工掠地猛士遜登臺凡鳥同時擊羣孤一例摧穴能乘雪破巢盡望風頹暴不淹俄頃鋒誰犯草萊斜陽新獵返餘勇尚恢恢

水澤腹堅

澤腹凝彌緊冰心不可攻勢堅霏雪後象兆履霜中已結晶瑩體還加料峭風砥真如道坦厚欲與坤同港絕寒潮響天難烈

小酉山房外集　十七

日烘祇看增凜凜誰得鑿沖沖白鞏清壺玉青成碧海銅陽和今可待早晚向春融

觀心室詩存

（清）陳金詔 撰

《觀心室詩存》一卷，清陳金詔撰，據南京圖書館藏清咸豐八年刻本影印。

陳金詔，字叔度，一字古愚，清江蘇泰縣人，道光十一年舉人。工詩，於書無不讀。

觀心室爲陳金詔書房名，本書編撰於咸豐八年，陳金詔於其詩作中選擇三百篇，『率皆閉門索句，風雨懷人之作』。詩歌題材爲村居、感懷、唱和、送别、悼挽等，一些詩歌寫景抒情，頗具韻味，如『山林有至樂，豈必慕高軒。春雨既已足，荷鋤入吾園。名花粲可數，飛鳥如欲言。』（《村居雜詩》）或感歎身世，流露心曲，如『人皆好媚態，我恨有傲骨。所遇輒見嗔，格格不相入。何況世尚僞，而我樂真率。』（《卧病偶成》其二）還有鍼砭時弊，抒發不平，如『田主價千緡，坐擁此高貲。但工兼併術，從未手足疲。豪奴到莊田，并索苞苴私。』（《課農》）觀此詩作，確如其自語，『一生之悲愉欣戚與性情之所趨向，可以知之』。

（周　忠）

予素不工詩兼以身世匆匆亦不暇多作也昌黎韓子之言曰物不得其平則鳴凡意有所不能言及言而不盡其意者遂不能不寄之於詩郊寒島瘦各適已意而已戊午夏搜篋中藁得四五百首近香奩者汰之涉時事者汰之似諛墓者又汰之所存約三百篇名之曰觀心室詩存觀心者予讀書之室名也錄既竟披覽一過率皆閉門索句風雨懷人之作逸詩曰翹翹車乘招我以弓豈不欲往畏我友朋杜詩云小心事友生誠慨乎其言之也以予所作雖未盡合於興觀羣怨之旨然一生之悲愉欣戚與性情之所趨向蓋可以知之矣古愚自記

咸豐八年七月

觀心室詩存

泰州陳金詔

村居雜詩

仰視浮雲端白日迅若駛人生祇百年百年須臾耳立志在顯揚數奇竟若此鴻鵠欲高飛滿目棘與枳老驥伏櫪嘆空自思千里高堂白髮生綵綵若可理嗟哉貧且賤未能致甘旨所幸膝下依時時親杖履勉讀庶人章承歡惟菽水

我讀鴒原詩感慨意何窮相歡以釃酒相懷以角弓古訓紛可披努力敦素風旣耕亦以穫歲晚畢田功稱觴且爲壽耶孃樂融融團坐列昆季環集趨兒童婦子備肴核村蔬亦云豐抑缶歌嗚嗚擊鼓聲逢逢何必競智力飢走各西東古道不可復此意誰能同

山林有至樂豈必慕高軒春雨既已足荷鋤入吾園名花粲可數飛鳥如欲言入耳心可會寓

目道即存漠漠前渡烟曖曖三家村置身羲皇上不知市井喧力田以終身此是武陵源

杜門殊省事村居愛幽獨燒香淨掃地綠陰森繞屋架上三萬卷閒中供飽讀新茶雨後焙麥飯冬舂熟北窗一枕酣左右列修竹睡起栽花忙分荷又插菊如此過百年便算備五福寄語風塵人何不遂初服脫身須早歸來就愚公谷

好風吹我衣明月照我牀夜起披衣坐鑪中有

餘香萬籟寂無聲微覺衾簟凉今夕復何夕見此皎皎光吾亦見眞吾百慮俱已忘何必內外篇詹詹學蒙莊

有酒徑須飲一飲盡百壺頹然醉就卧有客來相呼曳履走且迎拉坐爲歡娛兒童羅酒漿風味飽山廚桑麻話良久談笑嘲謳俱急絃莫浪彈浪彈聲轉粗結交不在多多恐非吾徒惟此素心人朝夕相與趨主賓迭往還有若鷺與鳧此時不行樂負此七尺軀放懷天地間生意無時無

送儲友梅之西泠省其尊人漁溪先生

一棹東風急揚舲曉渡關壯游勤定省豪氣壓湖山揮手今朝別論文幾日還我懷名勝地恨未得追攀

輓李雨村

論交十載見天眞哀訃驚聞忽愴神貌爲苦吟

宜瘦損病因遠道悴風塵生平繾綣餘知己門祚支持有替人若使修文會赴召勝教半世嘆勞薪

冬日感懷寄程敬菴

華年減却病容侵曝背茅簷樂事尋解脫機心魚縱壑掃除俗態鳥投林人當賤日文章淡詩到窮時感慨深布襪青鞋安夙分祗將幽怨托鳴琴

年來世態判榮枯推解情殷可有無祗合迂疎老蓬戶敢憑文字達當途冷惟孤鶴堪爲侶瘦到梅花最肖吾策蹇近郊風料峭苦吟得句付奚奴

朔風刺骨凍紋皺一捲簾時一愴神熱境不堪容傲士天心有意縱詩人茶鐺書裹多淸味席帽鶉裘穩稱身安得故交常過我敢辭沽酒質衣頻

賦性慵愚生計疎百錢挂杖日無餘名山妄說千年業敝簏惟留數卷書不受人憐空自負獨尋眞樂有誰如來朝共訂探梅約尙望高文一起予

初春病起書懷

閉戶離羣悵索居風光又是一年餘未能解脫聊隨俗如此飢寒好著書佞佛無緣瞻彼岸投閒甘分老吾廬山居自有園林樂新雨初晴一荷鋤

讀張蓉軒近稿有消盡黃金誤少年之句覺棖觸於余懷因唏嘘而不已拈詩中平韻作四絕句

一別經秋恨未消中流客與蕩歸橈波臣似解征人意花雨平添一尺潮

刪除豪氣不成狂年少輸他著作郎大有鴛鴦羨鷗鳥青燈紅袖坐添香

愁到無愁感易生最難消受是黃金廿年旅怨兼閨怨併入歸人此夜吟

絲絲弱柳欲生烟腸斷河橋薄暮天兩世論交君記取飄零我亦感中年

哭業師朱漣璧夫子

從游十載愧研鑽絳帳何期一夕寒竟爾文章多刼運屢傷耆售被摧殘生前問字追隨易死後遺孤寄託難未得榻前親執手空將悲淚灑

江干

講堂别後甫三旬回首緇帷幻夢新著述家傳千載業哀思巷哭一州民斯文未喪終誰屬老輩於今剩幾人太息及門諸弟子未於屬纊一沾巾 時門人多赴省試

修文地下是耶非天意蒼茫半信疑伯道無兒眞絶恨伏生有女亦難支名山共道遺文古粱木堪嗟宿草悲知已感恩吾獨厚畢生何以罄

追思

百歲韶華瞬息中不須零落怨飄蓬古人可作思隨會宿學傳經憶馬融碩德自增家乘重名師到處口碑同孤燈夜雨都陳迹猶聽空堂四壁蛩

金陵寓舍聞連璧夫子訃音悽愴之懷不能自已感賦四律聊誌哀思暨於仲秋始得哭夫子於寢哲嗣復索輓章漫占五律二首長歌當哭咽不成聲矣

聞訃初疑夢登堂竟果眞經旬違杖履十載憶陶甄師表追鄒魯悲哀動里鄰貯書千萬卷編簡爲誰陳

歷憶追隨地深慚屬望情邗江曾共棹白下屢從行哭寢嗟何及心喪痛失聲支持門祚事感慨涕橫生

贈羅履吉

半生載酒更徵歌豪氣刪除奈老何劉毅胸襟原灑落陳摶歲月任消磨幾人白眼看如舊信手黃金去已多竊喜籍咸仍聚首竹林朝夕擬相過

送程敬庵之滁陽幕

離筵未了唱驪歌握别悤悤悵奈何千里故人開幕府十年同學半關河相看白眼知音少自檢青衫别淚多我亦園林蕭索甚蹇驢風雪擬

相過

莫教孤負老萊衣纔侍親闈遠道歸豈意烏烏方遂養又驚鴻雁各分飛環滁山色爭迎送隔浦江聲聽杳微幾次上樓頻悵望陌頭楊柳已成圍

風雨連床氣誼親河橋握手倍傷神尙思白屋重相聚縱得黃金不療貧交到別時宜愛惜文於悟後見淸眞客懷莫說蹉跎甚此鬢能靑更

幾春

警枕殘燈對小舟暗將心曲語江流艱難苦作依劉計潦倒誰爲說項謀杜甫經年尋弟妹張衡好句寫窮愁郵亭待得歸來日定有新詩當汜遊

聊齋誌異題詞

一燈殘夜水明樓說鬼談仙費苦搜君自妄言吾妄聽起看秋色上簾鉤人鬼荒唐事可疑秋花秋草總離披就中大有茫茫意欲采相思寄阿誰

讀莊子

衡門眞是野人家滿樹山桃已著花小飲微醺無箇事雨窗枯坐讀南華

題桃花扇傳奇

湖上燈船鬧未休雄藩兵火下江州尙留豪氣迎桃葉無補降帆出石頭旣往奸回誅馬阮漫

思割據效孫劉侯生北去無消息燕子樓空滿地秋

復社談文盛唱酬秣稜王氣已全收江山到處多陳迹朋黨眞堪付濁流閣部勳名中外重東林風節古今留笑他壯悔堂中客不記當年在莫愁

和吟香女史自題小照原韻

自署吟香厭綺紈捲簾曙色逼人寒定能生慧

原難恝愛極成癡不住看秋雨三生詩酒恨春風一面畫圖難妝臺省識渾閒事一炷爐香爇白檀

無言小立拂輕紈雙袖撞風怯嫩寒對酒直同明月賞焚香擬作好花看相逢爾汝稱呼慣如此丰神領畧難我欲買絲卿自繡攜歸小閣侍旃檀

小坐薰香著素紈何緣消受五更寒嬌如新月

眞宜拜瘦到秋花更耐看索句翻留文字障臨風纔覺別離難幾時灑得楊枝水也及河干一樹檀

村居二首

眞機自向閒中領至樂須從靜裏求獨坐小窗無一事胸襟何處著閒愁

晚鐘未動先酣枕日上三竿是起時扣戶山童報茶熟此中眞樂有誰知

同程敬庵夌曉村水西園觀桃花

尋春一路過茅菴竹外桃花見兩三同輩襟期差不俗名園風味要微參人前縱論歸常悔醉後高吟醒自慚恰值月明乘輿返前途尙覺有餘酣

送劉檢亭赴都謁選

猶憶蕭齋對榻眠聞雞先著祖生鞭官清自愛民如子俗薄人看吏是仙將母身原同孺慕救

時心要繼前賢儒林循吏由來合劉寵囊中祇一錢

檢亭需次都門一載而歸

閱盡山程與水程征車回首隔 神京交情須向貧時見宦況常於冷處親一載餘閒容讀律十年科第早知名他時驛使相逢日可有梅花贈遠行

遲速均關 聖主恩暫容林下侍晨昏勞他

赤子思慈母依舊青衫出　國門憂樂關懷徵
素抱風雲著意護孤根芻蕘一語君須記撫字
催科細討論

題羅玉占問津圖

昔年我甫冠子方在襁褓我交君先人書史資
搜考發揮爲文章或亦事華藻古劍發奇光粲
然國家寶豈意二豎侵梁木竟傾倒十年一回
首子已頭角好爽氣露英英天懷任浩浩倩人

爲寫眞問津欲聞道迷離雲樹間拄杖有一老
或者漢伏生遺經在懷抱不然太乙叟爇藜照
探討指點雲山外蒼茫迹如掃我亦感迷津飢
驅何草草歧中恐有歧回頭愧未早何當從子
遊凌風跨三島

泰墩謁岳忠武遺像

古堞蕭然没莽榛天風吹上海潮腥全將暮氣
收殘局例以功臣作罪人忍使兩宮埋絶塞難
憑半壁抗强鄰東廊石碣森森立慚愧碑文刻
孟津

遣懷

萬事銷沉仗杜康中年憂樂半昏忘非甘廢棄
都緣懶只爲迂疎不敢狂丹竈烟清初瀹茗風
簾晝靜漫焚香科頭箕踞松間坐白眼看人碌
碌忙
詼蕩身如不繫舟杖頭閒挂百錢遊滿懷冰雪

終成佛過眼雲烟倦倚樓不信江湖有魚鳥每
當險阻識驊騮長風難拂風塵面自署頭銜隱
者流

感事述懷

欲向山林僻處安身閒進退十分寬庸才深幸
遭時棄世事原宜當奕看鑄錯已成騎虎勢當
場纔識解鈴難掃除湖海元龍氣長鋏何須一
再彈

羣賢議論亦紛紛欲發狂言駭聽聞築室早知無定見吹毛惟恐有深文入山歲月從今數涉世塵埃徹底分恕我迂疎憐我懶由來富貴等浮雲

息機終日掩柴關舊習疎狂已漸刪自愛烟霞成痼疾飽經風浪謝塵寰救時事大才難稱獻策人多我獨閒十二時中堪屈指半攤詩卷半看山

鳥自高飛弋自尋久甘遁迹入深林是非不涉談詩口恩怨都平論世心欲避老拳思退舍强鳴孤掌費沉吟香爐茗椀蕭齋裡塵海茫茫自古今

和尤柳村原韻並呈令兄振玉先生

春明握别羽書催公賦軺車我竟迴治粟古傳都尉職下車重揖故人來誰能地望兼門望難得詩才又將才聽說臨池仍習射定多佳句遍蘭臺

題尤柳村東郭催耕圖

柳村新葺午橋莊梅花開處春風香有時策蹇自徜徉奚奴後負一詩囊卿雲丈人曾靈光解組歸來卧柴桑收取雄才入詞章尺幅歛盡萬丈芒白頭兄弟壽而康友于之樂樂未央催耕偶到雲水鄉繪圖紀事古裝潢命我作詩追儲王置身如在碌碡場布穀聲聲喚插秧丁卯橋

邊稻花揚豚蹄但祝豐穰穰四野遍覆黃雲黃金風瑟瑟天氣凉耞板響處謀蓋藏方廩圓積千斯倉甕頭釀熟獻兕觥有肉在豆酒在觴兒童趨走羅椒漿篝燈課讀音琅琅短歌微吟餘味長如此纔足傲羲皇我亦飢驅老頹唐買田欲學東坡狂恨不扶犁侍公旁城南城北遥相望何時臨風一翱翔枯管先將詩債償秋來定築耦耕堂

同羅履吉唐蔚伯宮小山張蓉軒仲宣兄

集儲柳門齋中觀菊感事述懷

一天霜氣逼人清幻海波瀾漸次平世事漸諳思束手力田較穩要歸耕流連杯酒忘形慣指點風花老眼明他日消寒尋舊約故園梅信最關情

朱連璧夫子葬有日矣感賦二絶寄同門

劉檢亭

門牆幾輩荷陶甄太息遺文半已淪濡染淋漓須巨手豐碑此責屬何人

同侍程門道範親鸞凰鷗鷺半升沉在山小草飄零甚孤負當年種樹心

和僧昺亭原韻

事要平心便不難當於危處早求安從今參透人天相回首風波膽尚寒

過險方知定力難羨他舐鼎事劉安觀魚我是忘機者不要人憐范叔寒

煩君一語告阿難俊辯憑他釋道安試問摩登無恙否何人消受五更寒

將赴公車留別諸同好

久約梅花共歲寒如何一旦跨征鞍妄思洛下知名易須識長安乞米難廿載功名由命薄半肩行李怕人看悤悤欲就春明路同輩相憐襆被單

頻歲飢趨百感生年豐仍復費支撐弓旌何日徵周黨兒女多端累向平尚想文章邀重價有人裘馬壯行旌空囊屢叩無餘物長鋏時聞壁上鳴

拔劍曾聞斫地歌微詩索句幾相過途窮自識人情淡客久因知酒債多千里星霜悲老大一天風雪感關河年來蘇季貂裘敝杜老酸吟奈若何

聞雞欲著祖生鞭誰贈腰纏十萬錢此別漫思成遠到榮歸未識是何年奇文恣肆原無範苦海汪洋果有邊笑問僕夫行色好自憐終要受人憐

蕪城懷古

秋來偶放廣陵舟兩岸垂楊憶舊遊幾代滄桑歸劫火無邊臺榭總荒邱黃池盟杳雄圖歇白馬潮寒霸業收惟有邗溝嗚咽水盈盈不斷古今流

殿閣淒涼蔓草中殘碑尚記漢時宮荆王城郭分封古董相祠堂舊宇空剩有青燈依破刹幾多紅樹起悲風可憐廿四橋頭月管領興亡恨不窮

錦帆百道下蕪城一朵瓊花換玉京丁壯十年邊外老頭顱一笑鏡中呈繁華浪說南朝事精練虛傳北府兵太息雷塘西去路至今螢火照人明

丞相荒祠久寂寥兩宮調護憶前朝捧天心與河山固補袞功垂竹帛遙定策書勳高范富撤簾歸政失蕭曹莫嗟殿宇淒涼甚俎豆千秋定不祧

贈凌曉村

六齡就外塾便得與君遊兩小各無猜聲氣知應求君家有名父我亦上東修執經問奇字朝夕爲淹留弱冠走塲屋挾策懸鈍鈎相攜應郡試共泛廣陵舟每當對床眠風雨話未休拔劍斫地歌豪氣蓋九州豈知廣數奇百戰竟不侯君既飢驅去我亦老荒陬閉門學農圃浩蕩狎野鷗倏忽二十載華年逝水流不知竹林叔今猶僕僕不君聞應大笑笑我狂未瘳昨與子入肆共飲盡百甌送子溪橋畔朔風襲破裘舉頭望明月狂笑雜嘲謳君聽醉歌聲中有萬古愁

寄程敬庵

數日不相見思君念未忘文章千載業今古兩人狂肝膽眞能照旌旗各自張相攜遊白下努力共騰驤

彭味三歸自宜陵

太息飢驅感易生異鄉遙戀北堂陰錦囊好句悲搖落青史浮名自古今舊雨對床他日夢荒亭促膝故交心一年旅思兼詩思並入征人此

夜吟

從此交情願愈堅每觀薄俗意茫然襟期不藉詩篇見臭味須將道義聯未敢趨時惟古好無多同調感君憐南村幸結苔岑契美酒猶能貰十千

書懷

白板雙扉晝亦扃胸中邱壑勝園亭心無城府憑眞率口戒褒譏養性靈聽雨神傷三載夢當筵酒忌一人醒買山歸卧談何易始信巢由是福星

宮晴湖索觀近作書此代柬

頻煩芳訊索詩篇枯管慚無好句傳學問端宜推老輩交情何止爲同年聊將筆墨供遊戲難得塵氛盡棄捐貧賤味原如諫果自憐原勝乞人憐

如許鬚眉作逸民攄懷贍有性情眞山容水色

都陳迹佛性仙才有夙因萬頃蒼茫鷗境界九霄空濶鶴精神鼠肝虫臂莊生悟大地由來一點塵

放開眼孔看塵埃袞袞名流費主裁欲藉狐禪開世界難憑蜃氣結樓臺拈花一笑心先澈刻楮三年志未灰恕我疎狂容我懶約君且覆掌中杯

何妨縱飲更高歌檻外斜陽感逝波失馬早知

爲我福呼牛不必辨他訛名留人口褒譏雜詩帶禪機會悟多相約小山招隱處南村日日擬相過 時晴湖欲卜居

詠錢

熱腸冷眼雨紛爭慣見同人起甲兵十載滄桑勞去就半生子母費經營養成驕態都由爾直到窮途始念兄莫笑獨爲程不識可憐阿堵竟無名 俗云無名錢本漢書張放傳

積處何須北斗高戔人安受戔人勞於今舉世都成癖自古嘉名錫以刀富貴境遷空有淚英雄氣短不能豪羨他熟讀錢神論萬計眞難拔一毛

黃標記處紫標聯挂杖纏腰總占先翦紙尙能驅鬼伯穿絲聊且戲神仙薰天有欲心機密偃月留痕手印鮮買得春風消得恨人生只要此君憐

但有銅山抵百城不須人品更分明招來風雅多高士看透炎凉見俗情萬事總輸君一著百年誰與爾同行相從乞取通神術一爲孤寒吐不平

感事述懷

傀儡登場又一回救時餘力總恢恢隨身竿木原同戲滿腹冰霜且舉杯得與世忘眞厚福能遭人忌豈庸才不夷不惠中間立未上臺時想

下臺

閉門細味東坡句世上從無不好人今古蒼茫千浩刧雲山空潤一閒身守雌守黑修元牝無樹無臺悟法輪吟罷新詩書滿紙墨淋漓處是天眞

和康瑞伯五十自壽原韻

每逢佳景必流連結得鷗盟二十年四壁雲烟宗草聖一龕風雨憶蓮賢住山歲月分明記行

世文章次第編此日園林成小集綠陰深處遞
花箋
武功門第有輝光勝我家風但食糠竇氏休和
鍾五桂謝家才調羨諸郎蘭陔日永添詩稿棣
圃春多奏樂章轉瞬蟾宮看獨步登堂更爲盡
千觴
舊學傳經絳帳開詩筒絡繹又頻催我曾爭寫
三都賦天豈虛生八斗才問字及門能壽世觀

人大節在臨財河汾衮衮皆時彥千樹桃花取
次栽
對山曾此樹先聲終見龍頭屬老成同學賀箋
先屬草大廷虛席待和羹君爲時望飛騰速我
正工愁去住輕瞥眼鵷鸞判鷗鳥可能下里許
同賡

贈僧雪笠

十年蓮社結苔岑戒定都憑一寸心君自繙經
吾縱酒各分清福占山林
紅塵十丈催人老綠竹千竿供我閒居士歸田
僧退院相逢惟有勸加餐
北山高臥傲公卿睡起新泉活火烹門外由他
題鳳字不將性命作人情
楞嚴讀罷又黃庭一任寬閒養性靈出世何分
仙與佛能空色相便忘形

夏夜即事

碧天如水夜涼時七尺湘簾踈地垂依舊青燈

書味好兒曹環誦我抄詩

硯銘

山之嶢嶢水之迢迢嚼墨一噴天風海濤
以方爲體以靜爲用惟我與爾神明操縱
蜀岡西峙大江東流閉戸著書獨有千秋

季夏病起書事

赤日行空天無雲几席如炙帳如熏悠然清風

來林際披襟當之情孔殷急起移坐走相避恐有凉颸襲簟紋早衰何遽如此甚同是氣血强弱分昔者晴湖閉窗坐我方笑之語云云六七年間一瞥眼耳聾齒脫病紛紜賦性既拙稟氣弱囊中空有送窮文山林骨相烟霞癖木石與居麋鹿羣乘風破浪非吾事一犁雨足學耕耘田功既畢書大有比鄰徵逐歡交欣如此吾願亦已足太和元氣相氤氲亂書堆中山澤臞茗椀香爐正策勳

題僧葉塘行脚圖

悟道何如訪道難匆匆行脚敢求安他生福慧今生種試展丹青子細看

觀心不作夢中夢寫像奚知身外身昔日打包今退院惟將老眼看紅塵

聞晴湖禮闈下第歸有日矣詩以遲之

聽說長安道春闈信又空有才憎命薄無淚灑途窮虛抱文章價難爭造化功山林饒至樂吾欲與君同

煉石心原熱移山志竟孤風雲虛際會霜雪指頭顱錯是黃金鑄梟難白戰呼豈知鈴閣上鸞鳳羨鷗鳧

贈詩僧嵩亭

倦鳥歸飛返故園廿年詩格好重論根塵洗淨諸天迥倚傍全空一佛尊庭竹有聲風弄影（方丈多竹）砌蘭無語月留痕（師善蓄蘭）山僧高卧維摩室幻海何人尙處禪

嚴冬風雪夏驕陽入世人情已遍嘗顧此白頭思退步由他靑眼借餘光禪關舊侶濃兼淡佛地名花腐亦香我欲向師求轉語觀河面壁託空王

和張蓉軒原韻四首

老女

林下高風與世違新妝羞著入時衣花開並蒂都成幻柳爲長條易惹非詠雪情懷原雪淡傷春心事又春歸飛瓊不願人間住一任繁花歷亂飛

老妓

廿載風塵鬢已華酒闌燭跋夕陽斜每逢送客多飛絮漫道迷人總是花瘦損玉顏春事老歌成金縷笑聲譁鍾情我已青衫濕商婦潯陽莫

怨嗟

老將

萬里天山策馬過摩崖碑上紀功多籌邊日暮鞍猶據草檄天寒筆屢呵錫爵例從恩澤始書勳休更姓名訛當年部曲今專閫噲等相從奈若何

老僧

說法談經四九年明心久證上乘禪紅塵過眼都陳迹白雪盈頭了俗緣幻海曾經徵性定愛河雖好不情牽從今更向深山去誓願慈雲大士前

附糧艘入都

匆匆策馬赴　神京三月風和襆被輕人困饑寒思變計士多感慨敢爭名文章聲價知何據書劍飄零已半生天際飛鴻雲裡鶴勞他月旦有虛評

將入　都門留別諸同好

十丈紅塵滿路隅臨歧又復唱驪駒邑中事大才難副船裡人多客轉孤壁有紗籠詩屢拙交無綈贈計原粗知非我比蘧賢早莫謂今吾即故吾

綏綏郵鐵數驛程廿年萍梗感勞生長途各爲饑寒迫客路同傷老大情謂常繼香陳研香別酒未澆心已醉浮雲初過氣猶横春明我是重

遊地尚有人知舊姓名

寄程俊庵

昔君遊京華而我在桑梓蒙君遠寄書展讀情難已今我滯春明君歸作國士況復登高呼聲名噪錦里諒我作書心與君昔相似淋漓數行墨一燈淡如水

舟次作家書

策馬無端趁急裝浮生難定是行藏鄉音漸改

離家久歸夢無多别恨長北去青山容我懶西飛白日較人忙家書封後頻開看中有迷離淚數行

邵伯埭

埭以東山著二千年尚存天風吹浩浩湖水去源源紅粉情難恝蒼生望自尊豈知朝市改竟有客爭墩

舟中贈俞汝艮卽送其之沛縣廣文任

築室何須局屢翻虛勞前席探芻言但憑羣策趨公事敢說輕徭是 國恩秉鐸君能投筆去藏鋒我尚有詩存要津袞袞皆時彥撫字催科細討論 邑中方有築城之役

京邸懷人詩

陋巷居然近杏壇兩家兒女亦追歡獨慚落拓長安道風雪誰憐范叔寒 麦右軒夫子與予家僅隔一牆

老輩襟懷味最長書來慰我極周詳謀生只說

他鄉好纔到他鄉憶故鄉 顏金圃 載庵兩姻丈

寒風早襲破裘來莽莽飛塵掃不開何似先生秋圃裡黃花紫蟹正銜杯 羅履吉

一錯黃金鑄已非臨歧猶記語依稀無端又踏春明路怕聽花開緩緩歸 宮晴湖曾阻予行

同驚雁序拆單門夜雨神傷有淚痕猶子原當如子待竹林著意護孤根 劉渭璜

喜聞上舍作明經坐擁臯比樹典型相羨曷禁

相妬甚君依桑梓我飄萍 張蓉軒

八年前共寓懷清北轍南轅幾變更他日對床尋舊約西窗翦燭話分明 彭味三

黃河遠上唱新詞憶否同舟共濟時聽說故人珂里返出山心事在山知 俞汝艮赴沛縣廣文任與予同舟今聞得代還里矣

滹沱九月便冰堅子竟衝寒耐四年何日買山招隱去論文把酒菊花天 程韜庵

一身三樂備家庭況有芝蘭繞砌青塵海艱辛都不識千秋絕業是傳經 顏鏡夫

壯遊知爾倦風塵相約同行語未眞可記攀條情話處故鄉各有倚閭親 李有台

窗裡幽蘭窗外竹依稀風景記難眞每當馬足車塵際羨煞繙經作畫人 曷亭

才人衣食計原粗決計南遊事有無且自放懷詩酒樂窮途恩怨要模糊 雪笠

我從何處尋青眼爾好相依慰白頭相約明年重聚首大家痛飲故園秋 季武舍弟

慣遲作荅我何堪幾首新詩當覆函莫上西山高處望鄉園都在大江南

壽胡翁日章

黃山之峯高插天岡廻嶺複何蜿蜒造化所鍾靈秀出胡公世以清白傳生不同地但神往幸交令子相周旋同舟迢遞三千里風雨往往對

床眠苔岑自是關夙契何況門牆共磨研側聞箕裘稟庭訓聞詩聞禮亦有年豈但書史滿腹笥陰德所積多保全歲祲嗷鴻方遍野公乃不惜金錢捐隣人乏食甘嚐婦公爲贖還破鏡圓其他憐才與好士筆所難述口難宣更兼敬宗故收族建祠特設義莊田先賢注經遂易學重付剞劂梓烏焉我雖未及身受恩聞之亦覺心油然積善餘慶有左券天之眷公亦已偏白頭

梁案古希有鳳麟繞膝何蹁躚生平最好山水
遊萬里足下生雲烟德全福備更壽考耆英眞
是地行仙稱觴況復值歲首椒花柏葉相新鮮
長歌聊當絳縣祝恨未捧觴來公前

即席呈徐鳳山張小山楊季子夏退庵諸
公

當筵各吐氣如虹老屋篝燈酒正中識字久知
憂患始舉杯尙喜性情同百年冠蓋都陳迹一

代文章幾寓公愛我疎狂容我懶放懷同唱大
江東

衡寒頼有酒如泉明月多情伴不眠交到窮途
同性命人無俗累是神仙世言虎背騎難下我
信蛾眉妬是憐璧未籠紗詩已就來朝韻事滿
城傳

案上有老莊及西漢書隨手翻閱得東方
生傳

老子練世務甘以愚自閑漆園乃不然[illegible]
之間相隔甫百年翻覆如轉環我愛東[illegible]
諧列朝班若遠又若近高蹈不可攀

席上友人食素

天道本好生聖人重去殺二氏竊緒餘言當以
理察舉世宗彼教兩間塞鷇獺若恣貪饕性萬
物任夭札日食須萬錢泥犁何日拔所以東坡
翁愛此園蔬茁春風早韭舒秋雨香芹滑無食

無不食斯言非狡猾

即景

幾枝疎影上窗紗梅吐清香月吐華小飲微醺
開戸望不知是月是梅花

卧病偶成

諧世佞與美孰謂今遜古鑽營到厠僕有如穴
壁鼠當其承色笑周旋亦何苦及乎竊威福儼
然出柙虎我性本朴誠與物恒多忤謂我廉且

察不肯隨僶俛每欲學合污刓方輒未果蛾眉多見嫉名高則受侮伏讀五千言恧然色慘沮所以杜少陵不愛入州府

其二

人皆好媚態我恨有傲骨所遇輒見嗔格格不相入何况世尙僞而我樂眞率豈惟愚詐分亦自判勞逸吁嗟冠裳會紛紛等戲劇轉面換炎涼當面傾肝膈竊恐王處仲他年能作賊

病起涉園

莊生齊物是吾師汲水烹茶足自怡百畝漸成泉石癖一燈依舊雪霜垂書留兒讀貧非病清恐人知俗更疑籬菊未殘梅有信笑他又索老夫詩

感事

一墮塵網中終日聽欺誑恨不兩耳聾與世若相忘蜃氣噓成樓江豚更吹浪一一煩燃犀冠幘或異狀屢照神亦疲精明速譏謗不如姑置之開樽試家釀

桃花庵觀桃

白白紅紅數十株天斜亦自玉爲膚老僧莫說榮枯事前度劉郎今已無

一枝猶傍竹籬開莫向繁華問刼灰門外纍纍青塚列當年都是好樓臺

紅橋曲處女兒家隔岸依稀叱犢譁太息卧聽

簫管地而今也學種桑麻

焦山方丈看牡丹

傳觴小集到山房蔬筍頻參玉版香境自淸涼花富貴僧多風雅客疎狂新詩磊落留眞氣醉墨淋漓發異光生滅已空况榮辱籠紗不必太鋪張

焦公洞

三詔頻煩到海隅先生寄迹自江湖豈知千載

風流歇點綴峯巒作畫圖

謁椒山先生祠

殿上空將熱血彈殺身容易格天難至今滾滾長江浪猶帶蕭蕭易水寒

别峯庵

茆庵佳處一龕留疊嶂全將宿靄收别有高寒無俗韻半窗明月俯清秋

夕陽樓

富貴都思繫日纏强尋高躅到僧房可憐江上東西槳直送豪華到夕陽

贈楊季子

結交不分隱與仕作書不求工與美交貴同志書通神世人誰復識此理我慕楊君二十年識荆乃自篠瀾始胸中排界三萬卷足下縱横八千里醉後嚼墨時一噴陡覺雲烟生滿紙文章直入秦漢室詩律細參李杜旨卽論八斗飲中

豪餘子紛紛安足齒初聞議論沁心脾繼共性情浹骨髓置身當在兩漢間廣川太邱差可擬不爾黄公千頃陂不然楷模龍門李如此庶稱天下士當今惟有楊季子

將爲消寒之約寄瑞伯照初

欲訂消寒仗杜康放懷人世轉茫茫蜂銜羽翼誰爭附蟻穴干戈苦自傷想到千秋惟縱筆相逢一笑且傳觴年來略識閒中味隱比浮名味更長

泊舟燕子磯

一篙春水緑參差千里長江一日馳轉瞬萬重山已過收帆須在順風時

黄天蕩阻風

揚子江頭雨打篷如山濁浪正排空驚濤百丈君休詫逆境回頭是順風

題友人畫册

飽去飢來各有因眼看成局屢翻新紛紛反噬尋常事我亦當年養虎人

過淮陰釣臺

十載荒臺迹倘存韓侯往事不須論也曾浪擲王孫飯世上何人解報恩

贈張蓉軒四首

林下高風幾逸民論心惟喜性情眞即談風月先須韻况屬親朋敢諱貧世事飽經思結舌硯

田較穩易藏身漢廷也有朱翁子五十行年倘負薪

篝燈老屋夜沉沉聽雨分題費苦吟同說回頭留傲骨各防失足檢初心劍雖在匣光難掩香忌當門迹易尋同調無多君記取幾人慕勢幾知音

十載揚州杜牧之烏衣門巷記當時閒人擬注歸田錄舊稿爭抄下第詩漸老友朋宜愛惜無

稽毀譽任推移相逢一笑無多語難遣深情是酒巵

連天風浪記曾經一夕收帆傍鷁汀時事屢看棊局換離懷猶作艣聲聽閒身同是風中絮利口何關水上萍舊雨相逢惟勸酒不須更學次公醒

辛丑感事

探丸妙手說非非連日清齋正禱祈不敢斥言

欒郤裔我公牙爪有餘威

黎邱幻術本多端無限蒼生淚暗彈莫更浪談因果事恐他怒髮又衝冠

檀弓記後河東集蛇虎紛紛若可親四野哀鴻膏血盡細侯不似向年貧

甲第連雲複道通蕭曹仗有應聲蟲衣冠土木莊嚴甚不信人間說聵聾

課農

一農種百畝十口可免飢壯者勤耕作饁飯趨妻兒豈惟夏畦苦兼憂秋霖危直至收穫後租稅難少虧田主價千緡坐擁此高貲但工兼併術從未手足疲豪奴到莊田並索苞苴私酒饌須精良趨走恐後時困空稱貸補不然搒掠隨同爲赤子類造物何參差儒者言井田欲復三代規試思井里間何分尊與卑願告我農人耕耨毋稽遲減我倉中粟續爾釜下炊庶幾田家樂同譜豳風詩

懷刺

懷刺謁朱門欲前忽駐脚豪奴勢鴟張猙犬吠聲惡靦顏向閽人神氣先蕭索平生崛强性到此竟何若何況此冰山身名安可託趨蹌借餘光未免譏而虐不如掉頭去萬仭翔寥廓養吾浩然氣遂吾讀書樂

閒情

珍重徐孃數首詩披圖宛爾舊丰姿人間豈有癡於我只恨遲生杜牧之

芙蓉屏下漫揮毫七尺湘簾捲素濤鏡影釵光渾不辨座中誰是鄭櫻桃

初秋感懷寄崔筱瀾

咫尺同爲不繫舟筱瀾寓齋與余別業相近異鄉風景數從頭中年作客悲張儉火色何人惜馬周行李半肩曾屢典要津一刺肯輕投民情多口人心險不敢從君決去留筱瀾欲卜居皖邑

駒影匆匆逝水流一天風雨助悲秋曾經歧路如叢棘多病殘軀似贅疣冷眼幾人知去就熱腸十載誤恩仇炎涼翻覆尋常事更欲從容借箸謀

感事

同是昂藏七尺軀枉將媚態事錢奴看他白晝驕人處信有人間賤丈夫

靡俗爭如下水船司空見慣我猶憐當筵一笑題詩客誰把黃金鑄淚仙

猗頓家風善煮鹽由他奴婢自趨炎可憐古錦囊中物屢上新詩說口占

傳聞和嶠起輿臺鶯燕頻煩幾度猜崔浩莫將流品別頭銜原可破空來

坐雨

掃地靜焚香關門閒聽雨平生萬里心收斂臥

環堵枕簟增新涼爽氣清肺腑牆角海棠花含苞已半吐造物工點綴秋容滿老圃壯士好悲秋呻吟竟何補不如畢田功及時修釀譜惟當開口笑庶免風塵苦任彼蠅營徒勞勞自今古

秋末村居

地僻從遊少貧交四五人都將名利淡纔覺性情眞境冷詩同瘦心清筆有神根塵須洗伐不愧葛天民

嗜好刪將盡躭書癖未忘深慚蠶食葉殊愧鼠搬薑筆墨同遊戲飢寒困稻粱出門思問俗小刧已滄桑

事簡趣偏多山林任嘯歌不才陋軒冕有福住槃阿骨傲貧逾鍊心虛氣自和雞聲燈影處難遣是詩魔

薄技皆堪累虛名不自由冬心留退步冷眼駭時流蕉鹿情何幻蓴鱸味早謀小詩聊自慰何

敢說千秋

弔督師魯山先生裕謙

海上驚聞落大星裹尸馬革繼先型可憐壯志成遺恨或者空王尙有靈毀不法僧院甚多十郡良家山竟撼一江戰血水猶腥繪形早上麒麟閣隱約忠魂侍 帝庭

百萬軍民淚下多驚心尙想是傳訛三年心血爲猿鶴半夜軍聲潰鸛鵝越境有人悲趙盾擁

兵誰信是廉頗成仁得傍宮牆地俎豆千秋定
不磨聞盡節在泮池

客有笑予懶於干謁者賦此解嘲

長空日馭速時勢風輪翻趨炎亦何衆而我獨
無言與其犧登俎不若甿處禪負暄新短褐酌
酒老瓦盆神寒骨自重霜雪淨詩魂何必高軒
過古處相與敦非是棄榮利黃鵠笑塵樊精力
老漸衰不敢輕受恩

遣悶辛丑

負郭翻爲累征徭事更緐哀鴻方在野怒虎況
當門李杜名空大蕭曹望最尊無田原足樂妻
絕石壕村

後遣悶

下戶窮搜勢不支誰同鄭俠繪流離災如焚溺
官難問擾到山林事可知燕雀處堂貪醉飽豺
狼當道困公私脂膏已竭誅求迫例外輸將恐
後時

和程敦庵消寒三詠

冰

漫將色相混玻璃一遇陽和便不支山勢須防
消盡後頭銜苦憶換來時漸交暮氣流初合但
守冬心酒不辭回憶嚼當三伏日炎凉輸與此
君知

炭

寒爐寸寸尚留痕詩到無言要細論豫讓有心
甘作啞敬兒通體忽生温幾番送暖蠅能附但
解趨炎獸亦恩畢竟回春須熱地漫思炙手倒
金樽

風門

戶外無人鵠立迎吟肩聳處費支撐登堂已隔
官民分入幕應多唯諾聲一紙糊窗遮月久幾
人懷刺掉頭行何時百尺樓中卧也爲寒儒吐

不平

室中盆梅盛開紅白相間香色絶佳適詩僧看雲以春蘭見貽香盈一室足增藝林一段佳話也

梅花清極蘭花韻詩品當居第一流終日垂簾人靜坐更從何地著閒愁

冰雪情懷味最長况兼九畹挹餘芳笑他門外紅塵客可識山林别有香

芳訊遥傳小洞天幽香猶帶上乘禪莫嫌處士心情淡已占千紅萬紫先

落花二律

小園著意闢清新一夕辭枝悟淨因絶少神方能反樹難甘薄命想飄茵餘香猶帶蜂腰膩弱質偏隨馬足塵漫道美人堪比似美人多爾十年春

憐他丰韻惜他嬌只説長春樹不凋欲折幾番頻愛護觀空如此太蕭條雙飛弱絮沾天舞一片濃香到地消不解風姨相妬意忍將紅雪付春潮

讀諸葛忠武傳

三顧頻煩氣誼親轉移高士作忠臣秋風五丈原頭恨只少神方學養身

贈宫晴湖同年

林下同期晚節香删除舊習是疎狂讀書心比

求名重尋樂身因索句忙但望客來談水月何須境過說滄桑文章自古無憑據笑指星星鬢上霜

修禊日集碧雲方丈同潘碧江宫晴湖張式南常繼香朱午橋聽可範上人彈琴

韻事山陰繼羣賢曲水遊和風三月扇佳句六人搜琴理通禪理名流障濁流蒼茫存没感堂上一龕留壽亭圓寂已二年矣

應酬稍暇早起讀書

已避紅塵更避名都緣疎懶少逢迎性情各有濃兼淡品望先分濁與淸閉戶直同僧退院忘機怕見客爭枰惟餘一事難抛却茶熟香溫起誦聲

邗江雜詩

十載征塵倦馬蹄霜寒客邸怕聞雞何堪歲暮衝波去淮水東流我向西

薄醉淸歌不諱狂偶來借榻老僧房天將我輩安排定一卷新詩一瓣香

巧宦但求稍祿厚貲郎又羡好科名何如放棹江湖去一任中流自在行

平山堂下幾尋春尙有山僧打槳迎夾岸梅花三百樹滿天風雪一詩人

丙午長至日同人集怡雲方丈消寒第一集以古人秉燭夜遊分韻得古字

人如聚散萍客來新舊雨圍爐借僧房淸言聽揮麈潘沈二丈人淵然文章府康田博雅才樹幟雄藝圃雪公文字禪佛印恒自詡我濫竽其間依韻强步武如以莛撞鐘雷門擊布鼓天籟自然鳴不敢諱椎魯結交不在多多則角門戶吟詩不求工求工恐畫虎昔聞子美瘦但因作詩苦長吉費雕鎪遂至嘔肺腑人生貴適意何必爭千古

送程敬庵公車卽次其留別原韻

記曾同著祖生鞭鏁院相逢卅載前一瓣傳心香共證予與敬庵同出姚文僖公之門 三年學步我猶憐算來閒局休爭刼唱到陽春合改絃豈意春明分手處燕南雁北總因緣

莫笑寒氊困一官本來氣味異鹹酸登樓有客依劉表敬庵館鄭子研家 煨芋何期遇懶殘謂雪公 周客不妨淆鼠璞楚人慣是沐猴冠教官

金榜先人句（敬庵曾祖京兆公贈陳殿撰句云教官金榜非難事難在蓬萊最上頭）直上瓊林自不難

嗟予馬齒亦徒增欲就公車力未勝古調已拚成獨往魏科何敢望同升烟霞結契今詩伯風雨懷人舊酒朋猶幸南村頻聚首聯吟以外總無能

來往紅橋水一灣已將白髮換朱顏即論婚嫁

都爲累得遂飛騰更不聞浪跡半生仍橐筆相期一第早還山何堪回首燕臺路我亦勞勞六往還

哭沈芍園先生

自聞先生訃嗚咽不能止欲作哀輓詩清淚滴滿紙憶從長者遊乃自白下始同舟共濟人我師朱夫子（逋壁先生）轉瞬梁木壞靈光遂孤峙送我遊春明期望言在耳薦書立程門（春海先生）

謂可作國士羊公鶴不舞駑下負知己我賦歸去來先生亦居里詩酒頻往還疑義考經史雅集結消寒險韻互相擬此樂期未央華年如逝水今秋染微痾豈料竟脫屣榻前親執手纏綿意難已等身大著作搜羅待付梓此事足千秋此責屬後死

消寒第二集分題得寒雁

秋老江湖水一涯驚心寒雁落平沙隨陽力弱

哀鳴起呵凍書成字勢斜四野霜華飛荻絮滿天月色浸蘆花春風轉眼催歸早岳麓峯高路不賒

消寒第三集題蘇子卿齧雪圖

海上人蹤絕蘇卿雪獨嘗朔風寒傲骨正味沁剛腸漢節禿猶執番氈餐亦香側聞楊得意獻賦薦黃郎

消寒第四集分題

大雪江天滿相攜作賦人珠璣生欬唾圭璧闘
清新呵凍敷陳麗敲冰刻劃眞梁園賓客盛六
出正飄茵賦雪

雪意寒侵户詩人正擁氊敝裘同耐冷舊物足
高眠事往情難割吟深榻共穿垂簾堪避俗枯
坐抵參禪寒氊

消寒第五集同咏水仙花

初疑銀蒜影模糊旋裂冰綃見玉膚入座香宜

觀心室詩存 卅四

高士領凌波腰倩侍兒扶貯來金屋心偏冷開
並唐花韻自殊諸老竟提南董筆搜尋綺語贈
羅敷

送崔筱瀾歸揚州

故人喜寓贊公房纔聚仍離各一方交到老年
宜愛惜地當分手倍蒼凉關河十載勞車馬鴻
雁三冬覓稻粱歸去若逢張子野謂張小山爲
言舊友更疎狂

喜徐鳳山重遊海陵

又聞下榻傍紅橋策蹇忙尋巷一條小别三年
人面改清談半日酒痕消放船記飲中泠水破
浪同聽大海潮多感木瓜重疊贈田家雞黍擬
相邀

勸駕書來夢也驚來函勸赴計偕其如泉石有
深情慣遲作苔容吾懶苦學新粧任客行人果
熱中須福分碁從局外看輸羸相逢一笑惟尋

觀心室詩存 卅五

樂已見頭顱白幾莖

書齋獨坐

但得此心閒神仙信可學逍遥終餘年飢寒亦
自樂

雪笠借紀河間姑妄聽之因題一絶於後

妄言妄聽本難眞大患從來爲有身今日相逢
惟一笑何妨遊戲住風塵

消寒第六集以不解文字飲但能醉紅裙

分韻得不字

風塵多市交紈袴非俊物傾蓋陌途間有如莽翁欻邂逅訂金蘭指天膝更屈通譜雜優伶褻衣戲繡袖牛飲聲喧呶琵琶聽髣髴惡謔到閨房焦生固酒吃忽爾麒麟楦相高競簪紱當其勢炎炎自謂手可熨一入冷眼觀其相太寒乞妻妾墦間羞泉下祖宗赩願我道義交共將俗態祓架上萬卷書精光常鬱鬱昂昂千里駒生

氣自拂拂遠佞等披沙擇友如選佛莫謂腐儒腐士品未可詘載咏文公句修身我豈不詩成上同人眞氣露奇崛分韻諸君子健筆皆强倔如金鐘大鏞昆吾不能劓各傳之子孫弈禩守四勿

書懷

竹籬茅舍傍林隈購得奇葩次第栽分付園丁勤灌溉須教一日一花開

與君縱飲更狂歌如此風塵奈若何莫漫生春誇妙手感恩人少負恩多

病後懷康瑞伯田竹家

不覺成今我相看白髮生艱危銷壯志閱歷悟交情詩境窮能闢奇懷病漸輕無私惟皓月直照此心明

上巳前二日同康瑞伯田竹家蔣保齡集雙槐園小飲

沽春攜手約同行簷溜初停屐齒輕小戶我甘斟季雅寓公近始識君平蔣係丹徒人設卜肆於泰皋杯彌覺清遊重聞笛同深舊雨情沈芍園宮晴湖相繼下世 莫怪嫩寒風料峭再遲三日是淸明

贈康瑞伯

勸君爲老計老計在蕭閒圍繞書千卷溫涼屋一間看花時著屐有酒便開顏舊雨今餘幾何

妨日往還

贈田少泉

懶漫真吾友風流田子方別開詩世界代作嫁衣裳 時方代人作詩文刻集 鴿自酬霜露鴻還覓稻粱黃花尋舊約屈指近重陽

自贈

婚嫁粗能畢浮名幸漸低是非無芥蔕來往只招提轂任隨時轉詩惟信筆題更欣高卧處徹

夜不聞雞

和顔馨山咏菊原韻

秋來芳訊杳難尋忽見黃花感不禁天以寒香留正色人於晚節證初心飽經雨露根荄固受盡風霜閱歷深老去尚餘三徑趣閉門聊爾發清吟

伯山雪笠蒙和拙詩並徵叠韻至再至三愧謝不敏

年來却掃閉柴關舊習徉狂已半刪幸有良朋同笑傲尚期遊迹遍湖山 伯山約遊南焦看紅葉未果 全疎弔賀真成懶並輟吟哦始覺閒睡味漸濃詩漸少茆庵惟盼白雲還

約瑞伯雪笠消寒

猶憶消寒集小園隔年勝事欲重論籠紗壁有前詩句判袂衣留舊酒痕入座風高塵不到歸田歲晚俗彌敦晨星落落今餘幾朝夕過從莫

厭煩

年來老友恨無多南北真成谷與坡感舊山阿餘涕淚懷人風雪半關河事同畫虎思燒硯技學屠龍有爛柯差喜參寥無俗韻兩三高士一頭陀

卧病兩月諸親友朝夕枉過今幸漸愈書此誌感

病魔侵處力難支向愈真過兩月期煮酒預爲

消夏約開編遂闕送春詩關心藥餌承良友反
掌安危仗國醫奢望更思腰脚健婆娑三徑敢
嫌遲

久病初起孟夏已半聊懷良友率成古風
一章

密密疎疎百竿竹朗朗淨淨三間屋中藏一个
支離叟要學希夷睡未足但能蝴蝶化莊生不
管邯鄲黃粱熟覺時起坐書繞身易老瞿曇隨

意讀兒輩癡頑解何事塵海茫茫日相逐出世
住世兩聽之半生得力差免俗打門有客康海
來正值槽頭滴紅玉主賓各飲三百杯醉倒不
覺東方白

書懷

舊讀坡公詩病起頭已白對鏡雪霜垂老景日
煎迫騎鶴上青霄飛行眞絕迹忽來反魂香頓
令歸故宅友朋開口笑妻子手加額優游几杖

間遂成久住客人生貴收場此語曾幾夕自作
輓聯有如我收場有幾人之句　艱危仗友生厚
意銘肝膈圖報終此身至誠貫金石

病後艱於步履不能出門齋中畧記所事
敬寄同人

病退身宜健翻成木偶形尋花愁足蹇看奕賭
心靈茶熟詩先就香温酒半醒客來迎送廢堅
坐讀黃庭

端午

養拙門常閉觀時節屢更艱難參世味冷暖異
交情角黍隨鄉俗醇醪困宿醒側聞西徼外
天討未休兵

獨坐

誤墮紅塵五十年不知何日去朝天如今且試
安心法掃地焚香學坐禪

輓顏爽亭先生

卅年模楷仰清門一夕歸眞淨六根伯道無兒原恨事樂天有女竟難存必傳文集交猶子可繼書香在幼孫太息耆英諸老友齊拋悲淚爲招魂

寄伯山

欲與時賢結古歡方壺頂上太高寒舊書堆案埋頭慣奇氣成詩抗手難謀醉但期千日酒倦飛便是九還丹對山夙有遊山約一任山靈帶笑看

尤柳村招同康伯山顏馨山讌集

園林風雨厰華筵如此樓居骨亦仙絡繹和詩添著作頻煩招飲極纏綿人皆欲殺驚前劫君獨憐才訂後緣近日南中傳勝事酒星長傍少微邊

酒半登樓看好山扶笻如到畫圖間百年文獻推先進伯山先生同調風流見一班主賓止四人舊雨竟虛佳客約敬庵有約不至消寒遥憶老僧閒雪笠入林欲索梅花笑索句梅花正解顏

友人勸上公車兼赴大挑詩以示之

霜雪盈顛悟昨非西窗枯坐愛斜暉老能無病眞奇福詩不求工是化機遊戲忽違行脚去計偕久與壯心違年來光景無多戀只望高人數欵扉

邯鄲題壁

我向先生借枕頭從看海外大瀛洲區區作相封侯事久已輕如水上漚

讀道書題後

形骸終必敝彭鏗亦爲天神明無盡期顏回豈不老去來兩聽之遊心萬物表道以元妙得放眼諸天小

書事

修到梅花更幾年蓬萊清淺異從前倘因雜念遲成佛若詆遺丹早得仙河水北趨尋故道大江南望尚烽烟封疆善體　朝廷意每念蒼生一惻然

初冬有感

病魔有時或寬假愁城日坐何爲者利鎖名繮不自由寸緜直欲勒奔馬錐刀之末抵死爭恩仇報復互縈惹炎凉翻覆反掌間吮癰下石面

不楮熟視此態三十年何怪東坡效瘖啞行歌野哭兩堪悲高翔所恨知音寡有田數頃書數篋美酒在甌蟹在把嘲謔疑僞亦疑眞文字非騷亦非雅禪床坐破始能悟宗門大旨在一捨陌頭白楊起悲風闕閣門前樹梧檟寵童妖姬若星散深房曲室堆碧瓦何如茅廬足高卧庭戶清凉絕瀟灑起看明月萬籟寂時聽槽頭紅玉瀉容我且作信天翁何必眼前萬間厦

檢閱舊稿唱酬諸友下世者多不禁淚下

舊詩不忍讀中多故人名憶昔盛酬唱奚啻弟與兄俯仰三十載寥落感友生言尋隻雞誓墓木忽已橫每過黃公壚不覺淚自傾老來無雜念惟餘縞紵情斗酒時見招新詩相與評西窗聽雨處清談茗可烹同調能餘幾再勿中路更俱是壽者相洛下積耆英有日晨星散我先脫屣行老眼淚欲枯難再哭鷗盟諸公且後死爲

我書銘旌

戲效山谷體

看劍時歌詩一篇東坡不去恨無田早知方寸足千載便到古稀餘幾年陶令有兒解分棗栗妻同志守寒氈要津奔走皆時彥讓我擁爐高枕眠

睡起

夢中頓覺外形骸踏雪尋梅亦快哉纔到醒時

病依舊可知身與病俱來

病中枕上作

老病相尋不自由天公未許我歸休此身何必求强健强健之時又妄求

贈田竹家

載酒題詩興已闌惟逢老友一開顏同燃官燭人餘幾公幹如今鬢已班

伯山詩話題詞

伯山之才天下奇伯山之文人中師閉門遊戲作詩話何以再續三續爲我知此公篤友誼聊藉詩筒[illegible]心期百里一賢千里聖羅浮風雨時合離或爲鼎彛天廟器或爲藐姑冰雪姿或耀金戈馳鐵馬或攜斗酒聽黄鸝清和譎詭無不有唯公抉擇搜無遺鄙人有時弄筆墨俚曲自寫巴人詞公之編詩多採入嗜痂無乃有偏私議論幸不與公左分唐界宋等兒嬉杜韓温李無不可萬病惟有俗難醫公聞此語應大笑謂我舊習仍狂癡舉杯仰面邀明月與爾同傾三百卮

望道

望道誰能見觀心我自知陰陽參造化消息任推移有剝終須復求成必致虧晤言三教聖萬古理如斯

答吳讓之

桑榆影薄日初曛廿載前曾識右軍滿眼蟲沙歸劫運驚心風鶴是傳聞感深舊雨多黄土謂楊季子夏退庵諸君子閱盡人情等白雲畢竟消閒兼送老揮毫落紙有奇勳

海物二種呈 伯山先生

一回相見一回老莫怪詩筒擾不休君住城南我城北何時痛飲望仙樓

讀君舊作金蝦句故遣庖人特地來何日連床

同聽雨說詩笑口一齊開

感事

老病枯僧久閉關青蠅散後暑容閒要津袞袞多吾友何止當年一對山

寄康伯山吳讓之

蟻鬭蜂喧熱可憐水中月色鏡中天乘風我欲抽身去每念同人一惘然

縱筆各留千載業識君已悔十年遲淋漓縑素

飄零甚剩有旗亭畫壁詩

和袁止泉生輓詩原韻

仙鄉最樂是無生蝸角虛名未足榮算到百年終幻境吟成七字有奇情縱貪蔗境無餘味屢爽瓜期尚未行他日黃公壚下過隻雞斗酒有先聲

酒陣詩壇走且僵窮途我是老馮唐春來花鳥愁難遣亂後旌旗勢易張婚嫁已完兒女債山

林惟剩姓名香他年同到遮須國莫任仙蹤各一方

感事述懷

膠漆雷陳結舊盟三年共事老懷傾蓬心自擴汪汪度梓里曾傳嬌嬌名飛去青蚨春有脚浮來綠蟻夜無聲幼安割席原多事付與鄉人月旦評

狂花成陣繞東樓温嶠終非第二流願大自甘

遲作佛情多不覺早悲秋識途老馬愁長路鎩羽哀鴻感舊遊河漢近人星耿耿起扶筇杖看牽牛

飢來驅我卜行藏著短龜長費較量往事共嗟陵變谷新聞爭說海生桑書空漫作屠龍想探藥曾尋活虎方鱸鱠蓴羹吾早愧羣仙應不笑清狂

東海雲濃月上遲老來心迹夜燈知霜欺短鬢

秋先到寒逼重衾夢不支照膽更煩磨古鏡解圍誰信是枯棊勞勞亭下長流水一旦膠舟事亦奇

偶成三絕句

廣寒高處最清凉華髮驚秋雨鬓霜紫府舊人齊拍手招余早返白雲鄉

渾沌何須更鑿開禪房深閉長莓苔仙人也熱龍門尾不避塵勞不肯來

觀心室詩作　廿

載酒聯吟處處同才人品望達人風宵來方寸平心問十丈紅塵誤阿翁

康伯山吳讓之過小齋留飲即席奉　呈

握手驚存亂後身可憐小劫墮紅塵換來面目成今我悟到精魂是古人幕下弢鈐方借箸田間雞黍自留賓分明香火前因在莫厭詩筒索和頻

思白堂詩存

（清）江對山 撰

《思白堂詩存》二卷，清江對山撰，據泰州圖書館藏清同治十年刻本影印。

江對山（一八四八—一八七〇），字曉峰。清江蘇泰縣人。諸生。力學工詩。與同里朱晋源、王道源時相酬唱。年二十三卒。

本書所收詩作於咸豐十一年（一八六一）至同治九年（一八七〇），江對山卒後，由趙瑜從其遺稿中編選二百餘首而成。黄荔序言其詩清潤雋朗，原本性靈，生平愛學青蓮而才力稍弱，只得蘇陸堂奥。江對山英才早卒，令衆多鄉前輩爲之動容，其詩頗可回味賞讀，如《落花》：『風風雨雨夜黄昏，滿地殘紅半掩門。縱使忘情如太上，落花時節也銷魂。』

（周　忠）

思白堂詩存

汪鋆署簽

同治十年孟春開雕

敘

余讀汪曉峯思白堂遺稿竟不覺淚涔涔下也語云士得知己可以死曉峯吾之知己也乃吾當壽暮之年不死曉峯年不及吾之半而早死是以悲耳方曉峯病革時延費丈巽齋於榻前告之曰對山一生無他好舉業之暇好作襍體詩自辛酉迄今積詩若干首十年心血爲忍棄之選中館穀所餘可敷刻資能致意晉軺室主人屬我操選柄并敘

一

言乎對山死且不朽之說而瞑
巽齋既諾其請即持詩稿示余
並述其語如肴嗟乎余與曉峯
雖同時居同里徒以蹤跡不相近
年齒不相若致憾乎未謀一面而
曉峯獨以身後之事輾轉相屬則

二

平時愛我之意宜何如而我可
無以報知己乎於是選義考辭芟
繁就簡擇其之尤雅者都為一集
計二百餘首點訂而存之卿寒對
語落葉隨聲蟋蟀青熒燼殘欲
絕觀其隨時寄慨觸景興懷一似

有大不得已於中者豈窮愁之
性與生俱來與抑自知其年之
不永而故如怨如慕如泣如訴與
嗚呼長卿善病平子工愁天道
難之我辰安在讀其詩哀其志可
異抑余更有感于曉峯之雖秋

三

明經愛子詩古文辭少承家學
而選詩之役專託巽齋及余兩
惟恐乃父知之者懼傷其心也是
曉峯不惟詩人抑亦孝子也悲夫
同治九年歲在庚午冬十月
漁叟趙瑜拜撰

敍

往余見昌黎謂天之好惡與人異及柳子果蓏草木之說以爲其言過激乃今始信之矣今夫木生深崖之中甚不材者恒百圍怪千仞用則爲棟爲梁否亦得終其天年其材者則槎刈析則斲野火燎之霜雪摧之斤斧踣之必致朽枯夭折而後已其根柢盤魄鬱而有所蘖然後蒸出芝菌幸遇山埜好奇之士見而寶貴之斯其木乃有不

朽者存不幸而不遇其委翳滅沒者不知凡幾吁是可慨已吾鄉江子曉峰明經聽秋令子童時嗜讀書屬意詩古文詞聽秋督以舉業年二十列博士弟子員家貧恒就客館性愛友與人交落落無畦町所爲詩多放曠無聊語嘗與二三吟侶過鹹西酒壚方酣嬉淋漓忽起而嘆曰吾鄉舊稱詩國自一二前輩捐賓客壇坫幾空其剽竊牌販者不足道吾學詩十年當拄諸君之齶但年壽有時而盡無窮事業其詣待之言已脫帽欷歔短髮鬖鬖然始肆上舉座爲嘆息泣下年二十三卒以所遺飯資屬同人爲梓遺稿趙丈漁案爲刪而存之其詩清潤[illegible]調原本性靈生平愛學青蓮而才力稍弱祇得蘇陸畫輿設天假之年深造有得益以沈渾之力以沈博之才所到詎可量而竟止於是惜哉夫以曉峰負磊落不羈之才袁髮即爲詩長而無所遇乃斂其拂鬱之氣抑摧心胃以洩其奇是亦木之芝菌也幸得

好奇如諸君輯其遺稿使不致委翳滅沒設更遇有力者表而章之則曉峰爲不朽矣於厚世之庸庸者何限彼皆享富貴躋壽考鼎某方號屬而其身名已與齒骼同腐而士也窮愁著書仰面屋梁以爲名役及其奄然遽化他既不可得而一二斷簡殘編亦聽其如飄風過耳忽焉澌滅是速之朽也然則斯集之梓烏可已也夫烏可已也夫

同治十一年季冬中浣荻生黃荔拜敍

敘

江子曉峰予友聽秋愛嗣也戊午冬避寇海陵得與聽秋訂蘭誼時曉峰年尚穉甫習舉業即躭吟詠曾記過其齋中見案頭近作好句欲僊予愛之不忍釋旋語聽秋曰此佳兒也未可量未幾學與年進初應童子試即以古學獲雋窃幸前言不謬矣乙丑及辛予轉徙海濱蹤跡踈

遠者僅六年耳今忽於暮春之初得聽秋寄書以曉峰物化來告兼有思白堂遺稿將付梓囑予敘噫嘻曉峰之詩吾何忍卒讀況已有漁亭老友敘於前更烏庸贅獨怪夫天既生才天復忌才而即不永其才役於泥塗不獲與名山俎豆共發其光不且為生才者惜耶然或者天故以不壽壽之俾得生而為英死而為靈隱蓄其英華而潛彰其志意後之傳誦其詩者金石藏之不與草木同腐也曉峰豈非不壽而壽也夫予友聽秋其亦稍自釋焉可

同治辛未春三月儀徵陳堡䜭君氏時客西[illegible]

敘

江生曉峯聽秋先生之令子也勝衣入塾便異常兒弱冠遊庠羣呼佳士偶拈一藝謝宣城語必驚人慣作三都左太冲卒逢知己予方期驥足初騰生可謂鳳毛畢肖矣何意崔駰樂少昊賫愁多每著篇章輒形寄託傳誦盡類都云酷似蘭成嘔出心肝必於才如

李賀此或由積習使然抑何其殷憂乃爾由是吟魔未去旋召病魔語讖先來蚤歸詩讖玉樓遽召豈才人例不長生金屋方成何之子偏遭短折吁嗟已矣感慨係之曇花一現向蒼天究屬何因玉樹長埋恐黃壤遂成終古幸而馬鬣雖崇豹皮仍在對君苗之筆硯而翁幾於付丙丁搜小杜之巾箱其友迺代編甲乙爰

資剞劂鏤管生花請作序銘鈔桃燈起艸嗟乎聽山陽之笛怨未隔芳隣彈海上之琴聲已成絕調爲鄉寫恨空思命僕之才令我銷魂因誌斯人之痛云爾

同治十一年小陽月下澣璜若費文琥敘於

春暉草堂

思白堂詩存卷上

泰州江對山曉峰著

雜感

雲間有鳳雛。墮入深山中。羽毛自修飾。終日棲梧桐。彼豈求異人。生性本不同。

春風多溫和。秋風多淒厲。造物雖有權。不敢亂其例。獨怪近世人。紛紛誇甲第。只顧眼前光。不爲身後計。豈知古今來。有興卽有替。

春風桃李花。妾態頗不惡。當其未開時。早已防花

落。開時雲霞爛。落時風雨虐。何如隴頭梅。雪中猶著萼。

青青古松柏。上附蔦與蘿。自謂託根固。蔓延滿庭柯。一朝被芟刈。所傷實已多。是以古君子。守正誓不阿。

村居

村落幾人家。雙扉白板斜。小橋通曲水。春樹自桃花。日暮催歸犢。林深噪晚鴉。此間安樂意。一片古煙霞。

謁吳野人先生墓

時事滄桑改。名心早淡忘。品高陶靖節。望重孟襄陽。亂世文章賤。餘生感慨長。墓門標短碣。兩字布衣香。

閨怨

楊柳青青欲斷魂。一年春色又江村。夜來好夢眞如願。夫壻封侯入玉門。　唐音漁叟

落花

風風雨雨夜黃昏。滿地殘紅半掩門。縱使忘情如太上。落花時節也銷魂。

贈阮近蓬

酒後狂吟詩百篇。前身疑是大羅仙。評量世事空千古。管領風騷近十年。性傲恐難諧俗好。才高終不乞人憐。君貧我病眞知己。彼此相看各愴然。

題淵明歸隱圖

陶家栗里絕塵寰。解組歸來晝閉關。北牖迎涼人意淡。南山相對此身閒。琴書瀟灑通詩境。林壑清奇破酒顏。莫道先生甘避世。高飛倦鳥也知還。

贈李采之

君來我不迎君去我不起側聞君子交由來淡如水

山居卽事

三徑居然入畫圖青山幾點柳千株晚來沽得新醅酒爲問先生醉也無

落花和費在山

花落花開信有因開時無樹不精神那堪大地連宵雨送盡長安十里春水面游魚吹斷影枝頭好

鳥認前身殘紅滿徑呼童掃轉瞬園林綠又新

楊柳池臺曲院東繁華瞥眼總成空飄零未必皆天意狼藉何心逐好風極目空餘芳草綠銷魂怕對夕陽紅來年春到江南日又見花間繫玉驄

待月詩效問答體

黯黯銀河夜已闌空階露滴不勝寒停琴屢欲將天問底事今宵覿面難

雲泥遙隔路難通寄語詩人色卽空只爲閒情易牽惹西風深閉廣寒宮

得阮近蓬書卻寄

阮生一去就戎幕騷壇詩思都蕭索雁書天半忽飛來挑鐙夜把長歌作憶昔逢君年少時臨風玉樹美丰姿詩心秀發詩口好下筆都成絕妙辭雪天耐冷工吟詠又尖險韻相爭競尚貞（謂李小樓宋之昰仲）兄弟皆英豪子裔（謂夏學庵）筆力亦剛勁君詩更自遒同儕盛唐風骨至今罕奇似神龍游天表圓如鶯語轉歌喉我輩端期相聚首終身託爲知心友月下同聽紫玉簫花間共飲金樽酒那知歲月纔一

更君忽自言將遠行我聞此語長太息由來離別最傷情況君本是他鄉士浪跡天涯頻轉徙今日瀟湘明日秦未知何日重逢矣相約同人南浦濱攀條歧路送嘉賓臨行無語但垂淚回頭舟過綠楊津此後離懷常念念感君一紙傳來便閱罷沈思愁更深音書雖見人難見

薄暮訪水西園故址

北風吹遠道荒徑少人行故址成墟墓名園半棘荊村前雙屐響樹杪一星明欲話興衰事溪流咽

有餘 樹杪句絕佳 漁叟

韓蘄王

壯年南渡稱名將老去西湖作寓公不論功勳論學問端推明哲是英雄

對月偶成

萬里浮雲散空蒼見一輪可憐今夜月曾照古時人星彩攙天半珠光耀水濱盈虛如悟徹何必問前身

楊花

讀書堂畔曉寒侵柳絮隨風颺遠林或上雲霄或簾溷一般花落有升沈 感慨係之 漁叟

晤鄒若愚阮近蓬葉石生於李采之處旋復別去作詩誌感

一別曾幾載相逢各自驚憐君長作客愧我未成名朋輩添新咏鶯花話舊盟那堪又歸去無計挽行旌

卽席口占贈若愚近蓬石生

草堂鐙火夜筵開座上誰爲吐鳳才此際月圓花

又好不知何日更重來

自嘲

弱冠從軍已請纓不堪往事問生平案頭青史堆常滿紙上新詩續未成才薄恐遺當世笑愁來翻覺此身輕惟餘三寸生花筆思博人間身後名

題夏雨村柳堤春燕圖

楊柳陌頭春已歸雙雙燕子掠晴暉一枝儻向朱門借未必容君自在飛

懷邗上友人

前年曾聚首尊酒共論文遇我獨青眼相思空白雲鄉行嗟逆旅我意感離羣何日邗江上同看月二分

感懷

門掩西風獨坐時聊操鈎管寫愁思花能解語緣偏淺事不如人命可知在昔論交惟李白采之卽今相契有徽之平叔慚余自幼耽吟癖偷得餘閒便作詩

性懶過於嵇叔夜詩成誰是李青蓮月逢圓處人

知愛花到殘時孰肯憐待客久懸徐孺榻躬耕幸
有漢陰田心中無限懷人意斗轉星河尚未眠
閒愁閒恨寫毫端千古英雄共浩歎只爲相人無
鮑叔豈甘高臥學袁安飄零詩卷關心記烜赫功
名冷眼看苦憶天涯兩知已客中淪落一般難時近
逢客袁江石生客邗上

城東詩和王平叔

芳草芊緜一徑迷登城莫辨路高低回頭重向前
溪望幾箇漁人夕照西

一徑桑麻處士家樹枝低壓屋檐斜羨他鄰舍生
涯好十畝栽煙當種花田家多種煙葉

送葉石生之邗上

本是悲秋客何堪送客行兩情空脈脈一水自盈
盈此去舟難挽相思淚暗傾消愁閒弄笛猶帶別
離聲

晚泊仙女鎮

西山日已墜卽此好停槎岸迴窗遮樹風高浪卷
花帆檣排十里鐙火聚千家斯地非盜浦何人彈
琵琶

自鎮之廣陵

雨急夜潮生朝晴解纜行村遙聞犬吠風順覺舟
輕得市先沽酒沿途屢計程宵行何處宿遙指舊
蕪城

游廣陵包氏棣園感賦

客邊曉起怯春寒覓得園林強自寬當戶花枝如
我瘦隔江山色讓人看迴廊石刻詩千首古徑風
生竹萬竿借問主人今在否昔年車馬動江干

簾卷東風燕子稀誰家臺榭敞斜暉庭前花木春
常在座上賓朋去不歸一徑蒼苔容屐齒兩行垂
柳拂人衣歌衫舞袖眞無賴化作香雲片片飛

梅花嶺弔史忠正公

北望神京事可哀虛生一代棟梁材臨危暗灑孤
臣淚誓衆親登大將臺綠野不知埋骨地白騾安
肯渡江來千秋知己文丞相不掃中原誓不回
可憐江北少援師拚取沙場革裹尸十日孤城親
守禦半朝殘局苦支持紛紛警信軍情亂壘壘冢

青手筆遺聞到君王開雅甚春鐙燕子唱新詞
識得春秋義例精南都誰共矢堅貞兩兒穩籍朝
中柄四鎮爭譁鬬外兵如此江山眞可惜讓公忠
義獨成名梅花萬樹招魂地一曲神絃譜送迎

登焦山

焦仙今去矣遺跡自千年野寺煙迷樹長江水撲
天龍蟠周鼎古鶴瘞舊銘傳世事滄桑改登臨思
悄然

歸興

嗟余行役久終歲背高堂縱有平安信何如返故
鄉今宵辭伴侶明發束行裝一笑還家去庭闈樂
事長

自邗上歸里

遠村茅屋兩三家楊柳青青護水涯記得來時曾
過此短牆紅露小桃花 輕倩宜人 漁叟

古寺

寥落空門裏何人此坐禪斷碑猶有字殘竈已無
煙莫辨雲房路誰知古樹年秋風吹佛座落盡華

峰蓮

閨中即事時館於顧氏之虛舟

濃煙輕護碧窗紗小院何人晝煮茶雨細風斜天
欲晚隔簾相對紫薇花

秋柳

依稀春郊柳萬條見人青眼若相招須知陶令門
前樹每遇西風不折腰

夢游詩

乙丑長夏夢中得句云日出海門渡鐘鳴
山寺僧覺而思之似金焦曉望詩也續成
一律誌曰夢游

清晨勤游興拾級勢崚嶒日出海門渡鐘鳴山寺
僧寒潮摧斷岸曉露浸枯藤彷彿禪堂裏長明一
穗鐙

古意

衣裳半淚痕送子出關門絕塞人千里歧途洒一
樽即歸恐垂老未死先招魂不爲傷離別安知平
日恩

秋燕

秋到江南落葉飛畫樓門掩尚依依驚心陌上涼先至回首梁間夢已非故國朋儕餘幾輩舊時亭館半斜暉只因賓主多情甚惆悵西風不忍歸

秋雁

幾多旅雁滯天涯秋到江南恨轉加一夜影涵湘水碧數行字畫楚天斜梁間燕子應相識江上蘆花便是家薄暮灘前回首望林邊日落羨歸鴉

七夕閨怨

經年別恨掩重門况遇良宵更斷魂莫道一年惟一會深閨有女羨天孫

其味無窮 漁叟

城南觀蘆花

一白失晴灘城南得大觀橫空秋瑟瑟撲水雪漫漫空洞如無物蕭疏獨耐寒嗟余憔悴甚好作一般看

江干晚眺

小築茅庵傍荻蘆倚欄極目眺前途西風遠浦客呼渡秋水斜陽人賣鱸黃葉綠波若畫景青山紅

樹輞川圖晚來江上霞成錦吟得新詩好自娛

秋砧

砧杵一城秋征人正遠游深閨添別恨羈旅動新愁隴首雲千里磯頭月半鉤餘音吹不盡幽夢醒閒鷗

秋日見燕因懷近蓬

紫燕飛來故故遲一雙玉翦掠參差憐君亦是辭巢燕幾日西風繫客思

月下訪李小樓不遇

舊雨久不至北風吹我衣扶笻尋曲徑戴月叩荊扉童子開門語先生猶未歸花陰一回首黃葉滿林飛

寒蟬

吟夏復吟秋寒蟬唱不休西風黃葉路疏柳夕陽樓古驛歌殘調深宮咽暮愁莫嫌憔悴甚賦質本清幽

蘆花

報道西風又一年每看葭葦得秋先琵琶亭畔人

來地鶖鶄洲前夜泊天半世常資鷗鷺宿此身愛
結水雲緣欲知何處花偏盛只在荒村古渡邊
澤國霜寒水一渦伊誰常此住煙波顛狂也解隨
風舞蕭瑟如今奈我何涼夜潮從前渡起秋江人
在此中多更深急點蒹蒲外知是跳珠細雨過
悽風苦雨過秋江點點花飛墮石矼萬頃涼雲迷
荻渚半天溼絮壓蓬窗帆檣隱隱船停一煙水茫
茫雁宿雙帳望蒹葭人不見灘邊惟聽浪淙淙
荻花瑟瑟路悠悠有客當年賦遠游溪上冷雲瀰

父被江心明月美人舟相逢未必無青眼終古誰
能免白頭寄語三春好桃李休將紅紫逞風流

岳墩秋眺

前渡冷魚罾秋空萬象澂棲煙來宿鳥踏葉見歸
僧城堞同今古滄桑感廢興斯人不可作懷古石
欄憑

秋閨怨

秋花冷豔夕陽紅唧唧蟲聲唱晚風獨向瑤階叉
手立閒愁多在不言中

陌頭楊柳又經秋門閉深閨懶上樓屈指來朝逢
七夕欲將歸信問牽牛

城西晚步同凌木卿蔣子魚魯陶庵作

本爲看花來步入荒郊裏一聲何處鐘夕陽淡秋
水

寒夜獨坐

家住梅花裏生涯酒一瓢風聲窗外竹畫意雪中
蕉地白鴉棲樹天青鶴在霄會當吟興發得句破
清寥

雪

風緊雪花飄江千人寂寥遙憐驢背客又上灞陵
橋案上詩千首樽前酒一瓢呼童休便掃即此避
塵囂

小有天園梅花盛開小樓平叔招飲即席賦
此

爲報園林主詞人今又來呼童攜酒榼聯袂訪亭
臺春意孤山透梅花昨夜開不知高詠者誰是謫
仙才

丙寅入泮告奠　先慈四章

自愧才非齊仲父，何期鮑叔是知音。學使鮑花潭先生因思小子成名日，聊慰慈親屬望心。痛矣欲刪將母什，悲涼怕續斷鍼吟。安能終古椿萱茂，一洗人間積恨深。

童年光景未全非，忽著青衫卸白衣。未必劉蕡終下第，已無姜母寄當歸。牽衣索笑情如昨，弱冠承歡事竟違。寄語世間爲子者，及時須早報春暉。

一別慈闈將十載，淒涼猶記望兒時。機聲老屋丁甯意，篝火寒窗誥誡詞。始幸微名能驥附，不堪返哺憶烏私。熊丸味苦姜魚美，總是萱堂去後思。

人世須從身後爭，此生端不競浮榮。慚無封誥光泉壤，喜借詩書貽令名。守分常如爲子弟，求奇何必定公卿。毋兮有鑒應憐我，立品長思近老成。

至情至性讀之令人酸鼻　漁叟

庭前牡丹盛開

國色天香自古誇，春深又見影横斜。吾曹只當奇文賞，貧賤人看富貴花。

楊花吟

點點楊花墜綠苔，生成薄命莫疑猜。飄蓬半世渾無定，又見浮萍入水來。

大水紀事

六月七月天大雨，千戶萬戶祈晴苦。六月七月車豐開，一日二日水又來。去年水來早稻熟，倉有餘糧釜有粟。今年水來稻未黃，催之不長割不遑。割不遑，水未已，朝來下下之土田，暮入深深之高壘。平原百里少人煙，風號疑有蛟龍起。我見流民手加額，繪圖恨少監門筆。操刀擬賦鮑公來，嘉慶乙丑丙寅揚屬大水，鹺商新安鮑君錫芬來泰賑濟，邑人鄒耳山先生紀以詩只恐今人不如昔。吁嗟乎，只恐今人不如昔。

大水行爲李小樓作

小樓於丙寅春移居城北周家溝，是年西水下注，出入維艱，向同人索詩賦此應之

周家溝，水倒流，先生之屋如浮舟。阻之不能推不去，咄哉此地不可留。朝焉入君堂，暮焉入君室。轉盼空庭中，一尺復一尺。他人處此多牢騷，先生處

論詩一絕示同人

得失由來在寸心漫分宋派與唐音少陵詩卷東
坡集一樣流傳直到今

偕朱茶舫訪菊未開

芒鞋踏徧不知秋同作空山冷淡游老圃西風門
半閉疏籬落日雨初收何人也載淵明酒顧我如
回剡曲舟且把新詩堅後約展重陽日再勾留

菊花

疏籬西去影交加秋老閒門落日斜恰怪風塵奔
走客年年有約負黃花

述懷

心高性傲本吾眞嬾逐時流强效顰閒裏閉門聊
覓句興來下筆儼通神手無尺柄憂天下心有名
山避俗人惟許知交常聚首不分誰主與誰賓

病起遣興

抱病何曾有幾時那堪事事力難支同人賭酒先
推醉鎮日拈毫懶作詩簾外花光如我瘦宵來秋
氣已先知此情此景眞無賴擬向青天一問之

此意氣豪意氣豪何由知駕輕舠來徵詩新詩徵
徧桃花紙難慰哀鴻中澤思

嘯雲社小集有懷近蓬

昔年曾與步兵游月夕花晨互唱酬一別那堪將
十載論詩各自有千秋且欣此地堪容膝恭識何
人早出頭不是陳蕃工待客南州孺子肯勾留

頷聯雄秀 漁叟

謁王心齋先生祠

獨行餘姚派艮知續瓣香一生歌樂學兩世肅烝
嘗謁公次子襞不借科名重能增淮海光低徊無限感
祠樹鬱青蒼

送燕

秋風纔動便思歸不慮沿途伴侶稀我是主人君
是客相依何故又相違

古樹

本是棟梁質荒山久屈蟠心空容物易幹古入時
難有蔭春常在無風晝亦寒功名思大樹千載已
漫漫

嘯雲社晚集口占
獨向閒階步綠苔草堂鐙火會羣才未曾落筆先
磨墨知有新詩腕下來

送李小樓之邢上
生就嵇康嬾逢迎失我真願將肝膽語贈與别離
人客路分夷險窮途愼喜嗔此邦好風月莫便歎
清貧

讀史雜感
齊有管仲父雍巫不爲災燕有慕容垂敵兵不敢

來或爲匡時器或爲跋扈才其人雖不同其理詎
異哉可知用人者當先求良材
越王有范蠡吳王得子胥同此報國心其遇何各
殊一則游五湖一則死屬鏤所以古君子明珠愼
暗投
漢廷李都尉手提五千軍長驅出關外擬立不世
勳一朝大勢去匈奴終其身原情雖可憫論罪豈
無因
千古大奸臣才識必過人倘能駕馭之未必非能
臣惜乎主孱弱乾剛不克振孺子弄股掌龍性宜
難馴
景略捫蝨談奇才寓深識當其被褐時自顧無與
匹拜爲軍祭酒非無駕馭術皤然事符秦乃爲竭
心力失人於交臂吾爲桓溫惜
有唐如李杜作詩稱聖神乃不得制科偃蹇終其
身當時得志者未必皆傳人才命苦難兼勿以貴
賤論
宋祖得國初杯酒召元老爲言人在世行樂須及

早兵權既羈身不如歸去好此時諸功臣其旨未
深曉乃求立朝廷不草乞休表猜嫌由是生終始
焉能保
荆公非大奸好奇乃其失作詩必異人作文必已
出一朝冠百僚慷慨談經術欲行則竟行意氣亦
良得煌煌史筆書厥咎將安匿惟略跡原心意亦
在富國名流繼不避終異貪殘賊
夢陽與對山下筆如有神彼此不相讓旗幟由是
分故人忤權閹縲絏繫其身大聲呼救我不屈義

不偉卒致白璧玷觀過斯知仁嗚呼古君子無黨
而有辜

綠珠

美人一去成黃土金谷園荒空白雲太息息嬀猶
有廟何人來弔綠珠墳　議論新奇漁叟

書琵琶行後

楓葉晚蒼蒼蒹葭水一方秋聲滿江上明月照潯
陽愁重絃難訴歌終淚幾行美人與名士同是未
還鄉

秋夜

迢遞夜將半天邊月影沈西風吹急雨落葉滿空
林寒氣重衾透陰雲一徑深遙憐羇旅客應動故
園心

久不得近蓮消息

客中景況近何如獨坐懷君落月初想是南飛孤
雁少未能遠寄數行書

寒夜偶成

宵深萬籟虛獨向苔階立涼月淡無光寒霜點衣
溼

聞雁

雁唳何清徹江南已暮秋同生天地內各有稻粱
謀蹤跡尋泥爪山川認昔游茫茫煙水濶是處足
勾留

古劍歎

古劍色斑斕不知何代物酒酣斫地歌寒風自披
拂自惟劍術疏藏鋒不敢出恩仇一未報中心常
鬱鬱

秋夜聽雨

風聲雜雨聲迢遞下江城此際一回首長空萬簌
鳴殘鐙猶吐焰孤客若為情已是愁難解芭蕉況
拂楹

新霽

歸雲猶未盡回首夕陽明繞徑葉飛滿沿階苔亂
生出游循石路獨坐卷簾旌遙指疏籬外方塘水
已平

友人有酒癖作詩箴之

日與青州從事游，常壚慣典鷫鷞裘。憐君未醉先詩醉，纔說消愁更有愁。逵似劉伶常處死，才如李白尚招尤。試思舉世瞢騰客，獨醒何妨一出頭。

性靈語頗耐咀嚼　滄叟

殘月

宵深星斗寒，獨自倚闌干。殘月明如許，何人解共看。

早行

熒熒天欲曙，游子事長征。海上浮雲散，天涯初日生。板橋人跡少，孤客曉裝輕。未識深閨裏，遼西夢可成。

種梅

舊有耽梅癖，階前種幾行。扶持吾不惜，灌溉日方長。草自隨時刈，花憑此後香。晚來微雨潤，天亦助人忙。

擣衣曲

今年寒比去年早，去年人至今年老。妾擣寒衣年復年，征人尚滯秦關道。明月流輝入洞房，思君不

見妾心傷。擣衣時候寒如許，想到征人淚如雨。

秋風

一陣輕寒入畫樓，蓴鱸風味恰宜秋。不知此日吳中路，送到歸帆第幾舟。

十月望日偕宮石卿陳筠士王平叔游城西晚歸

酒罷動游興，柴關傍水開。小橋尋路近，孤月逐人來。犬吠前村急，僧歸隔院纔。也知清景好，無那晚風催。

月夜朱茶舫王平叔過訪

月下攤書坐，柴關夜不開。忽聞聲剝啄，知是故人來。濁酒聊斟酌，新詩待翦裁。翛然脫塵俗，此會亦佳哉。

打魚灣懷柳敬亭

偶過打魚灣畔路，蘆花風急晝冥冥。甯南已死毛生老，誰識人間柳敬亭。

秦淮消盡綺羅春，此老居然作逸民。鐙灺酒闌思往事，自憐身是兩朝人。

懷李小樓

故人騎鶴揚州去絶少平安兩字書客邸詩情應不減橋頭月色近何如荒涼易動興亡感飄泊應憐故舊疏斜倚闌干搔首望天寒日暮費躊躇

對月

晚來散盡嶺頭雲送到揚州月二分無那高寒偏照我每逢宴會便思君鑪香繞戶琴初撥花氣迎人酒易醺不識誰家深院裏有人展拜祝殷勤

唐花

含苞豈借暖風催火候從頭驗幾回只有梅花丰骨好同時不向熱中開 身分絶高 漁叟

書寄近蓬扎後

欲寄君書不自支幾番擱筆費尋思言愁只恐書難達且寫消寒數首詩

思白堂詩存卷下

泰州江對山曉峰著

予自辛酉學爲詩於今近十年矣博覽陳編欣然有得用作長歌以自策勵

折花須折最高枝吟詩須吟絶妙辭十年辛苦頗自信作歌寄與同人知我年十二三見詩心神怡雖未歷堂奧卻已窺藩籬披竅導窾心力竭只愁古人難攀追十四十五學作詩古人歷歷皆吾師少陵律法嚴且整卻又妙在神明變化無成規其

餘韓蘇元白各自有家數氣象難以一律羈或纏綿而悱惻或光怪而陸離挹其膏液傾其脂眼光到處星月馳此中消息微乎微青蓮詩品古第一珊珊玉骨仙人姿神龍見首不見尾心香一瓣終奉之讀詩既如此作詩將如何請君安坐聽我歌有時擁被臥有時繞舍行有時叉手作遠勢有時獨立窮蒼冥冠不及整容不及逆勞思竭慮慘不成形一日萬狀莫可具名山川天地鎔在一鑪內然後筆光閃爍風雷驚暇日無事沈酣卷軸萬卷

丹黃手白披餘酒闌更吹長歌當哭不鍊金丹成那識神仙好不升極樂界那得除煩惱寄語世人無草草陳編具在勤探討

筆勢奔放極似兩當軒漁叟

對雪

使曉夢初醒開門雪滿庭山林成貝闕世界入晶瓶晴室生虛白浮嵐尖遠靑梅花在何許先送一枝馨

訪友

綠陰滿樹草萋萋家在深山西復西行過小橋人

不見落花風裏曉鶯嗁

元人佳句　漁叟

籠中鸚鵡

畫樓西畔玉堂東多少閒愁訴未工莫笑野鸚無用處一身從不受牢籠

讀史

漢王忍項王愚愚於鴻門不聽亞夫計忍於功成名立韓彭之屬皆誅除韓彭之誅猶細事鼎上太公亦恝置假使當年竟受烹亂時父子眞兒戲

過作孤臺

東風獨上伴孤臺偏地荒墳掃不開一去永無相見理百年都要此中來文章蓋世埋黃土碑碣空存臥綠苔死者何知生者弔茫茫今古總堪哀

讀小倉山房詩集書後

一枝妙筆本天生漫詡功夫學得成六代江山開眼界三春花鳥助風情不談格律才原大洗盡鉛華氣獨淸當日盛名齊蔣趙同時各自闢心兵

一卷秦中紀事詩規模不獨近今師論才雅合空前古著手都成絕妙辭早歲歸休眞得計衰年著

作亦逢時輞川圖畫香山筆能繼風騷問阿誰

岳少保

有手難揮落日戈殘山賸水奈愁何一門忠孝如公少千古英雄嫁禍多北望中原餘涕淚南來時事足悲歌他年慈聖還宮候猶把忠良問九哥

掃墓

曉起呼家人共向南村去攜榼挈酒漿掃我先人墓先人吾未見但識母居所吾母生我時我家極寒素哺食日不遑勉將傭保雇愛兒無已時寒煖

時調護何意兒長成母已歸泉路我欲招母返幽明不相遇我欲從母游人間無覓處少小不知恩長大空悔悟展拜望松楸淚傾如雨注

題乘風破浪圖

洶浪驚濤裏扁舟一葉横氣吞江海盡勢挾雨風行所向眞無敵斯人不可輕急流休勇退前路是蓬瀛

再題隨園集後

買得園林水一方幽居風景足徜徉不尋宦味晚

詩味爲愛他鄉忘故鄉玉殿少時曾珥筆金釵老去尚成行自從劫火金陵後難覓廬鴻舊草堂

一枕

一枕黄粱夢太癡此生占得幾多時嫁衣枉爲他人作棊局翻多冷眼窺客裏光陰閒有味天涯雲樹遠相思何時得遂煙波願一棹飄然任所之

詠史三首

一統車書屬始皇上崇徽號到莊襄那知大賈居奇貨六國未亡秦早亡

羽獵長楊字字珠草玄才調古今無未經投閣身先死免得人書莽大夫

扶風家世儘風流班固班昭史共修獨有岸然投筆者立功偏在海西頭

連日不得阮近蓬消息近聞贛榆之警詩以柬之

側聞居處近烽煙天末相望思悄然世路升沈原不測風塵飄泊總堪憐久無好語傳鴻雁應有鄉心托杜鵑何日溪山同買宅一樽醉倒酒壚邊

火災行

六月七日申酉交長空瑟瑟風怒號一時雲氣將天包蛟龍得雨聲咆哮祝融回祿來東郊文昌閣被火龍燒我初聞之見猶膠豈有水龍火龍同時相煎熬阿誰剝啄吾門敲鄰家有客來相邀與僕共登高樓高滿身多被珍珠拋舉頭一望心魂銷電光灼灼如相招吾明誠足察秋毫須臾雨止火亦消雕甍畫棟歸蓬蒿

亂後登郡樓

滄桑更變感如何一郡興亡曾眼過覊客南來人事改大江東去戰船多居民幾輩罹烽火庭院誰家長薜蘿我是游魚逃釜底不須悲眺歎蹉跎

泊舟焦山遇友人

陰崖漠漠晝生雲此際停舟日已曛東去江流皆入海南來山色又逢君賞心白下人千里回首揚州月二分同是明朝掛帆去秋風蕭瑟感離羣

焦山題壁

世上年來徧網羅名巖登眺興如何詞人墨蹟山

中滿估客帆檣檻外多絕壑深林喧鳥雀低空濁浪走黿鼉側聞　聖代旁求急未敢隨人著釣蓑

渡江

天風跌蕩海門開斯世誰爲作楫材白浪有時掀地起青山無數過江來故園迴首家千里異地論心酒一杯安得驚人傳好句高歌直上雨花臺

泊燕子磯

虎踞龍蟠第一州金陵王氣未全收六朝人物空斜照千里江山作勝游風逆但看雲北向我來依

舊水東流自知身在牢籠裏不及沙邊狎浪鷗

登燕子磯望江

拾級上山頂天風吹我裳古今皆一瞬南北此分疆帆影沒雲際濤聲下大荒閒尋舊碑碣水際磬聲涼

阻風

苦雨連宵阻客程朝來江上忽新晴風波亦是尋常事莫畏風波便不行

白下秋感

風月秣陵舟潮平水不流人家排兩岸鐙火出重樓斯地幾興廢吾身自去留回頭望鄉國雲樹渺予愁

木末亭

落日長千里秋風木末亭登高思往事酌酒問山靈石徑猶堪覓樵歌不忍聽還經剖心處（山下有楊公剖心處短碣存焉）碑蘚遍人青

桃葉渡

大令謳歌地桃花不再春西風吹短棹愁殺渡江

人

絕句示李釆之

年來烽火已全消同向金陵蕩畫橈一種閒情君
記取莫愁湖上雨瀟瀟

泊划子口

露冷風微短棹停隔江無數晚山青蘆花楓葉秋
初到野店河橋酒半醒熟睡且欣無客擾吟詩生
怕有龍聽近來蹤跡嗟何似天上飛蓬水上萍

瓜步曉發

殘月下中泠扁舟入半酣江聲走虛白山色發遥
青鄉語吳兒熟疏鐘估客聽回頭望瓜步漁火淡
秋汀

曉發樸樹灣

樸樹灣前木葉涼天風吹日下扶桑一帆秋色銜
煙冷兩岸潮聲送客忙健僕船頭炊早飯舟人縫
背補新衲昨宵已渡長江險此去揚州是故鄉

過野寺

傍晚巾柴車偶過招提境山寺一聲鐘夕陽溪澗

冷

揚州

曾聞故老說繁華不數楊家與李家東海獨饒鹽
筴利南巡兩駐　帝王車人間有客爭延妓湖上
無田不種花底事年來御蕭瑟香塵吹作戰場沙

平山堂

我到山堂日山堂徑已荒西風渾不解吹雨過雷
塘

得味外味故佳　漁叟

榜發遣興

不須搔首問青天得失從來亦偶然才調児非前
哲比姓名敢望蕊宮先蓬山悵望心如結雲海升
沈路幾千每為聞雞思起舞祖生至竟著先鞭
何處眉痕問深淺有人花樣鬭新鮮文章大比剛
三載風雨重陽又一年才大豈終遭白眼數奇只
合守青氈果然羽翮能豐滿定見飛騰到木天

讀至風雨重陽句黯然魂銷　漁叟

題葉石生聽秋圖

吾友廣陵豪於書無不讀作字必鍾王作文必潘

陸允矣廟廊才，雲路相徵逐，而乃牖下居，空抱便便腹。昨日碧雲端，飛下南來鵠，示我聽秋圖，山中結茅屋。巍巍百尺樹，裊裊千竿竹，青青石上苔，呦呦蕉下鹿。有琴掛不彈，有劍貧不鬻，有童子烹茶，有奇書寓目。可以滌煩憂，可以洗塵俗。顧僕竊有言，請君爲三復：東陵數畝瓜，陶家三徑菊，時勢實使然，豈必甘巖伏？方今際聖明，旁求意孔迫，既抱經世志，毋爲徒碌碌。秋聲雖可聽，秋氣總非福。

秋日登岳阜

詩酒數朋儔，登高作宴游。池荒蓮葉老，雨過豆棚秋。林際鐘聲遠，草間蟲語幽。誰家先得月，城外有高樓。

遠水碧連空，孤帆夕照中。千家繞寒郭，一雁下西風。城古堞環雉，詩成氣吐虹。蒼茫回首望，叱犢去歌童。

送葉石生之草堰

朱門春夢正酣時，我輩河橋折柳枝。生小未經爲客苦，情深怕作紀行詩。荒村月落聞雞早，野徑霜寒上馬遲。此去也知非遠別，高堂無那鬢成絲。

秋夜懷阮近蓬詩以代柬

長夜思漫漫，思君淚不乾。離家千里遠，糊口一身難。落落黃金盡，紛紛白眼看。貧交無可慰，寄語好加餐。

村居

偶然托跡住林泉，消受春光又一年。小院客來連榻坐，荒村日落閉關眠。事逢失意庸非福，人到無愁即是仙。爲有故交書未達，夜深窗下草吟箋。

紀夢

朝訪瀛洲島，暮入蓬萊班。蓬萊仙人向我笑，倚杖賜我雙玉環。謂我清奇抱仙骨，胡爲碌碌居塵寰。我聞此語開心顏，俯瞷八荒凌高山。鸞吟鳳嘯忽驚覺，檐前夜雨鳴潸潸。

廢宅

曲徑叢苔草，空庭敞落暉。可憐梁上燕，還望主人歸。

得費在山書並見懷詩一章作此酬之

故人書一紙珍重值千金况以琳瑯句而兼金玉音容中知己少字裏別情深感此意不釋徘徊理素琴

書吳梅村集後

唱到禾油麥秀歌此時出處定如何事關君國恩情重身關興亡感慨多宦味飍嘗非始願文名早占獨於雞只餘三尺墳前碣兩字詩人竟不磨

結語爲先生吐氣 適叟

秋居即事

一徑入桑麻翛然處士家淺陰籬豆架疏雨海棠花高樹秋風早閒門落日斜呼童沽美酒指點路三叉

題草堂壁

倒取長江作硯池醉題粉壁當烏絲九州無地容王粲四海何人說項斯橄欖味酸難入口梅花香冷不宜時幾回欲把行蹤寫只恐旁觀笑我癡

聞兩江節相曾公移督直隸

妖星夜落秦淮水親向江頭總六師一自旌麾勞坐鎮便教父老見清時北門鎖鑰秋來信南國甘棠去後思幾載鯨鯢稽顯戮 朝廷應悔擢公遲

癸丑兵興以來吾鄉聞見之事有足悲者補賦四章

花肆翁

江村歲欲闌花市繁英布碧桃兩三株丰韻嬌郎慕牡丹四五盆顏色楊妃妒非春而著花疑幻又疑誤旁有白髮翁笑言君且住此是火烘花隆冬見生趣不見熱中人購之獻當路但求青眼看那

惜黃金付予非買花人聞言拂然去歸問綺窗前寒梅開幾處

良宴會

堂堂布政使駐節延令城朔望肅衙參長官車馬盈須臾指揮畢傳呼讌嘉賓嘉賓何如人半據要路津高堂設華宴羣吏爭趨迎女妓態翩翩進酒侍芳筵酒酣絲竹發滿座皆淫聲大官撫掌笑小官低首聽此時有一言請爲當路陳憂樂何者是試與衡重輕

徐公來

吾鄉徐觀察幼入戎馬場往年蒙聖恩給假還故鄉故鄉近盜賊孤城非金湯大憲來謁公公請圖保障環城度地勢摶土以爲牆時平尚撫字世亂愼兵防其心亦頗善其用胡不臧朝營三尺壘暮浚數尺湟穿塚而破棺白骨聲硠硠生者未受恩死者先慘傷惜公不親[illegible][illegible]見應彷徨

公府災

孤鐙靑向人一室小於舸忽聞僮僕喧州衙呼救火我亦隨衆往徙倚官道左不見星月光但見濃煙裹滿水當油澆融風作箕簸堂堂牧守尊指揮簷下坐片片瓦鴛鴦齊向雲間墜須臾火力微飛下綠林夥劍掣風颼颼槍開雲朶朶獨有少年僕挺身曰有我赤手向前搏雄豪勢亦頗衆寡奈懸殊微軀空召禍寇來兵臥牀寇去門斷鎖莫訝我公傷猶算留完卵

小西湖踏月至醉雲居

踏碎一隄月西風撲面來獨行無伴侶前渡有樓臺僧寺鐘初動酒家門半開脫裘思買醉愧乏長卿才

醃菜

園人擔菜把清晨上街賣呼童急買之天寒重旨蓄沃以水一盂糝以鹽一匊藏以甕一頭封以茅一束略資醞釀功日至則皆熟入饌試昆刀登盤嚼寒玉味比豆豉鮮功借焦米錄早晚配盤餐波餘及僮僕

守歲

街鼓鼕鼕夜欲闌大家杯酒祝平安不知此夜春多少折得梅花仔細看

上燈

西山日落晚風清鐙火如開不夜城人盡看鐙儂看月炎涼只恐太分明

夜坐

四壁冷如水蕭齋夜景清霜寒孤鶴語人靜一鐙明憶遠詩初就還鄉夢未成推窗看月色不比昨宵盈

春雪

春冷纔幾日，雪飛又滿天。離家無百里，作客已經年。柳絮才人咏，梅花驛使傳。白描誰得似，畫裏李龍眠。

寄費在山四絕

費禕才調本超羣，江統相思空白雲。聞道近來詩興好，手拈斑管立斜曛。

淵源不用別家尋，一卷春暉仔細吟。時春暉草堂詩告成到鳥嗁花落後，自然山水有清音。

與君三世作通家，又共傳經侍絳紗。爭奈雲龍難久聚，一沈滄海一天涯。

兩家只隔一重門，往日曾叨北海樽。借問梁鴻爲客後，何人重破舊苔痕。

論詩

處世心貴直，作文心貴曲。直則無機巧，曲則有起伏。彼此順自然，人生萬事足。

不可有古人，不可無古人。無古必悖古，有古必泥古。悖古何所師，泥古安用之。

太白詩中仙，工部詩中聖。仙是天生成，聖是循序進。學聖有功夫，學仙資本性。名論不刊 漁叟

二月初九日三鼓作

寒風蕭瑟樹煙昏，幾日春陰未出門。雙屐踏殘深巷雨，一鐙搖斷旅人魂。青衫黯淡無光彩，古劍斑斕有血痕。我亦壯心思起舞，不知誰肯作劉琨。

花朝

何人覓醉解金貂，招我尋春過野橋。雨度天涯逢穀雨，一年時節又花朝。薔薇露冷休勻面，楊柳風

多易折腰。豈料踏青歸去後，隔牆還聽紫雲簫。

囑還鄉人

上報高堂意殷勤，囑汝知爲言。爲客日還似在家時，得暇書常讀，貪眠起較遲。近來諸弟妹，應亦解吟詩。

曉出南村

侵晨睡不熟，野游恣汗漫。連畦麥苗秀，千村雲樹暗。衙煙鷺影低，叢竹鳥聲亂。一陣寒風吹，紅日盈天爛。世界見光明，雲霞幻金紺。田父渡頭汲，漁子

溪上爨柴關次第開行人去來半興盡返空齋操觚弄柔翰

殘春

小園花影舞婆娑連日經風喚奈何縱使東皇加意看可憐春色已無多

寄王平叔

風光猶記二年前花底吟詩蠟炬然好客心憐陳仲舉不羈才愛李青蓮風流筆妙稱雙絕雲樹江村各一天難得歸鴻解人意為傳芳訊到君邊

郊居

楝風吹罷麥苗齊多少飛花送馬蹄流水小橋春遠近斜陽芳草路東西偶看雞犬尋途熟時見牛羊向夕棲欲倩荊關添畫稿溪光難寫碧玻瓈

晚唐風格漁叟

客思

野渡炊煙起孤雲逐鳥還夕陽沈絕壑羈客掩柴關故里書難寄高堂鬢欲斑相思不相見何日破愁顏

夜宿寓齋題壁

薄暮巾柴車言歸省親舊微風颯然來吹雨上襟袖仍回故齋宿一宵暫遲留寂坐方無聊遙天忽明秀雲藍一紙鋪碧落雙星透攬衣起徘徊簷前滴殘溜天空河漢見市遠無更漏涼草露華滋疏籬月光瘦樂此佳景佳忘彼陋室陋一笑閉荊扉酣眠達清晝

野望

怕染塵氛靜掩扉偶因春煖過苔磯誰家雞犬啄殘粟無數牛羊臥落暉遠浦人歸魚市散疏林風起亂鴉飛卻憐貧士深山裏終日長歌和采薇

過城西草堂

一帶桑陰轉柴關傍水開但憑游客至不見主人來梅嶺春歸未松屏雨過纔百花頭上立何事獨徘徊

是草堂真景漁叟

回里將十日矣明晨復有南村之行作詩示內子

拈得風流筆一枝眉痕畫罷便題詩得歸好借清

明節相見翻縈遶道思寶鏡有情還戀我青山欲買苦無資來朝又別高堂去菽水承歡好護持

檢篋得亡友翟吟秋遺詩泫然有作

吟得詩成手八叉長卿夙藻未全差此時東閣留遺草當日西堂共看花久向揚雄問奇字御憐長吉嗣才華早知君易成黃土悔不親停白社車

贈牧童

力田無閒入騎牛自來去短笛一聲吹殘陽在高樹

采桑詞

倉庚鳴前林新蠶初上箔呼兒攜筥筐采桑南山腳口隨姊妹行料理須踴躍他日纊絲成織衣爲汝著

齋居

筆底能參造化功天將著作補奇窮頻年作客身如寄幾夜還鄉夢不同善語迴殊秦吉了無聊眞似可憐蟲雨聲早晚催春去分付家僮掃落紅

寄內

纔過清明又分手他鄉作客感離羣昨宵夢入家園裏手把梅花贈與君

花下作

繁英密蕊鬪丰姿獨立花前有所思寄語賞花須及早飄零卽在盛開時

村西野望

半溪流水響潺潺兩岸垂楊灣復灣放鴨船從深港出賣魚人帶夕陽還佯狂只恐難諧俗大隱何須定在山如此風光如此景一年能得幾回閒

神肖放翁漁叟

烏夜啼

烏夜啼啼何哀爲哺雛身早衰身衰母自苦雛烏能返哺

春興

昨宵夢裏聽啼鶯曉起題詩下筆成一徑落花春又老半簾紅日雨初晴言愁最愛張平子善病眞如馬長卿分付漁童休遠出藥鑪茶竈要關情

春暮

風雨瀟瀟逼絳紗蕭齋人自惜年華功名恐被儒冠誤豈獨驚心爲落花

書事

刀劍之傷傷一身烈火之焚焚一門奸人違天作凶事祝融助虐辜天恩不見今年正月初東村燎火延居閭一家燒死五六口有婦哭出無完膚同村咸驚訝火豈從天下究本而窮源乃得魏頭亞一唱百隨獲醜而歸往獻於官府惟撲殺是宜民曰殺之官曰宥之官之仁慈民所知但恐吾民受

害無已時

可入輶軒之采　漁叟

立夏日憶故園牡丹

風雨宵來滿曲欄遙知鄉國牡丹殘人言富貴收場早我歎繁華駐景難塵世豈無眞賞在天香時向夢中看兩年春色都孤負餞別憑誰敘舊歡

村西遣興

解官爭愛陸龜蒙招隱還憐左太冲一徑行人芳草外幾家門巷綠陰中里無冠蓋誠安土業重桑麻近古風我爲送春親到此垂楊深處繫花驄

獨坐

獨坐吟詩久寧帷對月華問君何不睡怕有夢還家

夜出西齋遠眺因至清溪

客去寂無語出門聊遠行月光臨野闊風力入宵清竣屋鐙猶閃池塘蛙亂鳴欲爲鸞鳳嘯恐惹世人驚

歸家前一日作

青天碧海兩相望夜漏遲遲月轉廊詩境久荒嗟

興少歸期將近怨宵長伊涼曲苦人難聽雲漢風清夜未央斜倚琴牀無箇事安排書卷束行裝

寄李小樓

雨過樹逾靜風來簾亦波鬪亭秋氣滿門巷晚涼多以我獨沈滯憐君善嘯歌前溪煙水闊相待理漁蓑

客舍見月

離家十餘里便作客中看明月依人慣經秋弄影寒他鄉增悵望故里祝團欒竟少微雲掩宵深獨

倚欄

寄王平叔

往年柳巷識君顔，手把新詩教我刪。幾載交情流水逝，近來蹤跡野雲閒。秋風庭宇多蕭瑟，落日河橋自往還。可憶天涯羈旅客，懷人終夕掩柴關。

漁父詞

蘆花開早潮來，蘆花落晚潮洄。花落花開信有時，得魚換酒灘前酌。一樽醉倒滄江前，滄江萬里無人煙。夜深風浪如

雷顛，吹船直到蘆花邊。漁翁咄咄猶酣眠，五更酒醒月在樹。扁舟卻向江頭住，笠澤之鱸松江鱸，明日煙波深處去。

秋思

荒齋無客到，徧地野莓生。風露昨宵冷，星河終夜明。偶然詩興發，自覺病軀輕。欲報高堂信，來朝遣使行。

中元前一日發家書作

客邸逢秋日，愁心在此時。歸期今又誤，旅況爾應知。善體高堂意，休縈遠道思。寒衣如擣就，封寄莫遲遲。

村落一窮士

村落一窮士，客居耽苦吟。胸際絕渣滓，筆下無古今。毎逢得意時，狂歌驚四鄰。四鄰少同調，聞者輙見嗔。豈惜聞者嗔，但恐非傳人。

贈表弟宮文叔

文叔頻年失意，近又抱風木之悲，予恐其荒而廢業也，作詩勗之

欲將詩贈汝，灑筆淚潸然。念我無慈母，於今已十年。斷機空在望，缺月豈能圓。庶體高堂意，持身範昔賢。

西風霎時起，聞說欲東行。家事從今累，微名未可輕。詩書先世業，繼述後人情。多病尤堪慮，時時講攝生。

七月十四日近蓬自崇川來訪予於城東者屢不遇，貽圓扇一柄而去，及予歸，近蓬行已五日矣，作詩誌感

蒲濤君訪故交時我在荒村唱竹枝小别難禁三載久歸期爭奈半句遲歡場詩酒他年會幕府文章四海知此際臨風一長嘯翻勞團扇縮相思

對月

金盤飛上天思婦不成眠離思有人共清輝何處先撫絃多苦調對鏡感華年爲念長征者相看輙黯然

秋思

淡淡微雲動細波宵聞征雁渡銀河旅窗坐久吟

蟲急故國秋來稻蟹多流水光陰今若此美人消息近如何來朝酒熟逢開甕慚愧天涯獨嘯歌

月夜溪上獨步

手把漁竿立釣磯滿天涼月一蓑衣星辰北向光華麗朋輩東來信息稀名士文章應不朽狂奴故態未全非先生豈是求魚者恰愛臨淵未忍歸

讀易堂課藝

（清）顧鴻撰

《讀易堂課藝》二卷附《古近體詩》，清顧鴻撰，據泰州圖書館藏清道光十五年刻本影印。

顧鴻（？—一八三五），字際飛，號秋江。清江蘇泰州人。諸生。康發祥弟子。早歿。

顧鴻卒後，其遺稿由康發祥、金長福於道光十五年（一八三五）整理成書。卷上文，十四篇，卷下賦，十篇。附試帖詩八十一首，雜體詩三十一首。多爲應付課試而作，文中有批點，文後有康發祥、趙閬中、夏荃、金長福等批語。顧鴻英才早逝，其師長輩多爲此扼腕歎息，其作確值得傳誦，如其絶筆《偶成》：『緑楊庭院静無譁，旋擁晴雲罩碧紗。春困乍醒簾不捲，流鶯啼上海棠花。』

（周　忠）

讀易堂課埶

顧生名鴻字際飛號秋江友人維馨之嗣子載之之子也生而聰慧十餘齡即問字於余詩古文辭一指示皆能上口及拈筆爲之亦復鏤心刻骨幾於成材天假之年正未可限也但才優運蹇數年內三丁內艱壬辰歲應州試試未終而病病即幾瀕於死幸而痊復銳志下帷以期一當今春復州試先期已小病力疾入場肩輿而出越一日而病劇矣旋就醫郡城參苓罔效賫志以歿哀哉生前所作文賦試帖雜體詩維馨載之始欲焚棄之以攄悲憤既思此子心血所在不忍也余爲之各選數篇畧加評點付諸剞劂非敢出而問世惟乞

大人先生矜憐而垂覽之伯山康發祥書於思麥堂之西軒時在

道光十五年六月下澣

海陵顧子秋江吾友載之先生之令子而又哲兄維馨先生之嗣子也淸才遠俗內行可欽含懿美於齠年露崢嶸於丱日應奉讀書五行並下陸雲幼慧六歲能文趙熹本達到之材祖瑩九兒中之聖獨超時輩無愧前修憶辛卯壬辰之歲余過康君瑞伯小海山房覩其近著詫爲宿儒揚烏異表能續太元之篇吳祐通才預諫殺青之簡朱异以英明冠代王澄亦警悟名家固已碩彥推襟鉅公歛手承學之士靡得而倫矣繼廼露屋論文晴郊聯襪察其風華秀整音響淸鏗玉已映乎觿辰蘭欲芬於綺歲披錦囊於長吉眞訝鬼才屬雛鳳於冬郎願呼小友君復掌焠宵鐙目澄雪梭苦思研索眞意蟠盤不爲一得之言兼備九能之選夏雲霞之麗質擷魏晉之腴詞一家則譽擅龍文獨學而美專麟角方冀文由福造德與言齊納珠帽於車帷撤金蓮於瑣闥高第則捷於拾芥英詞亦快若引鍼豈謂春城夜雨荃蕙先摧秋谷霜華李桃易謝空碎藍田之玉竟沈髡社之珠蓋豐於文而嗇於遇者理之不可知也昌其學而靳其年者命之不足憑也爰是循覽遺瀋掇拾燼餘錄其菁英刊爲一集不卑蕪學遠屬弁言僕技愧雕蟲才慚倚馬久叨逾格之契敢貢不文之辭嗟夫誦庾信荀娘之啟無任酸辛憶安仁金鹿之文同茲永歎所幸餘徽未沬芳質匪遥宿草初生殘編猶在孝友則日星共皎文章亦金石同堅古人不朽之三立言維重竊願爲維馨載之兩先生進一解也道光乙未之秋七月旣望高郵金長福雪舫叙

讀易堂課藝目録上

泰州顧　鴻際飛氏學江號秋

文

吾十有五

子游問孝至是謂能養

子曰參乎

騈

子見南子

年饑

先事

生乎今之世

相在爾室

嬖人

今人乍見孺子

彊而後可至艮不可

一人悳

利與善之間也

讀易堂課藝目録下

泰州顧　鴻際飛氏學江號秋

賦

李暮擫笛傍宮牆賦

烟花三月下揚州賦

蘆花被賦

走馬燈賦

醉蟹賦

刺繡五紋添弱線賦

寒梅賦

蓼花賦

蘆花賦

待雪賦

試帖詩八十一首

雜體詩三十一首

吾十有五

聖人以身示教而首念夫十五時焉夫十五已往時也曷爲去憶之乎亦日吾之爲吾盍自茲始耳今夫人莫不從少時來也而或有追咎於少時者或有竊幸於少時者故行修莫重夫始基我生難忘其初服靜言思之果有可以告人者耶（扼吾字從末節七）今吾且老矣撫衷有得（十倒戟而入）深幸歲月之無巡時序云遥竊記閱歷之已久凡所以歷試吾者固非一時之可盡（中有三十至六又佳）然吾有成其爲吾者吾更有不遽成爲吾者吾十有五蓋其首足念云象勺之舞其前此者矣吾姑且勿論第既曰十五則從容而躋成人之列者在伊時丱角而謝應對之末者亦在伊時十五不足重而所以完固有於性真之始者疇不以十五而作之基俎豆之戲亦前此者矣吾不復記憶第猶曰十五則曲禮之既謹者惟此際容遂之載美者亦惟此際十五未可輕況所以觀後效於將來之身者方將因十五而闢其徑十五猶夫人之十五也吾難置之十五而不猶夫人之十五也吾更難置之（提得空）凡人當事功既建而追念夫艱難之日其致力爲倍專況吾也（處處是從七十時追念十）屬在衰齡後此之修途殊爲有限矣而以今証昔吾得有今日之（有五語氣）吾者皆此十五之吾以懸其際而若或啟之也則欲知吾者舍十五其誰知之吾而限以十五也吾難忘之吾而不限以十五也吾（扣得清）愈難忘之凡人當名實兼收而同憶夫肇始之時其捺心爲獨切況吾也素稱少賤當時之成敗殊未可知矣使以昔觀今吾或無今日之吾者豈非十五之吾以擾其中而交臂失之也則欲見吾者舍十五其誰見之何則童稚無知之日於紛華則易慕於道理則易疎天性未漓之際於作狂固有失於作聖則有功吾幸矣吾此時蓋志於學矣

此題吾字貫通章下而學字亦貫通章截去下四字則不得不扼重吾字爲探驪之珠也文既得此訣并從末節現在之年追溯始基之十有五則神光獨到頗見慧心 瑞伯

子游問孝子曰今之孝者是謂能養

記賢者之問孝聖人早念及於能養者焉夫孝至今日難言之矣何子游猶能問也謂之能養其亦知今之孝者乎今夫孝也者貫（從孝字含下敬字亦住能養）古今而靡盡者也而不謂古與今之不相若者遂不免沾沾於形迹之間於此賢者憫焉聖人會焉一時問答間不免求諸形迹之微者卽不妨於形迹之微而念及之也今之人誰不當孝哉而顧子游爲然乎說者曰子游溫文爾雅擅譽聖門意其事親或矜末節而事繁文耳是則庭闈之間其以捧匜爲孝掾杖爲孝者固已多歟乃曰者獨以孝問也曷故門內之承歡誰不念離裏而思罄

暢無如羣相倣效至今已流傳失真也子游則痛懲衰風獨切咨諏於函丈膝前之愛藹亦旣竭溫凊而報深恩無如事故奉行至今而禮文徒具也子游則思維薄俗偏伸讜論於尼山子游此問非鑒於古而欲挽於今耶抑居夫今而求証夫古耶何夫子曰子欲知孝子其鑒於今乎子其亦知夫今之能養者乎（含下敬字）噫異矣孝非無所爲養也然必有不得不養之情而執爵執醻定爲常制必有不能不養之誼而視哽視噎自有明文特如今之言孝則是介壽稱觴亦得與孺慕之真誠並垂芳譽矣此固講禮者所優爲之也何俟羡流風於叔季歟養非不得爲孝也然自有養之事則顧我

復我吾身雖瘁而能安自有孝之稱則加餐減餐至性乃因而益見特如今之言孝則是問安視膳祇得以俗情之沿習媲美前賢矣此固好文者所欲質之也何堪循故事於時人歟（空中說）然人心之沉溺已深必卽其自詡者言之而後流弊乃顯爲共著養固今之詡爲能者也一念夫孝而養已可盡一念夫養而孝已足稱其深情（是未）（孟語氣不溢含蓄）怳如揭也世事之澆漓必返惟就其自疑者言之而後古道遂闡而能彰養固今之疑其能者也惟養能孝舍養無以成其孝旣孝則養非孝何以得是養其微言似可參也雖然以子游之好問所得者祇能養一言豈不虛此問哉及觀犬馬有養而後知夫子之

言微不負子游之問也子游之問誠有感於今也

此題下截語氣尚虛一着跡相便多窒礙文將子游來問孝時已解得今之孝者是謂能養則擡高子游卽一眼覷定下截語題打疊一片是以爲妙而詞亦俱有斟酌皆非率爾 瑞伯

子曰參乎

聖人有默契於大賢者不禁呼其名矣夫子之與參其相契非一日也特呼曰參豈無意乎今夫聖賢一無言之天也必欲於無言求有言而聖賢轉因之失矣抑知有時以無言者見其天即有時以有言者益見其天會心不遠雖一稱名間而已若或遇之也昔夫子設教杏壇嘗謂畢世之精神誰與識其甘苦我生之造詣難以得其祗承（注下門人）於是環顧同堂躊躇焉審度焉遲之又久乃得一參於心目間也曰我今有以知夫參矣我今不能忘於參矣獨是參之質魯其爲學也必艱似不足當夫子之稱道也何必耳傾心動於參而有獨契之真參之年少其爲學也必淺又未可當夫子之品題也何必目想心游於參而有難忘之意然而夫子有慎重夫參不得不呼夫參者也有欣喜夫參不容不呼夫參者也（文氣排奡）何以謀必忠者爲參何以交必信者爲參何以傳必習者爲參則參之一日三省者子固素知夫參矣然此爲昔日之參而非今日之參也（注一貫）夫今日之參固必有進也何以善守身者爲參何以善養志者爲參何以善執禮者亦爲參則參之孝於二親者子已久悉乎參矣然此爲衆人之知參而非子之知參也而子之知參（注忠恕）亦必有合也天下事苟非切於性命之微則亦悠然置之而不必有鄭重分明

之意子之於參其若是乎子若曰存諸心者惟參觸諸目者惟參遂不禁宣諸口者亦惟參也天下事苟無關於身心之故則亦漠然處之而何必在語言文字之間子之於參亦若是乎子若曰終身有以念夫參幽獨有以見夫參而函丈亦有以呼夫參也六言六蔽子嘗有以呼由矣然前此之由正不得不少遜今此之參也子不必以呼由者呼夫參多學而識子又有以呼賜矣然今日之參何必不逮夫前日之賜也（借賓定主恰好恰好）子正可以呼賜者呼夫參參乎亦知吾道一以貫之乎

行文似翻車炙輠照下如匣劍帷燈　瑞伯

機神翔洽清光大來　宵舜昭

騂

騂出於犂牛質已異於犂牛矣夫騂固牲之至貴者也乃不意犂牛之子而有此騂也今夫天下之物豈有一定哉物無定則物之類於所生者有之物之不類於所生者亦有之至於物不類於所生則質之美固不止一端也而色之正已望而知之矣夫不見犂牛之子乎以犂牛昭質有虧難擅美名於大武就阿池而辨物豈易於三百維羣九十其犉之外忽生遺種之姿思其子本原不善何堪並列於百牢進牧人而課功何得於夏人尚元殷人尚白之間忽睹本朝之尚然則犂牛之子亦惟是犂牛也明矣而何竟以騂聞哉吾於是觀乎犂牛吾即於是觀乎騂其爲騂惜者物生之相肖有常別族分門各有應求之類則騂之子恒爲騂誠事之至當不易者也而茲固犂牛之子也觀象則同叶夫坤別色則獨符夫震觀偕來之伴侶有不嘆其族類之已殊乎是犂不料其子之騂而騂亦無奈夫父之犂也其惜騂者幾以爲天下多此騂矣其爲騂幸者凡物之素行久著上行下效難期傑出之姿則犂之子恒爲犂亦勢之無可如何者也而茲固明明爲騂也父則雜亂之無章子則美南方之正色念美姿之難得有不美其幹蠱之可期乎是騂或欲盇其父之犂而犂初無意其子之騂也其幸騂者又以爲天下同此騂矣以故誦洛誥之文騂牛則用於文武觀明堂之位騂剛則別乎夏殷則古之有取於騂也久矣由是而或寢或訛豈僅作執韜服箱之事以故騂或施以楅衡可與讀閟宮一什騂更施於糞種可與稽草人一官則騂之見重於世也又久矣況其爲握爲尺更可生奉盈執玉之誠進觀且角則其山川用之也必矣而誰忍舍之哉

措詞雅切入彀更游刃有餘　瑞伯

子見南子

非所見而見者聖人準夫禮而已夫南子非子所當見者也然有禮在則可見矣子豈漫然見哉且人與人相見之禮豈無常然者哉然以常禮律常人則可以常禮律聖人則不可聖人者常人之則而又能超出於常人則可見者見之不可見者亦無妨於見之（曲折赴題）矧所見者人以爲有不可見之勢而實則有可見之禮也如子見南子是夫南子衛夫人而有淫行者也凡人臣居是邦有見其小君之禮說者謂夫子至衛子臣也以臣見小君禮也（古雅下字）又以爲子聖也以聖見淫亂者非禮也執此兩說則見與不見奚爲而可第見雍雍穆穆夫子有見衛君之禮矣誾誾侃侃夫子有見衛臣之禮矣諸禮不廢而獨於小君之禮廢之夫子禮之宗似不若是之疏且不避清議夫子有見佛肸之道矣不拒權奸夫子有見弗狃之道矣大道無難而偏於南子之見難之夫子道之的似不若是之隘然則以南子視南子則南子可不見以南子爲小君則南子何可不見被之僮僮被之祁祁君之玉女固與寡君共有其社稷也則人之見小君猶之見君也而謂可卻其見乎然則謂南子爲淫亂之人則南子不可見以南子爲君之夫人則南子不可不見東郊以蠶西房以祭于以用之亦與我君共事於宗廟也則夫人之見臣猶君之見臣也而謂可辭其見乎抑聞之孔子見衛靈公於圃靈公會仰見蜚鴻彼南子何人獨能修請見之禮則即其知禮慕聖不獨聞車聲而知蘧伯玉之賢也孔子雖欲不見得乎哉此一見也蓋準夫禮秉夫道近夫情者也何同堂之上有不諒聖心如子路者已怫然而起也乎

侃侃而談筆鋒峭勁　瑞伯

有咄咄偪人之氣無窮窮不吐之形的是雋才　興化趙沅芷

年饑

饑在於年魯君有罪年之意焉夫年而饑亦年之偶也哀公重慨之得非有罪年之意乎想其謂有若曰天災流行國家代有（已伏後二比意）但不身當其際則不必生嗷嗷之悲耳今者寡人不幸不能事宗廟社稷而致有此災也此亦事之實偪處此者也予不見夫年饑乎今夫年固不僅有饑也稽禹貢以百里納緫二百里納銍夏先王經畫有條其樂意輸將者何竟得之地平天成之後也無他富歲則然也考周禮以九成歛財以九式均財我先公謀猷有定其有備無患者何竟得之負扆輔政之時也無他豐年則然也而今之年何如哉土田附庸版章非不寥廓也而起視境內七百里之地其能計三十年之通乎泰山湯沐之邑則維草其宅之也鄆讙龜陰之田則維鸙其饗之也彼司農早執簡而陳曰年饑矣（然年饑字）公車公徒食指非不殷繁也而巡行民間躬耕者既在野外成賦者果在國中乎墟開少瞕而時聞旱乾水溢之虞也庫有大庭而不聞食稅衣租之納也彼太府亦持籌而嗟曰年饑矣（喝起）（哀公不自咎而歸咎於宗廟社稷自咸皆庸口吻）夫年而饑也豈宗廟之靈乎吾祖自夕陽荒度以來食德服疇孫子嘗介夫景福何千百年相承之世業自我而不克承休也人呼庚癸何以爲芻茭牛馬之資澤有雁鴻何以免乞糴汎舟之役寡人雖不能事宗廟而宗廟之莫我肯顧者竟不能求庇於左昭右穆之靈也夫固無計以救此年饑矣抑豈社稷之福乎吾魯自錫之山川以後淮夷徐宅荤從亦著夫土功何數十世共荷之神庥至我而不克永享也北斗南箕不能無酒漿簸揚之助東阡西陌不能無金饑木穰之憂寡人雖不能事社稷而社稷之莫我肯佑者竟不獲邀幸於后土帝天之賜也何能袖手以聽此年饑也用不足則如之何子其爲寡人畫備荒之策可耳

口角如生筆歌墨舞　瑞伯

淋漓盡致有筆有書　夏退庵

先事

陳州尊州試

事有所當先者惟知有先而已夫人皆有事而能先者寡矣然知其所當先則從而先之也固宜今夫人從事修途所以日紊而不窮者事而已矣然事其所不當事則神明雖注皆爲馳騖之端而事其所當事則歲月雖長莫綴進修之志無稍寬無姑待則亦盡其在己者而已予聞崇德今夫理之渾然者爲德而德之秩然者非事乎有一事於此用吾力以赴之赴之而事之當然者可見事之所以然者不盡可見若離若合之交不得不振其精神也則黽皇無已矣有事事於此竭吾才以圖之圖之而事之在此者無疑

事之在彼者不能無疑爲疑爲信之交不得不褆其心志也則竭蹶不遑矣可不先之乎先則於事之來而知所迎先更於事之徃而知所繫先固事之所迫而形焉者也事固有雅切濡修而境地攸殊每識此中之優絀何以此則於事無依違之念彼則於事有扞格之憂哉盍惟不知有事而因不知有先也而先事者之存心至密也先則智周於事之中先卽神周於事之外事亦先之所切而指之者也事亦有深關性分而功修匪一用徵斯滇之卽雖何以此則於事有獨至之功彼則於事有他歧之慮哉盍亦徒知有事而實不知有先也而先事者之矢志獨專也事不外乎知也而學必因知以爲先不必有可慕而先之事自無作輟之虞不必有所期而事之先自有運行之妙耳目至而心思亦至無事不因先而益深者卽無先不因事而益銳也而何弗眞積日久哉事不外乎行也而學則因其行以爲先先爲事之遡而藏修之地見有先並不見有事事爲先之的而精進之力見有事無不見有先踐履深而學養俱深人謂先其事而獨能不紊者吾謂事之先而有以自奮也而豈非扼要以圖哉噫心有旁騖雖有事而終若無事矣力有專攻縱無事而常若有事矣觀其後所得乃其先所事也而德焉有不崇乎

清醒透露題蘊了然○此生州試作也試前已病不能安枕聞試欣然往就家人勸阻不可盍進取之志甚銳也及出場爲閱此文語語透當初不似病軀之所爲而亦不料其生氣之已竭也悲夫 瑞伯

白戰不持寸鐵此係力疾而成是何神勇 愚弟儲啟鉏

生乎今之世

世至於今生之而未爲不幸也夫既生今則生今已耳豈得爲不幸乎故夫子繼愚賤思之且人生天地間欲問己之人爲何如人必先問己之世爲何如世也盖天不能擇世以生人人亦不能擇世以自生時當晚近亦適逢其會耳庶幾無忝於其生而已愚賤之自用自專若此夫一代帝王之興必有一代帝王之世試更卽今之世論之世豈遽至今耶世至於今則昭代之餘韻流風獨存天壤也而運會不足憑矣今豈不爲世耶今得爲世則本朝之深仁厚澤自在人心也而誕降信非偶矣然則世之不得不至於今人卽不得不生於今也人之生非一定也而獨自生今觀之則不一而實寓至一之理世固不止有今今則亦成爲世別葺被色亦自優游於戴高履厚之中人之生本至常也而惟卽生今論之則至常而若有無常之機人雖不與今期生則適與今遇抱陰負陽何幸沐浴於化日光天之下國雖改而東矣而京洛之冠裳依然如故山雖詠乎南矣而岐陽之鐘鼓歷久猶新今何世今固文武所經畫之世也則生之而憲章文武者不在今耶禹跡未可續矣而七月三年獨話勤勞於東國湯孫不復作矣而吐哺握髮尚留駿烈於宗邦今何世今固周公所損益之世也則生之而夢寐周公者不在今耶宇宙之秀頑不一而羣焉待化則有同情於是愚生今而不愚亦生今矣彼蓍之位置原殊而得氣含生殊無異類於是賤生今而不賤亦生今矣此世之不得不至於今人卽不得不生於今道卽不得不遵夫今也而乃反古之道豈識趨時之義哉

（清氣盤旋）（反對下反古）（子）（切實發揮此卽爲未動從周影）（遊字）（法下位字與天下字）（法下）

涵盖下文神光獨到而筆亦倜儻不羣 瑞伯

相在爾室

更言戒懼之功詩之咏爾室可引矣夫室而曰爾已具有可相之道也相在爾室詩之言不可引乎且人有所不見之處卽有所共見之處於不見者而忽之則幽獨之防維不容於共見者而忽之則平居之劼毖已踈而詩人言戒懼之功所謂相在爾室也則更有可觀者盍冥漠之神易遁無以伺察之則未免引而之他有如詩言誠無地之可引也室在焉故也抑虛寂之意難憑無以糾繩之則不免諉於旁貸有如詩言亦無人之可諉也爾室在焉故也然則有爾室而可不相之乎相可以不在室相亦何必不在室也

心由意起直欲以鑒觀之赫顯抉其幾然則有爾室而可以不相在之乎相不獨在爾室相亦何必不在爾室也想緣境生轉欲於寢食之餘靜觀其變是概謂之以爾室尙未抉其功之踈密若何也寢息可安步趨可樂彼特謂爾室之無可相耳而孰知無可相者其相爲獨神矣盍相非因室而在相則因爾而在也此其功宜何如之密也概謂之以相亦未定其事之緩急爲何也昭昭雖著昧昧恒多彼特謂相之不在爾室耳而孰知不必在者其在爲尤切矣盍爾室未有不相相固未有不在也此其事宜何如之急也要之不獨有爾室之相而後始得有爾室之相爾室云者夫亦就其切近而言之也事有虛實之分而爾室則離於虛而未滯於實功有淺深之辨而爾室則近乎淺而已卽乎深琴瑟之旁詩書之側爾欲無負夫室者爾必先無負夫相已抑惟不獨有爾室之相而後始得有爾室之相爾室云者夫亦於其幾微而論之也暗昧爲難明之地室旣設而後相之情殷衾影爲其証之區相旣神而後室之迹化几席之前庭幃之內爾欲求免於相者爾必先求免於室已尙不愧於屋漏詩人之言如此吾更進言其功焉

能將題字一一敲出汁漿而晶熒快利如鏡如刀 瑞伯

言無障翳心如轆轤 宫舜昭

嬖人

人以嬖稱非魯之幸也夫國甚不願有嬖人也嬖人而有於魯亦豈魯之幸哉（注孟子）今夫人君撫臨億兆當爲宗社得一倚重之人不可使朝廷有一承順之人（扣題）故同一人也而苟其親色笑供奔走詗詔然自鳴得意此固宮闈宴息時所難免者而何以百僚濟濟之餘（中有樂正子）猶使之在君側也魯平公獨以將出傳何哉其心盍有屬意之人在故耳吾於是思之魯自孔子誅少正卯後數十年間其綱紀之廢弛奸回之雜進君道幾不可言矣今何幸法駕將興安車已備此必宸衷獨斷不關左右之私前烈能承思絕譸張之幻而後乃

有此舉也卽謂他人不得而與之也可也而何以將出之時復有一人之未前也哉顧吾緬想斯時建旐而設旄者僕人耶脂車而秣馬者倌人耶卽有人焉何傷也乃何以貿貿而來徐而察之覺倌人中無此人僕人中亦無此人也左右趨承以便傳呼者寺人耶引領道旁以俟鑾蹕者國人耶雖有人焉無妨也乃不謂施施而至默以窺之覺國人不願有此人寺人亦不樂爲此人也此何人耶嬖人也獨思人也而胡爲以嬖名哉噫吾知之矣中主之當國也於其所嚴憚者恒不如於其所狎昵者蓋嚴憚者列於其旁作事不無顧忌而狎昵者介於其側行爲多所慫恿人以嬖稱其形質依然男子乎而設心無異婦人矣以牀笫之私醜之則曰嬖而已矣（從春秋傳與而得幸曰嬖詮解）庸主之待人也於其所尊敬者恒不如於其所親厚者蓋尊敬者在一日未免貌合而神離而親厚者在平時早已計從而言聽（注孟子見孟子）人以嬖稱其備位獨非臣工乎而命名嚴然妾媵矣以卑賤之品與之則曰嬖而已矣（詳）以故春秋時所書曰公子州吁嬖人之子也又曰齊侯多內嬖如夫人者六人則所謂嬖者皆宮壼之人而非大廷之人可知矣（坐實）茲竟以嬖稱其人抵何等哉況國家之患無不由嬖人起也齊之豎刁吳之宰嚭楚之費無極久已昭昭耳目間矣（餘霞成綺）何平公有屬意之人在而使斯人得進其言哉

思議不窮後二比詮嬖字尤切當　瑞伯

今人乍見孺子

欲驗今人於乍見驗之矣夫孺子與今人似不必相涉也乃於乍見驗之則必有可驗者在乎嘗謂不忍人之心其體博而其用宏柰可於目前所見盡之矣雖然必謂共具之性情僅可於至暫之時驗之固覺其狹而未廣也必謂共具之性情不可於至暫之時驗之亦未免拘而鮮通也是得由先王而進觀今人今人之詐僞相習其性天固久自昧矣然因感即至亦虛靈所自具之幾也今人惜夫其未有感也今人之殘忍爲懷其心術似不可問矣然有觸斯通亦叔季所常有之事也今人惜夫其無所觸也然則今人有所觸吾不知常觸與否而已有可按者矣今人有所感吾不知常感與否而已有可驗者矣曷不以孺子觀曷不以乍見孺子觀孺子之家世若何孺子之怙恃若何今人未必知也夫不知則今人與孺子殊難維繫矣然不得謂其無維繫也以乍見爲之緣則維繫從茲起也孺子之里居若何孺子之親知若何今人又不知也夫不知則孺子與今人應無期望矣然不得謂其無期望也以乍見爲之所則期望自此多也由是有孺子而復有今人固今人之幸也盍今人不與孺子爲儔而孺子適與今人相遇以爲可幸則誠幸矣然所以幸者非幸其見孺子幸其乍見孺子而已矣由是有今人復有孺子又孺子之幸也盍孺子不能必今人之來前而今人早已覺孺子之在側以爲可幸則亦幸矣然所幸者非幸今人之見孺子幸今人乍見孺子而已矣從其前觀之今人既安其素孺子亦適其天盍其初實不料有乍見時也而一自乍見則孺子之爲孺子殊難狀其呼號今人之爲今人大可高其位置從其後觀之孺人既離夫目前今人已視同陌路盍過此即不得以乍見論也而當夫乍見則孺子之於今人勢若懸而有待今人之於孺子機遂發而難留將入於井今人能不生怵惕惻隱之心乎

（取乍見二字運筆空靈）

（按下文父母朋友）

盤旋乍見二字有樓臺倒影之勢 瑞伯

亦清亦快如鏡如刀以此應試無往不利也而天促其年使之賫志以歿惜哉 潘碧江

彊而後可　至艮不可　王州尊州試再覆

有可以為人彊者即有不可彊者在矣夫彊而後可奚原非斷乎不可者也獲禽而忽艮艮豈知艮有終不可者乎今夫可不可之機亦在吾之自為決也故或曰存一不可之說而實欲於可者逞其技焉則決之人而易於轉移也亦或身試夫僅可之事而特欲於不可者貞其守焉則決之己而難以慫恿也（大方家數）彼嬖奚賤艮而艮曰請復不知者幾以艮為無所不可矣夫艮也挾此絕藝而降心相從是艮於萬不可之中而姑作一可之之說初何意無所不可之嬖奚而故作一不可之態哉不然何為以彊而後可傳也今夫彊而後可者不可而姑可之謂也彼奚也怏怏登車以為賤工猶是終日不獲一亦猶是以此驂乘何為者而孰知一朝而獲十則大反乎前也（點此題淨）賤工而忽艮亦變易其說也嬖奚誠何所不可哉（提空）雖然可不可亦視乎其人而已夫其人苟胸無定見則詭遇之習每不能始終不渝其心既非介石之貞其詞亦見轉環之易不可而終於可者是皆嬖奚之類也而不彊或不見也而其人苟志在守經則貞一之據斷不為雄豪所奪其跡雖可稍假以顏色其心不能頓改夫平生似可而終於不可者（中有主人翁）其在王良已然也而不使則不知也人第見嬖奚彊而後可矣而王良可彊乎哉掌乘之使王良竟以不可辭焉獨是王良既不可矣而何以可彊嬖奚哉蓋嬖人之心有識者知之最早王良知嬖奚之無所不可而故用其彊（曲而達）嬖奚不知王良之不可而誤以為可遂不覺為其所彊也究之無所不可者實從不可之時而早露其機而斷乎不可者亦從貌為可之之時而已定其局也而嬖奚不知也而簡子亦不知也王良亦人傑也哉

中二比佈置分明前後文氣亦有生龍活虎之妙○此生壬辰年州試再覆作也鏤心刻骨而成而由是疾作幾於不治閱其文者得不悲其志歟　瑞伯

一人陶

陶爲萬室所需不謂其在一人也夫一人未必不陶而陶不能僅有一人也何萬室之國而陶者僅一人乎且上古汙尊抔飲初無所謂陶之說也自後聖有作而其制始大備於世矣於是考工一册其記搏埴之工者有二陶首之旊人次焉夫亦曰制既備者需

是得當官已有二百人讀者得閒

必殷豈一手一足所能猝治乎正不妨多其人以治之也今夫萬室之國何如哉萬室則室至衆矣自鄉閭都鄙以外誰不以中唐有甓思爲家室之需萬室則人正多矣從甗甑鬲庾之中誰不以式食庶幾時念捧盛之具然則萬室之國或以爲陶者數十人也

抑數百人也而何至少而又少爲一人陶哉然吾因子二十取一之說思之斯不妨借觀於一人陶焉有虞之於河濱也偕作之侶

揮麈而談

不聞而獨以重華爲佳事古公之於沮漆也共苦之人不乏而獨以賓父爲美談此蓋賢而獨著以一人概千百人[illegible]而今正不必然也但於中牌中縣者惟一人爲之功爲規[illegible]惟一人爲之力而已矣夏之興也甯封稱職載首事[illegible]葦工周之興也閼父命官詳專攝者何弗略夫餘子[illegible]顯以一人而統千百人也而茲又不爾也但於髻墾不入市者惟一人爲之勉薜暴不入市者惟一人爲之勵而已矣夫陶雖薄技亦有巧拙之分焉今曰一人陶則不可言巧者並不可以言拙蓋使其人而巧固無賞奇晰疑之輩即使其人而拙亦少就正請益之徒抑陶雖末藝亦有勤惰之別焉今曰一人陶則不可言惰者更未可以言勤蓋使其人而惰固有事已多廢之誚即使其人而勤已生日不暇給之憂萬室之國如此可乎不可乎

運用生新語多生發斯爲人皆子子我獨悃悃 瑞伯

書卷盎然語皆靈妙 夏退庵

利與善之間也

利與善相近人當於其間慎之焉夫利至蹠善至舜其謬豈毫末之分哉然皆自其間出也人盡慎諸且夫人有此一心萬人卽共此一心故善處心者不於一心慎之而必於二心揆之且既以二心揆之而尤必以一心決之蓋二心以判其分途卽一心以歸於定局出乎此卽入乎彼其勢危其機微矣舜蹠之分吾何欲人之知哉誠以舜之爲舜行善者也夫已舜之舜人知其善而欲舜未舜之舜人難知其善也則此時之擇別宜精蹠之爲蹠謀利者也夫既蹠之蹠人知其利而將蹠未蹠之蹠人未知其利也則此際

之操持宜力然則善爲舜而舜非生而善也利屬蹠而蹠非生而利也且善爲舜而爲善者忽轉而爲利則舜而蹠也利屬蹠而爲利者或變而爲善則蹠而舜也於舜蹠有專主卽舍善利無他圖君子曰皆在此間而已天下有一事而可以坦然由者則其事猶不甚危若利與善則明明兩事矣兩事之屆於吾前心乎利則利卽誘之而去心乎善則善亦招之使前吾既不能以一人而入二者之中則何去何從要未可輕心掉也危莫危於此間也天下有一境而可以瞭然明者則其境亦不甚微若利於善則儼然兩境矣兩境之僵於吾側以利爲利卽善之相近者皆託之以[illegible]

圖以善爲善卽利之自來者益辨之以嚴其操守吾亦不能以一身而遁二者之外則匪朝匪夕誠不可以安坐稽也微莫微於此間也任天下之紛紜舛錯無不於利與善分聖狂故習於利則利習於善則善惟以其間惕之則有已利已善之間未利未善之間而絕無不利不善之間極古今之升降乘除疇不於利與善判邪正故利在善不得而託之善在利不得而混之惟以其間動之則有可利可善之間忽利忽善之間而斷無亦利亦善之間自茲以後雞鳴而起者亦可以知其爲矣

扼一間字發揮題本晨鐘暮鼓文亦弁剪哀梨 瑞伯

着眼間字已臨題之腦而運筆靈變渾如宜僚之弄丸神手技矣 甘泉王子駿

李謩擫笛傍宮牆賦 以題爲韻

菊部倫聲梨園奏技朶殿岧堯花宮邐迤笛嘹喨兮歌終牆
崩岌兮影峙樓臺幾簇五雲繚繞之中竹石一聲七拍宮商
之裡此曲祇應天上鸞軿曾引夫長楊斯人獨步寰中猿吹
試歌於短李乃有逸士目爲李謩情濃趙瑟濫笑齊竽引商
顧誤刻羽刪蕪擬宋同而非過比郢仲而不殊吹殘五月之
梅聲淒楚些落盡千條之柳譜入吳歈雲想方深寫哀怨於
瀟蘭澧芷風情不淺寄遐思於閬苑蓬壺原夫開元中之有
霓裳羽衣曲也貝闕曾倫玉環親登清平傳供奉之名鼓吹
記教坊之妥聲聲入破環樹歌新曲曲麥波金蓮地貼擅琵
琶於場屋賀老風流吹篳篥之家門龜年豪俠沉香亭北以
得流瀟頓挫之致
鳴裾華清宮中而響屧無愁天子願璧月以常盈何物書生
唱春風而試擫則見霞矗繚垣烟圍複壁粉白清虛泥紅瑩
歷玉簫金管之紛繁蕙帶荷衣之儻倜紅腔宛轉雜蓮漏而
徐徐黃竹悠揚觸花鈴而寂寂望半空之舞榭法響都聞隔
幾處之歌樓仙音難覓楊柳之空江如夢欲尋桓子清商梨
花之靜院無人莫竊□王玉笛隱約兮雲和丁東兮風颭按
銀管兮神馳記瑣牙兮心曠宿鳥驚飛兮曼響柔歌游魚出

聽兮淺斟低唱舞婆娑之苑柳斗轉參橫倚落寞之宮槐珠
圓翠傍曲終不見惟餘閣上華燈拍入都傳未設堂前絳帳
人徘徊兮露沾衣地幽僻兮月迎幛不意禍機偶伏歡讌不
下數股管樂落風雨驟去
終蛾眉效死鳳輦塵空玉馬走松楸之外銅駝埋荊棘之中
花落長門鹿遊寢殿苔荒複道蛛絡簾櫳雷海青之銅琵都
歌黃幡綽之鐵板俱窮白首伶工拔淚記朝元之閣青衫司
馬傷心談天寶之宮而李謩者亦復愴懷京國落魄江鄉有
心戀闕倦意登場挾烟竹之一枝情懷縹渺譜雲廻之三疊
聲韻悲涼草長臨春閣圮烟深凝碧池荒已非南內徵歌猶
記花奴之鼓同是天涯淪落好尋崔九之堂烽火驚心處處
柳生羌管歌場回首年年苦上宮牆此蓋李子閒情元公妙
句嘉話遂傳清音都付中心以好遂攀花度柳之來前傾耳
而聆亦裂石穿雲之可步循牆却似青瑣扉遙面牆能同紅
牙曲度雨淋棧道擬梧桐秋夜之歌虹亘離宮獻桃李春風
之賦

華瞻中兼有波致必爲此中能手 瑞伯

烟花三月下揚州賦以題爲韻

六朝勝地三月芳筵相思草草小別年年檻外之人方別矣樓頭之客更惘然劇憐春到雷塘羨鬢影衣香之境爲問船開雲水正金迷紙醉之天斯時擬欲攀楊指點綠楊之城郭此去無煩騎鶴依稀黃鶴之人[illegible]有孟襄陽者山阿處士唐代詩家身辭簪紱志在烟霞方曙星之相望更傳雨之頻誇何余情之未盡又離緒之堪嗟原非十萬腰纏紅芍情殷持贈宜其一帆角逐青蓮慧溢齒牙試思夜月山中歸指武門之樹好念春風江上去看螢苑之花時則烟光宵霽花意

既切揚州又切太白贈孟襄陽之句

朝酣山濃皴黛水爭拖藍百五日之韶光乍過廿四番之風信初諳冬冬之社鼓催晴楊柳曉風岸北嚦嚦之餳簫吹暖杏花春雨江南消停放鴨欄邊辰過九九仔細鬭雞臺畔徑訪三三原夫揚州之爲地也文酒之區神仙之窟地控江淮境連吳越詢鼓吹兮何時溯繁華兮未歇千秋金粉烟霧朦朧四處丹黃花光飄忽歌傳殿腳客填銀管之新聲簫聽橋頭人拾玉鈎之斷碣杜牧之青樓夢醒詞擲十里春風韓郎官紫陌驂停曲唱二分明月茲乃檥擎中流榜歌清夜[illegible]迷離花枝低亞豈有千尋鐵索水底橫牽請看兩點金焦[illegible]

中早迓北固之鐘聲隱隱山似屏開南徐之樹色依依波如箭瀉報道先生去也乘畫鷁而方過聊同客子歸兮買青蛉而直下於是蕭蕭去舶薄薄輕裝情深驛路目極江鄉四百八寺之樓臺皆成畫本二十四橋之風月擬入詩囊遙知珠勒馬嘶定入冶春之社解識玉樓人醉已開碎錦之坊大業烟銷不問于花臺勝蹟陵潮長欣看一葉帆揚如其槳搖吳水檣落邗溝萸灣延竚瓜步勾留虹橋之蜂蝶成團廳思策騎鶴苑之風烟無際定泛輕舟想遺跡於瓊花更來證觀譜新歌於玉樹欲上迷樓百花洲水碧於油識勝境不殊襄郡

雙檜堂春深似海知人生合住揚州遂使樽酒浮蛆香毫吮兎住許三年詩成七步驪歌緩緩值清明寒食之已非[illegible]匆匆望桂棹蘭舟而半渡此地樓傳第一猶停花外之驂[illegible]年亭建無雙又覓竹西之路紅雨而乍飛遠浦渾思梓澤之春碧空而惟見長江欲誦蕪城之賦

妃青儷白頗見匠心 瑞伯

亦工麗亦流走自是君身有仙骨世人那得知其故 潘碧江

蘆花被賦 以江頭漁父被擁蘆花爲韻

霜堆禪榻雪壓漁釭新凉枕襲舊影波搖既蘆垂兮葦岸逶被擁兮蓬窗闗心蝶夢沉酣香生曲室側耳雁聲迢遞潮落空江原夫貫雲石之遯迹梁山灤也龍廷易㬥鷗國尋儔前途躑躅小住淹留遂使開梧徑艤蘋洲設饌而蓴羹雅潔聯床則紵帳清幽非同澤畔行吟凄風拂而無那夜分瑟縮凉雪打頭（筆清不凡）襆被憐余多情老漁蘆方茂密花正扶踈配桃笙之織就宜竹枕之歙初輕爲雪落燦不霞舒宦海蒼茫久厭黃紬於匏繫江鄉風景儼裁白疊於蓬居想其折自空汀垂從

遼浦機亦張雲縑還織雨（雅鍊）已曲岸而平沙更細針而密縷也會製襖單寒祇憐夫孤兒不必垂簾清約同譏於傖父豈無因冷裝棉雜珍結綺鴛鴦之錦是陳翡翠之衾亦美而此則織就寒蘆製成大被（氣韻工絕）潔本如霜凉真似水何嘗送別宜軒窓綺密之中若使卧游在烟雨空濛之裏此蓋跡近清貧物宜珍重但覺能精不嫌作偏幕不取夫青油礙何慚夫紫茸寂寞身無長物罷釣歸來依稀聽出秋聲停杯醉擁貫雲石乃愛茲清供倦彼征途因思易硯那惜償珠一首之詩成錦綉五更之夢落菰蒲從此宵月入窓夜夜香生翠被不禁秋風遍野年年花綴黃蘆於是緬懷舊事悵望天涯蘭因可証萍梗已睽不致剪裁草草那堪零落花花一片白地光明輕搖屏帳八尺青藤曲录漫撥琵琶

清新俊逸着紙欲仙 瑞伯

筆情雅潔於此道三折肱矣 叟退庵

走馬燈賦以竹批雙耳風入四蹄爲韻

馬踏香塵燈明華屋燈影熒煌馬蹄馳逐方良夜之三更圖生綃於半幅團團不定似看長安之花貿貿何來巧縛渭川之竹彼夫燈之設於元夜也盤螭同玩金鴨爭携玳筵擎鴈璃帳燃犀豹髓蚖膏之照灼麟鬚鯨甲之離迷鳳輦雲中蹅遍千門之月鰲山海上横成十丈之霓非不光分綠蠟彩奪青藜明知工巧絕倫閃閃常驚夫花落豈若馳驅就範稜稜猶待於竹批於是燈之製有走馬也駒駼神異肅爽豐厖黃驄第一紫燕無雙狀龍媒於銀盞騁駿足於金缸有時按轡徐行征塵不擾亦或銜枚疾走奇氣難降遂使製就機關結成羅綺一往一來能行能止擬協月之兩權聳披風之雙耳徘徊寶樹叢中組舞銀花隊裏鳳吟奏曲渾疑畫角催來鴻（平○籥○飛○舞）燄燒空頓訝霜蹄蹴起則有平原錦里上黨離宮明星璀璨香霧朦朧燈火層層不斷樓臺面面能通釵光鬢影之中喧來簫鼓酒陣詩城之內笑聚兒童恰疑汗馬功勞千營踏月正值鬧蛾時節十里追風雜時兩兩三三五五十十掣電神馳跑空影及豈是章臺留戀鴛夢醒遲豈是古驛遄歸狼烽告急豈是千門放榜及第爭先豈是四野尋芳游驄獨立

歷有耀咸知花月景新我馬維騏喜見風雲思入於是對面紛來當頭忽至僅可騰驤何憂顛躓無殊曼衍之觀不數魚龍之戲詎是駕輕就熟駛牝三千還疑畫到筆隨韓幹十四問爾試燈風裏恰忙忙而何之看他飲馬城邊亦駸駸而或類無何金吾不禁玉漏已低人歸苑北月在樓西羌驚心於騶昇更娛目於輪蹄渾如不夜城開鐵騎唱凱歌而緩入恰是常明燈滿金猊噴寶篆而都迷

鏤心鳥跡之中織辭魚網之上亦何奇妙乃爾 瑞伯

胷有積軸不徒以餖飣見長○秋江爲康瑞伯高徒予昔見此賦甞爲擊節嘆賞今地下修文有才無命悲夫 高沙金雪舫

醉蟹賦以昔在泥中今居甕裏爲韻

霜重危灘燈明綺席肴核雜陳杯盤狼藉時則桂緑沽秋橙黃蒸夕酒一甕以纔傾蟹八跪而乍擘聽橫行於江畔斷撥層層憶風味於吳中鹽歌昔昔原夫蟹也擁劍爬沙輸芒入海呼伯何諛稱王不改上市既美其輪囷登盤尢唾其磈磥無腸號得郭索如斯左手持來風流宛在笑爾日經營饞吻魚共餉糟輸他時檢點食單兎惟名醢則有酥釀乍買盎盎親攜秖辛椒之配就非糠火之燃齊取須滅燭來不乞醯樂則同於濡頂囟亦等於噬臍若非紅友相邀雙螯似雪已是

黃花開過一醉如泥而蟹遂以醉名也聚族而處消愁則同（雅謔風生談諧蠭起）戈甲森立水乳交融惟畢卓有斯妙品笑劉伶無此高風液如雲碧背不霞紅恐防漏洩春光泥倩一丸之固倘佐盤飧兼味時當十月之中況夫湖田稻草江閣草深斷隨波漾燈隔林深徒慨想夫瓊脂流昔芳醪斟今聊以解嘲非玉質金相之擅譽未能免俗與鹽雞臘肉而同臨於是設芳酌欵岩居延佳客佐圍蔬何曾之筋未放長卿之渴已除尖團並擘糟粕無餘情侔泛蟻質等枯魚因知縱飲何妨非濁淚移舟之會且免相煎太急正寒蟾射甕之初豈無浸蜜同甘沃糖殊衆嘗可欺鶵殼曾貼鳳婦子亦復交誇奚奴於焉走送孰若茲白薄千鍾黑甜一夢莫笑盃盤草草招我登筵只緣霜信匆匆請君入甕然而真味全非豪情莫侈羞嚼蠟之何殊更流膏之難擬茲則惟愁歡伯遲來不悔糟邱醉死蘇玉局尊前與致驅除儼煩惱之餘楊誠齋賦罷沉吟咀嚼在酸醎之裏

沙明水淨玉潤珠圓 瑞伯

吐屬無不名雋的未易才 官舜昭

刺繡五紋添弱線賦 以題爲韻

（工於發端全題在握）

錦織千重燈遲一穗鴛綺初裁蟬文乍試羅帷捲翠正宛轉以斜拈畫閣霏紅羌依稀而欲刺子細趁斜陽之影望去樓頭辛勤添弱縷之絲度來鍼鼻時則斗指南方寒生清晝艾葉樽傾梅花香透惟日不足蘭膺繼乎焚膏問夜何其蓮或聞夫待漏既日短之如斯亦人工之難就何借影於窓幃獨勤工於刺繡爾乃機女抽絲針神曳組綵縷閒拈舞衣欲補翻花樣兮綺疏妙藻思兮朱戶綠潤牕開紅新絨吐裁文彩鴛鴦之被鳥合挑雙理湘羅蛺蝶之裘色還纈五若夫灰飛

（先從反面拓題章法極好）

六琯陽轉一分室南驗日臺北書雲每當天時之復更覺人巧之勤縷霏霏而製錦花隱隱而生紋拈來碧玉床前啟戶則向遲明月壓向綠紗窗下銜山則猶有斜曛堂掩畫簾綵線已添映酒早臨風不嫌迎暝色於閒堦一段之迴文可就喜碧痕於香閣雙鉤之巧樣能兼倘教繡出平原自許買絲而乙乙若使巧偕織女頻思爾手之纖纖況夫妾在山南君居沙漠妾咏歸兮君懷杜若每思塞外之寒欲作征衣以託白紵之鍼鋒滅盡處處關河空閨之衣綻縫將年年繡幕刀頭望斷情因擣練而還深線腳絲增縷以懷人而較弱別

有豔冶庭幃繁華宮殿雲羅繡翡翠之裳霞錦理芙蓉之薦傳花寫霧身有餘閒翦玉裁珠指應更倦運巧思於素縠幸作雙文量遣景於黃人又添一線遂使璇閨功多瑤閨日駐作綉譜之芳言成香奩之事故牕應斜倚痕搯羅青燭許晏焚光分綫素不獨紛披蘭牖欲進襪而修儀須教瀟敝楓宸思補袞而作賦

工麗○此生作賦之第一藝也初學便能如此檢閱爲之悵悒終日 瑞伯

細意熨貼又能滅盡針縫之跡是何苦心 愚弟康衢讀

寒梅賦 以幾生修得到梅花爲韻

漠漠千林淒淒百卉枝贈隴頭香生沙尾問玉骨兮何年美瓊姿兮愈韡流水小橋而外半畝猶多文窗繡戶之傍羣芳餘幾若夫春同庾嶺暖憶江城花霏殘雪苔點新晴已瀉銅瓶之水未吹玉笛之聲莫不羅浮夢杳姑射神清香暗暗以浮動影踈踈而斜橫渡江上之酸風知歸今日望天邊之明月欲問前生爾乃嫩寒籬落薄暝樓頭人來灞橋之騎客棹剡曲之舟仙鶴魂斷霜禽眼偷高士未尋清夢美人欲倩蹇修倚修竹之幽姿數枝青潤映長楓之冷色千樹紅稠清極

生香淡遠留色玉照堂前紅羅亭側占花魁於香國定發長吟悵驢背之詩人空勞相憶是處之茵埋苔蝕應知松柏能（語有骨勢）同者番之月落參橫未許李桃消得雅供徘徊足資笑傲賞彼風流美茲節操放中庭兮神怡傍前溪而影肖冰心鐵骨傳來宰相之名絳萼瓊英博得仙人之號曲曲之雕欄倚遍晴雪猶堆聲聲之銅管吹來春風乍到則有畫樓延佇繡閣遲徊一林香逗六扇窗開喜冰姿之乍拂訝冷信之頻催袖怯翠單倚來瑤砌花思紅瘦折向妝臺猩簾之銀押齊垂鬟簪綠萼歎炭之銅爐初撥額點黃梅別有情躭冷趣志謝鉛

華動相思於官閣來索笑於山家對此紙帳銅缾香生一室稱爾隱囊紗帽詩就八叉昔時鋤月種將有村後村前之樹此日冐霜開遍尋江南江北之花

雅鍊 瑞伯

生香活色塵壒一空 夏退庵

蓼花賦 以紅蓼花疎水國秋爲韻

花影溟濛，秋波半空，穗垂碇岸，香飛打篷。三枝兩枝，裛露十點五點，經風每隨鴻雁，啣來蘆花捲白，好趁鱸魚，賣到樹葉翻紅。但見烏桕郵遥，白蘋汀小，擘砦無荷，凝賴有蓼，送夕照兮黃昏，迎朝曦兮清曉。不是花開綠萼，偎骨珊珊，畧如草長紅心，秋風嫋嫋。時整時斜，山涯水涯，根連白葦，葉亞蒼葭，護鴨頭之淺漲，捎鯉尾之殘霞。須知荻筍蘆芽，無茲冷艷，每見魚莊蠏舍，有此閒花。則見棲鴉令際，吠蛤涼初，芙蓉齊障，楊柳半梳，羌燕支之乍潑，笑臯芷之不如。湘水蘅蕪，但覺勞伊點綴；潯陽楓葉，翻嫌迸爾蕭疎。爾其宿鷺䕺深，游龍號美，蝶嗅乍低，蠏扶忽起，棹艤山橋，酒酤郵市，時拜雨而揖風，復千紅而萬紫，嫣然弄色，幾生修到好花，黯爾銷魂，安得有如此水。他若六枳籬荒，三叉港仄，風緊欲乾，日薄無力，蓮房墜露，掇殘鷗鷺之鄉，菰米沉雲，採入蛟龍之國，莫不思瀼東與瀼西，而望江南與江北也。客有扶竹杖，泛蘭舟，杯酒具，釣篇收，閒情跌宕，雅意夷猶，紅爭二月，畫寫三秋，好同九十鶯花，濫開湖目，請看一雙鸂鶒，飛過灘頭。

吹氣如蘭，自成一則小品。瑞伯

胎息古雅，秀骨天成。夏退庵

蓼花賦

蘆花賦 以兩岸霜華一江月色爲韻

七里灘頭潮欲上一片空濛雜菰蔣老漁歸去石橋西涼雪兮滿身輕蕩槳渺渺無邊蕭蕭作響送雁路兮幾千問螢燈兮三兩逍遙波流蘋隨港斷楓赤遮汀蓼紅覆岸已秋色之淒迷更秋懷之瞀亂此時悵望天涯有客行吟澤畔江路茫茫秋空已霜銀河皎潔璧月蒼涼一叢兩叢寒碧十里五里昏黃村童吹火篩聲輸芒翛然水國樂哉此鄉紫會折箏白正飛花船頭怨笛城角哀笳當夫零露猶濕殘星不華築室近水聲之館懷人在秋水之涯亦復暫維畫舫小駐征車兩兩風風淒淒瑟瑟鷺濕拳雙鷗驚夢一但覺鬱霧瀰漫江潮漲溢波醮影以雪翻艇尋聲而烟密槳任一雙漿客滄江傷心老大側耳琤瑽洶湧之濤聲入座蕭騷之楓葉打窗不禁琵琶嗚咽幽怨難降歌曰淪落雖有時芳華猶未歇頭白到蘆花關山對秋月逸響既終餘音未息梟管繁絃不堪淒惻乃亂曰秋風起兮夜潮青秋雨零兮江月黑何如開遍桃李花萬紫千紅鬪春色

聽風聽雨之思繪水繪聲之技 瑞伯

賦筆如是而一朝短折豈眞長吉鬼才耶傷哉 燈下復閱加批

批

秀逸蕭疏令人一讀一擊節 宮舜昭

大

待雪賦以望雲思雪意爲韻

酸風不許梅花放凍雲冷壓鷲溪上直到窗前疑是君何時始遂山陰訪散六出兮無心慰三農兮有望人每低回天如醞釀尚遲謝客之吟未入黨家之帳爾其層陰乍布濁醪半釃簾重布煖爐古香薰白欲霏兮薄霧紅忽透兮斜曛信纔一度寒已幾分開門看雨臨水觀雲悵折竹而未見聽爬沙而不聞若夫青燈夜掩翠幙宵垂犬驚客去雁過雲遲已愆梅信空問花期鶴襹褷而偎影鵶瑟縮以啼飢此際惟宜飲（待字十分透足）酒斯時只合吟詩果尖义之可鬭自更漏之同支何寒風之未結似秋水之相思遂使指點瑤空猜疑玉屑堂啟聚星帖遲快雪呵硯未融烹茶正熱欲披王子之裘且卧袁安之轍風冷如刀衾寒似鐵水漠漠以氷生天蕭蕭而清絶於是涉平原坐野肆吮霜毫摛雲意爲之歌曰我欲天公爲玉戲天然圖畫江山瑞三百玉龍連夜飛來朝隔任湖邊寺

摹寫待字遺貌取神　瑞伯

賦得文昌氣似珠得珠字五言八韻

奎壁晴乾象文昌耀泰符祥光環繞極佳氣湧連珠六府絪緼合三霄沆瀣輸載筐輝的皪華蓋絡縈紆璣緯穿來未雲襄貯得無盤圓天轉運燭綴序昭蘇金闕城常曙銀河岸不（莊雅稱題）枯星槎珊網麗瑞彩煥
宸樞

賦得牧豕聽經得經字五言八韻

草澤英賢起微時抱一經義將名宿解詞以牧奴聽蹢任蒸波白編思輯柳青虛心來絳帳側耳隔蹄檽卷帙東楹富鞭絲北郭停渡河疑頓釋入苙訓曾聆恰喜文詳亥休嗟字識丁承宮真好學藝苑著芳馨

賦得蘆花被得花字五言八韻

翠被秋無際黃蘆水一涯夜閒風刮夢江上雪團花貧豈牟裘負溫同吉貝誇生香宜月色欹枕有霜華化蝶驚遥漏飛鴻憶淺沙豪奢辭錦繡清冷共蒹葭擁處剛宜艇眠時抵放衙新詩初換得佳話屬漁家

賦得江清月近人得人字五言八韻

淼淼長江遠咿啞漾小艫潮平風滿野沙淨月依人銀漢眞

如許瓊樓若可親光應盈此手君合是前身朗澈方窮目清
虛評作隣蔘酣菰米露凉濕荻花綸兎穎看能數波聲聽自
真船頭吹玉笛詩意亦懷新

賦得團扇家家畫放翁得翁字五言八韻

清暑招團扇航吟説放翁家家摹爾像一一畫其中鬚鬢搖
輕雪襟懷趁好風形惟期月滿影不厭雷同縹碧衣衫古丹
青點綴工畧如梅樹幻不比鏡花空供養香環繞扶持袖顫
紅休教秦女似烟霧入溟濛

賦得月餅得圓字五言八韻

誰把團圝月佳名餅共妍遂教千片潔也作十分圓餡倩蓮
花製神驚桂魄傳裂肌非玉杵在手是瓊筵畫出原從夜呼
來不自天影懸蓬嶠外酥落苜盤前切倩吳剛斧償煩帝女
錢老饕當令節風味憶年年

賦得桐葉坐題詩得題字五言八韻

小坐秋風裡詩成絡緯啼豆花尋舊侶桐葉寫新題么鳳前
宵掛春蠶下筆迷原非紅藉地但覺綠平隄一首哦初就雙
趺叠正齊拂霜金井冷飾月玉階低蕉長疎欞外梔肥曲檻
西微吟徒躑躅誰與百壺携

賦得槐花黃得黃字五言八韻

爲報秋風信公車處處忙苹分千野綠槐綻一林黃餘蘂香
綸閣清聲響畫堂連朝多宿雨前路有斜陽蠟綴參差影金
生瑣碎光去應占上第開正配中央指點鞭絲外勾留驛舍
旁佇看紅放杏袍惹
御爐香

賦得荷淨納凉時得時字五言八韻

幽夢前窗醒圓荷滿碧池花開連水淨凉剩入簾知浥露紅
裳濕搖風翠蓋披樓臺清暑候枕簟乍醒時傍棹菱歌起飛

香爽氣隨半庭看鶴倦隔葉有鷗嬉散髮開襟稱携筒擊楫
宜待看山隱月清影靜漣漪

賦得荷喧雨到時得喧字五言八韻

赤日行天緩南窗淨夢魂庭前風雨至沼上芰荷喧膩粉參
差墜明珠大小繁先聲驚睡鷺餘響亂羣鴛清簟生凉意方
池驗漲痕東丁鈴索和屈乙蓋莖翻點滴終歸水芳馨自滿
軒碧筒相賞久旋見月迎門

賦得秋風生桂枝得枝字五言八韻

素節清商換西風故故吹一聲梧葉落百尺桂生枝月裏閟

飄子樓頭早聽颸人皆紅袖惹秋伇綠雲支冉冉香遲杏
蕭響處遲信催幽夢醒聲到小山知老屋燈青候巾庭地白
時天梯如可借蟾窟許扳移

賦得簫聲吹暖賣餳天 得簫字五言八韻

插柳迎寒食韶光百五饒晴烘桃葉綠暖入賣餳簫珠箔樓
頭捲紅腔巷口遙十分春意鬧二月粥香飄杏酪人宜買桃
羹味或調風和歌一曲花好路三條槐火新時活榆烟望裏
消踏青何處去金勒馬蹄驕

賦得簫聲吹暖賣餳天 得天字五言八韻

暖到清明節連朝又禁烟簫吹桃葉渡餳賣杏花天入耳聲
聲徹膠牙處處妍風光來廿四人影亂秋千舊曲方調玉輕
衣漸脫棉香應飛撲面飴可送盈肩古徑盤驄馬長空颺紙
鳶紅腔槐柳外何處覓金鈿

賦得似曾相識燕歸來 得來字五言八韻

燕燕曾相識攜雛海上回秋風方別去春日又歸來杏陌雙
襟舞蓬門兩扇開烏衣公子認白屋主人猜軟語商量慣新（珠圓玉潤）
巢補葺纔梨花深院落楊柳舊池臺綵線情猶昨雕梁首畫
迴昭陽應不妬許向

上林偎

賦得海棠香入燕泥乾 得香字五言八韻

燕子啣泥日春風上海棠潤宜千點濕乾剩一分香金屋情
猶戀珠簾認不妨阿嬌顏易老公子葺偏忙軟語來三徑芳
魂落半床扉應開白板燭不照紅粧花減胭脂色梁生玳瑁
光柳綿飛入處惆悵碧雞坊

賦得竹醉 得青字五言八韻

十畝琅玕竹相逢欲倒瓶沾春綳影碧入夏醉眸青瀟灑封（意到筆隨）
三徑惺忪夢一亭中他千日酒伴彼七賢靈鸞鳳聲如喚枌

榆社亦經此君殊免俗歡伯不須醒石枕風前倚荷杯月下
停平安當是日荷鍤到中庭

賦得五月江深草閣寒 得深字五言八韻

草閣秋先到嚴公此証心大江流不斷五月暑難侵賓主三
生契魚龍兩岸深寒光橫几榻水氣上衣襟有客披裘往何（不脫五月字）
人載酒臨波濤方滾滾風雨助森森艾葉金罇倒梅花玉笛
沉百年知地僻杜老發長吟

賦得清簟疎簾看奕棋 得棋字五言八韻

簟滑清如洗簾疎淡欲窺此身宜看奕有客正敲棋麂眼紋

相蔭蝦鬚影乍移局中爭着着花外立遲遲勝負雙奩央玲
瓏一琢誰午雲侵榻候丁字撲枰時玉訝凉生潤聲從子落
知水樓遊宴處工部賦新詩

賦得陂塘五月秋 得秋字五言八韻

五月炎蒸候如何便覺秋陂塘凉乍挹風雨暑方收雲影垂
三徑波聲響一溝溟濛溪上樹蕭瑟水邊樓譜按梅花笛寒
生竹葉舟遊人疑釋褐老子正披裘草閣詩裁未荷汀浪起
不調氷兼雪藕歸路竟悠悠

賦得漠漠水田飛白鷺 得田字五言八韻

白鷺羣飛處盈盈水一田窺魚明月渡作隊藕花天波蹙韡
紋細霜翻浪影圓點開雙槳雨掠破半溪烟片玉明漁港千
行傍釣船三篙新漲外幾箇暮雲邊稻隴今番約蘆汀異日
緣黃鸝啼不任幽興輞川前

賦得讀書破萬卷 得神字五言八韻

杜老觀書意爲文訣有因千言稱下筆萬卷破驚人圖史多
多善丹黃乙乙新案頭吟不倦紙背透何神蠹飽遺編富蟫（着意破字）
鑽故智伸偏師攻殆遍餘地力能臻射的心常在窮經志自
真

熙朝羣被化拜策仰
楓宸

賦得吹笛止雨 得吹字五言八韻

試取瑯玕笛殷勤雨裡吹清音三叠弄晴影半庭移鶴骨持
來慣鳩聲和處宜雲開千樹候人擫一枝時簾外跳珠歇樓
頭按玉遲曲成風送響烟霽水通池鞭石祈方急誅虬事共
奇
皇衷能茂對天感不須疑

賦得地用莫如馬 得行字五言八韻

平準書堪記權奇象利貞龍從天上見馬向地中行青海攻
駒久烏孫效貢誠山川千里迅風雨一鞭輕智以知途著才
由遠道呈驊騮原有種子母定無爭功在馳驅際恩深誕降
情占爻坤德協伏櫪肯長鳴

賦得山雲草莽 得山字五言八韻

雲本無心物悠然去復還魚鱗皴一澗草莽濕千山出岫羅
紋淡參天樹色殷晴光披絮帽青影映松關霜劍風刀伐金
枝玉葉閒杈枒空外滿圖畫望中攀觸石今番起從龍指日
間氣機原有感雜木定教刪

賦得水雲魚鱗得鱗字五言八韻
氣候原相感雲生在水濱未須占豕蹢究爾觸魚鱗乍看重重掩旋驚六六皴來應披澤國去或躍天津日映金波漾霞添赤尾新羅紋鋪漸合片段潑初勻吐沫星千點拋鈎月半輪爲霖應化去
膏澤遍黎民

賦得天道猶張弓得弓字五言八韻
天行原至健氣實轉鴻蒙運乃非常道張之不弛弓元精凝耿耿妙手想空空攀豈煩臣庶關應待化工雙丸跳日月一

矢射霓虹雲將遊時迥星芒落處雄蓋圓奇共賞益戴語難窮萬古咸常在遐方被
聖功

賦得蟬噪林逾靜得林字五言八韻
高樹蟬方噪悠然靜遠林不聞喧萬籟但覺發長吟柳色凝青杳槐陰暈碧森落花聲嘒嘒飛絮晝沉沉咽露千枝密臨風一徑深人惟閒倚杖客已倦眠琴古調憑誰和清音寂欲尋此間眞化境物外證巡心

賦得鳥鳴山更幽得山字五言八韻
邃谷幽巖地愈鳴太古山此時無俗韻斯外絕塵寰究轉幾如訴繁囂愈覺刪雲來深樹裏風定亂峰間樵子方停斧幽人正掩關林空聞一一花落自閒閒響徹丹岩頂音流碧水灣攜琴彈和曲逸興費躋攀

賦得暗飛螢自照得飛字五言八韻
月影中庭暗星光幾點稀宵行三徑黑自照一螢飛清簟疏簾靜粘衣度水微豆花籬外認薜荔路邊歸小院看幃捲輕羅怕扇揮渡頭明似滅墻角是耶非樓閣渾無誤亭臺每不違夜深何處去書幌伴依依

賦得水宿鳥相呼得呼字五言八韻
水鳥棲何處紅欄碧澗隅會聞能對宿亦自解相呼波漲橫塘遠家浮斷港娛蘆汀商鷺序蓼岸計魚租呷呷如求友啾啾似喚雛鴈賓盟澤國鷗社話江湖好語栖依穩清音唱答愉夜深風露冷魂夢落菰蒲

賦得大暑去酷吏得清字五言八韻
赤帝司權候如何酷吏名暑威三伏盡條令一時清夏午人無迹秋高政有聲密雲郊外望甘雨路邊迎畏日頻憂猶霽紈欲奉宏千畦無火鑠兩袖詡風生乍脫炎蒸苦旋[illegible]

輕
帝天忠厚意四極奠滄瀛
賦得清風來故人 得風字五言八韻
此日生遥想新詩小杜工座間來舊雨天末起清風習習情
如訴蕭蕭響未終班荆時偃草寄信每驚鴻椰盞傾堤外花
輿歌院東門開疑不速幃啟訝相通慰我三秋感言懷一徑
中炎涼能自解陶淑有誰同
賦得知白守黑 得知字五言八韻
靈府天然白潛修守黑宜昭昭原有覺默默若無知聖哲千

年學岷蛍一代師繇從渲處慎緇以湼時移氷雪心原浄泥
塗辱不疑虛窓應有得暗室定無欺被褐常懷玉安愚似學
癡猶龍思老子妙喻衆交推
賦得萬影皆因月 得因字五言八韻
庭前明夜色只見樹陰皴淡淡全描影重重若有因一珠高
處揭萬象静中陳空際無雲點人間印玉輪定知千里共都
是十分勻羣仰天然意咸觀自在身畫圖青嶂証理學碧潭
真
聖德超神表微言易引伸

賦得春帆細雨來 得來字五言八韻
細雨天如冪輕陰往復回桃花春水漲蒲葉布帆來空外絲
絲散村邊幅幅開千家迷岸曲幾頁挂雲隈風正烟開際橋
通路轉縈樹低平港接灣見亂峰堆檣燕調方滑林鳩語乍
催杜公郊餞日極目為徘徊
賦得一樹梅花一放翁 得翁字五言八韻
化得身如許梅花配此翁前生迎皓月隨處坐春風倚樹袖
應許巡檐夢與通仙心憐了了佛果證空空流水高山異芒
鞋竹杖同吟囊時有得團扇畫非工欲共香俱化都教興不

窮幾生修得到相醉小樓東
賦得書貴瘦硬方通神 得神字五言八韻
小篆誰能擅書惟瘦硬珍行行纔脫腕奕奕始通神飛白傳
來久生黃搨處新墨猪嗤免爾野鶩笑何人秋蚓春蛇秘鋃
鈎鐵畫陳氣機能峭拔骨肉自停勻李宋姿多俗鍾王格可
循即今逢
雅化染翰侍
楓宸
賦得好雨知時節 得知字五言八韻

欲慰三農望翻疑雨有知萬家同聽處四野正含時蔀屋休
嫌早桑田不覺遲一犂君子澤十日野人期點滴桃花遍清
和麥隴宜雲迷炊婦榼鳩喚社神祠物候如相約天心本在
斯
廟廷勤茂對寫出大田詩

雋雅

賦得杏花春雨江南 得春字五言八韻
一唱江南曲胭脂剪杏勻雨聲寒食節花事秣陵春野舘香
生早空廊屧響頻買來深巷客聽罷小樓人卯水三篙漲丁
簾二月新紅邊沽酒路白下苦吟身天氣遲芳信歸期値令
辰秦淮烟霽後踏遍此珠塵

賦得檢書燒燭短 得書字五言八韻
剪燭西牕下殷勤為檢書蘭膏銷幾度芸簡足三餘夜靜燃
官蠟函開走蠹魚金蓮思送處緗帙正攤初餘燄當風熖閒
情映雪如葉披聲朗朗花爆影疏疏跋豈嫌嘉客抄宜倩小
胥杜公新得句吾亦愛吾廬

賦得春江水暖鴨先知 得知字五言八韻
圖畫江干路迎春鴨正嬉蔓餘渾欲鬬暖處已先知蕩漾凌
波穩褵褷逐浪遲欄晴初放候沙軟乍驚時流水歌來早東

風較處宜桃花三月信萍梗二分思魚戲輸前覺鷗盟定後
期呼羣修竹外呷呷鏡中移

心閒手敏

賦得雨絲烟柳欲清明 得絲字五言八韻
未到清明日關心是此時柳腰低嫋嫋雨脚散絲絲風景青
葱好光陰霡霂宜梭拋鶯織去圖展絮飛遲帘或侵千點門
先插一枝禁烟村外望潑火節前知屈指方洵井遨頭擬賦
詩韋郎城北路何處慰芳思

賦得衆楚人咻之 得咻字五言八韻
楚人為楚語聲氣暗相求縱有三年學何禁衆口咻土音操

噪聒齊傅失賡酬虎以於菟異禽真格磔侔于于來不速剌
剌語難休騰頰招羣醜傳薪逐一籌故吾應易改積習詎宜
留貴有薰陶力盈庭進善謀

賦得賞雨茅屋 得詩字五言八韻
一夜瀟瀟雨司空正品詩玉壺沽昨日茅屋賞多時龍已更
衣慣鳩曾學語遲春光蓬室永消息杏花知草代重重芘風
吹縷縷絲關心曾不夕側耳最相思佳句工應絕韶華麗若
斯此間堪小住幾次撚吟髭

賦得四月清和雨乍晴 得和字五言八韻

時雨前宵降天光四月和嫩晴開曉日遠水起層波瀋瀋秋
因麥田田葉颺荷濕雲消鏡檻餘潤戀庭柯霽色明如此韶
華近若何庭應弄綠蔭山亦洗青螺扇或裁蒲便人猶着屐
多溫公詩思好朗咏答漁歌

賦得首夏猶清和 得和字五言八韻

花事酴醿後風光首夏多餘春歸倏忽此際覺清和天意留
芳草溪容點翠荷有山皆入畫無水不生波微煖綿初脫新
晴屐尚拖薰風來北牖修景驗南訛小扇方裁葉輕衫未剪
羅隨時尋樂趣槐序發高歌

賦得長江繞郭知魚美 得魚字五言八韻

長江全繞郭豈曰食無魚入饌饒佳味加餐異野蔬層波瀠
渡口古堞露林於欲作臨淵羨何愁結網疎浪高跳玉尺港
斷引清渠往事休彈鋏閒情欲友漁雲低城隱約山遠竹清
虛遥想東坡老匆匆駕筍輿

賦得鶴立鷄羣 得雞字五言八韻

遐爾清標遠斯人道姓嵇乘軒嘗詠鶴倚玉却嗤雞粥粥雖
云衆昂昂未可躋凌風霜羽矗顧影夕陽低爭食聲何急游
仙夢未迷飛原千里迥鳴任五更齊野鶩休相擬媲禽肯共

棲雲程方萬里珠樹有丹梯

賦得一琴一鶴 得琴字五言八韻

清獻廉名著公餘愜素心印床惟伴鶴鈴院只聞琴領畧花
間趣依稀世外音絕無焚煮誚不廢短長吟鏗爾三霄靜翛
然萬壑深飼餘來竹徑眠處有棠陰倘結雲中想疑從海上
尋成都推吏治佳話到而今

賦得纔了蠶桑又插田 得田字五言八韻

蠶事怱纔了農夫又插田葉稀桑摘老雲集鍤携便種趁梅
風浴苗因穀雨鮮鈎筐紛萬頃葦笠過三眠屈指繅絲日闢

心打麥天人方牛背穩神已馬頭傳婦子紅綿甕男丁綠野
烟圖陳無逸獻大有祝豐年

賦得刻木為鵲 得輸字五言八韻

大有翁尼象而煩刻木俱非非方結想唶唶欲相呼毛羽裁
都遍飛翻笑不殊塡河須爾未抵玉有人無妙手推宗匠靈
心到朽株蔦應同剪紙狗亦比生芻類鶩休如鵠知風更引
雛人間稱絕技佳話說公輸

賦得夏蟲不可語冰 得冰字五言八韻

物理非拘一天時自遞乘百蟲如振羽六月不知冰草際吟

何似𢊁期代或能熱腸如可據冷語說何曾牙慧渠難擅聰明繭莫矜號寒原有鳥逐暑已如蠅商徵還相和風霜未見增棠莊參妙契時事豈無憑

賦得以禮爲羅 得羅字五言八韻

聖世人才重南山欲頌歌上宜行以禮士本待夫羅經緯思巖谷干旌賁澗阿三求勤若此一目笑如何賢路開應大仁巢覆不訛鷹鸇驅去久鸑鷟引來多豈等牢籠致還同駕馭過無遺搜在野温石日觀摩

賦得碧筩消夏 得筩字五言八韻

消夏何方去晶簾曲院東人來青雀舫香到碧荷筩剪葉莖連翠翻花蒂落紅陂塘初過雨枕簟乍迎風吸訝蓮心苦凉知露氣融盞飛邀舊雨蓋折倩奚童庭外搴裳慣盤中截竹同平山堂畔路傳遍興無窮

賦得荷喧雨到時 得喧字五言八韻

荷院霏香日曹騰雨乍喧聽宜多載酒看特爲開門鼓擊參差和珠跳大小繁京驚鷗夢醒雲壓鷺鄉昏枕簟秋初到陂塘葉亂翻前溪歌水調新漲驗沙痕點滴餘清響芳馨足夢魂詩情兼畫意高詠月臨軒

賦得明河在天 得河字五言八韻

瀟耳清商發晴空幕似羅當頭惟璧月斜界有銀河耿耿初飛練盈盈不起波三更方在望一葦孰經過風影移來久雲光淡處多人間秋若此樓上悵如何柝遠聲方靜綃輕淡欲拖歐公當永夕賦罷自吟哦

賦得一勺之多 得多字五言八韻

設以蠡爲勺涓涓水已多推波原似妄度理亦非訛湖海歸雙袖堂坳共一渦此中無島嶼斯外有江河杯已薪難救舟惟芥可過濫觴同入坎酌指等盈科掬月留清影臨風起細

波終當觀不測浩渺竟如何

賦得山水含清暉 得暉字五言八韻

山水航奇癖凝眸識所依陰晴初變態日夕有清暉掩映螺千髻蕭疏翠四圍晴嵐明更滅江練是耶非遠浦新潮漸長空返照微到來應洗眼此處足忘機槲葉藏樵徑蘆花認釣磯謝公容着屐塵俗盡相違

賦得蟋蟀俟秋吟 得賢字五言八韻

秋意平蕪滿微蟲得氣先吟殘梧葉徑響徹豆花天前度銷聲久凉宵振羽便壁居聊復爾音徹豈徒然應候金風早乘

時玉露鮮不須甘寂寞好與致纏綿此日鳴岡鳳當時結舌
蟬圭璋如特達
聖代寶惟賢

賦得文異水而湧泉 得泉字五言八韻

誰把文章品新思似湧泉上流爭得勢下水有行船不等江
花竭還同岳藻鮮懸河長浩浩縱筆詡涓涓佳句傾三峽豪
情吸百川源應尋紙背想合落天邊萬斛飛如玉千言倒似
淵雲問真賦手不愧入嘉篇

賦得花濃雪聚 得花字五言八韻

萬卉爭開日東風步幛遮聚疑千點雪濃是一庭花咏絮才
如許飛英會更奢馬啼春四出驢背路三叉銀海枝枝亞瑶
臺處處賒簾前光不定欄外鼓頻撾筆玉山頭見繁香國裡
誇華林遊射地賦筆最清華

賦得點溪荷葉疊青錢 得錢字五言八韻

三兩池中葉荷生幾个妍縠紋皴似畫圓影小於錢約略雙
嶢外零星四月前散宜塘角滿(語○語○湊○拍)選不杖頭懸疊疊遊魚唼田
田飲馬捐攤開千點雨買斷一溪烟赤仄難相擬青蚨劇可
憐回看楊岸上榆莢柳絲牽

賦得故人家在桃花岸 得花字五言八韻

欲訪良朋宅柴門對淺沙一舟如芥葉(華○敓○謝○忽)兩岸有桃花風景依
然是情懷分外賒重來同道觀宛在巽蒹葭錦幄曾聯咏晴
波慣浣紗翠烟籠院宇紅雨護桑麻曲水游方盛天台路未
差何當歡聚首共醉赤城霞

賦得詩雄仙心 得仙字五言八韻

誰是騷壇將詩狂欲上天飄飄無俗韻落落似飛仙塵障胸
中掃烟雲筆底傳丹成初換骨鉢響已終篇同日霓裳咏前
生月魄圓新詞驚白雪慧業証青蓮沆瀣知耽味洪厓笑拍
肩

蓬瀛如可到橐筆慶班聯

賦得一歲三十六雨 得時字五言八韻

一歲昭嘉瑞冥濛雨入時擣亭曾誌喜多稼早賡詩好慰三
農望難違十日期候占真得半旬計(切○合)郗相宜辰浹紅都潤壬
逢綠倍滋青宮參易合赤鯉驗鱗知數與晴湖配災無旱魃
貽
昇平人競頌被澤仰
王師

賦得夏雨雨人得人字五言八韻
不獨和風暢膏流夏雨新知時含大野待澤慰斯人散作千家福沾同萬物春暑曾驅酷吏霖直用賢臣趙日威休假郇苗澤最勻期應符甲子畦沸病農民到處臺浮翠無聲甕瀉銀汪洋欽
聖德霑被總依旬

賦得蟬不知雪得知字五言八韻
物理非拘一天時有轉移蟲難冰共語蟬豈雪能知樹杪吟何似瓜期代或遲千紅渠見慣三白爾相疑槐蔭棲應穩梅花夢不宜號寒無鳥伴逐暑似蠅痴露憶今宵飲風愁落日吹名言參列子妙義可交推

賦得音聲木得槐字五言八韻
都堂傳瑞應入相驗庭槐乍聽音聲發還從樹木來靈珠通帝謂嘉蔭庇時材地每聞絲竹（詞旨皆佳）人知列鼎台不殊彈椰幻宜並菱松猜月夜驚珂響春風想漏催種方旌節茂花共吉祥開手植誰留兆緋楨厚自培

賦得佛膌銜書得銜字五言八韻
古佛心珠皎真文技鳳銜靜從山叟覷點避雪姑監察寬是

潛棗紛紛笑積巖玲瓏窮卍相究轉出琅函壁矣圖偏早投之忌更嚴似教空五蘊那識守三緘服食人多誤荒唐語合芟僧寮傳軼事儒術牖愚凡

賦得元夜奪崑崙關得燈字五言八韻
元夜兵機捷雄關隙可乘虎營紛笑語雉堞失崚嶒寶玉持籌借將軍拔幟登三更幾讌集一鼓竟飛騰火樹輝前路烽烟到上層鬧蛾華妄散走馬陣雲蒸征旆來何速丸泥固不能回看諸將佐杯酒正觀燈

賦得李陵重陽日得蘇武書得陽字五言八韻
嘉節欣逢日瑤函下大荒人來千萬里書寄兩三行（饒有唐音）風雨言情素鬚眉說老蒼牧羝知路近征雁怨途長堠古烽烟紫臺高夕照黃此身依毳幕有夢到河梁對酒愁無限加餐語不忘裁箋聊答意南望正重陽

賦得天氣晚來秋得秋字五言八韻
長夏消難得巖居事事幽雨過三徑[illegible]凉起一天秋暝色千峰暗（工絕）晴光四野收霞明闌似綺雲淨碧於油泉是無雙品舟疑丈八溝好風來座右新月上簾鉤草閣溪聲壯籐床蝶夢悠輞川裁逸句此際足勾留

賦得天用莫如龍得天字五言八韻

龍德乾文協飛揚自在天半空拏攫候一氣運行先蟲語雄三百雲從遍大千寸珠神可護尺木妙能旋餘技夔蚿薄神蹤爪角傳雨師同至契風伯共操權首尾渾難見鱗而豈不全屈伸由變化平準定推遷

賦得瓜鎮心得心字五言八韻

學苦炎威酷嘗瓜便誦吟摘應嫌納履鎮自許清心凭几翻青簡傾筐出綠沉一泓涼可鑑五色暑堪禁女劈甘如許龍蹄味自森清涼生齒頰炎熱滌胸襟冰水調同滑壺漿好共斟鄭君真黽勉佳話仰儒林

賦得舉網得魚得魚字五言八韻

赤壁重遊日髯蘇樂有餘漫言思結網豈曰食無魚霜下蘆灘冷風來蓼岸餘星星吹火候潑潑入船初出穴謀同酒登盤味異蔬三秋情若此一目美何如純郭郊難比臨淵話不虛會當攜客去高處駕藍輿

賦得停琴佇涼月得琴字五言八韻

妙解琴中趣欣從靜裡尋悠然懷素月鏗爾謝[illegible]應倦孤情寄自深秋聲來遠樹[illegible]

讀易堂課藝　試帖　廿一

天漫一吟不妨移榻坐誰識據梧心流水傳諸古清尊引自今此時懷謝朓歸雁有餘音

賦得柳橋晴有絮得橋字五言六韻

桃李陰陰日新晴柳外饒風光三里港烟絮一條橋白板紅欄曲銀沙玉點撩泥痕沾馬足春意點虹腰略彴溪邊見零星巷口消飛飛何處去萍水認迢遙

賦得既雨晴亦佳得佳字五言六韻

小雨時初霽微暄景最佳陰靈收小院晴影暈閒街瀑水前溪響螺鬟遠岫排鳩鬬凝翠館泥惹踏青鞋苦衆餘三徑花光染一堦攜樽庭外過邀賞闌詩牌

賦得花落知多少得風字五言六韻

枕上眠初覺枝頭有落紅不知花事盡偏與夢魂通零粉應千片殘香剩幾叢闌珊深院裡惆悵此宵中入耳惟啼鳥關心是曉風披衣來檻外掃地欲呼童

（知多少字俱到）

賦得周人懷璞得懷字五言六韻

鼠本非為璞周人笑獨懷瑾瑜何處見牙爪此中佳相彼皮常在溫其握共偕豹文愁易昧屢眄獻同乖三豕河防誤千金價不諧方音難辨似鄭賈不同儕

讀易堂課藝　試帖　廿二

賦得岸容待臘將舒柳 得舒字五言六韻

巧借吹噓力溪橋柳漸舒岸容看淡淡春意自徐徐一面東風勒三分夜月梳枝低飛雪後暖到渡江初氷柱看微泮梅花手自鋤杜陵詩思好冬至意蕭疏

附雜體詩

園中晚步

晨起園中步荒蕪景色昏却嗔童僕懶猶幸菊松存繁草沒人蹊矮花迷蝶魂浮生誠忽忽多病掩柴門

掃墓

灑淚南郊地哀哀拜墓前靈魂招此日陟屺憶當年（至性）夜雨淋甎壙春風蕩紙錢受恩恩未報麥飯供黄泉

寒燈

一室有寒意蕭然夜半燈此宵淸似水斯味淡於氷氊冷時相伴風尖若不勝十年書舍裡相對似良朋（五六妙）

寒葉

悵望亭皐路疎林葉半僵多情猶戀樹無夜不經霜落日失空翠西風生淡黄洞庭波欲起詩思感蒼茫

寒林

古渡西風急荒寒處處同有聲撼庭右無葉下城東鴉陣攢空里霜痕壓岸紅柴門開望處都入畫圖中

寒尨

兩三家住處有犬吠黄昏伸足自眠草關心正守門鐸鈴驚夜漏

風雪共雞豚最念淒迷際主人歸遠村

寒柝

格格街前響寒衾夢未成閭門千萬里風雪兩三聲儸卒樓頭醒村尨巷口驚枕邊淸欲絕細數到殘更

寒溪

木落岸空澗風酸冷一溪草枯全露港水涸半沾泥琵琶樹橫臥蕭蕭雪漲迷漁罾霜下起氷堤帶橋西

秋山

欲識眞邪尹須知秋後山白雲迷石徑黃葉下柴關巖洞自今古天時有往還梅花三百樹擬鬬雪霜顏

秋塞

莽莽復蕭蕭巖疆草木凋（深厚）歡聲動鐃鼓寒氣入弓刀（唐音）京國悲聞雁營門醉射鵰受降城未築莫便解金貂

秋柳

繁華已歷盡鴉影忽零星去去復何路（自是秋柳）勞勞舊有亭西風吹古渡落日冷前汀待到春光至依然烟雨青

秋雲

觸石無峯勢羅紋淡不支人情薄如此天末渺何之河水波流際

亭臯葉下時微風吹更起一雁渡遲遲

秋雨

瀟湘不可聽秋在五湖東連日開叢菊滿城聞曉風梧桐喧別苑蘆荻濕踈篷送客楚山下鄉關夢未通

謁史忠正公祠墓

金陵無王氣閣部有專祠頓輟看花興（格律渾成）翻成拜墓詩春風生隧道落日射靈旗遺弔不能去衣冠慰所思搴帷謁遺像白面豈書生四鎮分疆據中原拜表行月留雲鶴賞樹帶鼓鼙聲一片

襃忠石湖山與有榮

夏日夜坐

流螢幾點度窓櫳漸覺秋生小院中世上無多人得意眼前偏見月當空呼童晚飯供新饌對客狂歌趁好風移榻下簾足高臥漏聲遥隔粉墻東

蕉衫

好比流雲一樣輕扇聲旗影不關情青羅展出同心結碧玉裝成太瘦生此日含風憐旖旎昨宵戰雨聽分明綠天如許相追逐箬笠芒鞋與更淸

竹枕

篔簹裁就製偏良稱爾籐穿八尺床那有瓌材誇翡翠惟餘清夢落瀟湘雨沾桃簟猶留潤風過荷亭卻送凉紗帽對鷗能笑傲不圖曾學七賢狂

明月

彩雲吹散瑞烟籠匹練飛來大海東縱有星辰都隱約絕無樓閣不玲瓏金波瀲灧三秋冷玉宇澄清萬里同我已碧天試磨具此身如在廣寒宮

淮陰釣臺

秦時逐鹿正紛紛三十登壇作冠軍此地亦堪驕絳灌當時曾與際風雲可憐功狗烹長樂但聽寒鴉弔夕曛同是從王闕裏去亦松雖伴鶴鷺羣

曉起和陳研香原韻

平生未敢效模棱如此頭顱感慨增醒後無蹤皆短夢年來有味是青燈琴無別調猶隨鶴劍有含芒不逐蠅一笑移衾（對几）寒甚霜花如雪欲成冰

重有感疊前韻

瘦骨休誇石露棱青衫冷落歲華增江湖鷗影三秋艇風雨雞聲十載燈何日刻成翔沼鵠有時麾去集瓜蠅逢人爭說陳驚座品占梅花飽濯冰

人日立春再疊前韻

綵花簇簇細含稜靈日欣逢歲律增人逐雁聲迴短棹春隨梅影（語○太○幽○杳○寬○　成○詩○讖）入殘燈風和檣集卿泥燕日暖窗鳴打鼓蠅閒把酒杯高阜立白魚跳浪出層冰

清明有感

枕上驚聞賣柳枝閒愁況值禁烟時春濃隋苑看無極人坐東風瘦不支槐火石泉誰領略藥爐經卷日追隨故園此際殊堪念麥飯棠梨掃墓期

采蓮曲

粉痕脂影落烟波隊隊蘭橈載翠娥此地無人隔花聽不妨齊唱採蓮歌

最憐鴨綠溢銀塘密葉穠花亂入航搖向水雲輕蕩漿恐驚三十六鴛鴦

偶成

秋風昨夜吹庭樹楚客心驚不忍聽更掛片帆江上去亂峯無數弔湘君

舟行口號

計日兩宵原未久離家百里亦非遥緣何一夜風兼雨惹起春愁滿不銷

揚州清明

桃花紅漲水平橋門巷家家插柳條最是麴塵徐漾處買餳吹暖一枝簫

畫船簫鼓簇如雲沿路茶棚夾岸分五步一花十步柳踏青多在葉公墳

偶成

綠楊庭院靜無譁旋擁晴雲罩碧紗春困乍醒簾不捲流鶯啼上海棠花（此生之絕筆也閱之黯然）

補刊

鐘聲

高枕迢迢夢不成蒲牢百八忽飛聲寒山路遠霜初試估客船來月正明飯後有人傷冷眼心頭何事感平生老僧打坐茄庵靜一盞琉璃徹夜清

角聲

亂雲堆裡正關情野色蒼茫角有聲關外合圍秋已暮壘中鳴鼓賊先平紅塵眯目吹斜照白雪盈頭戍老兵況復驚他沙上雁兩三行已去孤城

鈴聲

簾幙沉沉日影橫樓頭殿角有清聲雨淋棧道人何處風過園林蝶也驚盜處是誰能掩耳解時於我最關情劇憐車上郎當語知否行人趁五更

砧聲

封侯夫壻竟長征愁向西風聽此聲霜月那知秋寂寞衣裳都覺夜淒清女嬃幽怨黃陵廟杜老詩篇白帝城敲徹終宵應望遠大刀頭曲唱分明

鏡

玳瑁為奩玉是臺曉窗雲破月初來花枝婉約雙雙出宮殿嵯峨面面開幾輩功名占預兆何人離合有餘哀我生骨相從天定不乞銅君作主裁

帳

流蘇四角覆紅羅讀曲曾聞子夜歌騷客有情寄詩未美人不見奈愁何引來明月斜時好羨爾春風坐處多最是此中蝴蝶到他儔婁尼婆娑

晋磚室詩存　䵼餘集　詩存續

（清）趙瑜撰

《晋磚室詩存》四卷《爨餘集》一卷《詩存續》一卷，清趙瑜撰，據上海圖書館藏清同治五年刻本影印。

趙瑜（一八〇八—？），字漁亭，號漁叟，清江蘇泰州人，歲貢生。工詩善畫，絶意場屋。少時家殷富，有園亭之勝，喜延攬賓客。後遭太平天國戰火，受離亂之苦。

《晋磚室詩存》爲同治五年（一八六七）趙瑜自刊，録咸豐三年（一八五三）至同治四年（一八六五）間的詩作，釐作四卷，分别收樂府詩五十九首、五七言古體一百〇一首、律詩一百五十三首、絶句一百二十五首；集前有甘泉畫家陳炤所寫作家小像，高郵金長福、同里程宇光的序文，諸家題詞，其中不乏名家之筆墨，如蔣春霖的『恨西風吹瘦倚樓人』（《八聲甘州》），將趙瑜比作唐代淮南詩人趙嘏。是時值太平天國戰争，被兵諸邑多有避地泰州者，趙瑜與之唱和無虚日，多憂時憫亂之音。如《水災行》描繪了天災人禍交相肆虐下，民衆流離失所的慘况；《行路難》揭露大小臣工藉口鎮壓太平天國，『今日設一卡，明日置一關』，盤剥行人，實則中飽私囊的醜行。《揚州春恨詞》等篇則摹寫了戰後揚州繁華不再、衰敗荒凉的景象，不勝今昔之感。《爨餘集》與《晋》集同時付梓，是作者道光庚子年（一八四〇）客居儀徵時與當地詩人的唱和之作，『爨餘』取己詩如焦尾之桐，幸得友人保全之意。《晋磚室詩存續》刊於同治十一年，收詩一百餘首，是作者六十歲之後的作品，多歎老嗟卑之作，如『身如華表歸來鶴，人是昆明劫後灰』（《六十生日四首》之二）等，表現了劫後餘生的滄桑感；一些悼詩如《輓江陰蔣鹿潭》等，感情真摯，表現了知交零落的淒凉。

（沈宗宇）

晉甎室詩存

讓之書首

吳氏讓之

同治丙寅
春月開雕

金敘

余初識漁亭於道光甲申乙酉之交其時君在學有聲與諸老輩鏖戰文壇踔厲風發無不斂手避君君家有亭館花竹之勝春秋佳日賓從數十輩擊盋飛觴甫脫稿卽傳鈔殆徧儗諸郡垣鄭氏影園馬氏玲瓏山館文采風流未肎多讓每逢歲科試七州縣士子麕集海陵君張筵名客縣徐稚之榻投陳遵之轄余亦濫竽其閒自維謭陋未敢與諸老抗衡而心折君之聰明詣力超輩越羣眞不儕而及於古者君之詩取徑獨高胎息甚厚閒亦

感喟時事而平情論斷使人之意也消顧君謙抑以爲少作芟薙不欲存今所存者咸豐癸丑以後之詩凡十二年詩若干首門弟子亟請付梓而屬敘於余余惟避地斯土五載於兹矣邑之士大夫日咸晉接而與君契合尤深歷年亦最久追維曩昔文酒之懽賓朋之盛文壇鏖戰之雄擊盋飛觴之快曾幾何時而七州縣知名之士先後殂謝遺稿亦散佚無存愴宿草之離離歎晨星之落落其能一日恝然於懷邪余年屆七旬君亦將週花甲猶復昕夕過從以文字相切劘亦難得之事也惜

余詩存稿無多其藏諸北湖寓莊者兵亂之後室燬而稿亦燼比雲煙之過眼等藩溷之落英若滅若沒或存或亡豈非有幸有不幸與余故樂觀君集之成而爲之敘高郵雪舫金長福

程敘

余年二十三即識趙君漁亭時君甫弱冠已有能文名余愛且敬之余時不多作詩未有唱和也迨後奔走衣食蹤跡漸疏中間契濶者幾二十年然常常見君詩氣清韻古無蕉萃沾滯之音類君之爲人知詩者皆愛讀君詩也癸丑余客授東臺楊家垛君亦挈家避地而至至即邀賦詩詩之多多於聚談一夕月下裒詩詣君羣吠隨之來余叩門窘急君出應之乃大笑呼鐙至各出詩相質坐至漏盡始返談藝之樂不減少年如是者凡兩月旋別去余亦不復作詩矣今君編詩斷自癸丑迄於乙丑皆軍興後之作也此數年中世運之艱屯民氣之煩寃物力之靡敝困乏尚未之轉也懷抱不同者宜其有傷心之作沈鬱騰奮一洗其胸臆之不快而詩格爲之一變故詩之工亦視時與境爲之君子於此蓋不勝寄慨之深也與吾鄉詩人余得接見而甚厚余者湯丈懋齋而外君與田少泉年皆相伯仲湯丈詩至工而多遺稿不可問少泉詩孤孫恐亦不知珍惜而君詩得付梓人此衰年所樂見者余何幸而得敘君之詩哉然非余又孰

當敘君之詩哉余詩不盡留稿凡涉於綺語者昨又盡删去可得五六百首亦擬彙鈔成帙願君爲我敘之此所以報也同里弢菴程宇光

題辭詩

樂平琴川黃湹祥

不出蘅門已白頭陋軒而後此深愁一聲長笛秋風起老卻人閒趙倚樓

一國言之卽是風香山樂府製何工會須迎接湖東客來唱新豐折臂翁（范文膏菴善歌此篇）

唱和多於會面期兩家僮爲送詩瘦漫誇皮陸松陵體主客千秋又一時

上元湘文宗源瀚

寇閧民瘡戊火星獨揮淸淚寫飄零此才不向荼門老誰築荒江野史亭

旗鼓中原過嶺集冰霜寒歲陋軒詩海濱更有成連曲何惜焦桐已爨時

八十詩翁康伯可（謂伯山文）秋來忍向酒罏過倚樓一笛惟君在江上風帆奈我何（時赴浙東）

江都遐耘陳念東

一笑浮雲萬事輕艱辛歷盡此心平寥寥詩卷留天地已占人閒不朽名

野人旣歿風人少東海詩亡二百年嗣起憑誰扶大雅陋軒集後晉甎篇

雄譚雅許陳驚座，絕調終推趙倚庸。畫溪前孤櫂去，蒲濤城外暮雲愁。（時有荆溪之行）

同里辛白錢桂森

吾邑徵詩家，國初吳陋軒。仙裳與孝威，先後相騰鶱。海宇方承平，當軸爭禮賢。風騷盛壇坫，儒宿羅賓筵。幽蘭采空谷，明珠掇重淵。往往韋布士，名動公卿尊。大雅漸凌替，古音就沈淪。僻陋笑曹鄶，剽盜傷隋陳。翛翛漁亭老，卓犖追古先。冰雪瀫齒牙，竹石生肺肝。峭比山壁立，浩如水瀾翻。琳瑯爛金薤，錦纈碎蜂蟬。怪變造平澹，使人忘辛艱。卷中樂府辭，接迹風人篇。高義侔文昌，清言儷香山。觀書小章句，論事窮人天。獨得懲勸旨，默察治忽端。匪惟屈宋豔，沿溯漢魏源。直具南董筆，補綴志乘殘。輶軒采太史，遺佚蒐稗官。足供石室儲，謳歌被管弦。惜哉老伏櫪，窮愁坐青氈。欷歔戎馬後，蹀躞江淮間。歗歌海東隅，秋霜冒華顛。低首魯靈光，捹卷增喟歎。

同里子文袁錦

烽煙十載慶餘生，對酒當歌百感并。庾信江關意蕭瑟，杜陵同谷調悽清。微言隱寓風人旨，樂府能

傳變雅情。何事揀金刪少作，卅年前已負才名。

吳（陋軒）鄧（孝威）騷壇久擅場，團（椒鐙）陳（理堂）繼起又田（少泉）常（高菴）。年來風雅嗟零落，亂後文章獨老蒼。好與晉甎同古趣，羣欽魯殿峙靈光。穠春偶讀平泉記，始識城南舊草堂。

江都堯卿郭夔

紛紛榮利一微塵，省識匡廬面目眞。經卷藥鑪資供養，芒鞵竹杖寫丰神。病餘旨趣通禪悅，夢裏雲山證夙因。（集中有夢游金山詩）眼底莫嗟同調少，百年大雅此扶輪。

儀徵竹君車元春

睥睨浮雲孰與同，卻逢處士臥江東。乍驚諧謔干時諱，終見微言嗣國風。六翮飄颻揚歌席罷，（謂黃琴川太守宗湘文觀察現皆聽鼓省垣）二毛離索酒鑪空。（謂范膏庵吳讓之兩先生亦皆回邗上）餘生得與鷗鄉近，情寄蒼葭白露中。

白沙翠竹江村路，明月揚州水上樓。兩地去畱思往事，十年離合感羈愁。倦飛已似投林鳥，陳迹還如蹋磨牛。聞道新詩壽棃棗，名山讓爾占千秋。

題辭詞

甘州　　江陰鹿潭蔣春霖

恨西風吹瘦倚樓人青鐙鬢毛斑任霜枝嘶碧舍南有竹蠹粉空乾猛折芙蓉江上老去覺春寬百尺珊瑚冷煙霧漁竿　長記五陵豪事喚銀箏催客玉鋏光寒瀉龍頭春酒咳唾亂珠盤又萬感滄溟變石問桃花流水幾人閒還搔首向松門外愁看秋山

壺中天　　甘泉小汀王菼

一聲長嘯恁無端催起滄溟秋色城郭依然人事改誰識當年狂客紅燭烏絲青衫白髮醉點珊瑚筆浮生如夢此情偏自超逸　嗟我賃廡終年問奇頻斂花裏揚雄宅兩世論交慚後學宗仰拾遺詩律里巷歌謠山林紀載都是長城敵寸心千古畢生何限精力

徵招　　同里荻生黃荔

老成落寞搏沙似詞壇問誰高手風雅寫憂思任苦吟消瘦抵文雷益壽信傳世一時無偶繭紙塵清鼠須光潤古香湮透　野史屬遺山窮愁裏長對一尊清酒斷自亂離年幾蒼茫迴首風流無恙

否算觴詠永和年又鎮相覓舊館漚波被晚風吹綢荔詞稿待梓

大江東去　　新安筱圃洪瑞文

天然妙緒是芙蓉秋水毫無雕飾別有澹微高古處眞箇浣花一脈身世悲京年華感慨都付千秋筆耽吟情性諸老阿誰能敵　更兼月地秋笳霜天曉角響畲高樓笛樂府歌傳淮海事只當橫戈草檄萬卷菁華十年紀載那不珍如璧心香一瓣竭來許奉吟席

自敘

詩何足存存作詩之意焉爾意者心之所發也思涉樂其必笑方言哀而已歎意之謂也泰邑當江海之衝軍興以來兵戈擾攘寇盜充斥其間播遷之苦旱潦之災人情之險怪世路之敧嶇駭聞創見悉著於篇至如蒜友瓜朋倡酬爲樂花天月地歗歌自娛雖興趣仍前而音節亦變矣余老矣寸長莫展百端交集髮白齒搖行就澌滅竊用自悼迺哀亂後所爲詩自癸丑迄乙丑計一星終得若干首梓而存之以示吾意之所在焉後之君子歌詠承平主持風雅談海濱之軼事訪故老之遺聞其有撫此卷而欷歔太息者是卽吾之知己也而吾今日作詩之意爲不泯矣燹餘集係客眞州時作謝君芙仙屢趣付梓而未果者茲特別爲一卷附諸篇末以誌亡友之誼云漁亭自述

漁亭五十九歲小像

穉松署

甘泉陳焯寫

閑門環九州下筆有千古抱絕業於名山遺塵棼于天府當年猛氣狎龍虎病後枯禪著勢雨不識世人側窮苦讀書用世蹉跎補

樂平黃涇祥贊　盱眙汪根蘭書

詩存目次

晉甎室詩存卷之一

泰州趙瑜漁亭

擬古

短歌行

烏兔西東迅若飄風百年瞬息遡焉在中刺促刺促荆榛礙足十步九艱太行王屋其殆庶幾黃鵠高飛翩然遠引憂來苦饑與子離別中腸如結欲往從之天山冰雪顧影蒼涼驅車北邙纍纍荒塚蕭蕭白楊醉臥酒壚歌呼烏烏今茲不樂歲月其徂

古別離

白馬金匼匝垂垂緌胡纓何持斬胡虜珧刀霜雪明早越蜚狐道遂登雲中城關山後夜月相思定含情封侯良快事其柰心怦營行行重行行碌碌復碌碌貴離不如賤聚巧遲不如拙速

羅敷行

陌上桑陰濃攜筐赴高原云何辱使君爲儂駐華軒遣吏問羅敷欲言不遽言斂袂前致詞事難情易知西鄰紅妝女東家碧玉姿桃李媚春陽榮曜以爲期思君遠莫致焉用陋質爲蔦蘿業有托素

願矢不移采葉復采葉歸遲慮蠶飢

長相思

故人遺我書極道長相思開緘何以報兩地無異辭人生難得惟知已古井波瀾誓不起三尺游絲漾九霄一輪明月照千里故人長相思相思一何長君不見牽牛織女兩無語盈盈一水遙相望

禽言四章

布穀布穀鵓鴣喚林麓自冬徂春無斗粟東作方興叱黃犢催畊辛苦獨依依餘粒麁能飽我飢

姑惡姑惡姑不惡汝錯東家承懽西家樂安見汝姑遇汝虐汝但殷勤事操作莫再逢人說姑惡

提壺提壺中有美酤慼子區區意且爲立斯須劉伶阮藉聖之徒有酒不飲何爲乎朝傾畢卓瓮暮倒文君罏仰天擊缶歌烏烏衆醉獨醒無乃愚

刮鍋刮鍋鍋煤多煤多又費柴一束刮去鍋煤飯易熟琤琤瑽瑽金鐵鳴嗟我婦子咸心驚割麥插禾同此聲

空城雀

雀兮雀兮飢柰何空城啄粟苦無多朝飛暮止逐儔侶城頭闃寂無人過南山有鳥北山羅羅者悵望山之阿誰與爲媒導使去將行裹足防風波雀兮雀兮饑柰何忍饑不離空城窠飛鳴得意且由他

子夜四時歌

畫樓春晝長楊柳和風扇空中誰膩語舉頭見雙燕春

采蓮復采蓮輕舟盪湖水花好不上頭留伊結蓮子夏

夜深抱團扇爲儂障明月最愛團扇圓生憎明月缺秋

裝雪作美人纖手冷於鐵美人卻憐儂手冷心腸熱冬

美人磨鏡篇

雙鯉尺素書殷勤報歸信言尋負局翁爲儂磨琺鏡三載不爲容相思托青琴侍兒送膏沐秋風吹羅襟妝罷對鏡鏡無語鏡裏分明好眉嫵

效六憶詩用青門集中體四首

憶見時羞澀紅雙暈低鬟蹙簾波拂衷鏗琴韻鸚哥點不言煎茶向誰問

憶行時纖步向空廊月淡蘚留迹風輕花讓香小

立渾無俚凭欄如有望
憶坐時支頤態嫣然碁弄樹雞子詩題雙鯉牋燕
婧聊復爾顰眉只自憐
憶眠時洞房靄蘭麝移鐙眼倦開對鏡妝徐卸似
怨歡歸遲寸陰惜良夜

君子有所思行

甲第亘連雲峩峩金張族家藏錢券書問年諂喬
木圭人美姿容白皙顏如玉宦貴輕王侯餘事炫
羅縠珊瑚碎五尺木難傾十斛何以娛嘉賓郇廚
八珍熟熊掌紫駝峯染指薄粱肉門客紛曳裾璧

奴鏘鳴玉酒酣出麗姝鼻聲叶絲竹歌罷載號呶
聲色厭耳目優游年復年欷歔愴華屋桑海倏變
還舊歡不可復豈惟不復歡悲苦亦難續故址莽
荊榛夕陽話樵牧

飲馬長城窟行

登高望平原莽蕩怵心目何時竟獫狁芳草亦已
緑迢遞燕然山蒼茫雲海闊征夫荷戈去一去不
復還小鳥戀雙栖飛鴻悲隻影捐生良亦易延盼
愛光景相見杳無期入夢容有之雨落莖上天花
落返故枝淚下還復收謀樂貪及時

楊白花

楊白花好漂泊不見花開見花落懊惱春來風雨
惡千紅萬紫凡桃李九十韶光去如水啼殘樹上
雨鶯兒妬殺梁閒雙燕子寄語楊白花風吹轉回
家腸斷還復續相思天一涯

美女篇

美女絕代姿光豔眉雲端方春采柔桑摘葉零露
溥鬒髮白玉釵雪腕黃金鐶明璫映襟珮珊瑚青
琅玕薌澤襲袴褶炫服欺羅紈姍姍來何遲微風
吹芳蘭行徒神爲傾一見希承顏翩然誰氏子睇

眄惟長歎蹇脩以爲理作合言惟艱豈敢慕孤子
輕與吾實難端坐撫瑤琴願爲知音彈知音托明
月照我房櫳閒

新樂府

頌德政六章

爲州牧張公東甫作也公諱之杲浙江錢
塘諸生有德政卒於官

平糶廠

歲荒議災賑兵荒議平糶貴值而賤售荒政此最
妙是役民捐一萬石官捐五百石未施氏一萬先

散官五百官惟實政不惟名胥役感化廉且貞與我役澤門哲始輸粟終閉糴猶之與人出納吝善舉無端受攻擊

攤錢役

朝送錢大橋鎮暮送錢宜陵鎮白酒黃牛犒兩處傳聞殺賊紛無數爲我西南守門戸載輸爾載將伯助將伯之呼何敢辭飲食醉飽咸嗟咨江都縣事泰州知不分畛域艮有司

懲飛謠

鄭人相驚伯有至狂走如飛身插翅夫攜老妻母

挈子河干更掬舟中指南關喧北關鬨誰倡亂划子船役捕送官官切齒鞭撻不死扼項死頃刻三人同棄市口不檢身不免刑亂國用重典

穿耳箭

游府（臺謹）出城去不顧居民遷徙忙無措東家黑漆箱西家青布囊背約手提挈纍纍官道旁前後圍饑鷹左右伺貪狠勢將齎吾刄富貴樂未央猛聞吆喝來官府劍戟森嚴勢威武賊睛睒睒覘無睹捕虎居然如捕鼠蚩之蚩蚩殊可憐尤而效之又甚焉仲國法臂飛刀按軍法耳貫鏃一坊安四境

肅家頂香戸戸祝

黑頭來

紅頭不來來黑頭目光炯炯無全牛刀矛森列劍戟利簇擁官船抵吾州（錢江廣東人）彼官此行胡爲哉乃令下五州縣百姓輸貲財貲財孰與性命重爲我速備刀鋸來州主不懌佯日哈百姓聞言咸悲哀衆情壹義旗出短刄疾長矛突一刺左股傷再刺右肱折弟子與戸長子逃兩岸礮聲轟欲裂吁嗟乎作俑好手段對鏡好頭顱虆街忽縣首萬姓齊懽呼妖書倡亂理合誅雷公雷公來其蘇（雷名以誠）

殺人橋（保衛裏下河營紮仙女廟）

此喫飯彼啜麵二十九人同歇店先鄉團後義勇二十九人同土隴火炎昆岡混玉石人聲鼎沸尸山積董事面長一尺州主鞾存一隻（州主號叫聲蘄卒不能救）（外役背負而回存鞾一隻）高橋鬼哭聲啾啾青燐閃鑠紅骷髏

紀亂萌六章

火輪船

江壽民江都人業字館創設立貞保赤接嬰暫栖所等處贍養貧人又開集英

義學頗恆衆望癸丑春粵匪東竄金陵鎭江相繼失守壽民信奸人諜告謂重賂可免官民倚賴之相戒勿遷徙城遂陷先是道光二十二年英夷犯順船抵郡城受壽民賄而去禍基之伏有由來矣

火輪船肇禍胎夷人愛吾珤守信不復回行險僥倖何能再聚而殲旃無足怪列國假道殃自取墮入奸謀柰何許滿城灰燼刼使然天奪之魄夫誰憐

麴王三

三切麴爲業忽其友鮑剌子誘入賊營賊予珤令歸偵探珤露鄰報義局獲之刑訊得實稟解正法

麴王三爾何人爾見僞王黃風帽僞弁紅紥巾賺爾以珠玉啗爾以金銀命爾回里查勇數開富紳爾應如響信如神載珤而歸驚里鄰里鄰見珤動疑忌立糾義勇搜奸細朝送信暮圍門長繩縛賊如縛豚銅錢熾炭背烙痕聚而鞫之一一如前言官無術能救爾營有刀能殺爾麴王三爾何人爾果終身切麴無殺理何來攝魄句魂鮑剌子

僧道正

城東南隅聚衆抗租集十三里汪僧道正主其事曹某者實左右之事覺請兵大營立殺數人以徇首從先後伏誅

奸民乘亂齊抗租大兵入境按名誅髑髏滿地膏血塗咄哉戎首聞風逋官命捕役爲我蹤蹟獲僧道正罪人斯得僧遇捕役勢麕集啜其泣矣何嗟及惟時羽翼有曹生如夔一足跛著名小車轔轔載入城琅璫鎖索齊解營騈戮梟示公案了田荒

廟毀行人少十三里汪無青草

查官船

通州牧金刺史小莊咸過境船泊施家灣義勇譁爲奸細胠篋一空賴鄉團陳玉林負金入州署得免運司但公雲湖明倫船泊上河先後數日禍相埒

查官船船言是官不是賊誣我官人罪莫測衆言是賊不是官搜查專責吾民團刀光電閃艙門啓周走而呼賊至矣鷹鸇逐雀螂捕蟬搏得官人大歡喜欲揉不能揉紳耆咸束手驀地來鍾建大力

負而走金銀望氣心不㞋舸艦迷津貨烏有篋中
何珍玩木難雜珊瑚筩中何服飾綾錦襲貂狐風
聲鶴唳恣怪誕孟弓蛇影終糢糊噫吁嘻城庯義
局資保衛添一章程滋一弊

鳴銅鉦

大營游擊銜薛成㞋綽號老小乾兒某
挾吾邑小豐讒搆倡亂爲報復之舉泰
邑聞警遷徙一空

仙女廟鳴銅鉦三江弟兄隨我行我行直入泰州
城天助我民不助逆忽然馬首向邵伯邵伯王捻

兵清萬扣馬抵死爭駕舟送入湖心去浩渺烟波不
知處傳聞李帥世忠卒斬之不得其死理固宜

清江浦

浦勇有名無實賊倉猝入境四面火發
時帥府方演劇也高寶紛紛遷徙泰邑
驚惶

高牙大纛宴官府爛漫華燈照歌舞猛聽漁陽動
鼙鼓火光四射清江浦清江無城守不得退保淮
垣爲上策淮城緊閉袁浦空江南從此無河工當
憂而樂造物忌語我同官莫演戲

憫死節九章

八哀篇

范氏湖東集五烈吟三哀詩皆記癸丑
殉揚州之難者陳吉符兆生自老母下
十一人先縊後自焚死巫瑩章文獎縱
火爻子相抱死程玉材兆棟命其子凷
城全家自縊死俞中之立堂率妻女四
人同縊死任漢卿雲臺賦絶命詞挈子
投井死此五烈也羅茗薌士琳王西御
僧保楊季子亮皆不食死此三哀也巳

上皆予舊識不忍無詩彙而誌之曰八
哀篇

須顙戟張目眦裂有萬卷書無寸鐵死法不同同
節烈金護委折玉樹傷水火尺組摧肝腸采薇采
蕨終首陽惟古聖王重學校我　朝卒收養士效
秀才居然以死報

紅橋難

江都紅橋鍾小亭淮孝廉官內閣中書
在籍團練殺賊立功忽追剿遇伏死之
奏聞　命建專祠世襲職

時清思服官世亂思効力上馬擊賊下馬檄姑剪滅此而朝食與其株守紅橋不如深入賊巢從吾行者皆英豪伏兵突起呼殺妖心肝刳剔皮骨抛想見驂鸞跨鶴靈旗飄家國天下併一死君乃讀書眞種子姓名彪炳垂青史吁嗟乎談何容易垂青史

張小虎

兩淮候補知事張翊國虎頭先生子自號小虎家傳梨花槍法有譜行世初揚州閧警請先誅江壽民以堅守禦之計

撓於衆論不果失陷後兩次登北門城孤軍無援不及收復乃從僧邸攻高唐復連鎮所向有功凱撤後復來江南時巡撫吉駐師京口用爲先鋒忽撫軍以親軍出哨爲賊所乘困自殺小虎聞信帥百騎突圍入獲其尸裹以大旗將出圍矣賊在高處用千里鏡遥窺命發火槍環攻小虎與從騎皆沒於陣

殺江壽民是上策入北門城是下策兩者不行爲失策老師縻餉遷延役壯士撫膺長太息張小虎

虎頭兒手握梨花槍一枝南船北馬苦奔馳爲知己用身忘疲一朝免胄入敵師鎭江之戰卒死之張小虎虎頭兒街談巷議婦孺知

世太守

太守世焜滿州生員咸豐六年春大營兵潰賊由南水關入城公率親軍百餘人接仗綠營先遁委賊於公賊遂擁公見僞王吳如孝吳知其賢欲官之公抗聲不屈甘就死卽命移置京口邏守之至五月守稍懈公投繯死復鎭城之日

廉得其尸露頂赤足身著珠羔袍面目如生當斂厝於城內舊考棚前公一妾一養女無子初聞公陷賊知公必死乃以衣冠招魂匿斂妾與女已扶櫬回旗矣郡人旣請建專祠復卜地梅花嶺側將奉公骸骨以安窀穸焉

城門大開官員走巋然獨存世太守太守曰吾死矣夫冠服在身印懸肘解一賊慕賢守名下令務獲生蜂屯蟻聚趣駕行舁太守去入賊營解二僞王降階迓以殊禮謂汝好官愼勿死仕我太平國富貴

不止此解三饋酯醪不飲遺饟稟不食太守曰吾死矣夫吾何如人從汝賊解四招招舟子送之鎮江天風浩浩水泱泱金焦兩點浮空蒼忠魂縹緲恣翺翔臣從此逝游仙鄉解五慷慨成仁易從容就義難揚州祠世太守眞州祠文文山解六

六合陷

温紹原字伯平以鹽知事任六合事登陴固守五年如一日卒以餉盡援絶城陷身殉天下聞而哀之遺書江南大營謂紹原死不瞑目云

臣身一死不辱國臣罪萬死不瞑目五年血戰守孤城皇天后土矜愚誠臣視性命鴻毛輕與城存亡哀吾民不逼一諜江南營不假一旅江北兵羅雀掘鼠書寄蠟南八男兒箭射墻搔首問天天不答張睢陽温六合

統帥溺

總統張國樑攻金陵挖長濠困賊行且下矣忽計臣嫉功掣其肘勒餉不給師潰公率親軍二千餘人退保丹陽賊追逼戰不利遂策馬投丹陽河中以歿

首山一呼變端激清人一歌統帥溺生能爲萬人敵死能爲厲鬼擊龍蟠虎踞石城雄旦暮間耳收奇功前途倒戈柰何許業敗垂成淚如雨是時帷幄誰運籌幸逃顯戮歸山邨丹陽橋水咽不流天陰雨溼神鬼愁

袁將軍

將軍名貴舊隸楊忠武公遇春麾下以趫勇聞咸豐元年周文忠公天爵勦辦粤匪調赴軍營有功陞署泰州游擊時州境晏然公恥素食乃自請於上官願

投營効力後聞追賊入山爲賊所乘遂戰歿三日後於山巔得其尸徧體鱗傷事聞 命照副將陣亡例賜卹

男兒恨無兩翼淩空能高飛喜有雙腳蹋地能遠走生當圖形麒麟閣死則馬革裹尸期速朽弓箭在腰珪刀在手安能騎五花馬披三品衣晏處海濱如木偶蠛蠓微臣効忠蓋疆吏奏聞 上俞允辭鹽米區歷諸艱就烟瘴地控百蠻沿途易水聲潺潺此行於理無生還吁嗟袁將軍生而習武不習文卓然大節能超羣讀聖賢書學何事偷生覗

息何足云吁嗟袁將軍

巡檢兒

賊犯潛山縣巡檢馮焯之子名福基十四歲聞警匿母他所身爲賊獲日懷利刄伺隙殺賊不果至湖北黃梅竊市毒藥置羹中斃十七人已亦仰藥死皖撫李中丞續宜以童年智烈請卹壬戌秋仲見邸鈔

束髮知讀書未能通六藝讀書知求名未及博一第忠孝大節非細事不圖得之巡檢兒巡檢兒年

十四一解兒父有守土責帶兵迎敵兒母在室死生爭頃刻倉皇四顧負母逃匿母逃匿兒陷賊二解晶瑩匕首貼肉藏朝窺猛虎夜瞷貪狼誓將殺汝偕汝亡蒼蒼者天吾爺孃三解殺賊一值均殺賊二獲利連斃十七賊兒力竭矣羣賊偵知烏能已生亦無可爲何如仰藥死四解卓卓起家進士煌煌擢任封圻偉岸七尺軀皓首而麗眉百歲光陰能幾時縱談往事徒嗟咨獨不見巡檢兒五解

張烈婦

儀徵張雲葆妻諸生金序東女戊午八月賊犯儀境從其夫避地甘邑西山事急令其夫速走以存宗祀當入道旁俞氏宗祠與同邑曹炳文室人俱死焉壁上留題云自古有死人誰不然全我清白含笑九泉厲鬼殺賊猶生之年

避儀邑賊西山高西山賊來何處逃人生百歲終一死甯爲泰山毋鴻毛夫存宗祀延婦歿節義著夫也前行勿迴顧祠宇荒涼絕命處德必有鄰曹夫人紉帶縫裳約同去血淚浪浪粉壁書萬卷精華四言句烈婦四言句忠臣正氣歌須眉巾幗無

殊科金石可爛名不磨

感時事五章

行鈔票

堅剛可久莫如銀輭熟易敗莫如紙以紙換銀鈔票始唐飛錢宋會子金源交鈔實本此周官質劑良法陳不取便國取便民民銀日少紙日多設法轉輸且柰何

當百錢

當百錢重約一兩五徑約二寸圓一當百兮十當千杖端可挂腰可纏京師初盛行外省漸流傳淮

右開鑪設鼓鞴孔方積聚充官廨江西鹽客弄狡獪載向場垣鯿船快亟付垣商爲分泒一文不值吁可怪好作歸貲當銅賣

行路難

今日設一卡明日置一關江湖客子行路難今日委一員明日簽一董市肆居民咸震恐局呼捐戸爾來前公私正雜皆需錢如某偷漏某夾帶什伯倍蓰罰無赦吁嗟乎大營保衞裏下河腋裒接濟奚足多第問大營實得能幾何

小龍船

摐金伐鼓城濠邊旌旗五色排戰船造船防賊賊鳥有孤負健兒好身手靑絲盤髮五七觔罽韈茜襖腰紅巾摩頂受戒具佛性所難除者惟貪嗔饑鷹偷眼光碌碌猛虎磨牙欲逐逐夜游俠邪朝攤錢居民驚避恐不速健兒乎何不乘宗慤風何不擊祖生檝生不能建樓櫓功死不能裹鴟夷革千金一擲少年時株守吾鄉又何益前日紅旗報李副帥世忠官軍到天長收復六合降江北肅清喜相告昨日羽書來曾大帥舟師開軸轤千里蔽空下頭隊先收雨花臺嗟爾小龍船終古城濠邊飽食恣游戲日費官府錢官取於民官不苦只有吾民望安堵

築土城

築土城何崔嵬袤廣七八里睥睨參差堆荒塚變溝渠枕藉紛枯骸枯骸爾勿戚生者方銜哀拮据事畚挶口鼻飛黃埃亢旱苦坼裂霪雨防傾頹朝被縣符迫暮聞鼛鼓催高田麥待割低田秧未栽役夫重太息官吏于于來于于來重褢裒築土城何崔嵬

詠邑事六章

南山竹

新志書棃棗恥長門百黃金魏收一穢史因不失親亦可宗一國三公誰適從刊謬欲罄南山竹登覆居然好筆墨再數十年淆黑白采訪何人早設局

淘河鳥

有鳥有鳥工淘河市河淤塞年月多淘開淤塞波瀰瀰滿城血脈皆融和淘河鳥引吭鳴玉帶河多坎坑形家者言苦無術事能便民爲上策

饑雀行

餓雀紛飛向城外倉無粒米奚足怪守城第一資餱糧何不買米塡空倉兵刼不死水旱死倉門巍巍存故址嗟爾雀餓能高飛嗟我民飢安適歸

頓頓粥

五風十雨歲大熟菱也何辜頓頓粥少而記名老入堂清節拘於額例有掛號數十年不得進堂者依然槁餓心悲傷日錢月犒諸無著寡鵠孤鸞坐相索客從何來短而髯一聲獅吼捋鬚鬚風毛雨血鳥獸散明日堂中開午飯

兒哺糜

兒失母呱呱嗁善堂收兒撫養之兒初來此嗁何爲昨者有兒方哺糜乳嫗濫竽久無乳我躬不閱遑恤汝兒失母呱呱嗁餓鴟絕叫聲慘悽誰司厥事如充耳須知彼亦猶人子君不見堂前義塚如蜂窠南唐小兒無此多

埋活人

世事計義則妨利普濟焉得人人濟破絮蒙頭寒砭肌粗糲安能飽我餓饑寒交迫災疫作十數病夫一鍋藥死者藁葬生與俱死而後葬毋乃迂

兒念母

爲洪筠卿作也筠卿名範甯波人寄居杭州咸豐庚申二月城陷母周太夫人及其二女殉焉追容徵詩顏曰北堂永慕圖

兒念母無已時兒事母如生時生時酷愛二孫女相從地下長含飴兒對母像不敢哭母聞兒哭中心悲音容在壁栝棬在室天風颸颸白雲悠悠

河之水

弔鞠烈女也女有殊色姊夫曹先同居涎誘不從投水死予童年親見其事懼久而泯沒也追憶爲詩入吾集中以俟采風者

荏苒女貞樹乃傍惡木陰翦伐苦無力誰與亮我心嫌疑介瓜李熟計不如死雞鳴霜滿天對鏡永別爾誰與亮我心淸白河之水回頭白髮親含悲只在此

馬公來

美州牧馬公也公名鴻翔字仞千山東舉人署事八十日旋丁內艱去士民思之

公之來兮自天降康公之去兮民不能忘權泰州篆八十日萑蒲斂跡刀筆藏嫉惡如讎愛民如子世上好官那有此公來又去胡爲哉公母死矣哭

之哀是時士民怪歎婦孺愕咍相與咄咄書空喃喃私語願吾公節哀尚望吾公再來

燬分券

美兄弟相愛也衣莊侯氏同祖兄弟四人分析有年矣忽伯仲不戒於火蕩然無存叔季迎養兩兄邀親族燬分券願以已產公之兄泣辭弟力請得復合焉趙子高其誼紀之以詩夫一堂秦越同室戈矛人情類然固無足怪然如侯氏兄弟獨非人情乎於虖可以風矣

焦頭爛額其兄切已剝膚其弟行道且心惻何兄我同氣兄曰天之阨我我獨于罹弟曰豈伊異人兄弟匪佗墮甑不必再顧遺弓豈可復尋請自今聚族而處雖吾家聽子而行老夫聞此言欲哭聲先吞吾兄病死永安鎮親侍湯藥吾未能儒服儒冠數十載使我抱愧侯氏之弟昆如我輩不足論不如我輩尤難言

晉甎室詩存卷之一終

晉甎室詩存卷之二

泰州趙　瑜漁亭

五言古

楊家垛喜晤程弢菴 宇光

羣賊聚如毛距城無百里闖獻無其殘居民罔切齒推吾長團結吾也恭敬止枕戈逾半年賊衆望而靡待賊賊不來毋甯久事此出門東向行尋秋泛烟水憶送荀伯帑初春事遷徙作客當還家相見各悲喜四兒鶴雲前致詞名師室則邇翩翩富以鄰得從程夫子吾方造門謁而君適至矣怪我來

何遲嚇嚇笑不已握手訴懷思關心問桑梓日夕盼捷音不戰定何以君情殊惶惶我意則唯唯君坐且勿喧我言殊不鄙宇宙一太倉我輩稊米耳隨身有研田勝彼膏腴美水鄉千頃波此閒無死理買地結茆屋足不履城市逍遙養餘年靜閱無生旨昨過溪橋南晚涼快徙倚橋下牛浮鼻牧童一鞭指言歸綠楊灣宛入圖畫裏無意得桃源避世從茲始爾我文字交胸襟絕渣滓卻值秋成時魚蟹肥無比村醪試酌斟呼奴奉盤匜既醉兩無言天末涼風起

和弢菴韵

塵事日以稀漸覺故人好放學便過從各各晚餐早秋空作微陰天將降水潦須臾黑雲過小雨溼庭草挑鐙相與談新涼豁襟抱元白互倡酬案頭積詩稾嘹唳天邊鴻雪泥留一爪月出水空明歸路疑蓬島

和周筱雲鑛見贈韻

生平好達觀自忖無百歲不料半百年諸艱已歷試修名苦不立形影自砥礪遂與世俗違談言尠所契先生移我情如藥消痞滯坐我春風中非夷

亦非惠一別廿餘年太息光陰逝往者令子來靖圭孝廉忩忩道途會見輒問而翁云尚無老態其時有戒心捷音盼天際今夕知何夕郡城喜無事就養來海濱相逢愜人意百鍊出精金吾道誠足恃借酒敘濶悰殷殷屈指計故舊日凋疏親串遭淪棄王生松岩秀才吾世交曷敢矜高誼聊盡東道情送帑還故地先生他日歸尚期盃杓濟悲風從西來臨觴自感喟

城西草堂十二詠

楊柳淡春烟小橋露空碧緣溪窈以深隱居賦衡泌一幀倪雲林於此得眞蹟　小橋烟柳

古堞列晴空帆檣自來去高矗白雲飛蒼茫亂指顧一抹夕陽痕淡到鴉飛處　古堞雲帆

識字耕田夫依然結茆屋每届東作興扶犁叱黃犢杏花菖葉閒春雨連宵足　南陌催耕

瀲灧小西湖中有前朝水風流寖歇絕湖迴云未已臨風發櫂歌何處采芳芷　西湖放棹

老梅千百株經春花怒發周遭香雪海長吟劇清越爲憶十年前荷鉏種明月　梅嶋春深

方塘水不波雨過氣軒爽花葉紛離披低空照漭

瀁濂溪夫何如悠然動遐想　蓮塘雨霽

鶴兮汝歸來名園與汝共蕉廊依主人起舞清影弄感茲區區心豈因戀微俸　蕉廊調鶴

老圃花事閒陰蟲吟切切空階闃無人繁響劇幽咽歐九賦秋聲鐙昏悽欲絕　菊圃吟蛩

佳兒讀父書琅琅瓶瀉水紙牕竹屋中時見阿翁嘉相期在遠大不以科名止　艸堂課讀

岳阜高峩峩自是宋朝土林木莽蕭森荒涼蔭禪宇忽聞鐘聲來當風欲懷古　岳阜聞鐘

山郭愛晴曦一墖橫空峙阿育舍利光終古照山

寺林亭固已佳點綴更高致一塔晴曦
瑞雪滿平疇荒寒渺無極一犬吠溪橋炊烟作暝
色有客策短笻閒訪梅消息平疇積雪

送家兄之永安鎮

荒雞號喔喔送兄出門去出門欲何之避亂依親
故親故原可依但防寒與饑兄云予毋慮吾有兩
兒隨次兒能服勞四兒能奉養阿三留保家門戶
可無恙吾病如不深慰予以好音否亦無害事偕
行有棉衾爾我各抱病調攝宜安心語畢仍回顧
舟人促行路忽聞欸乃聲殘月照烟樹

永安晤海雲

偶遊大悲寺適逢種瓜僧僧問我何來奇遇得未
曾兩序大歡喜是日方傳燈長老苦酬應欵洽茲
未能循例設齋供老夫笑不膺頻年困酒食頗負
饕餮稱菜園蓼羊踏楞腹捫有棱酸齏八百瓮爾
愛吾則憎得暇惠縑幅寵錫逾百朋蓮舟喻此旨
相見惜不恒旦暮倘垂訊後約期海陵招招趣解
纜明發當晨興甫聚忽言別新月東山升

任子猷鴻寶惠金橘謝之以詩

嗜芰嗜菖蒲古人各有嗜予性雅嗜橘色香味俱
備朋友偶饋遺衣冠而拜賜積年患溼痰每發當
夏季其時橘方花難能愈可貴聞君善栽培育物
體天地蓄橘如蓄艾三年黃轉翠爲予摘五枚團
團掌中置如璧肉倍好不見瑕瑜異如珠能辟塵
光滑無纖翳一服子曰噫再服顏淵喟三服至五
服快吐不平氣胸膈既寬舒腸腹亦爽利飛昇定
不難卽此當藥餌橘能療我疾銘感在寤寐存橘
料無多旦暮幸留意懷之遺高堂無使終顒顇

贈李泳署肇增

造物喜懵懂恆待庸衆優攻穴陰陽秘實爲造物

讐竅鑿渾沌死彌復窮雕鎪坎壈固自召達士何
怨尤奔走日餬口營營升斗求勿謂遭時變不亂
誰爲謀慕勢事干謁高尚輕王侯出處兩非計吾
生慼行休粹然布衣交相好無相猶退而弄孤翰
是用醫幽憂

今人不如古古文人不爲乃爲貼括學謂於進取
宜自束髮至老顛倒神忘疲掇拾房行墨抗顏爲
人師糟粕充菁華朽腐當神奇問以治忽原茫乎
若有思尚論及某某瞪目視曰誰一朝握尺柄舉
措將焉施古文人不爲而君獨爲之孤芳謝凡豔

老樹無醜枝自惟箏琶耳日習淫哇辭一曲廣陵
散含咀心神怡予雖不能至向往無已時
題徐東園震甲畫册
畫理具衆妙花卉尤稱冠神肖奪化工生氣萃不
渙著色世所同雅俗判冰炭卽以巧拙論亦復渺
河漢徐熙今畫家妙難一辭贊與我三世交生小
同里閈偶爾尺幅貽珍藏戒褻玩自惟筆花摧題
畫愧强半君行作畫仙傳世夫豈但
劉純甫漢章細嚼梅花讀漢書圖
丣金漢苗裔數典不忘祖秘本蒐蛀盧英華耐含

咀冰雪沁齒牙芳香襲肺腑學優故當仕早歲膺
華膴奉命事團結錦還耀鄉土皇華勞使臣隨
車霈甘雨吁嗟杼柚空下民亦已苦水旱遭頻仍
灾異難悉數修省或回天勿謂竟無補君善讀古
書監古毋泥古道在恤民隱閭閻自安堵爲君唱
鐃歌歡聲溢江滸吾儕獲再生昇平快目睹寄語
陳太邱研香西園梅澌吐會當尋前盟騷壇張旂鼓
老夫惜餘光一醉醯雞舞
過劉猛將軍廟
神姓劉諱錡官宋淮海江東淛江制置使
景定四年勅封揚威侯天曹猛將軍天神
勅日飛蝗犯境宵旰懷憂賴爾神力掃蕩
無遺見徐州府志又鎭江有劉使君廟卽
大悲菴遺址
古廟東城闉苔荒草蘢茸云祀猛將軍瞻拜爲神
悚兜牟武弁裝銀鐧當心奉尋僧問祀典蠢然談
鑿空墻陰碑漫漶疑義紛接踵緬想宋衣冠淮海
威權擁生英死而靈榮哀擅尊寵驅蝗功德隆秬
秠護嘉種永宜配蜡食祈年古禮重慢神神不歆
蝝生滋蔓恐時患蝻孽更笑村夫子捉筆便懵懂八蜡

訛扒蜡劉猛誤牛猛
辛酉九日姚仲海正鏞招集碧雲丈室各以
其姓爲韻
步屧尋城隅紆迴入蔵篠到門香雨霏禪心印了
了上堂寂不喧松際茶烟裊主客良宴會槪屏輿
從撮締交有新舊從公無大小對菊持霜螯勝彼
飯餐皛白衣送名酒豈如璧求趙謂琴川饋酒丞言謝
浮榮胸次超世表揮麈而談詩妙義深以窈謂張石樵
范喬庵康伯山王子勤程澂庵諸老與酬作擘窠運筆游龍矯謂吳讓之
我操几杖從倦比投林鳥蒲柳姿先零寄懷獨綿

邀重以久亂離觴詠益稀少留連愛光景結念在昏曉相與敦古歡無爲嗟浩渺醉後把茱萸夕陽淡秋杪

衰徵五首

秋氣莽搖落摧我髮與齒髮秃期或長齒落長已矣來不與生俱去偏自爾始萬物剛則折摧挫乃至理或云命長短徵驗具在此不聞昌黎言長短俱死爾

雙瞳頓昏眊晴空罩烟霧凭軒讀我書渺不辨章句循例試眼鏡懽然如逢故登岱睹白馬靈秀天

所賦下此須鍊形精氣求內固固知同歸盡聊用博生趣

憶登攝山峯年辛卯衆前我獨退爾時方少壯頗示龍鍾態又復卅餘年頭軀寖就癈輭腳病有之我腳輭無對車轝苦非分徒步倩誰代人生幾兩屐欲行况窒礙

就榻便鼾睡醫者云痰飲如何矯其弊遂至不安枕輾轉而反側好夢博俄頃蟋蟀入我牀秋聲何悽警制心屏萬緣悠然對衾影數問夜何其望明頻引領

我生斥鹵鄉受病在脾溼脾弱胃不支甚至斷米粒每年夏徂秋瓜期信不失愁聞一蟬吟喜見百蟲蟄習慣成自然逡巡老將及畏死而延醫彼哉誠結習

和琴川江上四首元韻

迅若御風車遲如逆水舟委心一任運嗟哉浮生浮爲歌虛飄飄風絮而水漚緣何落迹相既發難復收大用艮足慰棄捐夫何尤齗齗辨清濁何如分源流

少小耽逸樂厭聞風水聲習嬾遂成癖彌增衰老

情時還動游興大河忽前橫舟楫渺何所使我利祿輕貪夫苦求財烈士甘狥名衛霍不可作終年疲戰爭

北望溟海壖南瞰滄江湄危如燕巢幕日夕懷憂疑飛鳥避彈丸儵魚驚釣緡微物猶自愛於人何足奇與收麋鼠效甯孤龍鳳姿道德五千言清淨一無爲股血流不止笑殺蘇秦錐陰符奧難讀讀熟將焉之

指屈不能信顧學龍伯釣口吃不能言顧學孫登嘯黽勉希浮榮精華損年少古來經世才觀理必

提要汪洋大海波僅注一毛竅琉劍不挫鋒明鏡不疲照日對箏琶耳悠然彈古調相將謝塵世有時仰天笑

和琴川江上對雪見懷元韻三首

推篷面大江江天渺無外風緊雪霏霏集霰遂成大仰視萬峯攢俯瞰衆流會擾攘城市中眼孔毋乃隘

銷寒事清吟娛游愛暇日一尊對梅花盎然春滿室興來冒風雪拏舟獨遠出此時冬花館寂寞理瑤瑟

萬物信悠哉偏增吾輩感愁必與窮俱百計强排遣古今一彈指雙丸更僕轉相將詠匏葉厲揭悉深淺

和琴川臘日尋山光廢寺韻

郡城遭板蕩屋舍盡荒廢古刹茱萸灣誰爲治蕪穢上游偶泊舟峭寒滿篷背臘日事清齋愴然一尊對寂寞行宮花青黃小園柰落木風蕭蕭夕陽亂鴉隊山光有名字佛門無罣礙徘徊尋殿基退思得勝概漁樵日過從多感在吾輩今古一邱貉迎風懷五代萬事不可終相期樂恬退

浮雲

浮雲行太空乘風遨以嬉東西南北中毿毿紛離披變化倏萬狀迴旋無盡期炎序苦亢旱烈日忙奔馳望爾作霖雨芃芃黍苗滋甫聚忽飄散無術彌怨咨曰高高在上煜爚徒爾爲

偶然作

葛亮號臥龍嵇康則亦然自謂善養生未能全其天緬彼高尚士躬耕南陽田從容商去就識機在所先時清羞匿名世亂慕守約向非懍冰淵鮮不入鼎鑊我思龐德公遐心別有托足不入州府矯

矯雲中鶴

寓言二首

鼅鼄善結網檐際垂一縠治絲妙不棼縱橫更反覆飛蟲偶罹羅鼎俎充魚肉雨過蠛蠓懸風動蝍蛉壁昏暮恣取求晴明轉羞縮亦自有經綸嗟哉欲逐逐

雉兔避獵犬迅如避盜賊決命爭斯須求援望頃刻半空來飢鷹偷睛勢反側下睨莽蕩原搜尋徧荆棘棱棱奮霜爪如獅用全力御喜將伯呼一朝恣血食肉熟供主人畱報豢養德作俑固非汝貪

饞苦見逼入井不能捄擠之又下石殺彼而媚此
毋乃尠知識

曝書感賦

秦皇燬儒籍漢皇溺儒冠吾道甯非與來日當大
難過此復萌蘖塚壁挖叢殘浸淫閱歲序著述成
邱山大之爲經神次亦號書簏微言幸未絕大道
期復續造物者何心降才偏反覆讀書家不藏藏
書家不讀予角去其齒予翼兩其足

客楊家垛五首

空齋不見人紫燕自飛舞新巢已落成補葺尚勤

苦雙栖何伉儷對語宛爾汝烽火十年餘江南尠
樂土此地故無恙茆舍未更主海風肅肅吹相依
欲終古
門外一溪水正好畜鵝鴨一鵝才下河三鴨齊嘵
喋容與荇藻翻飲啄蝦螺夾羽毛殊不類物性自
相狎恍悟彼家言非寬亦非狹
楊老吾舊識須髮白如銀十年不一見一見彌精
神爲言年兆好二麥將薦新小秧得時雨原隰咸
昀昀聞我素善病勸我惜苦辛勸我加餐飯重爲
上元人語罷笑不止欲去仍逡巡子言有至理我

意何由伸居恆慕古初此卽懷葛民
村人咸問訊次第邀一餐腥羶聞海錯下箸良獨
難何以餌蔬菜恐失座客歡那知座上客嗜好殊
鹹酸朓然慳情話酌酒忘夜闌狂犬狺狺吠新月
掛林端塵慮了不攖醉鄉天地寬
叔貧姪也富告貸理亦宜阿叔難自言煩我代言
之三日無覆音四日乃婉辭雨收風亦利五日吾
歸期阿叔亮此心送我河之滸送我河之滸何以
慰臨岐

雜詩十二首

霪雨浹旬索居無俚觸緒成詩語無詮次

洪荒人事稀寥落哉乾坤多情女媧氏摶土爲兒
孫孫乃復生兒從此種類繁生老病死苦無一無
煩冤搔首問彼蒼彼蒼默不言知者不待告不知
何足論脩身以俟命稟受循淵源生氣雖易盡生
理則長存
木以無用生雁以不鳴死妙哉漆園叟反覆寓微
旨拳曲樗散資本無雕琢理閒時事謳吟不平則
鳴耳木雁兩無悖自處宜如此材與不材閒斟酌
自茲始

墨子泣練絲楊子泣歧路苦心吾道同斷斷急當
移朝逢客下馬一揖揮鞭去暮逢客下車歡然爲
道故新知烒贅笏舊交厭韋布道旁冷眼人清淚
如鉛注

口之於味同好美而惡惡適口入吾腹如水歸大
壑哲人審所重口腹妙相若味道擷其腴取精棄
糟粕蕨薇亦可啜雪氈亦可嚼何曾食萬錢不及
簞瓢樂

窮達視所遭隨在皆適意大用固已佳鉛刀亦聊
試矯激務高尚所有烏足恃試問孟浩然明主何

嘗棄又如王荊公先後乃大異出山爲小草在山
爲遠志不以言舉人聖人垂厥歀

昌黎著作家文起八代衰後儒讀其文惜其志趣
卑上書干宰相飢驅累言詞博塞肯籍諫諛墓劉
生規文章固大醕是亦非小疵要知經濟才得失
不在茲嗜好亦猶衆賢者能無欺阮孚自蠟屐祖
約自積貲絕口不談錢未必心無私

果不營名利何人非聖賢果不餐烟火何人非神
仙昨者少年郎今日皤然老跼蹐高厚間鬱鬱傷
懷抱入山聞鐘磬斗覺塵慮掃登高望江海頓悟
眼孔小

向平慕五嶽馳情山水地欲游則便游乃爲婚嫁
累劉伶耽麴蘖傳有荷鍤事死至則便死乃爲屍
骸計天地一逆旅浮生皆暫寄達哉桑戶歌凝絕
牛山涕不見寒號蟲微物有深意

陶令不教子而爲責子詩無怪浣花叟憤憤有微
詞紙筆不好弄棃栗相娛嬉彼亦猶人子偶然爲
我兒萬事付元化有酒斟酌之涓涓泉水流謖謖
松風吹大雅久不作斯文今在茲以詩爲子孫百
世吾本支

函矢仁不仁執業判涇渭巫匠術亦然孟言參妙
諦著碁寓殺機作畫饒生意推類盡其餘道不遺
纖細見異而思遷蹤妄殊非謂近時有腐儒閉門
樂羸糲一飲與一啄悉憑天位置

至幻莫如夢夢以幻而妙富貴夢爲丐可賀又可
弔貧賤夢爲官精魂嚇嚇笑晝夜互變更乃適持
其平得志情鰓鰓失路心怦怦長作夢境觀夫何
辱何榮

故人置盆盎栽培極匠巧枝幹高作低柯葉大改
小黃楊松柏榆屈曲更天矯彼言奪天工我謂拂

大造萬物有本眞眞性宜善保弊居數弓地荒榛雜叢篠雞冠老少年雲霞爛秋杪紅白閒鳳仙丰姿尤窈窕人力無從施生機滿懷抱世事聽自然吾心眞了了

甲子上巳姚仲海招同吳讓之談巽夫高芸生沈旭庭周還之胡厚堂黃子鴻汪研山李冰叔郭堯卿張鐵岩徐東園陳蕉生錢辛白羅浮精舍脩禊晚飲遲雲山館

盪舟鳳尾橋羅浮指山麓狎兹漚鷺羣川原豁心目絲柳醮輕烟隔溪送黃綠春陰釀奇寒重裘懔膚粟飽飫伊蒲饌破戒呼醽醁列坐無少長懽言罄所欲三絕詩書畫五音絲竹肉風雨歸思(［illegible］)遲雲夜許卜作序仿山陰催詩罰金谷風流晉永和黽勉繼芳躅之子會言旋勝游冀可復(謂琴川)

一松軒賦古松爲錢辛白(桂森)作

開軒面古松松大可合抱相傳餘園物形古質不槁宅惟松是卜撫摩意傾倒旁翦惡木陰下薙蕪穢草蔚然挺勁枝天風吹浩浩明月時過從淸光出林杪屋古皆宗匠(餘園爲繆湘芷司寇公故宅)遭遇豈云少酌酒延勝賞徵詩愜幽討古松汝有心吾與參禪藻大用棟隆吉脩眞巖穴好出處任自爲何者以終老

和東坡歲朝詩索袁子文(錦)和

饋歲

城市視鄉民如官於僚佐逢節必饋遺土產惟食貨年節禮尤豐饅首方圓大侵晨冒雪來主人尚高卧妻孥見之喜盃茗延上座循例年復年陳迹牛轉磨奉我儼達尊受之何爲過所愧乏瓊報屢倡不一和

別歲

歲晚判新舊欲別翻遲遲新愁日以長舊懽杳莫追別我去何處茫茫無津涯逗遛爭晷刻縶維能幾時瓮中春酒熟柈裏雞豬肥餞汝復自慰但樂無須悲過去未來因握手難致辭天地亦將老何惜吾輩衰

守歲

硃牋代桃符淡墨飛龍蛇門楣花錢貼矮檐松柏遮浮費亦可節俗尚無柰何松盆相暖熱笑語紛喧譁財門啟閉肅鄰兒毋再撾我醉和衣卧翩翩風燕斜有生不賀節閭賀先蹉跎傳語五陵俊幸

無裘馬誇

七言古

晉永嘉甎研歌

亂後撥奇得古研邊平腹凹聚墨便背紋龜坼縱復橫隸體八分左側見大書永嘉六年造點畫勁然色不變惟惠及懷運凌替時太傅越事專擅內憂不平外患乘如彼雨雪先集霰五年降虜六年閏閏年豈猶造宮殿將毋長安議與作埏埴編年依史傳否則萬室之國一人陶祇留瓴甋見眞面土崩瓦解混荆棘沐日浴月精魄鍊研靈不落羯

奴手中國文人工選揀磨而治之葢有年濡墨吮毫書萬遍典午風流時序遙輾轉何人定思戀更姓改物輪及我銅狄摩挲同露電吁嗟質古不合時留伴空山書萬卷

和周筱雲詩樓幸存歌

揚州城陷賊竄伏入門抄擄如轉轂郇廚八珍饜粱肉雲錦七襄炫衣服數奇玩好雜更僕千門萬戶一聲哭寇至則去君所獨燭照數計若龜卜先時避秦挈眷屬獨惜播遷太迫促詩板樓板遺舊屋黎棗叢殘任傾覆斧斯邉恤墓門木荅蒼者天奪賊魄不顧而唾去綦速倘有精靈代驅逐越十閱月城克復遣視家具喜相告十無一事償所欲絶物居然能復續政如善奕勝全局如詩何雅替何俗抵合浦珠連城玉今夕何夕共鐙燭酒酣作歌爲君祝百歲老人萬事足

水災行

三壩開湖水來兵災未已加水災嗟爾湖水何爲哉是年秋收告大熟滿篝滿車得飽足側身西望沈洪波居民不哭難民哭難民家烏有茫茫鋋而走揚州師老無捷音進退維谷空悲吟往聞漕帥

建策喜上疏請决洪湖水淹賊庶幾拯吾民　帝曰咈哉吾民死此議罷自三月初苟延生命數月耳凉風簌簌吹湖出兒啼女哭廚無烟悔不逕用漕帥策早化魚鼈今陶然

料姑孃行

海陵城廂團義勇王家橋勇屬女董雌化爲雄鬬志萌陰疑於陽戰機動畫鼓冬冬孃子軍牙旂獵獵夫人城居然吳宮演陣法不讓譙國專威名聲能作獅吼丈夫辟易走力能當熊逸男兒心膽裂閨門有訓儂不更但知牝馬利坤貞金屋可藏儂

不欲但願小戎歌板屋花紅獎勵躋公堂太君出
犒羅酒漿履聲橐橐神飛揚君不見料姑孃

鮹魚港

鮹魚港水清且漣熠人須髮光瞠然舟人往來供
客便挹彼注茲不費錢瓦鑪活火新楳煎旂槍瀹
乳珍珠圓枯腸灑潤心花妍風生兩腋仙乎仙推
蓬遙望水接天海氣明滅寒雲邊漉沙熬波西溪
連過此以往皆負泉衆濁獨清何其偏將母下有
驪龍眠我聞東邑縣令飛符傳以符調水恆需船
渣滓盡汰塵穢蠲怪底入境僉稱賢常大令文進淄澠

能辨誰開先口角流沫盞有年安得長結清淨緣
浮家泛宅茲港前終古高歌衡泌篇

朱詠香種菜圖

離披翠葉數弓地學稼何如學圃易托命長鑱效
古人閉門聊復恣游戲竹林深處古烟霞一帶疏
籬處士家明春約訪萬家社先看棃花後菜花

徐耳菴聆桑麻雞犬圖

桑葉翳翳麻幪幪雨過平疇溼雲滃雞鳴喔喔犬
狺狺花發武陵人問津羲軒世界樂何極城北徐
公此栖息名流嘯傲足平生太古川原壯顏色流

冠披猖年復年故人宿草迷秋烟引身稍滯便摧
挫酒虎詩龍溝壑塡如君善避地瀟洒仙乎仙未
易研山宅且買陽羨田烟蓑雨笠叱黃犢桑柘陰
濃暖布穀須眉歷落含古春彷彿豳風圖一幅君
不見勛名葢世裴晉公堂開綠野春光融又不見
旅食京華杜陵老堂闢浣花花事好急流勇退古
人情故覓幽閒去煩惱何似人間大布衣孤雲野
鶴任高飛畊田識字終吾事此旨從來知音稀

七夕留張仲逸雲慶飲齋中

烏鵲塡橋令節屆家陳瓜果中庭拜女兒乞巧翁

欽賓老屋數椽嫌湫隘阮氏雖分南北居陸家聊
判東西廨借書一瓻還一瓻好藉良宵償酒債家
藏蒟麥麴醑醪餅餌香霏雜葱蒜談詩說劍氣縱
橫跣足科頭情爽快今夕何夕風露佳師生一氣
孚沆瀣但求大藥成神仙勿學麻姑弄狡獪金門
獻賦陳鐃歌鼎鼎年華期用勸白駒過隙良足悲
日習疏慵慙老邁酒闌燭跋君且行耿耿明河大
際掛

琺珠曲調夏少舫嘉穀

披衣露坐迎新凉科頭箕踞恣相羊夜深剝啄誰

氏子青紗鐙炤紅羅裳紫燕翩翩似曾識霧裏看
花能彷彿爲道殷勤訪故知新移臣里東家側挑
鐙黯黯訴離愁一別音容春復秋秋光容易催人
老昨日朱顏今白頭白頭不怨相如薄一點琴心
六州錯長門賦賣百黃金憶否當罏佐操作使君
有婦儂無夫團扇秋風恩愛殊憐才易贖胡笳蔡
結髮難忘錦字蘇駈蛩鶼鰈空相逐妬殺鴛鴦交
頸宿繫燕方扃盼盼樓食棖叉入師師屋門外垂
楊嘶玉驄咸陽年少皆英雄吳歌楚舞不稱意劍
鋒淬厲酡顏紅酒闌燭爐懽悰少爭及箇人情意

好一曲歌行陌上花雙飛蝴蝶西園草草色青青
依舊腓爲問王孫歸不歸鏡中不見潘安鬢鐙下
還量沈約衣私祝瑤珠光夜吐蟹湖明月同今古
伴郎起坐炤郎眠一縷精魂還合浦合浦團圞事
等閒不爭天上與人間權憑我佛慈悲力傳語神
仙海上山三生石上因緣錄月老拳拳絲繫足欲
運楊枝駱馬情請歌落葉哀蟬曲語罷低眉掠鬢
了誑將幽恨入琵琶老夫酸鼻噤不語起看碧空
珠斗斜嗟哉爾我同一例竿木逢場聊作戲此去
先參坡老禪再來定說琴操偈（叶音憩）

大旱行（丙辰夏月作）

五里一盃茶十里一勺水再向前途咽泥滓夸父
入日道渴死河心坼裂沙土揚舟楫不通車轝忙
行人鬚髮集飛蝗心焦汗涸箕舌張黃金白鏹換
米穀甑釜塵生一路哭早晚得雨種蕎麥秋來更
喫胡蘿蔔

過白米鎮書所見

漁船作屋依橋梁門前老婦餓且僵三日一餐無
人色小兒啼哭牽衣裳婦語我兒勿啼哭前村人
家施大麥筠籃付汝拾枯柴汝耶歸來爲煮粥

旱荒歎

年饑乏穀工噉麪入箸庚庚如理綫鄰家驢磨日
夜喧婦子倚爲養命原故人饋我五斗米衣冠拜
賜闔家喜不信米貴有如此
蘊隆蟲蟲勢炎赫汗無來源不成滴恥恭拜井事
渺茫渴欲得飲惟泥漿客言尼菴蓄天水二百青
銅兩銚子不信水貴有如此
魚蝦散子作飛蝗雞豚強半充口饉肉食不思思
茹素病蔬貼地多傷蠹村婆采莧得馬齒十文壹
觔雜泥滓不信菜貴有如此

述夢

十年不放金山船夢魂飛越金山顛若有人兮方談禪繽紛花雨霏諸天挽綠玉杖來坡仙長髯瀟灑披吟肩彷彿圖畫世所傳玉帶之事近千年今夕何夕相見偏就公欲問前世緣公曰小子姑舍旃且述茲游賦新篇侍者授我金花牋字斟句酌窮雕鐫我方擲筆公騰騫瞥見孤鶴翔翩翻鐘聲一棒滄江邊案頭明滅鐙猶然醒記七字殊幽妍低空一揄涵秋煙夢中句

黃少愚荷溪把釣圖

接天蓮葉鋪空虛跳波躍浪紛儵魚三尺釣絲一湖水得魚不憂失不喜青山萬壘畫眉嗁當日嚴光亦如此

薛亮臣榮泉移家圖

清人忽灑重喬涕吳苑落花紅委地招隱人歌桂樹詞避秦客傍桃源地圖書雞犬一船收泛宅浮家東海頭方丈蓬萊尺有咫左拍洪崖右浮邱爲向神仙乞大藥不求富貴惟求樂逍遙物外全吾天利鎖名繮成大錯

白雨篇贈琴川

山茶紅滿冬花屋老樹婆娑弄寒綠愛此林亭好讀書添香況有人如玉玉人嬌小態輕盈白雪丰姿白雨名學字依依臨繭紙歌詩嚦嚦囀鶯聲歌詩學字天生妙吟肩斜倚檀郎笑三五星光隔樹明二分月色當筵照照入鴛牀翡翠衾鴨鑪香燼夜深沈聊償合浦還珠願未了藍田種玉心心頭一種纏緜緒鰈比鶼飛蛩負駏只望圖麟畫閣來生愴走馬蘭臺去去來何事最干卿紅豆相思錦瑟情莫道英雄戀兒女卻教名士伴傾城傾城自古誇顏色如此佳人難再得舊夢還圓碧玉姿新

詞自寫烏絲格鬱金堂上燕雙棲觸撥春心轉破迷春風桃李花成實春雨楊枝絮著泥楊枝駱馬香山後重見風流黃太守叶五字曾題寒梦詩雙鬟更賭旂亭酒看取封侯斗印旋雪泥鴻爪認因緣定知重翦宮齋燭笑讀山人白雨篇

祈雨行

壬戌夏五旱魃虐萬頃新秧勢焦灼二升糙米市百錢官長慨然念民瘼爲民請命神弗許禁屠三日天不雨禁及魚蝦旱復然當空火繖如熬煎雖善無徵民弗信我用我法求必應楊枝灑露竹葉

攢肩輿請出王靈官神目森豎大威力金鞭直指龍鬱蟠每坊畫龍於粉壁名曰一條龍畫龍龍不飛問神神不答初求揪神鬚再求批神頰名曰洗臉昇神入水水不濡謾罵更遣桑林巫名曰家鄉數鳴鉦直向禱雨處數十靈官一時聚此爭彼讓互低昂笑殺三周華不注儺雖古禮近於戲官長見之惡無禮我語官長姑勿禁愚誠庶幾達天聽

章左白駒海上釣鼇圖

橫空海水如山立陰火陽冰互呼吸紫瀾澒洞日無光中有三山釣鼇客釣鼇之客何許人龍伯國

中無等倫豎亥大步巨靈掌牢把長竿長百丈颶風陡作綸飄揚西屆流沙東榑桑倪惚吞餌勢震動乾坤翕闢鼇口張極力揪翻一鼇起連舉數鼇出海水雷十五鼇戴浮山天柱地維永固矣神鐙鬼火來虛空星冠劍佩趨下風飲君酒兮爲君壽斬蛟驅鼉誇豪雄吁嗟乎躍浪跳波方跋扈釣竿枉碎珊瑚樹安得盡如先生手段彊收取鯨鯢消瘴霧

得雨謠

殷雷忽動雲絡索烈日埋藏雨勢作登高一望懽喜生爲指烏龍西北角老農入城身著蓑道途問答口縣河某處雨少某處多惟求節次傾滂沱下河地溼秧畝肥雨足先收隨犂歸上河地高苦乾燥雨餘補散黃花稻城中雨少沒菜喫原田每每盡龜坼韭莧蕪菁價值昂累子老作思魚客穀不熟曰饑菜不熟曰饉無菜饉可耐無穀饑難忍紛繁食指無多求但祝嘉禾秀重穎

蝗

蝝螟蔽天勢如雨厲爪磨牙猛如虎蘊隆蟲蟲助桀虐一朝瞥見商羊舞薄潤聊蘇火燒痕蝗齧痕如火燒

傾盆盡殄螽斯羽大江南北罹兵災慘見中原橫猰㺄下五州縣幸生存民命苟延恃倉庾奪食焉能飽汝饑忍使餘生遭毒蠱能生能殺天爲政聚族而殲非小補秋水滿河蝦必多雷供老饕艮不苦

海雲種蕉學書圖

懷僧善書天下聞藝不兩能彌精勤研窮物理追絪縕直抗張芝過右軍語見秦淮海集藏眞歇絶緇徒紛亦越千年生海雲綠天深處揮斜紋如述祖德揚清芬安吳包老慎伯首推君萩舟雙楫功無垠吐納

清氣除肥葷筆花璀璨名香熏嶄然運筆如運斤
讓翁見之筆研焚（吳讓之）君倘愛我如羊欣爲我大
書白練帬蟣蝨龍象安足云吾當翹首觀秋雯

七歌

哀我父母捨我去坎壈纏身日多故疾痛疴癢喚
不膺白雲飛空渺何處昔日兒童今白頭光陰如
水淚如注於虖一歌兮歌聲孤庭樹啞啞號雛烏
吾兄晚歲多迍邅家有食指囊無錢婚嫁麁完凶
歉累鄧攸無子翻脫然永安避地戍永訣（客死永安鎮）
遺言客死如游仙於虖再歌兮歌聲迫孤雁叫空

霜月白
有姊有姊生不辰一年四序無陽春夫婦倡隨從
地下雙棺漂沒溪水濱欒郤以降不可問愛莫能
助尤傷神於虖三歌兮歌不得魂兮歸來重悽惻
秋風蕭蕭葉辭柯本根不庇傷如何歲時伏臘通
饋問祇今闃寂無人過（父母鄰姻舊無一存者）白楊荒草莽
蕭瑟愴然親故泉下多於虖四歌兮歌聲放影形
贈畣深惆悵
憶我童年十三四甫學聲韻麁識字壽華老人（費燚
夫師）與言詩告往知來誇穎異卽今垂老事謳吟鐙

炮酒闌思往事於虖五歌兮矢不忘師門一瓣南
豐香
少陵麻鞋詣行在謫仙被罪流夜郎古人阨難得
不死何獨今人罹慘傷湖東范老吞聲哭（范膏庵湖東集
有三哀五烈吟）三哀五烈摧肝腸於虖六歌兮懷吾友平
山詩社紅橋酒
前途荊棘礙吾足退入荒山老窮谷泌水洋洋可
樂飢多事封侯還食肉電光石火一剎那渺我何
如太倉粟於虖七歌兮無盡愁夕陽西下水東流

汪仌臣（鎮）三好圖

三好吾輩同所貴在少壯先生風采佳尤樂神氣
王謨觴仙書讀萬卷赤文綠字搜求徧新豐斗酒
錢十千快如長鯨吸百川誰侑吾觴伴吾讀曼聲
繞梁絲竹肉不博人間矯矯名休爭世上庸庸福
讀書種子汪蛟門聲伎滿前酒滿尊流風餘韻寖
歇絕同癖乃有繩武孫畫者妙肖題者誰冰叔之
文（李君肇增）琴川詩（黃君涇祥）仲海五言尤超妙（姚君正鏞）之數
子者皆吾師與會飈舉年少壯君能一一羅致之
書能娛性情酒可鬬懷抱舞衫歌扇舊姻緣一笑
相逢苦不早君不見今夕堂前燈燭光德星照耀

牛女旁區區海陵彈丸地梧竹乃引鸞鳳翔願君
授我養生之秘錄酌我延年之天槳吾將終老溫
柔鄉千秋萬歲樂未央

喫鹹肉

先生年才五十六不惟衣帛且食肉快婿遺肉三
十觔（曹雲漢倬）沃以鹽椒一春足病體難期郭重肥老
饕差果將軍腹等閒富貴如浮雲前世修來惟口
福兒孫少小嗜則同家長貪饞食難獨秋來凝瓣
二母毹老妻分給糟糠畜爲儲豚柵傍雞棲春廡
西頭有餘屋

姚秋墅觀察（仰雲）課耕圖

桑陰沃若嚶鶉鴣朝霽如沐天光腴老農扶犁婦
子饁士女物色豳風圖圖寫田家清趣足須眉撿
映溪山綠依稀雞犬問桃源彷彿桑麻尋杜曲溝
塍刻鏤龍鱗低低田水泛青玻璃煙消日出入弄
影茅舍南北村東西耕田識字敎子弟課耕無殊
課讀義功成名遂歸去來此是他年休沐地先生
經濟邦國光前程勛業何可量圖形麟閣期旦暮
未容葛亮終南陽

琴川以酹船詩見示戲作代船畣和之

釃酒酹船船茗艼瀰風獵獵吹船醒船之靈兮嘖
有言請君安坐姑勿喧古人作舟資利涉河海通
流憑一葉博望枯槎太乙蓮逍遙世外惟神仙神
仙大藥苦難致擊楫中流吾輩事破浪乘風快此
行功成青海男兒志不然筆牀茶竈陸龜蒙江湖
遯蹟天隨翁又如漁童樵青依志和青蓑篛笠終
煙波宦海茫茫深莫測鼓枻高歌計亦得君獨何
爲老此鄉來往頻年感行役朝見洲中蘆暮對江
上雪（君有蘆花詩江上對雪詩索和）青絲變白髮牢愁不可絕官
耶隱耶人弗知在山出山無定時攢眉擱筆終日

苦長年三老同歔欷吾船漂泊長相隨船之言兮
略似此先生掀髯笑不止除卻東坡無知已有田
不歸如江水

揚州四老圖爲琴川作

主人好客多耆年黃髮齯齒鮐背全絳縣甲子太
古前德星照耀賓初筵萍蹤卒合天假緣繪圖紀
事徵詩篇鬚眉秀雅如爭妍惟妙惟肖秋毫顛姓
名自署年自編每一展卷神怡然親操几杖何纏
緜莫愁沽酒囊有錢歌詩慷慨范老先（膏菴范丈）漁陽
摻鼓聲淵淵對山得句仙乎仙（伯山康文）讓之三絕師

鄭虔(讓之吳丈)甫閱四載嗟變遷(圖作於辛酉)黃鶴一去張
老偏荻垛無復孤雲還(荻垛爲石樵張丈棲隱處)三老誓同金
石堅眉壽無害萬有千安車蒲輪幣聘延如予年
少當執鞭　熙朝人瑞滄江邊座有史臣載筆傳
(謂錢辛白編修)

送琴川北上

門前郎當馱鐸聲主人告我將遠行雨雪霏霏送
歸雁楊柳青青唬亂鶯春明客邸春色好策馬看
花宜及早自信連城白璧多誰云市駿黃金少兵
戈擾攘行路難飛芻挽粟心力殫(君曾任行營鑲臺)盾鼻

磨穿理故業鞭絲帽影游長安長安米貴居不易
道是香山舊游地匣劒韜光歷有年此行定吐豐
城氣西江江水碧粼粼淘洗文字歸清眞五家遺
韻茲未墜力挽風氣扶雅輪三都買貴洛陽紙槖
載詩文從此始發抒經濟爲　國華英絕領袖望
吾子卽今中原就肅清東南士卒咸歸耕西安報
捷在旦暮靈臺偃伯歌承平德懋懋官功懋賞勤
勞王事多鞅掌自古汾陽將相兼幾輩勛名登乙
榜(近有以軍功加運同銜領鄉荐者)　君邀卓荐理固宜疏入屢頒
天子頤心香一瓣奉陸子外員內擺深相期國

(朝由有司內用者頗多稼書先生其尤著者也)蓋平公子君好友(謂姚仲海)千
秋世業商量久只知周北又張南那辨盧前與王
後同學爭揚祖逖鞭五陵裘馬日翩翩(唐木卿陳研香王子實俱官京師)
故人相見如相問道我風情老更顛酌酒
壽君君上座聽我歌詩爲君賀異日旌旄海上來
蓬門尚望高軒過

安生行

乙丑三月初五夜盜刼州署從薦花洲入
上房大聲索主人時內丁安泰已就寢聞
警裸體持械出格鬭良久一盜乘間刺安

洞脅死主人得免盜聞人聲亦驚散越日
首犯蔡陞等三人同就擒訊知因團練撤
防備豫新弛致有此舉微安生大勢難言
矣夫僕爲主死忠也食焉不避其難義也
忠義兩盡不能無詩爲作安生行紀其事
焉曰生予詞也州牧于聽濤刺史名松亭
旂人以孝聞居官有政聲

寃血不滅萇宏碧大德不掩董狐筆忠孝節義無
貳心知愚貴賤同一律君不見劇盜紛紛刼州署
安生慷慨獨救主曾閑制梃可撻兵不道空拳難

射虎羣從廿爲縮項鯿癡奴慘作拖腸鼠靳衣三
躍仰天號帷蓋餘恩來世禰安生乎嗟爾目不涉
經史胸不藏甲兵身不被朱紫名不齒搢紳沈淪
僕隸就廝養乃能倉卒捐其生郵典寬大不及汝
金石可壽難留名大材小用良可惜志士仁人長
太息海陵士萇宏碧老夫詩董狐筆

晉甎室詩存卷二終

晉甎室詩存卷之三

泰州趙　瑜漁亭

五言律

怡雲丈室賦水仙

便覺春風古芳香窈以深何因入初地此日尙冬
心洛浦相思佩空山一曲琴爲言勤供養留與愜
幽尋

周筱雲鑛寒廬薾迹圖

一水圍城郭先生此卜居夕陽明樹古殘雪上窗
虛老大仍爲客淸閒好著書餘年天所錫不樂復
何如

詠食品四首同筱雲作

醉蟹

揀得霜螯巨淋漓濁酒澆口涎笑饞滑生趣藉鹽
椒入箸凉痕帶經秋水氣消等閒同一醉似爾太
無聊

凍魚

午餐頻減膳爲愛食吾餘薄暝呼兒候輕寒下酒
初酸鹹能不悖令熱較何如慨彼侯鯖飽高風付
子虛

醃薑

不撤惟薑食秋來入醬多辛温資變化老辣漸消磨助茗甜如許袪寒妙若何炎凉莫歧視百物賴調和

鹹菜

手把離披葉厭厭斥鹵淋寒家無長物旨蓄有冬心卻喜登盤試聊爲抱瓮吟幾曾夢羊踏滋味與年深

客揚家埰題壁

不爲春寒重渾忘在異鄉水天同浩蕩風雨太蒼

凉久坐重裘薄澆愁濁酒香空堂誰與伴海燕自回翔

和程弢菴字光見贈韻

廿載斯文契相逢值亂離勞生均有累世事我何知市駿千金骨臨風兩鬢絲從敎著書好息影待清時

夜坐

輾轉不成寐披衣坐月明星河瀉凉影鼓角帶商聲梧落驚秋早蟲吟得氣清曠觀今古意遙夜若爲情

洗桐圖爲王子襄贊業尊人桂巖先生作

轉瞬人琴窅孤兒抱慟深百年付彈指三歎有遺音畫卷留天地詩懷見古今西湖風月裏如聽水龍吟子襄官浙江運副

寄懷顧潤之振清

雨似孤飛雁南來逐稻粱爲防矰繳影迴望海天長我亦途窮者當門有太行愁心不可說秋色渺蒼茫

銷寒分得榷酒

村店忽嘔軋熒熒鐙火光葛巾曾未漉卯麴自霏

香此外皆糟粕其中有汁漿醍醐何事灌醒醉兩茫茫

聞捷四首

一騎軍書過懽傳報捷眞望　恩迎北闕受福筮

西鄰辛酉十二月二十二日復六合二十五日復天長伏莽銷無迹天兵助有神初聞傾涕淚道左未歸人

犄角臨天塹東南勢必爭孤軍入燕壘一鼓下齊城韓范勛名著孫吳秘計成會當乘勝算飛渡掃欃槍

橫海樓船下鯨鯢指顧收時曾帥已收安慶淮南嚴管鑰

江北扼咽喉藉恤餉輸苦（漕帥吳奏撤籌餉局）聊抒　宵旰憂壯哉班定遠投筆竟封侯

旋轉乾坤日　龍飛正改元受降昭大德瀝血祭忠魂士作同袍氣車懷挾纊恩承平期復睹舞蹈酌儞尊

送汪仲山（麟祥）歸里二首

磨盡懷中刺曾無顯者來此行何所樂相對有餘哀作達詩千首浮生酒一盃聊隨造化意修短漫疑猜

飢驅如轉磨傀儡又登場身事嗟疣贅窮愁易老

蒼青衫名士感黃竹女兒箱（君八女無子）辛苦營巢燕銜泥取次忙

次蓮舟韻二首

苟活尚無恙（杜句）嗟哉秋復春可憐離亂久尚有未歸人一覺酒邊夢十年衣上塵雅知行樂好何日是良辰

爲言吳季子（幼蓮吳江客）客况與年深伴侶多零落音書久滯沈故交餘幾輩相對只清吟隨爾稱行腳名山許共尋

吳借雲（康齡）同子以求枉過問病賦贈二首

閉門苦岑寂忽報故人來老我疏慵久因君懷抱開緬詩尋警句品茗盡餘盃僕病霍然已清談洵快哉

卅載困依意貧交久不忘酒懷何兀傲詩鬢各蒼浪往事皆春夢衰年又歲荒所期兒輩好鐙火正新凉

壬戌閏中秋徐集山（慶增）招同丁保菴（致和）胡厚堂（爾坤）王小汀（棻）張仲逸（雲上）黃樓小飲即事四首

等是身如寄相將秉燭游論文宜對酒作客愛登

樓庾亮饒清興張衡動遠愁江關蕭瑟意併入異鄉秋

蘋綠新詞脆（保菴詞稿）棠湖舊夢悽（厚堂棠湖感舊圖卽向題琴川珍珠曲也）九宮翻解拍三絕記留題辛苦霜飛鬢漂零雪印泥王孫不歸去芳草又萋萋

倚醉扶欄檻西風雁叫霜城高砧響急浦濶水光凉客有東南美人無上下牀聽殘三弄笛我欲詠滄浪

寥落晨星感回頭二十年（憶程文伯謝芙仙宴集此地曾畫黃樓玩月圖今二君皆古人矣）那知今夜月重爲酒人圓雅會當前好

愁心若箇邊回鐙還復酌多事問青天

題夏月湖寅梅花詩後

一字一珠玉忍寒時獨吟四山香雪海千古妙明
心寂寞對孤鶴啾啁嘑翠禽予懷信幽絕特爲鼓
青琴

張淡卿本以所藏孟玉生畫冊屬題

廿四橋頭客狂吟臥月明恰看圖畫裏如見玉簫
生亂世珍遺墨衰年感舊盟寥寥知己意相對若
爲情玉生極愛予書法亦痂癖也

癸亥元日

運望新年轉人憐昨夜忙荒齋何闃寂化日漸舒
長處默羲皇趣烹茶橄欖香所期薪米賤絕妙養
生方

章左軍驤菜根圖

肥甘腐腸物絕好菜根清咀嚼饒三昧寒酸過一
生與君妙同耆讀畫若爲情先我題圖者河南有
二程謂文伯弢庵

張丹叔聯桂乘槎向日圖

扶桑初日紅浩浩起天風中有星槎客能收博望
功目窮千里外手障百川東我欲從君去仙凡未
許同

喜雨

今朝芒種節好雨應時行卻喜蝗淹死遥知秧怒
生予家無半畝八口望秋成願賽豐年社歌詩頌
太平

官軍收九洑洲

鮑超丁泗濱喻俊明劉連捷諸大帥率水
師會勦克之癸亥五月十三日事見邸鈔

江路通南北傳聞喜欲狂奇功收汗馬惡曜掃貪
狼竄賊皆寒膽圍城已絕饈聞省城收復在邇憑誰製鐃

吹六月美匡王

七夕示小女

良夜褪殘暑滿空風露多人間感牛女天上自星
河烏鵲塡何處銀潢淡不波年年費瓜果乞得巧
如何

曲塘融參上人寄摺扇索書即贈

往年游曲水蕭寺一相尋質實通禪意安閒見道
心逢人頻問訊見扇忽高吟參透無生旨與君成
古今

贈車竹君元春二首

念汝漂零久重逢喜欲狂鬢眉仍歷落感慨在微茫地僻知音少交深話舊長怨怨花事了風雨正悽涼

吟偏奇山水高談酒一中途因艱阻熟詩爲亂離工怊悵傷春老開關賦命窮行行定何處溝水又西東

長雲衢康刺史出素冊索書奉贈二首

大令行開府書生早策勛轉輸資幹濟時任饋臺餘事及詩文古劍龍泉吼名香燕寢熏此才媲管樂何止張三軍

風月聯吟侶謂琴川江山壯宦游雅懷當此夕天氣正新秋杜老千間廈元龍百尺樓可留階下地許我識荊州

和陳茂亭廣德醉後過家柳園作二首

聞道名園古陰森楊柳多飛花入春水雲色淡煙蘿卻讓鳴禽樂時逢釣艇過百年觴詠地感慨意如何

爲憶濤芬美低徊碧樹陰昔賢不可作懷古發高吟旣醉見明月悠然生道心何當挈尊酒與子愜幽尋

喜晤范丈膏菴夌霙二首

歷落鬚眉古天寒更老蒼一生餘感喟千古自商量湖東集告成庾信吟懷健江淹別恨長聞符南樵作古冰署客南匯久無消息矣人才寥落甚煙水況茫茫

歲晚尋棲隱仲海高風近日無殷勤爲詩伯感激到狂奴作合琴三疊澆愁酒一壺梅花相對好撚斷白髭須

題陳逸耘念東得研圖二首

端石鐫千秋二字逸耘於生日日得之繪圖徵詩

生平無長物得研足千秋片石何人鍊名山爲汝留斯文終古事慧業定中修一管生花筆相依到白頭

亂後蒐羅僅摩挲得晉甎冰紋塼埴古篆刻永嘉年秪益徵詩料難輸賣卜錢莫嗟同痼癖世業是青氈

薄暝

薄暝天開霽呼兒爲卷簾好風三面透新月兩頭纖善病吟懷減宵涼酒債添羲皇眞趣在吾欲訪陶潛

孫汝年殤

次兒雲芬長子六月初六日病麻腳痧半日死

太息曇花現，怱怱只六年。依人情婉孌，別我意纏緜。好梦翻成噩，孱軀黯自憐。莫嗟無福蔭，名或借詩傳。

枕上口占

欹枕愛凉爽，更闌梦不成。長貧淸氣足，久病道心生。汲汲眼前事，悠悠身後名。無爲效蝸角，蠻觸尙紛爭。

病中畣袁子文（錦）見懷元韻二首

病愛磨貧老，年年入夏并。彭殤大化意，問訊故人情。樗散甘長棄，新凉喜再生。江關太蕭瑟，愁絕庾蘭成。

處士三層閣，豪情百尺樓。狂來彈指現，老去任天游。永謝塵緣擾，時還風雅謀。期君同一醉，吟嘯碧天秋。

歲暮雜感十首

悟得循環理，何須問屈伸。病多翻益壽，債少卻因貧。排遣惟書史，艱難到米薪。摒除塵事了，百歲一閒身。

歲晚渾無賴，空齋且避譁。晴雲明屋角，淡雪滯檐牙。甓甓增衰懶，牢愁感物華。吾兒大自在，忙插膽瓶花。

庭樹烏頭白，浮生共汝棲。依劉笑王粲（予賃居劉氏屋五年矣），諛墓歎昌黎（近有以白金酬拙作者，亦怪事也）。遼海雙蓬鬢，乾坤一杖藜。升沈天已定，何事更悽迷。

自守枯禪寂，忘機無與言。貪癡憐一僕，頑健任諸孫。領略酸虀瓮，消磨濁酒尊。名山隨處是，鎮日揜柴門。

久坐知天冷，孤眠覺夜長。荒雞喚古院，鬭鼠落空梁。得失憑心造，榮枯過眼忘。蓬萊水淸淺，感慨到滄桑。

任俠殊多事，年來得自由。壯懷三尺劍，老境五湖舟。性僻耽蝯鶴，心閒狎鷺漚。延年資藥物，此外復奚求。

六翮搏風去，停雲入望遙。詩情白門柳（琴川），酒興浙江潮（湘文）。薊北書難達（仲海），淮南隱莫招。懷君意無盡，中夜雨瀟瀟。

文翁久凋謝（程文伯），伯老莫追尋（伯山）。欲訪弢菴叟（程老）

隱居東鄉空山深復深低徊過白社惆悵撫青琴印證思來者悠悠成古今

昨者東坡會豪情世所稀（袁子文小菴招集同人祀東坡生日）初春雁北嚮（是日立春）一曲鶴南飛福酒酬賓去籃輿舁我歸袁宏兄及弟相待總依依

駒陰容易逝爲我駐斯須簡點存詩稿商量入畫圖（擬繪小像於卷首）人生幾兩屐心血數莖須傳世非吾分衰年聊自娛

七言律

避兵楊家垛

盡室東行得地偏海風吹雨入吟邊閒中愛讀桃源記醉後長歌琢劍篇兒女相期共今夕鬢眉無那遍殘年遙憐好友都零落天末停雲思渺然（遲程弢菴陳叔度不至）

王首卿（元起）招飲同弢菴作

整理牙琴一再彈更勞雞黍佐盤餐翻因世亂心長暇不藉兵荒聚轉難姻婭重重歌洽比妻孥草草祝平安只愁燕雁分飛後取次霜華上鬢端

八月初三日弢菴葛劍存王慕羲暨令子首卿小飲寓齋印贈

小雨新晴送晚凉放懷端合水雲鄉禮文不講容疏懶朋舊無多半老蒼王粲依人情漠漠杜陵旅食思茫茫亂離似我能相聚莫負今宵鐙燭光

劉蔚伯（承業）攜姬歸去圖

書劍長征短後衣鞭絲迢遞送斜暉山中草綠怱怱去陌上花開緩緩歸別後情懷何旖旎亂餘囊馬故輕肥披圖使我增惆悵十二巫峯夢久非

病中遣懷

終朝忘渴又忘飢安穩雞窠一小兒那有閒錢頻買藥尙留生氣且哦詩盲風怪雨銷魂候花落鸎

嗁冥悟時但使委心能任運南華秋水即良醫

餘生

餘生草草樂安便息影觀時思悄然　北闕慈雲眞萬里東山零雨已三年心惟自信渾無謂事到難言亦可憐每爲聞雞思起舞不堪對鏡感華顛

畣趙次楳（彥俞）學博四首

馳騁名場兩少年相逢忽漫感華顛新愁若積都無賴舊事重談一惘然有用光陰忙裏過耽吟情味老來偏少陵至竟推詩史珠玉零星手自編（君新輯詩話）

涼月娟娟入夜分相思迢遞盼停雲客懷疏懶嵇中散官況蕭閒鄭廣文囊底不教錐穎脫筆端疑有妙香薰觀時久抱澄清志江上何年靖惡氛

搖落秋心不可論嗟予息影閉閈門畱連妙悟琴三疊排遣中年酒一尊經卷藥鑪難卻病鬢絲禪榻易銷魂亂餘檢取新詩稿願乞名山點訂存

欲訪堯夫安樂窩扁舟北去水羅羅遙憐鷺侶京華老（謂陳茂亭比部劉融齋編修）太息鴒原宿草多（家沅芷孝廉）秋色雁邊悽欲絕涼風天末意如何從教珍重桑榆景蒜友瓜朋嘯也歌

吳借雲（康齡）自浙回里喜贈

衣拂征塵得暫休酒痕約略認杭州十年烽火連江岸千里湖山說壯游多買異書行篋富快拈佳句錦囊收段橋殘雪荒寒甚取次賓鴻爪印畱

借雲命其子以時藝就質書後

傾蓋論交廿載餘重來依舊對門居猶畱我輩談文字可喜佳兒讀父書在運龍蛇當厄後摩空鷹隼出塵初五經定擅無雙譽老眼衡才素不虛

開門七事吟和王子勤（廣業）觀察

柴

一束樵蘇委突旁釜鬵生活付廚孃古槐葉落青含雨敗葦花攢白帶霜煬竈苦陳前事誡析薪甘爲後人忙水荒四野嗟塵甑慘淡炊煙裊夕陽

米

努力加餐又一年終朝麁糲自翛然生逢樂歲容餬口索向長安便值錢飲汁有時參慧業成砂何處訪眞仙夢回正好黃粱熟休乞人間五斗憐

油

錢塘分綠瀉餘波潤澤光明耀自他百產菁華供剝削十年燈火彀消磨關心每慮脂膏竭染指深

防垢膩多我爲養生薄滋味腸肥腦滿太蹉跎

鹽

濱海鹹鹺物產豐牢盆生計古今同煙花世界金銀氣場竈人家水火功歌到新聲憐昔昔撒來妙手悟空空寒家旨蓄偏饒裕斥鹵淋漓用不窮一

醬

曝曬經旬舊瓮儲未妨歠醢誚麁疏膳充周室分官後名著尼山割肉餘實蓼何人宗古法醃虀每歲及秋初儗摹芍藥追枚叔覆瓿吟成恐不如

醋

香酸透鼻一瓶開紫蝌黃甕味美回性可升陽頻入藥湯能止渴不思梅泥他措大持將去時向鄰家乞得來卻怪醯雞生嗜酒盜名使我費疑猜

茶

旗槍潑乳瀹心精茗荈霏香解宿酲風扇竹爐名士趣蘇蘭薪桂雅人情客來此外空無有交在閒中淡以成一串雨前吾至瑤瓦壺天水足長生

黃琴川艾陵草堂圖

故園松菊久荒蕪愛此林亭入畫圖萬頃煙波狎漚鷺九秋風月戀菰蒲扁舟訪舊張思曼石樵老丈

屋聯吟范石湖育菴丈天許幽棲屬名士不教蹤蹟歎羈孤

駒隙

駒隙怱怱逼歲闌甕鹽瑣事等閒看能安義命延年易略識詩書處世難天上浮雲嗟變幻鏡中華髮感凋殘瓦盆臘有梅花在相對先生徹骨寒

和蓮舟避亂艾陵韻

悠悠花事了芳辰泛宅浮家向水濱有數光陰逼暹暮無聊情緒度殘春江頭風鶴年時警湖畔沙鷗日夕馴莫道禪心沒領會比鄰來往盡詩人

楊花四首和汪子儀國鳳丁琴士紹憲

落盡楊花春未終等閒去住太怱怱霎時散作諸天雨何處吹來滿店風別緒纏緜臨大道游絲觸撥礙晴空銷魂一種悽迷色都在虛無縹緲中

輕清無處著纖埃生性顛狂亦可哀蹙踏馬蹏爭道路扶搖羊角上樓臺才隨暮靄浮空去忽雜驚沙捲地來惆悵南朝興廢事不堪重見李花開

江南二月亂飛鶯糝白紛紛易惹情藩溷漂零憐薄命硏池荏苒寄浮生絕憐紅紫因人熱時向雲霄逐隊行一笑拈來印禪藻是空是色不分明

結習難除便著身千華世界一微塵倡條冶葉從前感斷梗漂萍未了因謝女才高工詠雪庾郎頭白爲傷春情長轉羨蘆花好搖曳秋風淺水濱

續夢中句

千古俠腸三尺劍百年塵夢五更鐘夢中句細思語義渺無屬不識詩魔奚所宗放眼江湖空闊處游神華嶽最高峯仙心佛法臻元妙幻境何緣得再逢

和袁止泉生挽詩四首

怱怱花事過春三幾度西園獨往還顧我壯懷銷

似水得君詩句喜開顔延齡有術休祈死濟世無能且閉關欲覓桃源隨處是要將煩惱盡情删

密邇烽煙倖再生一鄉安堵有餘榮搢紳慷慨談經濟野老疏頑遠世情歸去來兮今日是洽然善也御風行卻留冷眼觀時事贏得空山太息聲

孫吳秘鑰問誰開慟哭空憐賈誼才前度雪鴻成夢幻揭來風鶴費疑猜古今治忽關天數多少人文付劫灰想見啾啾新故鬼陰雲慘淡首重回

藉湜談詩走且僵善歌我欲和高唐初非有意笛三弄頗似無弦琴一張能了死生即仙佛不求聞

達自馨香相期同買湖田種白露蒼葭水一方

孫曉莊航海吹簫圖二首

海水渾渾入大荒天風浩浩鬱蒼凉就中忽有潛蛟舞空際如聞仙樂張千里壯懷何訣宕滿腔幽思到滄桑此時再鼓成連操豪竹哀絲接混茫君又善琴

東坡赤壁擅風流八百年來復此游詩句雅如前後賦席君丙齋長古洞簫吹破古今愁塵凡擺脫千華界身世浮沈一葉舟乞得神仙好丹藥小桃源裏合遄休小桃源爲君棲隱所

讀　國初諸老集書後十首

吳梅村

管領風騷得正聲陶鎔心氣入和平摒除末造清流習安受　熙朝大老名海上著書消歲月門前問字半公卿姑蘇臺畔東風柳借用集中句知己應推楚兩生

王阮亭

西嶽煙雲南海波王程擁節此經過三千世界留題徧八百孤寒受庇多族認烏衣門有燕山名蠶尾海浮螺自從司李揚州後賺得紅橋入詠歌橋以

君得名

朱竹垞

詞曹領袖玉堂仙白髮蕭騷手一編傳世不關科第事讀書多在布衣年胸羅萬有東方朔腳蹋九州司馬遷圖史紛陳金石富浙西文獻獨緜延

汪鈍翁

皆山閣上望堯峯曳杖遄田樂意濃飲啄蕭閒林際鳥枝柯挺直澗邊松幽巖來往惟棲隱張六子生壙安排且預凶禁得人間知己淚計甫草東南回首暮雲重

宋漫堂

英年侍從領千官宮闕巍峩縱大觀涵泳篇章消宦況發抒經濟壯文瀾鯉庭受敎人誰及謂文康公鶴和同聲世所難山言公子一樣奇才判窮達淸門華胄武郊寒侯朝宗與君同里

查初白

洊歷淸華福孔皆一官一集自安排生而嗜學磨穿研老尚尋山蹋破鞵飲酒無端成怪事吟詩强半寄幽懷相看暮景飛騰意鳳舞鸞歌音節諧

厲樊榭

慧業文人結習除懶隨儕偶事簪褫元音沕穆鈞天樂古色斒斕福地書君館揚州馬氏一代詞章壯風月半生蹤跡狎樵漁多君筆妙收奇氣山色湖光總不如

邵靑門

等身著作寫牢愁韋布才名動九州偶事雕蟲成一笑非關附驥亦千秋籃轝官閣凋疏感海市之罘汗漫游人物變遷風雅歇毘陵東去水悠悠

吳野人

東海潛蹤閱廢興芒鞵竹杖髮鬅鬙登皐舒嘯陶元亮同谷悲歌杜少陵文字源流星宿海隱淪心跡玉壺冰箕山潁水憐同調地下談詩喜不勝程雲家葬君墓側

沈歸愚

少壯探驪老得珠賡颺猶自附都俞　帝稱吳下大名士臣是江南一腐儒借用集中句選訂新詩壽棃棗堂皇晚景耀桑榆江山代有才人出曾見遭逢似此無

贈胡滌泉庶常昌銘四首

得識荆州近五年祖生今竟著先鞭名流不判雲

泥分慧業能參文字禪江右多才資月旦琴川與君同鄉斗南重望應星躔索詩別有痂癖檢點殘編鎮自憐

蒼涼海澨暫棲遲君家梁塚過弔遺墟有所思曠世淸風尋大隱吳陋軒千秋絕學紹良知王心齋卻看金石消沈日正是蘇湖敎授時惟願使君操玉尺起衰八代在今茲

老態支離百不勝秪愁繫日少長繩中年學劍慚無用八月觀濤病未能幾輩勛名上麟閣諸君遭遇値龍興陳研香王子實皆君同年友有時神往長安道衣

馬輕肥羨五陵
鴻爪重尋雪上痕漫勞車馬過柴門留賓未下南
州榻好客先開北海尊但欲躬耕全性命還期大
力轉乾坤才華衮衮年華富好展經綸答　聖恩

自嘲二首

入世迂疏百不宜謀生偃蹇一無知閒中訪戴乘
舟去醉裏呼童荷鍤隨高臥有時尋好夢靜觀時
復撚吟髭茫茫身後嗟何有留得空山幾卷詩
兵燹餘生兩鬢霜蓬萊三見感滄桑衰年婚嫁如
程課少日恩仇總淡忘子弟中材貧亦得交遊絕

跡懶何妨著書不爲窮愁始權當人閒養病方

蘆花四首和琴川

秋光羃歷影纖茸指點沙洲雪聚濃日落空江渾
瑟瑟風吹淺水一重重依棲只合漁樵侶冷淡惟
宜鷗鷺蹤莫道荒寒無賞識扁舟我欲溯洄從
昨夜霜添兩鬢絲江關容易晚秋時枯荷葉卷風
喧急苦竹叢深月上遲空際雁來傳冷信此中人
去賸相思波濤彌望無舟檝欲渡憑誰折一枝
絮雨棃雲夾岸生低含煙霧不分明江頭楓葉香
山感石上藤蘿杜老情前度淒迷逢故壘者番迢
遞數郵程泥他楊白先零落春恨偏傳樂府名
漁莊蟹舍隔微茫淡沱秋心爾許長時與煙波同
浩蕩竝無風雨亦蒼凉裴緜寄遠人千里畫荻書
空水一方別有江天淒絕處遲予小立送斜陽

誰云

誰云城市異鄉村我自清閒獨閉門起發性靈惟
有睡消除煩惱在無言陰蟲得雨吟荒砌瘦蝶尋
花傍短垣衰病卻宜秋氣爽炎天過去慶生存

弔浙江殉難諸子

儀徵程鎮北學出守肇慶浙撫　奏留防

堵其妻舅丹徒夏雲生問元以縣尉需次
兩浙時儀徵王句生翼鳳游學政張公之
幕皆寓省城庚申城陷三君約聚處一室
投繯以殉雲生新娶蘇州某氏女未彌月
婦亦殉夫尤可哀已歙縣吳幼蓮希齡江
都王少雲金詔買棺葬之錢湖門外方豪
士文景從浙回里爲予述顛末甚悉弔之
以詩

宦海浮沈累此身窮途聚首劇酸辛千秋氣節三
君子四海交情兩故人始信奇才終壽世應憐老

我爲沾巾天畱後死徵文獻事實端推野史眞

秋雨懷人詩十一首

王二波 嘉福

梅花東閣愛畱賓銅盋聲中驗苦辛酒綠鐙紅思往事葭蒼露白湖伊人金筦日試醫無效玉茗風流句有神卻羨眉山蘇父子（君爲鐵夫先生中子君弟井叔多才早逝）一門著作妙傳薪

張石樵 安保

白沙江上魯靈光杖履逍遙水一方亂後文章饒感喟閒中世界占清凉騷壇雄長牛心賭老境甘

囘蕉尾嘗不是長虹吐奇氣誰知匣劒有鋒鋩（謂令子午橋編修）

范膏菴 麥霙

儵然避地艾陵湖湖上秋光入畫圖冷淡夕陽明水木蕭騷微雨響菰蘆數椽老屋荒三徑八十衰翁酒一壺手訂名山千古業得閒猶自課生徒

金雪舫 長福

蜚聲文戰少年時老困明經事可知名士幾曾長處樂解人相對只談詩長平客去任安在（謂眉生都轉）同谷秋深杜甫悲天使坎坷成大隱皋橋枒日與君宜

車竹君 元春

樽酒論文年復年傷離感逝老來偏去官捷似王喬舄存稿稀如趙壹錢月地花天春九十吳頭楚尾路三千故人寥落晨星似一度思君一惘然

黃琴川 涇祥

叔度汪洋千頃波一官一集費吟哦客中夜雨思鱸膾門外秋風感雀羅燕許人文同調少江山靈秀屬君多劇憐十斛珍珠淚檀板金尊喚奈何（君有珍珠曲索和）

謝梦星 瑞鼎

華胄淸門八斗才黃金何處覓燕臺春婆說梦渾無謂（君應京兆試格於迴避者再）老女當梁也自哀短漏五更雞腷膞長安三度馬虺隤（爲梦漁送春八都）阿兄此日應相憶曾否西堂得句來

李冰叔 肇增

越水吳山數往還暮年蕭瑟感江關詩傳斗酒百篇後文在周秦兩漢閒風雨悽凉茅屋破江湖蕉萃鬢毛斑焦桐畢竟中郎遇此意從來不等閒（君近作感恩詩十八首）

姚仲海 正鏞

翩翩濁世佳公子，到處詩篇籠碧紗。夜半滄江虹貫月，秋空溟澥客浮槎（君航海入都）。紫垣璀璨郎官宿，丹桂芬芳蘂榜花。千萬買鄰吾計得，也依北斗望京華。

王小汀 葵

筆寒水綰偏燕城，雅令端宜太瘦生。花放馬塍姜石帚，月明仙掌柳耆卿。歌行樂府雙聲合，淮海秋笳百感并。我不知音偏好古，酒闌鐙燼若爲情。

釋蓮舟

菰白蔣紅現盋曇，雲迴水複指茅菴（君避兵眞武廟）。烽煙刼已生前了，文字禪從悟後參。不二門中秋寂寂，長明鐙下髮毿毿。將詩呈佛君休笑，香火因緣共一龕。

院試後有屬訂試卷者，前後代庖凡七藝詩以自嘲

衰年作嫁笑癡獃，鐙火深宵費翦裁。心喜卻如重見獵，技疏難免倒綳孩。秋風雁塔先舒翼，春雨龍門看暴腮（王首卿新得選拔）。莫更問途尋老馬，騰驤都是不凡才。

黃琴川招同范膏菴、康伯山、吴讓之、程弢菴鄧齋雅集卽事二首

雅會龍山續去年，使君情味向詩偏。胸中飽學五千卷，客裏銷寒四九天。麥熟占豐宜雪早，梅胎得氣在春先。吾曹領受清閒福，不止三重文字緣。

蒐羅金石十年功，禹穴探奇主客同（謂讓之）。書畫米家虹貫月，詼諧方朔座生風。温公入社名千古，蘇晉逃禪酒一中（弢菴是日茹素）。莫笑樽前貪食筍，燒豬留與祀坡翁。

雁來紅四首同金雪舫作

曇葉交枝漾晚風，猩脣染就可憐紅。清商搖落無衰色，變態離奇有化工。一種芳菲歸氣草，三秋消息遞征鴻。明妃嫵媚文姬豔，併入江南畫稿中。

時候新凉炫綺羅，雪泥爪印認煙蘿。人言北地胭脂好，書到南天血淚多。裛露雞冠難彷彿，經霜鴨腳易消磨。相期鏡裏朱顏保，不向秋風嘆奈何。

紫雲絳雪鬬繁華，誤被尋香瘦蝶拏。仲蔚蓬蒿新點綴，淵明松菊古煙霞。綠茵地上鋪如錦，黃落叢中爛若花。欲記相思拈豆子，青琴誰爲譜平沙。

秋老蘅蕪絕代姿，姍姍弄影夕陽遲。莓苔斷砌蛩

吟處芳草閒門燕去時采葉題詩情旖旎研朱作畫勢離披故園顏色知何似曉角霜天動遠思

和湘文三十述懷元韻四首

玉皇香案認前身河嶽精英屬此人一樹椿靈垂福蔭千年桃熟宴羣眞酒聯知己何辭醉詩祝長庚務去陳關捷爭奇銅盌響定敎花樣各翻新

幼讀兵書忌巧遲出山無忘在山時平生曠放嵇中散一代文章韋左司春雨齋前縈草帶秋風江上憶蓴絲每看退食軍容暇愛仿碑陰絕妙詞

南北江天一水通頃報江北肅清長驅大進勢豪雄文成

盾鼻軍書捷曲唱刀鐶樂府工萬里山川談馬援五噫心緒感梁鴻黑頭便望圖麟閣幕府論功未許同

佳日懽場屈指排習家池畔酒如淮琴川招飲未與未拈綵筆防才盡欲扣銅盤愧韻乖困頓馬卿思息影騰驤驥足雅關懷買鄰不惜錢千萬爲羨東家福孔皆

白桃花次湘文韻

不爭脂粉豔時名也伴繁英開傍城潭水有情何皎潔天台重到劇凄清生憎薄命因人熱長白無言對月明一樣南朝春扇影任他筆妙畫難成

贈袁蘭生先忠二首

剝啄驚聞舊雨來相逢一笑且銜盃青萍結綠誰評價白露蒹蒼老此才十載音書暌闊絕六街車馬厭塵埃漢陰久信機心息不聽王郎唱莫哀

達摩面壁苦回甘禪悅都從悟後參幾輩功名成馬上何人詞賦寫江南時曾帥克復省城幽倉豐頰君眞健善病工愁我不堪記否竹西歌吹日談詩讀畫衆香菴

琴川從古以五月十五日爲大端陽是日招

同馬石樵堯年陳六舟彝吳讓之康伯山沈旭庭李冰叔城西草堂雅集二首

白社曾聞展重九甲辰年吳幼蓮招集湖上草堂黃樓亦喜閏中秋壬戌秋閏事誰知今歲端陽節更作平原十日留道子虛心接掌故武功垂老感風流繪圖擬續羅浮勝今春修禊永甯仲海繪圖紀事妙筆還推馬少游石樵工畫

蒲綠榴紅酒一卮嫩晴天氣劇相宜世間幾事能從古我輩偷閒且賦詩金鼓喧闐爭渡處龍舟猶在河下管弦咿啞賽神期是日俗賽神會山中別有攢眉客物換星移總不知

和金翛生都轉安清移居揚州詩元韻四首

竹西歌吹憶清游書劍重來欲白頭胸有甲兵長借箸竈能增減免炊甆幾番作客新戎幕前度題詩舊酒樓忽地催耕征戰後綠楊陰裏聽喚鳩

清才雅望遂初衣省識淵明悟昨非五色邵瓜經夏美一畦庾菜入冬肥人尋輞水頻拏櫂客散長平自掩扉木落江皋成小隱尺書何事寄當歸時浙氛未靖

爲愛泉清懶出山數年家在水雲閒亂餘覓地烏三匝忙裏裁詩豹一斑隋苑鷺花饒古蹟谷林欄

檻認煙鬟墨莊雪舫更有聯吟老天假奇緣信不堪

名區煙景屬詞人廿四橋頭月一輪家具迎來蝯鶴喜湖波送去鷺鷗馴小山叢桂應留客塵世桃花莫問津多恐蒼生咸引領未容巖壑寄閒身

九月杪金雪舫招同康伯山王子勤西郭尋秋即事二首依韻和之

西風瑟瑟古城隈香雨霏霏說戒臺秋色似因吾輩設柴門常爲老人開海濱地焌蟲猶語江北年豐雁早來不愛繁華愛孤癖一時帬屐盡清才

君與吾鄉有夙緣考試頻來兵荒後僑寓尤久山中甲子竟忘年蠅頭能作鐙前楷君七十不用眼鏡一壽徵也鴻爪時留壁上牋屈子餐英成韻事園丁餉柿入新篇是日園主以鮮柿敬客杖藜不厭頻來往趁取晴和霜降前

題黃荻生荔醉圍紅袖寫烏絲卷子

脂香粉膩遶危欄樺燭光中帶笑看竹葉盃傾人欲倦簪花格就夜方闌漢妝嫵媚憐飛燕唐韻端嚴羨彩鸞擬謚新詞摹畫意高樓彷彿玉笙寒君屬填詞未敢弄斧也

輓康丈伯山

話詩曲喻古今情君詩話古今分卷癸巳新編又告成亂

世文章皆掌故衰年知遇半公卿薄田種秫陶元亮虛願游山向子平留得揚州圖畫在武功一去更淒清黃琴川繪有揚州四老圖徵詩

送湘文赴官浙省用郭堯卿夔韻

北馬南船數問津緋衣又染客中塵一時風雅推賢守千里湖山得主人亂後創痍長在抱江邊梅柳遠含春尺書倘訊垂綸客寄我蘆花淺水濱

乙丑東坡生日袁子文小巷昆仲招同錢辛白徐東園蓮甫何述亭雅集即事二首

一聲臘鼓動逢逢雪霽冰銷春意融是日立春介壽又

添詩弟子披圖如對老仙翁東園畫公像極其神妙椒槳趂
酒迎神肅竹䶩花豬設饌工八百餘年前後輩定
知豪與古今同
冉冉梅香上酒巵幢幢燭影透書帷臨風笛奏南
飛曲對雪八哦白戰詩兩大光陰如水月一堂主
客又今茲明年此會吾當健領取清游汗漫時

晉甎室詩存卷之三終

晉甎室詩存卷之四

泰州趙　瑜漁亭

五言絕

歲朝詠花五首

山茶

山茶一樹紅先人手親植同我歷冰霜輸汝好顏
色

蠟梅

梅占百花先蠟瓣尤先吐白沙返魂梅定知何代
祖

水仙

豔質洗鉛華奇姿耀冰雪一鐙伴幽齋形影獨清
絕

天竹

雅愛闌天竹纍纍如貫珠年時頻結實引得鳳來
無

唐花

烘開頃刻花妻兒豔富貴老夫學長生相看渾短
氣

采蓮曲二首

禾蓮莫去葉菑葉薇風雨擘蓮莫去心菑心辨甘苦
妾心池上水郎心葉端露水動不離根露走不知處

洪筠卿範試劍圖二首

欲遂尋仇志須攻劍術成芒鞣眞踏破無處覓荆卿
酒酣拔劍起怒向尊前斫夜夢劍飛空漉漉人頭落

午睡口占

睡味樂蘧蘧空庭日卓午幽禽時一鳴桐花落如雨

詠夏蟲八首

蠅

雅愛逐腥羶胡爲遽集此讒言君子憎弔客名士喜

蝱

銳若鍼遶穴紛如芒刺背累我自抑揄煩君警瞌睡

蚤

茵褥易滋長衷和難搜索仿諸葛七擒笑豫讓三躍

蝨

阿房念有聲處褌茈無覺甯遐查龍圖不逢王景略

蛇

欣蟄隨蛟龍潛蹤利水草鄭人詫爲妖季子呼曰嫂

蚿

家語夔一足爾雅豸無足汝仗百足行安保莫予毒

蛣

嗚嗚喜撲鐙穢濁人所嫉何不蛻爲蟬遺世而獨立

蠭

蠆尾邾子心豺聲商臣目釀蜜爲誰忙終朝往而復

詠庭花五首

鳳仙

巽彩散九苞軒然欲飛舞胡爲閟幽姿取悅小兒

女

秋海棠

天生斷腸花幽怨寄何處夜深一蛩吟如泣更如訴

六月菊

黃花晚節香玆花開夏日何以熱中人托名爲隱逸

雞冠

頂上綴丹黃相對欲視視羽毛苦不豐終身只雌伏

老少年

覓得駐顏方鮮豔動人愛搖落不自知忍復爲此態

六言絕

春夜聞雷雨二首

雨打淅淅瀝瀝風鳴調調刁刁欹枕料無好夢挑鐙且讀離騷

黯黮天甕月鏡砰譬夜走雷車骨瘦禁他敗絮春寒遲我梅花

春社圖二首

廟祝神弦啞啞村巫社鼓冬冬分得餕餘大嚼一年一度懽逢

累世枌榆誼古沿途桑柘陰濃笑殺僊僊屢儛箇人老態龍鍾

達觀二首

王戎有譽兒癖陶潛作責子詩才不才亦偶耳阿翁詞費何爲

要想活到百歲先問死過幾年（西極問人年紀云汝死過幾年）挽靁電光石火消受茗椀鑪煙

偶閱漢高紀得詩六首

張良

鍊就一生彊忍報完五世恩仇早受黃石公教晚從赤松子游

蕭何

沛上作吏毋害關中轉漕獨神錢三何如錢五功狗不及功人

陳平

盜嫂何必過問分金賴以爲資陰謀道家所禁秘計乃公獨知

韓信

時至登壇拜將運衰縛置後車陳豨計議乃爾蒯通智慮何如

彭越

分別劉項心苦出入梁楚功多如走狗就烹耳奈牝雞司晨何

英布

早知見黥而恐悔不當刑而王激成賁赫戎首成就薛公智囊

喜晴

酒興無端漸減詩人有約不來幾度鳩喚雨積一聲鵲噪晴開

懷琴川湘文同客都門四首

舞劍趣劉琨起著鞭爭祖逖先客是五陵同學人如三河少年

長安市中綠酒邯鄲道上黃埃有車鄰鄰北去其旂茷茷南來

落葉梧桐減瘦攀條楊柳添肥小草何如遠志尺書應寄當歸

山谷隨時寄興少文是處畱題雅望大江南北清才浙水東西

岳阜秋望歸途得詩五首

暮落古徑徐步白石危欄獨憑散去老鴉數點飛來新雁一繩

主講緬懷曹沈（艮甫紱齋兩山長掌教胡公書院）執經曾列門牆老屋廢爲菜圃游人閒立斜陽

扶老憑誰留憇小西湖上茆菴淸話莫尋蓮社（僧道遠茂林皆舊識）蹋歌如近桃潭（放生菴予改名臨湖禪院石顏則汪嚮泉書也）

彳亍郊原東畔儃佪畧彴西頭山寺疏鐘斷續叢祠古木颼颼

轉過城陰曲巷疏籬破壁欹斜一堆兩堆紅葉三朶五朶黃花

甲子六月誌喜

馬上軍書報捷營中鐃吹成聲天人一氣歡喜大江兩省肅清

將士羣策羣力勛臣允武允文卓卓南豐夫子巍巍北平將軍

六月膚功迅奏十年元惡稽誅鞭尸儘教洩忿漆顱何足蔽辜

恩免在泮獻馘　詔許錫爵酬庸今夕椎牛饗士來朝棄甲歸農

七言絶

揚家垜留別跋巷

海上萍蓬跡暫停嗟予明發又揚舲水聲汩汩風聲勁留與先生獨自聽

尤柳村金城招同筱雲伯山兩丈西園觀荷

池波瀲灩畫橋東千朶參差漾午風記取花時好顏色重來都覺可憐紅

新詞曾唱秋蓮子時王西御郡城死難秋蓮子西御詞稾名卻對蓮花一愴神莫更尊前問時事白頭尙有未歸人

陳鐵君堡吳陵鵪寄圖二首

蓑馬翩翩認故知重逢各指鬢邊絲七年不識蓴鱸味悵觸秋風動客思

落拓江湖散淡仙姜肱布被自翛然一枝得借庸非福江上哀鴻絶可憐

題馬湘蘭畫蘭卷子二首

孔雀菴前香草多湘蘭瘞處沅花澧葉奈愁何南朝金粉銷沈盡賸有名媛墨一螺

風流墨妙稱三絶書畫名家擅兩朝上有洪桐生吳山尊題句紙上吟魂呼不起碧紗窗外雨瀟瀟

寄懷永安鎭諸子八首

覓得桃源好避秦兩家項項締朱陳弟兄古樸兒童健都是羲皇以上人張政朝穀樓昆仲

鉛槧相依不暫離終年自下董生帷別來豈獨吾衰甚年少彭宣鬢已絲門人張玉甫

妙藥靈丹百不如佳兒佳婦願終虛瘍醫在側渾無術醫者臧姓眞箇人間附骨疽政朝女許字次兒雲芬以病癈未及婚娶

宦況清於鄭廣文雀羅門巷對斜曛大營籌策需才急咸望天邊出岫雲張小雲司馬

錦帶吳鈎俠士風少年槖筆自從戎揚州市上逢君日身在風聲鶴唳中咸豐八年八月晤張樹南於郡城別後三日城陷

多年闊別方豪士文景想見須眉改舊觀傳語故人仍健在何時盃酒復盤桓

斗壇老屋舊經過壁上眞靈墨妙多儗叩飛鸞覓消息天時人事定如何

把臂入林眞快哉瓜朋蒜友日裵裒會當看賽豐年社收拾圖書放櫂來

由宜陵至永安鎭記所見八首

石尤風緊雨如絲邪許聲中轉櫂遲湖水未消江水漲怒濤澎湃兩相持

洪波浩渺白無邊樹影參差辨陌阡一老扶犂新

雨後能耕知是最高田
旂上大書釐卡字紅欄白板樹陰森阿誰故作蹣跚態手指來船操北音
寒潦瀠洄曲港通蓬窗卻對夕陽紅水腥一陣魚鷹過兩岸蕭蕭蘆荻風
覡巫歌曲聚鄉民一例秋冬報賽人不祝今年祝來歲滿船簫鼓自迎神
漂搖斷木架中流不便徒行便客舟橋板久隨流水去索錢人自立橋頭
放鴨小船橫石磯隔岸有人呼鴨歸丫髻女兒弄長竹羣鴨爭鳴一鴨飛

寥落村墟映晚霞儘多水鳥覓魚蝦鷺鷥窺影忽驚起飛折岸邊紅蓼花

題琴川珍珠曲後三首

一曲歌成兩鬢絲青天碧海證相思寄眞恨少東川幕腸斷崔徽薄命詞
明月光沈蟹社湖皺綃淸淚溼模糊情癡欲問三生事可有珠還合浦無
蜜誓香盟憶昨宵如煙如夢儘魂銷不知酒盞鐙殘後更有何人慰寂寥

觀書

觀書到老意彌親萬卷家藏未是貧兒不談文孫習武一家讓我作通人

楊瀓齋澍北湖課耕圖二首

江北烽煙近十年蕪城重過爲悽然豪門徹夜金銀氣不抵湖陰二頃田
雲水清涼又早秋紅蓮香稻喜豐收東陵瓜果南陽菜一例人間說故侯

夏日脾病經旬忽左臂右踵牽掣不能運動放翁詩有云老病在臂踝是也得詩四首

索琴川和

瑟縮老鴉望返哺離褷瘦鶴思乘軒病體枝梧渾失笑宛如唐棣詠偏反
七尺匡牀百年計一升老米三日饘過了熱天想存活不料熱天如許長
欲從衲子稱行腳怕學尼山爲曲肱上頭黃鶴下鸚鵡搥碎踢翻能不能
不仁始信我無用再起足知天好生要將貧老作丹鍊假我數年丹鍊成

秋風

秋風砭骨瘦槎枒蒲柳先零黯自嗟藥物偏嘗難卻病午餘細煮藿香茶

憎蠅

同院八家灰積堆癡蠅飛去復飛回天憐老病無生趣早遣虞翻弔客來

揚州春恨詞二十首和湘文

繁華終古讓揚州亂後重來憶舊游老我吟懷何處寄二分明月十三樓

烏烏畫角又黃昏獵獵旌旂十二門認是竹西歌吹路悄無人迹最消魂

梅花嶺下衣冠墓殉國孤忠二百年故鬼啾啾新鬼哭一林殘月一溪煙

東海塡冤木石稀貞魂烈魄定相依美人黃土千年恨化作陰燐夜夜飛

侍中碧血常山舌（郭麗生陳吉符死事尤烈）同向荒原賦大招

更有三君奇節著英靈長對浙江潮（予有弔浙江三君子詩）

湖波瀲灩淨于揩細柳新蒲綠上街羅綺香消弦管歇更無船過小秦淮

擘麟行酒玉清宮回首羣仙縹渺中檢點琴甎今在否斷垣殘礎夕陽紅（香案以琴甎為之形製甚古）

脫去金貂醉一場春風滿店柳花香酒徒似我狂如昨不見當罏王二孃

雙樹菴中祇樹林空堂寂坐印禪心尋幽偶遇張延賞（淡卿）同聽山僧一曲琴（僧樹菴善琴）

湖上草堂詩社開一時帬屐盡清才凭軒猛憶吳生句（幼蓮）欲寫殘荷雨正來

蜀岡晴翠鬱嵯峨嘗共春人載酒過惱亂年時風雨惡三賢祠畔落花多

烽煙漠漠陣雲平江北江南苦戰爭閒向谷林堂上望山容對我若含情

城中拆屋千萬閒城外變賣往復還雕梁畫棟編作筏亂甎零瓦堆成山

二月飛花滿路蹊尋春依舊踏香泥綠楊陰裏誰家院一箇黃鸝恰恰啼

昔日朱門今綠蕪滄桑世界證麻姑饕仙只解珍黃白領畧邯鄲一枕無

瑤函秘笈總成塵福壽庭荒草色新欲訪鄰翁談舊事墨莊賸有著書人（雪舫居鄰太傅）

淮海風流秦七詞（秦玉生蠏詞）壇寥落賸相思獨彈古調嗟蕓綠（丁保菴）顚頓江湖鬢已絲

許多飯甑讓琵琶彷彿長安路狹斜燕子不來春已去門前開殺碧桃花

季郎垂老忽重逢各向尊前審舊容猶憶酒闌鐙燼後雨瀟瀟曲唱吳儂（季伶芝仙以色藝冠絕一時今老矣）

十年惆悵杜司勛辛苦哦詩入夜分啼鳥一聲春夢破人閒何事不浮雲

爲湘文題摹本張憶孃簪花小像三首

粉褪香消二百年尙留清影鬬嬋娟拈花一笑如逢故誰證三生石上緣

名士才華擅色絲鬅邊袖角寄相思消魂絕羨萊陽老親見雲英未嫁時

簪花對鏡自評量妒殺圖中張憶孃等是人閒傾國女有誰貌我爲收藏（琴川贈予有句云少日大都傾國女）

題汪養泉背面美人圖戲仿問答體二首

雲鬟霧鬢骨姍姍紈扇秋風玉臂寒何事世閒傾國色不留眞面與人看

肉眼那分妍與媸東施得志笑西施箇儂自作千秋計紙上長留無盡思

琴川以秦郵雜詩見示因憶戊午秋季客游過此追賦得詩六首和之

城外高隄高似城覆盂形景忒分明河防歷代關宵旰不費黃金水轉平（自河工裁撤後未有水患亦奇事也）

亂久民無儋石儲牽船作屋繞隄居妖氛只隔一湖水（是年賊據天長）赤脚蓬頭人打魚

文游雅擅千秋業甓社曾輝一顆珠荒草芊芊尋故址碧波瀰瀰望平湖

歐九何如秦七詞名傳淮海冠當時詩人一例歸零落手把遺編有所思（高沙詩人重刻淮海集存者惟雪舫一人）

善因寺前泊小船承天寺中訪老禪兜牟握杵大護法摒除一切文字緣（寺中武弁公館不容客住）

逕病經旬黏自嗟離家十日便思家客言土物能醫汝多買蕪菁浸木瓜

題阮愼齋（先）雲莊（亢）棣華仙館合鈔後二首

山色湖光屬弟昆茅菴笑指舊題痕新城王後儀徵阮風雅天生聚一門

信手拈來絕妙詞黃鍾牛鐸應參差吾鄉諸老風流甚海上遙遙和竹枝（王子勤首倡竹枝詞百首諸老皆有和作）

高郵金瀹菴（鳴鑾）愛春華館遺稿題詞二首

湖陰漚鷺共清閒老不求名獨閉關太息少微星隕後寥寥詩卷在人閒

阿咸故是文章伯（雪舫）車笠交情四十年手把遺篇屬題句竹林風雨淚潸然

題雪舫海陵感舊詩二首

尊前同唱竹枝詞客裏孤吟感舊詩野史亭中枯坐久一鐙如豆雨如絲

海水天風浩蕩邊拏舟何處訪成連（君師邑前輩宋廉泉先生）回頭卻問人間世彈指聲中過百年

題白石像用白石自題韻爲黃子鴻（錫禧）作

羽扇涼生習習風吟懷淡入有無中松陵客去簫聲遠重唱新詞憶小紅

夏子蘭（文瀚）出阿翠所貽畫扇屬題得二首

梨花開落總悽清門外曾無剝啄聲茶熟香溫嗁鳥寂最難消受是閒情

支頤兀坐小窗幽桃葉桃根一例愁我自過江迎接汝不須春恨上眉頭

晉甎室詩存卷之四終

爨餘集卷一

泰州趙　瑜漁亭

道光庚子年客館眞州與白沙詩人相倡和同社故友謝芙仙爲余抄存若干首慫恿付梓余諾而置之至今在行篋中計癸丑以前所作僅此戔戔然而焦尾之桐微中郎則盡燬矣爰附刻於詩存之後顏曰爨餘芙仙有知宜何如欣慰也

花朝後一日謝芙仙（承烈）招集蘿菴賦贈

雪霽冰銷夜山𪾔月影虛酒傾談劒後詩錄上鐙初作嫁終何益名場百不如眼前花鳥趣領會樂

蘧廬

過十笏菴贈栖雲

讀畫論詩一老禪江鄉卓錫意翛然滿栽脩竹還臨水多養奇花當種田賸幅零縑名士感（潘四農黃竹雲皆有題贈）新楳活火故人緣側聞佛地容豬𨈟後約須乘穀雨前

春雨和車竹君（元春）韻

檐前滴溜聚成坳鎭日湘簾蒜押拋蝶夢未應蘇栩栩雞鳴何事苦膠膠敝裘氣藉圍爐轉孤客詩

憑破研敲爲盼家書重惆悵杏花消息憶衡茆

鞭影

拂拂才臨大道邊搖搖曾送錦坊前馬蹄有迹星垂野馱鐸無聲月在天指顧不愁僮僕後霏微難辨遜堤先空中別樣風塵色隨我征途又一年

帘影

虛空作意引鞭絲山館溪橋認一枝尺幅迎風捎下上雙叉照水閃參差雞豚屋古鐙明處花柳春深月上時自笑青衫酒痕涴道中偏動麯車思

、張訊槎積善招飲二波軒和蔣淡懷志凝韻

去年感秋氣凄咽似寒蛩君有寒蛩吟秋集今日尊前會清吟吉甫風天心原不滯吾道豈終窮珍重芳時樂休教歎轉蓬

酓葉酒生貴曾郎言別

醉中曾握手此地忽相逢我自分眞雁君偏好假龍客愁和雨積交誼抵雲濃怕向江南望春山又幾重

酒生小飲齋中

征車轣轆素衣緇且向荒齋盡一卮問字人來皆北面生徒皆索書談經客到勝南皮千秋月旦三生福

君受知麟制軍劍亭十載風塵兩鬢絲海上行聯櫻笋會不須惆悵挽楊枝

和竹君韻贈芙仙

鼠穴難通車坳堂僅容芥大鵬忽搏風甯限尺寸界竹君爾與我三人氓蓟甍粹然文字交時時作清話伯壎旣贈言仲篪亦陳戒讕語毋庸訾昌言不必拜詩家夢如麻同源而異派靈珠分驪蚖珏玉判圭玠門徑竊以深一幅西洋畫蝌論海則奇蟲語冰則怪臨深以爲高眼孔毋乃隘旗鼓張三軍勁敵見成敗蝨訟何足仇黽勉未爲快掠戰等兒戲噫嘻甚矣憊亟勸馮驩行早晚收薛債得錢便買書藝林策征邁五穀種之美不熟不如稗君才大而奇君性和而介廣寒七珏成瓊屑脩破壞恥爲鄒魯閡厭作秦晉獪廢食拚蕨薇止卧儲葱薤勿學東家女梯牆吁以喟勿效登徒妻踽僂痔且疥今情多粤損古意少懈怠制梃可撻兵到處紮硬寨

蘿菴詩稿題詞贈芙仙

傲骨逢人露孤懷對我明半生絲竹癖終夜海天情橐筆非初願論詩得正聲虀鹽各有累努力占

時名

儀徵張孝女詩

醴泉無源芝草無根女兒出自寒賤門女父病肥足躄躠女兒服事逼晨昏何來譆譆亳社鳥火鴿飛鳴火鴉噪是時女兒聲荷荷大呼救爺莫救火衆人救火不救爺女兒勢急仍還家還家救爺不得走身已成灰猶握手焦頭爛額與爺俱生死相從何敢後君不見跪乳羊返哺烏物性如此人其殊孝女乃有張巧姑邑乘不登孝女傳綽楔不旌孝女閭以詩作史備采擇大書特書不一書孝女之父名天相業木工女巧姑孝可風嘉慶三年濬河得幢始覺察事在乾隆甲子正月一十八

輓楊樹人善本

殀壽理無憑龜筮數罔測昂然七尺軀人鬼分頃刻嗟哉楊茂才才名冠江國文章華而婉詞賦麗以則博物尤勵行淹通彌斂抑訊槎愛慕深竹君嘆賞極尹公取友端我豈盡耳食攜手訪君齋君館寓隣何鎮九家是日竹君同訪君喜動顏色謂我來正好飢渴亦孔亟誇我三神山可望不可卽兩兩漆投膠傾蓋如舊識握送前致詞詰旦約朝食時在庚子春二月廿六日次日我晨興呼奴具盥櫛名紙未到門凶耗遽入室謂君天明時投繯命已畢我方驚而走人不寒而慄此云命當絕彼云鬼實逼嗟哉楊茂才才品勝學識彭殤雖可齊此舉無乃惑聞君善治生不豐亦不嗇聞君善養親承歡日繞膝聞君善刑于如詩詠琴瑟數者無死法他故更不必君家又單傳一髮千鈞力倚畀亦云重奚忍遂戕賊悠悠曇花現湛湛朝露失相逢一面耳再見杳難得相距六時耳暫别成久憶寤寐想丰神微茫頗能悉恍惚搖其精慘淡摧厥質恨不早訂交爲君開抑塞一部楞嚴經了然於胷臆文字三重緣化身千萬億魂兮讀我詩幽冥定悽惻

王二波嘉福見示慕春感懷詩依韻奉酬

天寒衆鳥瘖地泖百蟲蟄九旬不見花荒榛橫滿尺似槊慣聞驢寓隣畜驢非莊難化蝶杜門良亦佳一得苦九失摒愁讀我書恍惚見先哲赤富原憲貧兩泯驕諂迹之子識所貴茫茫異今昔仰視晴雲浮揜卷三歎惜

宿揖石軒贈王秋水澄

蛩駏懽場戀白頭相逢各自屏閒愁談詩爲下陳

蕃榻作客頻登王粲樓良夜譙游如往日好春風
雨似深秋遙知舊港梅花落孤負來朝汗漫游

喜晴疊前韻

當戶山青似佛頭沿堤樹綠破鶯愁朅來花鳥娛
情地抵過江湖勝槩樓有限奇才嗟露電（謂楊樹人）無
多佳日戀春秋西園雅集南皮會良夜端宜秉燭
游

疊前韻奮戴鐵甫 鈞

懽場三萬記從頭手擘蠻牋自寫愁鈴語郎當傳
佛坮（居近天甯寺塔）角聲嗚咽下城樓事逢變格花逢雨
人到中年序到秋學得古人排遣法東山絲竹快
清游

若箇龍頭（秋水）若虎頭（芙仙）相如善病（竹君）我工愁奇才
枉作鸚哥賦獨客悽於燕子樓堪惜壯懷銷綺歲
絕憐好句印殘秋（竹君謂余好春風雨似深秋合漁洋濃春烟雨似殘秋之句）
輭紅十丈塵襟浣安穩名山作臥游
荻花楓葉大江頭曾倚昏鐙敘別愁（予與竹君芙仙有秋鐙話舊圖）轉眼又增詞客感尋蹤多在酒家樓雨聲淅淅
難爲夜雲氣容容畢似秋拋卻名心了婚嫁思爲
五嶽向平游

疊前韻再奮鐵甫

仙詩吹落五雲頭八斗才消十斛愁權當蘭亭臨
晉帖更欣花萼慶唐樓（君與家兄同案）文章氣誼三千界
筆墨因緣二十秋好藉倡酬增著述綿綿觴詠續
前游
話到滄桑石點頭鶴歸華表黯然愁曉風殘月柳
卿墓妃渚公山楊子樓（唐孫逖詩江連二妃渚雲近八公山）野色淡
於前度雪沙痕多是隔年秋地靈頗覺輸人傑時
有耆英入社游
饞思羊尾（新筍）配豬頭趙壹無錢只自愁靜裏烹泉
能解酒（慧日泉在咫尺）狂來禮塔勝登樓依栖幕燕剛三
月局促轅駒又一秋倘有西施能識我扁舟載向
五湖游

柬二波即用二波贈酒生韻

詩當官書治豪情似昔年尊前大解脫枕上小游
仙（君此詩成於枕上）新柳綠於染好花紅欲然連床無俗
夢此聚亦奇緣
等是中年友談深涕淚并熱腸誰肯死窮氣不孤
生匣劍飛騰意綈袍眷戀情此時張子野知否憶
江城（訊槎客邗上）

疊韻和二波

自入人間世優游年復年魚龍曾未變雞犬已成仙河水清難俟江流去窅然懶尋詹尹卜一槩付因緣

若大六州錯憑誰鐵鑄幷綺懷如雪淡綵鬢入春生季子陳書意王孫乞食情多君似髠衍諧謔破愁城

再疊韻和二波

胸次有千古人生無百年藥鑪資卻病蔬食勝求仙（君近茹素）宦海茫如許名場淡亦然者番鴻爪印珍重舊因緣

好友如連理窮途兩兩幷米鹽嗟八口膠漆喜三生對酒披肝膽談詩見性情偏師防蔣詡一鼓下長城（是日淡懷從吳門至）

翕竹君見懷

尺五樓邊一水斜昔年高會似搏沙酒闌燭跋偏懷我十里春風豆蔻花

別夢依依逐隊行花明柳暗送歸程問他謝尚前宵裏可有歌詩艇子橫（謂芙仙）

春郊晚望和車孟奇（錫珍）

東城圖畫辨難眞斷瓦零甎積水濱贏得江南山色好青青終古對吟人

一舸瓜皮盪綠漪此情唯有阿翁知（尊甫竹君）衣香人影渾如昨愁聽丁孃十索詞

準提菴老梅行同淡懷作

老梅槎枒勢蟠鬱太傅定爲宋時物（阮文達題石）南宋北宋吾不知但云古雅亦罕匹樹分五幹幹皆花花發樹根尤奇特藤蘿霾靡蝸涎滋苔蘚徧斕烏篆刻空中伸臂欲攫拏破殿陰森山鬼出有花固妙無亦佳不賞其花賞其質塵世齷齪難久居花之魂兮歸太虛樵采薪蘇忌傷損花之魂兮歸故本（枯數十年復花邑人呼爲返魂梅）呼船隔一水策蹇僅十里慕爾丰姿特地來羌胡向我偃蹇不爲禮得無臨江旦旦耳鐘聲（東坡送董揚休知眞州詩金山隔一水時復耳鐘聲）參透禪宗無上乘歷百千萬劫而成精銅狄摩挲薊子訓桑田感慨王方平偃息荒江睒兩目參橫月落惆悵獨紛紛攘攘歐陽五代史慘慘悽悽文山指南錄視一千年如轉轂渺我眞如滄海粟花見我下牀待我見花低首拜徐熙詫其古補之服其怪盡態極妍難雕鎪舊稾蕺殘無此泒酹花以酒紀以詩

淡翁作歌我和之壽不如花將詩補詩與梅花共
千古

秋水齋靈壁石歌郎席和竹君

雨腳繩繩雲絮擘積蘚斑斕篆飛白犖确嶔嵜莫
與京揖石軒前靈壁石石出靈壁靈昭昭虛空粉
碎雷穿隙大石爲磩小者礐徑約三尺長六尺桐
魚微扣鏗作聲茂先博物定能聚浮磬泗濱地接
壤禹書厥貢異今昔黃鍾大呂揆有人（阮太傅選石爲磬供
眞州文廟）茲胡劣崱創此格琢以錘鑿時乃庸狎此漚
鷺罔或益得毋東坡遺茲土仇池奧窾紛百脈抑

爨餘集　十

或顛老持贈君瘦秀綺透供細硯一錢不去此玲
瓏五日一畫難刻畫握金捉筆鬼斗形我輩欣欣
毷氉釋往者秋仲榻此閒天河案戶月當夕踞牀
揮麈對石談石不能言點頭亦重來石訝仍故我
作睥睨狀欲揮斥主人好客石如之朋友道合以
善責責我何如鍊爾形補盡天上不平迹石乎有
知從我游湘靈峰前虛一席

題芙仙湘靈峰圖

斷甎殘礎裏一角聳雲根古矣容園物蒼然積蘚
痕何人具袍笏有客寫精魂（謂楊次雲）欲鼓江頭瑟秋
空夕照昏

伍簫

出關載橐過菱夫調澀嗚咽氣鬱紆之子原非乞
食者此時還遇浣紗無長洲苑畔傳新曲短簿祠
前認舊途終古好音誰和畣江頭蕭槭響寒蘆

高筑

涸迹彈箏扣缶場五弦直欲管興亡祖龍得近庸
非幸屠狗論交亦自傷莽莽燕雲何黯淡湯湯易
水太悲涼圖窮七見無人色悔不煩君代舞陽

禰鼓

爨餘集　十一

淵淵金石韻沈雄揎臂揚桴眼界空鸚鵡才爲詞
賦冠山膏罵比檄文工尋仇後命遺江夏破卵先
機伏大中至竟狂名推獨步此身淸白有誰同

嵇琴

玉軫金嶶撫竹林華陽亭畔德愔愔廣陵已絕人
間調東市還留膝上音平日養生原有術當年煅
竈或無心憤幽詩句悲哀主惆悵風前一再吟

題朱震伯鉉詞本

哀能感頑豔妙欲沁詩心我亦同爲客君還相對
吟秋風寒雁響夜月海棠陰（集中寒雁海棠魂二闋音調尤佳）一

縷冰紈韻茫茫不可尋

題孫定夫宗禮詞本

一卷擕冰雪相將避俗吟評量無儒字倡歎有遺音空谷人如玉長安米似金桐材嗟欲碎凄絶戴逵琴君持此本質當事某笑曰靡靡之音也

題王鶴汀壽詞本

按拍何人辨九宮妃青儷白半雷同獨將古調參新義譙入冰弦字字工

罷官老友王都尉叔季清才迥絶倫二波井叔昆仲妙得新詞成鼎足君家自是六朝人

喜晤姜梦蘭恩緬郎言別

御憶詞人姜白石去年輒水話秋涼重逢爲道思君意惆悵西風又倚裝

王白甫光雲出其伯祖莘夫先生耕讀圖屬題先生名惟知浙江景甯縣卒於官此圖散失六十年白甫得之市肆中

完趙璧耀彩合浦珠騰光既去還復來千萬價莫償何况栝棬物手澤流孔長白甫清門裔家學傳青箱緬惟伯氏祖成績紀太常通儒作大令薇芾召伯棠餘事及詩畫經濟爲文章寫照日耕讀古誼媲羲皇酒醉彭澤令錢空劉寵囊藉手抒尺寸大材成棟梁惜哉中道殂驥足靳騰驤扶櫬歷山水此卷行篋裝臧獲失檢察楚弓成遺忘白甫生而雅聞言心倀倀俯仰六十年偶游博古坊瞥然逢故物嚇嚇喜欲狂訊價補其值亟歸加池潢示我如炫瑶索詩賦其詳嗟予寄梁廡守戶同顛當座乏瑯嬛笈家無成都桑客既不能讀歸亦何從耕尸餘恥餘氣展卷聞古香恍遇黃叔度千頃波汪洋膝前背書狀字字調宮商村童跨黃犢躑躅溪水旁桃源絶塵坱杜曲恣徜徉繪水兼繪聲名手推楊良題者董竹枝偉業板橋鄭燮與復堂李鱓更有金先生農墨瀋堆迷茫賤子生晚近得參名士行踸踔誌顛末汗流走且僵聊用祝白甫俾爾壽而臧供之金石室傳之子孫藏再閲一甲子爾我皆老蒼

脚瘡戲成

濱海地苦溼我獨得倍蓰酒酣血融筋祟乃自脚始左宜復右有蠕動及食指食指瘡尤劇爬沙至切齒汗淫垢迸生繭落皮先死猝欲呼熱湯客中誰料理抑或試刀鋒毋乃傷膚體亂之以他想僵臥艮其趾想到百足蟲忻忻笑不止

憫鼠行

百物鼠稱黠趨避賦知覺晝伏而夜動如朋不爽約數椽梁廡空無有鐙殘燭燼斐斐走襆被補綴偃在床詩橐簍殘覆以瓿方期飲河能滿腹堪笑搬薑難入口我聞鼠能變蝠蝠能仙胡不潛形脩鍊飛昇天又聞山經有鼠鳥同穴胡不遯蹟遐荒任咀齧不則東西南北皆可之朱門秔稻堆如坻此閒有張湯才能治汝獄此閒有蘇武力能食汝肉而乃效死弗去爲誰留向人拱立如有求人而無禮不及汝可知我亦飢軀苦

誅蝨篇

荒齋罷晚課起望春雲寒寒甚思就寢解衣方獨歎衣未竟解腹蠕動挑鐙取衬反覆看捕風捉影得蝕跡纖如累黍蝨作團氣體肥磽勢難一一時爭訟來鳴官不分勝負殺無赦烹汝腦兮切汝肝烹腦切肝一彈指善哉善哉蝨死矣滅鐙鑽入破被中屏息如聞聲几几羣蝨聚首齊呼冤此慟殲渠彼弔蟣蝨乎有知無我仇汝不吾戕不汝死蚋嘬有時遭揶揄蚤跳徃徃糜牙齒好生固體天地心除耗亦得陰陽理念阿房賦招汝魂引抱樸語爲汝論我非汝父母汝非我子孫（抱樸子塞難）栖托無不可胡爲處我褌不善飛衛貫偏工王猛捫律師投床破殺戒江泌裹綿無血吞何如皈依養蝨查待制更向安石鬚中尋位置

新城水涸

忽驚桑海變策蹇問征夫潮汐逼何道泥沙壅作途所憐關吏窘翻慢客船紆一束河渠考憑誰檢舊圖

曉發栖霞

村雞纔腷膊馱鐸已耶當雲氣蒸山溼松聲夾道涼人烟餘古秀墟墓感興亡過此謀朝食微聞芋粟香

臺城行同竹君作

賀六營前星入斗江南天子下殿走壽陽城頭戰血腥吳家老公講佛經蠟鵞成冤范徐死侍臣唯有朱异矣獻圖入販妖梦踐納叛招降妙莫起鮮卑小兒不在心慕容將軍不成禽開門作導謝正德同泰有佛無精靈此時捨身鳥可贖此時贖身錢不足口苦索蜜聲悽酸爭及溧陽餉人肉餉人肉女兒哭男兒效尤恐不速君不見空王位讓老

子登龍光殿上眇一目

有贈

清尊載訪白門秋一笑重逢水上樓雲髻半偏休怪嬾阿儂生小怕梳頭

和譚蚯菴熙純客中感懷四首

一舸鴟夷七易年五湖烟水自茫然席前屢借張良箸囊底終慳趙壹錢偶憶蒓鱸歸故里閒搜鹽鐵著新編東南財賦愁渴敝何況區區守硯田

夏蟲幾見解談冰獨寫牢愁字有棱海上鼓琴吾欲往尊前彈鋏客何能羞將酒肉驕妻妾幸免齋

鹽累友朋一種幽并豪俠氣記曾躍馬更呼鷹

蒕奸剔弊勢難振厝火紛紛歎積薪所惜解人無尺柄何勞吾輩濟生民地逢絶險偏多路天釀奇寒或轉春各有磨驢陳迹在相期同作自由身

金釭樺燭暫句留盃酒重逢話別愁巨眼欲空天下馬靈心能辨棘端猴半生奢願成孤注明發分歧各一舟不聽琵琶眞解事青衫淪落又江州是夕招女伶不至

題張詞臣幼學襍著史論冊子

前輩風流盡寥寥手蹟眞簡編無浪墨經史有功臣腋集甯詩富饘多足饋貧摩挲題跋古一併作傳人高江村黄仙裳

書袁蘭生先忠詩稿後

此生行役老吾地往來多米貴從人乞臣飢李爾何牙琴弦欲絶穪刺迹空磨一卷擄懷抱挑鐙子細哦

楊家村寓齋題壁

片席辭江滸孤舟向海濱山家忘晉魏世族序朱陳市遠儒林貴身閒健僕馴結廬栖便得吾欲厭囂塵

不禁重來感回頭十五年高門更舊主水迹驗新阡有客摩銅狄誰家足稻船燕春遺屋在搔首憶前賢竹軒官丈南阿李丈館地猶存

風味茲鄉美蓴絲煮胖魚魚名胖頭土產也酒香邀月後蛩語入秋初座握談經麈門停問字車倘逢徐孺子治鄉高會定何如

呼童西北望報我石尤風天意羈詞客吾才媿寓公水蘆侵髩白庭樹向人紅西府當秋盛開云已歷年所矣掃石留題句他年證雪鴻

寒甚遣悶寄懷二波淡懷

破敝羊裘瘦不支孤吟擁鼻坐如尸愁心散入遥空裏酒意醺於薄暝時覓食哀鴻聲斷續窺檐凍雀影參差定知東閣梅花下前度詞人鬢已絲

銷寒分得火米十二韻

選得薌萁美堆來斗石充淨淘須潤澤乾炒最玲瓏竈嫗欣從事廚孃樂奏功摟時螺轉旋飛處鶴蹥蹮配合篩沙製掀騰急火攻珠跳圓露迸玉碎淡烟籠薄夯存鑪畔輕篩入瓮中薦新同菽麥分食到兒童旨蓄登盤妙鹹肴設楪工咄嗟饒一飽咀嚼勝雙弓饋歲循恆例迎年卜屢豐以炒數卜年豐兆

山家殘臘屆風味有誰同

爨餘集終

紅藤山館詩鈔

（清）陳文鐸 撰

《紅藤山館詩鈔》二卷，清陳文鐸撰，據泰州圖書館藏舊鈔本影印。

陳文鐸，字晋淳，一字吟七，號定庵。清江蘇泰州人。琥次子。道光二十九年（一八四九）拔貢生。歲科試輒冠軍。鄉闈屢薦不售。卒年甫三十。

陳文鐸遺稿只有鈔本，本書由其侄孫陈冕父編輯而成，《硯南小集》一卷，《聽雪微吟》一卷。陳文鐸生有異稟，讀書過目不忘，爲文援筆立就。本書收録其詩作，頗有可觀者，其中《讀三國志》二十四首，抒發懷古之情，道盡歷史滄桑，如『蒼天已死黄天立，赤帝成功白帝亡。不第秀才難舉事，錦衣亭長已還鄉。』

（周　忠）

紅藤山館詩鈔　一名硯癖小集

泰州陳文澤吟七著

詠懷

孤桐生龍門，良工琢為琴。鼓之空山中，流水一何深。抱琴入齊國，孟嘗生哀心。彰成
和者寡，囊弦歸故林。雨然選調高，不然無知音。自許聲明光，月華照幽岑。
人海自茫茫，古今流水深。有先為波瀾，今古多浮沈。季子貴十上，金盡去西秦。我歸海濱
郊，畏恠及諸親。郤平令雍伯，買臣苦負薪。桑田既為海，東海亦揚塵。百川共觸浮浮
紫安足珍。
長安好風日，大道紛高軒。指要蓮紫府，紅塵結古營。堂堂驄馬兒，謁帝銅龍門。鳴玉下
皇州，七寶駕歸轅。低身羞彩舞，旦夕聞金尊。名滿掌官口，錦衣照煩堂。一朝物既
蕭索江上村，哀哀讓成安。豪華能久存，東門二孫子，高揖辭天闕。
里中有窮士，柷與親友訣。詞章日來工，生涯常苦拙。一為謾嘔困，遂作銷魂別。孫鉄
王孫門初發，食客列彩色。不辭窂途窮，收拾苦狗飢。稱正平刺字，撰懷滅。
下士生鄙野，趨拶日相續。諸猴錦簇華，貴比深中玉。拂袖王公庭，清風細彩留上服。
呼王前，高談駭流俗。歸德全形神，洒矣凌雲獨。安能事風塵，日受豎門辱。
人生若十年，遽然如夢寐。從事從營營，紅影日恓悴。偶然發遐想，遂得道遠地天地
育，翻然何況名與利。而我為之時，偶仰不如意。所從花生遊，放浪人間世。
淼淼山上泉，今流一何清。寶刀不能截，纏綿如有情。涓涓偶石磴，飛流作雨聲。驪駿一
為別，波瀾相背生。支分日已遠，嗚咽絕難平。如此後園井，曾無風浪驚。不見訂
交人，猶為白水盟。

銅遊館娃宮，暮宴傾家樓。美姬十五餘，嘗逞笑藏鉤。羅衣拂迴雪，幽咽嬌歌喉。曲終
解琵琶，鄉為纏頭。橫陳水紋簟，畫漏催更籌。誰知黃金盡，明眉蹙新愁。空題
九迴詩，寄枕紅香收。
酷暑逼人熱，塵襟耐惱暇。徐來滿窗風，煩憂滌萬狀。登此三層樓，耳目忽清曠。倚
枕看世蟻，紅塵亂如脈。營營如名利，車馬紛陌上。始悟託身高，胸臆自幽暢。
匣中七寶劍，霜刃鳴清秋。拭以華陰土，淬之耶溪流。往往星月輝，光芒貫斗牛。百鍊成光
剛，恥為繞指柔。願用直而折，不作曲全鉤。安得風胡子，塵生古錦韝。
驅馬出東郭，陽春三月時。紙錢化胡蝶，飄搖任風吹。荒墳臨大道，縱橫卧斷碑。陵
何代家，姓氏安人知。骨肉已為土，空餘雲應悲。川川後物來，今我將何為。
空山來遠人，自遠青雲客。寶馬馱春風，我度長安陌。翱步仕途，美名動廣庸。
大鵬負蒼天，扶虛振六翮。翅為扶搖，忽臨天衢陌。瀚海下窮荒，盈然感今昔。追追
白雲中，煙霧亂相石。有孫園，結南城外秋岑碧。

古風

洪鐘閟靈響，瓦缶爭雷鳴。古琴欽出韻，棄置嗟秦箏。俗耳悅淫聲，人間無正聲。
東家按弦索，北里調笙簧。無白玉琯，累黍違縱橫。虛持沆咸，久鄭衛亦滔滔。我
登閬風巔，遙望芙蓉城。願隨鳳皇去，鈞天儀九成。
太乙居紫宮，犀垣拱辰極。陰虹森光芒，前星遂淪匿。蕭條承華門，寂寞有餘裕極極
漢武帝，窮窮金思盈。盈盈昭陽殿，孫恩珠滿閒。太微星垂輝，感我長縱細
禁禁紫荊樹，生此母氏宮。盤根壓石作，霞陰摩虛空。疾風濆其枝，孫光垂不
見。虞根華，千秋有鬱葱。迢遙若木枝，佳氣會宮闈。無奈忽已起，斗米嗟鄉春

初祖下天竺立法傳浮屠六根貴斷苦八垢旋掃除顧宮誅〻殺不盡論虐無胡僧絕
倫說人類有無餘戒殺縱生物魚鳥盈寰區何為信佛者今古同迷途捨身入花巖
迎骨來京都談往日瞋拜懈奏參真如道今孫勸佛笑去長胡盧
漢建選舉法官人進典型亦劉潔兼穆光彩生彤庭後來至末造太息怨枉靈
鴻都榜賣爵銅臭紛盈庭禮錢進西邸榮戚亂妖星空聆郭泰懼十葉已凋零
武皇初乘刀幣郭定新式鑄為五銖錢添以逢郡國胡為雲市時乃有四出戰〻流
湯宮銅駝臥荊棘坐惜肉好劍迴非宮赤仄昭烈拔成都坐古謹其失母椎子而
圜法遂為一亦金作大錢田〻是實寶
明〻穆天子八駿騁華轍我豈安瑤池黃竹賡新謠〻業日已墮修我賦我拾金於手
未伏漢寶鼎重調名馬駕鼓車徐言何喧聒遂成中興烈御極端居儉乃知貴異物

不在重明殺
秦皇采仙藥徐市去不還一朝悟其詐起土營驪山水銀流象江海膏鐙列迴環金
棺墓三泉身後何足患詎知叛卒人點兵西入關咸陽三月火寶玉化塵寰猶嗟
通天台帝古生悲翁茂陵死峰前玉盌出人間
翔登承華殿法曲彩雲云若漢武帝游仙夢未醒宮中宴金母青鳥來前庭河環
來玄洲〻紫光嫣〻六甲授神方五嶽圖真形安知玉盤桃不為延脩齡金仙下別淚
乙帳同飄零露〻柏梁台維寶靈飛經
梅福昔上書壯以何激昂一朝隱而市去為吳市卒刻意求神仙坐憾年不敢彭大母
九轉求界天枝仙骨嚴以嚴子陵我座視豈蜀不如婦翁倚笑弄桐江月
延年本和倡新詩歌我戎双我入漢殿亦託婿〻卿胡為神媯輩亦以窮臣榮致上

冠鵕鸃伴我公輕盈遂令衛與霍弄色為〻事去年日益尖入侍有餘情將無下
邊塞將忘立功名
相如詞賦客乃以貲為郎棄官入梁苑徒士從鄒陽橐筆賦歸來三徑若就荒蒿
車客卓氏弄琴求其凰昧卯著犢鼻酤酒何彷徨及得錢百萬買田歸故鄉他时
白頭吟兩袁作怨傷昧風息衣笑府意我紅粧
巴蜀有寡婦能用財自衛抗禮萬乘君名動秦皇帝築台懷清遂浮雲客投丹砂利
戰〻懷清臺家千絕千萬世
子胥昭關吳楹宮白新朝鹿光出邗溪揚蛾入姑蘇忠諫竟不用因〻賜屬鏤劍
飲長劍傷心鮑民報釋仇扶同時何如范大夫功成拂衣退去〻為陶朱
漢武黷兵事重傾方士言歲星下人間遊戲金馬門君山有斗酒乘興開清尊倚欄

塞不見妄語何足論昭〻上林諫古風今尚存還宮侯仙去浮海迴高軒殊攜太
王公同於太陰魂
阮籍生典午秀白笑路歧步衛亦善笑蓬為咸遇詩愛生濟世才宜為帝者師何
我眾將安期垂不拔基立誇遠痛哭中心有所然從細渡湘水中屈原激詞棄置
未足道虐如良時
漢文宣鄧通銅山坐棄捐籍去身日乃不名一錢李倫破金谷不盡曲嬋娟玩世
積泉刀如能生金所以陶朱公三致三散焉
羅夫阮孚屐拓意兼抹黠於媛罵亦多事何惜燃前田羽流野桐府咏笑何四還來
發日柚腐出係徒自律何不拂衣去返世還穎川坐辭陸席子孫雲物相石天
吾愛虞仲翔著書隱居子不足為功書其策物歷理入世之指骨海隅長已矣魂收

會稽山生向交州從荔郎有鬥蟋蟀遺恨無知己
丈乙萬古誼飄零不斷宦蹟刑長黃金玩世偏貧殖富厚平高名賤新惻色蒼
為一家言忿悵長惻惻迴看漂泊後猶模方將食

雜詩

閬風多芙蓉綴蕊華池邊天風吹石城起吹落玉女家開花餘初日結上金青烟蓮
房宿翡翠紅影傾將娟出煙空山中散看無人待一顧全無賞飄零大華鄉邦
空人間蓮以被自怡
赤日熱中大盛夏紅塵起大暑不信寒清風吹隱士得勢鳴蟬飛螳螂不肯止落葉
迎高秋相依失憑特換簇送衣音蕭瑟蛛絲理熱境苦難常怯怯惆悵死
琴川有孫桐直上高亭亭清雲無附枝蕩綠風泠泠數秀微去華知時危瑞葉變

橋東鸞鳳飛鳥巢為停所悲涼風飛蝶葉紛閒庭珠林咸搖落坐秋已凋零
知淺寡松長留千載青
七尺珊瑚枝沈沈生碧海子隨失公子也使船人來鐵網羅皮皮凌波著華彩訖
根船不深多文寡怒慨安知玉孫意貿易珠百班頑植三那山舍共守千載

柳花曲

清宵楊柳垂垂絲壓雨搓烟大堤曲一夜春風別妾去我隨波疊作死失薄他失就度
柳織織柳如風高飄果市馮浦無人停畫舫當壚有女秦淮處當壚女兒郊色老
幾腸斷盡王孫草自情輕棄減嬌嬈剩有選聲彩懊惱歌說鉛華二九年青名不枝共
非烟顏黃仍新嫩紅綠有黛搓成壓得仙絹絹櫻口調笙簧新案殺知機無經金
縷裁衣未舞她鈿船送從看影消影年幾舞錢陽去別有柔情寄笑擊不恐

輕盈鞵底娉生態芳大嫁與人鐐蓮鐙側迫迫梦遇並泛入迷香洞幸情許挂
成塵當筵漢唱凰求鳳百結同心付玉郎雙棲有約辭金堂不辭滹水隨鴛鴦同
向陽印典鶺鴒憐嬌竟許閒金屋羽帳飛雲香鬢都碧玉由來嫁汝南綠珠沒
此歸金谷怕來安自憐卿卿未了他生了此生誰信今翦裁翠被底熱灰妬光鵲
美那知持眼情惦恩未闌轉就三生錯閑門七七對枕把燈佩憐衣聲嘗苦乞
綴去去文篁稿綠錦織織五更聞紅淚通宵滴玉金縷臉飾白洗琲索盈盈十四瑶
經年天河風浪秋偏作閑並葉即六路人孟閑十載今寥落落巫山雲雨場匿
翠鉛盡別時無晚景同憐李清照藏身隱逸杜秋嫁我閒影影夜七夫息歌舉
金尊為憐惆朱市雅應見宗鏡甘和竟不寫綺文窈窈西陵油壁車那用去馬
相看家與天歷汝金陵去十里三章無問柳花

女蘿篇

女蘿纏綿附松柏孫枝生傍玲瓏石嶮嶮風多不自持淺烟晕新傷以碧為人蹤
睇將浩然翠袖飄零寒天年晚碧浪似趙武幾葉珠翠並孟家蟬當時就
剗把共結始足羅數初嫁田翡帳裁錦卻來織鳥鏡掃眉京兆筆又向蘭堂
材學姑閨偶鳳翅刻珊瑚紅雞豪緹相思枕粉本新描百子圖新年有夢蘭香
吐一屜瓊閨傳去語盧氏生兒字阿侯左家作娥帳嬌女此時夫婿作情治粧羅
遇把碧玉簪收拾攏蒸當酸雨微細梔子詠同心一從園內無雲落孫孫空房儂命薄
閉道及紅被裹春拾樗竟夕張綺宋手爪柳色自青青十幅芙蓉冷畫屏誤向鏖
前閣玉鏡怕從井底引銀瓶四頭金屋嬌容貯及勝憎作寬裳舞竟今渏水別
東西杜愴巫山夢雲雨無情銀鴨薰香重疊畫生羅玉縷處處闌後教人工幾未識

中鋒字悍廻文誰知眉黛年年蹙墨華暗急愁生解珀枕緣君好夢留金
環重向枕桑紫安復以情二八時嫩得脂粉競紫姿渡江曾見亚機茶起茶還
看到柳枝依今寐寞拋紅豆女伴相逢誰語舊梓月正將小女齊住來半為杠
即度未聞絕胡欽寒蛾廣寒相見話娥兔終本是斷腸草同向風前喚奈何

題王子涵畫主簧匡頌

萬里千辭蜀水遥頌成彌傈却登胡紅珠忽漫彩喉烟移易宫中唱同蕾
諫議分班相宋沉鴻毛風順得金闌去瑞遣下蜻蛉影却向蜀宫祀碧雞

聞湖南捷

拔劍登城擁太河班師聞向岳陽過雲中設旅念張角各上烽烟息趋佗黄胜淋劍
秦地屯軍終不能惹池鵝物兵樓甲辭銅柱萬里壹雲吟凱彩

鄉居

鄉村一縣野人家楊柳經風萬縷斜編綠魚游丁字水垂青稻放午時花隱農
生涯蒼牙雨罷神猶悠今日靈歲度閑梅呼擁子松深自貿綠池瓜

讀三國志

蒼天已死黃天立志帝成功白帝亡不第秀才號擎事錦衣再長已還鄉
流傳篝火狐鳴技三卷妖書自詡嘲不分秀才今下第前雖張角後黃巢
海内猶尊角兩雄劉郎程自國真能論中一決憑雞冢重嚼當宜入漢中
三顧茅廬禮士隆偏安西蜀恨何窮可憐漫寫輕天下一統何山獻大風
孫劉屈指訂姻盟後先南北戰爭四百場賊千古恨至今江水帶悲聲
濟遷五月秦平責期定三秦入漢關漢識新軍非信句曾注偏道走長安

掃地燃香一曲哉旌旗十萬退書兵欺他司馬真中憫不能書中飛報好
上方計定奏高功三馬同槽國今中正今天為成何出非陽形望有神風
太息炎劉火德衰長星一夜落龍門他時借王華來去注過秋風五丈原
近來戰氣偏秦州圍外將軍猶未收一白金家無偉行疑人猪於訪鄉疾
備淦常殊宫宦親不問鍾鄧智無倫年來慎定許王封華兌謀周星宰臣
勤王兵氣曰雲未辨他年崇道分泉日書以身使無至今人正漢將軍
龍頭授壁事縱横千載令人慎未生回首不知高姐上天乙報施公平
許昌宫殿對苦晃鍾鼠分香此書銷銅雀未荒金華遇汾留七十二墳高
蕊蕊扎瑞勢峨嵯遂使人間攬未能不相魏文登極日即天半畢而何陵
江山戎馬蕃風塵詞賦今宗華有孫吳不應徐劉沈筆也拋心力作詞人

華概遥傳幕府隊東和原白出風塵兵然冥北傳烽日來許曹至練威戳
禄不拒投犯逆湯黄祖合人不受狂雨慘天漸新右驤大江鸚鵡
創業虞匡出少年孫郎兄弟畫翩翩一時逐鹿江東起不放春黄河日傳
小喬夫婿亦英雄東國功收一炬中較勝無陽陸深祖江頭決笑却書公
中原但義本安劉謀定經猷千古傳會濟當年存漢意令仿佛白一荊州
吳蜀興戎亦大難白衣何事渡江干思今一炬東風火稀燒連營傷亦安
隋部轄暗自邦來吞統安思千系師却笑風雲魚渡湖憂江后濟誰出離
看蓋微成入復然江山無恙缺金甌橫江鐵鎖楊船下一派降旗滿石頭

南山寺

伴我古寺空無生後朵滅歷劫群雅墨注循不贊疑及付無書鐙又有團宗說令

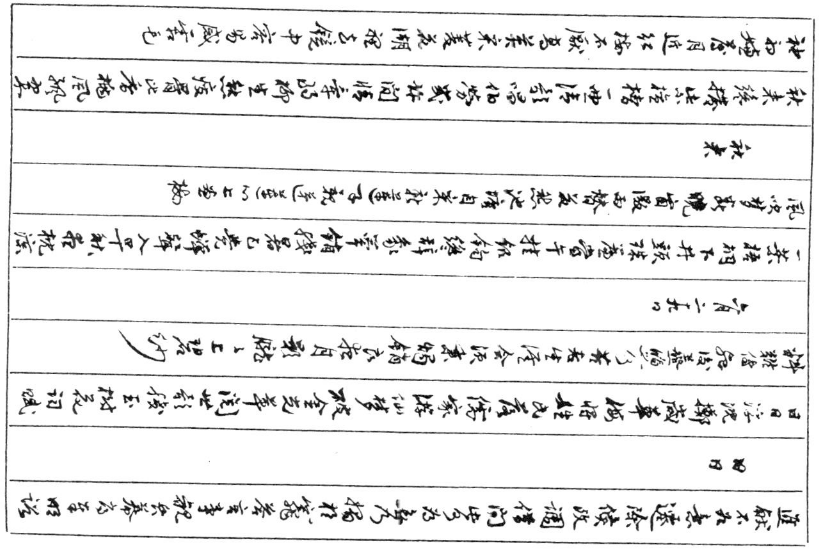

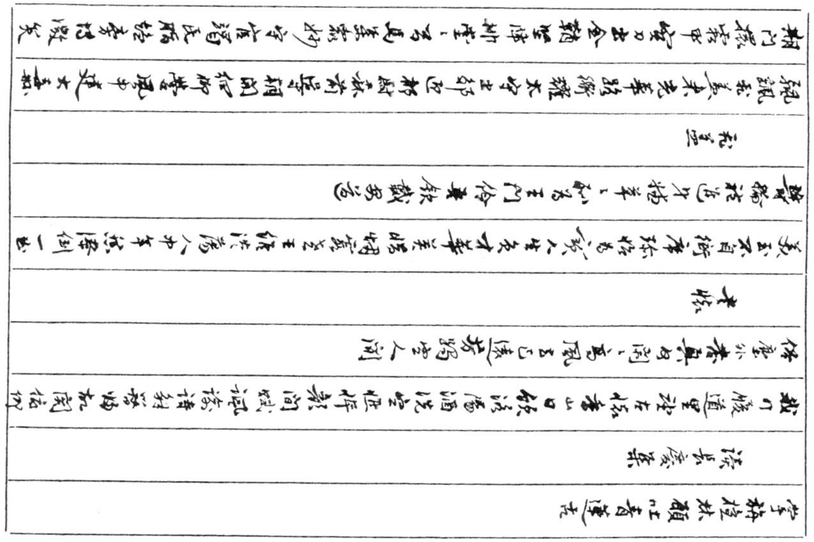

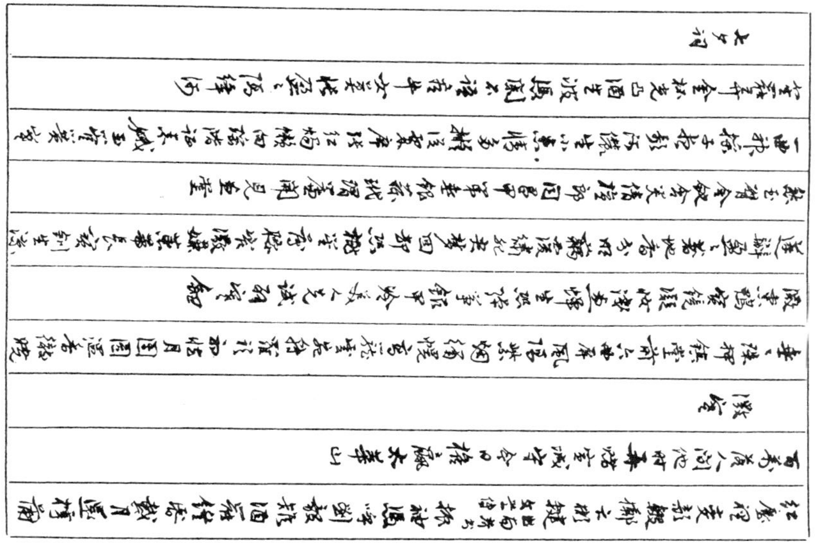

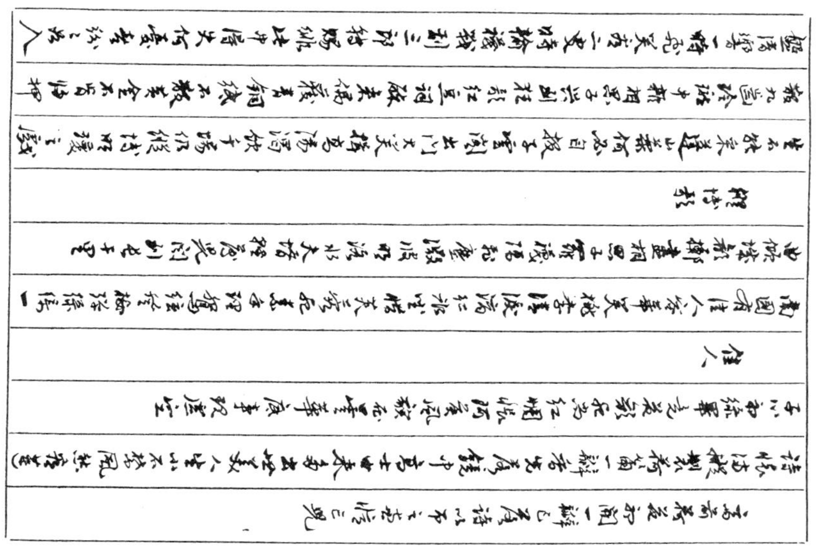

碧空耿耿撲銀河七襄機畔停金梭月下登仙持斧柯作令牛女聯萬華下有今夕檀
笑螺風鬟霧鬢光照安蘇取湘水仙裙拖馳軿雲鵲橋優波雙成侍世調雲和鈞天樂
奏玉霄彩駒明星酒朱彩舵紫雲為幕病波陀哀無追追問如何學宴射鵝生趣虎
饒緣寶錦郎織羨盈盈隔水繫修娥不知聘錢還家多及今私草期無兆千秋萬歲
相經過裙憐明月挂圓缺姤媧無匹熱嫦娥

枕上作

冰簟銀床無限情宵深如水悵盈盈風侵玉枕紅妄睡露溼金莖絡緯鳴醒後無縫
此慌夢夢歸來何處不秋聲銀河夢惜銷魂別怕見蘭窗曙色明

靜坐

為病閑容閑撫熱燈暮浣宮光明眼界秋色上首棧肖燃為中教裁詩家老延年
著錯靜坐婚喚不曾應

苦瘧行

此已之氣不克水注寒碎暑凝為砭瘧光滑如海人好摶弄一團皆為杜鄰人不平
遣此網羅其顛倒縱天淙和時推我落冰井冷豈蠟縮為蓋藏重袍壘被如溫氣
沈沈桔外饑饑僵盡牙無有自擊猶舌搖不下唇哉亡匡林搖搖似欲動百物相隨熱孤孤
忽然扶我入溫室燎如玉石焚崑岡如登葵台胸火升如歷宣室以燎徨如朱雀上翔
不治如赤松子煩悶初頸痛腰痿劉家團身拙拙波紛羊腸嗜嗜出出叫不出周身出
汗湯池湯鄰人何幸從此晚殊細念念中煩傷悟不平搖出獨孺高詠杜詩子常原
亦欲無懈猿猿走又恐哥見居仁鄉未逢先苦無師子彩如有熏雖為防語通遂挾
高力士功臣臣闢逸相羊將軍遂旋光武笑壯士無頭居帷房葵花森森盡肌骨

羽邪空梟惠炫香病魂有時竟飛減欲往招招命巫陽天不無晴哭坐祝嗚呼哉
狐上條章但形影風撓撓碧城起蜩螗魂皆去扶桑生生世世不入東震吹我與
瘧鬼作大海海波涛絕島島冰霜

病中即事

秋宮一鐙青鐙光上在屏茶槍扶西寒葉裏巷鄰鷲病怯西風早熱從難夢
醒看床眠不得親手理香奩

秋夕

蟋蟀鳴邊燈光颺颯風息竹館火燬紅葉氣遍冷骨病魂屢往去傷枕箱快惚起
來步庭前星河未西沒一樹[illegible]呈花彩色澹桂月

病起

病起出添闌思我天地清雲霧成黑穹鴛鳥須彩照對月為我世載秋作紅
影重來瓶隱地風物為盈盈

垂絲海棠

海棠明媚如好女腸斷西風未嫁時一夕撲深深宵夢繞絲猶惹着枝紅兒

無題

蘇綠衫子餅雲鬢又向花陰見玉簫時後香囊通叩叩機中錦字惜迢迢金鐵
怕對然眉鏡羅扇雖遮羞臉潮靜向闌中傳眼語專心蓋腦不堪挑
閑情分付水晶杯繡思佛隨題紅來劉阮相思縷一寸夢中消息有千回池池秋水芙
蓉鏡裏裏春風豆蔻胎錦取芳心為緯蠟著花付藕已成灰

班姬怨

業袖闌珊掩淚痕自攜團扇怯天恩宮前歌下歲難銷不許秋風出禁門

文天祥

攜得西山一曲屏送葭儂旋唱白頭詞不將秋雨悲吟日若惜當年未死時

秋蘭

手寫緗衣古纖腰恰同影若素修名不羅神光浴傍

登樓

陟山東騁蒹烟浮蒼莽西風海國秋為病倦書能忘病因然載酒卻添愁中無仙骨難逃世若有仙才愛上樓莫信萊千愁搖落何儂生小住揚州

對月

近來生怕信回眸接得秋懷九轉丹病裡不知秋色重愁中常覺月光寒逝延水上鳴絃急行有人間續夢難記取橫塘舊鏡檻思開寶匣見孤鸞

有感

金屑檀槽一曲停荻花楓葉共飄零不應紅淚第千日強往江州司馬聽

讀樂府古題

中庭桂樹正相逢回首蘼蕪失舊蹤夢入蓬山隔彩鳳昇如黃后落花門前梧子遲風天神底蓮心泥露濃秋上陽台詞宋玉期來雲雨鎖巫峰黃堂銀鴨拔香薰惆悵羅敷謝使君我唱東南孔雀間愁西北有浮雲織錦寄遠回文錦繡畫當仙六幅裙兒恨難裁蝴蝶書殘已上鐘曉

琵琶怨

月華沉沉霧茫茫送別江水急英英淚溼美人依舊含淒情行弄撥絃絃掩抑絃聲

錯落愁心幾年洞庭蒼莽浮青煙大絃戛擊小絃急湘靈彷彿來珊珊終卻豈停鳳柱修竹颼颼山鬼語推絃彈憤落荒江盡將化作巫山雨

葉苓洲屬寫七十歲懷元韻奉和

不露金石亦留聲英湯騰風思惜於少日曾為名下士歸來仍作地行仙橋荷疊境燒前況不向池塘夢所逢元注先予五人已先晏三領取春山高會日吟詩猶覺有完全劉夏六秀山九老會句金尊終日伴吟身七十年來羁晚身羅隱功名懶桂籍中郎魂夢戀蘭因君生三子皆不育怕聽楊柳門前曲然後黃花鏡裡人莫唱翻飛茅徑苦好憑諸馬問精神秋來又憶雁傳書去吟悵未破除門外濃雲我船遂雲前濃墨坐屏舒向掃菊徑三升徑遂松陵五色魚對眼西風眉香屏馨香會上攜停車愧少王珪一百長詩隨便復逢新償揚攜仙藥照影病練就金丹不療恭苦學諸

門然賞雅掬遂物賦詩詞卒錦書羅綫新花樣年負雪機燈九張

秋懷

近來情況擁瘦於細雨斜風秋滿天雲遣有才能心併將懷多病欲逃禪道寄舊夢空影枕畫日吟詩勝學仙我有藥炷點一燈秋水淚幾年猶猶滿月挂銀鈎風露尋秋涕女工巧點寶郵閨幽夢醒然當歌莫怕愁多說劍且情遠指春多恐青如能笑窮前一曲已淒秋雲閑市井上暮色淒為黃金笑口開今日裙衣有何官無人能識長卿才錦袍香去迷香輕秋葉情付酒杯領取人生須道去故園松菊待歸來西風落葉壯秋聲病後出懷一味清程於秋程自必添樹從此心不勝情中年物去易詩懷恨刻金消似祿衛不用高歌彈劍鋏紅樓底事負調箏

贈弟

我住漣湖隔暮烟 別歡及爾此堂前 人生暢好樓臺裏 繞膝賦吟華鄂篇 此生

須自學 眼生枝要須得閑 常看祖生鞭 天涯憐下播遷過 記取汴除有少年

寄懷

夢入梅花林外路 飛如水際雪紋賦 雲濕江梁過 宋沈之子 採過 靖翁 劉宗心

紅釭機絲輾腸斷 九華 含

紉縷烟絲逗一笑 殘花初醒別根紫 西崑 閒愁落洞庭 家去楊梦 餘語細思人 龍

料得出難逢 蘭陰霧米 南

門有車馬客

門有車馬客 言從遠方來 手攜五色魚 送我長緝細細言 良絶兩無淚 幽咽上書

加餐飯 不言久離別 推俄還擇 言遠方 久為荒 阿好遠遠不得常 寄書言

殊未極 低頭垂惻惻 愛愛瓊樹枝 長天隔 影已兩化為浮雲 國風 玉所北

紈扇影 集選

東南有思婦 陸機 被服羅紫衣 古詩 顧盼遺光彩 曹植 不異瓊樹枝 江淹 日暮天

無雲 陶潛 庭中綠草滋 劉鑠 襟懷擁靈景 張華 輕汗染雙題 謝惠連 紈扇如圓月

江淹 合歡揚光輝 古詩 動搖微風發 班婕妤 發發芳袖揮 陸機 清氣蕩暄濁 張景陽

感物懷所思 此名晦之 三千寵 陸機 難逢美致之 古詩 空帷紅粧衰 謝朓 君子川

來物速 出入君懷袖 綢繆以為 此名 四時入五房 王粲 兵房寄其風 陸機 亲指一塵一可

中 班婕妤

長門怨

長門失歡宴 謝朓 蕭蕭思相思 任昉 羅帳延秋月 劉鑠 玉墨生網絲 江淹 思情中

道絶 班婕妤 風若夢佳期 謝朓 蕭蕭理清曲 古詩 幽新不自持 任昉

辭寵悲班扇 謝朓 愁多知夜長 古詩 當情願嘉寵 謝惠連 履儀不高堂 庭無蘭

金梅羅幕 陸機 玉繩低建章 謝朓 弄絃不成曲 王粲 星月照幽房 張華

艾人

渺尔三年艾居然具體人 欽符同製席草蒼 六絲底蒲經銷影 綠蘭湯浣

鬚秋御將機 卯年挂汝蒲蘇乎

畢竟聊言艾寧知此有人 祇應笑機板多事 對叢長晉枝 今年換形容一樣

新鐘共蒲劍 在須衛夢中乎

西情蒲柳質 賤勝草萊人 剝骨從蕭近 戕名翁蓋臣 元劉真 裁蕉面目 仰看

真未收回頭 送滿深了乎年

我亦欽逢戲 曾為宰錦人 乙未廖竹臣夫子 典郡試余錄批 纏綿思未妹 諸予妹 但德父 之任清安 應 鍾蒸辭

天臣今節今垂 屈風光信到新 雲門能禳毒 煩名理吟身

小稿錄成自題二截句

其儀如我說題詩 為惜機題落日遙 南園許多紅豆在 不應孫負卷心痴

人生只合鍾情死 分付吳娃唱來蓮 記取漁洋有名句 刪詩都自丙中年

紅藤山館詩鈔　一名袖雪盦吟

泰州陳文澤岑七著

同庚生

我來紀乳生雁臨窗沖濛早領為父貴未免自視欲去年蓮與孺出孫益氣
盛宜男花枝枝未為蝴蝶撼今年夢經熊占之開笑領再索而得男遇宸歡之
欣果然孫熟門維時日西晚荊鳳謝茶茗細見外紅毹神色閑而揚黯我氣恬
懷為兒營書屋他年教鉛槧聞言未及答紙細對錦瞬
丈夫志遠大豈戀妻子累所嗟親年衰再孫慕深意生平隔蘭夢征之會
館思一朝錦衣設歸養已先試捉衣振高堂頓庭暢庭侍旁執色怡拉開顏笑
客唾胡來進見言教你亦不寐

詠懷

我本烟中蘿稿枝植松畹開花向別樹飄搖念一本雙親隔黃河風濤舊歲晚
不勝天霜寒所思道途遠欲托雙鯉魚無衆恨往返
二十志猶隱出人游笑之再蕪不再待自悔其婚遲何不開金尊快吐梅花牋
賸裾虛玉吐雪鉤簾懷美人偶蘭句殊影與相思回影無明鏡頭上多書絲
歲歲入雲閣珍事輕相投物物三五尤道來之迷仙游人孝曾幾何胡為臨隱居出門
訪山水雙眼芸芸安收來稍美活且被鶺鴒影下座廷風乃不上珊瑚鉤紅錦
裁身衣調笑再何處人生早川樂年華如水流

水宿

西風吹水水紋斜斷夢迢迢夜水涯一棹橫舟三十里曉來生怕掃霜華

麥隴

仲冬嚴霜叢颯風動部陌草木有寒意蕭索凍花魂出門步麥隴望之頗遙碧名為
牙皆失時何為獨甲塝拙美霜雪中自足傲松柏終來悟玄理天以有損益一補
與民生一飲食游遨
世人愛梅花謂梅骨最清不知梅花實可活天下人麥如高隱士流得人間名無謂
碌碌麥前生閑養生如負寧相才美物資生成所以嚴寒時四野數精華請
詠鍚月人識炫始田

消寒金澤盦題韻

紫竹環幽室紅梅覆短簷蘭窗映翡翠桂館啓飛塵冰雕盆花兔雲氣冷石筍
尖瞰鏤迴紙帳小郭列牙籤骨董新寶鳥倩你比翠鶴笑談但有慧來往兩無嫌

讀畫開湘軸琛藏寶匱鑪熏爐飛飄罷疊鳳文織格彩繡金葉珠光押玳
瑁簾鋪冰簟新樹候雪待題造田薦侍銀爐烟銷桂玉蟾神方調藥料新味研茶
鈴隔座香山滑分曹猜令嚴藏鉤增粉鬪韻捉嚴拈筆語敲勤勤翦笑花
射虎紅牙度節赴碧紗籠香黏紫拂天孫錦移回大婦纏興鬥茶華漏促箔
簾影鐙占鏶金魚照欽翻香螺鴛鴦作輕氣瞬珀枕殊底被展文鴛
細與濃睡鴨添却持紅錦段夢裡賦江淹

讀退之東坡石鼓詩即仿其體　丁酉代吳東發作

韓公昔為石鼓詩樓別蝌蚪騰蛟螭上告祭酒留太學光芒欲並平淮碑風流
歇絕百載詞壇獨主誰繼之眉山挾筆出西蜀來題缺月和韻蛟龍聲
律群揚州鳥鳳雨為父珊枝兩影分留在天地直與石鼓爭嶒嶸我生苦未入

京洛遊遇太學訪飈(?)但閲石鼓為敬觀著安置門側為列自當時文字承史
籀之載筆法開秦斯鉢以好古讀玉寶微惜感多參辞為楷右軍遂姿媚
詎論二雅遺娥義蘇公拔起為點畫從逞斜仙窺毛皮搬向鍾繇成异類
爭端換手遺從兄我上黄梅續法案逞耐為動以千危世間喜眠為文人白
留筆盛名多足然公去拂公隔五代我生又不當公時亦如此鼓脱劫火灰灰
散置陳倉被目從公影從稀後閑考稽從經典義石光遊眠處兵燹騰紫
誰裏貍京師滄桑万変而幽返收拾放逸畅遥遥復作長歌酬大筆持示
上百年来祚年逢重代右文學鴻都校許儒生窺何當播衣出塵遺去譯
同島攻車遺文得逞北口一絲大獄保官儀

萬繆共題歲寒三友圖 戊戌仲冬作

壯遊堡出京城南黄河濤濤鬚日以遊鬢影日以淘合此詩為緣句法為濟變瞬
見惠能來老到生開書示我歲寒圖冰雪開輕繪蒼蒼松竹中興迎梅花窮
一家折球影一家停修毫誰與思飈崖猶挂酒一瓢為言此感時意氣于
雲霄抱才嗟感遇白眠影相遺蔣示當下嬲備雜試牛刀宦閑品其誼出処
攏和闔清靈不可再只留畫幽窗特至乃知我能發今飄蕭對對重太息
松鶴開然銷人生不為開德風自飄飄長蘇松針以自示悦久要踪重天霄
寒碧影倒潭膠鶴此北府伍惕此如雲毛

寒弟

綠樹金鄉笑放鏡閑門風雨峭雲煙鬱搖劍氣倒虹影掃畫花光拖月樓翻帆
若那遊白日帆敬馬鵝起吉淺淮東源水無情甚假我洪河曉端帆

登堂祖翠聖祝安半載新臨陰自寬話理何將去宦早聞中思憶說熱新潮山鶻
鶴飛言久留遺啼鵑背渡浮記雨登臨臨古今銷化高塔碧雲端
兩母文後渡黄河淮市如如載浮遊高氣拚轉年少銳宦然緣近紅鄉氣詩發撒懺
非摩病案為新删子前歌最是霞以助新下跳珠光如月照湖波
物來州州脱徊索取於狂如灰態收強把文章擲登眠流隨烟月夢揚州總知為
雖為載使光壽風探錯私我客花以須領取此堂賴爾解問熱

題友人秋風桂樹圖

人生先野島遊影不自休隨風落塵海者孰爭名字不知茫茫中物飄飄人收我苟
夢裝桂樂樂山山阿鄰生折枝去到今花含羞開門斎帶衰中錯萬古熱蚍蜉為大
樹相持任千秋君如共賦之碗結寔將遣

題真州李某垂釣圖 壬寅

春江壯風濤浪水赴前水修舖蔵其間縱橫無時已臥如塵海中波浪層層疊
起紛紛逐名利浮沈幻夢喜誰歟臻陸宗高似垂釣子維有家江城今昨一帆是眠
為濠上游一竿聊爾爾笑看來去每朝暮江山裏我尔知魚樂能得拾薊為杜鵑
詩為高濤波者溪鯉

和友人自壽詩元韻

郭筒寄我及陽春道是平頭四十身壽去詩篇樂自壽今來風骨老物其牙籤
萬卷藏書留錦帶休辭換酒賀颔而視花遲自視百花生日是生辰
瑤蕊一盞奏明光菱豬尔家庭氣味長至似縱磨祁俊逸詩如侍御潤蒼涼花生
遠紅日綠濃鄭匠千百鼻未陽至竟崇壇遺澤去不燥蜂蝶為花忙

泥滑烽烟扫乱縱，水仙槎罷客人思。帆船來，猶將軍甲帳幕，許吹笙擬海上
功勳補闕夢山中事業，串頸鷓鴣家舍伴，為明任眠日同題，示子詩
我本年來煩惱侵，對君詩卷益哀心。夢中李白別已久，眠底王郎語客斟。醉影
多難只教為蓬萊，眾寐敢遂。音鎖然牲尔芳尊。酒筵惜，叢中憂愁念

趙曾園存通妙尹大畜學博作　瑩卿

澥山寐寐銅花花。登高四顧天地哀，兹日人兮神鬼揚。回鄉長嘯音鳶皇虞生
柳室庵衛偷不如阮籍。醒尔狂大聲忽叢天。蒼涼里耳鶯破。意且偃，精舍閑
幾適五年承往泛泛川。無果雲霧欽色，日舍光收園一涵長風長

寄葉梨詩園為吉州李某作

故事新翻實闔仙，金箏杜板合都絃。梭花帘帳垂垂處，寧疲五夕放玉樽
我亦窮愁太疲生，美人香艸寄幽情。逢君便擬黃金鑄，許遣奴奴唱渭城

此先三伯祖之所作也。癸亥春，余鈔本一冊，存於子桂弟處。自弟杭後，遂不知
存否。去歲歸里，向姪輩詢，久始得覆，云伊又喪失。謂原本在上海
吳爾孫先生家。此後秦寓所不復。遂亦暫置。今年樗樹獻堂弟知伊
有舊鈔本一冊，因函索，歸以草錄之。傳後此又可多得一冊，不致淹沒。付
湮沒云尔。癸未二月初七日，冕文記

三伯祖諱文譚，字香濤，號定庵，道光乙酉拔貢生，吉安、蘇讀書，同成通
為文操筆立就，每試輒冠軍。鄉闈屢薦，或擬之諸不售。抑鬱以卒，年甫三十
付十塢惜之。　冕文又記

望雲樓詩集

（清）徐巽中 撰

《望雲樓詩集》一卷《附》二卷，清徐巽中撰，據南京圖書館藏清刻本影印。

徐巽中，清江蘇泰州人。海安明道書院主講徐升堂女，東臺諸生陳開智妻。爲人『孝慈敦睦，勤入儉出』，勤於吟詠，能教授子女。子陳寶官至翰林院檢討。

《望雲樓詩集》爲東臺陳氏家集《香草堂叢集》中的一卷，由陳、徐伉儷的外孫楊馥梓行；集後附有其子陳寶妻妥的《唾花軒詩》、《續唾花軒詩》，其女孫陳娑的《漱玉吟》。陳氏家族篤好斯文，築有香草堂，取『芝蘭生於庭階』之意；舉家皆以『蘭』爲字，俱能詩。《望雲樓詩集》收詩六十餘首，詞十三闋。題材以吟詠歲時節令、摹寫鄉村風物、表現閨思鄉情爲主。寫景如『鐘聲飛曠野，煙色滿長空』（《過北極殿》），清曠疏朗。閨情如『阿儂不比蘇家婦，敝裘歸來當錦衣』（《外子下第作詩慰之》），表達了對落第而歸的丈夫的温情勸慰，展露了不以功名爲意的脱俗襟懷。悼人如《吴陵王氏女美而才，字汪秀才，未嫁而死，以道裝斂；予久求其詩不得，己酉年季秋夢中見之，醒述以詩》，追憶了自己與同里女詩人『王氏女』的深摯友誼，流露出對王氏女早逝的傷痛之情。詠懷如《秣陵江上》：『江城畫角動高秋，遠近旌旗下石頭。地勢平分南北界，江聲長咽古今愁。烽煙萬里征帆斷，雲樹千層甲帳稠。聞説將軍身殉國，忠魂一片付東流。』表達了對在鴉片戰争中壯烈犧牲的愛國將領的欽敬，超越了閨閣視角，反映了廣闊的社會生活。集中多有徐氏與子女的聯句，展現了一家人切劘詩藝的情景，也可見徐氏於這個芝蘭玉樹的文學家庭的傳薪之力。

（沈宗宇）

望雲樓詩集

泰州蘭仙徐巽中著

早春

芳草欲浮青東風正及辰渡江知幾日盼煞倚樓人

春曉

草色露華滋花光上鬢時妝臺無箇事閒聽罵鶯兒

初春

微雨舒新綠東風解薄寒珠簾纔半捲春色上闌干

冬夜

密密彤雲佈中天月已闌烏啼天欲曉大雪滿欄干

子規

一林細雨密如絲屈指離家是幾時聽到碧窗殘月裏聲聲啼血染花枝

思歸蜀道隔春雲風雨蕭蕭不忍聞不是天涯羈旅客為他入耳也消魂

春曉

五更啼鳥喚東風睡起紗窗日未紅鳳子飛來花寂寂却疑春在繡幃中

春閨卽事

朝來無事可愁人裊裊東風正及辰爛煮茶波纍蟹眼漫裁裙摺疊魚鱗爐烟繚繞春雲膩階蘚平鋪翠毯勻滿地落花門半掩鵑聲遙隔綠楊津

留別諸弟妹

雁序從今別分飛各愴神不須憐遠客子細慰雙親

絕句

乞來慈母簪珍重加諸首豈為貴黃金見簪思阿母

甲申春日感懷兼寄諸弟妹

兀坐幽閨思悄然暮春天氣日如年離愁別恨知多少欲問家山信不傳

小立東風望故鄉烟光觸目總情傷白雲一片歸途遠門掩梨花空院香

阿儂遙寄海天濱夢到高堂倍愴神恨不身輕如燕子隨風掠過綠楊津

人生聚散苦難論每向燈前寫淚痕記得北堂同繞膝今宵兩地各消魂

思親

風雨淒淒夢不成思親剪燭坐深更乳鴉啼到無聲處儂自傷心月自明

春日雨中

幾番疎雨並斜風卷上珠簾繡未工春事闌珊人意嬾佮傳鳳子

傍殘紅

外子下第作詩慰之

漏永銅龍夜已闌燈花屢卜未曾還扁舟一葦他鄉客消受河橋霜露寒

盼到歸期尚未歸寒風瑟瑟雨霏霏阿儂不比蘇家婦裘敝歸來當錦衣

春歸

深院沈沈滿綠苔傷春人正費疑猜春歸畢竟歸何處宛轉流鶯喚不回

驟寒驟暖總驚心閒倚雕闌淚滿襟珍重低飛雙燕子將雛仍傍海棠陰

不寐有感

風搖翠竹雨喧花別緒離情只自嗟杜宇不知人意思聲聲啼到碧窗紗

病起

清晨妝罷日初紅深院無人託病蹤瘦骨稜稜扶不定推窗且看白芙蓉

好花到眼最依依不忍回頭下翠幃小婢喃喃催幾次秋風吹冷越羅衣

壬辰冬日作

寒風瑟瑟雨瀟瀟獨坐虛窗太寂寥廚下斷炊無暇問挑燈且自讀離騷

舟中偶成

推篷何所見愁對暮雲天犬吠花村外鷗眠荻港邊晚風催短櫂客路遠蒼烟回首鄉關遠思親倍悄然

留別諸弟妹

聚首無多日明朝又別離荻花迷客路落葉亂秋思孤棹人歸遠音書雁到遲虛窗涼雨歇語罷各停巵

蟋蟀

夜靜挑燈坐蛩聲傍砌幽窗虛驚短夢風冷起閒愁一枕深閨怨三更絕塞秋似將簷鐵語對泣古牆頭

過北極殿

海上此幽寺岧嶢天姥宮鐘聲飛曠野烟色滿長空岸柳搖溪綠崖花接殿紅我乘孤艇過挂席趁長風

秋日書懷寄諸弟妹

每到秋期怕倚闌孤鴻落莫惹愁端白雲渺渺家山遠紅蓼蕭蕭水國寒一紙音書歸路杳五更風雨漏聲殘別來無限關心事庭樹連枝不忍看

中秋夜坐敬懷家大人

明月樓高笛韻長（用大人句）兒吟舊句倍淒涼遙知今夕羈東海也奉

濤輝侍北堂時大人奉祖母館於竹里竹葉綠添新酒盞桂花黃憶隔年香前歲中秋大人終試棘闈正秋魁報捷年也憑欄多少思親淚怕向人前訴別腸

秋燕用家大人韻

呢喃絮語下高樓爲捲湘簾上玉鉤萬里征程歸信切半林落葉客心秋江南烟雨成春夢塞北風霜起暮愁記取舊巢猶待爾花香攜翦過牆頭

秋日留別

西風一棹別天涯雁影分飛客路賒黃葉亂隨清淚落青山時趁夕陽斜離羣忍見連枝樹有母難如反哺鴉此後銷魂何所見長天秋水白蘆花

新柳

薄寒天氣嫩晴時纔見鵝黃踠地垂細雨鶯聲村店路東風驄影酒家旗慣牽離緒愁初破甫洩春光客已知却笑小蠻剛試舞朝朝臨水畫長眉

採蓮曲

橫塘畔紅波亂女伴相逢浸曉岸三三五五入花叢日影搖波雙袖紅紅袖低垂秋水瘦鬟雲斜嚲金釵溜雙雙拾得金釵起芰荷香風生袖底背水乘風弄畫橈歌聲一片暗魂消回首橫塘路正遙

贈兼山七弟

有弟來荒村依依坐晨夕不恨見時晚但恐歸期急

題女史王香雲畫蝶

江南芳草醉不醒半欄花霧迷金粉硯池春水碧生烟寫出羅浮香夢影

和竹江弟歸舟原韻

垂楊深鎖野人家軋軋繅車聽紡紗十五小姑溪上走滿頭亂插棠梨花

水禽拍拍近人飛雨後苔磯草漸肥一路香風雙槳活扁舟載得夕陽歸

昭君

琵琶一曲斷人腸白草黃沙古戰場不是當年青冢在漢臣何處弔斜陽

西施

絕世聰明絕代姿奉心常覺不能支扁舟夢醒湖邊月記否吳王宮裏時

虞姬

蠻靴鐵騎敵宮袍戰罷烏江看寶刀莫說重瞳功蓋世當年兒女亦英豪

寄懷三姑母

雨中一別後忽忽已三年顏色夢中見心情紙上傳兩家同落寞

萬事費周旋何日蓉塘道秋風載一船

晚眺

秋水接天涯波搖日影斜漁歌驚宿鷺牧笛送飛鴉大漠渾無岸長天淡有霞寺鐘三兩擊聲入白蘆花

新秋雨後作

高梧一葉下新雨嫩涼生風起燈初滅窗虛月倍明秋蟲鳴四壁巷柝響三更雁影淒迷處分飛故國情

春日雨後

蘭閨無箇事緩步出柴門一碧桃花雨初黃楊柳村夕陽明野色芳草斷春魂到處泥都軟行行見屐痕

美人風箏

丰姿何綽約意態儘飄颻渡水侵羅襪臨風約楚腰春雲迷海市薄霧溼鮫綃淚灑湘江後從今上碧霄

早春詞

旭日上窗櫺晨光侵鬢影深巷賣花聲誰家春夢醒

曉妝欲盡時自覺單衫薄寶鴨更添香東風動簾幕

強步下階行訊問春消息不見柳條青惟見苔痕碧

春水生綠漪春樹啼嬌鳥烏語更何憑漫道江南好

西方庵

高枕上方榻悠然俗慮刪塵心消磬韻了悟叩禪關

望雲樓　七

初秋和長女小蘭

朝來殘暑未全消獨上層樓四望遙疏雨乍晴雲乍卷涼風吹散海天潮

玉鉤斜

玉鉤斜畔水悠悠一樹榕陰杜宇愁莫為紅顏嗟命薄美人原合死揚州

梅梢蝴蝶

裊裊東風初破凍羅浮不醒莊生夢江南春色未全回落梅香裏飛幺鳳

秋葵

露浣朝容靜不華淡黃紈綺作袈裟無言自向西風立永巷宮人入道家

深院

深院沈沈靜不譁日光移影上窗紗夜來幾陣清明雨洗淨碧桃一樹花

重過蓉塘

不到蓉塘十九年水光山色渺無邊扁舟重過斜陽路風景依然我悵然

風景依然我悵然青絲鬢髮已華顛居人約畧談前事不到蓉塘十九年

望雲樓　八

蛙
稻花香裏聽深更兩部居然鼓吹鳴除卻昨宵三寸雨不知何事
更干卿

蝨
飢如柳絮逐斜暉頃刻朱櫻滿翠幃任爾貪饕原有限只須莫向
耳邊飛

清明
老樹盤荒冢斜陽下古村炊烟新火色芳草碧溪痕紅粉啼鵑血
青燐戀蝶魂桃花春酒熟和淚倒清樽

秋日晚眺

古樹曲行路殘陽燒遠村田荒鷗有夢冢廢鬼無魂雲氣白連水
溪光青到門柳深鴉就宿清露落餘昏

別次女蕙蘭
寒風起西北吹上手縫衣臘酒盡情酌霜花滿路飛客程催節序
鄉淚戀庭闈記取春冰泮溪頭望爾歸

冬夜思親
月色白於紙夜寒人不眠水聲喧古渡霜氣下遙天鴻雁來何速
家書去可憐高堂有慈母憂思更懸懸

虞美人花
春閨何處弔香魂細雨斜風晝掩門未免有情猶抱恨斷然無力
可酬恩黃昏綽約留芳影紅粉消沈染淚痕我擬對君消寂寞烏
江往事不須論

秣陵江上
江城畫角動高秋遠近旌旗下石頭地勢平分南北界江聲長咽
古今愁烽烟萬里征帆斷雲樹千層甲帳稠聞說將軍身殉國忠
魂一片付東流

詠雪
開門一白淨無瑕洒褁紅泥手自叉南浦有田皆種玉西村無樹
不開花馬行驛路銀杯散雁渡河濱墨蹟斜非夏何緣裁縞紵風
姨送與萬人家

吳陵王氏女美而才字汪秀才未嫁而死以道裝殮子久求
其詩不得己酉年季秋夢中見之醒述以詩
亭亭誰家女皎皎世無雙娟娟隔秋水緩緩泛輕航殷勤詢姓氏
云是吳陵王感君知己意與君長相望會面良不易人世隔仙鄉
揭來[illegible]東海水潤天茫茫聞君在便道住會抒衷腸棄舟登陸路
整頓羅衣裳腰肢何綽約仙袂風飄颺眉嫵清且奇耳垂明月璫
頭上何所有寶髻燗生光足下何所有絲履五文章步我白玉階
上我翡翠堂遺我舊詩卷開卷紛琳琅誦我新詩句吹息芝蘭芳
慷慨談生平瓊杯斟酒漿無何晨鐘動月落天雨霜推枕下堦走
寒花生古香

秋夜聯句 同長男寶三女宓次男憲

星斗夜闌干寶無聲冷露溥已銀河常皎潔憲玉宇太高寒寶靈鵲噪迎舊宓征鴻此振翰已雲低秋水碧已楓染暮林丹宓風急梧桐落已天空鸛鶴盤寶搗砧連比舍憲吹笛出重巒已戶網蜘珠徧宓簾穿蝙蝠難已秋聽蛩乍語已冷踏葉初乾宓白帝城中思宓黃姑渚上歡寶畫樓人靜後憲涼月挂簷端已

擬古

客從遠方來遺書報平安呼僮具盥漱再拜方開函上言高堂親矍鑠多好顏下言兄與弟別久難為歡憐我獨分飛呼我遊故山豈無寸草心路隔霜風寒置書在懷袖側身起長歎

望雲樓　十二

摘句附後

冬夜 霜鐘驚鶴夢海月動猿愁 秋曉 殘星明野曙曉角動高秋 春夜 紅燈課女教經史碧月攜鋤種蕙蘭 秋曉 曉月半隨帆影沒清霜初壓雁聲低 曉發 冷露新沾行客屐晴泥初破榜人篙

春盡 醉公子

何處鶯聲巧似訴春光老一陣落花香簾垂午夢長 小院尋行跡空賸苔痕碧檢點卸春衫春閨怯嫩寒

思親 憶江南

黃昏後嗚咽暗思親記得牽衣臨別也斑斑珠淚溼衣襟愁愁白頭人

長相思 本題

風蕭蕭雨瀟瀟窗外淒清有破蕉憑誰話寂寥 夜迢迢漏迢迢纔到家山夢又消簷前鐵亂敲

望遠 如夢令

卷盡珠簾將暮望斷白雲歸路想起遠遊人知否魂消何處辜負辜負可是鱗鴻寄誤

重陽 點絳脣

晚景蕭蕭西風十里秋光老茱萸開了插鬢人多少 何處登高煙雨江樓小誰知道助人煩惱四壁蛩聲悄

望雲樓　十三

秋蝶 前調

飄泊天涯粉痕半帶霜痕舞畫欄香隝春恨今何處 瘦影蹁躚零落西風路無情緒婷婷態度欲抱寒花住

春陰 前調

懊惱春陰連朝釀得春如醉柳酥花膩總是傷春意 燕子多愁應比儂憔悴歸來未綠窗深閉各自懨懨睡

拜月 行香子

漫漫思量淡淡梳妝清秋庭院近昏黃欄干西角自檢名香見海棠嬌菱角嫩藕絲長 低拜蟾光曲訴衷腸北風細細著羅裳輕寒暗襲屈膝迴廊正鐘聲遠蟲聲寂漏聲涼

美人風箏 西江月

彼美娟娟誰氏低鬟蕩樣雲間風吹衣袂步珊珊何事遨遊霄漢想是仙鄉小刼大羅謫下人間飛身無語出重關擬債遊絲牽絆

惜春 醉公子

春夢驚初醒鬢掠春雲影春暖鳥聲和春花爛漫多 無限春光好春到人偏老人不比春花春花歲歲華

寄月槎四弟 浪淘沙

秋水暮雲平買棹歸寧驪歌欲賦句難成我愧恩恩君愧病迴首難尋 目極淚縱橫不斷離情高堂有母髮如銀欲效春來雙燕子結壘簷楹

寄家書後作 菩薩蠻

霜侵鬢角絲絲亂新愁低壓眉峰斷風起暮天寒征鴻盡向南閑情和別緒寄向鄉園去今夜北堂燈家書到未曾

春日歸舟 前調

夢中每向鄉園去醒來不識鄉園路何處問歸程扁舟不暫停一縷炊烟碧儘把鄉園隔和淚寄東風雲山千萬重

附璧花軒詩 [illegible]

[illegible]

蟬

[illegible]

蛙

[illegible]

秋夜

冰輪斜照半窗明鳴雁南來一字橫 [illegible]

思親

[illegible]

採蓮

[illegible]

古鏡

[illegible]

附續唾花軒詩 姓殷氏名碧虛徐宜人長男百生簉室

夢妹

早寒細雨鳥鳴樹夢裏逢君醒何處春江楊柳碧如烟遮斷夢中來往路

寫悶

遊人都上綠楊隄踏徧芳菲百草齊日暮中庭無限悶碧紗窗影過黃鸝

升天行

終日鬱鬱多煩憂思欲上天去遨遊倏忽飛身攬日月月裏仙人將吾留仙樂飄飄滿天路紫霞一醉已忘愁夜聞玉兔擣靈藥朝見陽烏向西流世人萬事不稱意天上歲月長悠悠

自傷

自從君死妾心癡朝朝悲歎淚如絲可憐無子多傷感門庭冷落少宗支亭臺樹木多凋謝落花滿地竹影移空見寒鴉棲舊樹復聞孤雁過淸池朝課幼女學刺繡晚課幼女誦新詩一片貞心堅似鐵君在黃泉知不知

附漱玉吟 名姿字寄邦百生第三女許字袁徧脩善長子長春

步月憶王氏姨母

門前步月正徘徊忽念金陵人未來何日渡江重聚首六朝山色對銜盃

憶二姊

昔日分離予五歲如今仍舊各西東遙遙手足山川隔裂帛傳書待遠鴻

種花

慣愛名花手自栽園中一日幾徘徊若嫌澆灌多勞苦那有香風拂面來

雪

嚴風吹水水成冰雪滿高山山百層六出初停人跡少陰雲消散夜光凝

春日

珠簾半卷繡屏開中有飛飛紫燕來獨坐小窗斜日落漸移竹影上妝臺

憶大姊

落霞片片水東流雲樹沈沈春日幽阿姊不歸空悵望何時騎鶴上揚州

輕薄娘

輕薄娘態嬌狂不惜金釵擲路旁纖羅作裳綺爲服拂袖長閒脂粉香淸晨閒遊出門去至暮方回更理妝入門不肯自移步傳呼侍婢相扶將

古別辭

彼美人兮誰家姝豐容修眉麗以都含嬌不語空踟躕且吹玉笛長歔欷不意知音來相如慇懃持贈雙明珠感此裏情長歡娛中途決絕別故夫何日上山采蘼蕪

凌秋閣詩

東臺小蘭陳　宜著

春閨

柳色含殘雨苔青蝶夢驚鑪煙吹不斷雙燕語春晴

納涼

碧天如洗月輪淸消盡浮雲萬里晴閒坐紗窗調玉軫涼風瑟瑟葛衣輕

暮春

幾番風信落花飛滿目韶光事已非杜宇聲中春寂寞新豐道上景依稀山雲綽約含殘雨溪水潺湲帶夕暉惆悵綠楊生別恨橋頭終日送人歸

費氏表姊苦病

寄生在世間憔悴何時了秋風吹落葉寒霜沾野草可憐無所依椿萱喪尤早艱難到四旬辛苦易衰老紝績得幾何終歲無溫飽今日病在牀使我心煩惱半年不相見鱗鴻消息少念子常惻惻靜坐傷懷抱

寄友蘭從妹

抱得三尺琴欲揮常惻惻臨風發新商慷慨開胸臆涓涓流水深巍巍高山碧撫絃懷幽人感此傷離別之子在天涯萬里常相憶一彈復再彈舉世無人識非彼知音稀琴心苦難得

繡村牛圖

悶理香絨縷縷長自漸不解繡鴛鴦金鍼近乞天孫巧繡得牽牛上錦囊

新婢

近買貧家女名呼橘婢兒離娘餘夢寐投主似嬌癡奉帚庭階裏烹茶早晚時種花耘草後閑暇課唐詩

自題凌秋閣詩

欲下霜毫筆意枯尋思搜索費工夫吟成恐被方家笑藏在紗厨飽蠹魚

代母送丹徒張靜宜陳太夫人之蓉塘

皎皎明月光照我白玉牀輾轉不能寐推枕下蘭房之子在天末道路阻且長欲隨之子去俯視河無梁願生雙羽翼冲霄自翱翔天風從空來吹落在君旁重整素羅衣上君翡翠堂誦君贈我詩翰墨何輝煌今夕復何夕各在天一方回頭歸欲卧長嘯海天蒼

寄外

浩月明銀河爛天蒼蒼夜漫漫我如出岫雲君若天邊雁俱被疾風吹何時復顧盼欲訴衷腸無從訴思兒哭女自悲苦去年七月九月間傷心莫過吾與汝聰男慧女離膝下淚涜愁腸成今古使我豪情從此滅一片英華變灰土光陰轉瞬逝如梭家運蕭條竟若何炎涼世態難消遣偃蹇形容易折磨風味自然甘淡漠俗客常遭冷眼多平生肝膽難傾吐日誦新詩哭當歌

哀江南

一片蠻旗下石城江南江北煙塵生官軍屢戰戰不利滿城殺氣冲天地血染城下屍塞渠壯者奔逃老幼棄將軍一怒髮衝冠重整干戈斬凶頑掃蕩中原殲小醜十萬鯨鯢同授首從此京師奏凱歌民安物阜海無波頃刻霧消卿雲爛昭昭白日照山河

傷子

堂前植奇樹枝葉並軒昂悲風從天來吹我樹枝傷悲哉傷一枝哀感動行路彭殤命不齊於世皆朝露生前不自恤身後復何顧不如學古人飲酒被紈素飲酒令忘憂被服令體和開懷心自廣

安用黃金多幽憤從中發遣之以長歌人生顛沛間不樂當如何

喜百生弟翰林歸省

才子文章意太狂翻勞坐主費評量（某師曰鬼才，某師曰奇才）金華殿上煙籠袖帶到家山尚有香

贈合生弟姬人

斜掠雲鬟醉未消泥人春色在眉稍風流京兆畫眉筆難畫海棠春睡嬌

除夜

大羅天上謫仙人縱有榆錢不療貧好節都從忙裏過三更裁紙寫宜春

市頭換酒典金貂且與梅花慰寂寥避債臺高無客到敲門應是
柳枝條

禾石江懷李太白

意氣陵人惟李白眼中見得將軍俗悔教汚手脱朝鞾禾石江邊
來濯足

春日浪淘沙

深院靜無人月上黃昏梨花歷亂點苔紋粉蝶娉婷春夢破何處
相尋　春氣釀春雲濁酒微醺生花彩筆寫芳芬短笛一枝誰氏
弄吹斷吟魂

凌雲閣詩

吟秋館詩草

東臺　又蘭陳　宓著

落花

夭桃穠李幾枝空門外紛紛落盡紅自是春花容易謝鶯聲何必
怨東風

暑退和百生兄原字

殘暑今全退秋聲起暮林蟬鳴新月出簾動晩風侵雲散青山闊
泉流古寺陰不眠知夕永涼露滴秋心

秋鷹

雞鶩紛紛眼底無摩空勢欲擊强胡可憐殺盡中山兔贏得西風
瘦骨枯

吟秋館

秋蝶

金粉全消力漸微可憐衰草倦雙飛如何一夕春風到上苑探花
振舞衣

敝葛巾

當年皎潔雪霜姿伴我曾無一夕離今日零星餘幾縷炎涼閲盡
有誰知

斷玉簪

敲斷釵頭我更憐方知美物不牢堅無聊繫作簷前馬玉碎由來
勝瓦全

咏安石榴

種得榴花傍小齋丹華燦爛映苔階回看三五輕盈女偷折花枝上玉釵

九月寄懷譪蘭二姊

共伴黃花耐九秋不堪回首意悠悠征鴻近逐秋雲散別鶴初分異水浮十載濃情知我恨幾番清淚識君愁今宵已負重陽節何日登高上小樓

不寐

欹枕不能寐迢迢聽漏殘荒雞驚短夢清磬響重巒欲起憐衣薄推窗近水寒遙看天際白曉色上雲端

野遊同友蘭姊分韻

破曉尋春野徑斜薄羅衫袖拂飛花弓鞋踏徧春泥軟遙見青旗一角賒

送王梅軒嫂氏出葬

海上起黃塵寒烟散古村可憐埋白骨何處返孤魂十載情難盡今宵淚暗吞送君泉路遠微酹酒杯温

同諸姊遊近海村

乘興遨遊步海濱風揉麥浪起烟塵野花香散斜陽路杜宇聲驚拾翠人數點閒雲愁欲雨幾間茅屋自爲隣歸來欲話情難盡細擘銀箋寫踏春

重過海陵陸如蘭姨妹

廿二年來作此遊海陵烟月似揚州蓉塘汲水煎茶熟鳳寺敲鐘散客愁行到名山空悵望郡逢舊雨也淹留重來不負前番約藥餌何妨屢次謀

送百生兄入都

倏忽送君別驅車行路難離亭默無語揮手更心酸莫負倚閭望須加客路餐秋來雁南度遙望報平安

西湖竹枝詞

蕩槳烟波歸路長藕花風動滿湖香半山月出照湖水照見女兒紅粉妝

寄百生兄都中

揮手飄然入帝鄉三千雲路隔茫茫慈親久病音難寄阿妹離羣意暗傷不見空林鳥反哺遙聞天末雁南翔人生旅客多憔悴何日相逢訴別腸

思親

膝下相依廿四秋爲親調藥替親愁自從別後他鄉去只恐思兒淚不休

送鳳姑別

楊柳枝贈離別柔條易綰情難結相看無語怨東風回頭淚滴紅衫濕

秋夜思親

銀釭剔盡淚輕彈欲寫音書下筆難定省久疎魚信杳夢中繞膝問暄寒

嫂氏與兩姪女見過

剝啄初敲蘿薜門喜君瀟灑過荒村家貧自愧無兼味但向廚中煮菜根

訪梅

天寒無事飲芳醪聞得梅開興更豪半醉不嫌天氣冷披風冒雪過紅橋

畫梅

欲寫瓊枝著筆難高懷不與俗人看爲君畫出凝霜幹冷豔冰姿在筆端

拜月

蛙鼓聲中夜未央焚香低拜下回廊讀書尚恨秋宵短願借嫦娥一寸光

探花

香風拂拂路迢迢一路尋春過畫橋且向前村問消息嫩寒猶勒杏花梢

焚香

不捲湘簾怕曉風餘烟裊裊鎖房櫳學仙學佛吾心事說咒喃喃

色即空

挑燈

風侵庭院放簾遲閃閃孤檠欲暗時剔盡雙蓮落紅焰秋閨報罷不須垂

夜坐

閃閃殘燈暗復明一庭涼雨滴三更無聊撿點殘詩句盡貯香囊半未成

擬古

東南有高樓上置明鏡臺皎皎冰雪姿無使生塵埃明月懸九霄尚爲風雨塞寶鏡置匣中朝朝鑒君德迎新不棄故勝照妾顏色

寒上曲

浩浩黃沙起馬蹄踏千里朝爲塞上生暮爲塞上死魂消關塞前夢入深閨裏無限征人血化作長城水

夢中作

愁隨雞唱遠夢入故園秋

又

越鳥向人語山花傍水開

舟中憶秦娥

悤悤別輕舟去矣家山隔家山隔白雲迢遞翠羅衫溼　回腸九曲憑誰說徘徊獨自愁如織愁如織綠楊野岸杜鵑啼血

補讀齋詩

（清）許愛堂 撰

《補讀齋詩》二卷，清許愛堂撰，據南京圖書館藏清光緒三十年刻本影印。

許愛堂，字蓉裳，清江蘇泰州人，善草書，尤工於詩。

《補讀齋詩集》分上下二卷，前有序。是集始於咸同之間，述其所遇，發其所感。讀其詩而知其人，如其懷友諸詩，婉摯而深，則蘇李之亞也；其輓叔父哭兄諸詩，哀痛而迫切，則屈宋之遺也；其後先喪子悲悼諸詩，慘淡凄楚，讀之令人涔涔而泣下，則又變風變雅之續也。蓉裳之詩，工於近體，雅有用晦，古體亦樸，好爲寒瘦語，其詩發乎性情，止乎禮儀，雖抒鬱鬱不得志之感，然其詩，體之性情，律之禮儀，以求合夫風雅之旨。詩風清空如話言，真摯出心竅，所述不過尋煙雨之踪，飲惠麓之泉，醉蘭陵之酒，山橋野店，水宿雲征，文不飾雕琢，爲巧不以塗澤，其旅行詠物諸作，細意熨帖，宛轉關生。其詩少樂而多哀，初則有夜聞寇警義兵秋興諸作，後再痛垂老喪子，記原本性情，感觸身世，語出真摯。《春日村居》：『濕雲濃霧壓村低，暖盎花畦與菜畦。』『薦飢歲轉安耕耨，劫火灰消罷鼓鼙。』均有感而發。是集，文采卓然，饒古意，見天真，實爲不可多得之作。

（馬珊珊）

補讀齋詩集

光緒甲辰年海
陵宗蔚堂藏板

補讀齋詩集序

吾里　國朝詩人巖栖之作必首推吳野人豈非以　國史館收入文苑傳其平交當世時爲一時推重歟同時有戴勝徵字岳子相與歌嘯于寒蘆野水間箸有石桴詩鈔名獨不出于里巷江南朱草衣爲序而傳之惜世罕有其本則人之傳不傳亦有命焉鄰余與許君蓉裳遇于富春客舍必言及之詹泰而借鈔之通蓋此集爲其叔父餘安先生所藏反覆吟誦見其學力實不逮野人果如陋

軒所規而州志謂其清泠古淡甚于野人自有能辨之者餘安先生隱居賈湖不入城市者歷有年所一日訪徐耳巷姻丈余時附學其家先生見而垂青遂挈眷歸故廬遣長君子和同學于徐伋千師並命曰吾家藏書當令袁生讀之嗚呼余何人乃得中郎傾心王粲耶時就其草草堂繙閱書簏獨未見石桴詩殆久爲蓉裳所得耳蓉裳之詩工于近體雅有用晦遺音古體亦樸麗之石桴集中幾亂楮葉知其寢饋于石桴者深矣余嘗用其

集中次鄭谷韻相贈答者再將俟倦游歸里後同歌嘯于寒蘆野水間亦韻事也[illegible]愧卅年飢走閒與當代鉅公相應酬不覺有一箇冰冷的吴野人被君輩弄做火熱之[illegible]今子和出其詩草副本屬加點訂其子懋官將付梓人且[illegible]請一言爲序則蓉裳去歲臨殁時遺命也讀而卒業覺雨窗雪案頗與詩境相稱世有好爲寒瘦語者必謂其甚于余也呵凍筆之用自怍焉其子之賢能刻父詩又一戴卿也陸子簋之刻務觀詩于九江不得專美于前矣蓉裳雖不得志于時而能昌其詩于身後他日倘有重修州志者當搜入藝文由蓉裳復何憾哉故嘆美而樂爲之序云

光緒二十六年歲次庚子嘉平月坡公生日前一夕同里袁鑣撰于隱修堂

題詞

吟壇馳騁憶青年惜未逢君共擘箋今日遺編燈下讀一杯酒弔柳屯田

賈湖煙月柳毿毿撫景高吟偶駐驂幸得袁綵詳較證蓉裳詩以賈湖最夥得海上先生較定付梓可壽世矣新詩傳徧大江南

烽烟刼慘綠楊城詩裏如聞太息聲紅巾擾亂邗江失陷時君多哀感之作歷盡變遷離亂境可憐愁煞庾蘭成

讀到千秋絶妙辭忘年未結悵同時蓉裳長十餘歲昔未謀面今僅于其詩中如見其人能無悵悒騷壇老輩凋零甚最小黄童鬢已絲昔諸吟侶中惟僕最齒幼今風流雲散然僕亦二毛斑矣

靜山黄樹文

補讀齋詩

吳陵蓉裳許愛堂

一徑

一徑西風起柴門氣味長晚花經宿雨秋竹出鄰廧行樂虛年少蘇貧喜歲穰村醪兼野蔌隨分畣時光

野望

閒雲飛不盡多恐作秋陰遠樹排空密荒蘆没水深暮煙生並舍修徑入前林莫漫尋詩句無人可伴吟

西園看梅

曳杖西園載酒行沿途草長綠初平梅花半謝猶成艷野鳥羣呼若有情一縷茶煙通竹塢二分春色滿江城更須徧讀前人詠不惜溪頭月照明

夜泊江陰

荻花蘆葉韻悠悠夜泊空江月滿舟萬頃潮聲喧作雨一天露氣靜橫秋地當要隘城孤峙人為浮名筆易投轉觸鄉心眠不得征鴻流響下汀洲

立秋後一夜作

未將瓜果餞牛郎節序潛催又換商落葉徧知秋信早鳴蟬時咽露華長天容沈碧星堪數河影低流夜有光不分今宵猶酷熱捲簾貪卧北窗涼

夜聞寇警

夜半惺忪夢忽驚亂敲刁斗又齊兵（齊集義兵皆以鳴鑼為號）滿街大戟長槍影比舍兒啼婦哭聲倉卒不知行止好悽惶惟覺死生輕可憐盡室悲相向挑剔殘燈坐到明

草草草堂賦呈餘安叔

草草人宜任草堂桃花飛去柳花狂塵清文几焦桐卧泥箸歌梁乳燕忙僅有豪情貪綠蟻幸逃大刼過紅羊藏身自笑閒文字叔重家風舊擅長

讀博物志

張華志博物上自書契始蒐羅古今事至於武帝止迄今十篇存洵足為觀美獨念西晉時去古甚密邇苟肆其學力追蹤漢諸子羽翼聖人道格致窮微理折衷示後學厥功安可擬嗟哉茂先愚計

獨不及此華而不能實狂夫論如是

明妃

漢家重失信不止明妃使青塚至今留明妃亦慰矣獨是當時不肯賂畫工或可邀恩事漢帝胡爲翻于掖庭令甘心遠嫁單于壻太抵人當無事秋自許意氣凌松柏一旦顛蹶境況移便爾挫折非疇昔吁嗟乎千古鬚眉尚如此何須獨爲明妃惜

題畫

山僻人踪少幽居愛此中怪峯橫插地古樹直拏

空葉落閟門靜泉流曲澗逼是誰破岑寂相訪過橋東

嵐靄罨柴門籬疏補竹根境疑隔塵世人合老山村瀑布數峯落雲林一徑昏何時買邛壑小隱謝繁喧

夜讀

月光如洗碧天高滿院松風響翠濤我不爲名偏好古一燈窗下讀離騷

春暮

春色忽云暮春愁喚奈何草深門自掩花落鳥仍多支枕舒殘醉焚香助細哦惱他雙燕子絮語畫梁窠

寓賈湖僧舍

梵堂虛寂佛燈青一榻蕭然傍綠櫺夜靜坐同僧出定晝長時與客繙經門前山色迎圖蔣殿上鐘聲入窈冥多少秋情無處覓且邀明月醉仙醽

城西晚眺是年大旱

黃葉飄飄撲客肩城西獨步轉情牽雲山黯淡迷

遥隴閭巷蕭條起暮煙野戍人歸秋草外時城之西南皆紮營寒林鳥下夕陽邊年荒況復當時亂弁入憑高倍惘然

聞笳

頓觸愁心起長街動暮笳烽煙逼城市村里廢桑麻避亂原無地浮生未有涯升平在何日傾耳聽箏琶

秋月甚佳以月白風清四字爲韻

砧聲乍動蟬聲歇一片秋光遍城闕滿庭風露悄

無人自酌清尊酹明月
銀河清淺秋無迹市地桐陰搖碎碧誰攜玉笛倚
高樓吹徹江頭秋月白
新涼如水撲簾櫳秋草茸茸泣亂蟲久坐不嫌衫
袖薄好香消受木樨風
關河蕭颯思頻生池館幽閑畫不成如此風光如
此月可無佳句紀雙清

海棠花

何年別淚灑空庭幻作奇花恨未平底事香消猶

弄色從來命薄爲多情牆陰雨細啼痕淺檐角風
微睡態輕記取碧紗窗外影有人愁對伴孤檠

鳳仙花

數叢絢爛錦雲屯種植何妨到華門紅頰朝陽酣
醉態綠華和露拭啼痕根初分得丹山種花是招
來閬苑魂自向塵寰飛落後多情伴我詠黃昏

牡蠣花

小院無人弄夕陰蕭疎未許俗塵侵一庭低覆蒼
苔遍千朵高擎碧葉深肯恣芳心憑蝶採漫將幽
恨付蟲吟最憐五夜風兼雨多恐嬌姿弱不禁

雞冠花

攘得鄰家別圃邊剪裁秋色最堪憐吐來文綬眞
珠細鬬向金門絳幘鮮置喙不驚寒蝶夢昂頭如
憤曉風顛深宵若解談元理準擬年年植檻前

雁來紅

數行掩映影翩翩塗抹新紅次第鮮風信何緣迎
候雁霜華疑是染啼鵑傳來繡口增文態鍊就丹
心返少年淺淺深深何限意莫將桃李擬娟妍

僧鞋菊

離離庭菊綻新黃喚作僧鞋襯佛堂不著俗塵時
冒雨爲貪趺坐飽經霜秋光草草成行脚色相空
空散妙香轉眼東籬芳訊歇一番生滅付醫王

暮春

鵓鴣聲裏又春歸惆悵空庭花事非山郭雨晴新
綠長園林風定落紅飛三分好景成流水一種幽
懷獨掩屏莫向江頭還望遠迷離芳草闇斜暉

世亂

世亂身如寄年荒境益艱鬢鬚難諱老習氣尚餘慳無術營三窟何人掃百蠻終南多捷徑長謝絶追攀

雨後

殘燈如豆暗無華夢醒鄉村每憶家一味秋情淒絶甚蛩聲和雨撲窗紗

戊午元旦試筆

和風初轉豔陽天吟得新詩上彩箋賤齒乍添增一日壯懷虛度又經年杯中竹葉迎人綠窗外梅

花鬬景妍賀罷歸來無箇事一壺香茗手頻煎家家爆竹桃符換原是新年景象成遠近親朋連日聚西南寇盜幾時平爐香細篆穿鈎箔淑氣潛催滿 帝城珍重春華應努力莫教輕擲誤平生

古別離

郎行不可羈置酒前致辭盡此一尊酒願郎思別離

節序

稱身乍換袷衣輕節序催人意忽驚滿地落花春又去一簾薄霧雨初成極天愁思迷芳草隔院歌聲付暮鶯轉眼薰風看入夏遍吹紅藥放新晴

散步近村

落葉滿行路西風生晚涼牛羊下遥隴鴻雁警新霜天遠樹無際秋深草不芳歸途還緩步餘興寄斜陽

春草

一片離離接陌阡春光堪畫復堪憐晴煙暖護三叉路細雨香生二月天南浦魂消人惜別西堂夢

好句疑仙無端又見王孫去滿地斜陽叫杜鵑

驟涼

掩卷閑窗裏西風驟送涼露寒蟲有語天濶雁成行懷舊偏無夢驅愁擬乞方兵戈如可靖貧賤又何妨

飄零

不盡飄零感都從春草生落花茵溷別流水渭涇成此事誰能主當時最愴情會須尋卜肆細細問君平

夕霽

麥隴浮煙霽色明柳塘積潦漲痕平何緣招得荊關手來畫斜陽一角晴

題王柏亭吳興山水圖

丈夫鬱鬱不得志走向天涯覓衣食行徧東南十數州每逢山水車頻駐東南佳勝數吳興弁嶺幽深雲水清松檜煙寒雲潑翠蘼蕪漲暖雨初晴棲遲正喜林泉好高堂其奈雙親老忍便頻年賦遠游束裝敢說還鄉早歸來山水繫人思買棹重游

事未知自裂生綃摹作畫卧游權當在山時

春到

擬把浮生付酒缸驀驚春到一開窗嬾尋捷徑迂何礙愛讀奇書老未降緣砌結紋苔點點隔林調舌鳥雙雙草茅奢願無他望歲稔時平守故邦

義兵

朝殺紅巾賊暮殺紅巾賊城鄉團義兵同心復戮力嗟哉八九省生靈傷萬億攻勦非無人撲之火愈逼區區一丸地乃在賊之側夜半忽吹笳探得賊消息比戶皆驚惶兒女淚沾臆太息亂世人不能安眠食幾同犬與豕使我心悽惻

夢回

夢回涼月隱簾櫳絡緯酸啼四壁空百感易生爲客日一年無賴是秋風未將寸績酬時亂好把殘編慰境窮輾轉不堪還熟睡背窗重剔小燈紅

西窗

寂寂西窗夜蟲聲忽報秋光陰真過客事業失封侯酒薄難成醉燈昏慣照愁不平恩怨意無處覓

吳鉤

散步

一輪寒日薄西山村北村南散步還不畏朔風吹刮面仗他酒力點朱顏

寒鴉結陣晚呼風連日霜晴氣轉融榆柳凋殘蘆荻老鮮妍合讓半江楓

秋夜病中

正喜涼風上短襟無端微疾忽相侵人當殘暑需調攝病入新秋輒誦吟一縷藥香飄枕角二分月

色透梧陰伶俜獨夜難成寐聽徧階前蟋蟀音

春事將終賊氛未靖奈何爰作一律

南國鶯花過眼新幾囘相對幾沾巾飄零書劍成何事雜沓兵戈又一春鬢髮漸催游子老性情終愛古人真不知此亂能焉避安得桃源寄此身

盆菊

乞得鄰家菊數莖剪來分種費經營徧裁瓦缶何嫌陋特插牙籤儘記名秋挹吟窗人共澹香飄卧榻夢都清殷勤肯使幽情負詩滿花箋酒滿觥

不受東籬風露涼草堂長此護幽香潤含秋水神原澹瘦倚雲屏骨自蒼入世肎邀青眼顧伴人惟許白衣狂祗愁供養嫌多事勁節由來合傲霜

午窗

減却清游興幽懷付咏吟魔難袪午睡愁尚繫春心野水初通沼庭梧半放陰新茶烹活火七碗豁胸襟

小庭

小庭涼重露華零蟋蟀哀吟不可聽經慣年來秋意味紙窗相對一燈青

食菱

江南八月秋氣涼村落穫稻家家忙市遠魚蝦亦難致無物可佐傾壺觴忽聞扣戶聲剝啄隣翁貽我菱一筐綠衣淨洗翠欲滴菱刺四出牙爪張憶昨扁舟湖上過溶溶秋水花如霜轉眼菱盤大如葢結實纍纍水底藏輕舟短楫競采摘大嚼已覺流清香呼童炊熟登几席十手自笑攫取忙果然風味甘且美齒牙玉屑餘芬芳始識鄉村有至味

新鮮真足賤膏粱賒酒更酌盡乃已一輪涼月窺斜廊

秋夜不寐

西風響庭樹起坐聽殘更缺月淡無色亂蛩寒有聲薦饑連歲廹多難一身輕對此真堪泣茫茫百感縈

延令村居雜詠

翠竹青蘿護草廬村居漸與俗情疏憑誰消受閒中趣一盞清茶一卷書

庭院無人草長平閑關鳥語弄新晴桑榆一帶青如畫小立柴門看課耕

雞豚桑下自成行薄暮家家粥酒香箇是鄉村好風景菜花黃後麥苗黃

冬日農家

曈曈紅日射蓬門矮桌團圝子與孫脫粟飯香和菜煮出缸酒冽帶糟温早輸賦稅貧猶樂粗畢婚姻俗自敦箱有宿儲機有布世間榮辱不知論

柳幹桑條徧植隄草稭堆列路東西泥成甕牖窺

烏兎編得籬笆約豕雞春稻比隣晴易力于茅乘屋戶宜低不愁風雪他時冷衣褐裝綿杖自携

客中

客中無事不消魂香爇燈殘酒半温欲把閒愁都撇盡滿庭明月又黃昏

舟過港口鎮

一鎮通南北長河扼要蹊人家多傍水秋漲欲平隄藻密游魚上林昏宿鳥棲文山詩句在吟望日沈西

納涼

長空無片雲赤日中天朗炎威若火蒸動輒汗盈頟向夕微風生胸懷頓蕭爽心定百慮空林蟬時一響貪涼忘夜深殘月當階上

七夕

今夕為何夕天孫罷織梭巧憐兒女乞情感別離多碧落涼於水銀河澹不波定應堅後會還盼一年過

遊西園

誰開別墅近城西姹紫嫣紅望裏迷十畝園亭成小隱四圍花木抱幽棲草堂榻下供人憩叢樹雲深任鳥啼記取同游今日伴姓名都向竹間題（園有大竹游人多刻姓氏於其上）

月夜聞角

滿窗明月夜迢迢獨卧空齋夢寂寥燈火半明人語靜干戈未定角聲驕身經飄泊情都盡思到流離恨轉消何日花前賒斗酒一尊痛飲過春宵

梁溪中元

忽訝新涼上鬢絲客中情況倩誰知每逢令節思鄉切偏到名山得句遲撫景漫憐時序換諷經翻笑土風癡梁溪于中元時男女雜坐諷經如瑜珈燄口狀自朝至夕乃止平生不解紅牙拍獨對孤檠夜咏詩

熱極忽得大風雨甚涼

風送雷聲極雲蒸雨氣濃直如天一怒橫掃暑無蹤嫩綠蘇多稼清陰濯古松闌干頻徙倚餘爽滌塵胸

老女

苦被良媒悞頻愆待字期鉛華雖强御面澤已無姿停繡閑愁重挑燈獨睡遲含情無限意爭遣阿娘知

老婦

青春不可駐紅顔非昔姿劇憐鴛被暖不是翠眉時襪様肥猶放胥圍瘦莫支嫁時明鏡在塵滿嬾相窺

老妓

消受風情盡年華暗自傷强邀游子顧猶作倚門粧歌院閑檀板歡場冷繡裳不堪憶年少夜夜醉銀牀

老尼

浪擲芳齡去升仙事太艱臉消脂粉豔身伴磬魚閑偈語教徒誦塵心戒俗還誰家小娘子求子叩禪關

秋興四首

翹首天涯恨正長風霜文是作重陽文章致位時難濟痛哭陳書事豈狂玉宇瓊樓翻寂寞碧花紅穗總淒涼傷心苦憶開元日七下江南說上皇

羽書絡繹遞星郵戎事經年動 主憂節鉞屢傳歸大將戈船空自下揚州中原形勝家何在百戰瘡痍痛未休惆悵月明吹笛夜有人揮淚哭清秋

哀笳夜夜隱城闉沈陸神州暗刼灰天上欃槍何日掃國中征調不時催風塵骯髒殘棋局身世艱難濁酒杯鴻雁已來書未到故人消息費疑猜

剩水殘山夢一場海天西望斷人腸死生莫必身

龍鬼亦愁細問當年昇舉事茹芝却粒有方留

道中見籬落甚幽

流水一灣曲柴門三四家繞牆牽薜荔滿地落藤花野鳥窺人熟池魚餉客乂主人知不俗書韻出籬笆

秋晚步出賈湖

秔稻齊收徑四通儘容散步復西東牛羊自識還家路鴻雁初排昨夜空出寺晚鐘隨客遠穿籬秋蕚向人紅前湖尚有歸舟過珍重蒲帆片刻風

四野炊煙日欲昏有人沽酒出前村橋通小市斜分徑水引清渠曲抱門覓食鴉聲寒作陣釀晴雲影碧無痕西山爽氣猶堪挹小倚堤邊秋樹根

反木蘭詞即用芸香社原韻

阿翁老病髮鬖鬖只有嬌娃歲十三想得括丁當日急司軍故遣作丁男

喜雪

一夜風聲吼未停釀成甘雪徧蒼冥園林細糝梅輸白罔隴平鋪麥失青聞道雀兒參有政殺除蝻如寄饑饉相仍境可傷戎馬頻年愁戰伐銅駝當日感興亡黃雞紫蟹俱肥壯醉殺重陽也不妨

炎天

樹影重重密炎天過客稀一蟬當戶噪雙燕掠簾飛靜臥龍鬚展高吟麈尾揮浮瓜聊却暑消受好風微

采蓮詞

杏紅衫子越羅輕打槳蓮花深處行尋得並頭偏不折讓他雙落了雙生

貪采蓮花到夕暉紅潮滿頰鬢鴉飛南風忽送如絲雨蓮葉低擎障雨歸

寒露前六日聞蟬有感

西風拂樹葉都黃抱葉寒蟬氣未僵時有、微吟酬午日肎遺餘力死秋霜炎涼轉眼真成夢節序驚心又過商一樣蕭條人老大那能相對不神傷

小有天園 地爲徐神翁修真之所

小池如鑑汪清流路轉苔痕一徑幽古柏自依仙地老白雲深鎖洞門秋火分文武丹曾熟劍化蛟

子定無形殷勤好熱蘭陵酒爛醉何妨喚不醒

江陰舟中

江漢朝宗萬里長榜人東指説汪洋曈曨曉日潮頭紫浩蕩天風海氣蒼島嶼隱隨雲出没魚龍深占水中央祇餘一事真難信田願籌添盡變桑

延令夜發

曠野四無聲扁舟夜遠征大星懸驛樹斜月墮江城犬吠知村近雞鳴待日生孤篷眠不得細細數行程

三十初度

悠悠三十又平頭壯志都教一未酬亂世何心求利達克家有愧續箕裘遠游未辦蕭郎騎高詠休登庾亮樓便擬入山終采藥人間無處覓丹邱

秋風秋雨獨憑欄庭菊雖殘尚耐看菽水未伸貧士養田廬懸望後人安稍持繩檢時嫌謬偶念兵戈膽忽寒多謝山妻羅酒饌殷勤同醉一歡顔

挽餘安叔

燕許才華孰與儔竟將世業付田疇年來久墜青雲志自岸儒冠到白頭

惆悵西風二豎侵不堪病榻苦呻吟記曾趨侍尊前日屢聽談詩到夜深

喜聞病體漸康強噩夢誰知竟不祥一别城西成永訣兩行清淚濕衣裳

失怙於今近十春每聆訓誨我猶親夜臺倘與嚴君遇爲道孤兒尚守貧

賈湖再疊前韻是歲患水

依依楊柳繞門青短榻難安舊綠檽斗米百錢何日事五風十雨幾人經蒼茫湖水漫田隴縹渺炊烟接窈冥猶喜斯民知報本家家秋社酹村醽

佛誕日宿如來庵即事

重衾寒戀正低徊梵語無端忽地催芋栗香生齋粥熟鐘魚聲動佛堂開業如可懺何妨惡習已成風孰見猜自笑不知三昧旨也曾日傍講經臺

賈湖秋夜與何雲伯張子瑞次眉賦得秋字

難得今宵聚相將縱夜游荒村千樹暝老屋一燈秋犬吠月初上蛩吟露正稠更深猶不寐豪興轉

何以酬今夕高吟寄水流僧歸蕭寺月人語草堂清適
秋涼露團階砌疎星認女牛平生數真樂此會一良游

夜聞鐘聲

擁被寒無寐鐘聲忽到庭禪機深夜警鄉夢幾人醒寺遠聽偏切天空響入冥小窗猶未曙重剪壁燈青

夜思

巷析遥傳響家家靜掩屏寒星和月上斷雁逐霜飛燈暗幾無焰風狂漸作威倚床思往事多半與心違

題關山夜役圖

壓騎巖霜越亂山邊情火急夜深還男兒許國尋常事博得侯封豈等閑

村晚即事

野老耕耘到落暉恐勞稚子候荆扉一鋤忙荷簞瓢具緣着清溪展步歸

連天秋漲碧凄迷紅抹林梢夕照低三尺牧童僵立慣踏牛浮水入村西

姑蘇臺

莫向姑蘇問舊臺吳宮歌舞總塵埃當時土木輕民力易代江山感霸才蓮沼有波成巨浸屧廊無路認荒苔興亡轉眼終何事併作人間弔古哀

赤壁

山高岸斷水茫茫赤壁今來認戰場一鼓未能殲孟德東風空此便周郎英雄淘盡江聲壯運會潛分鼎足强畢竟鏖兵何處是武昌雲樹自蒼蒼

白帝城

一片荒城對夕暉當年昭烈駐軍騑重承漢祚孤親託未復吳讎死不歸零落故宮寒草合蕭疎古木野雲飛永安遺詔煌煌在羞殺曹瞞塚盡非

馬嵬坡

宛轉紅羅事遽非馬嵬無計六軍違美人縱是能傾國天子何難庇愛妃錦襪定埋坡草碧血痕徧染野花緋淋鈴夜雨回鑾後南内相思淚滿衣

聞曾侯收復金陵喜極有作

露布星馳報肅清大江南北動歡聲井閭從此安常業稅歛行看復舊征㢠刼沙蟲悲戰士擅長戎馬出書生野夫幸睹　中興盛歌詠周宣頌
聖明

江陰江中忽値雷雨急投小港夜熱不寐

潑墨濃雲海氣昏片帆冒雨落前村半空雷走長鯨吼一線潮來萬馬奔暑鬱孤蓬撓客夢月沉何處弔忠魂（謂明典史嚴煌）羨他茅屋臨江宅竟夜安眠寂

掩門

夏晚微雨

一雨有秋意軒窗生嫩涼日沈留暑薄河淺瀉天長庭竹滴幽翠池蓮飄遠香碧紗厨似洗穩臥竹方牀

游仙詩

迴翔青鳥鳳鸞鳴引我蓬萊宮裏行一朶彩雲飛不散星辰都在下方明

蟠桃子熟歲三千高會瑤池集衆仙忽報一聲王母到兩行簫管奏鈞天

碧桃灼灼映珠屏樹底雙成坐未歸按罷雲和笙一曲落花飛滿五銖衣

琪花瑤草不知名白鶴青鸞次第迎游徧琳宮三十六天香如霧襲衣清

春柳

記曾零落感深秋節過清明葉便抽金縷線長拋燕剪綠陰路曲囀鶯喉征人惜別愁聞笛少婦傷春怕倚樓絕愛一番新雨霽輕煙漠漠晚風柔

垂楊垂柳綠參差正值江南二月時紅間夭桃春似畫碧拖芳草雨如絲占來好景當歌舞綰盡新愁是別離無限風流無限態小蠻僅可比腰支

睡起

滿庭紅日照芙蕖午夢才醒倦有餘幽鳥不驚林下客輕風頻揭案前書烹來新茗泉猶沸移得名花葉未舒正是悄無人跡處一雙胡蝶上階除

立春

斗柄才回歲又更立春便已覺春生迎人旭日晨

光麗撲面和風臘氣輕雲活野梅嬌欲笑雪消隴麥潤無聲來年定卜田禾好難得今朝一日晴

登惠山

參差樓閣樹蒼蒼鐘磬頻傳到上方雲釀晚霞開霽色江澄秋水瀉天光名泉篘酒杯浮綠粉壁題詩墨漬香最是句留看不厭石亭西畔倚斜陽

延令暮春

四郊芳樹綠霏微身寄延令野客扉風雨無情驚遠夢關山何日解重圍飄殘榆莢春難駐落盡楊

花人未歸知否生涯漸蕭索幾時息影老漁磯

占得園林趣桑陰壓屋低人來修竹外路出菜花西夕爨煙千頃春耕雨一犁去鄉原不遠猶怯子規啼

劍南集中有古築城曲四首因而有作

築城彌邊患民當樂爲之緣何築城日四海生怨咨

朝築長城巔暮宿長城下三十萬人中有幾生還者

長城高不極效死守者誰偶語尙棄市長城高何爲

城成胡患除從此帝萬世誰知亡秦者乃在長城裏

北山

北山有松柏晚翠猶爭新南園木槿樹炫耀不再晨同秉造化氣榮悴胡不均因思天壤間安能同屈伸物各有所付强致固非倫願言息衆好黽勉全吾真

泛舟至惠山口占

飛飛小艇慣乘風買得游山費百銅四扇窗明塵不到一灣湖曲路疑窮舟行紅樹青山外人在長天秋水中未覽具區情已逸眼前清景畫難工

再游惠山

惠峯景勝甲南邦幾度來游興未降山氣作雲沈遠岫潮聲和雨落空江亭依絕壁窗開四泉亞中泠味少雙偏是空門留色相千金不惜買吳艭

天涯作客路悠悠江上蘆花又白頭雲腳遠拖京

戶雨水光平接海門秋四山風物開圖畫六代興亡問鷺鷗我有旅懷消未得一聲長嘯倚危樓

客梁溪寺中

古刹少人蹤蕭疏事事慵秋懷連日雨鄉夢五更鐘斷碣生荒蘚危樓俯碧松卧游應勝畫窗對惠山峯

歸自延令

四境炊煙起維舟向古楓暮雲平遠岸細雨溼孤蓬村釀盈杯綠漁燈隔浦紅家鄉來日到願借一帆風

西風

西風起天末落葉響空廊撫景已如此孤懷徒自傷嬾無勞可紀拙與境相當不盡蕭騷意生憎更漏長

夏晚

夕陽西下晚霞明步屧逍遥到處行團扇自攜葵葉小短衫初試葛絲輕一杯新茗閑中福十載哀笳亂裏聲星斗縱橫天似洗水梔香意透簾旌

客有以登嘉興煙雨樓詩屬和者感賦一律

昔年慣作江南客曾向嘉禾一繫船十里炊煙秋驛晚滿湖明月夜潮天稻粱計拙輸鴻雁鄉國歸難怯杜鵑轉眼舊游疑是夢令人回憶倍凄然

古意

辦辦江岸梅絲絲郊原柳春歸倘有期征人去何久

綠窗倦無聊嬾繡鴛鴦畢翻怨桃李開多在郎行日

和友人村居秋懷原韻

一夕西風百感生何緣消盡氣縱橫事多反側傷時世人到艱難見性情雲路遠沈新雁影草根深護亂蛩鳴山肴畬粟端堪飽方丈從渠列鼎烹

再和

涸跡風塵老此生底須更作不平鳴鬢絲漸染數莖白胸次曾無一物橫寥落雲山舒倦眼從容詩酒慰閒情莫嫌村市無佳味蝦蟹微鮮倘可烹

歲暮阻雨宿田家

徂歲忽云暮我行殊未闌雨風欺客路雞黍薦村
盤炙角寒初重天涯夢暫安凍雲曾否散侵曉隔
窗看

溪夜

弱柳緣堤密荒蘆跨港生忽看微火閃知有小舟
橫野潤星垂地天空月入城無人相過從同領此
時情

五湖

鳥盡弓藏識獨殊緣何致富號陶朱令人合作巫

臣想載得西施泛五湖

吳江

名士風流晉擅長或遭誅戮或排牆當時第一知
機者藉憶蓴鱸返故鄉

泚水

壓境强秦百萬兵疾風掃葉勢堪驚如何賭墅還
終日根本深憂重老成

龍光殿

國亡曾莫鑒前車戎服談元日不虛自是老聃無
感應不虞遷怒到圖書

延秋門

延秋同出不同歸私語長生誓總非怪底三郎真
薄倖斛珠恩早割梅妃

澶淵

何不吟詩退虜鋒文人羞盡一言中讀書自古須
經濟王戰原來是寇公

黨人碑

誅竄賢良等四凶黨人碑聳洛城中誰知舉國如

狂日不忍鐫名有石工

燕邸

緇衣纔脫忽鳴珂燕邸勳庸孰可過天子不名卿
士畏訓辭嚴愧女流多

同治丙寅河決清水潭未獲有秋下河廬舍
淹没殆盡民人逃往江南目擊之餘不勝悲
感

汪洋一片渺無垠秋稼如雲有幾存波撼壞垣支
斷木天連遠水失前村饔飧莫繼餅中粟棲止爭

遷隴上墩最是嗷嗷鴻徧野流亡誰畫似監門
爨火蕭條冷夕暉幾家艇繫入柴扉塲隅樹密蛇
爭附村落人稀燕自歸兵刼可堪圍乍解躬耕詎
識計全非漫言一飽尋常事頭白誰經此薦饑

過賈湖別墅墅爲餘安叔隱居之處

五斗羞偕世折腰躬耕絶計混漁樵籬笆繞屋青
成障楊柳隨人緑過橋二句爲墅內楹聯夜榻吟餘茶味
永午窗睡足篆煙銷誰知轉眼皆陳迹空對遺編
感寂寥

補讀齋詩集　圭

菊花

被廿番風細數來黄花丰格合遲開穠桃豔李歸
何處同是春光一樣栽
傲霜瘦骨愛蕭晨目雨幽情絶俗塵向道此花多
勁節如何籬落也依人

賈湖三疊前韻

不見遥山一抹青祇餘樹影滿窗櫺農桑令我思
邠俗鄉里曾誰講孝經放翁詩欲爲鄉鄰講孝經儘有秋思託
豪素莫將世事問蒼冥生憎晤語無人共卧聽鄰
槽滴綠醽

春郊

子規聲裏雨霏霏載得春醪踏翠微芳草細分游
騎路垂楊深護釣魚磯隔江山色濃傾黛夾道花
香暗襲衣世事兵氛俱繫慮不如鷗鷺自忘機

秋夕觀月上

放眼天低處涼蟾湧玉盤直從滄海底飛上碧雲
端刁斗秋聲壯關山夜影寒不須吹鐵笛乘醉倚
樓看

補讀齋詩集　圭

贈儒醫某

守得青囊以術鳴功侔良相具深情聞名可使豎
子怯著手行看春意生藥辨酸辛嚴配合證因和
解欲分明惟求舉世沈疴起此願常教似賈生

次韻贈友

博帶峩冠享大烹顯榮從古屬儒生絃歌豫養匡
時氣花草閑施愛物情茅屋晝長書味永筠簾風
靜篆烟横來年定振冲天翼庭鳥須知只一鳴

冬夜步月

踏遍嚴霜白豪情正未闌爲貪今夜月獨耐半宵寒樹影髡難畫湖光靜不湍數行天外雁叫斷朔風酸

凜冽肌生粟霜威薄縕袍凍鴉棲樹早寒月出林高地僻無人迹更深有犬嘷不教餘興盡呼火暖村醪

水村

愛結林泉契頻來水畔村溪聲清到枕樹色暗藏門得句題牆壁移花護瓦盆時和生物遂隣里足雞豚

清水潭決舟行所見

河伯頻爲虐傷心是此年稼禾成澤國村落少人烟飢鳥時鳴樹哀鴻正滿天流亡圖孰上無語淚潛然

初登惠山

水秀山明曙色開登臨一路自徘徊謾誇此地風煙好南國鶯花半草萊

題畫

槐影花香小院清淡妝衣是越羅輕晚涼浴罷無情緒斜倚欄杆到月明

病裏

紅藕香殘桂滿枝東籬蓉菊放遲遲自憐病裏情懷減負却秋光不咏詩

夜坐

領畧清秋味空庭坐夜深螢光流檻角蟲語出花陰消渴頻思酒論文欲碎琴不眠還自語露氣上衣襟

岳墩懷古

當年鎮撫德難忘爲搆崇祠祀鄂王名攝完顏山易撼表傳唾手日爭光懷忠未復偏安業洗恥誰迎北狩皇痛飲黃龍偏未遂中原强半付豺狼

已巳元旦

大有豐年景歡聲動八方和風舒臘氣晴雨黙春光美酒評酸辣濃茶試色香終朝無一事自笑昨宵忙

戊辰重九

嬾佩茱囊嬾咏糕無聊猶復强登高冬寒早作欺單袷霜影新添感鬢毛十里暮霞明水國萬家煙火簇林皋不愁前路歸來晚痛向橋邊醉濁醪

復晤王柏亭

十載流光一電過襴衫依舊淚痕多憑君莫話升沈感且盡當前金叵羅

垂簷楊柳弄晴和此地曾經墨共磨回首舊時都似昨祗餘雙鬢各添皤

潦倒

潦倒誰令藝術疎不須惆悵賦閒居乍逢世亂幾成虜轉爲家貧愛讀書毀譽俗難爭得失升沈理合悟盈虛焚香時掃軒窗坐乍可襟懷略小攄

書寄署仙書後

莫嫌無事冷官銜看盡梁溪處處花半壁江山曾斫賊十年戎馬久忘家承歡早得親心喜破格爭傳帝眷嘉（兄以親老告近由直隸對調江南曾侯奏云查武職人員向無隔省對調之例該守備許玉堂水陸剿防均稱熟悉但期替伍得人何敢拘於成例此亦異數也）笑我名心猶未盡每將奇遇向人誇

升堂弟作惠山詩中有疎林帶雨含秋色句稍有意致爲足成之

幽崖徑曲斷橋菅飛閣層樓半倚山入夏泉聲沈峽底隔江帆影落雲間疎林帶雨含秋色殘碣經年積蘚斑更向招提尋勝蹟高松深處叩禪關

初夏村居

市聲遠隔地殊偏俯仰惟安屋數椽一曲谿環蘿徑水四圍樹蔽草堂天縱觀古史忘昏曉時聽幽禽當管絃何事人間慕軒冕此中小住即神仙

榮悴何曾一繫懷柴門終日向溪開南風盡老沿村麥細雨偏生滿徑苔作繭土蠶眠雜醒將雛梁燕去還來疎慵久不拘繩墨寄語閒人莫浪猜

春歸詞

楊柳陰濃護淺沙春歸何處悵天涯年來最怯傷心事一任東風舞落花

署仙兄善畫梅畫必題詩余因作畫梅詩八首寄之可當一助也

歷盡冰霜老歲華縱橫瘦影走龍蛇始知筆底春

生易不待東風便著花
玉骨冰肌逈出塵可能修到是前生從今謝却凡桃李獨契寒香爲寫真
天生風格壓羣英老幹森森墨瀋清却笑洛陽花似錦輸他枝葉點粧成
名牋新試墨痕香畫出衝寒骨幹蒼莫訝手神如許淡臙脂原只稱花王
天與清香似有私向陽開早背開遲多情怕觸詩人感不畫南枝畫北枝

淡濃點綴費商量雪後手姿水畔粧借問錦官城裏客可知巖壑有孤芳
冷官無事日偏長借得梅花寫熱腸略記孤山山下路滿天風雪逼奇香
含毫細意攝梅魂冰作精神石作根滿紙墨花香不辨好留清氣徧乾坤

游小香岩

聞道園新闢尋芳特地來小亭臨水搆虛牖背花開徑曲穿修竹階平踏綠苔長廊碑碣在摹讀拂塵埃舊爲顧介石畫師之圖

冬野

斜陽薄無色寒意在汀葭野店人沽酒柴門婦紡紗遠煙橫一片細路裂三叉貪看村前景呼風舞亂鴉

其二

野曠天容淨林昏落照斜久征諳土俗多難慣年華鼓角孤城咽魚蝦小市譁榜人知客意到岸酒先賒

元旦試筆

祥雲高捧日華明喜聽家僮報曉晴景物一新隨歲改門庭如故覺春生閑焚艾納聊娛醉戲擲摴蒲試遣情却任親朋忙賀節野人久已嬾將迎

西施

豔色曾經邁館娃君憐君寵等虛花五湖煙水歸何處爭似西村老浣紗

文姬

遐荒流落淚頻揮故土蒼涼景又非同是別離情

孰甚阿瞞多事使南歸

書懷

屋漏茅頻補庭荒草不删花殘春又老金盡客無顏流落逢時亂推排等石頑一枝棲止穩深羨鳥知還

夢中作 時甲戌十一月二十日也

六朝兒女風流地一代英雄戰鬬才如此江山如此景西風斜日獨登臺

酒後作

縱酒高歌盡一壺當年狂態未能無不延聲譽偕時俊常恐廉隅失故吾鳥慣避羅非是黠蠶貪作繭豈真愚數椽雖陋堪棲托月夕花晨興不孤

入夏

薰風陣陣日遲遲正是淮南入夏時新綠漸濃庭樹色小紅猶豔野花姿不禁微倦緣中酒怕觸閒愁廢咏詩安得人生儘如意羨他十丈舞游絲

江村

不道村居景臨江事事幽蒹葭千頃雪煙水一門秋小艇兒垂釣斜陽客倚樓風帆與沙鳥閒在望中收

山行

積翠堆青裹荒山一徑斜幾家饒竹樹隙地總桑麻豚柵編殘木魚罾落淺沙勾留復何意爲聽水邊蛙

四十初度

四十光陰疾轉梭等閒容易脫兵戈餘生豈料還今日百歲堪憐更幾何亂揷黃花蓬鬢短頻斟綠

酒醉顏酡兒童竊笑渾狂慣月夕風晨每放歌

生成疎嬾養成癡悔到當年事已遲二頃未謀終老計一編猶愛作兒時江湖魂斷中宵夢松竹心堅晚歲姿便欲息肩難便息此情惟有夜燈知

艱難一飽費經營閱世風波夢屢驚婚嫁漸看催晚景塵埃深厭務虛名時披簡策論興廢細數交游感死生嬴得蹉跎人不恤學書學劍總無成

浮沈歲月等雲煙無補君親倍惘然青鬢華原非昔日朱顏衰漸失中年書多借讀眞成癖囊縱羞

空肯受憐差喜心安恩怨釋閉門無恙儘高眠

近村農人於春夏之交放舟宿河心五七成羣以避蚊至秋深始歸謂之宿港

作息歸來日已斜放舟去宿水雲涯郎今何事安心慣每到春深不戀家

水光如練印長空兩兩三三聚短蓬儘把歡情慰辛苦四絃低唱滿江紅

天低曠野月沈湖風逐蚊蟲半箇無一枕露涼酣睡穩不知世有碧紗厨

柴門咫尺遠相望身共伊人水一方消受清風明月盡稻花世界芰菱鄉

探梅絕句

昨夜春風來吹徧山中路料得寒梅花清姿倘如故

不騎灞橋驢但載蘭陵酒隔水似聞香却被東風誘

對雪

機巧憑教一例刪偏經磨折石同頭半生作客終成拙萬事勞人未許閒華髮漸添霜影白敝裘頻涴酒痕斑梅花撐拄冰霜骨飛筆吟香晝掩關

渡江

落日催行客孤帆晚渡江雲深沈鳥路潮長頂魚矼望遠吟情逸饑驅壯志降此游吾已倦把酒倚蓬窗

贈別王柏亭

獨對行裝淚欲紛萍蹤纔合又重分人當失意難爲別酒到離腸最易醺謝客游情尋海月少陵交

誼悵江雲從今竹樹葱蘢處對榻何年復論文

耿耿書燈搖四壁春花秋月酒盈巵那堪今夕一爲醉未定何時重與期歸去有詩須早寄別來無件更相思漫言間隔無多路望斷迢迢水一支

秋海棠

石欄干外玉階旁種得名花號斷腸嬌臉暈痕猶是血芳心深鎖不聞香盈盈弱質悲秋瘦脉脉柔情怨夜長一段牢愁誰可訴祇應啼恨付寒螿

不隨西府鬬芳春獨抱秋心劇楚辛如此冶容真

絕代若教解語更憐人豔妝靚對窗三面瘦影𢓜
窺月半輪多少狂蜂癡蝶輩從來未許一相親

浮蹤

襆被蕭條甚浮蹤是處留一燈初照夜孤枕忽驚
秋飄泊疑無賴迂疎動見尤庭前有棲鳥何事亦
啁啾

暑夕

夕照炎炎火樣明林蟬得意競高鳴掃除酷暑風
無力點綴良宵月有情螢火碧流深徑亂藕花香

散小庭清不須更作浮瓜計涼意潛隨玉露生

處世

處世若大夢胡爲勞其生李太白句達人固無慮俯仰
舒吾情不幸當叔季世故多紛爭操持端所向饑
寒每相并詎識致之道胥成流俗輕丈夫貴立志
焉能朝夕更毋僃人負我一語與心盟持此日周
旋安問身後名

讀欒城集中有四十一歲歲暮日歌余齒適
相符也因用其韻

半生坎坷不適意轉眼明年四十二人生通塞那
可必得失要自中心知憶昔入世攖隕越路歧躑
躅多狐疑會當紅巾粵西起非常禍變殊難期塗
炭十省肆殺戮名郡大邑生茅茨餘生難保在旦
夕耕織不諧民力疲坐荒歲月生意薄劇處不免
寒與饑仰望王師若時雨泄泄應覺從前誤轉思
貧賤老鄉關猶勝流離道途苦卽今四十未爲晚
迷途未遠行當返珍重桑榆努力收時乎時乎不
再還

和

醋邸送　富天使督師揚州原韻

天教耆老拯羣生誓戮鯨鯢震大名累葉勳庸高
北地兩朝節鉞重南征農桑不擾孚羣望賞罰無
偏秉至誠從此江淮慶安堵徧氓何幸識旌旆
數乘危險不知驅叉擁星旄出　帝途深恤繁華
擢勝地久懷威德感征夫重帷獨贊攻心略一代
中興拓古模指日膚功傳檄定萬年鞏固祝
皇圖

重受深宮寄託難敢教心力不全殫殊恩獨被榮膺杖餘孽猶存肯解鞍邗水月明刁斗肅蕪城雲暝鼓鼙寒戚休與國知無極何事馮煖倚鋏彈

木蘭

十二年來火伴依雌雄罔覺古今稀決無有事何妨有身若封侯底様歸

獨坐

獨坐常終日閉門看水流滿天梅熟雨徧地麥成秋港窄通漁浦雲深隱寺樓鷓鴣如有意啼徹女

桑柔

落花

春又今年去花飛片片英狂風何太妬流水共無情香歇悲金谷紅飄惜錦城不堪惆悵意薄暮尙聞鶯

春日村居再用花字韻

好鳥遷喬弄舌譁春光也解到田家暖風作態頻舒柳細雨多情爲釀花水淺石堪供把釣籬疎烟不鎖烹茶得閒呼得西隣叟一局枯棋戰日斜

晚望

晚日西沈盡遙天散暮霞短莎濃匯鴨淺水亂鳴蛙芳樹千重合輕帆一片斜回頭新月上野景正無涯

雪霽

雪天霽後月光斜酒罷風爐自煮茶值得耐寒清不寐紙窗疎影上梅花

題王柏亭垂釣圖

古人重學問隱居以求志今人重功名遂與古人

異揣摩八股文以此致高位下視江湖人一切不可意詎知煙波間賢達跡所寄富春與桐江高風今未墜王君爲此圖豈直詩書棄荷笠復攜竿自有扁舟思蓴鱸老釣徒秋風高位置我欲共煎茶樵青當可使

補讀齋詩卷下

吳陵蓉裳許愛堂

書意

危坐求無事安貧養不才驚魂蘇亂後豪氣減年來杯酒分鄰釀牋詩和友裁何當尋隙地高築讀書臺

秋日登岳阜復游小西湖

秋色滿前林秋寒上客襟何人同寂寞此日獨登臨木落天光逈風高雁語沈隔溪有幽徑不惜更相尋

好雨

好雨忽南來霑足在俄頃萬物被膏澤有如醉者醒奇花弄鮮妍佳禾挺新穎餘潤滿琴書樹影當窗靜余心最歡此俗慮一時屏危坐焚妙香消受幽閒境

九九消寒詩

九日初交朔氣無一陽潛復琯灰蘇小窗商略閑無事寫出消寒第一圖

二九依稀日漸長禦寒衣早備綿裝一樽婦子團圞坐且把新醅臘酒嘗

同雲密密暗斜暉繞舍風聲共作威共慶來年豐稔兆郄當三九雪花飛

四九連綿雨雪寒高樓羊酒夜追歡世間苦樂原難並日暮蓬門尚未餐

五九時當九九中再遲幾日即春風天工不信人能奪烘得鮮花入歲紅

六九融和正立春晴窗暖日最宜人鬭時兒女鬭情甚綵勝金旛巧樣鮮

堅冰初解又成團七九從來例苦寒差喜入年浮事盡一樽邀友作春盤

重裘欲減冷如何八九無勞凍手呵催得燒痕生意動霜青連日釀晴和

曈曈旭日射書龕九九圖成墨意酣隄柳舒青梅破萼不勝春色到江南

四十又過二

四十又過二流光不我還敝裘仍禦臘濁酒暫開

顏勁節風前竹晴雲雪後山未能營十畝何日賦
閒閒

同治十三年十月初十日
慈禧太后千秋壽誕奉
旨普天同慶前後五日懸燈恭紀
盛事

千秋佳節頌良辰　萊彩　宮闈笑語親萬國珍
羞崇　孝養十年宵旰祝　精神西池桃熟　顏
常駐東海籌添算正新翊贊中興磐石固女中堯
舜德無倫

遐陬喜氣動臣民　鳳閣　龍樓景象新燈火千
門天不夜謳歌萬國地皆春草茅須競岡陵祝寰
宇　恩沾雨露仁更值當頭明月滿光歌復旦慶
重輪

賈湖苦雨

十月離家九日陰閉門枯坐悶難禁淫雲不散天
疑漏積潦難流地欲沈繞樹風聲催令信終宵檐
滴動秋心略無事可能消遣目送飛鴉入遠林

報晴無鵲噪庭柯門徑蕭蕭絕客過縱有軒窗舒
望眼那能詩酒便行窩泥深斷岸橋支木風撼頹
垣屋補蘿最是夜來驚夢醒淒清一枕奈愁何

冪冪雲陰蔽日輪水村暫寄百憂身借來蠹簡難
終卷賒得村醅不醉人細合炊煙迷遠舍驟添秋
漲入前津鐘聲又報黃昏近依舊瀟瀟聒耳頻

滑澾泥深怕出行起居常此屋三楹每憑雲樹占
風色還倚窗櫺候月明岸葦不情哀響咽庭花無
豔淚痕清何時淫靄全消盡幾縷朱霞釀晚晴

雨中歸賈湖

買得扁舟小瀟瀟雨一蓑涼雲垂地盡秋水接天
多溪路隨楊柳柴扉指薜蘿狂吟人不見鴟鷺掠
遙過

宿如來庵有感

昨日買孤棹來住山中齋塵埃拂窗几琴書略安
排山僧具蔬粟海月窺庭階言念昔年友生別與
死埋死者長已矣別者遠莫偕我欲往從之隔此
水一涯太息聚首期人生何多乖把盞不成歡輾

轉憐中懷

采菱詞

草草梳頭掠鬢鴉盪舟呼伴笑聲譁采菱多寡渾閒事輸把菱歌唱轉家

不畏舟輕復水凉不愁纖手刺能傷秖緣愛潔諳郎性自摘鮮菱自餉郎

紙窗

撼樹風聲夕未休紙窗燈火劇清幽一尊鰕菜謀宵醉十載江湖悔浪遊案有殘書聊永日庭無落葉亦驚秋平生豪氣今餘幾羞說元龍百尺樓

再晤王柏亭

聞道分襟後飄然事遠征如何經挫折便爾薄功名詩酒中年癖饑寒末路情交游餘幾輩揮涕話生平

初夏村居

桑榆濃蔭密成行扁豆牽藤上短牆徧叩鄰扉人不見踏車處處插新秧

落盡榆錢與柳綿學飛新燕滿庭前披襟漸覺薰風暖正是村村打麥天

綠葦青蒲密間疏當門流水接清渠兒童裸體無人管爭向灘邊賭捉魚

縛竹編籬任幾家門前屋後儘周遮防他鵝鴨呼雛過半護園蔬半護花

讀吳梅村集

出處誰知負此生傷心跡似庾蘭成謳吟半屬前朝事慷慨如聞變徵聲才子偏教逢刼運北山未許養高名淒涼一曲瀕危語偷活當年涕泗橫

早涼

獨有梧桐感早涼鳴蟬猶自噪斜陽風翻菰葉蕭蕭響雨歇菱花細細香十載名心如水淡一年詩思入秋長蒲葵漸棄精神爽竹杖芒鞋到處狂

曉發賈湖

喔喔雞聲動荒村已束裝夜烏寒屢噪曉月淡無光帆飽知風勁衣單怯露涼隔溪明一點宿火隱漁航

雨夜

薄暮陰雲四望平醸成一雨滴深更秋歸水國涼
逾早人在鄉村境倍清祇覺閒愁生客枕可堪衰
鬢對書檠生憎窗外梧桐樹密密疏疏響到明

正月六日雪

颼颼一夜響窗紗破曉方知雪意賒狂戰朔風搓
柳絮寒催春訊釀梅花壺觴禦冷頻呼酒棗栗娛
情更煮茶幾日郊原冰又泮麥苗舒翠草萌芽

次韻畬王柏亭

匆匆東行李泛棹水鄉來驚我素心友遠遭風木

哀窮通原有定懷抱那能開怕聽柴門外寒鴉噪
幾回
愁來若鍼砭入人深復深功名春曉夢婚嫁暮年
心誰道貧非病其如昔似今故人同此恨搔首獨
沈吟

螢

無聲下綠荷流影度簾角何不韜其光免致輕羅
撲

近午

近午日如蒸安居汗亦生槐陰當戸密荷氣撲簾
清屏事容藏拙科頭許任情竹牀欹坐處閒看蟻
兵爭

深居

忽忽流光去深居若夢驚饑寒磨壯志烽火泣餘
生鬢早隨年白名當忌獨清幸餘書一束聊以慰
余情

丙戌除夕

杯酒妻孥聚今宵歲又除長貧時節賤寡合友朋

疏縛鬼窮難送焚詩債可紓春風明日動端地仗
吹噓

丁亥元旦

六街爆竹裊青煙瑞雪飄殘五九天猶有童心當
令節定如人願是豐年新詩自寫宜春句縱博頻
輸壓歲錢爲語兒曹謝來客老夫沈醉已高眠

淮陰侯

封齊封楚復淮陰高帝猜疑匪自今鹿死佐成天
子業狗烹險濟婦人心千秋功過行難掩一論恩

讐感不禁多少勳臣誅戮徧漢恩安享是誰深

新息侯

軍中曳足志堪哀槖葬誰憐掩草萊銅柱有功垂犖地薏珠竟莫辨泉臺追封新息恩原薄交論通家禍已胎他日酬庸須畫像椒房何事例刪裁

李少卿

創病扶乘力不禁五千兵寡竟成擒封侯莫遂男兒願負國誰明志士心媒蘖禍延司馬慘死生交卹子卿深老親被戮妻孥共悲憤長留直到今

蔡中郎

一代才人班馬同緣何賦命太奇窮未能魚水逢明主空有文章動上公贖罪不容修漢史知音誰復識焦桐可憐有女還沙漠不是曹瞞老朔風

蒲扇

人皆製紈素我獨愛編蒲柄大輕同葦叢生舊卹菰樸還爭傲吏鄙任誚狂夫爲問豪華子吳中有此無

月夜溪上

雲影波光一碧開滿天涼露溼蒼苔柳陰小犬唁唁吠知有漁舟隔岸來

今夕

今夕月無色繁星光滿天風來梧葉細露滴竹根圓涼漸欺輕葛貧仍守舊氈流螢如有意飛墮曲欄前

雪

風勁勢更狂僵凍墮人指白盡村烏頭忍饑飛不起

密密復疎疎頓失村前路漁舟冒雪行盪入蘆花去

端陽

角黍青浮竹箬香物華容易又端陽三杯蒲醑酬佳節一緉芒鞋老故鄉照眼豔驚榴火重避人飛愛燕雛忙靈均應散幽憂氣簫鼓龍舟鬧未央

秋柳

縧陰消盡絮成萍回首天涯露又零殘照荒涼游冶地西風搖落短長亭歸來陶令腰難折老去徐

嬝鏡尙青縱有鶯聲時一囀歌喉硬澀詎堪聽

讀石枰集

石枰嶶州休寧人姓戴名勝徵字岳子石枰其別號也讀書不得志奉母來居於秦之東淘與吳野人相倡和其詩清峭淡遠別具爐錘眞逸才也但無坊本非藏書家不得見以先生之名知者甚少可爲一慨云爾

岳子有遺集披吟感我深短詩聊寄意長騷豈初

心嘯傲結艮友棲遲懷故林倘教生並世買棹定相尋

洗盡鉛華習仙才迥絕倫句新饒古意韻逸見天眞獨得清高氣同傷灊涸因不禁終卷後孤坐爲酸辛

自信

自信平生嬾是眞吳梅村句 每尋閒處寄閒身閉門抵死謝機事展卷常時對古人松菊任荒三徑宅鷺鷗思結五湖鄰何當一挽滄浪水浣盡征衫舊日塵

庭中見早雁

井梧初落夜初涼不道飛鴻已作行早避霜華辭朔漠遠傳秋信到瀟湘稻粱較我謀還切矰繳憐伊境可傷莫更爲人頻寄字江南蘆荻正蒼蒼

柳枝詞

漠漠晴煙颺遠空沿堤學舞一何工江南二月春如海都在鶯聲細雨中

含情脈脈眼羞抬萬縷千條綠滿街十里好風吹

不斷儘伊消受暢春懷

者番粧點費東君煙暖風和特地熏幾日不來江上路平添春色到三分

綠遍山隈與水涯柔絲低拂玉驄斜夕陽一角濃於畫遮斷橋頭賣酒家

柔條每爲贈行攀長短亭前水一灣記得濃陰最深處有人倚笛唱陽關

陌上香塵逐馬蹄陌頭飛絮黏春泥柔條盡日無人管惟有流鶯自在啼

五十自述

齒牙脫落髪飄蕭，無分貲郎博下僚。貧女梳妝原昨日，狂奴氣習尚今朝。搜羅風物歸詩卷，陶汰名心藉酒瓢。布襪青鞋行自在，餘生長此混漁樵。

溪山深處掩柴門，歸後征衫有淚痕。荊棘徧經塵世險，簞瓢敢忘地天恩。從無戲謔加儕輩，悔不詩書教子孫。今日相看人漸老，當年心跡更休論。

勝概豪情一例捐，每逢閒處愛林泉。何妨禦臘衣非帛，但願尋春杖有錢。野鶴祇今如我瘦，寒梅無意使人憐。問渠體會平生事，不慕王侯不佛仙。

頭銜自署長翁新，半藉泥塗作隱淪。老戀桑榆原至性，氣含蔬笋足清貧。魚龍變化原難定，虎鳳飄零合有因。願得圖書三萬卷，供余消受百年身。

覽鏡見白髮數莖作以誌感

萬事苦不適，況當春暮時。侵晨鑒明鏡，華髮忽成絲。身世悲遲暮，風塵飽亂離。有何堪慰藉，閉戶誦陶詩。

村前

行行忘遠近，迤邐至村前。荒草没寒渡，孤禽入暮煙。聽鐘林下寺，沽酒杖頭錢。晚景真堪愛，丹楓樹樹鮮。

春日村居 板橋老人原韻

隄邊淺水漾平沙，屋後新蘺補舊笆。數畝瘠田供種秫，三弓隙地儘栽花。每乘酒興聽春雨，時把詩情絢晚霞。飽領睡鄉好風味，任他啼遍樹頭鴉。

吹笛 用杜工部韻

風露蕭蕭衆籟清，何來吹笛動哀聲。隻身江海悲秋老，一夜關山望月明。南國繁華成短夢，中原少壯殁長征。

憑伊漫譜思歸引，觸撥鄉愁幾處生。

游焦山不果詩以别之

久聞焦山名，未到焦山巔。昨從京口渡，半向窺嬋娟。買舟欲徑往，風勁不得前。可望不可即，悵悵徒情牽。令我心神飛，苦墮山之邊。清幽罕人跡，境别開一天。松杉四圍合，蒼翠生寒煙。殿閣隱林杪，白雲相周旋。似聞清磬聲，泠泠而鳴泉。又似緣石蹬，攀蘿覽大千。天風振衣袂，飄飄身欲仙。足跡雖未

到景物想當然投詩贈山靈不可謂無緣臨別重低徊覷面將何年

歸自潤州

紆迴沙岸曲土𨍭淨無塵修竹忽當路青山時送人鳩聲催好雨鶯語戀殘春記取經行處重來莫問津

月夜泛舟至近村

風靜艣聲輕扁舟獨夜行月光沈水澈露氣逼人清幽夢驚鷗醒疏更聽雁鳴一燈明滅處林外是

柴荊

高氏作伯尊歌

高氏有尊其體方巨口宛轉兩耳張哀然大腹容斗漿蟠以螭文何精良鐫作伯尊古篆詳精華吐作亦綠光粹乎其質金玉相鑄自何年周與商高君博古素所長攷据下迄秦漢唐不得其實義渺茫摩挲舊物增彷徨用以名齋栖古狂珍逾趙璧什襲藏子孫世守示弗忘我祝高君何如貢之於明堂上與湯盤周鼎相喬皇四夷來朝玉帛將爭

失說出世　俟按

先快覩播遐荒作邦家光獻琳瑯大放厥詞理卜昌余其拭目爲君望

附陶真人鉢記

蓋聞神仙之道儒者不言懼其惑世也雖然壺公之壺洞賓之枕至今說者猶鑿鑿也烏可以一概論之哉有明陶仲文者湖北黃岡人少習長生之訣善導引服食得大丹之道久而仙去嘉靖間大內不靖召仲文祓禳鑄鉢以賜詳鉢蓋初無離卦意後陶而得者不適於用剜之以

代爐鼎今歸吾邑高氏余見而異之曰噫嘻此鉢也胡爲乎來哉方仲文未仙時日與此鉢周旋仙去而遂遺之是此鉢不得與壺若枕之長伴仙踪豈物之遭際亦如人之有幸有不幸耶流落人間得賞識者珍而藏之若是乎鉢亦可以少慰矣吾于是重有感焉夫天下之物得神仙爲依歸者必其能異于常物乃爲世重不然何物不可假以仙名彼豐城之劍光能自達于斗牛諸葛公人也軍遺行鍋土人耕而得之或

數薪而沸或不火而熱今茲鉢獨無所能何其貌是而神非歟抑好事者爲之以欺世歟甚可異也然此鉢質古而秀寓方于圓迥異乎常物則其寶之也亦宜

署仙兄輓詞

臨淮援剿文蒙城富帥之剿苗逆兄得與焉屢荷　天恩記姓名裹革有屍曾許國縛雞無力乃知兵伏氈草檄背磨盾畫地屯邊夜結營兄荷富帥委司文案兼營務處所幸成功身得與旄倪親見返歸耕

鬓年壯志勵飛騰投筆從戎氣益增偉績未容書竹帛微官竟已畢才能兄以文案保舉時願就武職爲親老家貧故也官途貧到囊如洗軍政威傳玉有棱親已歸山兄納婦蓋棺遺恨得無曾

鄉關分手記匆匆五載光陰轉瞬中別後音容成契闊奇來書札祗情通兵機曾向重帷贊輿論都從一死公忍向梁溪尋舊路無多涕淚洒西風

雁行摧折痛離羣此後相思悵暮雲曾有話言能及我竟無魂夢可尋君壯年戎馬悲鞅掌早歲雖蟲悔論文兄應童試屢不售猶憶縱譚攻剿日戰場事事駭人聞

天外飛傳死信頻潸潸難禁淚沾巾病非親見猶疑妄事到傷心最易眞迴溯餞行成餞訣忍看歸櫬與歸人此行不比尋常哭門第興衰繫此身

哀詩一紙當招魂笑語徒思舊日溫異地妻孥雙淚盡中年兄弟幾人存田無二頃依城郭屋僅三椽在水村料得此身遺憾重涓埃未荅是　君恩

登龍山絕頂

一縱登臨月湖天入大觀轉憐金錫小始識水雲寬煙嶂横空到閭閻撲地團茅庵如可稅來此伴雲巒

游岱嶽寺

來訪招提境垂楊直到門徑紆橋跨市溪合水成垣樹木參天古樓臺得地尊老僧趺坐久相對默無言

和王柏亭登弁山

蒼巒疊疊聳崚嶒拾級攀躋興頗增遠水浮空天

似浸輕雲出岫嶺如蒸拾來野栗饑堪療曳得藤
枝險可登（山多栗樹兼多藤可爲杖） 何處一聲清磬動上方
還在最高層

六言小詩

春色三分已去綠陰濃護樓臺不信東風似客猶
催紅藥齊開

寄署仙兄

八口勞薪力勉支那堪偏値歲饑時長貧親友交
如水多難光陰鬢有絲經事始知今日少讀書深

恨十年遲空階蛩語遥天雁幷觸畸人夜夜思
胸懷落落願難償塊壘澆頻累十觴運甓已忘天
下事攤書還挹古餘香家聲自喜承清白詩格終
難造老蒼爲報故園風物減野無遺穗橘林荒

雨後

赤日不知午涼生雨後風香爇龍腦碧花綻鳳仙
紅新浴身初爽高眠帳似空蟬身猶未息新月已
如弓

風雨

寒蛩響雜樹颼颼風雨頻催作暮秋恠底十年無
奈事都教一一上心頭

村夜

北風尋隙入窗櫺寒氣凌人酒力輕微火裊青燈
半壁巖霜飛白漏三更時艱末路甘雌伏歲惡荒
村有犬聲展罷衾裯孤坐久閑愁如縷滿懷生

自嘲

笑爾原來百不能空餘短髮露鬅鬙作詩羞掇前
人唾嫉俗宜招舉世憎丰骨梅花高自許襟懷秋

水潔難憑勸君切莫矜疎放兩字饑寒免得曾

讀趙甌北集

又是詩家一大宗獨兼工力孰如公清新語帶談
諧妙鎔鑄辭多典雅工邊塞煙沙成畫本山川感
慨補歌風藏園悲壯隨園麗各有千秋譽並隆

孟河就醫途中作

筋力難爲禮扶衰世少方城初尋孟瀆仙合遇長
房山色迎人綠花枝夾路香江南好春色翻借病
游將

孟河

馳驅剛兩日，到喜值斜曛。地僻城如市，山空路入雲。人煙攙藥氣，行李撲塵氛。借問橋邊叟，何方是隱君。

登孟河城

嵐影天光四顧間，登臨豪興未容慳。城低垣堞高平屋，邑小人家散入山。古蹟細尋前代碣，嚴更猶警此時關。兒童解說河新濬，十里江潮引水還。

渡江

十丈孤帆峭接天，中流直與鳥爭先。風排巨浪翻成雪，日盪空江淡似煙。回首始知平地穩，轉睛頓覺遠山遷。羨他萬頃飛濤裏，一葉漁舟自在旋。

贈范慕陶 時同就醫孟河

路隔三千里，何緣識范雲。清談霏玉屑，雅抱挹蘭芬。藥裏同憐病，萍蹤偶合羣。明朝一分手，天末悵斜曛。

三男勤官年十四矣，苦殤於痘，詩以哭之

造化緣何設此關，痛兒身死尚斑斑。蚤知壽算生

來短，悔弗經書事業刪。細認容顏渾不識，縱招魂魄可能還。桐棺一蓋難重見，勝隔千山與萬山。

弟兄環喚罔聞知，相對難禁淚似絲。從此永無呼父日，將來終有會兒時。生前玩好多拋置，地下飢寒自護持。空復營齋與營奠，爲伊解脫仗牟尼。

漫說前生債未償，何曾一事忤爹娘。慚無福澤成烏哺，致使兒曹斷雁行。惜物尚餘新筆墨，殮身特囑舊衣裳。兒歿時囑勿作新衣 細心怕觸高堂痛，雙淚偷流暗自傷。

十四年來寢食依，從無鎮日久相違。檢將衣履渾忘死，倚到門閭尚望歸。空說文昌能照命，預愁飯喫有先機。兒於是年元旦忽然墮淚，詢之曰：恐將來沒飯喫。 怕聞阿母深更泣，夢裏呼兒醒却非。

曾有何恩另眼看，僅餘粗糲免飢寒。讀書耐慣三更久，歸夢其如一接難。梨棗不爭循弟分，話言多順得親歡。祇今寂寞禪房裏，長夜孤眠六尺棺。

古寺同游記暮春，豈知竟是爾棲真。一盂麥飯誰人管，半盞寒燈釋子親。地僻怯憐新鬼膽，輪廻願

此詩可刪
記得句用了
悼亡之作也
別有父子
死乃成語
亦不欺

作宰官身詩成擲筆腸應斷倘結來生未了因

勤官殁後思之不已復作記得詩十首哭之

抄六

擇師訓誨豈容差就學遥經路幾叉記得雨雷交作候慮他泥滑正歸家

朦朧眼麗起匆匆時晏愁妨誦習功記得隔宵兒囑付喚儂須是日初紅

斜陽落盡月如規何事今朝下學遲記得晚來心不放倚門懸望立多時

貧家風味苦寒酸草草盤飧絶旨甘記得祁寒炎暑日阿娘軟語勸加餐

桃甘瓜熟藕絲長鮮物隨時上市忙記得門前增價買可憐俱是去年嘗

新泥雨後劚蒼苔棠鞠雞冠次第栽記得一春勤灌溉忍教他日看花開

次韻壽友人六十

不衫不履欲成顛慚愧人先我著鞭滄海珠遺空自惜澗茵花落有誰憐坐消白屋三更雨醉瞰青山萬里天願得希夷同大壽三千年內倘高眠

再到延令過署傷舊業有感

近水遥山綠漲天江城重到倍凄然謝公別墅更何姓徐渭才名值幾錢回首曇雲花一現驚心風物柳三眠明朝又是驅車去芳草斜陽嬾着鞭

春日村居

涇雲濃霧壓村低暖盎花畦與菜畦林角軟風雙燕語柳陰斜日亂鶯啼薦飢歲轉安耕耨劫火灰消罷鼓鼙何處人間無樂土結茅擬近小橋西

餘生

兵燹餘生寄水鄉每逢佳日儘徜徉有書遣興安心嬾無事趨時放膽狂强飯固應當食肉補牢猶可及亡羊兒童未歷干戈劫頻話當年事短長

秋夜散步林麓徘徊夜景偶有所觸爰作四章

月

一片秋宵月清光掩絳河古今哀樂境窺遍是嫦娥

露

露珠圓且勻溼透道傍塵爲問履之者悽愴能幾人

風

生殺萬物權都在吹噓中今我發遐想解慍思薰風

雲

蒼天仰其清旭日愛其麗怪底不爲霖何事多遮蔽

石桴集中有里中一首係有感而言也余用其韻易數字作一首

里中無賴兒習武騎大馬自詡聲氣通不愁附和募手提半石弓炮躍來營門不識一丁字同沾選拔恩夜半達巷忽喧沸某兒不第某兒貴也整冠裳謁父師隣里聞之驚出涕

往潤州作金焦之游途中作

不事登臨合笑癡此行濟勝豈無資連天霽色紫芳草遮道煙痕鎖柳枝莫負好山須載酒但逢跡定留詩東坡玉帶西周鼎要向禪門乞一窺

登金山

一笑江南好名山此度經嵐光分北固泉脈問中泠戎馬人餘感鐘魚佛有靈我攜詩句在吟與老龍聽

御碑亭

頓覺雙眸豁憑亭拓我胸江聲走吳楚山影壓魚龍孤塔聳危壁層樓倚斷峯漫須誇玉帶題句記游蹤

法海洞

法公尙有洞郭璞已無墳我來一憑弔長江空白雲

登甘露寺

古寺依山險僧樓獨扣關大江趨海急狠石抱雲閒重鎮傳三國孤城控百蠻懷今兼弔古誰與念時艱

北固山

爲訪前朝寺來登北固山遠帆隨鳥沒微雨帶雲

還烽火十年恨星霜兩鬢斑徘徊歸路晚新月一弓彎

立秋

難驅殘暑扇無功高揭筠簾待好風滿地露華驚蟋蟀。一絲秋氣感梧桐。酒痕淺浸瓜瓤碧燈影微分菡萏紅浴罷中庭還小立星河西畔月如弓

冬窗

窗紙新糊一室明迎門曝背愛冬晴疎梅欲綻陽初動稚竹猶低雪漸輕娛老心情團骨月放狂談論溥公蜖圍爐燒栗兒時事回憶當年似隔生

卧病

止酒頻思卧攤書強自看老懷厭世態病骨敵春寒笋蕨嘗新蚕葰苓彊疾難關心復何事孤負是花殘

即事

壓頂雷聲走半空濃雲如墨潑天東臨流一帶歸舟急雨脚低垂到上風

再游岳阜得秋字

清流帶城郭荒寂使人愁古寺夕陽晚空山黃葉秋孤忠瞻玉照片石仰銀鈎莫話當年事悲風動柏楸

歸舟

紙鳶弄影晚風微十里驅車趁夕暉小市酒香招客醉長江山色送人歸葉稀桑柘知蠶醒麥秀郊原看雉飛猶記來時投宿處板橋西畔有柴扉

再宿如來庵

門外煙波寺畔齋徘徊夜景眼頻揩月明棲鳥時遷樹風急流螢驟墮階止酒忍教成靖節結繩疑是近無懷僧雛不解人心事晨夕鐘魚好夢乖

書意

老抱憂時感閒存愛物心編籬勤護笋種樹望成林謝客非關嬾觀人每自箴無因托長鏟采藥入山深

感舊

昔年意氣欲空群此日真無一可欣行與世違同菊傲莫令誰合倩蘭薰江湖回首棋頻負風雨傷

懷酒易醺値得撫心應自問不知負腹負將軍

聞笛

一聲嘹喨作龍吟觸緒紛投感不禁楊柳曲含當日怨江湖秋老此時心殘燈昏暗剛中酒華髮蕭騷易上簪無那餘音猶嫋嫋隨風吹入碧雲深

初夏幽居

水滿池塘草滿坡幽居爽氣麥秋多沿門樹色青張蓋隔岸湖光綠剪羅嬾使機心棋半局愛尋古緒卷常摩箇中未許閒人到獨據胡牀自嘯歌

羅塘道中遇雪

同雲冪冪四圍低凍合長途滑馬蹄安得圍爐茅屋底一尊泥飲醉如泥

朔風刮面雪花麤踏遍瓊瑤力未逋試問蹇驢橋畔客梅花今日可開無

有感

同俗時難合躭吟趣漸深品宜爭白璧交已重黃金止謗原無計歸耕尚有心戲游徵逐者可許訂知音

久矣輕榮辱還將熱眼看閒雲猶變幻平地有波瀾世絶衡情論人思唾面乾祇應深閉戶努力快加餐

紅橋道中

潮長蘆蒿短圩高竹樹齊人家在何處惟聽午雞啼

沙岸隨江曲籬笆夾路斜柴門人不見閒煞碧桃花

靖海樓晚眺

樓自何年建禪門掩夕陽樹經雷火劈（庭有銀杏二株雷劈）其枝城抱海天荒鄰圃秋菘綠山廚野蔌香倚欄遙指點林葉變新黃

元旦

新年風物喜新鮮年少冠裳各競妍我獨豪情誇腕力宜春雅許作春聯

賀節歸來倦不勝烹茶聊復擊寒冰兒童笑指窗前說凍雪封梅放未能

苦寒

同雲釀雪欲成團朔氣凌兢正苦寒暝色漸深鴉陣亂凍痕乍合水紋乾敝裘需贖貲偏乏濁酒謀沽欠亦難不羡朱門狐腋客可知耐冷有袁安

柴門

灣曲環村小柴門掩薜蘿秋聲天半落月色水邊多浩刼消兵火豐年足稻禾晚來無一事倚杖聽漁歌

作詩

數日不作詩中心輒作惡時復一搦管覓句苦無

著擲筆乃大笑便腹餘糟粕如此稱作詩直繼謝康樂

蘆花

白于雪更軟于綿趁得西風儘放顛萬頃涼雲低覆岸、一方秋水遠連天、輕華暖入詩人被冷豔香飄釣客船、欲向秋聲高卧處箇中未結屋三椽、

秋蟲

鄰家四起秋砧急助得聲聲況有蟲三徑荒苔風定後滿階落葉月明中哀吟欲下離人淚細語如傾嫠婦衷指日空庭霜信緊爲誰夜夜泣寒叢

旅夕

旅夕凄無伴微雲又作陰茶煙孤館細燈影小窗深久客疎歸夢懷人繫遠心民風日凋敝使我欲沾襟

子規

蜀王魂化自誰年叫徹春深口血鮮一徑落花微雨裏四山芳樹夕陽邊不歸故國啼何補直到亡身恨可捐無那終宵聲不斷縱非離別也淒然

桃葉渡

桃葉渡頭桃弄姿渡江來往唱新詩不知桃葉今何在問着行人笑不知

莫愁湖

虎踞龍蟠一望收水光山色自春秋六朝不盡興亡感何事湖名尚莫愁

梅花絕句

一株兩株梅十枝八枝花春風縱勾引終不墮繁華

策蹇橋邊路尋詩水畔山不愁風雪冷有鶴伴淸閑

虞姬

十年弱質慣從戎此夜何堪話別衷割累已拚先一死輕生不惜報重瞳尊前氣短歌喉咽帳下香消劍血紅幽恨至今猶未泯化爲衰草滿江東

棋

兩陣縱橫併力攻小窗神歛日曛時謀成易地爭先疾算盡通盤應刼遲深守重關防突騎斜飛一角出偏師依然輸與傍觀者勝負從君總不知

和袁季枚鄭谷韻見贈之作

花殘又值暮春天白髮今年勝去年佳句慣酬詩有債牢愁難遣酒無權力爭流俗終趨海老負明時擬種田便欲傾心結蘭契薰猶味恐不相聯

春風滿座帳開天造就多方到少年經國文章歸大筆騷壇旗鼓擅中權論交許列他山石謀食嗟無負郭田指日聲名滿京雒莫嫌身不與班聯

再和

桃李時光蓉菊天吟髭撚斷自年年傾殘鑿落觴無政鬪徹尖叉筆有權漫擬學仙求點石不曾作宦話歸田爲娛花月躭歌咏安識屏風記十聯

風流爭說大羅天慚愧桑榆已暮年不受剪裁空有尺狃於輕重豈能權棲遲自合愚名谷烽火同驚刼變田珍重新詩頻我寄幾時還約句重聯

塵塗

馬齒徒隨歲月增塵塗角逐竟何能謀生計拙貧誰告媚俗才疎世屢憎捷徑每看人易得好山倦與客同登江關兵火何時息安得逐家到武陵

泊江口

極目望無邊蒼茫水泊天江涵秋氣肅月湧浪花圓曙鼓催城漏山鐘破嶺烟深溪來日到好品惠峯泉

過關口占

地當險要鎮江干來往舟喧欲渡難三丈日高猶未啟司關聞說未朝餐

水車謠

桔槔翻雪水花龕赤日如焚項背枯寄語倉箱千萬者力耕終是賴農夫

賈湖客中

地僻無更鼓荒齋只病翁庭梧垂露白半樹閃燈紅人靜犬辠月天高雁唳風不眠何所事孤坐聽秋蟲

亡友王柏亭作秋風詞四章予記其佳者二十字因足成之

倚壁殘燈一點青憑君幽夢幾回醒池荷裂盡牕

蕉碎併作秋聲不忍聽

梧桐亭院晚颸颸十二湘簾怕上鈎一卷離騷難卒讀知他宋玉最工愁 三四柏亭句也

浮雲掃盡碧空寒吹徧砧聲到晚殘莫更倚樓還望遠悲秋人正怯衣單 末亦柏亭句也

玉門寒早欲飛霜瑟瑟涼飈振雁行又是授衣時節近漢家何日罷秋防

閒門

園茗村醪次第斟閉門擬似入山深消磨晝卷還詩卷收拾名心與利心顧影詎辭生白髮結交久已乏黃金殷勤只有堂前燕歲歲年年舊主尋

秋燈

西風庭院近昏黃燈火寒生處處芒書課漸增清有味客愁難遣淡無光簾櫳影裏煙頻裊蟋蟀聲中夜未央最是裝綿情切處深閨伴照尺刀忙

暑夜起步溪上

月色白於晝玉露紛瀼瀼樹影密在地荒螢閃微芒我行苦煩熱散步出草堂天容淡澄碧夜氣愈

清商但覺微風來悠悠吹我裳湖水蹙細浪搖漾明蟾光便欲呼小刀汎彼水中央散髮極歌嘯倦宿雲水鄉枕流抱明月一覺魂夢涼

村晚

湖水鱗鱗碧晴雲面面青稻香飄隔岸草色暗前汀戍角昏初動山鐘響復停幽懷渺天末頗愧此勞形

驟雨過平野柴門月已懸遠帆低貼水深樹暗浮煙菱芡鄉村味魚蝦澤國鮮一尊呼野老說鬼笑

坡仙

曉起

漸覺虛窗白，披衣起及晨。霧疑村樹重，露坼野花新。宿燕初將子，流鶯欲喚人。海雲紅泛處，曉日擁金輪。

頻年

頻年飄泊意，甘苦祇心知。始識艱難境，多成砥礪時。松於寒更秀，山是瘦能奇。會有扶搖日，凌風振羽儀。

春日村居三用花字韻

遠卻塵囂與市譁，兒耕婦織是生涯。誅茅蓋屋臨溪小，插竹編籬夾路斜。鵝鴨緑浮新漲水，杏桃紅出短牆花。憐他蜂蝶輕狂甚，又逐東風過別家。

村居四用花字韻

梅香成國柳成衙，村小溪環三兩家。俗事痛除同屏藥，異書快讀勝簪花。夢隨孤蝶酣仙枕，盟結羣鷗上釣槎。藉問此間何所有，諸葛菜與邵平瓜。

歲暮

短影匆匆催，入歲華年冉冉轉成翁。心平自覺輕榮辱，事變誰能善始終。濁酒敵寒茅舍煖，殘書消悶火爐紅。任渠七事俱無著，俗以柴米油鹽醬醋茶爲七事淡泊家風慣守窮。

老馬

百戰歸來後，輕年脫轡籠。識途非易事，報主竟成功。瘦骨秋撐月，雄心夜嘯風。長安貴公子，只解愛青驄。

竹衫

剪碎篁枝製作衫，翩翩丰韻迥非凡。風來有隙涼先透，汗出無痕巧孰監。一樣方空紗袖密，半身瀟洒綺羅芟。葦絃佩處應同勉，兩字虛心日日銜。

憶亡兒勤官時已殤三載矣

舐犢情深感不禁，那堪悽絕去來今。欲尋蹤跡悲無路，偶睹書文痛入心。弱骨生憐埋白草，稚魂歸苦隔楓林。祇餘一副酸辛淚，點點新痕濕滿襟。

六月二日溪上大雷雨須臾日出亦奇景也

雷作長鯨吼，雲如走馬生。浪排高岸立，雨挾大風

行燕雀飛應墮魚龍夢忽驚片時虹結處依舊日
華明

景琦兄惠硯

從兄遠自江上歸遺我一硯澄泥爲質堅式古膩
且秀造作不數缸研奇憶昔梁溪曾失守焚毀玉
石等摧朽此硯何幸獨無恙搜羅偏入市傭手隔
江路近三百里攜以歸來贈所喜抄詩臨帖試龍
賓日伴晴窗伸素紙因思至理不可論飲啄尙有
前定存此硯歸余豈無數詩以紀之貽子孫

中秋對月絶句

秋光已半秋風透桂花濕露桐陰瘦冰輪咫尺飛
長空滿城樓閣明如畫

客中累日風雨

青燈相對影蕭蕭孤館無人酒一瓢不信愁心句
不起昨宵風雨又今宵

零落覊魂不可招天涯襆被自蕭條酒醒疑客江
湖上風雨秋聲誤作潮

漁父詞

一蓑一笠一輕刀闊盡風波早晚潮捕得大魚都
換酒不將薪米慮來朝

鷗鷺爲隣水四涯妻孥團聚語聲譁平生不作思
歸計傍作蘆花便是家

寒夜枕上

斷夢依依不可尋挑燈擁被自微吟庭除氣肅知
霜重衾枕寒多覺夜深殘月漸高梅影瘦熏爐重
撥火灰沈海氛又繼紅巾亂慚愧聞雞起壯心

次男幀官殁於婚娶前四十日余日爲流涕
者已數月矣作以自悲兼以自慰

吉凶翻覆事難知明喪何堪兩哭時（三男勤官先幀官五年殁）
閱世我原將就木克家誰料失吹篪前途日月雙
蓬鬢老境窮愁一卷詩猶幸天教留碩果膝前還
得慰悲思

吾廬

草滿荒庭懶不鋤依然吾尙愛吾廬篋中詩有名
人集門外軒無長者車葺罷包茆冬榻暖吟殘明
月夜窗虛祇餘欠得栽花地容膝何妨我自如

江上晚眺

蘆花如雪水潺潺黃葉丹楓掩映間指點秋光無
盡處斷雲拖雨過西山

竹馬

作節羞伴老人行胯下公然以馬名居不可無還
代步柴如能曳亦狂奔兒童勇賈銜枚走君子材
除戀棧情寄語世人看一蹴青雲直上不須驚

蛾眉

蛾眉繎斷淚流雙嬾整香篝嬾卸粧生怕孤衾眠

補讀齋詩集　七

不穩忍寒凝坐傍銀缸

寇萊公

五日功堪就驚疑尚衆官事爭孤注險策畫百年
安會未入言恤能令虜膽寒罷兵非本意强爲捧
盟盤

富鄭公

兵已薊幽集安危在此行王憂臣子辱地割國家
輕辭婉婚姻拒書嚴獻納爭除官仍不拜千載氣
猶生

岳少保

已分黃龍飲朝廷竟主和復讐爭表疏搆釁到風
波憤恨遺千古英豪負兩河中王爾何意謀國竟
如何

胡樞密

敢作批鱗諫忠言却未行自甘東海死忍向小朝
生書反强金募容徒百辟驚古今同一轍草野淚
頻傾

倭逆犯順聞關山東失守地方已五七處矣

補讀齋詩集　六

紅巾方撲滅夷禍迭相因（紅巾平後俄法德美各國相繼用兵倭奴爲最）
時勢有今日撫綏無古人邊籌勞　聖主軍賦困
吾民略幸西平健威名震四隣

新購紅梅盛開詩以賞之

管領韶華下玉京芳顏紅破壓羣英濃粧凍膩脂
痕重薄醉春融酒暈輕林老多情新嫁婿水仙同
調舊呼兄儼然便作芙蓉主我亦當時石曼卿

紅梅再用前韻

夭桃穠李嫌粗俗六出曾經雪滿英紙帳夜深紅

玉笶茅簷春淺絳雲輕別饒風味留酸子貪買胭脂倩孔兄畢竟誤他塵世笑逋仙相對喚卿卿

徐小菴新屋落成賦賀

退休無地容高卧爰築三楹翦草萊堂構百年承舊業箕裘累葉喜新培鳩工事定關成算燕賀詩多屬雋才猶憶當年諸老語爲君移贈不須猜

讀陋軒詩

一燈翳復明室靜人孤坐喜得陋軒詩安能置弗顧挑燈拭老眼未讀神先注披吟見性情若眎平生遇思遠極爬羅百讀應無斁輾轉忘夜深朔風吼庭樹

所居名陋軒僻在東海隅窮年把一卷門巷生蒿蔞裼衣聊蔽體亭午始朝餔讀書有何用不免作逃逋依人所不屑世變幸全軀衣食倘可繼長吟仍故吾

蘭生荊棘中窮巖挺松樹物不擇地生才若因人付沮茹斥鹵鄉鹹風散腥霧鼉𪓟飛黑烟人共鬼神住廼知靈秀鍾不藉切磋助清才老隱淪何莫

非人鑄

秋水明蒹葭荒烟沈夕照愚夫寡婦情多入詩人料詩竟妙若何夜嶺聞猿嘯清空如話言真摯出心竅宜爲採風者遺編貢廊廟千秋廣陵散於焉存古調

徐小菴招賞綠牡丹花歸後有作

魏紫姚黃莫浪誇何來異種發奇葩羞矜富貴調朱粉艷比神仙降綠華金谷粧嬌勻淺黛瑤臺衣薄剪輕紗笑余老眼頻頻拭花葉分明認欲差

羅浮山

羅浮作鎮水如龍環結成村氣自雄著就十三篇倘在隱居當日亦從戎

化龍橋

小橋三尺卧如弓安得潛身不露踪傳說百靈呵獲意却教蛛網網真龍

天目山

東走滄溟地脉收鐵棺丹井幾千秋鹿羣金壁都疑妄麥遍山畦草滿邱

太子港

迢遥一水接羅塘當日昭明此泛航千載港名原不朽令人逸事説蕭梁

鳳凰墩

迎春橋水碧無痕鷗鷺爲家去復存一路紙鳶風正好游人多上鳳凰墩

大神井

水母相傳納井中大神坐鎮梵王宮不圖借水將開井萬丈泉聲裂地空

東山寺

路出東門一里將東山山寺佛壇場阿誰暮鼓晨鐘外金鑄淮張祀僞王

秧田邊

女廧環抱塔嵯峨芹藻香生泮水波習俗久知耕讀好秧田還傍學宮多

七里橋在姜堰東北七里土人云橋東龍頭石柱曾長石華爲人收去

地隔羅塘七里賒石梁高峙水之涯不知仙草誰收去烟雨橋頭長石華

打魚灣

南關南去水彎環楊柳蒹葭掩映間好是漁歌聲四起夕陽斜照打魚灣

伴孤臺

伴孤臺畔草萋萋上塚家家麥飯攜寂寞日斜人跡少落花風颭紙錢低

西山白雲寺

浮圖高聳殿中間個裏禪機悟却慳門外白雲深不掩鐘聲催日下西山

斗姥宮相傳宋徐神翁修真之所

修真想只屋三間未必猿參鶴守關養就大丹尸解去誰知城市有仙山

鐘樓巷

鼓樓街轉又蒿萊剝蝕銅青混綠苔却怪流傳耆老語此鐘多説是飛來

丁酉元旦

香烟爆竹沸天氣晨光清朱曦射窗牖萬戶皆春聲早梅開一枝笑靨向人橫索取屠蘇酒與花相

對傾

寒夜和張小洲灰字韻

積寒不可解夜氣更相催貧足爲身累懷多藉酒開析聲驚短夢爐冷撥殘灰擁被淸無寐長歌歸去來

病夜

坐卧三椽屋淸羸苦未休不眠當永夜久病況深秋哺啜經時累（余患消疕口不生津食難下嚥）聲名到死羞倘能除藥物便是再生修

睡起

一簾花氣撲窗紗睡起中庭日未斜滌盡胸煩消盡渴玉甌浮碧試新茶

讀借庵詩

絕妙才人筆天教屬比邱思如春水發句並晚花幽松檜分吟籟江山老梵修斯僧有斯集醒藻足千秋

夏晚卽事

一番雨過一番風掃盡浮雲淨碧空如此幽棲偏不寐要看涼月掛梧桐

夏村晚霽

雷聲送雨晚來收村落風光早似秋日下豆棚移短榻月明瓜市簇扁舟葛衣一領迎涼爽秫酒三杯遣興遒轉眼西成歌大有稻花香已滿西疇

出郭

出郭二三里秋光滿目前葉黃辭樹舞楓赤染林鮮遠水蕩斜日孤村生暮烟數行何處雁接翅入遙天

感意

兵火銷今日乾坤老不才遺懷書是伴引睡酒爲媒世事紛如幻名心死未灰鏡中雙鬢改安得少年回

夜意

東風嫋嫋透窗前爐鴨香微裊細煙惟愛月明簾故捲好留花影伴高眠

城西散步

樓臺矗矗接靑秋一霎微雲雨後留行過小橋入

不見片雲遮日下城頭

白梅花

不須脂粉染紅芳淡淡無言倚夕陽雪滿枝頭因比潔月明林下但聞香瑤臺仙接冰心契號國姨爭素面粧寂寞江城搖落後隨風疑是柳花狂

就醫昭陽寓中作

百里離家近旋爲異地人醫傳肱久折我望手回春半面無相識三椽乃卜隣生憎終夜雨淅瀝轉傷神

肌膚消瘦盡不是爲西風薄被依窗冷殘燈照夜終藥爐添活計茗椀等讐攻余患消症求不飲不可得待得精神爽詩筒復酒筒

昭陽九月八日作

西風吹徧菊花黃病骨支離在異鄉欲挿茱萸無與致題糕明日是重陽

丁酉九月帶病復寓賈湖極樂菴四疊前韻

一笑僧雛鬢尖青卅年舊跡忽重經談言入妙花飛座色相直空月滿櫺四野秋光濃復淡隔江山影矜還冥寄聲佛印憐坡病不用燒猪與綠醽

戊戌新年病有退勢喜而又作

客年卧病骨郎當行倩人扶起着裳初呷屠蘇疑口渴漸除藥餌覺心涼天晴梅萼臨風笑日暖蘭芽出土香不是芳齋足幽事又將辜負此春光

苦盲

少壯奔波覓食難老來正欲占清閒何期久淚悲成瞽縱未瞭心苦病孱余患消症年餘日漸瘦弱目光退而成瞽畏跌行愁途九折守株坐困屋三間可能雲水光中洗

重覩吾鄉天目山

挽歌三章用陶靖節韻

人生常畏死云死便局促立身無奇節百歲亦錄錄嗟余已周甲雖生猶槁木阿慎繼阿勤兩作西河哭次男慎官後三男勤官五載而亡授室胡乃遲次男亡于婚取前四十日子亡婦安歸殀壽誰能覺云何榮與辱愧無一善紀安在日不足

儼彼勸星飲戒昧於覆觴悠忽不修省磨蝎乃親嘗挽歌用自責圖像懸我傍爾後無以褚爾前無

以光言行不務實名弗聞于鄉恨余老不死憂患
將無央
大野塵茫茫白隴風蕭蕭一朝身既死來葬此荒
郊荒郊復何有纍纍墳呂莬穿墳近狐兔長眠何
蕭條視彼豐碑者同此無暮朝同此無暮朝死者
其如何精爽倘有知中夜來歸家流光倏如駛祥
日難經歌惟有千行淚灑此空山阿

紅粟山莊詩 續 詩餘 補遺

（清）朱寶善 撰

《紅粟山莊詩》六卷《續》六卷《詩餘》一卷《補遺》一卷，清朱寶善撰，據上海圖書館藏清同治九年福州刻本影印。

朱寶善，字櫻船。清江蘇泰州人。芳桂子。咸豐初以縣丞需次閩中，官澄海知縣。

本書卷首有譚獻序、袁鑣撰傳、像贊、題詞、評語等。《紅粟山莊詩》六卷依年代排列，自癸卯（一八四三）至庚午（一八七〇）。《詩續》卷首有陳春瀛等序及贈答詩、自記等，亦依年代排列，自庚午至丁亥（一八八七）。《詩餘》、《補遺》各一卷，卷末朱崇官跋。朱寶善曾官福建澄海知縣等職，其時戰亂頻仍，朱寶善也曾親歷戰陣，深知社會弊端與人民疾苦。王貽年序言其詩「山川靈秀之氣與夫風俗之盛衰、人民之利病，時往來於胸中而皆發之於詩，讀之覺其氣清而腴，味淡而永，而憂時憫亂之意時溢於楮墨之外」。讀此集詩歌，覺此評頗恰當，集中有《賣兒行》、《揚州史烈女行》等反映下層人民悲慘命運的作品，有《山東農夫》、《鼇浦避亂三首》描寫社會戰亂動蕩生活的作品。作者爲封建官僚，却不諱言黑暗政治，揭露其弊病，顯示其勇氣與良知，如《軍中謡》：「賊可殺，兵孰懲？民不畏賊乃畏兵。民奮力，兵脱身，賊不畏兵乃畏民。民易欺，賊難敵，兵不畏民乃畏賊。嗚呼！兵畏賊，我民何日得棲息。」

（周　忠）

初集一

紅粟山莊詩

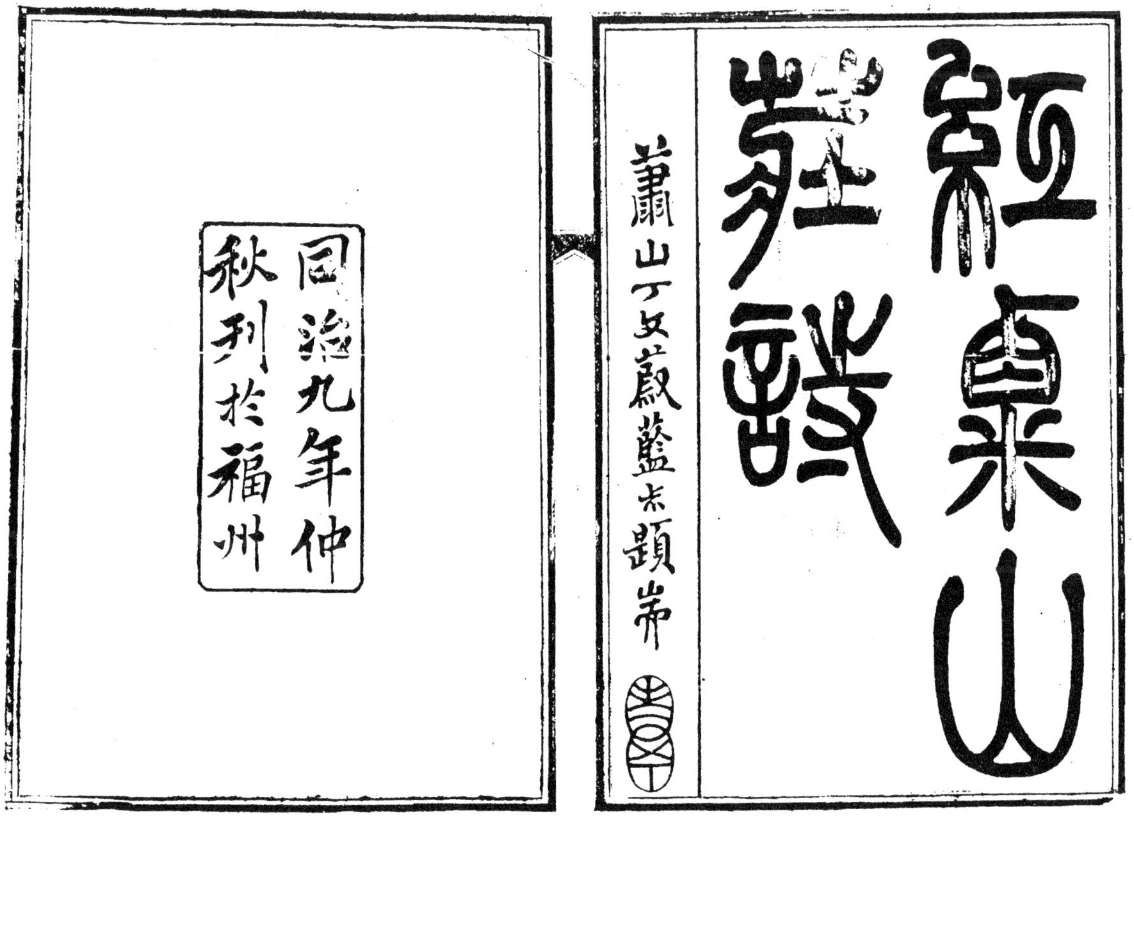
紅粟山莊詩

蕭山丁文蔚藍叔題耑

同治九年仲秋刊於福州

敘　杭州譚獻譔

泰州吴野人先生抗逸民之高蹤樹詩人之極軌言皆布菽功在風化昔者箸錄遺文未嘗不心儀目想矣百年作者有難繼之歎薄遊閩嶠得交朱君櫻船蓋吴先生之鄉人仕隱丞尉抗心曹劉內行潔清而文章彬蔚矣詩數百篇皆能出入風雅無佻染譾悅之習吾觀其含思逸瀞託體峻雄而感時述事既不激詭而雅有比興善已詩道總雜今異於古所云往昔文士氣求爭立壇坫一二巨子矜其創獲天下靡然無異詞者不復能折衷禮義別白誠僞是其蔽耳今則師心而鬬之彼亦一是非此亦一是非蕩蕩乎無所統故里塾皆散無友紀之士則田井皆散無友紀之民非細故也文章爲禮教之飾以學本詩書音中律呂爲正宗必以辭氣鄙倍聲音噍殺爲畸衺獻遊四方見夫不失其正者葉潤臣觀察符雪樵大令爲最著而朱君亦其選也且以君退然夷然盅和近道其鄉先正吴先生之風於是乎不墜豈不諒哉抑吾友丹徒莊中白遭亂流寓泰州其人甄極悊緯通天人之故荀董之文枚傳之詩可謂卓爾君儻得早謝纓紱振衣言歸與中白修士相見禮於海濱蕭寥之區示以獻言當相視而莫逆也與

紅粟山莊詩　敘　一

朱大令傳　袁鑣

大令諱寶善字櫻船晚號悔齋姓朱氏鄉賢望鹿之裔泰州望族也祖表正父芳桂仍世詩書隱德不耀大令生而奇慧四歲在抱即能識字甫冠應童試以詩有雲遮山露脚句見屏四應布政司試兩膺薦備不得解咸豐辛亥以縣丞需次閩中管藩庫適大嵛會匪平得保知縣送部帶領引見庚午署海澄縣知縣政繁事理循聲卓著有死囚株連三十餘人僅鋤其一餘悉釋其俗尚剽悍習械鬬大令感之以誠約之以信遇有重案民輒自首先是會匪將攻漳郡先破海澄大令適在郡署辟亂於城北之鰲浦時大憲議和有民不畏賊乃畏兵賊不畏兵乃畏民之謠又嘗在莆陽幫釐積案有句云葆此平旦氣收心理案牘每出行必留心民隱偶至三都口金沙等處刼案纍纍皆本地極貧苦之民爲之其實不過數十人耳謂灘流雖險多設縴夫上流自易宜招若輩分布各灘俾作縴夫另設縴長以統之則有三便窮民得食刼案自少一便也客商所費無多而船無擁滯二便也刼案既少官亦不必另募壯勇三便也其經世之才即小可以見大宜其爲上官倚重也嗣補長泰濬河儲穀諸政取次施行尋以前任布庫大使失察庫書被議經撫部勒公方琦以隨辦臺灣延防功奏請開復癸未解餉進京旋省歷辦沙堤浦城釐金等差時紅巾擾中原法夷滋事海口不靖又辦閩安鎭海防巳丑冬病歿於差次年七十矣生平無他嗜最好功甫茶

紅粟山莊詩　傳　一

爲志詩畫詩爲譚獻所識別謂可跐吳野人極軌畫則長沙徐侍郎樹銘尤偁之謂質重氣輕近二百年所罕見初學繪於同邑馬呈圖復近顧堅晚入黃大癡之室淺學多不知詩名轉爲畫名所掩子希淵官廵檢署雲霄廳照磨孫崇官並承家學今歲小暑崇官邀同吳棣仙王笠農讌集板橋新宅出行述請爲傳因爲次第其事

朱櫻船先生象

王杼敔繪

太姻文朱公畫像贊

唐人三絕繼者坡仙近有板橋為吾鄉賢文采風流異代比肩　公生後鄭未及百年六七品官閩中宓絃盤根錯節製錦烹鮮恢恢有餘渲染雲煙詩律杜陵麗亦金荃畫似倪迂目

笑米顛書規吳郡偃蹇連
蜷老樹著花渴驥奔泉楮
墨留貽齊鑣爭先希古高
抗閱世長傳循吏文苑
公實兼焉　公像如生氣
杳秋天神清骨聳太華峰
巔蓉城石丁蓬山偓佺葮
孳慨晚逹撫遺編辯香敬
爇景仰心虔

乙丑八月姻再姪吳同甲頓首拜撰

丙寅三月姻愚姪徐炳華頓首拜書

題詞

承惠佳作依韻奉酬　盧江米　倬　麗伯

美人期未至空谷不聞音但覺萬緣澈泠然一往深仰天忽長嘯白日破孤吟海水渺無際成連何處尋

奉和寄懷原韻卽題大箸　山陰胡斌第　小牧

詞壇似子足稱豪一代詩宗有正騷養氣自宜由學粹論才原不藉官高窗前筆意舒雲錦風外絃聲答海濤安得天涯頻聚首酒痕常漬舊征袍

衙齋東去卽蓬萊乘興揮毫畫本開三絶鄭虔非妄語八騶嚴武定憐才（謂中丞徐公）詩多奇句愁難和人過中年樂亦哀研地悲歌成底事憂時熱淚枉盈推

笑我眞成爨下材疎狂一任俗流猜逢塲漸覺鬚眉換話舊難禁感慨來風雅維持欣有主雲龍追逐愧無才消寒預訂圍爐約閣畔梅花乞早栽

關河今夕雁來秋話到從前悔浪遊好夢或能千里共浮生轉羨一官休拋殘紅豆年如水濕盡青衫月滿樓把卷臨風重展讀那堪人世日悠悠

奉題紅粟山莊詩卷　義甯朱　崇　山子

吾宗老詞伯健筆激風湍一卷古冰雪十年凌歲寒朋情多委婉時事正艱難留得無絃譜淒涼欲罷彈

昨上越王臺葱葱氣壯哉兩山旗鼓立一碧水天開造化通詩境風騷闢草萊如何華國彥蹤迹尙塵埃

贈櫻船郎書大箸後　長沙徐樹銘壽蘅

靑皇載陽桃李歲實貞松古枝斧斀朝食雖斀朝食爲物作德　鵶倉古槎黃鵠遠林但飮淸露碧松之陰沈懷遐音匪移夙心　南山朱竹九鳳所處靑鸞紫鷟昕夕噰倡愼固道義特瑞仁宇

漳州試院寄櫻船

春風暖市吹餳簫黃牛下山歸遠樵空烟冥冥上新月一色海棠紅過橋娟娟金谷顏如玉細雨飄零曲江曲低徊掩淚不忍看露香溼盡紅闌干

題紅粟山莊詩卷後　宜黃符兆綸雪樵

過江名士總風流入爲情多更善愁百尺高樓移卧榻二分

紅粟山莊詩　題詞　二

明月屬揚州衰楊腐草頻嘶馬短布單衣且飯牛領取風濤天海壯吟毫搖落鼓山秋

讀櫻船近詩有感

財賦東南力已殫烽烟滿目劫灰殘一時詩筆有信史千古才人無達官風雨尋常廷佇久江河如此挽回難羊羔美酒貂裘座誰念霜天萬竈寒

旋里櫻船出詩稿屬箋酬以長句　侯官林昌彝薌谿

朱侯眼底生明珠直覷天寶窮方壺搨來手挽金僕姑能射詩妖穿野狐謂我詩入浣花逕偶體妍媚非吾徒朱侯風雅大雅扶腕下飛出三王符胸吞夢澤吸具區手搥黃鶴搴鳧趨森巖壁壘誰爭驅入林把臂朱與吳倚天長劍拂斗樞鍾譚爲隸袁趙奴熊熊江北來神駒汪汪氣度千頃湖世人歌詠同吹竽朱侯一見三長吁朱侯詩筆大冶鑪萬花飛舞千璠璵山川能說手能圖畫本直與三王俱高誼竟逼雲天孤胸次廣博侔大蘇邇來海內憂萑苻與我擊筑歌嗚嗚欲效終軍共棄繻投筆從戎感壯夫憐我毛羽尙在籔惜我身世仍菰蘆俗子興謗竟我誣朱侯朱侯當代無對爾如飮仙醍醐

杭州高望曾茶庵

閩嶠縱荒僻流寓多碩彥曩聞陳與符少香雪樵於此宰花縣餘事作詩人騷壇旗鼓建耽吟被糾彈奇冤若莫辯特恨我來遲艮緣慳一面後起推朱君論詩窮正變乞米姑折腰遊戲

紅粟山莊詩　題詞　三

觚曼倩大府方愛才前車失可免衆中一攜手同調便依戀偷閒互倡酬道夏接淸宴貽我一卷詩爛然雲錦片高懷寄杳冥勁氣鬭雄健從來詩人心當以和平先風騷有正聲三復吾何間剪燈題短章離愁如集霰

番禺曹秉濬明川

壯歲遊京華聯袂識英傑文酒事流連往來無虛日興至迭唱酬奮迅風雷掣于役來海濱三年持使節卷牘日沈迷握管心如結物外遇朱君風雅希前哲斗米寄一官詩畫推雙絕錦囊出相示光燦雲霞綴鼎呂森陸離嘈啐繳淸越淬若干將鋒散如曇花穎雒誦至再三餘芬留頰舌賦詩古見志君意良剴切中正調喻哀和平消激烈他日頌循聲琴堂歌

一闋吮墨書數言聊以誌心折

南昌萬　鵬 雲程

鼓將清角琴古調向知音戛戛幽泉響泠泠喬木陰風塵嗟託足冰雪鼎同心讀罷君詩卷白雲上碧岑深深萊竹林坐待山月上月下吟君詩風前動高唱洪鑪鑄吉金巧藝推宗匠之子亦飄零撫膺獸悵望

宛平邵亨豫 汴生

濁酒澆殘塊壘腸天風吹韻入宮商飢驅日月憐名士亂後河山哭故鄉飛瀑聲中人去住聖湖隄畔影滄桑（卷中有福建道中浙西湖上諸詩）還輸百畝留耕讀勝我浮家水一方（讀東鄉百畝田先人之所遺句豫則久無負郭寸土即虞山老屋一椽亦歸刦火矣）

紅粟山莊詩　卷　題詞　四

吳縣潘　霨 偉如

翦罷秋鐙讀好詩牧之標格又微之一編風月愁難破十載津梁夢亦疲天末浮雲多幻相淮南斜日賸新知從今譜作鳴琴化經世才華政在茲

閩縣劉存仁 炯甫

朱侯磊落詩中豪風雲揮霍淩其曹興酣潑墨吐奇氣筆端直欲驅波濤有時飛仙鍊長劍手剸犀兕斬鼉蛟勁裝古服忽結束湘靈鼓瑟張雲璈天寒木落山骨露浩浩不知霜月高離奇光怪無不有多君竟以一手操況復丹青擅雙絕判闕家法揮霜毫往者陳符（少香 雪樵）兩詩老西江旗鼓持風騷君時晚出稱後勁雲龍追逐爭翱翔我別諸君歲乙卯間關隴

坂余心勞頭白歸來訪舊兩陳人奄謝增忉忉風流文采何足恃渴病僵卧甘蓬蒿（時肺疾甚劇）君投新詩走相訪讀之心醉如醇醪江花禿盡聊答謝愧無瓊報而投桃

紅粟山莊詩　卷　題詞　五

評語

宜黃陳偕燦少香

昨奉訪怏讀大箸有骨力有才情有氣韻頗合風人温柔敦厚之旨而器識之超邁抱負之宏濶悉於此想見他日所至豈但區區詩篇之未可量哉

南通州徐宗幹樹人

品純格正志和音雅風塵中遇此逸才豈非意外之幸事

閩縣陳慶年少丞

大箸置案頭把玩月餘幾能成誦見其中時而法相莊嚴時而明妝豔泊時而朱絃疏越時而鐵板豪吟洵屬功力兼到必傳無疑年尤愛五古冲曠超妙雜之王孟集中幾無以辨長句則沈鬱頓挫騣騣乎闖入少陵之室矣

桐城吳鴻謨宜農

捧讀大著北歸吟稿澄澹精緻洗盡鉛華如珍泉幽磵但覺清洽之狀令人塵慮皆蠲非苦心孤詣希蹤古人何能潛索冥搜深遠如此欽佩欽佩

沅陵吳大廷桐雲

五古騎逸七古清峻近體亦志和音雅意極感喟而卻無噍殺之音斯爲有合風雅之旨惜將于役東瀛不獲與之研摩輒書此數語以誌景仰時同治丙寅八月

杭州譚獻仲修

櫻船九兄道出杭州歡然道故汎舟西湖俯仰今昔出詩卷快讀馨香悱惻境地之高已盡於拙製敘中復爲再三審定加墨簡上又爲別擇近作數十首鈐以小印以識賞心江天渺渺行且言別再相見不知何時物外深情千里如在一室也

桐城馬騰駿勵齋

詩貴有眞氣然非胎息於古則近乎粗獷非自寫胸臆則亦假象陳言歷代詩人蹈此弊者夥矣作者本乎性情言皆有物而神味之雋音節之妙殆又無意摹古而恰於古肖此境良不易到第急索解人又烏可多得耶

侯官林昌彝薌谿

大箸上接義山遺山下薄牧齋芝麓近瞰淵如仲則原本雅故根極理道渟涵演迤一往而永近今作手安得不以此事推袁

南通州徐毓海小樹

櫻船兄江左才人閬中仙吏王筠之詩圓美流轉如丸米顛之畫恢奇淋漓潑墨寫胸中之邱壑有句皆仙繪物外之煙霞無聲入妙風雲月露競著手以生春山石林泉聊涉筆以成趣擅茲慧業吏隱何嫌昔在甲子之春權篆閩安官廨三間海雨蠻烟之地粲花雙管鴨欄魚檻之旁寫練素以見貽知簿書之整暇茲者幸逢瓜代復返榕城出其詩讀之因物喻志振逸傳聲春鳥春雲經文心而獸豔秋花秋月綴韻語以生新益信摩詰詩中有畫畫中有詩語因非虛理無偏厭

一編巨製允傳楚些之遺音三絶高名好嗣唐賢之芳躅

紅粟山莊詩　評語　三

紅粟山莊詩目錄

泰州朱寶善

紅粟山莊詩　目錄　一

紅粟山莊詩卷第一

泰州朱寶善

古意　癸卯

城隅日欲落歡應打槳來無數玉芙蓉野風吹不開

秋蟲

暮雨滴空林秋蟲滿砌陰闌干孤月迴風露一燈深石碎驚寒杵宵涼伴苦吟生平幽咽意爲爾輒盈襟

得王子勤廣業表兄閩中書卻寄

秋風隕高樹虛堂夜不靜兀坐歎索居孤懷一以耿惆悵平生歡形影隔重嶺悠悠七年別南望徒引領昨夕得君書披衣急覽省燈光動四壁往復忘夜永丹荔盈盤盂物遠意靡

盡卽此睍離思中懷轉馳騁仰看明月光兩地照獨影

美矣東山志邱壑雖足歆君方服政時安可耽巖林鄉園多荊棘往往鉤衣襟虎豹潛礪牙逼處如比鄰禍機苟誤觸將伯呼何人所吐無肺腑相對若爲親今子遊福地奇書近可尋張茂先琊嬛福地在閩之建安縣儒生裕經濟良時當勝任沖霄有鵬翼浩然遐遠音

我年已及壯簡編徒在手功名不可知愧將先業負水鄉數畝田藜藿愼自守鄰下有稚兒堂上有老母入室且歡娛聊爾具杯酒浮雲西北來瞬息變蒼狗生計苟一疎窮餓將誰告路人競揶揄良策仗我友歲月苦悠悠此願能償否贈言永爲好何必在瓊玖

浮山謁大禹廟　甲辰

古揚州域窪如池百川趨海羣歸之厥包厥篚無所資四野蜿蜿蛟與螭虞帝曰禹汝往治禹歷徐兗開其基三江既入名以枝土惟塗泥載輴欙手鎖巨妖無支祁庚辰效命罔敢嬉從此南條成坦夷江淮一隅功尤奇有山出地爭高嵯嵑之倒縮如伏龜不使平壤驚險巇劃開萬井餘成畸迄今浮山邗水湄坦然片石居乎卑方洞有如帝臺碁其下頑鐵誰鍛錘豈是精衛銜來疲欲戾東海口忽遺抑或浮磬隨漣漪夸娥戲向此間移不然無草無夫移萬年地底胡久羈荒邈難溯疑傳疑憶我六年前來茲虹霓百尺蟠桷榱黻冕仰瞻如氏姿雲華玉貌相扶持黃龍壁上撐之而來耘翻舞羣鳥

艱形天舞與貳負貳尸一一圖形無或差若有人兮鞭蒙魌爾時舉火搠殘碑想見手胼兼足胝呵壁欲問口囁呪睹諸奇相笑脫頤飛光倏爾無停曦重摩穹石草茀枱無人肯奠元酒卮造二梵福賢者嗤何如以報黃屋蒸得仗神威祛馮螭鐵牛河畔工乂釐安瀾告慶無愆期何古則安今則危濬決誰將金簡披荒階獵獵悲風吹歸來但作山經詩平成之績烏能追

小秦淮

有女汲清流曾見扁舟過走入柴門中頭上草花墮

高閣悲瓊樹遺釵拾玉鉤幾曲秦淮水春船載滿愁

張王廟題壁　乙巳

天眼由來不向公敢將成敗論英雄捐軀不作降王長縱火方知小婦忠吳地無人嘗苦膽漢皇有命勝重瞳卽今殿宇荒蕪合乾瘞還疑蔡葉風

賣兒行

秋水瀰瀰田禾浪摧囊無一粟腹苦飢四顧室中惟有一兒牽兒向大屋送兒去死兒不知棄兒且急走免兒躑躅牽耶衣阿耶去主母來叱兒力作肱頻麾朝汲井灌畦暮採薪作炊十指凍裂成瘡痍主母猶復謂兒嬉主母無怒怒由兒起兒應受撻笞主母有怒怒匪兒起兒亦受撻笞主母有子將兒欺剜顋抉髮靡不爲主母顧之色怡謂兒胡不聽之吁嗟兒亦肉與肌阿耶當日只爲腹飢使兒早知兒亦甘心肉作

糜兒今受苦無窮期昊天昊天何故秋水瀰瀰使耶田禾浪摧

上冢詞

紙錢煙裊白楊風上冢歸來陌路空幾樹桃花斜照水夕陽留得可憐紅

贈歌者蕭郎

策蹇歸來襆被輕少時擊筑負狂名十郎李雨航學博已死中郎蔡芝生別駕老誰與殷勤唱渭城

錦瑟悲吟病易纏相逢人瘦落花天燈前按曲禪關掩落葉哀蟬入四絃蕭生悼亡寄居僧寺

唐樂府十二首 丙午

太極殿

龍舟南下急搖觽新築離宮四十所熒熒螢火照深宵江山已似秋草腐鏡中莫說頭顱好風送楊花春去了杜欲殺盡東都民休問賊多與賊少太原公子眞天生猜忌偏難殺此入不知五月甲子太極殿何以報德王家甥

辭議政

大馬來里門下不占牝雞占牝馬瑞兆何異雀屏寫君今愛妾妾有兒勿作相開禍萌檻車萬里黔州走自是君恩非妾告讀書省識婦人身國家賞罰安敢聞嗚呼國家賞罰安敢聞阿媪他年御紫宸

便橋盟

幸渭水盟便橋白馬旣刑敵不驕從今倘好紅魚膠君王一笑雕弓弛爲兄爲弟亦徒爾當戰不戰後興戎何者爲非何者是將軍天上來猛亞牛心堆殺一唐儉何足惜十五萬人磧口回蓋金忽致王師討山前駐蹕成功早幸哉糧道一九通不然鵝鶴唳秋草牛載褐袍血點飄爲將如此將何如已聞鬼哭遼海月奈何再造鉤拒民千夫貴知足亦知止報雠焉能敵雪恥可惜梁公諫卽死

夜大水

天吳夜半馳白馬朝王直入王庭下水銀倒捲萬年宮宮監三千鮫涕紅雌龍與雨幾日耳天心示戒已如此漢禍水後唐禍水

山東農夫

嗚呼山東農夫有粟甘爲盜賊徒黒色小兒乘寶輿爾建鵲旂効馳驅河北地足雄海隅胡乃使之肉袒獻地圖降夏王叛夏王夏王未嘗讀漢書不令爾翁俎上居一旦虎牢來檻車何不報德全其軀金甲戎輅開東都長城恃爾事無虞拔龍襖斵龍鬚寵信天下無先帝令爾輔雛奴爾乃竭力媚妖狐死爭旣與此獠殊意氣又不滅鳳如赫赫唐社幾爲墟陛下家事語可誅嗚呼山東農夫爲將則良而不可以託幼孤

投牀恨

宮中大蠢五猳頭胡人跳舞聲嘈啾身爲可汗死亦快高呼爇鼎牛羊愁文皇雙眸照四海豈意家兒竟予給庫中用物

七萬多如此貽謀將誰罪傳位在君君主張何致人量宮西牆吮乳投懷一轍耳此日空復悲投牀青雀飛雉奴立雉奴一立牝雞來至今風雨昭陵泣

請入甕

黒金灼甕甕中紅骨連炮烙敲青銅左丞妙計中丞喜地牢遜此蒼鷹技妙計由君君請嘗火薫石汗心彷徨從來己作實己害取公鐵籠語足戒西市馬蹏踏肉羹快哉同是嶺南人

嵩山隱

君不見紫宸天子開明堂兄弟族姪皆侯王鸚鵡忽誅五狗死誰復神孫披天裳我我嵩山下高隱獨有人我茹不得將我臣安車一召復再召纓紱何足榮吾身雙陸郎手姿美彼所爲吾所恥青瞳炯炯紫電光坐看餘肉登諸机謝絶長安定鼎門去與吾家學士談麟經

廣成言

白衣老人不可遇青牛萬里函關去五千眞言留人間高士今在天台山山中忽有璽書召損之又損語何妙治國無私如治身殿陛居然來廣成廣成之言非五利願君丹竈休留意華陰道士眞同心心契乎道道益深君不見雙鶴高飛天宇淨那屑終南尋捷徑

軋犖山

軋犖山鬬戰神巫師禱賊兒生光照室野獸驚范陽節度欲

殺不得殺匿而走免忘其名幽州節度能殺不忍殺驅羊牧豕令爲兵誰使制三道誰使封東平橐駝鷹犬貢天京國中已築雄武城城高高撐北斗淇門夜卒輕艫走明年鐵騎入長安腹中赤心還在否氊罽一朝地下埋安辨豕身與龍首

淮西功

請所之但東走人馬無聲雪花抖雪乍止城洞開將軍已執元兇囘一夜功成速若火身被櫜鞬拜道左郎今使識朝廷尊讓德讓賢無不可君不見李忠武復長安口不言功但請罪中渭橋邊雙淚彈是父乃能生是子家法相傳固如此千秋論定不屬緋衣兒毀碑建碑徒勞耳

寓感　丁未

碧檻文窗面面通仙山近在畫橋東猧兒息影眠香徑鸚母
無言鎖玉櫳幾日春風吹草綠昨宵微雨潤花紅相逢卻笑
匆匆甚一瞥驚鴻似夢中

斑麈爲筆鵲爲橋油壁初從北里邀襟畔唾留浮碧浪頰邊
春暖上紅潮新盟書冊三千字淸夜揮絃廿四條只恐海棠
枝上月照來香霧溼輕綃

身價雙雙白璧輸春山眉影各描圖已憐照鏡誇中婦何苦
提刀逼老奴妬夢迷離同雪豔纖腰宛轉倩花扶倚窗細詠
風詩句參昴星明識得無

莫怪忘形爾汝交生來翡翠本同巢娟娟凉露芙蓉朵漠漠
溫風豆蔻梢醉後勾留宜滅燭人前歡喜任貽嘲唇珠未許

瞞同伴淺絳分明一點拋

乍聞釵朵墮牙牀烏漏聲遲夜未央不寐拌同魚目晌相偎
微避燕頭狂消魂一曲曾親歷在戶三星入渺茫移取錦衾
覆郎臂隣前凉影月如霜

笑郎屢自喚卿卿此意濃如中酒情紅雨著衣狂惱蝶綠雲
成蝌密藏鶯不知今夕誠何夕未必他生似此生卻怪小鬟
偏狡獪隔簾偷聽玉釵橫

紅霞洞口水三篙訪得仙源興舸豪菡萏露光圍帳炫鞦韆
人影隔牆高可憐印臂痕猶在不縮同心結已牢知否明珠
攜贈後有人風雨泣江皋

射覆藏鉤卻睡魔柔情裊裊託微波背人私贈丁香盒拔曲

愁聞子夜歌一自避嫌羞震蕩頓教方寸起嵯峨劉郎不恨
蓬山遠只恨仙尨到處多

瑤池宴罷碧雲深望裏樓臺隔遠岑往事思量惟忍痛當時
憐惜獨何心張星角宿占偏驗碧瓦紅輪夢易沈安得同根
復同蒂金鈴常自護花陰

悵望丹梯第幾層五雲高處喚難譍經春夢醒茱萸帳徹夜
風飄薏苡燈薄命祇宜吟白紵惱人偏易說紅綃光陰逝水
難留住爭禁晶壺淚結冰

畫簾斜捲倚雲屏消盡鑪香戶晝扃案上空留銀鑿落笛中
誰譜玉瓏玲藍橋未別漿先冷碧海孤棲藥不靈風跡叢蕉
恩怨了秋聲悔向曲欄聽

繡譜鴛鴦手自刪懶將心事語雙鬟無情箸匕琉璃滑向曉
寥天玳瑁斑一串珠疑千幻化十重樓恨九迴環昨宵燈蘂
將人賺阿誰何嘗奪錦還

露冷流黃祇自憐淒涼委盡舊珠鈿瓜期屈指偏多閏花事
驚心又一年恨少奇方能縮地枉歆孤枕賦遊仙扁舟復理
瀟瀟雨悵望蘼蕪倍黯然

秣陵舟中　辛亥

黯黯荒江渡扁舟滯秣陵風飄村外柝人聚雨中燈山鬼憑
崖嘯江豚拔浪騰迢遙看積水鄉夢路難勝

石門曉發

隱約船離岸烟中人語聲萬象在蒙昧中蘊太古情安得混

沌鑿砉然開羣盲溪曲櫂亦轉前路巖洞明水底濯初日尙似含餘醒波光紅一線倏與船頭迎羡煞水鳧飛拍拍破空行

蘭溪櫂歌

春水如油映錦峰日斜蘭槳逗香風美人眉黛青山似都在江雲晻靄中

登樓

歧路酒難賒登樓忽憶家半江沈夕照萬樹集棲鴉久客知風色勞生感鬢華輸他小兒女常對故園花

五月至福州

旗鼓雙峰指福州長橋橫鎖障奔流苧蘿咫尺梅妃里雲日鮮明荔子樓五月便令思竹篠三山初到識蝦魶方音啁哳殊難辨寶帳從誰作勝遊

鼇浦避亂三首 咸豐三年四月初十日會匪攻破漳郡予適在郡署先一日避至城北之鼇浦 癸丑 夜中不寐愴然賦此

妖鯨嘯海濱來若風雨驟賊先破海澄插旗偏江東地名裂帛書妖咒賊以方寸布書妖咒數十字從之者各藏一以爲信記蓄謀非一朝長驅越猛獸總戎方開宴金樽欣上壽倉皇發虎符同仇莫予覯遑招亡命徒喧笑羣奔湊峩峩萬松關在漳城東南一旦付強寇書生乏良策遭時眉枉皺側歎異鄉人何處竄巖竇夜半危城崩烈火四山透長望傷中懷養癰將誰究庭樹忽折枝謬曰神來祐賊將殺觀察文公時郡署二門前榕樹忽折一枝賊頗懼然公竟不克救也

此地遠城市蹤跡少人知白晝柴門閉坐臥繩牀低佝恐客窺探去聲挑燈夜遲遲土銼置我前炊煙兩眼迷對食輒若噎安知飽與飢奴僕呼共席相向無言詞徹夜不遑寐數入聲起時披衣聞聲悔誤聽飢鼠觸瓶罍曉見數十人對岸揚旌旗得無入我室心驚魂欲飛村叟戒勿語亦復同猜疑旋聞刖村去始敢開荊扉落日匿西山擴臂羣兒嬉少小學行劫須臾攜囊歸顏面帶殺氣肘腋誠可危安得遠脫身西走著鞭

憶昔壬寅歲江上騰烽煙礮聲激浪走火輪來夷船聞風我里近十室九播遷我時奉我母水村借數椽妻兒亦繼至幸未中途捐越宿忽又徙危地敢晏然行行屢回顧心急足難

前途長恐兒啼一餅易十錢母老苦竭蹶白髮垂盈肩強顏復慰我謂此頗安便世亂得團聚生死幸結緣豈料十年後孤棲南海邊親舍何處覓永無消息傳夢裏呼不應悲風閟重泉

鼇浦望郡城有感

鎖鑰南州固空聞晝角聲沙光明舊壘山勢壓重城失策因談笑和戎計死生高門亦鉼罄何以豢驕兵

寶劍行贈李穎光 劍爲故總戎曹公所藏

李生作事無不奇忽然身著短後衣酒酣斫地拔雄劍盛氣可敵千熊羆勸君且勿舞往事吾能語斑斑慘碧凝霜花此劍淒涼失舊主憶昔蛾賊驅黃巾臨漳臺畔牛烟壓手提三

尺寢門闢將軍勇武眞絶倫瞋目奮呼空踔厲無奈偏裨等兒戲須臾遥見戰馬歸喪敗雖云鎮鎁利此劍何時落君手千金論價君知否區區朽鐵何足珍爲有孤忠手澤厚挑燈重看引百杯想像雲旗酣戰回突覺腥風射四壁斷頭森立血淋漓得非韓刀此畢命毅魄與劍長相依夜深急鎖琉璃匣猶復礌礌聞驅雷李生感此意惻愴赤手屠鯨思投浪熱讀從軍五字詩書生殺賊言非妄况君意氣高千秋益無斗米百不愁不忍故人裹馬革文觀察遇害君典衣具棺殮之世間俠客誰汝儔人生貴得行胸臆下酬知己上報國蓬頭突鬢彼何人飛而食肉豈無翼君不見君家射虎飛將軍當符感奎誰將門愼毋醉倒紅蓮幕高歌彈鋏長依人

紅粟山莊詩　卷一　十一

石礎阻風　甲寅

斷梗棲遲瘴海邊征程暗數更茫然大風三日潮吞壑落葉千山霜滿天醉後安能有歸夢飢驅何幸度殘年晚來莫啓蓬窗望戰後村墟少爨烟

過沙溪有感

脫身同寇逐觸眼總淒迷石𨻶開新洞山田失舊隄風腥疑嘯虎村近不聞雞太息逃亡盡誰堪習鼓鼙

客舍與友人夜坐

攬袂同揮辟路塵兩年奔走備艱辛他鄉杯酒愁邊共同輩交情亂後眞甲古君能談往事躬耕我亦愧先民燈前莫戀聯牀話前路摇鞭大有人

守風

蒼茫一望中坐待片帆風海氣涵空白霞光隔夜紅舟人添囈語水鳥啄孤蓬破浪非吾事滔滔自向東

倚閭圖詩爲陸參軍我岷賦　乙卯

車輪碾白日大道何巍巍仗劍出門去安論險與夷索米走閩嶠久與鄉國離山中多魑魅擇肉啄其肥周旋匪我親何愛不我欺去歲黄巾亂烽煙徹邊陲辛苦戍中來淒然泣路歧有日不得食有食不療飢差幸頭顱在誰憐面目黧慈闈儻無恙肝腸應更摧無人達音信溟漠泉路迷昨夜忽見夢顔色猶生時惜兒馳驅苦勉兒早時歸語咽未及答驚寤雜然疑朝來見妙墨覽之令人悲七載風木感棖觸淚垂垂淚

紅粟山莊詩　卷一　十二

滴滴何所當年身上衣君克慰母心捧檄光門楣菽水資微祿養志何嘗虧關山亦咫尺慈雲易追隨我生屬鮮民海隅痛孤棲安得倚閭人寸縑寫容儀近聞江海上荆棘竄狐狸居民各避徙曲突冷飛灰縱得返鄉井生死隔庭闈浮雲亘西北悵望天爲低區區寸草心來世報春暉君其終養拙板輿愼勿違

野望

高空一鳥下萬象覺蕭然落葉忽辭樹閒雲自在天客心愁晚歲民力罄荒田寄語催科者前途緩著鞭

得從弟泮林書卻寄　丙辰

客久嗟吾拙書來見汝眞雞蟲何足較魑魅枉相親多事宜

鷹雛歎

閩人有宦於外者其子在籍緣事爲邑令所困予聞而悲之感賦此詩

老鷹勁翮勢無敵金眸一瞬秋天碧鷹雛可惜聲啾啾毛羽未成飛不得多少狐兔殪草間老鷹歸來口哺食老鷹一旦離故巢競欲附翼追飛鴞嗟爾黃口失所恃羣兒那畏喬枝高破巢大似十日索晴空一擲風怒號宛轉地上雙翼折儼如腐鼠難輕趦雞鶩爭啄鸒鳩笑意氣非復平時驕此時老鷹獨不悟依然搏擊揚天路豈知禍患伏蕭牆鷹雛待死延朝暮吁嗟乎人間報復無時無當場快意須留餘寢皮食肉汝應得若汝鷹雛今何辜

七歌集杜

歲聿云暮景色慘慄撫茲身世百感茫茫每當月地霜天遐焉獨立幾不知涕淚之何從也嗟彼古人不先我而言耶蓋遭時之感古今同慨云爾

今夕何夕歲云徂萬事反覆何所無束帶發狂欲大叫新詩斗酒終自疏前有毒蛇後猛虎骨肉不得同馳驅嗚呼一歌兮歌已哀氣酣日落西風來

翻手爲雲覆手雨避地何時免愁苦仲宣樓頭春色深從此將身更何許人生留滯生理難恐懼棄捐忍羈旅嗚呼二歌兮歌始放忍使驊騮氣凋喪

山頭落日半輪明野曠天清無戰聲樓頭吃酒樓下臥舊防

防梁無錢莫諱貧江鄉波浪險息偃幸安身

黽勉承堂構先人老屋留詩書爾能繼耕鑿又何求話別言猶在追思淚未收孤飛覓粱稻應識雁聲愁

紙盡言難罄牽腸緒萬千胡爲抛數口竟忍越三年離亂偏睽隔猜疑問播遷迴思兒女憶令我益淒然

荆棘叢中路艱難已備嘗依人豈長策逢亂況他鄉縱喜頭顱在何堪筋力傷天涯風雨夕恍惚對匡牀

雨夜懷人

一蟲吟不已伴我近匡牀微雨灑林末空庭生晚涼故人千里隔海色更蒼蒼永夜勞延佇愁心江上長

題畫犬爲桂司獄賦

畫犬更比畫馬難古來作者少良手誰招仙犬來雲中攝取眞形供叱㗋是何意態傑且雄重環頷下呼長風黃彨茸尾如斗大神駿儼與猤麑同憶昔周京旅獒貢羽獵何妨隨磬控聖王垂訓戒禽荒韓盧宋鵲將安用乃至後代徇物情驅叱獫猲驪場爭當時狂噬頗獍獷須臾兔死狗亦烹哉朝地絡繹四海王會圖傳萬億載縱有盤瓠不敢驕天狗豈能耀芒彩綺物犬子嗥江鄉利爪攫食同貪狠千里風煙隔吳越猇聲側聽中心傷安得黃耳可作使尺書遠遞平安字道路傳聞果是非開緘悵觸故園思吁嗟乎男兒自當赤手力批熊麟閣丹青早奏功功成辟穀從道士水中犬吠桃花

紅

敗走歸其營惜哉俗態好蒙蔽使我嘆恨傷精魂嗚呼三歌
兮歌三發青溪先有蛟龍窟青溪在金陵時江西未克復
鄉里小兒狐白裘名位豈肯卑微休意在驅馳出金帛多暇
日陪驄馬遊紫衣將炙緋衣走此事或恐爲神羞嗚呼四歌
兮歌四奏去歲奔波逐餘寇
此心炯炯君應識忍能對面爲盜賊縱飲久拌人共棄況乃
疎頑臨事拙白屋寒多暖始開昔者相過今不得嗚呼五歌
兮歌正長青春作伴好還鄉
我獨胡爲在泥滓青眼高歌望吾子弟姪雖存不得書時危
兵甲黃塵裏安得送我置汝旁攬環結佩相終始嗚呼六歌
兮歌思遲男哭女哭莫我知

才力應難跨數公飛揚跋扈爲誰雄泛愛不救溝壑辱終日
忽亂西復東今許鉛鐵和青銅入門依舊四壁空時閩中用鐵錢嗚
呼七歌兮悄終曲杖藜強起依僮僕

秋夜憶里中諸子 丁巳

城柝聲中烏亂啼更闌酒醒悵孤棲燈前破被僵如蝟窗下
清談膾有雞五字新詩贈形影廿年舊雨半淒迷淮南御憶
同遊地歸夢徘徊落木西

感懷

老屋風多榕葉秋隔窗竟夕響颼飅霜前只覺寥天淨客裏
難禁獨夜愁鴻雁幾時回北地鷓鴣一意向南州江鄉滿路
艨艟聚目極山河怕倚樓

秋草

平原極目盡蕭然生意誰將小草憐春色過時難入夢孤根
無力可回天英雄骨朽麒麟倒歌舞臺荒鹿豕眠賸得稻畦
餘幾稜一枝牧笛夕陽邊

白葦黃茅一剪齊蒼茫古道倚萋萋將枯影欲迷鷹眼不死
根還襯馬蹄四野霜痕雙屐冷半林樵唱萬山低送行有客
增惆悵南浦重來舊徑迷

窗前昨夜嫩涼侵幽處從無蛺蝶尋容易風塵拋綠鬢可能
泥土膽紅心苔殘壞砌啼蛩咽人去空堂晚照沈記得前時
二三月曾陪芳樹綠成陰

轆轆驅車古戰場西風颯颯玉關涼狐藏枯冢驚荒燒雁落

平沙怨早霜遠戍連雲秋有影寶刀埋地夜無芒天涯忽忽
年將晚畫角吹殘各望鄉

憶水仙花

清泉白石劇相知羞藉春風作主持祇惜託根無寸土歲寒
徙倚不多時

小盞冰瓷冷不嫌供養親將硯水添安得晴窗烘日暖香魂
常傍水精簾

錯與山礬作弟昆瑤臺夢醒向誰論料知風雪柴門裏一種
幽香付瓦盆

紅粟山莊詩卷第一

紅粟山莊詩卷第二

泰州朱寶善

感懷　丁巳

俗士乏仙骨忽然作奇想天門詄蕩開咫尺若天壤御風豈無翼劈山亦有掌服食勞功脩世人寡真賞偉哉淮南犬公然脫塵網我今在道途始悔太鹵莽弱水引迴風虛聽流泉響惆悵不成眠空庭獨來往

黃田漁

漁人傍水居所業卽在水生死魚爲命出入波濤裏無魚一家愁有魚一家喜攜魚賣街頭一家可無餒撫吏持帖來云有官長過汝宜供多魚無論小與大漁人未及答戟手面已唾羣起搜船腹妻兒不敢臥簑笠拋水中大索及土銼豈知趁墟早筐筥已無存口腹亦細故胡爲使聲吞驅僕告撫吏此例愼莫援忍見杯盤中點點泣涕痕彈鋏歌無魚此心試一捫

延平登明翠閣

朝出城東門鐘聲若我招晴雲盪絕壁丹碧仰嶕嶢何人巧雕琢榱棟插山腰修廊各趁勢曲折隨凸凹倚闌望洋口東北路迢遞三千八百級林木斷采樵一夫獨當關氣勢淩飛飆天險詎難守小醜敢輕撓檻外過舟楫人語掀波濤山僧耳無聞芋火仍自燒俯首攬江光莽莽烟塵銷

延平曉發有感

枕上驚聞柝灘前急放船天容昏似夢水氣白成烟溝壑流民塞弓刀醉客眠化龍神劍在竟忍臥重淵

太平村

薄暮投山村言就主人宿居民十餘家零落無全屋梁棟半灰燼瓦礫積林麓側聽誰啾啾有媪牆隅哭借問哭何爲爲言禍機觸去年三月間杉關忽傾覆芝城防守堅仰攻賊勢蹙變計趨延津長驅類獨豬不幸路當衝此地爭駐足斫壁插弓刀入門搜饘粥豕突復狼吞一埽千倉粟四境不聞聲雞犬無留肉臨行復縱火薰天日不熄火滅始敢歸檢點舊巖谷室廬無一存斷砌拾遺鏃屈指同里人盡受鷹鸇逐惟我留殘喘深宵顧影獨卽今理榛荊何暇計安燠昔時屋千椽今日茅一束飄搖風雨來頭頸烏雀縮土竈溼無烟請客忍枵腹一語一嗚咽落葉紛蔌蔌前路天漸明我亦驅車速

建甯晤婁少尉知其將之汀州攝篆賦此贈行

旅館相逢促坐親頓教分袂各傷神風烟四野吾安往車笠兩言汝最眞年少何難期後會官卑且喜近斯民偏隅正値凋殘日宜爲蠲逋耐苦辛

山行

木落山骨瘦特立無寸壤高風日侵削峻嶒不可仰飛雲忽蹴目巒壑入惝怳絕頂盼晨曦濛濛雲氣養草深不見泉但聞石作響傾耳成小住悠然覺神往

道中書所見

貧兒依山結茅屋日日炊飯飯不足下山捉客搜客囊居人歡笑行人哭豈知王法未盡無昔時豺虎今全誅驅車過此莫回顧雪白髑髏挂高樹

短刀作枕灘頭臥只望來船石打破擔囊揭篋波濤中七客落水死五箇堂皇端坐官如塑告之不理翻成怒但道汝曹且輸錢請官修造巡河船

有客昨自軍中至夜與同舟說戰事參軍蠻語聽不清暗中懸揣得一二心驚意駭徒歎息披衣起向船頭立殘月入地天無光太白睒睒搖寒芒

舟夜

水盡山窮處依然道路長川流閱今古天影墮蒼茫荏苒年將暮星河夜未央衝寒驚雁起寥落不成行

下灘行

落筆捷比下水船今我乘船得親歷過眼巖壑同飛梭乃知奔馬猶蹶踣千回萬轉不須篙篙師叟手看波濤豈意水底沙與石倏忽與船成漆膠離船一尺石角聳相向頗覺長年恐翻身入水背負船十背負船船不動船左高昂船右低白浪濺衣飛黃泥齊聲合力作撐拒耳邊碎磕睛天雷我奴我隸紛墮淚呼號側立百無計且拋寶物酬天吳扶持或免逢桅碎須臾一擲舟若傾盤旋半晌舟仍平前路喜見延州塔譙鼓尙未敲三更從來快意多失手若輩自恣安足咎窮薄

何以輕江潭吾將往問東坡叟

復至延平訪黃大令瑞梧不遇賦寄

我從前月來延州驛館枯坐如羈囚笑向堠吏索冷飯如此行役可以休街頭突兀遇黃九邀我直上城東樓落葉打窗風颼颼而我瑟縮寒無裘擕錢爲我急沽酒洗盡芒角開胸愁更闌燭跋各忘倦往往坐見晨星收朝來忽睹門前馬黯然送我城樓下且言留此待我還不似悠悠行路者小別十日今復來城樓在眼顏先開艤櫂急訪故人室梯懸路斷空徘徊是時無雨揚風埃愁雲壓山雙塔埋扁舟乘興竟何往對此令我中心猜有客至自瑯嬛地道君新結烟霞契時移寓道觀得無身是黃初平老來叱石猶兒戲樓下依然江水清流出雙魚寄好音但云他日三山頂張筵設幔重相尋空庭久佇終不遇夜深我亦揚舲去回首丹崖碧樹間仙人縹緲雲深處

軍中謠

賊可殺兵孰懲民不畏賊乃畏兵民奮力兵脫身賊不畏兵乃畏民民易欺賊難敵兵不畏民乃畏賊嗚呼兵畏賊我民何日得棲息

舟行遇風

我舟欲南行偏遇南風大蓬窗不得掩空洞任風簸一氣埽炊烟背後忘土銼力與風伯爭篙師頗不懦無奈難撐持手滑篙易墮進寸退則尺步步作頓挫平生錚錚骨未敢船頭

坐飯熟難上匙忍飢腹忘餓崖岸劇懸絕推挽呼誰佐亂石劍森鋩摵恐船腹破癡奴亦何爲蒙頭尙偃臥來帆飽揚風看他奔馬過

偕羅曾雲溪訪邵循伯因縱談武夷山水之勝遇雨回寓賦此却寄並示雲溪　戊午

邵侯種瓜意態閒（曾屬繪種瓜圖）草衣鐘冠遊人間暍來遊倦返故圖每以奇語談奇山指畫武夷更奇絕使我靜聽開心顏上有一峰如杜聳霄漢下有清溪九曲流潺潺自非長臂猱升木天船鏡架誰能攀至今鐵笛聲裂石鸞軿常帶風雨還果然雨忽至風亦助雨勢頭上砰磞萬瓦飛賓朋咋舌軒窗閉得非山靈惱汝洩奇祕故遣屏翳來作厲攪亂不許談山經

紅粟山莊詩　卷二　五

手挽銀河自下墜不然卽是天公好遊戲聽說名山亦心醉欲招我輩繼向禽驅叱雷公電母作前騎而我對此心交春依舊裹足棲樊籠想見三十六峰雨洗淨斯時露出朵朵青芙蓉須臾纖月吐林末褰裳歸去行匆匆坡公屐笠莫我借已似鶴氅披氍毹入門羣婢忽匿笑主翁今日也泥中安得手挈羅公遠跨上幔亭百丈之長虹

紙鳶

有限生機一綫牽居然奇想入雲烟只愁墮落時逢雨纔得吹嘘便上天絕頂自矜聲勢異出身未必羽毛全世間不少眞鸞鳳看爾飛騰自憮然

丹青塗抹儼翔禽借得鳴箏送遠音操縱可憐憑客手飛揚聊且慰童心莫言到處風都順最好收場日未沈我愧夢中生羽翼不曾沖舉至如今

擬古別曲

風吹江上舟知君不可留齷齪守鄉里不如事遠遊遠遊非無故君心原可恕千水與萬山勢難攜妾去去從此辭愼無長相思當君得意日是妾展眉時妾有兩端綺爲君作衣裏衣裏近君身有垢莫多洗多洗衣易傷十月北風涼捐棄在篋笥何以隨君旁但願君歸早此衣尙完好衣色尙如新妾顏豈便老

待渡

秋水渺無岸扁舟絕來往日落野風生蕭蕭蘆荻響

紅粟山莊詩　卷二　六

書温陵客舍秋華女史題壁詩後

腸斷談娘搖頓歌駒光馬迹近如何紅顏飄泊天心忍綠鬢消磨客淚多太息烟塵汙楮墨那堪烽火照關河此身且莫嗟蓬梗多少征人尙枕戈

敢將錯解女郎嘲（原詩蘋字誤作萍字解）細玩清詞怨未消客裏怕翻金縷曲月中空憶玉人簫（時髮逆破揚州）鄉關路斷添新壘驛館燈涼聽晚潮何日海南驅鱷徙與君同譜太平謠

三月二十九日至鷺門適友人置酒水閣卽席賦此

征途暫許作閒身歡笑無端遇酒民兩岸雲山環醉榻一宵歌管送殘春看花易惹鄉園夢振策難拋驛路塵明日海天西向去扁舟回首獨酸辛

莆陽署中早起漫興

嘉樹蔭前軒微風扇新綠朝暾明一線流影淨如浴天宇何
虛澄悄焉羣動伏簾幙烟未散衣襟露可掬葆此平旦氣收
心理案牘敢謂遽得情生機或旁觸好鳥亦欣然喈喈傍林
屋時奉檄幇同清釐積案

題吳氏園池

池水一泓碧垂柳弄清陰豈無濠梁趣感余江海心修鱗自
逐隊躍浪不可尋區區垂釣意何必計升沈

落花悼喜兒

摧殘偏不到蒿萊碎却瓊瑤劇可哀此別竟成千古恨太嬌
難得十分開風敲欄角鈴空繫春餞萍蹤淚亦摧幾度思維

幾惆悵多時傍我立蒼苔
眼見飛花別故枝從無再返故枝時春醪澆冷腸先斷紙帳
低迷夢亦驚掃徑有誰留顧盼攀條猶欲强支持如何輸與
青青草終歲長沾雨露滋
耕烟鋤月不須論半路相違實負恩舞到蝶衣餘幻影化成
鵑血漬啼痕高樓留破酸風咽香冢人歸暮雨昏畢竟飄揚
何處去癡心我欲問花魂
零落原非爲雪霜凭欄鎮日費猜詳皈依淨域隨流水埋葬
空山襯夕陽安得槿花同菊壽絕無李樹代桃僵天公不許
春陰乞多事前宵奏綠章

無題和友人韻

紫館迢遥接碧城風前似有步虛聲華燈爇處愁烟暖清露
零時恨月明夜短夢嫌蝴蝶幻天高身羨鳳鸞輕祗應小院
湘簾下冰簟銀釭識此情

莆陽古墓多爲盜掘作此悼之

涼秋九月天飛霜平原莽莽沙草黃辛木伐盡棲鴉死四顧
但覺烟蒼涼道旁翁仲作人語頭額缺落樵斧傷猶復癡立
守枯冢冢中久無骸骨藏前年蛾賊起隴畝林俊仙遊人搜牢下
令先窮鄉斗粟寸薪不得匿餓虎張口牙森鋩豈知爭利到
泉壤毒手何畏僵尸僵犂鋤入地僅一尺金凫玉魚歸其囊
不識白後扶風市何人買去劉郎箱子孫遷播誰來問至今
空穴棲豺狼吁嗟乎魚膏火未滅牛眠地已掘生前何不拋

黃金身後何須愛白骨君不見發邱中郎遍人間羣鬼啾啾
哭窀穸豈惟羣鬼哭窀穸前途日落青楓枝又見行人包裹
奪

紀事

南北風氣殊此地宜柔弱所見異所聞幾疑古語錯下游更
尙勇咆哮類狂猘帶刀伺路隅見客搜腰橐瘠土多不毛生
計視劫掠豈不畏官司聊且飽一嚼邇來事愈奇捕人如捕
雀翹望見人影網羅四面著有翼不得飛手足駁以索閉關
絕囊饘袒背任薰灼如入泥犂獄一刻千種虐强要作家書
速使妻孥諾傾貲且贖身免置鼎與鑊徼幸出樊籠歸來皮
肉削有時恰相抵我亦將彼攫大姓獨撐持小姓共聯絡興漳

泉三郡以族衆者爲大姓人少者爲小姓各爲黨類互相擄禁視爲常事彼界而此疆各守鴻溝約明明見坦途罔敢妄伸腳誰爲賢牧令愴然念民瘼寬以卹羣黎猛以戮元惡我謂探其源此病或可瘳未教先富之安得古人作

十一日大風由洙林至忠門

晨起將何適驅車南陌頭亂石羣見阻相愛如挽留行行達曠野漸覺風颸颸飛沙散林莽空際枝葉揉前村杳莫辨人語闃林邱褰裳覓途路引領徒御愁一白接天末大海已高浮魚龍倏狂嘯震蕩若子求睹此駭心目息偃輸朋儔逝將謝塵鞅終焉物外遊

忠門行館得高別駕廷鏡書云將之臺陽賦此寄懷卽

以送別

老鸛夜半呼北風風翻海底驅魚龍孤館擁衾不敢臥錯疑天外之水來撞胸晨起忽接故人字數行慷慨悲身世自言臣朔恆苦饑征帆擬向蓬萊逝蓬萊宮闕絕人寰洞裏丹爐火尙殷仙眞點金自有術會當俾我開心顏我聞斯語重歎息離愁百斛柔腸窄生計未諳貨殖書汗漫遨遊復奚益去年梟鳥莆陽來種遍名花爛漫開計功頗得上官獎折獄羣推循吏才四方供具朝連暮虀粥菽粟都無誤酌斗廚人馨酒槳呼門軍士猶瞋怒是時賓客正如雲豬肝日食徒紛紛誰是均輸司管庫得無顛倒把牢盆迄今築臺思避債篋裏朝衫向誰賣手書白簡伊何人謂某幕府昔時蛩蟨今蜂蠆只有口碑在人間室人交謫號飢寒一年縣令半生累欲補倉儲乞糴難嗟我與君共鄉井眼看空囊手難拯回憶官齋詰雨時辜負燈窗夜耿耿夜耿耿兮曾幾時參出商沒兩參差何况越海東去萬餘里安得騎鯨跨鯉長相隨思君不敢留請君且小住待我會面傾十觴春水生時送君去織女雲車指點間靈槎何礙天涯路他日波斯載寶回一笑示我珊瑚樹

莆陽女兒行

壺山東去梅妃里代產名姝任羅綺有人生小擅傾城眉痕斜映蘭陂水梨花照影月溶溶纔出香閨便不同自知福慧難兼併飄茵墮溷總隨風嗟彼狡童莫我顧幔中牽就紅絲誤宛轉空裁錦字書鵲橋難遣銀河渡三年暮雨守空房一

紙江湖去覓郞覆水翻盆甘訣絕賣珠補屋劇淒涼無端阿毋傳呼急手付箜篌親教習夢裏還期彩鳳飛門前已有青驄立翩翩公子貴陽來雙成白璧千人猜一囊豆蔻香初遞七尺芙蓉碎早栽從此朝朝復暮暮促坐追歡更無數惟郞憐妾鑒妾心往事何嫌對郞訴妾有一言請三思錦瑟年華駿馬馳若待願成金屋貯世上風波安可知聘錢苦向黃姑借掀簾翻惹鸚哥罵安得崑崙肯作奴忍令季隗終休嫁磨蝎災星坐命宮雙魚暗地訴離衷心恨柔絲難作繭眼看故劍倏成龍當筵誰把狂言吐劫取花枝力如虎將軍非敢效巫臣欲得美人搗戰鼓戰鼓聲中埽翠蛾不賦同仇賦伐柯遣捧犀函心暗顫強陪羔酒頰先酡自信功勳居上上家世

武安開玉帳（將軍湖北人姓田）威令何難及婦人悲啼毋乃太嬌放
卽今走馬向三山路畔蕭郎一見難只有買絲繡公子認作
張仙畫像看多情轉愛多情累上山枉灑蘼蕪淚影形自此
恨隨鵑姊妹依然誇附驥楚得楚弓有夙因莫歎西施別贈
人他時大別山前過但見瀟湘一片雲（將軍姿禽後卽攜歸湖北）

題俞復生慈竹感秋圖　己未

北堂樹萱草其花紛葳蕤旁有琅玕竹枝葉綠垂垂此竹誰
所種得與萱草依名門溯慈母愛竹如愛兒願兒與竹倏長
大奇挺同具干霄姿祇恨家貧雛鳳瘦竹雖有實不療飢送
兒出門去去閩山陲閩山深菁黑白晝豺狼嘷（城昭漳郡君在石碼）
幕中兒去兮不返路遠兮難追平安那能日日報兒生兒死頻

猜疑倚竹望兒眼欲絕天寒日暮風淒淒倏忽閱三載辛苦
兒來歸入門四顧不見母但見綠竹森茂依牆隈撫竹問母
竹不應母今何往兒何爲呼天號泣涕淚灑至今竹上痕迷
離吾聞至孝可以動神鬼何況草木非無知君不見楚先賢
奉母食枯竹生筍隆冬時又不見齊世子禱母疾竹藥一夜
生繁枝今君隱念感幽默孤根定荷皇天慈籜龍變化人莫
測噴雲泄霧終有期吾將削竹書篤行爲君補入莪蒿詩

閨情

徘徊明月光坐久羅袂冷涼露墮空階溼透梧桐影

月夜有懷

微雨不到地依然返碧霄人同秋月瘦風助海雲驕久坐添
重袷空庭遲（去）晚潮扁舟思訪舊咫尺悵迢遙

題林薌溪（昌彝）教授衣讔山房詩集

我讀時賢詩往往意不樂古音歎淪亡風氣日浮薄修詞不
立誠於焉僞體作妍媚務悅人竭力塗丹堊縱使蘭茗榮終
覺根柢弱軟語尤卑卑老嫗恣譚謔自謝性靈詩衣鉢長慶
託一唱而百和無乃受其縛誰歟挽狂瀾涇渭判清濁先生
實人傑矯矯雲中鶴獨自鞭苦心經庫潛故鑰往時著詩話
去取愼筆削不將贗鼎登於此見才略果然錦囊中光燄令
人攫雙劍互森芒千花各吐萼高若天心穿險同山骨鑿至
味流酖醨宏聲響鏜鞳蝎來痛妖氛短衣欲振觸忠義溢楮
墨字字行間躍所言必可行衆口何從鑠詩史接浣花膏馥

耐咀嚼嗟予瓦釜鳴飢驅久失學藩籬未一窺目迷五色錯
江河日下時何以堅立腳野狐亦有禪誤會不可藥君其指
迷津俾我識先覺庶免面牆譏請振尼山鐸

題汪參軍（世芬）誦清圖

斗魁分野臨金閶天文下照人文張包山嚴洞貯縹緗三卷
素書神禹藏至今策府源流長文瀾萬祺尊三江清遠道士
疑般商詩句鑱刻鶴澗旁生公說法何琅琅雖至釋子非枯
腸士生斯土名尤彰廣微作記焉能詳餘以藝事誇琳瑯科
頭濡墨伯高狂滄江虹貫米家航其後阿瑛開草堂唐侯墨
灑桃花香不獨詞藻今不亡繇來清遠稱吳邦山川靈氣鍾
厥祥人人褒饋翰墨場衣鉢自易傳芬芳汪君家世溯平陽

高曾矩矱手親量兩香筆勢天馬驤蒼雪縮帖窮毫芒（俱見參軍本序）斷縑殘楮同圭璋手澤一一羅青箱先哲如見羹與牆方今海內劍交撞爭割縑帛爲帷囊怒還典册池魚殃嗟我前歲羈霞漳客邸倒篋書滿牀一旦飢鼠潛跳梁拉雜玉石焚昆岡清夜回憶心悲傷君獨世守曾倉呵護何處六丁攘會當返棹鱸魚鄉就君斗室觀珩璜吳山越水遥相望嗚呼此願何時償

俠客行

半夜忽來燕市客千金笑擲胡姬家長明又帶雷犂去跨上春風白鼻騧

送陳柳橋

落木下前除秋風結虛響披衣不得寐四顧殊惘惘慨念我故人與言欲長往形神將何依蹤跡詎堪想結交七八年歡然棠心賞温庬同入幕意氣協銖兩王子磊落才（子勤太守）修眉而廣顙與君作清談聞之襟懷爽雜戲及樗蒱互爭滕薛長詞鋒鬭心兵中窾各撫掌聚處戀歡娛羈愁悉滌盪蝦蟇轉六更攏坐力猶努竹嶺山峩峩蓮波水泱泱三八一朝別安得共雙槳歸者飽蓴鱸拔足謝塵鞅君亦念高堂陟屺事恐罔手補白華詩低吟答績紡日月曾幾何萬事感疇曩愧我徒逐隊昏夜雙目矓旁人笑不休指謂螺吞象先生獨見憐招之酒斯饗仰盼青雲端宏聲奏瑶璗六鷁轉退飛不得扶搖上去年陳仙邑（在興安郡城北）蓮花開十丈下榻樂此間門庭抑何廣我急買扁舟重復謁書幌入門便脫帽自笑太鹵莽書生無一能磬折腰頗强祗此區區心乃獲上官獎餘芬溢齒牙非君誰說項世事忽乖違鄉愚競擾攘桓桓賢太守（蕭澤之部伯）誓死誅兇獷請君佐帷幄持論見忠讜別地寄飛草棠蔽日不朗側耳蜩螗喧緘口獨受枉坐視廢半途無以絕其吭今君欲啟行囊空無積鏹妻孥且遲（去）留歎息對輪鞅悲歌行路難我聞心悒怏黃鵠飛上天自不戀鼠壤後會定何時重扶綠玉杖片紙聊贈言他日得想像

絕句

幽蘭香媚春叢棘鉞刺人棘死可結籬蘭枯難爲薪

千金買一珠百錢易斗粟思量粟與珠吾但問吾腹

取魚煩鸕鷀捕雀賴鷹鸇鳥智而人愚口腹殊可憐

四足能高飛兩翼亦捷走智勇縱兼全誰敢搏雞狗

山爲天地骨水爲天地血看他十萬年骨血如何滅

憶昔行

吳陵達邗江扁舟一條水走馬踏碎虹橋石而今遠隔三千里歸魂欲去愁剛風又恐相逢牛人鬼明月昏昏瘦幾分錯說簫聲今不死往時入門作劇談羅幃擁被春雲酣燕子亦如逢舊識梁間覗我頻呢喃幾回捉腕書吟箋幾回弄指調幽絃風光忽爾作嫱妒落花如雨三春天別後周旋我與我相期可惜太相左酒酣回首少年場青山一髮蒼烟鎖君不見蜀岡岡上笳鼓哀老烏一叫城門開粉黛如山轟烈燄村

犬銜出金縷鞋十年落拓離江鄉鏡中漸次凝淸霜同輩幾人極歡樂我獨何爲徒彷徨仕宦不進才亦盡猶復坐守蟲魚僵曉榻淸燈雞喔喔苦將愁緒牽柔腸玉鈎斜畔螢火碧臏粉零脂何足惜枇杷門巷掩蓬蒿他時腸斷還鄉客

善哉行

來日大難前路茫茫水有蛟鼉山有豺狼解一浮雲隨風誰能主張素絲掩篋誰知短長解二落落春華不返故枝今夕何夕屈指自思解三聚時苦少別時苦多且盡須臾我彈子歌解四莫謂尊酒無以言歡道路崎嶇髑髏枯肉乾解五哀哉愚人遠陟深山親知絕迹何貴神仙解六

猗蘭操

有蘭猗猗馣馣其香雖非巖谷與世若忘雨露無私衆草伍之異質同聲如何勿悲有香不聞斧聲丁丁遠彼衆草以保令名

古皇娥歌

玻璃敲碎蒼烟空水底日射扶桑紅吾何爲乎棲璇宮機杼軋軋將安窮撫瑤琵兮來天風與子樂兮忘始終

白帝子答歌

空青萬里淨如拭明星夜向秋天摘請君且止當窗織舍此淸光復奚適宮商一片洪波激傾聽餘音永今夕

揚州史烈女行

有友人自里門來閩云咸豐三年二月賊破吾郡有

史氏女死事甚烈女之生平始末友聞之陳嫗嫗與史氏同里閈故詳知女之事其死也爲嫗所目擊無復可疑余獨嘉其倉皇覓死時尙能促其父使避去而後從容就義於亡人柩前以畢同穴之願吾知女必以一死報季郎者固不待賊入而志始堅也因即友人述陳嫗語衍爲此詩以俟采風者至女之名與其父之名吾友未之問也姑闕焉

揚州史烈女家住城東門七歲從父讀八歲理絲緡九歲熟女誡端居寡笑言十三佐阿母略能具盤飧阿母頗珍愛未肯輕許人謂兒抱殊質終當結嘉姻無何阿母死獨將阿父依阿父賴舌耕假館西山陲臨行與兒約隔日我一歸舊帙拋敝篋孤燈照鳴機鄰嫗偶來視歎息無別詞何以付鄰嫗脫手機上絲織紝度朝夕母死孰憐兒女身倏長成淸揚秀眉目父愛一如母擇壻不求速念我弟子行何人堪坦腹奮衣登別席季郎名廷玉詩文有匠心門第亦高族欣然歸告兒無患棲身獨送汝到壻家衣裳自安燠是時女十五郎年纔十六禮義恐未嫺吉日猶待卜夗央遊一池實未同巢宿切切復悽悽人事固難定小姑前致詞云郎新臥病側聽罷嬉遊中腸亂絲紊到家雖一年與郎各持分相見在中堂頗覺笑言靳合巹尙待時何以親訊問彷徨無奈何心急足難進鬼伯鳴鳴有湯莫續命痛哭呼所天皮肉甘躁躪阿姥時在旁強顏申正論扶持今賴汝詎得以身殉勸令勿悲啼

小姑將淚抆三月阿父來攜女復歸家親戚見女歸勸慰各喧嘩道路聞女歸觀者羣咨嗟女心堅如鐵女貌豔如花豪門爭側目各各天人誇豈知寡女絲雖斷終無瑕金鞍與雜綵睆視同泥沙阿姥忽傳言心傷空房守我兒自不祿福薄拋佳偶況汝未合巹終非我家婦勉哉作良圖切勿曰否否長跪謝阿姥策我意良厚無奈入季門我身非我有立志金與石私誓早出口前言儻可渝得無金石朽膏沐明鏡中亦恐顏怩忸從此松柏枝鬱鬱三年久癸丑二月春賊兵到揚州烈女潛作計知此難久留謂父速避徙毋貽兒女憂急招鄰嫗至告之以事由躡踵往壻家屋烏悲啁啾登堂尋阿姥阿姥盤匜收搴帷呼小姑小姑牖空樓一棺獨在室爵踊雙

淚流收淚復再拜此願今日酬顧恨不早死覿面亡人羞纖纖燕尾翦奮腕急刺喉鄰嫗驚失措倉皇覓前路明日賊入城頸血誰復顧傳聞焚掠時紅顏悉禁錮此獨早捐軀不受豺狼汙邗水流湯湯清風千載慕女死尚如生我詩差足據

紅粟山莊詩卷第二

紅粟山莊詩卷第三

泰州朱寶善

庚申

題劉雲樵都轉松陰待月圖

幽林夜靜生空烟碧雲墮地流娟娟賞音未易覓塵世誰與拂石調冰絃青松在嶺月在天仙露無聲風泠然撫松望月不見月但聞濤響巖崖巔無松月覺孤無月松不韻安得長梯捉月來竟向松間挂明鏡我公身是後凋松心地光明皓月同八萬之戶無不照政聲早達蓬萊宮督撫密考有到處均有政聲之語閒來默坐得真契天心相證兩無翳會見姮娥下廣寒霓裳翻舞同鸞翩笙鏞萬竅瀉清音松陰濃處宜眠琴坐久月華不忍去得無真識個中心此際清

芬遍海宇金粟燦爛森千尋

題張明府多第松陰習靜圖

長江浩浩東南徂中有金焦撐兩樞烟雲旁護隱者居至今玉蘂開如琢江山第一天下無吳琚所論詎我誣西去高岡松萬株濤聲響落丹陽湖君家老屋湖之隅樹根徙倚時讀書天生梁棟其含諸安忍棄置隨菰蘆邇來閩嶠飛雙鳧手種名花如種蔬桃李盈門荆艾鋤君屢分校文闈隆隆政聲萬口咀先生笑曰吾何須引領故園魂夢俱蒼髯老叟尤契予憶十年前常相於飽餐靈珀搜其腴龍鱗脂潤香襲裾撫摩往往忘朝餔近今時事痛切膚北望桑梓憂翦屠蘭陵戍鼓誰援袍雄風熄矣思寄奴何日草間驅妖狐空山偕我仙茅誅松

枝作塵雄談舒嵗寒交歡酒百壺再將畫卷驗合符一笑顧遊天地初

病中有懷

一逢秋雨便淒其勺藥風前久別離愁不能銷安用酒病非必死莫延醫鏡中顧影花同瘦天外追歡夢亦奇零落瑤華不堪寄可知孤負訂歸期

題符雪樵先生獄中草先生以軍需報銷不結被議

峙乃芻茭力已殫誰憐飢鳳羽摧殘囊空我亦無奇策世亂人偏忌好官識字自宜憂患集登場始覺笑啼難還君此卷勞延貯風雨圖屏特地寒

讀史有感 辛酉

擁兵率爾潰樊籬輸幣猶能息鼓鼙若輩誅求本無厭諸公談笑欲何爲海中惡浪長鯨嘯臺畔秋風駿馬悲寬大自存柔遠意免教黎庶重瘡痍

漫興

良朋期不至盡日小窗開庭竹戛然響秋聲何處來晚山遠逾碧孤鴻飢更哀離緒憑誰訴柔腸轉百回

哭何二仲欣 振榮

粲粲芙蓉花一朝變苦蘗皇天復不庇根節委蝥蠹君家本素封老屋滄江側滄江鯨有牙呼風浪頭立阿翁思避地驅兒各徙宅閩南瘴癘鄉君來匪良策出仕爲救貧得一失已百鑪火鑠心精風霆盪魂魄赧顏赴熱場戚戚復何益

抱關稽出入日暮獲奸宄他人竊其功君憤求申理上官顧左袒要譽翻蒙毀雨積陰氣多兩脚困泥滓奔告苦無門路人空口哆今君歸九泉彼亦冰山圮是非自昭然功名何足齒

跋涉四千里旅食將三年薪米藉裘葛百憂中腸煎辛苦得一官官舍復蕭然閭閻旣凋殘安望糧與錢債主雁行立欲辯口難宣忍辱兼忍飢天地終不憐盛年不自惜豈願沈疴痊鬼伯亦欺人嗚嗚來牀前

夜半北風大落葉入戶牖誰爲覆絞衾獨有紅顏婦雙親在江北儌幸出賊藪聞信定幾時安能到君右寡鵠此卑棲孤身一棺守生死總難歸心焦血屢歐姑嫜儻在此事事豈掣肘

我昨客與郡君亦解征鞍入門欣握手草草具杯盤訝君顏面瘦念君衣裳單惻愴檢空囊知己徒周旋強作十日留行色歧路寒誰知逐飄風一別再見難壺山高突兀蘭水流潺湲步步踐君迹履綦無能攀

默數平生友惟君結深契奈何不永年中道將予棄夙昔旅舍中時時酣君醉小犬知足音君來獨不吠袖底出棗梨嬉戲及兒輩此景宛如昨斯人已厭世同首念歡娛驚心若夢寐窗外梅花開疑君復來憩

題雪樵先生夢梨雲館詩外編

倚偏欄干有所思裁雲剪雪寫清詞美人緣淺都成例才士

情多不礙癡獨瘋難禁聽雨夜花飛無奈捲簾時疏狂廿載徒惆悵莫爲傷春笑牧之

定風波唱也驚魂軟語依然絮比温醅酒半生非得己鳥臺一案與誰論寂寥天地無春色淪落琵琶有淚痕我亦玉簫傾聽慣廿橋回首暮雲昏

奉懷陳少香丈

天下滔滔日先生屬老成貧猶撐傲骨世不怨狂名離亂文章賤飄搖性命輕筆端有餘怒畫竹更縱橫

戚戚天難問蕭蕭歲又殘登臺悲杜甫臥雪念袁安時局蒼黄甚吾身位置難何當載尊酒破涕强爲歡

夜坐　壬戌

春風乍到門春氣夜逾温窮宛花雙豔微茫月一痕聽兒學蠻語把卷對清尊久已拋爐火休將冷熱論

雜述

沛公惡儒生見則溺乃釣反其冠孝昌賤輸粟進階人笑姍要之兩途中各具榛與蘭宰相須讀書空疏佐治難亦有古循吏入錢方補官誰其稽百憲胡不講八觀因噎而廢食豪傑

中夜歎

堂皇理庶政所貴持其大泄泄固非宜察察亦爲過羣小司耳目蠅營潛倡和所據僅風謠公然達黼座抉摘果得眞大體業已挫附耳爾何星敢同箕舌簸

閩中十年前邊鄙爲賊居賊退井里空戸課官代輸我行汀邵間千里莽烟蕪何不廣招徠分地俾與耡一年假以種二年免其租三年納穗秸土壤終膏腴前代募開荒賞格官紙書殿最視入穀察吏在此途有田委蒿萊毋乃今人愚惰徵責縣令庫帑究何如四海多流亡誰上均田圖

名賊以土匪無異土所產蔓延遍山澤根深實難剗閩中本瘠區穡事仰嶙峻小民苦枵腹劫掠救殘喘滔天勢莫遏濫觴或可遣守令策萬全馳檄互輾轉我出彼則歸錯疑歧路舛何術先救貧轉移作良善徼幸戮餓殍所保毋乃淺

破塊思馴牛登峻思良驥物性有專長違之各顛躓用毒毒斯去攻蠹亦無忌搏虎責盲人聞風先自悸先事而躊躇臨事乃攸濟地以得人貿人不爲地累量地兼量人愼毋兩昧

昧百里付斯人期望非不厚捧檄之遠方賢否難詳究巧吏善彌縫虛名亦易售監察有專司莫如任郡守郡守果得人何虞舉刻謬地近事難欺衡平權可授大吏自高居雷霆詎疏漏隔膜談醫方安得中其腠

毅然欲有爲意在杜百弊自非入其中焉能窮隱祕腥風吹海市萬蠅爭倡喙朝廷增一法非與民爭利時勢値萬難量入定限制攘奪務取盈輒復飽胥吏利重弊愈多下愚傾上智苟得盡歸公軍實豈無濟我昔過關津見之暗流涕

中元施食謠

癡兒乞巧巧莫得瓜果又賺鬼王食鬼王欲食鬼母爭似聞

堂上聲啾唧燭光慘淡吹旋風經幡展處烟濛濛梵語鬼[illegible]雨不辨紛紛紙錢飄碧空紙錢卻用金錢換塡沙難滿恆河岸傾貲度鬼鬼笑人幾點疎星耿斜漢天將曙鬼各歸蒿燈照路青燐飛禿師醉矣行郭索還家梵嫂接腰橐

王貳尹請餉至省留宿寓齋於其行也賦此以贈

露墮秋河帶雁聲故人今夜慰離情縱談不覺雜悲喜共被居然似弟兄南國征輸愁歉歲西風鼓角咽荒城輶車待發休留戀遊聽量沙淚亦傾

雨夜有懷

淒清小院梧桐雨一滴空階一滴愁知己客難來眼底少年事總到心頭張星角宿無端遇側枕孤窗別樣秋牘有流螢

紅粟山莊詩　卷三　六

深夜至餘輝猶肯照南樓

月夜奉懷雪樵先生

清光何娟娟林際見新月頗覺囂塵遠況有涼風發流螢落衣袂疎鐘散林樾誰與共幽賞慨然望天末古人莫我顧白日去飄忽坐久銀漢斜愁心不可掇

米價

非關中歲詩情減苦爲來朝米價猜官小自應能忍餓交深未敢說通財當階細雨簾櫳寂向曉孤城觱篥哀便使從軍難一飽催糧疊見羽書來

燕

惆悵空庭送夕暉紅襟飄瞥好音違鄰家不識巢安否自拂雕梁盼爾歸

過亡友何二舊寓有感

城南風景漸淒淒橋斷沙迴路倏迷衰柳搖孤閣外亂帆明滅夕陽西記曾短榻聯鷗夢依舊長途趁馬蹄好友相逢無幾日山邱零落在樵溪

題陳司馬（汝枚）詩集

悲歌空斫劍此卷付誰看特立無依傍奇情自鬱盤憂時傾熱淚多累悔微官惻惻哀絃奏孤鴻影更寒（集中悼亡詩最悽惋）記得漳南仕論心十載前重逢殊可幸何事不堪憐粒米分鷄鶩冰霜落海天仰瞻樓百尺吟嘯轉悽然

和胡肖穆太守漫興原韻

貂裘敝盡尚天涯紅爽當筵惜鬢華米老自憐癡有癖麴生只合醉爲家風雲盛會輸前轍燈火寒窗聽暮笳同是飄蓬感離亂幾時歸看故園花

紅粟山莊詩　卷三　七

昆明刧處見飛灰轉幸流光火速催遁迹幾人同白社工詩何事困烏臺（謂陳符兩先生）眼前落拓疎三窟亂後淒涼賦八哀（柳橋子艮今冬相繼下世）周北張南偏隔絕臨風常望好音來

風雪蕭蕭歲又殘強揩雙眼靜中觀錢神出世無窮相火判薰心作熱官入夢雲山歸路遠登場歌哭解人難可憐黍谷寒依舊吹律鄒生力已殫

病起與姬人夜坐

芙蓉墮地夜冥冥衾薄驚寒夢易醒四壁蟲聲連暮雨半窗

簾影漏秋星疊苓味澹身難健刀翦燈殘手乍停側耳缾笙看火候知卿幼少熟茶經（姬毋陸氏）

雲

何愛居空濶相看太渺然去留風作主冷澹月為緣故岫迷前路長江有斷烟立身期自潔終勝出山泉

寄懷高三叔廉臺灣

羈魂莽莽不堪招海上琴音久寂寥萬里風濤飄別夢三年燈火記良宵文章難向窮途賣魑魅還將遠客饒莫上赤嵌窺澳嶼諸羅城北草蕭蕭（時彰化縣失守）

寄懷譚仲修廈門

鷺門浪擁海雲深誰對黃花發短吟憶母暗垂游子淚登高

遥切故鄉心千山落木濤聲應一紙西風雁影沈知汝欲歸歸不得客囊未許積黃金

夜坐

微風拂井梧涼意滿襟抱天末聞悲音雁飛爾何早徘徊獨不寐結念契幽窅波定水窗明露重巖花悄掩卷一沈思古人詎縹緲

題烏目山人秋山行旅圖 癸亥

石谷妙墨吾數（入聲）見收藏最夥推長沙（謂伯澄侍郎師）朱亭（亭在福建試院先生作此年已七十）讀畫閱三載夢寐時復親烟霞此卷老筆更精進細皴牛毛眼未花寸馬豆人入毫髮行緣紆徑如秋蛇絹上蠕蠕意飛動似聞並轡鞭交撾風吹石裂雲出罅滿山紅樹明峆岈江光蕩蕩山忽斷行人喚渡爭停車想見挂帆達天末坦途何論遡與退揭來烽火照海甸商旅裹足愁磨牙縱有關津任負載緡錢已較常額加蠅頭之利未獲一往往頸血膏鋘釾開練忽遇好風景千里萬里無回衺縢蹻隨意踏秋色令人仰羨生歎嗟我亦旅窗學塗抹奈何擱筆聞悲笳

送家莫秋往上海

看汝長風破浪行鄉園先我得歸耕山中歲月容高枕海上魚龍送去程到日紅蓮剛稻熟（將卜居吾里）別時丹荔傍檐生摩挲景物增惆悵兩地空教對月明

徐十三司馬招同諸子集城南水閣漫賦並示筱君

空濛柳色雨餘佳愛趁斜陽整玉釵臨水有人稱釣叟（謂謝琯樵）

登樓對爾憶秦淮一江烟月宵拚醉六代湖山願已乖空向徐陵乞新詠春時難遣是羈懷

送張少騶柩歸葬江北

强項安能與世宜身兼貧病兩難醫孤兒畢竟誰堪託廉吏方知不可為半篋遺書清俸換三年旅櫬異鄉羈送君身後酬歸志斗酒澆墳定幾時

臺江晚望

釣龍臺畔綠榕遮慨想雄圖對晚霞下國錙銖搜地利長橋燈火照天涯笙歌醉語三千客魚蟹腥風十萬家日暮估帆如蝟集可憐無處種桑麻

送黃大令（瑚望）重遊杭川

初日芙蓉紅灼灼與君同醉漳南幕髯張桐庵笑劇短李穎光狂
時坐蕭齋共歎詎別來荏苒逾十春萬事過眼馳風輪看君
彈鋏未終曲登場忽現宰官身鐵幢訪得錢王弩挹取洪濤
作吞吐壯懷到此天海寬十樣錦船何足數軍事翻輸從織
經秋雨秋風涕淚零西子濃妝都卸盡上元燈火記熒熒人
世風波易變幻鏡山錦樹空留盼遍野荆榛何處棲君亦拙
身理歸帆造門握手喜欲顛各認鬚眉兩茫然欲將浩劫從
頭說買酒傾盡囊中錢賤子年來不得意療飢獨噉三山荔
細數上聲狂歌脫幘人天邊落落晨星墜今君聚首無幾時河
橋忽折楊柳枝勞燕分飛蛩蟨析男兒聚散良何悲君勿悲
聽我歌盛年愼莫嗟蹉跎東南千里陣雲多滿眼瘡痍望瞻

紅棗山莊詩　卷三　十

恤君去努力將如何

臺江中途遇風不得發仍泊南城外舟中賦此撥悶

臺江烟樹青濛濛曉日初出扶桑中我欲東行趁潮落片帆
斜展無蹤蹤羣山拱揖迎且送安坐不復煩篙工前望石塔羅星塔
影漸見蜃樓彷彿堆千重豈意近海只咫尺奔鯨倏起
橫吹風公然對面相搏拒巨浪壁立摇青銅對此料量神靈
意諒不放手哀愚衷且挽逆境作順境吾曹未必天能窮轉
權便如絕塵馬四蹏踏空追飛鴻須臾得岸尋舊屐長橋燈
火光疃疃夜深欲覓秋江閣筱君所住青鳥已逝無由通一鈎新
月空在眼照水任爾驚魚龍

漫興

卑棲無不可此地一枝安事簡能藏拙民窮肯畏官涼宵孤
燭永細雨落花寒竊喜青箱近奇書許借看時從王植庭太守借前漢書

閩安城隍山望海歌

此山如人臥坦腹橫曲右肱枕大江江潮引海流腳底日夜
洗濯音逿逿天雞一叫扶桑曉霞彩射浪連平砠山海青蒼
合一氣雲噴霧泄時魍魎虎門卓立勢尤峻欲挽坤軸神鼇
扛掉尾昂頭頗自負俯視胯下過千艘承平華夷泯中外火
輪亦許激奔瀧鮫人破涕貂父笑往時痛絕戈矛撞如此鎖
鑰棄不守到處連寨詞紛哤高天蕩蕩大海沸何人畫鷁建
牙幢安得醉酣擊長劍酒兵盡使愁城降歸來濤聲尙震耳
風竹迸力鳴西窗

紅棗山莊詩　卷三　十一

詠史小樂府讀前漢書

汜陽卽帝位先媼得追尊俎上翁不死留爲擁篲人
天地爭呼吸鴻門示玦時江中波浪起枉殺牧羊兒
事主工面諛聖人肯若此草草定朝儀帝悅諸生喜
呂公善相人不能相野雞豚犬無噍類應恨野雞嘷
莫怪溺乃釣反儒冠詩書焚已久芒碭有故人能事在屠狗
子房下取履釋之跪結韈漢代兩張郎忍辱同一轍
彼美恩難恃通宵別院春君王幸希見象爾夢中龍
建節稱天使旌旗照故鄉西京好詞賦手筆出貲郎
汝欲反地下此語實兒戲軍門彀弩時天子親按轡
飛語將嬰殺狂夫罵座顚悔不擁趙女沒齒臥藍田

夢見白頭翁神靈能寤主回憶南卯侯姁姁妖巫語
辞手逢屠伯河南血作堆君看潁川郡昨日鳳凰來
五侯頭可斬不在一佞臣惜哉折檻時請劍忘禍根
當熊不得死恩深乃殺身無須鷙猛獸獸猛不傷人
樓護縛呂寬媚莽罪難恕我最羨朱家多金買季布
一燕逐雄飛一燕啄雛死涎涎雙尾拋翦斷張公子
禪位一杯酒君王欲法堯獄中埋玉骨遥望義陵高
主隆唐虞德臣守箕山節不如效首陽龔生死更烈
雁頭憑狗噛天不鑒孤忠淒涼歌樂府遺恨平陵東
阿父陳洪範子乃拜國師晝計强諸呂留侯亦有兒
長壽宮中酒傾心媚老狐酒酣誰拔劍慷慨想朱虛

仙巖洞

洞裏尋蝙蝠窠中望鳳凰（山名均在閩安）松花堆一徑沙岸立千檣種蛤田難恃防倭壘未荒扁舟來往便跣足踏滄浪

羅星塔有感

一櫂乘潮去喧聲走怒雷霧高孤塔沒江轉萬山來漁婦花盈鬢蠻姬雪作顋可憐荒冢地次第起樓臺（英吏强買民地掘及枯骨弗恤也）

書所見

關前傑閣殊嵯峨關下帆檣如飛梭爲算緡錢强停泊踰關一步關吏訶黑夜船來不識岸中流飄瞥風翻荷長年努力各鋭進始過左旋千尋渦（在關前最險）何來小民獨忘死跳越不畏船偏頗提籃爭賣餅與粿縱得微利安能多但恐舟人腹未飽失足爾飽蛟黿鼉何人箕踞水上閣叱捜客販窮么麼搖頭便得百千貫美酒大肉常酣歌嗚呼爾民可奈何

雜感

把酒未及飲愴然生百憂少小事詩書妙理潛雕搜旅食十三年復與英彥遊人情既爛熟欲語輒掩喉古人不可期茫茫望九州

赤日耀朱陽隆冬結冰雪天地豈有私炎涼各一轍君子安固窮但恥恩常乞金張好門第與我本秦越通財亦細事交情爾莫絶

浮雲無根蔕隨風東西馳雨止羣龍逝中路將子遺用舍情

各判愛憎斯在茲回首瞻故山烟樹渺離離零落散四野下與孤鴻飛

大道多異趨知人良不易幽蘭雜蕭艾彌望盡蒼翠體異而用同高冠爲屨累卓立傷懷抱徒傾萬古淚世間無伯樂何人辨駑驥

與君初結髮和聲鳴瑟琴敬謹奉姑嫜中饋力能任芙蓉變苦蘖霜風倏相侵棄妾非君意祇怏讒者心鄙懷亮得達無勞白頭吟

原野春日麗登高眺前川蘋藻漾微綠萬景鬭芳妍涼飆一披拂葉落琴上絃賞心既云逝辛苦盼迴瀾天末雁聲來愁思更無端

我夢御長風挾策排天閶琅琅千萬言陳之玉几旁痛哭無人解手碎朱霞裳歸途遇天狗嚙我訾我狂感茲天狗意愧無微物將

當秋氣肅殺白露變爲霜小草難自振委靡因風颺寸心泥土中猶冀日月光盛景不可再感歎負春皇松柏在空山榮悴兩相忘

門前桃李花春時何婉孌路人競攀折生意一朝殄芳華雖足珍保身實未善悅目與賞心宜將涇渭辨愛我苟至誠何辭伐與翦

鳳凰翔高岡凡鳥不敢伍飛止在時命曾是同巢侶三春苦雨多竹實亦易腐默默抱微忱爲謀恐越俎揮手謝鳳凰願君愼毛羽

虎豹敢食人憑藉惟高山射者矢莫及甘心讓兇頑小鼠腹易滿所取亦已慳具獄磔堂下毋乃欺其孱何時挾雄劍攫身排九關

用情莫太過太過受人愚世風競欺罔心口判兩途胡爲昧厥旨輒將肺腑輸結念不可測事後悔悅愉骨肉尙如此奴隸何足誅

明歲期得魚今年乃竭澤盛滿有窮期餘膏先自炙花嫣子難結誰補造化力何如未委時滋灌厚培植川流方浩浩毋自斷其派

鷹鸇肆利爪雞鶩爭餘粒於我亦區區問君胡急急天眼辭難開人心釀成劫蒼茫落日中曠覽愁獨立已矣勿復言且荷劉伶鍤

聞雁

長風吹萬里嘹唳不勝愁爾獨來何早關河一夕秋疎砧飄別院明月照南樓歎歲無遺穗天涯孰與謀

宿苦竹村題壁

筍輿過橋投前村蘆荻向暝溪半渾江月輝輝出林杪石泉漉漉穿籬根客來晚飯旋去聲舂稻兒護雞雛常閉門丈人聽語且勿笑達官無此好田園

奉懷雪樵先生 甲子

又逢寒食節煙柳隔江生迢遞春風路相思空復情夢攜謝

公屐同上越王城鄭重商修禊溶溶水正清

孤宦羈臨海驚濤聽夜闌鷗眠分片席雉伏愧微官對此好風日琴樽不共彈恐君苦吟瘦寄語勉加餐

寒食書感

天涯忽忽逢寒食觸眼風光憶昔年我母看花立簾隙呼兒折柳插門邊卽今夢裏依親舍安得墳頭燒紙錢一十四年空悵望斜風細雨暗江天

閩安有小蟲細若鍼孔善螫人初螫時不及覺也久之肉墳起奇癢不可耐則已寂然逝矣陰毒害人細者尤未易防也戲賦此誌之

官舍窄如蝸近海地卑溽朱明肆宛音蘊暍炙日火流星濁泯

騰沸湯氣蒸更鬱燠微雨幸濯枝散髮快新沐雖乏七井涼
庶俾一夢熟爾蟲適何來藐藐誰育鞠縱化千百身曾不盈
一粟塵影乍過隙鍼芒已著肉恣意窮鑽研潛形脫殄戮蟲
睫秋毫末焦螟所止宿與彼同么麼惟爾異腸腹豈無饕餮
輩一生蒙口福射或短弧張賦或阿房讀文章與弓矢於理
宜厚祿爾名世莫知强附蟲達族輒復嗜肥甘居然忘愧恧
我官非主簿見蠍胡肯慉我職非記室獵蠅亦求速花鷹雖
猛捷聞聲便驅逐未嘗懼轟雷竟受剝膚辱邇來術轉窮俛
首任飽啄生平嫉鬼蜮自笑念枉篤料量造物心何寬而何
酷 叶 蜂蠆善螫人恕其聚斂毒蜉蝣絕飲食轉使年命促此
理殊不平茫茫莫我告逝將去此邦暗箭免摧衄披襟招涼
風匿影避炎旭海上從蜻遊豁此千里目

酉里人郭某小酌

安得長鑱共退耕百年幾見宦能成家風未改君休笑輿頌
無端我益驚 席間以所聞爲予喜 風外觿聲長笛和筍前花影小窗明
官廚未敢忘鄉味依舊江南谷董羹

符雪樵先生挽詩

天風吹枯桑奄忽云歲暮大化有轉旋哲人永不寤一身羅
百憂何以謝沈痼夫子盛文藻蚤年馳令譽長安獻策歸榕
嶠倏停馭忍飢種甘棠下考愁徵賦鄰壤方用兵咄嗟辦供
具誅求及藁芻爲謀誰借箸元戎與走卒各各肆其怒空拳
難獨張箝口無從訴垂老困網羅祇是一官誤言念平生歡

慰藉語頗絜同道數 上聲 陳少香大令 胡肖穆太守 宿草嗟盈墓索居誦
遺篇踟躕流光度伊余幸侍側斂錢時合醵知己苟忘年談
笑了無牾別君常憶君往往宵達曙顏面尚如昨遽爾痛朝
露絕筆三五行寸紙佳兒付覽之不忍讀精氣結毫素側聞
伏枕時悲吟尚如故家祭告兩河今古心同注浮生無可戀
何憾入泉路白晝豺狼嘷相逢轉不怖歸魂涉西江渺渺隨
波去

題鐵樹圖寄子勤表兄

憶昔我在溫廠住官齋伴我只鐵樹自覺鐵骨與樹同樹亦
不受常人顧亭亭直榦皺龍鱗枝葉青蒼無冬春仙鸞鋪尾
覆人頂仰看陡驚白日淪一庭翠色橫空起黑夜森立錯疑

鬼酒酣斫地君頻來往往談詩坐樹底有時據樹苦搆思樹
若嫌我得句遲忽然大笑振林木狂花逗散風中絲嗚呼此
時惟有樹在側此情惟有樹能識君今別我獨遄歸我亦別
樹遙相憶從此逐隊隨風塵屢遭翦伐嗟勞薪滿腹杈枒吐
不出枯桐爨下終當焚眼前突兀見此畫把卷怕將堂上挂
彷彿清宵細雨霏嘉樹軒前共情話 嘉樹軒郡齋額名樹即在軒後 江南往
歲草連天平田莽莽無人烟徽幸梓里獨安堵客載名花紅
滿船 蘇杭被陷時名妓悉遷徙至泰州烟花極一時之盛 羨君解組如解籜立意還鄉
急行樂待他鐵樹開花時知我便跨揚州鶴 諺語鐵樹開花行人還家言其難也 題此畫續長歌 予前在溫廠作鐵樹歌奉贈 斷梗飄萍恨事多鐵樹鐵
樹可奈何

紅粟山莊詩卷第三

登福州城

刁斗森嚴雉堞斜（時城鄉團防）拱辰樓影帶殘霞東西旗鼓撐雙闕甌越河山本一家遠道風聲嘶戰馬滿城榕蔭護棲鴉登臨不爲閒憑眺欲請長纓鬢漸華

于役連江日暮訪雷音寺

脚底千峰更萬峰懸崖忽斷阻行蹤榕根拔地藏妖鼠海氣蒸雲護毒龍好古慣尋前代碣紆途遥指暮天鐘今宵準擬眠僧榻前路青蒼黯幾重

紅粟山莊詩　卷三　六

初集二

紅粟山莊詩

紅粟山莊詩卷第四

泰州朱寶善

洪橋舟次寄姬人 時留省寓　乙丑

作別何心醉濁醪霜蓬擁被讀離騷長橋向晚銀燈過畫閣
臨江玉笛高四野菰蘆隨去雁昨宵兒女共持螯殷勤半臂
臨歧贈刀尺天寒惜爾勞

水口舟中寄懷小樹玉堂文卿諸子

茲行二百里濡滯五晨夕流水欲我留故與船頭逆凜凜届
嚴冬霜氣凝襟褷鳧雁凍不飛莽莽平沙白推篷縱遠目觸
緒愁如織迴瞻江上山緜亘渺無極我友廬其下不得見顏
色安能踐夙歡迅假長風翼相勉守歲寒後凋契松栢

黃田曉發

征馬門前嘶僕夫趣我起喧聲聚羣蛙輕重較行李重挑壁
上燈昏曉辨疑似努力飽一餐出門風颯颯宿鳥未辭林殘
星猶在水是時嚴際人柴門亦漸啟剗草先飯牛開欄且飼
豕勞苦我則同中懷覺非是將謀二頃田借汝作生理

宿清風嶺

驛館欹嶺巔中夜眠復起窗紙飽颼颼風來疾於矢颯颯作
雨聲土壁搖不止傾聞臥榻旁常有虎來視虎乎虎乎吾語
爾此鄉前歲罹兵災家家人面瘦於鬼溝壑餘生肉無幾汝
咲安能救汝餒山有妖狐野有兕汝盍從之礪牙齒

山行

飛雨下巖端欺我征衣薄漫空塞苦霧千峰僅露腳草木蓄
其氣蒙翳誰開鑿晴光偶一現似見金烏躍輿夫腹苦飢急
步追猿玃茅屋三五楹薪溼釜難灼山薯逾珍味儼肆屠門
嚼一飽無他求我羨輿夫樂誰家足穀翁貧雨坐山閣

晚至金沙

暝色蒼然合愁看驛路長燒餘枯草黑沙際暮天黃地僻防
豺虎宵寒念鶺鴒道逢百夫長旌旆甚飛揚

感事絕句

三都口金沙等處劫案纍纍皆本地極苦之民為之
其實不過數十人耳予按灘流雖險儻多設縴夫則
上灘自易何不招此輩分布各灘俾作縴夫另設縴

長以統之蓋此行有三便窮民得食劫案自少一便
也客商所費無多而船無擁滯二便也劫案既少宜
亦不必另募壯勇三便也第迂生一己之見不知有
當否願與有土地之責者共商之

募勇護行商糜餉非善法客船過灘來向誰呼救劫

土瘠民斯窮民窮盜益夥豺狼蓄樊籬操縱權在我

萬斛憑一纜船重覺灘高欲上不得上天地困呼號

一船添十夫一夫給數錢得錢不惜力船乃上青天

大橫

灘勢趨東南下流疾於箭春夏發時雨百泉分決堰石與水
相搏萬怪逞奇變舟行苦石多又苦石不現我來值隆冬水

縮沙亦斂俯視十丈下朗然明一線乃知開鑿時用意頗詳善餘地留砢磯人力詎能遍今人事求速捷徑爭巧便甘心舍正途詭遇翻自炫水不礙人行人乃與水戰豈知鐵梢公危時膽亦顫紙船鐵梢公閩諺語也

太平驛

慘澹愁雲黯不收離懷常共路悠悠野花著意娛行客落葉驚寒上驛樓地險自多爭戰迹灘流莫問去來舟劇憐壞壁題詩處九載依稀墨尚留

山行雜詩

犖确蔽前路山田少人耕仰首視天宇寒雲互糾縈白日匿其中虛光交相傾欲雨未雨際向我殊含情近山倏變滅但聞鏞與笙尋源不知處清濁何由明

娟娟新綠竹靡靡崖岸間雖非松柏姿乃能淩歲寒牧兒不知惜牛羊任摧殘野火肆毒燄根株無一完安得大園囿移此萬千竿造物多遺憾我憂如轉環

高風振林木落葉紛如雨我行踏落葉日與蓬蒿伍危徑走千盤出入石吞吐性命寄人肩輿我兩無主崖轉足騰空欲視不敢俯何來樵采人絕壁運斤斧斧聲響丁丁下驚鸛鴉語

重過石門塘側聽水濺濺車轍無恆軌今昔不相沿舊時芒屨迹恍惚淪重淵厭故而喜新人心易變遷山徑尚如此誰能保百年慨想路旁冢行見犂爲田岸崩田亦沒浩渺成一

川哀哉冢中人宴然猶長眠

明朝陟山路夜中愁雨聲好鳥忽欣喜告我以天晴林隙露微光恍如秋月清曲折穿林隙不覺巖上行流雲比我早出岫天纔明我早非得已汝早豈有營疾風將飄汝何必隨宵征此時萬家夢昏黑滿層城

緣溪行曲曲溪水流逾清俯拾溪中石纍纍圓成形彷彿孩提初資質猶渾成長大滴本性漸漸圭角生神斧鑿不到當路紛縱橫迢迢織女星有石何晶晶銀河雖有浪水石兩無爭我知天上路定比人間平

葉坊

建城西行至葉坊四十里路何清曠人家雞犬頗安眠行旅往來無剽掠太師墳前晚照斜老鶴棲樹枝杈枒江鄉風景忽在眼沿路軋軋推小車單輪車閩地惟建安建陽有之他處未見也

夕陽嶺

暮靄幻陰晴窄徑遠迴互蒼然起一峰兀若據中路回顧潭陽樓前眺浦南渡南北區井疆杳冥墮烟霧整襟坐危亭亭檻雲依附穿林漏日光檐溜倏如注始知昨夜雪尚積巉巖樹龕中不壞身李禪師真身尚在公然作頁晤我未疲津梁敢望坐如塑茶烟向晚斜山鳥催客去緩步松篁間空青落衣屨

途中見寒鴉

安巢難覓一枝依寥落江湖夙願違啞啞羣呼風色慘蕭蕭晚帶夕陽歸愁看大屋人俱去便送飛橋汝亦饑斷角吹殘

官道遠天寒更怕雪霏微

宿山寺

飢鼠夜相逐安牀借佛燈洞巖僧早臥瓦石鬼能憑霜草寒驢嚙風檐濁酒冰羈人當此夕歸夢又何曾

仙霞嶺半山遇雪小憩賦此

十年前過仙霞嶺戲將姓字書新篁今來綠竹顏已老塵寰與我同風霜山靈似怕露衰態故遣苦霧來遮藏長空上下堆一白浩渺如墮海中央巖竇不知誰攝去但聞百谷吹笙簧前趨峽口後漁梁一齊倒入琉璃光旅人到此意頗阻何暇周覽論邊防錦帳相遺兒戲耳談笑安能禦鴟張誰歟扼險斷中路公然一旅當藩王雄關屹屹橫高岡想見旌旆紛

飛揚爲國捍患宜廟食此山合祀李文襄坐久香龕佛火滅冷風颯颯侵禪牀劇喜天公作狡獪橫張大幕包八荒揉碎銀沙萬萬斛亂拋下界隨風颺是時鸛鴉噤不語我亦縮似頹雲僵衝寒欲縱千里目了無所見魂茫茫老僧爲指舊營壘模糊辨認焉能詳安得霧開雪亦霽攫身抽矢射天狼逖聽鼓鼙思將帥俯仰今昔徒悲傷時閩中賊氛尚未肅清

江行雜詩十二日發衢州舟行六日至杭州

侵晨櫂發雞鳴塔灘淺灘深灣復灣青山送我還憐我不遣荒寒損客顏

譙樓二鼓落帆遲燈火依微動我思紫蟹黃柑都上市畱賓不見鄭當時蘭溪鄭司馬前一月歿

姑蔑城頭一輪月照人鉛淚落清波徐郎苦唱迎年曲酒醒燈殘奈爾何鎮江徐某附舟同里

流水琤瑽客夢孤蕭蕭急霰下菰蘆臨風呼問南飛雁兩字相思寄得無

富春山色難圖寫一雨一晴妙不同苦向礬頭講皴法何人識得大癡翁

七里清風百尺臺漁舟一葉逐風開呼奴買魚且休煮恐是嚴光釣過來

李生覿面仍分手相對淒其歲已闌辛苦麻衣泣行路幾時風雪到長安李明府丁憂回籍遇於衢州

青琴彈罷碧雲深冰繭殘絲抱苦心除卻江風無可語斜依

桅腳獨高吟

野泊頻挑江上燈舊時津吏喚難譍攤錢買酒知何處雪掩寒蘆月半棱

射潮遺弩澀生苔賊退從容築礮臺臺上任人看曉日空波紅蕩海門開

十四日晚大雷電

葭灰春未動雷電發前山默看陰陽戰因知天地艱風波彌震盪草木太冥頑盛世無災異何勞叩九關

杭州訪譚仲修廷獻學博縱談一夕次日賦此爲別

亂後重逢大是難莫將襟上淚痕看鶴歸華表湖山在雁度

空城雨雪殘兩姓弟兄連短榻十年師友憶長安（謂長沙邪侍郎）堪相見俄相別孤櫂寒波閱歲闌

除夕無錫舟中感賦

舟人重歲除草坐壺觴遞競云須盡歡明日即新歲我聞殊驚愕酉歲了無計少時高自負私心恥暴棄遺書讀未終中年謬作吏依然蟣蝨臣遑敢談時事黑頭取卿相斯人誰位置半百忽在眼荏苒流光逝浮榮無足矜內省彌多愧冬盡春或回涼燠隨天意

憶昔七八歲就學從父讀每逢佳節令攜我出鄉塾追隨諸老後街衢許娛目歸來仍篝燈謂我讀還熟果餌輒盈懷分甘轉逮僕新年尤歡躍譁然索袯服侵晨促阿姊爲我先櫛

沐遲則弄餽梳一家笑滿屋此景安能再長途愴焭獨夜闌耿不寐驚心聞爆竹

同雲低漠漠四野揚風埃今夕是何夕不見天容開歲暮各墐戶重城色淒迷亦有百貨場零落燈火稀我來值此際獨酌彌傷懷往昔惠山泉飲者如啜醨梵宇香氤氳紈綺照江湄自從兵燹後茶竈寒無灰荒灘空繫纜但恐名山隤遥想閨中人（時姬人留寓閩省）爲我計歸期料量乍歸客團坐傾瓶罍焉知我饑歲踽踽在路歧莫打寒山鐘魂夢儻能飛

途中卽事

烏倦思故巢客久思故鄉故鄉日以近胡爲中彷徨江南富庶區尤數（上聲）蘇與常往日曾過此繡隴鬱相望官塘燈火鬧人語喧夜航自從蛾賊過比戶田廬荒存者盡遷徙破屋無完牆歸來雜荊棘稍稍辨井疆按畝議抽捐府帖須皇皇帖中字何云但說兵無糧可憐枵腹兒日臥蘆岸旁呼號乞一錢骨凍魂欲僵何處來兵船健兒身手强賊騎無可躡酒罷尋歌倡久蒙豢養恩河上任翺翔災黎亦赤子救急須良方元氣已難復況乃搤其吭局外發深慨觸目徒悲傷升斗迄未獲八口熬飢腸忘近而騖遠得非風漢狂挂帆舍之去江波浩茫茫關吏幸相卹一笑指歸裝

寓樓　丙寅

昨宵强買濁醪傾遲暮關河百感縈鴻雁歸時知歲改鷫鸘典後覺寒生磯邊石響冰初下松際山明雪乍晴獨上高樓

聊騁望枯桑也復起風聲

越河口晚望

歷歷青山向晚天歸鴻到在落帆先沙澄石凸牽蘿月雪冱烟濃養麥田滿路旌旗迷遠望幾家絲管奏新年江南梅柳初栽植只盼春風到岸邊

晚泊望湖中有作

寒蘆如雪亂飛花濁浪浮空曳斷霞野廟無僧鐘臥地村農放鴨水爲家風來隄堰關民命春到江湖感物華蟹社珠光今不見愁看黯黯夕陽斜

到家

二千六百里到家在今夕燈火見城郭喜極如有獲入門忽

痛心新婦麻衣白阿兒去何處未忍念疇昔疇昔送我時偎母立門隙我歸兒不晤遺像耿在壁細認未全非肝腸欲寸磔瘦妻方抱病蓬首臥牀席忙亂詎忘悲強起慰歸客胸中萬千言欲說口若鉗殘燭亦如人清淚頻頻滴

二更街柝擊三更涼月低絮語共忘寢五更雞亂啼親朋亦漸至侵晨叩我扉匆遽相慰勞未暇畢其詞稍稍及宦況所聞匪我思衷懷未易白但云聊救飢側身冠蓋間言之顏忸怩呼僮且沃盥爲我具晨炊在家喫飽飯諺語公等荷天慈

戚戚撫藐躬負罪已不小荏苒十餘年先塋闕祭埽東莊吾佃夫守冢年歲老不惜筋力顇時薙冢旁草南鄉無祭田誰肯護基兆佳城阯雖堅未免牛羊擾松楸隔天末引領心如

擣恍惚夢寐中風雨泣蓬葆昨日始歸來累土恨不早不如樹上烏時時墓門繞

同懷姊三人於我十年長我幼藉提攜歡笑隨績紡共諒慈母心愛若珠在掌繡闥雖暫離風絮仍相賞三姊住東鄉迢遞恨河廣其餘兩姊家接閈易來往連枝逾弟兄百事關痛癢我忽去天涯十載常惘惘故里尺書來平安字豈迋相見始恍然前說實影響次姊雙耳聾大姊病扶杖三姊已重泉形骸淪宿莽側聞易簀時呼弟不絕吭存者俱衰顇死者付惝怳嗟我歸何爲愁緒密於網暫聚各神傷此後何堪想

媧丈顏鏡夫明經招飲遂同遊城西小香巖諸勝

多年不飽故鄉味頓頓紅柑與綠蠣歸挹江水洗我腸夙垢大吐吁可誹吳孃細鱠忽在眼下箸那顧傭奴懟豈有好色老登徒肯與美人失交臂桃花乍放溪魚肥嫩白韭芽上齒肥牀頭香甕斟枯陳吾鄉酒之久藏者名枯陳閩中出不比土酒令人噫土酒外省人不飲也與先生交勝飲醇但欲歡娛不欲醉吳陵三月好天氣溫風隄柳搖晴翠城西竹石更多姿便可停杯曳雙屐嗟予鄉國久拋離前遊如夢略能記光孝寺左一草堂舊是虎頭礴地謂畫師顧介石何人奪取重翻新敢與琳宮鬭華麗丹青汲世成何用花草亦隨時代異惟有彌勒坐當門對我依然笑且睨岳家遺壘盤歸鴉心齋祠堂樹蒼翳岳武穆墩先賢王公祠均與小香巖相近明日再從先生遊賸馥殘膏莫輕棄

遊永甯寺

腌靄鐘聲飄碧空小橋遠帶斜陽紅參天老樹有神鬼入夜後湖多雨風齋罷添杯止陶令石邊說法迎生公時開壇說戒

贈內

堂留影翦燈認筆冢巍然苔未蝕西屏上人善書已圓寂數年矣

閨中爐竈藥成窩憂患頻將病骨磨離緒暫從今夕解愁魔仍是故鄉多幾人身退門栽柳累爾天寒屋補蘿翻喜南荒猶可戀荔支三百飽東坡

示農人

東鄉百畝田先人之所遺及我已四世衣食恆在茲田夫久共事疆場賴整治耕種與收穫瑣屑不吾欺昨返田間舍樹旁猶故籬故籬且弗易餘事更可知但願諸子弟勞苦勿告

疲趁時納禾稼忽與爭毫釐主佃互相恤我飽爾豈飢酌此
一杯酒行當遠別離

一村只兩家大河繞其後卜吉擇高邱於此葬我母非謂風
水佳實愛人情厚離家十餘年百事怕回首惟此田野人代
謀殊不苟既除冢上蒿復去畦旁莠小兒叱羊來相戒勿踐
蹂頗聞寒食時替我奠卮酒非關骨肉親此情安可負曉來
涼露多愴然別溪柳

雜感

老輩如晨星我歸竟罕遘斯文天未喪定使伏生壽春風吹
座隅几席尙求舊奈何黽黽徒公然鳴以腹指迷望導師起
與修羅闢

烽火照邗溝桑梓幸無恙賊去旋議捐誰敢官符抗竭髓博
其歡元氣潛彫喪胡乃習奢豪競曰時所尙敬告鄉大夫崇
儉爲民望

晨過東山寺有人泣路隅詢其祖與父世曳侯門裾賓主頗
投洽一死情輒疏風雨覆破巢誰肯念鵶雛欲廣絕交論西
華良可吁

昔與少年子頗事俠邪遊河干弄簫鼓同上梁家舟醉鄉自
謂大往往輕曹劉一瞬二十年事過空懷羞試問河干樹美
人今在不

初七日登舟雜述

在外苦日長還家苦日短部署無一成旁人詈予懶丈夫處
家事安肯細籌算況我身百憂觸緒腸先斷行矣勿復言別
酒那能煖

日前聞戒裝病婦輒嗚咽相離十餘年相聚祇六月荼苦未
同嘗奈何君遽別小草風易欺單鳧隼必掣攬鏡指病容銜
悲不忍說

昔歲我出門送我兒牽衣今日我出門地下兒悲啼兒啼我
不聞隱痛觸深閨死者已死別生者仍生離何堪心孔中鍼
棘叢一堆

親朋餞我行排日具珍膳離緒亂塡膺未許壺觴戀欲起仍
强留持燈照顏面幾時能再晤風霜恐日變斯言聽未終我
淚已如霰

登舟一挂帆家人儼隔世臨別重丁甯寸心諒能記相離咫
尺間胡爲覩聽異閨中誰與歡幼女牽衣戲仰看明月光料
我宿何地

修途浩無極孤舟又遠征風景雖云佳回憶軫予情平野饑
饉雪幾日炎陽蒸豈不念遷變安能謝影形鳴蟬爾何故未
秋先吞聲

連日心怦怦魂夢若掀簸埋頭三尺篷坐臥無一可欹枕且
微吟盤辟就燈火篙師似解事傾聽笑口哆爲指揚州城女
牆膁幾垜（亂後城垣尙未修整）

十一日渡江同舟蕭道士是日七十初度賦贈

晚山闕處殷輕雷積水俄看霽色開雲影過江奔似馬石皮

灑雨滑於苔片帆西上潮爭送一曲南飛鶴再來手指歲星
光正蚤餐霞便擬乞桃栽

舟中望金山感賦

空濛一塔尙干霄鈴語風前感寂寥碑斷荒榛牽贔屓火餘
枯樹宿鵾鵶過江灑盡英雄淚拍岸依然早晚潮不見坡公
留玉帶山門惆悵雨瀟瀟

江口遇家伯生孝廉

意外逢君一握手喜劇拉沽京口酒潦倒風塵何足悲世間
萬物皆芻狗憶昔竝轡揚州城沿街趁月尋簫聲簫聲漸寂
街鼓響蒸豘抑鮓猶縱橫看君意氣健於虎揮霍詎復分爾
汝十三樓下千人場解衣跳作渾脫（平聲）舞此景依稀二十年

薊門飛雪白門烟芒鞋著破歸來日盎無斗粟居無椽泣向
斷垣鋤白骨賊來風雨何飄忽妻兒井底浸寒波（城陷時夫人某氏投井死）隻影淒涼與誰說翻然不顧走天涯三春去看長安花金
盡裘敝書空上退尋仙子餐胡麻（君將遊天台）我昨適買江邊櫂
停舟一夕同歡笑縱談身世忽悲啼那畏江風狂吼豹側身
南望三山巔蠻煙瘴雨誰相憐一官如匏挂天末眼前衣食
眞顚連嗟君欲歸家已失而我有家歸不得何時鶴背許同
騎十萬腰纏返鄉國酒醒歌罷峭帆分天北天南兩片雲

紆道往烏鎭夜行遇雨

飛電無定蹤瞥見前帆白我舟隨之行步步踐陳迹微光胡
可恃飄然去若擲迴望天四周昏黑迷人魄前山雨忽來跳
珠灑篷隙長年急下篙暗中徒喧咋手捫眼復矓蒙昧何由
闢辛苦爾勿嗟會當見明月

烏鎭晤從弟（泮林）予以事不能久留賦此爲別

準擬傾胸臆偏逢汝臥牀病深醫易誤兒幼藥徒嘗（學源隨侍）寄
食防諧詠開門對莽蒼孱軀幸料理波外晚風涼（弟行館在郊外）
莫作狂書記孤身去住難總因貧作祟枉說我爲官慚愧謀
升斗艱危恨嶺灘秋來能跋涉待汝啜龍團
避債臺難上艱辛子母錢斯人何太逼今日詡誰憐解脫聊
安命蒼茫只問天故巢見新燕我亦淚潸然（舊宅五百餘年近日始易姓）
今夕誠難得燈花分外紅工愁有何益耐苦豈終窮出入歌
魴鯉棲遲羨雁鴻那堪扶杖立看我過橋東

嘉興道中寄弟

回首菰城道蒼茫暮靄中弟兄仍遠別吟眺與誰同草長湖
成路鵶盤塔挂空櫂歌聽不得劫火有餘紅

六月道經杭州仲修學博招住詁經精舍三日臨別留
贈

山川何滌滌流火散爲雲潛喘篙楫間舟子良苦辛故人湖
上住招我意何懃到門風滿懷講堂高嶙峋漢學崇馬鄭君
也得其眞善氣結襟帶覿面消俗塵非惟誇博雅經濟出儒
臣海內方多故所謀匪一身簡冊雖凋殘棟宇已重新日暮
望湖水清芬挹藻芹（詁經精舍爲賊焚燬去歲始復其舊）
纖月墮西嶺戶外吹涼飂席地縱談笑慨念乾嘉時憶我鄉

先達甘棠種在茲海塘萬株柳移植西湖湄遊人愛清蔭燈船夜逃離飛絮照成雪往往醉忘歸盛景不再遘至今惟空隄晚來立隄上黯然色慘悽一螢飄水際數螢高下隨默驗消長理流光易轉移試問南飛鵲無枝將誰依（吾鄉阮文達撫浙時翁海塘柳三千枝植於湖上有詩載擘經堂集中髮逆亂後無一株矣）

侵晨呼我起言訪孤山麓老鶴莫我迎無乃匿幽谷危亭出層巘俯瞩谿遲萬頃碧玻瓈新荷淨如浴娟娟涼露氣含情待初旭彷彿倚妝臺美人睡未足雖無梅千樹賴此領芬馥邀響蟬聲送清歡鷗夢續玉簪儻可求雲巖瘞仙躅

意行循岸曲竦然見宮牆豐碑臥荒蘚不覺神内傷六龍昔巡幸林岫爛生光欲民胥讀書列架排縹緗兩浙盛

文物至今頌先皇奈何蟣賊來竟肆祖龍殃歃危臟一樓云是文瀾堂蓬蒿颯處冠佩憶趨蹌近日議修復經費惜不遑恐啼游人淚崇垣聊蔽藏百蟲紛唧唧向我訴滄桑（行宮悉燬於火某方伯倡捐修復湖上各寺觀而行宮祇築一牆而已）

飲啄皆前定遊覽須夙修去歲到君家風雪正颼飀縮頸如寒雀臥君屋西頭旣無仙鶴鸞敢泛剡溪舟今來值盛夏盤空走赤虬恥附炎官勢避熱如避仇早晚趁微涼近地聊探幽引人固入勝時序偏盾矛萬事留餘地知足宜自休展讀湖山誌他日續茲遊

海隅同客遊情深若昆季君才十倍我匡坐許談藝胥雨登朱亭（在學使署中）相攜踏煙翠猶記擘荔支晨露共酣醉一自使星回賓從各分轡婉孌奇瑤華神傷行樂地屈指盤敦（去聲）人惟君遂歸計手理舊枌榆嘯歌雲壑媚我尚走天涯飄蓬無所繫登高望大江去帆從此逝勿憚道途長與君期寤寐

過七里瀧望釣臺偶賦

舟行屈曲無路逃青山面面將船包前峯乍接後崖失仰首但見層臺高臺上清風吹飄飄臺下依然此江水如何區區一竹竿遺蹤千秋無繼起我今倚櫂江之隈江山妙絕空徘徊遲遲出瀧心卻喜手招客星同酒杯

過仙霞嶺

空青萬仞絕飛埃鎖鑰天南一徑開修竹團雲將日匿亂山疊翠似潮來戍樓歲久兵都散錦帳謀疏事可哀二百年來

尋往蹟依稀戰壘沒蒿萊

陰森古殿接雄關武帝旌旗在此間（關帝廟香火最盛）靜夜光芒爭北斗清時談笑靖南蠻沙埋斷戟誰磨洗馬踏層雲忘阻艱香火緣深容我證蕭蕭襆被去仍還

前峰倏忽翠煙遮遙見歸樵拾虎牙山果下垂紅著雨坡羊幾點白於花巖坳碓響水春稻日午車停僧賣茶兩腋清風吹不息休將徂暑怨天涯

浦城水淺坐竹簰至水吉

山水緣深隨所遇昨日箯輿今竹簰夜來微雨曉颿霽溪淺不許流潸潸脚底明珠細跳濺俯身便拾沙中蠣船窗闢竇

惱人意那能似此開胸懷清霜乍隕明於染斑斑丹翠堆巖
崖雲髻煙鬟互窈窕初旭遠射黃金釵郭熙秋山好圖畫惜
無几硯先安排沿溪曲折恣流覽觸眼明鏡塵都揩蓮瓣未
從太乙借蘆花飛渡行蹤乖我幸輕裝賸瓶鉢安用大舸去
天涯

晚至水口

水石兩無爭奔流到此平縱教帆力健不遣客魂驚高閣連
雲矗空波入夜明算緡燈火鬧辛苦到漁征水口設抽釐分局

初八日晚抵洪山橋

隔歲今重到橋痕一櫂迎疏箏風外響遠火岸旁生道路誰
西笑詩篇賸北征昨宵江上望牛女不勝情

紅粟山莊詩　卷四　七

紅粟山莊詩卷第四

紅粟山莊詩卷第五

泰州朱寶善

題畫　丁卯

山際宿雨收高下煙痕綠疏鐘出曉林嚦鳥迎初旭白雲流
娟娟泉水明如玉樂哉山中人於此結茅屋身閒得靜觀湛
然無所欲我未濯塵襟披圖聊悅目想見鴻濛初萬象含清
穆

高茶庵以其友蔣介青遺詩囑題

斯人吾未見忍淚誦遺篇天末孤鴻渺泠泠調古絃才華戕
壽命世路愴風煙賴有高常侍珠璣得永傳

哭趙姬

紅粟山莊詩　卷五　一

返魂無計覓奇香十五年來夢一場猶記諏期翻歷尾玉梅
花底賦催妝姬以癸丑十二月來歸
側帽風前醉不支登高時節見君時南行儻過霞漳驛忍折
黃花奠一卮
郤月含煙畫未工忽拋粉鏡去匆匆與君同是驚弓鳥不愛
楓亭荔子紅姬歸余未數月同赴省垣路過楓亭幾爲賊劫
忍淚搴帷送我歸巾箱親手疊征衣重來喜極翻增痛爲說
風塵減帶圍乙丑冬余乞假旋里姬留省寓
曾攀金粟步迴廊花蘂秋時搗蔗霜戲語分明猶在耳怎教
甘苦莫親嘗
齋粥空延白足僧命宫延壽竟無能賺人信是西天佛燒盡

緗經夜夜燈

簪珥無多盞篋藏，可憐欹枕倚嚴妝。傷心最是彌留際，自檢零星付與郎。

敎子能嚴轉勝予，怕人笑說掌珠如。秋燈昨夜涼如水，能否歸來聽讀書。

粉褪妝臺已積塵，舊時坐處賸重茵。日中怕看狸奴戲，錯向空房覓主人。

醉遊往往夜還家，坐待燈前屢剔花。今夜歸遲燈也滅，自尋爐火學煎茶。

辛勤十指爲家貧，賸絮零紈拱璧珍。紫鳳天吳都未了，他時補綴屬何人。

歸隱青山買畫橈，素懷埀死未曾銷。故園門徑緣何認，記著西河白石橋。

雙枝連理迄難分，歸葬江南陌草薰。忍使豐湖湖畔路，淒涼鈴語泣朝雲。

姍姍難得帳中逢，飄墮苍苍絮萬重。誰識高吟紅豆客，秋衾獨聽五更鐘。

吳桐雲觀察引疾旋里，臨行以二圖屬題　戊辰

瀛臺觀潮圖

我家近在東海頭，未曾散髮淩滄洲。井蛙坐井殊可笑，夢中妄想蓬萊遊。竭來閩嶠策高步，三山踏遍窮冥搜。東望婆洋一萬里，近接襟帶開雙眸。諸羅大似秋星閃，黑水下注蒼煙收。傳聞玉嶺白如雪，天風戛擊鳴瑯球。安得片帆竟飛渡，醉擕蛟妾祛煩憂。使君手操明月鈎，穩跨赤鯉鞭青虬。香花翁鼓紛來迓，歡聲便已傾遐陬。是時狼烽正息燄，維公撫綏懷以柔。椰酒初斟蔗漿醅，番峒醉舞銷戈矛。海天一色風颼颼，登臺曠覽雲高浮。大文已令鱷魚徙，安用坐鎮千貔貅。弄潮小兒那足道，此臺砥柱當中流。時頗有嫉之者讒之大府前。縱使排山與撼岸，珊瑚詎礙綸竿投。奈何決意歌眞休，歸艎迅疾追驊騮。小魚大鯨空在抱，升斗之水將誰謀。觀潮我愧枚生筆，挽舵徑欲慈航留。靈芝樓上待君卧，莫視塵海如浮漚。

茶半香初之室圖　室在鹺署

宴坐澄其心，隨境得妙理。譬如春風吹，著物皆可喜。使君讀

書人，鹺政見經濟。裕國兼恤商，成效邁前軌。退食仍委蛇，此心空若水。埽徑細焚香，微馨散庭薺。松風響颼颼，少飲味逾美。於此寄幽懷，萬象列遊几。撮要成一書，秘鑰任人啟。卽今理歸帆，棠舍實在邇。是知仁者心，出處則一耳。妙香許我聞，餘甘溢吻齒。把卷劇徊徨，飛鴻儻來止。

火輪船行

聖人神智包八荒，四海之外通舟航。異物悉供天家用，豈與鬼國爭奇方。昨從海岸觀夷場，紅毛碧眼相扶將。斲木冶金配水火，究中機括難具詳。功成力猛狂奔赴，高駕不須風伯助。旋轉雙輪白浪開，黑煙一點斜飛去。從此路與銀河通，自彊遠計無終窮。須知火灼膏易竭，成敗全憑一

柱銅嗚呼此事在人不在器得人而用器乃利君不見索朽篷欹萬斛舟昔年也費千金置

追憶揚州舊遊感賦

非關避地買扁舟丹荔紅蕉詡壯遊自挾仙霞著芒屩頓教明月隔揚州山庵鶴去殘僧逝（雙樹庵舊有雙鶴予昔年屢過其地）夜雨螢飛故苑秋獨對春風遙問訊綠楊今有幾株留（予以咸豐元年離郡城三年郡城爲賊破）

青溪記訪小姑家花底雙扉帶醉撾攪枕乍驚雲影散書裙不得墨痕斜香醪覆甆傾餘瀝春韭淪泥摘嫩芽往事如雲那堪憶天涯何處寄瑤華

舊雨飄零尺素稀俊遊回首廿年違湖橋覓句騎驢去野寺

看花並馬歸入座同瞻周茂叔（謂子榆觀察）揮毫更愛陸探微（謂卿雲畫友）而今鴻爪都陳迹悵望江東淚滿衣

懷梁小吾

追挽汪小山分司

汪子家多難甘心客異鄉儒書成薄宦（君由書記入貲爲末職）垂死賸空囊嶺海魂飄泊風塵夢寐羇何時歸旅櫬宿草墓門荒（權葬邵武城外）

送人還江北

同是天涯客還鄉我送君迴風一聲雁斷嶺萬重雲書畫名何益親朋券孰焚淮南方落木莫遣淚紛紛

題畫

流水曲成溪落花香滿地入寺不逢僧清磬出深翠

題興郡郭子壽（鏡齡）司馬負薪圖

我笑會稽守裁錦炫新服何如長荷薪免致張湯辱司馬實人傑雅志超時俗移家傍壺山流水蘭陂綠朝偕麋鹿羣樵歌振崖谷暮歸講周易明然雲霧逐（君著周易述正）消息見天心時事籌之熟世人愛富貴嗤君學雌伏豈知此斧柯終不他人屬友聲儻可求吾將歌伐木

遊陶氏園亭口占贈主人（君籍仕浙江甫一年遽乞休未幾杭城被賊陷）

不礙居城市心閒百事宜春深蘭發箭雨足茗添旗風篴聞高唱煙箋訂後期羨君三徑外家世有東籬

送吳芸卿歸松江兼寄令弟遜齋

蓴菜江東碧水清歸田我愧賦難成江樓春送孤帆影驛夜

魂銷暮角聲落落晨星嗟易逝蕭蕭去雁遠含情君家季子欣無恙珍重桑榆老弟兄

夏夜寄懷胡少齋（惟寅）上海

雨過涼侵簟披衣獨倚樓幽花開向夜疏竹意先秋遙憶陵陽客難爲剡曲遊燈前裁尺素仍否駐丹邱

懷人

別後娟娟涼露多芙蓉顏色近如何尊前華月同千里天末明河又一波樂府微情怨勞燕美人空谷抱煙蘿鄂君翠被空蕭瑟三載芳懷付擲梭

九日

最難佳節醉中忘悵望寥天罷舉觴四海尚存幾知已百年

又過一重陽離羣飢雁迷中澤抱葉吟蟲怯曉霜今日登高
是何處海雲江樹雨茫茫

至甘蔗洲送客後舟中賦此

送客來江上依依嬾獨眠月斜帆影臥篙落水紋圓情話思
前夕離懷繫遠天知君今夜宿應在葉洋邊

黃葉

愁看綠葉忽回黃遲暮關河劇感傷一夜霜痕侵短鬢半林
風色逼重陽沙塵漫舞長堤冷橘柚低迷老圃荒最惜攀條
人盡去伴他衰草臥牛羊

送別離亭酒不温風敲木末作去聲黃昏荒寒古廟嘑山鬼雩
落飢鴉繞墓門楚客吟成將改歲吳江波冷乍銷魂飄殘金
粉何須問一棹天涯返舊村

紅葉

千林晴色倩誰烘斑駁枝頭早著紅殘照影分鴉背外新霜
涼點雁聲中四山晚燒留餘火十月秋江映短蓬莫對西風
獨惆悵流丹濯錦總天工

暮天如醉散飛霞點染秋光石徑斜大塊文章猶絢爛空山
景色轉繁華猜疑老樹眞披錦留戀征途不爲花歸去鱸魚
江上買好攜彩筆畫槎枒

冬日閒居偶作和友人韻

苦欲安心覓禁方沙塵滾滾看人忙入羣深惜羊燒尾吐垢
誰同鼠易腸少日孟嘗營一窟老來博士痛千瘡飄茵墮溷

都成幻傀儡原難到末場

愁人怕聽雨風聲不料天公肯放晴寒雀墮檐疑落葉飢蠅
觸紙訝彈箏兒童但解分冰炭木石眞難喻性情爭似三春
春水碧閒鷗蹤迹去來輕

夢想　己巳

窈窕雲屏列閒窗翠色飛雙扉叢竹掩半嶺雜花圍流水攜
琴去斜陽荷鍤歸勞勞徒夢想深負故山薇

遊仙詩

自笑蓬華士忽慕煙霞客迢遙青雲端天路多嶢屼剛風況
欺淩往往足虞蹶海上遇羣仙聯轡振鵬翮私擬曳其裾共
赴流霞席天狗爾何來狺狺驚我魄導引有眞傳依附復何
益

三山無根蒂高浪戴嶙峋中有寄居子冠佩何彬彬瓊漿與
玉液左右羅芳樽萬事不關懷日惟飲其醇餘丹飼雞犬奔
走亦何親自非翻覆手誰分雨與雲

飆輪送我足夜至煉師家爐中流寶汞粲粲如朝霞須臾變
黃金璆琳無以加仰窺虎與豹當關肆爪牙我欲上綠章天
閽莫敢撾何來一仙人不畏彼聱齖東指濛濛煙勸我鍊丹
砂

醴泉非無源芝草非無根何故塵世蹤竦身登天門羿妻得
秘訣竊藥私自奔行迹等偷兒月府何足論誰戴斫光帽朱
顏詡年少不嫺鳥迹書乃貽坡老笑

坐時風吹裹臥時雲滿懷風雲雖變態與我原無猜奈何矜遇合高舉淩飛埃愈高境愈險樂極便爲災舊侶久睽隔鸞鶴呼不來何如煉精魄大化同胚胎哀哉蜉蝣輩但見金銀臺

我笑秦祖龍妄求不死藥慇懃遣徐生遠陟蓬萊閣長生是何事而乃他人託一去果不還瓊藥先自嚼率彼三千童遥赴瑤池約孰念鮑魚臭腥風吹漠漠

人生大夢耳何在爲我有至人知其然遺棄若芻狗古有一仙鼠努力學沖舉一日三易腸夙垢盡傾吐昨遇赤松子教我辟穀方轉丸而委蛻試與觀蜣螂

世上賢與愚誰可忘故步虛無縹緲間仙山在何處弱水不

載舟銀河無鵲度劉阮遲歸來庭戸都非故揩眼認兒孫回頭勞顧慮縱令飽胡麻依然腹不飽捷徑謝終南吾自守吾素

海陵竹枝詞

千重嶺嶠逼晴空歸鳥難憑兩翼風擬把夢華續前錄空庭惆悵月朦朧

過江名士悉來投亂後千帆向晚收眼底煙花太寥落淮南賴有小揚州金陵未收復時運藩兩司均駐泰州繁華特甚一時有小揚州之稱

包苴暗遞客多能拇戰方酣大獄興風送楊花春去也毘盧依舊一龕燈同仁堂本毘盧庵舊地某州牧在泰時議事諸公咸聚於此後爲人所控同仁堂拆去庵始復其舊

聯莊結社仗空門五百雄兵夜斫村十三里汪螢火碧不知中有幾冤魂十三里汪爲僧道正倡覇租之議雷營遣五百兵燬其廟僧亦就戮

僻地無人解按歌名花移植恨如何冶遊誤盡諸年少翻羨琵琶飯餓多

遲來有客惜年華樓閣秋殘晚照斜不見巷頭楊柳綠淡煙疎雨四孃家四孃爲北里之尤寓楊柳巷予去歲過之已不及見矣

嬉遊城闕誰家郎誤盡青春白日荒不待秋來籠蟋蟀踏青先到鬭雞場地名

巷頭擔影賣新餳插柳當門物候更一片箏聲天外響紙鳶風裏過清明

寒食人家欲禁煙閒來東郭草芊芊鳳皇墩上墳多少半是

窮髮爇紙錢鳳皇墩在東門外相傳中有吉壤然葬者纍纍迄無得眞穴者

風刮草河凍未銷草河船上挂冰條劇憐炊飯貧家婦手捧紅茅帶雪燒草船自場下來者悉聚積草河每遇天寒故昂其價

東街勝景溯前朝巷內旗竿直透霄一帶河房喧若市估帆撑過大東橋

冤魂慘慘哭西風北極樓邊一劫終墮此深坑何日出生前何苦太英雄英雄坑在覺正寺後秋審勾決者叢葬之所也

郎住上河愁水少儂住下河愁水多安得挖開東西壩與郎同住一條河上河地高於下河故設東西兩壩以蓄水

西風不起水波平打稻欣聞叱犢聲夜半趕場人不寐黃雲堆裏萬燈明下河秋場碾稻最爲大觀

侵晨小飲聚朋儔綠雨清茶水一甌不信紅羊經幾劫查家
還有舊妝樓 綠雨樓茶寮相傳爲宋查丞相道第中梳妝樓故址
稗子編籬叟荷鋤崇儒祠畔晚晴初菜花滿地東風軟醉煞
遊人酒不如
高人知己本難逢謬賞何嘗氣誼同枉費栽花萬麻子年年
辛苦咽西風 萬麻子種菊最佳
斗姥宮中畫像描昇仙想見羽衣飄煙波何處金鼇背獨上
西城古石橋 徐神翁遺像在斗姥宮
公然一疏動天閶有膽椒山節並彰血點斑斑滿遺笏也應
深夜作光芒 沈公良臣疏劾嚴嵩廷杖時血濺笏上向藏於裔孫某處余幼時曾見之
西城莫謂太荒蕪三五琳宮儼畫圖好是濃春新雨霽垂楊

綠徧小西湖
瓣香一炷禮神龕耿耿精忠婦孺諳偶倚危欄聊騁望青山
兩點是江南
東風城角柳絲搖隔岸人家弄玉簫一種銷魂忘不得暮春
時節暮春橋 暮春橋即今之豐利橋
開平曾此駐雄師慨想新城對壘時夜半慣聞戈鐵響青燐
飛上綠楊枝
女牆前代存枯樹閱盡滄桑二百年今日箭瘢無處覓雙柯
靜對夕陽天 鄧孝威徵君望海樓詩行人駐馬城頭過愁向雙柯數箭瘢
詞臣遯迹草堂間宮公紫元年老詩人亦放還鄧公孝威惟有上書陳
給諫篋聲吹出玉門關 陳雁羣給事有出塞吟

江湖傳徧兩生行談笑軍中獨著聲昨向打魚灣裏過曉風
殘月總關情 吳梅村祭酒爲柳敬亭作楚兩生行載在本集柳打魚灣人
知音惟有櫟園眞野老孤標著海濱一卷清詞冰雪冷奈何
火熱詣斯人
寓公獨數成都客倡和當時鄧孝威與黃仙裳吟罷殘春孤艇句
更無人過野田莊 費此度先生僑寓野田莊孤艇接殘春句爲王漁洋尚書所亟賞
腸斷漁洋七字詩淮南剛是雪消時德香閣畔梅千樹清夢
依稀見一枝
愛此幽閒屢讌游星軺去後賸空洲清秋盼斷南來雁風起
蘆花攪暮愁 雁宿蘆洲爲泰州八景之一孔東塘先生嘗讌客於此道光年間吾師馬墨初先生於洲上搆屋數椽顏曰蘆洲書屋

數間老屋傍蘆灘窗外瀟瀟雁影單此是徐熙眞粉本霜毫
著意寫荒寒 徐熙有寒蘆宿雁圖
絕妙丹青顧虎頭寸縑難向故居搜小香邑畔雙松樹曾見
揮毫畫九秋 畫家顧介石別墅在光孝寺側介石歿後其地歸於小香邑生平畫九秋圖最妙
范范海上覓青琴康老詩存太古音他日還家具雞酒那堪
花落墓門深 竹枝詞作者六人今伯山先生已歸道山
飛鴻渺渺隔江天吟罷新詩獨黯然只有揚州二分月夜深
猶肯到窗前

紅粟山莊卷第五

紅粟山莊詩卷第六

泰州朱寶善

懷安舟中　己巳

六月方徂暑伊予獨遠征濟川乏舟楫行李勞經營驕陽苦見逼舟中飯甑蒸向晚就新月寒蛩隔岸鳴念我閩中友三載閱影形往歲送我歸巾箱手自經臨歧強題帕含淚背人傾茲行與昔異時序空崢嶸千林荔子熟一路稻花馨物生各依舊能不軫予情

建陽有懷

火雲經不流一雨萬山秋颯颯青楓外蟬聲動客愁故巢思去燕急浪警閒鷗置驛人何在懷中刺漫投符丈雪樵曾宰建陽

馬嵐閣上作

高閣俯危灘殷雷轟腳底入耳陡驚心心定聲自止下瞰船中人寸板薄如紙性命輕波濤將船鬬石齒我身偶居高安危判彼此焉知昨來時所歷亦如彼當境每宴然觀者替傾駭吁嗟宇宙間風浪何時已

人和驛紀夢

朝傍青山行暮傍青山宿山靈漸相暱夢中往來熟不惜嶺雲噴但覺山花馥坐嘯風蕭蕭行歌水曲曲招手忽逢猿同遊喜偕鹿涼露溼衣屨奔泉奏琴筑恍惚此招提是我舊林麓彌勒笑來迎慈燈或可續半路驚晨鐘高林映初旭

夢筆山寺壁觀江瘦石畫梅

荷衣著體汁乳凸玉梅那有奇香出細看粉壁三兩枝春意預擬敵冰雪令我忽憶雪香齋在漳州書院妙墨與此尠區別眼前縞袂逢仙姝清夢恍對羅浮月賊來南州風雨急芝山山畔鵑啼血孤鶴聞風先羽化亂離莫守舊林樾此間老佛頗管事不遣赤舌燒幽窟呵護丹青信有神勃勃香風吹不滅安能十日謝塵鞅手展長箋摹健筆明朝回望南浦橋綠波淼淼同嗚咽

梨嶺謁李建州祠近訛為五顯廟

崎嶇閩浙此分疆嶺上巍巍刺史堂野鬼豈能潛竊據詞人何意享馨香雲扃古洞藏遺籍風捲靈旗傍戰場誰檢史書兼邑乘重磨貞石樹崇岡

江山船曲

一到江山縣江水便有情願郎似江水風波永不生

昨發衢州郭幾時到蘭溪探錢買南棗為郎搗作餅

朝揖桐君山暮飲嚴瀨水珠江孔翠蓬未敢儂船比

隔船偷瞷郎覥面轉佯避生小學嬌癡是儂同年妹

作鱠留郎飯纖手斷春葱網得桃花鱖可似儂顏紅

入瀧儂卻喜出瀧儂便愁安得進艙風遲遲到杭州俗呼逆風為進艙風

舟中漫興

天高羣動息清曠絕纖塵雨後山光活林梢月色新流螢低掠水棲鳥晚親人此際同舟客酣眠夢認眞

錢塘懷古

滔滔雪浪奔羅刹愁衝突錢王思保障乃奪蛟龍窟百神胥效靈精誠貫金鐵強弩亦何能敢與奇相鬭（去）戡功成奠磐石萬家免魚鼈至今弄潮兒回頭指壘雪後嗣更慈愛恐民厭膏血忍痛書國除遂令釆繩續煌煌表忠觀豐碑永崒屼摇落冬青枝舊夢何須說

少時謁岳廟遺像瞻英姿（吾鄉岳墩有鄂王及養子雲遺像）鬚眉劇颯爽想見酣戰時黃龍果痛飲二聖豈難歸奈何金字牌晝夜促班師玉環付腦後奉迎虛陳辭皇心儻不惑長舌胡能爲嗚呼三字獄千載令人悲茲來拳柏樹風雨泣南枝山邱仍崒嵂忠義感狐狸堪笑爾劣鐵受辱無窮期

天水歷三朝中原始戡定餘杭富庶區除國等歸命隱士有餘悲豈復屑徵聘卜築孤山麓坐攬西湖勝羞草封禪書但著梅花詠高風克傳家後先相輝映山林多清事託志亦何峻所惜鶴高飛空山呼不應

自菰州至常州舟中雜詠

臥聞篷背雨瀟瀟晝槳輕柔夢裏搖怪底鐘聲聽更遠昨宵船已過楓橋

記曾歲暮此停舟爆竹無聲夜景幽今日重來雪銷盡可憐鴻爪亦難留（乙丑除夕泊舟無錫城外）

岸草崖花解媚人風斜雨細似殘春征夫忽記中元節昨夜河燈閃碧燐

西鑫河畔早秋天漸老垂楊咽暮蟬莫更風前吹玉笛爲他明月惜嬋娟

毘陵舊是文章藪藉助江山各擅場黃九孫三俱木拱誰來歇馬亭名弔斜陽（謂黃仲則孫淵如兩先生）

知音何處訪琴臺但見游魚感浪開海上風濤吾聽慣絕無人肯刺船來

獨倚蓬窗思悄然晚來湖水碧於烟銀燈畫舫匆匆過觸撥閒愁十九年（辛亥四月曾住此三日）

舟泊北固山下夜起偶作

濁浪憐舟小多情夜不衝微風半江荻涼月五更鐘天淨空青落山昏遠翠濃鄉園知咫尺心切舊栽松

七月十八日到家次日即行舟中賦此

馳驅萬里覲瑤璣便道匆匆客暫歸雁帶秋風先北嚮鴉銜殘日共西飛賣田貢禹車仍敝上冢龐公願屢違堪笑昨宵心事急搵衣帶雨叩斜扉

廣陵舟中偶憶上年在興安聞胡小牧太守談揚州盛事振觸於懷愴然賦此

世間萬事那可料禍福豈必斯人召昔人豪華去若電今人何故罹慘報桃僵李代是何意造化小兒殊荒耄即如揚州全盛時暴殄天物誠有之不惜萬錢供一嚼雕蚶鏤蛤抛厠池錦綾飾壁椒塗屋金玉入手泥沙施有時爭豪復鬬侈一笑擊碎珊瑚枝自從星使旌麾去商人凋敝都非故窮來儉

約改家風何嘗子弟皆紈袴我友胡君竹西居旅館嘗隣南路徐親見韋家盛賓客槳酒霍肉增欷歔老去一官赴榕嶠夢魂時向雷塘繞心驚螢火化陰燐黄巾滿地多於草酒酣爲我說江鄉殘燈對影心苊苊四十餘年付一瞬曇花回首淚霑襟傳聞婦女禍尤酷釵光烈燄同低昂若輩閨中造何孽豈眞尤物招天殃嗚呼當時絮語不忍聽我今索處餘哀贅橘中老叟已飛仙太守歸道山己六年江都舊夢從誰問揭來重買江邊舟煙蕪觸眼嗟吾儕舊雨飄零劫灰盡悵望空切杞人憂寄語鄉邦居位者溫公崇儉眞良謀

邵伯舟中作

昏鴉萬點射陽湖白浪光連甓社珠誰遣長堤資茭竹劇憐

奇士老菰蘆輓輸歲歲籌良策冠蓋遥遥去上都爲問哀鴻艱食日江南覓得稻粱無

晚泊露筋祠口占

女郎祠外碧雲流淸夢蕭蕭伴野鷗零落蓮花秋色老可憐

三十六湖樓　三十六湖樓李蘭卿都轉建

淮安守風

一丸瘦日墮飛塵孤櫂淹留楚水濱傍午檣烏思得食隔林村犬喜窺人蕭騷風荻愁難聽浩渺湖天望不眞回首下游居釜底悲歌甑子劇傷神

騾車曉發

暗暗風燈撼衛寒出店門疏林疑鬼立殘月帶沙昏突兀煩搖夢淒迷更愴魂誰家香閣裏繡被擁餘溫

漁溝午憩遇浙右施張兩君談吾鄉舊事甚悉蓋上年避亂久寓泰州也因口占此詩贈之

廿年拋卻舊榆枌偶聚萍蹤得恩聞故里言旋誰伴我歧途何日再逢君霜濃老馬愁長坂天遠孤鴻入暮雲炊黍未終各南北不堪離緒比絲棼

車中雜詩

曠野馳奔輪去者速若火我復追其蹤來者焉知我與夫不解事爭先甚勇果騾疲力已竭失足臥道左仰首徒悲鳴誰憐汝罷跛汝材亦天生安得卸擔荷鞭撻分宜然顚危事豈叵嗟哉騾負痛苦掀千鈞柁努力向前途置我箕中簸捷足

夫何爲人生亦蜾蠃

隤陽忽西傾平蕪慘不綠千百箇烏鴉紛飛覓林麓悲風颯颯來催我征車速此間爭戰地至今有遺鏃白骨飄飛灰滅若風中燭故里誇乘龍當年紛逐鹿山河抱餘悲草莽念遺躅薄酒不成歡聊就藁牀宿

櫛沐殊草草出門帶殘睡短轅偶一躍陡覺魂夢碎鈴撼耳不聞燈昏眼全眯輿夫恐失途持燈屢照地軌迹歧中歧沙痕畫復畫漸漸積霧開荒荒大星墜瞥見郯子城因憶古官制一官定一名顧名當思義義亡名徒存所司究何事憑軾望古人日射馬陵背

羊流店謁羊太傅祠

炎漢裂殘局典午攘臂起南門忍抽戈潛龍忽喪尾嵇呂更何人名高焉避死況復臨敵疆誰講仁者理緬懷鉅平侯一人獨殊軌志匪急功名心實存愷悌甲胄不加身大度惟修己降者聽去留鈴閣洞然啓坐客飲以醇所謀戒譎詭輕裘緩綸巾談笑忘彼此豈不慮私交保民未可訾遺澤流孔長滔滔江漢水我來羊城西祠宇瞻故里榱棟惜凋殘釣遊想涯涘何必峴山巔英靈始戾止

道中偶作

塵沙如積水因風便作勢平地起波瀾吹噓助以氣千里浩茫茫莫辨天與地晴光竟失宜甘心受蒙蔽行人墮霧中亦復兩眼眯前路每歧誤跬步竭思議引領望澄清私心祝屏翳風息塵亦滅奏功謝長箒寄語路旁人慎莫輕纖細

八月十四日題驛壁

煙瞑沙光見年荒驛路閒萬鴉盤落日匹馬向秋山燈火家依夢風塵酒借顏明朝是佳節玉宇問誰攀

望嶽

漸覺人離地方知嶽獨尊昏黃迴日馭冷翠落天門鸞鶴羣靈集風雲六合屯仰攀三數日依舊在山根

車過泰山下卒作長歌

泛海必極鯤鱗坳長竿一釣連六鼇登山必踐五嶽頂手排閶闔迴星杓半生偃蹇坐山窟笑彼培塿非吾曹東岱距闔五千里側聞峻極天同高近瞰齊魯遠吳楚茫茫九點蒼煙搖日觀峯前更東望恍惚足踏扶桑條天雞一叫金烏躍照見天門垂絳綃玉檢金函定可覓惜無羽翼淩巉嶢茲幸驅車過青兗搴帷日日窺層霄突見青蒼橫一氣心知是岱足難趫欲辨飛龍與翔鳳但覺混茫無際有如大海潮我問泰山君君名第七何人標何以大權獨主死召人魂魄何忘勞何不放開爾毒手億萬黑籍一齊燒得使羣生皆老壽地獄無鬼亦足豪從此漢碑字常在秦松永不凋玉女重出世依然紅顏嬌七十二君盡呼起齊來空洞之天同逍遙我言未罄羣醜怒狨嘷虎嘯山鬼跳攪亂不許達天聽當前蒙蔽勢堅牢縱遣不死有何樂恨不蜉蝣隨暮朝乃知好生世所忌自笑說夢空呶呶依舊閉置如新婦車中低首拈吟毫

齊河道中

野曠雲奔曳斷虹車帷半捲夕陽中家家雨洗茅檐白顆顆霜催棗塢紅溝洫至今思禹蹟鋂環終古屬齊風最憐河濟交流處十萬糧艘掩亂蓬

禹城驛中夜不成寐輒賦小詩以寫悲懷

旅窗孤枕咽寒螿惆悵車輪百轉腸千里飄蓬多舊雨一抔衰草又新霜燈前夢訝釵聲脆江上風吹笛韻涼已是傷離兼感逝征衫寥落況他鄉

平原

戰國尚鬬爭猶幸能好士我觀平原君揮金賤如水珠履聚三千門前客濟濟遂使囊中錐脫穎露奇偉片言保邯鄲鼎

呂全無毀養士苟無恩斯人詎肯死我今過平原愴然思酒
醴荒驛秋雨昏輕塵僘衣洗買絲繡不成客路更誰待

河間

邈然見千里曠土無人耕風沙自起滅但見牛羊行小民生
計薄往往餐藜羹遂乃役兒女忍辱若忘情獻技使娛客齊
瑟兼秦箏客裝尙未卸三五紛縱橫我聞燕趙間往古多傾
城汝貌亦不惡汝手豈無營造物何憾汝使汝艱養生安得
相其宜土化講遺經人力代天工飽暖無閒氓閨房頗自愛
碪杵夜有聲旅人偶來止相與歌太平

石門訪仲夫子宿處

千里捲驚沙浩浩長風吹停車訪石門層樓石纍纍先賢留

紅粟山莊詩　卷六　九

宿處至今有崇碑慨想抱絕學劍佩盛容儀非矜政事才悲
憫實同師皇皇不安寢道路偕奔馳到處聞譏訕隱念無人
窺一言忽中竅晨門爾何奇遙遙二千載弔古徒興悲斜陽
照車轍蔓草牽屋楣拊心願浮海東周不可爲

金臺雜詩 四首

躍馬燕都第一場天高雕影任飛翔於今邊徼皆中土從古
佳人在北方黍谷易將春氣轉槐廳況有秘書藏舊時同學
吾眞羨槃敦終年醉

帝鄉

黔光箕尾照長安仰盼龍源勢鬱蟠易水風聲連太漠太行
秋色壓征鞍金遼事去浮雲散湖海人來襆被寒欲賦北都
慚未就葱籠煙樹薊門寬
灤河路接白狼堆羌篴橫吹霽色開怪石誰能將虎射荒祠
不見有龍來中山遠略重關徙孤竹崇墉落日隤往事銷沈
無待問欣看
玉輦自東迴
木樨開過我來遲無分天香折一枝士少悲歌除舊習馬留
健骨報清時步趨竊喜龍門近詞賦羞邀狗監知卷幔樓高
聊騁望
神京佳氣達邊陲

卽事

枹鼓無端半夜鳴井閭游手乏傭耕漢廷捕務煩京尹董令

紅粟山莊詩　卷六　十

歌聲起禁城黑白探丸紛揭篋弓刀出隊漫揚兵昔賢輦轂
先彈壓鉤吻何由路不平

感事述懷贈高猊梅 錫康 刺史

昨到長安城下馬覓姻戚生平喜情話追逋如不及歡笑能
幾時蹴慰風塵感知君有令子久任西曹職紛署頗清閒暇
日辭豹直予也告僕夫於此詠維縶入門忽見君意外千金
獲分手二十年閩南與燕北片紙不相聞安望瞻顏色茲來
成就養窺見赤管筆歡伯叫呼時對予轉太息君家本名門
煌煌列畫戟大屋容高車人指金張宅城中聳三峯 園名 烟嵐
浮竹石阿翁英俊才藝事琳瑯集登樓看雲山據几染丹墨
呼客同臥遊淋漓滿四壁解巾忽之郡舉手皖公揖試弩訪

遺臺乘鯉尋仙蹟甘棠未成樹遽痛秋風墮其時君尚幼哀毀若鰭植素旐空旋歸衰門仗誰立虎視目眈眈監奴與食客卷軸或幸存田園半輕擲自顧倫書癡莫肯抱錢癖牙籌遂失算口誦徒專壹文壇出飛將觀者期破的無奈泮林中翻任飛鴞入嗟予亦蚝蝨側身就檐隙路逢鬼揶揄無以止其唾君才百倍予妙思若泉溢試院常追隨爭先意孔亟出場燈火鬧光景尚能憶彼此運蹇屯而我更囏阨家難不堪言孤身獨掩泣從此走天涯夢寐妻孥隔茫茫瘴癘鄉依人豈艮策忍辱救飢寒低頭向親識夜起呼蓼蟲汝當知我臆好音自北來飛鴻墜几席聞君獻賢書旋即膺上秩家傳有縣譜遺經剏可習祇應念故人未免情蕭瑟風沙細栁昏（曾任

景州）輸我荔支赤我方處南海陟山乃忘躄私假蘇季金妄捧毛生檄學步從邯鄲登場漫塗澤竊想鳳出穀依然鷇待食竭來困長途雨雪征衫溼兩月到京華楝棰已備歷旅食共殘燈相與傾肝膈慰藉敢云愁顏面覺非昔此地非不佳蓬萊近咫尺來往盡仙曹冠佩紛如織追從伊何人未許鞭偕執仰盼黃金臺悲歌更無益君今理輕裝何者爲樂國送我先啓行南去三山驛後會縱可嗁浮生總悽惻所願駐蟾帷尺素先我錫高坐懸魚庭愼勿忘今夕（稚梅向官直隸行將改省出京矣）

賈人以舊畫求售惜予已戒裝無力購也因各賦長句以誌大略

金冬心墨梅

米元章晁補之已往不再邁天寒但見凍蛟瘦水墨光中皓月來香魂髣髴飄羅襄先生畫梅惟取影毫端不屑施丹粉同時亦有童山人謬誇絕臏能扛鼎此幅來自江南天（上有湯雨生都督珍藏小印）與我一面豈無緣不必故鄉問消息我身已在綺窗前

惲南田仿倪高士江南小景

朔風吹雪鋪九衢娛情那得江南圖長安米貴金易盡欲買煙雲徒歔欷昨宵清夢忽飛越恍惚身到松陵湖楓岸蘆汀互窈窕漁莊蟹舍相縈紆范公小築今猶在一竿便釣琴川魚眼前三萬六千頃何嫌鷗鷺窺吾廬覺來蓴絲尚在口了了煙景懸空虛開卷心訖如夙世逕欲牽挽歸坐隅惲侯家住梁谿側金雞山色時臨摹偶然寫此豈無意桑梓衣鉢追

倪迂我想落筆窮造化煙嵐近似霑衣裾何故好友失交臂黔婁難得傾城姝且洗緇塵賦歸去秋聲館外聽菰蘆

道中望孤竹漫賦

我行三河驛引領望孤竹古賢迹已遠想像晤高躅父命死弗違天倫理宜篤但求心所安肥遯奚待卜惜乎少躊躕翩然舉黃鵠君輕社稷重大義日星煜綿造豈不艱風雨勞櫛沐存亡聽國人倣屣竟輕蹴中子儻闇愚何以保邦族聖人意有在立論嚮曠俗骨肉紛操戈視此應懷恧浩歌念首陽薇蕨風吹綠

天津口旅次漫書

三日車帷喜卸裝層樓照眼詡煇煌風雲路易通閶闔[illegible]

人偏豢虎狼自是良謀師魏絳有誰重望比王商最憐丁字沽前水楊柳青青抱恨長
悲歌杼柚百憂煎籌策軍儲憶往年太宰廣搜山澤賦上方早罄水衡錢空將珠玉塡貪壑安得菅蒯塞漏天多事吉光購西國金銀氣已化輕煙

舟發津口

蓬萊閣畔晚生潮三宿依依夢憶勞夜半驚聞蓬索響鳳城頓隔五雲高

泛海

何處一竿投蒼茫島嶼秋天光吞去鳥海氣肅浮鷗舟楫誰堪用蓬瀛儻再遊微軀塵太窽未可抵中流

滬瀆

滬瀆一勺水舊爲漁人鄉列竹如城市海舶聊居藏元時始置縣井邑開邊疆近來羣醜類盤踞爭跳踉樓臺耀金碧百貨成寶坊觀其所製造機巧難具詳鬼妾與鬼馬啝異紛鋪張奇器亂我法邪說涵我堂輪船詎萬全誘我運筐箱公班是何物令我裂肺腸其害囊無底安得川有防愚民競趨利甘效回鶻裝腥羶叢集處蠅蚋亦飛揚朱提頗不惜侈靡習爲常居奇昂百物雜處鳩五方
國家務柔遠大度恢宏綱可笑拔浪鯨自比觸藩羊洋稅況幾何榷算徒張皇譬如一稊米何益於千倉惟有申吾禁與彼無較量目不奇淫睹口不砒鴆嘗使之氣消阻大海迴帆檣登高縱遠目旭日開扶桑

上海旅次寄張子哲湖南

高桅夜劃昔南遊（見韓詩和張十一）浪迹江湖一釣舟滿身花月呼三影極目瀟湘詠四愁知汝醉時狂脫帽與誰嶽頂共吟秋尺書好付峯前雁莫忘春風燕子樓（子哲寄籍徐州）

張官渡　庚午

望裏村墟一水遙數家燈火晚蕭蕭飛花夾岸空思酒細雨收帆正落潮有幾故人偏易別無多春恨轉難銷那堪更遇江南客爲話秦淮舊板橋

武進追懷黃仲則先生

手攬遺編上古臺高吟歷落夕陽開依然雲水能娛客難得

公卿肯愛才風雨九原詩太慘（畢秋帆中丞謂君過平遜一詩詞雖警絕信爲詩讖）粃穅一尉我尤哀揮絃莫歎知音少已有琴魚撥浪來

窄溪

晚入江村路人煙小市熹鴨喧隔溪渡犬吠過橋燈岸動潮將上風停霧漸凝隣船作鄉語或恐是親朋

桐溪夜坐

一櫂中流艤波光四面懸岸遙風送笛夜暖月生煙羣動此時息孤懷何忍眠居然天上坐雞犬亦登仙（時攜眷赴閩）

灘行雜詩

自我入閩疆灘行已數次初來如醉客見虎了不畏閱歷生憂心聞聲便欲避船頭方宴坐風霆忽坌至亂石蟠惡蛟洪

波奮奔驟四隅劍鍔撐中央鼎湯沸長年頗矜能矯捷鳥揚翅一瞬落崖巔忽又一天地巉巖幾人家炊煙裊蒼翠終日聽灘聲裏足門常閉因知局外人萬事可游戲

一灘復一灘一灘千萬石石石相聯絡遂與水爭力大塊本高空獨此留一隙曲折失毫釐斷梗去無迹恰如斷韁馬放縱任狂躑萬鈞仗一人性命在呼吸何時揮巨斧鏟此蛟龍宅所患勢建瓴直瀉無餘滴乾坤多憾事撫枕百憂集

我舟曉未發夢裏聞呼號推篷見來船出沒灘之坳十人牽一纜傴僂各折腰肩聳背向天側行同巨鰲水中更推挽船石疑相膠齊聲合衆力赤脚浸波濤傳聞惡灘上有人草爲寮撞擊船略洞箱篋競全抄汎官豈聾瞶河上但逍遥始知危險境到處相遇遭呼佛佛不譍灘險處石柱上刻阿彌陀佛四字何以拯吾曹

半日歷數灘曾若飛鳥過脱身戈戟中篙師爲我賀前年値灘淺輕舟屢頓挫丙寅秋間過此適數月不雨灘水幾涸但虞鮒在轍那恤蟻旋磨茲來方仲春逢背雨聲大高風促去波水石相切磋每當雪浪翻直疑坤軸簸妻女默無言擁被聊欹臥予亦凛垂堂惴惴船腹破須臾始宴然淪漪淨可唾新月挂桅梢嵗險將詩作益信非天窮豈必終坎坷

建安舟次

杜鵑花發畫眉啼蒼翠千重樹色低灘急忽疑風雨到山深只合鬼神棲扁舟歷險攜妻女往歲驚心聽鼓鼙鴻爪怕尋前度迹崩崖墜石總淒迷

紅粟山莊詩卷第六終

福州吳玉田刊

紅粟山莊詩

續集一

紅粟山莊詩續

真定王宗炎署首

歲在乙丑春三月開雕

序

吏吾閩以詩鳴者嘉道間宜黄符雪樵陳少香兩先生爲最著余少不獲見二人然嘗讀其詩聞其行事爲政之大略則又恨不一見之而歎詩之窮人若是其甚也櫻船大令先後宦閩其所爲詩二人亟賞之卒亦爲當事所嫉罷劾去余始未識櫻船庚辰冬從新建中丞巡臺灣與櫻船共筆札觀其爲人沈厚恭默盎然有儒者氣象其詩託興澹蕭怨而不怒忠愛惻悱冲潔之意溢於言外嗚呼殆今有道之士也胡爲乎吏哉且世所謂吏者習奔走應對媚悦其上較肥瘠量銖寸以取盈乎其下便給以爲敏苛細以爲明心之所奪目之所眩風氣之所浸淫不入於彼則入於此吏如是而已櫻船

乃並數者而無之徒以其詩爭鳴於雪樵少香間窮老而不悔幾何不爲俗姍笑也顧吾聞雪樵負才使氣少香常落拓自廢溺於吟哦其不合於世適於用也固宜櫻船雖無世俗便給苛細奔走應對之才而其人醇其爲政行事又皆盎然有儒者氣象而無睥睨放浪之習其合於世適於用必矣顧亦有所深抑焉信乎詩之能窮人哉余既不獲從雪樵少香遊猶幸得交櫻船而盡讀其詩可以無恨矣長樂陳春瀛拜手謹序

序

吾邑朱櫻船先生現宰官身於閩嶠以儒雅潤色吏事風流文采照映三山法弱冠時與里中趙肖川朱荼舫諸君游卽耳先生之詩名然恨未識其人也迺年預修邑乘睹文苑傳中有先生姓名並載箸有紅栗山莊詩若干卷然亦但讀其目迄未見其書也乙丑春莫中表弟潘仲華介先生文孫峻臣來以先生前集見贈更攜續集索序於法將謀梓而行之甚矣峻臣之賢且孝也法受而一再諷誦翫味焉大抵先生之詩古體胎息他山而恣肆處雅近坡仙近體導源樸村而詼詭處間似隨園續集爲其晚年所作愈平澹愈蒼涼直兼

有杜陵香山之一體嗚呼先生之詩足以傳而法生平景慕之私亦足以慰已謹歡喜贊歎而爲之序時在乙丑初夏同里後學劉法曾

序

人有私心嚮往之人而地隔數千里之遠時經數十年之久不得其人一旦獲其零編斷簡而不禁嗟歎之詠言之手之舞之足之蹈之者夫地既若此之遠時既若此之久當時朋舊知交零落殆盡詢諸里人有不能道其姓字者何况其他甚矣傳世之難也乙丑夏朱表姪峻臣邀余至其家手數帙畀余曰此先大父之遺集不忍棄置將梓而行之余諦視之即櫻船先生所著紅粟山莊詩續也余既獲觀前集今老矣猶得窺其全豹可不謂厚幸歟憶余童時從先生遊甫半載即隨先君子歸里先生以縣丞留閩後擢縣令所至有聲遊宦既久而山川靈秀之氣與夫風俗之盛衰人民之利病時

往來於胸中而皆發之於詩讀之覺其氣清而腴味淡而永而憂時憫亂之意時溢於楮墨之外誠必傳之作也謹拜手而爲序乙丑秋初受業表姪王貽牟

題詞

奉題紅粟山莊詩集　閩縣劉存仁炯甫

山齋容養拙病骨霍然蘇鍊氣通詩格和神味道腴蟫枯愁煮字馬老厭知途問訊神仙吏煙霞句更臞

暫領溪山長蕭閒作寓公嵐容晴翠裏書味雨聲中骨化名難朽才豐遇易窮（連日愴念林香溪並讀符雪樵遺稿神傷者屢）懷人兼愴舊老我已成翁

莆田郭鏡齡子壽

廿載與君交不得恣談燕今歲讀君詩日日心相印詄蕩錦繡胸天門開八扇我願遊其中出入各萬遍洛靈渺延佇神光乍遠近魯陽揮珊戈白日不敢迅枯禪坐雙樹誓不越尺

寸飛仙振羽翰轉盼翔千仞春風被百草紅紫遞相嬗大冶範五金干莫躍陰漫萬象環四旁銷融成一片方其縱心往古今一繩貫艮由靈府中方寸備萬變可興亦可觀可羣亦可怨國風好不淫小雅怨不亂敦厚兼温柔素事乃後絢昨登君子堂階庇許揖遜抵掌談往昔促膝訂眞贋採喉吐牢騷攢眉說憂患歌哭聲相答肝膽合無間幾忘關河隔疑受事笠劵固知人世間無此眞繾綣讀罷心怦怦竹外酸風顫豈止喚奈何淚下綆縻濺心言無諛詞寫寄定同歎後有攬斯文余言詎河漢

長沙徐樹銘壽衡

生不能枯頑老死於盲雲怪石之虛間行不能拘攣痯啞於

蓬萊泰岱之層巔指揮萬物若造化元氣一與天人旋鞏眞
捧手九靈泣咳唾仙瀣奔流泉長歌嘯月驪龍淵明珠匿輝
光影聯餘響震鞫垓與埏金丹一粒三千年何來妖彗奔星
躔長芒互艴邪祲連庫樓閣閣虛天錢嫦娥竊藥缺月娟寶
修玉斧煩吳仙
鬼不能奪神明之壽鳥不能翟鴛距之垢睒睗叫嘯胡爲乎
僲金羿彈轟驅除燭龍燭天天雨珠璗瑕滌類猾羣汙熊光
十乘懸橫衢
朝不能以朝食夕不能以夕食墮地誰能叢百憂紙爲戰陣
毫戈矛辟廓疆場橫九州煙霞以御風霆驅馳騁丹墨聊與
遊

百年星歲青陽霜十霜揩拄移太行梅奴鶴子然粮糧例乃
哀暮轟雷腸指奸別直勞神羊爲君斡斗旋魁罔網汲海底
珊瑚裝登頁　王室錫汝慶
江湖茫茫不可遠以濟君乃問諸海天吳紫鳳珍百琲荒洋
奇怪不可以目目之傷心重君悔君雄視之視若空吾有吾
道誰長雄長蛇封豕狻馬莫逞悍與毒平陂有運蒼天復
六十四年嘔心肝棗梨十卷恢瑣玕林詩譚敘兩奇絕使我
斂筆藏嶒屼五言古詩神鬱盤鞶篤若近杜與韓小篤樂府
出遒響風流欲逼江顏潘清機逶思疇玷壇弱語靡韻從龍
鸞蟠然晝計慨以歎進退道在非馳瀾
巨憝瘡痍萬靈黷綱常墜地斯文覆荒屯未闢叢莽伏一暴
十寒胡以酷幽蘭藏山隱奇馥離支生色供煎暴良工大匠
治其樸煥然梁構森華屋假手斧柯毋局促
復堂今已蒼息叟猶遯藏揮戈返舍誰可常因君憶舊心黯
傷而況地下義烈吳與楊衣冠藁葬悽北邙百年人事有如
此誰識千秋椿與杞燕臺煮酒堪醉君知君念此同愴神鹿
鳴野草求其羣雞鳴風雨愁遠人

桂林倪　鴻耘劬

仕宦不如意白頭還苦吟江湖誰抗手天地此元音異彩蜀
都錦清聲唐代琴生才非易事人海惜浮沉

讀紅粟山莊詩集贈朱櫻船大令　永康胡鳳丹月樵

紫陽傳舊業百世是人師俊逸蘇同叔清新杜牧之二分明

月夜一卷故人辭仕爲家貧計清風自主持
一代風騷客文章筆有神前生留慧業吾黨幾傳人妙技得
三絕無官輕一身因人呈誤尚未聞復廬山眞面目猿鶴不吾嗔

讀完大集賤以小詩　姚江史　齡香九

久耳朱泰州恨未謀一面昔役古新羅讀畫已心羨前在汀州於華君小初處見畫墨牡丹即深愛慕洄迹入三山盍信詩之彥前編讀未竟續
藁爭先見先承羅君穀臣貽初集二卷復於高君茶庵處得讀續稿九稔僅百篇精金幾
鍛鍊養氣得和平體窮騷雅變高歌競色絲餘情寓畫卷淪
落老天涯微官何足戀歸耕百畝田差勝宰花縣因初集有東鄉百畝田先人之所遺句故勸及之良晤欣有期問業乃予願

杭州高望曾茶庵

歲闌無好懷習嬾況成病杜門謝冠蓋時復一中聖早衰服苦花絕交到燈檠案頭故人詩排日讀難竟（君與雲程香九蘭尹諸君詩均在予處）知君卧疴久遣僕屢探偵廬僅尺咫三月未合併頃來索舊稿將毋得新詠交春轉陽和勿藥知有慶屠蘇可一醉何當學司命爲賡坐贈篇我詩氣猶勁

黄　波（沛皆）

春游鯤島試長風海濶天空吐玉虹秋讀朱侯好詩卷翻河倒峽氣尤雄朱侯詩境老彌古律細由來宗杜甫獨得驪珠生面開匠心不傍人門戸八閩山色鬱嵯峨難盡吟毫寫雅歌更兼書畫稱三絕如此仙才世不多閩君政績播閩嶠遺愛曾留召伯棠麗統才原非百里劇憐白髮老馮唐我昔服

官君故里竹西風月無與比過江名士才絕倫多步青雲拾青紫今朝南浦喜逢君共話揚州月二分相期異地長相聚莫忘金尊日日醺

奉題大箸寓感詩後　閩縣魏秀仁（子安）

綠呆江南託與多美人遲暮可如何迴文錦字丁年譜記事珠光子夜歌春夢一場酣學士天花小影悟維摩瓜洲洲畔蕪城月浩劫倉黄泣女蘿

金粉胭脂未了因鴻泥爪印跡陳陳比紅百首能摹影怨綠千章總惜春安得雪兒來按拍長留月姊證前身少年狡獪中年感我亦情天一恨人

貴州羅會均（雲溪）

裁雲鏤月入新詞應是前身杜牧之十載青衫空落泊三生紅豆寄相思千卿甚事偏饒舌逗我風懷欲解頤知道維虬家世否百篇曾唱比紅兒

同里趙　瑜（漁亭）

三生紅豆相思意一片青琴訪舊心重問落花花事了天涯綠葉盡成陰

鷰僝燕僽劇纏綿絹海膠山思悄然綺語欲償東澤債風懷動我十年前（予有鳳簫吟詞索和）

讀畢紅粟山莊詩集漫題　同里陳寶晋（守吾）

兩卷詩篇古性情豈知天未救蒼生一腔熱血無從灑應悔抛書作吏行

奉題櫻船先生詩集卽書其後　愛業王貽年（笠農）

幼齡曾與侍琴書應對趨蹌百不如忽地江淮吟契濶幾經歲月感居諸循良有傳公能繼老大無成我自疏七十餘年同轉燭春風回首一欷歔

佳山水處有樓臺尺素頻將旅思催淮右秋深猶菊綻漳南春早已梅開鄭公絕藝詩書畫陶令何年歸去來願爇南豐香一炷遺編珍重比瓊瑰

評語

五古絶似初白七古及五七言近體雅與虞山爲近近今詩家往往流爲纖佻淺薄矯其弊者又恃才矜氣一瀉無餘亦乖温柔敦厚之旨脱離二弊而能卓然自立以此求君詩可以徵其功力矣

羅大佑 穀臣

尊箸無體不工而五古尤勝古體善轉近體不懈跨白揖杜傳作也竊謂詩文一道總以其中有我在爲貴各有面目各有境地塗澤既非卽摹仿亦未爲是能不昧其心始能不朽其言此卽修詞立誠之道也以之攻詩文卽以之培性情卽

以之敎品誼亦人文合一必然之理然而難矣大箸氣格既遒性情復摯純固而進之千秋盛業在是矣猥承謙德率臆而言未知有當否

長樂謝章鋌 枚如

連日環諷大作其抑塞磊落之奇一以和平温厚出之無一語寄人籬下想見立品之高其感時紀事諸作纏綿悱惻藹然仁者之言幾與少陵同一鼻孔出氣尤非流連光景者比擅此才識久滯風塵豈彼蒼將俾以千秋之業遂遲其遇耶我欲把酒問天矣

保定袁開第 杏材

昔人以珠光劍氣論詩此集光怪陸離幾於二者莫辨其性情厚故鋒鋩不露學養深故精采內含勝人處尤在一活字集中每聯對語輒出人意表便覺通篇動盪變化不測彼珠光劍氣之動人亦祇是活耳質之賢者以爲何如

香山何璟 筱宋

鋪觀大作不名一家古詩勝律詩五律又勝七律大抵皆獨寫襟靈自出機杼不以摹仿塗澤爲工而其沈鬱婉摯處則於杜蘇二家意境爲近不在貌襲也至如煤壙浮水諸作撫時感事頓挫纏綿尤得詩人諷諭之義可以傳矣

同里康發祥 瑞伯

七古有昌黎公之奥七律得玉溪生之遺他體亦各擅其長是不易才也令人讀之生畏

同里趙瑜 漁亭

豪竹哀絲感均頑豔以王孟之格調抒温李之性情故是必傳之作

贈答詩

雨中漫述柬櫻船　　宜黃符兆綸雪樵

西風十日作淫雨巷北巷南齊閉戶出門泥滑不敢行仰視天低墨如釜此間坐客常無氊此時欲飲囊無錢身欲奮飛那可得半生世網遭牽纏東鄰笙簫沸雙耳西鄰從軍新戰死東鄰西鄰哭復歌太息吾徒二三子

柬朱櫻船

此日一尊酒當歡仍悵然又荒吳苑月久阻廣陵船世變終難測生涯絕可憐乘時亦須命不擬上凌煙

贈朱櫻船

一年今又去萬事果何憑世亂官如戲家貧鬼亦憎驕嘶燕

市駿變化海天鵬暮雪山陰道風流興且乘

櫻船出示和小牧太守詠懷詩感而有作即次其韻並柬小牧

秋山瘦腹骨崚嶒樓爲看山上幾層入座終憐狂未減登場早笑客何能時難那易容眞隱行苦原甘類戒僧草莽孤臣天萬里每依北斗望觚稜

揭來滄海寄生涯形勝依然認豈差廣柳不逢游俠客甘瓜已種故侯家樓臺風月消杯酒歌舞江山換戍笳惆悵年年二三月啼鵑血染戰場花

柏梁烽舉化爲灰幕府文書鳥翼催白羽空麾鵝鸛隊黃金翻築髑髏臺傳聞河朔風從變流到江南水亦哀可憶朝廷全盛日梯航山海貢琛來

心血消磨鬢髮殘憂居且作福堂觀百年送我眞如客千古傳人不在官閱世賈生流涕淚得歸杜老稱心難鑑湖煙月梅花閣料理行縢力亦殫

過朱櫻船

走覓南鄰去坐來幽興長庭空得樹好榻古借苔凉開徑望三益佳時舉一觴（仲修書來預約君齋同飲）祇須圖主客餘事淡相忘

櫻船賜題拙作獄中草次韻奉酬

論功汲汲力同殫撫景蕭蕭歲又殘嗜酒何心還佞佛讀書不幸乃爲官相逢洗馬言愁易此事屠牛中理難誰信冰霜如是厲梅花猶自不勝寒

雨後得月奉答櫻船見懷之作

力疾坐孤館悄然生夜凉雨餘窗竹點月代壁燈光忽枉故人作轉添秋興長誰云生事拙送老有詞章

櫻船以詩見懷倒次原韻奉答

別尋得邱壑養此一官清（君時分巡皖南）芳草天涯路春風海上城登高徒遠望懷古有餘情亦欲揚帆去石華何處生

斷乏金能報誰言飯可餐（近日生事頗窘友人有欲助予者堅卻之或以爲矯而不知非也僕年六十有九矣日月幾何可留遺憾乎）哀絃如欲語古調不堪彈多病難爲客平生誤在官羈棲十餘載眼見又春闌

簡櫻船　　長沙徐樹銘壽蘅

癸未花朝花盛開香風郁郁桃李梅有酒醉君君百杯醉眞

奇句鳴風雷社公逌謝治蠻酷牀下蟻鬬羣雄摧清吟壇坫持柄魁好賢始請君從隗

[illegible]送櫻船入閩

小雨留君住天公未肯晴應憐春欲去或與客同行醞釀雲容密蕭颼竹韻清浣花花正好莫負錦官城

垂老重爲別臨岐自黯然蕭疏雙白髮商榷舊青氈學道無終極成功有幾年彼蒼哀志士莫便付林泉

劍溪曾泛櫂鵠嶺屢攜笻石涌羣淙雪天圍萬壑松舊家餘古木後起擢詞鋒爲問新城叟南磯可釣龍

神仙容吏隱餘事作丹青鬬鬬雲成陣飛騰地效靈襟懷通造化獨到絶畦町莫媿監門吏民圖入大廷

紅粟山莊詩續 三

櫻船以詩見賜依韻奉酬四首 山陰胡斌第小牧

難得新交即舊知天心珍重故教遲等身著作詩千卷放膽情懷酒一巵世俗升沉皆傀儡吾儕風雅賴維持美人莫漫飄零感雲路飛騰好預期

韶光容易指空彈暫作貧郎寄一官水面閑情魚躍浪天心妙趣鳥飛翰境能退想常知足事到求全愈識難差幸衙齋多隙地且栽柳絲與榴丹

疊韻柬朱櫻船

聽鼓朝朝力枉殫韶光虛擲又冬殘耽吟我敢居詞客說法人須現宰官菜把烹來呼酒易梅根凍後著花難却憐五馬芻糧絶如此頭銜骨相寒

海上頻聞將力殫蒼生何計挽凋殘幾人省識留餘地我輩終慚負此官風雨良朋分袂易（謂宜泉）冠裳春夢下場難年來參透循環理不耐冰霜總畏寒

八口經營力早殫匆匆收局悔棋殘欲談文字須知已能耐清貧是好官有命無如安分穩通財漸覺結交難尋常一飯都關福多少流亡餓與寒

臘鼓將催歲已殫黃金揮盡壯心殘逢人問訊先驚老從古疎狂總礙官桑梓幾經凋敝苦關河猶說別離難楚騷讀罷拚沉醉暖入衷腸夜不寒

送櫻船入都四首存一

送子長安去乘時羨此遊文章爭遇合風景足勾留世路誰青眼故交多白頭一官原寫意司馬說江州

紅粟山莊詩續 四

奉和櫻船即以書懷四首之二

雙魚江上遠貽書珠玉當前愧不如白髮漸多垂暮日青山依舊訂交初詞壇寥落人空逝（謂陳柳橋）海國蒼茫信到無八口營巢隨處好此中消息有盈虛

蓮房露冷墜殘紅四壁蟲聲徹夜風秋興濃於衰病後客愁都在亂離中冷官況味誰堪耐名士襟懷大略同有酒且拚今夕醉丈夫幾個不飄蓬

送櫻船入都 南昌萬鵬倦飛

宦遊何意結高朋旂鼓吟壇我服膺舟楫南荒期利濟關山北道覺嶙嶒摶風肯逐鯤鵬志補袞原非蟣蝨能萬里送君

雲快眼　天家氣象喜中興

壬午華朝同朱櫻船于楪齋丁藍赤邱鏡岩陳涵川寶綬昆季朱山爻張晉卿集川道人泉山草堂山爻首唱以詩依韻和之

春透蘇華喧晉安朋儕盍處綠榕團新知忽漫慘將別時晉卿有南劍之役舊好辰能續墜歡花意如人團坐暖月明四海落杯寬今年此會須珍重萍合蓬逢況二難

少年孤訪翠微春古道猶存幾故人文讌飄零姑勝日弓刀雜遝笑官身倦來浪迹黃塵黯老去高吟白髮新獨悵釣龍臺上客疎星歷歷數清晨

己巳春抄將由三山赴汀州櫻船寫山水贈行賦此奉

謝　會稽孫　垓子九

每觀妙筆生遐思布襪青鞵老尚堪爲寫家山贈行客更教宵夢落江南

四年濶別徒切葭思異地重逢夢想不計率作五律一章郎寄櫻船聊慰離懷　永康胡鳳丹月樵

四年不相見忽忽如九秋自昔垂青眼而今各白頭繪工摩詰畫詩數柳州籌久仰名心淡清風誰與儔

贈櫻船　劉天榮春墅

遠別闕心十載前故園相見一欣然萬家生佛追司馬三絕高名抵鄭虔小試何妨先茂宰宦遊最好趁華年廣寒宮闕當頭見喜指臺星顆顆圓

重疊峯巒擁福州使君到處快清遊滿天星斗羅胸富潑眼煙雲伏筆收奇想久經吟海市好風況是到瀛洲兄由閩省赴京後航海歸來往來萬里兼程過山水奇緣畫也不

屈指朋儕有幾人矯如鷹隼出風塵客途自可充囊橐家計無煩問米薪寄傲湖山一枝筆放懷今古百臺春知君本是朱翁子五十行年氣宇新

騷壇往歲鬬飛觥忽向天涯賦遠征金錯刀應贈知己玉壺冰許比平生未邀臨水登山約已踐乘車戴笠盟他日鱗鴻須檢點詩編寄我到柴荆

送櫻船表弟作令閩中兼以誌別　同里王廣業子勤

相逢兩鬢總如絲忍送岐亭賦遠離客邸光陰新柳綻弟兄

心事夕陽知閩雲一別疑前夢鄉井重來又幾時此去好修循吏傳下風遙聽慰相思

老馬休誇識舊途片言欲贈轉躊躇階前蠻語聽難辨紙上民情判易誣大小一官皆命徑瘡痍滿目忍刑驅況經山海多炎瘴莫恃身强累此軀

櫻船九姻叔客歲　引見後便道歸里今聞挈眷赴閩適福翁邀陪晚酌情不能已贈以蕪詞聊壯行色

李兆蓉

曾道懸車日下來春風又見入閩回宦情似水仍乘浪茶晤時會敘及此鄉誼能親且舉杯載有妻奴容鶴艇航惟書畫費龍媒此行定繼家聲遠閩澤汀漳好溯洄

故人萬里建蜺旌頌臣開府閩中風骨高騫震耳鳴此去湖山同大好別來心跡可雙清荔枝未了東坡願棠蔭還依北斗榮轉瞬琴堂傳政績歌詩日爲賦遷鶯

紅粟山莊詩續 七

自記

前集刻於庚午八月十月赴海澄簿書勞勞吟興頓減壬申十月褫職旋省友人高茶庵勸予勿作詩且舉陳少香符雪樵張亨甫米䃭伯諸君子爲例予愧不敢及然良友諄諄之意未可没也故九閱寒暑所得僅百餘篇則仍結習未忘亦可哂矣尚有遺失數稿俟檢出再爲補入戊寅九月紅粟山莊主人自記

爾之坎坷非詩之過詩本不工做他甚麽又記

紅粟山莊詩續 自記 一

紅栗山莊詩續目錄

泰州朱寶善櫻船著　孫男崇官峻臣校刊

紅栗山莊詩續卷第一

泰州朱寶善櫻船著　孫男崇官峻臣校刊

奉檄攝海澄篆重至郡齋感賦　庚午

舊地忽重來惝怳如隔世門徑雖略諳觸眼與心異四顧覺茫然轉疑足誤至惟有聽雨樓在保黎堂東花竹仍妍媚雕欄未改移巖洞踞其背旁有小長廊是我行吟地舊時壁上詩捫索無一字試問紅梅花手栽汝儻記予手植梅樹猶存下榻在此間荏苒四年久親戚說情語謂子勤太守談天各哆口剪燭鬬樗蒱聯蘤罄樽酒李顯光黃懷玉及髯張桐庵讙呼戰以拇彈指二十年浮雲變蒼狗而我留孤身强隨牛馬走茲來覓爪痕慚愧印懸肘敢謂識舊途步趨或從苟雲山證夙緣喪亂失耆耇摳衣仰止亭在紫芝山朱子祠旁前規誰克守

漳郡榕樹行

樹在郡署二門前咸豐三年四月十日會匪陷郡城巡道文公秀被害於樹下適賊酋肩輿入署樹忽折旁枝壓斃一輿人賊驚遁越日城郎復今年予再過其地根柯無復存矣郡民云同治四年爲髮逆焚燬予聞而傷之吊以長句兼及巡道

漳郡署前古榕樹郡民愛作甘棠護棨戟齊爭老幹高幨帷每傍清陰駐培植於今幾百年歷看太守知愚賢癸丑之夏有寇至火燒不死全其天旁枝天矯忽崩折壓斃賊輿賊膽裂大廈豈容梟隼棲轟雷頓向豺狼掣公之大節樹與同英

魂毅魄凌高空留得孤根誌死所萬鴉飛舞啼悲風髑髏挂樹血滴地青燐夜出枝頭戲拂薛將貽後代思攀條時惹行人淚過時大樹歎飄零紅羊浩刼又重經烈火何心分玉石高山回首失榛苓安得喬柯更百尺陰森示作神明宅風雲慘淡捲靈旗精忠留詠祠堂柏

郡城謁故廵道徐剛毅公祠

嗚呼我公一身經百戰皖城殺賊眞無算已從越海靖鯨呿更莅閩山防鼠竄奈何千密偶一疏智者翻爲愚者愚賊來負擔雜行旅空手並無戈與殳我公下車纔十日暗地黃巾滿城闕突出短刀亂斫人狹巷相逢孰能活輿前騶從盡星散身手被縛苦牽絆周處捐軀志已堅睢陽罵賊齒先斷公有少子方垂髫牽置公前覆以刀曰降免汝父子死公視兒女同秋毫威脅利誘終不屈自甘斧鑕無他說十有四日苦備嘗背肉無多寸寸割從容起立寫遺詩以指代筆血淋漓疆臣疏入　九重歎絕命詞成千載悲我生同歲庚辰居同里公家海安鎮　鈴轄晋謁輒心喜爲言新浴啖荔時欹眠磐石神仙比公嘗言道署荔子最佳每盛暑新浴後坐磐石上啖數十枚便是神仙境界　嗚乎磐石於今重撫摩公昔眠處苔蘚多謝傳墩存空想像欒公社立常巍峩迢迢箕尾遊天上英姿颯爽應無恙男兒血肉飽烏鳶故鄉何恤衣冠葬

曉登文昌閣示諸生　辛未

岸旁聳高閣俯視大江濱憑欄接清影若與鬚眉親東瞻海

日出萬里無纖塵滄溟羅几席天鷄如可聞此地頗超曠況當艷陽辰讀書貴平旦清淑在吾身生機易抽引風露飲其醕過時失修綆安知斯味眞

留田勘地遇雨

疑從天盡頭萬弩射行舟風逆帆多側崖崩水亂流莫因溝澮滿始作稻粱謀此際輸征鳥空林帶雨投

鄉間晚眺

沿溪聽蟲語晚步獨忘歸月出見山影風來吹客衣鷺鷗惟習靜蝙燕尙爭飛星火看漁艇深慚素志違

鄉徵漫作

沙光石氣雨餘清欵乃聲中愛晚晴山遠夕陽紅不定秋深野草綠還生嬾洄暫作煙波想談笑粗知婦孺情我亦東皐荷鋤者催科深愧對蒼氓

圭嶼舟中有憶

分襟同此月明中眼底蒼茫對短篷照影忽看天在水怯涼偏憙夜當風連年旅食憐疲馬尺素鄉關望遠鴻此際扁舟情不惡可能長伴白鳧翁

月夜懷省中諸子

夢醒起閒步循牆護碧苔團團山月正洸洸夜潮來竹暗螢能照天高雁自哀故人今不見惆悵越王臺

鷺門舟中得家書卻寄並系以詩

霜侵岸草尙芊芊攬鏡燈前獨黯然南碉孤蓬潮落夜西風

一紙雁來天梅開有約親朋字瓜代無期粥飯緣且把平安書報汝應無夢繞水雲邊

漳州城南送友人旋里

城南八月秋風起客子扁舟弄行李幾人真著錦衣還我送君歸爲君喜憶昔三山初見時君年二十來有髭臺江水暖鴛鴦隊恨不青舸常追隨酒後郤將肝膽露深情往往託毫素燭花燦爛墨花飛迸落襟衫弗遑顧我時學步隨午馬君乃橐筆遊南州胸中甲兵人莫識談笑焉得傾諸侯片言出口聱兒鬩滿城黑氣昏如夢（君時佐南靖縣幕亂前數日會以防堵爲言不聽）孤身幸脫池魚殃倉皇一夕馳飛輇汀漳大道多風煙悲君思君年復年無諸臺上屢南望生死消息都茫然何意相逢在此

地橋頭一笑窣衣袂當筵罵客幸全軀正平猶是狂書記篷窗促膝重挑燈男兒深悔縱橫行騏驥鹽車合老死低頭伏櫪徒悲鳴君今買棹旋鄉里繞村黃葉勝霞綺紅蓮稻熟紫蟹肥苦戀一官我可恥

中秋晏海樓看月

金粟花開雲不流無月何以酬中秋令我屢望東山頭天公狡獪張羅幕多情故掩姮娥羞大地須臾變銀海兒童拍手攀天球我亦乘時發高興徑招猿鶴同探幽行行忽見城上樓是時月正掛樓頂清光萬里能先收下照滄溟氷一甌我欲手撈水中月浪湧濤翻不可求或云中有長鯨喜吞噬保無見月疑是明珠投倘效蝦蟇一張口七寶嚙破伊誰修時

嗟乎今夜何處不中秋何處中秋不看月何人看月增牢愁愁亦不須愁但願月長留照我夜夜無時休今夜樓頭抱月卧吹簫忽夢還揚州

漳浦道中遇雨

秋雨萬山中蕭蕭踏亂蓬田磽依絕壁巖削送迴風地僻途難問年荒賊亦窮劇憐行李濕燒竹代爐烘

漳南舊習有難以驟革者作此哀之

昂藏七尺軀乃肯替人死名之爲頂兇頭顱等儌屣得錢身已亡此錢究誰使獷悍亦尋常愚頑竟至此伊誰眼糊模桃僵代以李無怪富家兒殺人如蝨蟣

海濱苦潮汐滷地無人耕生計恃蠶蛤日旁沙岸行出沒同

烏鬼性命風濤爭持以換銅錢一掬不得盈歸來其妻子瓦缶餐藜羹胡乃有嗜好甘心鴆毒成一粒餌金丹使我心怦怦

下游雖多山其稻歲兩熟四時無曠土山諸任鋤劚民風況節儉盤餐少粱肉食寡用復舒擔石詎難蓄奈何杯酒間睚眦即爲辱分類限鴻溝嚴關恣鴆毒當其建旗鼓豈暇計邦族問罪託官符輸金將罪贖金盡氣亦銷徒飽胥隸慾乃知下愚人多財禍所伏

女兒生貧家墮地爲溺鬼幸而免於溺長（上聲）作竈下婢微軀屬主人焉敢顧廉恥生男換銅錢生女仍棄水乳哺他家兒乳婢名斯起非見市橋頭有婢老無齒行路問所天低頭涕

瀰瀰不嗟女命窮但恨人心死

祈禱古不廢呼吸神明通非禮漫干求瀆神神豈容淳民愚且妄謬以狎爲恭瓣香爇禱時口沫塗神胸低聲附神耳若恐神病聾媟詞與瑣事一一煩神聰有時扛之走牽戲如兒童沿途擲盃珓歡笑聚羣訌大都誘以利鏹錁爐中紅辛苦積錙銖化作煙濛濛夜來抱犬卧依舊謗神功

哭查小琴字

近得江南信何嘗歲月訛浮雲千里隔舊雨九原多世路誰車笠天涯有尉羅遽難買歸棹雞酒墓門過

責鼠詩

捧檄來山縣行囊頗蕭索巾箱數卷書捆載輿夫愕案牘偶

勞形把觀作艮藥事夥不暇收手懶或忘擢汝鼠適何來負緣潛入幕公然卧榻旁暗地敢伸脚伺人夢酣遂乃起而躍書味汝何知口饞認䐈臄誤將鄴架籤快若屠門嚼我聞觳觳聲燈炧失融爚捶牀不一驚撼壁仍自若艱辛近廿年購買曾錢橐巨蠹尙矜憐磷火未燒灼如何汝么麼獨忍施慘惡豈因憑社勢遽肆穿墉虐碎紙木屑飛殘編花片落縹緗儼仇讎笥篋遭毀剝行將命張湯磔汝將汝搏鼠忍拱而立奉頭伴示弱曰小人有詞請君試一度得錢稱好官昔賢傳秘鑰苟非夷齊徒誰謂餓死樂所以匕箸間萬錢任揮霍水參與山膚排列在暖閣主翁既醉飽奴僕亦歡還餘丹飼犬鷄遺粒歸蟻雀吾曹趁昏夜呼類偕飲啄於今時運窮無處肆剽掠瓶罍罄錙銖溷廁嫌齷齪獻技莫充饑抽腸空吐濁幸逢覆瓿物齒牙聊寄託憂患緣識字此孽實自作特來爲君除安得咎予錯我起笑謝之斯言何善謔他家多膏粱去去足毋躩飲河隨鯨鯢緣木從猨玃區區故紙堆汝無再捫摸

由海滄回縣

蹈罷黿鼉窟歸來緩棹行雲低曳帆影風逆助潮聲沙鳥呼爭浴村牛晚罷耕推篷閒騁望物外得歡情

行館遣悶

憑將遊興好山路莫嫌遙一夜前溪雨朝來綠漲橋草藏蟲語澀花遣蝶魂銷悵望憐歧路無從買畫橈

鄉間偶作示鄉民

怕聽狂蜂鬧放衙來尋野老問桑麻長鑱劚石尋新筍小艇沿溪趁落花柳塢春濃鶯送曲茅簷雨濕燕移家停輿慣任兒童看樹杪炊煙待晚霞

海滄行館登眺

萬里來舟楫汪洋拓大觀樓高凌雪浪岸陡激風湍縱目天疑窄無才政每寬莫言稻粱足澤雁正驚寒

病起夜中偶作

蟋蟀牀頭苦亂鳴鴨鑪香燼篆煙輕幽花讓我秋先瘦冷月和人夢不明病後聞鷄難起舞老來舐犢尙癡情時兒倖新殤錢爲買蔆芡罄强步還驚鐵杖聲

晚抵廈門

出港疑無岸回頭認海門（海門去縣二十里）空波浮翠𩆝急槳趁黃昏夜冷魚龍蟄風腥鳥雀喧不憂行李乏談笑倒淸樽（謂楊東昇仲昆）

舟次鷺門楊紫庭（鳳來）運副枉過

重雲壓岸濕難收黯黯篷窗一夕留風送白蘋狂生至逢人來黃葉雨中舟繞林鳥雀爭先宿跋浪魚龍許共遊明日掛帆書在手錫予眞比百朋優（以手刊書數種見贈）

遊南普陀有感

近海怕看妖霧迷山僧默坐雙眉低荒厨齋罷惱松鼠深樹行來驚竹鷄帆檣可憐絕島去戚（武毅）俞（武襄）在昔威名齊憑欄

騁望翻多感何日故園歸杖藜

以新橘分贈同好

歲寒無物載歸艎摘得新霜滿指香莫笑封題三百顆酸心一點乞君嘗

冬日病榻偶作

赴壑長蛇迹易陳殘冬病榻稱閒身夜長久坐全無夢事錯難言敢怨人朔雪豈將枯草恕春風自與早梅親江東父老如相問新得頭銜是白民

雪中鴻爪已陳陳樽酒聊安見在身倚樹眞成同病客餐花誰是解愁人（時方覓姬侍）暖寒暗向薪材驗甘苦惟應藥裹親負郭尚餘田二頃何時隴畝繼先民

芻狗橫街任踐陳登場悔現宰官身且尋坡老同談鬼可笑山膏但罵人餘藥憑他鷄犬舐清江從此鷺鷗親迢遥三島難重陟老作（去聲）堯天擊壤民

楊花　癸酉

花是花非認未眞濛濛如夢復如塵春風度處留纖影流水逢時證夙因縱化浮萍仍浪迹便歌團雪也愁人輸他繡幕承恩者猶帶餘香上錦茵

身世飄摇等亂蓬寫愁惟用白描工春濃轉覺情懷淡夢醒翻驚色相空何苦高低分陌路劇憐捉搦任兒童黃金散後頭將白莫再街前撲玉驄

柔條攀盡不聞香故態依然未減狂蝶粉有誰同護惜蛛絲

相遇忌飛揚拋殘舞袖人空戀隨著征鞭爾太忙青眼幾時能再顧淒迷怕憶永豐坊

不讓游絲去住輕長隄飛舞趁新晴蕩開離緒無多日撩亂春光過一生結果人猶嗤薄命沾泥我亦悔癡情緣楊城郭分襟地曾記銷魂送客旌

夜坐漫興

尋得泉根煮露芽香添茉莉摘餘花聽殘遠笛江頭晚看到明河屋角斜方語軥輈分燕鳥俗流拘忌改驅騶明朝却喜無參謁赤脚何須覓革華（時緣事被議）

夜坐有懷

秋燈宵易燼螢火暗流光悄焉不能寐披衣知夜涼檐際竊

天宇頽雲如壞牆衆星出復沒離離參與商我友應念我往時同一堂簿書儻多暇尺素宜相將空庭久延佇但恨關山長我欲持明月夜夜照君牀

晨過藕灣

雙屐閒行趁早涼藕灣煙景似滄浪沿流岸草蟲聲咽向曉池荷露氣香是處徵歌宜畫舫有誰聽雨設匡牀故人門巷從何認悵望蒹葭水一方（藍叔舊居在此）

讀亡友江巌叔（湜）詩泫然賦此

此生無復見江郎南浦魂銷記別觴苦抱窮愁損年壽宜雕肝肺出詞章秋蟲泣露吟肩削饑鶴臨風旅鬢涼一死終疑才未盡仙洲歲歲百花香（巌叔家住蘇州）

觀物篇

伯樂苟不死神駿悉登天鹽車誰肯負仰首嘶風前世人縱愛馬皮相每拘牽又不通馬語馬罔訴愚賢惟有飽芻豆任人施鞍韉夜聞金鼓震猛氣動星躔乘時得一躍率讓駑駘先八駿無造父其名今不傳披圖驥易索騋牝有三千

草木有功用闇然無外觀嬌嬈詫尤物往往結子難精華能內歛包孕始成團養人莫如稻有香不耐看秀色儻可餐胡不種牡丹花自富貴耳何與（去聲）人饑寒

溝中數尺水蝦鰍足游泳一旦投江河乘風欣遇順雖未登龍門竊喜脫蛙溢遂假鯤鯨威波濤習盪震回顧溝中侶多時涸轍困盍念同穴情略遺餘波潤涓滴苟自私得無矯且吝但恐釣鼇人長竿垂百仞

洪鐘萬鈞重鼓鑄始何年幾經鍛鍊苦處業乃高懸置之廟堂中筳篿莫敢先奈何俾撞擊寸莛操其權小叩則小鳴宏響何由宣鯨魚棄海底安得聲滿天用材乃無準當路應歎然

猛虎號山君斑炳著威儀奈何一出山慘毒靡不爲人咸將虎皆思欲寢其皮豈知虎噬人倀鬼實誘之倀也操何術使虎聽指揮饕餮同其性契合理固宜廉泉變貪壑草木亦銜悲山中有仁獸盍不爲師資

秋晚稻場收四野寡遺粒旅雁止其間不食已三日引領徒徬徨悲鳴繼以泣同類有魚鷹得意查頭立翻身入波濤一

躍銜魚出爲誰口腹求不計羽毛濕矯捷自矜能腥風齒牙澀雁乎寧忍饑不屑分殘汁大江任孤飛蘆花秋瑟瑟（[illegible]）

有鳥來桑樹偶將果核遺托根得所庇成此寄生枝未見分畛域各私其所私我嘗劈蓮子心肉兩差池肉甘心則苦苦者甘不知同體尚如此奇生更何爲偉哉連理木千歲無乖離

荊棘生道旁碍足苦行客四出遝槎枒飛鳥莫敢息雨師眼若盲流膏不審擇泛愛獨何心使彼蒙其澤伊誰持斧柯榛莽一朝闢毅然息羣怒非以報私隙所以胡蔓草從古無百尺

題陸包山觀瀑圖

誰移崩瀑懸堂隅滿堂細濺千明珠疑是玉龍飛不去怒噴几硯成江湖兩崖之間忽中裂縱有坡石難盤紆坡上二老清且臞臨流或是綸竿徒坐看冰綃展風外鬚眉儼被雲氣噓咫尺但愁遇雷雨歗歌相與談唐虞愧我塵襟未澣濯欲飲沆瀣言終虛盛夏攤飯卧冰簟招涼惜少北風圖火雲赫赫檐溜斷忽見天紳長卷舒巖壑清音落矮枕松杉美蔭交前除似此卧遊足快意滄洲散髮無差池何時放手更畫龍湫五千丈不然石門雙闕圖匡廬

夜坐

默坐多餘味依依短燭親風微螢掠水雨止月窺人撫事翻成笑思歸錯認眞斯時門外路應許息囂塵

喜胡少齋大令自上海至賦贈

意外高軒喜乍臨深談慰藉感難禁驚看雨雪天邊展重聽風濤海上琴苦境與誰同瀝膽名場如我亦寒心相逢破涕還成笑樽酒聊爲快活吟

劉大令還山東作此寄訊　丙子

高年深幸得還鄉一月相違夢渺茫薄宦只宜鷄肋飽歧途何處馬蹄方歸來山水留吟稿老去鬚眉悔熱場山左似聞稀雨雪但愁陶令秫田荒

椿兒殤於壬申六月六日臨殮予手書寸紙納諸棺中囑其夢中常來見今忽忽五年矣入夢者三數次茲復牽衣絮語歡若生平豈未忘前囑耶因賦詩六章追哭之以誌夢幻秋蟲泣露咽不成聲矣

非關舐犢獨鍾情往事依然記憶清偷學丹青藏畫稿（兒酷愛予畫偶有所作輒藏匿殁後檢得焚之）偶分黑白悟棋枰（兒嘗問碁予何以不用別色予無以答）敝衣共燬灰俱滅殘卷無存蠹不生儻使泉臺仍好弄不知何物尚縱橫

失母時纔十一齡空幃誰暇顧伶仃居依竈婦同眠食室臏狸奴伴影形（趙姬嘗蓄一猫姬愛之姬亡後不離兒左右）宦倖艱難書早廢客程險阻路嘗經（已巳攜兒旋里復來閩路中兒頗耐跋踄之苦）而今事事都成憶夜雨瀟瀟入杳冥

孤館年來感索居牽衣恍惚黑甜餘九原啼哭誰憐汝六載提攜實累予（同治丁卯趙姬殁兒即與予同眠食六年無一日偶離）荒署蘚苔蹤跡在

（海澄署中左側有隙地數畝兒愛遊其中禁之弗聽）故園遊釣夢魂虛（兒屢欲旋里病亟猶以爲言）病深悔被庸醫誤藥恐藏苓鴆不如

桐棺寂寂寄僧寮魂小悠揚未易招生怕相欺來急雨忽看逼處起奔潮（兒柩寄西關外今夏大水幾至漂失）青山埋骨歸難必白浪驚心淚不消何似長眠依阿母紙錢同向北邙燒（趙姬權厝北門山上）

入夢無妨更幾場蒿棺譜囑未曾忘山中一笑馳風馬海上孤飛渡石梁（嘗夢兒在山上顧予笑方欲就語忽波濤洶湧起予足下遂驚醒）幻影果非敲電火慰詞何用說彭殤金環願付鄰家去好證輪迴問梵王

手授遺經苦未修黄門信是已愆尤明知結想癡無益若果忘情死或休顧後於今輸老馬入懷何處祝鳴鳩一官敝屣甘拋棄祇此茫茫恨白頭（予被議亦以六月）

水災行

浹旬天漏苦不止挽倒銀河魚落市西北之水勢建瓴崩灘急雨一齊駛會城城外地尺咫平壤焉能容積水無端到此作盤旋近海翻令不入海西郊南郊沈釜底一宵究把街衢洗小屋隨波大屋欹人與魚鼈爭觸抵千萬億聲同一哭哭聲半在波濤裏安得偏身是手人以手來援溺者起鳴呼溺者長已矣餓者豈不死路隅設粥聊爾爾幾人得飽官倉米君不見官倉之米米無多有人竊米將奈何歸養妻兒一家飽那知城外成江河

由南城至烏石山書所見同荼庵作

果是天生水真看地出雷傾盆三郡溢（延建福州五月間均大雨）捲雪萬

灘開船傍城門入人穿屋瓦來一朝陵谷異極目有餘哀

生死俱遭厄奇災足歎嗟塚中屍洗骨浪裏客浮家去挽長橋顫來援急槳划笑他樓上女頭戴石榴花

高城凝水氣五月尚嚴寒耐冷飄蓬慣逢時採艾難頹垣支夕枕飛雨入晨餐怕上譙樓望悲涼淚暗彈

彌勒仍含笑端居守寺門僧龕山鬼踞佛殿海鯨蹲野曠成迷漫天低昧曉昏瓣香無敢瀆祇是乞晴暄

和丁雨生中丞用東坡監視呈諸試官詩韻之作

經濟滿胸腹有如粟在廩施散飽萬家富有本天稟我公莅三山部署纔一稔河伯忽來試噴浪噉鯨飲隻手障狂瀾指揮汗流瀋爲粥待路隅何嘗別流品片時困郎蘇如風振頹萎猶欲廣　皇仁數奏詳且審饑溺同己身焦勞忘太甚東南方倚重詎忍歸衣錦海上況多故洪波蕩沙墋蛟鼉雖就餌（時關議初成）意外或踔踸未雨先綢繆預防雪霜凛敢謂鳩居巢不同魚待淰飛鶚彼何心無厭貪食椹誰從六合外乘風拂右衽杜史每憂時楚騷自悲朕公更蘊熱腸瓣香冀神諗同志恨無人酸辛獨調飪謀成期萬全不惜孔與沈衆生常在抱示疾屢忘寢新詩偶詠吟崇論宜鐫鋟小子愧無知口誦舌先噤秋闈花正開請貯延年枕

偶成

閉居獨寡營出門復無睹殷憂從何來飄忽渺端緒天未起悲風頓令柔腸腐插腳人海中無能脫塵土造化善弄人擾

擾究奚補披葛向空山山鬼跳且舞相與共周旋何妨竟爾汝蚪蚋炫衣裳蠛蠓樂酒脯此禍幾生修問天天不語

與友人話別

落葉瀟瀟旋夢驚又聞砧杵起秋城匡牀說鬼燈無燄五夜談詩酒有聲每詫乾坤多怪事擬從猿鶴證前盟更闌坐看晨星散無計從容挽去旌

紅粟山莊詩續卷第一

紅粟山莊詩續卷第二

泰州朱寶善櫻船著　孫男崇宧峻臣校刊

春日過雪樵先生故居有感　丁丑

掀髯一笑遞瓊箋此景依稀在眼前色相皆空飛絮地寒暄無凖落花天題襟客散誰盤敦擊鉢聲希但管絃（宅已易主）只有蕭蕭數竿竹尚留清影照門邊

後水災行

吾鄉三十有六湖巨浸排列如聯珠縱無陰噐拔山出常虞白浪來吞居秋風乘時健若虎横衝直突齊爭驅一綫長隄那可恃霎時瓦裂民其魚閩垣地域雖近海高山自與平陂殊螺江百里少停蓄豈必汪洋同具區蝦蟇跳過雀兒浴𦳝

順軌未見漂田廬去歲洪流出意外西郊南郊成清渠白髮老人詫奇事四十年來眼所無（道光乙巳後省城無此水災）今歲緣何又見此鳩巢未穩翔鷺鳧跛鼈黿鼉尋故宅凶荒接踵民可吁九重宵旰切南顧安忍再見流民圖吁嗟乎上流水勢急下流泥復淤譬如饑者病患癟口滿咽塞腸仍枯胡不速啟賓門果通利盡將宿垢除吾曹無力盡溝洫誰造木龍動濬疏隄崩堰決憶鄉井旅舍何用千金壺

題倪耘劬鴻大令花陰寫夢圖

班管飛香憶少年風懷老去尚翩翩箇中清夢如何寫拾取花枝一惘然

年來怕聽玉簫聲廿四橋邊月自明消盡夢痕人不見閒愁如雨濕簾旌

得友人京口書却寄

江湖未忘牧之狂一紙緘愁道路長桃葉渡頭潮信改梨花簾角雨絲涼每搔短鬢因離索略負微才易感傷事事而今陵谷異不須抱影歎清郎（謂袁山民）

夜登道山

踏月竟忘夜迢迢向山路清影隨我身相將至幽處曲徑循近峰斜垣連遠樹石涼吟有蟲草響竄疑兔暗水爭赴壑遙鐘倏沉霧青蒼杳莫辨浩然如向曙揭來宿猿洞借為狐狸據（積翠寺近為洋人教室）徘徊仰寺門無從瞰芒屨林隙漏清光鴉群來復去

吳筠生（兆蕙）別駕輓詩

筠生解餉赴臺一日偶至軍裝局適某弁演礮內有舊鉛子火發適中其腰遂殞命

丈夫赴疆場已抱必死志出入鋒鏑中捐軀曷為異軍儲亦尋常武庫豈危地奈何飛礮災君適當其銳禍機不及防狡路無從避憶君將東渡黯然把手袂出言殊不祥駭聽暗流淚男兒七尺身為　國家指臂欲蹴風煙開誰肯舍騏驥累櫪促君行重洋亟待濟所恨違高堂風濤隔天際夜半鬼鳴鳴燈花落殘穗遍體紅糊糢血衣手親遞將無戀慈闈歸魂急趨侍（事見傳略）側聞絕吭時呼母猶不置抱痛入重泉至今目瞑未我昔交老阮（謂令叔宜農先生）阿咸若昆季心欽千里駒嶄嶄

頭角異于將尙在匣盲者識奇氣雲路果騫騰相從盍予愧
前年我休官爲我嗟失意縱談語或狂罵座心非醉斯人不
令終天道何昧昧慈親已衰頹稺子更何寄大厦一朝傾豈
能寸木榰何時見鳳毛高展凌雲翅挑燈賦短章擲筆發長
喟

閒居

看畫屏寒具幽齋自煮茶倦時支枕卧簷鳥啄瓶花

偶感

廿年宦海感浮沉異地空勞作越吟雲雨怕看翻覆手星河
難遣别離心苦生廢井曾投轄花落殘釭坐擁衾歸去不須
咏貧士一庭黄菊抵兼金

寄懷徐小樹毓梅都中

官閣梅開日看花得見君銜杯樂沉醉下榻話新聞卜夜棋
枰共搜厨畫稿分自從苴杖返淚灑海東雲丁卯扶中丞柩回里
歲月成遥憶煙波渺後期何圖在燕市同日拜　龍墀己巳九月
十二日同　引見鞭影塵中逐車聲夢裏知虎坊橋畔路叩戸只嫌
遲君寓虎坊橋
蓬瀛初返棹李郭喜同舟風浪驚長夜琴樽紀勝遊君今依
北斗我尙滯南州非敢疏音問征鴻不易求
官罷聊依枳年荒但茹荼側身此天地戢羽落江湖螢螢憂
臣里今夏江北多蝗蟲鴳鸞聚　帝都玉壺冰解熱還憶荔槳無

柳枝詞

十里長隄碾玉塵春光洩漏萬條新絲絲且莫輕攀折曾向
風前送遠人
濛濛絮影散飛塵刀剪裁成别樣新不識糢糊煙雨際却將
青眼向何人
青驄一路踏輕塵花滿長安觸眼新我輩封侯亦常事可憐
閒煞倚樓人
荒唐舊夢已成塵無那楊枝色易新老大相逢倍惆悵眉痕
彷彿鏡中人

寄懷耘劬大令臺灣

荒荒白日又西征離索何堪歲晚情拙宦遭逢非易事幾人
談笑見生平夢中遠道愁難遇鏡裏新霜覺漸明早理歸裝

計差得蔗槳椰酒邑香并

蟲聲

滿庭露氣變爲霜唧唧寒螢怨夜長晚菊籬邊三徑冷破窗
風閃一燈凉誰家刀尺衣邊急是處園亭刼後荒休説悲秋
同調少苦吟有客坐藜床

雁聲

爲誰粱稻向天涯嘹嚦長空倦羽斜遠塞呼風來槖幕荒江
叫月撼蘆花半宵鴛枕驚香夢一闋鵾絃譜落沙側耳有人
矰繳待休偕鶼鶼闘諠譁

鐘聲

度石穿雲一杵輕鏗然應候得霜鳴乾坤浩氣初開旦江海

奔潮遠助聲六代遺音嫌夜短萬家昏夢訝天明刼餘重泊
楓橋下月落烏啼百感并

砧聲

片石敲殘力易殫授衣時節北風寒三更哀柝聲俱咽十指
繁霜淚不乾遠道關河秋有信涼階燈火夜將闌誰家少婦
薰爐倚酒罷箏琶續續彈

絕句　戊寅

客邸愁如草易生春來到處起離情杏花時節濛濛雨惆悵
江南夢不成

爲陳星村䴗尹題其祖蘭隣先生歸舫載書圖

先人黟藏書貽我手澤厚輕裝赴南州悉付長恩守擇奇載

巾箱客邸作良友藉以遣羈愁挑燈共杯酒蛾賊風雨來癸丑會匪陷漳郡書齋彪虎吼薪木既毀傷縹緗亦踐蹂事過掃刼灰
傷心徒縛帚披圖繹君意識我罪難糾君能述祖德清芬誦
在口爲言書滿家郄勝印懸肘薄俸罄無餘歸艎誇富有卽
今摩古香時時防蠹朽閩海清濯纓閩山雲結綹瑯嬛福地
中定偕金石壽何時具一鴟就君窺二酉

空江弔影圖爲高茶庵司馬賦

咸豐辛酉髮逆陷杭城茶庵被擄其配陳宜人奉太
夫人携二女渡江避亂爲賊衝散孺人投江死茶庵
追憶不置屬予作此圖而系以詩

疊雪樓邊晚潮落十年前記孤舟泊揭來偶寫空江圖筆底
無端風浪作高君家住江之濱江水粼粼照壁人蘭夢溫香
蝴蝶喜桃源仙眷鶯鷗親此時北堂欣健在壽蘐無恙春如
海夕寢親將篤耨薰晨餐早棒盤匜待中饋勤劬善相夫作
黍留賓旨蓄儲太邱家法傳斑管椒頌還成刺繡餘妝臺一
夕聞笳鼓粉鏡抛殘適何所過江賊騎似潮來安得錢王彎
勁弩段橋東望畫船稀郎主孤身別館羈風敲鐵牡晨昏錮
血濺羅裙骨肉離毀容且學東家醜奔走何堪責少婦左手
扶姑右挈兒雷吼饑腸但指口行行幸出慶安門草間匿跡
定驚魂逢人細認非夫壻複壁誰施一飯恩悲啼未已被衝
散短刀砍背背流汗倉皇鼠竄各西東徃昔鸞棲永抛斷𡾰
𡾰江岸高於山浩浩江波流不還去茲一步無死所地棘天

荆行路難板輿他日得重遇只少閨人無覓處江頭消息似
延津故劍方知化龍去從此仙山恨杳冥採蓮空憶錦帆涇
漸臺水滿身寧避靈澤魂歸路獨尋曲罷峰青人不見鏡裏
誰留花片跨鯉何時返故居驚鴻一去同飛電拈毫我亦
爲傷神竈突風吹讖語眞招魂若到西泠路應折芙蓉當藻
蘋

榕陰撫馭圖呈葆芝岑中丞

種得榕林綠滿城鞭絲時繞樹間行手中六轡牢拴著一路
纖塵總不驚
丹青曹霸擅專長筆掃驊騮禿不妨省識馳驅應就範苦心
千古屬王良

馨控勞勞手未停，十年調習在郊坰。養成廄内皆良驥，鉅眼無須相馬經。

朝天新踐玉驄行（時將入覲），父老攀留擁去旌。但願孫陽重一顧，鹽車多少尚悲鳴。

題臺江送別圖送葆芝岑中丞入覲（時調任晉藩）

賢否驗官長，端在去任時。未去恐其去，臨去淚可知。此淚出人心，非可强而爲。持靴競塞路，冒禁潛立碑。古人豈阿好，於彼獨有私。良由善政敷，早入人肝脾。我公莅閩嶠，將十載於兹。秉臬克除莠，開藩旋種薇。無如際凋敝，筦鑰徒專司。海外正多事，東瀛濁浪摧。蔑園伏梟隼，竹柵宿熊貔。盎中無斗米，何以具晨炊。公才媲鄭侯，赤手任度支。源源俾勿缺，醉飽揚

旂旗。搜嚴壘未盡，捲浪蛟横飛。登城望西北，遍野哀鴻嗁。捐金慚俸薄，設粥愁路歧。江淮急飛輓，連檣萬斛移。今春又苦雨，公適蜺旌持。饑溺責已身，事事先圖維。慈航及寶筏，預籌濟川才（丙丁兩年大水，公救荒之政至詳且盡。今春雨水復多，公恐復罹水患，即飭預備船隻，並選能員以爲荒歉用）。之動物在一誠，能令金石開。何況蒼蒼天，詎忍與公違。風雷果退立，蜺蝀倏消災。凡此經世業，光輝照鼎彝。賤子侍公久，測海敢持蠡。古來厚德人，局量每恢恢。少陵萬間厦，叔度千頃陂。汪洋納尺腹，辭色示寸眉。公深養氣功，斯意微乎微。說者謂令甲，嚴峻乃合宜。鄭相善用猛，崔公專尚威。亂絲倘不斬，墜緒彌難治。焉知公苦心，隨地以措施。弱冠典名郡，卽今膺封圻。所歷非一境，居高每念卑。三湘六詔閭，甘露悉周垂。

閩地稱瘠土，官民困蒺藜。自從福星來，普照無或遺。有人矜一怒（謂某公），維公替三思。方鑿終容枘，苦檗轉成飴。嗟予蒙青睞，五字手板題。雕蟲小技耳，逢人說項斯。芳馨齒牙溢，感激肝膽披。方期樹六纛，高並鼓山齊。從茲永借寇，不得時攀稽。奈何忽命駕，雲帆掛江湄。城南鳴咽水，父老來攀追。料量述職日，民隱陳　丹墀。　恩波汪南海，浩蕩更無涯。行行見太行，汾潞盡瘡痍。芹泉播厚澤，蒲坂興故祠。平陽樓外柳，會見薰風吹。天方眷西顧，公特敷　皇慈。海宇蘊懷抱，胡忍別澠淄。回首望三山，甘棠影迷離。今日攀轅淚，非爲秋氣悲。　王程難少駐，祖餞後靡依。請錄　虞廷歌，因風寄南來。

題江上外史山水（笪，鎮江人）

輕縑如水墨如烟，故里風光忽眼前。可是秣陵秋色裏，一篷疏雨過江船。

寄友

烏石山高積雨昏，落花伴我閉閒門。交深豈在綈袍贈，事過常思絮語溫。禿髮經秋搔更短，此心忍痛倩誰捫。何時枉顧談肝膈，便擬傾囊倒綠樽。

羅雲溪大令久於臺灣，近有人言其已死，賦此哭之

襟上無端漬淚痕，思君夢挾怒潮奔。弟兄應踐來生約，天海難招遠道魂。辛苦驊騮終蹶蹶，亂離豺虎共晨昏。重洋只望傳聞誤，多少愁懷待細論。

感逝詩九首

叔父輝宇公弱冠得轅脚病不履地者幾四十年以至於歿叔母吳太孺人周旋左右未嘗一日懈顧膝下無出視善如己子善生未彌月先慈卽病㵼褓提攜惟叔母是賴稍長體甚弱偶見飲食稍減則憂形於色其篤愛如此叔父既病廢恒以印章石作排遣計青黃紺碧羅列榻前善自塾中歸則傾篋以示雖失手墮地弗責也公卒於道光癸巳距今四十七年善皰繫海隅不得展視墓門回憶床第呻吟未嘗不拊心隱痛噫

五岳在堂廡跛者不能遊雙足氣先死無罪而羈囚天乎何太酷與公獨仇讎床第四十年一卧萬事休可憐室中人扶

掖到白頭膝下無所出身後將誰謀賤子墮地時慈幃病未瘳口哺賴叔母餳粥調稀稠蘇句稍長不勝衣顧予常隱憂每自塾中歸箱篋任旁搜失手恃一笑焉知琳與球公今墓木拱手澤委浮漚重泉倘健步闖嶠能來不

同里袁子步與予生同歲長同塾兩人意氣甚相得也子步遇事能斷予每有所疑輒就問必盡其忠告丁戊之間爲予家事義形於色忿忿不平己酉秋兩兒相繼殤於痘親朋來問者率三數語卽辭去子步獨留至夜更闌燭灺相對欷歔既而强顔引東門吳數事勸慰予亦賴以自寬辛亥赴閩子步送至河干登舟絮語揮淚而別後聞其荒於酒家道中落鬱鬱

以死

情發心孔中剖心情不見痛癢在吾身何與去聲人饑饜往誦鴟鴞詩破巢風雨顫門前雀可羅惟君莫避怨禍來及嬌兒襟帶空挽牽放手失明珠驚魂訝飛電慰我忘夜闌慘緑殘燈炫天明攬君袪淚斑凝一片忽忽廿餘年念之輒鯁噎風浪隔長途天涯徒眷眷側聞卧榻旁典衣事荒宴麴蘗淪膏肓垂死倘銜恨他日不平事撫膺向誰論

表兄程小香師工制藝予初學八股文師教以先正法度每呈一藝輒獎許數言嘗曰閱初學文字當增其興趣若過於苛責則視爲畏途矣一日見予所作古今體詩批其後謂有志舉業者此非所急去云當

時雖是其言而不能從厥後志業日岐終以他途竊祿追思往訓悔何及哉

古人志於學非爲科名溺抗懷宇宙間舉手唐虞揖安肯希世榮青紫誇芥拾後生殊昧昧斯意敢偷襲飲酒讀離騷自許名士習國家拔眞才三藝定程式譬如築室者基址貴先立又如登天門必假凌雲翼舍此昔詭遇致君總無術煌煌程夫子爲學分緩急語我舍鉛華降心事佔畢所期迄未酬後悔嗟何及慚愧少年場多事耗紙筆

同里馬墨初先生精六法山水得迂翁逸趣甲子予年十五先生七十三每扶杖來予齋講說畫理娓娓不倦惜隨侍祇兩月先生遽歸道山迄今四十餘年

曩時緒論一字不能記憶矣先生有別墅在城東之蘆洲即孔東塘博士奉使駐泰時燕客地也己巳冬月予乞假旋里其嗣君文炳囑繪蘆洲書屋圖蓋不勝哲人其萎之慟云

廣陵秋聲館遠在江之滸何故塵市中蘆花繞堂宇先生老畫師處此意何取觴詠契前賢作畫兼論古水影亂搖窗雁聲時入戶几硯掃纖塵烟雲粲舊楮予時遊其間蕭颯疑風雨前輩望後生不惜肺肝與真訣未手摹傳衣已心許嗟我幼無知繼素付蟲鼠追憶平生言一字不能舉空庭想步趨遺墨孰摹橅溯洄念伊人蘆花寂無語

莆田陳春溟先生以名進士宰某縣偶與上司不合

即告歸予至興郡先生年已七十有五作忘年交頗相得嗣以詩三巨冊囑爲校定因竭數日之力斟酌去取先生喜甚具衣冠來謝且曰曩就質多人瑕瑜無確指似子真不吾欺也莆邑背山面海偶蓄洩失宜則田廬受害先生歸里後講求水利修立堤埽數十年無淹沒之患著有莆陽水利志十餘卷藏於家

卓犖陳莆陽未仕先知止旨道人不容拂衣歸故里生平饑溺懷小試在桑梓往予遊界外（莆邑近海之地稱爲界外）有隄障積水綜覗出沒區安居莫掉尾知君抱苦心溝洫就條理爲政在家庭鄉農亦赤子措施果如斯仕隱皆可喜餘事託謳吟洋洋溢寸紙下問轉歎然實事求其是交臂君盡歡折腰我蒙恥時予初試吏空擬木蘭陂相從負耒耜翹企古鬚眉壺山仰崔嵬

宜黃陳少香大令以詩酒被劾僑居福州年逾七十猶作諸侯老賓客亦可憐矣每相見輒清談移晷嘗許予詩曰才情骨力氣韻三者兼備予何能然殆先生誘之使進於道耳後書所作秋興詩十六首見贈以手戰幾不能終幅老年持筆尤爲難得未幾卒

詩人每多窮古今同一轍豈其畏雕琢造物故與絕元龍湖海士腰强自懶折奈何詩與酒暗地禍胎結幸不流夜郎萬里送顱骨生無半畝田死賸一枝筆往予學吟詩人前未敢發瓦缶偶偷鳴鐘鏞許同列座中呼小友對語自忘拙坐看老鳳饑無能致竹實轉幸靈芝宮雲車去飄忽

宜黃符雪樵大令與予初未謀面胡小牧太守爲通姓字先生即錄詩見贈由此蹤跡遂密時相唱和太守亦能詩好客文酒之會先生必挈女伶秀姬以從興酣則大書所作詩已而擊節高歌與檀板聲競響漏三下又爲姬整釵環理襟袖送之去笑謂予曰我無官始藉渠作上司待耳其諧謔如此秀伶旋里後年餘太守與先生相繼辭世此樂不可再得矣風流消歇思之愴然

宜黃有二老太邱先云亡（謂陳少香）丈符融又善病左足寒欲僵高臥金魚里（先生僑寓地名）愛我許升堂時流不掛眼書卷獨撐腸性酣常脫帽放筆爲詞章高歌出金石人嗤太白狂偶然隨

好風持杖入歡場覡旁倚紅袖彌覺墨瀋香英雄末路中酒色亦蒼涼明星一墮地天曉無回光廿載黄壚隔四顧魂茫茫我今亦休官自檢惟詩囊窮途渺行樂焉得不悲傷

謝琯樵司馬閩之詔安人詔安多畫手然不染閩派者琯樵一人而已予初至福州即耳其名庚申始相見以古法相砥礪嘗謂予曰花鳥予不如我山水則我讓子矣得失寸心知肯自欺乎一日予已就寢聞叩門聲甚急起視見琯樵手挾兩巨幀擲予前曰適挑燈了此意甚得計非子莫辨特以持贈予笑而受之因撥火煮茗縱談畫理至天曉而去甲子九月欲從某帥襄理漳州軍事予力止之不可卒爲飛礮所中其年甫五十也

義當死而死白刃焉得避吾曹無官守何必履危地大帥況無能棘門等兒戲君乃急時艱慷慨從車騎奇謀惜不用全軍一朝潰烈火入空腸饑烏啄殘骴男兒一斗血於事終無濟猶憶敵行時握手贈予畫即今覽遺墨依舊烟花媚常疑雨夜中篋底發光怪扣門聲亦稀誰來破軒睡燭影與茶香光景縈夢寐一死焉知他裹革雄心慰丹青在人間摩挲暗流涕

貴池桂丹盟廉訪守吾揚郡時善應童試蒙取前列曾進謁一次及試吏閩中廉訪已由汀漳延道移疾旋里某歲池州被賊陷復間關至閩善始得時時請見嘗以詩就質深蒙獎許語人曰朱某人甚誠實無時派其詩亦然近人中所罕見也年將八十起疾署臬司惜未久即逝

世風嗟日下彌念老成人昨見五都市粲然百貨陳古製闇無色今製巧且新新者雖悅目適用非其倫布粟爲至寶珠貝非奇珍吾生本蓬蓽學步走風塵側身冠蓋中周旋艮苦辛邂逅豈無賢意氣干青雲追飛莫附翼翻負平生親池陽賓長者飲我皆清醑咀嚼有至味頗不嫌吾眞相逢語未終一旦感薤晨名位亦區區古道昭日星遥睇皖公山欲陟歎無因

寄懷友人建郡

百計嗟予力已疲三冬憶汝倍心酸殘年多病離家苦旅邸空囊行路難篋裏詩篇緘涕淚夢中書札問平安大江風雨千山雪可有綈袍足禦寒

紅粟山莊詩續卷第二

紅粟山莊詩續卷第三

泰州朱寶善櫻船著　孫男崇官峻臣校刊

正月十九日倪耘劬司馬招集西湖之開化寺爲雲林高士作生日予以病不能往賦此奉答並柬同人 已卯

憶我髫年學塗抹逸趣獨愛雲林翁幽磵寒松藏 內府內府有幽磵寒松圖見西清劄記 身非館閣安能逢翁已棲神九龍頂詎肯授筆憐庸工門牆峻絕末由入塗鴉終歲隨兒童梅里咫尺忝桑梓何獨阻我追遺蹤獅子園林付夢想畫圖僅見翁洗桐 倪十洲有雲林洗桐圖 區區遊覽尚如此宜乎六法難爲功昨夕倪子新折柬云祝翁壽西湖中是日落燈風正暖春光想見夭桃紅便可湖橋一策蹇好尋妙句歸詩筒奈何繭絲縛雙足病

魔戈戟仍交攻稱彼兕觥願未遂高山景企深悁衷莽莽人世實塵界翁之潔癖誰能同座上手將宣伯斥鞋中杯肯廉夫容清閟閣高戶常閉遠夷但準趣下風垢面如予詎見納敢稱後輩隨鳩節當時散財等兒戲高士早厭銅山銅飄然五湖賸一舸惜少美人褰裳從偶爇龍涎實多事繪繳忍搆抓飛鴻焉知清都翳白鳳皎皎依舊冰雪胸六百餘年名不朽翁壽更比南山崇諸君讀畫兼尙友心香一瓣神明通以茶侑翁翁定喜清泉白石膏乳融 翁自製茶名 況有遺硯作清供手澤勿墜神罔恫獨我與翁失交臂異代安能作駏蛩空想湖波薦蘋藻偃臥郤恨藜床空日晚神絃諒終曲翁且少駐毋蹤蹱黯黯斜陽落不落遙聞山寺敲煙鐘

友人談及富春江棖觸舊遊愴然賦此

溯洄千里碧波空遙憶煙簑坐短篷尺鯉跳來飛雪白杜鵑鬧出滿山紅曾播歌管娛長夜不向江神借好風安得扁舟重把釣子陵臺下一樽同

題吳蘭尹詩卷

林際宿雨收空青天宇淨羣山若新沐修竹有餘潤把卷坐前除清光互掩映想見濡毫時靈源已先濬古錦謝時妝朱絃流遠韻嗟予久離羣面塵何由罄何意空谷音物外許傾聽髣髴好風來招我飫良醞庭草綠方滋爲君開三徑

春日即事

庭戶有春風百卉生機鬧非惟吐芳馨顏色亦可悅蜂蝶結

隊來將花據爲宅貪緣上錦茵恣意吸瓊液一旦落紅飛啼鵑咽殘血喧鬧能幾時韶華付一擲勢隆情乃親勢去心誰熱此事本尋常何怪蜂與蝶

檢得芸仙詩幅漫賦

酒綠燈紅感逝波廿年江海獨蹉跎銷魂妙句情難遣觸眼春光喚奈何陶寫近嫌絲竹少東西飛恨燕勞多囊餘賸有瓊牋在未許文窗墨再磨

遊道山

咫尺城南角雲陰黯幾重登山初着屐問路恰聞鐘松翠天風落花香佛座濃不須嫌近市地迥出羣峯

四凶詩和鷗汀漁隱集中韻 存二

驅除無妙策拔劍欲何爲朱紫身曾被腥羶鼻有知硯池研墨處水閣剖瓜時此地纖塵淨從誰覓棄脂蠅

一著油膏膩安能四體輕入簾嫌竹密近燭喜花生赴熱心空急焚身禍易成咎由君自取休惱案頭檠蛾

夏日偶作

頗畏炎威逼何堪烈焰生頓思浮海去安得御風行葵藿栽無地江河沸有聲可憐蟬翼薄枉作不平鳴

羲馭揮鞭急何嘗夏日長飯餘纔一枕樹杪已殘陽試問忙何事誰云老不妨登高聊縱目天海晚蒼蒼

猛雨祛煩熱幽花貢媚姿偶然觀物變端合愛吾癡飲水關清福分瓜踐夙期晚來樹梢月清影肯相隨

已是同稽懶何庸抱杞憂開窗任風入滅燭看星流天地終寬大壺觴自勸酬炎官撑火繖畢竟幾時休

雜感

瘴雨蠻煙地蕭條賸此身畢生無了事卅載未歸人枉識勞薪苦難回病樹春天涯雙鬢禿對鏡獨含嚬

自愧安民面還摩子羽頭爲猿或爲鶴呼馬又呼牛寶筏思飛渡迷津悔錯投忽然拚一擲不俟賦三休

百事都由命新詩但責躬居然桃代李竟以豸爲蟲禍似遭屠伯人猶妒塞翁阮郎多涕淚不敢說途窮

黑漆城中路思燃大智燈療饑持畫餅噓暖握堅冰豈是途謠詠無端判愛憎瑤臺今夜月獨照最高層

悵望桑榆頂蒼蒼暮靄沉晚風吹客鬢孤月照鄉心寂寞懷中字蕭條海上琴苔階添碧色却喜閉門深

故里羅塘路先人授一廛記從扶杖日同上運租船浪迹抛游釣饑驅念粥饘有田歸不得江水也悽然

柵畔幺豚小風前老馬頹仔肩安得卸笑口幾時開未許言多累惟求得蠢才陶公真曠達責子亦愚哉

幼女貧兼病思之輒斷腸傳聞蓋棺日祇著嫁時裳早死翻爲福多愁本不祥昨宵曾入夢雙眼淚成行

年來差有悟聊守甕中天只管餐三飯休言值幾錢人情淮橘化客況海棠顛道左相逢慣揶揄若有緣

局外揩雙眼風雲變態新蒼茫吾獨立跛躄彼何人且任駒

過隙休驚蝨似輪藥爐經卷畔暫許駐閒身

往事啼兼笑今生是或非雞蟲仍得失蛩蟨枉因依苦膽嘗宜瘦甘言食易肥掉頭吾欲去海鳥共忘機

憶里中舊遊三首

東郊

東城有佛地東城佛地四字覺正寺門額敝廬恰相近帶月敲僧門彌勒笑且應對門喜登高傑閣攀數仞昌閣謂文閣下流水香藻芹漾明鏡沿岸多白楊昏鴉晚成陣兒時不畏鬼呼羣竄荒徑笑持破紙幡塚旁爭先進一瞬五十年流光去何迅未知嬉戲人至今幾人賸坏土半長眠誰將宿草認前年閣亦燬荒地剩餘燼佛地想重遊松聲答清磬

小西湖

兒時別有懷不好騎竹馬身居城市中性乃愛荒野偶然出書塾偷將屐齒假每遇水石區流連不忍捨倚樹盼殘陽問我何爲者徃昔小西湖草堂聚風雅至今春雨時流水一泓瀉如環繞岳墩放棹至墩下（春雨草堂國初宮紫元先生別業）高處俯城隅蒼煙鋪萬瓦忽見江南山不覺笑口哆茲來萬山中客遊勞兩踝頑石莫點頭說法對聾啞終是家山好枌榆舊有社祇恐他日歸里中黃髮寡杖屨渺山河思之淚盈把湖水碧無知依舊清風灑

東山寺

城東東山寺棟宇埋榛荆中設張王像鬚眉颯有靈生長白駒場里居近吳陵銀鎧十條龍雄據姑蘇城獨念湯沐邑厚愛不加兵是知豪傑流刻意講人情奈何今士夫矯此以沽名居高妄自大遇事輒相傾藐爾張九四桑梓推至誠遺像亦土偶入夢託村氓魂魄戀故鄉卽此見平生我昔曾瞻拜搴帷拂塵纓西風葵葉黃懷古爲霑襟英雄有至性成敗休妄評

偶閱板橋雜記漫書卷後

蓬梗三山悔浪遊卅年不見白門秋西風殘照垂垂柳更有何人上酒樓

清溪曲曲盪輕橈想見瓊樓舞袖飄幾尺板橋橋下水玉簫聲裏送南朝

何嘗飲酒便消愁愁果能消死或休安得美人寫香草素心纖腕對涼秋（酒是消愁物能消幾箇時明伎馬湘蘭詩也其畫蘭亦幽秀）

琵琶聲斷換悲笳記得羅裙映綺霞二百年前歌舞地春來種菜又誰家

百年能得幾歡場明月當頭照舉觴祇惜吾家野航老却教好句屬王郎

江水依然繞建康銀箏玉管太匆忙夢梁錄與煙花記留與詞人說斷腸

賦罷江南客劇哀昆明池畔認殘灰羈魂若戀鄉園荔味外軒前儻再來（味外軒澹心先生著書之所）

長夏無事偶閱鄉前輩康伯山先生集有夏日雜詩四

首戲和其韻

盡情鳴不已其奈熱場何江海知音少螳螂著眼多得時飽清露無分老寒柯寥落孤吟慣秋深孰念佗（蟬）

公子金衣貴生成命不窮方音難驟解巧舌有誰同出谷情眞熱調簧技本工何嘗任針砭柑酒笑匆匆（鶯）

鼓吹誇雙絕官私笑兩忙池塘多淺草水閣正斜陽縱遣人憑軾依然爾跳梁泥中愬何事誰解此清商（蛙）

託足憐盆盎偷生且自安眼前惟止水身外有狂瀾刀七差能脫泥塗較覺寬看他鯤鱷輩奮鬣起奔湍（盆魚）

孤雁

孤飛誰與共網繆片羽蕭蕭萬里秋結伴久輸鶯燕契無家

應減稻粱謀彼寒淺渚宵難守月墮空江影亦愁一點相思不成字頹唐如此合歸休

寒蝶

訪綠搜紅枉自忙低飛猶騰舞衣香幾家庭院秋先冷前度煙花夢不長倦極恍疑初中酒老來羞說再登場無情最是隣家女袖底輕紈尚逞狂

老鷹

少時搏擊且休論顧盼惟看故態存食肉誰將飛將待解絛難乞主人恩星眸雪爪空留畫雨血風毛枉結冤只合抽身偕退鷂清時狐兔少橫奔

吟蛩

不平何事恰相遭倚砌偎籬徹夜號滿地苔痕人獨立千家砧響月初高幽窗燈燼停清瑟孤館宵深擁敝袍一樣可憐向誰訴風前且與讀離騷

古詩贈荼庵郎以述懷次昌黎縣齋有懷詩韻

我生如蟄蟲吞聲暗悲咤困處識艱難豈僅穡與稼所慮蒲柳姿零落先秋謝遂臭來海濱腥風認蘭麝側聽洪濤喧緬想靈鼉駕洸洸虎豹羣頭毛長聲價彼幸依仙官雕弧隨手射垂老未封侯何緣謬圖霸自忘臣叔癡那解公孫詐鯨牙拔未能虎背騎難下楚客徒好狂坡翁屢遭罵饑鼠潛飲河疲驢艱涉灞縱令顧盼豪敢云應接暇枯涸愧搜腸奔馳屢折骼盍不慎危途胡爲頓高跨果然周伯仁三日郎僕射蒙

垢莫浣衣忍饑空執卷閉戸讀閑書且學放翁假憶昔初登場手敏想劈華諸君悉丁年相聚輒丙夜異鄉仗友朋情話遣姻婭爭寒鄭伯旗笑執王良靶筆陣兼酒軍指揮互撐架自從衊朱衣狂病悔觀稿疏拙人易欺蠢愚罪不赦意外遘濁流跋鼈愁地罅臺傾孰登春火烈況逢夏途遇同袍人齒冷前箸借郎今憂患過喚醒夢猶怕惟君鑒最眞愛我情匪乍車笠誓彌堅蘿蔦俗偏訝縱談替欷歔破涕相慰藉共切山薪思恐隨淮橘化引領望枌榆何時種桑柘折柬昨相邀病卧閉風榭未能盡十觴轉似避三舍仙竈老無成饑虎人詎嚇只合隨時命去來無禁逆君作醉鄉侯我聘河間姹貧女老且醜歲晚向誰嫁

夜坐

老去睡常醒燈昏時聽紅蟲聲不離枕花影暗浮窗殘酒爐中火荒街雨後梆隣童殊可意爲我奏吳腔夜聞隣人有唱小調者似江北口音了了可聽

水部門晚眺

堤畔芙蓉向晚收夕陽招我獨登樓高天不礙孤飛鶴秋水能容數點鷗絲竹幾時聞別墅謝枚如先生賭棋山莊近水部門鬢眉羞可對清流黃金絕島雲霞麗莫笑戈船萬里遊

讀雪樵丈遺詩感賦

霜筠留得草堂陰知己寥寥海上琴拙宦風波難遯跡暮年家國總傷心謂集中咸豐辛年諸作笙歌屢墮花間淚蘭芷聊供澤畔

吟剪紙招魂何處是不堪征雁遞悲音

口占贈西園主人

學圃眞難事從君採蕨薇山花紅落枕湖草綠侵衣幸值涼風到應知熱客稀莫嫌近城市抱甕本忘機

感懷用子美同谷七歌體

男兒墮地何所爲親恩高比山崔巍畢生涓滴迄未報七尺無乃眞行屍中夜念之忽起立心孔叢集刀與錐嗚呼一歌兮歌方始烏不反哺烏可死

我昔髫年父授讀五經箋詮悉手錄翻瓶瀉水親顏歡笑紿棗梨輒盈掬萬卷讀破無一成三十猶復困場屋嗚呼二歌兮歌愴噎他日九原難覿面

男啼女哭增煩憂棄之遠作閩南遊三百荔枝啾未飽樹杪妖鳥來啾啾麻鞋出入刀山裏黃茅黑箐雨澆頭嗚呼三歌兮歌更哀置身鋒鏑爲誰來（癸丑會匪陷漳郡予避亂至鷺浦）

水田數畝租稅薄珠粒況遭河伯攫我未出門恆若饑出門門戶更誰托瘦妻帶病强支持療愁無處竊靈藥嗚呼四歌兮歌聲高失羣哀雁空嗷嗷

生男維六死者五德薄未應做人父存者最小當孫看么豚暮鶵究奚補登高後顧殊茫茫安得旦夕成龍虎嗚呼五歌兮歌向天牽衣索笑娛目前

廿年竭蹷馬牛走慣忍饑腸聽雷吼負重長驅那敢辭但期芻秣主恩厚而今側卧蓬蒿地翻身躑躅蒙塵垢嗚呼六歌兮歌酸辛悲鳴仰首向何人

耿耿心血方寸間百憂煎灼紅成團生天成佛亦常事我獨無從叩九關騎虎中途不得下空將冷淚洗愁顏嗚呼七歌兮歌欲斷青燈如豆何時旦

紀夢

雨止砌蟲鳴風攢窗紙碎茲時夢到家踏徧故園地欣見兩梧桐如攬故人袂摩挲愛清陰鬢髮浸涼翠良晤惜不長片時復予棄天末望喬柯經秋恐憔悴不見桐花開焉知桐葉墜

得小湖書感賦

故人書到碧天長轉惜賓鴻背著霜山氣撲簾添曉翠樹聲

如雨下空廊爲言肺病眠常失强說腰圍瘦不妨若果江樓重一醉休嫌冷月照歡場（書中有來省之説）

飲酒

我性不愛飲頗能知酒趣牛飲與鯨吞皆爲酒之蠹隨量得其眞酒德斯足慕譬如人讀書百徧味乃飫一目誇十行索解嫌匆遽雖多奚以爲身心究何與酒中有至味咀嚼生妙悟醞釀吸精華不爲糟粕誤從此酒國中聖賢皆可遇

維酒有別腸斯言信不誣生平尠此福視酒爲畏途赴宴如赴敵兩脚先趑趄四座各號呶一人獨向隅端坐貌若塑誰不嗤我迂緣此思自奮時走文君壚無如吻纔潤滿頰紅霞敷胸前旋去春杵徑想蛾眉扶我欲奏上帝來世償所須上

爲天酒星下握酒泉符庶幾補予闕無慮枯腸枯
猶憶垂髫時追隨父老後扶杖到西園春時百花藪觴豆雖
尋常頗不乏名酒家釀出數罌自喜藏之久陳宗泰程應鍾善評
味涇渭辨以口舉杯不欲乾把玩逾瓊玖未聞坐賓筵如飲
狂藥走迄今四十年萬事怕回首逝者隔九原飲醕交誰厚
想像老成人眼前再遘否
昨夕市樓上有客聯袂來未飲輒狂叫恍疑急板催須臾拇
戰起口角生風雷竭盡平生力性命爭一杯顏面赤如火使
氣到瓶罍開襟恣吐嘔几席亦罹災以此稱豪飲無乃負芳
醅有如傾城姿失身嫁輿臺
古以酒合歡今以酒罵座一作醉鄉侯蜾蠃自謂大當場叱

酒兵戈矛飛咳唾謿語不知慚翻笑醒者懦歡伯夫何辜爲
君受其過我昨飲一杯坦然北窗卧幸無醉漢譏但覺愁城
破手招麴秀才詩成煩汝和

十五夜對月

闖荒近南陸冬夜氣和融餓蚊老不死恨角猶潛蹤促我起
看月天宇磨新銅白雲如沙岸因風横或縱雲開月忽吐正
挂天之中低頭顧我影圓與戴笠同見笠不見我陡覺萬緣
空坐久梅樹枝移上東牆東

友人以雙松圖來售戲題幀尾用少陵題李尊師松樹
障子歌韻

昨宵醉眠罨色帳蒼髯老叟來相訪覺來滿屋秋濤喧突見
雙松列屏障煙光淡淡雲冥冥髣髴縑素摇空青疑是神龍
破壁去特將鱗鬣留眞形此筆非今亦非古但見精靈旋下
聚索居心喜得新交艱貞同守歲寒苦故園一樹圖中同與
我偃蹇俱成翁猶記樹底彈一曲瑶琴裊裊招天風

題文五峰煙江疊嶂圖爲周季貺星貽太守作

大江東去流湯湯我昔乘風一葦杭柁樓四顧叫奇絶天然
圖畫森開張所惜青天非片紙難作縮本歸奚囊煙雲過眼
逾廿載追摹未易窮毫芒鳳籤雜柵苦蹐跼安得置我雲水
鄉周侯工畫復愛畫較我夙癖尤癡狂節食典衣購此卷坐
憑矮几收清光江鄉二千六百里倏忽移置君家堂明窗日
射塔波倒夢魂遥墮菰蘆旁蟹舍魚莊迭周覽沙鷗蒲雁相

廻翔鞾紋細皺鏡初拭動足便可窺湖湘此景清妙從何得
停雲館側滄浪日坐江岸寫江景江花江草分成行握管
解衣獨磅礴至今家法垂金閶我家亦近江南地奈何閩海
馳風檣坐遣胸襟失邱壑敢云煙墨成膏肓周侯周侯爾我
今似僵蠶僵胡不攖身入畫裏且學壺公壺中藏但期山居
偕鹿豕何恤人世喧蜩螗黄葉江村倘歸去青鞋布襪毋相
忘

爲方繩武游戎題梅花道人墨竹

將軍韜鈐滿腹髣髴胸中有成竹軍陣筆陣兩出奇風雲
泱盪神鬼伏渭川千畝襟帶間安肯舍竹翻愛肉閒時購書
不論價招來煙雨供薰沐此幅閱世六百年清妙依然戛寒

玉水墨淋漓濕四壁想見瀟湘淚斑篋畫竹何分眞與妙二者皆當先涴俗仙人嘯樹神骨異詎與塵凡同一局幹用篆法枝用草丹邱立論等陳牘梅花頭陀稱後起專場不遣湖州獨往日萬竿今幾竿遺蹤誰訪篔簹谷將軍得畫如得劍引滿千杯展華禣興酣手拔琅玕舞光芒四射散寒綠他日鑱龍破壁飛會上雲霄風雨逐

後寓感

道光丙丁之間家事孔棘未敢質言因作寓感詩十三首以抒憤懣迩來災生旡妄居感離羣事雖異於往時詩適符乎前數遂題曰後寓感覽者悲其遇恕其詞斯厚幸矣已卯冬日記

瑶臺一別到塵寰零落霓裳再舞難路遠誰貽紅芍藥天寒暮倚碧琅玕還鄉無分騎仙鶴寫韻多才讓彩鸞竈裏餘丹吞不得空隨雞犬事劉安

石碑銜口更誰堪一縷絲牽未死蠶植杖人來迷嶺北吹簫天遠隔江南扶桑倘恨雞啼早上界焉知蟻戰酣惆悵碧城消息斷茫茫無路寄瑤函

軋軋璇閨杼有聲織成錦段也平平春風夜觸銀鈎響皎月晨輸石鏡明爲聽好音偕弄玉漫勞微步迓飛瓊蕊宮別有相思種盼斷枝頭子不生

側耳雷聲走鈿車秋波忽遣繡簾遮黃金自古稱無價白璧於今說有瑕月窟莫容栽桂樹仙源翻不種桃花枯腸誰許瓊漿乞敢望淩晨嚼絳霞

身是多愁字莫愁五銖衣薄況逢秋早知好夢罡風破悔不前生寶籙修鴛牒豈宜求寡鵠鵲橋倘肯渡牽牛碧天凝望空如水不見城南十二樓

好事無端遇角張休將天壞怨王郎三重綺閣春難駐一夜蓬山夢不長送過斑騅空繾綣飛來孔雀有文章花前枉把金鈴繫伏雨闌風本太狂

記得文魚愛射雙白蘋風裏渡春江生天目睒三清籙禱佛心懸七寶幢冤獄況逢文網密愁城難藉酒兵降東方狡獪猶年少幾度偷窺阿母窗

那能修到月中人欲折天香錯認眞十試未能登蕊榜三春

柱遺祝花神朝霜白日成虛望激電流星了夙因曾替東皇執鸞尾彤墀細細掃香塵

良媒夙約又愆期彈斷鵾絃更可悲矮屋埋頭簽有鳳長筊信口櫝無龜明河天上迷清淺中谷人間歎仳離但看羣眞朝北斗緋袍光映七星旗

磨蝎災深失谷神東華秘籙讀難眞袖中絕少三升豆橘裏何嘗飽今日劉郎是路人

支機石畔送星軿惆悵銀潢隔暮煙記共揮絃調綠綺虛傳種玉到藍田清樽華燭同千里散髻斜簪各一天魚腹空空無尺素西風立徧錦江前

畫橋東去畫樓西月落參橫路倏迷似我萬難金作屋逢卿一任絮沾泥並無樸樕尨偏吠安得梧桐鳳再棲同是容華宮內侍蓬頭獨闕綠雲笄

星宮降謫太煩苛福慧難兼可奈何甘蔗本來佳境少芳蓮終覺苦心多他生莫訂鶼鶼誓此別徒聞燕燕歌參透情天君一笑龕燈老作病維摩

偶感

月是江鄉好風疑海國寒殘年思骨肉幻夢想平安酒醒歡娛失書來反覆看鏡中誰瘦影相對勸加餐

十五夜看月

今夜一輪月重圓待隔年便將終歲計能得幾回圓

紅粟山莊詩續卷第三

紅粟山莊詩

續集二

紅粟山莊詩續卷第四

泰州朱寶善櫻船著　孫男崇官峻臣校刊

題寓舍小樓壁　庚辰

託身愛樓居雅有仙人意跼蹐羅網中徼倖得斯地湫隘雖近市閉門塵可避登梯見雲山展袂接蒼翠閩南氣融煦冬林葉不墜春來萬綠敷烟景更姸媚流覽洽素心茲樓得所寄俯看百尺下攘攘馳車騎

題雪景

山徑少人行蹇驢雪花裏誰來就僧談煨芋覓殘火

為支太守昭訓畫山水並賦長句奉贈

廿年隻身棲海上近幸與君同一巷兩家鵝鴨鬧不嫌屋角

無勞鴟吻望升堂許我作清談淋漓四壁煙雲酣山色湖光臥遊好夢魂何必思江南江南老屋君所住朱方故里兒時路眼見華陽瘞鶴年身依李相題詩處自從宦轍羈閩荒思歸惜無縮地方江山第一屬京口指點令我圖滄浪敢謂高情得髣髴煙波聊認水雲鄉亂後何方稱樂土大江以北獲安堵君從江南拔宅來海陵紅粟猶堪煮鳳凰墩畔結芳隣雞豚一社情更親私心預擬歸田日倘作香山末座人

表姪王筠孫貽彤重來閩中同寓一載茲有事之上杭賦此送之

子已還鄉久家居守故編重來眞意外一笑到尊前情話傾肝膽羈愁盪海天胡為忽予別兩地各餐眠豈謂居官樂多因覓食難孤身陟長路平地有危灘鴉鳳預宜辨雞蟲隨所安未知誰健僕把劍且頻看時乏僕隨行故云

一載同歡笑豪情是阿翁慇懃敦世好慷慨慰途窮耐苦年方少談文氣尙雄臨汀前轍在努力繼家風尊人曾守汀州

日晚晴難必春時況久陰蟻旋非戀磨鳥倦合投林子已親年老予兼旅病深天涯逢快轉莫忘故山岑

偶成

坐看韶光逝春時獨掩關銷愁空藉酒有夢不離山雨久淹遊興年衰少醉顏眼前覺生意苔徑綠斑斑

春夜

蟲聲透窗紗春氣入我幃枕上理新詠起坐披裳衣檐際一

鉤月吞吐匿其輝微雲故作態咫尺清光違春來苦雨多月我相見稀今宵偶覿面[illegible]見桃花肥物候恐舛錯誰復愛芳菲陰晴固無準益信斯理微

筠孫去上杭作此寄之

百尺樓西頭是予所住屋中有臼大床是予所止宿予今去幾時案塵已盈掬饑鼠晝窺人公然聲穀穀我來啟其扉拂拭頻頻蹙殘書未攜去對之不忍讀遥想駛雙輪風濤快追逐海南多明珠珊瑚大於軸跣足踏滄浪奇珍入掌握惟我一登樓飛鴻徒縱目千里浮雲隔何由展遐矚往時行吟處履跡莓苔綠顧影獨徘徊涕洟紛斷續涕洟亦何為念子僅孤身過歲同眠食此去賴何人魑魅喜

過客握手情若親况復此邊疆地與潮陽隣鱷魚雖遠徙難保無遺鱗子生賓華肯麟鳳殊振振世路未可忽詎宜輕笑犟我老歎無用已爲甕下薪意氣託年少歡娛夜復晨何忍遽話別撫心含悲辛茲意予先識背我馳飈輪我有千萬語一語無由申賦詩繼前章剪燭忘宵分若到橫琴山（在上杭）因風寄嶺雲

清明傷亡姬也

天涯寒食易霑巾細雨初晴踏軟塵多事北邙荒塚地春來又見柳條新

髮繡祥雲圖歌

夜剪巫山一縷雲曉來髻上雲氤氳青絲忽化雲片片斯人

合是雲中君誰織輕綃眞髮細繡成抽出鴛針膩恍如瑶殿爛生光想見金篦長綰翠閨中繪事夙心嫺裁就吳綾雪一般不屑紅絨對郎嚼美人現身堆妙鬘頻卿再繡觀音相（某媛髮繡大士像予曾見之）繚繞慈雲成綺障露灑楊枝見佛心郎在青青螺髻上

上巳懷友人崇安

祓禊思新詠江山隔舊歡窮檐春閴寂夜雨夢闌珊花事幸愁易瓜期踐約難遙知亭上笛清韻落風湍

聽雨

紛紛窗隙過飛塵聊倚狂歌寫性眞旣醒何須誇夢好不歸無用念家貧懶隨雞犬升天上且共蜻蜓任海濱花落重門仍聽雨春來盼斷豔陽辰

久雨排悶

昨夜黑雲飛天河牽猪渡人居卑溼地恍若井中鮒水氣侵四壁觸手襟袖汙土潤白成氈苔新綠染屨屋礎蒸細菌書堆積殘絮自非受浸潤胡爲任膠固我病纔三日幽齋昨一顧雙眸雖未昏隻手何能除坐看蛙黽徒公然庭戶據毒蛇更多智負緣出沮洳暗螫旣難防腥涎尤可怖天上有猛雷何不一震怒髣髴嬰兒聲無乃愧當路

江甯陳蓮生茂才以詩見贈賦此答之

如繩之雨連宵長幽窗靜聽聲浪浪披衣起展君詩讀燈花迸作檐花香我詩見君避三舍硃砆詎敢偕琳瑯揮灑煙雲

亦末技徑擬荆關焉敢當君言家住江南鄉山川龍虎非尋常故爲棄之走江北往事欲説心先傷憶昔賊蹤若風雨天塹失險成坳堂京口礮飛倏空壘石頭潮打先潰防盡室倉皇各星散蒹蘆絶岸潛竄藏經亂那能骨肉保何心更計田園荒欲請長纓志未遂翻身奪幟登詞場男兒意氣橫八極豈肯拘守蟲魚僵郎今攬轡無諸國釣龍臺上神飛揚日前酣醉偕王郎（筠孫）我時著眼窺君傍聽君雄談敵貔虎陋彼脩論同蜩螗滿腔熱血徒悲憤猿臂欲奮虬鬚張奇才鬱鬱乃如此天心人事眞茫茫會當買棹還滄江江村飽看黃葉黃脫紫綺裘招李白放腳酣卧落星岡詩成擲筆天亦霽太陰尾北空搖芒

怨詩

絮語何嘗了忽聞窗外雞春宵本來短不敢怨雞啼

偶然作

空庭積潦霧白日韜其光幸有數卷書同樓聽雨床書中古人遠隔世魂茫茫良由不識我焉得有炎涼窮達均勿捨意氣長相將有時酬以酒歡聚傾壺觴納之心腹間此交永不忘

飄忽微塵中忽然著一我我身本如塵百骸付塵裏此塵與彼塵相逢倏相左我亦處其間有何因與果大氣滿太虛聚散任揚簸三皇安在哉至今等蓬顆縱有萬千歲不死終不可請君看飛塵毋爲達者歌

黃土與青天相去億萬里無怪看世人其細逾蟲蟻天眼縱明明焉能鑒及此善惡既分途賞罰斯異軌不期然而然詎由天議擬一一較錙銖煩勞何時已我謂六合內人天惟一理理明即見天天在人心裏乃知持管窺何若開襟視

偶書所見

院靜寂無聲不見花枝顫奴子差解事爲我搖大扇重簾皺水紋天光露一線偶見羣鷺飛一一白如練毛羽近雲霄得意競回旋甘受火雲蒸那得晚風善試問日方中負曝爲誰獻斯時雁與梟涼波正繾綣

夏夜歎

誰謂向暝時赫曦餘威滅更深氣如縷句杜煩悶中腸積天生蚊有喙銳意吸膏血使我不得眠罕帳況撕裂散步來前軒開窗納華月因念窮檐人室小闇若穽床竈與犬雞逼處愁[illegible]硊晝長四體疲夜涼一枕挈貪此風露恩頓忘頭腦熱豈知酣卧時病根已難掇愉快非良圖相勉耐煩暍

晚讀

林梢雨初過黯黯天光濕繁星爭出頭片雲難獨立開扉納微涼舊編聊補緝把卷纔就燈飛蛾已潛入

雨坐懷老茶深滬

濛濛三日雨庭院積重陰碧蘚沿階上青山隱霧深開窗理塵鬢閉戶養詩心料得泉南客清宵獨擁衾

得里人書

久別淮南樹愁生落葉中川原看浩蕩天地託樊籠人坐孤窗雨書來遠道鴻黃花此時好歸夢繞籬東

旅感

攜酒何人過草堂披殘蠹簡賸餘香微聞僕語商留去頗覺天心費揣量斫膾季鷹空有志療愁扁鵲獨無方新詩一卷聊呈佛或肯低眉恕我狂

舟中有懷都門諸子

愁心不共水流東北望京華指顧中薄宦行蹤隨退鷁故人消息問來鴻十年往事思盤敦半夜奔濤訝雨風何處雞聲飛到耳扶桑枝上曙霞紅

渡海

一白浩無際焉知水所歸我來踏奔浪天氣減寒威是日甚暖髣髴珠宮到徵花蜃市稀卽今中外合多事議前非

江河流日下天亦東南傾但看舟行處方知地不平舟行處水皆圓制足證地圓之說浮生苦漂泊垂老望澄清一葦眞飛渡休驚跋浪鯨

抵基隆口日暮不得上岸

海氣蒸爲雲雲海兩糢糊風來爲分劈雲縮海亦餔一碧萬千頃朗然涵太虛其時日西墮晚卧龍抱珠妖蜃得吐氣水面行徐徐青紅倏變滅樓閣憑吹嘘三山雖在邇清淺殊難踰盈盈一水間安得琴高魚

煤礦行

天氣煽洪鑪鑄此百丈鐵靈斧劈不開永鎭蛟龍宅陰火與陽精二者互棸結孼者積爲煤萬古秘扃鑰吾聞古臺員利藪在山澤有金躍於沙有礦流自石火乃土中生五行實奇詭妙手探利源入地忽千尺大索磬蜆蛙餘殃禍蟻蛭頗疑大刧灰死後旋復熱祥煙未上騰毒燄已旁泄所慮彈丸地菁華久則竭穿鑿況近海風濤日夜突縱撫勞薪用終虞厚地裂近時煤價低煤質亦漸劣翻輪井泥乾枉遺坤寶闕入覬誠可虞掩機孰能活我欲息民勞且恐傷地脉奮筆爲詩歌登高對溟渤逸望老寮坑黑雲繞番舶之地坑產煤

海水行

十月天寒浪不起斗柄三更挿船尾海客夜深卻懶眠披衣向我談海水不恨海水包天流但恨海水能通舟有限黃金付誰擲至今白浪令人愁當時海上起妖霧黑雲如墨潮連暮天吳乘勢駕潮來屹立潮頭獨不懼大魚避殃無處飛小魚隨波覺身微深恐珠宮變荒嶠且從瑤島呼靈妃靈妃居處高無際俯首焉知塵世事徒教彩鳳爲通詞安得長虹竟吐氣袖中不少千明珠案上還有紅珊瑚可憐忽作泥沙用鮫客墮淚非無辜何人巨槎涉莽蕩擊水遙聽玻璃響抽刀胡不戮鯨鯢說法偏難服龍象罡風幸不折扶桑日車仍走海中央金銀臺上仙人笑黃塵起滅眞尋常我聞斯語眥空裂事往何須話疇昔卽今寰海如鏡清舵樓且看滄波碧

安平口

朝發雞籠山暮抵安平口波面雙轉輪迅若挾輈走到岸漏甚波曉雲白成黝西向歎汪洋門戶詎難守鹿耳與鯤身實爲左右手傳聞夏秋交湧起作雷吼無風浪自湧凸起爲沙線比鐵堅艇艄防結紏竹簰雖輕浮器小轉能受滾滾千斛珠衣袂拼一擲茲值歸鑿時怒吼十息九卻笑短轅車甘心在牛後沙岸轣轆行椰瓢且酌酒

如沸釜中湯噴沫向空濺鯨魚拔浪來紅毿夢乃驗陽侯若聽命潮漲忽平堰遂入閩関門狂瀾冀永奠奈何失元豹施琅傳見廈門志所蓄皆蛙蜆眞人起白水夜郎徒自炫天險焉足恃豈緣坤軸變承平二百年往事去如電舵樓此登眺擊水想鏖戰岸旁破壘欹波外降旗旋輸與田橫島頭血紅一片

聞史香九齡二尹談内山之險紀之以詩

誰抛一拳石，落在海東隅。山後幾多地，傳聞是沃區。仙洲能到否，寶藏得與無。試問溝中骨，何時可再蘇。

鰍穴潮初落，蛟潭水又横。筍輿穿浪走，竹筏御風行。已歷艱虞徧，方知性命輕。多君識魑魅，摩撫肯輸誠。

白玉何時種，堆成九仞山。雕劖幸不到，壓壒讓兹顔。但恐雲常冷，休疑石太頑。琪花與瑤草，惜未一躋攀。

萬古絶人迹，深巖定有仙。蓮花開臘月，橘樹亦千年。了了見丹竈，行行窺綠天。珠泉飛逸響，疑是幔亭絃。

兩崖懸絶處，奇樹卧爲梁。莫測何年倒，長令半體僵。苔斑厚一尺，蟲蝕飽千霜。下有蛟龍窟，腥涎著手凉。

鬖鬖天光漏，山山昧曉昏。萬難驅瘴癘，重見闢乾坤。樹朽蛇爲穴，崖空虎或蹲。幾人眞鐵漢，生死且休論。

絶壁叢葭菼，危梯仗薜蘿。雨垂鮫客淚，風送蜑人歌。濁浪炎生火，腥雲湧作窩。褰裳欲飛渡，强步踏黿鼉。

澗中堆落葉，葉底伏寒流。試足時防墮，提心想暫休。忽驚猨趠趠，莫辨鳥鉤輈。萬木雲封處，峰峰怕出頭。

遠略經三載，奇謀想萬全。暫時無鬼哭，漸覺有人煙。戍久仍難撤，番愚亦可憐。幸哉移節去，中道卸仔肩（謂某公）。

喜晤高三鑑堂

征帆纔卸即登堂，一笑燈前對舉觴。情話居然能永夜，荒陲難得此歡場。交關痛癢腸眞熱，老閱風波鬢易蒼。爾任淮南我江北，幾時煙水共歸槎。

謁延平王廟

我亦長風破浪來，到岸忽訝蛟宮開。岸旁垂手拾遺鏃，當年割據何雄哉。義旗遠赴江南地，誓復中原關大計。連檣列舳倏飛灰，拊心痛哭高皇帝。英雄贍有一腔血，鷺門退守收殘卒。日出扶桑照赤城，還我故物休多説。驚濤十丈鯨魚飛，紅夔枉遣抛牛皮（施琅、黄梧）。若作舟楫用，海上扶餘猶可爲。北風吹來墮片紙，錫以崇封亦徒爾。家國傷心莫兩全，安得忠臣復孝子。嗚呼，此身不作降虜死，此心足挽東流水。龍衣覆面事堪憐，蛛網縈鬟廟亦圯。蟾帷暫駐旌旆揚，（謂沈）欽使特將大節陳。天閶一時竊效螳螂臂，千載翻爭日月光。千頭銜鼠

天數定，前後甲子何慌忙。

月夜有懷

明月殊多情，相隨來海外。追蹤不憚勞，高駕天風快。我止月亦停，清光滿襟帶。因念同心人，夙昔共惜話。送我看揚帆，臨崖歎澎湃。天寒水彌深，應畏蛟龍害。晏處誰不甘，危途自當戒。今夕誠何夕，鼾聲想雷大。焉知我此時，炯炯眸難閉。夜深還入房，吾將抱月睡。

澄臺望海

海上覺先春，溫風來拂面。禦寒謝重裘，層臺易攀援。引領望滄波，遙從樹杪見。水石兩撑拒，白鷺飛一片。千帆不停梭，想見波心顛。艱哉衣食途，遂使人命賤。我昨此中來，時過[illegible]道

念斯時臺上人爲我或驚眩獨立對蒼茫天末霞光絢

元夜友人招飲　辛巳

月圓喜初見把盞挹清光春滿華燈外人依錦瑟旁花香撩倦眼酒力劃愁腸飲罷蠻箋劈新年第一章

絶句

小桃初放蝶交飛海外晴暄節候違纔過元宵如上巳漁洋句春燈風裏試春衣

三友花　開時必三四朵相連故名

名花亦許稱三友聚處常教歷四時我在天涯獨惆悵空梁月落對斜枝

偶賦

並頭花愛雪鴛鴦纖影雙棲繡檻旁絶似玉人肩並倚夜深私語枕函香

五妃墓

魁斗山前恨夕曛至今人説五妃墳天涯緑徧王孫草杜宇聲聲不忍聞

荒隴不礙海風腥月夜魂歸尚有靈竹徑相離三十里休嫌無路哭冬青

謁故臺灣縣高公祠即贈仲方上舍人鏡

咸豐三年會匪林供等滋事公會營往緝守備李雲龍潛與賊通公陷重圍李擁兵不救且先遁公歿於[illegible]子人鏡血書訟冤某督惑於浮言訟幾不直久之[illegible]得白李棄市人鏡剜其心以祀公臺民咸以爲快公諱鴻飛字南卿吾郡高郵州人由庶吉士改知縣

廿年前遇高公子血漬麻衣將淚洗爲言苦涉鯨波來不白父冤非人理當時海水飛黃塵兇徒乘變揭竿起書生隻手無寸鐵坐擁兵符人姓李荷戟方期賦同仇分軍孰意成孤壘免冑偷從間道歸登崖獨看文臣死事後功罪互傳聞脣箕舌簸徒紛紛公子嚙血書空上昏昏蔽日堆浮雲一人痛哭千人歎幕府遲回欲翻案父忠子孝乃如斯上疏終憑公論斷　九重詔下人棄市剜出心肝列筵几在天豈必念前仇律以國法命當抵我與公子久相違閩山楚水常依依焉知海上乘槎日即是燈前把袂時旅舍銜杯不忍醉若翁往事吾能記舉指青天説好官況餘碧血留斯地即今廟貌殊崢嶸海濱永靖魚龍沸俎豆長貽千載香身軀何惜一官累

公子公子爾勿傷垂老相逢能幾場丈夫沒齒蓬蒿下百歲誰挽風中檣聲名果能勝金石壽命何必論彭殤苦愛頭顱計亦左似此一死眞堂堂夜深送我出門去殘月墮海天空蒼

感事

俯首見南斗疑是天盡頭身外皆積水澎湃無時休臺員實孤島形勢如鯤鰌全臺形勢如魚見府志　風濤莫敢撼屹立當中流西面向内地對峙連四州福興泉漳東西相對東面稱後山層疊較雲稠羣番竄鼠穴畫界成鴻溝版圖二百年久已風馬牛大臣勤遠略毅然念荒陬禹跡不到處開鑿煩鋤耰塡海築營壘鏟山設園疇説者謂此舉終始宜兼籌譬如一破甑道左已輕

投一旦忽修整完好觸羣眸心羨便手撫豪奪將巧偷往昔三山外弱水每沉舟隨潮偶落滌一瀉不可收自有斲輪手大力挾行軔海上碧眼兒公然狎蛟虬思噉白龍脯饞涎久溢喉何以塞貪壑何以滌腥甌何以防盜肉何以止割瘤先取勿資敵持論理固優欲爲自強計全局須豫謀登高望滄波俯仰心悠悠

偶感

猶是中華地流觀獨愴然冷風撼炎海濁霧逼高天俗敝官無策民愚鬼有權臺人信鬼讀之鑿鑿黿鼉如可踏不碍振吟鞭

舟抵羅星塔

空波淼淼夕陽斜入港欣看急槳划當面山隨帆展葉對頭

紅粟山莊詩續 卷四 十三

風促浪開花沾衣尚帶蛟龍氣繞塔遥聞鸛鵲譁時局勇同互鬭憶昨宵柁樓上夢中身已早還家

把酒

把酒何嘗飲空成獨酌謡鬢眉滋我愧唇舌看人驕攬月心徒壯餐霞夢已遥果眞千日醉拚盡百斤瓢

七月十四日大風感賦

大聲翻空振屋瓦恍惚神兵戰荒野戈矛劍戟紛交攻奔雲四騁疾於馬我時假寐屋西頭夢偕仙侶遊丹邱𨻶底魚龍忽跳舞蟹娘鮫妾紛來投軒窗急閉閉不及枝枝强弩橫穿入破床沾溼亦尋常海上呼號誰拯急昨聞我友今東渡天曉料已揚帆去中流駭浪挾船奔收篷捩舵將何處人生劇苦囊無錢鴻毛之命眞可憐欲博斗升飽妻子敢辭風浪囚衰年蓮水別駕已六十餘歲矣我幸身閑坐茅屋屋縱打頭貧亦福

哭高茶庵

造物獨何心每將才士忌使之淪轗軻畢世不得志且復促其年玉樓遽召至君年纔五十上壽詎敢跂艱苦歷半生飽嘗堇荼味筝雲願枉奢雕鶚秋風墜杜老客諸侯爾生作書記槖筆十餘年一官聊自慰降心走熱場顔面已彫頹奈何與時違遇事恆獲戾仰看同學人攀援據高位策駕貴乘時君獨愁城閉終日故紙鑽精神坐頹廢心血嘔一囊途窮又何濟亮哉坡翁言憂患緣識字

多錢爲好官斯語豈謂然準諸義而取非比貪壑塡君也綰

紅粟山莊詩續 卷四 十四

銅符刻礪操定枝官荷種杞菊採擷供粥饘其時水爲患河伯踞民田倉中乏顆粒城外渺炊煙君更忍枵腹四顧張空拳艱哉發棠請幾人稱其賢歸來檢行李無一沽酒錢追呼下嚴檄馬得沈疴痊君今一身輕君乃歸黃泉

中郎女成雙伯道兒無一生女當兒看窈窕常依膝憶昔杭城亂豺狼奮呼叱女隨母出城同向蘆中匿大江白茫茫回頭母頓失君室陳孺人投江死二女匿民舍獲免危卵幸僅存君亦重圍出挈之來三山親手替梳櫛大女今及笄出閣喜諏吉何圖簫管喧鬼伯潛入室華燈暗無光變故在頃刻可憐翁與壻覯面僅三日稱女託何人九原更懸臆

與君初定交馬齒愧稍長相約爲弟昆同聲夙應響屈指將

廿年深情頗不爽往歲我休官君意殊惘惘豈無一二友鬭
風若避棒高軒過門前不屑駐輪鞅君獨爲不平衝冠髮怒
上時時來慰予傾吐見誠讜爲說陳（少香）與符（雪樵）卑官困羅網
詩乃不祥物慎毋再研講今春海外歸故技又復癢見面索
新篇謂我見聞廣結習難遽除此後究誰賞三復舊丹鉛手
筆詎惝怳
吾曹良可哂躭吟欲何爲那能如蠹魚食字便療饑到死不
知悔病楊猶弗離前日視君疾數卷付我持語我作明鏡矚
我辨妍媸斯言曾幾日雲車倏飛馳憂慮縱傷人奈何竟至
斯生既無所樂死又何足悲惟將智慧根揮刀急斬之來世
生富家毋作聖小兒君看銅山中誰哂沒字碑狂言當奠斝

紅粟山莊詩續　卷四　十五

君聽應解頤
　除夕追憶去年在臺陪新建中丞餞歲
旅舍今朝一事無夙逋幸不來追呼小婦迎年愛吉語研墨
促我書桃符酒邊忽憶去年事今夕正喜隨使車風景未覺
重洋異祇恐爆竹驚龍魚傍海人家火城爛照見戟門人爭
趨我亦逐隊持手板稱觴倒拜紅氍毹臘鼓聲中設綺席中
丞禮數何嘗拘預飭厨人勿宰殺但陳乾腊醃臚腴煎茶更
撾西江水手擫鳳爪呼髯奴（席間多江西食物）示我妙詞三百首宮
商諧協如貫珠嗚呼當時把卷頻挑燈至今燈影非模糊朝
潮夕汐幾消長歷尾一紙了無餘公歸獨詠遵渚鴻我留眞
似失巢烏今夕何夕一年盡舉杯餞歲何人俱西望不見梅

仙閭十二洞天風雲徂閩江贛江各一途孥舟焉得遊鴉湖
何況歲暮雨連如楷枏濕盡堆寒爐離羣令我嗟索居那有
情緒傾屠蘇明朝晨賀其免諸捻燃帚水胡爲乎

紅粟山莊詩續　卷四　十六

紅粟山莊詩續卷第四

紅粟山莊詩續卷第五

泰州朱寶善櫻船著　孫男崇官峻臣校刊

早起　壬午

淩晨起披衣，緩步立檐側。好雨來昨宵，羣山吐新色。登樓望城南，煙翠密如織。中有萬家夢，昏瞢猶未闢。林鳥獨欣然，向我展雙翼。

爲萬雲岑二尹作山水

幽屋得微雨，涼潤浸几硯。坐想好溪山，清風來拂面。含毫涉佳趣，煙雲細研鍊。更喜素心人，寄廬距一箭。相從談畫理，山淥飽充嚥。磴礴解衣襟，此樂許同占。窗外暗香霏，檐花落片片。

偶成

一夜靡蕪雨，萋萋綠到門。淡煙春有影，飛絮夢無根。中酒情嫌懶，懷人句待温。揭來花事了，狂蝶枉銷魂。

夢母塋

分明昨夜到東阡，大麥青青繞墓田。依舊松楸未成樹，紙錢風颭夕陽天。

客過

草船正擬送愁魔，雙屐衝泥喜客過。煙外漸看垂柳重，雨中惟惜落花多。話耽長夜添紅蠟，醉盡香醪把碧螺（在臺郡得碧螺杯容升計）。今夕對床眞不易，漫教斫劍起悲歌。

寄里人

閶嶠先鞭獨早歸，尺書幸不素心違。自知吾道多迂拙，敢說人情有是非。客舍記嘗春夜韭，官厨終讓故山薇。買田陽羨眞奢願，奇福如君近亦稀。

鍾進士出獵圖

何人羽獵開圍場，令我展卷神飛揚。側耳似聞鬼啾唧，滿紙殺氣天無光。藍鬖紫貽摹相禹鼎鑄，後山經詳細覩髣髴。雲旗動旋風滚滚，吹刀鉈一鬼敲征開先路，羣鬼競進紛成行。斷後指揮乃鬼王，烏紗翅側虬鬚張。此貌亦復登上第，[illegible]乎與鬼相頡頏。閙來從禽恣暴殄，狻猾悉著修羅裝。移取刀山與劍葉，手瀝腥血澆革囊。木魅山魈走不脫，長縧牽曳隨馬韁。膀下獲猊似負氣，雙眸睒睒摇星芒。推之不動鬼力竭，

豈能一躍踰山岡。老髯何術能致此，得無昂過毗沙王。八云此老善啖鬼，平時以鬼充饑腸。黑獄搜盡青天朗，廛少揶揄蹲道傍。奈何麾下聚羣醜，如狐倚虎猖佽猖。公然魃蜮作牙爪，夥頤鬣齒誰敢當。山中雉兔亦有限，經爾毒手無餘藏。我欲上章叩閶闔，先逐鬼星墮大荒。再遣女媧下南斗，吸偏鬼腦扼鬼吭。或有虛耗潛漏網，更藉此老身手强。飛走無害乃公事，盍不並育安其常。世尊五戒首勿殺，波吒羅神眞堂堂。茲圖描寫意有在，悲憫衆生罹奇殃。卅六餓鬼造成封，盍信妙筆非荒唐。詩成滅燭笑呵壁，流螢飛過蕉西窗。

送人還蘇州

送子還鄉井，何嫌手易分。頭顱看漸老，骨肉久無聞。暫別螺

江月欣依虎阜雲垂虹亭畔路多少蕙風薰

移居

風雨欺破巢旅燕誰周護豈必居處問喜新而厭故予也實勞人寄身無定處邇來金張徒每將闠闤據傾貲起月臺購地設星鋪大屋故居奇小屋價亦裕賃廡頗艱難數椽聊借任蚊睫有蟭螟彼詎憂窘步俛仰天地寬吾自安吾素稺兒愁路生小婦嫌房窄四顧每旁皇何能遽安適我匪愛蝸廬自甘就雞柵遙集祇一錢相如惟四壁却笑浣花翁萬間貯胸臆秋風颯颯來莫救屋茅厄鄙人幸免此廣廈向誰貰天上有瓊樓惜少摩霄翼

閩南作寓公屈指廿餘載任屋如牽船一歲三遷徙往日闠

中人百物皆手理謟愛書畫厨寶之勝瞽瑱蓋篋慎收藏風櫓勤弄擺掴載赴新居詎憑亦脚婢今日又移家斯人呼不起檢點欲倩誰臨風涕瀰瀰

江鄉有老屋搆造自明初先人所棲止我敢呼敝廬幼時讀書暇庭草常戲鋤自我出此門倏爲他人居予家棋杆巷舊宅明永樂二年落成至本朝道光二十八年分産時爲堂弟鬮得今已屬他姓矣前歲記還鄉過門惟疾趨欲進忽又止踟躕復踟躕不識壁上詩來者一笑無

夜坐

四顧天如墨寥寥數點星微光憐慘淡默坐入空冥露炫千花白庭中茉莉甚多燈搖一豆青更闌遲就枕揩眼送流螢

雲月

清光隱復見片片萬鱗分此際惟看月何人更愛雲空青疑破碎淺碧自繽紛久立忘風露徘徊只爲君

野望

疎疎涼雨後黯黯夕陽時蟬噪收殘暑鴉歸認故枝餘霞矜散綺短鬢惜成絲引領東山月偏教出海遲

遊九仙山

好山一入城山靈應抱恨顧此東南隅下與市廛近擾擾飛塵中烟嵐亦坐困緬維白雲寺樓館崇數仞但任犬羊居遂忘猿鶴怨我來値秋初漸覺蟬聲換飛泉洗巉巖淨土不及寸綠玉齋徐興公齋名與碧霞園在荔枝山上荆榛久滋蔓仰望翳峰巔何郎此棲遲白鶴今不歸丹爐亦難問欹石想仙蹤何處聽松

韻

夜雨即事

夜闌梧葉雨聲停仰屋方知數七星破壁燈昏鬼吹火荒厨酒盡鼠翻瓶吟情頗較中年減歸夢多從半路醒二十五絃彈不得烟江何處訪湘靈芝舲書久不得

病況

鷓鴣倦飛日蟋蟀苦鳴時病儻庸醫誤貧爲小婦知閒吟欹枕慣默坐上燈遲籬菊花開未開心香放枝

與安郭子壽司馬枉過以吉雨山房筆記見示即題卷尾

六年不見今一遇頰下長鬚白如絮知君老作山中民山民自號

故紙鑽研等癡蠹，徃時年少走名場，哆口羣笑狂生狂。立身人海期有用，治安三策非誇張。何故歸帆不容緩，由來古調知音罕，況復鵑聲橋上聞。異時塵劫何庸算，郎今廿載辭風塵，骯髒之氣無由伸。千秋自有名山在，半刺聊將敝屣論。昨夜秋風撼我屋，索居獨抱窮途哭。把袂驚看面貌非，入門喜得縹緗讀。問君何處搜其奇，腕底紛紛百怪馳，已證仙心破鬼膽，倏迴地軸翻天池。小儒見之齒欲扣，大儒見之驚而走，惜我心目兩俱盲，安能捫索識瓊玖。吁嗟乎！昔賢不少著作才，口吻嚼蠟羣相咍。此卷今無古未有，靈斧一劈洪荒開。對君忽憶春溟老，謂陳大令。同望珂鄉多宿草。九原何處遡斯人，把此奇編共探討。傷離感逝一時并，明歲梱亭倘一行，荔支飽

啖書飽讀，稽首壺公名山拜老成。

詠新月

樹杪露新月，纖纖見兩頭。與誰携手看，似有畫眉羞。鳥鵲飛何處，關山遠欲愁。閨中小兒女，應解上簾鈎。

言懷

狂雲如墨壓輕塵，客久誰能面目眞。禍福都忘焉信鬼，迂疎難免最愁人。自憐養鶴餘空手，偶學雕蟲累此身。故國稻粱秋有穫，何當荷蓧學先民。

昨夢

昨夢到山莊，閒行曲岸旁。雞頭新出水，鴨脚飽經霜。野味田家足，秋林畫稿藏。似聞稱兒語，三徑未全荒。

舊篋檢得亡友羅會雲溪均臺陽書

九州地雖寬，無地著君足。卑官嗟贅瘤，枯坐成槁木。窮極但吟詩，饑來自捫腹。憶我初試吏，道途難遽熟。旁人頗揶揄，君獨偕飲啄。異姓結弟兄，大被許同宿。海上六鰲來，長風帆十幅。豈不畏汪洋，掉頭去何速。大藥滿仙洲，採之易盈掬。十年得一書，半夜拭雙目。至今箱篋中，常恐腥波浴。手迹故依然，心精歎彌篤。逝水渺迴瀾，挑燈怕重讀。

有感

紫燕飛高蝠掠低，天生羽翼本難齊。徒聞事後談肝膽，詎敢人前作笑啼。清夜柝聲燈黯黯，幽窗梧葉雨淒淒。拋書作枕容酣睡，也抵山公醉似泥。

自笑

匆匆野馬逐飛車，眼底流光感歲華。誰爲風敲憐病葉，每因秋老惜餘花。佳人翠袖寒能耐，仙侶黃粱夢太奢。自笑盤身多苦惱，十年看慣井中蛇。

題友人彈琴圖

天高萬籟沉，風壑瀉清音。激激七絃上，都成山水音。手招元鶴舞，夢墮碧雲深。愧我韓同調，徒爲澤畔吟。

午睡

午睡驚纔醒，高風盪夕曛。古牆聽蟲語，亂葉帶鴉飛。花底琴心寂，門前屐齒稀。悄然此孤坐，木石看成圍。

得譚仲脩大令皖省書卻寄

天外書來雁代投院公久別思悠悠自慚柳下經三黜共惜河間詠四愁遠道芙蓉零露冷相思葭菼暮江秋知君定躡涪翁屐廿二峰頭結勝遊

默數

默數眼前事清宵百感生爲人眞不易似我竟何成短劍橫三尺長星爛五更天將曙有星見東南方形如帚竟天慚坐井愁聽屋烏鳴

巳巳冬旋里省某友病見其被甚薄擬爲易之嗣因循未果友亦旋歿年來每一念及輒覺心痛爰賦此以誌予過焉

根觸生平淚暗彈終宵未許夢魂安天涯自愧重衾暖負裏方知大被難十載心酸空有願九原骨冷孰分寒燈昏怳惚

長眠處敗絮堆床怕細看

將于役京師感賦

凛凛歲云暮孤身將遠征霜雪豈不畏俛仰徒經營鴻雁正歸去同茲萬里程攬地北風來車馬何駸駸我獨衣裳單恐爲徒御輕十年困索處草際寒蟲鳴偶然見日光仰盼天宇清揮鞭且就道緩轡宜徐行筋力幸未衰聊以見生平

滬瀆書所見

差峩樓閣百花場粉黛下映流水香屈曲窗櫺迷五色玻璃閃爍開瑤房大道如砥車碾碾車中妖姬七寶妝電激風馳一瞥眼但見鬟影微低昂市人羣飲狂藥狂夜深顛倒披衣裳

殺人之術有時窮徧地乃産阿芙蓉分明砒鴆列街市三餐菽粟將毋同榻上一燈紅豆紅薰天有焰晴霞烘照來碧玉懷中賤那知身是號寒蟲夜半嫣紅化慘碧歡場如夢鬼啾唧

妖僧呪海海生塵下埋白骨叢冤魂空中樓閣噓蜃氣鬼妾鬼馬來紛紛置身怳在九州外我欲燃犀照幽怪但愁腥霧掃不開貝闕珠宮變蛟瀨誰言造刼刼難成高岸深谷由人心

晃隄柳感賦

隄上萬枝柳應憐歲暮時空巢鴉散盡凍岸馬行遲對此思眉黛相看感鬢絲春光將漏洩轉綠豈無期

舟夜

撥盡爐中火依然手欲呵孤舟逢雨雪歸夢怯風波殘燭嫌光暗新書恐字訛時購到鉛板書數種宵寒不成寐老眼笑摩挲

人日

大雪欺羈旅寒威入敝裘征鴻應没爪凍雀只低頭生計謀同拙吟懷老未休草堂詩好寄遙想故人酬

上元揚州客舍有感

黯黯天將暝檐前墮晚鴉雪窗燈縮焰土銼酒翻花往日鬪歌吹閑吟送歲華分光望明月只恨凍雲遮

楊花

點點飛花渺若塵多情一路送行人祇憐過眼匆匆甚何日

戍萍了夙因

舟泊閘口忽顛簸片時或云地震以詩紀之

也知舟未駛陡覺岸頻移閃閃漁燈亂蕭蕭驛樹欹天公殊狡獪時局太顛危誰似中流柱狂瀾不敢欺

疲馬

歷盡崎嶇路行行馬不前料應艱負重何苦痛加鞭捷足知無分勞筋亦可憐輸他三品豆立仗荷恩偏

山行雜詩

巖岫雪未銷草根白皚皚前路行漸高浮雲馬頭起石子何紛紜多情傍塵軌鎮日飛沙中居然互角觝疲騾碍難行悲鳴四蹄跪一望高復低焉得平如砥僕夫為我言入山從此始

車轎掛殘月送我出嶅陽怪石疑猛虎猙獰立路傍睡眸未全醒突見牙鬚張似怒輪鐵響吼聲忽雷硠東方吐虛白嶽色來蒼蒼曉鷹亦出樹天宇恣迴翔古人得其時振翮同鷹揚試看羊流店有碑立高岡風雲慶遭際草木增輝光閉帷作新婦我能不悲傷

前歲山中行岱宗記當面梁父聯衣襟徂徠接畦堰十步九艱難儼然登雲棧堂堂任中丞巨斧手中旋疊嶂變平陂坦途達芳甸封疆詎乏人似此庶無忝為民任其勞行路悉歡忭仰望南天門青蒼橫一片

緬維古齊國海岱何雄哉遂長東諸侯泱泱大風來國州

地勢亦在得人才五霸開先局一死有餘哀至今英雄骨委棄亂峰堆煙沙蕭颯際鬼馬猶馳遺區區梁山濼一笑同飛灰

泰安道中見泰山殘雪

春氣地中來蒼翠迎馬首峯巒各獻媚含笑若開口就中丈人尊勢壓千培塿向暖嬾爭先良由積蓄厚陰崖慘不溫日鄉避而走我欲陟其巔一握散花手飛泉倒冰壺深洞雕玉藕所處極其高乃能期不朽山靈應笑予彼此成白叟

題嶅臺驛壁

大風終古屬青齊轆轤車驅嶽嶺西白草堆霜狐窟隱黃茅結屋燕巢低斷碑官柱題名姓荒堡人猶習鼓鼙眼底紛紛

說功利一宵塵榻且卑棲

渡齊河

莽莽大河橫河聲近撼城岸難牽纜達船欲與沙爭來者停車待伊誰踏浪行上流驚決口徹底幾時清

扛車行

兩騾馱一車一車萬鈞重偶陷泥濘中騾蹄轉無用舍騾而用人人肯恤騾痛五人抵一騾兩騾十人控扛騾復扛車車以人力送人前騾則後騾默人乃鬨拔之若升天拔之如出甕胡為乎泥中憑軾為騾誦

景州懷董相

廣川舊有臺我欲問蒿萊壞塔穿林出荒城蟄雪開何人能

建策　聖世莫言災故里江都近揚郡有董相祠無難訪玉杯

永定河渡河歌

沙岸停車帷半啟俯看永定河中水波翻浪湧作黃雲縱有衣塵不敢洗獵獵悲風客待渡欲渡未渡馬先怒舟子持篙横索錢錢多方許渡河去船腹載車船頭馬馬立車前人立下人倚馬身防馬蹄濁泥何恤衣邊灑君不見煌煌府帖貼河干若輩醉眼何曾看美酒大肉賴此水那管人歌行路難

商家林見歌者

兩鬢飛塵倦着鞭當筵懶聽四條絃青衫墮淚誰添酒紅袖低眉肯乞錢若事莫如謀一飽閒愁倏已過中年司勳縱說情懷減春草連天倍黯然

三家店夜發

客枕何曾睡晨餐强自加馬頭帶星影人面落霜華獨樹疑逢鬼岐途認畫沙休言疲轍跡已近　帝王家

高懿伯正郎囑題其師程茲庵先生墨蹟

卅載遺鄉井無因昭老成江湖勞客夢燈火記吟聲燕市裝纔卸鴻篇眼忽明長安今夜月髣髴見平生

錦囊幾心血端推絕妙詞皇天偏好妒苦海更難知詞稿爲姚仲海農部索刊聞已失去矣頻爾旋轅日依然立雪時數行非易得片羽足師資

暫返枌榆社低回感廢興故家誰似昔明德恐無憑酒醒詩山隔途長雨雪增都門同話舊轉覺與飛騰

倌轄羈南海寥寥之賞音龍蛇經刦運珠玉半銷沈故國歸宜早重泉感益深緇塵何日浣岳阜共登臨

清明曲

春寒滿地霜花結鈴鐸聲聲響欲裂草根礙死紅心枯疑有游魂繞車轍風號日暮白楊舞叢塚羣烏自相語地下朽骨聞不聞紙錢濕盡濛濛雨

送客

昨遇吹篪客來聽擊筑歌錯疑天可問不信劍空磨熱淚襟邊濕雄談酒後多風塵吾亦慣此去竟如何

極樂寺海棠甚開欲遊未果

世間好事多歧途天公厄我我何辜常人已恨失交臂矧乃

絕妙傾城姝前歲秋杪我來此但買菊婢供歡娛秋花終讓春花艷安得海棠三百株茲聞美人西廂住見陸放翁詩一觴定許牽瓊裾昨宵新浴溫湯膩夜間微雨可愛不但猩脣朱疑是滿身披霞綺鴉鬟扶上紅氍毹觀者魂銷我夢想愛而不見空踟躕豈必顛風吹花去因循自誤無乃愚會傾萬斛燕支水戲畫十分春醉圖

長歌贈袁杏村開第觀察由貴州入覲京寓與予同住兩月

一屋同住如同舟君住東頭我西頭聚處三旬不一語相逢雲水員悠悠昨見我詩忽大笑當場手擲君家帽從此狂談暮復朝金鐘瓦缶欣同調君從銅鼓山中來我亦螺江帆乍開兩人路隔八千里突然握手黃金臺臺前日暮風蕭瑟臺

下飛塵埋駿骨京華冠蓋多若雲胡爲顧我獨綢密竭來僧事眞咄咄緘口拊心莫敢説每見官高便矯情未闘罪小從寛律新建中丞實奇絶一言投契磁鍼結遽從合浦遣珠還忍看明璫隨瓦裂嗚呼死者長已矣天涯何處覓知已仰首空瞻北斗杓傷心遠望西江水淚濕征衫莫能止君也憐才亦如此話到盱衡扼腕人爲痛九原呼不起懶將星白問當塗且索丹青留片紙（時以畫幅見屬）酒罷同上長安城西山觸眼殊崢嶸黍谷春回風正暖草橋花放波逾清玩賞韶光惜難久我今先行君則後安能一屋常相守把卷狂吟繞地走他時此景還記否君倘念我羈三山詩筒好寄萬松關海隅縱乏瓊瑶報一筐丹荔應開顔

紅粟山莊詩續 卷五 十三

謁顧亭林先生祠 在慈仁寺

儒生祠宇倍光輝地老天荒昔采薇東漢黨魁名早著幼安遼海事都非講堂三月修春禊文字千秋屬布衣肇域一書君未見雙松摩撫夕陽微

都中雜詩

一月來長安恰逢米價貴深恐久淹留金盡同蘇季我友東方生割肉自嘲戲安能粟一囊更爲他人饋昨過隣家園米囊花滿地明知不療饑夢飽心差慰

同寓昔三人我形若木槁一友頗少年多情賦窈窕城南百花場觸眼便言好一友常逐隊同行苦泥潦夜闌冒雨歸淋漓笑絶倒重來憶狂談樂事誰相聯（謂同治九年）

頗聞梅蕙仙豪俠足傾慕千金肯濟人熱血柔腸注天上奏霓裳招之何太遽斯人不永年慷慨徒自誤蕭寺寄一棺我來君莫痛惜無返魂香燈下作談助（蕙仙行事都中人每藉藉稱之非僅以色藝擅一時之譽也今冬予重至都門蕙仙已先數月死一日偶至普照寺東廂則蕙仙之殯在焉爲之黯然）

荆卿久不作短筑無人擊俠氣渺層霄風雲亦慘慼捐驅以酬恩豈爲頭顱惜成敗事偶然千秋留毅魄養士何紛紛斯人難再得至今易水波颯颯悲風激

謁岱廟

婚嫁雖粗完尚缺遊山屐昔過泰山旁未嘗一登陟交臂失元君烟雲去若擲重來爇瓣香初基幸略識乍睹金墉高恍疑天路闢拖衣入南關棟宇瞻峻極龍蟠撫唐槐虬屈攀漢柏奇石虎羊蹲昂然聳頭背拂蘚讀殘碑摩挲盡四壁仰盼城北隅盤盤萬峯碧童子彼何人天門渺行迹木馬莫我借而我究安適迴車趁鳥歸斜照掛林隙

紅粟山莊詩續 卷五 十四

題驛壁

一鞭東指海雲生幾日驅車出鳳城人戀好山回首慣馬憐芳草著蹄輕依稀溝澮難濡軌慘淡旌旗自建營莫倚春風能醉客琵琶多作斷腸聲

送友人之平凉

艱難歲歉欲何之把袂深憐晚照時但想來宵常有夢可能遣别獨無詩路當淮浦哀鴻集月落蕭關去馬遲他日壺觴亭上望瑶華應遣慰相思

任邱道中

悲風盪白日慘慘無光輝幾疑厚地裂三月青草稀村農肯竭力猶復耰鋤携爲言春不雨社廟揚龍旗灑盡萬人淚撮土難潤滋側聞江以北淫潦屢崩堤白龍時露尾倒掛湖西陲時聞高寶一帶連日大雨懸揣造物心愛憎如有私爲我語雨師兩地詎轉移濃雲被四野會有調劑時

兩騾歎

車聲轟怒雷鎮日疑鏖戰客有枵腹愁騾亦長途厭薄暮思解鞍遄奔急投店一騾仰而嘶一騾困若痁哀哉此兩騾何時謝挽牽敢謂津梁疲暫蘇筋骨顛天閑彼何修苜蓿飽充嚥自詡鶴乘軒艮由虎善變騾也獨何辜無分膺上選任豈

以濟人馳驅常在念猶復受鞭箠求芻豈眞饜對此發浩歌悲風疾於箭

題沂城驛壁

日午停車綠樹圍炊煙影裏颺青旂筠籃乍喜櫻桃熟草路初看蛺蝶飛荒店客應嫌苦酒春閨人定試單衣溫風吹遍清波暖欲濯塵襟願恐違

傾蓋橋

天涯此日誰傾蓋我亦風塵往復回曠野依然多蔓草悲歌不見美人來

淮安舟中懷李少卿

結隊檣烏語夕曛荻蘆風起隔窗聞但看淮水波千疊知

揚州月二分一飯艱難甯獨我半生詩酒總輸君濟南到此無多路惆悵層樓隔暮雲

堤上晚眺

蜿蜒長堤似臥虹孟城西望水連空夕陽欲落猶未落漁火參差入葦叢

詠堤柳

依依楊柳盡垂絲記得相逢歲暮時萬縷千條無一葉暗含生意少人知

高郵留贈鑑堂銘卿

甓社湖干棹暫停十年此地記曾經春煙嫩染堤邊柳舊雨重逢水上萍半夜珠光疑隱見當時國士亦飄零挑燈共話

三山事仙樂分明聽幔亭

露筋寺

堤上萬株柳晚來化煙水中有女郎祠宛然明鏡裏我來艤扁舟日暮雨初止巍巍梁棟新寺重修未一年滑滑堦墀洗好詩憶漁洋羽瑠空徙倚即今白蓮花惆悵秋風起三十六湖樓高吟更誰待

舟中遣興

飛塵幾日謝征鞭細雨孤蓬思悄然薊北春雲猶夢裏江南煙水已帆前人言陶令將歸里我惜坡翁未買田行篋尙餘東國酒微醺能遣半宵眠

紅粟山莊詩續卷第五

紅粟山莊詩續卷第六

泰州朱寶善櫻船著　孫男崇官峻臣校刊

聞光孝寺牡丹近爲老僧斫去矣感而賦此　癸未

城西古刹西湖畔香雨（香雨戒壇前樓額也）飛空何灑然中有戒壇階九級何人四壁揮雲烟妙相莊嚴窺滿月曹衣出水紛鈎連（戒壇壁上繪有大士像極佳惜忘其名姓矣）平時禪關少剝啄花開便見人爭先牡丹百本洛陽種嘉名紅襆誇鮮妍我憶幼時立花側癡情頗想花同眠縱使僧雛解客意保無彌勒笑人顛近聞老衲厭喧鬧歸咎於花心孔偏忽學金剛努雙目慧劍斬斷根連蜷那顧羣嗤殺風景青琴被燬鶴遭煎始知奇才易忤俗益信艷質難延年法門永禁萬花會誰復駐足雕欄邊一時富貴真夢耳不壞終讓舌根蓮且莫傷今更懷古世間何事不堪憐

遊遯園有感（園在東鄉去白米鎮八九里爲吾戚王雪帆通守别墅今已歸方子穎觀察）

酴醾開後花事終我乃昨夜扁舟東胸藏遯園三十載到來滿地嗟殘紅烏衣巷口人非舊燕子飛去雕梁空惜我一官如飄蓬閩南荏苒羈遊蹤往日主人最交好尺書慣付南飛鴻盛誇此園近南畝約我歸作花田農我亦有田園之左一灣流水能相通來往共欣篙楫便笑言預擬壺觴從奈何我來主莫待悵然獨立悲塡胸數竿尚認子猷竹百尺空摩詰松花草留人意雖好倚欄安得賞心同急呼歸棹日西墜昏鴉爲我啼悲風

白米鎮

一曲羅塘水翻嫌棹易過人煙成小市官柳蔭長河米價豐年賤魚殖野艇多松楸拜先壟卜宅竟如何

舟夜

隣舟人語歇遠火没菰蔣斗柄挿船頭溪雲忽朦朧流螢草間飛微雨波面響静坐悄無言夜深愜孤賞

江上

扁舟重到大江濱鷗鷺今宵入夢頻雨意遥含三楚地山光嘗照六朝人蕪城煙柳濃於黛瓜步風檣渺若塵虎踞龍蟠亦徒爾不妨沽酒斫纖鱗

江口遇家醒庵時將之閩右

一夕同舟抵對床疏燈濁酒各神傷難隨倦鳥棲桑梓尚逐征鴻覓稻粱帆外愁看江雨暗天涯遥睇隴雲荒黄河遠上依襟帶畫壁詩情老益强

鎮江舟次

屈指端陽近扁舟楚水東櫓聲經雨滑江影入雲空践約携山屐（友人有焦山之約）沿流設飯筒岸旁村鼓鬧我欲作南翁

黄村晚泊

樹杪歸羣鴉樹根憇雙槳此樹何槎枒撫柯契幽賞傳聞十日前奔雷忽震盪三匝繞樹枝將無擒匿蟒烈焰入空心奇災迅反掌老幹夫何辜一朝失靈爽往日綠成陰大哉雨露養奈何池魚殃天不恤其枉而我觀物變此心恒悒怏瞑色

壓篷窗何時江月上

雨泊

雨脚過江來移舟入近港沙沙船底聲淅淅篷背響帶水復拖泥頓失江天朗日晚倍愁人四面惟菰蔣打草恐蛇驚張燈惱蛾攘我生習江湖對此深悵惘隔岸村酒香亟思挈瓶往

江上遇風

白日不肯住別我西南奔蒼茫雲水間天末留一痕霞光照水面下見黿魚翻須臾水峭立拜舞來江豚我舟若池荷忽遇好風掀變幻未可測安危誰與論遙遙燈火來約略識前村長年急繫纜拍岸波渾渾

紅粟山莊詩續 卷六 三

鄞縣示友笙姪

一夜蘭江道孤帆去若飛欣從千里至不覺十年違雨幔延朝爽風燈閃夕暉登堂堪一笑安否問慈闈

爾翁古君子一別首重搔里社肩隨慣江湖夢憶勞寒門期後起湧俸勵吾曹相對嗟風樹翻嫌種植高

昨冬吾返棹鴻雪尚分明屋占居仍舊官貧世每輕低徊增客感睥睨見人情一月空留滯檐花雨欲傾

入境聞輿誦長途喜不禁皇天匪無眼拙宦幸同心且酌尊中酒重携海上琴月湖劇清冽偕我滌塵襟

寧波訪范氏天一閣

嘗聞兵燹後有人賣殘書長繩亂細縛一篋錢百餘縹緗或有幸敝帚略收儲我昨泛甬江言訪堯卿廬傑閣足登覽髣髴仙人居細繹天一義至今未災如往時進精本鈔錄藏石渠 賜書萬金值無慮貝產虛此地九洞天赤水繞其隅奈何異姿苑金簡淪荒蕪賴有賢子孫遍訪踰江湖始能十得五入手欣還珠嗟予久宦處睹此訝天衢冠裳與戟鉞藻繪皆典謨 敬觀歷代名賢像盛朝武功各圖 樓頭值新霽倍覺雙眉舒明朝過嶺去回望幾躊躇 躊躇嶺名

風聲

風聲敲客枕我夢愈蒼涼已墮千林葉應添萬瓦霜鷗鄉憐水滿雁路極天長一紙傳消息驚心念梓桑 近閱邸抄知江北已開兩壩

行館偶作

紅粟山莊詩續 卷六 四

我非建雙旌鄉愚何驚羨貝由牛羊眼方隅眇所見近眼不摩肩遠觀爭識面低聲恐遭呵久立各忘倦兒童更可嗤汪目盤中膳舉箸給纖微承筐遽矜炫明知果腹難安得傳飧遍郄憐海濱人終日拾蠱蜆

初八日赴龍田

蕭條海上山禿盡無一樹海風從東來腥霧倏西去窪處幾人家因依頑石住有田不種稻但解種山薯我從田岸行豈凜肌骨豎氣候到此間寒暄改其故明日屆重陽翻疑佳節誤紫蟹問誰持黃花更何處深愁帽落風頗想衣裝絮可憐赤脚兒淺水尙泗泝一望白茫茫憩與問前路

山行

山行愛日晚光景殊鮮妍賞心看衆妙引領欲稍延斜陽墮
樹底人影忽山巔片時影即滅高處亦徒然何如踐實地我
與我周旋

遊葉園並拜文忠公遺像

爲國培元氣文章照海隅斯人眞不死大刦總能同南國歌
邦彥東林惜黨魁何當戀泉石流覽有餘哀
黃檗山長峙（公有遊黃檗山詩）蒼霞草尙存故園雖易主（今屬吳雨樵離戶）
片紙倘招魂依舊閟雲在（石上閟雲二字公手蹟也）陰森古樹尊當時避
狐鼠苦志與誰論
舊宅瞻遺像崇祠爇瓣香高風留嶺海異代識冠裳容物心
難白憂時鬢易蒼與人家國事此貌豈尋常

紅栗山莊詩續　卷六　五

奇頑百猿石（圃中一石形似百猿雨後尤分明）我亦愛摩挲往日愁風雨（十年前來福清欲遊未果）重來認薜蘿遊蹤殊不負明德竟如何尙幸名山
在追思足嘯歌

福清城南野望

霞綺橫空石塔撐長橋南望暮天清路穿遠樹隨鴉沒潮落
空江聽雁鳴荒壘夜疑金鐵響瘠田人喜稅租輕此間來往
皆官道蔓草緣何遶進城

瑞雲塔

到城先見塔恍若一竿植及我來城闉塔已迎人立穿空數
七層仰盼上無極締造三百年（塔成於有明中葉）高山同崒屼去海
路無多足以鎭妖孽底使濁浪中蛟鯨莫敢出何故峙近郊

精靈常默默翻容妖鳥棲或寄乞兒食我欲越俎謀愧非此
邦客寄語上頭人雙眸且勤拭檐鈴響琤琤勿負天風力

東隩坑

上山風吹帶下山風吹衣人行風色中徒御相扶持稍稍得
平地風亦息餘威狹路何蜿蜒修蛇飲山溪溪水不一尺石
子紛纍纍輿夫踏石過頗似愼顚危前村冀小憩遑計茅檐
低零落三五家白晝闔其扉叩扉索杯水飲水旋傾泥衝風
向前路依然吼怒猊

山行

茲山偶然過不識山何名我雖初覿面流戀若平生鴉羣復
導我忘却路迴縈深林無日照落葉隨人行潺湲流百尺側

紅栗山莊詩續　卷六　六

耳心爲傾綠蘿尋幽徑仰盼見飛甍僧雛殊朴野山茗爲我
烹傑閣旋登覽千峰悉來迎晚霞在山頂照見煙嵐赬鐘聲
催客去回望但遙岑

坊口

西嶺障斜日迴光照東嶺我行兩嶺間凹處若深穽仰看嶺
上樵斧聲猶隱隱因悟彼居高得意誇絕頂微光趁須臾斯
時未覺暝獨有下方人未能戀光景小鳥各歸巢卑棲應息
影

題張薌田（鴻書）大令春寒詞意圖　甲申

花月閟情子野歌吟成三影近如何高樓楊柳歡蹤杳細雨
靡蕪恨事多重拔紅牙終落泊相逢綠鬢忽蹉跎珠簾十日

春風冷我亦揚州幾度過
坐忍春寒寫蜀箋裁雲剪雪倍淒然香凝錦幄愁中味花綻
銀缸夢裏緣文字總看歸孽海才人應悔任情天畫圖若把
眞眞喚賸墨零紈絕可憐

書胡月樵觀察送女赴閩詩後
安定先生古鬚眉清嚴家法傳璇閨有女髫年識大義冷抱
冰心號冰心烈女自志不移玉瑚排成呼阿六烈女行六爲愛聰明親授
讀巽代共姜同一心柏舟詩好珠璣續往歲家依漢水陽釣
得嘉魚任武昌選壻奇才向南粵有人坦腹臥東牀夭桃未
華梅未摽兒女兩家憐弱小河畔牽牛渡有期堂前奠雁時
猶早相逢意外來三山纔指門闌喜氣團劍水鏌鋣合神物
紅粟山莊詩續　卷六　七
幔亭簫管聚仙班樂極悲來殊駭異乘龍客被天風墜噉務
纔銷酷日威盛公子以六月患病采薪突訝災星至森然玉樹竟長埋
回顧煢煢劇可哀長途且勿通魚素觀察恐傷女心欲使勿知後未果中道
能無怨鴆媒百年好合期一面凶耗驚聞親族嗟未曾彩服
將車迎安得麻衣翻廟見絕粒躅漿誓不生單凫寡鵠難爲
情常依母膝寧先毀勿使姑恩曲早成手撤瑱環逾四載寢
門朝夕矜[illegible]瓊肌忍痛爲醫親玉腕臨書時教弟米鹽瑣
屑佐治家針黹絲絕燦綺霞幽居默默終非計後顧茫茫只
自嗟地老天荒石不轉牢愁那得并州剪愛女忍將一諾慳
從夫但望前言踐今年三月青廬備貞女閉關願始遂對此
佳婦憶佳兒堂上何堪揮老淚燈明屋角聞嗚嗚即君今夕

歸來乎捧持栗主揯衣拜寸寸柔腸割斷無君[illegible]
門傳八烈嫋嫋近復多奇節觀察弟媳盧氏王氏已奏旌者尚有立坊祠其餘待
娣弟媳姪媳等六人何故新纝寡女絲絲又染啼鵑血由來好事易
齟齬媧石終不蒼天補貞松自耐雪霜寒精鐵都忘鍛鍊苦
哀詩[illegible]能感難禁風雨催殘海上琴他時少女峰頭望愁心
應比繡湖深

書李卓如司馬憶舊詞後即用謝枚如先生韻
返魂未習仙人訣忍淚翻成幼婦詞天海空將形影贈雨風
疑爲枕衾悲篋藏鴛牒留遺墨月照鵾絃斷斷絲回憶吳門
晚春夜觸眉枉說百年期
靈鵲孤飛拋舊侶哀蟬一曲寫新詞佳人再得眞難事私誓
紅粟山莊詩續　卷六　八
三生祇易悲悔不焚香修艷福端宜繡像買新絲同歡未了
憐同病畫閣明燈負夙期君與吳子述司馬爲姻婭兩夫人才貌相並而皆不壽事載本詞

題畫　乙酉
雨後溪塗淨舟行不礙遲得魚旋即放春風吹釣絲
古木蟬聲斷池舘晚初涼隣村方窄酒風送隔溪香
記得湖邊住秋來香夢多隔窗聞笑語半是採蓮歌
水鄉亦有田塵壤忽馳逐輸他放鴨人終日餐山綠

題畫
傍水結茅屋波光照戶牖扁舟載酒遊鷗鷺門前守

鐵冠道人像
十丈隊[illegible]降飛仙遊戲人間亦偶然杖策潼關去何處一[illegible]

活火笑周顛
冬夏隨身一鐵冠仙鄉終比世途寬大中橋下東流水剩有
清波照石欄
鬖眉瀟灑是耶非畫裏相逢認羽衣擬向葫蘆乞靈藥攜身
同跨白雲飛

早起至城南遇湛上人自鼓山來邀其小酌漫賦

萬里蒼茫曙色開霜清木落獨登臺雞催曉日乘潮上鷗導
山僧挈榼來秋色正明楓葉渡齋期翻醉菊花杯樓船出没
蒼煙外眺遠何堪畫角哀

青陽老髯歌

吾鄉某納一姬甚有寵生二女矣已而有讒之者某

怒屏諸別室十有一年里有無賴子悉姬之居處夜
踰垣入久之負之出載以扁舟意欲出境乃爲某遣
纍騎追獲控於官官重責無賴子而令姬别嫁青陽
老髯邑中名士也憐姬之獲咎非其本意爰出重金
鬻焉傾有里人來閩偶話其事予爲姬幸因戲作此
歌寄之老髯以博一笑

青陽老髯髯如戟掀髯愛按紅牙拍由來好事有前緣益信
多才能重色一日陽行過縣門前人指鞫私奔奇遇非同
李京兆佳人乃學卓文君堂皇高坐官佯怒縱爾嬌啼罪難
恕自道慙顏負主恩但求俯首容儂訴儂家幼小蕪城住吳
陵避亂家非故欲得腰纏跨鶴歸那知命薄隨鴉誤有客家
聲屬太邱一斛珠從袖底投阿嬌自分藏金屋少婦何甘老
翠樓苕華二女成雙玉他日多男還預祝樂極悲來不可知
蛾眉生就遭謠諑從此重重深院閉幽居無計回郎意垢襪
塵襟向婢啼殘羹冷炙憑奴遞錯認飛瓊善步虛足涉春冰
薄不如（地下鋪以薄板不及半寸稍不慎即傾跌有聲）獸環新翠隨苔長鳳履微紅
藉杖扶獨守空床十一載辛苦宛禽冀塡海笑然夜半來狂
童暗地坤靈持扇待蹤迹深藏複壁中三更街柝五更鐘與
其虛願爲鶼鰈何似終身作駏蛩襁負囊擔出重闈雪中怕
遺弓鞋蹈滿地瓊瑶歧路多斷港寒蘆舟一葉一葉舟擬載
西施怎料雙棲没幾時婦戴花冠夫絮帽沿河汪視羣猜疑
忽忽人踵急追到聽獄人看驚玉貌堂上全銷赤棒威階前

共仰青天笑合浦明珠誓不還新詞不唱念家山阿誰肯擲
華清水爲卿薰沐洗愁顏老髯情重腸尤熱傳家舊有畫眉
筆錦幰迎歸喜莫支金錢拚捨豪能奪朝朝暮暮芙蓉幔並
轡同車何足算昨夜災星過眼飛深閨樂事從頭換回憶鳳
鋑鷄栅時卑棲空想合歡枝卽今片語憑公斷從此超生仗
佛慈我已多年去鄉里耳聞佳話輒心喜旅窗戲作老髯歌
他日劉楨倘平視

七月奉檄于役浦城十五日行至建郡離城二十餘里 丙戌
灘水陡漲舟不能進十八日早水始退視其迹則在山
半高出平地二十四五尺矣爰作此歌紀之

我舟前夕泊芝城城邊觥櫂灘無聲一夜酣眠如中酒舟人

解纜天微明上灘甫歷廿餘里陡訝奔雷從地起建瓴之勢何處來來船謂是建陽水建陽出蛟蛟出山河伯入城遊市闤怒馬下坡留不住一鞭倏過彌陀灣我舟欲避無從避敢弄潮頭學兒戲前途覓得山之坳樹根暫且將船繫樹根雖好亦危地可靠大抵冰山類須臾船底頓浮空似誰高舉撐長臂果然此樹根不牢夜中拔起隨波濤置身高處失所恃長繩巨纜空呼號此時默默惟強坐妻兒捫腹都忘餓何物漂搖逐浪來看不分明岸旁過中有一屍水面伏背上羣鴉爭啄肉寸寸鱗割鴉何心何似全身葬魚腹日晚狂瀾幸漸消且趁平地營安巢我身久作退飛鷁安用雲霄誇羽毛回望昨日停橈處山腰水落痕如故天公狡獪太欺人高下遷

移惟旦暮大灘小灘怒氣平我舟仍是逆灘行準擬來朝到南浦漁梁一路風日清

永康胡月樵觀察鳳丹重至閩省道過浦城一宿即別賦此送之

浦南春水綠生波意外高軒喜暫過駒隙四年時悵惘鶯花三月未銷磨著書久立名山業拔劍還聞斫地歌一掬珠璣盈手贈以新刊秘書見贈那堪芳草送離珂

空囊無藥駐朱顏碌碌蕭郎合抱關仕路幾人吟白雪客途知己指青山經營婚嫁君初畢謂送幼女來閩完婚辛苦錢刀我未閒若到草堂重聽雨聽雨草堂督署齋額何制軍曾延君住此離懷難遣淚潸潸

題美人畫冊

鎮日迴廊屧響停羅裙慵解臥閑庭輸他我少遊仙枕未到蓬萊夢已醒春睡

雲鬟新梳只淡粧嫣紅一朵晚秋涼披圖棖觸江南夢曾爲簪花訪憶孃簪花

費盡相思轉自猜鮫綃一握手親裁何時乞得并州剪剪斷愁絲百丈開倦繡

春駒結伴愛尋香繡閫人偏著眼忙便是雙飛何與去聲汝輕紈一撲要思量撲蝶

夢中薦枕事荒唐羅襪凌波洛水旁爲愛驚鴻留小影至今人寫十三行洛神

出手枝高折上層雪褕風帽弱難勝天寒不惜勞纖指祇恐

銅瓶水易冰插梅

紅絨唾後迹空磨絲短情長別淚多製就迴文人不識世間恨少竇連波織錦

黃沛皆波太守以詩柱贈奉酬　丁亥

我昨灘行值好風忽驚千瀑奔長虹一夜牽船栖岸上打篷急雨勢尤雄無暇登山更懷古舟中僵臥憑顛簸到此頓欣天宇開看君手持修月斧漁梁山色高峩峩臨風恍聽鳳鸞歌把杯高坐南樓榻太守清興何其多閒奏陽春招下里佳篇錫我百朋比大癡六法克傳家夜坐相從談畫理恨不廿年早見君同醉揚州月二分預愁南浦瓜期速春波春草還銷魂

輓同鄉曹子駿鹺户

我恨識君遲，君乃別我速。何況一別無見期，海天魂夢徒追逐。同鄉李子（承緒）家淮陰，我住吳陵君秣陵。往時惜未通名姓，相遇翻如啞與瘖。李子從軍萬餘里，殺賊還鄉血衣洗。去年振策三山來，與君握手成知己。浦南旅舘同周旋，將磁引鐵皆前緣。剪燭對君歌出塞，君亦夢想爭先鞭。我昨遇君李子處，以酒邀我忘匆遽（時七月二十七日抵浦，尚未謁君，君先招飲）。舉杯真个成三人，莫謂新交不如故。君言瓜代將及期，悵然惜我來偏遲。今日有酒且須醉，春草春波非此時。此時八月秋風峭，漁梁山色殊清妙。李子棄之忽長行，我强留之君强笑。羈旅歲月苦悠悠，登樓惟見灘水流。縱使東西一城隔，舍君誰與相綢繆。君學維摩偶示疾，返魂今日竟無術。早知逝者易蓋棺，應令行者暫停轆。回憶前宵話別時，茶香燭影猶迷離。後會訂期真囈語，在途之人知不知。（李以八月二十一日去浦，君歿於九月初三，僅十二日）

題倪雲劬司馬瀛臺觀海圖

昔我庚辰冬月遊臺陽，巇陟三山絕頂之高岡。瑤草琪花遍巖壑，無難手擷囊中藏。有臺屹立天中央，天海一氣真茫茫。東瞻日本南暹邑，萬里覽盡婆娑洋。檻外鷩帆趁潮落，魚龍跳出玻璃光。鹿耳雙义空設險，牛皮數尺今莫量。二百年來事已往，山海流觀恣倘佯。且携蛟妾酌椰酒，更挈蠻姬傾蔗漿。麒麟噴火那須避，三友花開香滿床。撒手烟雲將十載，回頭歡謔經千場。歸來夢憶蛘蟒島，雙翼欲逐天風翔。旅窗擁被欹眠處，似有濁浪侵衣裳。吁嗟乎，海上仙宮引領遥相望，奈何弱水不可以舟航。騎鯨客去（謂新建中丞），吾亦老困轍自歎。枯魚僵，洋洋得所非易事，安得西江之水流湯湯。聞君去歲艤櫂蓬萊鄉，我所遊處君應詳。寄我畫圖認鴻爪，即今幾度經星霜。觀君妙墨想君面，振衣千仞何巍昂。胸前共識羅三島，眼底定能窮八荒。方今海不鴻波日正長，燭龍吐燄開扶桑。憂天我爲癡兒笑，幾見清淺塵偷揚。樓閣青紅一瞬耳，妖蜃噓氣徒披猖。幻影有時驚電瞥，虛聲何碍聞雷硠。羨君手執如椽筆，古人驅鱷由文章。久慕奇謀報知己（謂唐觀察），小子但許歌滄浪。濯纓濯足兩無分，洄溯空懷水一方。明朝誰餞登高約，臨風欲罷茱萸觴（明日重九故云）。

紅粟山莊詩續卷第六終

紅㮚山莊詩餘

真定王宗炎署首

[illegible]歲在乙丑[illegible]三月開雕

紅粟山莊詩餘一卷

泰州朱寶善櫻船著　孫男宗宮峻臣校刊

蝶戀花　絮

到處飄零惟弱絮深怕東風又攪堤邊樹試問柔條長幾許那堪鎮日風前舞　况是時光三月暮只有游絲似散還疑聚誰向香閨憐謝女忍寒著意搜佳句

滿江紅　題侯桂舲軍門望雲圖

長嘯登臺記當日雕鞍初跨怎忍別北堂萱草東阡禾稼隴正多狐鼠穴湖山肯戀雞豚社看鷹揚健翮上丹霄雄風借　鋒鏑靖軍書暇課耕種教馳射憶瀟湘千里煙波難捨故國將同衡嶽雁壯遊又駐閩山馬望慈雲何日錦衣歸兜鍪卸

清平樂

閑愁依舊帶綰腰圍瘦目斷來鴻眉枉皺又是夕陽時候　賺人信是燈花昨宵吐盡光華多事高樓凝望柳梢數偏棲鴉

一剪梅　得家書

一紙深憐到手難朝把書看暮把書看妻孥未必果平安眞也心酸假也心酸　聚處無煩守住還行有餘歡坐有餘歡而今依舊去來慳山又回環水又回環

臨江仙

休想花能含笑但期草是忘憂十年往事在心頭如何東去

水終古不西流　病後思尋短枕春來怕上高樓詔華都徙
雨風收子規啼血盡鶯燕不知愁

摸魚子 題張蘇田大令春寒詞意圖

惱情絲纏綿莫斷剪刀枉盼風信天寒撼偏瑯玕竹應把小
窗拴緊空記省最難得玉梅花下雙肩凭迴廊屧靜趁隹句
吟成安排好夢還倚舊衾枕　但留得壁上驚鴻小影看來
疑遠疑近挑燈坐久爐煙瘦寂寞天涯芳訊誰管領問譜出
銀箏按拍何人審霜毫細吮待暖放夭桃鬬門錦爛揩眼笑
重認

清平樂

夕陽紅褪漸覺重簾暝獨立空庭搔短鬢煙外昏鴉成陣
晚來悵望天涯東隣酒不難賒祗恨無人共賞籬邊開瘦黃
花

前調

灕衾氤氳領略愁滋味撼破芭蕉風有意使我柔腸撕碎
無端雨又淒清愁人聽更分明為得綠窗好影那知惹動秋
聲

蝶戀花 七夕追憶趙姬

曲曲闌干曾共凭私語難償怕看雙星近歸卧空房重細省
疏燈冷照秋花影　遺挂無多惟賸錦拆斷鴛鴦比翼何堪
問一十七年纔一瞬黃泉應歎潘郎鬢

金縷曲 寄小庵姪沙堤差次作

紅粟山莊詩餘　二

吾姪平安否憶歸時深談繾綣聽殘宵漏海上知音難驟得
誰把青琴同奏但滿耳驚濤雷吼蜃氣樓臺紛變幻對蒼茫
且看魚龍鬬思與汝一攜手　頹齡我已傷蒲柳更何堪魂
驚駭浪身棲荒岫胥肉無多生死半安得全家相守只夢裏
片時杯酒離緒纏成千萬軸看腰圍怎怪休文瘦吾老矣夕
陽留

歸去空搔首記吾家東街老屋綠遮楊柳（與楊柳巷相接）燕子雕梁
仍似昔可惜主人非舊忍再說碧欄朱牖卅載眼看陵谷異
悔憑他覆雨翻雲手（己酉賑産時皆吾族某公主其事）悲往事寸心疚　冷
灰復熱還能彀趁英年飛騰健翮仰攀星斗驅馬高門非敢
望小小經營結構便可遺書龜長守撞破煙樓難易躍料阿
宜自恥居王後惟爾望莫予負

石闕常銜口十年來茫茫苦海沈冤難剖何處能將心事訴
羸得階蛩啼瘦曾不顧燕鶯僝僽茅屋詩成聊自詠且撐持
伏雨闌風後拋敝屣又誰咎　青蓮一世惟耽酒最堪憐貂
裘駿馬幾時重覯笑我功名雞肋賸似覺貧魔生就問故里
菊松存否聞汝小園花種徧待歸時與我周旋久他日約試
相守（姪有小園頗饒花竹）

浣溪紗

黯黯層陰晝掩門小爐香燼曳殘雲思量微火待重溫　暮
靄青迷芳草色斜陽紅護晚花魂最難消遣是黃昏

浪淘沙

紅粟山莊詩餘　三

睜眼對銀釭殘暈微茫秋心萬種簇柔腸更漏不知誰作惡今夜添長　無夢又何妨夢本荒唐拚教隔斷黑甜鄉多謝秋蟲憐獨醒鳴近匡床

點絳唇

頓隔清歡夢中記得留君住去帆何處空把郵程數　別未經旬離緒縈千縷宵難度曉鴉啼曙滴滴西窗雨

賣花聲

宵漏聽將闌夜景誰看九重天上月成團忽照玉梅花下客獨自憑欄　記揀好枝攀簪上雲鬟而今祗向膽瓶安但恐青瓷冰易結惱煞春寒

浣溪紗

曉起驚看滿地紅昨朝曾是映簾櫳人間多事是春風　蜂蜜銷時瓊液盡燕泥落處畫梁空一般好景太悤悤

采桑子

韶光總被春風誤開了桃花落了桃花盼到青驄日已斜而今況復多岐路君一天涯我一天涯昨夜奔雷夢裏車

蝶戀花　楊花

纖影迷離團復散似夢如塵暗把年光換輸與好花雙鬢綰闌干醉倚東風軟　便化浮萍誰結伴南北東西總是隨流慣安得將身依繡幔春痕不共游絲斷

人月圓

奔濤怒擁雲天黑風雨記同舟踈燈搖壁葺裘偎枕總在心頭　驚魂定否難忘曩日患難朋儔江波猶在應分千斛來洗離愁

采桑子　病後偶作

綺窗早望梅花放好醉花前好醉花前預想新年勝舊年而今空望梅花放夢到花前夢到花前敢說新年勝舊年

河瀆神　沙堤作

夢裏槜聲涼醒來一片瀟湘是何人水佩風裳錦瑟依然恨長　我與江妃曾把袂那堪回首煙江竹簟紅斑休浣好將淚點收藏

賀聖朝　又一體　落花

闌邊一霎春光換漸濃陰遮徧落紅切莫罵東風本是飄零

慣　鵑啼纔了流鶯樹底又聲聲悲怨聽來怎不斷人腸着我腸先斷

浪淘沙　送人

別酒乍斟殘獨立河干去帆何事轉頭難生恨東風情太忍吹過前灣　煙水正迷漫路又回環明朝隄柳少人攀便使相逢常夢裏能幾歡顏

風入松　題梅癯伯琴思圖

空山獨坐晚蕭蕭何處秋濤十分幽意冰弦外但遥望天淨雲高目送飛鴻去遠手招元鶴來翱　孤桐我恨爨餘焦玉柱難調刺船人往煙波渺對風塵誰奏仙韶賸得花陰明月夜深還許相邀

涙淘沙

簾隙怕風攅更漏將殘薰爐火候稱心難燕子只知依繡幕那識宵寒　心事更誰諳翠袖珠單種來修竹幾多竿惟有鏡中人對我淚點頻彈

念奴嬌 茉莉

盈盈風露是何時化出一庭香雪遥想瓊閨纖手種成就冰肌玉骨睡處含嬌醉時偎夢銷盡桃笙熱晚妝初罷鬢雲倍見如漆　劇愛談滅銀釭絲絲穿好正滿簾明月暗麝飄來剛夜半免惹日中狂蝶茗盌濃薰芸編輕襲（輕一作分 襲讀去聲）不礙凉風拂招來韻友羞將紅紫塗抹

南鄉子

夢醒起還慵小怯春寒閉玉櫳隨意添香縈寶篆融融人在重簾濱蕩中　窗格巧玲瓏幾度凝眸望遠鴻待到黄昏來細雨濛濛落盡梨花小院空

青玉案 憶揚州

夢中不識江鄉路枉追憶曾遊處十里珠簾容易誤蓮花橋北風前楊柳可有流鶯度　而今夢影都拋去浪迹三山感遲暮仙鶴高飛騎不住腰纏難覓飄零雙袖愁煞樊川杜

菩薩蠻

琤瑽檐鐵風前舞窗蕉葉響添凄楚欹枕祝東風送人來夢中　倚欄頻悵望却惱簾波漾遮斷萬重山夢還人不還

百字令 癸 以下四首和友人四凶詞

紅粟山莊詩餘　六

膏腴堪戀喜褌襠深處藏身容易縮手縱教捫索得幸遇劇談名士未識衣香自甘縫匿補襪難飛起可憐温飽臨期無術逃死　最笑我輩官卑貪饞五斗羣把么麽比果見車輪同一樣也算出人頭地休怕温湯姑依敗絮儘著鑽研計支流蕃衍眼前幾個糜齒

解連環 蚊

上燈時候覺暗中擾擾晚雷聲細正竹簟卧納新凉奈飛繞吟髭敗人幽意偷入紗帷又遣我針芒難避況公然來去床陰壁角通宵成市　記遊露筋祠畔慨當時白鳥嗜膚無忌縱歸里免此兇鋒膩老骨支持那多餘味塵尾慵拈更寄語輕紈勿試恐櫻桃顆顆飄紅迎風易墜

東風第一枝 蠅

水閣分瓜風簾研墨胡為汝亦來此此間絶少腥羶試問流連何事憑空闖入笑枉把重門緊閉豈甘心酒肉場中飽溺勝他饑死　苟微倖得攀騏驥便能致身千里但期賤託晴窗終異癡鑽故紙紛更黑白這便是多才多智慣誤人錯認雞鳴不待天明驚起

薄倖 蝨

驀然不見恍躍出乾坤界外為有此輕軀蹻捷何怪横行無忌休問他易縱難擒嘴尖想見鋒鋩利更術擅跳梁身多漏網狡猾誰能如此　似陡遇虯髯客藏匕首空中飛刺解衣經摸索斑痕搔出猩紅疑染桃花淚潛逃偏易又何曾穩坐

紅粟山莊詩餘　七

褈中預立安身地須防皎察深夜鴟鵂未睡

菩薩蠻

淚痕易漬愁難洗晚來獨向高樓倚樓外綠楊飄夕陽紅過橋　擁衾剛欲睡忽又披衣起音信久銷沈雁聲今夜聽

前調

干杯夜酌偏難暖天寒只望斑騅緩帶醉倚薰籠雪深鐙影紅　忍寒歌一曲宛轉留郎宿莫謂雪無聲須知天未明

前調

離愁萬縷紛難訴春時更少安愁處燕子幾時來桃花紅半開　門前人寂寂悵望無消息昨夜卜金錢何嘗永夜眠

賣花聲 題畫

筆底劇荒寒愛寫殘山經霜老樹也流丹付與何人來覓句一片斑斕　勝賞記龍潭棹艤漁灣而今蹤跡倚江關細雨孤窗閑點染愁滿毫端

山花子 正月十五追憶去年是日與芸卿揚州舟中小酌

酒買灣頭店未收蓬窗細酌劇綢繆剛是上元燈火夜到揚州　風景不殊成舊歲月華初滿動新愁私擬綠楊城郭外再同舟

紅粟山莊詩餘終

紅粟山莊詩補遺

泰州朱寶善櫻船著　孫男崇官峻臣校刊

和月樵都轉惠題拙集原韻

面牆嗟失學深負父兼師余稍知音韻皆先嚴教也回憶言猶在何嘗夢見之即今困泥滓舉世薄文辭仙樂風飄處眞慚瓦缶持

酥溪亭上草游屐足怡神覽古傳新詠憐才異俗人酉山千載業公爲湖北巡道刊刻各書多爲世所未見本故云洛社百年身春水多閒興江鷗定不嗔

月樵觀察見惠退補齋全集並皖鄂同聲集賦此奉謝即用集中林穎叔方伯既見君子我心則喜詩韻八首

戴盆偶望天蒼蒼浩無旣自慚含糗口焉知太牢味沆瀣灑

北方夜想識其氣藉非挹江波何由滌腸胃

胸無墨三升往往誇白戰凡鐵豈棄材所貴常鍛鍊否則錐處囊其末終不見幾時宏成子文石令吞嚥

閩南久淹跡嶺頭多停雲樂天結三友延年詠五君斯時值炎夏瑤軫風微薰心地劇清涼無碍蠅與蚊

新宴開紅雲君來噉荔子羽扇招清颸思以振頹靡玉樹殊皎然乃許蒹葭倚所愧蒲柳姿薄植少根柢

談詩兼愛人略分先忘我金玉極精良所施無不可北山王洞天久被煙霞鎖君今叱成羊何嫌石碎瑣

巍巍元暢樓名篇未銷沉還盆憶少女搗衣疑舊砧我願從君往傾耳空谷音猿鶴諒相識招手期會心

觸眼驚琳瑯如入波斯國光芒仰星輝崇寶閲山則因處索
枯腸頓飽雲五色請誦佛祖言我今不襍食
妖蜃幻青紅噓成海中市（謂近北信）聞雄文逐鱷魚斷無袖手視
胡忍竟言旋驪歌忽搶耳東山裕鴻猷行見折屐喜

和王凱泰（補帆）學使癸酉福建文闈監臨即事

江左蜚聲誦賦年霓裳早詠大羅天祥雲呈瑞追忠獻（公以第二人成進士同韓忠獻）福地探書繼茂先　帝舉東南資偉略民叨塞晏
慶奇緣月華今夜三山朗不獨文星照海邊
必聞其政不須求盛德羣推王濟州郭史酬庸宜黻冕晋公
奏事列條流溪邊鱷徙波皆靜池畔鶖游墨永留（公在粵浙兩省偉績）
堪補衮且教先補竹（翰林院署中公曾種竹因自號玉堂補竹生）奇材早被玉堂

收
芳槐屢世植三株又種梅花鼎鼐俱（見公元唱詩注）煙暖閩山新琢
玉風清植海記還珠諸生景仰欽威望（公預頒條令士子均能恪守）大雅
包容合智愚（公以士數逾以前科特添設號舍五百數十間）禱雨心誠天也應瀼瀼
仙露瀉晶壺（闈中每苦井水混濁公臨場禱於于山甘霖大沛水遂清潔士子咸沾渥焉）
銀袍鵠立赴文場魚貫成行效濟蹌撤幕無虞垣有竇（本科諸弊）
悉絕分途不藉躄爲唐（公分三路點名士子免於擁擠爲前科所未有）頻揮紫筆該璣
政迴憶青箱構錦章一曲簫韶光譜就唱酬競擬聚星堂（闈中諸公均有和章）

和胡月樵觀察見贈原韻

漁梁來息足迴憶去年秋黃菊栽籬角青錢覓杖頭塵顏徒
攬鏡榷稅愧持籌老福如君少雲中祗鶴儔
破屋愁風雨羣欽廣廈材政成身早退官好世交推磁鐵三
生契規箴片語該蟾帷難久駐亟遣綠樽開

贈李將軍

月戟霜鈴百戰存殘年萍跡滯江村沙場馬革新苔色衣帶
當爐舊酒痕定遠功成垂白髮邵平身退老青門卽今射虎
幽并路夜獵何憂醉尉尊

和儀卿

鴻鈞一轉便陽春遥想和風拂柳塵道遠江花離別久情深
詩草往來頻篇中涕淚愁知己海畔蝦魬伴此身慚愧殘梅
不堪寄歲寒辜負隴頭人

紅粟山莊詩補遺終

跋

先大父紅粟山莊詩續若干卷詩餘一卷附又補遺一卷大父先後官閩中遜清同治間詩正集寔梓其詩而晚歲詩詞終 大父身惟留藁本 先君在日有志鏤板亦未果以至小子小子懼其久而散佚也今歲春既敬謹校讎一過則延鄉先生[illegible]聲於家出以相諮於是或爲傳或序焉而後以付剞劂凡九閱月而工竣復以前集殘板有漫漶者命工一一剜補完好弁橅 先大父肖像弁之卷首乙丑冬十二月

孫男樊官謹識

倦遊零稿

（清）宫元溱 撰

《倦遊零稿》，清宫元溱撰，據泰州圖書館藏清宫元溱輯《宫氏一家稿》鈔本影印。

宫元溱有《濟世妙義》，已著録。

本書前有光緒十一年（一八八五）小泉弟石梁序。集中詩數首有紀年，早至辛巳（一八八一），末至丁亥（一八八七）。序言將宫元溱詩與孟浩然、倪瓚、禰衡相比，本書中詩歌確值得賞析，如《送春詞》：『榆莢飛殘柳絮輕，清和天氣半陰晴。今年莫訝春歸早，四月纔聽杜宇聲。』

（周　忠）

詩寫性情者也漢魏六朝以古風傳而近体始盛行於唐後之學者多宗焉吾鄉茂才宮桂泉先生予之姊丈而邑之名士也先步工貼括自咸豐三年春粵氛倡亂避居於鄉與諸名公往來酬答當時多尚近體　先生亦從之每當花前月下獨步聯吟援筆成章不下數千餘首得以待梓而未果也其間如適性之作則如栗里襄陽曉風楊柳秀色可餐有寫景之作則如倪雲林畫遠山一角不即不離有感憤之作則又如禰正平擊鼓為漁陽三撾聲情激越音節悲壯讀之令人起舞其性之所近耶抑鬱之不得志得以鳴其不平耶皆於是詩乎寄之予少從之游學焉而未窺其奧也及車馬倥傯馳驅衣食不彈此調者垂三十年而先生之詩則杜工部所謂老去漸於詩律細者矣究冬歲杪歸來　先生出所嘗著倦游零稿囑序於予友曰零稿則其薈萃成帙固不止於此也惜未索其全豹而窺之一快心目又惜予何人斯敢以浮烟漲墨點綴其太清耶第思古之人有老見異書猶眼明者　先生之詩庶乎近可心竊好之而因并以誌其師承之有自也　敢為序

時在光緒乙酉四月下浣小泉弟石渠謹識於珠江學廨

春雨草堂詩鈔

倦遊零稿

海陵詠古四律

望海樓

東南形勝本超羣城上高樓帶夕曛圖擁山光窗外露江淮水色檻邊分箭瀨幾認前朝樹帆影橫拖別浦雲莫訝滄桑容易變鼉更猶向夜間聞

清風閣

乾坤清氣豁然開不放閒愁到酒杯門對魚灣鷺雨過窗迎駝嶺帶秋來冷隨明月三更覺涼入疎簾幾兩猜笑問一錢何處買異鄉無此好樓臺

浮香亭

勝他何遜在揚州官閣寒梅幾樹幽雪意頻消三徑外春光先占百花頭白衣宰相咸高隱綠萼仙人憶舊遊寄語霜禽多護惜雕欄今日喜重修

藕花洲

誰把芳池號放生石碑幾尺岸邊橫花如人面天然麗水比臣心格外清月照芙蕖歌席散風吹菡萏釣絲輕愛蓮雅有濂溪癖莫許漁舟放浪行

前題五律四首

東南好形勢城角有高樓氣欲吞吳楚光疑接斗牛半天號古木百尺鎖寒流野老尋遺跡梅花何處幽

又

頻有興亡感荒涼說海陵清風自千古高閣沒三層駝嶺今無主虹橋蹟可尋憑遺踪尋不得落日問孤僧

又

東閣無緣到梅花發幾枝春疑官署早香許俗人知詩酒悲前日亭台異昔時塵襟閑不得野鶴費相思

又

憶昔鈞遊地新荷貼水幽四圍多峭壁何處覓芳洲水活知魚樂花飛動客愁秋光關不住高柳出牆頭

前題七絕四首

高樓突兀築城頭望海嘉名自古留東去海門五百

里不知望到幾層樓
久聞高閣有清風舊址難尋故里中我欲重修樓百尺好風何處許相通
小亭聞説倚雲根四面香風撲酒尊今日官衙重改造梅花能有幾株存
半塘秋水浸玻璃曾見紅蓮發幾枝不識芳洲何處是石碑久勒放生池

辛巳臘月寄居拜石山房疊韻

老大鬚眉奈我何殘年猶把敝裘拖那堪避債臺難覓苦惱關中累更多
山房枯坐奈愁何回首中年冷淚拖記得椿庭當此夕一家團聚笑談多
清風兩袖待如何差喜萱幃白髮拖今夕借花同獻佛惟祈眉壽百年多
光陰爭奈歲除何東郭還將敝履拖苦為兒孫作牛馬無端家計一年多

除夕贈外甥張文治守歲錢因疊前韻

守歲燈前喜若何金錢一串彩繩拖老人相贈無他祝惟願聰明百歲多

壬午元夕初度張甥招飲即席感賦

喜逢元夕是今朝佳客能來不用招成句幾處笙歌催夜月六街燈火鬧春宵詩因自壽情多暢酒到歡場興更饒最好東風傳得意杏花村裏馬蹄驕

元夕午後車過姜小庄

新正尊酒別良朋車過江村興倍增卅里白鋪春夜月一竿紅挂上元燈路經野渡鄉音改門款疎籬稚子譍隔宿又將行李去環溪雲樹望層層次日又過家鎮

元夕後一日由姜小庄又過環溪

野塘東去路逶迤風景依稀似昔時怪底山僧不解事半天明月掩疎籬是夕投宿易安山館山門已閉
竹榻淒涼借小樓是夜寄宿鎮北之雙鳳樓燈前同話古今愁主人愛客情何限寒夜新茶煮一甌

寺巷口掃　先大人墓

巷口逶迤蔭木高墓門祭掃薦溪毛一邱苦恨成千古百歲猶能走幾遭柳岸春風吹短棹花村細雨濕征袍歸來強博萱幃笑笑說南阡放碧桃

北城春望

幾日新愁結寸腸興來散步出城廂煙扶柳色遮僧舍雨過苔痕上女牆萬里江天雲弄影一灣春水鏡涵光故人家更在何處芳草閒門對野塘

春衣纔試怯輕寒二月花光半未殘溪榭鳥聲驚日暮板橋人跡喜泥乾陰陰樹影青遮屋短短蘆芽綠滿灘最是東郊兒女樂紙鳶飛上白雲端

春日有憶環溪易安山館

無情綠柳趁溪斜回憶紅樓曉霧遮燕子不來春已半階前閒煞繡毬花

黃粱未熟夢魂賒誰向仙壇掃落花寄語胎禽多護惜壁間舊句待籠紗

九頭蟲

何來怪鳥叫樓頭預卜連朝細雨稠底事隣家兒女幼隔籬呼犬笑難休

不名海鳥却名蟲何事飛鳴黑夜中不識小蟲頭有幾數聲嘔軋慣嘲風

夜聞雷雨

半夜雷聲響蕭蕭送雨來春陰誰借得客夢頓驚回百道電光閃幾番花信催藤牀愁不寐天意漫相猜

其二

不耐東風緊空階夜點涼天瓢翻李靖屋瓦震昆陽綠想添楊柳紅應護海棠曉窗頻問訊多少落花香

新晴

笑煞東皇沒主張乍晴乍雨弄春光石泉槐火驚前夢紅樹青山戀故鄉醉後那知花事晚閒中偏覺客愁長來朝好與隣翁約載酒聽鸝到野塘

春愁

東風半月作春陰悶坐山房客思侵三載星霜游子恨一天雲雨故園心。幾家曲徑悲花落何處香巢待燕尋。多少閒愁銷不得新茶付與小兒斟

清明祀　祖感而有詠

寒食東風作嫩寒小窗閒坐覺衣單雨聽樓角春愁鎖。柳插門前故事看隣舍漫將新火乞。苔階細數落花殘。一尊苦向先靈祝。爲念家貧楮鏹難。

拜石山房坐雨

寒食清明過幾朝山房枯坐更無聊汪倫送客潭千尺顏子安貧水一瓢。驚爭凍雷聲虢虢。謝花苦雨夜蕭蕭。何當借榻山房冷夢醒殘燈好細挑

將有環溪之行阻雨不果

十日陰雲雨不放晴清溪廿里阻行旌愁看花落風前片怕聽鐘鳴飯後聲求友流鶯爭下上尋巢新燕費經營年來我亦傷春客。獨對書窗酒漫傾

苦雨

一溪楊柳雨淒淒半是殘花半是泥。惱我征車行不得鳥聲猶向耳邊啼。

綠章連夜奏天臺寄語東風着力催掃盡凝雲消盡雨芳郊任我踏青來

唐家樓掃墓

一窗紅日報春晴曉起呼兒出北城野岸橫斜茅舍寂。墓田高下麥苗輕紙灰幾點蜂爭逐華表千年鶴不驚。小步莫嫌歸路遠柳堤喚渡午風清

十里鋪掃墓

綠暗紅稀又一春江村掃墓淚沾巾土中那有千年骨。世上曾無百歲人。風水妄邀宗祖蔭。泉臺誰念子孫貧。歸途樂得征車快日落溪橋柳色新

響練庄弔三妹墓

荒塚淒涼俯綠波紙錢幾串弔貞娥孤魂莫訝鬢眉老。回首高堂淚更多。

謁徐神翁墓

南去高岡幾尺過，石碑重把碧苔磨。清香一炷無他祝，願乞仙丹濟世多。

種梅一律寄港口陳木天

種梅幾趁月明時，珍重新紅發舊枝。林下美人疑有跡，隴頭驛使不嫌遲。雪深灞岸驢先覺，春到貧家鶴自知。寄語東風多借力，暗香疎影賴扶持。

臘月重過羅塘

東風卅里歎飢驅，碌碌車聲雪載途。誰把敝裘憐季子，且拚賣卜去成都。老猶作客心良苦，貧到依人計轉迂。重過羅塘成獨笑（今春三月曾客羅塘數日），贈阮囊羞澀一錢無。

幸逢客榻下南州（寄宿羅塘吳家缺口揚履之處），豪飲何妨十日留。歲月催人春有脚（本月二十七日立春），文章賺我雪盈頭。淵明老去思歸隱，司馬年來悔倦遊。為愛桐孫差解意，挑燈夜話慰羈愁（姪孫士煐朝夕追隨奉養不倦）。

臘月廿五日車過環溪

苦雨連朝不出門，新晴緩步過江村。一年離思寒雲重，廿里征途落日昏。樓上鐘聲偏惹恨（是日薄暮過鎮南文昌宮），雪中鴻爪尚留痕。何當隔宿匆匆去，回首溪橋欲斷魂（越夜兒輩迎請回城）。

寄宿城西家祠喜張典三妹夫過訪

季子歸來剩敝裘，凄涼景況不勝愁。短籬松竹寒逾瘦，晚歲冰霜冷未收。有力懶將陶甓運，無錢空抱阮囊羞。足音昨喜來空谷，患難交情笑語投。

除夕前二日家祠獨坐

避債而今別有臺，荒祠岑寂絕浮埃。地偏山受斜陽晚，歲暮門無熱客來。入夜燈昏雞未唱，在家僧老鶴應猜。愁中莫訝殘年逼，差幸春光兩日回。

除夕前一日夜間不寐枕上口占短句

冷卧荒祠又二更，窮愁似海寐難成。那堪明日逢除夕，悶聽空階夜雨聲。

披衣夜坐峭寒侵，爆竹聲聲惱客心。底事有家歸未

得燈前獨酌淚沾襟

除夕

容易東風轉歲華桃符又換野人家今宵相約不須睡莫把千金一刻差

何必重尋避債臺柴門鎮日不曾開天公似解羈人意特送蕭蕭細雨來

贈張甥壓歲錢係之以詩

何處辭年爆竹聲東風吹過客心驚荒祠應憶羈人苦百歲猶多姊妹情

綵縷長穿壓歲錢蘭陵送祝壽綿綿乃翁記取尊前樂骨肉團欒似去年辛巳除夕敬招守歲

除夕早起

屈指今朝是歲除燈前愁把酒杯疎人因老大嗟多病家為清貧悔讀書梟梟茶煙寒竹鎖蕭蕭夜雨紙窗虛曉來忽聽山僮報瑞雪堆階一寸餘

午後喜晴

獨坐荒祠冷氣沖隔宵飛雪舞東風新晴頓覺雲光活除夕欣看日色融窗下煎茶留野客燈前守歲喚家僮年來不盡飄零感一夜鄉心五處同次男業廷家港口三男葆廷客羅塘妻歸盛石府予現寄宿家祠故借用成句

不寐

同是儒生氣味酸功名偏覺出頭難梅花枝上春先到爆竹聲中歲又闌半夜鐘鳴山寺近一杯酒供祖龕寒闕心明日逢元旦寄語兒曹莫問安沐兒過祠令勿賀節

除夕夜歸登岳墩進香

今夕是何夕扶歸倩短童樹林連野黑燈火照山紅殘夜寒尤重新年景不同登高乘酒力得意嘯天風

癸未元旦試筆

喜見乾坤換歲華西廂早起興尤嘉階前草木韶光轉山上兒童笑語譁賀客到門誇好竹祠丁撥火煮新茶焚香謁祖無他祝春色先開富貴花

新正二日家祠苦寒

荒祠寂寂冷於冰，短榻孤眠夢幾曾。避債儼如逃世客，受閒應號在家僧。疎鐘隔夜聽難斷，野老敲門醉不譍。翰與兒童新歲樂。泰山爭上最高層。

初三日喜晴

正月初三日，荒祠忽喜晴。衣裳仍舊歲。絃管又新聲。風暖瘦篁響，泥融芳草生。開牕（窗）成獨笑，紅日一竿明。

前題七律

滿目愁雲撥不開，清晨喜見日光來。鵲聲遠聽鳴高樹，春色先看逗早梅。破曉鐘傳西寺響，焚香人向岳壜回。踏青相約芳郊去，得意東風馬上催。

贈石小泉廣文親家

患難交情得幾人。誰憐涸轍泣波臣。敢云鮑叔能知我。獨有元公不施親。名士原來多意氣。庸儒大抵半清貧。新年酎酒無名他，祝喜見桐枝發早春。

贈張典三妹丈

避債臺荒不可尋，宗祠閟坐夜沈沈。殘年頻覺多愁緒，空谷何欣有足音。患難交情偏愛我。炎涼世態最寒心。記曾除夕開家宴，臘酒三杯感更深。（辛巳除夕招飲）

初六日家居苦寂有憶宗祠

歸來幾日不勝愁，回憶家祠景物幽。牆角山光高下露，窗前竹影淺深浮。地偏疑有仙風在。（西廂內有八仙風在匾額，世祖太史公望）門掩從無俗客留。惟愛歲寒松獨秀。祖宗餘蔭足千秋。

苦雨

七人八穀卻宜晴（俗云初七日為人日，初八日為穀日，此二日不宜雨雪，占本年豐歉），連日蕭蕭聽雨聲。月色偏驚雲裏黯，星光不見斗邊橫（俗云初七日、初八日人看月角穿星，共驗年歲豐歉）。誰將年兆占豐歉，敢道天心易變更。況復貧家家計重。春愁似海寐難成。

試燈日感事

聰明無法禱錢神。白髮徒悲老大身。妻慣持齋嗟命苦，兒多廢學為家貧。繙殘貝葉心如醉，開到梅花歲又春。況是新年好時節，連朝細雨更愁人。

試燈風裏雪花飛，鎮日蕭閒掩竹扉。漉酒好同元亮醉，烹茶翻笑党家非。白憐稚子新蓑濕，黄愛園丁早韭肥。怕向隔牆傾耳聽，西隣兒女夜啼饑。

元夕前一日坐雪

幾日春寒不出門，窗前聽雪坐黄昏。燈看孫女三更鬧，酒共妻孥一盞温。簷溜蕭蕭添雨勢，爐香裊裊篆煙痕。關心明日逢元夕，自壽新詩稿半存。

年過知非又幾春，家風猶是舊清貧。文章甘苦愁中境，骨肉恩憐夢裏人。橐筆何堪悲客歲，溪壑載掀衷。却好稱閒身，天公乞與韶光早，雪後梅花分外新。

望晴

新年纔半月，十日雨連綿。潑墨雲拖地，跳珠雪滿天。春陰看黯黯，簷溜響涓涓。安得催花鼓，祈晴幾陣傳。

元夕雪中自壽疊韻四律

兩鬢蕭蕭奈老何，何須將壽補蹉跎。文章誤我虚名少，貧賤驕人幻境多。司馬題橋嗟壯志，馮驩彈鋏動悲歌。元宵喜見豐年兆，瑞雪盈堦一寸過。

不識今年更若何，且將詩酒慰蹉跎。環溪托足羈愁重，花甲臨頭苦境多。茗椀香爐庸自壽，唾壺如意引狂歌。人生及此須行樂，百歲光陰一刹過。

幾向樽前唤奈何，何當歲月歎蹉跎。新年醉後觀燈懶，寒夜愁中得句多。殷浩書空稱怪事，王郎斫地發高歌。今朝爲愛妻孥祝，笑折梅花酒量過。

九十韶光剩幾何，東風莫漫感蹉跎。詩能壽世吟成癖，藥不療貧累更多。到處雲山留翰墨，誰家樓閣鬧笙歌。上元燈節休辜負，生日還從醉裏過。

感事二律

鎮日無聊掩竹扉，滿天細雨更霏霏。驥因伏櫪常垂泣，燕爲尋巢故亂飛。懶自閒奩驚白髮，誰能適館詠緇衣。飄然我欲逃名去，湖上春風立釣磯。

北馬南轅悔壯年，年來回首覺淒然。詩吟貧女悲無調，賦賣長門不值錢。好客誰家躡珠履，知音何處撥

永絃問津若得桃源境雞犬蕭閒共地仙

苦雨

雨過三日便爲霖正月何堪半月陰曲巷愁聞泥滑滑天池半積水泷泷春田柳上煙猶濕香勒梅梢客未尋爭得東風多借力推開紅日照高林

雨中有憶

草堂枯坐歎無聊一點清燈懶再挑滿架詩書生計拙連朝雨雪客心焦頻驚布被三更冷悵望環溪廿里遥何日芳郊開霽色春風得意馬蹄驕

枕上聽雨不寐

空濛細雨黯江城不住空堦夜點鳴多恐來朝天更變譙樓更漏聽無聲

無端春夢記重重寒戀孤衾意更慵雞唱五更愁不寐城隍廟裏一聲鐘

閒居疊韻

愛閒悔不學安禪苦惱關中俗累牽竹屋無心憐舊主石田何處望豐年飄零客路悲三載（予客環溪三年）羞澀行囊膽一錢况是新春風雨惡敝裘耐冷坐青氊

冷對疎燈莫問禪新愁未解舊愁牽文章世業懷知己淮海風波感少年詩酒空悲同社友親朋誰贈買春錢生涯更笑兒曹拙一榻清寒戀舊氊（成句）

春愁

窗居厭聽鳥聲蠻風雨蕭蕭掩故關欹枕女驚春夢惡讀書兒戀晚燈閒苦吟獨耐三更火坐食徒空四壁山米債柴逋愁不了鏡中頻覺鬢絲斑

春晴

喜見窗前曙色明東風蝴蝶弄春晴曉鴉穿樹騰高影健鶻摩天起嘯聲梅壓新霜紅萼露柳含宿雨綠荑生好攜斗酒雙柑去流水溪橋共聽鶯

北郊晚步

春野雨初霽夕陽明樹巔麥田含宿潤茅屋起炊烟池影玻璃鏡雲痕玳瑁天眼前生意滿草色綠無邊

薄暮北城去東風捲市聲樓臺何處好燈火幾家明
泥訏板橋滑鐘聽山寺鳴莫嫌歸路遠郭外酒旗橫

桃月朔日春雨初霽登魁星閣

苦雨酸風兩月陰新晴縱步快登臨文光射斗閣千
尺春色撩人花一林老屋幾家添畫稿疎鐘何處引
禪心爲憐芳草芊芊綠倉聖祠前野路尋（閣西新建倉聖祠）

送春

困坐書齋午夢長無聊轉作送春忙啼殘杜宇家何
在盼斷王孫草不芳曲疊陽關羌笛怨波迴南浦落
花香興來我欲登高望江上青山攪客腸（小泉久客江浦秋歸）

野望

江城四月好風光小麥青青大麥黃（成句）野外蘼蕪
六七里門前榆柳兩三行雨過曲岸人挑菜露濕筠
籃女採桑遥指綠陰最深處高低樓閣隱紅牆

夏日接石小泉親家江浦寄函詩以致覆

江上書來問起居幾回珍重幾躊躇春風不耐鱣堂
遠塊磊縱橫酒興疎
西抹東塗誤壯年老來依舊守青氈古槐書屋燈如
豆隱約光陰卅載前
去年猶記贈綈袍湖海推君意氣豪今日蒹葭依玉
樹文光更仰客星高
連朝馬上寄郵筒百里遥憐旅況窮何日天涯歸棹
返小窗風雨一尊同

小蓬萊山館春興

耐寒閒把小窗開却好東風着力催爲愛春梅花最
早一枝紅上短牆來
雨閣書屋古槐遮曉起蘇薪自煮茶最是夜來新雨
後蘭花香勝牡丹花

自感

笑予頭腦太冬烘摘盡枇杷學醉翁艾酒皋羹悲客
裏端陽柴逋米債困愁中身棲書屋情多苦夢到家
園路轉通定卜來朝梅雨急四圍樹木吼東風

病居

古槐書屋漾荷風，病裏閒居俗慮空。莫怪先生多曠學，連朝頭腦更冬烘。

竹簟藤牀夜不眠，孤燈相對覺淒然。市中欲把壺公覔，自愧囊無買藥錢。

雨夜

一夜雨蕭蕭，書窗客思焦。家貧身易老，藥少病難銷。簟竹涼先覺，燈花黯不挑。惱人眠未得，蛙鼓鬧中宵。

其二

頻驚歸夢斷，孤枕又三更。節屋漏痕滴，苔階夜點鳴。病中寒士境，江上故人情（小泉宦遊江浦未回）。多少閒愁擾，怕聽檐溜聲。

書齋即事

病卧踈窗客夢回，荷喧忽聽雨聲來。披襟曉起閒無事，一盞新茶手自煎催。

其二

幾陣寒生五月天，春衣翻欲試輕綿。老人不覺開簾笑，帶雨紅蓮色更鮮。

其三

琴書清潤絶囂塵，雨氣偏侵太瘦身。脩竹却如人病退，頻添新翠有精神。

其四

沈沈四面緑陰遮，養病爭將福地誇。雨後清光撲眉宇，半村半郭野人家。

漁舟唱晚得舟字

高絶滕王閣，朱簾晚景幽。銜陽驚鴈陣，彭蠡唱漁舟。月色迷青雀，霞光閃白鷗。響窮秋水畔，影黯暮山頭。爽籟風前發，長江檻外流。好隨孤鶩去，南浦夕陽收。

鳳池筆穎得池字

幾見登科兆，江潮入鳳池。波紋看瀲灩，筆穎認參差。水色拖藍秀，文光射斗奇。芹香泥畔採，花信夢中知。橋轉三元近，塘空半壁窺。櫺星門外望，塔影夕陽移。

小蓬萊山館端陽夜閒不寐

端陽無客不思家，獨坐書齋只自嗟。古鼎燒殘新柏子，小窗閒熱石榴花。晚來遥憶妻孥樂，老去偏驚歲月賒。何事惱人眠不得，隔墻幾處亂鳴蛙。

書齋病中坐雨

急雨蕭蕭黯暮林，古槐書屋晚涼侵。天蓬惡歲心偏亂，病入衰年勢更深。茗椀經牀多雅韻，粗疏俗李有新陰。闌干倚遍閒無事，一點青燈伴苦吟。

夏日病中

頹唐幾日病相磨，頭腦冬烘惹睡魔。茶不通靈新葉少，藥能見效古方多。牆邊細數添修竹，窗外田看放早荷。過眼光陰六十載，白頭無法補蹉跎。

初秋車過江邑潘家伙

輕車卅里趁東風，秋入江村景不同。芳草卻憐前路綠，蓼花猶是故鄉紅。寺過萬壽看修竹，水斷沙橋喚短蓬。輸與田家多樂趣，聲聲枷板慶年豐。

客齋夜坐

書齋枯坐一燈清，老大鬚眉愧此生。急雨打窗驚夜夢，斜風入竹作秋聲。詩吟張謂家偏遠，賦賣相如價更輕。最是晚來眠不得，蕭蕭絡緯鬧三更。

自歎

俗李粗疏隔院春，代庖翻笑白頭人。（次婿石雁卿教讀潘家伙，現因伊母抱恙在家，回城侍疾，請余代館半月。）棠螢枯死心尤拙，櫪驥悲鳴志莫伸。百歲光陰多過客，半窗燈火寄閒身。歎余頭腦冬烘甚，首蓿盤空似舊貧。

曉起

曉起了無事，閒參一味禪。茶煙新竈火，雲影早潮天。野鳥窺簾語，秋花帶露鮮。老來得清福，詩酒且隨緣。

晚立

何處秋聲起，奔騰響碧空。高枝棲宿鳥，小院泣寒蟲。窗竹影猶綠，海棠花自紅。來朝天更熱，落日又西風。

即景

幾日南風酷熱加北窗坐愛竹陰斜書童一笑渾閒事階下鳳仙紅着花

紙窗高敞靜無譁午睡初醒逸興賒最是短籬蟲語處一枝紅上海棠花

新秋景物尚堪誇垂柳垂槐幾樹遮却好晚來微雨後牆根抽出玉簪花

白雲偏愛讀書家草木陰陰一徑斜恨我遲來將半月小簷開落紫薇花

秋雨

酷熱連朝汗雨流窗前一雨早知秋半天鐵馬雲都黯幾道金蛇電未收潤到琴書人意爽波深澤國客心愁（今秋七月十二日秋水泛漲啟放車邏等壩十六日又放老新等壩下河秋成有碍）怪他蟋蟀無情甚偏向苔階叫不休

客齋悶坐

半月書齋不出門孤燈寂寂伴黃昏窺天自覺蛙居井寄食渾如蝨處褌（秋）愁熱連朝添肺病羈愁似海斷詩魂夜來莫愛籐牀軟安得中山酒一尊

病坐

白髮猶將鐵硯磨書窗獨坐感蹉跎人因久客身偏懶病入新秋老更多採藥童歸三里遠煮茶火撥一爐過何來絡緯聲如訴徹夜蕭蕭攪睡魔

歸途車中即事

江村荒僻少行人碌碌輕車碾細塵宿雨頻添橋下水東風偏惹病中身事非親歷安知苦路未經過便覺新轉瞬光陰秋節近一肩行李數清貧

回城

高車送我到宜陵換得扁舟快共登水帶早潮溪更潤人逢秋熱病尤增紛紛盪艑帆千尺隱隱江城樹幾層終是故鄉風景好塔尖猶見暮雲騰

輓張雲程

師門聚首憶當年（謂予幼年曾受業於先師沈位南夫子講席君時與往還克親道範）風雨追陪几杖前創業辛勤多儉德傳家忠厚仰

高賢交情差幸聯三世仙馭何當去九天他日麟孫恩詰錫鶴歸華表認翩翩

小蓬萊山館中秋晚坐

家家兒女鬧中秋獨我書齋歎白頭酒價不辭今日貴月光偏對老人愁8桂逢惡歲花難折（今年中秋桂花未開）病入衰年藥弗瘳（今予自夏以來老病纏綿不愈）晚向姮娥成一笑故鄉儼作異鄉遊8

秋夜病中自歎

秋來老病藥無方一點疎燈竹榻涼黃卷猶當寒士境白頭懶入少年場（今秋八月揚郡歲試病未能與）門前車馬知音少紙上功名客夢長可歎棘闈諸後輩提籃待漏夜闌忙

山向吾曹分外青得蘇字擬作

平山堂上望豪興羨髯蘇緣向吾曹秀青憐分外殊佛頭尤突兀醉眼不模糊雲入新詩料天開好畫圖翠痕連野潤春色隔江鋪螺髻迎人露蛾眉笑我迂影隨歌舫去光落酒杯無明月揚州路勾留是此湖

竹西桑柘暮鴉盤得鴉字擬作

竹西憑弔處桑柘影杈枒掠地驚寒鶻盤空有暮鴉人歸春社散鳥噪夕陽斜墨點翻風亂林陰夾路遮蒼茫歌吹歇嘔軋櫓聲譁幾陣屯荒野千株帶晚霞垂楊終古蹟碧樹老農家好景今何在烟波望眼賒

浦遠帆片小得帆字擬作

莫訝江天小蒼茫境不凡迢迢瞻遠浦漠漠挂征帆百里迷紅樹孤蓬隱綠杉碧連秋水濶白認斷雲銜曲港波光漾長空布影嵌扁舟何處去歸路隔幽巖

無限秋風桂枝老得枝字擬作

得意金風裏瓊林占一枝秋來無限感桂老幾多時鴈陣催何急蟾宮折尚遲飄零憐玉樹容易轉涼颸雲外天香散窗前冷信知冬榮如有日珍重歲寒姿

呼童熨貼舊寒衣得寒字擬作

莫道衣裳舊章身可禦寒呼童忙熨貼爲我慰辛酸

慈母關心寄奚奴細意看安排香氣襲隱約酒痕乾
不待催刀尺猶堪換綺紈綈袍誰復贈還憶故人歡

山館雨夜有懷内姪石岱庵於珠江官署

連天寒雨黯空林獨卧藤牀冷氣侵落葉驚回孤客
夢暮雲望斷故人心藥爐茗枕碗吟懷苦酒榼棋枰
别恨深遥憶珠江江上路幾行征鴈影沈沈

小雪前五日薄暮雨後南關張逸君偕其友東
亭蔡履乾訪予於小蓬萊山館以蔡母繆太
夫人北堂夜課圖索題書贈四絶

暮雨書齋放學時何嫌空谷足音遲幸逢好友聯翩
過燈下重談病裏詩

吾家有母歎尸饔游子征衣手自縫（家慈現年七十有七家計尚仰給）
駱令日披圖同一樂北堂仰見柳九封

况聞苦節凛冰霜教子尤能有義方差幸輶軒多採
訪貞珉百世許流芳（太夫人節孝現已奉旨建坊旌表）

護幃畫荻想風清（丁丑冬林學憲拔君起等書贈畫荻風清匾額以旌太夫人之勞）

百里徒深慨慕情安得偷閒階下立聽君半夜讀書
聲

生輓四律

太息身原似贅疣○茫茫苦海泛浮漚○曇花一現庸成
佛◎蒲柳先零不耐秋◎白髮那堪悲歲月◎黄金多半重
交遊◎年來藥譜搜都遍無術能將老病瘳

其二

家無長物賸青氈惡歲何當到硯田自愧鬚眉仍故
我得除煩惱便為仙環溪詩酒悲陳蹟（予自己卯壹筆於延令之還善鎮注來三著有環溪寄稿）
載淮海風塵感少年◎（癸丑兵燹後客於袁浦崇川邗溝等處著有紀游詩載春雨草堂後集）今日黄粱嗟已熟○借他一枕任
高眠○

其三

歎我龍鍾是廢人天涯何處寄閒身文章價莫尋知
己菽水歡難慰老親（家慈在堂精神尚健）鬼亦揶揄休怨命◎家
傳清白不嫌貧◎草堂詩稿須珍重殉葬猶存筆蹟真

其四

不必悲吟薤露歌浮生若夢等閒過。眼前因果憑誰證地下靈椿聚首多（先君棄養於今十又九載）卻老懶將丹鼎煉題名莫把墓磚磨故園寥落留遺憾一卷書香斷若何（長子沐廷應試未售次子業廷三子蓀廷棄儒而賈）

紀事

笑余頭腦太冬烘入暮拚教酒盞空幾度開窗翹首望夕陽光散半天紅（十月初旬日落後西方有紅光燭天經月不滅）

莫云天道太茫茫容易西風落葉黃記得去年秋夜裏星光斜射數竿長（去秋八月間日出時東方有彗星見光如匹練至九月間未滅）

冬日懷次婿石雁卿於潘家伙

風雨江村半月留（今秋七月間余館於此八月病歸）曾代狂吟惟愛竹憁幽嗟余病裏牽離恨憶爾燈前動旅愁卅里雲山原是客四圍榆柳不禁秋而今鴻雁無情甚莫把音書一紙投

不寐

青囊無術起沈痾老去何當苦境磨。今夜每驚歸夢短此身本是贅疣多。燈昏窗下孤衾冷月落樓頭一雁過遥憶故園小兒女那知病裏困愁魔

山館病居

春風同訪讀書臺客裏偏驚老病來佳句卻添新筆墨閒身合住小蓬萊數拳怪石埋幽草一角斜陽落古槐笑煞兒童如我懶黃昏强把藥爐開

病中示沐兒

北馬南轅誤少年年來老病歎纏綿半生潦倒貧如洗。末路英雄困可憐。稟筆徒嗟家計拙。讀書愧少義方傳。癡兒莫向仙壇禱（長兒沐廷次兒業廷疊向東斗宮請仙扶乩求仙方）知否膏肓藥不痊

冬月十四日病中喜外孫鍋齡生函寄小泉

又逢葭琯動灰時冷坐青氊病莫支山館幾人同鹿豕外家有夢協熊羆歡騰繡闥珠胎出喜報金蓮燭影垂（本月十一日石親母壽誕堂上燭結蓮子經日不滅）向晚開尊成一笑笑

裁華札寄江湄一（寄江浦小泉署内 寄潘家伙庭卿處）

晚眺疊韻四律

歲晚農家樂柴門夕照中田荒低有霧樹秃靜無風
曲圃寒蔬綠疎籬爨火紅老人興不淺散步小橋東

其二

荒城多野趣林影淺深中池上凌雲塔樓頭落葉風
鵶飛千點黑日落半天紅何處鐘聲起蒼茫古寺東

其三

炊烟飛不斷茆舍畫圖中樵擔壓殘葉漁榔鳴晚風
雲光沈水白燈影隔溪紅回首征車遠黃昏曲巷東

其四

江天碧無際霞影有無中征鴈排斜字寒鵰嘯野風
路連衰草白閣露女牆紅爭奈歸帆遠殘雲望海東

（小泉岱庵近有歸信至令未回）

冬至前一日回家祀　祖薄暮歸齋途中感詠

冬至欣逢日色晴緩尋歸路布鞋輕橋邊行跡寒霜印病裏衰顏老友驚白酒藉申追遠意斑衣聊慰倚門情夕陽回首江城晚遥聽疎籬犬吠聲

山館冬至即事

紙窗日暖喜陽回病後新開酒一杯莫訝東風狂更甚好吹葭琯動飛灰（是日大風）
惱煞疎林落葉狂不知何處早梅香晚來笑問閨中女剌繡曾添一線長

感事

老去方知世路難小窗岑寂北風寒文章聲價年來賤骨肉恩讎夢裏看東郭自慙竽久濫馮驩休把鋏空彈天涯怪底知音少撥盡冰絃淚不乾

曉起

磨穿鐵硯幾時休鎮日書齋不出頭可歎雲邊數行鴈南來苦作稻粱謀
菊花開過更無花曉起開窗感物華不識堂前雙燕子明年結壘又誰家

自嘲

學書學劍歎無成，誰識焦桐爨下聲。龍笑葉公空有好，馬逢伯樂敢悲鳴。廢銅偏値黄金價，燕石能充白玉名。獨惜梅花開太早，灞橋風雪幾人行。

有望小泉

斷無消息怨征鴻，一路南飛趁晚風。小立柴門翹首望，暮雲零落海天空。

嗟予老病幾多時，客裏何當繫遠思。獨有黄楊能耐冷（齋前有黄楊一株，經冬不凋，百餘年物也，故齋名曰黄楊書屋），婆娑階下伴吟詩。

隔江山色遠無情，幾度登高别緒縈。偏是古槐摇落後（齋東有書房兩間，後植古槐，故齋名古槐書屋），枝頭空聽鵲聲鳴。

江上征帆幾日開，仙禽猶未返蓬萊（蓬萊地名，蓬萊巷）。夕陽容易書窗晚，閒煞燈前酒一杯。

燈下對内子次病中示兒韻

烈士何堪到暮年，寒衣雖舊復添綿。蠅鑽故紙頭難出，驥困鹽車老自憐。鏡裏羞看華髮短，囊中誰把秘方傳。挑燈昨與山妻説，貧病相侵不可痊。

雨窗悶坐

紙窗半掩雨淒淒，破悶難教酒到臍。鸚鵡能言終是鳥，鳳凰失勢不如雞。無家張儉身誰寄，乞食淵明句漫題。老病況兼逢歲暮，一枝何處借幽棲。

臘月十八日鮮館示諸生

一年辛苦伴青氈，鮮館今朝意若仙。爲語窗前諸小子，病中惟冀蓋吾愆。

鮮館後寓居雨花精舍

漫卷詩書喜欲狂（杜句），一肩行李卸僧房。人逢患難交纔見，佛果慈悲老不妨。歲暮强抛家計累，地偏轉覺客情長。病軀不耐蒲團冷，安得迷津渡法航。

雨花精舍病坐

殘冬養病借禪堂，笑倩僧雛煮茗忙。客裏幽閒無箇事，半窗寒日讀蒙莊（借讀莊子，因數卷）。

昇仙欲覓藐姑山，一粒何從乞大還。今日病中多懺

悔講經惟愛老僧聞（聽雨花主人評講楞嚴經）楚
消寒曾記卅年前（咸豐辛亥間隨康伯山沈筱坡香歲止泉諸前輩結消寒社於此）香
火騷壇結舊緣可歎晨星半寥落（伯山諸老輩俱先後作古）嗟余
老病尚逃禪

痛飲何妨十日留殘年風景動羈愁忽逢老友掀髯
笑（昨午喜張逸君舊友過訪暢談半日不勝今昔之感）爭得逍遙物外遊

夜讀莊子更盡不寐

寒更數盡不成眠坐擁孤衾夜可憐安得犧牛脫文
繡此身常任雨花天

漆園仙吏恨難逢病臥禪床意更慵曉起主人應笑
我養生方法太重重

二十四日余將移寓城南古松花館書此留別
雨花主人

有知本不及無知病坐僧寮意若癡老境何堪嗟落
莫佛心大抵總慈悲松關幾日勾留慣芋火三更領
取遲爭奈殘冬苦相逼樽前一曲賦將離

家家打掃過新年歎我殘冬尚慭遷精舍談詩留幻
跡禪庵養病結塵緣妻孥零落成三口行李蕭條卸
一肩為祝東風容易轉幾回稽首佛龕前

古松花館除夕前一日病坐

病坐禪庵檢曆書干支猶有幾行餘數聲爆竹年爭
送百尺寒松影更疎老去有家歸未得貧中無計困
何如那堪避債臺難覓屈指明朝又歲除

除夕有憶

去年除夕坐荒祠（去臘除夕前三日由環溪回城寄居城西家祠）今日禪房
客意癡一載光陰駒隙快半龕燈火佛心慈鬚眉老
大驚殘歲骨肉飄零繫遠思（時業兒葆兒俱就業龍溪）怪底山僧
不解事木魚敲斷五更時

甲申新正四日試筆

滿目有春意當窗曉日紅古松凝瑞雪新柳動和風
歡喜佛心見吉祥人語工寓公興不淺香茗啜甌中

立春前一日坐雪

容易明朝又立春東風吹雪白如銀客中送臘情適苦窗外爬沙響更眞香爐禪龕留氣味詩題人日有精神嘶（正八立春）豐年瑞兆憑誰卜眼底乾坤一色新

立春日喜晴

西風吹雪散喜見立春晴白絮樹頭綴青旗郊外迎土牛鞭有信歲酒醉多情晚聽山僧笑穿星月角橫

苦寒

怪底東風轉如何送暖難凝雲千里凍積雪一天寒冰箸挂簷短禪燈向曉殘愛他窗外竹對我報平安

古松花館病居感事

故土翻爲客尊前感歲華病多身易老妻懶女當家鐵硯謀生計茆庵避世譁幽居誰作伴階下古松斜

余自甲申正月寄居古松花館病廢年餘久絕酬唱今乙酉春仲承楚評上人袖攜和戴岫生元旦試筆一律過訪見示索和因次原韻

韶光幾向病中過枯坐茆庵興不那花甲年衰生計拙蔘莪詩廢淚痕多（去春正月十九日先慈棄養西歸）青氈冷守吾家物白雪欣聞楚客歌（并錄示戴岫生原作）獨惜風流蓮社散消閒何日共吟哦

次岫生元旦試筆原唱

自入新年無箇事禪窗日日念阿那（出金剛經）文章老去功名薄湖海歸來閱歷多（岫生近由甯波太守幕府回泰度歲）塵夢莫驚彌勒笑陽春好聽郢人歌閉門不耐詩情苦付與山僧伴醉哦

自袖和作過訪楚評於雨花精舍承以半禪圖小照見示屬題因用前韻再成二律

新詩和罷喜重過丈室清談興不那一曲琴彈音調古半禪圖展詠題多（楚水徐子岑本邑顧瑞夫戴岫生等各有題贈）萱幃久羨春風樂（伊母奉養庵內）蓮社爭傳落日歌（雨花精舍詩社舊有城西觀落日歌）自是君身有仙骨蘇句南華秋水供吟哦

六十韶華一刹過蒲團何處借禪那案頭燈火枯螢泣物外逍遙老衲多無我無人參寶相不夷不惠任

狂歌幾時得把迷津渡收拾雲山入醉哦

端陽前三日夜雨不寐枕上有憶二律

老逢時節總堪傷窗外枇杷半未黃兩載萱幃悲壟夢謂先慈於去正月謝世柩停未葬一天梅雨近端陽晨鐘暮鼓愁中聽米賃柴逋客裏忙骨肉飄零更何處三子蓀廷由去歲端陽後自京口寄信回城至今流落未歸燈前蒲酒為誰香

生涯最拙是詩書寄榻茅庵恨有餘投筆幾人能食肉曳裾無處枉歌魚檐前松色凝烟老牆外榴花帶雨舒為問羅塘小遊子他鄉風景又何如次子業廷現在就業姜鎮數月未寄家書

端陽後一日次婿石雁卿偕弟少游省親珠江賦以送別

端陽繞過動文旌南望珠江百里程雙鳳歡承萊綵舞三霄遙祝壽星明五月中伊父小泉五十壽馬當風送征颿快海屋籌添野鶴鳴指日蟾宮秋信早桂花香裏共蜚聲今秋伊父子俱赴秋闈兼為預賀

荷月廿一日得蓀兒長門書

去年奔走意何如杖策從征壯志疎刁斗三更孤客夢關山萬里一封書浮雲飄泊難歸岫老淚縱橫獨倚閭回首長門魂欲斷為憐堯幕月痕虛

題悔庵自課錄并序

余自去春守制後隱居城南古松花館病廢年餘紫瑩枯死貧居日久涸鮒堪憐半生來北馬南轅空餘白髮六十載披風抹月困守青氈對三更之燈火身似閣黎聽五夜之鐘聲心多猛省乙酉夏日雨窗無聊偶閱陰騭文直講敬信錄等書摘錄數篇彙集成帙題曰悔庵自課錄披誦之下愧悔良多禍淫福善上天之賞罰無私後果前因半世之升沈靡定原知不死無方難成仙佛浪說長生有訣自課身心悵迷津之欲渡莫借慈航或來世之能修稍培陰德謹撰俚言自序卷首以誌懺悔不復計其工拙也詩曰

百歲光陰一剎過，節庵枯坐奈愁何。病中始覺清閒好，老去方知罪業多。茗椀藥爐甘淡泊，名韁利鎖歎蹉跎。閉門自課身偏懶，成佛昇仙悉任他。

丙戌元夕六十自壽

浪說浮生水上漚，關心六十又平頭。香焚柏子供禪課，瓶插梅花算酒籌。藥不療貧醫轉誤，詩能壽世稿常留。歸來消受清閒福（余自甲申卜居城南古松花館至今始歸），茗椀經床病裏修。

兩鬢蕭蕭白滿梳，衰年轉歎故人疎。栝棬恪守先靈寢（玉花浮祖宅自辛巳出典迄今五載方克贖回先奉母柩進宅），風雨仍安舊殼廬。游子星霜遲海國（三子孫廷于甲申春從戎閩省二載未歸），童孫燈火鬧階除。尊前自壽無他樂，午夜書窗月影虛。

朝夕披吟感應篇，晚來悔過愧蘧賢。生涯淡泊空三載（癸未館於城南小蓬萊山館甲申乙酉間又館于城南古松精舍），家計辛勤又一年。醉眼有花驚歲月，殘軀無病即神仙。當前元夜休虛度，幾處樓臺鬧管絃。

憶別椿庭廿載過（先君痛于同治丙寅謝世迄今廿有餘年），試燈風裏淚如梭。壓殘金線貧家拙，坐老青氈苦境多。天道弄人身是累，書香望子鐵難磨。掀髯蔥得妻孥笑，鳩杖閒扶任醉歌。

除夕前四日習靜山房坐雪四律、

東風幾日雪連天，枯坐書窗俗慮牽。髮禿齒搖傷暮景，柴逋米債逼殘年。一棺未葬靈幃冷（先慈去世三載懸柩現停未葬），十載難磨鐵硯穿猎。獨惜病軀老無用，家貧惟望子孫賢。

那堪游子尚他鄉（三子孫廷至今流落未歸），冷落門庭惱客腸。螢火三更枯雪案（長子沐廷應試未售），魚書百里盼羅塘（次子業廷現業鹺）。寒燈細剪殘花落，歲酒新篘小甕香。怪底暮年容易過，一年更比一年忙。

六十韶光一剎過，唾壺擊碎發狂歌。眼前富貴如雲幻，紙上功名奈老何。詩酒閒情同輩杳，關山游跡少年多（同治丙寅水災後歷游袁浦邗江等處）。記曾除夕家祠裏，冷嚼梅

花句細哦（壬午除夕寄宿城西家祠）

兩載茅庵度歲闌（甲申乙酉二年客館城南挈春延生庵內）東脩餬口耐清寒淵明老去身先隱潘岳閒居興未殘白首却憐知己少青囊翻悔濟人難送窮無術嗟余拙重把韓文對燭看

除夕雪窗口占四絕

今年怪底立春遲聽雪圍爐冷不支多感山妻憐我病剝蓮煨芋頰扶持

家計煩心又一年病軀愁坐雪中天可憐小女嬌癡慣笑索紅繩守歲錢

東脩餬口本庸材除夕三更尚費催可歎柴門風雪裏拖泥帶水小兒回

大雪紛紛逼歲除一家團坐樂何如聰明爲愛童孫好搖向燈前學念書

丁亥元旦試筆

今日是元旦梅花入歲新彤雲飛瑞雪紅帖寫宜春笑語喧兒輩精神祝老人東風容易轉生意滿前津

新正四日有憶

新年景物異尋常團坐燈前歲酒香最是可憐殘臘夜一天風雪夢羅塘（次子業廷現在鎮新歲未歸）

冒雪扶筇獨倚門遙憐遊子黯銷魂不知客裏逢元日船在江南何處村（三子藻廷去臘隨客船貿易江南至今未回）

新年書所見

百里休云泰邑偏新聞種種報新年爭將十萬金錢買喜聽官衙鬧管絃

怪底新春事事忙紅燈百盞挂公堂兒童笑指歌臺好翻把官場作戲場

新正八日喜晴

俗傳穀日最宜晴曉見窗前日影明萬里乾坤開霽色六街簫鼓動歡聲老逢盛世多强健喜聽康衢祝太平却好春風民共樂（今正十二日立春）滿城燈火鬧三更（今正十五日恭逢光緒皇上親政恩賞各省衙門結綵張燈慶賀元宵）

立春日喜晴

卻好東風轉令朝，正立春雲開多氣象，日出有精神。爆竹喧成陣，梅花孕滿身。豐年占預兆，樂得歲華新。

十三日上燈節喜業兒回里

新月溶溶映竹扉，上燈喜報次兒歸。令年生意營巢穩，去臘家書帶雪飛。客裏青山憐爾瘦，鏡中白髮歎予非。老人相見無多慰，惟願征袍草色肥。

元夕病中自壽四律

六十平頭又一年，養生無術學神仙。老逢困境原非福，病入新春轉好眠。對鏡幾時添白髮，買燈何處乞金錢。童孫更覺嬌癡慣，笑折梅花舞榻前。

老來何苦惜韶華，景入桑榆日易斜。身有窮愁同涸鮒，字無腕力笑塗鴉。校書閣遠沈藜火，拄笏樓空冷墨花（高祖書升公夜夢硯墨生花，次年登進士第，銘其齋曰墨花莊，著有拄笏樓詩集，原板未見）。孤負元宵好時節，呼童掃雪煮新茶。

病裏曾吟自輓詩，龍鍾轉恨四年遲（癸未夏月身患亂瘻，經冬未愈，著有生輓詩四律）。僵蠶半死身偏廢（去秋右臂掣痛，手腕搖戰，不能執筆，歷今未愈），老驥悲鳴志未衰。卅載文章寒苦境，六街燈火太平時。白頭幸覩中興盛，雨沐恩波降鳳池（甲申十月初十日皇太后萬壽，泰城內外張燈慶祝。今正十五日恭逢光緒皇上親政，泰城復又奉旨張燈慶賀）。

環溪風雪憶前遊，元夕歸途冷敝裘（辛巳元夕前一日由家鏞偕車里）。田歲月那堪驚客夢，功名幾許出人頭。萱堂回首悲三載（先慈痛於甲申正月去世，迄今棺停未葬），花甲經心過一周。安得春光常不老，扶笻爭上酒家樓。

落燈後八日送業兒之羅塘

開窗曉見日光晴，忽聽嬌兒告別聲。半月家園如傳舍，一肩行李早登程。少年多病身偏弱，老母關心淚欲傾。翹首羅塘六十里，帆痕雲影遠無情。

病起

病起凭欄却有情，東風陣陣弄瓶笙。溪橋懶踐探梅約，曲巷遙聞賣菜聲。日映紙窗春意動，霜消鴛瓦曙光明。何時策杖邀隣叟，斗酒雙柑共聽鶯。

閒居

一年容易又春風。不是愁中即病中。（成句）為問小園花信轉。早梅開到幾枝紅。

漫道韶光又换新。家風仍是舊清貧。年來步履艱難甚。願把青藜乞老人。

春來老病十分加。睡起疎窗日已斜。可歎尋巢新燕子。杏花村裏尚無家。

病多頓覺故人疎。架上空餘一卷書。莫道硯田無惡歲。今年潘岳又閒居。

纔入新年事事難。青氈枯坐一燈寒。今春怪底鮮魚貴。寄語馮驩鋏罷彈。

瘦減腰圍冷不支。春宵辜負臥嫌遲。一生貧病嗟如此。潦倒真無藥可醫。

蠟梅黃過柳條青。歲月匆匆又幾經。海上雲山江上水。那堪骨肉遠飄零。（謂業廷、蓀廷，俱就業他鄉）

獨掩柴門嬾出遊。一錢常抱阮囊羞。憤來欲把春衣典，買醉拚教解杖頭。

春興疊韻

和風纔動柳條新。最易驚心是老人。友共清談緣病嬾。兒多癖學為家貧。床頭有酒偏宜夜。院內無花不當春。何日買舟湖上去。烟蓑雨笠稱閒身。

閒看階前草色新。韶光偏惹白頭人。夢回紅錦才都盡。老借青囊業更貧。桃李空栽牆外影。烟花猶憶客中春。漆園仙吏能相過。秋水南華寄此身。

此日郊原景物新。看花處處逐遊人。龍鍾爭奈青衫老。潦倒何當白屋貧。丹鼎誰傳三昧火。玉壺難買十分春。談經欲借蒲團坐。靈運原來有後身。

後約難尋野色新。杏花消息又撩人。蘭成空抱江南恨。顏子常甘陋巷貧。窗外（下）牡丹如我瘦。隴頭梅萼為誰春。相期重訪桃源路。雞犬同安物外身。

春眺即事再疊前韻

出門喜見物華新。夾路蘼蕪綠引人。鴉占柳隄多愛

暖燕尋茅舍不嫌貧酒旗閃閃斜穿樹牧笛聲聲巧弄春安得山村添半畝結廬小住卧雲身

雲卷芳郊鳥語新提壺喚醒小樓人杏花似火先經眼榆莢如錢莫救貧紅日烘開千樹錦碧烟耕破一犁春嬉遊得入華胥境安樂常為不老身

老見花光分外新扶筇閑伴踏青人無山可買休歸隱有酒能沽不算貧南浦乍添三尺水東風先逗一分春蕭閒羡煞田家樂何用浮名絆此身（成句）

此番風景又更新蒼狗浮雲最惱人曾點漫將瑤瑟鼓蘇秦仍守敝裘貧梅梢白玉猶餘雪柳上黄金只換春何日向平私願畢青山好寄百年身

春日病居三疊前韻

韶光原是一時新枯坐踈牕覺悶人酤酒誰憐司馬困煎茶莫笑党家貧乍晴乍雨江城晚輕暖輕寒海國春怪底東風無賴甚閒愁偏擾病中身

聞說江村處處新往來都是看花人愛他裙屐爭尋樂歎我簞瓢獨耐貧燈影挑殘孤閣夜雨聲聽徹小樓春男兒識字終何用歲月徒悲老大身

半生幾見歲華新天氣初長正困人無藥能醫原是患有書可買未為貧雞聲喔喔孤窗曉草色茸茸二月春何日逍遥香國去夢中蝴蝶認前身

最是愁中得句新東皇偏許作閒人老逢好景須同樂交到知心不厭貧柳色半含檐角雨梨花先撲甕頭春春來爭得精神好稱我溪山畫裏身

苦病

老來無法補蹉跎況復新春惹病魔酒不消愁悲姹女藥難奏效怨黄婆腰輸弱柳羞輕折手把香橙戰莫搓歎我龍鍾成暮景萱幃回首淚痕多（先慈靈柩未葬）

淚盡書燈剔易殘愁眠紙帳怯春寒腹中苦抱河魚疾幕上聊偷社燕安自歎養生無妙術誰云換骨有金丹何如早踐溪山約任我逍遥把釣竿

把劍臨風舊態狂衰年何處覓奇方遊仙莫借龜茲

枕修禊爭流曲水觴烏帽那堪欺短髩清茶卻合潤枯腸靈芝難向商山採煮藥徒嗟病裏忙

病坐疎窗性更慵一枝短杖欲成龍少年枉插風塵脚濁酒難澆壘塊胸。樓上聽殘今夜雨。鏡中改却舊時容。無聊倍覺衰頹甚辟穀還期訪赤松

杏月六日甲子雪後苦寒口占二律

今朝逢甲子偏見雪花飛雲凍沈山閣春寒上客衣梅香猶耐冷柳色未添肥為祝東風轉韶光滿翠微

其二

立春將一月纔得幾天晴出谷鶯猶懶尋巢燕未鳴錫簫吹尚早社鼓聽無聲預訂看花約拚教酒榼傾

春郊送友四疊前韻

猛看曉日一番新南浦烟波又送人知己那堪愁裏別讀書最怕老來貧。綠楊枝拂三义路紅杏花飛十里春。行過溪橋回首望東風吹上薜蘿身

杏月十日家祠春祭後同人登岳墩五疊前韻

雨後偏驚景物新登高憑眺約同人湖中水色兼天淨郭外山光笑我貧千古旌旗遺壘四圍榆柳各爭春歎他奸佞今何在。臺下空餘白石身。

石臺遥望草痕新蒽得東風欲笑人半壁江山殘局散一堂鐘鼓老僧貧雪中鴻爪悲除夕。壬午臘月寄宿家祠除夕二鼓後曾登此燒香辭歲樹上鶯聲報早春。為愛家祠遺澤遠蒼松猶耐歲寒身

花朝喜晴

關心今日是花朝喜見晴光透綺寮愛煞閨中小兒女枝頭剪綵為添嬌。

輕風小雨記前宵今喜春光上翠條莫道芳魂尋不得紅旛幾幅為相招

東風幾陣拂晴霄春氣融融冷氣消爭得百花仙子醉紅燈綠酒快同邀

新晴趁得馬蹄驕紅杏低頭柳折腰。共祝芳辰天氣暖悠揚幾處弄錫簫

春懷四首疊元夕自壽韻

願向東皇假數年康强好似地行仙風清栗里容歸隱月滿花村任醉眠卻老無方繙藥譜買春有興拾榆錢韶光恠底留難住杜宇爭啼綠柳前

柳條多事綰春華容易東風燕子斜一剎流光窺野馬五更殘月怨啼鴉芳原雨過爭挑菜曲院霜寒未見花莫笑老人閒不得小窗留客啜新茶

新歲曾添數首詩重抄轉恨病中遲殘軀怯冷孤衾薄華髮經春兩鬢衰槐火又逢寒食節芸編幾誤少年時貧家不耐閒愁擾瞥見楊花點硯池

硯未磨穿且臥遊釣臺誰復訪羊裘傷春莫漫開簾額沽酒何妨解杖頭野外鶯聲懷仲若花間蝶夢笑莊周興來我欲登高望安得元龍百尺樓成句

晴窗即事再疊前韻

憶別揚州又十年平山何處訪坡仙莫辭白酒三更醉好借黃粱一枕眠曲徑殘梅如點玉半窗明月不論錢東風幾日傳消息贏得春光滿目前

幾度閒簾覽物華半天風動紙鳶斜衣飄薄粉憐新蝶巢結殘枝噪暮鴉楊柳綠搓三尺線海棠紅孕一身花清談昨與山僧約細撥瀹輕甌自煮茶

閒來豪興輒吟詩着意推敲不礙遲劚筍幾經嗔僕嬾尋花誰復歎吾衰小園宿雨聽鸝候高閣斜陽待燕時莫訝新荷栽太早留泥蓄水護芳池

苔階小步當閒遊一兩棕鞋一破裘芳草綠侵幽砌角杏花紅出短牆頭關心院內烟霞滿彈指聲中歲月周何日仙蹤能度我春風同醉岳陽樓

城北訪友

江城景物最鮮妍閒步西河冒晚烟酒旆挑來茆屋外錫簫吹過板橋邊市聲遠近和風捲檣影高低落日懸遥指故人門巷在一堤芳草路斜穿

柴門剝啄聽聲聲熟客重來犬不驚病裏談心抛老淚閒中把酒見交情當階花草經春發放學兒童帶

笑迎薄暮不辭歸路遠柳梢猶挂夕陽明。

春夜不寐疊前韻

燈花午夜為誰妍。香燼金爐冷篆烟。老病經旬嗟莫愈。新愁似海歎無邊。慣貪李白三盃醉。空負陳蕃一榻懸。怪底春宵眠不得。疎欞隱隱月光穿。

厭聽銅龍滴漏聲。老人頓覺夢魂驚。床頭金盡無顏色。枕上詩成見性情。歸鴈幾催春信轉。啼鴉爭把曙光迎。來朝預訂看花約。閒擁孤衾坐到明。

野望再疊前韻

為愛江村霽色妍。幾家茆舍起炊烟。催耕鳥尚啼郊外。喚渡人爭立水邊。粉蝶低隨紅雨落。紙鳶高向白雲懸。老饕觧得山中味。笑指疎籬綠筍穿。

何來牧笛弄春聲。紅杏枝頭鳥不驚。十里烟波漁父樂。一肩蓑笠老農情。沿隄綠柳爭嬌舞。繞郭青山似笑迎。珍重韶光忽孤負。菜花香裏欲清明。

春日閒居有憶舊遊十二首俱用先韻

曾記秋風過野田（辛巳九月曾客江邑之野田庄）松壇竹屋訪逋仙（庄有仙壇奉祀宋代林和靖先生為壇主）壁間詩句傳千古。（壇內有先生落壇詩四幅）別後光陰又十年。骨肉飄零人更遠（三子葆廷前曾托業於此至今流落未歸）鬚眉老大病堪憐。何時重向溪橋去聽鳥觀魚夕照邊。

曾記崇川泊釣船（癸酉夏月曾客通州）新茶陳酒客中緣（通州出陳雪酒）狼山松影雲橫路塔院鐘聲月滿天（城內天寗寺後有寶塔五層俗名美人塔下有禪院地甚宏敞）十載風塵餘白髮。半窗燈火守青氊。何時重摘蟠桃去（通州七月間有蟠桃一種形扁味甘）望海樓頭問老禪（狼山在城南十八里上有白衣禪菴菴內有望海樓）

曾記清江夜泊船（丁卯二月同人客清江浦舟次遇風）五更笳鼓不成眠。營圍衰浦旌旗閃。（時清江浦疊遭捻匪之亂招集水勇帶領小龍船數百隻扎營）（城外晝夜炮聲不絕）沙捲黃河管鑰堅。（城北七里即為黃河故道兩旁挑築土墩中設圍門額曰清淮管鑰時值黃河北徙地盡黃沙僅見土墩矗立）淮海歸來身落莫家園老去病纏綿。何時重到金城去（別名金城又名袁浦）徙倚碑亭拂暮烟（城北有御題碑亭在焉）

曾記揚帆鐵甕邊（丙午四月郡試後隨先君由揚城過鎮江至丹徒鎮寄宿會音寺南）東風十里渡江天。會音寺裏鐘聲晚，東嶽山頭日色妍（寺西有東嶽山，次早隨父登眺）古蹟幾經兵燹惡。（咸豐癸丑粵氛南竄京口失陷寺燬于火）殘軀爭奈客愁牽。何時重向丹徒去，醉聽松濤枕石眠。（寺門左右舊有老松四株，大可合抱）

曾記東亭八月天（庚午八月曾隨先族兄客東臺）龍王廟裏藥爐煎。（時余患病寓居南門之龍王廟）邑無城郭形偏小。（東臺僅有土城）場有魚鹽味更鮮。野火頻驚孤艇外（月夜田里船過淤溪，夜聞盜警）疎燈猶憶廿年前。何時重過新橋去（東臺西河埂場外有新橋）爭買梨頭上海船。

曾記延令客館遷（丁卯冬十一月曾客泰興，寓居城北迎城禪院，後復移寓城內東嶽殿之西樓）小庵燈火對愁眠。僧歸南寺蒲牢吼（城南有寺名慶雲寺）路轉高橋市井連。（城內南北街有高橋乙座）屈指光陰隨逝水，驚心歲月老華顛。何時重過鼓樓去（城內有鼓樓街）紙帳三更聽管絃。

曾記蒲津屋半椽（道光丁未曾館於白米鎮東朱氏之半亭書屋）冬烘頭腦坐青氊。龍吟枯樹雲先散（河南舊有龍王廟，後燬於火，只遺枯樹一株在焉）鵲噪松林月正圓。（鎮東舊有朱氏祖塋，上植松柏等樹）寥落晨星遺舊恨。淒涼夜雨剩孤眠。何時重過渡頭去，童冠春風樂野泉（鎮西官渡口有野泉浴池）

曾記倉場社友聯（咸豐癸丑二月間粵氛南竄揚城失陷，泰邑告警，奉母避居城北之倉場庄，與舊友結詩社於聽雨樓）小樓聽雨答詩箋。觀音庵裏堪逃暑，元帝宮中好問禪（本庄西有觀音庵，南有元帝廟）鶴唳風聲傷往事。香爐茗椀樂餘年。何時重過清溝去，喜見黃雲萬頃連（別名蜈蚣溝）

曾記維舟楚水邊（同治乙丑五月興化張雨人仁弟着船來泰城，接余往興化看會）湖開得勝淨無烟（興邑東門有得勝湖）皇姑墳畔鵑聲泣。（興邑城北有皇姑墳）閣老峯前雉堞連。（興邑南城牆上有閣老峯三堵）亂世交情悲已散（張雨人之兄小亭、仁弟現已去世）暮年病勢苦相纏。何時重過牌樓去，金碧輝煌四面懸（城中有四牌樓一座，四面皆懸忠孝匾額）

曾記邗江春色妍（丁卯二月曾客揚城）五亭橋下畫船穿。（揚城北門外湖上有蓮花橋，上蓋五亭）梵音寺古尋詩友（城內小街府西[illegible]門外有梵音律寺）

（別名古觀音寺）明月樓高訪醉仙（舊城內有明月樓，今圮，遺址無攷）。百里蟲沙悲劫火，六朝金粉散烽烟。何時重上平山去（北門外七里有平山堂，舊名蜀岡第五泉，在馬石碑尚存），騎鶴腰纏十萬錢。

曾記淮城錦纜牽，鶯花三月任留連（丁卯三月舟次淮安數日）。釣魚臺下千金報（淮城北門外有漢韓信釣魚臺），漂母祠前一飯緣（韓侯釣魚臺北有漂母祠）。客路莫將愁緒鮮，草堂重把舊詩編。何時重向下街去（北門外三里有下買賣街），爭買湖中縮項鯿。

曾記環溪隱市廛（庚辰八月曾懸壺於泰興之刀家鋪武廟往來三年），青囊幻術仗誰傳。鐘鳴武廟羆塵蹟（鎮中有關帝廟），桂折文宮耀斗躔（鎮南有文昌宮，秋時桂花盛開）。三載行蹤悲旅雁，八年歸夢怨啼鵑。何時重過闗橋去（闗橋在鎮西圍門外），落日疏籬聽暮蟬。

杏月廿七日送戴杏農之甬江六疊前韻

小園日午品茶新，雙袖龍鍾送故人。車馬不辭千里遠，詩書共歎兩家貧。萱幃露冷終天恨（去冬十月令堂謝世，十一月間君始聞訃，歸里未克面訣），柳岸風和二月春。臨別贈言君記取，烟波珍重少年身。

却好雲山點綴新，甬江花鳥引遊人。一肩行李憐君苦，百歲靈椿似我貧（令尊岫生夫子在堂，高年七十有五）。握手那堪知已老，回頭應憶故園春。今朝不憚臨歧囑，莫負男兒八尺身。

岳墩春望七古

岳王墩上春鳥鳴，岳王墩下春草生。四野蒼茫望不極，嗚嗚何處飛風箏。憶昔元宵月滿時，燈屏閃爍光琉璃。夜半呼朋攜酒去，振衣共上青雲梯。詎料江頭烽火惡，天末晨星半寥落。嗟予老病廢經年，龍鍾不到城西角。冷落西湖罷歌舞，草堂無復尋春雨。獨掩柴扉怕出頭，藤床枯坐參禪語。今朝卻喜天晴和，彩霞橋畔杖藜過。登高縱目望春色，城上山光多復多。

小西湖覽古

近來不到小西湖，湖上何堪風景殊。三間老屋茆都捲，幾樹碧桃枝半枯。當年春雨築草堂，翩翩裙屐飛壺觴。留春閣小宿花影，岱雲樓敞迎山光（八世祖先太史紫元

（公曾築春雨草堂於湖側內有留春閣出雲樓等景）二百餘載風流歇零磚斷瓦無遺跡。臨湖禪院枕山坳髣髴烟霞先世澤半隄荒草夕陽天。昔日園亭今菜田。穿花短棹尋難得堂（草）（前又有穿花棹等景）恨我遲生數十年冥有老僧慕幽雅搜剔糞壤開綠野園亭（同治初泰山墩住持光愷重建於西湖中蘿外設橋通驛）詩花種竹課徒忙三折橫橋垂柳下疎籬曲曲繞柴門。茅亭草舍無苔痕。花時不少人來往壁上題詩墨蹟存不料仙人騎鶴去草蔓烟荒少佳趣。落花無語鳥無聲欲訪釣游更何處吁嗟乎湖畔青楊影半斜湖中春水綠無涯湖兮湖兮自終古閱盡興亡剩暮鴉

上巳窗居感詠

今日欣逢上巳臨窗居孤負好光陰流杯懶向蘭亭集修禊爭將曲水尋晉代高賢無處訪老人舊病入春深東風借我精神健柳岸聽鸝酒共斟

雨後城南小步

江城雨過樹蒼蒼雲影參差認女墻古塔摩天凌野寺疎鐘度水送斜陽貓頭筍出穿林瘦蠶豆花開夾路香閒步烏衣官巷口憐他燕子啄泥忙

春陰晚眺一律

我是西湖舊釣徒尋芳不用短節扶春陰城郭分濃淡。烟影樓臺認有無。綠水平隄四五尺碧榆繞屋兩三株憑誰借得倪迂筆好畫溪山一幅圖

喜雨

怪底東風幾陣侵淡雲微雨作春陰江村想見農心樂一寸桃花一寸金

最好桃花雨及時疎窗夜點夢中知老人莫訝春寒重屈指清明五日遲

寒食感事

寒食而今不禁烟家家祭祖設瓊筵桃開曲院剛三月柳插柴門又一年社鼓敲殘前夜雨餳簫吹暖夕陽天。可憐千載賢愚骨。幾向荒岡送紙錢。

清明後二日感懷

典到征裘事更難清明纔過尚春寒海棠映日紅如滴月季迎風粉作團天若有情多冷暖人能無病即平安夜遊秉燭忙何事九十韶光梦裏看

桃月廿七日車過羅塘

好風引我出城東碌碌征車卅里通花柳經心三月半雲山回首十年中板橋燈火銅鉦鬧竹屋煙霞酒盞空客裏韶光忍孤負老來能得幾回同

遊天目山

閒來散步過新橋草色迷離柳絮飄四面水光圍似帶半天嵐影淡如描仙人井廢穿狐穴鹿女臺空長麥苗今日登高尋古跡臨風轉恨百年遥

四月五日歸途即事

南風吹暖早潮天西板橋西上畫船市近魚鹽人語雜村通衍累柳陰連渡頭帆影三义路水面萍踪二十年珍重歸途餘落日閣尖紅出女牆邊

送春詞

十日歸來病不支囊中添得幾新詩那堪苦雨無情甚送盡春光上柳枝

昨日南風着力狂嬌兒別我去羅塘長兒沐廷於立春前一日復客鑲癡心欲向東皇祝好趁雲帆百里忙

榆莢飛殘柳絮輕清和天氣半陰晴今年莫訝春歸早四月纔聽杜宇聲

九十韶光去不回今朝樂得酒盈杯天公似解離情苦細雨斜風入夜來

閏四月十一日夜聞南山寺塔災紀異

東南形勝欝崔巍寶塔何堪化劫灰百尺雲崩金頂落三更月黯火龍來鳳池筆穎疑先脫貢院奎光莫浪猜獨惜周公遺澤遠塔為南唐時周伯梁所建文風千載仰栽培

環溪寄稿

（清）宫元溱 撰

《環溪寄稿》，清宫元溱撰，據泰州圖書館藏清宫元溱輯《宫氏一家稿》鈔本影印。

宫元溱有《濟世妙義》，已著録。

本書所收詩，創作時間應早於《倦遊零稿》。數首詩有紀年，自己卯（一八七九），至辛巳（一八八一）。

（周　忠）

春雨草堂詩鈔　環溪寄稿

己卯秋八月客遷善鎮喜晤邗江張春舫
我令帶笠子乘車萍水相逢八月初到底詩書同氣
味客中喜近聖人居　同寓　武廟
連天苦雨晚蕭蕭獨卧禪牀更寂寥夜半忽驚歸夢
醒故人燈影隔窗摇
客路誰憐范叔寒鮮衣推食古人難天涯莫道無知
己風雨連牀笑語歡
江湖槖筆計原疎何處侯門可曳裾我比馮驩年更
老不須彈鋏每歌魚
客中喜姜黼卿過訪
淪落他鄉一月多禪房借榻奈愁何囊中錐穎嗟常
脱飯後鐘聲聽幾過布被如冰寒不寐硯田似鐵苦
難磨喜君客裏來相問盃茗同邀笑語和
重陽感事寄示沐兒
光陰容易又重陽游子飄零尚異鄉遥憶故園秋色
好菊花開到幾枝黄
禪房寂寂冷於冰形影相隨只一燈茗椀經牀閒料
理笑余宛似在家僧
午後寓齋遣興
不是木蘭院偏聞午後鐘禪堂分芋火佛國滯萍蹤
窗破樹陰補爐温香篆濃新詩題不得壁上绿苔封
其二
頻驚歸夢醒古殿響晨鐘菊賸霜前影鴻留雪裏蹤

打窗黄葉碎補衲白雲濃好待山僮掃塵看佛榻封

小春月中浣偶過禪師廟喜晤姜黼卿茶話半日歸途即事二律却寄

淪落他鄉又早冬石橋西去訪文宗半林黄葉無深淺數縷青煙認淡濃門掩竹籬疑有路雲藏野寺不聞鐘何當客裏相逢處一樣飄萍水上蹤

同是天涯太瘦生雲堂閒話故人情身原如寄何妨老術不能工敢計名十載丹鉛書有味一龕香火佛無聲輕車不厭歸途晚數里沙隄落日明

月夜聞鴈

橐筆江湖術未工半年借榻梵王宮窗虛月影寒逾白夜冷燈光淡不紅斫地王郎多感慨依人劉備本孤窮幾回欲把歸期訂愁聽樓頭有斷鴻

新寒

天涯游子未曾歸幾日西風送冷威凍筆頻呵含墨汁敝裘初試暖腰圍爐温小火茶新熟窗破疎櫺紙亂飛遥憶故園小兒女燈前應理舊寒衣

喜吉鏡川過訪

鎮日西風客思侵雲堂喜見吉星臨安仁老去鬢眉改元亮歸來歲月深詩酒半生名士氣文章卅載故人心輸君占得家園樂仍把青氈舊物尋

戲題

底事柴扉叩不開隔籬遊客幾徘徊後門深鎖前門掩喜見雛奴一笑來

游蜂一路趁風狂翻笑尋香蝶子忙丁字簾前人未睡斜披半臂怯新涼

低鎖清烟紙帳寒閒情倚遍玉闌干何來別樣僧鞋菊惹得羣芳帶笑看

幾朶蘭英月下殘一枝金鳳鬢邊盤琵琶彈出潯陽曲司馬青衫淚未乾

客中贈曲阜孔又峯

故鄉杯酒快同羣一別江東日暮雲最是環溪蕭寺裏菊花天氣又逢君

小春月中旬戴子蘭窗前黄菊盛開感而有詠

一盆晚菊色鮮新不放重陽放小春最好燈前相對處金衣分外有精神

幾多雨露費栽培喜見黄花晚節開寄語主人多護惜推窗先讓月光來

冬至前一日客中晚眺

光陰容易動葭灰游子飄零尚未回客路頓驚寒色改漁舟却趁晚潮催霜鴻排字高難數宿麥連雲凍不開最好西風能借力一聲長嘯獨登臺

江村如畫望層層縱目郊原酒興增幾陣寒鴉盤古木一彎新月挂枯藤沿溪野路平如砥隔岸人家只見燈不識知音何處覓抱琴無語訪山僧

題蝴蝶手卷

翩翩公子總烏衣為戀天涯芳草肥怪底東風忒多事落花偏與作團飛

此身栩栩逐風狂，到處尋香瘦影忙。安得春光常不老，任他醉煞黑甜鄉。

中秋日車過宮溝即景

重過江村景物非，中秋客路雨霏微。雙雙白鷺窺魚立，瑟瑟青楊任鳥飛。野水半灣菱葉滿，荒林幾處桂花稀。可憐今夕團欒月，偏照離人放晚輝。是晚天晴見月

午後同人過文廟看桂花不值

為愛江天夕照紅，中秋同步到文宮。那堪老衲無情甚，深掩柴扉路不通。

林梢一角露高樓，門外徘徊興自幽。秋色怪他關不住，幾枝丹桂出牆頭。

今夜誰家賞月忙，安排酒盞滿禪堂。山僧怪底呼難應，方外尤多勢利場。

暮雲零落鎖疎林，咫尺蟾宮莫許尋。惱煞山僧不解事，看花人勝折花心。

夜歸

令節重更景物非，荒郊闃寂漏聲稀。霜痕滿地離離滑，月影隨人緩緩歸。寒勒梅梢知夜冷，陽回葭琯覺灰飛。愁來厭聽樓頭笛，踏遍清溪酒力微。

路轉溪橋石徑斜，半天寒色更無涯。波涵星斗衝漁艇，水浸樓臺認酒家。野外燈光驚鳥雀，堤邊樹影走龍蛇。當前夜景真如畫，獨耐西風望眼賒。

月下晚步

不耐北風緊，閒情好夜遊。霜痕疑有跡，月影正當頭。

鴈叫雲千里燈明水一樓歸來清不寐茶點兩三甌

寒夜聽雨

蕭蕭一夜雨孤客動羈愁歸夢驚虛枕新寒上敝裘家書燈下檢藥譜病中搜屈指殘冬逼臨風淚暗流

晚望

客中無興倒芳尊野色蒼茫欲斷魂數點鸕鷀歸荻港幾家雞犬認柴門鄰村隱隱拖雲脚溝水涓涓沒漲痕怪底禪扉關更早荒苔屐齒立黃昏

客牕夜坐四律

小牕颯颯北風寒枯坐禪房夜正殘一紙家書悲歲月半天霜氣撲闌干筆難餬口身俱瘦詩不驚人語帶酸差喜連床多好友三更煮茗共盤桓（春舫同寓）

茶罷宵深帶醉眠清燈相對旅愁牽悶聽孤角聲如裂冷戀重衾夢自圓寒士文章多苦境故鄉骨肉感殘年幾回欲把歸期訂料理行囊賸一錢

行裝自顧却蕭條回首家山覺路遥紙上功名空自許壺中日月恨難消臺荒無復尋銅雀（鎮西舊有歌臺俗名銅雀今不見矣）裘敝何須問黑貂怪底霜鐘鳴半夜驚回客夢更無聊

客滯江鄉四月多寒衣莫寄歎如何藤牀辛苦參禪侶蓮漏丁東攪睡魔慣歷冰霜顏愈老欲醫貧病藥難和明朝别有消寒法爭向胡姬酒肆過

臘月七日雪後舟行東往

滿目寒光雪未消北風吹過采蓮橋今年却少路頭

債北馬南轅百里遥由刁鎮返泰城由泰復往張尤庄往返約有百餘里

疎林隱隱認江鄉幾處茆檐帶月光莫訝前途烟水

濶扁舟又宿小楊庄

晨風慘慘正黎明四處荒雞閙惡聲舟子捲篷成一

笑雪花狂逐浪花生是夜又雪

宿張尤庄

荒村寄宿席難安愁聽蕭蕭夜雨酸燈暗踈窗檐溜

響夢回孤枕布衾寒殘年心事無端擾客路風光不

耐看獨有人琴無限感墓田回首淚闌干送妹文米鏡湖安葬

臘月十七日由泰城又客環溪

一生浪跡類飄萍卷口韓河路幾經凍解堤邊泥滑

滑冰消池畔水泠泠菜畦積雪高低白茅舍炊烟遠

近青借問環溪何處是疎林西去小車停

復過舊游處

門巷依稀認竹林丁香花下晚風侵劉郎重入天台

路人面不知何處尋

小鳥依人自可憐天寒翠袖冷含烟幽蘭未入文姬

夢緑葉成陰欲滿天

誰把風輪借善才花前喜見鵲歸來羣鴉不解東皇

意飛入松林去不回

忽聽譙樓又幾更過牆蜂蝶太無情浮蹤不及寒燈

影常伴深閨徹夜明

戲贈

梅花不羡漢陽粧蜀錦纏頭滿殿香幾向禪林問消

息雨敲松子落琴牀

小燕翩翩自可人曉風楊柳想丰神是他占得龍陽寵紅袖青衫別樣春

莫嫌雲雨濕征袍買笑花前酒興豪借問衛宮誰得似新恩有幸啖餘桃

絕好南風着力狂清歌妙舞少年場無端奪得雌龍魄爭說蓮花似六郎

有感

光陰容易一年過回首家園淚似梭馮鋏悲歌嗟老矣阮囊羞澀奈愁何是誰捷足先登快大抵蛾眉見妒多屈指殘冬餘幾日那堪風雪舞婆娑

立春日書贈春舫

連天大雪逼殘冬入羣愁煞江鄉兩寓公百里家山雲影外三更燈火雨聲中恍疑冷月侵窗白翻笑衰顏借酒紅聞說立春是今日客心倍覺怨東風

廿四日晚閒閱曆書有感

爆竹連天響家家送竈忙禪房驚暮歲游客尚他鄉飯後鐘聲寂燈前旅思長閒來繙曆日祇剩兩三行

除夕接家書

歲除喜見凍雲開一紙家書馬上來客裏消愁雖有酒天涯避債苦無臺異鄉景物龍燈鬧故國風光爆竹催寄語兒曹多自惜夕陽休望小車回

庚辰正月三日題畫試筆

生來爵禄有根苗拋盡金錢慣養嬌寄語狸奴休亂

撲任他得意快沖霄

打起花貓護彩禽髫年具有好生心他時若遂登雲志同把鵬程萬里尋

白鷴放出快閑籠花下猧兒漫逞雄囑咐小童多護惜為憐毛羽未全豐

僕了小髻綰餘春最愛嬌兒面目真羨煞畫工多善禱祝他耄耋有精神

人日思歸

擬待題詩寄草堂那堪客裏動愁腸春風力未催寒去夜雨聲偏入夢長廿里雲山嗟落寞一龕燈火感淒涼故園遥憶妻孥樂團坐爭將歲酒嘗

苦雨

十日春光六日陰酸風苦雨暗相侵一家骨肉燈前淚半載星霜客裏心驥老那堪悲伏櫪桐焦何處覓知音他鄉屈指元宵近歸夢驚回旅思深

題畫

老大鬚眉歎故吾飄零水國為饑驅客懷茶罷無情思喜見滕王蛺蝶圖

夢醒繁華莫浪猜風前紈扇幾徘徊恐他難入時人眼翻羨何郎傅粉來

元夕前一日回里車中口占

關心明日是元宵早趁晴光過小橋錦繡千門都換舊家山廿里不辭遥春回楊柳青先轉水活池塘白似描最喜東風傳得意歸途儘力為相招

清明日偕蓀兒往蕭家橋拜掃　先太史祖墓

光陰容易又清明一輛輕車放早晴最是江村風景好紅桃綠柳引征程

纔過袁灘更浦頭蕭橋兩去認荒邱蒼松銀杏今何在（塋前舊有銀杏四株惜為大房子孫伐賣一光）沒字殘碑半段留（塋前舊有石碑鐫刻三代官名氏配現存趙家庄蓮花禪庵内）

石爐石案卧蒼苔（塋前現有石案一張石瓶一付石爐一座）荒塚無聲傍水偎一串紙錢一杯酒先靈應識耳孫來

歸途十里路縱横指點癡兒記更清歎我萍蹤飄不定客中能得幾同行

詠客邸海棠

遥憶家園放海棠（余家有春海棠一株花時正盛）又從客裏見新粧（武廟佛殿前海棠一株相傳為百年間物老幹尚存花時更盛）想因乞得楊枝水特許春風滿面香

碧闌干外幾枝斜好借春陰護絳紗不是年年攀折苦任他香國占繁華（二月中海棠花孕滿樹數日為隣家兒女攀盡）

清明後四日客中苦雨三絕

怪底桃花雨不時清明過後復如絲（清明前十日雨俗名桃花雨今春未有雨）何當一夜東風緊翻倒天瓢瀉不支

偏是謝花雨更多（後十日雨俗名謝花雨今春偏多）春陰連日勢滂沱天公不念羈人苦滴碎鄉心幾陣過

涼逼禪床客夢驚卧聽簷溜滴階鳴可憐春色留難住窗外海棠飛落英

春日過東萬庄車上即景

却好江村路幾經貪看春景小車停梨花帶雨如雲白山色横天似黛青野鷺窺魚身自懶茆檐對水户常扃石橋西去禪關近日暮鐘聲入耳聽

春日苦寒客中感事

北風幾日作春寒一襲征袍轉覺單客館何當悲老大家書差喜報平安愁多白髮搔常短夜冷青燈剔易殘回首故園花信裏海棠曾否笑檐端

車過寺巷口拜掃　先君墓歸途遇雨

早過韓河去輕車十里忙沿溪楊柳緑夾岸菜花黄骨肉孤墳冷家山一水長那堪歸路晚細雨濕行裝

春寒

禪堂枯坐静無譁遥憶家園景色賒料得春陰連日裏新紅開到鼠姑花

苦雨酸風不放晴羈人早起没心情客窗怪底春寒重身上征裘轉覺輕

次古潤嚴小泉見贈韻

客中知己少貞白仰宗風化雨分淮北先生醫學宗淮陰吴鞠通先輩醫星耀海東令先尊博泉夫子懸壺鹽瀆先生遂濟美於此病因憐宅相本鎮尹令甥近患血症棠君薦引黍酌湯許擬清宮令甥貴恙先生命用清宮湯遂一帖而愈何日傳衣鉢心香一瓣同

送别一律贈嚴小泉令甥病愈先生將有歸志

天不分南北萍蹤水面逢羊裘瞻雅度鶴髮仰仙容肘後刀圭秘花前几杖從離懷拋不得溪畔浪淙淙

溪邊楊柳綠如絲，爭忍臨風折一枝。黃卷君能傳舊學，青囊我愧訂新知。喜聞謝眺驚人句，懶和淵明乞食詩。漫唱陽關三疊曲，吟鞭珍重落花時。

題贈嚴小泉二律兼為餞別

釣臺仰見客星明，水國相逢笑語傾。名士襟期詩有味，故人意氣酒多情。方傳龍虎丹初熟，曲唱驪駒笛換聲。却好東風連日緊，溪頭楊柳阻行旌。

一樣萍蹤許暫留，清風差喜挹羊裘。名高思邈庸多術，才老相如悔倦遊。半載他鄉猶索筆，五更殘月怕登樓。明朝復詠陽關曲，簾外飛花替客愁。

夏日移寓文昌宮易安山館（匾為先伯石泉公書）

江鄉索筆客心哀，移寓文宮絕點埃。四面疎籬編竹補，一層高閣對山開。平原遼濶天低樹，曲徑幽深石疊苔。晚向紫薇花下立，蕉衫時透好風來。

坐月四絕

新晴山館景偏幽，綠竹横窗暑氣收。最是晚涼天色好，一輪明月上樓頭。

竹床石枕任横斜，晚卧空階静不譁。夢醒忽驚扇（蕉）扇響，簾前吹落紫薇花。

快把新茶煑一杯，涼光陣陣撲人來。却宜小院風初定，數朶蓮花自在開。

老僧情話夜三更，聒耳蚊雷睡不成。閒趿芒鞋階下立，桐花滿地落無聲。

所見

楊柳梢頭夕照斜野人門巷晚停車記從路口相逢
處蕉扇羞將半面遮
怪底游蜂瘦影忙尋香得意過禪堂多情莫向花前
立只恐東風着地狂
姗姗瘦骨病相侵三尺羅衫弱不禁知否王孫多愛
汝忍將一飯報千金
漫把珍珠一斛量為憐涼露濕衣裳無情等是黄昏
候門外斑騅賺陸郎

晚步

薄暮柴門外臨風愛晚涼蛙聲喧古渡鴉背閃斜陽
村婦荷鋤去老漁沽酒忙西南多雨勢烟樹更蒼茫

其二

疑是秋光早空濛野色昏秫田皆夾路茅舍自成村
雲起山無影潮回岸有痕故園何處是北望斷吟魂

寓樓晚望

披襟得意上晴空野景當前畫不工村樹遠連孤岫
緑寺樓高映夕陽紅淡濃雲脚拖殘雨斷續蟬聲咽
晚風怪底征車忙未了橋邊奔走各西東

登魁星閣

高閣凌空絶點埃客中消夏任徘徊樓先得月層層
敞窗為看山面面開牛斗文光騰背起乾坤清氣盪
胸來昂頭即是青雲路安得天風着力催

露坐

一道銀河屋角横招涼坐到夜三更隔籬忽報秋光

轉猛聽蕭蕭絡緯聲

老僧閒話小窗西一柄輕紈手自攜最好晚來風力
小水螢穿樹自高低

月黑空庭夜氣清竹床斜倚一身輕藉他洗淨箏琶
耳牆外蛙聲兩部鳴

凄凄涼露濕荷衣水浸芳池暑氣微惱怪底惱人眠不
得花蚊偏向耳邊飛

夜涼

歸夢初醒覺夜長忽驚秋氣透禪床天公有意憐孤
客乞與西風一夏涼

露重羅衫轉覺單添衣乘醉倚闌干蕭蕭不待松風
急草閣偏生六月寒

辛巳秋月重客環溪仍寓易安山館病中夜感

天氣連朝作嫩寒他鄉客子覺心酸禪林紅葉閒中
掃故國黃花夢裏看病不成眠孤榻冷月如有恨五
更殘寄衣一曲從頭記予前集舊有寄衣曲和作幾度登樓撲畫
欄

庵前晚眺

寂寂禪扉向晚開橋邊獨立幾徘徊星含冷欲垂天
遠月帶寒光出水來高樹鴉翻殘葉墮疏籬犬吠老
僧回客中多少秋懷苦爭奈霜風着力催

晚歸

一路北風緊鐘聲何處邊疏燈紅出屋遠樹黑團烟
雲冷鴈橫塞鴉飛霜滿天林梢殘月上門外幾留連

所遇

白石橋邊月影斜，紫雲喜借美人車。何當竟夕燈光下，隅座香分一盞茶。

清癯疑是雪中梅，幾度相逢笑靨開。我比青蓮更風雅，花前捧硯貴妃來。

重過

竹籬遥隔路西東，人面依稀一樣同。怪底天台重到處，桃花不復笑春風。

一逕陰陰碧樹低，兒家門巷路多迷。笑他小鳥驚人慣，飛入深林不住啼。

山館病居夜不成寐枕上口占

小窗日暮上燈初，病坐禪房自檢書。爭奈霜風連夜緊，閉門更覺故人疎。

病軀不寐歎更長，幾把寒衣望故鄉。惱煞山僧不解事，榻前笑語説荒唐。

家書幾度報平安，問到歸期淚暗彈。屈指光陰又三月，桂花開過菊花殘。

記曾汗雨濕征衫，今訝秋光老碧杉。何日歸途爭得意，乘風破浪駕雲帆。

病中有感

飄零張儉豈無家，客滯江鄉感歲華。浪把新詩題壁上，木蘭何日得籠紗。

無邊佛法本來尊，飯後鐘聲斷客魂。愧我不如蘇學士，何來玉帶鎮山門。

莫笑清風兩袖寒歌魚人肯鋏空彈十年富貴原如夢芋火偏來乞嬾殘

自歎奇方肘後無齋厨寄食伴雛奴疎狂不比陶元亮誰繪虎溪三笑圖

落葉蕭蕭苦送秋環溪風景任勾留一生受用能無盡愿借天龍一指頭

忽聞征鴈唳霜天孤負黃花又一年等是重陽都過了恨無佳句夢坡仙

過史家庄

雲黯江天不放晴荒村却趁小車行沙堤數里東風急吹入菰蒲作雨聲

林外驚看落葉狂田邊喜見麥苗長柴門占得秋光早霜後新添鴨脚黃

重過東萬庄

落日節庵訪故人征車幾度到江濱泰城姜鞘卿去歲曾設帳於本庄禪師廟秋風重過禪師廟鴻爪依稀認不真

竹林深處野人家曲曲疎籬一徑斜最是柴門秋景好隔江山色似屏遮

山館秋色疊韻

桂花開過試金風山館秋光自不同爲愛牆陰天竺好火珠幾串綴新紅

蕭蕭黃葉戰西風秋入禪林景不同欲認霜華好顔色階前新綻鴈來紅

午後同人過李家庄

江村風日喜晴和，十里沙隄得意過。羨煞田家歺樂趣，豊年幾處鬧笙歌。

樹頭趁得夕陽斜，童冠相隨笑語譁。遥指紅樓最高處，鐘聲隱隱梵王家。

車過趙家庄

四野蕭蕭落葉黄，霜風底事為秋忙。石橋西去沙堤白，一路車聲送夕陽。

竹林閒訪白雲居，老去悲秋酒興疎。薄暮不嫌歸路遠，幾家野市上燈初。

不寐

苦雨驚殘夢，披衣覺夜長。僧雛如骨肉，禪室似家鄉。漏轉三更響，燈含半壁光。寒蛩更何事，唧唧入藤牀。

其二

獨耐禪房寂，霜風送夜涼。悶垂孤客淚，愁入九迴腸。落葉打窗響，啼烏穿樹忙。知音何處覓，曉起抱琴囊。

客裏送秋八首

幾日西風又送秋，怕聞征鴈過樓頭。飄零蹤跡憐張翰，不為鱸魚動客愁。

江上青山笑我忙，東西奔走歎途長。幾從黄葉村頭過，何處扁舟問故鄉。

楓林不任亂鴉飛，帽影鞭絲送落暉。爭奈金風容易老，天涯游子未曾歸。

敲殘碪杵是誰家，旅夢驚回酒興賒。怪底他鄉風景異，荒原何處訪黄花。

橐筆江湖又一年，行沽自觧杖頭錢。恨他白帝歸何早，多少離愁細雨天。

何事孤雲去莫留，蕭蕭衰柳滿汀洲。蘆花似觧羈人意，不住風前點白頭。

一家骨肉各西東（次子業廷就業羅塘），今夜鄉心幾處同。寄語行旌傳片刻，故園珍重蓼花紅。

陽關唱罷笛無聲，短榻偎寒寐不成。遥憶故鄉小兒女，燈前未解訴離情。

坐雨

細雨連朝不出門，禪堂清寂易黄昏。瓯中茶熟烟初透，爐内香添火尚温。孤枕醉眠偏有夢，寒衣細熨自無痕。故園回首秋雲黯，斜倚危闌欲斷魂。

閑聽簷溜滴階聲，向晚寒光上短檠。藥不能醫貧是病，愁如可解酒多情。閒搜佛典經先熟，重檢家書句更清。爭奈離懷拋不得，昏鴉偏傍小樓鳴。

菊月廿七日夜聞紀異

何處喧豗萬馬兵，天瓢翻倒勢難平。雨鳴屈（屋）瓦飛繁響，風入樓窗起嘯聲。落木無邊驚鶴夢，寒潮有信鬧鼉更。那堪夜半羈愁苦，坐擁孤衾寐不成。

病中接　母書

喜從燈下讀家書，定省何當四月疎。問到歸期難再訂，勞他白髮倚門閭。

那堪紙短苦情長，家事從頭語更詳。回首慈幃腸欲斷，可知游子病他鄉。

喜沐兒至

一輛輕車閏月初竹衫蒲扇到村墟那堪客裏秋風急鴻鴈南來又寄書（前三日接家書）

他鄉喜見寄寒衣（沐兒送寒衣至）骨肉重逢笑語微愧我行囊太羞澀一錢先送小兒歸

雨後晚步

却好横橋日暮時江潮帶雨入秋池炊烟有影沈茅舍落葉成堆護竹籬鴉困狂風盤野亂鴈驚漁火下灘遲登高縱目情何限寒色無端上柳枝

三教社會書所見

幻將教法托三乘信口南無拜佛燈惱煞夜來鐘鼓閙滿堂都是在家僧

神前三盞飯團空案上三枝蠟燭紅想見玉皇開口笑玄穹今妄改玄窮

不穿道服不叅禪玉磬金鈴作福緣却好衣冠皆本色單衫大帽各翩翩

壇中香案設三層佛號經聲衆口稱莫怪齋堂功課急日間上供夜闌燈

數條偈語半雷同掌教偏將眼鏡籠多謝主人長跪獻幾杯清水幾杯空

香焚寶鼎水盈罇八幅長旛映閤門夜半志心朝禮切一聲齊唱大天尊

草鋪樓下廣單開曉起鐘聲幾陣催今日齋厨多一頓捧盤先送粟茶來

輕吹玉笛擊雲鑼匐匐壇前意若何幾輩道婆同受戒火燒雷打咒偏多

從來好佛婦人多素供清齋費幾何和樣不如和唱好木魚聲裏祝優婆

露天高架蓺檀香神軸龍牌匣裏裝三日醮壇功德滿散花送聖大家忙

十月初三日遥祝　母壽

幾度臨風淚似梭關心今日客中過清香一炷申遥祝定卜康强母壽多

游子飄零尚海濱家書無語慰慈親遥知姊妹稱觴處戲綵應憐少一人

老妻生日寄内

半生累爾守虀鹽今日離懷掩鏡奩記得去年家宴樂樽前同把酒籌添

芳辰孤負菊花殘歸夢驚回淚不乾遥憶家園小兒女應將菽水幾承歡

寺巷口謁　先君墓

霜消天氣正晴和一輛輕車十里過行到小橋魂欲斷孤墳無語對清波

白雲望斷十餘春客裏重過淚滿巾一炷清香一杯酒先靈應念子孫貧

午後送沐兒回城

關河南北道途賒兒上孤篷我上車悵煞有家歸未得東風一路趁寒鴉

籬門小立拂征衣，獨對禪燈笑語稀。回憶歸舟風力順，黄昏應歎故園扉。

車過蓮花庵

雨後征車快若飛，平橋幾處認依稀。蓮花庵裏重相過，墻角蒼松長舊圍。

舊徑蒼茫鎖碧苔，十年鴻爪幾疑猜。老僧一笑猶相識，前度劉郎今又來。戍句

感舊

記得來時路，疎籬又幾重。佛龕尋舊句，禪榻認遺蹤。鳳尾添新竹，龍鱗裂古松。回看彌勒笑，十載故人逢。

其二

依舊禪扉掩，征車又暫停。石碑今剥蝕，玉樹幾凋零。

同治七年春間曾偕瑞堂、心廉、熙初諸姪輩寄宿於庵內，今皆去世，一歎。山色憑誰弔，鐘聲懶再聽。不辭歸路遠，橋下雨冥冥。

客窗聽雨疊韻

鎮日無聊甚，疎窗聽雨聲。寒深渾似水，愁重却如城。五斗淵明志，千金漂母情。那堪塵拂面，飯後暮鐘鳴。

其二

誰解他鄉苦，昏鴉何處鳴。飄零游子意，勢利佛家情。酒好傾千琖，書休擁百城。禪房枯坐久，漏轉兩三聲。

其三

怪他簷鐸響，偏作不平聲。犢鼻憐司馬，牛刀笑武城。炎涼悲世態，患難識交情。回首十年事，燈前劍欲鳴。

其四

爭奈西風急譙樓畫角鳴夜長添旅夢僧老沒人情
詩稿編殘紙家書望故城迷津誰可指彌勒笑無聲

重過

微雨初過夕照明紫丁花下笑相迎怪他村犬無端
吠似怨東風太薄情
燈前一別又三春阿母重逢轉愴神同立籬邊不忍
去幾番低語問蘭因

山館晚坐

淪落天涯客孤蹤寄野庵嬾殘分芋火彌勒共雲龕
僧鉢清齋供禪燈冷燄含莫嫌知己少隣叟薦霜柑

有約

幸逢楊柳小溪頭把袂風前笑不休喜得心心兩相
印指尖點破滿胸愁
相見時難別亦難成句淒涼翠袖淚痕酸黃昏預訂
花前約待月西廂倚畫欄

野市

不識人何去重過野市東月仍今夜白燈似昨宵紅
窗外離愁重胸前卍字空回看溪畔路疎柳暮烟籠

有憶

禪林舊約冷西風獨坐窗前淚眼空底事中宵眠不
得寒燈相對落花紅
何日溪邊許再逢夕陽影裏話從容何當夜半驚殘
夢有酒難澆塊磊胸

西郊晚望

禪林西去路三义荒草連天望眼賒茅舍烟昏喧野雀麥田雨過集寒鴉碧波瀲灩沈蘆渚黄葉蕭踈散柳衕最是江村兒女樂晚罾幾處漉魚蝦

何處披裘訪釣臺溪橋薄暮且徘徊天垂曠野征鴻斷日沒荒原獵馬催村樹遠連雲影黯晚風遥捲市聲來芒鞋踏遍歸途滑怪底禪關叩不開

閒趣

客館有閒趣新詩信筆題林空斜度鳥市遠不聞雞日影松千尺霜痕菜一畦故鄉無此樂散步小橋西

過萬家舍

新街西去石橋東黄葉蕭蕭戰野風村舍午炊烟影黑征車暖映日光紅數聲寒犬驚人過一曲踈籬有路通田首江天渺無際寺樓高插竹林中

重見

落日門前幾度逢秋心吹致玉芙蓉怪他連日多憔悴瘦損腰支蝶夢慵

桂花原是月中栽恨水愁烟鎖不開莫道效顰多可厭爭看西子捧心來

翠袖臨風怯晚涼可憐修竹隅東牆適來亦有相如渴乞與新茶一盞香

斜與（倚）雕欄待夕暉機中錦字認依稀愛他臨別多珍重陌上東風緩緩歸

燈下自感

安得新詩畢碧紗禪堂無事學塗鴉身因飄泊都忘

老。人為飢寒不戀家。骨肉恩雖燈下淚。文章世業鏡中花。小春幾日天時短，獨對清罇感歲華

可憐游子去天涯，風雨蘋江客路賒（長子沐廷現往揚郡赴試）鴈過雲邊書莫寄，身驚寒氣病尤加（現患咳嗽）江湖橐筆孤踪遠，歲月催人兩鬢華。駒隙光陰忒容易，飛灰指日又吹葭

野望

貪看斜陽晚，閒書手亂拋。收童爭掃葉，野屋半誅茆。征鴈排橫字。歸鴉認舊巢。禪扉關更早。留待老僧敲。

其二

快把樓窗敞，林疎露翠巖。鐘聲臨水寺，雲影隔江帆。野曠天疑合。原荒草亂芟。隣村三四里，遠樹月鉤銜

有望

西風莫解寸心愁，鴻爪依稀跡尚留。今日重過疎柳岸，夕陽明滅水空流。

惆悵飛花隔畫簾，憐他清恙十分添。秋心遥指樓頭月，翠袖寒生玉筍尖。

答山僧

山僧笑我守雞廉，禪室鈔詩筆退尖。好似長安人賣卜，百錢終日但垂簾。

不求佛法不求仙，樂得壺中小有天。我比阮郎情更雅，閒遊多挂杖頭錢。

雨中望家書

爭奈連天冷雨催，僧（禪）房獨坐客心哀。幾行旅鴈空飛

過十月征裘莫寄來路隔江城家信杳字刪詩稿老僧猜相期重剪西窗燭不放窮愁上酒杯

酒醒牀頭喚奈何光陰容易小春過風催落葉驚寒早夜擁孤衾覺夢多般浩書空嗟怪事王郎斫地任高歌故園北望生歸思寄語兒曹買釣蓑

冷信

鎮日北風寒征袍轉覺單窗虛闌更早裘敝寄偏難半夜隣舂響孤衾旅夢殘鄉書何處望霜鴈唳雲端

月下晚坐

江天既雨晚晴佳山館蕭閒獨掩柴孤客多愁停酒盞老僧有興乞詩牌白雲得帶月侵虛閣黃葉隨風落滿堦迸憶燈前小兒女寒宵幾度卜金釵

易安山館即事

漫云野屋小於舟四面朱欄景自幽細草碧連花砌上夕陽紅映寺樓頭塵封古佛鐘聲杳紙破疎窗竹影浮却好老人閒得住算來清福幾生修

清閒鎮日掩禪扉曲曲疎籬碧四圍一徑蒼苔遊客少半林黃葉老僧歸風寒古閣秋鷹嘯烟冷齋厨怖鴿飛想我前身是明月佛龕相對兩忘機

晚眺

客中何處遣牢騷野店黃昏酒興豪十月霜華欺短鬢半天寒色上征袍雨過頓覺溪痕長木落驚看閣影高帶醉歸來多得句燈前隨手搦羊毫

晚歸

散步荒郊去，梅花何處探。鴈聲來塞北，山色望江南。
涼月挂高樹，寒星沉碧潭。歸途興不淺，門復叩茅庵。

待月

爲愛當頭白，中宵興未降。霜痕團古屋，月色上幽窗。
笛訝誰家弄，鐘聽野寺撞。舉杯邀不得，人影對雙雙。

歸思

獨坐少生趣，清閒一事無。鹽車悲驥老，涸轍歎魚枯。
海國鄉音杳，禪牀客夢孤。阮囊更羞澀，歸思冷蓴鱸。

病坐

幽人意不適，早起嫩寒侵。野鳥聲何苦，河魚疾又深。
幾行孤客淚，廿里故園心。快把新茶煑，薑芽子細尋。

其二

冷坐小窗間，倏然意自閒。旅懷悲歲月，歸夢憶家山。
爐把檀香爇，方從藥譜刪。病中愁莫解，家信到禪關。

曉過官溝

幾日蕭閒不出門，禪房病卧布衾温。清晨忽聽山僮報，青鳥相邀過別村。

輕車破曉出荒郊，楊柳菰蒲拂水坳。記得前年秋信裏（曾己卯中秋過此處），半天微雨濕鞭梢。

十里東（南）風拂面狂，小營東去認山莊。沙堤却是來時路，銀杏新添兩樹黄。

野岸高低野水流，一天寒日上官溝。歸來路轉疎籬曲，遥指紅牆是寺樓。

接沐兒書

忽報魚書到野扉山妻怪我久忘歸一宗年家計從頭訴半載鄉心兩地違燈下空煩編錦字客中無復送寒衣忍將幾點窮途淚付與西風寄繡幃

獨立風前瘦不支故園回首意如癡愁深旅費心尤苦（沐兒現欲往揚府試考費維艱未克起程）典到征裘事可知路遠久疎親友問家貧轉賴小兒持晚來欲把回書答幾度躊躇下筆遲

自歎

鬚眉頓改鏡中顏客滯江鄉不等閒四月飢驅愁似海一家坐食歎無山磨人莫觧清貧境出世難逃苦惱關屈指行年過半百債多兒女幾能還

天涯何處覔知音獨對牛欄弄古琴為客幾經添白髮論文誰不重黃金半生飄泊文章賤卅載恩讎骨肉深多少羈愁抛未得風箏徹夜響疎林（鄉間兒童冬夜輙放風箏其聲嗚嗚盡夜不收）

接内書

落花閒煞故園春痛把廻紋寄遠人滿紙窮愁悲涸轍半年離恨怨飄蘋車塵馬足偏憐老燈影機聲獨耐貧重檢家書腸欲斷淒涼不覺淚沾巾

冬日欲寄家書風雨見阻燈下感詠

窗前病坐客心慵燈下修書墨蹟濃句不求工三易稿意猶未盡幾開封江天難把歸鴻覔風雨何來驛馬逢我欲登高發長嘯那堪烟樹隔重重

歸自官溝旅夜不寐枕上口占

連朝天氣暖如春車走東西識路真最是歸途行不得蕭蕭細雨浥清塵

歸卧禪房聽漏殘籐牀頓覺布衾單無端旅夢偏驚醒。入夜西風又送寒。

雨後寄家書

故園迢隔水雲隈宿雨初晴驛馬催雙淚猶霑襟上濕百錢爭鮮杖頭來信內附寄衣服錢物莫煩慈母離愁結想見山妻笑口開藉問江邊遊子去行蹤曾約幾時回沐兒現客揚城近有信來家否

望家書

家書一紙去鄉關驛馬匆匆夜未還獨對寒燈眠不得客愁深鎖小窗間

漫說家山廿里遥回頭轉覺路迢迢天心莫解覊愁苦偏與霜風吼一宵

故園何事久徘徊一日鄉音尚未回幾度登高翹首望半天難撥凍雲開

孤枕淒涼客夢驚關心鴿信未回程還雲底事遲天末愁聽樓頭一雁聲

晚歸即事

漫把生涯托釣竿小車飛過白蘋灘雲山有興添詩料松柏何心耐歲寒聽罷疎鐘天欲晚踏殘落葉雨初乾醉歸偶向籬邊過野老相逢笑語歡

獨坐

老人無事性偏頑矮紙鈔詩不耐閒瘦竹敲窗寒犬

吠枯藤礙路小童刪樓頭樹秃風聲嘯屋角雲凝日色慳獨坐禪堂歸思懶黄昏翻羡鳥知還

寒夜

月黑空林烏未啼半天風色夜淒淒寒生斗室燈光暗冷透匡牀客夢迷牆角忽驚隣語細街頭轉訝柝聲低明朝別有關心事悶聽荒村叫亂雞

曉起

怪底棲鴉不住鳴禪房頓覺小窗明橋頭霜重留人跡籬角風輕捲市聲幾處荒雞啼更早半天寒日報新晴老人曉起閒無賴坐看茶烟竹裏清

曉出

曉趁輕車過野橋無邊落木更蕭條柳含別恨枝多秃竹有虛心葉不凋紅日穿林喧凍雀白沙捲地落寒鵰半途喜見村童接莫厭長隄十里遥

新晴野眺

霜消日出碧空虛霽色無邊畫不如鴈陣横斜風定後鴉聲嘔軋曉晴初疎林一曲客沽酒寒水半溪人打魚我欲卜隣村落裏栽花種竹結茅廬

曉意

何處荒雞入耳鳴東方既白碧天晴好風時向竹籬過款乃一聲春夢驚

曉星未落客車通石徑欹斜野市中自是東南好風景寺樓先占日光紅

紙窗四面曙光明修竹蕭疎却有情最好鈎輈啼未

了林間野鳥不知名

寂寂禪扉對水開山僧睡起曉鐘催清晨莫怪奚奴懶落葉階前掃幾堆

自感

入市翻嫌我獨醒莫邀阮籍眼垂青城中斂氣誰能識飯後鐘聲客厭聽千里征鴻悲故國半天落日射疎欞閒居別有消愁法細乳松烟寫佛經

安得元龍意氣豪同登百尺畫樓高撥殘蕭寺三更火聽慣禪林萬樹濤窗下自甘磨鐵硯客中誰復贈綈袍晚來轉惹山僧笑醉倚寒燈讀楚騷

喜接家書

何日西湖買釣艘一竿坐老碧苔磯禪房似水寒侵枕破紙鳴風冷透窗燕頷徒悲班定遠羊裘誰訪富春江客中喜見家書至笑起披衣剔夜釭

重憶

幾多消息隔東牆瘦竹蕭蕭怯夜涼安得金風常不老窗前吹入桂花香

莫許東施妄效顰捧心幾見浣紗人何時重把新茶煮一盞香分隔座春

待雪

莫怪閒情與俗違乖無聊鎮日坐空齋樽中白酒思文舉爨下焦桐望伯喈人爲多愁身易老詩逢絕對悶難排連天雪意東風緊何處梅花寄雅懷

雪意

雪意連朝緊，風聲徹夜聞。紙窗嗚急雨，村樹鎖寒雲。爐内香初燼，樽前酒半醺。快乘詩興好，健筆掃千軍。

小住

小住禪林自不凡，疎籬曲曲繞松杉。依稀歸夢迷孤枕，珍重家書疊幾函。游客半年留幻跡，釣徒兩字署新銜。何時得把長風借，萬里同乘破浪帆。

雨夜歸思

屈指葭灰動，東風欲雪天。寒偏欺病後，愁不到尊前。白髮悲殘歲，青燈感少年。故園梅有信，歸思在春先。

其二

惱煞隣舂響，藤床寐不成。冰霜遊子恨，詩酒故人情。樓鎖凍雲影，牕喧寒雨聲。懶殘何處覓，芋火冷三更。

重憶

一灣流水蘸垂楊，遥指清溪話夕陽。若許東風能借力，芳心吹破菜花香。

漫憶芳塘笑語留，禪林舊約幾時休。胸中事奈愁如結，重乞天龍一指頭。

田家

四野豐年樂不支，却宜農隙是冬時。田荒雞犬歸猶早，日暮牛羊下未遲。爲種寒蔬開曲逕，間芟瘦竹補疎籬。相期好把芳隣結，節屋三椽築水湄。

夜坐

禪房酒醒鬢絲涼，竹柝聲聲覺夜長。蠟炬三更含冷燄，清茶幾盞潤枯腸。欄邊雨過留香篆，牕下風來愛

墨香客裏蕭閒無箇事幽情直欲傲羲皇

冒雪過官溝

正喜江村放曉晴彤雲陡覺滿天橫風吹落葉寒無力雪試飛花碎有聲幾處板橋人跡少數家茆屋午煙輕征車歎我官溝去雙袖龍鍾淚欲傾

歸夢

蕭閒禪室冷無煙孤客驚寒夜不眠喔喔荒雞聞野外啾啾饑鼠鬧燈前人因多累身常病夢到還家境亦仙惱煞山僧不解事笑稱冬至大如年

冬至前七日客中思歸

樓角一燈斜江鄉歲月賒衰年猶作客寒夢幾回家灰又飛葭琯誰詩誰罩碧紗行裝好收拾歸思到梅花

有憶 重

幾多消息隔東牆瘦竹蕭蕭怯夜涼安得金風常不老窗前吹入桂花香

早歸

早把歸期訂禪窗不耐閒半年悲道路廿里望雲山短日催人老清風送我還隄邊踈柳誰為唱陽關